Dictionnaire
français-anglais
de locutions et
expressions verbales

Dictionnaire français-anglais de locutions et expressions verbales

par

Marguerite-Marie Dubois
Professeur à la Sorbonne

Yvonne Bridier
Assistante à l'Université
de Paris-Sorbonne

Elizabeth Henriot-Grundy
Lectrice à l'Université
de Paris-Sorbonne

Suzanne Surivet
Professeur d'anglais

Denis Mahaffey
B.A. hons
(Queen's University of Belfast)

avec la collaboration de

Renée Grisel

Barbara Shuey
M.A. (University of California)

George Solovieff
Associate Professor
(University of Southern California)

LIBRAIRIE LAROUSSE
17, rue du Montparnasse, et 114, boulevard Raspail, Paris VIe

Librairie Larousse (Canada) limitée, propriétaire pour le Canada
des droits d'auteur et des marques de commerce Larousse. —
Distributeur exclusif au Canada : les Editions Françaises Inc.,
licencié quant aux droits d'auteur et usager inscrit des marques
pour le Canada.

ISBN 2-03-021101-X

PRÉFACE

Il est aisé de constater que l'apprentissage d'un vocabulaire se fait à plusieurs niveaux :

    — sur le plan du mot isolé, d'abord, par l'acquisition d'un matériel de base indispensable ; les dictionnaires bilingues traditionnels répondent à ce besoin. Si l'on cherche le mot « appât », on trouve les traductions *bait* et *lure;*

    — sur le plan de l'idiotisme, ensuite, par l'étude des locutions et des expressions toutes faites; les grands dictionnaires ou les recueils spécialisés s'en occupent. On trouve, par exemple, « mordre à l'appât », *to swallow the bait.*

Mais il nous est apparu que l'apprentissage du vocabulaire s'étendait à un autre domaine, inabordé en lexicographie, du moins systématiquement. Il s'agit du plan du syntagme, c'est-à-dire de la connaissance irremplaçable de l'expression globale. Car il est évident que, abstraction faite des locutions connues, il reste dans la langue toute une gamme de complexes spontanés consistant à unir plusieurs constituants de façon rituelle. C'est à l'aide de ces groupes de termes, toujours utilisés sous forme de blocs, que l'on s'exprime d'ordinaire. Mais aucun des dictionnaires bilingues ne s'est donné pour but l'inventaire de ces syntagmes, pourtant constitutifs de la structure du langage.

Par exemple, on signale ordinairement, d'un côté, le verbe « céder », d'un autre côté les substantifs « appât » et « gain », mais jamais leurs associations possibles : « céder à l'appât du gain », *to yield to the inducement of profit.* Et l'utilisateur d'un dictionnaire est très souvent arrêté dans sa recherche, lorsqu'il veut allier des mots qu'on lui présente dissociés.

Il nous a donc paru intéressant de recenser ces groupes en français et d'en fournir les équivalents dans la langue anglaise. Nous

PREFACE

A foreign-language vocabulary is acquired on several levels :

    — in the form of isolated words, through the learning of essential basic material. Traditional translation dictionaries meet this need : one looks up the word « appât », and one finds the translation *bait, lure;*

    — in the form of idioms, through the study of colloquialisms and accepted expressions. Larger dictionaries or specialized smaller ones deal with examples such as « mordre à l'appât » *to swallow the bait.*

But we believe that vocabulary acquisition extends to another field not dealt with, at least in any systematic way, in existing lexicographic works. This is the vast area of syntagmatic knowledge of language, involving spontaneous combinations of words into complete expressions. For apart from familiar « idioms », languages contain a whole range of common terms, in which several component words are linked. These whole combinations are used constantly in ordinary speech or writing. And yet no translation dictionary has so far attempted to list them, even though they constitute the very structure of language.

Dictionaries give the verb « céder » and the nouns « appât » and « gain » separately, for instance, but not their possible combination « céder à l'appât du gain », with its translation : *to yield to the inducement of profit.* Anyone using such a dictionary is constantly held up, whenever he wants to combine words presented in isolation.

The aim of our dictionary is to give these groups of words in French, and supply their equivalents in English. Accordingly, it contains all the idiomatic expressions and terms, as well as language « units ».

181348

apportons ainsi l'ensemble des idiotismes, des locutions et des expressions globales de la langue.

De plus, nous avons constaté que sous une même formulation ces expressions pouvaient parfois avoir deux ou plusieurs sens : « conduire toute l'affaire » peut soit se rattacher à l'action du chef *(to manage the whole business)*, soit évoquer l'existence d'une intrigue *(to run the whole show)*.

En conséquence, nous avons éclairé chaque expression à l'aide d'un mot clé qui en donne la tonalité particulière. Ce procédé permet au lecteur de différencier les nuances, en particulier dans le cas des sens propre et figuré.

Ainsi, « assurer ses arrières », au sens propre, est placé sous le mot clé MILITAIRE *(to cover o.'s rear)* et, au sens figuré, sous le mot clé PRÉVOYANCE *(to provide for o.'s future)*.

Par ce double intérêt — c'est-à-dire le recensement des syntagmes verbaux et l'élucidation des nuances au moyen de mots clés —, notre dictionnaire se présente sous une formule entièrement nouvelle.

Recherche de l'expression

I. Si l'on cherche l'expression « se ménager une porte de sortie », on la trouvera au mot dominant, c'est-à-dire au premier substantif qui suit le verbe directeur : « porte ». Il faudra donc se référer au mot d'entrée **porte,** imprimé en caractères gras dans le dictionnaire.

Toutefois, si, par erreur, on a cherché au mot **sortie,** on trouvera à la fin de l'article **sortie** l'indication : → **porte,** précisant que l'expression doit être cherchée à ce mot.

II. Si l'expression ne comporte pas de substantif, il faudra chercher le premier terme qui suivra le verbe directeur. Ce terme pourra être :

— un verbe (ex. : « en faire accroire » devra être cherché à **accroire**);

— un adjectif (ex. : « en rester bleu » devra être cherché à **bleu**);

— un adverbe (ex. : « parler bas » devra être cherché à **bas**).

Furthermore, expressions with the same form may sometimes have two or more meanings. « Conduire toute l'affaire », for example, can either refer to the actions of a leader (in English, *to manage the whole business*), or suggest the existence of an intrigue (in English, *to run the whole show*).

Accordingly, we have illustrated every expression with a key word defining its particular area of meaning. This will enable readers to distinguish shades of meaning, particularly in the case of literal and figurative meanings.

« Assurer ses arrières » in the literal meaning, for instance, will be found under the key word MILITAIRE (and translated *to cover o.'s rear*) and in the figurative meaning under the key word PRÉVOYANCE (translated *to provide for o.'s future*).

The novelty of our dictionary lies in these two features, the inclusion of syntagmatic units and the indication of meaning through key words.

Finding the expression

I. The expression « se ménager une porte de sortie » will be found under the dominant word, namely the first noun after the main verb : « porte ». One should therefore look up the entry **porte,** printed in heavy type in the dictionary. If by mistake on looks up the word **sortie,** however, one will find the reference → **porte** at the end of the entry, showing that the expression is to be found under this word.

II. If there is no noun in the expression, one should look for the first word after the main verb. This may be :

— a verb : « en faire accroire », for instance, will be found under **accroire;**

— an adjective : « en rester bleu », for instance, will be found under **bleu;**

— an adverb : « parler bas », for example, will be found under **bas;**

N.B. It should be pointed out that the only distinction made among entries is a semantic one. There are two entries for **bas,** *for*

N. B. Il convient de remarquer que seule une distinction sémantique a présidé à la différenciation des mots d'entrée. Ainsi, on trouvera d'abord pour **bas** *le sens de niveau inférieur qui groupera tous les emplois du mot « bas », qu'il soit substantif, adjectif ou adverbe, et ensuite le sens de « bas » vêtement, qui, dissocié, formera une seconde entrée.*

III. Il est possible de chercher une nuance spéciale de l'expression. Prenons « se mettre en boule ». Au mot d'entrée **boule,** le lecteur trouvera l'expression, précédée d'un mot clé imprimé en petites capitales et précisant la nuance de sens :

    1. ANIMAL. Se mettre en boule, *to curl up.* [V. 3.]

Le renvoi [V. 3.] indiquera qu'à l'intérieur de l'article, au chiffre 3, le lecteur trouvera une expression identique, mais dans une autre nuance, celle de la colère :

    3. COLÈRE. Se mettre en boule (Fam.), *to get mad.* [V. 1.]

Si la même traduction peut convenir à deux nuances de l'expression, cette expression sera précédée de deux mots clés : .

◆ ARRIVISME, FAITS ET GESTES. Jouer des coudes, *to elbow o.'s way through.*

N. B. Les mots clés, indiquant des nuances de sens, recouvrent un très vaste éventail d'expressions. Il ne faudra donc pas s'étonner de trouver sous le même mot clé, par exemple sous INCULPÉ, *des expressions aussi diversifiées que « passer en correctionnelle » et « encourir une amende ». Le choix des mots clés, en général, est fort délicat. Il ne peut échapper au danger de subjectivité. Nous avons tenté de réduire ce risque au minimum et de mettre en lumière, autant que possible, des nuances parfois subtiles. Mais il serait présomptueux d'espérer rencontrer sur ce point un consentement universel.*

IV. Plusieurs verbes directeurs peuvent être groupés dans une même expression. Ex. : « accréditer (rappeler) un ambassadeur », *to accredit (to recall) an ambassador.*

    Mais s'il n'existe pas de correspondants exacts dans l'une des langues pour tous les verbes de l'autre langue, une seule traduction est proposée pour un ensemble. Ex. : « faire

instance. The meaning « lower level » includes all usages of the word « bas », whether as a noun, an adjective or an adverb; but the other sense, of a garment, is given separately.

III. It is possible to look for a particular meaning of an expression. Consider the example « se mettre en boule ». At the entry **boule,** one will find the expression, preceded by a key word printed in capitals and showing the shade of meaning :

    1. ANIMAL. Se mettre en boule, *to curl up.* [V. 3.]

The reference [V. 3.] shows that elsewhere in the entry, at the figure 3, one will find the same expression, but with another meaning, that of anger :

    3. COLÈRE. Se mettre en boule (Fam.), *to get mad.* [V. 1.]

    If the same translation will do for both meanings, the expression is preceded by two key words. For example :

◆ ARRIVISME, FAITS ET GESTES. Jouer des coudes, *to elbow o.'s way through.*

N.B. These key words, indicating shades of meaning, cover a very wide range of expressions. One should not be surprised to find listed under the same key word, for example INCULPÉ, *such varied expressions as « passer en correctionnelle » (to appear before the magistrate's court) and « encourir une amende » (to incur a fine). The choice of key words is extremely awkward. It is impossible to avoid some degree of subjectiveness. We have tried to reduce this risk as far as possible, and draw attention to sometimes subtle differences in meaning. But it would be presumptuous to expect that everyone will agree with all our choices.*

IV. Several main verbs are sometimes grouped in a single expression. For example : « accréditer (rappeler) un ambassadeur », *to accredit (to recall) an ambassador.*

    But if there are no exact equivalents in one language for all the verbs in the other, a

(diriger) une allusion contre qqn », *to make
a dig at s.o.*

Remarques d'ordre grammatical

I. La forme infinitive, qui est celle du dictionnaire français, nous a parfois obligés à
donner en anglais une version qui soulève des
problèmes d'ordre grammatical.

Toutes les fois que le français contient la
formule « y avoir », l'anglais répond par la
forme elliptique *there [to be]*. Cela signifie
que le verbe *to be*, placé entre crochets, doit
prendre dans la phrase conjuguée le temps
approprié (*is, are, was, were,* etc.). Ex. : « y
avoir de l'abus », *there [to be] limits,*
signifie que l'expression « il y a de l'abus »
devra être traduite par *there are limits*. La
rubrique (Gramm.), placée après l'anglais,
attire sur ce point l'attention du lecteur.

II. Certaines expressions françaises peuvent
se traduire en anglais par un verbe défectif
qui ne correspond pas à l'infinitif. La mention
(Gramm.) le signale également. On trouvera
par exemple : « en parler à son aise », *can
talk.* Cela signifie que l'expression, sous la
forme « il en parle à son aise », devra être
rendue par *he can talk.* De même : « n'avoir
pas la gale » est traduit par *won't bite;* « je
n'ai pas la gale », *I won't bite.*

III. Nous nous sommes attachés à traduire
les expressions françaises par des tournures
anglaises dont la structure est identique. Les
verbes impersonnels français sont rendus par
des verbes impersonnels anglais. Et, dans les
cas où la traduction n'a pas pu suivre cette
règle, nous avons préféré renoncer à citer
les expressions. On ne trouvera donc pas la
locution « être arrivé malheur à qqn »
(impersonnel en français) parce qu'il aurait
fallu traduire par *to have had a mishap*
(personnel en anglais), et que l'utilisateur
aurait pu faire à cette occasion de graves
erreurs d'emploi.

IV. Il peut arriver que l'expression française
globale ait été rendue contextuelle en raison
des nécessités de la traduction en anglais. Par
exemple, la locution « faire la chaise à porteurs » a été étendue en « faire la chaise à

single translation is offered. For example
« faire (diriger) une allusion contre qqn », *to
make a dig at s.o*

Grammatical notes

I. The use of the infinitive for all the main
verbs leads to the English form *there [to be]*
to translate « y avoir ».

We have inserted brackets here, to show
that this form is almost entirely a grammatical convenience and that in practice (as
with all the expressions) the finite forms
there is, are, was, were, etc., will be used.
The abbreviation (Gramm.) after such entries
is a reminder of the need for care in English,
since the number of the verb depends on the
number of the predicate.

II. The same abbreviation (Gramm.) is used
where the need for an infinitive raises a problem, in the case of defective verbs in
English. Here, rather than falling back on
replacements such as *to be able to* for *can,*
or *to have to* for *must,* we simply used the
unconjugated verb itself. Such expressions
can be applied in exactly the same way as the
others.

III. It has been our firm policy to translate
the French expressions by English terms
which are identical in structure : French
impersonal verbs, for instance, are translated
by English impersonal verbs. Where it was
impossible to follow this rule, we have
decided to leave the expressions out. One
will not find « être arrivé malheur à qqn »
(impersonal in French), since it would have
had to be translated by *to have had a mishap*
(personal in English). In this way, we have
preserved the immediate transferability of
each expression in its grammatical context.

IV. In some cases the French expressions
are extended to include an extra prepositional
phrase. For example, « faire la chaise à
porteurs » is to be found in the form « faire
la chaise à porteurs à qqn ». This is done
when the corresponding prepositional phrase
in English is not a literal translation (*to make
a chair for s.o.*). Otherwise, such extension

porteurs à qqn » pour permettre de donner en anglais la version complète *to make a chair for s.o.*

Niveaux de langue

Le dictionnaire, consacré au langage journalier, est riche en expressions qui appartiennent à tous les niveaux de langue. Nous avons signalé par des rubriques les emplois familiers (Fam.) qui recouvrent un très vaste éventail. Nous avons préféré réserver à la rubrique populaire (Pop.) les expressions les plus argotiques ou les plus relâchées. En cas de grossièreté manifeste, un nota bene (N. B.) signale l'inconvenance et met le lecteur en garde.

Le dictionnaire que nous apportons rassemble les locutions les plus fréquentes dans les branches les plus variées. Cet ouvrage est destiné non seulement aux étudiants, aux enseignants et aux traducteurs, mais aussi à tous ceux qui manient journellement la langue anglaise et qui appartiennent aux spécialités les plus diverses.

have been omitted, and may be taken to be identical in both languages.

Levels of language

The dictionary concentrates on everyday language, and contains a wealth of expressions belonging to all levels of language. We have used the abbreviation (Fam.) to indicate the vast range of familiar usages, and have kept the abbreviation (Pop.) [« populaire », *vulgar*] for slang or coarse colloquialisms. Where there is clear impropriety, the abbreviation N.B. puts the reader on his guard.

Our dictionary presents the commonest expressions in the widest variety of fields. It is intended not only for students, teachers and translators, but also for all who use English daily, specializing in the most diverse sectors.

ABRÉVIATIONS

Fam.	Familier
Fig.	Figuré
Gramm.	Grammaire
Impers.	Impersonnel
Pop.	Populaire
qqch.	quelque chose
qqn	quelqu'un

ABBREVIATIONS

Fam.	Familiar, colloquial
Fig.	Figuratively
Gramm.	Grammar
Impers.	Impersonal
Pop.	Popular
o.	*one*
o.'s	*one's*
s.o.	*someone*
s.o.'s	*someone's*
sth.	*something*

a ◆ IGNORANCE. Ne savoir ni *a* ni *b, not to know the first thing about it.* ◆ PREUVE. Prouver par A + B, *to spell out.* ◆ RUDIMENT. Etre l'abc du métier, *to be one of the first things you learn.* ◆ SAVOIR. Connaître de *a* à *z, to know from* a *to* z.

abandon ◆ ABANDON. Laisser qqch. à l'abandon, *to let sth. go to rack and ruin.* ‖ Laisser qqn à l'abandon, *to let s.o. run wild.* ◆ CONFIANCE. Parler avec abandon, *to talk unrestrainedly.* ◆ DÉLAISSEMENT. Mourir dans l'abandon, *to die forsaken.* ◆ NOTARIAT. Faire abandon de ses biens, *to make over o.'s property.*

abattage ◆ RENDEMENT. Avoir de l'abattage, *to be a doer.* ◆ RÉPRIMANDE. Recevoir un abattage (Fam.), *to get hauled over the coals.*

abattement ◆ DÉCOURAGEMENT. Plonger qqn dans l'abattement, *to plunge s.o. into despair.* ‖ Tomber dans l'abattement, *to get low-spirited.*

abattis ◆ VOIES DE FAIT. Numéroter ses abattis (Pop.), *to start saying o.'s prayers.*

abattre ◆ RESSORT. Ne pas se laisser abattre, *not to get disheartened.*

abcès ◆ MÉDECINE. Ouvrir un abcès, *to lance an abscess.* ◆ RÉSOLUTION. Crever l'abcès, *to bring the situation to a head.*

abeille ◆ ACTIVITÉ. Etre industrieux (laborieux) comme une abeille, *to be as busy as a bee.*

aberration ◆ CONVERSION. Revenir d'une aberration, *to return to sanity.*
→ **instant.**

abîme ◆ DÉTRESSE. Etre plongé dans un abîme, *to be plunged in an abyss.* ‖ Rouler (tomber) dans un abîme, *to be swallowed up in an abyss.* ◆ ÉCHEC. Courir à l'abîme, *to rush to o.'s downfall.* ◆ MÉSENTENTE.

Creuser un abîme entre deux personnes, *to create a gulf between two people.* ◆ PRÉJUDICE. Creuser (ouvrir) un abîme devant qqn, *to prepare s.o.'s downfall.* ◆ SAVOIR. Etre un abîme de science, *to be a fount of knowledge.*
→ **bord, fond.**

ablation ◆ MÉDECINE. Pratiquer une ablation, *to make an excision.*

ablution ◆ HYGIÈNE. Faire ses ablutions, *to perform o.'s ablutions.*

abnégation → **vie.**

aboiement ◆ ANIMAL. Pousser un aboiement, *to give a bark.* ◆ HUMEUR. Pousser un aboiement, *to bark.*

abois ◆ ACCULEMENT. Etre aux abois, *to be at bay.* ‖ Réduire aux abois, *to bring to bay.*

abomination ◆ AVERSION. Avoir en abomination, *to loathe.* ◆ COMBLE. Etre l'abomination de la désolation, *to be the Abomination of Desolation.*

abondance ◆ FACONDE. Parler avec abondance, *to talk profusely.* ◆ INSPIRATION. Parler de l'abondance du cœur, *to speak out of the abundance of o.'s heart.* ◆ PAROLE. Parler d'abondance, *to extemporize.* ◆ RICHESSE. Nager dans l'abondance, *to be rolling in it.*

abonné ◆ TÉLÉPHONE. Se mettre aux abonnés absents, *to put o.s. on the answering service.*

abonnement ◆ HABITUDE. Prendre un abonnement (Fam.), *to make a habit of it.* ◆ PRESSE. Prendre (souscrire) un abonnement, *to subscribe.* ‖ Résilier un abonnement, *to cancel a subscription.* ◆ TRANSPORTS. Prendre un abonnement, *to take (out) a season ticket.*

abord ◆ ACCUEIL. Etre d'un abord facile, *to be very approachable.* ‖ Etre d'un abord glacial, *to have a chilling manner.* ◆ SPONTANÉITÉ. Réagir de prime abord (au premier abord), *to react out of hand.* ‖ Sympathiser dès l'abord, *to get on well right away.*

abordage ◆ MARINE. Monter (s'élancer) à l'abordage, *to board.*

aboutissants → tenant.

Abraham → sein.

abrégé ◆ ÉCRITURE. Écrire en abrégé, *to write in abbreviated form.*

abri ◆ AISANCE. Etre à l'abri du besoin, *to be secure from want.* ◆ DÉFAILLANCE. Ne pas être à l'abri d'une erreur, *not to be beyond making a mistake.* ◆ MILITAIRE. Gagner les abris, *to make for the shelters.* ◆ PRÉCAUTION. Se mettre à l'abri (Fig.), *to get out of harm's way.* ◆ SECRET. Etre à l'abri des regards indiscrets, *to be safe from prying eyes.* ◆ SÉCURITÉ. Etre à l'abri du danger, *to be out of harm's reach.* ‖ Mettre à l'abri, *to put in a safe place.* ‖ Rester à l'abri, *to lie low.* ‖ Se mettre à l'abri, *to take shelter.* ◆ VULNÉRABILITÉ. Ne pas être à l'abri de la critique, *not to be beyond criticism.* ·

absence ◆ ABSENCE. Briller par son absence, *to be conspicuous by o.'s absence.* ◆ DISTRACTION. Avoir une absence, *to be miles away.* ◆ JUSTIFICATION. Justifier son absence, *to account for o.'s absence.* ‖ Motiver son absence, *to explain o.'s absence.* ◆ OUBLI. Avoir une absence, *to have a lapse of memory.* ◆ SANTÉ. Avoir des absences, *to have blackouts.*

absent ◆ ÉCOLE. Etre porté absent, *to be reported absent.* ◆ MILITAIRE. Etre porté absent, *to be reported A.W.O.L. (absent without leave).*

absolu ◆ IDÉALISME. Poursuivre (rechercher) l'absolu, *to be in quest of the absolute.*

absolution ◆ RELIGION. Donner (recevoir) l'absolution, *to give (to receive) absolution.*

abstinence ◆ RELIGION. Observer l'abstinence, *to observe abstinence.*

abstraction ◆ EXCLUSION. Faire abstraction de qqch., *to disregard sth.*

absurde ◆ RAISONNEMENT. Raisonner par l'absurde, *to argue by « reductio ad absurdum ».*
→ preuve.

abus ◆ ABUS. Commettre un abus de confiance, *to commit a breach of trust.* ‖ Consacrer (tolérer; perpétuer) un abus, *to sanction (to tolerate; to perpetuate) an abuse.* ‖ Créer (engendrer) des abus, *to lead to abuses.* ‖ Y avoir de l'abus (Fam.), *there [to be] limits* (Gramm.). ◆ EMPIÉTEMENT. Commettre un abus de pouvoir, *to misuse o.'s authority.* ◆ EXCÈS. Faire abus de qqch., *to misuse sth.* ◆ PROTESTATION. S'élever contre un abus, *to make a stand against an abuse.* ◆ RÉFORME. Dénoncer un abus, *to denounce an abuse.* ‖ Lutter contre un abus, *to combat an abuse.* ‖ Réformer (corriger, extirper, réprimer) les abus, *to redress (to correct, to eradicate, to check) abuses.*
→ chasse, guerre, porte.

acabit ◆ SIMILITUDE. Etre du même acabit (Fam.), *to be birds of a feather.*

accalmie ◆ APAISEMENT. Connaître une accalmie (Fig.), *to have a respite.* ◆ COMMERCE. Connaître une accalmie, *to go through a slack period.* ◆ MAUVAIS TEMPS. Profiter d'une accalmie, *to take advantage of a lull.*

accélérateur ◆ AUTOMOBILE. Appuyer sur l'accélérateur, *to step on the accelerator.*
→ coup.

accent ◆ ÉLOCUTION. Avoir un accent, *to have an accent.* ◆ MISE EN VALEUR. Mettre l'accent sur qqch., *to stress sth.*
→ pointe.

acception ◆ IMPARTIALITÉ. Ne faire acception de personne, *to be no respecter of persons.*

accès ◆ COLÈRE. Avoir un accès de colère, *to have a fit of temper.* ◆ CONTACT. Avoir accès auprès de qqn, *to have access to s.o.* ◆ EXCITATION. Déclencher un accès de colère, *to trigger off a fit of temper.* ◆ HERMÉTISME. Etre d'accès difficile (Fig.), *to be hard to grasp.* ◆ INCOMMODITÉ. Etre d'accès difficile (chose), *to be hard to get at.* ◆ MÉTIER. Ouvrir l'accès à une carrière, *to open the door to a career.* ◆ SANTÉ. Avoir un accès de toux, *to have a fit of coughing.* ◆ VOIE. Donner accès, *to give access.*

accessible ◆ SIMPLIFICATION. Rendre accessible, *to make accessible.*

accessoire ◆ AMPLEUR DE VUE. Négliger l'accessoire, *to overlook minor con-*

siderations. ◆ THÉÂTRE. Jouer les accessoires, *to play supporting parts.*

accident ◆ ACCIDENT. Avoir (provoquer) un accident, *to have (to cause) an accident.* ‖ Avoir un accident du travail, *to suffer an industrial injury.*

acclamation ◆ ÉLECTIONS. Élire par acclamation, *to elect by acclamation.*

accointance ◆ RELATIONS. Avoir des accointances, *to have dealings.*

accolade ◆ HONNEURS. Donner l'accolade, *to kiss on both cheeks.* ◆ IVROGNERIE. Donner l'accolade à la bouteille (Fam.), *to be fond of the bottle.*

accommodement ◆ COMPROMIS. Chercher des accommodements, *to seek a compromise.*

accord ◆ ACCORD. Obtenir l'accord de qqn, *to obtain s.o.'s agreement.* ‖ Se mettre d'accord, *to come to an agreement.* ‖ Tomber d'accord, *to reach agreement.* ◆ ACQUIESCEMENT. Etre (en demeurer) d'accord, *to agree.* ◆ ARBITRAGE. Mettre d'accord deux personnes, *to settle two people's differences.* ◆ CONCORDE. Faire régner l'accord parfait, *to establish perfect harmony.* ‖ Vivre en bon accord, *to live in harmony.* ◆ DÉDIT. Rompre un accord, *to break an agreement.* ◆ DÉSACCORD. N'être d'accord que sur le désaccord, *to agree only to disagree.* ◆ HARMONIE. Etre en accord avec soi-même, *to be consistent.* ◆ HONNEUR. Respecter un accord, *to respect an agreement.* ◆ MUSIQUE. Plaquer un accord, *to strike a chord.* ◆ PACTE. Conclure (négocier; passer, réaliser, sceller, signer) un accord, *to reach (to negotiate; to draw up, to implement, to cement, to sign) an agreement.* → **protocole.**

accordéon ◆ ACCIDENT. Etre en accordéon, *to be concertina-ed.*

accouchement ◆ MÉDECINE. Pratiquer l'accouchement sans douleur, *to use painless childbirth methods.*

accoutumance ◆ HABITUDE. Parvenir à l'accoutumance, *to get into the habit.*

accrochage ◆ ACCIDENT. Avoir un accrochage, *to have a bump.* ◆ QUERELLE. Avoir un accrochage (Fam.), *to have a tiff.*

accrocher ◆ PRIVATION. Pouvoir se l'accrocher (Pop.), *can whistle for it* (Gramm.).

accroire ◆ PRÉSOMPTION. S'en faire accroire, *to fancy o.s.* ◆ TROMPERIE. En faire accroire à qqn, *to spin s.o. a yarn.*

accu ◆ AUTOMOBILE. Recharger les accus, *to charge the battery.* ◆ RESSORT. Recharger les accus (Pop.), *to recharge the batteries.*

accueil ◆ ACCUEIL. Faire bon accueil à qqn, *to make s.o. welcome.* ‖ Réserver un bon accueil à qqn, *to give s.o. a warm reception.* ‖ Faire mauvais accueil à qqn, *to make s.o. feel unwelcome.* ‖ Faire (réserver) un accueil très froid (sec) à qqn, *to give s.o. a very cool reception.* ‖ Recevoir un accueil chaleureux, *to be given a hearty welcome.* ‖ Trouver un accueil favorable, *to receive a favourable reception.* ◆ FAVEUR. Réserver un bon accueil à une demande, *to receive a request favourably.*

accusation ◆ PROCÉDURE. Mettre en accusation, *to indict.* ◆ PROTESTATION. S'élever contre une accusation, *to protest against an accusation.* ◆ SOUPÇON. Laisser planer une accusation sur qqn, *to leave an accusation hanging over s.o.* ‖ Porter une accusation, *to make an accusation.*

accusé ◆ COURRIER. Renvoyer un accusé de réception, *to return the acknowledgment of receipt.* → **box.**

achat ◆ COMMERCE. Faire un achat, *to make a purchase.* → **pouvoir.**

Achille → **talon.**

achoppement → **pierre.**

acier ◆ ACUITÉ. Etre tranchant comme (de) l'acier, *to cut like steel.* → **muscle, poumon.**

acompte ◆ ALIMENTATION. Prendre un acompte (Fam.), *to have a bite to keep o. going.* ◆ PAIEMENT. Prendre en acompte, *to take on account.* ‖ Verser un acompte, *to pay a deposit.*

à-coup ◆ EXÉCUTION. Travailler par à-coups, *to work by fits and starts.*

acquéreur ◆ COMMERCE. Trouver un acquéreur, *to find a buyer.*

acquiescement ◆ ASSENTIMENT. Donner son acquiescement, *to give o.'s assent.*

acquis ◆ ACCORD. Etre acquis, *to be convinced.* ◆ PARTISAN. Etre (tout) acquis à qqn, *to be devoted to s.o.'s interests.* ◆ SAVOIR. Avoir de l'acquis, *to have a great store of knowledge.*

acquisition ◆ ACHAT. Faire une acquisition, *to make a purchase.* ‖ Faire l'acquisition de qqch., *to acquire sth.*

acquit ◆ CONSCIENCE. Faire qqch. par acquit de conscience, *to do sth. for the sake of peace of mind.* ◆ FINANCES. Donner acquit, *to give a discharge.*

acquittement → verdict.

acrobatie ◆ HABILETÉ. Exécuter (se livrer à) des acrobaties (Fig.), *to perform miracles.* ◆ SPORTS. Exécuter (se livrer à) des acrobaties, *to perform acrobatics.*

acte 1. ACTIVITÉ. Accomplir un acte, *to perform a deed.* – 2. AUTORITÉ. Faire acte d'autorité, *to put o.'s foot down.* – 3. BONNE VOLONTÉ. Faire acte de bonne volonté, *to give proof of o.'s good will.* – 4. CULPABILITÉ. Commettre (se livrer à) des actes répréhensibles, *to behave reprehensibly.* – 5. DESTRUCTION. Faire acte de vandalisme, *to commit an act of vandalism.* – 6. ENTREPRISE. Passer aux actes, *to go into action.* – 7. FOLIE. Ne pas être responsable de ses actes, *not to be responsible for o.'s actions.* – 8. MORT. Avaler son acte de naissance (Pop.), *to kick the bucket.* – 9. NOTARIAT. Dresser (passer) un acte, *to draw up a deed.* ‖ Passer acte devant notaire, *to sign a deed drawn up by a solicitor.* ‖ Prendre acte de qqch., *to take act of sth.* [V. 10.] – 10. OBSERVATION. Prendre acte de qqch., *to take due note of sth.* [V. 9.] – 11. PRÉSENCE. Faire acte de présence, *to put in an appearance.* – 12. VOIES DE FAIT. Commettre (faire) un acte d'agression, *to commit an act of aggression.*
→ maître, puissance, responsabilité, responsable.

acteur ◆ CINÉMA. Doubler un acteur, *to stand in for an actor.* ◆ THÉÂTRE. Doubler un acteur, *to understudy an actor.* ‖ Siffler un acteur, *to boo an actor.*
→ rôle.

actif ◆ AVANTAGE. Avoir à son actif, *to have to o.'s credit.* ‖ Mettre qqch. à l'actif de qqn, *to credit s.o. with sth.* ◆ CULPABILITÉ. Avoir à son actif, *to have on o.'s record.*

action 1. ACTIVITÉ. Se jeter dans l'action, *to launch into activity.* – 2. COLLABORATION. Concerter son action, *to make a concerted effort.* – 3. CULPABILITÉ Faire (commettre) une mauvaise action, *to do wrong.* – 4. DIVORCE. Intenter une action en divorce, *to start divorce proceedings.* – 5. ENTRAVE. Paralyser l'action, *to cripple action.* – 6. ENTREPRISE. Passer à l'action, *to go into action.* – 7. EXPLOIT. Faire (accomplir) une action d'éclat, *to perform a brilliant exploit.* [V. 12.] – 8. FAVEUR. Voir ses actions monter (descendre) [Fam.], *to see o.'s stock go up (go down).* – 9. GÉNÉROSITÉ. Faire (accomplir) une bonne action, *to do a good deed.* – 10. INFLUENCE. Exercer une action sur qqch., *to exert o.'s influence on sth.* – 11. MÉTIER. Exercer son action dans un domaine, *to be active in a field.* – 12. MILITAIRE. Faire (accomplir) une action d'éclat, *to perform a feat of arms.* [V. 7.] – 13. PLAIGNANT. Intenter une action, *to file suit.* – 14. PROCÉDURE. Éteindre une action en justice, *to extinguish a judicial process.* ‖ Suspendre l'action, *to suspend proceedings.* – 15. SOLIDARITÉ. Mener une action commune, *to carry on a joint action.*
→ feu, liberté, motif, rayon.

activité ◆ ACTIVITÉ. Déployer une grande activité, *to exert o.s. tremendously.* ‖ Employer son activité à qqch., *to devote o.'s energies to sth.* ◆ ADMINISTRATION. Etre en activité, *to be in active employment.* ◆ CHEF. Diriger (coordonner) des activités, *to direct (to coordinate) activities.* ◆ COLLABORATION. Participer aux activités, *to take part in activities.* ◆ ÉCOLE. Organiser des activités, *to organize activities.* ◆ MÉTIER. Exercer une activité, *to practise a trade.* ◆ RENDEMENT. Etre en pleine activité, *to be at the height of o.'s active life.*
→ bilan, champ, plaque, secteur.

actualité ◆ ACTUALITÉ. Etre d'une actualité brûlante, *to be a burning issue of the day.* ◆ CINÉMA. Passer aux actualités, *to be shown on the newsreel.* ◆ RADIO. Passer aux actualités, *to be given on the news.* ◆ TÉLÉVISION. Passer aux actualités, *to be shown on the news.*
→ marge, plan, tour.

adage ◆ LANGAGE. Passer en adage, *to become an adage.*

Adam → costume, Ève, fourchette.

adaptation ◆ RADIO. Faire (réaliser) une adaptation radiophonique, *to make a radio adaptation.*

addition ◆ HÔTELLERIE. Demander (faire; payer, régler) l'addition, *to ask for (to make out; to pay, to settle) the bill.*

♦ VICTIME. Payer l'addition (Fam.), *to pay for it.*

adhérent ♦ PARTISAN. Recruter des adhérents, *to recruit supporters.*

adhésion ♦ ADHÉSION. Donner son adhésion, *to signify o.'s agreement.* ‖ Emporter l'adhésion, *to win agreement.* ‖ Rencontrer l'adhésion, *to meet with agreement.* ♦ DÉSACCORD. Refuser son adhésion, *to withhold o.'s agreement.*

adieu ♦ CIVILITÉ. Faire ses adieux à qqn, *to take (o.'s) leave of s.o.* ‖ Se dire adieu de la main, *to wave (each other) goodbye.* ♦ MORT. Dire adieu à l'existence, *to take leave of the world.* ♦ RENONCIATION. Dire adieu à qqch., *to say goodbye to sth.* ♦ SÉPARATION. Brusquer les adieux, *to cut leave-takings short.* ‖ Prolonger les adieux, *to drag out the leave-takings.*

adjudication ♦ NOTARIAT. Mettre qqch. en adjudication, *to invite tenders for sth.* ‖ Vendre par adjudication, *to auction (off).*

admiration ♦ ADMIRATION. Béer (bayer) d'admiration, *to be open-mouthed (to gape) with admiration.* ‖ Commander l'admiration, *to command admiration.* ‖ Éprouver (ressentir) de l'admiration pour qqn, *to feel admiration for s.o.* ‖ Etre frappé (saisi) d'admiration, *to be struck with admiration.* ‖ Etre transporté d'admiration, *to be lost in wonder.* ‖ Exciter (soulever) l'admiration, *to excite admiration.* ‖ Nourrir (cultiver, entretenir) de l'admiration pour qqn, *to nurture (to keep o.'s) admiration for s.o.* ‖ Provoquer (susciter) l'admiration, *to arouse (to excite) admiration.* ‖ Se récrier d'admiration, *to cry out in admiration.* ‖ Tomber en admiration devant qqch. (qqn), *to be lost in admiration before sth (s.o.).* ♦ RENOMMÉE. Faire l'admiration du monde entier, *to be the admiration of the world.* ♦ RÉPUTATION. Faire l'admiration de tous, *to be an object of general admiration.* ♦ VALEUR. Forcer l'admiration, *to compel admiration.*

admissible ♦ ÉCOLE. Etre admissible, *to have qualified for the oral examination.*

Adonis ♦ FATUITÉ. Se prendre pour un Adonis, *to think o. is the answer to every maiden's prayer.*

adoration ♦ AMOUR. Etre en adoration devant qqn, *to idolize s.o.*

adoucissement ♦ APAISEMENT. Apporter un adoucissement, *to soothe.*

ad patres ♦ CRIME. Envoyer « ad patres » (Fam.), *to send to Kingdom Come.*

adresse ♦ ADRESSE. Acquérir de l'adresse, *to acquire skill.* ‖ Montrer de l'adresse, *to be adroit.* ‖ Rivaliser d'adresse avec qqn, *to match o.'s skill against s.o.'s.* ♦ COURRIER. Libeller une adresse, *to write an address.* ♦ ERREUR. Se tromper d'adresse (Fig.), *to knock at the wrong door.* ♦ FUITE. Partir sans laisser d'adresse, *to go off without leaving an address.* ♦ HABILETÉ. Jouer (user) d'adresse pour obtenir qqch., *to apply all o.'s skill to obtain sth.*
→ **tour.**

adulte ♦ RESPONSABILITÉ. Se comporter en adulte, *to behave in an adult way.*

adultère ♦ ADULTÈRE. Commettre l'adultère, *to commit adultery.*

adversaire 1. CRITIQUE. Éreinter un adversaire, *to demolish an opponent.* — 2. DISCUSSION. Intimider l'adversaire, *to intimidate o.'s opponent.* ‖ Se mesurer à un adversaire, *to pit o.'s wits against an opponent's.* [V. 3.] — 3. LUTTE. Se mesurer à un adversaire, *to pit o.'s strength against an opponent's.* [V. 2.] — 4. SPORTS. Étudier son adversaire, *to study o.'s opponent.* ‖ Grignoter son adversaire, *to wear down o.'s opponent.* ‖ Marquer un adversaire, *to mark an opposing player.* ‖ Mesurer son adversaire, *to size up o.'s opponent.* ‖ Rencontrer un adversaire, *to meet an opponent.* — 5. SUPÉRIORITÉ. Écraser (pulvériser) son adversaire, *to crush (to pulverize) o.'s opponent.*
→ **épaule, jeu.**

adversité ♦ ÉPREUVE. Tomber dans l'adversité, *to meet with adversity.* ♦ RESSORT. Se raidir contre l'adversité, *to brace o.s. against adversity.*

aération ♦ MAISON. Faire (pratiquer) une aération, *to make an air vent.*

affaire 1. ACCULEMENT. Etre une affaire de vie ou de mort, *to be a matter of life or death.* — 2. ADMINISTRATION. Expédier les affaires courantes, *to deal with current business.* — 3. AFFAIRES. Brasser des affaires, *to handle a lot of business.* ‖ Conclure une affaire, *to settle a deal.* ‖ Etre dans les affaires, *to be in business.* ‖Etre en affaire avec qqn, *to be in negotiation with s.o.* ‖ Etre sur une affaire, *to be after a deal.* ‖ Faire affaire, *to conclude a deal.* ‖ Faire des affaires, *to be in business.* ‖ Faire des affaires avec qqn, *to do business with s.o.* ‖ Parler affaires, *to talk business.* ‖ Se défendre en affaires, *to know o.'s way around in business.* ‖ Traiter des affaires, *to transact business.* — 4. AMOUR. Avoir une affaire de coeur, *to have an affaire.* — 5. ASSENTIMENT. Etre une affaire entendue, *to be all settled.* — 6. ASSISTANCE. Tirer qqn d'affaire, *to get s.o. out of trouble.* [V. 51.] — 7. ATTENTION. Etre tout à son affaire, *to be absorbed in o.'s work.* — 8. AUTONOMIE. Se tirer d'affaire tout seul, *to struggle through on o.'s own.* — 9. CERTITUDE. Etre une affaire faite, *to be as good as done.* — 10. CHEF. Faire marcher l'affaire, *to run things.* ‖ Conduire toute l'affaire, *to manage the whole business.* [V. 48.] — 11. COMMERCE. Diriger une affaire, *to direct a business.* ‖ Entrer dans une affaire, *to become associated with an undertaking.* ‖ Liquider une affaire, *to wind up a business.* — 12. COMPÉTENCE. Connaître son affaire, *to know what one is about.* ‖ Connaître l'affaire à fond, *to know the case from a to z.* ‖ Etre entendu aux affaires, *to have a good head for business.* — 13. COMPROMISSION. Se mettre une sale affaire sur les bras (Fam.), *to get involved in a nasty business.* ‖ Tremper dans une affaire (Fam.), *to have a hand in a deal.* — 14. CONCLUSION. Classer une affaire, *to shelve a matter.* — 15. CONFIDENCE. Raconter ses affaires (Fam.), *to talk about o.s.* — 16. CONSCIENCE. Etre une affaire de conscience, *to be a matter of conscience.* — 17. CONTACT. Avoir affaire à qqn, *to deal with s.o.* ‖ Avoir affaire avec qqn, *to do business with s.o.* — 18. CONVENANCE. Etre à son affaire, *to be in o.'s element.* ‖ Faire l'affaire de qqn, *to answer s.o.'s purpose.* [V. 52.] ‖ Trouver son affaire, *to find the very thing.* — 19. CRIME. Faire son affaire à qqn (Fam.), *to settle s.o.'s hash.* — 20. DÉSAGRÉMENT. S'attirer des affaires (une mauvaise affaire), *to get into hot water.* — 21. DÉTÉRIORATION. Gâter les affaires, *to spoil matters.* — 22. DISCRÉTION. Se mêler (s'occuper) de ses affaires (Fam.), *to mind o.'s own business.* — 23. DISSIMULATION. Étouffer une affaire, *to hush up a matter.* — 24. DIVERGENCE. Etre une autre affaire, *to be quite*

another matter. — 25. DURÉE. Etre une affaire de temps, *to be a matter of time.* — 26. ÉCHEC. Rater une affaire (Fam.), *to miss out on a deal.* — 27. ÉCOLE. Ranger ses affaires, *to put o.'s things away.* [V. 56.] — 28. ÉLUCIDATION. Démêler (éclaircir, élucider) une affaire, *to unravel (to clarify, to elucidate) a matter.* — 29. EMBARRAS. Ne pas être à son affaire (Fam.), *to feel out of o.'s element.* — 30. ENTRAVE. Avoir affaire à forte partie, *to be dealing with a tough customer.* — 31. ENTREPRISE. Lancer (monter) une affaire, *to start (to set up) a business.* — 32. EXAGÉRATION. En faire une affaire d'État (Fam.), *to make a big to-do about it.* ‖ Grossir une affaire, *to blow a matter up (out of all proportion).* — 33. EXPÉRIENCE. Etre une affaire d'habitude, *to be a question of habit.* [V. 39.] — 34. FINANCES. Etre intéressé dans l'affaire, *to have a financial interest in a matter.* ‖ Etre intéressé aux affaires, *to have a financial interest in the business.* — 35. GAIN. Bien faire ses affaires, *to do well.* ‖ Faire des affaires d'or, *to make money hand over fist.* [V. 55.] — 36. GESTION. Mener ses affaires, *to conduct o.'s affairs.* ‖ Renflouer une affaire, *to set a business on its feet again.* — 37. GOÛT. Etre une affaire de goût, *to be a matter of taste.* — 38. HABILETÉ. Se tirer d'affaire, *to pull through.* — 39. HABITUDE. Etre une affaire d'habitude, *to be a matter of habit.* [V. 33.] — 40. IMMÉDIATETÉ. Agir toutes affaires cessantes, *to drop everything.* — 41. IMPLICATION. Etre impliqué dans une affaire, *to be mixed up in an affair.* — 42. IMPORTANCE. Ne pas être une petite affaire (Fam.), *to be no picnic.* — 43. INCOMPÉTENCE. Ne pas être l'affaire de qqn, *not to be up s.o.'s street.* — 44. INDISCRÉTION. Se mêler des affaires d'autrui, *to pry into other people's business.* ‖ S'ingérer (s'immiscer) dans les affaires d'autrui, *to meddle in other people's business.* — 45. INEFFICACITÉ. Ne rien changer (faire) à l'affaire, *not to change matters.* — 46. INSISTANCE. Chauffer l'affaire, *to get things warmed up.* — 47. INTÉRÊT PERSONNEL. Etre dur en affaires, *to be tough in business.* — 48. INTRIGUE. Conduire (mener) toute l'affaire, *to run the whole show.* [V. 10.] — 49. JUGEMENT. Etre une affaire d'opinion, *to be a matter of*

opinion. — 50. LOYAUTÉ. Etre régulier en affaires, *to be straight in business.* — 51. MÉDECINE. Tirer qqn d'affaire (Fam.), *to pull s.o. through.* [V. 6.] — 52. NON-CONVENANCE. Ne pas faire l'affaire, *not to be suitable.* ‖ Ne pas faire l'affaire de qqn, *not to suit s.o.'s purpose.* [V. 18.] — 53. NON-IMPORTANCE. Etre une affaire de rien, *to be a trifling matter.* ‖ Ne pas être une affaire (d'État) [Fam.], *to be no great matter.* — 54. NOTARIAT. Régler ses affaires, *to put o.'s affairs in order.* — 55. OCCASION. Faire une affaire, *to get a bargain.* ‖ Faire une affaire en or (Fam.), *to make a killing.* [V. 35.] — 56. ORGANISATION. Ranger ses affaires, *to put o.'s things in order.* [V. 27.] — 57. PARTICULARITÉ. Etre affaire de tempérament, *to be a matter of temperament.* — 58. PLAIGNANT. Confier une affaire à un homme de loi, *to put a matter in the hands of a lawyer.* — 59. PROCÉDURE. Instruire une affaire, *to prepare a case.* ‖ Mettre une affaire en délibéré, *to place a case under private consideration.* ‖ Se dessaisir de l'affaire, *to relinquish the case.* — 60. RAPIDITÉ. Etre l'affaire d'un instant, *to take only a moment.* ‖ Ne pas traîner en affaires (Fam.), *not to let the grass grow under o.'s feet.* — 61. RECONNAISSANCE. N'avoir pas d'affaire à un ingrat, *not to find s.o. unappreciative.* — 62. RESPONSABILITÉ. En faire son affaire, *to see to it o.s.* — 63. RETRAITE. Se retirer des affaires, *to retire from business.* — 64. RONDEUR. Etre carré en affaires, *to be straightforward in business.* — 65. SANTÉ. Etre hors d'affaire, *to be over it.* — 66. SOLUTION. Liquider (régler) une affaire, *to wind up (to settle) a matter.* — 67. SUCCÈS. Enlever l'affaire, *to pull it off.* — 68. SUSCEPTIBILITÉ. En faire une affaire personnelle, *to make something personal out of it.*
→ **argent, brasseur, charnière, chiffre, élément, étranger, extension, fil, fond, génie, intérêt, issue, lumière, mot, nerf, nez, nœud, participation, poire, relation, rien, sens, silence, suite, tapis, voyage.**

affectation ◆ ADMINISTRATION. Recevoir son affectation, *to be posted.*

affection ◆ AFFECTION. Éprouver (ressentir) de l'affection pour qqn, *to feel fond of s. o.* ‖ Porter de l'affection à qqn, *to be fond of s.o.* ‖ Prendre qqn en affec-

tion (se prendre d'affection pour qqn), *to become fond of s.o.*
→ **marque.**

affiche ◆ PUBLICITÉ. Apposer (coller, placarder) une affiche, *to stick up a poster.* ◆ THÉÂTRE. Mettre à l'affiche, *to bill.* ‖ Tenir l'affiche, *to have a good run.*
→ **pièce.**

affilée → **heure.**

affinité ◆ RESSEMBLANCE. Avoir des affinités avec qqn, *to have an affinity with s.o.*

affirmation ◆ CONFIRMATION. Renforcer une affirmation, *to back up a statement.* ◆ CONTRADICTION. Contredire une affirmation, *to contradict a statement.*
→ **appui.**

affliction ◆ PEINE. Plonger qqn dans l'affliction, *to plunge s.o. into grief.*

affluence ◆ FOULE. Attirer une grande foule, *to attract large crowds.*

affolement ◆ PEUR. Semer (jeter) l'affolement, *to create panic.*

affres ◆ FAIM. Connaître les affres de la faim, *to suffer the pangs of hunger.* ◆ TOURMENT. Endurer des affres mortelles, *to suffer the depths of agony.* ‖ Passer par les affres de l'agonie, *to go through agonies.*

affront ◆ HUMILIATION. Dévorer (avaler, boire) un affront, *to swallow an affront.* ‖ Essuyer (endurer, recevoir) un affront, *to pocket an affront.* ‖ Subir (souffrir, supporter) un affront, *to suffer an affront.* ◆ INSULTE. Faire (infliger) un affront à qqn, *to slight s.o.* ◆ PRUDENCE. S'éviter un affront, *to avoid a snub.* ◆ RANCUNE. Ne pouvoir digérer un affront, *not to be able to swallow an affront.* ◆ REVANCHE. Laver (venger) un affront, *to avenge an affront.*
→ **raison.**

affût ◆ SURVEILLANCE. Etre (se mettre) à l'affût, *to be (to keep) on the look-out.*

âge 1. ADMINISTRATION. Élever (repousser) l'âge limite, *to raise the age-limit.* ‖ Avoir passé l'âge limite, *to be over the age-limit.* — 2. ÂGE. Atteindre (parvenir à) un certain âge, *to reach a certain age.* ‖ Avancer en âge, *to advance in years.* ‖ Avoir l'âge de ses artères, *to be as old as one feels.* ‖ Atteindre (avoir) l'âge de raison, *to have reached years of discretion.* [V. 6.] ‖ Avoir passé l'âge de faire qqch, *to be past the age for doing sth.* ‖ Bien se tenir pour son âge, *to carry o.'s years well.*

‖ Donner un âge à qqn, *to guess s.o.'s age* ‖ Etre à l'âge critique, *to be at a difficult age.* ‖ Etre à l'heureux âge, *to be at a carefree age.* ‖ Etre à (traverser) l'âge ingrat, *to be at the awkward age.* ‖ Etre dans le bel âge, *to be in o.'s prime.* ‖ Etre d'un âge canonique, *to be past the dangerous age.* ‖ Etre en âge de comprendre, *to be old enough to understand.* ‖ Etre en âge de (d'âge à) faire qqch, *to be of an age to do sth.* ‖ Etre en bas âge, *to be in infancy.* ‖ Etre entre deux âges, *to be middle-aged.* ‖ Etre plié (en deux) par l'âge, *to be bent (double) with age.* ‖ Etre sans âge, *to be ageless.* ‖ Etre vieux avant l'âge, *to be old before o.'s time.* ‖ Parvenir à l'âge d'homme, *to reach manhood.* ‖ Prendre de l'âge, *to get on in years.* — 3. APPARENCE. Accuser (faire, marquer, paraître, porter) son âge, *to look (to show) o.'s age.* ‖ Ne pas paraître son âge, *not to look o.'s age.* ‖ Porter bien son âge, *to look young for o.'s age.* — 4. ARCHAÏSME. Remonter à l'âge des cavernes, *to be as old as the hills.* — 5. BOISSON. Etre hors d'âge, *to be centuries old.* — 6. COMPORTEMENT. Atteindre (avoir) l'âge de raison, *to become (to be) old enough to know how to behave.* [V. 2.] — 7. DISSIMULATION. Dissimuler (cacher) son âge, *to keep o.'s age secret.* — 8. ENFANT. Etre fort pour son âge, *to be big for o.'s age.* — 9. EXPÉRIENCE. S'instruire à tout âge, *never to be too old to learn.* — 10. IDÉAL. Vivre à l'âge d'or, *to live in the golden age.* — 11. INFORMATION. En apprendre à tout âge, *to learn something every day.* — 12. MORT. Mourir avant l'âge, *to die before o.'s time.* — 13. PÉRENNITÉ. Traverser les âges, *to come down through the centuries.* — 14. POIDS. S'épaissir (s'empâter) avec l'âge, *to get a middle-age spread.*
→ **bénéfice, effet, fleur, force, poids, retour, vieux.**

agence ◆ COMMERCE. Tenir une agence, *to have an agency.*

agenda ◆ INFORMATION. Consulter son agenda, *to consult o.'s diary.*

agent ◆ MILITAIRE. Faire l'agent de liaison, *to act as liaison officer.* ◆ POLITIQUE. Servir d'agent double, *to act as a double agent.* ‖ Servir d'agent provocateur, *to act as an agent provocateur.*

agitateur → **poignée.**

agneau ◆ DOUCEUR. Etre doux comme un agneau, *to be as gentle as a lamb.*

agonie ◆ MORT. Entrer en agonie, *to go into o.'s death throes.* ‖ Etre à l'agonie, *to be in o.'s death throes.*
→ **affres.**

agréable ◆ AFFECTATION. Faire l'agréable auprès de qqn, *to ingratiate o.s. with s.o.*
→ **utile.**

agrément ◆ ACCORD. Obtenir l'agrément de qqn, *to obtain s.o.'s consent.* ◆ APPROBATION. Demander (solliciter) l'agrément de qqn, *to seek s.o.'s approval.* ◆ ASSENTIMENT. Donner son agrément, *to give o.'s consent.* ◆ DÉSACCORD. Refuser son agrément, *to withhold o.'s consent.*

agression ◆ DÉFENSE. Repousser une agression, *to repel an aggressor.*
→ **acte.**

agressivité ◆ MAÎTRISE DE SOI. Réprimer son agressivité, *to curb o.'s aggressiveness.* ◆ PSYCHOLOGIE. Libérer son agressivité, *to give vent to o.'s aggressions.* ‖ Refouler son agressivité, *to repress o.'s aggressive instincts.*

aguet ◆ SURVEILLANCE. Etre (se tenir) aux aguets, *to be (to keep) on the look-out.*

aide ◆ AIDE. Accorder (apporter, prêter) son aide, *to give o.'s help.* ‖ Etre d'une aide efficace, *to be of real assistance.* ◆ ASSISTANCE. Venir en aide à qqn (à l'aide de qqn), *to come to s.o.'s aid.* ◆ REQUÊTE. Recourir à l'aide de qqn, *to call on s.o.* ‖ Requérir l'aide de qqn, *to solicit s.o.'s help.* ‖ Requérir aide et assistance, *to demand aid and assistance.*

aigle ◆ BÊTISE. Ne pas être un aigle, *to be no genius.*
→ **œil.**

aigre ◆ ÉNERVEMENT. Parler entre l'aigre et le doux, *to talk cattily.* ◆ QUERELLE. Tourner (virer) à l'aigre, *to turn acrimonious.*

aiguille ◆ ACUITÉ. Etre pointu comme une aiguille, *to be as sharp as a needle.* ◆ COUTURE. Enfiler une aiguille, *to thread a needle.* ‖ Tenir l'aiguille, *to stitch.* ‖ Tirer l'aiguille, *to ply o.'s needle.* ‖ Travailler à l'aiguille, *to do needlework.* ◆ IMPOSSIBILITÉ. Chercher une aiguille dans une botte de foin, *to look for a needle in a haystack.*
→ **fil, pointe, trou.**

aiguillon ◆ RÉVOLTE. Regimber sous l'aiguillon, *to kick against the pricks.*

aile ◆ ANIMAL. Battre des ailes, *to flap its wings.* ‖ Déployer (étendre, ouvrir) ses ailes, *to stretch (to open) its wings.* ◆ AUTONOMIE. Voler de ses propres ailes, *to stand on o.'s own two feet.* ◆ DÉTÉRIORATION. Battre de l'aile (ne battre que d'une aile) [Fam.], *to flounder.* ◆ ENTHOUSIASME. Se sentir des ailes, *to feel wings on o.'s heels.* ◆ ENTRAVE. Couper les ailes à qqn, *to hamstring s.o.* ‖ Rogner les ailes à qqn, *to clip s.o.'s wings.* ◆ IMPRUDENCE. Se brûler les ailes, *to singe o.'s wings.* ◆ IMPULSION. Donner des ailes à qqn, *to lend s.o. wings.* ◆ PRÉSOMPTION. Vouloir voler avant d'avoir des ailes, *to want to run before o. can walk.* ◆ PROTECTION. Prendre qqn sous son aile, *to take s.o. under o.'s wing.* ◆ TENTATIVE. Essayer ses ailes, *to try o.'s wings.* ◆ VITESSE. Avoir des ailes, *to have wings.* ‖ Avoir des ailes aux talons, *to have wings on o.'s heels.*

→ **coup, glissade, plomb.**

ailleurs ◆ RENVOI. Aller se faire pendre ailleurs (Fam.), *to go and jump in the lake.*

aimable ◆ AFFECTATION. Faire l'aimable, *to affect graciousness.* ◆ GENTILLESSE. Etre on ne peut plus aimable, *to be as nice as can be.*

aînesse → **droit.**

ainsi ◆ MENACE. Ne pas se passer ainsi, *not to work out like that.*

air 1. ACCUEIL. Avoir l'air fermé, *to look stony.* ‖ Avoir l'air glacial, *to look icy.* — 2. ACTUALITÉ. Etre dans l'air (idée), *to be in the air.* — 3. AFFECTATION. Affecter (se donner, prendre) de grands airs, *to give o.s. (to put on) great airs.* ‖ Prendre un air bonhomme, *to assume a bland air.* ‖ Prendre un air conquérant, *to assume a swagger.* ‖ Prendre un air dégagé, *to assume an off-hand manner.* ‖ Prendre un air digne (inspiré), *to assume a stately (an inspired) air.* ‖ Prendre un air entendu, *to assume a knowing look.* ‖ Prendre des airs penchés, *to strike languorous poses.* ‖ Se donner des airs, *to give o.s. airs.* — 4. AMBIGUÏTÉ. N'avoir l'air de rien, *to look innocent.* ‖ Ne pas avoir l'air d'y toucher, *to have such an innocent air.* — 5. APPARENCE. Avoir un air étrange, *to have a strange look.* ‖ Avoir un drôle d'air (Fam.), *to look odd.* — 6.

AVIATION. Prendre l'air, *to take off.* [V. 46.] — 7. BÊTISE. Avoir l'air tarte (Pop.), *to look daft.* — 8. BONHEUR. Avoir l'air d'un bienheureux, *to look blissful.* — 9. BONHOMIE. Avoir l'air brave (Fam.), *to look a good sort.* — 10. CHALEUR. Prendre un air de feu, *to have a warm at the fire.* — 11. CHANT. Avoir un air dans la tête, *to have a tune running through o.'s head.* ‖ Fredonner un air, *to hum a tune.* — 12. CHOC EN RETOUR. Cracher en l'air (et le recevoir sur le nez) [Fam.], *to spit into the wind (and get it in the eye).* [V. 35.] — 13. CULPABILITÉ. Avoir tout l'air d'en mijoter une (Fam.), *to look as if o. is up to something.* — 14. DÉCONVENUE. Avoir l'air d'un chien battu (fouetté), *to look cowed.* ‖ Avoir l'air déconfit (défrisé [Fam.]), *to look crestfallen.* — 15. DÉDAIN. Avoir un air pincé, *to look supercilious.* — 16. DÉSORDRE. Etre en l'air (Fam.), *to be topsy-turvy.* ‖ Mettre tout en l'air (Fam.), *to turn everything upside down.* — 17. DÉTENTE. Se donner de l'air, *to take a breather.* [V. 28.] — 18. DISTINCTION. Avoir grand air, *to look distinguished.* ‖ Avoir un air noble, *to have a stately bearing.* — 19. DISTRACTION. Avoir l'air absent, *to have an absent-minded look.* ‖ Regarder en l'air, *to gaze vaguely.* — 20. ÉCHAPPATOIRE. Avoir l'air évasif, *to look evasive.* — 21. EFFRONTERIE. Ne pas manquer d'air (Fam.), *to have a nerve.* — 22. ÉLÉGANCE. Avoir l'air d'une gravure de mode, *to look like a fashion-plate.* ‖ Avoir l'air de sortir d'une boîte (Fam.), *to look as if o. had just stepped out of a band-box.* — 23. EMBARRAS. Avoir l'air constipé (Fam.), *to look uptight.* — 24. EXALTATION. Avoir un air exalté, *to have a fanatical air.* — 25. EXPÉRIENCE. Ne pas avoir l'air d'un enfant de chœur, *to look like an old hand.* — 26. FATIGUE. Avoir l'air exténué, *to look exhausted.* ‖ Ne pas avoir l'air frais (Fam.), *to look a bit under the weather.* — 27. FOLIE. Avoir l'air égaré, *to look bewildered.* — 28. FUITE. Se donner de l'air (Fam.), *to show a clean pair of heels.* [V. 17.] — 29. GAIETÉ. Avoir un air de fête, *to have a festive air.* — 30. GAUCHERIE. Avoir l'air emprunté, *to look awkward.* ‖ Avoir l'air d'un empaillé (Fam.), *to look like a sack of potatoes.* ‖ Avoir l'air godiche (Fam.), *to look ungainly.* — 31. HYGIÈNE. Changer

d'air, *to have a change of surroundings.* ||
Etre au grand air, *to be in the open air.* ||
Renouveler l'air, *to let in some fresh air.* ||
Vivre en plein air, *to live an outdoor life.*
– 32. HYPOCRISIE. Avoir l'air faux, *to
look shifty.* || Se donner des airs (prendre
un air) de petit saint, *to assume a saintly
air.* – 33. INCONSÉQUENCE. Parler en
l'air, *to be just talking.* – 34. INTEL-
LIGENCE. Avoir l'air éveillé, *to look
wide awake.* – 35. INUTILITÉ. Cracher en
l'air (Fam.), *to be talking to a brick wall.*
[V. 12.] – 36. LIBERTÉ. Etre libre comme
l'air, *to be free as air.* – 37. LIBERTINAGE.
Ne pas avoir l'air convenable, *not to look
respectable.* – 38. MAUVAIS TEMPS. Faire
de l'air, *to be windy.* – 39. MÉCHANCETÉ.
Regarder qqn d'un air mauvais, *to give
s.o. a black look.* – 40. MUSIQUE. Tapoter
(taper) un air au piano, *to thump out a tune
on the piano.* – 41. NAÏVETÉ. Avoir l'air
d'une pensionnaire, *to look schoolgirlish.*
– 42. NON-ÉLÉGANCE. Avoir l'air engoncé,
to look bundled up. – 43. PAUVRETÉ.
Avoir l'air d'un va-nu-pieds, *to look like
a tramp.* || Vivre de l'air du temps, *to live
on next to nothing.* – 44. PRÉTENTION.
Prendre un air supérieur, *to assume a superior air.* – 45. PROBABILITÉ. En avoir tout
l'air, *to look just like it.* – 46. PROMENADE.
Prendre l'air, *to get some fresh air.* [V. 6.]
– 47. RÉALITÉ. En avoir l'air et la chanson
(Fam.), *not just to look it.* – 48. RÉPÉ-
TITION. Chanter qqch. sur l'air des
lampions (Fig.), *to chant sth.* – 49.
RESPECTABILITÉ. Avoir l'air comme il
faut, *to look respectable.* – 50. RESSEM-
BLANCE. Avoir un faux air de qqn, *to
bear a slight resemblance to s.o.* || Trouver
un air de famille entre deux personnes, *to
find a family likeness between two people.*
– 51. SÉRIEUX. Avoir un air pénétré, *to
have an earnest look.* – 52. SOUCI.
Avoir l'air soucieux, *to look worried.* – 53.
SUSPECT. Ne pas avoir l'air catholique, *to
sound fishy.* – 54. TRISTESSE. Avoir un air
d'enterrement, *to have a woebegone look.*
– 55. VITESSE. Fendre l'air, *to whistle
through the air.*
→ **baptême, bol, chambre, chanson, cou-**
rant, derrière, électricité, fer, fille, fou,
orange, pied, tête, tripe, trou.
aise 1. ACCUEIL. Mettre qqn à l'aise, *to
put s.o. at ease.* – 2. ARGENT. Etre à
l'aise, *to be comfortably off* [V. 3, 7.] –

3. CONFORT. Aimer ses aises, *to like o.'s
comfort.* || Etre à son (à l') aise, *to be
very comfortable.* [V. 2,7.] || Prendre ses
aises, *to make o.s. at home.* || Se mettre
(se sentir) à l'aise, *to make o.s. (to feel)
comfortable.* – 4. CONTENTEMENT. Etre
bien aise de faire qqch., *to be only too glad
to do sth.* – 5. CRITÈRE DE JUGEMENT.
En parler à son aise, *can talk* (Gramm.)
– 6. DÉSINVOLTURE. En prendre à son aise,
to do as one pleases. – 7. ESPACE. Etre à
l'aise, *to have plenty of room.* [V. 2, 3.] ||
Tenir à l'aise, *to fit comfortably.* – 8.
INCONFORT. Etre (se sentir) mal à son (à
l') aise, *to be (to feel) ill-at-ease.* – 9.
JOIE. Se pâmer d'aise, *to be in ecstasies* ||
Se trémousser d'aise, *to purr with delight.*
|| Tressaillir d'aise, *to thrill with delight.* –
10. LATITUDE. Faire qqch. à son aise, *to do
sth. at o.'s own convenience.* – 11. PLAI-
SIR. Soupirer d'aise, *to sigh with content-
ment.* [V. 13.] – 12. SATISFACTION. En
être fort aise, *to be delighted to hear it.* –
13. SOULAGEMENT. Soupirer d'aise, *to
sigh with relief.* [V. 11.]

aîtres ◆ LOCALISATION. Connaître les
aîtres de la maison, *to know o.'s way
about.*

alambic ◆ EXAMEN. Passer à l'alambic
(Fig.), *to put under the microscope.*

alarme ◆ AVERTISSEMENT. Donner
(sonner) l'alarme, *to sound the alarm.* ||
Jeter (répandre) l'alarme, *to raise a scare.*
◆ INQUIÉTUDE. Tenir en alarme, *to keep
in a state of alarm.*
→ **cote, sonnette.**

alcool ◆ BOISSON. Ne pas supporter l'al-
cool, *cannot drink alcohol* (Gramm.). ||
Prendre un alcool, *to have a brandy.* ||
Tenir bien l'alcool, *to hold o.'s liquor well.*
◆ IVROGNERIE. S'imbiber d'alcool, *to be an
old soak.*

alcôve → **secret.**

alerte ◆ AVERTISSEMENT. Donner l'alerte,
to raise the alarm. ◆ MILITAIRE. Sonner
l'alerte, *to sound the alert.* ◆ VIGILANCE.
Se tenir en alerte, *to keep on the alert.*
→ **cote, ennemi, fin, piquet.**

algarade ◆ RÉPRIMANDE. Faire (subir,
essuyer) une algarade, *to give (to get) a
good dressing-down.*

algèbre ◆ HERMÉTISME. Etre de l'algèbre,
to be all Greek.

alibi ◆ INCULPÉ. Fournir (produire,
invoquer) un alibi, *to provide (to put*

forward) an alibi. ◆ PROCÉDURE. Établir un alibi, *to establish an alibi.*

alignement ◆ TRAVAUX PUBLICS. Dépasser l'alignement, *to project beyond the building line.* ‖ Etre frappé d'alignement, *to be subject to an alignment order.*

aliment ◆ ALIMENTATION. Consommer (absorber, prendre) des aliments, *to take in (to eat, to consume) food.* ◆ CUISINE. Préparer (cuisiner) des aliments, *to prepare (to cook) food.* ◆ NOTARIAT. Verser des aliments à qqn, *to pay s.o. alimony.*

alimentation ◆ MÉDECINE. Surveiller son alimentation, *to watch o.'s diet.*

allant ◆ ENTRAIN. Etre plein (avoir beaucoup) d'allant, *to be full of go.*

allée → temps.

allégation ◆ PREUVE. Étayer ses allégations, *to substantiate o.'s allegations.*

Allemand → querelle.

aller 1. AGITATION. Ne faire qu'aller et venir, *to be always on the go.* [V. 2.] — 2. DÉPLACEMENT. Ne faire que l'aller et retour, *to go straight there and back.* ‖ Ne faire qu'aller et venir, *to come straight back.* [V. 1.] — 3. INCLINATION. Se laisser aller à qqch., *to give way to sth.* [V. 5.] — 4. PROSPECTIVE. Savoir où l'on va, *to have a clear end in view.* — 5. RELÂCHEMENT. Laisser tout aller, *to let things slide.* ‖ Se laisser aller, *to let o.s. go.* [V. 3.]

alliance ◆ PACTE. Conclure (contracter, sceller) une alliance, *to form (to cement) an alliance.* ‖ Faire alliance avec qqn, *to ally o.s. with s.o.* ◆ POLITIQUE. Renverser les alliances, *to shift o.'s alliances.* ◆ RUPTURE. Rompre (dissoudre) une alliance, *to break off (to dissolve) an alliance.*

allocation ◆ AFFAIRES SOCIALES. Toucher (percevoir) les allocations familiales, *to draw family allowances.* ‖ Toucher (percevoir) l'allocation vieillesse, *to get the old-age pension.*

allocution ◆ DISCOURS. Faire (prononcer) une allocution, *to make (to deliver) a speech.*

allumette ◆ FEU. Craquer (frotter, gratter) une allumette, *to strike a match.* ‖ Flamber comme une allumette, *to burn like matchwood.* ◆ POIDS. Etre sec comme une allumette, *to be as thin as a lath.* → jambe.

allure ◆ DISTINCTION. Avoir de l'allure, *to have style.* ‖ Avoir fière allure, *to cut a*

fine figure. ◆ PROBABILITÉ. Prendre bonne (mauvaise) allure, *to begin to look well (bad).* ◆ RYTHME. Garder la même allure que qqn, *to keep pace with s.o.* ‖ Maintenir son allure, *to keep up o.'s pace.* ‖ Ralentir l'allure, *to slow down.* ◆ VITESSE. Accélérer (précipiter, forcer) son allure, *to increase (to step up) o.'s pace.* ‖ Filer à bonne allure, *to spin along.* ‖ Filer à toute allure, *to go flat out.* ‖ Rouler à une allure vertigineuse, *to drive at a dizzy speed.*

allusion ◆ CRITIQUE. Faire (diriger) une allusion contre qqn, *to make a dig at s.o.* ◆ PERSPICACITÉ. Saisir une allusion, *to catch an allusion.*

aloi ◆ VALEUR. Etre de bon aloi, *to be sterling.*

alouette ◆ GAIETÉ. Etre gai comme une alouette, *to be as merry as a sandboy.* ◆ ILLUSION. Attendre que les alouettes vous tombent toutes rôties, *to expect the plums to fall into o.'s mouth.*

alter ego ◆ SIMILITUDE. Etre l'*alter ego* de qqn, *to be s.o.'s alter ego.*

alternative ◆ ALTERNATIVE. Offrir (proposer) une alternative, *to offer an alternative.* ‖ Placer qqn devant une alternative, *to place s.o. before an alternative.*

altitude ◆ AVIATION. Prendre de l'altitude, *to climb.*

amabilité ◆ CIVILITÉ. Faire ses amabilités à qqn, *to give s.o. o.'s kind regards.* ◆ GENTILLESSE. Etre plein d'amabilité, *to be extremely kind.* ‖ Faire une amabilité, *to do a kindness.*

amalgame ◆ MÉLANGE. Constituer un amalgame, *to form a mixture.*

aman ◆ SOUMISSION. Demander l'aman, *to beg for mercy.*

amant ◆ LIBERTINAGE. Prendre un amant, *to take a lover.* ‖ Plaquer (ficher là) son amant (Fam.), *to jilt o.'s lover.*

amarre 1. INDIFFÉRENCE. Larguer les amarres (Fam.), *to cut all ties* [V. 2.] — 2. MARINE. Larguer les amarres, *to cast off (the moorings)* [V. 1.] — 3. RUPTURE. Rompre les amarres, *to make a (clean) break.*

amateurisme ◆ LÉGÈRETÉ. Pratiquer l'amateurisme, *to be a dabbler.* ◆ SPORTS. Pratiquer l'amateurisme, *to be an amateur.*

ambages ◆ RONDEUR. Parler sans ambages, *to speak plainly.*

ambassade ♦ DÉLÉGATION. Envoyer qqn en ambassade, *to send s.o. as an intermediary.* ♦ INTERMÉDIAIRE. Remplir une ambassade auprès de qqn, *to carry out a mission to s.o.* ‖ Se rendre en ambassade auprès de qqn, *to go on a mission to s.o.*

ambassadeur ♦ POLITIQUE. Accréditer (rappeler) un ambassadeur, *to accredit (to recall) an ambassador.*

ambiance ♦ AMBIANCE. Créer une ambiance, *to create an atmosphere.*

ambition ♦ AMBITION. Assouvir son ambition, *to satisfy o.'s ambitions.* ‖ Avoir de l'ambition, *to be ambitious.* ‖ Etre dévoré d'ambition, *to be eaten up with ambition.* ‖ Mettre (placer) son ambition dans qqch., *to set o.'s heart on sth.* ‖ Nourrir des ambitions, *to harbour ambitions.* ♦ MESURE. Borner son ambition à qqch., *to confine o.'s ambition to sth.*

amble ♦ ANIMAL. Aller l'amble, *to amble (along).*

ambre ♦ PERSPICACITÉ. Etre fin comme l'ambre, *to be as sharp as a needle.*

âme ♦ AMOUR. Chercher (trouver) l'âme sœur, *to seek (to find) a kindred spirit.* ♦ COMPLICITÉ. Etre l'âme damnée de qqn, *to be s.o.'s creature.* ♦ COMPROMISSION. Livrer (vendre) son âme au diable, *to surrender (to sell) o.'s soul to the Devil.* ♦ CONFIANCE. Découvrir (épancher, livrer) son âme à qqn, *to unburden o.'s soul to s.o.* ♦ DÉCISION. Décider en son âme et conscience, *to decide after much soul searching.* ♦ DÉTRESSE. Errer (être) comme une âme en peine, *to wander (to look) like a lost soul.* ♦ DÉVOUEMENT. Se dévouer (se donner) corps et âme, *to give o.s. body and soul.* ♦ INTRIGUE. Etre l'âme d'un complot, *to be the guiding spirit behind a plot.* ♦ ISOLEMENT. Ne pas rencontrer âme qui vive, *not to find a living soul.* ♦ MAGNANIMITÉ. Avoir l'âme bien placée, *to be a noble character.* ‖ Élever l'âme, *to uplift the soul.* ‖ Grandir l'âme, *to ennoble the soul.* ♦ MORT. Rendre l'âme, *to give up the ghost.* ‖ Rendre son âme à Dieu, *to give up o.'s soul to God.* ♦ RELIGION. Perdre (sauver) son âme, *to lose (to save) o.'s soul.* ‖ Recommander (remettre) son âme à Dieu, *to commend o.'s soul to God.* ♦ RÉSISTANCE. Avoir l'âme chevillée au corps (Fam.), *to be hard to kill.* ♦ SERVILITÉ. Avoir une âme d'esclave, *to have a slave mentality.* ‖ Avoir l'âme d'un valet, *to have the soul of a lackey.* ♦ TRISTESSE. Fendre (arracher) l'âme, *to be heart-rending.* ‖ Soupirer à fendre l'âme, *to heave heart-rending sighs.* → charge, corps, esclave, fraîcheur, grandeur, mort, repli, vague.

amélioration ♦ AMÉLIORATION. Apporter (effectuer, faire, opérer, réaliser) des améliorations, *to effect (to make) improvements.*

amen ♦ FAIBLESSE. Dire amen à tout, *to be a yes-man.*

aménagement ♦ ORGANISATION. Procéder à des aménagements, *to put in fittings.*

amende ♦ EXCUSE. Faire amende honorable, *to make amends.* ♦ INCULPÉ. Encourir une amende, *to incur a fine.* ♦ SENTENCE. Frapper qqn d'une amende (infliger une amende à qqn), *to impose a fine on s.o.* ‖ Mettre à l'amende, *to fine.*

amendement ♦ POLITIQUE. Adopter (proposer) un amendement, *to pass (to move) an amendment.*

amener → mandat.

aménité ♦ MAUSSADERIE. Manquer d'aménité, *to be ungracious.* ♦ QUERELLE. Échanger des aménités, *to exchange barbed compliments.*

amer ♦ AMERTUME. L'avoir amère (Fam.), *to be bitter about it.*

Amérique ♦ ÉVIDENCE. Découvrir l'Amérique (Fam.), *to find out that Queen Anne is dead.*

amertume ♦ AMERTUME. Remplir d'amertume, *to fill with bitterness.* ‖ Ressentir de l'amertume, *to feel bitter.* ♦ APAISEMENT. Adoucir (atténuer) l'amertume, *to lessen (to assuage) the bitterness.* ♦ DÉTRESSE. Etre abreuvé d'amertume, *to be embittered.*

ami ♦ AMITIÉ. Conserver ses amis, *to keep o.'s friends.* ‖ Etre des amis de cœur (d'enfance), *to be bosom (childhood) friends.* ‖ Etre amis jusqu'à la bourse, *to be fair-weather friends.* ‖ Se faire un ami de qqn, *to make friends with s.o.* ♦ COMPLICITÉ. Etre amis comme cochons (Pop.), *to stand shoulder to shoulder.* ♦ FAVEUR. Avoir des amis en haut lieu, *to have friends in high places.* ♦ FIDÉLITÉ. Etre amis à la vie à la mort, *to be friends for life.* ♦ LIBERTINAGE. Avoir un petit ami, *to have* *a boy-friend.* ◆ RUPTURE. Se séparer bons amis, *to part friends.*

→ **nom, nuit, prix, rappel, service.**

amiable ◆ PROCÉDURE. S'arranger à l'amiable, *to reach a friendly arrangement.*

amitié ◆ AMITIÉ. Avoir (éprouver) de l'amitié pour qqn, *to feel friendship for s.o.* ‖ Cimenter (fortifier) une amitié, *to cement (to strengthen) a friendship.* ‖ Contracter (lier, nouer) amitié avec qqn, *to strike up a friendship with s.o.* ‖ Entretenir l'amitié, *to keep up friendship.* ‖ Prendre qqn en amitié (se prendre d'amitié pour qqn), *to take a liking to s.o.* ‖ Porter (vouer) une amitié à qqn, *to show (to vow) friendship to s.o.* ‖ Se lier d'amitié, *to become lasting friends.* ◆ CIVILITÉ. Envoyer ses amitiés à qqn, *to send o.'s regards to s.o.* ◆ RÉCONCILIATION. Renouer amitié avec qqn, *to renew o.'s friendship with s.o.* ◆ RUPTURE. Perdre une amitié, *to lose a friend.* ‖ Renoncer à (rompre) une amitié, *to give up (to break off) a friendship.* ◆ SERMENT. Jurer amitié à qqn, *to swear friendship to s.o.* ‖ Protester de son amitié, *to protest o.'s friendship.*

→ **lien.**

amnésie ◆ SANTÉ. Etre frappé d'amnésie, *to have an attack of amnesia.*

amnistie ◆ SENTENCE. Accorder l'amnistie, *to grant an amnesty.*

amorce ◆ CONTACT. Faire des amorces, *to take the first step.*

amour 1. AMOUR. Aimer d'amour, *to love.* ‖ Avouer (déclarer, confesser) son amour, *to declare (to confess) o.'s love.* ‖ Brûler d'amour, *to burn with love.* ‖ Cacher (taire) son amour, *to hide o.'s love.* ‖ Éveiller (exciter, faire naître, inspirer) l'amour, *to awaken (to kindle, to inspire) love.* ‖ Etre consumé d'amour, *to be consumed with passion.* ‖ Etre enivré (transporté) d'amour, *to be carried away by love.* ‖ Etre fou d'amour, *to be madly in love.* ‖ Filer le parfait amour, *to live love's young dream.* ‖ Mourir d'amour, *to die of love.* [V. 3.] ‖ Répondre à l'amour de qqn, *to respond to s.o.'s love.* ‖ Revenir à ses premières amours, *to return to o.'s first love.* ‖ S'aimer d'amour tendre, *to love each other tenderly.* ‖ S'enflammer d'amour (pour qqn), *to lose o.'s heart (to s.o.).* ‖ S'éveiller à l'amour, *to awaken to love.* ‖ S'ouvrir à l'amour,

to open o.'s heart to love. ‖ Vivre d'amour et d'eau fraîche, *to live on love.* ‖ Vivre le grand amour de sa vie, *to experience the one great love of o.'s life.* − 2. ENFANT. Etre un amour, *to be a love of a child.* − 3. MORT. Mourir d'amour, *to die of a broken heart.* [V. 1.] − 4. RUPTURE. Briser (détruire, anéantir) son amour, *to destroy o.'s love.* − 5. SERMENT. Se jurer un amour éternel, *to swear everlasting love.* − 6. SEXUALITÉ. Avoir l'amour vache (Pop.), *to be a bit rough.* ‖ Faire l'amour (Fam.), *to make love.* ‖ Faire l'amour à la hussarde (Pop.), *to make love in a cavalier manner.*

→ **cote, enfant, mariage, remède.**

amoureux ◆ AMOUR. Devenir (tomber) amoureux, *to fall in love.* ◆ THÉÂTRE. Jouer (faire) les amoureux, *to play the romantic roles.*

→ **congé.**

amour-propre ◆ AMOUR-PROPRE. Avoir de l'amour-propre, *to have o.'s self-respect* ◆ DIPLOMATIE. Ménager l'amour-propre de qqn, *to have regard to s.o.'s self-esteem.* ◆ FLATTERIE. Flatter l'amour-propre de qqn, *to flatter s.o.'s self-esteem.* ◆ RABAISSEMENT. Blesser (froisser) l'amour-propre de qqn, *to wound s.o.'s self-esteem.* ◆ SUSCEPTIBILITÉ. Avoir l'amour-propre mal placé, *to have a mis-placed pride.*

→ **blessure, question.**

ampleur ◆ ÉTENDUE. Prendre de l'ampleur, *to spread.* ‖ Revêtir une ampleur exceptionnelle, *to take on unusual proportions.* ‖ Se manifester dans toute son ampleur, *to reach its full extent.*

ampoule ◆ PARESSE. Ne pas se faire d'ampoules aux mains (Fam.), *not to kill o.s.*

amputation ◆ MÉDECINE. Pratiquer une amputation, *to carry out an amputation.*

amusette ◆ FACILITÉ. N'être qu'une amusette, *to be mere child's play.*

an ◆ ÂGE. Aller sur ses vingt ans, *to be going on for twenty.* ‖ Etre chargé d'ans, *to be stricken in years.* ◆ INCULPÉ. Tirer un an de prison (Fam.), *to get a year in gaol.* ◆ INDIFFÉRENCE. S'en moquer comme de l'an quarante (Fam.), *not to give a tinker's cuss.*

→ **cours, jambe, poids.**

analyse ◆ CONCLUSION. Conclure en dernière analyse, *to conclude in the final*

analysis. ◆ HERMÉTISME. Défier l'analyse, to defy analysis. ◆ SCIENCE. Faire (effectuer) une analyse, *to make (to carry out) an analysis.* ‖ Soumettre à l'analyse, *to submit to analysis.*
→ **esprit.**

anarchie ◆ INCURIE. Tomber (sombrer) dans l'anarchie, *to fall (to sink) into complete disorder.* ◆ INDISCIPLINE. Vivre en pleine anarchie, *to live without any rules at all.*

Anastasie → **ciseaux.**

anathème ◆ MALÉDICTION. Jeter l'anathème sur qqn (prononcer l'anathème contre qqn), *to pronounce a curse against s.o.* ◆ RELIGION. Frapper d'anathème, *to anathematize.* ‖ Fulminer (lever) un anathème, *to fulminate (to remove) an anathema.*

ancienneté ◆ HIÉRARCHIE. Avancer à l'ancienneté, *to be promoted by seniority.* ‖ Avoir de l'ancienneté, *to have some seniority.*

ancre 1. DÉPART. Lever l'ancre (Fam.), *to move on.* [V. 2.] — 2. MARINE. Jeter (lever) l'ancre, *to drop (to weigh) anchor.* [V. 1.] — 3. SALUT. N'avoir plus qu'une ancre de salut, *to have one last means of escape.*

andouille ◆ BÊTISE. Faire l'andouille (Pop.), *to act like a clot.*

âne ◆ BÊTISE. Etre un âne bâté, *to be a dunce.* ‖ Etre bête comme un âne, *to be as stupid as they come.* ◆ IMPOSSIBILITÉ. Faire boire un âne qui n'a pas soif, *to make a horse drink when it is not thirsty.* ◆ INDÉCISION. Etre comme l'âne de Buridan, *not to know o.'s own mind.* ◆ MÉCHANCETÉ. Etre méchant comme un âne rouge, *to be a nasty piece of work.* ◆ OBSTINATION. Etre têtu comme un âne, *to be as stubborn as a mule.* ◆ REBOURS. Brider l'âne par la queue, *to start at the wrong end.* ◆ RUSE. Faire l'âne pour avoir du son, *to act dumb to get what o. wants.* ◆ SÉRIEUX. Etre sérieux comme un âne qu'on étrille (Fam.), *to be as solemn as an owl.*
→ **cheval, coq, coup, pas, pet, pont.**

anéantissement ◆ DÉTRESSE. Etre plongé dans l'anéantissement, *to be drained of all feeling.* ◆ SOMMEIL. Plonger dans l'anéantissement, *to sink towards unconsciousness.*

anémie ◆ SANTÉ. Faire de l'anémie, *to have anaemia.*

ânerie ◆ BÊTISE. Faire des âneries (Fam.), *to make an ass of o.s.* ◆ SOTTISES. Dire des âneries (Fam.), *to talk rot.*

ange ◆ INNOCENCE. Etre pur comme un ange, *to be angelic.* ◆ JOIE. Etre aux anges, *to be walking on air.* ◆ PHYSIONOMIE. Etre beau comme un ange, *to be cherubic.* ◆ PROTECTION. Etre le bon ange de qqn, *to be s.o.'s fairy godmother.* ‖ Servir d'ange gardien à qqn, *to be s.o.'s guardian angel.* ◆ RIRE. Rire (sourire) aux anges, *to laugh (to smile) blissfully.*
→ **patience.**

angélus ◆ RELIGION. Sonner (tinter) l'angélus, *to sound (to ring out) the angelus.*

anglais ◆ FUITE. Filer à l'anglaise, *to take French leave.*

angle ◆ ACCOMMODEMENT. Adoucir (arrondir) les angles, *to knock off the corners.* ◆ LOCALISATION. Faire l'angle de la rue, *to be on the corner.* ◆ MATHÉMATIQUES. Former un angle, *to produce an angle.*

angoisse ◆ INQUIÉTUDE. Etre étreint par l'angoisse, *to be in the grip of anguish.* ‖ Etre (se sentir) envahi par l'angoisse, *to be overwhelmed with anguish.* ◆ TOURMENT. Jeter (plonger) qqn dans l'angoisse, *to plunge s.o. into anguish.*

anguille ◆ DIFFICULTÉ, REBOURS. Écorcher l'anguille par la queue, *to start at the hard end.* ◆ ÉCHAPPATOIRE. Etre fuyant comme une anguille, *to be as slippery as en eel.* ◆ INTRIGUE. Y avoir anguille sous roche, *there [to be] sth. fishy going on* (Gramm.).
→ **doigt.**

animal → **laisse, piège.**

animation ◆ ENTRAIN. Mettre de l'animation, *to liven things up (a bit).* ◆ PAROLE. Discuter (parler) avec animation, *to carry on a lively discussion.*

animosité ◆ HOSTILITÉ. Avoir de l'animosité contre qqn, *to feel animosity for s.o.* ‖ Créer de l'animosité entre deux personnes, *to cause bad blood between two people.*

année ◆ ÂGE. Vivre ses meilleures années, *to live the best years of o.'s life.* ◆ PAIEMENT. Payer à l'année, *to pay by the year.* ◆ RÉJOUISSANCE. Souhaiter la bonne année à qqn, *to wish s.o. a Happy New*

Year. ◆ RÉTROSPECTIVE. Remonter à plusieurs années, *to date from several years back.*

anniversaire ◆ RÉJOUISSANCE. Célébrer un anniversaire, *to celebrate an anniversary.* ‖ Célébrer l'anniversaire de qqn, *to celebrate s.o.'s birthday.*

annonce ◆ DISCOURS. Faire une annonce, *to make an announcement.* ◆ PRESSE. Consulter (éplucher) les petites annonces, *to read (to scan) the small-ads.* ◆ PUBLICITÉ. Insérer (mettre, faire passer) une annonce, *to insert (to put, to publish) an ad.*

annoncer ◆ CIVILITÉ. Se faire annoncer, *to give o.'s name.*

annuaire ◆ TÉLÉPHONE. Consulter l'annuaire, *to look it up in the directory.* → **numéro.**

annuité ◆ PAIEMENT. Payer par annuités, *to pay by yearly instalments.*

anonymat ◆ CLANDESTINITÉ. Conserver (garder) l'anonymat, *to remain anonymous.*

anse ◆ CONCUSSION. Faire danser l'anse du panier, *to take the cook's commission.* → **panier, pot.**

antagonisme ◆ HOSTILITÉ. Éveiller (susciter) l'antagonisme, *to rouse (to stir up) antagonism.*

antécédent ◆ RENOMMÉE. Avoir de bons (mauvais) antécédents, *to have a good (bad) record.*

antenne ◆ INTUITION. Avoir des antennes, *to have insight.* ◆ RADIO. Prendre l'antenne, *to come on the air.* ‖ Rendre l'antenne, *to hand back to the studio.* ◆ TÉLÉVISION. Poser une antenne de télévision, *to install a television aerial.*

antibiotique ◆ SANTÉ. Etre sous antibiotiques, *to be on antibiotics.*

antichambre ◆ ATTENTE. Faire antichambre, *to wait in the outer room.* ◆ REQUÊTE. Courir les antichambres, *to haunt outer offices.*

anticorps ◆ SANTÉ. Libérer des anticorps, *to release antibodies.*

antienne ◆ RÉPÉTITION. Chanter la même antienne, *to keep harping on the same string.* ◆ REVIREMENT. Changer d'antienne, *to change the record.*

antipathie ◆ ANTIPATHIE. Éprouver de l'antipathie pour qqn, *to feel antipathy for s.o.* ‖ Témoigner de l'antipathie à qqn, *to show antipathy to s.o.* ◆ DÉPLAISANCE.

Provoquer (soulever) l'antipathie de qqn, *to rouse s.o.'s antipathy.*

antipode ◆ CONTRAIRE. Etre aux antipodes, *to be poles apart.*

antisèche ◆ ÉCOLE. Préparer des antisèches (Fam.), *to prepare a crib.*

antitoxine ◆ SANTÉ. Produire des antitoxines, *to produce antitoxins.*

antre ◆ DANGER. Pénétrer dans l'antre du lion (Fam.), *to go into the lion's den.*

anxiété ◆ INQUIÉTUDE. Éprouver une vive anxiété, *to feel keen anxiety.*

apache → **ruse.**

apaisement ◆ APAISEMENT. Obtenir des apaisements, *to obtain reassurances.* → **esprit.**

aparté ◆ CONVERSATION. Faire un aparté, *to hold a conversation aside.*

apathie ◆ RESSORT. Secouer (sortir de) son apathie, *to stir (to rouse) o.s.* ◆ STIMULATION. Sortir qqn de son apathie, *to rouse s.o.*

aperçu ◆ EXPOSÉ. Donner un aperçu de qqch., *to give an outline of sth.*

apéritif ◆ BOISSON. Prendre l'apéritif, *to have an aperitif.*

apesanteur → **état.**

aphorisme ◆ LANGAGE. Tourner à l'aphorisme, *to become an aphorism.*

aplomb 1. ASSURANCE. Avoir de l'aplomb (Fam.), *to be self-assured.* [V. 2.] — 2. EFFRONTERIE. Avoir de l'aplomb (Fam.), *to have (got) a cheek.* [V. 1.] — 3. ÉQUILIBRE. Etre d'aplomb, *to be steady.* [V. 4, 5.] — 4. RAISON. Etre d'aplomb (Fam.), *to be well-balanced.* [V. 3, 5.] — 5. SANTÉ. Etre d'aplomb (Fam.), *to be feeling well.* [V. 3, 4.] ‖ Ne pas être d'aplomb (Fam.), *to feel shaky.* ‖ Remettre qqn d'aplomb (Fam.), *to set s.o. up again.* ‖ Se remettre d'aplomb (Fam.), *to get back on o.'s feet.* — 6. TIMIDITÉ. Perdre son aplomb, *to lose o.'s self-assurance.*

apogée ◆ APOGÉE. Atteindre (être à) l'apogée, *to reach (to be at) the zenith.* ‖ Etre à l'apogée de sa gloire, *to be at the height of o.'s fame.*

Apollon ◆ PHYSIONOMIE. Etre beau comme Apollon, *to look like a Greek god.*

apologie ◆ ÉLOGE. Faire l'apologie de qqn (de qqch.), *to vindicate s.o. (sth.).*

apoplexie ◆ MÉDECINE. Etre frappé (tomber) d'apoplexie, *to have a stroke.*

apostrophe ◆ INTERVENTION. Lancer une apostrophe à qqn, *to upbraid s.o.*

apothéose ◆ APOGÉE. Connaître une apothéose, *to achieve o.'s apotheosis.*

apôtre ◆ DÉFENSEUR. Se faire l'apôtre d'une cause, *to take up a cause.* ◆ HYPO-CRISIE. Faire le bon apôtre, *to play the honest man.*

appareil ◆ TÉLÉPHONE. Décrocher (raccrocher) l'appareil, *to lift (to replace) the receiver.*

apparence ◆ APPARENCE. Offrir (présenter) une belle apparence, *to have a fine appearance.* ◆ CIRCONSPECTION. Ne pas se fier aux apparences, *not to trust outward appearances.* ◆ CRITÈRE DE JUGEMENT. Juger d'après (sur) les apparences, *to go by outward appearances.* ◆ DIGNITÉ. Sauver (sauvegarder) les apparences, *to keep up appearances.* ◆ ILLUSION. Se laisser prendre aux apparences, *to be taken in by outward appearances.*

apparition 1. DÉBUT. Faire son apparition, *to make o.'s appearance.* [V. 2.] – 2. MANIFESTATION. Faire son apparition, *to appear.* [V. 1.] – 3. VISITE. Faire une apparition chez qqn, *to pop in at s.o.'s* ‖ Ne faire qu'une courte apparition, *to put in a brief appearance.*

appartement ◆ MAISON. Acheter un appartement libre (occupé), *to buy a flat with vacant possession (with sitting tenants).* ‖ Installer (occuper) un appartement, *to fit up (to occupy) a flat.* ◆ MAUSSADERIE. Se retirer dans ses appartements, *to retire to o.'s rooms.*

appât ◆ DÉFAILLANCE. Céder à l'appât du gain, *to yield to the inducement of profit.* ◆ DUPE, PÊCHE. Gober l'appât, *to swallow the bait.*

appel 1. COURAGE. Faire appel à tout son courage, *to summon up all o.'s courage.* – 2. DÉVOUEMENT. Répondre à tout appel, *to answer every call.* – 3. DISCIPLINE. Répondre à l'appel, *to answer o.'s name.* – 4. EMPRUNT. Faire un appel de fonds (Fam.), *to call for friends.* [V. 5.] – 5. FINANCES. Faire un appel de fonds, *to make a call of capital.* [V. 4.] – 6. INCULPÉ. Faire appel, *to appeal.* ‖ Interjeter appel, *to give notice of appeal.* – 7. MILITAIRE. Devancer l'appel, *to enlist before call-up.* ‖ Faire l'appel, *to call the roll.* ‖ Manquer à l'appel, *to be absent for roll-call.* – 8. PERSUASION. Faire appel aux sentiments, *to appeal to s.o.'s emotions.* ‖

Faire appel aux bons sentiments de qqn, *to appeal to s.o.'s better feelings.* – 9. POLITIQUE. Faire appel à la force armée (aux forces de l'ordre), *to call in the armed forces (the police force).* ‖ Lancer un appel à la nation, *to issue a call to the nation.* – 10. RADIO. Lancer un appel sur les ondes, *to make an appeal over the air.* – 11. REQUÊTE. Adresser (lancer) un appel à qqn, *to make (to launch) an appeal to s.o.* ‖ Faire appel à qqn, *to call on s.o. for help.* ‖ Faire appel au concours de qqn, *to call in s.o.'s assistance.* – 12. SPORTS. Faire un (prendre son) appel, *to take off.* – 13. TECHNIQUE. Faire un appel d'air, *to create a draught.* – 14. TÉLÉPHONE. Faire un appel en P.C.V., *to make a reversed-charge call.*

appellation ◆ BOISSON. Porter une appellation contrôlée, *to be of a guaranteed vintage.* ◆ NOM. Décerner une appellation à qqn (qqch.), *to bestow a name on s.o. (sth.).*

appétit 1. APPÉTIT. Éveiller (aiguiser, augmenter; exciter, ouvrir, provoquer; stimuler) l'appétit, *to arouse (to whet, to increase; to sharpen; to stimulate) the appetite.* ‖ Avoir un appétit de loup (Fam.), *to be as hungry as a hunter.* ‖ Avoir un appétit féroce, *to be ravenously hungry.* ‖ Couper (faire passer) l'appétit à qqn, *to spoil (to take away) s.o.'s appetite.* ‖ Donner de (s'ouvrir) l'appétit, *to give (to work up) an appetite.* ‖ Manger de bon appétit, *to eat heartily.* ‖ Mettre qqn en appétit, *to tempt s.o.'s appetite.* ‖ Perdre l'appétit, *to lose o.'s appetite.* ‖ Retrouver l'appétit, *to get o.'s appetite back.* – 2. ASSOUVISSEMENT. Assouvir (contenter, rassasier, satisfaire) son appétit, *to sate (to appease, to satisfy) o.'s appetite.* – 3. CONVOITISE. Assouvir (satisfaire) ses appétits (Fig.), *to appease (to satisfy) o.'s appetites.* – 4. FRUGALITÉ. Rester (demeurer) sur son appétit, *to get up from the table hungry.* [V. 5.] – 5. INSATISFACTION. Rester (demeurer) sur son appétit (Fig.), *to feel frustrated.* [V. 4.]

applaudissement 1. ÉLOGE. Couvrir qqn d'applaudissements, *to praise s.o. to the skies.* [V. 2.] ‖ Provoquer (soulever) les applaudissements, *to be greeted with applause.* – 2. THÉÂTRE. Couvrir qqn d'applaudissements, *to applaud s.o. loudly.*

[V. 1.] ‖ Crouler sous les applaudissements, *to rock with applause.*
→ **tonnerre.**

application ♦ ADMINISTRATION. Entrer
en application, *to become effective.* ‖
Mettre en application, *to put into effect.*

appoint ♦ ARGENT. Faire l'appoint, *to
give the exact change.* ♦ PARTICIPATION.
Apporter son appoint, *to make o.'s contribution.*

appointements ♦ RÉMUNÉRATION.
Toucher (percevoir, recevoir) ses appointements, *to draw (to receive) o.'s salary.*

appréciation ♦ ARBITRAGE. Laisser
qqch. à l'appréciation de qqn, *to leave sth.
to s.o.'s judgment.* ‖ Soumettre qqch. à
l'appréciation de qqn, *to ask for s.o.'s
opinion on sth.* ♦ ESTIME. Émettre (porter) une appréciation favorable, *to give a
favourable opinion.*
→ **pourboire.**

appréhension ♦ APPRÉHENSION.
Éprouver (ressentir) de l'appréhension,
to feel apprehensive.

apprendre ♦ INEXPÉRIENCE. Avoir
beaucoup à apprendre, *to have a lot to
learn.*

apprenti ♦ IMPRÉVOYANCE. Jouer à
l'apprenti sorcier, *to open Pandora's box.*

apprentissage 1. APPRENTISSAGE.
Faire son apprentissage, *to serve o.'s
apprenticeship.* [V. 2.] ‖ Mettre qqn en
apprentissage chez qqn, *to apprentice s.o.
to s.o.* – 2. EXPÉRIENCE. Faire son apprentissage (Fig.), *to learn by experience.*
[V. 1.]

approbation ♦ APPROBATION. Chercher (quêter, solliciter; obtenir, recueillir)
l'approbation de qqn, *to seek (to beg for,
to sollicit; to get, to obtain) s.o.'s approval.*
‖ Donner (manifester) son approbation,
to give (to manifest) o.'s approval.
→ **signe.**

approchable ♦ CARACTÈRE. Ne pas
être approchable (Fam.), *to be unap-
proachable.*

approche ♦ CONTACT. Faire des
approches, *to make approaches.*
→ **travail.**

appui ♦ AIDE. Accorder (offrir, prêter)
son appui, *to give (to offer, to lend) o.'s
support.* ♦ ÉQUILIBRE. Prendre appui sur
qqch., *to lean on sth.* ♦ PREUVE. Citer à
l'appui de son affirmation, *to quote in
support of o.'s statement.* ‖ Venir à l'appui

de qqch., *to bear out sth.* ♦ REQUÊTE.
Chercher (demander, s'assurer) des
appuis, *to seek (to ask for, to secure)
support.*
→ **exemple, pièce, point.**

âpreté ♦ AVARICE. Manifester de l'âpreté,
to show avidity.

à-propos ♦ INOPPORTUNITÉ. Manquer
d'à-propos, *to be untimely* (chose); *to
have no sense of timing* (personne).

aptitude ♦ CAPACITÉ. Avoir de grandes
aptitudes pour qqch., *to have great aptitude for sth.* ‖ Déterminer les aptitudes de
qqn, *to ascertain s.o.'s aptitudes.*

aquarelle ♦ ART. Faire de l'aquarelle,
to paint in water-colours.

arabesque ♦ ART. Décrire des arabesques, *to make arabesques.*

araignée ♦ FOLIE. Avoir une araignée
au plafond (Fam.), *to have bats in the
belfry.*
→ **œuf.**

arbitrage ♦ ARBITRAGE. Proposer un
arbitrage, *to propose arbitration.* ‖
Recourir (soumettre) à un arbitrage, *to
resort (to submit) to arbitration.*

arbitre ♦ ARBITRAGE. Prendre pour
arbitre, *to take as referee.* ♦ ESCLAVAGE.
Perdre son libre arbitre, *to be deprived of
o.'s freedom of will.* ♦ LIBERTÉ. Exercer
(agir selon) son libre arbitre, *to act as a
free agent.*

arbre ♦ ACCIDENT. Entrer dans un arbre,
to run into a tree. ♦ CIRCONSPECTION. Ne
pas juger l'arbre sur l'écorce, *not to judge
a book by its cover.* ♦ IMPRÉVOYANCE.
Couper l'arbre pour avoir le fruit, *to kill
the goose that lays the golden eggs.* ♦
RÉJOUISSANCE. Faire un arbre de Noël, *to
have a Christmas tree.* ♦ RÉSULTAT.
Reconnaître l'arbre à ses fruits, *to know
the tree by its fruit.* ♦ TROMPERIE. Faire
monter qqn à l'arbre, *to lead s.o. up the
garden path.*
→ **cognée, doigt, gros.**

arc ♦ SPORTS. Bander (tendre; débander)
un arc, *to string (to bend; to unbend) a
bow.*
→ **corde, Jeanne.**

archet → **coup.**

archive ♦ INFORMATION. Conserver des
archives, *to keep records.*

arçon ♦ DÉSARROI. Vider les arçons
(Fig.), *to be floored.* ♦ SPORTS. Vider les
arçons, *to be thrown.*

ardeur ◆ APAISEMENT. Éteindre l'ardeur des passions, *to quench the fire of passion.* ◆ ARDEUR. Apporter de l'ardeur à qqch., *to put o.'s heart and spirit into sth.* ‖ Redoubler d'ardeur, *to redouble o.'s ardour.* ◆ DÉTÉRIORATION. Perdre de son ardeur, *to lose some of o.'s ardour.* ◆ ENTHOUSIASME. Avoir l'ardeur de la jeunesse, *to have the eagerness of youth.* ◆ MODÉRATION. Affaiblir (diminuer, freiner, modérer, ralentir, refroidir, tempérer) l'ardeur de qqn, *to damper (to diminish, to restrain, to lessen, to chill, to calm down) s.o.'s ardour.* ◆ STIMULATION. Attiser (aviver, enflammer, exciter, galvaniser; réveiller), l'ardeur de qqn, *to stir up (to ignite, to arouse, to stimulate; to reawaken) s.o.'s ardour.* ‖ Redonner de l'ardeur à qqn, *to restore s.o.'s ardour.* ‖ Remplir qqn d'ardeur, *to fill s.o. with ardour.*

ardoise ◆ DETTE. Avoir une ardoise chez un commerçant, *to be able to get things on tick with a shopkeeper.*

arène ◆ LUTTE, POLITIQUE. Descendre dans l'arène, *to enter the fray.*

areu-areu ◆ ENFANT. Faire areu-areu (Fam.), *to go goo-goo.*

argent 1. AISANCE. Avoir de l'argent disponible, *to have money in hand.* ‖ Avoir de l'argent de poche, *to have pocket money.* — 2. AVARICE. Aimer l'argent, *to love money.* ‖ Amasser (entasser) de l'argent, *to make a pile.* ‖ Courir après l'argent, *to be always after money.* [V. 14.] — 3. CRÉDULITÉ. Prendre pour argent comptant, *to take for Gospel truth.* — 4. DÉPENSE. Claquer de l'argent (Fam.), *to blue o.'s money.* ‖ Distraire de l'argent de son budget, *to set money aside out of o.'s budget.* ‖ En être pour son argent, *to have spent o.'s money to no purpose.* ‖ Flamber de l'argent (Fam.), *to throw o.'s money down the drain.* ‖ Lâcher de l'argent (Fam.), *to fork out.* ‖ Regretter son argent, *to regret the money spent.* ‖ Semer de l'argent, *to squander money.* — 5. DÉSINTÉRESSEMENT. Mépriser l'argent, *to despise money.* — 6. DUPE. Pouvoir courir après son argent, *can sing for o.'s money* (Gramm.). — 7. ÉCONOMIE. Avoir de l'argent devant soi, *to have money in the bank.* ‖ Mettre de l'argent de côté, *to put money aside.* — 8. EXIGENCE. En vouloir pour son argent, *to want value for*

o.'s money. — 9. EXTORSION. Extorquer de l'argent à qqn, *to extort money from s.o.* ‖ Soutirer de l'argent à qqn, *to touch s.o. for money.* ‖ Tirer de l'argent de qqn, *to get money out of s.o.* — 10. FINANCES. Déposer de l'argent à la banque, *to put money in the bank.* ‖ Faire travailler (fructifier) son argent, *to make o.'s money bear interest.* ‖ Placer son argent à X pour cent d'intérêt, *to invest o.'s money at X per cent interest.* ‖ Placer son argent en viager, *to buy an annuity.* — 11. GAGNE-PAIN. Faire rentrer l'argent, *to bring in money.* [V. 13.] — 12. GAIN. Faire (gagner) de l'argent, *to make (to earn) money.* ‖ Gagner un argent fou, *to make pots of money.* ‖ Palper de l'argent (Fam.), *to pocket something.* ‖ Ramasser de l'argent (Fam.), *to make a pile.* ‖ Se faire de l'argent, *to make o.s. some money.* ‖ Toucher de l'argent, *to draw money.* — 13. GESTION. Avoir de l'argent en caisse, *to have money in hand.* ‖ Faire rentrer son argent, *to recover o.'s money.* [V. 11.] ‖ Manier de l'argent, *to handle money.* — 14. IMPÉCUNIOSITÉ. Courir après l'argent (Fam.), *to try desperately to make some money.* [V. 2.] ‖ Manquer d'argent, *to be short of money.* — 15. IMPOSSIBILITÉ. Souder le vif argent, *to square the circle.* — 16. PAIEMENT. Abouler son argent (Pop.), *to stump up.* ‖ Allonger de l'argent (Fam.), *to fork out.* — 17. PERTE. Engouffrer de l'argent dans une affaire, *to pour o.'s money into a business.* ‖ Manger de l'argent (Fam.), *to run through money.* ‖ Perdre de l'argent, *to lose money.* ‖ Placer de l'argent à fonds perdu, *to sink o.'s money.* ‖ Voir son argent partir en fumée, *to see o.'s money go up in smoke.* — 18. PRÊT. Avancer de l'argent à qqn, *to advance money to s.o.* ‖ Courir après son argent (Fam.), *to chase up o.'s money.* — 19. PRODIGALITÉ. Dilapider (prodiguer) son argent, *to squander o.'s money.* ‖ Éparpiller son argent, *to fritter away o.'s money.* ‖ Faire valser l'argent, *to play ducks and drakes with o.'s money.* ‖ Jeter son argent par les fenêtres (aux quatre vents), *to throw o.'s money out of the window.* ‖ Semer l'argent (Fam.), *to throw o.'s money about.* — 20. PROFIT. Faire argent de tout, *to turn everything to profit.* — 21. RICHESSE. Avoir un argent fou, *to have pots of money.* ‖ Brasser beaucoup d'argent, *to handle a lot of*

money. ‖ Remuer l'argent à la pelle (Fam.), *to shift money around in cartloads.* — 22. VALEUR. En avoir pour son argent, *to have o.'s money's worth.* — 23. VOL. Carotter de l'argent à qqn (Fam.), *to diddle s.o.* ‖ Détourner (distraire) de l'argent, *to embezzle money.*
→ **bout, couleur, homme, mariage, noce, plat, rentrée, valeur.**

argenté ♦ AISANCE. Etre bien argenté (Fam.), *to be moneyed.*

argile → **dieu.**

argot ♦ LANGAGE. Parler argot, *to talk slang.*

argument ♦ ARGUMENTATION. Accumuler (aligner, apporter, fournir) des arguments, *to pile up (to line up, to provide, to supply) arguments.* ‖ Avoir (employer, utiliser) des arguments massue (de poids, spécieux), *to have (to use) crushing (weighty, specious) arguments.* ‖ Avoir (employer, utiliser) des arguments à double tranchant, *to have (to use) arguments that cut both ways.* ‖ Formuler (invoquer, enfoncer, réfuter, peser) des arguments, *to set forth (to call up, to knock down, to refute, to weigh) arguments.* ♦ PRÉTEXTE. Tirer argument de qqch., *to use sth. as an argument.*
→ **court, raisonnement.**

argumentation ♦ ARGUMENTATION. Suivre (développer) une argumentation, *to pursue (to develop) a line of reasoning.*

Ariane → **fil.**

armature ♦ MORALITÉ. Avoir une solide armature morale, *to have a strong moral framework.*

arme 1. ARGUMENTATION. Faire arme de tout, *to turn everything to account.* — 2. ARTISAN DE SON SORT. Donner (fournir) des armes contre soi, *to provide a rod for o.'s own back (a handle against o.s.).* — 3. CHOC EN RETOUR. Battre qqn avec ses propres armes, *to beat s.o. at his own game* — 4. DÉBUT. Faire ses premières armes, *to make o.'s debut.* — 5. ÉCHEC. Rendre les armes (Fig.), *to give in.* [V. 7.] — 6. ÉGALITÉ. Combattre à armes égales, *to fight on equal terms.* — 7. MILITAIRE. Capituler avec armes et bagages, *to surrender bag and baggage.* ‖ Charger une arme, *to load a weapon.* ‖ Décharger son arme sur qqn, *to let off o.'s gun at s.o.* ‖ Etre sous les armes, *to be under arms.* [V. 11.] ‖ Faire parler les armes, *to open*

fire. ‖ Manier les armes, *to handle arms.* ‖ Passer par les armes, *to send before a firing squad.* ‖ Pointer une arme sur qqn, *to level a weapon at s.o.* ‖ Prendre les armes, *to take up arms.* ‖ Présenter les armes, *to present arms.* ‖ Rendre (déposer, poser, mettre bas) les armes, *to surrender (to lay down) o.'s arms.* [V. 5.] — 8. MORT. Mourir les armes à la main, *to die with o.'s boots on.* ‖ Passer l'arme à gauche (Fam.), *to go west.* — 9. PAIX. Faire tomber les armes des mains de qqn, *to make s.o.'s weapons drop from his hands.* — 10. POLITIQUE. Fournir des armes à un pays, *to supply a country with arms.* — 11. TOILETTE. Etre sous les armes (Fam.), *to be dressed to kill.* [V. 7.]
→ **passe, port.**

armé ♦ DÉFENSE. Etre mieux armé, *to be better armed.*

armée ♦ COURAGE. Valoir une armée tout entière, *to be worth a whole army.* ♦ MILITAIRE. Lever une armée, *to raise an army.* ‖ Passer l'armée en revue, *to review the army.* ‖ S'engager dans l'armée, *to enlist in the army.*
→ **ordre.**

armement ♦ MILITAIRE. Contrôler (limiter) l'armement, *to control (to limit) armaments.* ‖ Pousser ses armements, *to step up armaments.*
→ **course.**

armoire ♦ CORPS. Etre large comme une armoire (Fam.), *to be broad in the beam.* ‖ Ressembler à une armoire à glace, *to be like the side of a house.*
→ **fonds.**

armure ♦ MILITAIRE. Revêtir une armure, *to put on (a suit of) armour.*

arôme ♦ ODEUR. Exhaler (dégager, respirer) un arôme, *to give forth (to give off, to breathe an aroma* (café); *to give forth a fragrance* (parfum).

arquer ♦ FATIGUE. Ne plus pouvoir arquer (Fam.), *to be dead on o.'s feet.*

arrache-pied ♦ RENDEMENT. Travailler d'arrache-pied, *to work hammer and tongs.*

arracheur ♦ MENSONGE. Mentir comme un arracheur de dents, *to lie like a trooper.*

arrangé ♦ VOIES DE FAIT. Etre bien arrangé (Fam.), *to be in a sorry state.*

arrangeant ♦ ACCOMMODEMENT. Se montrer très arrangeant, *to prove co-operative.*

arrangement ◆ NOTARIAT. Faire un arrangement à l'amiable, *to settle out of court*. ◆ ORGANISATION. Prendre un arrangement, *to come to an arrangement*.

arrestation → état.

arrêt 1. ATTENTION. Tomber en arrêt, *to stop dead in o.'s tracks*. [V. 2.] − 2. CHASSE. Etre en arrêt, *to be at a dead set*. ‖ Tomber en arrêt, *to point*. [V. 1.] − 3. MILITAIRE. Garder les arrêts, *to remain under arrest*. ‖ Mettre aux arrêts, *to put under arrest*. − 4. SENTENCE. Notifier un arrêt, *to intimate a sentence*. ‖ Rendre un arrêt, *to pass sentence*.

→ **cran, mandat, temps.**

arrêté ◆ ADMINISTRATION. Prendre un arrêté, *to pass an order*.

arrhes ◆ PAIEMENT. Donner (verser) des arrhes pour retenir qqch., *to pay a deposit on sth.* ‖ Laisser X francs d'arrhes, *to leave X francs as (a) deposit*.

arrière 1. IRRÉVERSIBILITÉ. Ne pouvoir revenir en arrière, *cannot go back* (Gramm.). − 2. MILITAIRE. Assurer ses arrières, *to cover o.'s rear*. [V. 3.] − 3. PRÉVOYANCE. Assurer ses arrières, *to provide for o.'s future*. [V. 2.] − 4. REBOURS. Revenir en arrière, *to go back*. − 5. SPORTS. Jouer arrière, *to play fullback*.

→ **marche.**

arrière-pensée ◆ FRANCHISE. Parler sans arrière-pensée, *to talk without ulterior motive*.

arrière-plan ◆ RANG. Passer à l'arrière-plan, *to be relegated to the background*. ‖ Reléguer à l'arrière-plan, *to relegate to the background*.

arrivé ◆ ILLUSION. Croire que c'est arrivé, *to think that it is it*. ◆ PRÉSOMPTION. Croire que c'est arrivé, *to think one has it made*.

arrivée ◆ MÉTIER. Pointer à l'arrivée, *to check in*.

art ◆ ART. Cultiver (exercer) un art, *to cultivate (to exercise) an art*. ‖ Favoriser (soutenir) les arts, *to encourage (to support) the arts*. ◆ DIPLOMATIE. Avoir l'art et la manière, *to have the art*. ◆ INCOMPÉTENCE. Avoir l'art de tout embrouiller, *to be a dab hand at muddling everything*. ◆ SÉDUCTION. Avoir l'art de plaire, *to know how to please*.

→ **enfance, maître, plaisanterie.**

Artaban ◆ VANITÉ. Etre fier comme Artaban (Fam.), *to be as pleased as Punch*.

artère → âge.

Arthur ◆ RÉPRIMANDE. Se faire appeler Arthur (Fam.), *to get called all the names*.

artichaut → cœur.

article 1. COMMERCE. Faire l'article, *to puff o.'s wares* [V. 5.] ‖ Suivre un article, *to continue a line*. − 2. CONFIANCE. Prendre pour article de foi, *to take as an article of faith*. − 3. MORT. Etre à l'article de la mort, *to be at the point of death*. − 4. PRESSE. Pondre un article (Fam.), *to turn out an article*. − 5. PROPAGANDE. Faire l'article, *to shoot a line*. [V. 1.]

articulation ◆ MANIE. Faire craquer ses articulations, *to crack o.'s joints*. ◆ SANTÉ Se démettre une articulation, *to dislocate a joint*.

artifice ◆ RUSE. User de tous les artifices, *to resort to every trick in the book*.

→ **feu.**

artilleur → flair.

artisan ◆ ARTISAN DE SON SORT. Etre l'artisan de son sort, *to be the architect of o.'s destiny*. ◆ CRITÈRE DE JUGEMENT. Connaître l'artisan à l'œuvre, *to know a man by his work*.

artiste ◆ COMPÉTENCE. Etre un artiste en la matière, *to be a dab hand* ◆ DÉBUT. Etre un artiste en herbe, *to be a budding artist*.

→ **modèle.**

as 1. ACCULEMENT. N'avoir plus d'as dans son jeu, *to have no more cards left to play*. − 2. CONFUSION. Etre fichu à l'as de pique (Fam.), *to be like a jigsaw*. [V. 4.] − 3. ESCAMOTAGE. Passer à l'as, *to conjure away*. − 4. NON-ÉLÉGANCE. Etre fichu comme l'as de pique (Fam.), *to be dressed like a guy*. [V. 2.] − 5. RICHESSE. Etre plein aux as (Fam.), *to be stinking rich*. − 6. SABOTAGE. Faire qqch. à l'as de pique (Fam.), *to do sth. any old way*.

ascendant ◆ INFLUENCE. Acquérir (prendre) de l'ascendant sur qqn, *to gain influence over s.o.* ‖ Exercer un grand ascendant sur qqn, *to exert great influence upon s.o.* ◆ SÉDUCTION. Subir l'ascendant de qqn, *to be under the spell of s.o.'s personality*.

ascenseur 1. ÉGOÏSME. Ne pas renvoyer l'ascenseur (Fam.), *not to give s.o. a leg* *up.* [V. 2.] — 2. MAISON. Appeler (prendre) l'ascenseur, *to call (to take) the lift.* ‖ Renvoyer l'ascenseur, *to send the lift back down.* [V. 1.]

ascension ◆ SPORTS. Faire l'ascension d'une montagne, *to climb a mountain.*

ascète → **vie.**

asile ◆ ASSISTANCE. Chercher (trouver) asile (auprès de qqn), *to seek (to find) refuge (with s.o.).* ‖ Donner asile à qqn, *to take s.o. in.* ◆ PAUVRETÉ. Vivre à l'asile, *to live in a home.*

aspect ◆ APPARENCE. Se présenter sous un certain aspect, *to appear in a certain light.* ◆ CHANGEMENT. Prendre un aspect différent, *to take on a different appearance.* ◆ IMMOBILISME. Conserver (garder) un aspect immuable, *to keep an unchanging appearance.* ◆ RAISONNEMENT. Considérer (envisager, examiner) sous tous les aspects, *to consider (to examine) from all aspects.* ◆ SÉDUCTION. Avoir (offrir, prendre, présenter) un aspect séduisant, *to offer an attractive appearance.*

asperge ◆ PROSTITUTION. Aller aux asperges (Pop.), *to be a pavement pounder.* ◆ TAILLE. Ressembler à une asperge, *to be like a bean-pole.*

aspérité ◆ ACCUEIL. Se heurter aux aspérités du caractère de qqn, *to come up against the rough edges of s.o.'s character.*

asphalte ◆ PROSTITUTION. Arpenter l'asphalte, *to walk the streets.*

aspirateur ◆ MÉNAGE. Passer l'aspirateur, *to vacuum-clean.*

aspiration ◆ ENTENTE. Rencontrer (combler) les aspirations de qqn, *to meet (to fulfil) s.o.'s aspirations.* ◆ RÉALISATION. Réaliser ses aspirations, *to achieve o.'s aspirations.*

assassin ◆ CRIME. Crier à l'assassin, *to cry murder.*

assassinat ◆ CRIME. Commettre un assassinat, *to commit murder.*

assaut ◆ CIVILITÉ. Faire assaut de politesse avec qqn, *to vie with s.o. in politeness.* ◆ ESPRIT. Faire assaut d'esprit avec qqn, *to pit o.'s wit against s.o.* ◆ MILITAIRE. Donner l'assaut, *to launch an assault.* ‖ Donner (livrer) l'assaut à un lieu, *to storm a place.* ‖ Enlever (emporter, prendre) d'assaut, *to take by storm.* ‖ Monter (s'élancer) à l'assaut, *to spring to the assault.* ‖ Repousser (soutenir) l'assaut, *to repel (to withstand) the assault.* ◆

RÉSISTANCE. Repousser un assaut (Fig.), *to repel an onslaught.*
→ **position.**

assentiment ◆ ACCORD. Obtenir l'assentiment de qqn, *to secure s.o.'s assent.* ◆ ASSENTIMENT. Donner son assentiment, *to give o.'s assent.* ◆ DÉSACCORD. Refuser son assentiment, *to withhold o.'s assent.*
→ **geste, signe.**

assertion ◆ PREUVE. Vérifier les assertions de qqn, *to check s.o.'s assertions.*

assez ◆ SATIÉTÉ. En avoir assez, *to have had enough.*

assiduité 1. AMOUR. Tolérer les assiduités de qqn, *to accept s.o.'s constant attentions* — 2. ÉCOLE. Exiger l'assiduité au cours, *to require regular attendance at classes.* ‖ Manquer d'assiduité, *to be a bad attender.* [V. 3.] — 3. PARESSE. Manquer d'assiduité, *to lack assiduousness.* [V. 2.] — 4. RENDEMENT. Redoubler d'assiduité, *to increase o.'s assiduousness.*

assiette ◆ ALIMENTATION. Torcher son assiette (Fam.), *to wipe o.'s plate clean.* ◆ EXACTION. Tenir l'assiette au beurre, *to have a key to the till.* ◆ FINANCES. Établir l'assiette de l'impôt, *to work out the basis of taxation.* ◆ RÉTABLISSEMENT. Retrouver son assiette, *to get back into trim.* ◆ SANTÉ. N'être pas dans son assiette (Fam.), *to be out of sorts.*

assises ◆ GROUPEMENT. Tenir ses assises, *to hold o.'s meetings.* ◆ SENTENCE. Envoyer aux assises, *to commit for trial.*

assistance ◆ ASSISTANCE. Donner (prêter) assistance à qqn, *to give (to lend) assistance to s.o.* ◆ SOLLICITATION. Demander (implorer) assistance, *to ask for (to implore) assistance.*
→ **aide, enfant.**

association ◆ COLLABORATION. Entrer en association avec qqn, *to enter into partnership with s.o.* ◆ GROUPEMENT. Constituer (former) une association, *to form an association.* ◆ PROCÉDURE. Dissoudre une association, *to dissolve an association.* ◆ RAISONNEMENT. Faire des associations d'idées, *to make associations of ideas.*
→ **membre.**

assorti ◆ MARIAGE. Etre bien (mal) assorti, *to be well-matched (ill-matched).*

assortiment ◆ COMMERCE. Constituer un assortiment de marchandises, *to make* *up an assortment of goods.* ◆ HARMONIE. Réussir un assortiment, *to find a match.*

assoupissement ◆ RESSORT. Sortir de son assoupissement (Fig.), *to emerge from o.'s listlessness.* ◆ SOMMEIL. Céder à l'assoupissement, *to give way to drowsiness.*

assurance ◆ ASSURANCE. Avoir (montrer) de l'assurance, *to have (to show) confidence.* ‖ Donner de l'assurance à qqn, *to give s.o. confidence.* ‖ Prendre de l'assurance, *to grow confident.* ◆ FINANCES. Contracter une assurance, *to take out insurance.* ◆ GARANTIE. Demander (donner; prendre; recevoir) des assurances, *to ask for (to give; to seek; to receive) assurances.* ◆ TIMIDITÉ. Manquer d'assurance, *to lack self-confidence.* ‖ Perdre de son assurance, *to lose o.'s self-confidence.*
→ **contrat, excès, police.**

astre ◆ ÉLÉGANCE. Etre beau comme un astre (Fam.), *to be strikingly good-looking.* ◆ PRÉDICTION. Consulter les astres, *to consult the stars.*

astuce ◆ HABILETÉ. Trouver l'astuce, *to find the secret.* ◆ PLAISANTERIE. Faire une astuce, *to make a joke.* ◆ RUSE. Connaître toutes les astuces, *to be on to all the tricks.* ‖ Recourir à une astuce (user d'astuce), *to resort to a ruse.*

athlète ◆ CORPS. Etre taillé en athlète, *to have an athletic build.*
→ **corps.**

atmosphère 1. AMBIANCE. Alourdir l'atmosphère, *to make the atmosphere oppressive.* ‖ Dégeler l'atmosphère, *to break the ice.* ‖ Créer l'atmosphère, *to create an atmosphere.* ‖ Détendre l'atmosphère, *to clear the air.* ‖ Réchauffer l'atmosphère, *to create a warmer atmosphere.* [V. 3.] ‖ Vivre dans l'atmosphère de qqn, *to live in the atmosphere created by s.o.* − 2. ASTRONAUTIQUE. Rentrer dans l'atmosphère, *to re-enter the atmosphere.* ‖ Se désintégrer dans l'atmosphère, *to burn up in the atmosphere.* − 3. CONFORT. Réchauffer l'atmosphère, *to warm up the air.* [V. 1.] − 4. ODEUR. Imprégner l'atmosphère, *to fill the air.*

atome ◆ BÊTISE. Ne pas avoir un atome de bon sens, *not to have an ounce of common sense.* ◆ SCIENCE. Désintégrer l'atome, *to split the atom.* ◆ SYMPATHIE.

Avoir des atomes crochus avec qqn, *to feel an affinity with s.o.*

atours ◆ ÉLÉGANCE. Etre paré de tous ses atours, *to be decked out in all o.'s finery.*

atout ◆ AVANTAGE. Avoir tous les atouts dans son jeu, *to hold all the trumps.* ‖ Avoir (garder) un atout dans sa manche (en réserve), *to have (to keep) an ace up o.'s sleeve (in the hole).* ‖ Etre un gros atout, *to be a great asset.* ◆ CHANCE. Avoir l'atout maître (Fig.), *to hold the trump-card.* ◆ JEUX DE SOCIÉTÉ. Jouer atout, *to play trumps.*

atrocité ◆ DÉNIGREMENT. Répandre des atrocités sur le compte de qqn, *to spread dreadful tales about s.o.* ◆ SADISME. Commettre des atrocités, *to commit atrocities.*

attache ◆ CORPS. Avoir les attaches fines, *to have slim ankles and wrists.* ◆ RELATIONS. Avoir (conserver) des attaches avec qqn, *to be (to remain) attached to s.o.* ◆ RUPTURE. Rompre ses attaches, *to sever o.'s connections.*
→ **chien, point, port.**

attaché ◆ RÉSIGNATION. Brouter où on est attaché (Fam.), *to make the best of it.*

attachement ◆ AFFECTION. Éprouver de l'attachement pour qqn, *to have a liking for s.o.* ‖ Témoigner de l'attachement à qqn, *to show o.'s liking for s.o.*
→ **preuve.**

attaque 1. ATTAQUE. Diriger une attaque contre qqn, *to direct an attack against s.o.* ‖ Passer à l'attaque, *to take the offensive.* [V. 5.] − 2. COURAGE. Etre d'attaque (Fam.), *to be game.* [V. 4.] − 3. MILITAIRE. Déclencher (lancer) une attaque, *to launch an attack.* ‖ Endiguer (enrayer; soutenir) une attaque, *to stem (to check; to withstand) an attack.* − 4. SANTÉ. Etre d'attaque (Fam.), *to be fighting fit.* [V. 2.] ‖ Avoir une attaque, *to have a stroke.* − 5. SPORTS. Passer à l'attaque, *to attack.* [V. 1.]

atteinte 1. LOCALISATION. Etre (mettre) hors d'atteinte, *to be (to put) out of reach.* [V. 2, 3.] − 2. RÉPUTATION. Etre (mettre) hors d'atteinte, *to be (to place) above suspicion.* [V. 1, 3.] ‖ Porter atteinte à la réputation de qqn, *to injure s.o.'s reputation.* − 3. SUPÉRIORITÉ. Etre (mettre) hors d'atteinte, *to be (to place) in an unassailable position.* [V. 1, 2.]

attelage ◆ MARIAGE. Constituer un mauvais attelage, *to be an ill-matched pair.*

attendre ◆ ATTENTE. Se faire attendre, *to keep everyone waiting.* ◆ IMMÉDIATETÉ. Ne pas se faire attendre, *not to be long in coming.* ◆ MENACE. Ne rien perdre pour attendre, *need not expect to get away with it* (Gramm.).

attendrissement ◆ ÉMOTION. Céder à l'attendrissement, *to be overcome by tenderness.*

attentat ◆ CRIME. Commettre (perpétrer) un attentat contre qqn, *to make an attempt on s.o.'s life.*

attente ◆ ATTENTE. Etre (rester) en attente (chose), *to be held over.* ‖ Etre dans l'attente de qqch., *to be waiting for sth.* ◆ CONVENANCE. Répondre à (remplir; dépasser) l'attente de qqn, *to come up to (to fulfil; to exceed) s.o.'s expectations.* ◆ DÉSILLUSION. Décevoir (frustrer, tromper) l'attente de qqn, *to disappoint (to frustrate, to spoil) s.o.'s expectations.*

attention 1. ATTENTION. Accaparer (attirer, solliciter, capter, captiver, occuper, retenir) l'attention, *to monopolize (to attract, to capture, to win, to occupy, to hold) attention.* ‖ Appeler (attirer) l'attention de qqn sur qqch., *to call (to draw) s.o.'s notice to sth.* ‖ Désigner qqch. à l'attention de qqn, *to call s.o.'s attention to sth.* ‖ Demander (réclamer, requérir, exiger) l'attention, *to need (to require, to call for, to demand) attention.* ‖ Concentrer son attention, *to concentrate o.'s attention.* ‖ Diriger (porter, tourner) son attention vers qqch., *to turn o.'s attention to sth.* ‖ Faire attention à qqch., *to pay attention to sth.* [V. 7.] ‖ Fixer son attention sur qqch., *to fix o.'s attention on sth.* ‖ Maintenir (soutenir) son attention, *to remain attentive.* ‖ Redoubler d'attention, *to be more attentive than ever.* − 2. DISSIMULATION. Ne pas éveiller l'attention, *not to attract attention.* − 3. INATTENTION. Échapper à l'attention, *to escape notice.* ‖ Relâcher son attention, *to relax o.'s attention.* − 4. INTÉRÊT. Solliciter l'attention de qqn, *to attract s.o.'s interest.* [V. 9.] ‖ Se signaler à l'attention de qqn, *to bring o.s. to s.o.'s notice.* − 5. PERTURBATION. Détourner (distraire, troubler) l'attention, *to divert (to distract, to disturb) attention.* ‖ Lasser l'attention, *to weary the attention.* − 6. PRÉVENANCE. Avoir des attentions pour qqn, *to be attentive to s.o.* ‖ Entourer qqn d'attention (être plein d'attention pour qqn), *to be very attentive to s.o.* ‖ Faire attention à qqn, *to keep an eye on s.o.* − 7. PRUDENCE. Faire attention à qqch., *to beware of sth.* [V. 1.] ‖ Prêter attention à un avertissement, *to pay heed to a warning.* − 8. RECOMMANDATION. Recommander (signaler) qqch. à l'attention de qqn, *to recommend (to bring) sth. to s.o.'s attention.* − 9. REQUÊTE. Solliciter l'attention de qqn, *to sollicit s.o.'s attention.* [V. 4.] − 10. VALEUR. Mériter l'attention, *to deserve attention.*

→ **faute.**

atterrissage ◆ AVIATION. Effectuer un atterrissage forcé, *to make a forced landing.*

→ **train.**

attestation ◆ ADMINISTRATION. Délivrer (faire, donner) une attestation, *to issue (to give) a certificate.*

attirance ◆ ATTRAIT. Éprouver une attirance pour qqn, *to feel attracted by s.o.* ◆ SÉDUCTION. Exercer une attraction sur qqn, *to exert an attraction on s.o.*

attitude ◆ AFFECTATION. Adopter (affecter) une attitude, *to adopt (to assume) an attitude.* ‖ Composer une attitude, *to assume an appropriate attitude.* ‖ Prendre une attitude avantageuse, *to adopt an overweening attitude.* ◆ FAUX-SEMBLANT. N'être qu'une attitude, *to be only a façade.* ◆ INFLUENCE. Dicter une attitude, *to dictate an attitude.* ◆ JUSTIFICATION. Justifier son attitude, *to account for o.'s attitude.* ◆ OPPOSITION. Durcir son attitude, *to toughen o.'s attitude.* ◆ RÉPROBATION. Réprouver l'attitude de qqn, *to condemn s.o.'s attitude.* ◆ REVIREMENT. Changer d'attitude, *to change o.'s attitude.* ‖ Modifier son attitude, *to alter o.'s attitude.*

→ **odieux.**

attraction ◆ ASTRONAUTIQUE. S'arracher à l'attraction terrestre, *to escape the Earth's attraction.* ◆ ATTRAIT. Subir une attraction, *to be attracted.* ◆ SÉDUCTION. Exercer une attraction sur qqn, *to exert an attraction on s.o.*

→ **pôle.**

attrait ◆ ATTRAIT. Se sentir (éprouver, ressentir) de l'attrait pour qqn, *to feel drawn towards s.o.* ◆ ESTHÉTIQUE. Etre dépourvu d'attrait, *to be devoid of attraction.* ◆ SÉDUCTION. Etre plein d'attrait, *to be very attractive.* ‖ Exercer un attrait, *to exert an attraction.*

attrape-nigaud ◆ DUPERIE. Etre un attrape-nigaud, *to be a take-in.*

attraper ◆ DÉLIT. Se faire attraper (Fam.), *to get nabbed.* ◆ DUPE. Se faire attraper (Fam.), *to get taken in.* ◆ RÉPRIMANDE. Se faire attraper (Fam.), *to catch it.*

attribution ◆ COMPÉTENCE. Excéder les attributions de qqn, *to go beyond s.o.'s province.* ‖ Rentrer dans les attributions de qqn, *to lie within s.o.'s province.* ◆ EMPIÉTEMENT. Empiéter sur les attributions de qqn, *to encroach upon s.o. else's province.* ◆ FONCTION. Définir (accroître, étendre; limiter, restreindre) les attributions de qqn, *to define (to widen, to expand; to limit, to restrict) s.o.'s functions.* → cadre.

attroupement ◆ FOULE. Former un attroupement, *to form a gathering.*

aubade ◆ CHANT. Donner une aubade, *to sing an aubade.* ◆ RÉPRIMANDE. Donner une aubade à qqn (Fam.), *to make cat-calls at s.o.*

aubaine ◆ AUBAINE. Etre une bonne aubaine, *to be a godsend.* ‖ Profiter de l'aubaine, *to take advantage of a stroke of luck.*

aube → pied.

auberge ◆ DIFFICULTÉ. Ne pas être sorti de l'auberge (Fam.), *not to be out of the wood yet.*

audace ◆ EFFRONTERIE. Avoir une fière audace, *to have a rare impudence.* ‖ Ne pas manquer d'audace, *to be an impudent rascal.* ‖ (Se) payer d'audace, *to brazen it out.*

audience ◆ PROCÉDURE. Lever l'audience, *to close the sitting.* ‖ Tenir audience, *to sit in court.* ◆ RENDEZ-VOUS. Accorder (donner; obtenir) audience, *to grant (to give; to obtain) an audience.* ◆ REQUÊTE. Demander (solliciter) une audience, *to ask for (to request) an audience.*

audio-visuel ◆ ÉCOLE. Faire de l'audio-visuel, *to use audio-visual methods.*

audition ◆ PROCÉDURE. Procéder à l'audition des témoins, *to proceed with the examination of witnesses.*

auditoire ◆ DISCOURS. Charmer (électriser, empoigner, saisir) l'auditoire, *to charm (to electrify, to grip, to take hold of)*

o.'s audience. ‖ Enlever l'auditoire, *to bring the audience to its feet.* ‖ Subjuguer l'auditoire, *to keep o.'s audience spellbound.*

augmentation ◆ COUTURE. Faire une augmentation, *to make one.* ◆ FINANCES. Entraîner une augmentation des prix, *to involve a rise in prices.* ◆ RÉTRIBUTION. Accorder une augmentation (de salaire), *to grant a rise (in wages).*

Augias → écurie.

augure ◆ ESPOIR. En accepter l'augure, *to take it on trust.* ‖ Tirer augure de qqch., *to take sth. as an omen.* ◆ PRÉDICTION. Consulter les augures, *to consult the omens.* ◆ PRÉSAGE. Etre de mauvais (bon) augure, *to be of ill (good) omen.* → oiseau.

aumône ◆ CHARITÉ. Accepter (recevoir) une aumône, *to accept (to receive) alms.* ‖ Faire l'aumône, *to give alms.* ◆ MENDICITÉ. Demander l'aumône, *to ask for alms.*

aune ◆ DISCERNEMENT. Savoir ce qu'en vaut l'aune, *to know what it costs.* → figure.

auréole ◆ ADMIRATION. Entourer (parer) qqn d'une auréole, *to put a halo on s.o.*

au-revoir ◆ ABSENCE. N'être qu'un au-revoir, *not to be a final farewell.*

aurore ◆ LEVER. Se lever aux aurores, *to get up at the crack of dawn.*

auspices ◆ PERSPECTIVE. Commencer sous d'heureux auspices, *to begin auspiciously.*

austérité → mesure.

autel ◆ MARIAGE. Conduire qqn à l'autel, *to give s.o. away.* ◆ RELIGION. Élever (mettre) sur les autels, *to canonize.*

auteur ◆ PREUVE. Citer ses auteurs, *to quote (o.'s) authorities.* → droit.

authenticité → caractère.

auto ◆ ACCIDENT. Etre renversé par une auto, *to be knocked down by a car.* ◆ AUTOMOBILE. Faire de l'auto, *to go driving.*

autobus → parcours.

autodafé ◆ DESTRUCTION. Faire un autodafé, *to commit sth. to the flames.*

autographe ◆ RENOMMÉE. Distribuer (donner) des autographes, *to give out (to give) autographs.* → chasse.

automate ◆ AUTOMATISME. Agir en (comme un) automate, *to behave like an automaton.*

automatisme ◆ ROUTINE. Acquérir un automatisme, *to acquire an automatic habit.*

autonomie ◆ LIBERTÉ. Réclamer l'autonomie, *to call for self-government.*

autopsie ◆ MÉDECINE. Faire (réclamer) une autopsie, *to perform (to call for) a post-mortem.*

autorisation ◆ ACCORD. Donner (accorder; obtenir) une autorisation, *to give (to grant; to obtain) an authorization.* ◆ DÉPENDANCE. Demander (solliciter) une autorisation, *to ask for (to seek) an authorization.* ◆ DÉSACCORD. Refuser une autorisation, *to refuse an authorization.*

autorité ◆ AUTONOMIE. Agir de sa propre autorité, *to act on o.'s own authority.* ◆ AUTORITARISME. Abuser de son autorité, *to abuse o.'s authority.* ◆ AUTORITÉ. Agir de pleine autorité, *to act with full authority.* ‖ Asseoir son autorité, *to establish o.'s authority.* ‖ Avoir de l'autorité, *to have authority.* ‖ Avoir (acquérir, prendre) de l'autorité sur qqn, *to have (to obtain, to gain) authority over s.o.* ‖ Détenir une autorité, *to hold authority.* ‖ Exercer (imposer, manifester) son autorité, *to exert (to impose, to show) o.'s authority.* ‖ Ressaisir (reprendre) l'autorité, *to seize back (to regain) authority.* ‖ Revêtir (investir) qqn d'une autorité, *to invest s.o. with authority.* ‖ User d'autorité, *to use o.'s authority.* ◆ FAIBLESSE. Manquer d'autorité, *to lack authority.* ‖ Perdre (de) son autorité, *to lose (something of) o.'s authority.* ◆ OPPOSITION. Affaiblir (ébranler, secouer; saper) l'autorité, *to weaken (to shake off; to undermine) authority.* ◆ PREUVE. Invoquer (alléguer) une autorité, *to invoke (to cite) an authority.* ‖ S'appuyer sur une autorité, *to cite an authority in support.* ◆ SUPÉRIORITÉ. Faire autorité, *to be authoritative.*
→ **acte, preuve.**

autoroute ◆ AUTOMOBILE. Emprunter (prendre) une autoroute à péage, *to take a toll-motorway.*

auto-stop ◆ AUTOMOBILE. Faire de l'auto-stop, *to hitch-hike.*

autre ◆ BÉVUE. N'en faire jamais d'autres (Fam.), *can always be relied on to put o.'s foot in it* (Gramm.). ◆ DÉCOURAGEMENT. Etre dégoûté des autres et de soi-même (Fam.), *to be disgusted by all men and oneself.* ◆ DIVERSION. Rencontrer celui qui amuse l'autre (Fam.), *to get side-tracked.* ◆ ERREUR. Prendre qqn pour un autre, *to mistake s.o. for s.o. else.* ◆ EXPÉRIENCE. En avoir vu d'autres, *to have been through worse than that.* ◆ INCRÉDULITÉ. Raconter ça à un autre (d'autres) [Fam.], *to tell it to the marines.* ◆ NON-DISCERNEMENT. Prendre pour une autre (Fam.), *to take for that sort of girl.* ◆ VALEUR. En valoir bien un autre, *to be no worse than any other.*
→ **autrui, dos, excès, extrême, idée, instant, jour, malin, moment, parole, quelqu'un, sujet, un.**

autruche → estomac, politique.

autrui ◆ CRITÈRE DE JUGEMENT. Mesurer autrui à son aune, *to judge others by oneself.*
→ **affaire, souffrance, terrain, terre.**

aval ◆ GARANTIE. Donner son aval à qqch., *to endorse sth.*

avaler ◆ AMERTUME. Etre dur à avaler (Fam.), *to be a bitter pill to swallow.* ◆ NON-ACCEPTATION. Ne pas pouvoir avaler qqch. (Fam.), *not to be able to stomach sth.* ◆ PRÉSOMPTION. Vouloir tout avaler (Fam.), *to want to run the whole shebang.* ◆ TROMPERIE. Faire avaler qqch. à qqn (Fam.), *to get s.o. to swallow sth.*

avance 1. AMOUR. Faire des avances à qqn, *to make advances to s.o.* [V. 4.] — 2. AVANTAGE. Avoir de l'avance sur qqn, *to be ahead of s.o.* ‖ Prendre de l'avance sur qqn, *to gain a lead over s.o.* [V. 8.] — 3. CERTITUDE. Etre couru d'avance, *to be a dead cert.* — 4. CONTACT. Faire des avances à qqn, *to make overtures to s.o.* [V. 1.] ‖ Répondre aux avances de qqn, *to respond to s.o.'s overtures.* ‖ Repousser les avances de qqn, *to refuse s.o.'s overtures.* — 5. ÉCOLE. Etre en avance (élève), *to be ahead.* [V. 9.] — 6. PAIEMENT. Payer d'avance, *to pay in advance.* — 7. PRÊT. Demander (solliciter) une avance de fonds, *to ask for (to request) an advance.* ‖ Faire une avance à qqn, *to give s.o. an advance.* ‖ Faire une avance sur traitement, *to give a sub.* — 8. SPORTS. Accentuer (garder; perdre) son avance, *to strengthen (to keep; to lose) o.'s lead.* ‖ Avoir une avance de X mètres, *to have a lead of X yards.* ‖ Prendre de l'avance, *to take o.'s lead.* [V. 2.] — 9. TEMPS. Etre en avance, *to be early* (personne); *to be fast* (pendule). [V. 5.]

avancé ◆ DÉCONVENUE. Ne pas être plus avancé qu'avant, *to be no better off.*

avancement ◆ HIÉRARCHIE. Avoir (recevoir) de l'avancement, *to be promoted.* ‖ Donner de l'avancement à qqn, *to promote s.o.* ‖˝ Obtenir de l'avancement, *to gain promotion.*

avancer ◆ CIRCONSPECTION. Ne pas trop s'avancer, *not to stick o.'s neck out.*

avanie ◆ INSULTE. Essuyer une avanie, *to suffer an affront.*

avant 1. APPUI. Mettre qqn en avant, *to push s.o. forward.* [V. 3.] — 2. ARGUMENT. Mettre qqch. en avant, *to emphasize sth.* — 3. JUSTIFICATION. Mettre qqn en avant, *to cite s.o.* [V. 1.] — 4. MILITAIRE. Se porter en avant, *to advance.* — 5. PRÉTENTION. Se mettre en avant, *to push o.s. forward.* — 6. PROGRÈS. Regarder en avant, *to look ahead.* — 7. RÉSOLUTION. Aller de l'avant, *to go ahead.* — 8. SPORTS. Jouer avant, *to play forward.*

avantage 1. APPARENCE. Paraître à son avantage, *to look o.'s best.* ‖ Se montrer à son avantage, *to show o.s. (off) to advantage.* — 2. AVANTAGE. Avoir l'avantage, *to be on top.* ‖ Avoir l'avantage sur qqn, *to be ahead of s.o.* ‖ Bénéficier d'un avantage, *to enjoy a privilege.* ‖ Offrir (présenter) de gros avantages, *to offer (to present) major benefits.* ‖ Retirer plusieurs avantages de qqch., *to benefit from sth. in several ways.* ‖ Tirer avantage de qqch., *to turn sth. to advantage.* ‖ Tourner à l'avantage de qqn, *to turn out to s.o.'s advantage.* — 3. FAVEUR. Accorder (procurer) un avantage, *to grant (to procure) an advantage.* [V. 6.] — 4. INTÉRÊT PERSONNEL. Pousser son avantage, *to press (home) o.'s advantage.* ‖ Trouver un avantage à faire qqch., *to find it advantageous to do sth.* — 5. RÉMUNÉRATION. Accorder des avantages à qqn, *to grant s.o. benefits.* ‖ Avoir des avantages en nature, *to have payment in kind.* ‖ Obtenir des avantages substantiels, *to obtain substantial benefits.* — 6. SPORTS. Accorder (donner, concéder) un avantage à qqn, *to give s.o. a start.* [V. 3.] ‖ Avoir l'avantage du terrain, *to have the advantage of the ground.* ‖ Donner l'avantage à qqn, *to give s.o. a lead.* ‖ Garder l'avantage, *to retain the lead.* — 7. SUPÉRIORITÉ. Prendre l'avantage sur qqn, *to get a lead over s.o.*

avant-garde ◆ MODERNISME. Etre à l'avant-garde, *to be avant-garde* (artiste); *to be in the vanguard* (entreprise).

avant-goût ◆ PRÉVISION. En avoir un avant-goût, *to have a forestate (of it).*

avarice ◆ CRITIQUE. Taxer qqn d'avarice, *to accuse s.o. of miserliness.*

avenant ◆ NOTARIAT. Ajouter un avenant, *to add a rider.*

avenir ◆ ANTICIPATION. Anticiper (devancer) l'avenir, *to anticipate the future.* ‖ Préjuger de l'avenir, *to bank too much on the future.* ◆ APPRÉHENSION. Appréhender (craindre, être anxieux de, redouter, trembler pour) l'avenir, *to be apprehensive about (to be fearful for, to be worried about, to be anxious about, to tremble for) the future.* ◆ ARTISAN DE SON SORT. Briser (forger) son avenir, *to wreck (to build) o.'s future.* ‖ Se préparer un bel avenir, *to prepare a fine future for o.s.* ◆ ESPOIR. Avoir de l'avenir, *to have a future.* ‖ Avoir l'avenir devant soi, *to have o.s. future before one.* ◆ IMPRUDENCE. Hypothéquer l'avenir, *to mortgage o.'s future.* ◆ INCERTITUDE. Ne pas répondre de l'avenir, *not to answer for the future.* ‖ Ne pas savoir ce que l'avenir réserve, *not to know what the future holds in store.* ◆ PRÉDICTION. Dévoiler (prédire) l'avenir, *to reveal (to foretell) the future.* ‖ Lire dans l'avenir, *to read the future.* ‖ Lire l'avenir dans le marc de café, *to read cups.* ◆ PRÉVOYANCE. Assurer l'avenir de qqn, *to provide for s.o.'s future.* ‖ Préparer l'avenir, *to prepare for the future.* ‖ Penser (songer) à l'avenir, *to think about the future.* ◆ PROSPECTIVE. Augurer de l'avenir, *to augur the future.* ‖ Considérer (envisager, escompter) l'avenir, *to consider (to look to) the future.* ‖ Se tourner vers l'avenir, *to look towards the future.* ‖ Se transporter dans l'avenir, *to project o.s. into the future.* ◆ PRUDENCE. Ménager l'avenir, *to allow for the future.* ‖ Réserver l'avenir, *to leave the future open.*
→ **confiance, hypothèque, perspective, plan, vue.**

aventure 1. AVENTURE. Chercher aventure, *to seek adventure.* ‖ Collectionner les aventures, *to tumble into one scrape after another.* [V. 3.] ‖ Courir l'aventure, *to be out for adventure.* ‖ Tenter l'aventure, *to have a go.* — 2. HASARD. Aller à l'aventure, *to wander about.* — 3. LIBERTINAGE.

Collectionner les aventures, *to have dozens of affairs.* [V. 1.] — 4. PRÉDICTION. Dire la bonne aventure, *to tell fortunes.*

avenu → nul.

averse ◆ MAUVAIS TEMPS. Prendre (essuyer, recevoir) une averse, *to be caught in a shower.*

aversion ◆ AVERSION. Éprouver de l'aversion pour qqn, *to have an aversion to s.o.* ‖ Prendre qqn en aversion, *to take an aversion to s.o.* ◆ DÉPLAISANCE. Causer (inspirer) de l'aversion, *to cause (to inspire) aversion.*

averti ◆ AVERTISSEMENT. Se tenir pour averti, *to take the warning.*

avertissement ◆ AVERTISSEMENT. Donner (recevoir) un avertissement, *to give (to receive) a warning.*
→ objet.

aveu ◆ AVEU. Arracher des aveux à qqn, *to wring a confession from s.o.* ‖ Faire (passer) des aveux complets, *to make a full and frank confession.* ‖ En venir (passer) aux aveux, *to make a confession.* ◆ DÉDIT. Revenir sur ses aveux, *to retract o.'s confession.*
→ homme.

aveugle ◆ CONFIANCE. Suivre en aveugle, *to follow blindly.* ◆ CRITÈRE DE JUGEMENT. En parler comme un aveugle des couleurs, *to talk through o.'s hat.*

aveuglette ◆ HASARD. Agir à l'aveuglette, *to act in a hit-or-miss way.* ◆ MARCHE. Marcher à l'aveuglette, *to walk blindly on.*

avilissement ◆ DÉCHÉANCE. Tomber dans l'avilissement, *to fall into degradation.*

avion ◆ AVIATION. Monter en avion, *to fly.* ◆ COURRIER. Envoyer par avion, *to send by air-mail.*

aviron ◆ SPORTS. Faire de l'aviron, *to row.*

avis ◆ ACCORD. Se rendre (se conformer, se ranger) à l'avis de qqn, *to come round to (to fall in with) s.o.'s opinion.* ◆ CONSEIL. Demander avis, *to ask for advice.* ‖ Prendre l'avis de qqn, *to ask s.o.'s advice.* ‖ Profiter d'un avis, *to take advantage of a piece of advice.* ◆ DÉFAVEUR. Donner un avis défavorable, *to give an unfavourable opinion.* ◆ ENTENTE. Etre du même avis, *to be of the same opinion.* ‖ Partager l'avis de qqn, *to share s.o.'s opinion.* ◆ ISOLEMENT. Etre seul de son avis, *to be alone in o.'s opinion.* ◆ OPINION. Émettre (exprimer) un avis, *to express (to give) an opinion.* ‖ Donner son avis, *to give o.'s opinion.* ◆ RECOMMANDATION. Donner un avis favorable, *to give a favourable opinion.* ◆ REVIREMENT. Changer d'avis, *to change o.'s mind.*
→ pas.

avocat ◆ DÉFENSE. Etre (se faire) l'avocat du diable, *to be (to become) the devil's advocate.* ‖ Se faire l'avocat de qqn, *to plead s.o.'s cause.* ◆ PROCÉDURE. Commettre un avocat d'office, *to appoint counsel from the bench.* ‖ Inscrire un avocat au barreau, *to call a lawyer to the bar.* ◆ PLAIDEUR. Consulter un avocat, *to consult a lawyer.*

avoir ◆ DUPE. Se faire avoir (Fam.), *to be had.* ◆ MESQUINERIE. Pleurer pour l'avoir (Fam.), *to have to fight to get it.* ◆ RANCUNE. En avoir contre qqn (Fam.), *to have a down on s.o.*

avorton ◆ TAILLE. Etre un avorton, *to be a little squirt.*

avoué ◆ PLAIDEUR. Constituer avoué, *to brief a solicitor.*

avril → poisson.

b ◆ RUDIMENT. Etre le *b a ba* (Fam.), *to be one of the first things you learn.*

baba ◆ STUPÉFACTION. En rester baba (Fam.), *to be left speechless.* ◆ VOIES DE FAIT. L'avoir dans le baba (Fam.), *to get it in the eye.*

Babel → tour.

babine ◆ DÉDAIN. Se retrousser les babines, *to curl o.'s lips.* ◆ JOUISSANCE. Se pourlécher (se lécher) les babines, *to lick o.'s chops.*

bac ◆ ÉCOLE. Passer le bac, *to sit the*

baccalauréat. ◆ MARINE. Prendre le bac, *to take the ferry.*

badigeon → coup.

bagage 1. DÉPART. Plier bagage (Fam.), *to pack up and be off.* [V. 2.] — 2. MORT. Plier bagage (Fam.), *to go west.* [V. 1.] — 3. SAVOIR. Posséder un bagage, *to have a stock of knowledge.* — 4. TRANSPORTS. Faire enregistrer ses bagages, *to register o.'s luggage.* ‖ Visiter les bagages, *to examine the luggage.*

→ arme.

bagarre ◆ COMBATIVITÉ. Aimer la bagarre, *to be fond of a scrap.* ◆ IMPLICATION. Se trouver pris dans la bagarre, *to be caught up in the fight.*

bagatelle ◆ IMPORTANCE. Ne pas être de la bagatelle, *to be no trifling matter.* ◆ SEXUALITÉ. Etre porté sur la bagatelle (Fam.), *to be of an amorous disposition.*

bagne ◆ INFAMIE. Mériter le bagne, *to need deporting.*

bagou ou **bagout** ◆ FACONDE. Avoir du bagou, *to have the gift of the gab.*

bague ◆ MARIAGE. Avoir la bague au doigt, *to have been to church.* ◆ SINÉCURE. Etre une bague au doigt (Fam.), *to be a sinecure.*

baguette ◆ AUTORITARISME. Faire marcher (mener) à la baguette, *to rule with a rod of iron.* ◆ SOUMISSION. Marcher à la baguette, *to be ruled with a rod of iron.*

bahut ◆ ÉCOLE. Aller au bahut (Fam.), *to go to school.*

bail ◆ NOTARIAT. Prendre à bail, *to take a lease.* ‖ Reconduire (résilier) un bail, *to renew (to terminate) a lease.* ◆ PASSÉ. Faire un bail (Impers.) [Fam.], *to be ages.* ◆ SANTÉ. Renouveler son bail (Fam.), *to get a new lease on life.*

bâillement ◆ ENNUI. Étouffer un bâillement, *to stifle a yawn.*

bâillon ◆ SILENCE. Mettre un bâillon à qqn (Fam.), *to gag s.o.*

bain 1. ALIMENTATION. Faire un bain de pieds (Fam.), *to slop into the saucer* [V. 3.] — 2. HABITUDE. Se mettre dans le bain (Fam.), *to get the feel of it.* — 3. HYGIÈNE. Prendre (faire) un bain de pieds, *to bathe o.'s feet.* [V. 1.] ‖ Faire couler (prendre) un bain, *to run (to take) a bath.* ‖ Prendre un bain de siège, *to use a bidet.* ‖ Prendre un bain de soleil, *to sunbathe.* — 4. IMPLICATION. Etre (tremper) dans le bain jusqu'au cou (Fam.), *to be in it up*

to the neck. ‖ Mettre (flanquer) qqn dans le bain (Fam.), *to put s.o. on the spot.* — 5. INFORMATION. Etre dans le bain (Fam.), *to have the feel of it.* — 6. LOISIR. Prendre des bains de mer, *to bathe in the sea.* — 7. REBUFFADE. Envoyer qqn au bain (Fam.), *to tell s.o. where to get off.*

bain-marie ◆ CUISINE. Cuire au bain-marie, *to cook in a double saucepan.*

baïonnette ◆ MILITAIRE. Mettre baïonnette au canon, *to fix bayonets.*

→ pointe.

baisemain ◆ CIVILITÉ. Faire le baisemain à qqn, *to kiss s.o.'s hand.*

baiser ◆ COURRIER. Envoyer de bons baisers à qqn, *to send s.o.'s love.* ◆ ÉPANCHEMENTS. Couvrir (étouffer) qqn de baisers, *to cover (to smother) s.o. with kisses.* ‖ Donner un baiser (un gros baiser) à qqn, *to give s.o. a kiss (a big kiss).* ‖ Envoyer un baiser, *to blow a kiss.* ‖ Dévorer (manger) qqn de baisers, *to shower kisses on s.o.* ‖ Planter un baiser sur la joue de qqn (Fam.), *to plant a kiss on s.o.'s cheek.* ‖ Voler (cueillir, dérober, prendre) un baiser, *to steal a kiss.* ◆ RELIGION. Donner le baiser de paix, *to give the « oscula pacis ».* ◆ TRAÎTRISE. Donner le baiser de Judas, *to give the kiss of Judas.*

baisse ◆ FINANCES. Acheter à la baisse, *to buy on a falling market.* ‖ Spéculer à la baisse, *to speculate for a fall.*

bal ◆ CHEF. Conduire le bal (Fam.), *to direct operations.* ◆ DANSE. Conduire le bal, *to lead the dance.* ‖ Ouvrir le bal, *to open the ball.*

balade ◆ PROMENADE. Faire une balade (Fam.), *to go for a ramble.* ‖ Faire une balade en voiture, *to go for a run.*

balader ◆ REBUFFADE. Envoyer balader qqn (Fam.), *to send s.o. packing.*

balai ◆ BÊTISE. Etre sot comme un balai (Fam.), *to be a daft ha'p'orth.* ◆ LIBERTINAGE. Rôtir le balai (Fam.), *to let o.'s hair down.* ◆ MÉNAGE. Passer le balai, *to sweep out.*

→ coup, manche.

balance ◆ ARGUMENT. Jeter qqch dans la balance, *to throw sth. into the scale.* ◆ COMPARAISON. Entrer en balance, *to be weighed up.* ‖ Mettre en balance, *to weigh up.* ◆ INDÉCISION. Etre en balance, *to hang in the balance* (chose); *to be undecided* (personne). ‖ Rester en balance, *to*

waver (personne). ‖ Tenir qqn en balance, *to keep s.o. in suspense.* ◆ NON-IMPORTANCE. Ne pas peser lourd dans la balance (Fam.), *not to carry much weight.* ◆ PRÉFÉRENCE. Faire pencher la balance, *to turn the scale.*
→ œuf, plateau.

balancé ◆ CORPS. Etre bien balancé, *to be well-built.*

balancer ◆ INDIFFÉRENCE. S'en balancer (Fam.), *couldn't care less* (Gramm.). ◆ RENVOI. Se faire balancer (Fam.), *to get the sack.*

balançoire ◆ BONIMENT. Raconter des balançoires (Fam.), *to tell tall stories.* ◆ REBUFFADE. Envoyer qqn à la balançoire (Fam.), *to send s.o. about his business.*

balcon ◆ FAITS ET GESTES. Apparaître (se mettre) au balcon, *to appear (to go out) on the balcony.*
→ haut, monde.

baleine ◆ RIRE. Rire (se tordre) comme une baleine (Fam.), *to laugh o.s. silly.*

baliverne ◆ BONIMENT. Conter des balivernes, *to talk twaddle.*

balle ◆ ACCIDENT. Recevoir une balle perdue, *to be hit by a stray bullet.* ◆ MILITAIRE. Ramasser (recevoir) douze balles dans la peau (Fam.), *to be shot at dawn.* ◆ MOUVEMENT. Rebondir comme une balle, *to bounce like an india-rubber ball.* ◆ OCCASION. Saisir la balle au bond (Fam.), *to jump at the chance.* ◆ PHYSIONOMIE. Avoir une bonne balle (Fam.), *to have a nice chubby face.* ◆ RÉCIPROCITÉ. Se renvoyer la balle, *to come back at each other.* ◆ RÉPONSE. Renvoyer la balle (Fam.), *to give as good as one gets.* ◆ RESPONSABILITÉ. Renvoyer la balle à qqn (Fam.), *to pass the buck to s.o.* ◆ SPORTS. Couper la balle, *to slice a ball.* ‖ Faire des balles, *to knock up.* ‖ Reprendre la balle, *to get the ball back.* ◆ SUICIDE. Se tirer une balle dans la tête, *to put a bullet through o.'s brain.* ◆ VOIES DE FAIT. Envoyer une balle dans la peau de qqn (Fam.), *to put a bullet through s.o.*
→ peau.

ballon ◆ RABAISSEMENT. Crever le ballon (Fam.), *to prick the bubble.* ◆ SPORTS. Bloquer le ballon, *to block the ball.* ◆ TECHNIQUE. Lancer un ballon d'essai, *to send up a pilot balloon.* ◆ TENTATIVE. Lancer un ballon d'essai, *to fly a kite.*

balourdise ◆ SOTTISE. Dire (faire) une balourdise, *to make a bloomer.*

bambou → coup.

ban ◆ MARIAGE. Publier les bans, *to publish the banns.* ◆ MILITAIRE. Ouvrir (fermer) le ban, *to give the opening (the closing) drum-roll.* ◆ NOMBRE. Convoquer le ban et l'arrière-ban, *to call all and sundry.* ◆ OSTRACISME. Etre au ban de la société, *to be beyond the pale.* ‖ Mettre au ban de la société, *to ostracize.* ◆ RÉJOUISSANCE. Faire un ban à qqn, *to give s.o. a round of applause.*
→ rupture.

banalité ◆ EXPRESSION. Débiter (dire) des banalités, *to utter commonplaces.* ◆ MÉDIOCRITÉ. Tomber dans la banalité, *to become trite.*

banane → peau.

banc ◆ ÉCOLE. Etre sur les bancs de l'école, *to be at school.*
→ fond, match.

banco ◆ JEUX D'ARGENT. Faire banco, *to go banco.*

bande ◆ ASSOCIABILITÉ. Faire bande à part, *to keep o.s. to o.s.* ◆ COMPLICITÉ. Opérer en bande, *to operate as a gang.* ◆ COURRIER. Mettre sous bande, *to wrap.* ◆ DÉTOUR. Agir par la bande, *to go about it in a roundabout way.* ‖ Prendre qqn (qqch.) par la bande, *to approach s.o. (sth.) in a roundabout way.* ◆ INFORMATIQUE. Perforer des bandes, *to punch tapes.* ◆ MARINE. Donner de la bande, *to take a list.* ◆ PROMENADE. Aller en bande, *to go in a crowd.* ◆ RADIO. Diffuser (repiquer) des bandes magnétiques, *to play back (to re-record from) tapes.*

bandeau ◆ AVEUGLEMENT. Avoir un bandeau sur les yeux, *to have a blind spot.* ◆ ÉCLAIRCISSEMENT. Faire tomber le bandeau des yeux de qqn, *to make the scales fall from s.o.'s eyes.*

bandoulière ◆ VÊTEMENT. Porter (mettre) en bandoulière, *to carry (to sling) across o.'s back.*

bannière ◆ PARTISAN. Marcher (se ranger) sous la bannière de qqn, *to rally to s.o.'s cause.* ◆ VÊTEMENT. Se promener en bannière (Fam.), *to walk about in o.'s shirt-tails.*

banque ◆ FINANCES. Faire sauter la banque, *to break the bank.*
→ argent, billet, compte, provision.

banqueroute ◆ FINANCES. Faire banqueroute, *to go bankrupt.*

banquette ◆ DANSE. Faire banquette, *to be a wall-flower.* ◆ THÉÂTRE. Jouer devant les banquettes, *to play to an empty house.*

baptême ◆ AVIATION. Recevoir le baptême de l'air, *to fly for the first time.* ◆ MILITAIRE. Recevoir le baptême du feu, *to be blooded.* ◆ RELIGION. Administrer (donner, conférer) le baptême, *to administer baptism.* ‖ Recevoir le baptême, *to be baptized.* ◆ VOYAGE. Recevoir le baptême de la ligne, *to cross the line.*

Baptiste ◆ TRANQUILLITÉ. Etre tranquille comme Baptiste (Fam.), *to be sitting pretty.*

baratin ◆ BONIMENT. Faire du baratin à qqn (Fam.), *to chat s.o. up.*

barbe ◆ ARCHAÏSME. Etre une vieille barbe (Fam.), *to be a greybeard.* ◆ AUDACE. Faire qqch. à la barbe de qqn, *to do sth. to s.o.'s face.* ◆ ENNUI. Etre la barbe et les cheveux (Fam.), *to be deadly dull.* ◆ HYGIÈNE. Faire la barbe à qqn, *to shave s.o.* ‖ Se faire la barbe, *to shave.* ◆ INEXPÉRIENCE. N'avoir pas de barbe au menton (Fam.), *to be wet behind the ears.* ◆ PHYSIONOMIE. Avoir une barbe de deux jours, *to have a two-day beard.* ‖ Porter la barbe, *to have a beard.* ‖ Se laisser pousser la barbe, *to grow a beard.* ◆ RIRE. Rire dans sa barbe, *to laugh up o.'s sleeve.*

barbet ◆ SALETÉ. Etre crotté comme un barbet (Fam.), *to be up to the ears in muck.*

barème ◆ RÉTRIBUTION. Établir le barème des salaires, *to draw up a wage-scale.*

barouf ou **baroufle** ◆ BRUIT. Faire un barouf du diable (Fam.), *to make a hellish din.*

barque ◆ AUTONOMIE. Conduire (mener) seul sa barque, *to paddle o.'s own canoe.* ◆ CHEF. Mener la barque, *to run the show.* ◆ HABILETÉ. Savoir mener sa barque, *to know how to manage o.'s affairs.*

barrage ◆ DÉLIT. Forcer un barrage de police, *to break through a police block.* ◆ ENTRAVE. Faire barrage, *to block the way.* ◆ SUCCÈS. Franchir le barrage (Fig.), *to get over the obstacle.*
→ **tir.**

barre 1. CHEF. Tenir la barre, *to keep the helm* [V. 3.] — 2. DOMINATION. Avoir

barre sur qqn, *to have a hold over s.o.* — 3. MARINE. Tenir (être à) la barre, *to keep (to be at) the helm* [V. 1.] — 4. PROCÉDURE. Venir à la barre, *to take the (witness-) stand.* — 5. SANTÉ. Avoir une barre sur l'estomac (Fam.), *to have a weight on o.'s stomach.*
→ **coup, or.**

barreau → **avocat.**

barricade ◆ RÉVOLUTION. Élever (renverser) des barricades, *to put up (to break down) barricades.* ‖ Monter sur les barricades, *to be up in arms.*
→ **côté.**

barrière ◆ COMBATIVITÉ. Abattre (franchir, forcer, ouvrir, rompre) les barrières, *to break down (to leap over, to force, to break through, to knock down) the barriers.* ◆ ENTRAVE. Élever (dresser) une barrière, *to raise a barrier.*

barrique ◆ IVRESSE. Etre plein comme une barrique (Fam.), *to be stewed to the eyebrows.* ◆ POIDS. Etre gros comme une barrique (Fam.), *to be as round as a barrel.*

1. bas ◆ DÉCHÉANCE. Tomber bien bas, *to sink pretty low.* ◆ DÉNIGREMENT. Mettre qqn plus bas que terre, *to tear s.o. to pieces.* ◆ DESTRUCTION. Mettre (jeter) à bas, *to pull down.* ◆ LEVER. Sauter au bas du lit, *to jump out of bed.* ◆ NIVEAU SOCIAL. Etre en bas de l'échelle, *to be at the bottom of the ladder.* ◆ PAROLE. Parler bas, *to speak softly.* ◆ VOIES DE FAIT. Botter le bas du dos à qqn (Fam.), *to give s.o. a kick in the sit-upon.*
→ **haut.**

2. bas ◆ ÉCONOMIE. Se constituer un bas de laine, *to put a nest-egg by.* ◆ VÊTEMENT. Enfiler ses bas, *to put on o.'s stockings.* ‖ Filer ses bas (Fam.), *to ladder o.'s stockings.*

bas-bleu ◆ PÉDANTISME. Etre un bas-bleu, *to be a bluestocking.*

bascule → **politique.**

base 1. DÉFAUT. Pécher à (par) la base, *to be basically unsound.* — 2. DESTRUCTION. Saper qqch. à la base, *to undermine sth.* — 3. DÉTÉRIORATION. Vaciller sur ses bases (Fam.), *to shake to o.'s foundations.* — 4. ÉMOTION. Cisailler qqn à la base (Fam.), *to knock s.o. sideways.* [V. 8.] — 5. FONDEMENT. Affermir (asseoir, assurer) les bases de qqch., *to reinforce (to establish, to ensure) the basis of sth.* ‖ Arrêter (établir, jeter, poser) les bases

de qqch., *to define (to establish, to set up, to lay) the basis of sth.* ‖ Etre à la base de qqch., *to be at the root of sth.* — 6. RECOMMENCEMENT. Reprendre qqch. à la base, *to do sth. over again from the beginning.* — 7. RENOUVELLEMENT. Repartir sur de nouvelles bases, *to start off on a new foot.* — 8. STUPÉFACTION. Cisailler (scier) qqn à la base (Fam.), *to strike s.o. all of a heap.* [V. 4.] ‖ Etre cisaillé (scié) à la base (Fam.), *to rock on o.'s foundations.*
→ **nivellement.**

basque ◆ IMPORTUNITÉ. Se suspendre (être pendu) aux basques de qqn, *to hang (to be hanging) on s.o.'s coat tails.*

bassesse ◆ SERVILITÉ. Faire des bassesses pour obtenir qqch., *to grovel for sth.*

bassinet ◆ PAIEMENT. Cracher au bassinet (Fam.), *to cough up.*

bastion ◆ MILITAIRE. Etre le dernier bastion de la résistance, *to be the last bastion of resistance.*

bât ◆ POINT FAIBLE. Savoir où le bât blesse, *to know where the shoe pinches.*

bataille 1. ÉCHEC. Perdre la bataille, *to lose the battle* [V. 3.] — 2. JEUX D'ENFANT. Avoir (faire) une bataille de polochons, *to have a pillow-fight.* — 3. MILITAIRE. Engager la bataille, *to join battle.* ‖ Gagner (perdre) la bataille, *to win (to lose) the battle* [V. 1.] ‖ Livrer bataille à l'ennemi, *to join battle with the enemy.* — 4. RETARDEMENT. Arriver après la bataille (Fam.), *to arrive when all's over save the shouting.*
→ **champ, cheval, cheveu, plan.**

bateau ◆ MARINE. Envoyer un bateau par le fond, *to send a ship by the bottom.* ◆ TROMPERIE. Mener qqn en bateau (Fam.), *to take s.o. for a ride.* ‖ Monter un bateau à qqn (Fam.), *to have s.o. on.*

bâti ◆ CORPS. Etre bien bâti, *to be strapping.* ‖ Etre mal bâti, *to be ill-proportioned.* ◆ COUTURE. Faire un bâti, *to tack.*

bâtiment ◆ COMPÉTENCE. Etre du bâtiment (Fam.), *to be in the business.*

bâtir ◆ MAISON. Faire bâtir, *to have a house built.*

bâton ◆ APOGÉE. Recevoir son bâton de maréchal, *to reach the peak of o.'s career.* ◆ ARTISAN DE SON SORT. Fournir (donner) un bâton pour se faire battre, *to give a stick to beat o. with.* ◆ ASSISTANCE. Servir de bâton de vieillesse à qqn, *to be the*

staff of s.o.'s old age. ◆ CONVERSATION. Causer (parler) à bâtons rompus, *to chat idly.* ◆ ÉCRITURE. Faire des bâtons, *to make strokes.* ◆ ENTRAVE. Mettre des bâtons dans les roues, *to put a spanner in the works.*
→ **vie.**

battage ◆ PROPAGANDE. Faire du battage autour de qqch., *to make a ballyhoo about sth.*

battant ◆ MAISON. Ouvrir à deux battants, *to have two leaves* (porte).

battement ◆ SANTÉ. Avoir des battements de cœur, *to have palpitations.*
→ **heure.**

batterie ◆ AUTOMOBILE. Charger (mettre en charge) une batterie, *to charge a battery.* ◆ MILITAIRE. Mettre en batterie, *to bring to the firing position.* ◆ OSTENTATION. Arborer sa batterie de cuisine (Fam.), *to wear o.'s gongs.* ◆ RÉVÉLATION. Démasquer (dévoiler) les batteries de qqn, *to unmask (to uncover) s.o.'s guns.* ‖ Renverser (démonter) les batteries de qqn, *to silence s.o.'s guns.* ◆ TACTIQUE. Changer ses batteries, *to shift o.'s ground.* ‖ Dresser (disposer, établir) ses batteries, *to lay o.'s plans.*
→ **pièce.**

battu ◆ PESSIMISME. Se tenir pour battu, *to be beaten before o. starts.* ◆ RESSORT. Ne pas se tenir pour battu, *to refuse to give in.*

battue ◆ POURSUITE. Faire une battue, *to hunt.* ◆ RECHERCHE. Faire une battue, *to make a search.* ◆ SPORTS. Faire une battue (chasse), *to beat.*

baudet ◆ ABUS. Charger toujours le même baudet (Fam.), *always to ask the willing horse.* ◆ FARDEAU. Etre chargé comme un baudet (Fam.), *to be loaded to the ground.*
→ **haro.**

baume ◆ CONSOLATION. Mettre (verser) du baume au cœur de qqn, *to pour balm into s.o.'s wounds.*

bavardage ◆ DIGNITÉ. Mépriser les bavardages, *to take no notice for gossip.*

baver ◆ DÉSAGRÉMENT. En baver (Fam.), *to sweat blood.* ◆ PERSÉCUTION. En faire baver à qqn (Fam.), *to give s.o. hell.*

bavette ◆ BAVARDAGE. Tailler une bavette (Fam.), *to chew the rag.*

bavure ◆ PERFECTION. Etre sans bavures (Fam.), *to be flawless.*

béatification ◆ RELIGION. Prononcer la béatification de qqn, *to pronounce s.o.'s beatification.*

béatitude ◆ BONHEUR. Etre plongé dans la béatitude, *to be blissfully happy.*

beau 1. ANIMAL. Faire le beau, *to sit up and beg.* [V. 7.] – 2. APPARENCE. Porter beau, *to have a fine bearing.* – 3. BEAU TEMPS. Etre au beau fixe, *to be settled.* ‖ Faire beau, *to be a nice day.* [V. 4.] ‖ Se mettre au beau (à faire beau), *to turn (out) fine.* – 4. COLÈRE. Faire beau (Fam.), *to let rip.* [V. 3.] – 5. COMBLE. Etre le plus beau de l'histoire (Fam.), *to beat all.* – 6. ÉLÉGANCE. Se faire beau (Fam.), *to get dressed up.* – 7. FATUITÉ. Faire le beau (personne), *to strut about.* [V. 1.] – 8. INCRÉDULITÉ. Etre trop beau pour être vrai (Fam.), *to be too good to be true.* – 9. OPTIMISME. Etre au beau fixe, *to be riding-high.*
→ **nouveau, sens.**

beaucoup ◆ ASSISTANCE. Faire beaucoup pour qqn, *to do a lot for s.o.* ◆ IMPORTANCE. Compter pour beaucoup, *to count (a lot).* ◆ MANQUE. S'en falloir (manquer) de beaucoup, *to be far from it.* ◆ PRÉTENTION. Se croire beaucoup (Fam.), *to think a lot of o.s.* ◆ RESPONSABILITÉ. Y être pour beaucoup, *to have a lot to do with it.*

beauté ◆ CORPS. Avoir la beauté du diable, *to be bursting with youthful charm.* ‖ Etre en beauté, *to look o.'s best.* ‖ Perdre sa beauté, *to lose o.'s looks.* ◆ DÉSINTÉRESSEMENT. Faire qqch. pour la beauté du geste, *to do sth. for the sheer beauty of it.* ◆ ÉLÉGANCE. Se faire une beauté, *to get (all) dressed up.* ◆ ESTHÉTIQUE. Etre de toute beauté, *to be very fine.* ◆ FIN. Finir en beauté, *to end in a blaze of glory.* ◆ HYGIÈNE. Se faire faire une beauté, *to have a facial.* ‖ Se refaire une beauté, *to repair o.'s make-up.*
→ **grain, masque, prix.**

bébé ◆ AFFECTATION. Faire le bébé, *to behave childishly.* ◆ PUÉRICULTURE. Emmailloter un bébé, *to wrap up a baby.*
→ **défense.**

bec ◆ ALIMENTATION. Claquer du bec (Fam.), *not to have a crumb to eat.* ◆ BOISSON. Se rincer le bec (Fam.), *to wet o.'s whistle.* ◆ DÉNIGREMENT. Avoir le bec bien effilé (Fam.), *to have a sharp tongue.* ◆ ENTRAVE. Tomber sur un bec (Fam.),

to come up against a snag. ◆ GOURMANDISE. Etre un bec fin (Fam.), *to be an epicure.* ◆ ILLUSION. Arriver le bec enfariné (Fam.), *to arrive with shining eyes.* ◆ INCERTITUDE. Laisser (tenir) qqn le bec dans l'eau (Fam.), *to keep s.o. on a string.* ‖ Rester le bec dans l'eau (Fam.), *to be kept on a string.* ◆ IVROGNERIE. Avoir le bec salé (Fam.), *to be a thirsty soul.* ◆ QUERELLE. Se prendre de bec avec qqn (Fam.), *to have a set-to with s.o.* ◆ RÉSISTANCE. Avoir bec et ongles, *to know how to look after o.s.* ◆ SILENCE. Clore (clouer) le bec à qqn (Fam.), *to shut s.o. up.* ‖ Fermer son bec (Fam.), *to shut up.*
→ **coup, prise.**

bécasse ◆ BÊTISE. Etre une bécasse (Fam.), *to be a goose.*

Bécassine ◆ BÊTISE. En remontrer à Bécassine (Fam.), *to be a dumb cluck.*

bec-de-lièvre ◆ SANTÉ. Avoir un bec-de-lièvre, *to have a hare-lip.*

bêcheur ◆ PRÉTENTION. Etre bêcheur (Fam.), *to be a swot.*

becquée ◆ ALIMENTATION. Donner la becquée à qqn (Fam.), *to feed s.o.* ◆ ANIMAL. Donner la becquée, *to feed o.'s young.*

bedaine ◆ ALIMENTATION. Se remplir la bedaine (Fam.), *to fill o.'s belly.*

bégonia ◆ ABUS. Charrier (cherrer) dans les bégonias (Pop.), *to lay it on a bit thick.* ◆ BÉVUE. Piétiner les bégonias (Fam.), *to rush in where angels fear to tread.* ◆ REBUFFADE. Envoyer qqn dans les bégonias (Fam.), *to send s.o. packing.*

bégueule ◆ PRUDERIE. Faire la bégueule (Fam.), *to be prudish.*

béguin ◆ AMOUR. Avoir le béguin pour qqn (Fam.), *to have a crush on s.o.*

beigne ◆ VOIES DE FAIT. Donner (flanquer) une beigne à qqn (Fam.), *to smack s.o. up the kisser.*

bel ◆ ERREUR. Se tromper bel et bien, *to be utterly mistaken.* ◆ VÉRITÉ. Avoir bel et bien raison, *to be quite right.*

belle 1. AGGRAVATION. Recommencer de plus belle, *to begin again worse than ever.* – 2. APPROXIMATION. L'échapper belle, *to have a narrow escape.* – 3. CULPABILITÉ. En faire de belles (Fam.), *to have been and gone and done it.* – 4. DÉNIGREMENT. En dire (conter) de belles sur qqn (Fam.), *to tell unsavoury tales about s.o.* – 5. ÉLÉGANCE. Se faire belle, *to make o.s. beautiful.* – 6. ÉVASION. Faire la belle (Fam.), *to skedaddle.* [V. 8.] – 7. INFORMATION. En apprendre de belles sur qqn (Fam.), *to hear some odd stories about s.o.* – 8. JEU. Faire la belle, *to play the deciding game.* [V. 6.] – 9. MALCHANCE. La manquer belle (Fam.), *to miss an opportunity.* – 10. PERSÉCUTION. En faire voir de belles à qqn (Fam.), *to give s.o. a terrible time.*

bémol ◆ ATTÉNUATION. Mettre un bémol à la clef (Fam.), *to soft-pedal.*

bénédiction 1. ACQUIESCEMENT. Accorder (donner) sa bénédiction à qqn (Fam.), *to give o.'s blessing.* [V. 3.] – 2. AUBAINE. Etre une bénédiction, *to be a blessing.* – 3. INDIFFÉRENCE. Donner sa bénédiction à qqn, *to wish s.o. the best of British luck.* [V. 1.] – 4. RECONNAISSANCE. S'attirer les bénédictions de qqn, *to win s.o.'s gratitude.* – 5. RELIGION. Donner la bénédiction apostolique, *to give the apostolic blessing.*
→ **travail.**

bénéfice ◆ ATTÉNUATION. Accorder (laisser) à qqn le bénéfice du doute, *to give s.o. the benefit of the doubt.* ◆ FINANCES. Faire apparaître (laisser; faire, réaliser) des bénéfices, *to show (to leave; to make) a profit.* ◆ HIÉRARCHIE. Etre promu au bénéfice de l'âge, *to be promoted by seniority.* ◆ PROFIT. Retirer un grand bénéfice de qqch., *to derive a lot of benefit from sth.* ◆ RÉTRIBUTION. Etre intéressé (participer) aux bénéfices, *to have a share of (to share in) the profit.*
→ **employé, part, participation.**

bénéficiaire → **marge.**

béni-bouffe-tout ◆ GOURMANDISE. Etre un béni-bouffe-tout (Pop.), *to be a greedy-guts.*

bénitier → **diable, grenouille.**

bercail ◆ CONVERSION. Rentrer (retourner) au bercail, *to return to the fold.* ◆ RETOUR. Rentrer au bercail (Fam.), *to return to the fold.*

berceau ◆ AVANTAGE. Le trouver dans son berceau (Fam.), *to be born with it.* ◆ CHOIX. Prendre qqn au berceau (Fam.), *to take s.o. before he is out of his cradle.* ◆ SAVOIR. L'avoir appris au berceau (Fam.), *to have learned it at o.'s mother's knee.*

berger → **réponse.**

berlue ◆ AVEUGLEMENT. Avoir la berlue (Fam.), *cannot see straight* (Gramm.). ◆ CERTITUDE. Ne pas avoir la berlue (Fam.), *not to have dreamed it.*

berne → **drapeau, pavillon.**

berner ◆ DUPE. Se laisser berner, *to let o.s. be taken in.*

bésicles ◆ EXAMEN. Chausser ses bésicles (Fam.), *to go through it with a fine tooth-comb.* ◆ VUE. Chausser ses bésicles, *to put on o.'s specs.*

besogne ◆ ENTREPRISE. S'atteler à la besogne, *to buckle down.* ◆ GÂCHIS. Avoir fait de la belle besogne (Fam.), *to have made an unholy mess.* ◆ LENTEUR. S'endormir sur la besogne, *to dawdle over the work.* ◆ ORGANISATION. Trouver la besogne toute taillée, *to find o.'s work cut and dried* ◆ PARESSE. Aimer la besogne faite, *to like to find the work done.* ‖ Rechigner (renâcler) à la besogne, *to gib at o.'s work.* ◆ PRÉCIPITATION. Aller vite en besogne, *to rush things a bit.* ◆ PRÉPARATION. Mâcher la besogne à qqn, *to spoon-feed s.o.* ‖ Tailler la besogne à qqn, *to set out s.o.'s work for him.* ◆ RAPIDITÉ. Expédier la besogne, *to polish off the work.* ◆ RÉALISATION. Accomplir une besogne, *to perform a task.* ◆ RENDEMENT. Abattre de la besogne, *to get through a pile of work.* ‖ Ne pas bouder à la besogne, *not to be work-shy.* ◆ SABOTAGE. Gâcher la besogne, *to botch the work.* ◆ TRAVAIL. Faire sa besogne, *to do o.'s work.*
→ **bruit, cheval.**

besoin ◆ BESOIN. Éprouver (ressentir, sentir) le besoin de qqch., *to feel the need of sth.* ◆ COMMERCE. Répondre aux besoins de la clientèle, *to meet customers' requirements.* ◆ CONVENANCE. Répondre à (satisfaire) un besoin, *to respond to (to meet) a need.* ◆ ESCLAVAGE. Se créer des besoins, *to create needs for o.s.* ◆ ÉVIDENCE. Ne pas avoir besoin de faire un dessin (Fam.), *not to have to spell it out.* ◆ FACILITÉ. Ne pas avoir besoin de sortir de Polytechnique pour faire qqch. (Fam.), *not to need to be Einstein to do sth.* (Gramm.). ◆ GAGNE-PAIN. Subvenir (pourvoir, satisfaire) aux besoins de qqn, *to provide for s.o.'s needs.* ‖ Subvenir aux besoins du ménage (à ses besoins), *to support the home (o.s.).* ‖ Suffire à ses

besoins, *to have enough for o.'s needs.* ◆
HYGIÈNE. Avoir un besoin urgent, *to have
to excuse o.s.* ‖ Etre pris d'un besoin
pressant, *to be taken short.* ‖ Faire ses
besoins, *to relieve o.s. (itself).* ◆ IMPÉ-
CUNIOSITÉ. Etre pressé par le besoin, *to
be in financial straits.* ‖ Etre dans le
besoin, *to be in straitened circumstances.*
◆ INCITATION. Créer (faire naître) un
besoin, *to create (to give rise to) a need.* ‖
Créer des besoins chez qqn, *to arouse a
need in s.o.* ◆ NÉCESSITÉ. Avoir un besoin
urgent de qqch., *to be in dire need of sth.*
‖ Céder à un besoin, *to give in to necessity.*
◆ NIVEAU DE VIE. Avoir des besoins,
to be in need. ‖ Avoir peu de besoins, *to
be content with little.* ◆ OPPORTUNISME.
Fabriquer qqch. pour les besoins de la
cause, *to cook up sth. for the purpose.* ◆
ORGANISATION. Parer aux besoins urgents,
to meet pressing demands.
→ abri.

bétail ◆ ESPACE. Etre parqué comme du
bétail (Fam.), *to be penned up like cattle.*

1. bête ◆ APPARENCE. Ne pas être si bête
qu'on en a l'air (Fam.), *not to be such a
fool as o. looks.* ◆ BÊTISE. Etre bête à
manger du foin (à pleurer) [Fam.], *to be as
thick as a post (to be too daft for words).* ‖
Etre plus bête que méchant (Fam.), *to be
an honest fool.* ‖ Étudier pour être bête
(Fam.), *to be a fool for all o.'s learning.* ◆
DISCERNEMENT. Ne pas être si bête (Fam.),
not to be so green. ◆ FACILITÉ. Etre tout
bête (Fam.), *to be easy as pie.* ◆ STUPÉ-
FACTION. Rester (se trouver) tout bête
(Fam.), *to be left standing like an idiot.*

2. bête 1. ACCOMMODEMENT. Etre une
bonne bête (Fam.), *to be a good-natured
soul.* – 2. AFFECTATION. Faire la bête
(Fam.), *to play dumb.* – 3. ARGUTIE.
Chercher la petite bête (Fam.), *to be pernickety.* [V. 4.] – 4. CRITIQUE. Chercher
la petite bête (Fam.), *to cavil.* [V. 3.] – 5.
DÉPLAISANCE. Etre la bête noire de qqn
(Fam.), *to be s.o.'s pet aversion.* – 6.
MÉCHANCETÉ. Etre une mauvaise (sale)
bête (Fam.), *to be a rotter.* – 7. NAÏVETÉ.
Etre une bête à bon Dieu (Fam.), *to be a
harmless creature.* – 8. NORME. Ne pas
être une bête curieuse (Fam.), *not to have
two heads.* – 9. SANTÉ. Etre malade
comme une bête (Fam.), *to be as sick as a
dog.* – 10. STUPÉFACTION. Regarder qqn

comme une bête curieuse (Fam.), *to look at
s.o. like a cow over a fence.*
→ poil.

bêtise 1. BÊTISE. Avoir la bêtise de faire
qqch., *to be silly enough to do sth.* ‖ Etre
d'une bêtise crasse (sans nom), *to be crass
stupidity* (chose); *to be a blithering idiot*
(personne). – 2. BÉVUE. Faire des bêtises,
to make blunders. [V. 4, 5.] ‖ Faire bêtise
sur bêtise (accumuler les bêtises), *to make
one blunder after another.* – 3. BONTÉ.
Etre bon jusqu'à la bêtise (Fam.), *to be too
kind for o.'s own good.* – 4. ERREUR.
Faire des bêtises, *to make silly mistakes.*
[V. 2, 5.] – 5. LIBERTINAGE. Faire des
bêtises (Fam.), *to be a silly girl.* [V. 2, 4.]
– 6. SOTTISES. Dire des bêtises, *to say silly
things.*
→ preuve.

beurre ◆ ALIMENTATION. Etre un vrai
beurre (Fam.), *to melt in s.o.'s mouth.*
◆ AMÉLIORATION. Mettre du beurre dans
les épinards (Fam.), *to put jam on it.* ◆
CONSISTANCE. Etre mou comme du
beurre (Fam.), *to be as soft as butter.* ◆
CUISINE. Enduire de beurre, *to spread with
butter.* ◆ FACILITÉ. Entrer comme dans
du beurre (Fam.), *to go in like a knife
through butter.* ◆ LAITERIE. Battre le
beurre, *to churn butter* ◆ NON-VALEUR.
Compter pour du beurre (Pop.), *to count
for nothing.* ◆ PROFIT. Faire son beurre
(Fam.), *to feather o.'s nest.* ◆ PROMESSE.
Promettre plus de beurre que de pain
(Fam.), *to make lavish promises.*
→ côté, fil, œil.

bévue ◆ BÉVUE. Commettre une bévue,
to make a blunder.

biais ◆ COUTURE. Tailler dans le biais, *to
cut on the cross.* ‖ Tailler en biais, *to
cut across.* ◆ DÉTOUR. Prendre (chercher,
trouver) un biais, *to take (to look for, to
find) a way round.* ‖ Prendre (aborder) de
biais, *to approach in a roundabout way.*
◆ REGARD. Regarder qqn de biais, *to give a
sidelong glance at s.o.*

biberon ◆ CHOIX. Prendre qqn au biberon (Fam.), *to take s.o. before he is out of
his cradle.* ◆ IVROGNERIE. Téter son
biberon (Fam.), *to have a bucket.* ◆ PUÉ-
RICULTURE. Faire bouillir (préparer, stéri-
liser) un biberon, *to boil (to prepare, to
sterilize) a (baby's) bottle.*
→ enfant.

bibliothèque ◆ INFORMATION. Constituer (enrichir) une bibliothèque, *to build up a library*. ◆ SAVOIR. Etre une bibliothèque ambulante, *to be a walking encyclopaedia*.

biceps ◆ CORPS. Avoir du biceps (Pop.), *to be brawny*.

bicyclette ◆ SPORTS. Aller (monter) à bicyclette, *to cycle* ‖ Enfourcher une bicyclette, *to mount a bicycle*.

bidon ◆ ALIMENTATION. Se remplir le bidon (Pop.), *to fill o.'s belly*. ◆ BONIMENT. Etre du bidon (Pop.), *to be hot air*.

bidonville ◆ MAISON. Vivre dans un bidonville, *to live in a shanty-town*.

bielle ◆ AUTOMOBILE. Couler une bielle, *to bust a big end*.

1. bien 1. ADRESSE. S'y prendre bien, *to go about it the right way*. — 2. AMITIÉ. Etre bien ensemble (Fam.), *to be good friends*. — 3. APPARENCE. Faire bien (Fam.), *to look well*. [V. 9.] ‖ Se présenter bien (personne), *to make a good impression*. [V. 12.] — 4. AVANTAGE. S'en trouver bien, *to find it an advantage*. — 5. COMPORTEMENT. Se tenir bien, *to behave o.s*. — 6. CONVENANCE. Aller bien avec qqch., *to go well with sth*. — 7. DÉSAGRÉMENT. Commencer bien (Impers.), *to be a good start*. — 8. DIPLOMATIE. Se mettre bien avec qqn, *to ingratiate o.s. with s.o*. — 9. ÉLÉGANCE. Faire bien (Fam.), *to be chic*. [V. 3.] — 10. IMPERFECTION. Aller tant bien que mal, *not to be going so brilliantly*. — 11. OPPORTUNITÉ. Tomber bien, *to arrive in the nick of time*. — 12. PERSPECTIVE. Se présenter (s'annoncer) bien (chose), *to look promising*. [V. 3.] — 13. RÉCONCILIATION. Se remettre bien avec qqn, *to get back on to good terms with s.o* — 14. SANTÉ. Etre bien, *to be going on well*. — 15. SUCCÈS. Mener à bien, *to bring to a successful conclusion*.

2. bien 1. ALIMENTATION. Faire du bien par où ça passe (Pop.), *to do s.o. good*. — 2. ALTRUISME. Agir (travailler) pour le bien de qqn, *to act in s.o.'s interest*. ‖ Vouloir du bien à qqn, *to wish s.o. well*. — 3. AMITIÉ. Etre du dernier bien avec qqn, *to be on very intimate terms with s.o*. [V. 7.] — 4. EFFORT. N'avoir nul bien sans peine, *to get nothing without working for it*. — 5. ÉLOGE. Dire du bien (parler en bien) de qqn (qqch.), *to speak well of s.o. (sth.)*. — 6. HONORABILITÉ. Agir en tout bien tout honneur, *to have purely*

honorable intentions. — 7. LIBERTINAGE. Etre du dernier bien avec qqn, *to be on very intimate terms with s.o*. [V. 3.] — 8. MAGNANIMITÉ. Rendre le bien pour le mal, *to return good for evil*. — 9. MORALITÉ. Aspirer au bien, *to aspire after good*. ‖ Discerner le bien du mal, *to distinguish good from evil*. ‖ Faire le bien, *to be good*. — 10. OPPORTUNISME. Prendre son bien où il se trouve, *to grab every chance that arises*. — 11. UTILITÉ. Faire le plus grand bien à qqn, *to do the world of good to s.o*.

3. bien ◆ AGRICULTURE. Exploiter ses biens, *to farm o.'s land*. ◆ DÉSINTÉRESSEMENT. Mépriser les biens de ce monde, *to scorn the riches of this world*. ◆ FINANCES. Laisser un bien improductif, *to let property lie idle*. ◆ NOTARIAT. Administrer des biens, *to manage estates*. ◆ RICHESSE. Avoir du bien, *to have property*. ‖ Avoir du bien au soleil (Fam.), *to own bricks and mortar*. ◆ VOL. S'approprier le bien d'autrui, *to appropriate s.o. else's property*.

→ abandon, corps, séparation.

bien-être ◆ CONFORT. Éprouver (ressentir) du bien-être, *to feel a sense of well-being*. ‖ Ne rechercher que son bien-être, *only to think of o.'s comfort*.

→ impression.

bienfait ◆ AUBAINE. Etre un bienfait des dieux, *to be a godsend*. ◆ GÉNÉROSITÉ. Combler qqn de bienfaits, *to shower kindnesses on s.o*. ‖ Dispenser (prodiguer) ses bienfaits à qqn, *to bestow (to lavish) kindnesses on s.o*. ◆ INGRATITUDE. Méconnaître un bienfait, *to fail to appreciate a kindness*.

bien-fondé ◆ PROCÉDURE. Examiner (établir) le bien-fondé d'une demande, *to examine (to establish) the merits of a case*.

bienheureux ◆ SOMMEIL. Dormir comme un bienheureux (Fam.), *to sleep like the blessed*.

bien-pensant ◆ CONFORMISME. Etre bien-pensant, *to be right-minded*.

bienséance ◆ CIVILITÉ. Observer (respecter) la bienséance, *to observe the proprieties*. ◆ INCIVILITÉ. Choquer la bienséance, *to offend the proprieties*. ‖ Oublier toute bienséance, *to ignore the proprieties*.

→ mépris.

bienveillance ◆ ABUS. Abuser (profiter) de la bienveillance de qqn, *to abuse s.o.'s goodwill*. ◆ BONTÉ. Manifester (montrer, témoigner) de la bienveillance, *to show benevolence*.

bienvenue ◆ CIVILITÉ. Souhaiter la bienvenue à qqn, *to welcome s.o.*

1. bière ◆ IMPORTANCE. Ne pas être de la petite bière (Fam.), *to be no small beer*. ◆ PRÉTENTION. Ne pas se prendre pour de la petite bière (Fam.), *to think no small beer of o.s.*

2. bière ◆ MORT. Mettre qqn en bière, *to lay s.o. in a coffin*.

bifteck ◆ GAGNE-PAIN. Gagner son bifteck, *to earn o.'s bread and butter*. ◆ REVENDICATION. Défendre son bifteck, *to defend o.'s bread and butter*.

bigoterie ◆ RELIGION. Donner dans la bigoterie, *to be pi.*

bigoudi ◆ IMPOSSIBILITÉ. Mettre des bigoudis aux phoques (Fam.), *to get the curl out of a pig's tail*.

bijou ◆ OSTENTATION. Etre couverte de bijoux, *to be covered with jewels*. ◆ PARURE. Mettre (porter) des bijoux, *to wear jewellery*.

bilan 1. ÉCHEC. Déposer son bilan (Fam.), *to throw in the towel*. [V. 3.] — 2. ÉVALUATION. Faire le bilan de ses activités (de la situation), *to take stock of o.'s activities (of the situation)*. — 3. FINANCES. Arrêter (dresser) un bilan, *to draw up a balance-sheet*. ‖ Déposer son bilan, *to file o.'s petition*. [V. 1.] — 4. SANTÉ. Faire faire un bilan de santé, *to have a (medical) check-up*.

bile ◆ COLÈRE. Décharger (déverser, épancher) sa bile, *to vent o.'s spleen*. ◆ EXCITATION. Échauffer (remuer) la bile de qqn, *to rile s.o.* ◆ INQUIÉTUDE. Se faire de la bile (Fam.), *to get worked up*. ◆ PATIENCE. Modérer (tempérer) sa bile, *to watch o.'s temper*.

bileux ◆ INSOUCIANCE. Ne pas être bileux (Fam.), *not to let anything worry o.*

billard ◆ CHIRURGIE. Monter (passer) sur le billard (Fam.), *to go under the knife*. ◆ FACILITÉ. Etre du billard (Pop.), *to be a cinch*. ◆ MORT. Dévisser son billard (Pop.), *to kick the bucket*.
→ bille, boule.

bille ◆ CHEVELURE. Avoir une bille de billard (Fam.), *to be bald as a billiard-ball*. ◆ PHYSIONOMIE. Avoir une bille de clown (Fam.), *to have a comic dial*. ◆

RETRAIT. Reprendre ses billes (Fam.), *to pick up o.'s marbles*. ◆ RONDEUR. Faire qqch. bille en tête (Fam.), *to go right ahead with sth.*
→ crayon.

billet ◆ AMOUR. Écrire (recevoir) un billet doux, *to write (to get) a billet doux*. ◆ CERTITUDE. En ficher son billet (Pop.), *to bet o.'s bottom dollar*. ◆ CHUTE. Prendre un billet de parterre (Fam.), *to take a toss*. ◆ FINANCES. Changer un billet de banque, *to change a bank-note*. ‖ Escompter (protester) un billet, *to discount (to protest) a bill*. ◆ JEUX DE HASARD. Acheter un billet de la Loterie nationale, *to buy a State Lottery ticket*. ◆ MALCHANCE. Coucher dehors avec un billet de logement (Fam.), *to swallow o.'s silver spoon*. ◆ THÉÂTRE. Avoir un billet de faveur, *to have a complimentary ticket*. ◆ TRANSPORTS. Poinçonner les billets, *to punch the tickets*. ‖ Prendre un billet, *to buy a ticket*. ◆ VOL. Contrefaire des billets de banque, *to forge bank-notes*. ‖ Écouler de faux billets, *to pass forged notes*.

billevesée ◆ BONIMENT. N'être que billevesées (Fam.), *to be all humbug*.

biographie ◆ LITTÉRATURE. Écrire sa biographie, *to write o.'s autobiography*. ‖ Écrire la biographie de qqn, *to write s.o.'s biography*.

bique → crotte.

bis ◆ THÉÂTRE. Crier bis, *to (shout) encore*.

bisbille ◆ DÉSACCORD. Etre en bisbille avec qqn (Fam.), *to be at odds with s.o.*

biscuit ◆ PRÉCAUTION. Ne pas s'embarquer (partir) sans biscuit (Fam.), *not to go off with o.'s knapsack empty*.

bise ◆ ÉPANCHEMENTS. Faire une grosse bise à qqn (Fam.), *to give s.o. a big kiss*.

bisquer ◆ PERSÉCUTION. Faire bisquer qqn, *to rile s.o.*

bistouri ◆ RÉSOLUTION. Appliquer le bistouri (Fam.), *to adopt drastic measures*.
→ coup.

bitume ◆ PROSTITUTION. Arpenter le bitume (Fam.), *to pound the beat*.

biture ◆ IVRESSE. Prendre une biture (Pop.), *to get loaded*.

bla-bla ou **bla-bla-bla** ◆ BONIMENT. Faire du bla-bla (Fam.), *to talk flannel*.

blague 1. BÉVUE. Faire des blagues, *to put both feet in it*. [V. 4.] — 2. BONIMENT. Raconter des blagues à qqn (Fam.), *to kid s.o.* [V. 6.] — 3. DÉSINVOLTURE. Traiter à la blague (Fam.), *to treat as a joke.* – 4. LIBERTINAGE. Faire des blagues, *to be foolish.* [V. 1.] –5. MENSONGE. Etre une vaste blague (Fam.), *to be strictly for the birds.* – 6. PLAISANTERIE. Raconter des blagues à qqn (Fam.), *to tell s.o. funny stories.* [V. 2.] – 7. TOUR. Faire une bonne blague à qqn, *to play a great joke on s.o.* || Faire (jouer) une sale blague à qqn, *to play a dirty trick on s.o.*

blâme ◆ CULPABILITÉ. Encourir (recevoir) un blâme, *to incur (to receive) a reprimand.* ◆ RÉPRIMANDE. Infliger un blâme à qqn, *to reprimand s.o.* ◆ RESPONSABILITÉ. Faire retomber (rejeter) le blâme sur qqn, *to throw (to lay) the blame on s.o.*

1. blanc ◆ CONTRADICTION. Dire tantôt blanc, tantôt noir (Fam.), *to be always contradicting o.s.* ◆ CULPABILITÉ. N'être pas blanc (Fam.), *to be anything but a snow-white lamb.* ◆ TEMPÉRATURE. Geler blanc, *to be frosty.*
→ **noir, page.**

2. blanc 1. CONTRAIRE. Changer du blanc au noir (Fam.), *to become the exact opposite.* – 2. CUISINE. Battre (monter) des blancs en neige, *to beat egg-whites.* – 3. ÉCOLE. Chauffer qqn à blanc, *to cram s.o.* [V. 5, 11.] – 4. ÉCRITURE. Laisser en blanc, *to leave blank.* || Laisser un blanc, *to leave a blank.* || Signer en blanc, *to sign in blank.* – 5. EXCITATION. Chauffer qqn à blanc (Fam.), *to work s.o. up.* [V. 3, 11.] – 6. EXTORSION. Saigner qqn à blanc (Fam.), *to bleed s.o. white.* – 7. HONTE. Rougir jusqu'au blanc des yeux, *to blush to the roots of o.'s hair.* – 8. MARIAGE. Se marier en blanc, *to have a white wedding.* – 9. MILITAIRE. Tirer à blanc, *to fire off blank.* – 10. REGARD. Regarder qqn dans le blanc des yeux, *to look s.o. squarely in the eye.* – 11. TECHNIQUE. Chauffer à blanc, *to make white-hot.* [V. 3, 5.]

blanc-bec ◆ PRÉTENTION. Etre un blanc-bec, *to be a greenhorn.*

blanche → **traite.**

blanchir ◆ JUSTIFICATION. Se faire blanchir (Fam.), *to have o.s. cleared.*

blanchissage → **linge.**

blanchisseuse → **deuil.**

blanc-seing ◆ PERMISSION. Donner blanc-seing à qqn (Fam.), *to give s.o. à free hand.* ◆ PROCÉDURE. Donner un blanc-seing, *to give a blank signature.*

blasé ◆ DÉDAIN. Faire le blasé, *to put on a blasé air.*

blason ◆ MARIAGE. Redorer son blason (Fam.), *to restore the fortune of o.'s house.* ◆ DÉSHONNEUR. Ternir son blason, *to smirch o.'s escutcheon.*

blasphème ◆ RELIGION. Proférer un blasphème, *to utter a blasphemy.*

blé ◆ AGRICULTURE. Battre le blé, *to thresh the wheat.* ◆ ANTICIPATION. Manger son blé en herbe, *to eat o.'s corn in the blade.* ◆ CHEVELURE. Etre blond comme les blés, *to be flaxen-haired.* ◆ CONFORT. Préférer le blé au gland, *to prefer cream to skimmed milk.* ◆ IMPÉCUNIOSITÉ. Etre fauché comme les blés (Fam.), *to be stony-broke.*
→ **famine.**

bled ◆ SOLITUDE. S'enterrer dans un bled (Fam.), *to bury o.s. in the back of beyond.*

blessé ◆ ACCIDENT. Etre mortellement blessé, *to be fatally injured.* ◆ MÉDECINE. Soigner un blessé, *to care for a wounded man.* ◆ MILITAIRE. Achever un blessé, *to finish off a wounded man.*

blessure 1. CONSOLATION. Panser une blessure, *to offer solace.* [V. 3.] – 2. HUMILIATION. Souffrir d'une blessure d'amour-propre, *to feel wounded (in o.'s self-esteem).* – 3. MÉDECINE. Panser une blessure, *to dress a wound.* [V. 1.] || Rouvrir une blessure, *to re-open a wound.* [V. 4.] – 4. PEINE. Rouvrir (raviver) une blessure, *to open an old sore.* [V. 3.]

blet ◆ AGRICULTURE. Devenir blet, *to become over-ripe.* ◆ SÉNILITÉ. Devenir blet (Fam.), *to go a bit soft.*

bleu 1. DISSIMULATION. Passer qqch. au bleu, *to keep quiet about sth.* [V. 3, 4.] – 2. DUPE. N'y voir que du bleu (Fam.), *to see nothing at all.* – 3. ESCAMOTAGE. (Faire) passer qqch. au bleu (Fam.), *to slip sth. out of sight.* [V. 1, 4.] – 4. MÉNAGE. Passer qqch. au bleu, *to blue sth.* [V. 1, 3.] – 5. SANTÉ. Se faire un bleu, *to bruise o.s.* – 6. STUPÉFACTION. En rester (être) bleu (Fam.), *to be flabbergasted.* – 7. VOIES DE FAIT. Etre couvert de bleus, *to be black and blue.*

bloc ◆ ENTRAIN. Etre gonflé à bloc (Fam.), *to be ready for anything.* ◆ RONDEUR. Etre tout d'un bloc (Fam.), *to be down-right.* ◆ SENTENCE. Mettre (fourrer) qqn au bloc (Fam.), *to run s.o. in.* ◆ TECHNIQUE. Serrer (visser) à bloc, *to screw tight.*

◆ UNION. Former (faire) bloc, *to join forces.*
→ **monde.**

blocus ◆ MILITAIRE. Faire le blocus d'une ville, *to blockade a town.* ‖ Forcer (rompre; lever) le blocus, *to run (to break; to raise) the blockade.*

blond → **brun.**

bluff ◆ AFFECTATION. Faire du bluff (Fam.), *to bluff* ◆ EFFRONTERIE. La faire au bluff (Fam.), *to bluff it out.*

bobard ◆ BONIMENT. Lancer (monter, raconter) des bobards, *to spread (to make up, to tell) tall stories.*

bobéchon ◆ IMAGINATION. Se monter le bobéchon (Fam.), *to get fanciful ideas.* ◆ INQUIÉTUDE. Se monter le bobéchon (Fam.), *to get het up.*

bobine ◆ MAUSSADERIE. Faire une sale bobine (Fam.), *to put on a sour face.* ◆ STUPÉFACTION. Faire une drôle de bobine (Fam.), *to look stunned.*

bobo ◆ ENFANT. Avoir bobo (Fam.), *to have a pain.* ‖ Faire bobo (Fam.), *to hurt.* ◆ NON-DOMMAGE. Ne pas y avoir de bobo (Fam.), *there [to be] no harm done* (Gramm.).

bocal ◆ ALIMENTATION. Se garnir le bocal (Pop.), *to have a good blow-out.*
→ **poisson.**

bœuf 1. AGRICULTURE. Piquer les bœufs, *to goad the oxen.* – 2. CONCLUSION. Enlever le bœuf (Fam.), *to take it away.* – 3. CONCUSSION. Avoir un bœuf sur la langue (Fam.), *to have had o.'s silence bought.* [V. 8.] – 4. FORCE. Etre fort comme un bœuf (Fam.), *to be as strong as an ox.* – 5. MALADRESSE. Manquer un bœuf dans le couloir (Fam.), *cannot hit the side of a barn* (Gramm.). – 6. RENDEMENT. Etre un bœuf à l'ouvrage (Fam.), *to be a glutton for work.* – 7. SANTÉ. Souffler comme un bœuf, *to puff like a grampus.* – 8. SILENCE. Avoir un bœuf sur la langue (Fam.), *to keep mum.* [V. 3.]
→ **charme, effet, œuf, vent.**

bohème → **vie.**

boire ◆ BOISSON. Aimer à boire, *to be fond of the bottle.* ‖ Payer à boire à qqn, *to buy s.o. a drink.* ‖ Se laisser boire (Fam.), *to go down well.* ‖ Y avoir à boire et à manger, *there [to be] food and drink in the same glass* (Gramm.). ◆ MÉLANGE. Y avoir à boire et à manger (Fam.), *there [to be] good and bad* (Gramm.). ◆ TOUR-MENT. En perdre (oublier) le boire et le manger (Fam.), *to lose o.'s appetite over it.*
→ **mer.**

bois ◆ ACCOMMODEMENT. Etre du bois dont on fait les flûtes (Fam.), *to be someone one can twist round one's little finger.* ◆ AVIATION. Casser du bois (Fam.), *to go for a Burton* ◆ DÉSARROI. Ne plus savoir de quel bois faire flèche, *not to know which way to turn.* ◆ IMPRÉVOYANCE. Aller au bois sans hache, *to leave without the tools.* ◆ INSENSIBILITÉ. Etre de bois (Fam.), *to be wooden.* ◆ MENACE. Montrer à qqn de quel bois on se chauffe (Fam.), *to show s.o. whom he is dealing with.* ◆ MÉNAGE. Faire du bois, *to cut fire wood.* ‖ Se chauffer au bois, *to use wood for heating.* ◆ SEXUALITÉ. N'être pas de bois (Fam.), *not to be made of stone.* ◆ SUPERSTITION. Toucher du bois, *to touch wood.* ◆ VOL. Se faire voler comme dans un bois (Fam.), *to get fleeced.*
→ **bout, cautère, cheval, cloche, coin, emplâtre, feu, flèche, gueule, visage, volée.**

boisson ◆ BOISSON. Siroter une boisson, *to sip a drink.* ◆ IVRESSE. Etre pris de boisson, *to be intoxicated.* ◆ IVROGNERIE. Etre porté sur la boisson, *to be given to drink.* ‖ S'adonner à la boisson, *to take to drink.*
→ **empire.**

boîte ◆ AUTOMOBILE. Faire grincer (sauter) la boîte de vitesses, *to crucify (to wreck) o.'s gear-box.* ◆ MÉTIER. Etre de la boîte (Fam.), *to work in the place.* ◆ MOQUERIE. Mettre qqn en boîte (Fam.), *to pull s.o.'s leg.*
→ **air, lettre.**

boiteux ◆ BÉVUE. Clocher devant un boiteux (Fam.), *to put o.'s foot in it.*

bol ◆ CHANCE. Avoir du bol (Pop.), *to have the devil's own luck.* ◆ HYGIÈNE. Prendre un bol d'air, *to take a breath of fresh air.* ◆ SATIÉTÉ. En avoir ras le bol (Fam.), *to be fed up to the back teeth.*

bombance ◆ ALIMENTATION. Faire bombance, *to have a feast.*

bombe ◆ DÉBAUCHE. Faire la bombe (Fam.), *to go on the spree.* ◆ IMPROVISTE. Arriver comme une bombe, *to come bursting in.* ◆ MILITAIRE. Détruire qqch. à la bombe atomique, *to destroy sth. with an atom bomb.* ‖ Lâcher des bombes, *to drop bombs.* ◆ SOUDAINETÉ. Éclater comme

une bombe, *to fall like a thunderbolt.*
→ **effet.**

bon 1. AVANTAGE. Avoir du bon, *to have a good side.* — 2. BEAU TEMPS. Faire bon, *to be nice.* — 3. CERTITUDE. Etre pour de bon, *to be the real thing.* [V. 7.] — 4. DANGER. Ne pas sentir bon (Fam.), *to look a bit dodgy.* — 5. JUGEMENT. Trouver bon de faire qqch., *to think it fit to do sth.* — 6. MÉLANGE. Avoir du bon et du mauvais, *to have a good and bad side.* — 7. PÉRENNITÉ. Etre pour de bon, *to be for keeps.* [V. 3.] — 8. PERSPECTIVE. Ne présager rien de bon, *to augur no good.* — 9. PRESSE. Donner le bon à tirer, *to O.K. for printing.* — 10. RÉSISTANCE. Tenir bon (Fam.), *to hold out.* — 11. SAGESSE. Prendre le bon avec le mauvais, *to take the good with the bad.* — 12. SUSPICION. Ne rien dire de bon à qqn, *not to reassure s.o. at all.* — 13. UTILITÉ. N'être bon qu'à ça (Fam.), *to be no use for anything else.*
→ **bêtise, mauvais.**

bond ♦ ABANDON. Faire faux bond à qqn, *to let s.o. down.* ♦ DÉDIT. Faire faux bond à qqn, *to stand s.o. up.* ♦ PROGRÈS. Faire un bond en avant, *to leap forward.* ♦ VITESSE. Ne faire qu'un bond, *to be off like a shot.*
→ **balle.**

bonde ♦ COLÈRE. Lâcher la bonde (Fam.), *to explode.* ♦ LARME. Lâcher la bonde (Fam.), *to burst into tears.*

bondieusard ♦ BIGOTERIE. Etre bondieusard (Fam.), *to be sanctimonious.*

bondir ♦ INDIGNATION. Y avoir de quoi bondir (Fam.), *there [to be] reason to be wild* (Gramm.).

bonheur 1. ALTRUISME. Souhaiter (vouloir) le bonheur de qqn, *to want (to wish for) s.o.'s happiness.* — 2. AVEUGLEMENT. Ne pas connaître son bonheur, *not to realize how lucky o. is.* — 3. CHANCE. Porter bonheur à qqn, *to bring s.o. (good) luck.* — 4. CONVENANCE. Faire le bonheur de qqn (chose), *to be just what s.o. needs.* [V. 6.] — 5. HASARD. Agir au petit bonheur (la chance) [Fam.], *to act haphazardly.* — 6. BONHEUR. Aspirer au bonheur, *to aspire after happiness.* ‖ Faire le bonheur de qqn, *to make s.o. happy.* [V. 4.] ‖ Nager dans le bonheur, *to be blissfully happy.* ‖ Savourer son bonheur, *to savour o.'s happiness.* ‖ Trouver le bonheur auprès de qqn, *to find happiness with s.o.* — 7. RABAT-JOIE. Assombrir (gâcher, troubler) le bonheur de qqn, *to cloud (to spoil, to disturb) s.o.'s happiness.*

bonhomme ♦ MARCHE, TRANQUILLITÉ. Aller son petit bonhomme de chemin (Fam.), *to jog along.*

boniment ♦ BONIMENT. Faire (débiter, raconter) des boniments à la noix de coco (à la graisse d'oie) [Fam.], *to talk stuff and nonsense.* ♦ COMMERCE. Faire son boniment (Fam.), *to deliver o.'s patter.* ♦ FLATTERIE. Faire du boniment à qqn (Fam.), *to chat s. o. up.*
→ **laïus.**

bonjour ♦ CIVILITÉ. Donner (souhaiter) le bonjour à qqn, *to say hallo to s.o.* ♦ FACILITÉ. Etre simple comme bonjour (Fam.), *to be as easy as kiss.* ♦ VISITE. Passer dire bonjour, *to drop in and say hallo.*

bonne ♦ ABUS. En avoir de bonnes (Fam.), *to have funny ideas.* ♦ FAVORITISME. Avoir qqn à la bonne (Fam.), *to have a soft spot for s.o.* ♦ PLAISANTERIE. En connaître (conter, sortir) une bien bonne (Fam.), *to know (to tell, to come out with) a good one.*

bonnet ♦ ACQUIESCEMENT. Opiner du bonnet, *to nod assent.* ♦ HUMEUR. Avoir mis son bonnet de travers (Fam.), *to have got out of bed on the wrong side.* ♦ IMPORTANCE. Etre un gros bonnet (Fam.), *to be a big noise.* ♦ INITIATIVE. Prendre ça sous son bonnet, *to take it into o.'s head.* ♦ LIBERTINAGE. Jeter son bonnet par-dessus les moulins, *to throw o.'s cap over the windmill.* ♦ RÉFLEXION. Parler à son bonnet (Fam.), *to talk to o.s.* ♦ SIMILITUDE. Etre bonnet blanc et blanc bonnet, *to be six of one and half a dozen of the other.* ♦ TRISTESSE. Etre triste comme un bonnet de nuit (Fam.), *to be as dull as ditch-water.*
→ **tête.**

bonsoir ♦ CIVILITÉ. Dire (souhaiter le) bonsoir à qqn, *to say good evening to s.o.* (à l'arrivée); *to say good night to s.o.* (au départ).

bonté ♦ ABUS. Abuser de la bonté de qqn, *to take advantage of s.o.'s kindness.* ♦ AMOUR. Avoir des bontés pour qqn, *to bestow o.'s favours on s.o.* ♦ APPARENCE. Respirer la bonté, *to radiate kindness.* ♦ BONTÉ. Avoir de la bonté de reste (Fam.),

to have kindness and to spare. ◆ GENTIL-
LESSE. Avoir la bonté de faire qqch., *to
be kind enough to do sth.*

bord 1. DANGER. Etre au bord de l'abîme
(du gouffre), *to be on the edge of the abyss.*
— 2. EXPRESSION. L'avoir au bord des
lèvres, *to have it on the tip of o.'s tongue.*
— 3. LARME. Etre au bord des larmes, *to
be on the verge of tears.* — 4. MARINE.
Monter à bord, *to go aboard.* ‖ Virer de
bord, *to tack about.* [V. 9.] — 5. MORT.
Etre au bord de la tombe (du tombeau), *to
be at death's door.* — 6. PARTI. Etre du
même bord que qqn, *to be on the same side
as s.o.* — 7. POLITIQUE. Etre au bord de la
crise, *to be on the brink of a crisis.* — 8.
PROXIMITÉ. Mettre bord à bord, *to put side
by side.* — 9. REVIREMENT. Virer de bord
(Fam.), *to change sides.* [V. 4.] — 10.
VOLUME. Etre plein à ras bord, *to be full to
the brim.*
→ **maître, moyen.**

bordée ◆ INSULTE. Essuyer une bordée
d'injures, *to meet with a volley of insults.*
◆ MARINE. Courir (tirer) une bordée, *to
tack.* ◆ SEXUALITÉ. Tirer une bordée
(Pop.), *to go on the spree.*

borne ◆ DÉMESURE. Dépasser (passer,
franchir, transgresser) les bornes, *to
exceed (to pass) the bounds.* ‖ Ne pas
connaître de bornes, *to know no bounds.*
◆ LATITUDE. Reculer les bornes de qqch.,
to extend the limits of sth. ◆ MESURE.
Assigner (fixer, mettre, placer) des
bornes à qqn (qqch.), *to assign (to set)
bounds to s.o. (sth.).* ‖ Rester (se maintenir, se tenir, se renfermer) dans les bornes,
to remain within bounds. ◆ OBSTACLE.
Rencontrer (trouver) des bornes, *to come
up against (to find) bounds.*

bosse ◆ CAPACITÉ. Avoir la bosse de
qqch. (Fam.), *to have a bump for sth.* ◆
RIRE. Se payer une bosse de rire (Fam.),
to have a good guffaw. ◆ SANTÉ. Se faire
une bosse, *to get a lump.* ◆ VOYAGE.
Rouler sa bosse (Fam.), *to knock about the
world.*
→ **plaie.**

bossu ◆ RIRE. Rire comme un bossu
(Fam.), *to laugh fit to bust.*

botte ◆ ABUS. Faire dans les bottes de qqn
(Pop.), *to play a dirty, stinking trick on
s.o.* ◆ ATTAQUE. Pousser une botte, *to
launch an attack.* ◆ ESCLAVAGE. Vivre
sous la botte de qqn, *to live beneath s.o.'s*

heel. ◆ FLATTERIE. Lécher les bottes de
qqn, *to lick s.o.'s boots.* ◆ MORT. Cirer
(graisser) ses bottes (Fam.), *to pack o.'s
traps.* ◆ SATIÉTÉ. En avoir plein les
bottes (Pop.), *to be sick to death.* ◆
SPORTS. Parer (esquiver; porter) une
botte, *to fend off (to dodge; to make) a
lunge.* ◆ TAILLE. N'être pas plus
haut qu'une botte (Fam.), *to be a Hop o' my
Thumb.*
→ **aiguille, foin, propos.**

bouc ◆ ODEUR. Puer comme un bouc
(Fam.), *to stink like a billygoat.* ◆ PER-
SÉCUTION. Prendre qqn pour bouc émis-
saire, *to make a scapegoat of s.o.* ◆ PHY-
SIONOMIE. Porter le bouc, *to have a goatee.*
◆ VICTIME. Servir de bouc émissaire, *to
serve as scapegoat.*

boucan ◆ BRUIT. Faire un boucan à tout
casser (de tous les diables), [Fam.], *to kick
up a racket.*

bouche 1. ABONDANCE. En avoir à
bouche que veux-tu (Fam.), *to have enough
and to spare.* — 2. AFFECTATION. Avoir
(faire) la bouche en cœur, *to simper.* — 3.
ALIMENTATION. Garder qqch. pour la
bonne bouche, *to save the best bit till last.*
‖ Rester (demeurer) sur la bonne bouche,
to enjoy the taste in o.'s mouth. [V. 16.]
— 4. CHANT. Chanter à bouche fermée,
to hum. — 5. CHARGE. Devenir (être) une
bouche inutile, *to become (to be) merely an
extra mouth to feed.* — 6. CONFIDENCE.
Dire qqch. de bouche à oreille, *to say sth.
on the q.t.* — 7. DÉLÉGATION. Parler par
la bouche de qqn, *to use s.o. as o.'s spokesman.* — 8. EMPHASE. En avoir plein la
bouche (Fam.), *to be full of it.* — 9.
ÉPANCHEMENTS. S'embrasser à bouche
que veux-tu (Fam.), *to smooch.* ‖ S'embrasser sur la bouche, *to kiss.* — 10. FAITS ET
GESTES. Porter qqch. à la bouche, *to raise
sth. to o.'s mouth.* — 11. FAMILLE. Avoir
dix bouches à nourrir, *to have ten mouths
to feed.* — 12. GOURMANDISE. Etre fort
sur la bouche (Fam.), *to be fond of
o.'s food.* — 13. INAPPÉTENCE. Faire la fine
(petite) bouche, *to be finicky.* [V. 20.] — 14.
INCIVILITÉ. Parler la bouche pleine, *to talk
with o.'s mouth full.* — 15. PHYSIONOMIE.
Avoir la bouche en cul de poule (Fam.),
to have pursed lips. ‖ Avoir la bouche
fendue jusqu'aux oreilles, (en tirelire)
[Fam.], *to have a water-melon mouth.* ‖
Avoir la bouche comme un four (Fam.),

to have a great gape of a mouth. — 16. PRÉFÉRENCE. Garder qqch. pour la bonne bouche, *to save sth. till last.* ‖ Rester (demeurer) sur la bonne bouche, *not to break the mood.* [V. 3.] — 17. PRIVATION. Crever la bouche ouverte (Fam.), *to wait till Doomsday.* — 18. RENOMMÉE. Etre sur toutes les bouches, *to be on everybody's lips.* ‖ Voler de bouche en bouche, *to go the rounds.* — 19. RÉPÉTITION. N'avoir que cela à la bouche (Fam.), *can talk of nothing else* (Gramm.). — 20. RÉTICENCE. Faire la fine (petite) bouche sur qqch., *to turn up o.'s nose at sth.* [V. 13.] — 21. SANTÉ. Avoir la bouche amère, *to have a sour taste in o.'s mouth.* ‖ Avoir la bouche en feu (pâteuse), *to have a burning (gooey) feeling in o.'s mouth.* ‖ Avoir mauvaise bouche, *to have a bad taste in o.'s mouth.* — 22. SILENCE. Fermer la bouche à qqn, *to shut s.o. up.* ‖ Garder (rester) bouche cousue, *to keep mum.* ‖ Ne pas ouvrir la bouche, *not to open o.'s mouth.* — 23. STUPÉFACTION. Rester (demeurer) bouche bée, *to be left gaping.*
→ **bandeau, eau, fois, morceau, pain, parole.**

bouche-à-bouche ◆ MÉDECINE. Pratiquer le bouche-à-bouche, *to give the kiss of life.*

bouchée ◆ ALIMENTATION. Manger une bouchée, *to have a bite.* ◆ ATTENTION. Ne pas en perdre une bouchée (Fam.), *not to miss an iota.* ◆ FACILITÉ. N'en faire qu'une bouchée (Fam.), *to make short work of it.* ◆ INAPPÉTENCE. Ne pas pouvoir avaler une bouchée, *cannot eat a thing* (Gramm.). ◆ NON-PROFIT. Acheter (donner; vendre) pour une bouchée de pain, *to buy (to give; to sell) for a song.* ◆ RAPIDITÉ. Mettre les bouchées doubles (Fam.), *to gallop through it.*

boucherie ◆ MILITAIRE. Envoyer qqn à la boucherie, *to send s.o. to the slaughter.*

bouche-trou ◆ REMPLACEMENT. Servir de bouche-trou (Fam.), *to serve as a stop-gap.*

bouchon ◆ BOISSON. Faire sauter le bouchon, *to pull the cork.* ◆ PERPLEXITÉ. Etre plus fort que de jouer au bouchon (Fam.), *to beat the band.* ◆ SILENCE. Mettre un bouchon à qqn (Fam.), *to put a stopper on s.o.*
→ **goût.**

boucle ◆ ACHÈVEMENT. Boucler la boucle, *to complete the circuit.*

boucler ◆ SILENCE. La boucler (Fam.), *to clam up.*

bouclier ◆ PROTECTION. Faire à qqn un bouclier de son corps, *to shield s.o. with o.'s body.*
→ **levée.**

boudin → **eau.**

boue 1. DÉCHÉANCE. Patauger dans la boue, *to wallow in the mud.* [V. 3.] — 2. DÉNIGREMENT. Traîner qqn dans la boue, *to drag s.o. through the mud.* — 3. MAUVAIS TEMPS. Patauger dans la boue, *to squelch through the mud.* [V. 1.]

bouée ◆ ASSISTANCE. Jeter une bouée à qqn (Fig.), *to throw out a line to s.o.* ◆ MARINE. Jeter une bouée à qqn, *to throw a life-buoy to s.o.*

bouffarde ◆ TABAC. Tirer sur sa bouffarde (Fam.), *to puff at o.'s pipe.*

bouffée ◆ SANTÉ. Avoir des bouffées de chaleur, *to have hot flushes.* ◆ TABAC. Tirer une bouffée, *to take a puff.*

bougeotte ◆ AGITATION. Avoir la bougeotte (Fam.), *to have the fidgets.*

bougie ◆ AUTOMOBILE. Vérifier les bougies, *to check the sparking plugs.* ◆ ÉCLAIRAGE. Allumer (éteindre, moucher, souffler) une bougie, *to light (to put out, to snuff, to blow out) a candle.*

bougre ◆ CARACTÈRE. Ne pas être un mauvais bougre (Fam.), *not to be a bad bloke.*

bouille ◆ PHYSIONOMIE. Avoir une bonne bouille (Fam.), *to have a nice chubby face.*

bouillie ◆ ÉLOCUTION. Avoir de la bouillie dans la bouche (Fam.), *to have a marble in o.'s mouth.* ◆ INCONSISTANCE. Etre de la bouillie pour les chats (Fam.), *to be wishy-washy.* ◆ VOIES DE FAIT. Réduire (mettre) qqn en bouillie (Fam.), *to beat s.o. to a pulp.*

bouillon ◆ CRIME. Donner (faire prendre) à qqn un bouillon d'onze heures (Fam.), *to give s.o. a poisoned drink.* ◆ CUISINE. Bouillir à gros bouillons, *to boil rapidly.* ‖ Cuire à gros bouillons, *to cook in fast-boiling water.* ‖ Faire jeter un bouillon, *to boil briefly.* ◆ PERTE. Boire un bouillon (Fam.), *to come to grief.*

bouillotte ◆ CONFORT. (Se) faire une bouillotte, *to fill a hot-water bottle.*

boule 1. ANIMAL. Se mettre en boule, *to curl up.* [V. 3.] — 2. CHEVELURE. Avoir

la boule de billard (Fam.), *to be as bald as a coot.* – 3. COLÈRE. Se mettre en boule (Fam.), *to get mad.* [V. 1.] – 4. EXCITATION. Mettre qqn en boule, *to get s.o.'s monkey up.* – 5. FOLIE. Perdre la boule (Fam.), *to go off o.'s nut.* – 6. FORME. Etre rond comme une boule, *to be as round as a ball.* – 7. PROGRESSION. Faire boule de neige, *to snow-ball.* – 8. SANTÉ. Avoir des boules de gomme dans les oreilles (Fam.), *to be as deaf as a post.*
→ **nerf.**

bouler ◆ REBUFFADE. Envoyer bouler qqn (Fam.), *to send s.o. to blazes.*

boulet ◆ CHARGE. Traîner un boulet (Fam.), *to carry a millstone round o.'s neck.* ◆ DÉNIGREMENT. Tirer à boulets rouges sur qqn, *to go for s.o.*

boulette ◆ BÉVUE. Faire une boulette (Fam.), *to goof.* ◆ ÉCOLE. Lancer des boulettes (de papier), *to throw pellets.*

boulevard ◆ DIRECTION. Emprunter les boulevards extérieurs, *to take the ring road.*

bouleversement ◆ CHANGEMENT. Entraîner un bouleversement, *to cause an upheaval.*

boulimie ◆ SANTÉ. Souffrir de boulimie, *to suffer from morbid hunger.*

boulon ◆ FOLIE. Avoir un boulon dévissé (Pop.), *to have a screw loose.* ◆ TRAVAUX MANUELS. Serrer (desserrer) un boulon, *to tighten (to loosen) a bolt.*

boulot ◆ MÉTIER. Avoir un bon boulot (Fam.), *to have a good job.* ◆ RENDEMENT. Abattre du boulot (Fam.), *to get through a pile of work.* ◆ TRAVAIL. Aller au boulot (Fam.), *to go to work.* ‖ Se mettre au boulot (Fam.), *to buckle to.*

boulotter ◆ ALIMENTATION. N'avoir rien à boulotter (Fam.), *to have no grub.*

bouquet ◆ BOISSON. Avoir du bouquet, *to have a bouquet.* ◆ COMBLE. Etre le bouquet (Fam.), *to put the lid on it.* ◆ VÉGÉTAUX. Arranger (composer) un bouquet, *to make a flower arrangement.* ‖ Cueillir (faire) un bouquet, *to pick (to gather) a bunch of flowers.*

bouquin ◆ LECTURE. Se plonger dans un bouquin (Fam.), *to bury o.s. in a book.*

bourbier ◆ ASSISTANCE. Tirer qqn du bourbier, *to get s.o. out of a mess.* ◆ DÉSAGRÉMENT. Tomber (se mettre) dans le bourbier, *to get into a mess.*

bourde ◆ BÉVUE. Faire (commettre, dire, lâcher) une bourde, *to make a howler.*

bourdon ◆ TRISTESSE. Avoir le bourdon (Fam.), *to have a fit of the blues.*

bourdonnement ◆ SANTÉ. Avoir des bourdonnements d'oreille, *to have a buzzing noise in o.'s ears.*

bourgeois ◆ NON-CONFORMISME. Épater le bourgeois, *to bowl them over.*

bourrage ◆ BONIMENT. Faire du bourrage de crâne (Fam.), *to do some brainwashing.* ◆ DUPE. Subir un bourrage de crâne (Fam.), *to be brainwashed.*

bourrasque ◆ ÉPREUVE, MAUVAIS TEMPS. Essuyer une bourrasque, *to run into a squall.*

bourre ◆ RETARD. Etre à la bourre (Fam.), *to be pushed.*
→ **peau.**

bourreau ◆ RENDEMENT. Etre un bourreau de travail, *to be a glutton for work.* ◆ SÉDUCTION. Etre un bourreau des cœurs, *to be a heart-throb.*

bourrichon ◆ IMAGINATION. Se monter le bourrichon (Fam.), *to get ideas.*

bourricot → **kif-kif.**

bourrique ◆ PERSÉCUTION. Faire tourner qqn en bourrique (Fam.), *to drive s.o. round the bend.* ◆ SOUMISSION. Tourner en bourrique (Fam.), *to go round the bend.*

bourse ◆ ÉCOLE. Obtenir une bourse, *to obtain a scholarship.* ◆ FINANCES. Etre coté en Bourse, *to be quoted on the Stock Exchange.* ◆ GESTION. Faire bourse commune, *to pool everything.* ‖ Faire bourse à part, *to keep separate accounts.* ◆ IMPRUDENCE. Donner sa bourse à garder au larron, *to ask the prisoner to mind the keys.* ◆ JEUX D'ARGENT. Jouer à la Bourse, *to play the Stock Market.* ◆ PAUVRETÉ. Avoir la bourse plate, *to have a light purse.* ◆ RICHESSE. Avoir la bourse bien garnie (ronde), *to have a well-lined purse.* ◆ VOL. Demander la bourse ou la vie, *to demand your money or your life.*
→ **ami, cordon, coup, diable, portée.**

bousculade ◆ FOULE. Provoquer une bousculade, *to cause a rush.*

bousiller ◆ MORT. Se faire bousiller (Fam.), *to get o.'s chips.*

bousin ◆ BRUIT. Faire du bousin (Pop.), *to raise a rumpus.*

boussole ◆ FOLIE. Perdre la boussole (Fam.), *to go off o.'s rocker.*

bout 1. ACHÈVEMENT. Venir à bout de son travail, *to get to the end of o.'s work.* − 2. ADRESSE. Prendre qqch. par le bon bout, *to go about sth. the right way.* [V. 12.] − 3. AISANCE. Joindre les deux bouts, *to make both ends meet.* − 4. APOGÉE. Etre le bout du monde, *to be the crowning glory.* [V. 29.] − 5. ASSISTANCE. Tenir (soutenir) qqn à bout de bras, *to hold s.o. up.* [V. 23.] − 6. AVANTAGE. Tenir le bon bout (Fam.), *to be over the hump.* − 7. CINÉMA. Faire un bout d'essai, *to make a (screen-)test.* − 8. CONVICTION. Aller jusqu'au bout de ses idées, *to pursue o.'s ideas to the bitter end.* − 9. DÉPENSE. Venir à bout de son argent, *to come to the end of o.'s resources.* − 10. DÉSAGRÉMENT. Ne pas être au bout de ses peines, *not to be at the end of o.'s troubles.* − 11. DÉSARROI. Etre à bout de ressources, *to be at o.'s wits' end.* [V. 27.] − 12. DIPLOMATIE. Prendre qqn par le bon bout (Fam.), *to approach s.o. in the right way.* [V. 2.] − 13. DISCUSSION. Discuter le bout de gras (Fam.), *to argue away.* ‖ Etre au bout du (de son) rouleau (Fam.), *to have run out of arguments.* [V. 24, 27, 35.] − 14. DOMINATION. Mener qqn par le bout du nez, *to lead s.o. by the nose.* ‖ Venir à bout de qqn, *to get the better of s.o.* − 15. DURÉE. Ne pas en voir le bout, *not to see the end of it.* − 16. ENDURANCE. Tenir jusqu'au bout, *to stick it out.* [V. 34.] − 17. ÉNERVEMENT. Etre à bout de nerfs, *to be at breaking point.* ‖ Etre à bout de patience, *to have reached the end of o.'s patience.* − 18. ENFANT. Etre un petit bout de chou (Fam.), *to be a tot.* − 19. EXAGÉRATION. Regarder (voir) par le petit bout de la lorgnette, *to magnify unduly.* − 20. EXCITATION. Pousser qqn à bout, *to drive s.o. mad.* − 21. EXPRESSION. Aller jusqu'au bout de sa pensée, *to speak o.'s mind out.* − 22. FACILITÉ. Ne pas être le bout du monde, *not to be such a strain.* − 23. FAITS ET GESTES. Brandir (tenir, soutenir) qqch. à bout de bras, *to brandish (to hold up) sth. at arm's length.* [V. 5.] − 24. FATIGUE. Etre à bout de course (de fatigue), *to be all in.* ‖ Etre à bout de forces, *to be done out.* ‖ Etre au bout du son rouleau, *to be at the end of o.'s tether.* [V. 13, 27, 35.]

‖ Etre à bout de souffle, *to be puffed.* [V. 45.] − 25. FUITE. Mettre les bouts (Fam.), *to do a bunk.* − 26. HYGIÈNE. Se laver le bout du nez, *to have a cat lick.* − 27. IMPÉCUNIOSITÉ. Etre à bout de ressources, *to be down on o.'s uppers.* [V. 11.] ‖ Etre au bout du rouleau (Fam.), *to be out of cash.* [V. 13, 24, 35.] − 28. IMPRÉVOYANCE. Ne pas voir plus loin que le bout de son nez (Fam.), *to see no further than the end of o.'s nose.* − 29. INACCESSIBILITÉ. Etre le bout du monde, *to be the back of beyond.* [V. 4.] − 30. INACTION. Ne pas remuer le bout du petit doigt (Fam.), *not to lift a finger.* − 31. INAPPÉTENCE. Manger du bout des dents, *to pick at o.'s food.* − 32. MÉMOIRE. Avoir qqch. sur le bout de la langue, *to have sth. on the tip of o.'s tongue.* − 33. MENACE. Pendre au (bout du) nez (Fam.), *to hang over s.o.'s head.* − 34. MILITAIRE. Tirer à bout portant, *to fire point-blank.* ‖ Tenir jusqu'au bout, *to hold out to the end.* [V. 16.] − 35. MORT. Etre au bout de son rouleau (Fam.), *to be on o.'s last legs.* [V. 13, 24, 27.] − 36. PATIENCE. Écouter qqn jusqu'au bout, *to hear s.o. out.* − 37. PERPLEXITÉ. Etre au bout de son latin (Fam.), *to be at o.'s wits' end.* ‖ Ne savoir par quel bout prendre qqn, *not to know which way to tackle s.o.* − 38. PRÉCAUTION. Y toucher du bout du doigt, *to approach the matter gingerly.* − 39. PROMENADE. Faire un bout de chemin avec qqn, *to go part of the way with s.o.* ‖ Faire un bout de conduite à qqn, *to go a bit of the way with s.o.* − 40. RENDEMENT. En abattre un grand bout (Fam.), *to get through a whole lot of work.* − 41. RÉPÉTITION. Répéter qqch. à tout bout de champ, *to repeat sth. at every turn.* − 42. RÉVÉLATION. Montrer (laisser percer) le bout de l'oreille, *to show the cloven hoof.* − 43. RIRE. Rire du bout des lèvres, *to give a sickly smile.* − 44. SALUT. Toucher au bout de ses peines, *to be approaching the end of o.'s troubles.* − 45. SANTÉ. Etre à bout de souffle, *to be out of breath.* [V. 24.] − 46. SAVOIR. Connaître (savoir) qqch. sur le bout du doigt, *to have sth. at o.'s fingertips.* − 47. SUCCÈS. Venir à bout d'un problème, *to get the better of a problem.* ‖ Venir à bout des obstacles, *to overcome the obstacles.* − 48. TAILLE. Etre un petit bout d'homme, *to be a little chap.* ‖ Etre un petit bout de femme, *to be no size*. — 49. TÉLÉ-PHONE. Etre au bout du fil, *to be on the line*. — 50. THÉÂTRE. Jouer un bout de rôle, *to play a bit part*.

→ chandelle, économie, esprit, peine.

boute-en-train ◆ STIMULATION. Etre un boute-en-train, *to be the life and soul of the party*.

bouteille 1. ÂGE. Avoir de la bouteille (Fam.), *to have been round quite a while*. ‖ Prendre de la bouteille (Fam.), *to get on in years*. [V. 3.] — 2. BOISSON. Avoir dix années de bouteille, *to have been in bottle for ten years*. ‖·Boire une bouteille de derrière les fagots, *to drink one of the best bottles in the cellar*. ‖ Chambrer une bouteille, *to bring a bottle to room temperature*. ‖ Faire valser les bouteilles (Fam.), *to empty a few bottles*. ‖ Siffler une bouteille (Fam.), *to swig a bottle*. ‖ Vider une bouteille, *to crack a bottle*. — 3. EXPÉRIENCE. Avoir de la bouteille, *to be an old hand*. ‖ Prendre de la bouteille (Fam.), *to gain wisdom with years*. [V. 1.] — 4. INCURIE. Etre la bouteille à l'encre (Fam.), *to be a hopeless muddle*. — 5. IVROGNERIE. Caresser la bouteille (Fam.), *to be fond of the bottle*.

→ accolade, cou, raison.

boutique 1. APPROVISIONNEMENT. Faire toutes les boutiques, *to scour the town*. — 2. COMMERCE. Fermer boutique, *to shut up shop*. [V. 4.] ‖ Ouvrir boutique, *to set up shop*. ‖ Tenir boutique, *to keep a shop*. — 3. COMPÉTENCE. Etre de la boutique (Fam.), *to be in the racket*. — 4. DÉPART. Fermer (plier) boutique (Fam.), *to shut up shop*. [V. 2.]

bouton 1. COUTURE. Coudre un bouton, *to sew on a button*. — 2. ÉCLAIRAGE. Tourner le bouton, *to turn on the light*. [V. 3.] — 3. FAITS ET GESTES. Appuyer sur le bouton, *to press the button*. ‖ Tourner le bouton, *to turn the knob*. [V. 2.] — 4. RÉPÉTITION. Astiquer le même bouton (Fam.), *to harp on the same string*.

boutonnière ◆ ÉLÉGANCE. Fleurir sa boutonnière, *to put a flower in o.'s buttonhole*. ◆ VOIES DE FAIT. Faire une boutonnière à qqn (Fam.), *to nick s.o.*

bouture ◆ AGRICULTURE. Faire des boutures, *to take cuttings*.

box ◆ PROCÉDURE. Etre dans le box des accusés, *to be in the dock*.

boyau → tripe.

braise ◆ INQUIÉTUDE. Etre sur la braise (Fam.), *to be on tenterhooks*. ◆ TEMPÉRA-TURE. Etre chaud comme la braise (Fam.), *to be like an oven*.

→ poêle.

brancard ◆ ÉPUISEMENT. Tomber dans les brancards (Fam.), *to flop down*. ◆ RÉVOLTE. Ruer dans les brancards (Fam.), *to kick*.

branche ◆ ARTISAN DE SON SORT. Scier la branche qui vous soutient, *to saw off the branch o. is sitting on*. ◆ DISTINCTION. Avoir de la branche (Fam.), *to have an air about o.* ◆ INSTABILITÉ. Sauter de branche en branche, *to flit from one thing to another*. ◆ MOYENS. S'accrocher (se raccrocher) à toutes les branches, *to clutch at every straw*.

→ oiseau.

brandon ◆ MÉSENTENTE. Allumer le brandon de la discorde, *to sow the seeds of discord*.

branle ◆ CHEF. Mener le branle, *to take the lead*. ◆ MOUVEMENT. Se mettre en branle, *to get going*. ◆ PROPULSION. Donner le branle (Fig.), *to set the ball rolling*. ‖ Mettre qqch. en branle (Fig.), *to set sth. going*.

branle-bas 1. AGITATION. Etre en branle-bas, *to be all a bustle*. — 2. DÉSOR-DRE. Faire le branle-bas, *to turn every-thing upside down*. [V. 3.] — 3. MARINE. Faire le branle-bas, *to clear the decks*. [V. 2.] ‖ Sonner le branle-bas, *to sound the call to action*.

bras 1. ACCUEIL. Accueillir (recevoir) qqn à bras ouverts, *to welcome (to receive) s.o. with open arms*. — 2. CHARGE. Avoir qqn sur les bras (Fam.), *to have s.o. on o.'s hands*. ‖ Retomber sur les bras de qqn (Fam.), *to fall on s.o.* — 3. COLLABO-RATION. Etre le bras droit de qqn, *to be s.o.'s right hand*. — 4. ENGAGEMENT. Y mettre le bras jusqu'au coude (Fam.), *to plunge in with a will*. — 5. ENTRAVE. Lier les bras à qqn, *to tie s.o.'s hands*. — 6. ÉPANCHEMENTS. Se jeter (tomber) dans les bras de qqn, *to fling o.s. (to fall) into s.o.'s arms*. ‖ Serrer qqn dans ses bras, *to hug s.o.* — 7. FAITS ET GESTES. Agiter (baisser; écarter; étendre; lever) les bras, *to wave (to lower; to spread out; to stretch out; to raise) o.'s arms*. ‖ Avoir les bras ballants, *to let o.'s arms dangle*. [V. 10.]

‖ Donner le bras à qqn, *to give s.o. o.'s arm.* ‖ Offrir son bras à qqn, *to offer s.o. o.'s arm.* ‖ Mettre les bras en croix, *to spread-eagle o.'s arms.* ‖ Porter qqch. sous le bras (sur les bras), *to carry sth. under o.'s arm (in o.'s arms).* ‖ Prendre le bras de qqn, *to take s.o.'s arm.* ‖ Prendre (attraper, saisir, tenir) qqn par le bras, *to take (to seize, to grab, to hold) s.o. by the arm.* ‖ S'appuyer sur le bras de qqn, *to lean on s.o.'s. arm.* ‖ Tendre les bras à qqn, *to reach out to s.o.* [V. 18.] ‖ Se croiser les bras, *to fold o.'s arms.* ‖ Se donner le bras, *to link arms.* ‖ Tirer qqch. à bras, *to pull sth. by hand.* — 8. FATIGUE. En avoir plein les bras (Fam.), *to be flat out.* — 9. GAGNE-PAIN. Vivre de ses bras, *to live by o.'s labour.* — 10. INACTION. Avoir les bras ballants (Fam.), *to stand with both arms the same length.* [V. 7.] ‖ Rester les bras croisés, *to stand idly by.* — 11. INFLUENCE. Avoir le bras long (Fam.), *to have plenty of pull.* — 12. MÉTIER. Manquer de bras, *to be short-handed.* — 13. PROTESTATION. Lever les bras au ciel, *to throw up o.'s hands.* — 14. SANTÉ. Avoir (porter) le bras en écharpe, *to have o.'s arm in a sling.* — 15. SÉCURITÉ. Se réfugier dans les bras de qqn, *to fly to s.o.'s arms.* — 16. SOMMEIL. Etre (tomber) dans les bras de Morphée, *to be in (to fall into) the arms of Morpheus.* — 17. STUPÉFACTION. Avoir les bras qui vous en tombent (en avoir les bras qui tombent, en avoir les bras coupés) [Fam.], *not to know whether o. is standing on o.'s head or o.'s heels.* ‖ Couper bras et jambes, *to bowl over.* — 18. SUPPLICATION. Tendre les bras vers qqn, *to stretch out o.'s arms to s.o.* [V. 7.] — 19. VÊTEMENT. Etre en bras de chemise (Fam.), *to be in o.'s shirt-sleeves.* — 20. VOIES DE FAIT. Frapper qqn à bras raccourcis, *to batter s.o.* ‖ Tomber sur qqn à bras raccourcis, *to pitch into s.o.* → **affaire, bout, grève, monsieur, tour.**

bras-le-corps ◆ FAITS ET GESTES. Saisir (prendre) à bras-le-corps, *to seize round the waist.*

brasse ◆ SPORTS. Nager la brasse, *to swim breast-stroke.* ‖ Nager la brasse papillon, *to do the butterfly-stroke.*

brasseur ◆ AFFAIRES. Etre un brasseur d'affaires, *to be a big businessman.*

bravade ◆ PROVOCATION. Agir par bravade, *to act out of bravado.*

brave ◆ COURAGE. Se conduire en brave, *to acquit o.s. bravely.* ◆ FANFARONNADE. Faire le brave, *to put on a brave front.*

brebis ◆ CONVERSION. Ramener la brebis égarée, *to bring the stray lamb back to the fold.* ◆ IMPRUDENCE. Donner la brebis à garder au loup, *to set the fox to watch the geese.* ◆ OSTRACISME. Etre une brebis galeuse, *to be a black sheep.* → **repas.**

brèche 1. ATTAQUE. Ouvrir (faire) une brèche, *to make a breach.* [V. 4.] — 2. DÉNIGREMENT. Battre qqn en brèche, *to run s.o. down.* — 3. DÉPENSE. Faire des brèches à sa fortune, *to make inroads into o.'s money.* — 4. MILITAIRE. Colmater une brèche, *to fill a breach.* [V. 6.] ‖ Ouvrir une brèche, *to make a breach.* [V. 1.] — 5. MORT. Mourir sur la brèche (Fam.), *to die with o.'s boots on.* — 6. RÉPARATION. Colmater une brèche, *to repair a breach.* [V. 4.] — 7. TRAVAIL. Etre sur la brèche (Fam.), *to be hard at it.*

bredouille ◆ ÉCHEC, SPORTS. Revenir (rentrer) bredouille, *to come back (to return) empty-handed.*

bref ◆ PAROLE. Parler bref, *to speak curtly.*

breloque ◆ FOLIE. Battre la breloque (Fam.), *to be batty.* ◆ SANTÉ. Battre la breloque (Fam.), *to go pit-a-pat (cœur).* ◆ TECHNIQUE. Battre la breloque (Fam.), *to go badly (montre).*

Bretagne → **cousin.**

bretelle ◆ DIRECTION. Emprunter la bretelle de sortie, *to take the slip-road off.* ◆ SATIÉTÉ. En avoir par-dessus les bretelles (Fam.), *to be fed up to the back teeth.*

brevet ◆ TECHNIQUE. Déposer (exploiter, prendre) un brevet d'invention, *to file (to exploit, to take out) a patent.*

bréviaire ◆ RELIGION. Dire son bréviaire, *to read o.'s breviary.*

bribes ◆ CONVERSATION. Entendre (saisir, surprendre) des bribes de conversation, *to hear (to overhear, to intercept) snatches of conversation.*

bric ◆ DISPARITÉ. Etre de bric et de broc (Fam.), *to be made up of odds and ends.*

bric-à-brac ◆ DISPARITÉ. Etre un vrai bric-à-brac (Fam.), *to be a real curiosity shop.*

bricolage ◆ MÉTIER. Faire du bricolage, *to do odd jobs.*
→ **travail.**

bricole ◆ DÉSAGRÉMENT. Chercher la bricole (Fam.), *to look for trouble.*

bride ◆ AUTORITÉ. Tenir qqn en bride, *to hold s.o. in check.* ◆ DOMINATION. Tenir la bride haute à qqn, *to keep a tight rein on s.o.* ◆ FUITE. Tourner bride, *to turn tail.* ◆ LIBÉRATION. Lâcher la bride à qqn, *to let s.o. loose.* ‖ Laisser la bride sur le cou de qqn, *to give free rein to s.o.* ◆ LIBERTÉ. Avoir la bride sur le cou (Fam.), *to have free rein.* ◆ VITESSE. Aller à toute bride, *to go at top speed.* ‖ Courir à bride abattue, *to go hell for leather.*

bridge → **partie.**

brigand → **histoire.**

brillant ◆ MÉDIOCRITÉ. Ne pas être brillant (Fam.), *to be so-so.*

brimade ◆ PERSÉCUTION. Faire subir des brimades à qqn, *to pick on s.o.*

brin 1. AMOUR. Faire un brin de cour, *to flirt briefly.* − 2. CONVERSATION. Faire un brin de causette, *to chat for a moment.* − 3. CORPS. Etre un beau brin de fille, *to be a strapping wench.* − 4. DÉRAISON. N'avoir pas un brin de bon sens (Fam.), *not to have a scrap of common sense.* − 5. ÉLÉGANCE. Faire un brin de toilette, *to tidy o.'s up.* [V. 6.] − 6. HYGIÈNE. Faire un brin de toilette, *to have a wash and brush up.* [V. 5.] − 7. PROMENADE. Faire un brin de conduite à qqn, *to go a bit of the way with s.o.*

bringue ◆ CORPS. Etre une grande bringue, *to be like a beanpole.* ◆ DÉBAUCHE. Faire la bringue (Pop.), *to whoop it up.* ‖ Faire une bringue à tout casser (Pop.), *to paint the town red.*

brio ◆ ENTRAIN. Avoir du brio, *to have dash.* ◆ FACONDE. Parler avec brio, *to speak spiritedly.*

brioche ◆ BÉVUE. Faire une brioche (Pop.), *to make a bloomer.* ◆ CORPS. Avoir de la brioche (Fam.), *to be pot-bellied.*

brique ◆ PAUVRETÉ. Bouffer des briques (Fam.), *to live on air.*

brisées ◆ RIVALITÉ. Marcher (aller) sur les brisées de qqn, *to encroach on s.o.'s preserves.*

brocante ◆ COMMERCE. Faire de la brocante, *to have a junk-shop.*

brocard ◆ RAILLERIE. Lancer des brocards à qqn, *to gibe at s.o.*

broche ◆ CUISINE. Mettre à la broche, *to spit.*

broderie ◆ COUTURE. Faire de la broderie, *to do embroidery.*

brosse ◆ FLATTERIE. Faire marcher (utiliser) la brosse à reluire (Fam.), *to scratch s.o.'s back.*
→ **cheveu, coup.**

brossée ◆ VOIES DE FAIT. Flanquer une brossée à qqn (Fam.), *to give s.o. a drubbing.*

brosser ◆ PRIVATION. Pouvoir se brosser (Fam.), *can whistle for it* (Gramm.).

brouillard ◆ AUDACE. Foncer dans le brouillard (Fam.), *to plunge in head first.* ◆ INCERTITUDE. Etre dans le brouillard (n'y voir que du brouillard) [Fam.], *to be hazy.* ◆ SANTÉ. Avoir un brouillard devant les yeux (voir à travers un brouillard), *to see through a haze.*

brouille ◆ MÉSENTENTE. Mettre (semer, susciter) la brouille dans le ménage (Fam.), *to set everyone at odds.*

brouillon ◆ ÉCRITURE. Faire un brouillon, *to make a rough copy.*

broutille ◆ INSIGNIFIANCE. N'être qu'une broutille (Fam.), *to be a piffling matter.*

bruit ◆ BRUIT. Faire un bruit d'enfer (de tous les diables), *to kick up an unholy row.* ‖ Faire un bruit à ne pas s'entendre (Fam.), *to make a deafening noise.* ‖ Faire un bruit à réveiller les morts (Fam.), *to make enough noise to wake the dead.* ‖ Faire un bruit à rompre la cervelle (à crever le tympan, à fendre la tête) [Fam.], *to produce an ear-splitting noise.* ‖ Faire un bruit de ferraille, *to rattle.* ‖ Faire un bruit de fond, *to produce a background noise.* ◆ DÉMENTI. Démentir un faux bruit, *to deny a false rumour.* ◆ EXAGÉRATION. Faire beaucoup de bruit pour rien, *to make a lot of fuss about nothing.* ‖ Faire grand bruit de qqch., *to make a great to-do about sth.* ◆ FAUX-SEMBLANT. Faire plus de bruit que de besogne, *to do more talking than working.* ‖ Faire plus de bruit que de mal, *not to be as bad as o. sounds.* ◆ INFORMATION. Faire courir (répandre, semer) des bruits, *to spread rumours.* ‖ Mettre un bruit en circulation, *to start a rumour (going).* ◆ MARCHE. Étouffer le bruit de ses pas, *to deaden the sound of o.'s steps.* ◆ RENOMMÉE. Faire du bruit (dans Landerneau) [Fam.], *to create a*

stir. ♦ SOLITUDE. Vivre loin du bruit, *to live far from the madding crowd.*
→ **écho.**

bruitage ♦ SPECTACLE. Effectuer (faire) le bruitage, *to do the sound-effects.*

brûlé ♦ POLICE. Etre brûlé (Pop.), *to be blown.* ♦ SUSPICION. Sentir le brûlé (Fam.), *to look fishy.*

brûle-pourpoint ♦ IMPROVISTE. Questionner à brûle-pourpoint, *to ask bluntly.*

brune ♦ HEURE. Sortir à la brune, *to go out at dusk.* ♦ LIBERTINAGE. Courtiser la brune et la blonde, *to be a great one for the ladies.*

brute ♦ VOIES DE FAIT. Taper (frapper) comme une brute, *to hit savagely.*

bûche ♦ CHUTE. Ramasser une bûche (Fam.), *to take a spill.* ♦ IMMOBILITÉ. Ne pas remuer plus qu'une bûche (Fam.), *not to stir a peg.*

budget ♦ FINANCES. Discuter (voter) le budget, *to discuss (to vote) the budget.* ♦ GESTION. Boucler son budget, *to make both ends meet.* ‖ Équilibrer (établir; grever) son budget, *to balance (to work out; to overburden) o.'s budget.* ♦ RÉTRIBUTION. Émarger au budget, *to draw o.'s salary.*
→ **argent, ponction.**

buffet ♦ PAUVRETÉ. Danser devant le buffet (Fam.), *to find the cupboard bare.*

buisson ♦ ABSENCE. Faire buisson creux, *to find the bird flown.*

bulle ♦ INACTION. Coincer la bulle (Fam.), *to rest and be thankful.*

bulletin ♦ ÉLECTIONS. Mettre son bulletin dans l'urne, *to cast o.'s vote.* ♦ MÉDECINE. Publier (donner, fournir) un bulletin de santé, *to issue a medical bulletin.* ♦ MORT. Ravaler son bulletin de naissance (Fam.), *to kick the bucket.*

bureau ♦ SAVOIR. Etre un vrai bureau de renseignements (Fam.), *to be a mine of information.* ♦ SPECTACLE. Jouer à bureau fermé, *to play to a full house.*
→ **travail.**

Buridan → **âne.**

burlesque ♦ COMIQUE. Tenir du burlesque, *to verge on the ludicrous.*

burnous ♦ EXPLOITATION. Faire suer le burnous (Fam.), *to be a slave-driver.*

but ♦ DÉMESURE. Dépasser (passer) le but (Fig.), *to overshoot the mark.* ♦ ERREUR. Se tromper de but, *to head in the wrong direction.* ♦ IMPROVISTE. Dire qqch. de but en blanc, *to say sth. point-blank.* ♦ INDÉCISION. Errer sans but, *to wander aimlessly.* ♦ INFÉRIORITÉ. Etre loin du but, *to be far from the goal.* ♦ INTÉRÊT PERSONNEL. Agir dans un but intéressé, *to have an axe to grind.* ♦ OBJECTIF. Aller (avancer, marcher, s'acheminer) vers un but, *to go (to advance, to move, to proceed) towards a goal.* ‖ Assigner un but à qqn, *to assign a goal to s.o.* ‖ Se proposer (viser, tendre vers) un but, *to set o.s. (to aim at) a goal.* ♦ RÉALISATION. Approcher du but, *to approach the goal.* ‖ Atteindre le (arriver au, toucher le) but, *to attain (to reach) the goal.* ‖ Remplir son but, *to reach o.'s goal.* ♦ RONDEUR. Aller droit au but, *to go straight to the point.* ♦ SPORTS. Etre à deux buts partout, *to be two all.* ‖ Gagner par trois buts à deux, *to win three-two.* ‖ Marquer (inscrire, réussir) un but, *to score a goal.* ‖ Tirer (frapper) au but, *to aim at (to hit) the target.*
→ **poste, volonté.**

butin ♦ PROFIT. Partager le butin, *to share the takings.*

butte ♦ ENTRAVE. Mettre (être) en butte à des difficultés, *to expose (to be exposed) to difficulties.* ♦ VICTIME. Etre en butte aux calomnies, *to be exposed to slander.*

buveur ♦ IVROGNERIE. Etre un buveur impénitent (invétéré), *to be an unrepentant (an inveterate) drunkard.*

C

ça ◆ ACQUIESCEMENT. Ne demander que ça (Fam.), *would like nothing better* (Gramm.). ◆ ANTICIPATION. Voir ça d'ici (Fam.), *can just imagine it* (Gramm.). ◆ APPROXIMATION. Y avoir de ça (Fam.), *there [to be] something of that* (Gramm.). ◆ CHANGEMENT. Ne plus être ça (Fam.), *to be no longer the same thing.* ◆ COMBLE. Ne plus manquer que ça, *to put the top hat on it.* ◆ EXACTITUDE. Etre tout à fait ça, *to be the very ticket.* ◆ PERSPICACITÉ. Sentir venir ça de loin (Fam.), *to see it coming.* ◆ RÉJOUISSANCE. Arroser ça (Fam.), *to drink to it.* ◆ RÉPÉTITION. Remettre ça (Fam.), *to have another go.* ◆ SUPÉRIORITÉ. Etre au-dessus de ça (Fam.), *to be above that.*
→ **difficile, manquer.**

cabale ◆ DÉNIGREMENT. Monter une cabale contre qqn, *to form a clique against s.o.*

cabane ◆ INCULPÉ. Sortir de cabane (Pop.), *to come out of gaol.*

cabanon ◆ FOLIE. Mettre qqn au cabanon (Fam.), *to put s.o. away.*

cabaret → **pilier.**

cabine ◆ ASTRONAUTIQUE. Décomprimer (pressuriser) la cabine, *to depressurize (to pressurize) the cabin.*

cabinets ◆ HYGIÈNE. Aller aux cabinets (Fam.), *to go to the lavatory.*

câble ◆ COURRIER. Envoyer un câble, *to send a cable.* ◆ MORT. Filer son câble (Fam.), *to kick the bucket.*

caboche ◆ BÊTISE. Avoir la caboche dure (Fam.), *to be thick-headed.* ◆ OBSTINATION. Avoir la caboche dure, *to be pig-headed.*

cabriole ◆ DÉSINVOLTURE. S'en tirer par une cabriole, *to laugh it off.* ◆ FAITS ET GESTES. Faire (exécuter) des cabrioles, *to turn (to do) somersaults.*

caca ◆ COULEUR. Etre caca-d'oie (Fam.), *to be sickly yellow.* ◆ HYGIÈNE. Faire caca (Fam.), *to do number two.*
→ **nez.**

caché ◆ RONDEUR. N'avoir rien de caché, *to be quite above board.*

cache-cache ◆ JEUX D'ENFANT, NON-RENCONTRE, RUSE. Jouer à cache-cache, *to play hide-and-seek.*

cacher ◆ FRANCHISE. Ne pas s'en cacher, *to make no secret of it.* ◆ HONNÊTETÉ. N'avoir rien à cacher, *to have nothing to hide.* ◆ PERSPICACITÉ. Ne rien pouvoir cacher à qqn, *cannot hide anything from s.o.* (Gramm.).

cachet ◆ ADMINISTRATION. Appliquer (apposer, mettre) un cachet, *to set (to put) a stamp.* ‖ Appliquer (apposer, mettre) un cachet sur qqch., *to stamp sth.* ◆ BANALITÉ. Manquer de cachet, *to have no character.* ◆ DISTINCTION. Avoir du cachet, *to have character.* ◆ MÉTIER. Courir le cachet, *to live by private lessons.*

cache-tampon ◆ JEUX D'ENFANT. Jouer à cache-tampon, *to play hunt-the-thimble.*

cachotterie ◆ DISSIMULATION. Faire des cachotteries, *to keep things back.*

cadavre ◆ COMPLICITÉ. Y avoir un cadavre entre deux personnes (Fam.), *there [to be] a dark secret between two people* (Gramm.). ◆ SANTÉ. Etre un cadavre ambulant (Fam.), *to look like a death's head.*

cadeau ◆ ÂPRETÉ. Ne pas faire cadeau d'un sou (Fam.), *to drive a hard bargain.* ◆ DON. Faire un cadeau, *to give a present.* ‖ Se fendre d'un cadeau, *to fork out something.* TOUR. Etre un joli cadeau à faire à qqn (Fam.), *to be a nice thing to do to s.o.*
→ **paquet.**

cadenas ◆ SILENCE. Mettre un cadenas (Fam.), *to keep o.'s lips padlocked.*

cadence 1. MARCHE. Donner la cadence, *to set the pace.* [V. 2.] ‖ Marcher en cadence, *to walk in step.* — 2. RYTHME. Donner la cadence, *to set the rhythm.* [V. 1.] ‖ Ralentir la cadence, *to slacken off.* ‖ Rompre la cadence, *to break the rhythm.*

cadet ◆ INSOUCIANCE. Etre le cadet des soucis de qqn (Fam.), *to be the least of s.o.'s worries.*

cadran → **tour.**

cadre ◆ ADMINISTRATION. Rajeunir les

cadres, *to bring young blood into management.* ◆ DESTITUTION. Etre rayé des cadres, *to be struck off.* ◆ FONCTIONS. Entrer dans le cadre des attributions de qqn, *to be within the scope of s.o.'s functions.* ‖ Rester dans le cadre de ses attributions, *to remain within the scope of o.'s functions.* ‖ Sortir du cadre de ses attributions, *to over-step o.'s position.* ‖ Sortir du cadre des attributions de qqn, *to be outside the scope of s.o.'s functions.*
→ **partie.**

cafard ◆ DÉLATION. Faire le cafard (Fam.), *to sneak.* ◆ FOLIE. Avoir un cafard dans la tirelire (Fam.), *to have bats in the belfry.* ◆ TRISTESSE. Avoir le cafard (Fam.), *to be down in the dumps.* ‖ Donner le cafard à qqn (Fam.), *to make s.o.'s heart sink.*

café ◆ ABUS. Etre fort de café (Fam.), *to be a bit thick.* ◆ BOISSON. Prendre le café, *to have coffee.* ◆ CRIME. Donner un mauvais café à qqn (Fam.), *to slip sth. in s.o.'s drink.* ◆ CUISINE. Faire le café, *to make the coffee.* ◆ IVROGNERIE. Fréquenter les cafés, *to be a pub-crawler.*
→ **pause, pilier.**

cafetière ◆ EXCITATION. Taper (porter) sur la cafetière de qqn (Fam.), *to get s.o.'s goat.*

cage ◆ ESPACE. Habiter une cage à mouches (Fam.), *to live in a cupboard.*
→ **lion.**

cagne ◆ PARESSE. Avoir la cagne (Pop.), *to feel lazy.*

cagnotte ◆ ÉCONOMIE. Faire (constituer) une cagnotte, *to make up a kitty.* ◆ PRODIGALITÉ. Manger la cagnotte (Fam.), *to blue o.'s savings.*

cahin-caha ◆ MÉDIOCRITÉ. Marcher (aller) cahin-caha (Fig.), *to struggle along.*

caïd ◆ DOMINATION. Faire le caïd, *to boss everyone around.* ◆ ESBROUFE. Jouer au caïd, *to act big.*

caillou ◆ CHEVELURE. Avoir le caillou déplumé (Fam.), *to be losing o.'s thatch.* ‖ Etre chauve comme un caillou (Fam.), *to be as bald as a coot.*
→ **mousse.**

caisse 1. COMMERCE. Faire sa caisse, *to make up o.'s cash.* ‖ Tenir la caisse, *to be at the cash-desk.* [V. 2.] — 2. MÉNAGE. Tenir la caisse, *to be in charge of the cash.* [V. 1.] — 3. MUSIQUE. Battre la

grosse caisse, *to beat the big drum.* [V. 5.] — 4. PAIEMENT. Payer à la caisse, *to pay at the desk.* — 5. PUBLICITÉ. Battre la grosse caisse (Fam.), *to beat the big drum.* [V. 3.] — 6. RENVOI. Passer à la caisse (Fam.), *to be paid off.* [V. 7.] — 7. RÉTRIBUTION. Passer à la caisse, *to collect o.'s money.* [V. 6.] — 8. SANTÉ. S'en aller (partir) de la caisse (Fam.), *to cough o.'s way to the grave.* — 9. VOL. Emprunter dans la caisse, *to dip o.'s hand in the till.* ‖ Partir avec la caisse, *to make off with the till.*
→ **argent.**

caisson ◆ SUICIDE. Se faire sauter le caisson (Pop.), *to blow o.'s brains out.*

calcul ◆ ERREUR. Faire un faux calcul (se tromper dans ses calculs), *to miscalculate.* ◆ INTÉRÊT PERSONNEL. Agir par calcul, *to act calculatingly.* ◆ MATHÉMATIQUES. Faire du calcul, *to do arithmetic.* ◆ PERSPICACITÉ. Déjouer les calculs de qqn, *to upset s.o.'s calculations.* ◆ PRÉVISION. Faire de savants calculs, *to do complicated calculations.* ◆ SANTÉ. Avoir des calculs, *to have stones.*
→ **erreur.**

cale ◆ AUTOMOBILE. Mettre sur cale, *to put on the blocks.*
→ **fond.**

calebasse ◆ RÉFLEXION. Utiliser sa calebasse (Pop.), *to use o.'s loaf.*

calembour ◆ PLAISANTERIE. Faire des calembours, *to make puns.*

calendes ◆ REFUS. Renvoyer qqch. aux calendes grecques, *to put sth. off till Domesday.*

calendrier → **croix.**

calepin ◆ ORGANISATION. Noter qqch. sur son calepin, *to jot sth. down in o.'s notebook.*

calibre ◆ SIMILITUDE. Etre du même calibre (Fam.), *to be of the same stamp.*

calice ◆ ÉPREUVE. Boire le calice jusqu'à la lie, *to drain the cup to the dregs.*

califourchon ◆ FAITS ET GESTES. Monter à califourchon sur qqch., *to straddle sth.* ◆ SPORTS. Monter à califourchon, *to ride astride.*

câlin ◆ ÉPANCHEMENTS. Faire un câlin à qqn, *to cuddle up to s.o.*

calme ◆ APAISEMENT. Faire régner le calme, *to make things peaceful.* ‖ Ramener (rétablir) le calme, *to restore peacefulness.* ‖ Rendre le calme à qqn, *to restore s.o.'s* *tranquillity.* ‖ Rentrer dans le calme, *to calm down.* ◆ COLÈRE. Se départir de (perdre) son calme, *to lose o.'s composure.* ◆ MAÎTRISE DE SOI. Rester calme, *to keep calm.* ‖ Retrouver son calme, *to regain o.'s composure.* ◆ PERTURBATION. Troubler le calme, *to disturb the tranquillity.* ◆ TRANQUILLITÉ. Aspirer au calme, *to yearn for tranquillity.* ‖ Goûter le calme, *to savour the tranquillity.* ‖ Jouir du calme, *to enjoy the tranquillity.*

calomnie ◆ DÉNIGREMENT. Faire (dire) des calomnies sur qqn, *to slander s.o.* ‖ Inventer (forger; répandre) des calomnies sur qqn, *to invent (to make up; to spread) slander about s.o.* ◆ DIGNITÉ. Etre au-dessus des calomnies, *to be above any breath of scandal.*
→ **butte.**

calorie ◆ SANTÉ. Emmagasiner des calories, *to store up calories.* ‖ Manquer de calories, *to lack calories.*

calotte ◆ RELIGION. Donner dans la calotte (Fam.), *to be pi.* ◆ VOIES DE FAIT. Flanquer une calotte à qqn (Fam.), *to cuff s.o.*

calque ◆ DESSIN. Prendre un calque, *to make a tracing.*

calumet ◆ RÉCONCILIATION. Fumer le calumet de la paix, *to smoke the pipe of peace.*

calvaire ◆ ÉPREUVE. Etre un calvaire, *to be a martyrdom.* ‖ Gravir son calvaire, *to go through tribulations.*

camarade ◆ CAMARADERIE. Devenir camarade avec qqn, *to become pals with s.o.* ◆ MILITAIRE. Faire camarade, *to stick'em up.*

camaraderie → **relations.**

cambriolage ◆ VOL. Faire un cambriolage, *to commit a burglary.*

cambrousse ◆ RUSTICITÉ. Sortir (arriver) de sa cambrousse (Fam.), *to be fresh up from the country.*

caméléon ◆ REVIREMENT. Etre changeant comme un caméléon, *to be like a chameleon.*

camelot ◆ MÉTIER. Faire le camelot, *to hawk o.'s wares.*

camelote ◆ NON-QUALITÉ. Etre de la camelote, *to be shoddy.* ‖ Vendre de la camelote, *to sell shoddy goods.*

caméra ◆ CINÉMA. Braquer la caméra sur qqch., *to turn the camera on sth.* ‖ Charger une caméra, *to load a camera.*

camisole ◆ FOLIE. Mettre (passer) la camisole de force à qqn, *to put s.o. in a strait jacket.*

camouflet ◆ HUMILIATION. Essuyer (encaisser) un camouflet, *to be snubbed.* ‖ Recevoir un camouflet, *to receive a snub.* ◆ INSULTE. Donner (infliger) un camouflet à qqn, *to inflict a snub on s.o.*

camp 1. DÉPART. Ficher le camp (Fam.), *to beat it.* ‖ Lever le camp, *to clear out.* [V. 2.] ‖ Établir son camp, *to pitch o.'s camp.* — 2. MILITAIRE. Lever le camp, *to strike camp.* [V. 1.] — 3. OPPOSITION. Se constituer en deux camps, *to form two camps.* — 4. PROVISOIRE. Etre en camp volant, *to be camping out.* — 5. REVIREMENT. Passer au camp adverse, *to defect to the enemy.* — 6. SPORTS. Faire un camp, *to go to camp.*
→ **feu, partie, pied.**

campagne ◆ DÉNIGREMENT. Mener une campagne contre qqn, *to conduct a campaign against s.o.* ◆ ÉLECTIONS. Faire campagne pour un candidat, *to campaign for a candidate.* ◆ MILITAIRE. Entrer en campagne, *to take the field.* ◆ PUBLICITÉ. Faire (lancer) une campagne publicitaire, *to carry out (to launch) an advertising campaign.* ◆ REBUFFADE. Emmener qqn à la campagne (Fam.), *not to give a hoot for s.o.'s opinion.* ◆ RECHERCHE. Etre en campagne, *to be after something.* ‖ Se mettre en campagne, *to get on the warpath.* ◆ RETRAITE. Se retirer à la campagne, *to retire to the country.* ◆ SANTÉ. Battre la campagne (Fam.), *to wander in o.'s mind.*

camping ◆ SPORTS. Faire du camping, *to go camping.*

campos ◆ CONGÉ. Avoir (donner) campos, *to have (to give) time off.*

canaille ◆ MALHONNÊTETÉ. Etre une franche canaille, *to be an out-and-outer.*
→ **dieu.**

canard ◆ ALIMENTATION. Prendre un canard (Fam.), *to have a lump of sugar dipped in brandy or coffee.* ◆ ALTRUISME. S'occuper des canards boiteux (Fam.), *to look after lame ducks.* ◆ CHANT. Faire des canards (Fam.), *to squawk.* ◆ HYGIÈNE. Barboter comme un canard (Fam.), *to splash about.* ◆ MARCHE. Se dandiner (marcher) comme un canard, *to waddle.*
→ **enfant, froid, patte, poule.**

cancan ◆ COMMÉRAGE. Colporter (faire

courir) des cancans, *to repeat (to spread) gossip.* || Faire des cancans, *to gossip.*

cancer ◆ MÉDECINE. Dépister le cancer, *to trace cancer in its early stages.*

candidat ◆ ÉCOLE. Ajourner un candidat, *to refer a candidate to another session.* || Chauffer un candidat (Fam.), *to coach a candidate.* || Couler un candidat (Fam.), *to floor a candidate.* || Interroger (embarrasser) un candidat, *to question (to puzzle) a candidate.* || Refuser un candidat, *to fail a candidate.* || Repêcher un candidat à l'oral, *to let a candidate through at the oral.* ◆ IMPRUDENCE. Etre candidat au suicide (Fam.), *to be trying to kill o.s.* ◆ POLITIQUE. Se porter candidat à la députation, *to stand for Parliament.*
→ **campagne.**

candidature ◆ AIDE. Appuyer la candidature de qqn, *to support s.o.'s candidature.* || Patronner une candidature, *to sponsor a candidature.* ◆ ÉLECTIONS. Maintenir (retirer) sa candidature, *to pursue (to withdraw) o.'s candidature.* || Poser sa candidature, *to stand as a candidate.* ◆ MÉTIER. Poser sa candidature à un poste, *to apply for a post.*

canevas ◆ IMAGINATION. Broder sur un canevas, *to embroider a story.* ◆ ORGANISATION. Tracer un canevas, *to sketch out a plan.*

caniche ◆ CHEVELURE. Etre frisé comme un caniche, *to be a mass of curls.* ◆ FIDÉLITÉ. Etre fidèle comme un caniche, *to have a dog-like devotion.*

canif → **coup.**

canne ◆ COMPORTEMENT. Avoir avalé sa canne (Fam.), *to be as stiff as a poker.* ◆ FATIGUE. Avoir des cannes de velours (Fam.), *to feel weak at the knees.* ◆ MORT. Casser sa canne (Pop.), *to kick the bucket.*

canon ◆ BOISSON. Boire un canon (Fam.), *to drink a tumbler of wine.* ◆ MILITAIRE. Tirer le canon, *to fire the guns.*
→ **baïonnette.**

canonisation ◆ RELIGION. Prononcer une canonisation, *to pronounce a canonization.*

canoniser ◆ VERTU. Etre bon à canoniser (Fam.), *to deserve a halo.*

canot ◆ MARINE. Mettre les canots à la mer, *to lower the boats.*

canotage ◆ MARINE. Faire du canotage, *to go canoeing.*

cantine ◆ ALIMENTATION. Manger à la cantine, *to eat in the canteen.*

cantique ◆ RELIGION. Entonner un cantique, *to intone a hymn.*

cantonade ◆ PAROLE. Parler à la cantonade, *to call out.* ◆ THÉÂTRE. Parler à la cantonade, *to speak into the wings.*

cantonnement ◆ MILITAIRE. Répartir le cantonnement, *to allot billets.*

canular ◆ TOUR. Monter (faire) un canular (Fam.), *to play a hoax.*

cap 1. ÂGE. Avoir doublé le cap de la cinquantaine, *to have chalked up o.'s half-century.* – 2. AMÉLIORATION. Doubler (franchir) le cap, *to turn the corner.* [V. 4.] || Passer (dépasser) le cap difficile, *to get over the hump.* – 3. INCERTITUDE. Ne plus savoir où mettre le cap, *not to know which way to turn.* – 4. MARINE. Doubler le cap, *to round the cape.* [V. 2.] || Mettre le cap au large, *to head out to sea.* || Mettre le cap sur un lieu, *to head for a place.*
→ **pied.**

capable ◆ PRÉTENTION. Faire le capable (Fam.), *to be a know-all.*

capacité ◆ PROCÉDURE. Avoir capacité pour faire qqch., *to be competent to do sth.* ◆ RENDEMENT. Avoir une grosse capacité de travail, *to have a great capacity for work.*

cape ◆ MARINE. Se mettre à la cape, *to heave to.* ◆ RIRE. Rire sous cape, *to chuckle.*

capilotade ◆ VOIES DE FAIT. Mettre (réduire) qqn en capilotade (Fam.), *to beat s.o. black and blue.*

capital ◆ DÉPENSE. Écorner son capital, *to make a hole in o.'s capital.* || Entamer (manger) son capital, *to encroach upon (to use up) o.'s capital.* ◆ FINANCES. Augmenter son capital, *to increase o.'s capital.* || Débloquer (dégeler; drainer) des capitaux, *to free (to unfreeze; to drain) capital.* || Expatrier des capitaux, *to send capital out of the country.* || Rapatrier des capitaux, *to bring capital back home.* || Faire valoir son capital, *to turn o.'s capital to account.* || Faire circuler (faire rouler) des capitaux, *to circulate (to turn over) capital.* || Immobiliser (geler) des capitaux, *to tie up (to freeze) capital.* || Laisser dormir son capital, *to leave o.'s money idle.* || Mettre (engager) des capitaux dans qqch. *to put capital into sth.* || Placer (investir) des capitaux, *to invest capital.* ‖ Réaliser un capital, *to realize o.'s capital.* ◆ PRÊT. Avancer des capitaux, *to advance capital.*

Capitole ◆ SUCCÈS. Monter au Capitole, *to have o.'s apotheosis.*
→ **oie.**

capitulation ◆ MILITAIRE. Signer une capitulation, *to sign a surrender.*

caprice ◆ FAIBLESSE. Faire (céder à, passer) tous les caprices de qqn, *to satisfy (to give in to, to carry out) s.o.'s every whim.* ◆ FANTAISIE. Suivre son caprice, *to follow o.'s fancy.* ◆ HUMEUR. Faire des caprices, *to behave capriciously.* ◆ MODE. Obéir aux caprices de la mode, *to follow the dictates of fashion.* ◆ PENCHANT. Avoir un caprice pour qqn, *to take a passing fancy to s.o.* ◆ SÉDUCTION. Inspirer un caprice à qqn, *to arouse a passing fancy in s.o.*

captivité ◆ MILITAIRE. Emmener qqn en captivité, *to take s.o. into captivity.* ‖ Sortir de captivité, *to be released.*

caquet ◆ BAVARDAGE. Avoir du caquet (Fam.), *can talk the hind leg off a donkey* (Gramm.). ◆ HUMILIATION. Rabattre son caquet (Fam.), *to turn it down a bit.* ◆ RABAISSEMENT. Rabattre (rabaisser) le caquet à qqn (Fam.), *to take the wind out of s.o.'s sails.*

carabinier ◆ RETARDEMENT. Arriver comme les carabiniers (Fam.), *to arrive when all is over save the shouting.*

Carabosse → **fée.**

caractère ◆ AUTHENTICITÉ. Présenter (porter) un caractère d'authenticité, *to be of a genuine character.* ◆ CARACTÈRE. Avoir bon (mauvais) caractère, *to be good-(bad-)tempered.* ‖ Avoir un heureux caractère, *to have a sunny disposition.* ‖ Avoir un caractère en or, *to have an ideal disposition.* ‖ Avoir un caractère de chien (de cochon) [Fam.], *to be as cross as old Nick.* ‖ Avoir un caractère peu endurant (emporté), *to be short-tempered (quick-tempered).* ‖ Avoir un caractère entier, *to be totally uncompromising.* ‖ Avoir un fichu caractère (Fam.), *to be cantankerous.* ‖ Avoir un caractère ombrageux, *to be touchy.* ‖ Changer de caractère (personne). *to change.* ‖ Rester jeune de caractère, *to remain young in heart.* ◆ ÉDUCATION. Affermir (fortifier, façonner) le caractère de qqn, *to fortify (to strengthen, to shape) s.o.'s character.* ‖ Assouplir le caractère de

qqn, *to break s.o. in.* ‖ Faire le caractère à qqn (Fam.), *to teach s.o.* ‖ Former le caractère, *to be character-building.* ◆ FAIBLESSE. Avoir trop bon caractère, *to be too easy-going.* ‖ Manquer de caractère, *to have no backbone.* ◆ HUMEUR. Aigrir le caractère de qqn, *to embitter s.o.'s nature.* ◆ MÉDECINE. Ne présenter aucun caractère de gravité, *not to be of serious nature.* ◆ ORIGINALITÉ. Avoir (donner) du caractère (chose), *to have (to give) character.* ◆ PÉRENNITÉ. Graver en caractères ineffaçables, *to carve in indelible characters.* ◆ PERSONNALITÉ. Avoir du caractère, *to have character.* ◆ PRESSE. Imprimer en petits (gros) caractères, *to print in small (large) type.* ◆ PSYCHOLOGIE. Déchiffrer (disséquer) le caractère de qqn, *to work out (to dissect) s.o.'s character.*
→ **aspérité, preuve.**

carafe 1. ABANDON. Laisser qqn en carafe (Fam.), *to let s.o. drop.* — 2. DÉLAISSEMENT. Rester en carafe (chose) [Fam.], *to be left lying.* ‖ Rester en carafe (personne) [Fam.], *to be left twiddling o.'s thumbs.* [V. 3.] — 3. DISCOURS. Rester en carafe (Fam.), *to get stuck* [V. 2.] — 4. HYGIÈNE. Se chauffer la carafe (Pop.), *to let the sun beat down on o.'s head.*

caravane ◆ VOYAGE. Voyager en caravane, *to travel in a caravane.*

carburant → **plein.**

carburateur ◆ AUTOMOBILE. Noyer le carburateur, *to flood the carburettor.*

carcasse ◆ SANTÉ. Soigner sa carcasse (Pop.), *to look after the old carcass.* ‖ Avoir une bonne carcasse, *to have a tough carcass.*

cardinal → **chapeau.**

carême ◆ RELIGION. Observer le carême (faire carême), *to keep Lent.* ‖ Prêcher le carême, *to give the Lenten sermons.*
→ **mars.**

caresse 1. ANIMAL. Faire une caresse à un animal, *to give an animal a stroke (a pat).* ‖ Recevoir des caresses, *to be stroked.* [V. 2.] — 2. ÉPANCHEMENTS. Accabler (couvrir) qqn de caresses, *to shower (to cover) s.o. with caresses.* ‖ Faire des caresses à qqn, *to caress s.o.* ‖ Recevoir des caresses, *to be caressed.* [V. 1.]

carnage ◆ DESTRUCTION. Faire un carnage (Fam.), *to create havoc.*

carnaval ◆ NON-ÉLÉGANCE. Etre un vrai carnaval (Fam.), *to be a real clown.*

carne ♦ ALIMENTATION. Etre de la carne (Pop.), *to be fit for the dogs.* ♦ MÉCHANCETÉ. Etre une vieille carne (Pop.), *to be an old witch.*

carotte ♦ DUPERIE. Tirer une carotte à qqn (Fam.), *to diddle s.o.*

carpe ♦ DISPARITÉ. Marier la carpe et le lapin (Fam.), *to yoke up an ox and a bear.* ♦ FAITS ET GESTES. Sauter une carpe, *to jump like a jack in-the-box.* ♦ SILENCE. Etre muet comme une carpe, *to be as silent as the grave.*
→ œil, saut.

carré ♦ AGRICULTURE. Cultiver un carré de terre, *to cultivate a patch of ground.* ♦ MILITAIRE. Former le carré, *to form into a square.* ♦ RONDEUR. Etre carré (Fam.), *to be downright.*

carreau 1. ÉCHEC. Demeurer (rester) sur le carreau (Fam.), *to be left high and dry.* [V. 4.] — 2. MÉDIOCRITÉ. Ne pas casser les carreaux (Fam.), *to be nothing to write home about.* — 3. MÉNAGE. Faire les carreaux, *to do the windows.* — 4. MORT. Demeurer (rester) sur le carreau (Fam.), *to be left dead on the battle field.* [V. 1.] — 5. VIGILANCE. Se tenir (se garder) à carreau (Fam.), *to keep o.'s weather-eye open.* — 6. VOIES DE FAIT. Laisser (jeter) qqn sur le carreau (Fam.), *to lay s.o. out.*

carrefour ♦ ORIENTATION. Se trouver (parvenir) à un carrefour (Fig.), *to come to a crossroads.*

carrément ♦ RONDEUR. Y aller carrément (Fam.), *to make no bones about it.*

carrière ♦ AIDE. Ouvrir la carrière à qqn, *to start s.o. on a career.* ♦ APOGÉE. Couronner la carrière de qqn, *to crown s.o.'s career.* ♦ ÉCHEC. Se fermer toutes les carrières, *to shut o.s. off from any career.* ♦ ENTRAVE. Fermer (boucher) une carrière à qqn, *to close a career to s.o.* ‖ Briser la carrière de qqn, *to wreck s.o.'s career.* ♦ INDÉPENDANCE. Se donner carrière, *to give o.s. free rein.* ♦ MÉTIER. Débuter (entrer) dans une carrière, *to start on a career.* ‖ Embrasser une carrière, *to embrace a career.* ‖ Se faire une carrière dans qqch., *to make a career in sth.* ‖ Suivre une carrière, *to pursue a career.* ♦ POLITIQUE. Débuter dans la Carrière, *to start out in the Diplomatic Service.* ♦ TRAVAUX PUBLICS. Exploiter une carrière, *to work a quarry.*
→ accès, bout.

carrosse ♦ FASTE. Rouler carrosse (Fam.), *to live in style.*
→ roue.

carte 1. ACCULEMENT. Jouer sa dernière carte, *to play o.'s last card.* — 2. CIVILITÉ. Laisser (déposer, remettre) sa carte de visite, *to leave o.'s card.* — 3. COURRIER. Envoyer des cartes postales, *to send postcards.* — 4. ERREUR. Jouer la mauvaise carte, *to play o.'s cards wrong.* — 5. FOLIE. Perdre la carte (Fam.), *to go off o.'s chump.* — 6. GÉOGRAPHIE. Connaître la carte d'une région, *to know the map of an area.* ‖ Consulter la carte, *to consult the map.* [V. 7.] ‖ Savoir lire une carte, *to know how to read a map.* — 7. HÔTELLERIE. Consulter la carte, *to consult the menu.* [V. 6.] ‖ Demander la carte, *to ask for the menu.* ‖ Manger à la carte, *to eat à la carte.* — 8. INTRIGUE. Brouiller les cartes, *to confuse matters.* — 9. JEUX DE SOCIÉTÉ. Abattre ses cartes, *to lay down o.'s hand.* [V. 11.] ‖ Battre (mélanger) les cartes, *to shuffle the cards.* ‖ Jouer aux cartes, *to play cards.* ‖ Retourner une carte, *to turn over a card.* ‖ Se défausser d'une carte, *to get rid of a card.* — 10. LIBERTÉ. Avoir (donner) carte blanche, *to have (to give) carte blanche.* — 11. NON-DISSIMULATION. Abattre ses cartes, *to put o.'s cards on the table.* [V. 9.] ‖ Jouer (mettre) cartes sur table, *to play with (to lay) o.'s cards on the table.* — 12. PRÉDICTION. Interroger les cartes, *to consult the cards.* ‖ Tirer les cartes à qqn, *to read s.o.'s fortune in the cards.* — 13. TACTIQUE. Jouer sa meilleure carte, *to play o.'s trump card.* — 14. TROMPERIE. Biseauter les cartes, *to mark the cards.*
→ château, dessous, partie, tour.

carton ♦ AJOURNEMENT. Rester dans les cartons, *to be shelved.* ♦ SPORTS. Faire un carton, *to fire at a target.*

cartouche 1. ACCULEMENT. Brûler sa dernière cartouche (Fig.), *to fire off o.'s last round.* [V. 2.] — 2. MILITAIRE. Brûler sa dernière cartouche, *to shoot off o.'s last cartridge.* [V. 1.] — 3. SPORTS. Brûler une cartouche, *to shoot a cartridge.*

cas 1. ACCULEMENT. Etre un cas de force majeure, *to be something beyond s.o.'s control.* [V. 13.] — 2. BIENVEILLANCE. Se pencher sur un cas, *to take a sympathetic interest in a case.* — 3. CONSCIENCE. Etre devant un cas de conscience, *to be* *faced with a matter of conscience.* ‖ Poser un cas de conscience, *to be a matter of conscience.* – 4. CULPABILITÉ. Etre un cas pendable (Fam.), *to be a hanging matter.* – 5. DIVERGENCE. Ne pas être le cas, *not to be the case.* – 6. ESTIMATION. Faire grand (peu de) cas de qqch., *to set great (small) store by sth.* ‖ Ne faire aucun cas de qqch., *to set no store by sth.* – 7. ÉVIDENCE. Etre bien le cas de le dire (Fam.), *there [to be] no mistake about that* (Gramm.). – 8. EXCEPTION. Etre un cas à part, *to be a particular case* (chose); *to be a real case* (personne). ‖ Etre un cas limite (d'espèce), *to be a borderline (special) case.* – 9. IMPRUDENCE. Se mettre dans un mauvais cas, *to get (o.s.) into a predicament.* – 10. NON-ESPOIR. Etre un cas désespéré, *to be a hopeless case.* – 11. OPPORTUNITÉ. Etre le cas ou jamais, *to be now or never.* – 12. PRÉTENTION. Faire grand cas de sa personne, *to think highly of o.s.* – 13. PROCÉDURE. Etre un cas de force majeure, *to be an act of God.* [V. 1.] – 14. SIMILITUDE. Etre dans le même cas, *to be in the same position.*

casaque ◆ REVIREMENT. Tourner casaque (Fam.), *to turn o.'s coat.*

casaquin ◆ VOIES DE FAIT. Sauter (tomber) sur le casaquin de qqn (Fam.), *to light into s.o.*

cascade ◆ RIRE. Rire en cascade, *to go into peals of laughter.*
→ **rôle.**

case ◆ FOLIE. Avoir une case en moins (vide) [Fam.], *to have a tile missing.*

caser ◆ MARIAGE. Trouver à se caser (Fam.), *to find a man* ◆ MÉTIER. Trouver à se caser (Fam.), *to find a job.*

cash ◆ PAIEMENT. Payer cash, *to pay cash.*

casier ◆ PROCÉDURE. Avoir un casier judiciaire chargé (vierge), *to have a long (clean) record.*

casino ◆ JEUX D'ARGENT. Fréquenter les casinos, *to go to gambling clubs.*

casque ◆ IVROGNERIE. S'en donner dans le casque (Pop.), *to knock it back.* ◆ SANTÉ. Avoir le casque (Fam.), *to have a headache behind the temples.* ◆ TÉLÉPHONE. Écouter au casque, *to use earphones.*

casquette ◆ FOLIE. Travailler de la casquette (Fam.), *to be off o.'s nut.*

◆ VÊTEMENT. Enfoncer sa casquette, *to pull down o.'s cap.*

cassation ◆ INCULPÉ. Se pourvoir en cassation, *to lodge an appeal with the Supreme Court of Appeal.*
→ **requête.**

casse 1. RESPONSABILITÉ. Ne pas répondre de la casse (Fig., Fam.), *not to be responsible for the outcome.* ‖ Payer la casse (Fam.), *to pay the piper.* – 2. TAPAGE. Faire de la casse (Fam.), *to cause ructions.* [V. 3.] – 3. VOIES DE FAIT. Faire de la casse (Fam.), *to break the place up.* [V. 2.] ‖ Y avoir de la casse (Fam.), *there [to be] ructions* (Gramm.). – 4. VOL. Faire un casse (Pop.), *to do a break-in.*

casse-cou ◆ AUDACE. Etre casse-cou, *to be daredevil.* ◆ AVERTISSEMENT. Crier casse-cou, *to sound a warning note.*

casse-croûte ◆ ALIMENTATION. Emporter un casse-croûte, *to take a snack.*

casse-noisettes ou **casse-noisette** → **menton.**

casse-pieds ◆ IMPORTUNITÉ. Etre casse-pieds (Fam.), *to be a pest.*

casse-pipes ou **casse-pipe** ◆ MILITAIRE. Aller au casse-pipes (Fam.), *to go to the front-line.*

casser ◆ EXTRAORDINAIRE. Etre à tout casser (Fam.), *to be out of this world.* ◆ MÉDIOCRITÉ. Ne rien casser (Impers.) [Fam.], *to be nothing to write home about.* ◆ PARESSE. Ne rien se casser (Fam.), *not to strain o.s.*

casserole ◆ MÉNAGE. Récurer les casseroles, *to scour the pots and pans.*

casse-tête ◆ HERMÉTISME. Etre un vrai casse-tête (un casse-tête chinois), *to be a brain-teaser.*

castagnettes ◆ MUSIQUE. Jouer des castagnettes, *to play castanets.* ◆ PEUR. Jouer des castagnettes (Pop.), *to shake in o.'s shoes.*

caste → **esprit.**

catalogue ◆ COMMERCE. Faire le catalogue de qqch., *to catalogue sth.*

catalogué ◆ DÉFAVEUR. Etre catalogué (Fam.), *to have been sized up.*

cataplasme ◆ MÉDECINE. Faire un cataplasme, *to apply a hot poultice.* ‖ Faire un cataplasme sinapisé, *to apply a mustard plaster.*

cataracte ◆ LARMES. Lâcher les cataractes (Fam.), *to let loose floods of tears* ◆

SANTÉ. Se faire opérer de la cataracte, *to have a cataract operation.*

catastrophe ◆ DANGER. Courir à la catastrophe, *to head for disaster.* ‖ Toucher à la catastrophe, *to border on disaster.* ◆ DÉSAGRÉMENT. Déclencher (être) une catastrophe (Fam.), *to cause (to be) a catastrophe.*

catéchisme ◆ INSTIGATION. Faire le catéchisme à qqn (Fam.), *to coach s.o.* ◆ RELIGION. Aller au catéchisme, *to go to Sunday school.* ‖ Faire le catéchisme aux enfants, *to teach children their catechism.*

catégorie ◆ CATÉGORIE. Entrer dans une catégorie, *to fall into a category.*

cathedra ◆ ÉCOLE. Parler « ex cathedra », *to give a lecture.* ◆ PÉDANTISME. Parler « ex cathedra » (Fam.), *to pontificate.* ◆ RELIGION. Parler « ex cathedra », *to speak « ex cathedra ».*

catholique ◆ SUSPECT. Ne pas être bien catholique (Fam.), *to look a bit dubious.*

cauchemar ◆ DÉPLAISANCE. Etre le cauchemar de qqn (Fam.), *to be s.o.'s bugbear.* ◆ SOMMEIL. Avoir des cauchemars, *to have nightmares.*

Caudines → Fourches.

cause 1. CAUSE. Attribuer une cause à qqch., *to ascribe a cause to sth.* ‖ Rechercher (trouver) la cause de qqch., *to look for (to find) the cause of sth.* — 2. COMMERCE. Fermer pour cause d'inventaire, *to close for stock-taking.* — 3. DÉFENSE. Défendre (soutenir) la cause de qqn, *to defend (to support) s.o.'s cause.* ‖ Plaider une cause, *to plead a cause.* [V. 9.] — 4. IMPLICATION. Etre en cause, *to be involved.* ‖ Etre mis en cause (personne), *to be implicated* [V. 5.] ‖ Mettre qqn en cause, *to implicate s.o.* — 5. INCERTITUDE. Etre mis en cause (chose), *to be called in question.* [V. 4.] ‖ Remettre qqch. en cause, *to re-examine sth.* [V. 11.] — 6. JUSTIFICATION. Mettre qqn hors de cause, *to exonerate s.o.* — 7. PARTISAN. Combattre (souffrir, mourir) pour une cause, *to fight (to suffer, to die) for a cause.* ‖ Épouser (embrasser) la cause de qqn, *to espouse s.o.'s cause.* ‖ Faire cause commune avec qqn, *to make common cause with s.o.* ‖ Servir (soutenir) une cause, *to serve (to support) a cause.* — 8. PLAIGNANT. Confier une cause à qqn, *to*

put a case into s.o.'s hands. — 9. PROCÉDURE. Défendre (plaider, soutenir) une cause, *to defend (to plead, to support) a cause.* [V. 3.] ‖ Entendre une cause à huis clos, *to hear a case in camera.* — 10. PROPAGANDE. Intéresser (gagner) qqn à une cause, *to interest s.o. in (to win over s.o. to) a cause.* — 11. REVIREMENT. Déserter une cause, *to desert a cause.* ‖ Remettre tout en cause, *to throw everything back in the melting pot.* [V. 5.] — 12. SUCCÈS. Faire triompher une cause, *to make a cause prevail.*

→ apôtre, besoin, champion, connaissance, désespoir, effet, fait, gain.

causette ◆ BAVARDAGE. Faire la causette, *to have a chat.*

→ brin.

cautère ◆ INUTILITÉ. Etre un cautère sur une jambe de bois (Fam.), *to be as much use as a dose of salts to a corpse.*

caution ◆ FINANCES. Se porter caution pour qqn, *to stand surety for s.o.* ‖ Verser une caution, *to pay a deposit.* ◆ FINANCES, PROCÉDURE. Demander (fournir) une caution, *to ask for (to provide) surety.* ◆ GARANTIE. Servir de caution pour qqn, *to stand guarantee for s.o.* ◆ INCULPÉ. Etre libéré sous caution, *to be set free on bail.* ◆ NON-FIABILITÉ. Etre sujet à caution, *to be untrustworthy.*

→ liberté, sujet.

cavale ◆ FUITE. Etre en cavale (Pop.), *to be on the run.*

cavalier ◆ SOLITUDE. Faire cavalier seul, *to go it alone.*

cave ◆ BOISSON. Avoir une bonne cave, *to keep a good cellar.* ‖ Remplir sa cave, *to stock o.'s cellar.* ◆ RECHERCHE. Chercher qqch. de la cave au grenier, *to ransack the place for sth.*

→ descente.

caverne → âge.

caviar ◆ NON-CONVENANCE. Etre du caviar pour le peuple (Fam.), *to be caviar to the general.*

ceinture ◆ PRIVATION. Se serrer (se mettre) la ceinture, *to tighten o.'s belt.*

cela ◆ COMBLE. Ne plus manquer que cela (Fam.), *to be the limit.* ◆ CONFORMITÉ. Etre cela même, *to be the very thing.* ◆ NON-IMPORTANCE. Ne pas être à cela près (Fam.), *not to be going to worry about that.*

célébrité ◆ RENOMMÉE. Acquérir (parvenir à) la célébrité, *to attain (to win) fame.* || Rechercher (viser à) la célébrité, *to seek fame.*

→ **heure.**

célibat ◆ CÉLIBAT. Garder (observer) le célibat, *to remain single.*

célibataire ◆ CÉLIBAT. Etre un célibataire endurci, *to be a confirmed bachelor.* || Rester célibataire, *to stay single.*

cendre ◆ DESTRUCTION. Réduire en cendres, *to reduce to ashes.* ◆ FEU. Couver sous la cendre, *to smoulder under the ashes.* ◆ MENACE. Couver sous la cendre, *to smoulder.* ◆ MORT. Recueillir les cendres de qqn, *to receive s.o.'s ashes.* ◆ RÉSURRECTION. Renaître de ses cendres, *to rise from its own ashes.*

→ **sac.**

cendrillon ◆ ESCLAVAGE. Etre la cendrillon de la famille, *to be the household drudge.*

cène ◆ RELIGION. Faire la cène, *to take communion.*

cénobite ◆ RELIGION. Vivre en cénobite, *to lead a monastic life.*

censeur ◆ CRITIQUE. S'ériger en censeur, *to set o.s. up as judge.*

censure ◆ CRITIQUE. Etre soumis à la censure, *to be subject to censorship.*

→ **motion.**

cent ◆ CERTITUDE. Parier à cent contre un, *to lay a hundred to one.* ◆ COMMERCE. Faire (prendre) du X pour cent, *to work for (to take) X per cent.*

→ **mille, tant.**

centre ◆ ÉGOCENTRISME. Se croire le centre de l'univers, *to think o. is the centre of the universe.* ◆ INTÉRÊT. Constituer un centre d'intérêt, *to provide a centre of interest.*

centuple ◆ RÉTRIBUTION. Recevoir (rendre) au centuple, *to be repaid (to repay) a hundredfold.*

cercle ◆ FAITS ET GESTES. Faire cercle autour de qqn, *to stand in a circle round s.o.* ◆ GROUPE. Fréquenter des cercles littéraires, *to move in literary circles.* ◆ MATHÉMATIQUES. Décrire un cercle, *to describe a circle.* ◆ NON-SOLUTION. Etre (tourner) dans un cercle vicieux, *to be in a vicious circle.* ◆ RELATIONS. Agrandir (élargir, étendre) le cercle de ses connaissances, *to widen (to extend, to increase) o.'s circle of acquaintances.*

→ **quadrature.**

cercueil ◆ MORT. Descendre au cercueil, *to descend into the grave.*

cérémonie ◆ AFFECTATION. Faire des cérémonies, *to make a whole song and dance.* ◆ CÉRÉMONIAL. Honorer une cérémonie de sa présence, *to grace a ceremony with o.'s presence.*

→ **visite.**

cerf ◆ CHASSE. Forcer un cerf, *to bring a stag to bay.*

certain ◆ CERTITUDE. Donner à qqn qqch. pour certain, *to assure s.o. of the truth of sth.* || Tenir qqch. pour certain, *to consider sth. a certainty.*

certificat ◆ ADMINISTRATION. Délivrer un certificat, *to issue a certificate.*

certitude ◆ CERTITUDE. Acquérir (partager) une certitude, *to acquire (to share) a conviction.*

cerveau 1. BRUIT. Marteler le cerveau à qqn (Fam.), *to go right through s.o.'s brain.* [V. 5.] — 2. CARACTÈRE. Etre un cerveau brûlé, *to be a hothead.* — 3. FATIGUE. Embrumer le cerveau, *to cloud the brain.* — 4. FOLIE. Avoir le cerveau détraqué (Fam.), *to be unhinged.* || Détraquer le cerveau de qqn, *to unhinge s.o.'s mind.* || Etre fatigué du cerveau (Fam.), *to be getting a bit weak in the head.* || Monter au cerveau de qqn, *to go to s.o.'s head.* — 5. INSISTANCE. Marteler le cerveau à qqn (Fam.), *to keep on at s.o.* [V. 1.] — 6. RÉFLEXION. Avoir le cerveau en ébullition (Fam.), *to feel as if o.'s brains are on fire.* — 7. SANTÉ. Etre pris (enrhumé) du cerveau (Fam.), *to have a cold in the head.*

→ **lavage, malade, rhume, transport.**

cervelle ◆ BRUIT. Rompre la cervelle de qqn (Fam.), *to split s.o.'s eardrums.* ◆ FOLIE. Tournebouler la cervelle de qqn (Fam.), *to drive s.o. off his head.* ◆ IRRÉFLEXION. Avoir une cervelle de moineau (Fam.), *to be feather-brained.* || Etre sans cervelle (ne pas avoir de cervelle) [Fam.], *to be brainless.* ◆ OBSESSION. Trotter dans la cervelle de qqn, *to be at the back of s.o.'s mind all the time.* ◆ RÉFLEXION. S'alambiquer (se creuser, se pressurer) la cervelle (Fam.), *to cudgel (to rack) o.'s brains.* ◆ SUICIDE. Se brûler (se faire sauter) la cervelle, *to blow o.'s brains out.* SURMENAGE. Se farcir la cervelle (Fam.), *to stuff o.'s head.*

→ **bruit, plomb, rhume, tête.**

César ◆ CONFORMITÉ. Rendre à César

ce qui est à César, *to render unto Caesar the things that are Caesar's.*

césarienne ◆ MÉDECINE. Faire (pratiquer) une césarienne, *to do (to perform) a Caesarean.*

cesse → **fin, repos.**

chacun ◆ AMOUR. Etre (aller) chacun avec sa chacune (Fam.), *to be (to go) every Jack with his Jill.*

chagrin ◆ APAISEMENT. Apaiser (calmer, soulager) le chagrin de qqn, *to calm (to soothe, to relieve, to assuage) s.o.'s grief.* ◆ IVRESSE. Noyer son chagrin, *to drown o.'s sorrows.* ◆ MAÎTRISE DE SOI. Surmonter son chagrin, *to overcome o.'s grief.* ◆ PEINE. Avoir (ressentir) du chagrin, *to be grieved.* ‖ Causer du chagrin à qqn, *to cause s.o. grief.* ‖ Croire (penser) mourir de chagrin, *to think o. is going to die of grief.* ‖ Etre rongé de chagrin, *to be grief-stricken.* ‖ Etre usé par le chagrin, *to be worn out with grief.* ‖ Faire du chagrin à qqn, *to grieve s.o.* ‖ Rendre chagrin, *to distress.*
→ **part.**

chahut ◆ BRUIT. Faire du chahut (Fam.), *to kick up a shindy.*

chaîne ◆ COUTURE. Faire une chaîne de mailles, *to cast on.* ◆ LIBÉRATION. Briser ses chaînes, *to break o.'s fetters.* ◆ MÉTIER. Travailler à la chaîne, *to work on an assembly-line.* ◆ OPPRESSION. Retenir qqn dans les chaînes, *to keep s.o. in chains.* ◆ SOLIDARITÉ. Faire la chaîne, *to form a chain.*
→ **réaction.**

chair ◆ AMBIGUÏTÉ. N'être ni chair ni poisson (Fam.), *to be neither fish nor fowl.* ◆ ASCÉTISME. Mortifier sa chair, *to mortify the flesh.* ◆ FAIBLESSE. Etre de chair, *to be flesh-and-blood.* ◆ MAÎTRISE DE SOI. Triompher de la chair, *to conquer the flesh.* ◆ MARIAGE. Devenir une seule chair, *to become one flesh.* ◆ PEUR. Donner la chair de poule à qqn, *to make s.o.'s flesh creep.* ◆ POIDS. Etre bien en chair, *to be plump.* ◆ RÉALITÉ. Voir qqn en chair et en os, *to see s.o. in the flesh.* ◆ SENSATION. Avoir la chair de poule, *to have goose-pimples.* ◆ VOIES DE FAIT. Hacher qqn comme de la chair à pâté (Fam.), *to make mincemeat of s.o.*

chaire ◆ ÉCOLE. Occuper une chaire, *to hold a chair.* ◆ RELIGION. Monter en chaire, *to go up into the pulpit.*

chaise ◆ FAITS ET GESTES. Faire la chaise à porteurs à qqn, *to make a chair for s.o.* ◆ INDÉCISION. Se trouver (être assis) entre deux chaises (Fam.), *to fall between two stools.*
→ **derrière, vie.**

chaland ◆ COMMERCE. Attirer (faire venir) le chaland, *to attract (to draw) customers.*

chaleur ◆ ACCUEIL. Manquer de chaleur, *to lack warmth.* ◆ ANIMAL. Etre en chaleur, *to be in heat.* ◆ DÉFENSE. Défendre qqn avec chaleur, *to defend s.o. warmly.* ◆ SANTÉ. Avoir (éprouver) des chaleurs (Fam.), *to have hot flushes.* ◆ SENSATION. Craindre (être incommodé par) la chaleur, *to feel (to dislike) the heat.*
→ **bouffée, vague.**

chambard ◆ TAPAGE. Faire (provoquer) du chambard (Fam.), *to cause an upheaval.*

chambre ◆ HÔTELLERIE. Retenir une chambre, *to book a room.* ◆ MARIAGE. Faire chambre à part, *to sleep in separate rooms.* ◆ MÉNAGE. Faire une chambre, *to do a room out.* ◆ MÉTIER. Travailler en chambre, *to work at home.* ◆ SANTÉ. Garder la chambre, *to keep to o.'s room.* ◆ TECHNIQUE. Gonfler (réparer) une chambre à air, *to blow up (to repair) an inner tube.*
→ **pot, stratège, stratégie.**

chameau ◆ BOISSON. Etre sobre comme un chameau, *to be like a camel.* ◆ MÉCHANCETÉ. Etre un chameau (Fam.), *to be a skunk.*
→ **moucheron.**

champ 1. DIRECTION. Couper à travers champs, *to cut across country.* – 2. IMAGINATION. Donner champ libre à son imagination, *to let o.'s imagination roam.* – 3. IMMÉDIATETÉ. Faire qqch. sur le champ, *to do sth. on the spot.* – 4. LATITUDE. Donner du champ à qqn, *to give s.o. leeway.* – 5. LIBERTÉ. Avoir (trouver) le champ libre, *to have (to find) a clear field.* ‖ Laisser le champ libre à qqn, *to leave the field clear for s.o.* – 6. MILITAIRE. Mourir (tomber) au champ d'honneur, *to die on the field of battle.* – 7. PERPLEXITÉ. Ouvrir le champ à toutes les suppositions, *to open up a whole field of suppositions.* – 8. PHOTOGRAPHIE. Etre dans le champ, *to be in the field.* – 9. RENDEMENT. Augmenter (élargir, étendre) le champ de ses activités (de ses connaissances), *to* widen the range of o.'s activities (of o.'s knowledge). ‖ Restreindre (réduire) son champ d'activité, to curtail o.'s range of activities. – 10. RETRAIT. Prendre du champ (Fig.), to see things in perspective. [V. 11.] – 11. SPORTS. Prendre du champ, to step back. [V. 10.] – 12. SUPÉRIORITÉ. Etre (rester) maître du champ de bataille (Fam.), to be left in possession of the field. → bout, clef, réponse.

champagne ◆ BOISSON. Frapper (sabler) le champagne, to chill (to drink) champagne.

champignon ◆ ACCROISSEMENT. Pousser comme des champignons (Fam.), to spring up like mushrooms. ◆ AUTOMOBILE. Appuyer sur (écraser) le champignon (Fam.), to step on it. ◆ LOISIR. Aller aux champignons (Fam.), to pick mushrooms. → chasse.

champion ◆ DÉFENSE. Se faire le champion d'une cause, to champion a cause.

chance 1. AIDE. Donner sa chance à qqn, to give s.o. his chance. – 2. AUDACE. Forcer la chance, to grab o.'s chance. – 3. CHANCE. Avoir de la chance, to be lucky. ‖ Porter chance à qqn, to bring s.o. luck. ‖ Retrouver sa chance, to have luck on o.'s side again. – 4. ENTRAVE. Compromettre les chances de qqn, to jeopardize s.o.'s chances. – 5. HABILETÉ. Mettre toutes les chances de son côté, to weight the scales in o.'s favour. – 6. HASARD. S'en remettre à la chance, to trust to luck. – 7. INCONSÉQUENCE. Ruiner ses chances, to ruin o.'s chances. – 8. INUTILITÉ. Ne pas y avoir la moindre chance, not to have the slightest chance. – 9. MALADRESSE. Laisser passer sa dernière chance, to miss o.'s last chance. – 10. MALCHANCE. Avoir la chance contre soi, to have the odds against o. ‖ Manquer de chance, to be unlucky. ‖ Passer à côté de la chance, to miss the boat. – 11. OPPORTUNITÉ. Saisir sa chance, to seize o.'s chance. ‖ Profiter de la chance, to take advantage of the chance. – 12. POSSIBILITÉ. Y avoir une chance, there [to be] just a chance (Gramm.). [V. 13.] – 13. PROBABILITÉ. Avoir des chances de succès, to be likely to succeed. ‖ Avoir de grandes chances de faire qqch., to be quite likely to do sth. ‖ Calculer (évaluer) ses chances, to gauge o.'s chances. ‖ Y avoir de fortes chances, there [to be] every likelihood (Gramm.).

[V. 12.] – 14. TENTATIVE. Courir (risquer, tenter) sa chance, to try o.'s luck. ‖ Etre une chance à courir, to be a chance worth taking. → bonheur, ombre, signe.

chandelle ◆ ACCIDENT. En voir trente-six chandelles (Fam.), to see stars. ◆ AVIATION. Monter en chandelle, to zoom up. ◆ ÉCLAIRAGE. Moucher une chandelle, to snuff a candle. ‖ Souffler la chandelle, to blow out the candle. ◆ EXCÈS. User (brûler) la chandelle par les deux bouts, to burn the candle at both ends. ◆ INUTILITÉ. Ne pas en valoir la chandelle (Fam.), not to be worth the candle. ◆ LIBERTINAGE. Tenir la chandelle, to play Cupid. ◆ NON-PARTICIPATION. Ne pas avoir tenu la chandelle (Fam.), not to have been under the bed. ◆ RECONNAISSANCE. Devoir une fière chandelle à qqn (Fam.), to have cause to be grateful to s.o. ◆ RÉJOUISSANCE. Souper aux chandelles, to dine by candle-light. ◆ SANTÉ. Tenir sa chandelle droite (Fam.), to button up o.'s overcoat. → bout.

change ◆ AVANTAGE. Gagner (perdre) au change, to win (to lose) on the deal. ◆ TROMPERIE. Donner le change, to lay a false scent. ‖ Donner le change à qqn, to hoodwink s.o. → lettre.

changement ◆ CHANGEMENT. Faire (apporter, opérer) des changements, to make changes.

chanson ◆ DIVERGENCE. Etre une autre chanson (Fam.), to be another story. ◆ RÉPÉTITION. Etre toujours la même chanson (Fam.), to be the same old story. ◆ REVIREMENT. Chanter la chanson sur un autre air (Fam.), to try a different tune. → air, lune.

chant ◆ LEVER. Se lever au chant du coq, to rise at cockcrow. ◆ MORT. Etre le chant du cygne, to be s.o.'s swan-song.

chantage ◆ CHANTAGE. Faire du chantage à qqn, to blackmail s.o. ‖ Faire du chantage sentimental, to indulge in moral blackmail.

chanter ◆ CHANTAGE. Faire chanter qqn, to blackmail s.o.

chanterelle ◆ INSISTANCE. Appuyer sur la chanterelle (Fam.), to keep on about it.

chantier ◆ TRAVAIL. Avoir qqch. en chantier, to have sth. on the stocks. ‖

Mettre qqch. en chantier (sur le chantier), *to start work on sth.*

→ **travail.**

chaos ◆ INCURIE. Organiser le chaos, *to bring chaos out of order.*

chapeau ◆ ADMIRATION. Mettre chapeau bas devant qqn (Fam.), *to raise o.'s hat to s.o.* ‖ Tirer son chapeau à qqn (Fam.), *to take off o.'s hat to s.o.* ◆ CIVILITÉ. Ôter son chapeau, *to remove o.'s hat.* ◆ DISCRÉTION. Ne pas s'occuper du chapeau de la gamine (Fam.), *to keep o.'s nose out of it.* ◆ FOLIE. Travailler du chapeau (Fam.), *to have a screw missing.* ◆ RELIGION. Recevoir le chapeau de cardinal, *to receive the cardinal's hat.* ◆ VÊTEMENT. Mettre (porter) un chapeau, *to put on (to wear) a hat.*

→ **coup, main, rond, virage.**

chapelet ◆ INSULTE. Égrener (défiler, dévider) un chapelet d'injures, *to fire off (to reel off) a string of abuse.* ◆ RELIGION. Dire son chapelet, *to tell o.'s beads.* ◆ RÉVÉLATION. Dévider son chapelet (Fam.), *to reel off o.'s rigmarole.*

chapelle ◆ GROUPEMENT. Former une chapelle, *to form a coterie.* ◆ MORT. Dresser une chapelle ardente, *to set up a mortuary chapel.*

chaperon ◆ PROTECTION. Servir de chaperon, *to act as chaperone.*

→ **rôle.**

chapitre ◆ BAVARDAGE. Etre inépuisable sur un chapitre, *to be inexhaustible on a subject.*

→ **voix.**

char ◆ POLITIQUE. Conduire le char de l'État, *to steer the ship of State.*

→ **roue.**

charade ◆ JEUX D'ENFANT. Jouer aux charades, *to play charades.*

charbon ◆ COULEUR. Etre noir comme du charbon, *to be as black as soot.* ◆ INQUIÉTUDE. Etre sur des charbons ardents, *to be on tenterhooks.*

charbonnier → **foi.**

chardon → **figue.**

charge 1. ACCABLEMENT. En avoir sa charge (Fam.), *to have as much as o. can carry.* [V. 5.] — 2. AFFAIRES SOCIALES. Etre pris en charge par la Sécurité sociale, *to be taken care of by social security.* — 3. CHARGE. Avoir de lourdes charges, *to have heavy expenses.* ‖ Etre à la charge de qqn, *to be borne by s.o. (chose); to be dependent*

on s.o. (personne). ‖ Tomber à la charge de qqn, *to fall on s.o.'s shoulders.* — 4. CHEF. Avoir charge d'âmes, *to be responsible for those in o.'s charge.* [V. 11, 12.] ‖ Avoir charge de famille, *to have dependent relatives.* — 5. DÉSAGRÉMENT. En avoir sa charge (Fam.), *to have as much as o. can stand.* [V. 1.] — 6. DÉSISTEMENT. Se démettre de sa charge, *to relinquish o.'s duties.* — 7. FONCTIONS. Remplir sa charge, *to fulfil o.'s duty.* — 8. INSISTANCE. Revenir (retourner) à la charge, *to keep on asking.* — 9. MILITAIRE. Sonner la charge, *to sound the charge.* — 10. PROCÉDURE. Relever des charges contre qqn, *to draw up charges against s.o.* — 11. RELIGION. Avoir charge d'âmes, *to have the cure of souls.* [V. 4, 12.] — 12. RESPONSABILITÉ. Avoir charge d'âmes, *to be responsible for those in o.'s charge.* [V. 4, 11.] ‖ Avoir la charge de faire qqch., *to be in charge of doing sth.* ‖ Prendre qqn (qqch.) en charge, *to assume responsability for s.o. (sth.).* [V. 13.] — 13. TAXI. Prendre qqn en charge, *to pick s.o. up.* [V. 12.]

→ **pas, prise, service.**

charité ◆ AUMÔNE. Faire la charité à qqn, *to give alms to s.o.* ◆ MENDICITÉ. Demander la charité, *to beg for charity.* ◆ PAUVRETÉ. Vivre de charités, *to live on charity.*

→ **vente.**

charlemagne ◆ JEUX DE SOCIÉTÉ. Faire charlemagne (Fam.), *to quit when o. is winning.*

Charlot → **pied.**

charme ◆ ATTRAIT. Etre sous le charme de qqn, *to be under s.o.'s spell.* ‖ Subir (tomber sous) le charme de qqn, *to respond to s.o.'s charm.* ◆ DÉSAGRÉMENT. Manquer de charme (Impers.), *to lack charm.* ◆ DÉTÉRIORATION. Perdre de son charme, *to lose some of o.'s charm.* ◆ PHÉNOMÈNES PARANORMAUX. Jeter un charme, *to cast a spell.* ‖ Rompre le charme, *to break the spell.* ◆ SANTÉ. Se porter comme un charme (Fam.), *to be blooming with health.* ◆ SÉDUCTION. Avoir son charme, *to have a certain charm.* ‖ Avoir un charme bien à soi, *to have o.'s own brand of charm.* ‖ Déployer (étaler) ses charmes, *to use (to display) o.'s charms.* ‖ Exercer son charme, *to exert o.'s charm.* ‖ Faire du charme, *to turn on the charm.* ‖ Tenir qqn sous le charme, *to hold s.o. spellbound.*

charnière ◆ CENTRE. Etre à la charnière de l'affaire, *to be the hinge of the matter.* → **moment.**

charpente ◆ CORPS. Avoir une charpente solide (Fam.), *to be solidly built.*

charpenté ◆ CORPS. Etre bien charpenté (Fam.), *to be well-built.*

charpie ◆ DESTRUCTION. Mettre qqch. en charpie, *to tear sth. to shreds.* ◆ VOIES DE FAIT. Mettre qqn en charpie (Fam.), *to make mincemeat of s.o.*

charretier ◆ GROSSIÈRETÉ. Jurer comme un charretier (Fam.), *to swear like a trooper.*

charrue ◆ ANTICIPATION. Mettre la charrue devant (avant) les bœufs, *to put the cart before the horse.*

Charybde ◆ AGGRAVATION. Tomber de Charybde en Scylla, *to jump out of the frying-pan into the fire.*

chasse ◆ ANIMAL. Etre en chasse, *to be in heat.* ◆ CHASSE. Faire bonne chasse, *to have a good day.* ‖ Suivre la chasse, *to follow the hunt.* ◆ ENTRAVE. Etre chasse gardée, *to be forbidden territory.* ◆ ÉPURATION. Faire la chasse aux abus, *to track down abuses.* ◆ HYGIÈNE. Tirer la chasse (d'eau), *to pull the chain.* ◆ LOISIR. Faire la chasse aux champignons, *to go looking for mushrooms.* ◆ MARIAGE. Faire la chasse au mari (Fam.), *to go husband-hunting.* ◆ POURSUITE. Donner la chasse, *to give chase.* ‖ Faire une chasse à l'homme, *to carry out a manhunt.* ‖ Prendre qqn en chasse, *to go off in chase of s.o.* ◆ RENOMMÉE. Faire la chasse aux autographes, *to be an autograph-hunter.*

châsse ◆ ÉLÉGANCE. Ressembler à une châsse (Fam.), *to be covered from head to foot with jewels.*

chassé-croisé ◆ ÉCHANGE. Faire un chassé-croisé, *to carry out a general post.*

châssis ◆ CORPS. Etre un beau châssis (Fam.), *to have a classy chassis.*

chat ◆ AGILITÉ. Grimper comme un chat, *to climb like a cat.* ◆ AVEUGLEMENT. Acheter chat en poche, *to buy a pig in a poke.* ◆ ÉCRITURE. Écrire comme un chat (Fam.), *to scrawl.* ◆ IMPUISSANCE. Donner sa langue aux chats, *to give up.* ◆ JEUX D'ENFANT. Jouer à chat (à chat perché), *to play tag (off-the-ground tag).* ◆ LIBERTINAGE. Laisser aller le chat au fromage (Fam.), *not to put up much of a fight.* ◆ NON-IMPORTANCE. Ne pas y avoir de quoi fouetter un chat (Fam.), *there [to be] no need to make a whole song and dance about it* (Gramm.). ◆ NON-PRÉSENCE. Ne pas y avoir un chat (Fam.), *there [not to be] a soul about* (Gramm.). ◆ PRÉOCCUPATION. Avoir d'autres chats à fouetter (Fam.), *to have other fish to fry.* ◆ PRUDENCE. Ne pas réveiller le chat qui dort, *to let sleeping dogs lie.* ◆ RONDEUR. Appeler un chat un chat, *to call a spade a spade.* ◆ SADISME. Jouer au chat et à la souris avec qqn, *to play cat and mouse with s.o.* ◆ VOIX. Avoir un chat dans la gorge (Fam.), *to have a frog in o.'s throat.* → **bouillie, langue, mou, œil, patte, toilette.**

château ◆ BOISSON. Boire du château-la-pompe (Fam.), *to drink Adam's ale.* ◆ IMAGINATION. Faire (bâtir) des châteaux en Espagne, *to build castles in Spain.* ◆ JEUX D'ENFANT. Construire (édifier) un château de cartes, *to build a house of cards.*

châtiment ◆ SANCTION. Infliger (recevoir, subir) un châtiment, *to inflict (to receive, to undergo) punishment.*

chatte ◆ GOURMANDISE. Etre friand (gourmand) comme une chatte (Fam.), *to be dainty as a cat.*

chattemite ◆ FLATTERIE. Faire la chattemite auprès de qqn, *to toady to s.o.*

chatterie ◆ GOURMANDISE. Aimer les chatteries (Fam.), *to have a sweet tooth.*

chaud 1. CUISINE. Mettre qqch. au chaud, *to put to keep sth. warm.* ‖ Servir chaud, *to serve hot.* ‖ Tenir qqch. au chaud, *to keep sth. warm.* – 2. ÉMOTION. Avoir eu chaud (Fam.), *to have had a scare.* ‖ Donner chaud à qqn (Fam.), *to give s.o. a turn.* – 3. INDIFFÉRENCE. Ne faire ni chaud ni froid (Fam.), *not to make the slightest difference.* – 4. MÉDECINE. Opérer à chaud, *to do an emergency operation.* [V. 6.] – 5. NON-ENTHOUSIASME. Ne pas se montrer (être) très chaud (Fam.), *not to be very enthusiastic.* – 6. OPPORTUNITÉ. Opérer à chaud (Fam.), *to strike while the iron is hot.* [V. 4.] – 7. SANTÉ. Attraper un chaud et froid (Fam.), *to catch a chill.* – 8. TACTIQUE. Souffler le chaud et le froid, *to blow hot and cold.* – 9. TEMPÉRATURE. Crever de chaud (Fam.), *to be dying of heat.* ‖ Rester au chaud, *to stay in the warm.* ‖ Tenir chaud (chose), *to keep warm.*

chauffage ◆ MÉNAGE. Avoir le chauffage central, *to have central heating.*

chaussée ◆ VOIRIE. Déblayer la chaussée, *to clear the road.*

chausser ◆ CARACTÈRE. Etre difficile à chausser (Fam.), *to be hard to please.* ◆ VÊTEMENT. Etre difficile à chausser, *to have a difficult foot to fit.*

chausse-trape ◆ DUPE. Tomber dans une chausse-trape, *to fall into a trap.*

chaussure 1. CONVENANCE. Trouver chaussure à son pied (Fam.), *to find exactly what o. is looking for.* [V. 2.] – 2. MARIAGE. Trouver chaussure à son pied (Fam.), *to find Mr Right.* [V. 1.] – 3. VÊTEMENT. Faire ses chaussures, *to clean o.'s shoes* (au cirage); *to break in o.'s shoes* (à l'usage).

chaux ◆ SANTÉ. Etre bâti à chaux et à sable (Fam.), *to have an iron constitution.*

chef ◆ CHEF. Etre un chef de file, *to be a leader.* ◆ DÉCISION. Décider qqch. de son propre chef, *to decide sth. off o.'s own bat.* ◆ FAITS ET GESTES. Branler (opiner) du chef, *to nod o.'s head.* ◆ FAMILLE. Etre chef de famille, *to be the head of a family.*

chef-d'œuvre ◆ ADMIRATION. Crier au chef-d'œuvre, *to hail a masterpiece.* ◆ GÂCHIS. Avoir fait un beau chef-d'œuvre (Fam.), *to have made a beaut.*

chemin 1. CONVERSION. Remettre (ramener) qqn dans le droit chemin, *to recall s.o. to the straight and narrow (path).* ‖ Trouver son chemin de Damas, *to see a blinding light.* – 2. CORRUPTION. Détourner qqn du droit chemin, *to lead s.o. astray.* – 3. DÉPLACEMENT. Etre toujours sur les chemins, *never to be at home.* – 4. DÉTERMINATION. Ne pas y aller par quatre chemins (Fam.), *not to beat about the bush.* – 5. DÉTOUR. Prendre (emprunter) des chemins détournés, *to take a roundabout way.* – 6. DIRECTION. Demander son chemin, *to ask the way.* ‖ Emprunter un chemin, *to follow a path.* ‖ Indiquer (montrer) son chemin à qqn, *to show s.o. the way (to point out the way to s.o.).* ‖ Passer (poursuivre) son chemin, *to go (to proceed on) o.'s way.* [V. 13.] ‖ Prendre des chemins de chèvres, *to follow sheep-tracks.* ‖ Prendre un chemin de traverse, *to take a short cut.* – 7. ÉGAREMENT. Quitter le droit chemin, *to leave the straight and narrow (path).* ‖ S'éloigner (s'écarter) du droit chemin, *to*

wander *(to stray) from the straight and narrow (path).* – 8. ENTRAVE. Faire voir du chemin à qqn (Fam.), *to push s.o. around.* – 9. ENTRAVE, OBSTACLE. Couper (barrer) le chemin à qqn, *to bar s.o.'s way.* ‖ Se mettre sur le chemin de qqn, *to block s.o.'s path.* ‖ Trouver qqn (qqch.) sur son chemin, *to find s.o. (sth.) in o.'s way.* – 10. FACILITÉ. Aplanir le chemin, *to smooth the way.* – 11. FLÂNERIE. Prendre le chemin des écoliers, *to take the long way round.* – 12. MARCHE. Abattre (faire) du chemin, *to cover a lot of ground.* ‖ Faire le chemin à pied, *to go on foot.* ‖ Rebrousser chemin, *to turn back.* ‖ S'arrêter (traîner) en chemin, *to stop (to loiter) on the way.* [V. 14.] ‖ Se frayer un chemin à travers la foule, *to push o.'s way through the crowd.* – 13. NON-PARTICIPATION. Passer son chemin (Fig.), *to pass by on the other side.* [V. 6.] – 14. NON-PROGRÈS. Rester en chemin (Fig.), *to be held up.* ‖ S'arrêter en bon chemin, *to stop short of success.* [V. 12.] – 15. PRÉCURSEUR. Ouvrir (frayer, tracer, montrer) le chemin, *to open (to blaze) the trail.* – 16. PROGRÈS. Aller son chemin, *to push along.* ‖ Avoir fait du chemin (Fig.), *to have come a long way.* ‖ Faire du chemin (Fig.), *to make headway.* ‖ Se tailler un chemin (Fig.), *to carve out a path for o.s.* ‖ Suivre son chemin (Fig.), *to continue o.'s way.* – 17. PROPAGANDE. Faire son chemin (idée), *to gain ground.* [V. 21.] – 18. RECTITUDE. Suivre le droit chemin (Fig.), *to keep to the straight and narrow (path).* – 19. RELIGION. Faire le chemin de la croix, *to do the stations of the Cross.* – 20. SÉDUCTION. Trouver le chemin d'un cœur, *to find the way to s.o.'s heart.* – 21. SUCCÈS. Etre en bon chemin, *to be on the right road.* ‖ Etre sur le chemin du succès, *to be headed for success.* ‖ Faire son chemin (personne), *to get on.* [V. 17.]

→ bout, croisée, moitié, pierre, voie.

cheminée → soulier.

chemise ◆ CHANGEMENT. En changer comme de chemise (Fam.), *to change it like a pair of socks.* ◆ HABILETÉ. Vendre sa chemise (Fam.), *to sell anything.* ◆ INDIFFÉRENCE. S'en moquer comme de sa première chemise (Fam.), *not to care two pins about it.* ◆ LIBÉRALITÉ. Donner jusqu'à sa chemise (Fam.), *to give the (very) shirt off o.'s back.* ◆ PERTE. Y laisser jusqu'à sa (dernière) chemise (Fam.), *to lose o.'s shirt*. ◆ VÊTEMENT. Etre en chemise, *to be in o.'s chemise* (femme); *to be in o.'s shirt-tails* (homme).

→ **bras, cul, idée, manche.**

chêne ◆ FORCE. Etre fort (solide) comme un chêne, *to be as stout as an oak.*

chèque ◆ FINANCES. Barrer (émettre, faire; endosser; tirer; toucher) un chèque, *to cross (to issue, to write, to endorse; to draw; to cash) a cheque.* ‖ Libeller un chèque au nom de qqn, *to make out a cheque to s.o.*

→ **compte, opposition, paiement.**

cher ◆ NON-VALEUR. Ne pas en donner cher (Fam.), *not to give much for it.* ‖ Ne pas valoir cher (Fam.), *not to be worth much.* ◆ PRIX. Revenir cher, *to cost a fortune.* ‖ Valoir cher, *to be dear.* ◆ SANCTION. Le payer cher (Fam.), *to pay dearly for it.* ◆ VENGEANCE. Le faire payer cher à qqn (Fam.), *to make s.o. pay dearly for it.*

chercher ◆ ARTISAN DE SON SORT. L'avoir bien cherché (Fam.), *to have asked for it.* ◆ RECHERCHE. Envoyer chercher qqn, *to send for s.o.*

chère ◆ ALIMENTATION. Faire bonne chère, *to do o.'s well.* ‖ Faire maigre chère, *to eat poorly.* ◆ GOURMANDISE. Aimer la bonne chère, *to like good food.*

cheval ◆ AGGRAVATION. Changer son cheval borgne contre un aveugle, *to change a lazy horse for a lame one.* ◆ ALIMENTATION. Déjeuner avec les chevaux de bois, *to dine with Duke Humphrey.* ◆ COLÈRE. Monter sur ses grands chevaux (Fam.), *to get on o.'s high horse.* ◆ DUPE. Donner un cheval contre un âne, *to get the worst of the bargain.* ◆ ÉQUITATION. Aller à cheval, *to go on horseback.* ‖ Crever un cheval, *to ride a horse to death.* ‖ Descendre de cheval, *to dismount.* ‖ Enlever un cheval, *to set a horse at a gallop.* ‖ Faire du cheval, *to go riding.* ‖ Monter à cheval, *to mount.* ‖ Monter un cheval, *to ride a horse.* ‖ Tomber de cheval, *to take a fall.* ◆ ERREUR. Miser sur le mauvais cheval (Fam.), *to back the wrong horse.* ◆ INCONSÉQUENCE. Changer ses chevaux au milieu du gué, *to change horses in midstream.* ◆ JEUX D'ARGENT. Faire courir un cheval, *to enter a horse.* ‖ Jouer un cheval gagnant et placé, *to place a bet both ways.* ◆ MANIE. Enfour-

cher son cheval de bataille (Fam.), *to get on to o.'s pet subject.* ◆ RARETÉ. Etre le cheval aux quatre pieds blancs (Fam.), *to be a rare bird.* ◆ RENDEMENT. Avoir mangé du cheval (Fam.), *to work like a cart-horse.* ‖ Etre un cheval à la besogne (au travail) [Fam.], *to be a glutton for work.* ◆ RIGORISME. Etre à cheval sur les principes, *to be a stickler for principles.*

→ **appétit, fièvre, pas, purge, queue, remède.**

chevalier ◆ CÉRÉMONIAL. Armer qqn chevalier, *to dub s.o. knight.* ◆ DÉFENSE. Se faire le chevalier de qqn, *to champion s.o.'s cause.* ◆ DÉVOUEMENT. Etre le chevalier servant de qqn, *to be s.o.'s squire.* ◆ MALHONNÊTETÉ. Etre un chevalier d'industrie, *to be a crook.* ◆ TRISTESSE. Etre un chevalier à la triste figure (Fam.), *to be a dismal Johnny.*

chevauchée ◆ ÉQUITATION. Faire une longue chevauchée, *to ride a long way.*

chevet ◆ MÉDECINE. Etre (veiller) au chevet de qqn, *to be (to watch) at s.o.'s bedside.*

cheveu 1. APPROXIMATION. S'en falloir d'un cheveu (Fam.), *to be only a hair's breadth away.* ‖ Ne pas être à un cheveu près (Fam.), *not to be that fussy.* — 2. CHEVELURE. Avoir le cheveu rare, *to have thinning hair.* ‖ Avoir des cheveux poivre et sel, *to have pepper-and-salt hair.* ‖ Avoir les cheveux souples, *to have easy-to-manage hair.* — 3. COIFFURE. Avoir les cheveux en bataille (Fam.), *to look as if o. had been pulled through a hedge backwards.* ‖ Avoir les cheveux en brosse, *to have a crew-cut.* ‖ Avoir (porter) les cheveux courts (longs), *to have short (long) hair.* ‖ Couper (friser, onduler; rafraîchir) les cheveux, *to cut (to curl, to wave; to trim) hair.* ‖ Démêler (peigner; faire bouffer, gonfler, crêper) ses cheveux, *to untangle (to comb; to fluff out, to crimp) o.'s hair.* ‖ Se décolorer (se teindre) les cheveux, *to bleach (to dye) o.'s hair.* ‖ Sortir en cheveux, *to go out bare-headed.* — 4. COMPLICATION. Etre tiré par les cheveux (Fam.), *to be far-fetched.* — 5. DÉSARROI. S'arracher les cheveux (Fam.), *to tear o.'s hair.* — 6. DIFFICULTÉ. Y trouver un cheveu (Fam.), *to find a fly in the ointment.* [V. 13.] — 7. ÉLOCUTION. Avoir un cheveu sur la langue (Fam.), *to lisp.* — 8. EXTRÉMITÉ. Rattraper qqch. par les cheveux (Fam.), *to save sth. by a hair's breadth.* — 9. INQUIÉTUDE. Se faire des cheveux (Fam.), *to worry o.'s grey.* — 10. MINUTIE. Couper les cheveux en quatre (Fam.), *to split hairs.* — 11. NON-DOMMAGE. Ne pas ôter un cheveu à qqn (Fam.), *not to detract from s.o.* — 12. PEUR. Faire dresser à qqn les cheveux sur la tête, *to make s.o.'s hair stand on end.* — 13. POINT FAIBLE. Y avoir un cheveu (Fam.), *there [to be] a snag (Gramm.).* [V. 6.] — 14. PRÉCARITÉ. Ne tenir qu'à un cheveu (Fam.), *to hang on a thread.* — 15. QUERELLE. Se prendre aux cheveux (Fam.), *to come to blows.* — 16. RESPECT. Respecter les cheveux blancs, *to have respect for o.'s elders.*

→ **barbe, épaisseur, mal, occasion, racine, virage.**

cheville ◆ CENTRE. Etre la cheville ouvrière, *to be the hub of things.* ◆ COLLABORATION. Etre (travailler) en cheville avec qqn, *to be (to work) in liaison with s.o.* ◆ INFÉRIORITÉ. Ne pas arriver à la cheville de qqn (Fam.), *cannot hold a candle to s.o.* (Gramm.). ◆ SANTÉ. Se fouler la cheville, *to sprain o.'s ankle.* ◆ TRAVAUX MANUELS. Poser (mettre) une cheville, *to put in a plug.*

→ **entorse.**

chèvre ◆ DÉSARROI. Devenir chèvre (Fam.), *to be driven to despair.* ◆ HUMEUR. Etre capricieux comme une chèvre (Fam.), *to be skittish.* ◆ IMPRÉCISION. N'être ni chèvre ni chou (Fam.), *to be neither one thing nor the other.* ◆ OPPORTUNISME. Ménager la chèvre et le chou (Fam.), *to run with the hare and hunt with the hounds.* ◆ PERSÉCUTION. Faire devenir chèvre qqn (Fam.), *to drive s.o. to despair.*

→ **chemin.**

chez-soi ◆ MAISON. Avoir un chez-soi, *to have a place of o.s' own.*

chic 1. ADRESSE. Avoir le chic (Fam.), *to have the knack.* — 2. APPARENCE. Faire chic, *to look smart.* — 3. ART. Peindre de chic (Fam.), *to paint from memory.* — 4. BONTÉ. Etre chic, *to be a sport.* [V. 5.] — 5. ÉLÉGANCE. Avoir du chic, *to be chic.* ‖ Etre chic, *to be smartly dressed* [V. 4.] — 6. NON-ÉLÉGANCE. Manquer de chic, *to look dowdy.*

chicane ◆ QUERELLE. Chercher chicane à qqn, *to pick a quarrel with s.o.*

chichi ◆ AFFECTATION. Faire des chichis

(Fam.), *to be niminy-piminy.* ◆ SIMPLICITÉ. Ne pas faire de chichis (Fam.), *to be natural.*

chicotin ◆ SAVEUR. Etre amer comme chicotin (Fam.), *to be as bitter as gall.*

chien 1. ACCOMPAGNEMENT. Suivre comme un chien (Fam.), *to follow like a dog.* [V. 29.] — 2. ACCUEIL. Recevoir qqn comme un chien dans un jeu de quilles (Fam.), *to make s.o. feel like an intruder.* [V. 17.] — 3. AMOUR. S'amouracher du premier chien coiffé (Fam.), *to fall for the first pair of pants.* — 4. ANIMAL. Caresser (flatter) un chien, *to pat (to stroke) a dog.* ‖ Faire piquer un chien, *to have a dog put to sleep.* ‖ Lâcher les chiens, *to unleash the dogs.* ‖ Siffler son chien, *to whistle o.'s dog.* — 5. AVARICE. Ne pas attacher son chien avec des saucisses (Fam.), *to be cheese-paring.* — 6. AVIDITÉ. Ne pas donner sa part aux chiens (Fam.), *to keep it all to o.s.* — 7. CHARME. Avoir du chien (Fam.), *to have what it takes.* — 8. COIFFURE. Avoir (porter) des chiens, *to wear a fringe.* — 9. CONVERSATION. Rompre les chiens, *to put an end to the conversation.* — 10. ÉCHAPPATOIRE. Etre comme le chien de Jean de Nivelle, *to go off just when o. is needed.* — 11. ÉGOCENTRISME. Ressembler au (être comme le) chien du jardinier, *to be a dog in the manger.* — 12. ESCLAVAGE. Etre comme un chien à l'attache (Fam.), *to keep o.'s nose to the grindstone.* — 13. EXUBÉRANCE. Etre fou comme un jeune chien (Fam.), *to be as mad as a March hare.* ‖ Faire le chien fou (Fam.), *to play the giddy goat.* — 14. FAITS ET GESTES. Se coucher en chien de fusil, *to curl up (in o.'s bed).* — 15. FIDÉLITÉ. Etre fidèle comme un chien, *to be as faithful as a dog.* — 16. HOSTILITÉ. Se regarder en chiens de faïence, *to look cooly at each other.* — 17. IMPORTUNITÉ. Arriver comme un chien dans un jeu de quilles (Fam.), *to be made to feel like an intruder.* [V. 2.] — 18. INUTILITÉ. Donner à boire au chien qui se noie (Fam.), *to carry coals to Newcastle.* — 19. MÉPRIS. Traiter qqn comme un chien (Fam.), *to treat s.o. like a dog.* — 20. MÉSENTENTE. Etre (s'accorder) comme chien et chat (Fam.), *to fight like cat and dog.* — 21. MORT. Mourir comme un chien (Fam.), *to die like a dog.* — 22. NON-ÉLÉGANCE. Etre fait comme un chien fou (Fam.), *to*

be weirdly dressed. − 23. NON-VALEUR. Ne pas être bon à jeter aux chiens (Fam.), *not to be worth a hang.* − 24. PRÉOCCUPATION. Avoir d'autres chiens à fouetter, *to have other fish to fry.* − 25. PRESSE. Faire les chiens écrasés (Fam.), *to be in the « Dog bites man » department.* − 26. RANCUNE. Garder à qqn un chien de sa chienne, *to have a rod in pickle for s.o.* − 27. SANTÉ. Etre malade comme un chien (Fam.), *to be as sick as a dog.* − 28. SERVILITÉ. Faire le chien couchant, *to fawn.* − 29. SOUMISSION. Suivre comme un chien, *to follow like a lamb.* [V. 1.] − 30. SPORTS. Nager comme un chien de plomb (Fam.), *to swim like a tin soldier.* − 31. UTILISATION. Ne pas être fait pour les chiens (Fam.), *to be what it is there for.*
→ **air, caractère, fer, garde, langue, mal, métier, queue, temps.**

chiendent ◆ AGRICULTURE. Pousser comme du chiendent, *to grow like a weed.*

chiffe ◆ CONSISTANCE. Etre mou comme une chiffe (Fam.), *to be as limp as a rag.* ◆ FAIBLESSE. Etre une chiffe molle (Fam.), *to be a drip.*

chiffon ◆ CONVERSATION. Parler chiffons, *to talk buttons and bows.* ◆ MÉNAGE. Passer le chiffon, *to dust.* ◆ NON-VALEUR. N'être qu'un chiffon de papier, *to be only a scrap of paper.* ◆ REBUT. Jeter qqch. aux chiffons, *to throw sth. into the rag-bag.*
→ **coup.**

chiffre ◆ COMMERCE. Réaliser (atteindre) un chiffre d'affaires de X francs, *to have (to reach) a turnover of X francs.* ◆ ÉCRITURE. Faire un chiffre, *to make a figure.* ◆ MALHONNÊTETÉ. Arranger les chiffres, *to cook the books.* ◆ MATHÉMATIQUES. Additionner (aligner) des chiffres, *to add up (to jot up) figures.* ‖ Jongler avec les chiffres, *to juggle with figures.* ◆ MILITAIRE. Etre affecté au chiffre, *to be assigned to codes.* ◆ NON-VALEUR. Etre (compter pour) un chiffre, *to be a nobody.*
→ **zéro.**

chignon ◆ COIFFURE. Porter le chignon, *to wear o.'s hair in a bun.* ◆ QUERELLE. Se crêper le chignon (Fam.), *to quarrel like fishwives.*

chimère ◆ ILLUSION. Bâtir (édifier) des chimères, *to build castles in the air.* ‖ Poursuivre une chimère, *to chase butterflies.* ‖ Se complaire dans les chimères, *to take pleasure in idle dreams.* ‖ Se

forger (se créer) des chimères, *to dream idle dreams.* ‖ Se nourrir (se repaître) de chimères, *to feed on idle dreams.*

chinois ◆ HERMÉTISME. Etre du chinois (Fam.), *to be double Dutch.*

chipette ◆ NON-VALEUR. Ne pas valoir chipette (Fam.), *not to be worth tuppence.*

chique 1. ÉTONNEMENT. Couper la chique à qqn (Fam.), *to strike s.o. dumb.* [V. 2.] − 2. INTERRUPTION. Couper la chique à qqn (Fam.), *to cut s.o. short.* [V. 1.] − 3. MORT. Avaler sa chique (Pop.), *to cash in o.'s chips.*

chiqué ◆ AFFECTATION. Faire du chiqué, *to show off.* ◆ ESBROUFE. Le faire au chiqué, *to bluff.* ◆ FAUX-SEMBLANT. Etre du chiqué, *to be fake.*

chiquenaude ◆ FAITS ET GESTES. Donner (recevoir) une chiquenaude, *to give (to receive) a fillip.*

chiquer ◆ ALIMENTATION. N'avoir rien à chiquer (Fam.), *to have nothing to put under o.'s belt.* ◆ NÉCESSITÉ. Ne pas y avoir à chiquer (Pop.), *there [to be] no two ways about it* (Gramm.).

chiromancie ◆ PRÉDICTION. Pratiquer la chiromancie, *to practise palmistry.*

choc 1. ACCIDENT. Recevoir un choc, *to get hit.* − 2. CHOC EN RETOUR. Recevoir un choc en retour, *to reap what o. has sown.* − 3. ÉMOTION. Éprouver un choc, *to suffer a shock.* [V. 8.] − 4. ENDURANCE. Soutenir (supporter) le choc, *to stand the shock.* − 5. PERTURBATION. Produire un choc, *to produce a shock.* − 6. PRÉCAUTION. Adoucir (amortir) le choc (Fig.), *to soften the blow.* [V. 9.] − 7. RÉSISTANCE. Résister au choc, *to withstand the shock.* − 8. SANTÉ. Éprouver un choc, *to suffer from shock.* [V. 3.] ‖ Subir un choc opératoire, *to suffer post-operative shock.* − 9. TECHNIQUE. Adoucir (amortir) le choc, *to absorb the shock.* [V. 6.]
→ **prix.**

chocolat ◆ DÉCONVENUE. Etre (demeurer, rester) chocolat (Fam.), *to have been had.*

chocottes ◆ PEUR. Avoir les chocottes (Pop.), *to have the jitters.*

chœur ◆ UNION. Reprendre en chœur, *to take up in chorus.*
→ **air.**

choir ◆ ABANDON. Laisser choir qqn (Fam.), *to let s.o. drop.*

choix ◆ ACCULEMENT. Ne pas avoir le choix, *to have no alternative.* ◆ APPROBATION. Approuver le choix de qqn, *to approve s.o.'s choice.* ◆ CHOIX. Effectuer un choix, *to make a choice.* ‖ Faire (arrêter, fixer) son choix, *to make (to settle) o.'s choice.* ‖ Faire choix de qqch., *to choose sth.* ◆ COMMERCE. Avoir du choix, *to have plenty to choose from.* ◆ HIÉRARCHIE. Etre promu au choix, *to be promoted at discretion.* ◆ LIBERTÉ. Avoir (laisser à qqn) le choix des moyens, *to be free (to leave s.o. free) to choose the means.*
→ **embarras.**

chômage ◆ CHÔMAGE. S'inscrire (se mettre) au chômage, *to go on the dole.*

chopin ◆ OCCASION. Faire (trouver) un chopin (Fam.), *to have a windfall.*

chorus ◆ APPROBATION. Faire chorus, *to chorus approval.*

chose 1. ACCOMMODEMENT. Etre toujours (déjà) quelque chose (Impers.), *not to be bad as far as it goes.* − 2. ACCORD. Etre une chose bien établie, *to be a well-established fact.* − 3. ACTIVITÉ. S'occuper de choses et d'autres, *to do several things.* − 4. AMPLEUR DE VUE. Faire les choses sur une grande échelle (en grand), *to do things on a big scale.* − 5. ARDEUR. Ne pas faire les choses à moitié (à demi), *not to do things by halves.* − 6. ATTÉNUATION. Minimiser les choses, *to play things down.* − 7. AUTORITÉ. Faire rentrer les choses dans l'ordre, *to restore order.* − 8. CERTITUDE. Etre chose indiscutable, *to be indisputable.* − 9. CHANGEMENT. Passer à autre chose, *to go on to other matters.* [V. 12.] − 10. CIVILITÉ. Dire bien des choses à qqn, *to give kind regards to s.o.* − 11. COMPLICATION. Compliquer les choses, *to complicate matters.* ‖ Compliquer les choses à plaisir, *to complicate things for the sake of complicating them.* − 12. CONVERSATION. Parler (deviser, causer) de choses et d'autres, *to talk of one thing and another.* ‖ Parler de choses sérieuses, *to talk about serious matters.* ‖ Passer à autre chose, *to change the subject.* [V. 9.] − 13. COURAGE. Regarder les choses en face, *to face facts.* − 14. CRITÈRE DE JUGEMENT. Voir les choses du dehors, *to see things from the outside.* ‖ Voir les choses d'un autre œil (avec d'autres yeux), *to see things differently.* − 15. DÉCISION. Etre chose

faite (réglée), *to be settled.* [V. 38.] ‖ Etre chose jugée, *to be decided.* [V. 37.] − 16. DIVERGENCE. Etre tout autre chose, *to be quite another matter.* − 17. ENVERGURE. Faire de grandes choses, *to achieve great things.* − 18. ÉPANCHEMENTS. Dire de douces choses, *to say sweet nothings.* − 19. ESCLAVAGE. Etre la chose de qqn, *to be s.o.'s puppet.* − 20. GOURMANDISE. Aimer les bonnes choses, *to like good food.* − 21. IMPRÉCISION. Dire les choses à moitié, *not to tell the whole story.* [V. 42.] − 22. INCIVILITÉ. N'être pas une chose à dire, *to be hardly a thing to say.* − 23. INDIFFÉRENCE. Voir les choses de haut, *to take a detached view of things.* − 24. LIBÉRALITÉ. Faire bien les choses, *to do things well.* − 25. LIBERTÉ. Se permettre bien des choses avec qqn, *to be completely free-and-easy with s.o.* − 26. LUCIDITÉ. Bien voir les choses, *to see clearly.* ‖ Voir les choses en face, *to face reality.* − 27. NON-EFFICIENCE. Ne pas avancer à grand-chose, *not to get much further.* ‖ Ne rien faire à la chose, *not to change matters much.* − 28. NON-ENTHOUSIASME. Ne pas dire grand-chose à qqn (Impers.), *not to appeal to s.o.* − 29. NON-IMPORTANCE. Ne pas faire grand-chose (Impers.), *not to matter much.* [V. 30.] − 30. NON-RÉUSSITE. Ne pas faire grand-chose (personne), *not to do much.* [V. 29.] − 31. NON-VALEUR. Ne pas valoir grand-chose, *not to be up to much.* − 32. OPTIMISME. Prendre les choses du bon côté, *to look on the bright side of things.* − 33. ORGANISATION. Faire chaque chose en son temps, *to do each thing in its season.* − 34. PERSPECTIVE. Faire présager de grandes choses, *to portend great things.* − 35. POSSIBILITÉ. N'être pas chose exclue, *not to be entirely ruled out.* − 36. PRÉTENTION. Se croire (se prendre pour) quelque chose (Fam.), *to think o. is somebody.* − 37. PROCÉDURE. Etre chose jugée, *to be « res judicata ».* [V. 15.] − 38. RÉALISATION. Etre chose faite, *to be over and done with.* [V. 15.] − 39. RÉPÉTITION. Répéter toujours la même chose, *to be forever saying the same old thing.* − 40. RÉSOLUTION. Brusquer les choses, *to precipitate matters.* − 41. RESPONSABILITÉ. Etre responsable de bien des choses, *to be the cause of a lot of trouble.* ‖ Y être pour quelque chose, *to have something to do with it.* — 42. RÉTICENCE. Dire les choses à moitié, *to half-say things.* [V. 21.] — 43 RONDEUR. Appeler les choses par leur nom, *to use plain language.* — 44. SABOTAGE. Faire les choses à moitié (à demi), *to half-do things.* — 45. SAGESSE. Admettre les choses telles qu'elles sont, *to accept the facts.* ‖ Prendre les choses comme elles viennent, *to take things as they come.* — 46. SEXUALITÉ. Etre porté sur la chose (Fam.), *to be oversexed.* — 47. SIMPLIFICATION. Simplifier les choses, *to simplify matters.* — 48. SUGGESTION. Savoir bien des choses, *to know more than o. is telling.* — 49. TROUBLE. Etre (se sentir) tout chose (Fam.), *to feel odd.*

→ **côté, cours, fois, fond, force, front, idée, liaison, nature, ordre, part, possession, prix, rapprochement, relation, retour.**

chou ◆ ÉCHEC. Etre dans les choux (Fam.), *to be a flop (chose); to be up the pole (personne).* ‖ Faire chou blanc (Fam.), *to draw a blank.* ◆ FACILITÉ. Etre bête comme chou (Fam.), *to be too easy for words.* ◆ PROFIT. En faire ses choux gras (Fam.), *to make a good thing out of it.* ‖ Faire ses choux gras (Fam.), *to feather o.'s nest.* ◆ RETRAITE. Aller planter ses choux (Fam.), *to retire and grow roses.* ◆ VOIES DE FAIT. Rentrer dans le chou de qqn (Fam.), *to go for s.o. hammer and tongs.*

→ **bout, chèvre.**

chronique ◆ RENOMMÉE. Défrayer la chronique, *to be in the news.*

chronomètre ◆ PONCTUALITÉ. Etre réglé comme un chronomètre (Fam.), *to be as regular as clockwork.*

chrysalide ◆ ANIMAL. Sortir de sa chrysalide (papillon), *to come of its chrysalis.* ◆ ÉPANOUISSEMENT. Sortir de sa chrysalide (Fig.), *to blossom forth.*

chut ◆ SILENCE. Faire chut, *to say hush.*

chute ◆ CHUTE. Faire une chute, *to have a fall.* ◆ RESPONSABILITÉ. Entraîner qqn dans sa chute, *to bring s.o. down with o.*

→ **occasion, point.**

cible ◆ DÉNIGREMENT. Prendre qqn pour cible, *to take s.o. as a target.* ◆ VICTIME. Etre la cible de qqn (servir de cible à qqn), *to be a target for s.o.'s attacks.*

ciboulot ◆ FOLIE. Perdre le ciboulot (Fam.), *to go off o.'s nut.*

cicatrice ◆ SANTÉ. Porter des cicatrices, *to have scars.*

ciel 1. AUBAINE. Tomber du ciel (Fam.), *to be a gift from the gods.* [V. 4.] — 2. CLIMAT. Vivre sous un ciel enchanteur, *to live in sunny climes.* — 3. DÉSESPOIR. Maudire le ciel, *to curse Heaven.* — 4. IMPROVISTE. Tomber du ciel (Fam.), *to turn up out of the blue.* [V. 1.] — 5. MAUVAIS TEMPS. Interroger le ciel, *to consult the sky.* — 6. OPPORTUNITÉ. Etre envoyé du ciel, *to be heaven-sent.* — 7. RAVISSEMENT. Nager en plein ciel, *to be basking in bliss.* ‖ Etre au septième ciel, *to be in seventh heaven.* — 8. RECHERCHE. Remuer ciel et terre, *to move heaven and earth.* — 9. RECONNAISSANCE. Bénir (remercier) le ciel, *to thank Heaven for it.* — 10. RELIGION. Gagner le ciel, *to earn a place in Heaven.* ‖ Monter au ciel, *to ascend into Heaven* (Christ); *to go to Heaven* (personne). ‖ Prier le ciel, *to pray to Heaven.*

→ **bras, croix, grâce, œil, royaume.**

cierge ◆ RELIGION. (Faire) brûler un cierge, *to light a candle.*

→ **fumée.**

cigare → **coup.**

cigarette ◆ TABAC. Fumer (griller) une cigarette, *to have (to smoke) a cigarette.* ‖ Fumer cigarette sur cigarette, *to chain-smoke.* ‖ Offrir (prendre; rouler) une cigarette, *to offer (to take; to roll) a cigarette.* ‖ Secouer sa cigarette, *to tap o.'s cigarette.*

→ **papier.**

cil ◆ IMPASSIBILITÉ. Ne pas battre d'un cil (Fam.), *not to bat an eyelash.*

cime ◆ APOGÉE. Atteindre les cimes, *to reach the heights.*

ciment ◆ TRAVAUX MANUELS. Gâcher (faire) du ciment, *to mix cement.*

cinéma ◆ CINÉMA. Aller au cinéma (au ciné [Fam.]), *to go to the cinema (to the pictures).* ‖ Faire du cinéma, *to be in films* (acteur); *to make films* (metteur en scène). ◆ COLÈRE. Faire tout un cinéma (Fam.), *to make a whole song and dance.*

cinq ◆ MARCHE. Faire cinq et trois font huit (Fam.), *to dot and carry one.*

cinquantaine ◆ ÂGE. Approcher de la cinquantaine, *to be fifty-ish.* ‖ Friser la cinquantaine, *to be close on fifty.*

→ **cap.**

cirage ◆ IMPRÉCISION. Etre dans le cirage (Fam.), *to be in a fog.* ◆ NON-VISIBILITÉ. Etre dans le cirage, *to be foggy.*

◆ SANTÉ. Etre dans le cirage (Fam.), *to be groggy.*

circonlocution ◆ DÉTOUR. Parler par circonlocutions, *to speak in a roundabout way.* ‖ Prendre des circonlocutions, *to beat about the bush.*

circonspection ◆ CIRCONSPECTION. Apporter (mettre) beaucoup de circonspection à faire qqch., *to set about sth. with great circumspection.* ‖ Inviter à la circonspection, *to call for caution* (chose); *to advise caution* (personne).

circonstance ◆ ACCOMMODEMENT. S'adapter (se plier) aux circonstances, *to adapt (to bow) to circumstances.* ◆ CRITÈRE DE JUGEMENT. Considérer (étudier, examiner) les circonstances, *to consider (to study, to look into) circumstances.* ◆ INCERTITUDE. Dépendre des circonstances, *to depend on circumstances.* OPPORTUNITÉ. Etre de circonstance (Impers.), *to be appropriate.* ◆ PROCÉDURE. Accorder (obtenir) les circonstances atténuantes, *to grant (to obtain) extenuating circumstances.* ◆ RESPONSABILITÉ. Avoir des circonstances atténuantes, *to have some excuse.*
→ **compte, égard, homme, jouet, mot.**

circuit ◆ DÉPLACEMENT. Faire un circuit, *to make a trip.* ◆ ÉLECTRICITÉ. Ouvrir (fermer; rétablir) le circuit, *to open (to close; to re-establish) the circuit.* ◆ EXCLUSION. Mettre (être) hors circuit (Fam.), *to put (to be) out of the running.* ◆ IMPLICATION. Etre dans le circuit (Fam.), *to be involved.* ◆ SPORTS. Boucler le circuit, *to complete a lap.*

circulation ◆ AUTOMOBILE. Canaliser (détourner; entraver, gêner; interrompre) la circulation, *to channel (to divert; to block, to hold up; to stop) the traffic.* ◆ DIFFUSION. Mettre en circulation, *to put into circulation.* ◆ DISPARITION. Disparaître de la circulation (Fam.), *to vanish into thin air.* ◆ FINANCES. Retirer de la circulation, *to withdraw from circulation.* ◆ SANTÉ. Souffrir d'une mauvaise circulation, *to suffer from poor circulation.*
→ **bruit, monnaie.**

circuler ◆ POLICE. Faire circuler, *to move people along* (personne); *to keep traffic moving* (véhicule).

cire ◆ COULEUR. Etre jaune comme de la cire, *to be waxy yellow.* ◆ SOUMISSION. Etre une cire molle (Fam.), *to be like putty.*

ciseaux ◆ CENSURE. Craindre les ciseaux d'Anastasie, *to be afraid of Dora.*

citation ◆ LITTÉRATURE. Bourrer (émailler, farcir, truffer) de citations, *to fill (to sprinkle, to stuff, to cram) with quotations.* ‖ Relever (prendre; déformer) une citation, *to note (to take; to garble) a quotation.* ‖ Faire une citation, *to make a quotation.*

cité ◆ MAISON. Habiter une cité ouvrière, *to live on a housing estate.* ‖ Habiter la cité universitaire, *to live in a university hostel.* ◆ RÉFORME. Bâtir la cité nouvelle, *to build the new society.*
→ **droit.**

citoyen ◆ POLITIQUE. Etre un citoyen à part entière, *to enjoy full citizenship.* ◆ UNIVERSALITÉ. Etre citoyen de l'univers, *to be a citizen of the world.*

citron ◆ COULEUR. Etre jaune comme un citron, *to be lemon-coloured.* ◆ CUISINE. Presser un citron, *to squeeze a lemon.* ◆ EXPLOITATION. Presser le citron (Fam.), *to squeeze the last drop out.*

civil 1. MILITAIRE. Etre en civil, *to be in civvies.* [V. 2, 3.] ‖ Rentrer dans le civil, *to go back to civilian life.* — 2. POLICE. Etre en civil, *to be in plain clothes.* [V. 1, 3.] — 3. VÊTEMENT. Etre en civil, *to be in mufti.* [V. 1, 2.]

civisme → **preuve.**

clair 1. AVEUGLEMENT. Ne pas voir clair en plein midi (Fam.), *cannot see what is staring o. in the face* (Gramm.). — 2. CLAIRVOYANCE. Y voir clair, *to be clear-sighted.* [V. 6.] — 3. ÉCLAIRAGE. Faire clair, *to be bright.* ‖ Faire clair de lune, *to be a moonlit night.* — 4. ÉCRITURE. Écrire en clair, *to write out in clear language.* — 5. ÉLUCIDATION. Mettre au clair, *to set out clearly.* ‖ Tirer au clair, *to clear up.* ‖ Commencer à y voir clair, *to begin to get the hang of it.* — 6. LUCIDITÉ. Y voir clair, *to see the truth.* [V. 2.] — 7. OCCUPATION. Y passer le plus clair de son temps, *to spend the greater part of o.'s time on it.* — 8. PÉNÉTRATION. Voir clair dans l'esprit de qqn, *to see what s.o. is up to.* — 9. RONDEUR. Parler clair et net, *to speak plainly.*

clameur ◆ CRI. Pousser une clameur, *to cry out.*

clan → **esprit.**

clandestinité ◆ POLITIQUE. Entrer (agir) dans la clandestinité, *to go (to oper-*

ate) underground. ‖ Sortir de la clandestinité, *to come out into the open.*

clapet ◆ SILENCE. Fermer son clapet (Pop.), *to shut o.'s trap.*

claque ◆ FATIGUE. En avoir sa claque (Fam.), *to be sick sore'n tired.* ◆ SPECTACLE. Faire la claque, *to be part of a claque.*

→ cliques, paire, tête.

clarté ◆ SAVOIR. Avoir des clartés de tout, *to know a bit about everything.*

classe 1. DISTINCTION. Avoir de la classe, *to have class.* — 2. ÉCOLE. Aller en classe, *to go to school.* ‖ Créer (ouvrir) une classe, *to set up a class.* ‖ Doubler (redoubler) une classe, *to stay in the same class.* ‖ Faire la classe, *to teach.* ‖ Faire ses classes, *to be at school.* [V. 3.] ‖ Monter de classe (passer dans la classe supérieure), *to move up a class.* ‖ Partir en classe de neige, *to go to ski-school.* ‖ Sauter une classe, *to skip a class.* ‖ Suivre une classe, *to attend a class.* ‖ Suivre en classe, *to keep up with the rest of the class.* ‖ Suivre en classe, *to be attentive.* — 3. MILITAIRE. Etre de la classe (Fam.), *to be eligible for discharge.* ‖ Etre de la même classe, *to be in the same batch.* ‖ Faire ses classes, *to go through training camp.* [V. 2.] — 4. NIVEAU SOCIAL. Former une classe à part, *to be in a class apart.* ‖ Représenter la classe ouvrière, *to represent the working-classes.* — 5. VALEUR. Etre de grande classe, *to be outstanding.*

classement → tête.

classique ◆ HABITUDE. Etre classique (Fam.), *to be standard practice.*

clause ◆ ADMINISTRATION. Insérer (observer) une clause, *to insert (to respect) a clause.* ◆ FORMALISME. N'être qu'une clause de style, *to be only a manner of speaking.*

clef ou **clé** ◆ ARCHITECTURE. Etre la clef de voûte, *to be the keystone.* ◆ FAITS ET GESTES. Enfermer à clef, *to lock up.* ◆ Fermer à clef, *to lock (chose, personne).* ‖ Laisser les clefs, *to leave the keys.* ‖ Laisser la clef sur la porte, *to leave the key in the door.* ‖ Mettre sous clef, *to put under lock and key.* ◆ FUITE. Mettre la clef sous la porte (Fam.), *to do a bunk.* ‖ Prendre la clef des champs, *to take off.* ◆ MAISON. Acheter (louer) clefs en main, *to buy (to rent) for immediate occupancy.* ◆ MYSTÈRE. Y avoir quelque chose à la clef

(Fam.), *there [to be] more in it than meets the eye* (Gramm.). ◆ SOLUTION. Avoir (tenir, trouver) la clef de l'énigme, *to have (to hold, to find) the clue to the riddle.* ‖ Donner la clef de qqch., *to give the key to sth.* ‖ Etre la clef du mystère (du problème), *to be the key of the mystery (to the problem).*

→ bémol, porte, poste, tour.

clémence ◆ INCULPÉ. Implorer la clémence du tribunal, *to plead for the court's leniency.* ◆ INDULGENCE. Manifester (montrer) de la clémence, *to show leniency.*

clerc ◆ INCOMPÉTENCE. Ne pas être grand clerc en la matière, *not to be an expert on the subject.*

→ pas.

cliché ◆ EXPRESSION. Etre un cliché, *to be a cliché.* ◆ PHOTOGRAPHIE. Prendre un cliché, *to take a snap.*

client ◆ COMMERCE. Perdre un client, *to lose a customer.* ‖ Servir un client, *to serve a customer.* ‖ Voler (écorcher, saler [Fam.]) le client, *to cheat (to fleece) the customer.*

→ pourboire.

clientèle 1. COMMERCE. Acheter (vendre) une clientèle, *to buy (to sell) the goodwill of a business.* ‖ Se créer (se faire) une clientèle, *to build up a clientèle.* [V. 3.] — 2. MÉDECINE. Faire de la clientèle, *to do general practice.* — 3. MÉDECINE, PROCÉDURE. Se faire (acheter; vendre) une clientèle, *to build up (to buy; to sell) a practice.* [V. 1.]

→ besoin.

clignotant ◆ AUTOMOBILE. Mettre son clignotant, *to put on o.'s (winking) indicator.*

climat ◆ CLIMAT. S'accommoder du climat (se faire au climat), *to get acclimatized.* ‖ Se trouver bien du climat, *to find the climate suits o.* ◆ CONVENANCE. Trouver son climat (Fig.), *to find o.'s element.*

clin ◆ RAPIDITÉ. Faire qqch. en un clin d'œil, *to do sth. in the twinkling of an eye.* ◆ REGARD. Faire un clin d'œil à qqn, *to wink at s.o.*

clinique ◆ MÉDECINE. Entrer en (sortir de) clinique, *to go into (to leave) a nursing-home.*

cliques ◆ DÉPART. Prendre ses cliques et ses claques (Fam.), *to hit the road.*

cloaque ◆ INFAMIE. Etre un cloaque

(Fig.), *to be a sink of corruption.* ◆ SALETÉ. Etre un cloaque, *to be like sewer.*

clochard ◆ ASOCIABILITÉ. Vivre en clochard, *to live like a tramp.*

cloche ◆ ALIMENTATION. Se taper la cloche (Fam.), *to have a good tuck-in.* ◆ BÊTISE. Etre cloche (Fam.), *to be stupid.* ◆ FUITE. Déménager à la cloche de bois, *to do a moonlight flit.* ◆ INFORMATION. N'entendre qu'une cloche, *to hear only one side of the story.* ◆ RÉPRIMANDE. Sonner les cloches à qqn, *to haul s.o. over the coals.* ‖ Se faire sonner les cloches (Fam.), *to catch it.*
→ **son.**

cloche-pied ◆ JEUX D'ENFANT. Sauter à cloche-pied, *to hop.*

1. clocher → **coq, politique.**

2. clocher ◆ DÉFECTUOSITÉ. Y avoir qqch. qui cloche, *there [to be] sth. wrong* (Gramm.).

cloison ◆ SÉPARATION. Établir des cloisons étanches, *to make watertight compartments.*

clopin-clopant ◆ MARCHE. Aller clopin-clopant, *to hobble along.*

clos ◆ NOTARIAT. Assurer le clos et le couvert à un locataire, *to maintain a tenant's accommodation in habitable repair.*

clôture ◆ ADMINISTRATION. Prononcer la clôture, *to declare the closure.* ◆ RELIGION. Violer la clôture, *to violate the precincts.*

clou ◆ APOGÉE. Etre le clou de la fête, *to be the high spot.* ◆ DISCUSSION. River son clou à qqn (Fam.), *to argue s.o. into the ground.* ◆ EMPRUNT. Mettre qqch. au clou (Fam.), *to pawn sth.* ◆ MARCHE. Traverser dans les clous, *to use the pedestrian crossing.* ◆ NON-VALEUR. Ne pas valoir un clou (Fam.), *not to be worth a ha'penny.* ◆ POIDS. Etre maigre comme un clou (Fam.), *to be as thin as a lath.* ◆ RÉPÉTITION. Enfoncer le clou (Fam.), *to hammer it in.* ◆ TRAVAUX MANUELS. Arracher un clou, *to pull out a nail.* ‖ Enfoncer (planter) un clou, *to drive (to hammer) in a nail.*

clown ◆ AFFECTATION. Faire le clown, *to play the fool.*
→ **bille.**

club → **partie.**

cobaye ◆ EXPÉRIMENTATION. Servir de cobaye, *to be a guinea-pig.*

cocagne → **pays.**

cocarde ◆ IVRESSE. Taper sur la cocarde (Fam.), *to go to s.o.'s head.*

1. coche ◆ ÉCHEC. Manquer (louper, rater [Fam.]) le coche, *to miss the boat.*
→ **mouche.**

2. coche ◆ MARQUE. Faire une coche, *to make a notch.*

cochon ◆ COMPLICITÉ. Etre copains comme cochons (Pop.), *to be buddies.* ◆ DÉDAIN. N'avoir pas gardé les cochons ensemble (Fam.), *not to have been at Borstal together.* ◆ PAIEMENT. Etre un cochon de payant (Fam.), *to be the mug who pays.* ◆ SABOTAGE. Travailler comme un cochon (Fam.), *to make a mess of it.* ◆ SALETÉ. Etre sale comme un cochon (Fam.), *to be a dirty pig.* ‖ Manger comme un cochon (Fam.), *to eat like a pig.*
→ **ami, caractère, lard, tour.**

cochonnerie ◆ GAULOISERIE. Dire des cochonneries (Pop.), *to tell dirty stories.* ◆ TOUR. Faire une cochonnerie à qqn (Pop.), *to play a dirty trick on s.o.*

coco ◆ ALIMENTATION. Se garnir (se remplir) le coco (Fam.), *to fill o.'s breadbasket.* ◆ FOLIE. Avoir le coco fêlé (Pop.), *to be cracked.* ◆ PERSONNALITÉ. Etre un drôle de coco (Fam.), *to be a queer stick.*

cocotier ◆ ÉLIMINATION. Faire monter qqn au cocotier, *to give s.o. the bounce.* ‖ Secouer le cocotier, *to shake the branch.*

cocotte ◆ JEUX D'ENFANT. Faire des cocottes, *to make paper darts.*

cocu ◆ ADULTÈRE. Etre cocu et content (Pop.), *to be a complaisant husband.*
→ **veine.**

code ◆ AUTOMOBILE. Se mettre en code, *to dip o.'s lights.* ‖ Violer le Code de la route, *to infringe the Highway Code.* ◆ LÉGALITÉ. Connaître (respecter) le code, *to know (to observe) the law.* ‖ Etre dans le code, *to be part of the law.*

codicille ◆ NOTARIAT. Ajouter un codicille, *to add a codicil.*

coefficient ◆ MATHÉMATIQUES. Etre affecté du coefficient 2, *to be multiplied by the factor 2.*

cœur 1. AFFECTATION. Porter le cœur en écharpe, *to wear o.'s heart on o.'s sleeve.* — 2. ALIMENTATION. Dîner par cœur, *to go hungry.* — 3. AMOUR. Aimer de tout son cœur, *to love with all o.'s heart.* ‖ Avoir un cœur d'artichaut (Fam.), *to be highly susceptible.* ‖ Avoir le cœur plein de qqn, *to be much taken with s.o.* ‖ Donner son cœur à qqn, *to give s.o. o.'s heart.* — 4. ANTI-PATHIE. Ne pas porter qqn dans son cœur (Fam.), *not to have much over for s.o.* [V. 44.] — 5. ARDEUR. Avoir du cœur à l'ouvrage, *to work with a will.* ‖ Y aller de bon cœur, *to go to it with a will.* ‖ Y mettre tout son cœur, *to put o.'s heart and soul with it.* — 6. BONNE VOLONTÉ. Agir de bon cœur, *to act willingly.* — 7. CENTRE. Etre au cœur de qqch., *to be at the heart of sth.* — 8. CERTITUDE. En avoir le cœur net, *to get to the bottom of it.* — 9. COMPASSION. Etre de cœur avec qqn, *to sympathize deeply with s.o.* — 10. CONFIDENCE. Décharger son cœur, *to unbosom o.s.* ‖ Découvrir son cœur, *to lay bare o.'s innermost feelings.* ‖ Épancher (débonder, vider [Fam.]) son cœur, *to get it off o.'s chest.* ‖ Ouvrir son cœur, *to open o.'s heart.* ‖ Parler à cœur ouvert, *to speak openly.* ‖ Parler cœur à cœur avec qqn, *to have a heart-to-heart talk with s.o.* — 11. CONTENTEMENT. Avoir (se sentir) le cœur gai (léger), *to be (to feel) light-hearted.* ‖ Dilater (épanouir) le cœur de qqn, *to make s.o.'s heart swell.* ‖ Réjouir le cœur, *to gladden the heart.* — 12. CONTRARIÉTÉ. Faire mal au cœur à qqn, *to make s.o. sick.* — 13. COURAGE. Avoir le cœur bien placé, *to be stouthearted.* — 14. DÉCONVENUE. En avoir gros sur le cœur (Fam.), *to be cut to the quick.* — 15. DÉGOÛT. Soulever le cœur, *to turn s.o.'s stomach.* — 16. ÉCOLE. Apprendre (savoir) par cœur, *to learn (to know) by heart.* — 17. ÉMOTION. Aller droit au cœur, *to go straight to the heart.* ‖ Faire battre le cœur de qqn, *to make s.o.'s heart beat.* — 18. ENCOURAGEMENT. Donner du cœur au ventre à qqn (Fam.), *to put a bit of spunk into s.o.* — 19. ENDUR-CISSEMENT. Déssécher le cœur de qqn, *to dry s.o. up.* ‖ S'endurcir le cœur, *to harden o.'s heart.* — 20. ÉPANCHEMENTS. Presser (serrer) qqn sur son cœur, *to clasp s.o. to o.'s heart.* — 21. ESSENTIEL. Arriver au cœur du problème, *to reach the heart of the matter.* — 22. FRANCHISE. Dire ce qu'on a sur le cœur (Fam.), *to say what is eating o.* — 23. GALANTERIE. Faire le joli cœur (Fam.), *to act the lady's man.* — 24. GÉNÉROSITÉ. Avoir bon cœur, *to be kind-hearted.* ‖ Avoir le cœur au bon endroit, *to have o.'s heart in the right place.* ‖ Avoir un cœur d'or, *to have a heart of gold.* ‖ Avoir le cœur sur la main,

to be the soul of generosity. — 25. IMPASSI-BILITÉ. Avoir le cœur bien accroché (Fam.), *to have a strong stomach.* — 26. INDIGNATION. Avoir le cœur ulcéré, *to feel embittered.* — 27. INNOCENCE. Avoir le cœur pur, *to be pure in heart.* — 28. INSEN-SIBILITÉ. Avoir un cœur de pierre (Fam.), *to be stony-hearted.* ‖ Manquer de cœur, *to lack humanity.* — 29. INTÉRÊT. Avoir à cœur de faire qqch., *to have set o.'s heart on doing sth.* ‖ Prendre qqch. à cœur, *to take sth. to heart.* ‖ Tenir à cœur à qqn, *to be something s.o.'s heart is set on.* — 30. INTROSPECTION. Interroger son cœur, *to look into o.'s heart.* — 31. MÉDECINE. Opérer à cœur ouvert, *to carry out an open-heart operation.* — 32. PEINE. Arracher le cœur à qqn, *to tear s.o. asunder.* ‖ Avoir le cœur gros, *to be heavy-hearted.* ‖ Avoir le cœur serré, *to feel a tightness round o.'s heart.* ‖ Briser (crever) le cœur de qqn, *to break s.o.'s heart.* ‖ Fendre (déchirer) le cœur de qqn, *to tear s.o.'s heart out.* ‖ Glacer le cœur, *to chill the heart.* ‖ Percer (transpercer) le cœur de qqn, *to pierce s.o. (to wound s.o.) to the heart.* ‖ Peser sur le cœur de qqn, *to prey on s.o.'s mind.* ‖ Serrer le cœur de qqn, *to wring s.o.'s heart.* ‖ Tourner sur le cœur à qqn (Fam.), *to upset s.o* [V. 39.] — 33. PHYSIONOMIE. Etre beau comme un cœur (Fam.), *to be as pretty as a picture.* — 34. RANCUNE. Avoir (garder) qqch. sur le cœur, *to fret about sth.* ‖ Rester sur le cœur, *to rankle in s.o.'s mind.* — 35. RÉCONFORT. Réchauffer le cœur de qqn, *to warm s.o.'s heart.* ‖ Remettre le cœur en place (Fam.), *to help keep the cold out.* — 36. RÉJOUISSANCE. S'en donner à cœur joie, *to enjoy o.s. thoroughly.* — 37. RIRE. Rire de bon cœur, *to laugh heartily.* — 38. RUPTURE. Bannir qqn de son cœur, *to banish s.o. from o.'s heart.* ‖ Fermer son cœur à qqn (qqch.), *to steel o.'s heart against s.o. (sth.).* — 39. SANTÉ. Avoir le cœur barbouillé (Fam.), *to be squeamish.* ‖ Porter au cœur, *to turn s.o.'s stomach.* ‖ Tourner sur le cœur de qqn, *to upset s.o.* [V. 32.] — 40. SÉDUCTION. Attirer (conquérir, subjuguer) tous les cœurs, *to captivate (to conquer, to win over) all hearts.* ‖ Gagner le cœur de qqn, *to win s.o.'s heart.* — 41. SENSIBILITÉ. Avoir le cœur sensible (tendre), *to be soft-hearted (tender-hearted).* — 42. SOLLICITATION.

En appeler au cœur de qqn, *to appeal to s.o.'s generosity.* ‖ Fléchir (désarmer, toucher) le cœur de qqn, *to sway (to win over, to touch) s.o.'s heart.* ‖ S'adresser (parler) au cœur, *to appeal to the emotions.* — 43. SPONTANÉITÉ. Venir (partir, sortir) du cœur, *to come (to come straight) from the heart.* — 44. SYMPATHIE. Porter qqn dans son cœur, *to think a lot of s.o.* [V. 4.] — 45. TEMPS. Etre au cœur de l'hiver, *to be in the depth of winter.* — 46. TRISTESSE. Ne pas avoir le cœur à rire, *to be in no mood for laughing.*

→ abondance, affaire, ami, battement, baume, bourreau, chemin, fortune, gaieté, mol, peine, pincement, poignard, politesse, rage, rein, serrement, voix.

coffre ◆ CHANT. Avoir du coffre (Fam.), *to have a deep-resonant voice* ◆ SANTÉ. Avoir un bon coffre (Fam.), *to have a sound wind.*

coffrer ◆ INCULPÉ. Se faire coffrer (Fam.), *to get put away.*

cognée ◆ ENTREPRISE. Mettre la cognée à l'arbre, *to set to work.*

cohue ◆ FOULE. Se trouver dans la cohue, *to be caught in the rush.*

coi ◆ SILENCE. Rester coi, *to remain dumb.* ◆ TRANQUILLITÉ. Se tenir coi, *to keep quiet.*

coiffe ◆ CHANCE. Etre né coiffé, *to be born lucky.* ◆ PENCHANT. Etre coiffé de qqn (Fam.), *to be sweet on s.o.*

coiffure ◆ COIFFURE. Changer de coiffure, *to change o.'s hair-style.*

coin 1. COMPÉTENCE. Connaître qqch. dans les coins, *to know all the ins and outs of sth.* [V. 11.] — 2. DÉLAISSEMENT. Mourir au coin d'un bois (Fam.), *to die forsaken.* — 3. FRÉQUENCE. Se trouver à tous les coins de rue (Fam.), *to be thick on the ground.* — 4. HYGIÈNE. Aller au petit coin (Fam.), *to pay a call.* — 5. JEUX D'ENFANT. Jouer aux quatre coins, *to play puss in the corner.* — 6. LOCALISATION. Faire le coin, *to be (to stand) on the corner.* ‖ Habiter dans un coin perdu, *to live in the middle of nowhere.* — 7. ORIGINE. Venir des quatre coins du globe, *to come from every corner of the globe.* — 8. RECHERCHE. Chercher qqch. dans tous les coins, *to look for sth. everywhere.* — 9. REGARD. Lorgner qqch. du coin de l'œil, *to steal a sidelong look at sth.* [V. 14.] — 10. RÉVÉLATION. Lever un coin du voile, *to*

unearth some of the mystery. — 11. RUSE. La connaître dans tous les coins (Fam.), *to know all the dodges.* [V. 1.] — 12. SÉDENTARISME. Ne pas quitter le coin du feu, *not to budge from o.'s fireside.* — 13. STUPÉFACTION. En boucher un coin à qqn (Fam.), *to make s.o. sit up and take notice.* — 14. SURVEILLANCE. Surveiller qqch. du coin de l'œil, *to watch sth. out of the corner of o.'s eye.* [V. 9.] — 15. TRANSPORTS. Retenir un coin fenêtre (couloir), *to reserve a corner-seat near the window (near the corridor).* — 16. VOIES DE FAIT. Prendre qqch. sur le coin de la figure (Fam.), *to get o.'s block knocked off.*

coing ◆ COULEUR. Etre jaune comme un coing (Fam.), *to be quince-coloured.*

col ◆ MÉDECINE. Se fracturer (se casser) le col du fémur, *to fracture (to break) o.'s hip.* ◆ PRÉTENTION. Se pousser du col (Fam.), *to strut about.*

colère ◆ APAISEMENT. Apaiser (calmer, désarmer) la colère de qqn, *to soothe (to calm, to quieten) s.o.'s anger.* ‖ Cuver sa colère, *to simmer down.* ◆ COLÈRE. Bondir de colère, *to burst into a rage.* ‖ Bouillir (fumer, frémir, trembler) de colère, *to seethe, (to fume, to tremble, to shake) with rage.* ‖ Décharger (laisser exploser) sa colère, *to give full vent to o.'s anger.* ‖ Écumer de colère, *to foam at the mouth.* ‖ Etre blême (fumant) de colère, *to be livid (fuming) with rage.* ‖ Etre en colère, *to be angry.* ‖ Exploser (étouffer, s'étrangler, suffoquer; rugir) de colère, *to explode (to choke; to roar) with anger.* ‖ Faire une colère, *to have a tantrum.* ‖ Piquer une colère (Fam.), *to fly into a rage.* ‖ Prendre une colère à froid, *to go into a cold fury.* ‖ S'abandonner à la colère, *to give way to anger.* ‖ Se laisser emporter par la colère, *to let o.'s temper get the better of o.* ‖ Se mettre dans une colère bleue (folle) [Fam.], *to get into a blind rage.* ‖ Trépigner de colère, *to stamp with rage.* ◆ DÉRIVATIF. Détourner la colère de qqn, *to divert s.o.'s anger.* ‖ Passer sa colère sur qqn, *to vent o.'s anger on s.o.* ◆ EXCITATION. Allumer (attiser, exciter; provoquer, soulever) la colère de qqn, *to arouse (to stir up, to excite; to provoke) s.o.'s anger.* ◆ IMPATIENCE. Etre prompt à la colère, *to be quick-tempered.* ◆ MAÎTRISE DE SOI. Étouffer (refouler, rentrer, comprimer, modérer, réfréner, réprimer) sa colère,

to stifle (to stem, to swallow, to restrain, to curb) o.'s anger. ‖ Maîtriser (mater, dompter) sa colère, to keep o.'s temper under control.
→ accès, coup, cours, geste.

colibacille ◆ SANTÉ. Avoir des colibacilles, to suffer from colon bacillus.

colin-maillard ◆ DIVERTISSEMENT. Jouer à colin-maillard, to play blind man's buff.

colin-tampon ◆ INDIFFÉRENCE. S'en moquer comme de colin-tampon (Fam.), not to care tuppence about it.

colique ◆ APPRÉHENSION. En avoir la colique (Pop.), to have butterflies (in o.'s stomach). ◆ PEUR. Donner (flanquer) la colique (Pop.), to give the jitters. ◆ SANTÉ. Avoir des coliques, to have colic. ‖ Avoir la colique (Fam.), to have a belly-ache. ‖ Donner la colique à qqn, to give s.o. a belly-ache.

colis ◆ TRANSPORTS. Acheminer (expédier; retirer) un colis, to dispatch (to send; to collect) a parcel.

collaboration ◆ COLLABORATION. Apporter sa collaboration à qqn (à qqch.), to collaborate with s.o. (in sth.). ◆ POLITIQUE. Etre accusé de collaboration, to be accused of collaboration.

collation ◆ ALIMENTATION. Prendre une collation, to have a light meal.

colle ◆ ÉCOLE. Donner une colle à un élève, to put a pupil in detention. ‖ Faire une colle, to be in detention. ‖ Passer une colle, to do a test. ‖ Poser une colle. to ask a sticky question.

collecte ◆ LIBÉRALITÉ. Faire (organiser. participer à) une collecte. to make (to organize, to help in) a collection.

collection ◆ ART. Faire collection de qqch., to collect sth. ◆ SIMILITUDE. Ne pas déparer la collection (Fam.), to be no better than the rest.

collectivité ◆ UTILITÉ. Etre utile à la collectivité, to be of use to the community.

collège ◆ PÉDANTISME. Sentir le collège, to make s.o. think of school.

collet ◆ FAITS ET GESTES. Saisir qqn au collet, to grab s.o. by the scruff of the neck. ◆ FORMALISME. Etre collet monté, to be very prim and proper.
→ main.

collier ◆ RONDEUR. Etre franc du collier (Fam.), to hit straight from the shoulder.

◆ TRAVAIL. Reprendre le collier (Fam.), to get back into harness.
→ coup.

collision ◆ ACCIDENT. Entrer en collision avec qqch., to collide with sth. ◆ DÉSACCORD. Entrer en collision (Fig.), to clash.

colloque ◆ DISCUSSION. Organiser (participer à) un colloque, to organize (to participate in) a symposium.

colonie ◆ ÉCOLE. Faire une colonie de vacances, to run a summer camp. ◆ POLITIQUE. Émanciper une colonie, to give a colony its independence.

colonne ◆ SANTÉ. Se rompre (se casser) la colonne vertébrale, to break o.'s spine.

colosse ◆ FORCE. Etre un colosse, to be a colossus. ◆ PRÉCARITÉ. Etre un colosse aux pieds d'argile, to have (to be an idol with) feet of clay.

coma ◆ SANTÉ. Entrer (tomber) dans le coma, to go (to sink) into a coma.

combat 1. MILITAIRE. Marcher (aller) au combat, to take the field. ‖ Cesser (éviter, fuir) le combat, to cease (to avoid) fighting. [V. 2.] ‖ Engager le combat, to join battle. ‖ Faire cesser le combat, to put an end to hostilities. ‖ Livrer un combat, to give battle. ‖ Mener (soutenir) le combat, to lead (to keep up) the fighting. − 2. SPORTS. Arrêter le combat, to stop the fight. ‖ Cesser le combat, to stop fighting. [V. 1.] ‖ Reprendre le combat, to rally.

combattant ◆ INTERMÉDIAIRE. Séparer les combattants, to break up a fight.

combinaison ◆ FAITS ET GESTES. Faire la combinaison d'un coffre-fort, to dial the combinaison of a safe. ◆ MOYEN. Épuiser les combinaisons, to exhaust all possibilities. ‖ Faire une combinaison, to work something out.

combine ◆ DÉSACCORD. Ne pas marcher dans la combine (Fam.), to keep well out of it. ◆ HABILETÉ. Connaître (trouver) une combine (Fam.), to have (to find) a system. ◆ RUSE. Connaître la combine (Fam.), to be an artful dodger.

comble ◆ APOGÉE. Porter qqch. à son comble, to raise sth. to a peak. ◆ COMBLE. Arriver à son comble, to reach its climax. ‖ Etre le comble, to cap all. ◆ ÉNERVEMENT. Etre au comble de l'exaspération, to be at the peak of exasperation. ◆ MAISON. Loger sous les combles, to live

in a garret. ◆ RIDICULE. Etre le comble du ridicule, *to be the height of ridicule.*
→ **fond.**

comédie ◆ EXAGÉRATION. Faire toute une comédie, *to pile on the agony.* ◆ FAUX-SEMBLANT. Etre de la pure comédie, *to be all put on.* ‖ Jouer la comédie (Fam.), *to put on an act.*
→ **sociétaire.**

comète → **plan.**

comique ◆ RIDICULE. Etre du plus haut comique, *to be high comedy.*

comité ◆ GROUPEMENT. Se réunir en petit comité, *to hold a select gathering.* ◆ HOSPITALITÉ. Dîner en petit comité, *to hold a small dinner-party.* ◆ SYNDICALISME. Constituer un comité de grève, *to form a strike committee.*
→ **partie.**

commande ◆ CHEF. Prendre (tenir) les commandes, *to take (to hold) the reins.* ◆ COMMERCE. Décrocher (prendre, recevoir) une commande, *to wangle (to take; to receive) an order.* ‖ Passer commande à qqn, *to place an order with s.o.* ◆ LITTÉRATURE. Écrire sur commande, *to write to order.*
→ **levier, poste, sourire, suite.**

commandement ◆ DISCIPLINE. Obéir au commandement, *to obey promptly.* ◆ RELIGION. Observer (violer) les commandements, *to keep (to break) the Commandments.*

comme ◆ SIMILITUDE. Etre tout comme (Fam.), *to be as good as.*

commencement ◆ DÉBUT. Commencer par le commencement, *to begin at the beginning.* ‖ Etre le commencement de la fin, *to be the beginning of the end.* ‖ Y avoir un commencement à tout, *there [to be] a beginning to everything* (Gramm.).

comment → **pourquoi.**

commentaire ◆ BAVARDAGE. Faire des commentaires sur qqn (qqch.), *to comment on s.o. (sth.).* ◆ CRITIQUE. Prêter à commentaires, *to cause talk.* ◆ ÉVIDENCE. Se passer de commentaires, *to speak for itself.* ◆ LITTÉRATURE. Faire le commentaire d'un texte, *to comment on a text.* ◆ SILENCE. S'abstenir de tout commentaire, *to refuse to comment.*

commérage ◆ COMMÉRAGE. Faire des commérages, *to gossip.*

commerçant ◆ COMMERCE. Etre très commerçant, *to have a good way with customers* (personne); *to be full of shops* (quartier).
→ **ardoise, compte.**

commerce 1. ACCUEIL. Etre d'un commerce agréable, *to be pleasant to deal with.* − 2. COMMERCE. Arrêter (freiner; développer) le commerce, *to stop (to interfere with; to develop) trade.* ‖ Etre dans le commerce (marchandise), *to be on the market.* [V. 3.] ‖ Faire marcher le commerce, *to be good for business.* ‖ Mettre qqch. dans le commerce, *to put sth. on the market.* ‖ Tenir un commerce, *to run a shop.* − 3. MÉTIER. Etre dans le commerce (personne), *to be in trade.* [V. 2.] − 4. MILITAIRE. Entretenir commerce avec l'ennemi, *to be in communication with the enemy.*
→ **fonds.**

commère ◆ COMMÉRAGE. Etre une vraie commère, *to be a terrible gossip.*

commis ◆ FONCTIONS. Etre un grand commis de l'État, *to be a higher civil servant.*

commisération ◆ COMPASSION. Éprouver de la commisération pour qqn, *to take pity on s.o.* ‖ Témoigner de la commisération à qqn, *to commiserate with s.o.*

commission ◆ COMMERCE. Donner (toucher) une commission, *to give (to receive) commission.* ◆ GROUPEMENT. Se constituer en commission, *to form themselves into a commission.* ◆ INTERMÉDIAIRE. Charger qqn d'une commission, *to give s.o. a message.* ‖ Faire une commission de la part de qqn, *to give a message from s.o.* ◆ MÉNAGE. Faire les commissions, *to do the shopping.*

commode ◆ ABUS. Etre (vraiment) trop commode (Fam.), *to be a bit much.* ◆ CARACTÈRE. Ne pas être commode (Fam.), *not to be easy to get on with.*

commodité ◆ INCONFORT. Manquer de commodités, *to lack conveniences.*

commotion ◆ SANTÉ. Recevoir une commotion, *to get concussion.*

commun ◆ COLLABORATION. Agir en commun, *to co-operate.* ◆ PARTAGE. Mettre en commun, *to pool.*
→ **rien.**

communauté ◆ PARTAGE. Vivre en communauté, *to live communally.*
→ **régime.**

communication ◆ INFORMATION. Recevoir qqch. en communication, *to receive sth. for information.* ◆ TÉLÉPHONE. Couper la communication, *to disconnect* (poste); *to ring off* (usager). ‖ Donner (établir) la communication, *to put through (to connect) the call.* ‖ Prendre la communication, *to take the call.*

communion ◆ ACCORD. Etre en communion d'idées avec qqn, *to be intellectually in harmony with s.o.* ◆ RELIGION. Donner (recevoir) la communion, *to give (to take) communion.* ‖ Faire sa première communion, *to take o.'s first communion.*

communiqué ◆ INFORMATION. Donner un communiqué, *to issue a communiqué.* ◆ PRESSE. Donner un communiqué, *to issue a press release.*

commutation ◆ INCULPÉ. Obtenir une commutation de peine, *to have o.'s sentence commuted.*

compagnie ◆ ACCUEIL. Apprécier (se plaire en) la compagnie de qqn, *to appreciate (to enjoy) s.o.'s company.* ‖ Etre de bonne compagnie, *to be good company.* ◆ FUITE. Fausser compagnie à qqn, *to slip away from s.o.* ◆ RÉJOUISSANCE. Etre en joyeuse compagnie, *to be in merry company.* ◆ SOCIABILITÉ. Aimer la compagnie, *to like compagny.* ◆ SOLLICITUDE. Tenir compagnie à qqn, *to keep s.o. company.*

compagnon → compère, pair.

comparaison ◆ COMPARAISON. Établir une comparaison, *to draw a parallel.* ‖ Faire la comparaison, *to compare.* ‖ Soutenir la comparaison, *to bear comparison.* ◆ CRITÈRE DE JUGEMENT. Juger par comparaison, *to judge in comparison.*

comparaître ◆ INCULPÉ. Etre appelé à comparaître, *to be summoned to appear.*

comparse ◆ INFÉRIORITÉ. N'être qu'un comparse, *to be only a stooge.*
→ rôle.

compartiment ◆ CHEMIN DE FER. Occuper un compartiment de fumeurs, *to occupy a smoking compartment.*

compas ◆ EXACTITUDE. Avoir le compas dans l'œil (Fam.), *can gauge things at a glance* (Gramm.). ◆ MARCHE. Allonger (écarter) le compas (Fam.), *to have seven-league boots on.* ◆ TAILLE. Avoir le compas ouvert (un bon compas) [Fam.], *to have a long stride.*
→ règle.

compassion ◆ COMPASSION. Éprouver de la compassion pour qqn, *to feel sorry for s.o.* ‖ Etre touché de compassion pour qqn, *to feel compassionate towards s.o.* ‖ Etre digne de compassion, *to be deserving of compassion.* ‖ Exciter (inspirer) la compassion, *to arouse (to kindle) compassion.*

compensation ◆ ÉQUILIBRE. Avoir des compensations, *to have compensations.* ‖ Faire compensation, *to make up for it.*

compère ◆ COMPLICITÉ. Etre compère et compagnon (Fam.), *to be hand in glove.* ◆ FAMILIARITÉ. Etre compère et compagnon avec tout le monde (Fam.), *to be hail-fellow-well-met with everyone.* ◆ GAIETÉ. Etre un joyeux compère, *to be a jolly fellow.*

compétence ◆ COMPÉTENCE. Entrer dans les compétences de qqn, *to be within s.o.'s capabilities.* ‖ Étendre sa compétence, *to enlarge o.'s scope.* ‖ Exploiter (utiliser) les compétences de qqn, *to make use of s.o.'s talents.* ◆ INCOMPÉTENCE. Dépasser (sortir de) la compétence de qqn, *to be outside s.o.'s capabilities.* ‖ Etre au-delà des compétences de qqn, *to be beyond s.o.'s capabilities.* ‖ Manquer de compétence, *to be incompetent.*

compétition ◆ COMPÉTITION. Entrer en compétition avec qqn, *to enter into competition with s.o.* ◆ SPORTS. Disputer une compétition, *to compete in a fixture.*

compilation ◆ ÉTUDE. Faire une compilation, *to compile a collection.*

complaisance ◆ ABUS. Abuser de la complaisance de qqn, *to take advantage of s.o.'s willingness.* ◆ FAVORITISME. Avoir des complaisances pour qqn, *to make special allowances for s.o.* ◆ GENTILLESSE. Avoir la complaisance de faire qqch., *to be kind enough to do sth.* ‖ Manifester (montrer, témoigner) de la complaisance, *to be obliging.*

complet 1. COMBLE. Etre complet (Fam.), *to be the finishing touch.* [V. 3.] — 2. NOMBRE. Etre présents au grand complet, *to have turned out in full force.* — 3. TRANSPORTS. Etre complet, *to be full (up).* [V. 1.]

complexe ◆ PSYCHOLOGIE. Avoir des

complexes, *to have complexes.* ‖ Donner des complexes à qqn, *to give s.o. complexes.* ‖ Libérer (liquider [Fam.]) ses complexes, *to get rid of o.'s complexes.* ‖ Souffrir d'un complexe de supériorité (d'infériorité), *to suffer from a superiority (an inferiority) complex.*

complication ◆ COMPLICATION. Aimer (chercher) les complications, *to enjoy (to look for) complications.* ‖ Créer des complications, *to make things complicated.* ‖ Redouter (fuir) les complications, *to dread (to shun) complications.* ◆ SANTÉ. Faire des complications, *to meet with complications.*
→ **génie.**

complicité ◆ COMPLICITÉ. Acheter la complicité de qqn, *to pay for s.o.'s collusion.* ‖ Etre de complicité avec qqn, *to be in collusion with s.o.*

compliment 1. CIVILITÉ. Échanger des compliments, *to exchange mutual compliments.* ‖ Faire compliment à qqn de qqch., *to compliment s.o. on sth.* ‖ Faire les compliments d'usage, *to say the usual complimentary things.* ‖ Faire (présenter) ses compliments à qqn, *to pay (to present) o.'s compliments to s.o.* [V. 7.] ‖ Tourner un compliment, *to phrase a compliment.* ‖ Y aller de son compliment, *to manage to pay a compliment.* – 2. ÉLOGE. Décocher un compliment à qqn, *to praise s.o. straight off.* ‖ Se montrer prodigue de compliments, *to be lavish with o.'s praise.* – 3. EXIGENCE. Etre avare (chiche) de compliments, *to be sparing in o.'s praise.* – 4. GALANTERIE. Débiter (réciter) son compliment, *to deliver o.'s compliment.* – 5. MODESTIE. Fuir (redouter) les compliments, *to fight shy of compliments.* – 6. RÉPONSE. Retourner à qqn son compliment (Fam.), *to give as good as o. gets.* – 7. RÉPRIMANDE. Faire ses compliments à qqn (Fam.), *not to know how s.o. manages it.* [V. 1.] – 8. SILENCE. Rengainer son compliment (Fam.), *to keep it for another occasion.* – 9. VANITÉ. Chercher (quêter) les compliments, *to fish for compliments.*
→ **veine.**

complot ◆ COMPLICITÉ. Entrer dans un complot, *to take part in a plot.* ‖ Mettre qqn dans le complot, *to bring s.o. in on the plot.* ‖ Tremper dans un complot, *to have a hand in a plot.* ◆ INTRIGUE. Faire (former, machiner, monter, ourdir, tramer) un complot, *to lay (to hatch, to make up, to weave) a plot.* ◆ RÉVÉLATION. Déjouer (découvrir, dévoiler, divulguer) un complot, *to foil (to discover, to reveal, to betray) a plot.*
→ **âme.**

comportement ◆ COMPORTEMENT. Adopter un comportement, *to adopt a style of behaviour.* ◆ IMITATION. Calquer son comportement sur celui de qqn, *to take a leaf out of s.o.'s book.*

composition ◆ ACCOMMODEMENT. Etre de bonne composition, *to be most accommodating.* ◆ CONCESSION. Amener (venir) à composition, *to bring (to come) to terms.* ◆ CUISINE. Entrer dans la composition de qqch., *to be an ingredient of sth.* ◆ ÉCOLE. Faire une composition, *to have a term exam.*

compote ◆ VOIES DE FAIT. Etre réduit en compote (Fam.), *to be bashed to a pulp.* ‖ Mettre (réduire) qqn en compote (Fam.), *to bash s.o. to a pulp.*
→ **pied.**

compréhension ◆ BONTÉ. Etre plein de compréhension, *to be full of understanding.* ‖ Montrer de la compréhension pour qqn, *to be understanding towards s.o.* ◆ HERMÉTISME. Dépasser la compréhension de qqn, *to be beyond s.o.'s comprehension.*

comprendre ◆ EXPRESSION. Savoir se faire comprendre, *to know how to get o.'s meaning across* ◆ HERMÉTISME. Etre à n'y rien comprendre, *to be very puzzling.* ◆ INDIFFÉRENCE. Ne pas chercher à comprendre, *not to bother to try and understand.* ◆ RÉSIGNATION. Renoncer à comprendre, *to give up trying to understand.*

comprenette ◆ BÊTISE. Avoir la comprenette difficile (Fam.), *to be a bit slow on the uptake.*

compresse ◆ MÉDECINE. Appliquer (mettre) une compresse, *to apply (to put) a compress.*

compression ◆ ADMINISTRATION. Opérer une compression de personnel, *to cut down on staff.* ◆ FINANCES. Opérer une compression des dépenses, *to cut down on expenses.*

comprimé ◆ SANTÉ. Prendre un comprimé, *to take a tablet.*

compromis ◆ COMPROMIS. Accepter (consentir à) un compromis, *to accept (to* *agree to) a compromise.* ‖ Obtenir (parvenir à, passer) un compromis, *to achieve (to reach, to come to) a compromise.*

comptabilité ◆ FINANCES. Tenir la comptabilité, *to do the book-keeping.*

comptant ◆ COMMERCE. Acheter (vendre) comptant, *to buy (to sell) cash down.* ◆ PAIEMENT. Payer (régler) comptant, *to pay cash.*

compte 1. ABANDON. Laisser qqch. pour compte, *to set sth. aside.* — 2. APPRÉCIATION. Tenir compte des circonstances, *to make allowances.* — 3. ASTRONAUTIQUE. Faire le compte à rebours, *to carry out the countdown.* — 4. AUTONOMIE. N'avoir de compte à rendre à personne, *to be answerable to no one.* — 5. CÉLIBAT. Etre laissé pour compte, *to be left on the shelf.* — 6. CHANCE. S'en tirer (en être quitte) à bon compte, *to get off cheaply.* — 7. COMMERCE. Avoir un compte chez un commerçant, *to have an account at a shop.* ‖ Mettre qqch. sur le compte de qqn, *to charge sth. to s.o.* [V. 26.] ‖ Se mettre (s'établir, s'installer) à son compte, *to set up on o.'s own.* — 8. CRIME. Régler son compte à qqn, *to liquidate s.o.* [V. 25.] — 9. DÉPENDANCE. Devoir des comptes à qqn, *to be answerable to s.o.* — 10. DÉSACCORD. Avoir un compte à régler avec qqn, *to have a bone to pick with s.o.* — 11. DISCERNEMENT. Etre édifié (éclairé, renseigné) sur le compte de qqn, *to have got s.o.'s number.* ‖ Savoir à quoi s'en tenir sur le compte de qqn, *to know just what s.o. is worth.* ‖ Se rendre compte de qqch., *to realize sth.* — 12. EXIGENCE. Demander des comptes à qqn, *to call s.o. to account.* — 13. EXTORSION. Faire des comptes d'apothicaire (Fam.), *to make out exorbitant bills.* [V. 21.] — 14. FINANCES. Alimenter (approvisionner) son compte, *to pay money into o.'s account.* ‖ Arrêter (établir, ouvrir) un compte, *to rule off (to make out, to open) an account.* ‖ Avoir un compte chèque postal (C.C.P.), *to have a giro account.* ‖ Bloquer un compte en banque, *to stop payment from a bank account.* ‖ Débiter (liquider) un compte, *to debit (to clear) an account.* ‖ Éplucher des comptes, *to go through the books with a fine tooth comb.* ‖ Etre en compte avec qqn, *to owe s.o. money.* ‖ Faire cadrer les comptes, *to make the books square up.* ‖ Passer en compte, *to enter into the*

accounts. ‖ Rendre compte de sa gestion, *to render account of o.'s management.* ‖ Tenir les comptes, *to keep the accounts.* ‖ Vérifier les comptes, *to audit the books.* — 15. INDIVIDUALISME. Agir pour son compte, *to act on o.'s own account.* — 16. INFÉRIORITÉ. Etre loin de (du) compte, *to be wide of the mark.* — 17. IVRESSE. Avoir son compte (Fam.), *to have had a skinful.* [V. 28.] — 18. JUSTIFICATION. Rendre des comptes, *to explain o.s.* — 19. LITTÉRATURE. Faire un compte rendu, *to write a review.* — 20. MATHÉMATIQUES. Faire un compte rond, *to make a round figure.* — 21. MESQUINERIE. Faire des comptes d'apothicaire, *to count up every petty sum.* [V. 13.] — 22. NÉGLIGENCE. Ne tenir aucun compte de qqch. (qqn), *to ignore sth. (s.o.) completely.* — 23. PROFIT. Y trouver son compte, *to get something out of it.* — 24. QUERELLE. Régler de vieux comptes, *to settle old accounts.* — 25. RENVOI. Recevoir son compte, *to be paid off.* [V. 28.] ‖ Régler son compte à qqn, *to settle s.o.'s hash.* [V. 8.] — 26. RESPONSABILITÉ. Mettre qqch. sur le compte de qqn, *to lay sth. at s.o.'s door.* [V. 7.] ‖ Prendre qqch. à son compte, *to take sth. upon o.s.* — 27. SATIÉTÉ. En avoir son compte (Fam.), *to have had enough.* — 28. VOIES DE FAIT. Avoir son compte (Fam.), *not to be able to take any more.* [V. 17.] ‖ Recevoir son compte (Fam.), *to be crushed.* [V. 25.]

→ **histoire, ligne, paiement, règlement.**

compter ◆ ÉCONOMIE. Savoir compter, *to know how to take care of the pence.* ◆ LIBÉRALITÉ. Donner sans compter, *to give without stint.* ◆ PRODIGALITÉ. Dépenser sans compter, *to squander.*

compteur ◆ TECHNIQUE. Fermer (relever, ouvrir) un compteur, *to shut off (to read, to turn on) a meter.*

conception ◆ ERREUR. Se faire une conception erronée, *to get the wrong idea.* ◆ REVIREMENT. Réviser ses conceptions, *to revise o.'s ideas.*

concerné ◆ RESPONSABILITÉ. Etre (se sentir) concerné par qqch., *to be (to feel) involved in sth.*

concert ◆ ÉLOGE. Entonner un concert d'éloges sur qqn, *to sing s.o.'s praises.* ◆ MUSIQUE. Donner un concert, *to give a concert.*

concession ◆ CONCESSION. Faire des concessions, *to make concessions.*

concile ◆ RELIGION. Tenir un concile, *to hold a council.*

conciliabule ◆ CONFIDENCE. Tenir un conciliabule, *to hold a secret meeting.* ◆ CONVERSATION. Faire des conciliabules, *to hold a confab.*

conciliation ◆ DIVORCE. Appeler en conciliation, *to call for a trial reconciliation.*
→ esprit.

conclure ◆ RETRAIT. Se refuser à conclure, *to recoil from making a decision.*

conclusion ◆ ANTICIPATION. Sauter aux conclusions, *to jump to conclusions.* ◆ CONCLUSION. Arriver à une conclusion, *to reach a conclusion.* ‖ Formuler une conclusion, *to round off.* ◆ DÉDUCTION. Tirer des conclusions de qqch., *to draw conclusions from sth.* ◆ PROCÉDURE. Déposer des conclusions, *to deliver a statement.*

concorde ◆ PAIX. Faire régner la concorde, *to bring about peace and harmony.* ◆ PERTURBATION. Menacer (troubler) la concorde, *to threaten (to disturb) the harmony.* ◆ RÉCONCILIATION. Rétablir la concorde, *to restore harmony.*

concours ◆ ASSISTANCE. Apporter (prêter) son concours à qqn (à qqch.), *to lend assistance to s.o. (with sth.).* ‖ Offrir (refuser) son concours, *to offer (to refuse) o.'s assistance.* ◆ ÉCOLE. Passer un concours, *to sit a competitive examination.* ◆ SUPÉRIORITÉ. Etre hors concours, *to be in a class by o.s.*
→ appel, place.

concubinage ◆ CONCUBINAGE. Vivre en concubinage, *to live as husband and wife.*

concurrence ◆ COMPÉTITION. Éliminer la concurrence, *to wipe out competition.* ‖ Enrayer la concurrence, *to squeeze out o.'s competitors.* ‖ Entrer en concurrence avec qqn, *to enter into competition with s.o.* ‖ Faire concurrence à qqn, *to compete with s.o.* ‖ Venir en concurrence, *to rank equally.* ◆ SUPÉRIORITÉ. Défier toute concurrence, *to defy all comers.*
→ prix.

concurrent ◆ SPORTS. Distancer (semer [Fam.]) un concurrent, *to outdistance (to shake off) a competitor.*

condamnation 1. AVEU. Passer condamnation, *to admit that o. is in the wrong.* [V. 3.] — 2. INCULPÉ. Encourir (purger) une condamnation, *to incur (to serve) a sentence.* — 3. INDULGENCE. Passer condamnation, *to pass over.* [V. 1.] — 4. RÉPROBATION. Porter une condamnation contre qqn, *to condemn s.o.* — 5. SENTENCE. Infliger une condamnation, *to pass sentence.*

condition ◆ CONFORMITÉ. Remplir les conditions, *to fulfil the conditions.* ‖ Réunir les conditions requises, *to meet the necessary requirements.* ‖ Satisfaire (répondre) aux conditions, *to fulfil (to meet) the conditions.* ◆ EXIGENCE. Définir les conditions, *to settle the terms.* ‖ Dicter (signifier, imposer) les conditions, *to dictate (to state, to lay down) o.'s terms.* ‖ Poser des conditions à qqn, *to lay down terms to s.o.* ◆ INFLUENCE. Mettre qqn en condition, *to condition s.o.* ◆ MILITAIRE. Se rendre sans condition, *to surrender unconditionally.* ◆ NIVEAU SOCIAL. Accepter (se contenter de, se satisfaire de) sa condition, *to accept (to be content with) o.'s lot.* ‖ Améliorer sa condition, *to better o.s.* ‖ Etre supérieur à sa condition, *to be above o.'s station.* ‖ S'évader (sortir) de sa condition, *to escape from (to change) o.'s station in life.* ◆ PRIVILÈGE. Obtenir des conditions spéciales, *to obtain special conditions.* ◆ RESTRICTION. Faire qqch. sous condition, *to do sth. conditionally.* ‖ Mettre une condition à qqch., *to place a condition on sth.* ◆ SPORTS. Etre (se mettre) en condition, *to be in (to get into) shape.*

condoléances ◆ CIVILITÉ. Présenter (faire, exprimer, offrir) ses condoléances, *to present (to convey, to offer) o.'s condolences.*

conduire ◆ AUTOMOBILE. Apprendre à conduire, *to learn to drive.* ◆ CIVILITÉ. Savoir se conduire (dans le monde), *to know how to behave (in society).*

conduite ◆ AUTORITARISME. Dicter sa conduite à qqn, *to tell s.o. how to behave.* ◆ COMPORTEMENT. Observer une certaine conduite, *to behave in a certain way.* ◆ CONVERSION. Acheter une conduite, *to mend o.'s ways.* ◆ DÉPENDANCE. Marcher sous la conduite de qqn, *to follow s.o.'s leadership.* ‖ Se placer sous la conduite de qqn, *to place o.s. under s.o.'s direction.* ◆

IMITATION. Régler sa conduite sur qqn, *to model o.'s behaviour on s.o.* ◆ JUSTIFICATION. Justifier (expliquer) sa conduite, *to account for (to explain) o.'s conduct.* ◆ LIBERTINAGE. N'avoir aucune conduite, *to lead a disorderly life.* ◆ REGRET. Regretter (déplorer) sa conduite, *to regret (to be sorry for) o.'s conduct.* ◆ RENVOI. Faire à qqn la conduite de Grenoble (Fam.), *to show s.o. the toe of o.'s boot.* ◆ RÉPROBATION. Blâmer (flétrir, réprouver) la conduite de qqn, *to censure (to stigmatize, to condemn) s.o.'s conduct.*
→ **bout, brin, écart.**

confection ◆ MÉTIER. Etre dans la confection, *to be in the rag trade.* ◆ VÊTEMENT. S'habiller en confection, *to wear ready-mades.*
→ **vêtement.**

conférence ◆ CONVERSATION. Etre en conférence avec qqn, *to be in conference with s.o.* ◆ ÉCOLE. Donner (faire; suivre) des conférences, *to give (to deliver; to attend) lectures.* ◆ PRESSE. Tenir une conférence de presse, *to hold a press-conference.* ◆ RÉUNION. Tenir une conférence, *to hold a meeting.*

confesse ◆ RELIGION. Aller à confesse, *to go to confession.*

confession ◆ AVEU. Faire sa confession (Fam.), *to own up* ◆ RELIGION. Entendre qqn en confession, *to hear s.o.'s confession.*
→ **Dieu.**

confetti → **pluie.**

confiance ◆ ABUS. Abuser de (décevoir, ébranler, trahir, tromper) la confiance de qqn, *to abuse (to disappoint, to shake, to betray, to deceive) s.o.'s trust.* ◆ ASSURANCE. Donner confiance à qqn, *to give s.o. confidence.* ‖ Mettre qqn en confiance, *to win s.o. over.* ‖ Redonner (rendre) confiance à qqn, *to restore s.o.'s confidence.* ‖ Reprendre confiance, *to regain confidence.* ◆ CONFIANCE. Accorder sa confiance à qqn, *to give o.'s trust to s.o.* ‖ Avoir une confiance aveugle en qqn, *to trust s.o. blindly.* ‖ Faire confiance à qqn, *to rely on s.o.* ‖ Mettre (placer) sa confiance en qqn, *to put (to place) o.'s trust in s.o.* ◆ FIABILITÉ. Avoir la confiance de qqn, *to enjoy s.o.'s trust.* ‖ Capter (gagner, obtenir, rechercher, regagner) la confiance de qqn, *to win (to gain, to obtain, to seek, to win back) s.o.'s trust.* ‖ Inspirer confiance, *to inspire*

confidence. ‖ Etre digne de confiance, *to be trustworthy.* ‖ Perdre la confiance de qqn, *to lose s.o.'s trust.* ◆ MÉFIANCE. Manquer de confiance, *to be mistrustful.* ‖ Perdre confiance en qqn, *to lose trust in s.o.* ‖ Retirer sa confiance à qqn, *no longer to trust s.o.* ‖ OPTIMISME. Faire confiance à l'avenir, *to trust in the future.* ◆ TIMIDITÉ. Manquer de confiance en soi, *to lack (self-)confidence.*
→ **abus, homme, personne, question.**

confidence ◆ CONFIDENCE. Faire des confidences à qqn, *to confide in s.o.* ‖ Mettre qqn dans la confidence, *to let s.o. into the secret.* ◆ CONFIDENT. Etre dans la confidence, *to be in the know.* ‖ Recevoir des confidences de qqn, *to receive confidences from s.o.*
→ **veine.**

confirmation ◆ CONFIRMATION. Donner (recevoir) confirmation de qqch., *to give (to receive) confirmation of sth.* ◆ RELIGION. Donner la confirmation à qqn, *to confirm s.o.* ‖ Recevoir la confirmation, *to be confirmed.*

confiture ◆ CUISINE. Faire les confitures, *to make jam.*

conflit ◆ EXCITATION. Provoquer un conflit, *to give rise to a conflict.* ◆ MILITAIRE. Etre en conflit, *to be in conflict.* ◆ QUERELLE. Entrer en conflit avec qqn, *to come into conflict with s.o.* ◆ SOLUTION. Régler (résoudre) un conflit, *to settle (to solve) a conflict.*

conformation → **vice.**

conformité ◆ HARMONIE. Etre en conformité de goûts avec qqn, *to share s.o.'s tastes.*

confort ◆ CONFORT. Avoir tout le confort, *to have all mod. cons. (modern conveniences).* ◆ INCONFORT. Manquer de confort, *to lack conveniences.*

confrérie ◆ GROUPEMENT. Etre de la confrérie (Fam.), *to be of the bunch.*

confrontation ◆ PROCÉDURE. Opérer une confrontation, *to effect a confrontation.*

confusion ◆ AMBIGUÏTÉ. Prêter à confusion, *to be confusing.* ◆ EMBARRAS. Etre couvert de confusion, *to be covered in confusion.* ‖ Remplir qqn de confusion, *to fill s.o. with embarrassment.* ‖ Rougir de confusion, *to blush with embarrassment.* ◆ ERREUR. Faire une confusion, *to get confused.* ‖ Faire une confusion de dates,

to mix up dates. ◆ TROUBLE. Jeter la confusion dans les esprits, *to confuse people's minds.*
congé ◆ CIVILITÉ. Prendre congé de qqn, *to take leave of s.o.* ◆ CONGÉ. Bénéficier des congés payés, *to be entitled to holidays with pay.* ‖ Prendre son congé (d'été), *to take o.'s holidays.* ◆ RENVOI. Donner son congé à qqn, *to give s.o. notice.* ‖ Recevoir son congé, *to be given notice.* ‖ Signifier son congé à un amoureux, *to send an admirer packing.* ◆ SANTÉ. Être en congé de longue maladie, *to be on extended sick leave.* ‖ Prendre un congé de maladie, *to go on sick leave.*
conjecture ◆ SUPPOSITION. Former des conjectures sur qqch., *to surmise about sth.* ‖ Se perdre en conjectures, *to be lost in surmises.*
conjungo ◆ MARIAGE. Aspirer au conjungo (Fam.), *to aspire to matrimony.*
conjuration ◆ INTRIGUE. Fomenter (monter, entrer dans, prendre part à) une conspiration, *to foment (to get up; to enter into, to join, to take part in) a conspiracy.*
connaissance ◆ DÉCOUVERTE. Faire connaissance avec qqch., *to become acquainted with sth.* ◆ ÉCOLE. Contrôler les connaissances de qqn, *to test s.o.'s knowledge.* ◆ FAVEUR. Faire jouer ses connaissances, *to exploit o.'s connections.* ◆ INFORMATION. Avoir connaissance de qqch., *to know of sth.* ‖ Donner connaissance de qqch. à qqn, *to let s.o. know about sth.* ‖ Porter qqch. à la connaissance du public, *to inform the public of sth.* ‖ Venir à la connaissance de qqn, *to come to s.o.'s notice.* ◆ LECTURE. Prendre connaissance de qqch., *to go through sth.* ◆ LUCIDITÉ. Agir en connaissance de cause, *to act advisedly.* ‖ Parler en connaissance de cause, *to speak from experience.* ◆ MORT. Conserver sa connaissance jusqu'à la fin, *to remain conscious to the end.* ◆ OSTENTATION. Déballer (étaler) ses connaissances (Fam.), *to display (to show off) o.'s knowledge.* ◆ RELATIONS. Faire connaissance, *to meet.* ‖ Faire connaissance avec qqn (faire la connaissance de qqn), *to make s.o.'s acquaintance.* ‖ Faire faire connaissance à deux personnes, *to introduce two people.* ‖ Lier connaissance avec qqn, *to become acquainted with s.o.* ‖ N'être qu'une

simple connaissance, *to be just an acquaintance.* ‖ Renouer (renouveler) connaissance avec qqn, *to renew acquaintance with s.o.* ◆ SANTÉ. Avoir toute sa connaissance, *to be fully conscious.* ‖ Perdre connaissance, *to lose consciousness.* ‖ Reprendre connaissance, *to come to.* ‖ Rester sans connaissance, *to remain unconscious.* ‖ Tomber sans connaissance, *to pass out.* ◆ SAVOIR. Élargir (enrichir, étendre) ses connaissances, *to broaden o.'s knowledge.* ‖ Posséder des connaissances sur qqch., *to be no stranger to sth.* ‖ Rafraîchir ses connaissances, *to brush up o.'s knowledge.*
→ **champ, domaine, figure, masse, pays.**
connaisseur ◆ COMPÉTENCE. Juger en connaisseur, *to speak as a connoisseur.*
connaître 1. COLÈRE. Ne plus se connaître (Fam.), *to be beside o.s.* – 2. CONTACT. Se faire connaître, *to introduce o.s.* [V. 4.] – 3. INCOMPÉTENCE. Ne pas s'y connaître (Fam.), *not to be very well up in it.* – 4. RENOMMÉE. Se faire connaître, *to become known.* [V. 2.]
connivence ◆ COMPLICITÉ. Être de connivence avec qqn, *to be in collusion with s.o.*
connu ◆ VALEUR. Gagner à être connu, *to improve on acquaintance.*
conquête ◆ ASTRONAUTIQUE. Se lancer à la conquête de l'espace, *to launch into the conquest of space.* ◆ SÉDUCTION. Faire une conquête (Fam.), *to make a conquest.* ‖ Faire la conquête de qqn, *to win s.o. over.*
conscience ◆ ABUS. Violenter (diriger) les consciences, *to coerce (to steer) people's consciences.* ◆ AVEU. Décharger (libérer, soulager) sa conscience, *to unburden (to relieve) o.'s conscience.* ◆ CONCUSSION. Acheter les consciences, *to buy people's consciences.* ‖ Vendre sa conscience, *to sell o.'s conscience.* ◆ CONFIANCE. S'en rapporter (s'en remettre) à la conscience de qqn, *to leave it to s.o.'s conscience.* ◆ CONSCIENCE. Agir selon sa conscience, *to act according to o.'s conscience.* ‖ Avoir bonne conscience, *to have a good conscience.* ‖ Avoir la conscience nette (tranquille, en repos), *to have a clear (quiet) conscience.* ‖ Consulter (écouter; interroger) sa conscience, *to listen to (to follow; to consult) o.'s conscience.* ‖ Y mettre beaucoup de conscience, *to be highly conscientious*

about it. ◆ CULPABILITÉ. Avoir qqch. sur la conscience, *to have sth. on o.'s conscience.* ‖ Charger sa conscience, *to burden o.'s conscience.* ◆ LUCIDITÉ. Avoir (prendre) conscience de qqch., *to be (to become) aware of sth.* ◆ NON-SCRUPULE. Avoir la conscience élastique (large), *to have an accommodating conscience.* ‖ Biaiser (composer, transiger) avec sa conscience, *to juggle (to come to terms, to parley) with o.'s conscience.* ◆ REMORDS. Avoir mauvaise conscience, *to have a bad conscience.* ‖ Peser sur la conscience, *to weigh on o.'s conscience.* ◆ RONDEUR. Dire ce que l'on a sur la conscience (Fam.), *to speak o.'s mind.* ◆ SANTÉ. Perdre conscience, *to lose consciousness.*
→ **acquit, affaire, âme, cas, examen, paix, prise.**

consécration ◆ CONFIRMATION. Recevoir une consécration, *to become recognized.* ‖ Recevoir la consécration du temps, *to receive the sanction of time.*

conseil ◆ ADMINISTRATION. Passer en conseil de discipline, *to go before a disciplinary council.* ‖ Prendre part (participer) à un conseil, *to sit on a committee.* ‖ Tenir conseil, *to hold a meeting.* ◆ CONSEIL. Donner un conseil à qqn, *to give s.o. a piece of advice.* ‖ Etre de bon conseil, *to be a good person to ask.* ‖ Prodiguer des conseils, *to deliver advice.* ◆ CONSULTATION. Demander (prendre) conseil, *to ask for (to seek) advice.* ◆ DÉPENDANCE. Écouter (suivre) les conseils de qqn, *to accept (to take) s.o.'s advice.* ◆ INDÉPENDANCE. Négliger les conseils de qqn, *to disregard s.o.'s advice.* ◆ MILITAIRE. Passer en conseil de guerre, *to be court-martialled.* ‖ Passer le conseil de révision, *to go before the recruiting board.*

consentement ◆ ASSENTIMENT. Donner son consentement à qqch., *to give o.'s consent to sth* ‖ Obtenir le consentement de qqn, *to secure s.o.'s consent.* ◆ CONTRAINTE. Extorquer (arracher) un consentement à qqn, *to extort (to force) s.o.'s consent.*

conséquence ◆ DÉDUCTION. Tirer la conséquence de qqch., *to deduce the outcome of sth.* ◆ IMPORTANCE. Entraîner des conséquences, *to lead to repercussions.* ‖ Etre gros (lourd) de conséquences, *to be fraught with consequences.* ‖ Tirer

à conséquence, *to have repercussions.* ◆ PRÉVISION. Entrevoir (considérer, déduire, envisager, prévoir) les conséquences de qqch., *to glimpse (to consider, to calculate, to contemplate, to foresee) the consequences of sth.* ◆ RÉSIGNATION. Accepter (subir, supporter) les conséquences, *to face (to take, to endure) the consequences.*

conserve ◆ ACCORD. Agir de conserve, *to act together.* ◆ CUISINE. Faire des conserves, *to make preserves.* ‖ Mettre en conserve, *to preserve.*

conservé ◆ ÂGE. Etre bien conservé (Fam.), *to be well-preserved.*

considération ◆ ATTENTION. Mériter considération, *to be worth thinking about.* ‖ Prendre en considération, *to take into account.* ◆ BAVARDAGE. Se perdre en considérations sur qqch., *to get lost in reflections on sth.* ◆ RESPECT. Avoir de la considération pour qqn, *to have a great regard for s.o.*

consigne ◆ AUTORITÉ. Ne connaître que la consigne, *to stick to instructions.* ◆ INDISCIPLINE. Enfreindre (manquer à, violer) la consigne, *to infringe (to disregard, to disobey) instructions.* ◆ ORDRE. Donner (passer) une consigne, *to issue instructions.* ◆ OUBLI. Manger la consigne (Fam.), *to neglect instructions.* ◆ REVIREMENT. Lever la consigne, *to revoke instructions.* ◆ TRANSPORTS. Mettre qqch. à la consigne, *to leave sth. in the left luggage.*

consigner ◆ ÉCOLE. Se faire consigner, *to be kept in.*

consistance ◆ CONSISTANCE. Prendre consistance, *to thicken.* ◆ DÉVELOPPEMENT. Prendre de la consistance (Fig.), *to take on some consistency.* ◆ PRÉCISION. Donner de la consistance à qqch., *to lend force to sth.*

consolation ◆ RÉCONFORT. Chercher sa consolation dans qqch., *to look for solace in sth.* ‖ Etre la consolation de qqn, *to be s.o. solace.* ‖ Trouver une consolation dans qqch., *to find solace in sth.*
→ **fiche.**

consommation 1. ALIMENTATION. Etre impropre à la consommation, *to be unfit for human consumption.* – 2. BOISSON. Régler (payer) les consommations, *to pay for the drinks.* ‖ Pousser à la consommation (Fam.), *to stuff it down*

your throat [V. 3.] — 3. PUBLICITÉ. Pousser à la consommation, *to boost sales.* [V. 2.]
→ **société.**

constance ◆ PATIENCE. Avoir de la constance, *to be staunch.* ◆ PERSÉVÉRANCE. Manifester (témoigner) de la constance, *to show perseverance.*

constat ◆ ACCIDENT. Faire un constat amiable, *to make a friendly declaration* (accidenté). ‖ Faire un constat, *to make a report* (policier).

constatation ◆ CONSTATATION. Effectuer (faire) une constatation, *to note a fact.* ◆ VÉRIFICATION. Procéder aux constatations d'usage, *to make the usual investigations.*

consternation ◆ PEINE. Frapper qqn de consternation, *to strike s.o. with consternation.* ‖ Jeter (provoquer, semer) la consternation, *to arouse (to cause, to sow) consternation.*

constitution ◆ POLITIQUE. Réviser (violer) la Constitution, *to revise (to violate) the Constitution.* ◆ SANTÉ. Avoir une bonne constitution, *to have a good constitution.*

construction ◆ ARCHITECTURE. Amorcer (édifier, élever, monter) une construction, *to start on (to construct, to raise, to erect) a building.*
→ **vice.**

consultation ◆ MÉDECINE, SANTÉ. Aller à la consultation, *to go to surgery.* ‖ Donner une consultation à un malade, *to see a patient.* ‖ Etre appelé en consultation, *to have surgery.* ◆ PROCÉDURE. Donner une consultation à qqn, *to give s.o. legal advice.*

contact ◆ AUTOMOBILE. Mettre le contact, *to switch the engine on.* ‖ Couper le contact, *to switch the engine off.* ◆ AVIATION. Perdre le contact, *to lose contact.* ◆ CONTACT. Entrer en contact avec qqn, *to come into contact with s.o.* ‖ Établir un contact avec qqn, *to establish contact with s.o.* ‖ Multiplier les contacts, *to expand o.'s contacts.* ‖ Prendre contact avec qqn, *to get in touch with s.o.* ‖ Rechercher le contact avec qqn, *to seek contact with s.o.* ◆ RELATIONS. Garder le contact (rester en contact) avec qqn, *to keep in touch with s.o.* ◆ RUPTURE. Rompre le contact avec qqn, *to break off*

contact with s.o. ◆ SÉPARATION. Perdre le contact avec qqn, *to lose touch with s.o.*
→ **point, verre.**

contagieux ◆ MÉDECINE. Isoler les contagieux, *to isolate infectious cases.*

contagion ◆ SANTÉ. S'exposer à la contagion, *to lay o.s. open to infection.*

conte ◆ BONHEUR. Vivre un conte de fées, *to live a fairy-tale.* ◆ NON-VÉRITÉ. Raconter (débiter) des contes à dormir debout, *to tell cock-and-bull stories.*

contemplation ◆ ADMIRATION. Etre en contemplation devant qqn (qqch.), *to be lost in wonder before s.o. (sth.).* ◆ RELIGION. S'abimer dans la contemplation, *to be sunk in contemplation.*

contenance ◆ AFFECTATION. Prendre (adopter) une contenance, *to assume (to put on) a countenance.* ‖ Se donner une contenance, *to keep o.s. in countenance.* ◆ ASSURANCE. Faire bonne contenance, *to put a good face on it.* ◆ DÉSARROI. Perdre contenance, *to lose countenance.* ◆ INTIMIDATION. Faire perdre contenance à qqn, *to put s.o. out of countenance.*

content ◆ CONTENTEMENT. Etre on ne peut plus content, *to be as pleased as Punch.* ◆ SATIÉTÉ. En avoir son content (Fam.), *to have o.'s fill (of it).*

contenter ◆ ACCOMMODEMENT. Etre facile à contenter, *to be easily pleased.* ‖ Savoir se contenter, *not to ask for much.* ◆ EXIGENCE. Etre difficile à contenter, *to be hard to please.*

conter ◆ DUPE. S'en faire (s'en laisser) conter, *to be gullible.*

contestation ◆ DÉSACCORD. Etre (entrer) en contestation, *to be at (to come to) issue.* ◆ POLITIQUE. Faire de la contestation, *to oppose the system.* ◆ REVENDICATION. Élever une contestation sur qqch., *to raise a dispute over sth.*

contexte ◆ LITTÉRATURE. Replacer qqch. dans son contexte, *to put sth. back in its context.* ‖ S'insérer dans un contexte, *to fit into a context.* ‖ Sortir qqch. de son contexte, *to take sth. out of its context.*

contingences ◆ AMPLEUR DE VUE. Mépriser les contingences, *to disregard secondary matters.*

contingent ◆ PARTICIPATION. Apporter son contingent à qqch., *to contribute o.'s share to sth.*

continuité ◆ STABILITÉ. Assurer (respecter) la continuité de qqch., *to ensure (to respect) the continuity of sth.*

contorsion ◆ FAITS ET GESTES. Faire des contorsions, *to go into contortions.*

contour ◆ FORME. Dessiner (délimiter) les contours de qqch., *to sketch in (to mark out) the outlines of sth.*

contraception → **méthode.**

contradiction ◆ CARACTÈRE. Etre pétri de contradictions, *to be crammed with contradictions.* ◆ CONTRADICTION. Impliquer contradiction, *to imply a contradiction.* ◆ INTRANSIGEANCE. Ne pas supporter la contradiction, *cannot bear being contradicted* (Gramm.). ◆ OPPOSITION. Apporter (porter) la contradiction, *to raise o.'s voice in dissent.* ‖ Etre en contradiction avec qqn (qqch.), *to be at variance with s.o. (sth.).*
→ **esprit.**

contradictoires ◆ RÉCONCILIATION. Concilier (résoudre) les contradictoires, *to reconcile conflicting opinions.*

contrainte ◆ CONTRAINTE. Agir par contrainte, *to act under coercion.* ‖ Vivre dans la contrainte, *to live under constraint.* ◆ INDÉPENDANCE. Ne tolérer aucune contrainte, *to be impatient of restraint.* ◆ OPPRESSION. Exercer une contrainte, *to exercise coercion.* ‖ Tenir qqn dans la contrainte, *to keep s.o. under restraint.* ‖ User de contrainte envers qqn, *to use coercion on s.o.* ◆ SENTENCE. Exercer la contrainte par corps, *to imprison for debt.*

contraire ◆ DÉSACCORD. Faire le contraire, *to do the opposite.* ◆ HARMONIE. Concilier les contraires, *to reconcile opposites.* ◆ NON-OPPOSITION. Ne pas dire le contraire, *not to deny it.* ◆ OPPOSITION. Soutenir le contraire, *to uphold the contrary.*
→ **preuve.**

contrariété ◆ CONTRARIÉTÉ. Avoir (éprouver, ressentir) une contrariété, *to be (to feel) put out.*
→ **geste.**

contraste ◆ CONTRASTE. Faire, former (être en) contraste avec qqch., *to contrast with sth.* ◆ UNIFICATION. Adoucir les contrastes, *to tone down the contrasts.*

contrat 1. COMMERCE. Passer un contrat, *to place a contract.* [V. 2.] – 2. ENGAGEMENT. Approuver (dresser, rédiger; exécuter, remplir, tenir; ratifier, signer)

un contrat, *to approve (to draw up, to make out; to carry out, to fulfil, to keep to; to ratify, to sign) a contract.* ‖ Passer un contrat, *to enter into a contract.* [V. 1.] – 3. FINANCES. Passer un contrat d'assurance, *to take out an insurance policy.* – 4. REVIREMENT. Déchirer (résilier, rompre) un contrat, *to tear up (to cancel, to break) a contract.*
→ **coup.**

contravention ◆ INFRACTION. Etre en contravention, *to be breaking the law.* ‖ Faire sauter une contravention (Fam.), *to have o.'s ticket cancelled from higher up.* ◆ POLICE. Dresser une contravention à qqn, *to take s.o.'s name and address.* ‖ Infliger une contravention à qqn, *to hand s.o. out a ticket.*

contre → **pour.**

contrebande ◆ DÉLIT. Faire de (se livrer à) la contrebande, *to do some (to go in for) smuggling.*

contrecœur ◆ RÉTICENCE. Agir à contrecœur, *to act reluctantly.*

contrecoup ◆ CHOC EN RETOUR. Subir le contrecoup de qqch., *to feel the after-effects of sth.*

contre-courant ◆ CONTRAIRE. Aller à contre-courant, *to go against the tide.*

contredanse ◆ POLICE. Flanquer une contredanse à qqn (Pop.), *to book s.o.*

contre-épreuve ◆ VÉRIFICATION. Faire la contre-épreuve, *to countercheck.* ‖ Passer à la contre-épreuve, *to proceed to the countercheck.*

contrefaçon ◆ IMITATION. Etre une contrefaçon, *to be a forgery* (chose); *to be an infringement (of patent rights)* [brevet].

contre-indication ◆ MÉDECINE. Ne pas avoir de contre-indication, *to have no contra-indications.*

contre-jour ◆ ÉCLAIRAGE. Etre à contre-jour, *to be against the light.*

contrepartie ◆ COMPENSATION. Donner qqch. à qqn en contrepartie, *to repay s.o. with sth.*

contre-pied ◆ OPPOSITION. Prendre le contre-pied, *to take the opposite view.*

contrepoids ◆ COMPENSATION. Faire (servir de) contrepoids, *to act as a counterbalance.* ◆ ÉQUILIBRE. Faire contrepoids à qqch., *to counterbalance sth.*

contrepoison ◆ MÉDECINE. Administrer un contrepoison, *to administer an antidote.*

contresens ◆ INCOMPRÉHENSION. Faire un contresens (Fig.), *to get it wrong.* ◆ LANGAGE. Faire un contresens, *to get the meaning wrong.* ◆ REBOURS. Aller à contresens, *to go in the wrong direction.*

contretemps ◆ INCONVÉNIENT. Subir des contretemps, *to meet with some hitches.* ◆ INOPPORTUNITÉ. Agir à contretemps, *to act unseasonably.*

contre-voie ◆ TRANSPORTS. Descendre à contre-voie, *to get down on to the tracks.*

contribuable ◆ FINANCES. Exonérer un contribuable, *to exempt a taxpayer.* ‖ Pressurer le contribuable, *to milk the taxpayer.*

contribution ◆ COLLABORATION. Apporter sa contribution à qqch., *to make o.'s contribution to sth.* ◆ FINANCES. Lever (percevoir) une contribution, *to levy (to collect) a tax.* ‖ Payer les contributions, *to pay tax.* ◆ SOLLICITATION. Mettre qqn à contribution, *to make use of s.o.*

contrition ◆ RELIGION. Avoir la contrition, *to feel contrition.*

contrôle ◆ AUTOMOBILE. Perdre le contrôle de sa voiture, *to lose control of o.'s car.* ◆ COLÈRE. Perdre le contrôle de soi(même), *to lose o.'s self-control.* ◆ IMPULSION. Échapper au contrôle de la volonté, *to be beyond s.o.'s will-power.* ◆ MAÎTRISE DE SOI. Avoir le contrôle de ses nerfs, *to have o.'s nerves under control.* ◆ SPECTACLES. Passer au contrôle, *to have o.'s ticket checked.* ◆ VÉRIFICATION. Soumettre qqch à un contrôle, *to submit sth. to inspection.* ‖ Soumettre qqn à un contrôle (exercer un contrôle sur qqn), *to supervise s.o.*

contrordre ◆ REVIREMENT. Donner contrordre, *to countermand an order.*

controverse ◆ DISCUSSION. Soulever (provoquer) une controverse, *to arouse (to provoke) controversy.* ‖ Soutenir une controverse contre qqn, *to carry on a controversy with s.o.*

contumace ◆ SENTENCE. Condamner qqn par contumace, *to sentence s.o. in absentia.*

contusion ◆ SANTÉ. Être couvert de contusions, *to be covered with bruises.*

convaincre ◆ ACQUIESCEMENT. Se laisser convaincre, *to let o.s. be won over.* ◆ PERSUASION. Chercher à convaincre, *to try to convince.*

convalescence ◆ SANTÉ. Entrer en convalescence, *to enter the convalescent period.* ‖ Être en convalescence, *to be convalescing.*

convenance ◆ APPRÉCIATION. Trouver qqch. à sa convenance, *to find sth. suitable.* ‖ Trouver qqn à sa convenance, *to find s.o. congenial.* ◆ CIVILITÉ. Observer (respecter) les convenances, *to observe the decencies.* ◆ CONVENANCE. Être à la convenance de qqn, *to suit s.o.* ◆ INCIVILITÉ. Être contraire aux convenances, *to be bad manners.* ‖ Manquer aux convenances, *to forget o.'s manners.* ◆ RÉPRIMANDE. Rappeler qqn aux convenances, *to remind s.o. of his manners.*
→ **mariage, sens, sentiment.**

convention ◆ ENGAGEMENT. Asseoir (élaborer, établir, conclure, dresser) une convention, *to establish (to work out, to set up, to conclude, to draw up) an agreement.* ‖ Exécuter (observer, respecter; ratifier) une convention, *to carry out (to observe, to respect; to ratify) an agreement.* ‖ Modifier (annuler) une convention, *to alter (to cancel) an agreement.*

conversation ◆ CIVILITÉ. Avoir de la conversation, *to be a good conversationalist.* ◆ CONVERSATION. Aimer (apprécier, rechercher) la conversation de qqn, *to like (to appreciate, to enjoy) conversing with s.o.* ‖ Alimenter la conversation, *to contribute to the conversation.* ‖ Amener (diriger, aiguiller) la conversation sur qqch., *to bring (to steer, to sway) the conversation on to sth.* ‖ Avoir (tenir) une conversation avec qqn, *to have a conversation with s.o.* ‖ Changer de conversation, *to change the subject.* ‖ Défrayer la conversation, *to be a great subject of conversation.* ‖ Détourner (dériver, faire dévier) la conversation, *to turn (to divert) the conversation.* ‖ Engager la conversation, *to strike up a conversation (entre inconnus).* ‖ Entamer (amorcer) la conversation, *to start up (to start) a conversation.* ‖ Entrer en conversation, *to enter into conversation.* ‖ Être en conversation avec qqn, *to be in conversation with s.o.* ‖ Faire rouler la conversation sur qqch., *to keep the conversation going on sth.* ‖ Faire tomber (orienter) la conversation sur qqch., *to turn the conversation to sth.* ‖

Interrompre (arrêter, rompre) la conversation, *to interrupt (to stop, to break off) the conversation.* ‖ Intervenir dans une conversation, *to intervene in the conversation* (contribution); *to cut in* (interruption). ‖ Laisser tomber la conversation, *to let the conversation flag.* ‖ Lier (nouer) conversation avec qqn, *to start up a conversation with s.o.* ‖ Prendre part (se joindre, se mêler) à la conversation, *to take part (to join) in the conversation.* ‖ Prolonger (poursuivre) la conversation, *to prolong (to pursue) the conversation.* ‖ Ranimer la conversation, *to liven up the conversation.* ‖ Renouer la conversation, *to start the conversation up again.* ‖ Reprendre une conversation, *to resume a conversation.* ‖ Soutenir la conversation, *to rescue the conversation.* ‖ Soutenir une conversation, *to carry on a conversation.* ◆ INATTENTION. Ne pas être à la conversation, *not to be with the conversation.* ◆ INDISCRÉTION. Surprendre une conversation, *to overhear a conversation.*
→ **fil, frais, sujet, ton, tour.**

conversion ◆ RELIGION. Faire (opérer) des conversions, *to make conversions.*

converti ◆ INUTILITÉ. Prêcher un converti, *to preach to the converted.*

conviction ◆ ARGUMENTATION. Saper (ébranler, entamer) les convictions de qqn, *to undermine (to shake) s.o.'s convictions.* ◆ CERTITUDE. Acquérir une conviction, *to acquire a conviction.* ◆ NON-ENTHOUSIASME. Manquer de conviction, *to lack conviction.* ◆ PERSUASION. Emporter la conviction, *to carry conviction.* ◆ PREUVE. Appuyer (asseoir, étayer, fonder) une conviction sur qqch., *to base (to ground, to found) a conviction on sth.*

convocation ◆ CONVOCATION. Recevoir (répondre à, se rendre à) une convocation, *to receive (to comply with) a convening notice.*

convoi ◆ MORT. Suivre un convoi, *to follow a funeral procession.*

convoitise ◆ ASSOUVISSEMENT. Apaiser (assouvir, calmer, contenter, satisfaire) les convoitises, *to appease (to assuage, to calm, to allay, to satisfy) covetous desires.* ◆ STIMULATION. Éveiller (allumer, attiser, exciter) les convoitises, *to awaken (to arouse, to kindle, to excite) covetous desires.*

convulsion ◆ SANTÉ. Avoir des convulsions, *to have convulsions.*

cooptation ◆ ADMINISTRATION. Recruter par cooptation, *to recruit by co-option.*

copie ◆ ADMINISTRATION. Certifier copie conforme, *to certify true copy.* ◆ ÉCOLE. Corriger des copies, *to do marking.* ◆ ÉCRITURE. Demander (donner, garder; prendre; tirer) copie, *to ask for (to give; to keep; to take, to make) a copy.*

coq ◆ AGRESSIVITÉ. Se battre comme un petit coq (Fam.), *to fight like a bantam.* ◆ CONFORT. Etre comme un coq en pâte, *to be in clover.* ◆ EXPRESSION. Passer du coq à l'âne, *to fly off at a tangent.* ◆ RETOUR. Revoir le coq de son clocher, *to revisit childhood scenes.* ◆ SÉDUCTION. Etre le coq du village, *to be the cock of the walk.* ◆ USURPATION. Chanter devant le coq (Fam.), *to henpeck o.'s husband.*

coq-à-l'âne ◆ EXPRESSION. Faire un coq-à-l'âne, *to tell a cock-and-bull story.*

coquelicot ◆ COULEUR. Etre rouge comme un coquelicot (Fam.), *to be as red as a poppy.*

coqueluche ◆ SÉDUCTION. Etre la coqueluche des femmes (Fam.), *to be the ladies' darling.*

coquetier ◆ SUCCÈS. Gagner (décrocher) le coquetier (Fam.), *to hit the jackpot.*

coquette ◆ THÉÂTRE. Jouer les coquettes, *to play soubrette roles.*

coquetterie ◆ AMOUR-PROPRE. Mettre sa coquetterie à faire qqch., *to pique o.s. on sth.*
→ **frais.**

coquille ◆ ÉPANOUISSEMENT. Sortir de sa coquille (Fam.), *to come out of o.'s shell.* ◆ PRESSE. Faire une coquille, *to make a misprint.* ◆ REPLIEMENT. Rentrer (se renfermer) dans sa coquille (Fam.), *to withdraw (to retire) into o.'s shell.*

cor ◆ EXIGENCE. Réclamer qqch. à cor et à cri, *to clamour for sth.* ◆ MUSIQUE. Donner du cor, *to sound the horn.*

corbillard ◆ MORT. Suivre le corbillard, *to follow the hearse.*

corde 1. ABUS. Trop tirer sur la corde, *to stretch it too far.* − 2. BÉVUE. Parler de corde dans la maison d'un pendu, *to put both feet in it.* − 3. CHANCE. Avoir de la corde de pendu (Fam.), *to have got the luck of the devil.* − 4. COMPÉTENCE. Avoir

plusieurs cordes à son arc, *to have several strings to o.'s bow.* ‖ Etre dans les cordes de qqn, *to be right up s.o.'s street.* – 5. DÉTÉRIORATION. User qqch. jusqu'à la corde, *to wear sth. threadbare.* – 6. DIFFI-CULTÉ. Etre sur la corde raide (Fam.), *to be batting on a sticky wicket.* – 7. INFAMIE. Mériter la corde, *to deserve to be hanged.* ‖ Ne pas valoir la corde pour le pendre (Fam.), *not to be worth the wood for his gallows.* – 8. JEUX D'ENFANT. Sauter à la corde, *to skip.* – 9. MARIAGE. Se mettre la corde au cou (Fam.), *to put on the ball and chain.* [V. 14.] – 10. MAUVAIS TEMPS. Pleuvoir des cordes (Fam.), *to be bucketing (down).* – 11. MUSIQUE. Pincer une corde, *to pluck a string.* – 12. OPPRESSION. Mettre la corde au cou à qqn (Fam.), *to put a halter on s.o.* – 13. POINT FAIBLE. Toucher (faire jouer, faire vibrer) la corde sensible, *to strike a chord.* – 14. SOUMISSION. Se mettre la corde au cou, *to put the halter round o.'s own neck.* [V. 9.]
→ **mou, tournant, virage.**

cordée ◆ SPORTS. Se mettre en cordée, *to rope themselves together.*
→ **premier.**

cordialité ◆ ACCUEIL. Montrer (mani-fester) de la cordialité, *to show (to display) cordiality.* ◆ AFFECTATION. Affecter la cordialité, *to feign cordiality.*

cordon ◆ CUISINE. Etre cordon bleu, *to be a Cordon Bleu cook.* ◆ ÉCONOMIE. Serrer les cordons de la bourse, *to tighten the purse-strings.* ◆ GESTION. Tenir les cordons de la bourse, *to hold the purse-strings.* ◆ LIBÉRALITÉ. Desserrer (délier) les cordons de sa bourse, *to loosen o.'s purse-strings.* ◆ LIBÉRATION, MÉDECINE. Couper le cordon (ombilical), *to cut the cord.* ◆ MÉDECINE. Établir un cordon sanitaire, *to set up a sanitary cordon.* ◆ POLICE. Établir un cordon de police, *to set up a police cordon.*

corne ◆ ADULTÈRE. Planter (faire porter) des cornes à qqn (Fam.), *to cuckold s.o.* ‖ Porter des cornes, *to be cuckolded.* ◆ DÉTÉRIORATION. Faire des cornes à un livre, *to make a book dog-eared.* ◆ MARQUE. Faire une corne à une page, *to turn down a page.*
→ **taureau.**

corneille ◆ INACTION. Bayer aux cor-neilles (Fam.), *to catch flies.*

cornet ◆ ALIMENTATION. Se mettre qqch. dans le cornet (Fam.), *to put sth. inside o.*

corpulence ◆ CORPS. Avoir (être d') une forte corpulence, *to be heavily built.*

corps ◆ ALIMENTATION. N'avoir rien dans le corps (Fam.), *to have an empty stomach.* ‖ Tenir au corps (Fam.), *to be filling.* ◆ ARDEUR. Se jeter à corps perdu dans qqch., *to throw o.s. whole-heartedly into sth.* ◆ BOISSON. Avoir du corps, *to have body.* ◆ CONTRAINTE. Agir à son corps défendant, *to act under constraint.* ◆ DÉTRESSE. Ressembler à un ' corps sans âme, *to be like an empty husk.* ◆ DÉVOUEMENT. Appartenir à qqn corps et âme, *to belong to s.o. body and soul.* ◆ ÉCOLE. Appartenir au corps professoral, *to belong to the teaching profession.* ◆ ÉLECTIONS. Consulter le corps électoral, *to go to the country.* ◆ FORCE. Avoir un corps d'athlète, *to have an athletic figure.* ◆ INCONSISTANCE. Manquer de corps, *to have no backbone.* ◆ INFLEXIBILITÉ. Passer sur le corps de qqn, *to walk over s.o.* ◆ MARINE. Etre perdu corps et biens, *to be lost with all hands on board.* ◆ MILITAIRE. Combattre (lutter) corps à corps, *to fight hand-to-hand.* ‖ Rejoindre son corps, *to rejoin o.'s regiment.* ◆ MORT. Enterrer (inhumer) un corps, *to bury (to inter; to exhume) a body.* ‖ Porter un corps en terre, *to inter a body.* ◆ PREUVE. Détenir le corps du délit, *to have the « corpus delicti ».* ◆ PROCÉDURE. Identifier un corps, *to identify a body.* ◆ RÉALISATION. Donner corps à un projet, *to make a plan take shape.* ‖ Prendre corps, *to take shape.* ◆ SANTÉ. Etre sain de corps et d'esprit, *to be of sound mind and body.* ◆ SOLIDA-RITÉ. Faire corps avec qqn, *to be with s.o. all the way.* ◆ UNIFICATION. Faire corps avec qqch., *to be part and parcel of sth.*
→ **âme, contrainte, diable, esprit, identi-fication, larme, levée, métier, séparation.**

correction ◆ CIVILITÉ. Etre d'une parfaite correction, *to behave with the utmost propriety.* ◆ VOIES DE FAIT. Administrer (infliger) une correction à qqn, *to give s.o. a thrashing.* ‖ Recevoir une correction, *to get a thrashing.*

correctionnelle ◆ INCULPÉ. Passer en correctionnelle, *to appear before the magistrate's court.*

correspondance ◆ COURRIER. Entrer en correspondance, *to start up a correspondence.* ‖ Entretenir une correspondance avec qqn, *to be in correspondence with s.o.* ◆ TRANSPORTS. Assurer (manquer; prendre) la correspondance, *to provide (to miss; to take) the connection.*

correspondant ◆ COURRIER. Avoir un correspondant, *to have a pen-friend.*

cortège ◆ MANIFESTATION. Défiler en cortège, *to go in procession.* ‖ Former (faire) un cortège, *to form a procession.* ‖ Grossir le cortège des manifestants, *to swell the throng of demonstrators.*

corvée 1. MILITAIRE. Etre de corvée, *to be on fatigues.* [V. 3.] — 2. NON-PARTICIPATION. Couper à toutes les corvées (Fam.), *to get out of all the chores.* — 3. TRAVAIL. Etre de corvée (Fam.), *to have to clock in.* [V. 1.] ‖ S'appuyer (s'allonger, s'envoyer) une corvée (Fam.), *to slave at a job.*

costume ◆ NUDITÉ. Etre en costume d'Adam, *to be in o.'s birthday suit.* ◆ VÊTEMENT. Se faire faire un costume, *to have a suit made.*

cote ◆ COMPROMIS. Faire une cote mal taillée, *to make an unsatisfactory settlement.* ◆ DANGER. Atteindre la cote d'alarme (d'alerte), *to reach danger level.* ◆ ESTIME. Avoir la cote auprès de qqn (Fam.), *to be tops with s.o.* ◆ PRÉFÉRENCE. Avoir la cote d'amour (Fam.), *to be the blue-eyed boy.* ◆ RENOMMÉE. Soigner sa cote (Fam.), *to look to o.'s popularity.*

côte 1. FATIGUE. Avoir les côtes en long, *to feel stiff all over.* [V. 4.] — 2. IMPÉCUNIOSITÉ. Etre à la côte (Fam.), *to be on o.'s beam-ends.* — 3. MARCHE. Monter (gravir) une côte, *to climb a hill.* — 4. PARESSE. Avoir les côtes en long (Fam.), *to have no hinge in o.'s back.* [V. 1.] — 5. POIDS. Voir les côtes de qqn, *to see s.o.'s ribs protruding.* — 6. RIRE. Se tenir les côtes (de rire), *to split o.'s sides (laughing).* — 7. VOIES DE FAIT. Caresser les côtes à qqn (Fam.), *to give s.o. something he won't forget in a hurry.* — 8. VOISINAGE. Etre côte à côte, *to be side by side.*

côté 1. ABANDON. Laisser qqn de côté, *to neglect s.o.* [V. 11.] — 2. ÂGE. Etre sur l'autre côté de la pente (Fam.), *to be on the wrong side of forty.* — 3. AVEUGLEMENT. Ne voir qu'un seul côté des choses, *to have a one-sided view of things.* ‖ Passer à côté d'une difficulté, *to fail to recognize a difficulty.* — 4. CARACTÈRE. Avoir ses bons côtés, *to have o.'s good side.* — 5. CIRCONSPECTION. Chercher (regarder, voir) de quel côté souffle le vent, *to find out (to see, to watch) which way the wind is blowing.* [V. 13.] — 6. DÉSARROI. Ne savoir de quel côté se tourner, *to see no way out.* — 7. DISPERSION. Etre tiraillé de tous les côtés, *to be plagued on all sides.* — 8. ERREUR. Taper (donner) à côtés (Fam.), *to miss the mark.* — 9. FOLIE. Marcher à côté de ses pompes (Pop.), *to be off o.'s rocker.* — 10. MALCHANCE. Passer à côté d'une occasion, *to miss an opportunity.* — 11. NÉGLIGENCE. Laisser qqch. de côté, *to lay sth. aside.* [V. 1.] — 12. NEUTRALITÉ. N'être ni d'un côté ni de l'autre, *to be sitting on the fence.* — 13. OPPORTUNISME. Voir de quel côté vient le vent, *to have an eye to the main chance.* [V. 5.] ‖ Se mettre du côté du manche (Fam.), *to side with the strongest.* — 14. OPTIMISME. Prendre les choses du bon côté (voir le bon côté des choses), *to look on the bright side.* — 15. PARTISAN. Se ranger (être) du côté de qqn, *to side with s.o.* — 16. PESSIMISME. Ne voir que le mauvais côté des choses, *to see only the dark side of things.* — 17. POINT FAIBLE. Prendre qqn par son côté faible, *to use s.o.'s weak point.* — 18. PRÉVOYANCE. Mettre qqch de côté, *to put sth. by.* — 19. REGARD. Regarder de côté, *to give a sidelong glance.* — 20. RÉPONSE. Répondre à côté, *to miss the point.*

→ **argent, chance, chose, point, raie, vie.**

coteau → **flanc.**

coterie → **partie.**

cotillon ◆ LIBERTINAGE. Courir le cotillon, *to run after women.*

cotisation ◆ PAIEMENT. Payer (régler, verser) sa cotisation, *to pay o.'s subscription.*

coton ◆ DIFFICULTÉ. Etre coton (Fam.), *to be a tough nut to crack.* ◆ ENFANT. Etre élevé dans du coton (Fam.), *to be mollycoddled.* ◆ SANTÉ. Filer un mauvais coton, *to be in a bad way.*

→ **jambe.**

cou ◆ ACCIDENT. Se rompre (se casser) le cou, *to break o.'s neck.* ◆ CORPS. Avoir un cou de taureau (Fam.), *to be bull-necked.* ◆ CUISINE. Tordre le cou à un

poulet, *to wring a chicken's neck.* ◆ DETTE.
Etre endetté jusqu'au cou (Fam.), *to be
up to the ears in debt.* ◆ ENGAGEMENT.
Etre enfoncé (plongé) jusqu'au cou dans
qqch. (Fam.), *to be up to the eyes in sth.*
◆ ÉPANCHEMENTS. Sauter (se suspendre)
au cou de qqn, *to fall (to hang) on s.o.'s
neck.*
→ **bain, bride, corde, jambe, merde,
misère, peau, pierre.**

couac ◆ CHANT. Faire des couacs, *to
squawk.*

couche ◆ BÊTISE. En tenir une couche
(Fam.), *to be a fat-head.* ◆ MATERNITÉ.
Etre en couches, *to be in labour.* ‖ Faire
une fausse couche, *to have a miscarriage.*
‖ Relever de couches, *to be lying-in.*

coucher ◆ REBUFFADE. Envoyer qqn se
coucher (Fam.), *to tell s.o. to beat it.*
◆ SOMMEIL. Envoyer qqn se coucher,
to send s.o. to bed.

coucheur ◆ CARACTÈRE. Etre un mauvais coucheur (Fam.), *to be an uneasy
bedfellow.*

couci-couça ◆ MÉDIOCRITÉ. Etre
couci-couça (Fam.), *to be so-so.*

coude ◆ ARRIVISME, FAITS ET GESTES.
Jouer des coudes (Fam.), *to elbow o.'s
way through.* ◆ AVERTISSEMENT. Pousser
qqn du coude, *to nudge s.o.* ◆ FAITS ET
GESTES. Mettre les coudes sur la table,
to put o.'s elbows on the table. ◆ IVRO-
GNERIE. Hausser (lever) le coude (Fam.),
to lift the elbow. ◆ PRÉTENTION. Ne pas se
moucher du coude (Fam.), *to do things in
great style.* ◆ SOLIDARITÉ. Se serrer les
coudes (Fam.), *to stick together.*
→ **bras, huile.**

coudée ◆ LATITUDE. Avoir les coudées
franches, *to be free to act.* ◆ SUPÉRIORITÉ.
Dépasser qqn de cent coudées (Fam.),
to be far superior to s.o.

couic ◆ MORT. Faire couic (Pop.), *to snuff
out.*

coulant ◆ ACCOMMODEMENT. Se montrer
coulant (Fam.), *to be easy-going.*

coule ◆ COMPÉTENCE. Etre à la coule
(Fam.), *to know what's what.* ‖ Se mettre
à la coule (Fam.), *to learn the ropes.*

couleur 1. COULEUR. Harmoniser les
couleurs, *to blend colours.* ‖ Perdre sa
couleur, *to fade.* ‖ Raviver une couleur,
to heighten a colour. − 2. CUISINE. Prendre
couleur, *to turn brown.* [V. 12.] − 3.
DÉNIGREMENT. En dire de toutes les

couleurs sur qqn (Fam.), *to tear s.o. to
shreds.* − 4. DÉSAGRÉMENT. En voir de
toutes les couleurs (Fam.), *to be led a
merry dance.* − 5. ÉMOTION. Changer de
couleur, *to change colour.* − 6. ÉMOTIVITÉ.
Passer par toutes les couleurs, *to go hot
and cold all over.* −7. MARINE, MILITAIRE.
Amener (baisser, rentrer, envoyer, hisser)
les couleurs, *to haul down (to strike; to
hoist) the colours.* − 8. NON-PAIEMENT.
Ne pas revoir la couleur de son argent
(Fam.), *to have seen the last of o.'s money.*
− 9. ORIGINALITÉ. Faire couleur locale,
to give local colour. − 10. PERSÉCUTION.
En faire voir de toutes les couleurs à qqn
(Fam.), *to lead s.o. a merry dance.* −
11. PHYSIONOMIE. Etre haut en couleur,
to have a ruddy complexion. − 12.
PROGRÈS. Prendre couleur (Fig.), *to shape
up.* [V. 2.] − 13. RENOUVELLEMENT.
Donner une couleur nouvelle à qqch., *to
put sth. in a new light.* − 14. RONDEUR.
Annoncer la couleur, *to put o.'s cards on
the table.* − 15. SANTÉ. Perdre ses
couleurs, *to grow pale.*
→ **goût.**

couleuvre ◆ PARESSE. Etre paresseux
(fainéant) comme une couleuvre (Fam.),
not to understand the word work. ◆
RÉSIGNATION. Avaler des couleuvres,
to swallow bitter pills.

coulisse ◆ INTRIGUE. Agir dans les
coulisses, *to act behind the scenes.* ◆
NON-PARTICIPATION. Se tenir dans la
coulisse (Fig.), *to keep in the background.*
◆ REGARD. Regarder qqn en coulisse,
to cast sidelong glances at s.o. ◆ SECRET.
Se passer (se faire) dans la coulisse, *to
happen (to be done) behind the scenes.*
→ **œil, regard.**

couloir → **bœuf, coin, intrigue.**

coulpe ◆ AVEU. Battre sa coulpe, *to cry
peccavi.*

coup 1. ADMINISTRATION. Donner un coup
de tampon à qqch., *to stamp sth.* − 2.
ADRESSE. Avoir le coup de main, *to have
the knack.* − 3. ADULTÈRE. Donner un
coup de canif dans le contrat (Fam.),
to have the occasional fling. − 4. ÂGE.
Prendre un coup de vieux (Fam.), *to look
suddenly aged.* ‖ Vieillir d'un coup, *to
age overnight.* − 5. ALIMENTATION. Avoir
un bon coup de fourchette (Fam.), *to be
a hearty eater.* − 6. AMOUR. Avoir le
coup de foudre pour qqn, *to fall in love*

with s.o. at first sight. — 7. ANIMAL. Donner un coup de dent à qqn, to snap at s.o. [V. 24.] — 8. APPRÉCIATION, DISCERNEMENT. Avoir le coup d'œil, to have a good eye. — 9. ARDEUR. En mettre un coup (Fam.), to put o.'s back into it. — 10. ASSISTANCE. Donner un coup d'épaule à qqn, to give s.o. a leg-up. ‖ Donner un coup de main à qqn, to lend s.o. a hand. ‖ Donner un coup de pouce à qqn, to give s.o. a push. — 11. AUTOMOBILE. Donner un coup d'accélérateur, to accelerate briefly. ‖ Donner un coup de frein, to clap on the brakes. ‖ Donner un coup de Klaxon, to sound o.'s horn. ‖ Donner un coup de volant, to swing the steering wheel. — 12. AUTORITÉ. Donner un coup de poing sur la table (Fig.), to bang on the table. — 13. BOISSON. Boire un coup, to have a drink. ‖ Boire un coup de rouge (Fam.), to have a swig of red wine. ‖ Offrir le coup de l'étrier à qqn, to offer s.o. a stirrup-cup. — 14. CERTITUDE. Parier à coup sûr, to make a safe bet. — 15. CHANCE. Gagner à tous les coups, to win every time. — 16. CIVILITÉ. Donner un coup de chapeau à qqn, to take off o.'s hat to s.o. [V. 31.] — 17. COIFFURE. Se donner un coup de peigne, to run the comb through o.'s hair. — 18. COLÈRE. Avoir un coup de sang (Fam.), to flare up. [V. 85.] ‖ Pousser un coup de gueule (Fam.), to let out a bellow. ‖ 19. COMBLE. Donner (porter) le coup de grâce à qqn (Fam.), to give s.o. the coup de grâce. [V. 69.] — 20. CORPS. Etre taillé à coups de serpe (de hache) [Fam.], to be rough-hewn. — 21. CUISINE. Prendre un coup de feu, to get burnt. — 22. DÉFENSE, VOIES DE FAIT. Parer le coup, to parry the blow. — 23. DÉLIT. Tomber sous le coup de la loi, to fall foul of the law. — 24. DÉNIGREMENT. Donner un coup de bec (de patte) à qqn (Fam.), to make a dig at s.o. ‖ Donner un coup de dent à qqn (Fam.), to snap at s.o. [V. 7.] — 25. DÉTÉRIORATION. En prendre un coup (Fam.), to take a beating. — 26. DÉTERMINATION. Frapper un grand coup, to strike hard. — 27. DISCUSSION. Discuter le coup (Fam.), to have a good old chinwag. — 28. DUALITÉ. Faire coup double, to bring off a double coup. — 29. ÉCHEC. Manquer (rater [Fam.]) son coup, to miss the mark. — 30. EFFORT. Donner un coup de

collier, to make a big effort. — 31. ÉLOGE. Donner un coup de chapeau à qqn au passage (Fig.), to make a flattering reference to s.o. in passing. [V. 16.] — 32. ÉMOTION. Donner un coup à qqn, to give s.o. a shock. ‖ Donner (recevoir) le coup de massue (masse), to give (to receive) a sledgehammer (stunning) blow. ‖ Etre sous le coup de l'émotion, to be still feeling stunned. — 33. ÉMOTIVITÉ. Accuser (marquer) le coup, to flinch. [V. 68.] — 34. ENDURANCE. Tenir le coup (Fam.), to stick it out. — 35. ÉPREUVE. Avoir un coup dur, to have a hard knock. ‖ Etre un coup dur, to be a hard blow. ‖ Subir (essuyer) les coups du sort, to be tossed about by fate. ‖ Supporter les coups du sort, to suffer the blows of fate. — 36. ESTIMATION. Calculer son coup, to gauge it right. [V. 77.] — 37. EXAMEN. Jeter un coup d'œil sur qqch., to cast an eye over sth. — 38. EXPÉRIENCE. Ne pas en être à son coup d'essai, to be no novice. — 39. EXPLOIT. Faire un coup fumant (Fam.), to hit the bull's eye. ‖ Réussir un coup de maître, to bring off a master-stroke. — 40. FAITS ET GESTES. Donner un coup sec, to give a rap. ‖ Donner un coup de sifflet, to blow the whistle. ‖ Donner un coup de pied, to kick. — 41. FATIGUE. Avoir un coup de bambou (Fam.), to be all-in. ‖ Avoir le coup de pompe, to feel suddenly exhausted. — 42. FINANCES. Faire un coup de Bourse, to pull off a coup on the stock market. — 43. FLATTERIE. Donner des coups d'encensoir à qqn (Fam.), to lay the flattering unction to s.o.'s soul. — 44. FOLIE. Avoir reçu un coup de bambou (Fam.), not to be right in the head. ‖ Avoir reçu un coup de lune (Fam.), to be moonstruck. — 45. HASARD. Etre (risquer) un coup de poker, to be (to risk) a gamble. — 46. IDÉE. Etre un coup de génie, to be a stroke of genius. — 47. IMAGINATION. Se monter le coup, to get ideas into o.'s head. — 48. IMMÉDIATETÉ. Agir sur le coup, to act on the spot. ‖ Trouver du premier coup, to find at the first shot. — 49. IMPLICATION. Etre dans le coup (Fam.), to be in on it. [V. 51.] — 50. IMPULSION. Agir sous le coup de la colère, to act in anger. ‖ Agir sur un coup de tête, to act on a sudden impulse. ‖ Avoir un coup de folie, to have a moment's folly. ‖ Faire un coup de

tête, *to do something wild.* − 51. INFORMA-
TION. Etre dans le coup (Fam.), *to be
in the know.* [V. 49.] ‖ Expliquer le
coup (Fam.), *to explain what's what.* ‖
Mettre qqn dans le coup (Fam.), *to let
s.o. in on it.* − 52. INQUIÉTUDE. Etre aux
cent coups (Fam.), *to be up the wall.*
− 53. INSULTE. En prendre un coup dans
les gencives (Fam.), *to get a slap in the
face.* − 54. INTÉRÊT. Valoir le coup
(Fam.), *to be worthwhile.* [V. 93.] − 55.
INTERVENTION. Faire un coup de théâtre,
to make a dramatic move. − 56. INUTILITÉ.
Donner des coups d'épée dans l'eau, *to
beat the air.* − 57. IVRESSE. Boire un coup
de trop, *to have one over the eight.* ‖
(En) avoir un coup dans le nez (Fam),
to have had a drop too much. ‖ En avoir
un coup dans l'aile (le cigare) [Fam.],
to be loaded. − 58. LÂCHETÉ. Donner le
coup de pied de l'âne, *to kick a man when
he's down.* − 59. LIBERTINAGE. Faire les
quatre cents coups (Fam.), *to paint the
town red.* − 60. MAISON. Donner un coup
de badigeon à qqch., *to give sth. a lick
of paint.* − 61. MALCHANCE. Ne récolter
que des coups, *to get more kicks than
ha'pence.* − 62. MARINE. Donner un coup
de barre, *to put the helm over.* [V. 79.]
− 63. MÉCHANCETÉ. Donner des coups
d'épingle à qqn, *to give s.o. pinpricks.*
‖ Faire un mauvais coup, *to play a dirty
trick.* − 64. MÉDECINE. Donner un coup
de bistouri, *to use a lancet.* − 65. MÉDE-
CINE, STIMULATION. Donner un coup de
fouet, *to give a shot in the arm.* − 66.
MÉNAGE. Donner un coup de balai, *to give
a quick sweep round.* [V. 81.] ‖ Donner
un coup de brosse à qqch., *to brush sth.
down.* ‖ Donner un coup de chiffon, *to give
a quick dust.* ‖ Donner un coup de fer à
qqch., *to run an iron over sth.* − 67.
MILITAIRE. Essuyer un coup de feu, *to be
shot at.* ‖ Tenter un coup de main, *to
make a surprise attack.* − 68. MISE EN
VALEUR. Marquer le coup, *to mark the
occasion.* [V. 33.] − 69. MORT. Donner
(porter) le coup de grâce à qqn, *to finish
s.o. off.* [V. 19.] ‖ Mourir sur le coup,
to die on the spot. − 70. MUSIQUE. Avoir
un bon coup d'archet, *to have good bowing
technique.* − 71. NON-PARTICIPATION.
Compter les coups (Fig.), *to mark down
the points* [V. 89.] − 72. PERFECTIONNE-
MENT. Donner le dernier coup de lime (le

coup de fion [Fam.]) à qqch., *to put the
finishing touch to sth.* − 73. POIDS. Etre
sec comme un coup de trique, *to be
scrawny.* − 74. POLICE. Réussir un (beau)
coup de filet, *to make a good haul.* − 75.
POLITIQUE. Faire (tenter; réussir) un coup
d'État, *to carry out (to attempt, to pull off)
a coup d'État.* ‖ Tenter un coup de force,
to try force. − 76. PRÉTENTION. Ne pas se
donner des coups de pied dans les jambes
(Fam.), *to have no small opinion of o.s.*
− 77. PRÉVISION. Calculer son coup
(Fam.), *to lay o.'s plans.* [V. 36.] − 78.
RAPIDITÉ. Expédier qqch. en trois coups de
cuiller à pot (Fam.), *to do sth. in two
shakes of a lamb's tail.* − 79. REDRESSE-
MENT. Donner un coup de barre, *to change
course.* [V. 62.] − 80. REGARD. Embrasser
d'un coup d'œil, *to take in at a glance.*
‖ Lancer un coup d'œil à qqn, *to throw
a glance in s.o.'s direction.* − 81. RENVOI.
Donner un coup de balai, *to make a clean
sweep.* [V. 66.] − 82. RÉPÉTITION.
Essayer encore un coup (Fam.), *to try
again.* − 83. RESTAURANT. Recevoir le
coup de fusil (Fam.), *to get a shock when
o. sees the bill.* − 84. RETARDEMENT.
Réagir après coup, *to react a bit late in
the day.* ‖ Venir après coup, *to come too
late.* − 85. SANTÉ. Attraper un coup de
soleil, *to get a touch of the sun.* ‖ Avoir un
coup de sang (Fam.), *to have a stroke.*
[V. 18.] ‖ Prendre un coup de froid,
to catch a chill. ‖ Se donner un coup contre
qqch., *to bang against sth.* − 86. SOUDAI-
NETÉ. Arriver tout d'un coup, *to happen
all at once.* − 87. SPECTACLE. Frapper les
trois coups, *to give the three classic knocks
(before curtain-up).* − 88. SPONTANÉITÉ.
Juger au premier coup d'œil, *to judge at
the first glance.* − 89. SPORTS. Compter les
coups, *to keep score.* [V. 71.] ‖ Donner le
coup d'envoi, *to kick off.* ‖ Pêcher au
coup, *to do ground-bait fishing.* ‖ Tirer
un coup de fusil, *to fire a rifle shot.*
− 90. SUCCÈS. Réussir son coup, *to bring
it off.* − 91. SUCCESSION. Arriver coup sur
coup, *to happen in quick succession.* − 92.
TÉLÉPHONE. Donner (recevoir) un coup
de fil, *to give (to get) a ring.* − 93. TENTA-
TIVE. Risquer le coup, *to chance it.* ‖
Tenter le coup, *to take a chance.* ‖ Valoir
le coup d'essayer, *to be worth trying.*
[V. 54.] − 94. TOUR. Etre un coup
classique, *to be an old dodge.* ‖ Faire un

mauvais (sale) coup à qqn, *to do the dirty on s.o.* — 95. TRAÎTRISE. Donner à qqn un coup de poignard dans le dos (Fig.), *to stab s.o. in the back.* ‖ Porter un coup fourré à qqn, *to deal s.o. a backhander.* — 96. TRAVAIL. Etre en plein coup de feu, *to be at o.'s busiest time.* — 97. TROMPERIE. Etre un coup monté, *to be a put-up job.* ‖ Monter le coup à qqn (Fam.), *to lead s.o. on.* — 98. VISITE. Passer en coup de vent chez qqn, *to pay a flying visit to s.o.* — 99. VITESSE. Passer en coup de vent, *to whiz past.* — 100. VOIES DE FAIT. Administrer (donner) des coups à qqn, *to wallop s.o.* ‖ Allonger un coup de poing à qqn, *to give s.o. a punch.* ‖ Asséner (porter) un coup à qqn, *to bludgeon (to hit) s.o.* ‖ Bourrer (marteler) qqn de coups, *to pummel (to hammer) s.o.* ‖ Cribler qqn de coups, *to rain blows on s.o.* ‖ Donner un coup de pied aux fesses à qqn (Pop.), *to give s.o. a kick in the seat of the pants.* ‖ Donner à qqn (recevoir) un coup de pied quelque part, *to let s.o. feel (to feel) the toe of o.'s (s.o.'s) boot.* ‖ Échanger des coups, *to exchange blows.* ‖ Encaisser les coups, *to be on the receiving end.* ‖ Faire le coup du père François à qqn (Fam.), *to hit s.o. below the belt.* ‖ Frapper à coups redoublés, *to hit harder than ever.* ‖ Meurtrir qqn de coups, *to beat s.o. black and blue.* ‖ Recevoir un mauvais coup, *to get badly hurt.* ‖ Rendre coup pour coup, *to give as good as one gets.* ‖ Rouer qqn de coups, *to beat s.o. up.*
→ **grêle, pierre, quête, vie.**

coupable ◆ AVEU. S'avouer coupable, *to admit o.'s guilt.* ◆ CULPABILITÉ. Se rendre coupable de qqch., *to be guilty of sth.* ◆ INCULPÉ. Etre reconnu (déclaré) coupable, *to be found (declared) guilty.* ‖ Plaider coupable (non coupable), *to plead guilty (not guilty).* ◆ PROCÉDURE. Démasquer le coupable, *to expose the culprit.*

coupe ◆ ÉPURATION. Pratiquer (faire) des coupes sombres, *to make drastic cuts.* ◆ ESCLAVAGE. Tomber sous la coupe de qqn, *to fall into s.o.'s clutches.* ◆ OPPRESSION. Tenir qqn sous sa coupe, *to keep s.o. under o.'s thumb.* ◆ VOL. Mettre en coupe réglée, *to fleece regularly.*

couper ◆ ACCULEMENT. Ne pas y couper (Fam.), *not to get out of it.* ◆ FATALITÉ. Ne pas y couper (Fam.), *cannot escape* (Gramm.).

couperet → tête.

couple ◆ MARIAGE. Former un beau couple, *to make a handsome couple.*

coupure ◆ ÉLECTRICITÉ. Faire des coupures de courant, *to make power cuts.* ◆ FINANCES. Payer en coupures de X francs, *to pay in X francs notes.* ◆ LITTÉRATURE. Faire des coupures dans qqch., *to make cuts in sth.*

cour ◆ AMOUR. Faire la cour à qqn, *to woo s.o.* ‖ Faire sa cour, *to pay court.* ◆ FAVEUR. Etre bien en cour, *to be in favour.* ◆ INCURIE. Etre (ressembler à) la cour du roi Pétaud, *to be a free-for-all.* ◆ NIVEAU SOCIAL. Etre la cour des Miracles, *to be the haunt of rogues and vagabonds.*
→ **brin.**

courage ◆ APATHIE. Manquer de courage, *to have no heart.* ◆ COURAGE. N'écouter que son courage, *to listen only to the voice of courage.* ‖ Prendre son courage à deux mains, *to take o.'s courage in both hands.* ‖ Rassembler son courage, *to screw up o.'s courage.* ‖ Reprendre courage, *to take fresh heart.* ‖ S'armer de courage, *to brace o.s.* ◆ DÉCOURAGEMENT. Ébranler le courage de qqn, *to shake s.o.'s morale.* ‖ Enlever son courage à qqn, *to leave s.o. demoralized.* ‖ Perdre courage, *to lose heart.* ◆ ENCOURAGEMENT. Donner du courage à qqn, *to put heart into s.o.* ‖ Rendre (redonner) courage à qqn (ranimer le courage de qqn), *to put fresh heart into s.o.* ‖ Soutenir le courage de qqn, *to keep up s.o.'s spirits.* ◆ OPINION. Avoir le courage de ses opinions, *to have the courage of o.'s convictions.*
→ **appel, preuve, provision, sou.**

courant 1. CONFORMISME. Suivre le courant (Fig.), *to go with the tide.* — 2. DIRECTION. Suivre (descendre) le courant, *to go downstream.* ‖ Remonter le courant, *to go upstream.* [V. 9.] — 3. ÉLECTRICITÉ. Couper (rétablir) le courant, *to turn off (to turn on) the current.* — 4. FUITE. Se déguiser en courant d'air (Fam.), *to do a Houdini.* — 5. IMPRUDENCE. Se mettre en courant d'air, *to get in a draught.* — 6. INFORMATION. Etre au courant, *to know all about it.* ‖ Etre au courant de qqch., *to know about sth.* ‖ Mettre qqn au courant de qqch., *to put s.o. in the picture.* ‖ Ne pas être au courant, *to know nothing about it.* ‖ Se mettre au courant, *to get into the swing.*

‖ Se mettre au courant de qqch., *to familiarize o.s. with sth.* ‖ Se tenir au courant de qqch., *to keep up to date with sth.* ‖ Tenir qqn au courant de qqch., *to keep s.o. up to date about sth.* − 7. LITTÉRATURE. Écrire au courant de la plume, *to write as the spirit moves o.* − 8. RÉSISTANCE. Lutter contre le courant (Fig.), *to go against the tide.* [V. 10.] − 9. RESSORT. Remonter le courant, *to be on the way up again.* [V. 2.] − 10. SPORTS. Ramer (lutter, nager) contre le courant, *to row (to struggle, to swim) against the current.* [V. 8.]
→ **coupure, prise.**

courbe 1. DIRECTION. Décrire une courbe, *to curve.* [V. 2.] − 2. MATHÉMATIQUES. Décrire une courbe, *to describe a curve.* [V. 1.] − 3. MÉDECINE. Tracer une courbe de température, *to fill in a temperature chart.*

courbette ◆ FLATTERIE. Faire des courbettes, *to bow and scrape.*

coureur ◆ MARIAGE. Etre un coureur de dots, *to be a fortune-hunter.*

courir ◆ INDIFFÉRENCE. Laisser courir (Fam.), *to leave it at that.*

couronne ◆ DENTISTERIE. Poser une couronne, *to fit a crown.* ◆ ÉLOGE. Tresser des couronnes à qqn, *to throw bouquets at s.o.* ◆ MONARCHIE. Aspirer (prétendre; renoncer) à la couronne, *to aspire (to claim; to renounce) to the throne.* ‖ Ceindre la couronne, *to assume the crown.*
→ **fleuron.**

courre ◆ CHASSE. Laisser courre, *to lay on.*

courrier ◆ COURRIER. Acheminer (distribuer) le courrier, *to carry (to deliver) the mail.* ‖ Dépouiller son courrier, *to open o.'s post.* ‖ Faire son courrier, *to write letters.* ‖ Ramasser (expédier, poster) le courrier, *to collect (to send, to post) the mail.* ‖ Signer le courrier, *to sign the mail.*
→ **levée.**

courroux ◆ APAISEMENT. Apaiser le courroux de qqn, *to calm s.o.'s wrath.* ◆ AUDACE. Braver le courroux de qqn, *to brave s.o.'s wrath.* ◆ COLÈRE. Se mettre en courroux, *to become wrathful.*

cours 1. ACTUALITÉ. Avoir cours, *to be current.* [V. 7.] − 2. ARCHAÏSME. Ne plus avoir cours, *to be out of fashion.* [V. 7.] − 3. COLÈRE. Donner libre cours à sa colère, *to let o.'s anger rip.* − 4. DIREC-

TION. Descendre (remonter) le cours d'un fleuve, *to go downstream (upstream).* − 5. ÉCOLE. Donner des cours, *to teach.* ‖ Sécher un cours (Fam.), *to cut a class.* ‖ Suivre un cours, *to take a course.* ‖ Suivre des cours, *to attend classes.* ‖ Suivre les (assister aux) cours du soir, *to attend evening classes.* − 6. ÉVOLUTION. Suivre son cours, *to take its course.* − 7. FINANCES. Avoir cours, *to be legal tender.* [V. 1.] ‖ Ne plus avoir cours, *to be out of circulation.* [V. 2.] − 8. INTERVENTION. Hâter (entraver, interrompre; suivre) le cours des événements, *to hasten (to impede, to interrupt; to follow) the course of events.* ‖ Infléchir le cours des choses, *to affect the course of events.* − 9. RÉTABLISSEMENT. Reprendre son cours, *to return to normal.* − 10. RÉTROSPECTIVE. Remonter le cours des ans, *to go back in time.* − 11. TRAVAUX PUBLICS. Détourner le cours d'une rivière, *to divert a stream from its bed.*

course 1. DÉSISTEMENT. Se retirer de la course (Fig.), *to withdraw from the running.* − 2. JEUX D'ARGENT. Jouer aux courses, *to bet on horses.* − 3. JEUX D'ENFANT, SPORTS. Faire la (une) course, *to run a race.* − 4. MARCHE. Prendre sa course, *to break into a run.* − 5. MÉNAGE. Faire des courses, *to do some shopping.* [V. 6.] − 6. MÉTIER. Faire des courses, *to run errands.* [V. 5.] − 7. MILITAIRE. Faire la course aux armements, *to be in the armaments race.* − 8. PRÉCIPITATION, SPORTS. Faire une course contre la montre, *to race against the clock.* − 9. RETARDATAIRE. Ne plus être dans la course (Fam.), *to be out of the running.* − 10. TAXI. Payer sa course, *to pay o.'s fare.*
→ **bout, part, pas, voiture.**

court ◆ ARGUMENTATION. Etre à court d'arguments, *to have run out of arguments.* ◆ DIRECTION, RAPIDITÉ. Prendre (couper) au plus court, *to take a short cut.* ◆ FIN. Couper court à une discussion, *to cut short a discussion.* ‖ Tourner court, *to come to a sudden stop.* ◆ IMPÉCUNIOSITÉ. Etre à court, *to be short.* ◆ IMPROVISTE. Etre pris de court, *to be taken at short notice.*

court-bouillon ◆ CUISINE. Cuire au court-bouillon, *to poach in stock.*

court-circuit ◆ ÉLECTRICITÉ. Provoquer un court-circuit, *to cause a short-circuit.*

courtoisie ◆ INCIVILITÉ. Manquer de courtoisie, *to lack good manners.*
→ **visite.**

cousin ◆ FAMILLE. Etre cousins germains, *to be first cousins.* ‖ Etre cousins au troisième degré, *to be cousins thrice removed.* ‖ Etre cousins à la mode de Bretagne, *to be vaguely related.*

cousu ◆ PERFECTION. Etre du cousu main (Fig.), *to be a fine piece of work.*

coût ◆ FINANCES. Augmenter (réduire) le coût de la vie, *to raise (to reduce) the cost of living.*

couteau ◆ ACCULEMENT. Avoir le couteau sur (sous) la gorge, *to have a pistol held at o.'s head.* ‖ Mettre le couteau sur (sous) la gorge, *to hold a pistol at s.o.'s head.* ◆ HOSTILITÉ. Etre à couteaux tirés, *to be at daggers drawn.* ◆ MAUVAIS TEMPS. Etre à couper au couteau (brouillard), *to be like pea-soup.* ◆ SADISME. Remuer (enfoncer, retourner) le couteau dans la plaie (Fig.), *to rub it in.* ◆ VOIES DE FAIT. Jouer du couteau, *to pull a knife.*
→ **bête, bêtise, visage.**

coûter ◆ EXPÉRIENCE. Savoir ce qu'il en coûte, *to feel the consequences.*

coutume ◆ COUTUME. Abolir (adopter, introduire; conserver; faire revivre; observer, suivre; respecter) une coutume, *to abolish (to adopt, to introduce; to preserve; to revive; to observe, to follow; to respect) a custom.* ◆ HABITUDE. Avoir coutume de faire qqch., *to be in the habit of doing sth.*
→ **us.**

couture ◆ COMPÉTITION. Battre qqn à plate couture, *to beat the pants off s.o.* ◆ COUTURE. Faire une couture, *to sew a seam.* ‖ Faire de la couture, *to do sewing.* ◆ MÉTIER. Etre dans la couture, *to be in the dressmaking trade.* ‖ Etre dans la haute couture, *to be in the haute couture trade.* ◆ MINUTIE. Examiner qqch. sous toutes les coutures, *to scrutinize sth. from every angle.*

couvée ◆ EXPÉRIENCE. Ne pas être de la dernière couvée (Fam.), *not to have been born yesterday.*

couvent ◆ RELIGION. Entrer au couvent, *to go into a convent* (femme); *to go into a monastery* (homme).

couvercle ◆ MARIAGE. Trouver le couvercle pour sa marmite (Fam.), *to find o.s better half.*

couvert ◆ CIVILITÉ. Rester couvert, *to keep o.'s hat on.* ◆ HOSPITALITÉ. Avoir son couvert mis chez qqn, *can turn up at s.o's for a meal any time* (Gramm.). ‖ Mettre (disposer) le couvert, *to lay (to set) the table.* ‖ Ôter (enlever) le couvert, *to clear away.* ‖ Rajouter un couvert, *to set another place.* ◆ RESPONSABILITÉ. Se mettre à couvert, *to cover o.s.*
→ **clos, vivre.**

couverture ◆ ÉGOÏSME. Tirer la couverture à soi, *to take the lion's share.* ◆ GARANT. Servir de couverture à qqn, *to act as a cover for s.o.* ◆ MÉNAGE. Faire la couverture, *to turn down the bed.*

couvre-feu ◆ MILITAIRE. Sonner le couvre-feu, *to sound the curfew.*

crabe → **panier.**

crachat ◆ DÉSARROI. Se noyer dans un crachat (Fam.), *to lose o.'s head over trifles.*

crachoir ◆ CONVERSATION. Tenir le crachoir à qqn (Fam.), *to hold forth to s.o.*

crack ◆ SUPÉRIORITÉ. Etre un crack (Fam.), *to be a wizard.*

crainte ◆ APAISEMENT. Apaiser (dissiper) les craintes de qqn, *to assuage (to dispel) s.o.'s fears.* ◆ APPRÉHENSION. Éprouver des craintes, *to feel apprehensive.* ‖ Inspirer des craintes, *to give cause for apprehension.* ‖ Vivre dans la crainte, *to live in constant fear.* ◆ EXCITATION. Entretenir les craintes de qqn, *to feed s.o.'s fears.* ◆ MENACE. Inspirer de la crainte, *to inspire fear.*

cramoisi ◆ ÉMOTIVITÉ. Devenir cramoisi, *to turn crimson.*

crampe ◆ SANTÉ. Avoir des crampes, *to have cramps.*

cran ◆ COURAGE. Avoir du cran (ne pas manquer de cran) [Fam.], *to be plucky.* ◆ ÉNERVEMENT. Etre à cran (Fam.), *to be ready to explode.* ◆ TECHNIQUE. Mettre le cran d'arrêt, *to put on the safety-catch.*
→ **nerf.**

crâne ◆ BRUIT. Marteler le crâne à qqn, *to din in s.o.'s ears.* ◆ INSTIGATION. Bourrer le crâne à qqn, *to brainwash s.o.* ‖ Enfoncer qqch. dans le crâne de qqn, *to hammer sth. into s.o.'s head.*
→ **bourrage.**

crapaud → **race.**

crapule ◆ MALHONNÊTETÉ. Etre une parfaite crapule, *to be a filthy swine.*

craque ♦ MENSONGE. Raconter des craques (Fam.), *to tell tall stories.*

craquer ♦ ESPACE. Etre plein à craquer, *to be filled to bursting point.*

crasse ♦ TOUR. Faire une crasse à qqn (Fam.), *to do the dirty on s.o.*

cravache ♦ OPPRESSION. Mener qqn à la cravache, *to rule s.o. with a rod of iron.*

cravate ♦ BOISSON. S'en jeter un derrière la cravate (Pop.), *to down one.* ♦ SPORTS. Faire une cravate à qqn, *to get s.o. in a head-lock.* ♦ VÊTEMENT. Nouer sa cravate, *to tie o.'s tie.*

crawl ♦ SPORTS. Nager le crawl, *to do the crawl.*

crayon ♦ ÉCRITURE. Écrire au crayon (au crayon à bille), *to write in pencil (with a ball-point pen).*

créance ♦ CONFIANCE. Donner créance à qqch., *to give credence to sth.* ♦ DÉFAVEUR. Perdre créance auprès de qqn, *to lose s.o.'s trust.* ♦ FIABILITÉ. Mériter créance, *to deserve to be believed.* ‖ Trouver créance, *to find credit.* ♦ FINANCES. Recouvrer une créance, *to recover a debt.* → **lettre.**

création ♦ MODE. Présenter ses dernières créations, *to show o.'s latest creations.*

créature ♦ COMPLICITÉ. Etre la créature de qqn, *to be s.o.'s creature.* ♦ DÉTRESSE. Etre une pauvre créature, *to be a poor soul.*

crédit 1. COMMERCE. Faire crédit, *to give credit.* [V. 2.] ‖ Payer à crédit, *to pay by instalments.* − 2. CONFIANCE. Accorder (donner) crédit à qqn, *to grant (to give) credence to s.o.* ‖ Faire crédit à qqn, *to trust s.o.* [V. 1.] − 3. FINANCES. Bloquer (débloquer; suspendre; voter) des crédits, *to block (to release; to suspend; to vote) funds.* ‖ Disposer de crédits, *to have funds available.* − 4. INFLUENCE. Abuser de son crédit, *to take unfair advantage of o.'s influence.* ‖ Jouir d'un grand crédit auprès de qqn, *to have great influence with s.o.* ‖ Épuiser son crédit, *to use up all o.'s influence.*

credo ♦ OPINION. Exposer son credo, *to state o.'s creed.*

crédulité ♦ TROMPERIE. Abuser de (exploiter) la crédulité de qqn, *to take advantage of (to exploit) s.o.'s credulity.*

crémaillère ♦ MAISON. Pendre la crémaillère, *to hold a house-warming party.*

crème ♦ CARACTÈRE. Etre la crème des hommes (Fam.), *to be the crème de la crème.* ♦ INFAMIE. Etre la crème du fond du pot (Fam.), *to be the dregs.* → **tarte.**

crèmerie ♦ CHANGEMENT. Changer de crèmerie (Fam.), *to make a change.* ♦ MAISON. Changer de crèmerie (Fam.), *to move house.*

1. crêpe ♦ MORT. Porter un crêpe, *to wear a mourning band.*

2. crêpe ♦ CUISINE. Faire sauter une crêpe, *to toss a pancake.*

crépi ♦ ARCHITECTURE. Faire un crépi, *to rough cast.*

crête ♦ DÉCONVENUE. Baisser la crête (Fam.), *to look crestfallen.* ♦ FORFANTERIE. Lever la crête (Fam.), *to puff out o.'s chest.*

crétin ♦ BÊTISE. Etre un crétin (Fam.), *to be an idiot.* → **race.**

creux ♦ APPÉTIT. Avoir un creux dans l'estomac, *to be sharp-set.* ♦ BRUIT. Sonner le creux, *to sound hollow.* ♦ CONFIDENCE. Dire (glisser) qqch. dans le creux de l'oreille de qqn, *to whisper sth. in s.o.'s ear.* ♦ DÉCOURAGEMENT. Etre au creux de la vague, *to be at the nadir.* ♦ EMPHASE. Sonner creux, *to strike hollow.*

crevasse ♦ SANTÉ. Avoir des crevasses, *to have split skin.*

crève ♦ SANTÉ. Attraper (ramasser) la crève (Fam.), *to catch o.'s death.*

crever ♦ ALIMENTATION. Manger à crever (Fam.), *to stuff o.s.* → **malade.**

cri ♦ CRI. Pousser (jeter) un cri, *to cry out.* ‖ Pousser des cris de paon (Fam.), *to shriek.* ♦ MAÎTRISE DE SOI. Étouffer un cri, *to stifle a cry.* ♦ MODE. Etre du dernier cri, *to be the very latest thing.* ♦ PROTESTATION. Jeter (pousser) les hauts cris, *to protest loudly.* ‖ Pousser des cris de putois (Fam.), *to protest shrilly.* ♦ SOUFFRANCE. Arracher des cris à qqn, *to force a cry from s.o.* ♦ UNANIMITÉ. Ne faire qu'un cri, *to be chorus agreement.* → **cor.**

crible ♦ EXAMEN. Passer au crible, *to sift out.*

criée ♦ COMMERCE. Vendre à la criée, *to auction.*

crime ♦ CORRUPTION. Pousser qqn au crime, *to urge s.o. on to crime.* ♦ CRIME. Commettre un crime politique, *to carry* out an assassination. ‖ Commettre (per-pétrer) un crime, *to commit (to perpetrate) a crime.* ◆ NON-IMPORTANCE. Ne pas être un grand crime, *to be of no great consequence.*

→ lieu, mobile, reconstitution.

crin ◆ IRRITABILITÉ. Etre comme un crin (Fam.), *to be very tetchy.*

crise ◆ COLÈRE. Piquer une crise (Fam.), *to hit the ceiling.* ◆ DÉSAGRÉMENT. Traverser (passer par) une crise, *to go through a crisis.* ◆ EXCITATION. Faire prendre une crise à qqn (Fam.), *to drive s.o. frantic.* ◆ LARMES. Avoir une crise de larmes, *to have a fit of crying.* ◆ NER-VOSITÉ. Avoir (piquer [Fam.]) une crise de nerfs, *to have (to go into) hysterics.* ◆ POLITIQUE. Résoudre (dénouer) une crise, *to solve (to resolve) a crisis.* ‖ Provoquer une crise ministérielle, *to cause a cabinet crisis.* ◆ SANTÉ. Avoir une crise cardiaque, *to have a heart-attack.*

→ bord.

critère ◆ CRITÈRE DE JUGEMENT. Déterminer les critères, *to determine the criteria.* ‖ Etre un critère, *to be a criterion.*

critique ◆ CRITIQUE. Diriger ses critiques contre qqn, *to direct o.'s criti-cism against s.o.* ‖ Exercer une critique, *to act as critic.* ‖ Formuler des critiques, *to express criticism.* ‖ Ne pas épargner la critique, *not to be sparing of criticism.* ‖ Se répandre en critiques contre qqn, *to pour forth a flood of criticism against s.o.* ◆ INTRANSIGEANCE. Ne pas admettre (supporter) les critiques, *cannot take (stand) criticism* (Gramm.). ◆ SUPÉRIO-RITÉ. Désarmer la critique, *to disarm criticism.* ◆ VICTIME. Se faire éreinter (étriller) par la critique (Fam.), *to get panned.* ◆ VULNÉRABILITÉ. Donner prise (prêter, s'exposer) à la critique, *to invite (to be open to, to expose o.s.) to criticism.*

→ abri, feu, flanc, objet.

croc-en-jambe ◆ VOIES DE FAIT. Faire un croc-en-jambe à qqn, *to trip s.o. up.*

crochet ◆ COUTURE. Faire du crochet, *to do crocheting.* ◆ DIRECTION. Faire un crochet, *to make a detour.* ◆ PARASITE. Vivre aux crochets de qqn, *to sponge on s.o.*

crocodile → larme.

croire ◆ CERTITUDE. N'être pas éloigné de croire qqch., *to half-believe sth.* ◆

MOTIF. Etre fondé à croire qqch., *to have good grounds for believing sth.* ◆ PROBA-BILITÉ. Porter à croire, *to lead to believe.* ◆ STUPÉFACTION. Etre à n'y pas croire, *to be beyond belief.*

croisée ◆ ORIENTATION. Etre (se trouver) à la croisée des chemins, *to be (to find o.s.) at the cross-roads.*

croisière → vitesse.

croissance ◆ ENFANT. Etre en pleine croissance, *to be growing fast.*

croissant ◆ PROGRESSION. Aller crois-sant, *to be on the increase.*

croître ◆ AGGRAVATION. Ne faire que croître et embellir (Fam.), *to get worse and worse.*

croix ◆ APOGÉE. Etre à la croix du ciel (Fam.), *to be at the zenith of o.'s success.* ◆ DIFFICULTÉ. Etre la croix et la bannière (Fam.), *to be the dickens of a job.* ◆ ÉPREUVE. Porter sa croix, *to bear o.'s cross.* ◆ EXCEPTIONNEL. Faire une croix au calendrier, *to put an X on the calendar.* ◆ IMPORTUNITÉ. Etre une vraie croix (Fam.), *to be a trial.* ◆ RELIGION. Dresser (élever, ériger, planter) une croix, *to set up (to raise, to erect, to plant) a cross.* ‖ Mettre en croix, *to crucify.* ◆ RENON-CIATION. Mettre la croix sur qqch. (Fam.), *to say goodbye to sth.*

→ bras, chemin, signe.

croquis ◆ ARTS. Faire un croquis, *to make a sketch.*

crosses ◆ QUERELLE. Chercher des crosses à qqn, (Fam.), *to try to pick a fight with s.o.*

crotte ◆ NON-VALEUR. Etre de la crotte de bique (Pop.), *to be a peppercorn.*

croulant → partie.

croupe ◆ ÉQUITATION. Mettre (prendre) qqn en croupe, *to take s.o. up behind.* ◆ LIBERTINAGE. Tortiller de la croupe (Pop.), *to wiggle o.'s behind.*

croupière ◆ ENTRAVE. Tailler des croupières à qqn, *to put difficulties in s.o.'s way.*

croupion ◆ EFFORT. Se décarcasser le croupion (Pop.), *to knock o.s. up.*

croûte ◆ ALIMENTATION. Casser la croûte (Fam.), *to have a bite to eat.* ◆ GAGNE-PAIN. Gagner sa croûte (Fam.), *to make a living.*

croyance ◆ CROYANCE. Engendrer une croyance, *to generate a belief.*

cru ◆ ACCUEIL. Avaler qqn tout cru (Fam.),

to eat s.o. ◆ ÉQUITATION. Monter à cru, *to ride bareback.* ◆ ORIGINALITÉ. Tirer qqch. de son cru, *to think sth. up o.s.*

cruauté → raffinement.

cruche ◆ BÊTISE. Etre une (vraie) cruche (Fam.), *to be a (real) duffer.*

crue ◆ GÉOGRAPHIE. Etre en crue (rivière), *to be in spate.*

cucu ou **cucul** ◆ BÊTISE. Etre cucu la praline (Fam.), *to be corny.*

cueillette ◆ AGRICULTURE. Faire la cueillette. *to go picking.*

cuiller ou **cuillère** ◆ ARTISAN DE SON SORT. Manger avec la cuiller qu'on s'est choisie (Fam.), *to put up with the life o. has chosen.* ◆ CIVILITÉ. Serrer la cuiller à qqn (Pop.), *to shake s.o.'s paw.* ◆ FATIGUE. Etre à ramasser à la petite cuiller (Fam.), *to be ready to drop.*
→ coup, dos.

cuir ◆ CORPS. Avoir le cuir tanné (Fam.), *to look weather-beaten.* ◆ ÉLOCUTION. Faire un cuir, *to make an incorrect liaison.* ◆ RUSTICITÉ. Avoir le cuir épais (Fam.), *to be thick-skinned.* ◆ VOIES DE FAIT. Tanner le cuir à qqn (Fam.), *to tan s.o.'s hide.*

cuirasse → défaut.

cuire ◆ RÉSISTANCE. Etre dur à cuire (Fam.), *to be tough.*

cuisine ◆ CUISINE. Faire la cuisine, *to cook.* ◆ INTRIGUE. Etre une infecte cuisine (Fam.), *to be a racket.*
→ batterie, latin, pièce.

cuisse ◆ DÉBAUCHE. Avoir la cuisse hospitalière (légère) [Pop.], *always to be ready for it.* ◆ PRÉTENTION. Se croire sorti de la cuisse de Jupiter (Fam.), *to think no small beer of o.s.*

cuit ◆ CERTITUDE. Etre du tout cuit (Fam.), *to be for sure.* ◆ FACILITÉ. Etre du tout cuit (Fam.), *to be a cinch.* ◆ INSUCCÈS. Etre cuit (Impers.) [Fam.], *to be done for.* ◆ POLICE. Etre cuit (Fam.), *to have had it.*

cuite ◆ IVRESSE. Prendre une cuite (Fam.), *to get blind drunk.*

cuivre ◆ MÉNAGE. Faire (astiquer, nettoyer) les cuivres, *to do (to polish, to clean) the brass(es).*

cul 1. BOISSON. Faire cul sec, *to drain o.'s glass.* – 2. COMPLICITÉ. Etre comme cul et chemise (Pop.), *to be as thick as thieves.* [V. 4.] – 3. FATIGUE. En avoir plein le cul (Pop.), *to have had a bellyful.* – 4. INTIMITÉ. Etre comme cul et chemise (Pop.), *to be bosom pals.* [V. 2.] – 5. PARESSE. Tirer au cul (Pop.), *to slack about.* – 6. PAUVRETÉ. Aller le cul tout nu (Pop.), *to go about in rags.* – 7. PRÉTENTION. Péter plus haut que son cul (Pop.), *to over-reach o.s.* – 8. RIRE. S'en taper le cul par terre (Pop.), *to split o.'s sides.* – 9. TAILLE. Etre bas du cul (Pop.), *to be squat.* – 10. VOIES DE FAIT. Botter le cul à qqn (Pop.), *to give s.o. a kick in the arse.*

– N.B. : Ne pas utiliser ce terme. – *Not in decent use.*

culbute ◆ PERTE. Faire la culbute (Fam.), *to come a cropper.* ◆ PROFIT. Faire la culbute (Fam.), *to charge double what o. paid.* ◆ SPORTS. Faire la culbute, *to turn a somersault.*

cul-de-poule → bouche.

cul-de-sac ◆ IMPASSE. Se trouver (être) dans un cul-de-sac (Fig.), *to be up a blind alley.*

culot ◆ AUDACE. Y aller au culot (Fam.), *to bluff o.'s way through.* ◆ EFFRONTERIE. Avoir du culot (Fam.), *to have a nerve.* ‖ Ne pas manquer de culot (Fam.), *to be a cool one.*

culotte 1. ÉCOLE. User ses culottes sur les bancs de l'école, *to idle years away in school.* – 2. ENFANT. Faire dans sa culotte (Fam.), *to dirty o.'s pants.* [V. 6.] – 3. HYGIÈNE. Baisser (poser) culotte (Pop.), *to drop o.'s pants.* – 4. MARIAGE. Porter la culotte (Fam.), *to wear the breeches.* – 5. PERTE. Prendre une culotte (Fam.), *to lose heavily.* – 6. PEUR. Faire (trembler) dans sa culotte (Fam.), *to shake in o.'s shoes.* [V. 2.] – 7. RIRE. En pisser dans sa culotte (Pop.), *to wet o.s. laughing.*
→ fond.

culpabilité ◆ PROCÉDURE. Établir (nier; prouver) la culpabilité de qqn, *to establish (to deny; to prove) s.o.'s guilt.*

culte ◆ ADMIRATION. Avoir un culte pour qqn, *to worship s.o.* ◆ CONFORMISME. Avoir le culte du passé, *to be very attached to the past.* ◆ RELIGION. Assister au culte, *to attend church.* ‖ Célébrer un culte, *to hold a service.* ‖ Rendre un culte à un dieu, *to worship a god.*

cul-terreux ◆ RUSTICITÉ. Etre un cul-terreux, *to be a clod-hopper.*

culture ◆ AGRICULTURE. Faire la culture de qqch., *to grow sth.* ‖ Faire de la culture, *to farm.* ◆ SAVOIR. Avoir une vaste culture, *to be extremely cultured.* ◆ SPORTS. Faire de la culture physique, *to do physical jerks.*

cumul ◆ ADMINISTRATION. Faire du cumul, *to hold a plurality of offices.*

cure ◆ SANTÉ. Faire une cure, *to take a cure.* ‖ Faire une cure de raisin, *to take a grape cure.* ‖ Faire une cure de repos (de sommeil), *to take a rest-cure (sleep-cure).*

curé ◆ DÉNIGREMENT. Manger (bouffer) du curé (Fam.), *to attack the church.*

cure-dent ◆ HOSPITALITÉ. Venir en cure-dent (Fam.), *to turn up at the end of the meal.*

curée ◆ AVIDITÉ. Se ruer à la curée (Fig.), *to dive for the spoils.*

curiosité ◆ ASSOUVISSEMENT. Assouvir (contenter, satisfaire) sa curiosité, *to satisfy (to gratify) o.'s curiosity.* ◆ INTÉRÊT. Avoir de la curiosité pour (la curiosité de) qqch., *to be curious about sth.* ◆ MAÎTRISE DE SOI. Contenir (réprimer) sa curiosité, *to contain (to restrain) o.'s curiosity.* ◆ STIMULATION. Alimenter (attirer, éveiller; attiser, exciter, piquer, stimuler) la curiosité de qqn, *to feed (to arouse, to awaken; to excite) s.o.'s curiosity.* ‖ Inspirer de la curiosité à qqn, *to rouse s.o.'s curiosity.*

cuti ◆ SANTÉ. Virer sa cuti, *to have a positive reaction to o.'s skin-test.*

cygne → chant.

d

d → système.

dada ◆ MANIE. Avoir un dada (Fam.), *to have a hobby.* ‖ Enfourcher son dada, *to ride o.'s pet hobby-horse.*

dalle ◆ BOISSON. Se rincer la dalle (Fam.), *to wet o.'s whistle.* ◆ IVROGNERIE. Avoir la dalle en pente (Fam.), *to be partial to liquid refreshments.* ◆ NON-COMPRÉHENSION. N'y piger (n'y entraver) que dalle (Fam.), *cannot make it out (at all)* [Gramm.].

Damas → chemin.

dame ◆ AFFECTATION. Faire la (grande) dame, *to queen it.* ◆ JEUX DE SOCIÉTÉ. Jouer aux dames, *to play draughts.* → partie.

damné ◆ TOURMENT. Souffrir comme un damné (Fam.), *to be in agonies.*

damner ◆ PERSÉCUTION. Faire damner qqn (Fam.), *to drive s.o. to desperation.*

Damoclès → épée.

Danaïdes → tonneau.

danger ◆ ASSISTANCE. Soustraire qqn au danger, *to rescue s.o. from danger.* ‖ Tirer qqn d'un danger, *to remove s.o. out of harm's way.* ◆ AUDACE. Aimer (affronter, braver, défier, mépriser) le danger, *to like (to face, to brave, to defy, to scorn) danger.* ◆ AVERTISSEMENT. Signaler un danger, *to point out a danger.* ◆ DANGER. Courir un danger, *to run a risk.* ‖ Etre en danger de mort, *to be in (dire) peril.* ◆ DÉFENSE. Écarter (éloigner, détourner) le danger, *to divert (to ward off, to avert) danger.* ◆ DISCERNEMENT. Discerner (mesurer) le danger, *to become aware of (to size up) the dangers.* ‖ Flairer le danger, *to sense danger.* ◆ HABITUDE. Se familiariser avec le danger, *to become inured to danger.* ◆ IMPRUDENCE. Mettre qqn (qqch.) en danger, *to endanger s.o. (sth.).* ‖ S'exposer à un danger, *to expose o.s. to a danger* ◆ PRUDENCE. Éviter (fuir) le danger, *to avoid (to flee from) danger.* ◆ RISQUE. Frôler le danger, *to come close to danger.* ◆ SALUT. Échapper au danger, *to escape danger.* ◆ SÉCURITÉ. Ne pas y avoir de danger (Fam.), *there [to be] no risk of that (happening)* (Gramm.). → sécurité.

danse ◆ ACTION. Entrer dans la danse (Fam.), *to join in.* ◆ CHEF. Mener la danse (Fam.), *to direct operations.* ◆ DANSE. Accorder une danse à qqn, *to give s.o. the pleasure of a dance.* ‖ Ouvrir (conduire) la danse, *to open the dance.* ◆ DUPE. Payer la danse (Fam.), *to pay the piper.* ◆ NERVOSITÉ. Avoir la danse de Saint-Guy (Fam.), *to have ants in o.'s pants.* ◆ SANTÉ. Avoir la danse de Saint Guy, *to have Saint Vitus' dance.* ◆ VOIES DE FAIT. Donner une danse à qqn (Fam.), *to box s.o.'s ears for him.*
→ **pas.**

Danube → **paysan.**

dard ◆ FUITE. Filer comme un dard (Fam.), *to go like an arrow.*

dare-dare ◆ FUITE. Filer dare-dare (Fam.), *to scram.*

date ◆ DATE. Mettre (indiquer) la date, *to put (to give) the date.* ◆ DÉLAI. Reporter qqch à une date ultérieure, *to put sth. off till a later date.* ◆ IMPORTANCE. Faire date, *to be epoch-making.* ◆ RELATIONS. Connaître qqn de longue date, *to have known s.o. for a long time.* ◆ RENDEZ-VOUS. Prendre date, *to make an appointment.*
→ **premier.**

dé ◆ HASARD. Jeter les dés (Fig.), *to cast the dice.* ◆ JEUX DE SOCIÉTÉ. Truquer les dés, *to load the dice.*
→ **vie.**

débandade ◆ ÉCHEC, INCURIE. S'en aller à la débandade, *to go to pot.* ◆ FUITE. S'en aller à la débandade, *to go off helter-skelter.*

débarras ◆ SOULAGEMENT. Etre un bon débarras (Fam.), *to be good riddance.*

débat ◆ ARBITRAGE. Arbitrer (trancher) un débat, *to referee (to settle) a discussion.* ◆ DISCUSSION. Aborder (entamer, instituer) un débat, *to start a discussion.* ‖ Conduire (diriger, mener, orchestrer; orienter; régler) les débats, *to conduct (to lead; to turn; to preside over) the discussions.* ‖ Élargir le débat, *to widen the discussion.* ‖ Élever le débat, *to raise the tone of discussion.* ‖ Faire rebondir le débat, *to start the discussion up again.* ‖ Fermer (clore, clôturer) les débats, *to close the discussions.* ‖ Ouvrir (rouvrir; provoquer, soulever) un débat, *to open (to re-open; to provoke) a discussion.* ‖ Politiser les débats, *to give a political turn to discussions.*

débauche ◆ CORRUPTION. Inciter qqn à la débauche, *to incite s.o. to dissolute living.* ◆ DÉBAUCHE. S'adonner (se livrer) à la débauche, *to indulge in dissolute living.* ‖ Se vautrer (sombrer, tomber) dans la débauche, *to wallow in (to sink into) debauchery.*

débine ◆ PAUVRETÉ. Etre dans la débine (Fam.), *not to have a bean.* ‖ Tomber dans la débine (Fam.), *to fall on hard times.*

débit ◆ ÉLOCUTION. Avoir le débit facile, *to be a fluent speaker.* ‖ Avoir le débit monotone, *to have a monotonous delivery.* ‖ Avoir le débit rapide, *to talk quickly.*

déboire ◆ DÉCONVENUE. Éprouver (essuyer) des déboires, *to suffer disappointments.*

débotté ◆ IMPROVISTE. Prendre (saisir) qqn au débotté, *to catch s.o. on the hop.*

débouché ◆ COMMERCE. Assurer (créer, ouvrir; offrir; trouver) des débouchés, *to provide (to create, to make; to offer; to find) outlets.*

déboulonner ◆ RENVOI. Se faire déboulonner (Fam.), *to get turfed out.*

débours ◆ DÉPENSE. Avoir de gros débours, *to have heavy outlay.* ◆ GESTION. Rentrer dans ses débours, *to recover o.'s out-of-pocket expenses.*

debout ◆ DESTRUCTION. Ne rien laisser debout, *not to leave a thing standing.* ◆ FAITS ET GESTES. Se tenir debout, *to stand.* ◆ FATIGUE. Ne plus tenir debout (Fam.), *to be ready to drop.* ◆ ILLOGISME. Ne pas tenir debout (Fam.), *not to hold water.* ◆ MORT. Mourir debout, *to die in harness.* ◆ SOMMEIL. Dormir debout, *to be asleep on o.'s feet.*
→ **conte.**

débrider ◆ SURMENAGE. Travailler sans débrider, *to work without a stop.*

débris ◆ DÉCHÉANCE. Etre un vieux débris (Fam.), *to be on the scrap-heap.*

début 1. AIDE. Faciliter les débuts de qqn, *to help s.o. when he is starting out.* — 2. CIVILITÉ. Faire ses débuts dans le monde, *to make o.'s debut.* — 3. DÉBUT. Faire ses débuts, *to start out.* [V. 4.] — 4. SPECTACLES. Faire ses débuts, *to make o.'s debut.* [V. 3.]

débutant ◆ ÉCOLE. Encadrer des débutants, *to supervise beginners.*

décadence ◆ FIN. Tomber en décadence, *to sink into decay.*

décence ◆ INCIVILITÉ. Choquer (blesser) la décence, *to shock the proprieties.*

déception ◆ DÉCONVENUE. Éprouver (manifester, montrer; trahir; ruminer) une déception, *to meet with (to show; to betray; to mull over a) disappointment.*

décès ◆ MORT. Constater un décès, *to issue a death certificate.*

décharge ◆ FINANCES. Donner décharge, *to give a receipt.* ◆ MILITAIRE. Essuyer une décharge, *to be under the line of fire.*

dèche ◆ PAUVRETÉ. Etre dans la dèche (Fam.), *to be on o.'s beam-ends.*

déchet ◆ DÉCHÉANCE. Etre un déchet d'humanité, *to be the dregs of humanity.*

décision ◆ ARBITRAGE. S'en remettre à la décision de qqn, *to leave it up to s.o. decide.* ◆ ASSENTIMENT. Ratifier une décision, *to endorse a decision.* ◆ DÉCISION. Prendre une décision, *to make a decision.* ◆ DÉTERMINATION. Avoir de la décision, *to be decisive.* ‖ S'en tenir à sa décision, *to abide by o.'s decision.* ◆ INFLUENCE. Forcer une décision, *to force a decision.* ‖ Peser sur la décision, *to influence the decision.* ◆ INFORMATION. Informer qqn d'une décision, *to advise s.o. of a decision.* ◆ REVIREMENT. Revenir sur sa décision, *to go back on o.'s decision.* ◆ SUCCÈS. Emporter la décision, *to carry the decision.*

déclaration ◆ AMOUR. Faire une déclaration, *to make a statement.* ◆ DISCOURS. Faire une déclaration bien sentie, *to make a stern statement.* ◆ FINANCES. Faire sa déclaration d'impôts, *to fill in o.'s tax-return.* ◆ PRINCIPE. Faire une déclaration de principe, *to make a statement of principles.*

déclassé ◆ NIVEAU SOCIAL. Se sentir déclassé, *to feel humbled.*

déclin ◆ FIN. Etre à (sur) son déclin, *to be on the decline.* ‖ Toucher à son déclin, *to be nearing its end.*

décolleté ◆ ÉLÉGANCE. Etre en grand (petit) décolleté, *to be in full (semi-) evening dress.*

décompte ◆ ARGENT. Faire le décompte d'une somme, *to deduct a sum.*

déconfiture ◆ ÉCHEC. Tomber en déconfiture, *to collapse.* ◆ FINANCES. Tourner à la déconfiture, *to fail to meet o.'s liabilities.*

déconvenue ◆ DÉCEPTION. Éprouver de la déconvenue, *to feel disappointed.*

décor ◆ ACCIDENT. Aller (entrer, rentrer) dans le décor, *to go off the road.* ◆ SPECTACLE. Changer les décors, *to shift the scenes.* ‖ Planter les décors, *to set up the scenery.*

décoration ◆ HONNEURS. Etre bardé de décorations, *to be blazing with decorations.* ‖ Obtenir (recevoir; exhiber, porter) une décoration, *to obtain (to receive; to show off, to wear) a decoration.*
→ remise.

décorum ◆ CIVILITÉ. Observer le décorum, *to respect the proprieties.* ◆ FORMALISME. Se soucier du décorum, *to pay attention to the proprieties.*

découdre ◆ QUERELLE. Etre prêt à en découdre, *to be spoiling for a fight.*

découpage ◆ JEUX D'ENFANT. Faire des découpages, *to make cut-outs.*

découragement ◆ DÉCOURAGEMENT. Connaître le découragement, *to feel disheartened.* ‖ Tomber dans le découragement, *to get dejected.*

découvert ◆ FINANCES. Etre en découvert, *to be overdrawn.* ◆ FRANCHISE. Agir à découvert, *to act openly.*

découverte ◆ INVENTION. Exploiter une découverte, *to capitalize on a discovery.* ◆ PROMENADE. Partir à la découverte, *to go off exploring.* ◆ RECHERCHE. Se lancer à la découverte de qqch., *to set out to discover sth.* ◆ RÉVÉLATION, SCIENCE. Faire une découverte, *to make a discovery.*

décramponner ◆ DÉTERMINATION. Ne pas vouloir décramponner (Fam.), *to hang on for dear life.*

décrépitude ◆ DÉCHÉANCE. Tomber en décrépitude, *to fall into decay.*

décret ◆ ADMINISTRATION. Prendre un décret, *to issue a decree.* ◆ RÉSIGNATION. Se soumettre aux décrets de la Providence, *to submit to the will of Providence.*

décrire ◆ INEXPRIMABLE. Ne pouvoir se décrire, *to be beyond description.*

décrochez-moi-ça ◆ VÊTEMENT. S'habiller au décrochez-moi-ça, *to buy o.'s clothes at old-clothes shops.*

dédaigner ◆ INTÉRÊT. Ne pas être à dédaigner, *to be not to be sniffed at.*

dédaigneux ◆ AFFECTATION. Faire le dédaigneux, *to act high and mighty.*

dédain ◆ DÉDAIN. Témoigner du dédain

à qqn, *to show scorn for s.o.* ‖ Sourire avec dédain, *to smile disdainfully.* ◆ HAUTEUR. Écraser qqn de son dédain, *to crush s.o. with o.'s scorn.*

dedans 1. ACCIDENT. Rentrer dedans (Fam.), *to run into it.* [V. 6.] — 2. DUPE. Donner dedans (Fam.), *to be taken in.* — 3. DUPERIE. Mettre (ficher) qqn dedans (Fam.), *to take s.o. in.* — 4. ERREUR. Se ficher dedans (Fam.), *to blunder.* — 5. RIRE. Rire en dedans, *to chuckle.* — 6. VOIES DE FAIT. Rentrer dedans (Fam.), *to fall upon s.o.* [V. 1.]

dédire ◆ AFFAIRE D'HONNEUR. Ne pouvoir s'en dédire, *not to be able to go back on o.'s word.*

dédommagement ◆ COMPENSATION. Accorder (demander, réclamer; obtenir) un dédommagement, *to grant (to claim, to ask for; to obtain) compensation.*

dédoublement ◆ PATHOLOGIE. Faire du dédoublement de la personnalité, *to suffer from a split personality.*

déduction ◆ FINANCES. Entrer en déduction, *to be deducted.* ◆ RAISONNEMENT. Procéder par déduction, *to proceed by deduction.* ◆ RÉFLEXION. Tirer des déductions de qqch., *to draw deductions from sth.*

déesse → port.

défaillance ◆ FAUTE. Avoir une défaillance, *to fail.* ◆ OUBLI. Avoir une défaillance de mémoire, *to have a lapse of memory.* ◆ SANTÉ. Avoir une (tomber en) défaillance, *to swoon away.*
→ moment.

défaite ◆ ÉCHAPPATOIRE. S'en tirer par une défaite, *to get out on some pretext.* ◆ ÉCHEC. Avouer sa défaite, *to admit defeat.* ‖ Essuyer (subir) une défaite, *to suffer defeat.* ◆ MILITAIRE. Infliger une défaite à l'ennemi, *to inflict defeat on the enemy.*

défaut 1. ABSENCE. Faire défaut, *to be missing.* [V. 7.] — 2. CONVERSION. Se corriger de ses défauts, *to correct o.'s failings.* — 3. CRITÈRE DE JUGEMENT. Ne voir que les défauts de qqn, *to see only s.o.'s failings.* — 4. CRITIQUE. Relever les défauts de qqch., *to note the defects in sth.* — 5. CULPABILITÉ. Etre en défaut, *to be at fault.* — 6. INDULGENCE. Passer sur un défaut, *to pass over a failing.* — 7. MANQUE. Faire défaut (chose), *to be lacking.* [V. 1.] ‖Pécher par défaut, *to fall short.* — 8. POINT FAIBLE. Découvrir

(trouver) le défaut de la cuirasse, *to find the chink in the armour.* — 9. PROCÉDURE. Juger (condamner) qqn par défaut, *to judge (to sentence) s.o. by default.*

défaveur ◆ DÉFAVEUR. Tomber en défaveur, *to fall out of favour.*

défavorable ◆ DÉFAVEUR. Se montrer défavorable à qqch., *not to look with favour on sth.*

défection ◆ DÉSISTEMENT. Faire défection, *to defect.*

défendre 1. ÂGE. Bien se défendre (Fam.), *to wear o.'s age well.* [V. 3.] — 2. PENCHANT. Ne pouvoir se défendre de faire qqch., *cannot keep from doing sth.* (Gramm.). — 3. RÉUSSITE. Bien se défendre (Fam.), *to give a good account of o.s.* [V. 1.]

défense ◆ DÉFENSE. Avoir de la défense, *can stand up for o.s.* (Gramm.). ◆ DÉFENSEUR. Prendre la défense de qqn, *to take s.o.'s defence.* ◆ FAIBLESSE. Etre sans défense (ne pas avoir de défense), *to be defenceless.* ◆ NAÏVETÉ. N'avoir pas plus de défense qu'un bébé au maillot (Fam.), *to be a babe in the woods.*
→ état.

défenseur ◆ DÉFENSEUR. Se faire le défenseur de qqch. (qqn), *to stand up for sth. (s.o.).*

défensive ◆ MÉFIANCE. Etre (se sentir) sur la défensive, *to be on the defensive.*

déférence ◆ RESPECT. Éprouver (manifester, marquer) de la déférence envers qqn, *to feel (to show, to mark) respect for s.o.* ◆ SUPÉRIORITÉ. Inspirer de la déférence à qqn, *to inspire respect in s.o.*

défi ◆ DÉFI. Lancer un défi à qqn, *to challenge s.o.* ‖ Mettre qqn au défi, *to defy s.o.* ‖ Porter un défi, *to throw down the gaintlet.* ‖ Relever (accepter) le défi, *accept the challenge.*

défiance ◆ CONFIANCE. Agir sans défiance, *to act unsuspectingly.* ◆ MÉFIANCE. Éprouver (ressentir) de la défiance, *to feel misgivings.* ◆ NON-FIABILITÉ. Éveiller la défiance, *to arouse suspicion.* ‖ Inspirer de la défiance, *to inspire misgivings.*

déficit ◆ FINANCES. Combler (résorber) un déficit, *to make up (to re-absorb) a deficit.* ‖ Etre en déficit, *to be in deficit.*

défilé → marche.

déformation ◆ MÉTIER. Etre atteint

de (avoir une) déformation professionnelle, *to suffer from professional bias.*

dégaine ◆ APPARENCE. Avoir une drôle de dégaine (Fam.), *to be weird-looking.*

dégât ◆ ATTÉNUATION. Limiter les dégâts, *to keep the damage to a minimum.* ◆ DOMMAGE. Causer (faire) des dégâts, *to cause damage.* ◆ ESTIMATION. Évaluer les dégâts, *to estimate the damage.* ◆ RÉPARATION. Réparer les dégâts, *to make good the damage.* ◆ RESPONSABILITÉ. Payer les dégâts, *to pay for the damage.*

dégelée ◆ VOIES DE FAIT. Recevoir une dégelée (Fam.), *to get a sound thrashing.*

dégoût ◆ AVERSION. Prendre qqch. (qqn) en dégoût, *to take a strong dislike to sth. (s.o.).* ◆ DÉGOÛT. Inspirer (éprouver, ressentir) du dégoût, *to inspire (to feel) disgust.* ‖ Soulever le dégoût, *to arouse disgust.*

dégoûté ◆ DÉDAIN. Faire le dégoûté, *to turn up o.'s nose.* ◆ NON-RAFFINEMENT. N'être pas dégoûté (Fam.), *not to be easily put off.*

degré ◆ APOGÉE. Atteindre le plus haut degré, *to reach the highest degree.* ◆ HIÉRARCHIE. Passer par tous les degrés de l'échelle sociale, *to climb all the steps on the social ladder.* ◆ SATIÉTÉ. Atteindre le degré de saturation, *to reach saturation point.*
→ cousin.

dégrossi ◆ NON-RAFFINEMENT. Etre mal dégrossi, *to be uncouth.*

dehors ◆ FAUX-SEMBLANT. Cacher qqch. sous des dehors trompeurs, *to conceal sth. under deceptive appearances.* ‖ Garder les dehors de la fortune, *to keep up an appearance of affluence.* ◆ LÉGÈRETÉ. Etre tout en dehors, *to be all surface.* ◆ NON-PARTICIPATION. Etre en dehors de qqch., *to have no part in sth.* ◆ RENVOI. Mettre (jeter; ficher; flanquer [Fam.]) qqn dehors, *to turn (to throw; to kick) s.o. out.* ◆ TECHNIQUE. S'ouvrir du dehors, *to open from the outside.*
→ chose, nez, nom.

déjeuner ◆ HOSPITALITÉ. Inviter (prier) qqn à déjeuner, *to invite s.o. to lunch.* ◆ NON-QUALITÉ. Etre un déjeuner de soleil (Fam.), *to be bright and flimsy.*

délai ◆ DÉLAI. Demander (accorder, octroyer, donner, impartir, consentir; obtenir) un délai, *to request (to grant, to give, to allow; to obtain) an extension.* ‖

Reculer les délais, *to put off the deadline.*

délégation ◆ ADMINISTRATION. Accorder une délégation de pouvoirs à qqn, *to delegate authority to s.o.* ◆ DÉLÉGATION. Aller (se porter) en délégation, *to go on a delegation.*
→ partie.

délicat ◆ DÉGOÛT. Faire le délicat, *to be over-fastidious.*

délicatesse ◆ INDÉLICATESSE. Manquer de délicatesse, *to lack a sense of tact.* ◆ PRÉVENANCE. Avoir des délicatesses pour (envers) qqn, *to be most attentive towards s.o.*

délice ◆ GOÛT. Faire les délices de qqn, *to be a delight to s.o.* ‖ Faire ses délices de qqch., *to revel in sth.* ◆ SAVEUR. Etre un délice, *to be a delicacy.*

déliquescence ◆ DÉCHÉANCE. Tomber en déliquescence, *to deliquesce.*

délire 1. DÉRAISON. Etre du délire, *to be madness.* [V. 2.] — 2. ENTHOUSIASME. Etre du délire, *to be like Mafeking night.* [V. 1.] — 3. SANTÉ. Avoir le délire, *to be delirious.*

délit ◆ FLAGRANT DÉLIT. Prendre qqn en flagrant délit, *to catch s.o. in the act.*
→ corps.

délivrance ◆ SOULAGEMENT. Etre une délivrance, *to be a release.*

déluge 1. ARCHAÏSME. Remonter au Déluge, *to be antediluvian.* [V. 3.] — 2. LARMES. Provoquer un déluge de larmes, *to cause a flood of tears.* — 3. REBOURS. Remonter au Déluge (Fam.), *to go back beyond the Flood.* [V. 1.]

démagogie ◆ POLITIQUE. Faire de la démagogie, *to indulge in demagoguery.* ‖ Tomber dans la démagogie, *to lapse into demagoguery.*

demain ◆ DÉLAI. Ne pas être demain la veille (Fam.), *not to be for tomorrow.*

demande ◆ ACCORD. Satisfaire à une demande, *to grant a request.* ◆ MARIAGE. Faire sa demande en mariage, *to propose.* ◆ MÉTIER. Faire une demande d'emploi, *to apply for a job.* ◆ REFUS. Repousser (rejeter) une demande, *to turn down (to reject) a request.* ◆ REQUÊTE. Adresser (exprimer, faire, formuler; présenter, soumettre; appuyer) une demande, *to send in (to make; to submit; to support) a request.*
→ accueil, franco.

démangeaison ◆ BAVARDAGE. Avoir

la démangeaison de parler, *to be a compulsive talker.*

démanger ◆ FLATTERIE. Gratter qqn où cela le démange (Fam.), *to scratch s.o.'s back.*

démarche ◆ MARCHE. Avoir la démarche hésitante, *to have a shuffling gait.* ◆ REQUÊTE. Entreprendre une démarche auprès de qqn, *to approach s.o.* ‖ Faire des démarches, *to take steps.* ‖ Multiplier les démarches, *to run round.* ‖ Tenter une démarche auprès de qqn, *to try approaching s.o.*

démarrage ◆ DÉBUT. Avoir (faire) un bon démarrage, *to get off to a good start.*

démarreur ◆ AUTOMOBILE. Tirer (appuyer) sur le démarreur, *to press the starter.*

démêlé ◆ INCULPÉ. Avoir des démêlés avec la justice, *to run foul of the law.*

démence ◆ FOLIE. Sombrer dans la démence, *to go completely insane.*

démenti ◆ DÉMENTI. Donner (infliger, opposer) un démenti à qqn, *to give s.o. the lie.* ‖ Publier un démenti, *to issue a denial.* ‖ Recevoir un démenti, *to meet with a denial.*

démentiel ◆ DÉRAISON. Etre (paraître) démentiel, *to be (to seem) insane.*

demeure ◆ ENTREPRISE. Se mettre en demeure de faire qqch., *to get ready to do sth.* ◆ EXIGENCE. Mettre qqn en demeure de faire qqch., *to summon s.o. to do sth.* ◆ MAISON. Établir sa demeure, *to take up residence.* ◆ MORT. Accompagner (conduire) qqn jusqu'à sa dernière demeure, *to accompany s.o. to his last resting place.* ◆ STABILITÉ. Etre à demeure, *to be always there.*
→ mise, péril.

demi ◆ SPORTS. Jouer demi de mêlée (d'ouverture), *to play scrum-half (fly-half).*

demi-cercle ◆ REVANCHE. Pincer qqn au demi-cercle (Fam.), *to fix s.o.*

demi-deuil ◆ VÊTEMENT. Etre en demi-deuil, *to be in half-mourning.*

demi-mal ◆ CONSÉQUENCE. N'y avoir que demi-mal, *there [to be] little harm done* (Gramm.).

demi-mot ◆ COMPRÉHENSION. Comprendre (entendre) à demi-mot, *to catch on at once.*

demi-portion ◆ TAILLE. Etre une demi-portion (Fam.), *to be a half-pint.*

démission ◆ DÉSISTEMENT. Envoyer (remettre, donner) sa démission, *to send in (to tender, to submit, to hand in) o.'s resignation.*

demi-tour ◆ FAITS ET GESTES. Faire demi-tour, *to turn back.* ◆ MILITAIRE. Faire demi-tour (à gauche, à droite), *to about-turn (left, right).*

démocratie → sens.

démon ◆ ENFANT. Etre un petit démon, *to be a little demon.* ◆ PSYCHOLOGIE. Exorciser ses démons, *to lay o.'s ghosts.* ◆ RELIGION. Chasser les démons, *to cast out devils.* ‖ Etre possédé du démon, *to be possessed by the devil.*

démonstration ◆ COMMERCE. Faire une démonstration, *to give a demonstration.* ◆ ÉPANCHEMENTS. Faire beaucoup de démonstrations (faire de grandes démonstrations) d'amitié, *to make a great show of friendship.* ◆ MATHÉMATIQUES. Faire une démonstration, *to prove a demonstration.*

démonter ◆ MAÎTRISE DE SOI. Ne pas se laisser démonter, *not to be easily abashed.*

démordre ◆ DÉTERMINATION. Ne pas vouloir en démordre, *to refuse to give up.*

dénégation ◆ DÉNÉGATION. Persister dans ses dénégations, *to persist in o.'s denials.*

denier ◆ RELIGION. Payer le denier du culte, *to pay o.'s contribution to the maintenance of the clergy.*

dénominateur ◆ ENTENTE. Trouver un dénominateur commun, *to find some common ground.*

dent 1. ◆ ALIMENTATION. Craquer sous la dent, *to be crunchy.* ‖ N'avoir rien à se mettre sous la dent (Fam.), *not to have a bite to eat.* [V. 18.] ‖ Ne pas en avoir pour sa dent creuse (Fam.), *not to have enough to spit on.* — 2. ANIMAL. Montrer les dents, *to bare its teeth.* [V. 14.] ‖ Se faire les dents, *to sharpen its teeth.* — 3. APPÉTIT. Avoir la dent (Fam.), *to feel peckish.* ‖ Mordre à belles dents, *to bite heartily.* — 4. AVIDITÉ. Avoir les dents longues (Fam.), *to be grasping.* ‖ Prendre tout ce qui vous tombe sous la dent (Fam.), *to grab everything o. can lay o.'s hands on.* — 5. COLÈRE. Grincer des dents (Fam.), *to gnash o.'s teeth.* [V. 11.] — 6. CRITIQUE. Avoir la dent dure (féroce) [Fam.], *to have a scathing tongue.* — 7. DÉNIGREMENT. Déchirer qqn à belles dents (Fam.),

to tear s.o. to pieces. — 8. DENTISTERIE. Couronner (extraire; plomber) une dent, *to crown (to extract; to fill) a tooth.* ‖ Dévitaliser une dent, *to kill the nerve of a tooth.* ‖ Se faire arracher une dent, *to have a tooth pulled.* ‖ Se faire soigner les dents, *to have o.'s teeth attended to.* — 9. ÉCHEC. S'y casser les dents (Fam.), *to come to grief over it.* — 10. ÉLOCUTION. Grommeler (parler) entre ses dents, *to mutter.* — 11. FAITS ET GESTES. Grincer des dents, *to grind o.'s teeth.* [V. 5.] ‖ Serrer les dents, *to clench o.'s teeth.* [V. 17.] — 12. HYGIÈNE. Se laver les dents, *to brush o.'s teeth.* — 13. MÉCHANCETÉ. Se faire les dents sur qqn (Fam.), *to sharpen o.'s claws on s.o.* — 14. MENACE. Montrer les dents, *to bare o.'s teeth.* [V. 2.] — 15. MILITAIRE. Etre armé jusqu'aux dents, *to be armed to the teeth.* — 16. MUTISME. Ne pas desserrer les dents (Fam.), *not to open o.'s mouth.* — 17. OPPOSITION. Serrer les dents (Fam.), *to grit o.'s teeth.* [V. 11.] — 18. PRIVATION. N'avoir rien à se mettre sous la dent (Fam.), *to have nothing to chew on.* [V. 1.] — 19. PUÉRICULTURE. Faire (percer) ses dents, *to be teething.* ‖ Faire (percer) sa première dent, *to cut o.'s first tooth.* — 20. RANCUNE. Avoir une dent contre qqn (Fam.), *to have a grudge against s.o.* — 21. RIRE. Rire de toutes ses dents, *to laugh out loud.* — 22. SENSATION. Agacer les dents, *to set your teeth on edge.* — 23. SURMENAGE. Etre sur les dents (Fam.), *to be rushed off o.'s feet.* — 24. TALION. Rendre dent pour dent, *to take a tooth for a tooth.* — 25. VICTIME. Tomber sous la dent de qqn (Fam.), *to be fair game for s.o.*
→ **arracheur, coup, gale, lune, mors, pleur, poule, rage.**

1. départ 1. DÉBUT. Prendre un bon (mauvais) départ, *to get off to a good (bad) start.* — 2. DÉLAI. Ajourner (reculer, remettre, repousser, reporter, retarder) son départ, *to put off (to delay, to postpone) o.'s departure.* — 3. DÉPART. Avancer son départ, *to bring o.'s departure forward.* ‖ Etre sur le départ, *to be on the point of departure.* ‖ Manquer le départ, *to miss the departure.* [V. 4.] — 4. ÉCHEC. Manquer le départ (Fig.), *to be left at the post.* [V. 3.] — 5. SPORTS. Prendre le départ, *to start off.*
→ **point.**

2. départ ◆ DISCRIMINATION. Faire le départ entre deux choses, *to distinguish between two things.*

dépaysé ◆ DÉSARROI. Se trouver (se sentir) dépaysé, *not to feel at home.*

dépendance ◆ OPPRESSION. Maintenir (tenir) qqn dans la dépendance, *to keep s.o. in subjection.*

dépens ◆ EXPÉRIENCE. Apprendre à ses dépens, *to learn to o.'s cost.* ◆ PARASITE. Vivre aux dépens de qqn, *to live at s.o.'s expenses* ◆ SENTENCE. Etre condamné aux dépens, *to be ordered to pay the costs.*

dépense ◆ DÉPENSE. Engager des dépenses, *to run into expenses.* ‖ Participer à la dépense, *to share costs.* ‖ Pousser (inciter) à la dépense, *to urge (to encourage) to spend money.* ◆ ÉCONOMIE. Freiner les dépenses, *to clamp down on expenditure.* ‖ Reculer devant la dépense, *to balk at the cost.* ◆ EFFORT. Demander une grande dépense d'énergie, *to require a great deal of energy.* ◆ NERVOSITÉ. Faire une grande dépense nerveuse, *to expend a great deal of nervous energy.* ◆ PAIEMENT. Régler sa dépense, *to pay o.'s bills.* ◆ PRODIGALITÉ. Faire de folles dépenses, *to spend foolishly.* ‖ Ne pas regarder à la dépense, *to spare no expense.* ‖ Se lancer dans la dépense, *to splash out.*
→ **compression, face, somme.**

dépeuplement ◆ POLITIQUE. Freiner le dépeuplement d'une région, *to slow down the drift of population from a region.*

déphasé ◆ DÉSARROI. Se sentir déphasé (Fam.), *to feel out of o.'s stride.*

dépit ◆ DÉPIT. Crever de dépit, *to burst with vexation.* ‖ Éprouver (concevoir) du dépit, *to feel spited.* ◆ GÂCHIS. Agir en dépit du bon sens, *to act in defiance of all common sense.*

déplacement ◆ DÉPLACEMENT. Etre en déplacement, *to be away on business.*
→ **frais, indemnité.**

déplaire ◆ DÉPLAISANCE. S'ingénier à déplaire, *to do o.'s utmost to annoy.*

déplumer ◆ CHEVELURE. Commencer à se déplumer (Fam.), *to begin to lose o.'s thatch.*

déposition ◆ PROCÉDURE. Entendre (recevoir, recueillir) une déposition, *to hear (to take) evidence.* ‖ Faire une déposition, *to make a statement.*

dépôt ◆ GARDE. Mettre qqch. en dépôt,

to deposit sth. ‖ Recevoir qqch. en dépôt, *to take sth. into safe keeping.*
→ **titre.**

dépotoir ◆ CONFIDENCE. Servir de dépotoir (Fam.), *to have to listen to everything.* ◆ REBUT. Servir de dépotoir, *to be used as a dump.*

dépourvu ◆ IMPROVISTE. Prendre au dépourvu, *to take unawares.*

députation ◆ POLITIQUE. Se présenter à la députation, *to stand for Parliament.*
→ **candidat.**

der ◆ MILITAIRE. Faire (être) la der des der (Fam.), *to wage (to be) the war to end all wars.*

déraciné ◆ NOSTALGIE. Se sentir déraciné, *to feel uprooted.*

dérangé ◆ SANTÉ. Etre dérangé (Fam.), *to have an upset tummy.*

dérangement ◆ IMPORTANCE. Valoir le dérangement, *to be worth the trouble.* ◆ PERTURBATION. Causer du dérangement, *to cause inconvenience.*

dératé ◆ RAPIDITÉ. Courir comme un dératé, *to run like mad.*

dérision ◆ RAILLERIE. Tourner qqn en dérision, *to hold s.o. up to ridicule.*

dérivatif ◆ DÉRIVATIF. Trouver un dérivatif dans qqch., *to find diversion in sth.*

dérivé ◆ DÉSARROI, MARINE. Aller à la dérive, *to go adrift.*

dernier ◆ INFAMIE. Etre le dernier des derniers, *to be the lowest of the low.* ◆ RANG. Arriver bon dernier, *to get the wooden spoon.*
→ **opinion.**

dérouillée ◆ VOIES DE FAIT. Prendre une dérouillée (Pop.), *to get beaten up.*

derrière ◆ COMIQUE. Etre à se taper le derrière par terre (Fam.), *to be enough to make you wet yourself.* ◆ HÉSITATION. Etre assis (avoir) le derrière entre deux chaises (Fam.), *to be sitting on the fence.* ◆ NUDITÉ. Avoir le derrière au vent (à l'air) [Fam.], *to have o.'s bottom bare.* ◆ VOIES DE FAIT. Botter le derrière de qqn (Fam.), *to kick s.o. up the backside.*
→ **feu, pied.**

désaccord ◆ DÉSACCORD. Se trouver (être) en désaccord, *to come to (to be at) variance.*
→ **accord.**

désagrément ◆ DÉSAGRÉMENT. Attirer (occasionner) des désagréments, *to*

cause (to provide) unpleasantness. ‖ Ne récolter que des désagréments, *to get nothing but trouble.*

désapprobation ◆ DÉSAPPROBATION. Manifester sa désapprobation, *to show o.'s disapproval.*

désarçonner ◆ MAÎTRISE DE SOI. Ne pas se laisser désarçonner, *not to let o.s. be put out.*

désarroi ◆ DÉSARROI. Etre en plein désarroi, *to be in complete disarray.*

désastre ◆ ÉCHEC. Courir au désastre, *to be heading for disaster.* ◆ SALUT. Conjurer un désastre, *to avert disaster.*
→ **étendue.**

désavantage ◆ APPARENCE. Se montrer à son désavantage, *to show o.s. in an unfavourable light.* ◆ DÉSAVANTAGE. Tourner au désavantage de qqn, *to turn out to s.o.'s disadvantage.*

désaveu ◆ DÉSAPPROBATION. Encourir le désaveu de qqn, *to run the risk of repudiation by s.o.*

descendre ◆ MORT. Se faire descendre (Fam.), *to get bumped off.*

descente ◆ BOISSON. Faire une descente à la cave, *to raid the cellar.* ◆ IVROGNERIE. Avoir une bonne descente (Fam.), *to be a hard drinker.* ‖ S'arroser la descente (Fam.), *to knock it back.* ◆ POLICE. Faire une descente, *to make a raid.*

désert ◆ INUTILITÉ. Prêcher (parler) dans le désert, *to cry in the wilderness.*

désespoir ◆ ACCULEMENT. Agir en désespoir de cause, *to act in desperation.* ◆ DÉSESPOIR. Etre au désespoir, *to be in despair.* ‖ S'abandonner au désespoir, *to give way to despair.* ‖ S'abîmer (se plonger, sombrer) dans le désespoir, *to sink into despair.* ◆ PERSÉCUTION. Conduire (pousser, réduire) qqn au désespoir, *to drive (to push, to reduce) s.o. to despair.*
→ **image, main.**

déshonneur ◆ HONORABILITÉ. Ne pas y avoir de déshonneur à faire qqch., *there [to be] nothing shameful in doing sth.* (Gramm.)

desiderata ◆ DÉSIR. Faire connaître (exprimer) ses desiderata, *to make known (to express) o.'s wishes.*

désigné ◆ COMPÉTENCE. Etre tout désigné, *to be exactly right.*

désintéressement → **preuve.**

désir ◆ ASSENTIMENT. Accéder (acquiescer) aux désirs de qqn, *to comply (to fall in) with s.o.'s wishes.* ◆ ASSOUVISSEMENT. Combler les désirs de qqn, *to meet all s.o.'s wishes.* ‖ Satisfaire (apaiser, contenter; exaucer, réaliser; remplir) un désir, *to satisfy (to assuage; to gratify; to fulfil) a desire.* ◆ CONVENANCE. Correspondre (répondre) aux désirs de qqn, *to correspond to (to fulfil) s.o.'s wishes.* ◆ DÉFAILLANCE. Céder (succomber) au désir, *to yield (to succomb) to desire.* ◆ DÉSIR. Brûler du désir de faire qqch., *to be burning to do sth.* ‖ Etre animé d'un désir, *to be prompted by a desire.* ‖ Exprimer (former, formuler, manifester) un désir, *to express (to formulate, to state) a wish.* ‖ Nourrir un désir, *to nurture a wish.* ◆ FAIBLESSE. Céder aux désirs de qqn, *to yield to s.o.'s wishes.* ◆ ILLUSION. Prendre ses désirs pour des réalités, *to indulge in wishful thinking.* ◆ MAÎTRISE DE SOI. Contenir (refréner, résister à) ses désirs, *to contain (to restrain, to resist) o.'s desires.* ◆ MESURE. Borner (limiter, modérer) ses désirs, *to limit (to restrict, to moderate) o.'s desires.* ◆ PRÉVENANCE. Aller au-delà des désirs de qqn, *to go beyond s.o.'s wishes.* ‖ Devancer (prévenir) les désirs de qqn, *to anticipate s.o.'s wishes.* ◆ STIMULATION. Allumer (attiser, aviver, exciter, exalter, inspirer; faire naître) un désir, *to kindle (to awaken, to heighten, to arouse; to create) a desire.*

désirer 1. IMPERFECTION. Laisser à désirer, *to leave much to be desired.* – 2. RETARD. Se faire désirer, *to be overdue.* [V. 3.] – 3. RÉTICENCE. Se faire désirer, *to need coaxing.* [V. 2.]

désolation ◆ PEINE. Plonger dans la désolation, *to plunge into distress.*
→ **abomination, ruine.**

désordre ◆ DÉBAUCHE. Vivre dans le désordre, *to lead a wild life.* ◆ DÉSORDRE. Mettre du désordre dans qqch., *to make a muddle of sth.* ◆ MÉNAGE. Réparer le désordre, *to restore order.* ◆ PERTURBATION. Jeter le désordre dans les esprits, *to sow confusion in peoples' mind.* ‖ Semer (provoquer, fomenter) le désordre, *to sow (to provoke, to foment) disorder.*
→ **source.**

désorienté ◆ DÉSARROI. Etre tout désorienté, *to be all at sea.*

dessein ◆ ASSISTANCE. Servir les desseins de qqn, *to serve s.o.'s designs.* ◆

DISSIMULATION. Voiler ses desseins, *to conceal o.'s designs.* ◆ ENTRAVE. Contrecarrer (ruiner) les desseins de qqn, *to ruin (to thwart) s.o.'s designs.* ◆ INTENTION. Agir à dessein, *to act intentionally.* ‖ Avoir des desseins sur qqn (qqch.), *to have designs on s.o. (sth.).* ‖ Concevoir (élaborer, former, nourrir) de noirs desseins (des desseins ténébreux), *to hatch (to form, to harbour) dark designs.* ◆ PÉNÉTRATION. Pénétrer (sonder) les desseins de qqn, *to fathom s.o.'s designs.* ◆ RÉALISATION. Accomplir (exécuter, réaliser) ses desseins, *to accomplish (to fulfil, to carry out) o.'s designs.*

dessous ◆ DÉCOURAGEMENT. Etre dans le trente-sixième dessous (Fam.), *to feel like ending it all.* ◆ DISSIMULATION. Agir en dessous, *to act in an underhand way.* ◆ HYPOCRISIE. Etre en dessous, *to be underhand.* ◆ INFÉRIORITÉ. Avoir le dessous, *to come off worst.* ◆ INFORMATION. Connaître le dessous des cartes, *to know what is going on behind the scenes.* ◆ REGARD. Regarder en dessous, *to look sly.*

dessous-de-table ◆ CONCUSSION. Donner un dessous-de-table, *to pay under the counter.*

dessus 1. AMÉLIORATION, SANTÉ. Reprendre le dessus, *to rally.* [V. 6, 7.] – 2. APPRÉCIATION. Ne pas cracher dessus (Fam.), *not to turn up o.'s nose at it.* – 3. FACILITÉ. N'y avoir qu'à souffler dessus (Fam.), *there [to be] nothing to it* (Gramm.). – 4. HASARD. Tomber dessus (Fam.), *to light on it.* – 5. NIVEAU SOCIAL. Etre le dessus du panier (Fam.), *to be the crème de la crème.* – 6. RESSORT. Reprendre le dessus, *to get back on o.'s feet.* [V. 1, 7.] – 7. SUPÉRIORITÉ. Avoir (prendre) le dessus, *to get the upper hand.* ‖ Reprendre le dessus, *to get the upper hand again.* [V. 1, 6.]

destin ◆ ARTISAN DE SON SORT. Forger son destin, *to shape o.'s own destiny.* ‖ Infléchir le destin, *to shape destiny.* ◆ DESTIN. Suivre son destin, *to follow o.'s destiny.* ‖ Ne pas échapper à son destin, *cannot escape o.'s destiny* (Gramm.). ◆ FATALISME. S'abandonner au destin, *to leave it all to fate.* ◆ PRÉDICTION. Prédire le destin de qqn, *to foretell s.o.'s future.*
→ **maître.**

destination ◆ OBJECTIF. Détourner qqch. de sa destination, *to divert sth. to other ends.* ‖ Remplir sa destination, *to fulfil its purpose.* ◆ VOYAGE. Arriver (être rendu) à destination, *to reach o.'s destination.*

destinée ◆ DESTIN. Accomplir sa destinée, *to fulfil o.'s destiny.* ◆ DOMINATION. Tenir la destinée de qqn entre ses mains, *to hold s.o.'s fate in o.'s hands.* ◆ MARIAGE. Associer (unir) deux destinées, *to join (to unite) two destinies.* ‖ Enchaîner sa destinée à celle de qqn, *to link o.'s destiny with s.o.'s.* ◆ MORT. Trancher la destinée de qqn, *to cut s.o.'s life-thread.*
→ **ouvrier.**

désuétude ◆ NON-USAGE. Tomber en désuétude, *to fall out of use.*

désunion ◆ MÉSENTENTE. Mettre (jeter, semer) la désunion, *to bring (to cause, to sow) dissension.*

détail ◆ COMMERCE. Acheter (vendre) au détail, *to buy (to sell) retail.* ‖ Faire le détail, *to be a retailer.* ◆ MINUTIE. Décrire par le détail (en détail), *to describe in (minute) detail.* ‖ Entrer (pénétrer) dans le détail, *to go into details.* ‖ Se perdre (se noyer) dans les détails, *to get bogged down in details.* ‖ Soigner les détails, *to pay great attention to detail.* ◆ NON-IMPORTANCE. Etre un détail, *to be a mere detail.*
→ **gros, question, revue.**

détecteur ◆ PROCÉDURE. Faire passer qqn au détecteur de mensonge, *to give s.o. a lie-detector test.*

dételer ◆ RENDEMENT. Travailler sans dételer (Fam.), *to work without let-up.*

détente ◆ AVARICE. Etre dur à la détente (Fam.), *to be tight-fisted.* ◆ MILITAIRE. Appuyer sur (presser) la détente, *to pull (to press) the trigger.*

détention ◆ INCULPÉ. Etre en détention préventive, *to be held on remand.*

détermination ◆ DÉCISION. Arrêter sa détermination, *to reach a decision.* ‖ Prendre une détermination, *to make up o.'s mind.*

détour ◆ DÉTOUR. Chercher des détours, *to beat about the bush.* ‖ Prendre des détours, *to take a roundabout way.* ◆ DIRECTION. Faire un détour, *to make a détour.* ◆ FRANCHISE. Etre sans détour, *to be undesigning.* ◆ RONDEUR. Parler sans détour, *to speak straightforwardly.*

détresse ◆ APAISEMENT. Soulager la détresse, *to soothe anguish.* ◆ PAUVRETÉ. Etre dans la détresse, *to be in financial difficulties.*

détriment ◆ PRÉJUDICE. Tourner au détriment de qqn, *to turn (out) to s.o.'s detriment.*

dette ◆ DETTE. Acquitter (se libérer d') une dette, *to pay (off) a debt.* ‖ Contracter (faire) des dettes, *to contract (to run up) debts.* ‖ Etre criblé de dettes, *to be head over heels in debt.* ‖ Payer (régler) ses dettes, *to pay (to settle) o.'s debts.* ◆ INCULPÉ. Payer sa dette envers la société, *to pay o.'s debt to society.* ◆ MORT. Payer sa dette à la nature, *to pay o.'s debt to nature.* ◆ RECONNAISSANCE. Acquitter une dette de reconnaissance, *to repay a debt of gratitude.* ‖ Contracter une dette envers qqn, *to incur a debt to s.o.*
→ **remise.**

deuil ◆ MORT. Conduire (mener) le deuil, *to be the chief mourner.* ‖ Etre en deuil (en grand deuil, en demi-deuil) de qqn, *to be in mourning (in deep mourning, in half-mourning) for s.o.* ‖ Porter le deuil, *to wear mourning.* ‖ Prendre (quitter) le deuil, *to go into (to go out of) mourning.* ◆ PRIVATION. En faire son deuil (Fam.), *to say good-bye to it.* ◆ SALETÉ. Porter le deuil de sa blanchisseuse, *not to have seen the inside of a laundry for years.*
→ **ongle.**

deux 1. ÉQUITATION. Piquer des deux, *to clap spurs to o.'s horse.* [V. 6.] − 2. ÉVIDENCE. Etre clair comme deux et deux font quatre (Fam.), *to be as clear as daylight.* − 3. MENACE. Etre deux, *to make a pair.* − 4. RAPIDITÉ. Agir en moins de deux (Fam.), *to act in two ticks.* − 5. UNION. Vivre à deux, *to live together.* − 6. VITESSE. Piquer des deux (Fam.), *to get o.'s skates on.* [V. 1.]
→ **scène, solitude, une.**

dévaluation ◆ FINANCES. Procéder à une dévaluation, *to carry out devaluation.*

devancer ◆ RETARD. Se laisser devancer, *to drop behind.*

devant ◆ DISCRÉTION. Balayer son devant de porte, *to put o.'s own house in order.* ◆ ÉCHEC. Aller au-devant d'un échec, *to be headed for failure.* ◆ PRÉVENANCE. Prendre les devants, *to get in first.* ◆ VÊTEMENT. Mettre qqch. devant derrière, *to put sth. on back to front.*

devanture ◆ CORPS. Avoir une belle

devanture (Fam.), *to be buxom*. ◆ FLÂ-NERIE. Lécher les devantures, *to go window-shopping*.

déveine ◆ MALCHANCE. Avoir la déveine (Fam.), *to be out of luck*.

développement → voie.

devenir ◆ INDÉCISION. Ne savoir que devenir, *not to know where to turn*.

devin ◆ IGNORANCE. Ne pas être devin (Fam.), *not to be a wizard*.

devinette ◆ JEUX DE L'ESPRIT. Poser une devinette, *to ask a riddle*.

devis ◆ COMMERCE. Établir (faire) un devis, *to draw up (to give) an estimate*.

devise ◆ FINANCES. Payer en devises (dures), *to pay in foreign exchange (hard currency)*.

1. devoir ◆ INDÉPENDANCE. Ne vouloir rien devoir à personne, *not to want to be under a debt to anyone*.

2. devoir ◆ CIVILITÉ. Présenter (rendre) ses devoirs à qqn, *to pay o.'s respects to s.o.* ◆ CONVERSION. Rentrer dans le devoir, *to return to the path of duty.* ◆ CORRUPTION. Détourner qqn du devoir, *to divert s.o. from the path of duty.* ◆ DÉFAILLANCE. Se dérober (faillir, manquer) à son devoir, *to evade (to fail in) o.'s duty.* ◆ DEVOIR. Estimer de son devoir de faire qqch., *to consider it o.'s duty to do sth.* ‖ Remplir (accomplir, faire) son devoir, *to fulfil (to do) o.'s duty.* ‖ Remplir son devoir d'état, *to fulfil the duties of o.'s position.* ‖ S'en faire un devoir, *to make a point of doing it.* ◆ ÉCOLE. Ramasser les devoirs, *to collect the exercises.* ◆ ENTREPRISE. Se mettre en devoir de faire qqch., *to set about doing sth.* ◆ MARIAGE. Remplir (accomplir) le devoir conjugal, *to perform o.'s conjugal duties.* ◆ MORT. Rendre les derniers devoirs à qqn, *to pay o.'s last respects to s.o.* ◆ RÉPRIMANDE. Rappeler qqn au devoir, *to recall s.o. to the path of duty.*

→ esclave, homme, sentiment.

dévolu ◆ CHOIX. Jeter son dévolu sur qqch. (qqn), *to fix o.'s choice upon sth. (s.o.)*

dévotion ◆ BIGOTERIE. Donner dans la dévotion, *to become a bit churchy.* ‖ Etre confit en dévotion, *to be sanctimonious.* ‖ Tomber dans la dévotion, *to take to religion.* ◆ RELIGION. Faire ses dévotions, *to do o.'s devotions.* ◆ SOUMISSION.

Etre à la dévotion de qqn, *to be devoted to s.o.*

dia → hue.

diable 1. AGITATION. Etre comme un diable dans un bénitier (Fam.), *to be like a Jack-in-the-box.* ‖ Se démener (se débattre) comme un (beau) diable, *to fight like the dickens.* [V. 4.] — 2. DIFFICULTÉ. Etre le diable à confesser (Fam.), *to be the dickens of a job.* ‖ Etre le diable et son train (Fam.), *to be the devil's own job.* — 3. DISTANCE. Demeurer au diable (Vauvert), *to live out in the wilds.* — 4. EFFORT. Se démener comme un diable (Fam.), *to do o.'s damnedest.* [V. 1.] — 5. ENFANT. Etre un bon petit diable, *to be a scamp.* — 6. FACILITÉ. N'être pas le diable (Fam.), *not to be as hard as all that.* — 7. FUITE. Avoir le diable à ses trousses, *to have the devil on o.'s tail.* — 8. IMPÉCUNIOSITÉ. Etre un pauvre diable (Fam.), *to be poverty-stricken.* [V. 9.] ‖ Loger le diable dans sa bourse (Fam.), *to have fresh air in o.'s pockets.* ‖ Tirer le diable par la queue (Fam.), *to have to watch where the pennies go.* — 9. NIVEAU SOCIAL. Etre un pauvre diable, *to be a poor devil.* [V. 8.] — 10. PROTESTATION. Crier comme un beau diable (Fam.), *to scream blue murder.* — 11. REBUFFADE. Aller au diable (Fam.), *to go to the devil.* ‖ Envoyer qqn au diable (à tous les diables, aux cinq cents diables) [Fam.], *to send s.o. to the devil.* — 12. TENTATION. Avoir le diable au corps (dans le ventre, dans la peau) [Fam.], *to be a real devil.* ‖ Tenter le diable, *to court temptation.* — 13. TRISTESSE. Porter le diable en terre (Fam.), *to be a dismal Johnny.* — 14. TURBULENCE. Faire le diable à quatre (Fam.), *to behave like the wild man from Borneo.*

→ âme, barouf, beauté, boucan, dieu, esprit, faim, foin, peur, raffut, veine, vent.

diagnostic ◆ MÉDECINE. Faire (porter) un diagnostic, *to make (to perform) a diagnosis.*

diagonale ◆ LECTURE. Lire qqch. en diagonale, *to glance through sth.*

dialogue ◆ CONTACT. Engager (faciliter; instaurer, susciter; renouer) le dialogue, *to start (to facilitate; to launch, to suggest; to resume) discussions.*

diapason ◆ HARMONIE. Se mettre au diapason, *to attune o.s.*

diapositive ◆ PHOTOGRAPHIE. Faire des diapositives, *to take transparencies.*

diatribe ◆ CRITIQUE. Se lancer dans une diatribe contre qqn, *to launch (out) into a diatribe against s.o.*

dictateur ◆ OPPRESSION. Faire le dictateur, *to act like a little Caesar.*

dictature ◆ POLITIQUE. Exercer la dictature, *to exercise dictatorial powers.*

dictée ◆ ÉCRITURE. Écrire sous la dictée, *to write from dictation.*

dictionnaire ◆ RECHERCHE. Consulter un dictionnaire, *to consult a dictionary.* ◆ SAVOIR. Etre un dictionnaire ambulant, *to be a walking dictionary.*

diète ◆ SANTÉ. Etre à la diète (à la diète liquide), *to be on a short (liquid) diet.* ‖ Mettre (se mettre) à la diète, *to put (to go) on a diet.*

1. Dieu ◆ AUDACE. Ne craindre ni Dieu ni Diable (Fam.), *to fear neither God nor the devil.* ◆ CONFIANCE. Donner à qqn le bon Dieu sans confession (Fam.), *to take s.o. to be as innocent as a lamb.* ◆ IMPUISSANCE. Ne pas être le bon Dieu (Fam.), *not to be God Almighty.* ◆ INCRÉDULITÉ. Ne croire ni à Dieu ni au diable, *to believe in neither God nor the devil.* ◆ MORT. Etre rappelé à Dieu, *to be taken into God.* ‖ Paraître devant Dieu, *to meet o.'s Maker.* ◆ RELIGION. Croire en Dieu. *to believe in God.* ‖ Chercher (louer, prier; trouver) Dieu, *to seek (to praise, to pray to; to find) God.* ‖ Tenter Dieu, *to tempt Providence.* ◆ SERMENT. Prendre Dieu à témoin, *to take God as o.'s witness.*

→ **âme, bête, doigt, enfant, gloire, image, maison.**

2. dieu ◆ CHANCE. Etre béni (aimé) des dieux, *to be a favourite of the gods.* ‖ Y avoir un dieu pour les ivrognes (la canaille) [Fam.], *there [to be] a god to look after drunkards (the rabble)* [Gramm.]. ◆ CORPS. Etre beau comme un dieu, *to be an Adonis.* ◆ IVROGNERIE. Adorer le dieu de la treille (Fam.), *to be a worshipper of Bacchus.* ◆ PRÉCARITÉ. Etre un dieu aux pieds d'argile, *to have feet of clay.* ◆ SERMENT. Jurer ses grands dieux, *to swear by all that is sacred.*

→ **bienfait, secret.**

diffamation → **procès.**

différence ◆ DIFFÉRENCE. Faire toute la différence (Impers.), *to make all the*

difference. ◆ SIMILITUDE. Ne pas faire grande différence (Impers.), *not to make much difference.*

différend ◆ MÉSENTENTE. Avoir un différend avec qqn, *to be at variance with s.o.* ‖ Faire naître un différend, *to lead to a dispute.* ◆ RÉCONCILIATION. Régler (trancher, vider) un différend, *to settle (to cut short, to clear up) a dispute.*

difficile ◆ ALIMENTATION. Etre (faire le) difficile, *to be finicky.* ◆ DÉDAIN. Faire le difficile, *to be choosy.* ◆ FACILITÉ. Ne pas être si difficile que ça, *not to be all that difficult.*

difficulté ◆ DÉSACCORD. Etre en difficulté avec qqn, *to be at odds with s.o.* ◆ DÉTOUR. Tourner une difficulté, *to get round a difficulty.* ◆ ÉCHAPPATOIRE. Éluder (esquiver) une difficulté, *to evade (to skirt round) a difficulty.* ◆ ÉCHEC. Trébucher (buter) sur une difficulté, *to stumble over a difficulty.* ◆ ÉCLAIRCISSEMENT. Éclaircir la difficulté, *to throw light on the difficulty.* ◆ EFFORT. Décomposer la difficulté, *to break down the difficulty.* ◆ ENTRAVE. Affronter (éprouver, rencontrer, se heurter à) des difficultés, *to confront (to experience, to meet with, to come up against) difficulties.* ‖ Apporter (soulever, faire naître, faire surgir) des difficultés, *to create, (to give rise to, to raise) difficulties.* ◆ EXAGÉRATION. Grossir (s'exagérer) les difficultés, *to magnify (to overestimate) the difficulties.* ◆ FACILITÉ. Ne souffrir (ne présenter) aucune difficulté, *not to present the slightest difficulty.* ◆ IMPÉCUNIOSITÉ. Avoir des difficultés matérielles, *to have material difficulties.* ◆ LIBÉRATION. Aplanir (lever) les difficultés, *to smooth away (to remove) the difficulties.* ◆ PEUR. Reculer devant les difficultés, *to back down in the face of difficulties.* ◆ PRÉVISION. Entrevoir (laisser présager) des difficultés, *to foresee (to augur) difficulties.* ◆ RÉTICENCE. Faire des difficultés, *to make difficulties.* ◆ SUCCÈS. Franchir (résoudre, surmonter, vaincre) une difficulté, *to get over (to solve, to overcome, to surmount) a difficulty.* ◆ SUPÉRIORITÉ. Jongler avec les difficultés, *to make light of difficulties.* ‖ Se jouer des difficultés, *to snap o.'s fingers at difficulties.*

→ **butte, côté, pied, prise.**

digérer ◆ AMERTUME. Etre dur à digérer (Fam.), *to be hard to stomach.*

digestif ◆ BOISSON. Prendre un digestif, *to have a liqueur (brandy).*

digestion ◆ SANTÉ. Troubler la digestion, *to upset s.o.'s digestion.*
→ visite.

dignité ◆ DÉCHÉANCE. Perdre toute dignité, *to lose all dignity.* ◆ DIGNITÉ. Acquérir de la dignité, *to acquire dignity.* ◆ HIÉRARCHIE. Élever qqn à une dignité, *to raise s.o. to high rank.* ◆ HONNEURS. Conférer une dignité, *to confer dignity.* ◆ REPLIEMENT. Se draper dans sa dignité, *to clutch the shreds of o.'s dignity.*

digression ◆ LITTÉRATURE. Faire (se lancer dans) une digression, *to make (to embark on) a digression.* ‖ Se perdre (s'égarer) dans une digression, *to stray from the point.*

digue ◆ VIOLENCE. Rompre les digues (Fig.), *to break down the barriers.*

dilemme ◆ ALTERNATIVE. Etre enfermé dans un dilemme, *to be on the horns of a dilemma.* ‖ Poser un dilemme à qqn, *to present s.o. with a dilemma.*

dilettante ◆ AMATEURISME. Travailler en dilettante, *to be a dilettante at o.'s work.*

diligence ◆ HÂTE. Faire diligence, *to act post-haste.*

dimanche ◆ PARESSE. Etre né un dimanche (Fam.), *to be born lazy.*
→ jour, sourire.

dîme ◆ RELIGION. Prélever (lever) la dîme, *to levy the tithe.*

diminution ◆ COUTURE. Faire une diminution, *to take in.*

dindon ◆ DUPE. Etre le dindon de la farce, *to be a dupe.* ◆ REBUFFADE. Envoyer qqn garder les dindons (Fam.), *to send s.o. to Jericho.*

dîner ◆ HOSPITALITÉ. Donner à dîner, *to have guests for dinner.* ‖ Donner un dîner, *to give a dinner-party.* ‖ Garder (retenir) qqn à dîner, *to get s.o. to stay to dinner.* ◆ PARASITE. Se faire payer à dîner par qqn, *to cadge a dinner off s.o.*

dînette ◆ ALIMENTATION. Faire la dînette, *to have a little tuck-in.*

diplomate ◆ INHABILETÉ. N'être guère diplomate, *to be scarcely diplomatic.*

diplomatie ◆ DIPLOMATIE. User de diplomatie, *to be diplomatic about it.* ◆

INHABILETÉ. Manquer de diplomatie, *not to be diplomatic enough.*

diplôme ◆ ÉCOLE. Délivrer (obtenir) un diplôme, *to issue (to obtain) a diploma.*

dire ◆ ASSENTIMENT. N'y avoir rien à dire, *there (not to seem) to be anything wrong* (Gramm.). ◆ BAVARDAGE. Parler pour ne rien dire, *to produce nothing but hot air.* ◆ CONFIANCE. Se fier aux dires de qqn, *to trust s.o.'s statements.* ◆ CONFIRMATION. Corroborer les dires de qqn, *to bear s.o. out.* ‖ Ne pas croire si bien dire, *not to know how right o. is.* ◆ DIFFICULTÉ. Etre facile à dire, *to be easy enough to talk.* ‖ Etre plus facile à dire qu'à faire, *to be easier said than done.* ◆ ÉVIDENCE. Aller sans dire, *to go without saying.* ◆ EXAGÉRATION. Etre beaucoup dire, *to be going a bit far.* ◆ EXPRESSION. Ne savoir comment dire, *not to know how to put it.* ◆ IMPORTANCE. N'être pas peu dire, *to be no understatement.* ◆ INUTILITÉ. Avoir beau dire et beau faire, *no matter what you do or say.* ◆ MÉFIANCE. Ne rien dire qui vaille, *not to inspire much confidence.* ◆ RONDEUR. Ne pas l'envoyer dire à qqn (Fam.), *to tell s.o. straight.* ◆ SUGGESTION. En dire long, *to speak volumes.* ◆ SYNTHÈSE. Etre tout dire, *to explain all.*

direct ◆ RADIO. Parler en direct, *to speak live.*

direction ◆ AUTOMOBILE. Fausser la direction, *to put the steering out of line.* ◆ CHEF. Prendre la direction (des opérations), *to take charge (of operations).* ◆ DIRECTION. Imprimer une direction à qqch., *to impart a direction to sth.* ◆ ORIENTATION. Prendre (suivre) une direction, *to take (to go in) a direction.* ‖ S'orienter dans une autre direction, *to move in another direction.*

directive ◆ RENSEIGNEMENT. Demander (donner; recevoir) des directives, *to ask for (to give; to get) instructions.*

discernement ◆ DISCERNEMENT. Agir avec discernement, *to act with discernment.* ◆ AVEUGLEMENT. Manquer de discernement, *to be undiscerning.*

discipline ◆ AUTORITÉ. Établir (imposer) une discipline de fer, *to establish (to impose) rigid discipline.* ‖ Maintenir la discipline, *to keep discipline.* ◆ DISCIPLINE. Observer (se plier à, s'astreindre à) la discipline, *to observe (to conform to, to bow*

to) discipline. ◆ INDISCIPLINE. Enfreindre (relâcher) la discipline, *to infringe (to relax) discipline.* ◆ RELIGION. Se donner la discipline, *to scourge o.s.*
→ **conseil.**

discorde ◆ EXCITATION. Entretenir (fomenter, semer) la discorde, *to keep up (to foment, to sow) discord.*
→ **brandon.**

discours ◆ BAVARDAGE. Se perdre en discours, *to talk in circles.* ‖ Se répandre en discours, *to talk o.'s head off.* ‖ Tenir un discours à qqn, *to address s.o. at length.* ◆ DISCOURS. Débiter (dégoiser [Fam.]) un discours, *to spout forth.* ‖ Faire (entamer, prononcer) un discours, *to make (to launch into, to deliver) a speech.* ‖ Improviser un discours, *to talk off the cuff.* ◆ EMPHASE. Faire un discours en trois points, *to launch into elaborate explanations.* ◆ SILENCE. Remballer son discours (Fam.), *to pocket o.'s speech.*
→ **fil.**

discrédit ◆ DÉFAVEUR. Tomber dans le discrédit, *to fall into disrepute.* ◆ DÉNIGREMENT. Jeter le discrédit sur qqn, *to throw discredit upon s.o.*

discrétion ◆ ABONDANCE. En avoir à discrétion, *to have as much as o. wants.* ◆ LATITUDE. Laisser qqch. à la discrétion de qqn, *to leave sth. up to s.o.* ◆ SOUMISSION. Se rendre à discrétion, *to surrender unconditionally.*

discussion ◆ ARBITRAGE. Trancher une discussion, *to cut short an argument.* ◆ DÉSACCORD. Entrer en discussion avec qqn, *to enter into an argument with s.o.* ◆ DISCUSSION. Aiguiller (diriger, mener; clore) une discussion, *to steer (to conduct, to lead; to close) a discussion.* ‖ Entamer (engager, s'engager dans) une discussion, *to open (to engage upon) a discussion.* ‖ Soutenir la discussion, *to keep the discussion going.* ‖ Venir en discussion, *to come up for discussion.* ◆ ÉVIDENCE. Ne pas supporter la discussion (Impers.), *to be beyond controversy.* ◆ EXCITATION. Déclencher (envenimer; provoquer, soulever) une discussion, *to start off (to inflame; to raise, to start) an argument.* ◆ REFUS. Refuser toute discussion, *to refuse to discuss the matter.*
→ **feu, préliminaires, sujet.**

disgrâce ◆ DÉFAVEUR. Encourir (s'attirer) la disgrâce de qqn, *to incur s.o.'s*

displeasure. ‖ Tomber en disgrâce, *to fall into disfavour.*

disparaître ◆ FIN. Tendre à disparaître, *to be on the way out.*

disparition ◆ PROCÉDURE. Signaler une disparition, *to report a disappearance.*

disparu ◆ MILITAIRE. Etre porté disparu, *to be reported missing.*

dispense ◆ FAVEUR. Accorder (demander; obtenir) une dispense, *to grant (to request; to obtain) an exemption.*

disponibilité ◆ ADMINISTRATION. Mettre qqn en disponibilité, *to release s.o.* ◆ IMPÉCUNIOSITÉ. Manquer de disponibilités, *to be short of liquid assets.* ◆ USAGE. En avoir la disponibilité, *to have it at o.'s disposal.*

disposition ◆ ADMINISTRATION. Etre à disposition, *to be on call.* ◆ CAPACITÉ. Avoir des dispositions pour qqch., *to have an aptitude for sth.* ◆ DÉPENDANCE. Etre (se mettre, se tenir) à la disposition de qqn, *to be (to place o.s., to keep o.s.) at s.o.'s disposal.* ◆ HUMEUR. Etre dans de bonnes dispositions, *to be in a good frame of mind.* ◆ ORGANISATION. Prendre des dispositions, *to make arrangements.* ‖ Prendre toutes dispositions utiles, *to take the necessary steps.* ◆ USAGE. Mettre qqch. à la disposition de qqn, *to place sth. at s.o.'s disposal.*

dispute ◆ EXCITATION. Provoquer une dispute, *to provoke a quarrel.* ◆ QUERELLE. Avoir une dispute avec qqn, *to have words with s.o.*
→ **sujet.**

disque 1. AUTOMOBILE. Mettre son disque, *to set o.'s parking-disc in position.* ‖ Changer son disque, *to change the time shown on o.'s parking-disc.* – 2. MUSIQUE. Changer de disque, *to put on a new record.* [V. 3.] ‖ Mettre (faire tourner) un disque, *to put on (to play) a record.* – 3. REVIREMENT. Changer de disque (Fam.), *to change the subject.* [V. 2.] – 4. SPORTS. Lancer le disque, *to throw the discus.*

dissension ◆ EXCITATION. Fomenter des dissensions, *to foment strife.* ◆ RÉCONCILIATION. Apaiser les dissensions, *to quieten the strife.*

dissentiment ◆ EXCITATION. Provoquer (faire naître) des dissentiments, *to cause (to lead to) disagreements.*

dissipation ◆ DÉBAUCHE. Vivre dans la dissipation, *to lead a dissolute life.*

dissuasion → force.

distance 1. DÉDAIN. Tenir qqn (se tenir) à distance, *to keep s.o. (to keep) at arm's length.* — 2. DISTANCE. Couvrir (parcourir) une distance, *to cover (to travel over) a distance.* ‖ Rapprocher les distances, *to make distances shorter.* — 3. ESTIMATION. Apprécier (calculer, estimer; évaluer) les distances, *to calculate (to estimate, to assess, to evaluate) distances.* — 4. NIVEAU SOCIAL. Conserver (garder, observer) ses distances, *to keep o.'s distance.* — 5. NON-PARTICIPATION. Prendre ses distances, *to keep aloof.* — 6. PEUR. Rester à distance respectueuse, *to keep at a safe distance.* [V. 7.] — 7. RESPECT. Rester à distance respectueuse, *to keep a respectful distance.* [V. 6.]

distinction ◆ DISCRIMINATION. Faire une distinction, *to make a distinction.* ◆ HONNEURS. Obtenir une distinction, *to win an award.* ◆ NON-RAFFINEMENT. Manquer de distinction, *to be common.*

distraction ◆ INATTENTION. Avoir des distractions, *to get distracted.* ◆ LOISIR. Procurer des distractions, *to afford diversion.*

distribution ◆ VOIES DE FAIT. Donner une distribution (Fam.), *to hand out a thrashing.*

dit ◆ DIFFICULTÉ. Etre plus vite dit que fait (être bientôt [vite] dit), *to be easier said than done.* ◆ SOUMISSION. Se le tenir pour dit, *to take the lesson to heart.*

diversion ◆ DIVERSION. Faire (créer, opérer) une diversion, *to cause (to create, to make) a diversion.*

dividende ◆ FINANCES. Distribuer (toucher) des dividendes, *to distribute (to draw) dividends.*

divination ◆ PHÉNOMÈNES PARANORMAUX. Pratiquer la divination, *to practise soothsaying.*

division ◆ SPORTS. Monter en division supérieure, *to be promoted.*

divorce ◆ DIVORCE. Demander le divorce, *to sue for a divorce.* ‖ Prononcer le divorce, *to pronounce the divorce decree.* → action.

dix ◆ SUPÉRIORITÉ. Etre à dix contre un, *to be ten to one.*

docteur ◆ OPTIMISME. Etre le docteur Tant Mieux (Fam.), *to be a cheerful Charlie.* ◆ PESSIMISME. Etre le docteur Tant Pis (Fam.). *to be a dismal Denis.*

doctrine ◆ ADHÉSION. Adhérer à une doctrine, *to adhere to a doctrine.* ◆ OPINION. Professer une doctrine, *to profess a doctrine.* ◆ PROPAGANDE. Répandre une doctrine, *to spread a doctrine.* ◆ REFUS. Rejeter une doctrine, *to reject a doctrine.*

document ◆ INFORMATION. Amasser (compulser, dépouiller) des documents, *to accumulate, (to go through, to dissect) records.* → masse.

documentation ◆ INFORMATION. Réunir (rechercher; compléter) une documentation, *to collect (to look for; to complete) a file of documents.*

dogue → humeur.

doigt 1. ADRESSE. Avoir les doigts déliés, *to have nimble fingers.* — 2. APPROXIMATION. Etre à deux doigts de qqch., *to be within an ace of sth.* — 3. AUTORITARISME. Faire marcher (mener) qqn au doigt et à l'œil, *to keep s.o. at o.'s beck and call.* — 4. BOISSON. Prendre un doigt de vin, *to have a drop of wine.* — 5. COUTURE. Avoir des doigts de fée. *to have nimble fingers.* — 6. DÉRISION. Montrer qqn du doigt, *to point the finger of scorn at s.o.* [V. 12.] — 7. ÉCLAIRCISSEMENT. Faire toucher qqch. du doigt. *to make sth. crystal clear.* — 8. ENTENTE. Etre comme les deux doigts de la main (Fam.), *to be hand in glove.* — 9. ENTRAÎNEMENT. Mettre le doigt dans l'engrenage, *to let o.s. in for it.* — 10. ERREUR. Se mettre (se fourrer) le doigt dans l'œil (Fam.), *to get the wrong end of the stick.* — 11. FACILITÉ. Gagner les doigts dans le nez (Fam.), *to romp home.* — 12. FAITS ET GESTES. Faire craquer ses doigts, *to crack o.'s knuckles.* ‖ Faire claquer ses doigts, *to snap o.'s fingers.* ‖ Mettre ses doigts dans le nez, *to pick o.'s nose.* ‖ Montrer qqn du doigt, *to point at s.o.* [V. 6.] — 13. GOURMANDISE. Se lécher les doigts (Fam.), *to smack o.'s lips.* — 14. INACTION. Ne rien faire de ses dix doigts (Fam.), *not to do a hand's turn.* ‖ Ne pas remuer le petit doigt (Fam.), *not to lift a finger.* — 15. INDISCRÉTION. Fourrer ses doigts partout (Fam.), *to stick o.'s oar into everything.* — 16. INTERVENTION. Mettre le doigt entre l'arbre et l'écorce, *to interfere in family quarrels.* — 17. MATHÉMATIQUES. Compter sur ses doigts, *to count on o.'s fingers.* — 18. PRÉCARITÉ. Filer (glisser) entre les doigts

de qqn, *to slip through s.o.'s fingers.* – 19. PRÉCISION. Mettre le doigt sur la plaie, *to touch the sore spot.* ‖ Mettre le doigt dessus, *to hit the nail on the head.* ‖ Toucher du doigt, *to put o.'s finger on it.* – 20. REGRET. S'en mordre les doigts (Fam.), *could kick o.s* (Gramm.). – 21. RÉPRIMANDE. Donner (taper) sur les doigts de qqn, *to rap s.o. over the knuckles.* ‖ Prendre (recevoir, se faire taper) sur les doigts (Fam.), *to get rapped over the knuckles.* – 22. SIGNE. Etre le doigt de Dieu, *to be the finger of God.* – 23. SOUMISSION. Marcher (obéir) au doigt et à l'œil, *to obey unquestioningly.*
→ **mort, signe.**

doigté ◆ DÉLICATESSE. Avoir du doigté, *to be tactful.* ◆ INDÉLICATESSE. Manquer de doigté, *to be tactless.*

doléances ◆ CONFIDENCE. Écouter les doléances de qqn, *to listen to s.o.'s grievances.* ◆ RÉCRIMINATION. Faire (exposer, exprimer, présenter) ses doléances, *to air (to expound, to present) o.'s grievances.*

dollar ◆ FINANCES. S'aligner sur le dollar, *to be on the dollar standard.*

domaine ◆ ART, ÉDITION, SCIENCE. Tomber dans le domaine public, *to become public property.* ◆ COMPÉTENCE. Entrer dans le domaine de qqn, *to fall within s.o.'s department.* ◆ POSSIBILITÉ. Rester dans le domaine du possible, *to remain within the realms of possibility.* ◆ RECHERCHE. Explorer un domaine, *to explore a field.* ◆ SAVOIR. Agrandir le domaine de ses connaissances, *to widen the scope of o.'s knowledge.*
→ **action.**

domicile ◆ COMMERCE. Livrer à domicile, *to deliver.* ◆ DÉLIT. Violer le domicile de qqn, *to break into s.o.'s home.* ◆ MAISON. Élire domicile, *to elect domicile* (Jur.); *to take up residence* (Fam.). ‖ Etre sans domicile, *to be homeless.* ‖ Etre sans domicile fixe (S.D.F.), *to have no fixed abode (N.F.A.).* ◆ MARIAGE. Abandonner (réintégrer) le domicile conjugal, *to leave (to return to) the conjugal residence.* ◆ RETOUR. Regagner (réintégrer) son domicile, *to return home.*

domination ◆ DOMINATION. Établir (étendre; exercer) sa domination, *to establish (to extend; to exert) o.'s domination.* ◆ ESCLAVAGE. Tomber sous

la domination de qqn, *to fall under s.o.'s domination.*

dommage ◆ PRÉJUDICE. Éprouver (subir) un dommage, *to suffer damage.* ◆ PROCÉDURE. Accorder (demander) des dommages-intérêts, *to award (to sue for) damages.* ‖ Poursuivre en dommages-intérêts, *to bring an action for damages.* ◆ REGRET. Etre bien dommage (Impers.), *to be a great pity.* ◆ RÉPARATION. Réparer un dommage, *to make up for damage.*

don ◆ CAPACITÉ. Avoir le don de l'imitation (de la parole), *to have a gift for mimicry (for oratory).* ‖ Cultiver un don, *to cultivate a talent.* ‖ Manifester des dons, *to show talent.* ◆ CHARME. Avoir le don de plaire, *to have a gift for charming people.* ◆ DON. Faire (remettre) un don, *to make (to give) a donation.* ‖ Faire don de qqch., *to donate sth.* ◆ IMPOSSIBILITÉ. Ne pas avoir le don d'ubiquité, *not to have the gift of ubiquity.* ◆ LARMES. Avoir le don des larmes, *to have the gift of easy tears.* ◆ PHÉNOMÈNES PARANORMAUX. Avoir le don de seconde (double) vue, *to have the gift of second sight.*

donation ◆ NOTARIAT. Faire (révoquer) une donation, *to make (to annul) a donation.*

dormir ◆ INDIFFÉRENCE. Ne pas empêcher qqn de dormir (Fam.), *not to stop s.o. sleeping at night.* ◆ TOURMENT. Ne pas en dormir (Fam.), *cannot sleep for thinking of it* (Gramm.).
→ **conte, marmotte.**

dos 1. ACCULEMENT. Etre le dos au mur, *to have o.'s back to the wall.* – 2. APPRÉHENSION. Tendre le dos, *to shrink back.* – 3. CHOC EN RETOUR. Retomber sur le dos de qqn (Fam.), *to catch up with s.o. in the end.* – 4. CORPS. Avoir le dos rond, *to be round-shouldered.* – 5. DÉMESURE. Ne pas y aller avec le dos de la cuiller (Fam.), *to go to it with a vengeance.* – 6. DÉTOUR. Battre qqn sur le dos d'un autre, *to get at s.o. by criticizing s.o. else.* – 7. ESCLAVAGE. Avoir toujours qqn sur le dos (Fam.), *to be continually pestered by s.o.* – 8. FAITS ET GESTES. Faire le gros dos, *to arch o.'s back* (animal); *to hunch o.'s shoulders* (personne). – 9. FAITS ET GESTES, RUPTURE. Tourner le dos à qqn, *to turn o.'s back on s.o.* – 10. IMPORTUNITÉ. Scier le dos à qqn (Fam.), *to pester s.o.* – 11. IMPROVISTE. Tomber sur le dos de qqn (Fam.), *to land in on s.o.* – 12. INHABILETÉ. Se mettre qqn à dos (Fam.), *to set s.o. against o.* – 13. OPPRESSION. Etre toujours sur le dos de qqn (Fam.), *to breathe down s.o.'s neck.* – 14. RESPONSABILITÉ. Avoir bon dos (le dos large), *to have a broad back.* ‖ Mettre qqch. sur le dos de qqn, *to saddle s.o. with sth.* – 15. SATIÉTÉ. En avoir plein le dos (Fam.), *to be fed up to the teeth.* – 16. SOUMISSION. Courber le dos, *to bow the neck.* – 17. TRAÎTRISE. Agir derrière le dos de qqn, *to act behind s.o.'s back.* ‖ Tirer dans le dos de qqn, *to speak ill of s.o. behind his back.* [V. 19.] – 18. VÊTEMENT. N'avoir rien à se mettre sur le dos (Fam.), *not to have a rag to o.'s back.* – 19. VOIES DE FAIT. Tirer dans le dos de qqn, *to shoot s.o. in the back.* [V. 17.] ‖ Poignarder qqn dans le dos, *to stab s.o. in the back.*

→ **bas, coup, froid, laine, peau, point, sucre, ventre.**

dose ◆ BÊTISE. En avoir (tenir) une bonne dose (Fam.), *to be really thick.* ◆ DÉMESURE. Forcer la dose (Fig.), *to go a bit too far.* ◆ MÉDECINE. Augmenter la dose, *to increase the dose.* ‖ Ne pas dépasser la dose prescrite, *not to exceed the stated dose.* ◆ MESURE. Ne pas dépasser la dose (Fam.), *to keep within bounds.*

dossier ◆ ADMINISTRATION. Constituer (déposer) un dossier, *to make up (to lodge) a file.* ◆ ADMINISTRATION, SECRÉTARIAT. Établir (compulser, dépouiller, examiner, étudier) un dossier, *to brief (to go through, to analyse, to examine, to study) a file.* ◆ INCULPÉ. Avoir un dossier chargé, *to have a bad record.*

→ **pièce.**

dot ◆ MARIAGE. Constituer une dot à qqn, *to set up a dowry for s.o.* ‖ Croquer la dot, *to squander the dowry.* ‖ Épouser la dot, *to marry for money.*

→ **coureur.**

douane ◆ COMMERCE. Passer qqch. en douane, *to clear sth. through customs.* ◆ FRAUDE. Passer qqch. à la douane, *to smuggle sth. through customs.* ◆ VOYAGE. Passer la douane, *to go through customs.*

double 1. ÉCRITURE. Faire un double, *to make a duplicate.* – 2. RESSEMBLANCE. Etre le double de qqn, *to be s.o.'s double*

[V. 3.] – 3. SIMILITUDE. Etre le double de qqn, *to be s.o.'s second self.* [V. 2.]

→ **quitte, simple.**

doublure ◆ SPECTACLE. Servir de doublure à qqn, *to understudy s.o.* (théâtre); *to be s.o.'s stand-in* (cinéma).

douce ◆ FUITE. Partir (filer) en douce (Fam.), *to slip off.* ‖ PARESSE. Se la couler douce (Fam.), *to take life easy.*

douceur 1. DIPLOMATIE. Prendre qqn par la douceur, *to use the velvet glove with s.o.* – 2. DOUCEUR. Employer la douceur, *to use the velvet glove.* – 3. INSULTES. Se dire des douceurs (Fam.), *to hurl insults at each other* [V. 4.] – 4. TENDRESSE. Se dire des douceurs, *to say sweet nothings to each other.* [V. 3.]

douche 1. DÉCONVENUE. Recevoir une douche (Fam.), *to have o.'s hopes dashed.* [V. 4.] – 2. HYGIÈNE. Passer sous la douche (prendre une douche), *to take a shower.* – 3. MÉLANGE. Subir la douche écossaise, *to have o.'s hopes raised and dashed fifty times in succession.* – 4. RÉPRIMANDE. Recevoir une douche (Fam.), *to get told off.* [V. 1.]

→ **effort.**

douleur 1. COMPASSION. Partager la douleur de qqn, *to share s.o.'s sorrow.* – 2. DÉTRESSE. Etre abîmé (plongé, perdu) dans la douleur, *to be buried (plunged, lost) in sorrow.* ‖ Etre écrasé (envahi, submergé) par la douleur, *to be overwhelmed (crushed, submerged) by sorrow.* ‖ Ressentir de la douleur, *to feel sorrow.* [V. 5.] ‖ Se laisser aller (s'abandonner) à la douleur, *to give way to o.'s sorrow.* – 3. ENDURANCE. Supporter la douleur, *to stand pain.* – 4. MAÎTRISE DE SOI. Surmonter (dominer, dompter, faire taire) sa douleur, *to overcome (to stifle, to still, to silence) o.'s grief.* – 5. SOUFFRANCE. Accroître (augmenter, exacerber, exaspérer) la douleur, *to intensify (to increase, to exacerbate, to aggravate) the pain.* ‖ Adoucir (apaiser, calmer, combattre, endormir, soulager) la douleur, *to soothe (to assuage, to calm, to combat, to deaden, to relieve) the pain.* ‖ Déclencher (provoquer, réveiller, raviver) la douleur, *to start (to set off, to rekindle, to revive) the pain.* ‖ Ressentir de la douleur, *to feel pain.*]V. 2.] ‖ Se tordre (tressaillir) de douleur, *to writhe (to wince) with pain.*

→ **accouchement, grimace, statue.**

douloureuse ◆ PAIEMENT. Recevoir (payer) la douloureuse (Fam.), *to face the reckoning.*

doute ◆ CERTITUDE. Etre hors de doute, *to be beyond doubt.* ‖ Ne concevoir aucun doute sur qqch., *to entertain no doubts about sth.* ‖. Ne faire aucun doute, *to be indubitable.* ‖ Ne laisser place à aucun doute, *to leave no room for doubt.* ‖ Ne pas y avoir l'ombre d'un doute, *there [to be] no shadow of doubt* (Gramm.). ‖ Ôter (tirer) qqn d'un doute, *to clear up a doubt for s.o.* ◆ DOUTE. Avoir (éprouver) un doute, *to feel a doubt.* ‖ Élever (émettre; faire surgir, faire naître, soulever, susciter) un doute, *to raise (to voice; to give rise to) a doubt.* ‖ Etre dans le doute, *to be in doubt.* ‖ Laisser qqn dans le doute, *to leave s.o. in doubt.* ‖ Mettre qqch. en doute, *to cast doubt on sth.* ‖ Révoquer qqch. en doute, *to cast doubt on sth.* ◆ ÉCLAIRCISSEMENT. Éclaircir des doutes, *to clear up doubts.* ◆ INCERTITUDE. Laisser planer un doute, *to let a doubt linger.*
→ bénéfice.

douter ◆ CERTITUDE. Etre à n'en pas douter, *to be beyond a doubt.*

doux ◆ SOUMISSION. Filer doux (Fam.), *to sing small.*
→ aigre.

douzaine ◆ RARETÉ. Ne pas en trouver à la douzaine (Fam.), *not to find them every day of the week.*

dragée ◆ EXIGENCE. Tenir la dragée haute à qqn (Fam.), *to make s.o dance to o.'s tune.*

drame ◆ CATASTROPHE. Tourner au drame, *to take a dramatic turn.* ◆ EXAGÉRATION. En faire tout un drame, *to make a whole to-do.* ◆ INOPPORTUNITÉ. Arriver en plein drame, *to arrive in the middle of it all.* ◆ QUERELLE. Faire un drame, *to make a scene.*

drap ◆ COUCHER. Se glisser (se couler) entre les draps, *to slip into bed.* ◆ DÉSAGRÉMENT. Etre (mettre) dans de beaux draps (Fam.), *to be (to put) in a fine pickle.* ◆ MÉNAGE. Changer les draps, *to change the sheets.*
→ robe.

drapeau ◆ MILITAIRE. Etre sous les drapeaux, *to be in the army.* ‖ Etre rappelé sous les drapeaux, *to be recalled to the colours.* ‖ Hisser un drapeau, *to hoist a flag.* ‖ Mettre le drapeau en berne, *to lower the flag to half-mast.* ◆ NON-DISSIMULATION. Ne pas mettre son drapeau dans sa poche (Fam.), *not to hide o.'s opinions.* ◆ PARTISAN. Se ranger sous le drapeau de qqn, *to rally to s.o.'s cause.*

drille ◆ GAIETÉ. Etre un joyeux drille, *to be a jolly soul.*

drogue → trafic.

1. droit ◆ ACCORD. Faire droit à une requête, *to allow a request.* ‖ Reconnaître un droit, *to acknowledge a right.* ◆ ACCUEIL. Avoir droit de cité, *to be accepted.* ◆ CLÉMENCE. User de son droit de grâce, *to exercise o.'s power of pardon.* ◆ CONTRÔLE. Avoir droit de regard sur qqch., *to have the right to supervise sth.* ◆ DÉSISTEMENT. Céder (renoncer à) ses droits, *to surrender (to waive) o.'s rights.* ◆ DOMINATION. Avoir droit de vie et de mort sur qqn, *to have power of life and death over s.o.* ◆ DROIT. Agir de plein droit, *to act by right.* ‖ Etre dans son droit, *to be within o.'s rights.* ‖ Etre en droit de faire qqch., *to be entitled to do sth.* ‖ Exercer un droit, *to exercise a right.* ‖ Jouir d'un droit, *to enjoy a right.* ‖ Ouvrir un droit à qqch., *to give the right to sth.* ◆ ÉCOLE. Faire son droit, *to study law.* ◆ EMPIÉTEMENT. Empiéter sur les droits de qqn, *to impinge on s.o.'s rights.* ‖ Outrepasser ses droits, *to go beyond o.'s rights.* ◆ FINANCES. Frapper qqch. d'un droit, *to impose duty on sth.* ◆ LITTÉRATURE. Toucher des droits d'auteur, *to receive royalties.* ◆ OPPOSITION. Contester (dénier) un droit, *to challenge (to deny) a right.* ◆ PAIEMENT. Payer un droit d'entrée, *to pay on entrance fee.* ◆ PERMISSION. Donner à qqn le droit de qqch., *to give s.o. the right to sth.* ◆ POLITIQUE. Avoir (donner; obtenir) le droit de vote, *to have (to give; to obtain) the vote.* ◆ REQUÊTE. S'adresser à qui de droit, *to apply to the proper quarter.* ◆ REVENDICATION. Faire valoir ses droits, *to claim o.'s rights.* ◆ SENTENCE. Etre déchu de ses droits, *to forfeit o.'s rights.*

2. droit 1. CORPS, FAITS ET GESTES. Se tenir droit, *to stand upright.* — 2. DIRECTION. Aller tout droit, *to go straight ahead.* ‖ Couper droit, *to cut straight across.* — 3. MARCHE. Marcher droit, *to walk straight.* [V. 4.] — 4. SOUMISSION. Marcher droit (Fam.), *to do as o. is told.* [V. 3.]

droite ◆ AUTOMOBILE. Tenir sa droite, *to keep to the right.* ◆ DIRECTION. Prendre à droite, *to turn right.*

drôle ◆ COMIQUE, SUSPICION. Trouver drôle, *to find it funny.* ◆ SANTÉ. Se sentir tout drôle (Fam.), *to feel funny.*

dû ◆ JUSTICE. Donner (payer) à chacun son dû, *to give (to pay) every man his due.* ◆ REVENDICATION. Réclamer son dû, *to claim o.'s due.*

duc → tournée.

duchesse ◆ AFFECTATION. Faire sa duchesse (Fam.), *to put it on.*

duel ◆ AFFAIRE D'HONNEUR. Provoquer (se battre) en duel, *to challenge to (to fight) a duel.*

duo ◆ HARMONIE. Faire un duo (Fig.), *to make up a team.* ◆ MUSIQUE. Faire un duo, *to sing a duet* (chant); *to play a duet* (instruments).

dupe ◆ CLAIRVOYANCE. Ne pas être dupe, *to be no fool.* ◆ DUPE. Etre dupe, *to be duped.* ◆ ILLUSION. Etre sa propre dupe, *to deceive o.s.* ◆ TROMPERIE. Faire des dupes, *to make dupes of people.*

→ **jeu, marché.**

dur ◆ AFFECTATION. Jouer les durs, *to act tough.* ◆ ÉPREUVE. Avoir passé le plus dur, *to be over the hump.* ◆ VOIES DE FAIT. Cogner dur, *to hit hard.*

dure ◆ ÉDUCATION. Etre élevé à la dure, *to be brought up the hard way.* ◆ ÉPREUVE. En voir de dures (Fam.), *to have a rough time.* ◆ PERSÉCUTION. En faire voir de dures à qqn (Fam.), *to give s.o. a rough time.* ◆ SOMMEIL. Coucher sur la dure, *to sleep on the bare ground.*

durée → congé.

durer ◆ SATIÉTÉ. Ne plus pouvoir durer, *cannot go on* (Gramm.).

dynamisme ◆ RESSORT. Retrouver son dynamisme, *to recover o.'s drive.*

dynamite ◆ DANGER, SCANDALE. Etre de la dynamite, *to be explosive material.*

e

eau 1. AGGRAVATION. Se jeter à l'eau par peur de la pluie, *to jump out of the frying-pan into the fire.* — 2. APPARENCE. Etre une eau dormante, *to have hidden depths.* — 3. APPÉTIT, SÉDUCTION. Mettre (faire venir) l'eau à la bouche de qqn, *to make s.o.'s mouth water.* — 4. APPUI. Apporter de l'eau au moulin de qqn, *to bring grist to s.o.'s mill.* — 5. BOISSON. Étendre d'eau, *to water down.* ‖ Rougir son eau, *to add wine to o.'s water.* — 6. CONCESSION. Mettre de l'eau dans son vin (Fam.), *to draw in o.'s horns.* — 7. CUISINE. Rendre de l'eau, *to yield liquid.* — 8. DÉFECTUO-SITÉ. Prendre l'eau, *to leak.* — 9. DIFFI-CULTÉ. Y avoir de l'eau dans le gaz (Fam.), *there [to be] a fly in the ointment* (Gramm.). — 10. DURÉE. Voir passer de l'eau sous le pont, *to see a lot of water pass under the bridges.* — 11. ÉCHEC. Partir (s'en aller, tourner) en eau de boudin (Fam.), *to go up in smoke.* ‖ Tomber à l'eau (Fam.), *to fall through.* — 12. ÉVI-DENCE. Etre clair comme de l'eau de roche, *to be crystal-clear.* — 13. HABILETÉ. Vendre de l'eau bénite au pape (Fam.), *to sell refrigerators to the Eskimos.* — 14. HYGIÈNE. Laver à grande eau, *to scrub out* (intérieur); *to scrub down* (extérieur). ‖ Passer qqch. à l'eau, *to rinse sth. (out).* — 15. HYPOCRISIE. Nager (naviguer, pêcher) en eau trouble (Fam.), *to fish in troubled waters.* — 16. INCAPACITÉ. Ne pas trouver l'eau à la rivière (Fam.), *cannot see what is under o.'s nose* (Gramm.). — 17. INUTILITÉ. Porter de l'eau à la rivière, *to carry coals to Newcastle.* — 18. MAISON. Avoir l'eau courante, *to have running water.* ‖ Faire mettre l'eau courante, *to have the water laid on.* — 19. MARINE. Embarquer de l'eau, *to ship water.* ‖ Faire eau, *to leak.* — 20.

MÉNAGEMENTS. Nager entre deux eaux, *to sit on the fence.* − 21. RÉSOLUTION. Se jeter à l'eau, *to take the plunge.* [V. 23.] − 22. SANTÉ. Aller aux eaux, *to take the waters.* ‖ Etre tout en eau (Fam.), *to be dripping with perspiration.* − 23. SPORTS. Se jeter à l'eau, *to jump into the water.* [V. 21.] ‖ Sortir de l'eau, *to leave the water.* − 24. SUSPICION. Se méfier de l'eau qui dort, *to mistrust still waters.* − 25. TECHNIQUE. Capter l'eau, *to impound water* ‖ Couper l'eau, *to shut off the water.* Tirer de l'eau, *to draw water.*
→ amour, bec, fil, goutte, main, marin, poisson, rond, sang, tempête, verre, voie.

ébats ◆ RÉJOUISSANCE. Prendre ses ébats, *to frolic about.*

ébauche → état.

ébène ◆ COULEUR. Etre noir comme de l'ébène, *to be as black as ebony.*

éblouissement ◆ SANTÉ. Avoir un éblouissement, *to feel dizzy.*

ébriété → état.

ébullition 1. CUISINE. Amener (porter) à ébullition, *to bring to the boil.* ‖ Entrer en ébullition, *to begin to boil.* ‖ Etre en ébullition, *to be boiling.* [V. 2.] − 2. ÉNERVEMENT. Etre en ébullition (Fam.), *to be in a turmoil.* [V. 1.] − 3. EXCITATION. Mettre qqn en ébullition (Fam.), *to throw s.o. into a turmoil.*
→ cerveau.

écaille → huître.

écart 1. CONVERSATION. Prendre qqn à l'écart, *to take s.o. aside.* − 2. DÉFAILLANCE. Faire un écart, *to go astray.* [V. 3.] − 3. ÉQUITATION. Faire un écart, *to shy.* [V. 2.] − 4. EXCÈS. Faire un écart de régime, *to forget about o.'s diet.* − 5. LIBERTINAGE. Faire un écart de conduite, *to stray from the rightful path.* ‖ Se livrer à des écarts de conduite, *to break out from time to time.* − 6. RETRAIT. Mettre à l'écart, *to set aside.* ‖ Se tenir (demeurer, rester) à l'écart, *to stay out of things.* ‖ Se tenir (rester) à l'écart de la mêlée, *to keep out of the fray.* − 7. SPORTS. Creuser l'écart, *to widen the gap.* ‖ Faire le grand écart, *to do the splits.*

échafaud ◆ INCULPÉ. Finir (mourir, périr) sur l'échafaud, *to end (to die) on the scaffold.* ‖ Monter à l'échafaud, *to mount the scaffold.*

échafaudage ◆ ARCHITECTURE. Dresser (monter) un échafaudage, *to erect (to put up) scaffolding.*

échalas ◆ TAILLE. Etre comme un grand échalas (Fam.), *to be like a bean-pole.*

échange ◆ ÉCHANGE. Donner (remettre) qqch. en échange, *to give sth. in exchange.* ‖ Faire un échange, *to do an exchange.* ‖ Faire un échange standard, *to make a standard replacement.*
→ monnaie.

échantillon ◆ COMMERCE. Prélever (soumettre) un échantillon, *to take (to submit) a sample.*

échappatoire ◆ ÉCHAPPATOIRE. Chercher (trouver) une échappatoire, *to look for (to find) a loophole.*

écharpe ◆ ACCIDENT. Prendre qqch. en écharpe, *to collide obliquely with sth.*
→ bras, cœur.

échauder ◆ EXPÉRIENCE. Se faire échauder (Fam.), *to get o.'s fingers burnt.*

échéance ◆ DURÉE. Etre à longue échéance, *to be long-dated.* ◆ FINANCES. Payer une échéance, *to meet a bill.* ‖ Reporter une échéance, *to put off a deadline.* ‖ Venir à échéance, *to fall due.*

échec ◆ ÉCHEC. Conduire à un échec, *to lead to failure.* ‖ Courir à un échec, *to be headed for failure.* ‖ Etre voué à l'échec, *to be doomed to failure.* ‖ Se solder par un échec, *to end in failure.* ‖ Subir (essuyer) un échec, *to suffer (to meet with) a set back.* ◆ JEUX DE SOCIÉTÉ. Faire échec et mat, *to checkmate.* ◆ OPPOSITION. Faire échec à qqn (qqch.), *to frustrate s.o. (sth.).* ‖ Tenir qqn en échec, *to hold s.o. in check.*
→ devant, partie.

échelle ◆ ACCULEMENT. N'y avoir plus qu'à tirer l'échelle (Fam.), *there [to be] nothing left but to pack up* (Gramm.). ◆ AIDE. Faire la courte échelle à qqn, *to give s.o. a leg-up.* ◆ HIÉRARCHIE. Etre en haut (bas) de l'échelle, *to be at the top (bottom) of the ladder.* ◆ IMPORTANCE. Etre à l'échelle mondiale, *to be on a worldwide scale.* ‖ Faire qqch. sur une grande échelle, *to do sth. on a big scale.* ◆ TOUR, TROMPERIE. Faire grimper (monter) qqn à l'échelle (Fam.), *to take s.o. in.*
→ bas, chose, degré, haut, sommet.

échelon ◆ HIÉRARCHIE. Gravir les échelons, *to rise step by step.* ‖ Sauter un échelon, *to skip a grade.*

écheveau ◆ ADRESSE. Démêler un écheveau, *to unravel a skein.* ◆ ÉCLAIRCISSEMENT. Démêler un écheveau (Fig.), *to unravel a tangle.*

échine ◆ SERVILITÉ. Avoir l'échine souple, *to be ready to lick anyone's boots.* ◆ SOUMISSION. Courber (plier) l'échine, *to grovel.* ◆ VOIES DE FAIT. Caresser (frotter) l'échine à qqn (Fam.), *to dust s.o.'s jacket.*

échiquier → pion.

écho ◆ BRUIT. Faire écho, *to echo.* ◆ DÉSACCORD. Ne pas trouver d'écho (n'éveiller aucun écho) chez qqn, *to find (to arouse) no answering echo in s.o.* ◆ IMITATION. Se faire l'écho des opinions de qqn, *to echo s.o.'s opinions.* ◆ PROPAGANDE. Se faire l'écho d'un bruit, *to spread a rumour.* ◆ SOUVENIR. Éveiller un écho, *to strike a chord.*

éclair ◆ INSPIRATION. Avoir un éclair de génie, *to have a flash of inspiration.* ◆ PROMPTITUDE. Etre prompt comme l'éclair, *to be as quick as lightning.* ◆ RAPIDITÉ. Passer comme un éclair, *to flash by.* ◆ REGARD. Lancer des éclairs, *to flash.*
→ guerre.

éclaircie ◆ MAUVAIS TEMPS. Profiter d'une éclaircie, *to take advantage of a bright interval.*

éclaircissement ◆ EXPLICATION. Demander (fournir) des éclaircissements sur qqch., *to ask for (to supply with) some explanation about sth.* ‖ Tirer des éclaircissements de qqn, *to get some explanation out of s.o.*

éclaireur ◆ MILITAIRE, PRÉCURSEUR. Partir en éclaireur, *to go on a scouting mission.*

éclat ◆ COLÈRE. Faire un éclat, *to make a scene in public.* ◆ DÉTÉRIORATION. Perdre son éclat, *to fade.* ‖ Ternir l'éclat de qqch, *to tarnish the sheen of sth.* ‖ Voler en éclats, *to be shattered,* ◆ FASTE. Rehausser l'éclat de qqch., *to enhance the brilliance of sth.* ◆ MISE EN VALEUR. Donner de l'éclat à qqch., *to give brilliance to sth.* ◆ RIRE. Partir d'un éclat de rire, *to burst out laughing.* ‖ Partir d'un grand éclat de rire, *to go off into peals of laughter.* ‖ Rire aux éclats, *to roar with laughter.*
→ action.

éclipse ◆ DISPARITION. Connaître une éclipse, *to suffer an eclipse.*

écluse ◆ LARMES. Lâcher (ouvrir) les écluses (Fam.), *to turn on the waterworks.*

écœurement ◆ DÉGOÛT. Etre pris (saisi) d'écœurement, *to be seized with loathing.*

école ◆ APPRENTISSAGE. Se former à une école, *to be trained in a school.* ◆ ARCHAÏSME. Etre de la vieille école, *to be one of the old school.* ◆ ART. Appartenir à une école, *to belong to a school.* ◆ ÉCOLE. Etre frais émoulu de l'école, *to be fresh from school.* ‖ Faire l'école, *to teach.* ‖ Faire l'école buissonnière, *to play truant.* ‖ Fréquenter l'école, *to attend school.* ‖ Retirer qqn de l'école, *to take s.o. away from school.* ◆ ÉDUCATION. Etre à bonne école, *to be in good hands.* ◆ EXEMPLE. Faire école, *to set a fashion.* ◆ EXPÉRIENCE. Etre à rude (dure) école, *to be learning the hard way.* ◆ PÉDANTISME. Sentir l'école, *to smack of book-learning.*
→ fond.

écolier → chemin.

économie ◆ ACTIVITÉ. Faire une économie de temps, *to save time.* ◆ AVARICE. Faire des économies de bouts de chandelle, *to cheese-pare.* ◆ GESTION. Avoir des économies, *to have money saved up.* ‖ Prendre sur ses économies, *to draw on o.'s savings.* ‖ Réaliser des économies, *to carry out economies.*

écorce ◆ PÉNÉTRATION. Gratter l'écorce (Fig.), *to scratch below the surface.*
→ doigt.

écorché → sensibilité.

écorcher ◆ ANTICIPATION. Crier avant qu'on vous écorche (Fam.), *to yell before o. is hurt.*

écot ◆ PARTICIPATION. Payer son écot, *to go Dutch.*

écoute 1. INDISCRÉTION. Etre aux écoutes, *to have o.'s ears open.* – 2. RADIO. Etre à l'écoute, *to be listening.* ‖ Ne pas quitter (rester à) l'écoute, *to stay tuned in.* [V. 3.] – 3. TÉLÉPHONE. Ne pas quitter l'écoute, *to hold on.* [V. 2.]

écouter ◆ ATTENTION. Savoir écouter, *to be a good listener.* ◆ AUTORITÉ. Savoir se faire écouter, *can make people listen* (Gramm.). ◆ MOLLESSE. Trop s'écouter, *to coddle o.s.*

écran ◆ CINÉMA. Crever l'écran, *to jump off the screen.* ‖ Sortir de l'écran, *to come out.* ◆ ENTRAVE. Faire écran, *to form a*

screen. ◆ TÉLÉVISION. Passer sur le petit écran, *to appear on T.V.*
→ **roman.**

écraser ◆ SOMMEIL. En écraser (Fam.), *to sleep like a log.*

écrevisse ◆ COULEUR. Etre rouge comme une écrevisse, *to be as red as a lobster.* ◆ RECUL. Marcher comme les écrevisses (Fig.), *to go backwards.*

écrit ◆ ÉCOLE. Échouer à l'écrit, *to fail in the written exam.* ‖ Passer l'écrit, *to sit the written exam.* ◆ ÉCRITURE. Coucher (mettre) qqch. par écrit, *to set (to put) sth. down in writing.* ◆ FATALITÉ. Etre écrit, *to be written in the stars.*

écriture ◆ ÉCRITURE. Avoir une belle écriture, *to have good handwriting.* ‖ Déchiffrer l'écriture de qqn, *to make out s.o.'s handwriting.* ◆ FINANCES. Tenir les écritures, *to keep the accounts.*
→ **jeu.**

écrivain ◆ CÉLÉBRITÉ. Etre un écrivain à succès, *to be a best-selling writer.*

écrou ◆ TRAVAUX MANUELS. Serrer (desserrer) un écrou, *to screw up (to unscrew) a nut.*
→ **levée.**

écu ◆ RICHESSE. Avoir des écus, *to be moneyed.* ◆ DÉPENSE. Faire danser (valser) les écus (Fam.), *to play ducks and drakes with o.'s money.*

écueil ◆ ENTRAVE. Rencontrer un écueil, *to meet with a pitfall.* ◆ PRUDENCE. Éviter un écueil, *to avoid a pitfall.*

écuelle ◆ INTIMITÉ. Manger à la même écuelle (Fam.), *to be boon companions.*

écurie ◆ ÉPURATION. Nettoyer les écuries d'Augias, *to clean the Augean stables.* ◆ RETOUR. Sentir l'écurie (Fam.), *to smell of the stable.* ◆ SALETÉ. Etre une (véritable) écurie (Fam.), *to be a (real) pigsty.*

édifice → **pierre.**

éducation ◆ CIVILITÉ. Avoir de l'éducation, *to be well-bred.* ◆ ÉDUCATION. Donner (dispenser) une éducation à qqn, *to educate s.o.* ‖ Parachever (parfaire) son éducation, *to complete o.'s education.* ◆ INCIVILITÉ. Etre sans éducation, *to be ill-bred.* ‖ Manquer d'éducation, *to have no manners.*

effacement ◆ HUMILITÉ. Vivre dans l'effacement, *to live in a self-effacing way.*

effectif 1. ADMINISTRATION. Avoir son effectif au complet, *to be fully staffed.* ‖ Diminuer (réduire) les effectifs, *to reduce*

numbers. ‖ Disposer d'effectifs suffisants, *to have sufficient staff.* [V. 2.] — 2. MILITAIRE. Disposer d'effectifs suffisants, *to have sufficient manpower.* [V. 1.]

effervescence ◆ ÉNERVEMENT. Entrer en effervescence, *to get excited.*

effet 1. ADMINISTRATION. Prendre effet, *to take effect.* — 2. AFFECTATION. Faire des effets de manche, *to make sweeping gestures.* ‖ Soigner ses effets, *to stage-manage o.'s effects.* ‖ Viser à l'effet, *to aim for effect.* — 3. ÂGE. Ressentir les effets de l'âge, *to feel o.'s age.* — 4. ATTÉNUATION. Atténuer les effets de qqch., *to reduce the effects of sth.* — 5. CAUSE. Ne pas y avoir d'effet sans cause, *there [to be] a cause behind every effect* (Gramm.). — 6. COMIQUE. Tirer des effets comiques d'une situation, *to get comic effects out of a situation.* — 7. DÉCEPTION. Faire l'effet d'une douche (Fam.), *to be like a cold shower.* — 8. DIPLOMATIE. Ménager ses effets, *to contrive o.'s effects.* — 9. DISCUSSION. Couper son effet à qqn, *to spoil s.o.'s effects.* — 10. ÉCHEC. Manquer (rater) son effet, *to fail to make the hoped-for impression* (personne); *to fall flat* (plaisanterie). — 11. EFFICIENCE. Accomplir son effet, *to achieve its effect.* — 12. ENTRAVE. Couper les effets de qqn, *to cut the ground under s.o.'s feet.* — 13. ESPOIR. Escompter un effet, *to count on a result.* — 14. FINANCES. Souscrire (négocier; escompter, payer; protester) un effet, *to subscribe (to negociate; to discount, to pay; to protest) a bill.* — 15. HASARD. Etre un effet du hasard, *to be a matter of chance.* — 16. IMPRESSION. Faire de l'effet, *to impress.* [V. 22.] ‖ Faire mauvais effet, *to look bad.* ‖ Faire (ne pas faire) bon effet, *to look (not to look) well.* ‖ Faire son effet, *to create an impression.* ‖ Faire son petit effet (Fam.), *to create quite a stir.* ‖ Faire un effet bœuf (Fam.), *to creat a terrific sensation.* — 17. INEFFICACITÉ. Faire l'effet d'un cautère sur une jambe de bois (Fam.), *to be about as much use as a dose of salts to a dead man.* ‖ N'avoir aucun effet, *to have no effect.* ‖ Rester sans effet, *to remain a dead letter.* — 18. MÉDECINE. Faire effet, *to take effect.* — 19. PRÉTENTION. Faire des effets de jambes (Fam.), *to parade around.* — 20. PROGRESSION. Graduer ses effets, *to make o.'s effects by degrees.* — 21. REBOURS. Avoir un effet rétroactif, *to have retroactive effect*. — 22. RÉSULTAT. Faire (avoir) de l'effet, *to have effect*. [V. 16.] ‖ Ne pas être suivi d'effet, *to produce no effect*. ‖ Produire l'effet voulu, *to have the desired effect*. ‖ Ressentir les effets de qqch., *to feel the effects of sth.* — 23. STUPÉFACTION. Faire l'effet d'une bombe, *to be a bombshell*.

efficacité ◆ EFFICIENCE. Accroître son efficacité, *to increase o.'s efficiency*. ◆ ENTRAVE. Nuire à l'efficacité, *to harm efficiency*.

effigie ◆ HOSTILITÉ. Brûler (pendre) qqn en effigie, *to burn (to hang) s.o. in effigy*.

effondré ◆ DÉCOURAGEMENT. Etre complètement effondré, *to be in a state of complete collapse*.

effort ◆ COLLABORATION. Conjuguer (unir) ses efforts, *to make a combined effort*. ◆ DISPERSION. Disperser (éparpiller) ses efforts, *to dissipate o.'s efforts*. ◆ EFFORT. Concentrer (coordonner, multiplier) ses efforts, *to concentrate (to coordinate, to multiply) o.'s efforts*. ‖ Consacrer ses efforts à qqch., *to devote o.'s efforts to sth.* ‖ Faire (fournir) un effort, *to make an effort*. ‖ Fournir un gros effort, *to make a big effort*. ‖ Intensifier (soutenir) son effort, *to step up (to sustain) o.'s effort*. ‖ Redoubler d'efforts, *to redouble o.'s efforts*. ◆ INUTILITÉ. S'épuiser en efforts inutiles (stériles), *to exhaust o.s. uselessly*. ◆ MAÎTRISE DE SOI. Faire un effort sur soi-même, *to pull o.s. together*. ◆ MÉMOIRE. Faire un effort de mémoire, *to try and remember*. ◆ OBJECTIF. Orienter ses efforts vers qqch., *to direct o.'s efforts towards sth.* ‖ Vouer ses efforts à qqch., *to devote o.'s efforts to sth.* ◆ PAIEMENT. Faire un effort (Fam.), *to make an effort*. ◆ PARESSE. Relâcher ses efforts, *to relax o.'s efforts*. ◆ VOLONTÉ. Faire des efforts de volonté, *to make an effort of will*.
→ **fruit, partisan, produit, voie.**

effraction ◆ VOL. S'introduire (pénétrer) par effraction, *to break in*.

effroi ◆ MENACE. Inspirer (répandre, semer) l'effroi, *to inspire (to spread, to sow) terror*. ‖ Remplir qqn d'effroi, *to strike terror into s.o.* ◆ PEUR. Etre glacé (saisi) d'effroi, *to be terror-stricken*. ‖ Pâlir (trembler) d'effroi, *to blanch (to shake) with terror*.

effusion ◆ ÉPANCHEMENTS. Se livrer à des effusions, *to become effusive*.

égal ◆ COMPÉTITION. Trouver son égal, *to meet o.'s match*. ◆ ÉGALITÉ. Traiter d'égal à égal avec qqn, *to deal with s.o. on equal terms*. ‖ Traiter en égal, *to treat as an equal*. ◆ INDIFFÉRENCE. Etre égal à qqn (Impers.), *to be all the same to s.o.* ◆ SUPÉRIORITÉ. Etre sans égal, *to be unequalled*.

égalité ◆ ÉGALITÉ. Etre à égalité, *to be even*. ◆ SPORTS. Arriver à égalité, *to tie*.
→ **pied.**

égard ◆ ACCUEIL. Recevoir qqn avec les égards dus à son rang, *to receive s.o. in a manner befitting his rank*. ◆ CRITÈRE DE JUGEMENT. Avoir égard aux circonstances, *to have regard to the circumstances into consideration*. ◆ INCIVILITÉ. Manquer d'égards envers qqn, *to behave inconsiderately to s.o.* ◆ PRÉVENANCE. Etre plein d'égards pour qqn, *to be very attentive towards s.o.* ◆ RESPECT. Devoir des égards à qqn, *to owe s.o. consideration*. ‖ Exiger des égards, *to require consideration*. ‖ Témoigner des égards à qqn, *to show regard for s.o.* ‖ Traiter qqn avec égards, *to treat s.o. with consideration*.
→ **manque.**

égarement ◆ CONVERSION. Revenir de ses égarements, *to have seen the errors of o.'s ways*.

égide ◆ PARTISAN. Se mettre sous l'égide de qqn, *to put o.s. under s.o.'s protection*. ◆ PROTECTION. Prendre qqn sous son égide, *to take s.o. under o.'s wing*. ‖ Etre placé sous l'égide de qqn (qqch.), *to be held under the aegis of s.o. (sth.)*.

église ◆ BIGOTERIE. Ne pas sortir de l'église, *never to be out of church*. ◆ MARIAGE. Se marier à l'église, *to have a church wedding*. ◆ MORT. Se faire enterrer à l'église, *to be buried with religious rites*. ◆ RELIGION. Aller à l'église, *to go to church*. ‖ Fréquenter l'église, *to attend church*.
→ **giron, paix, sacrement, sein.**

égoïsme ◆ ÉGOÏSME. Suer l'égoïsme, *to be utterly self-seeking*.

égoïste ◆ ÉGOÏSME. Vivre en égoïste, *to live selfishly*.

égratignure ◆ CHANCE. S'en tirer sans une égratignure (Fam.), *to get off without a scratch*.

Eiffel → **tour.**

élan 1. DÉCOURAGEMENT. Perdre son élan,

to lose o.'s impetus. [V. 7.] — 2. ENTHOU-SIASME. Etre emporté par son élan, to be carried away. [V. 6.] — 3. ENTRAVE. Arrêter (briser; freiner, ralentir) l'élan de qqn, to break (to crush; to curb) s.o.'s impetus. — 4. INITIATIVE. Donner l'élan, to give the impetus. — 5. MAÎTRISE DE SOI. Contenir (maîtriser; retenir, refouler) ses élans, to contain (to dominate; to hold back, to restrain, to check) o.'s impulses. — 6. MOUVEMENT. Etre emporté par son élan, to be carried away by o.'s own momentum. [V. 2.] — 7. SPORTS. Perdre son élan, to lose o.'s momentum. [V. 1.] ‖ Prendre son élan, to take a run-up.

élastique ◆ AVARICE. Les sortir avec un élastique (Fam.), not to like putting o.'s hand in o.'s pocket.

électeur ◆ POLITIQUE. Endoctriner les électeurs, to indoctrinate voters.

élection ◆ POLITIQUE. Cuisiner (invalider; valider) une élection, to rig (to invalidate; to validate) an election. ‖ Se présenter (se faire battre) aux élections, to stand for (to be defeated in the) election.

électricité ◆ ÉCLAIRAGE. Allumer (éteindre) l'électricité, to turn on (to turn off) the light. ‖ Avoir l'électricité, to have electric light. ‖ Faire installer (poser) l'électricité, to have electricity put in. ◆ EXCITATION. Y avoir de l'électricité dans l'air (Fam.), there [to be] tension in the air (Gramm.). ◆ MÉNAGE. Se chauffer à l'électricité, to have electric heating.

élégance ◆ INDÉLICATESSE. Manquer d'élégance, to be inelegant. ◆ NON-ÉLÉGANCE. Manquer d'élégance, to be ungainly.

élégant ◆ COQUETTERIE. Faire l'élégant, to put it on.

élément ◆ COMPÉTENCE. Connaître les éléments d'une affaire, to know the facts of a matter. ◆ CONVENANCE. Etre (se sentir) dans son élément, to be (to feel) in o.'s element. ◆ ENTRAVE. Avoir tous les éléments contre soi, to have everything against o. ◆ MAUVAIS TEMPS. Avoir les éléments contre soi, to have the elements against o. ‖ Lutter contre les éléments, to struggle against the elements. ◆ NON-CONVENANCE. Etre (se sentir) hors de son élément, to be (to feel) like a fish out of water. ◆ ORGANISATION. Agencer (combiner; grouper, rassembler, réunir; dissocier,

séparer) des éléments, to arrange (to combine; to join up, to gather, to collect; to break up, to separate) components.

éléphant ◆ INDÉLICATESSE. Etre comme un éléphant dans un magasin de porcelaine (Fam.), to be like a bull in a china shop.

→ mouche.

élève ◆ ÉCOLE. Renvoyer un élève, to expel a pupil. ‖ Tenir les élèves, to control the pupils.

→ colle.

élevé ◆ CIVILITÉ, INCIVILITÉ. Etre bien (mal) élevé, to be well- (ill-) mannered.

élimination ◆ ÉLIMINATION. Procéder par élimination, to proceed by elimination.

éloge ◆ DISCOURS. Prononcer un éloge, to deliver a eulogy. ◆ ÉLOGE. Couvrir qqn d'éloges, to heap praises upon s.o. ‖ Décerner des éloges à qqn, to bestow praise on s.o. ‖ Faire l'éloge de qqn (qqch.), to praise s.o. (sth.). ‖ Ne pas tarir d'éloges sur qqn, to be for ever singing s.o.'s praises. ◆ PRÉTENTION. Faire son propre éloge, to blow o.'s own trumpet.

→ concert.

éloquence ◆ DISCOURS. Déployer (exercer) son éloquence, to exert (to use) o.'s eloquence.

emballage ◆ COMMERCE. Consigner un emballage, to charge a deposit on a container.

emballé ◆ ENTHOUSIASME. Etre tout à fait emballé (Fam.), to be quite carried away.

emballer ◆ RÉPRIMANDE. Se faire emballer (Fam.), to get told off.

embardée ◆ AUTOMOBILE. Faire une embardée, to lurch.

embargo ◆ COMMERCE, MARINE. Lever (mettre) un embargo, to raise (to lay) an embargo. ◆ OPPOSITION. Mettre l'embargo, to lay an embargo. ◆ PERMISSION. Lever l'embargo, to lift the embargo.

embarqué ◆ DÉSAGRÉMENT. Etre mal embarqué (Fam.), to be headed for trouble.

embarras ◆ ABONDANCE. N'avoir que l'embarras du choix, to have just so much to choose from. ◆ AFFECTATION. Faire de l'embarras (Fam.), to give o.s. airs ◆ ASSISTANCE. Tirer (sortir) qqn d'embarras, to get s.o. out of (to rescue s.o. from; to extricate s.o. from) a fix. ◆ DÉSAGRÉMENT. Donner (susciter) de l'embarras, to cause worry. ‖ Mettre

qqn dans l'embarras, *to put s.o. in a spot.* ◆ ÉCHAPPATOIRE. Se tirer (se sortir) d'embarras, *to get out of a spot.* ◆ EMBARRAS. Ne pouvoir dissimuler son embarras, *to be unable to disguise o.'s embarrassment.* ◆ IMPÉCUNIOSITÉ. Etre (se trouver) dans l'embarras, *to be in difficulties.* ◆ SANTÉ. Avoir un embarras gastrique, *to have an upset stomach.*
→ **faiseur.**

embarrassé ◆ ASSURANCE. Ne jamais être embarrassé, *never to be at a loss.*

emblée ◆ SPONTANÉITÉ. Adopter (admettre) d'emblée, *to adopt (to admit) straight off.*

embonpoint ◆ POIDS. Avoir de l'embonpoint, *to be portly.* ‖ Prendre (perdre) de l'embonpoint, *to put on (to lose) weight.*

embouché ◆ GROSSIÈRETÉ. Etre mal embouché, *to be foul-mouthed.*

embouteillage ◆ AUTOMOBILE. Créer (provoquer) des embouteillages, *to cause (to produce) traffic jams.*

embrouille → **sac.**

embûche ◆ PIÈGE. Dresser (tendre) des embûches, *to lay (to set) traps.* ‖ Faire tomber dans une embûche, *to lead into a trap.* ◆ SUCCÈS. Triompher des embûches, *to triumph over obstacles.*

embuscade ◆ MILITAIRE. Attirer qqn dans une embuscade, *to ambush s.o.* ‖ Se tenir en embuscade, *to lie in ambush.* ‖ Tendre (tomber dans) une embuscade, *to lay (to fall into) an ambush.*

éméché ◆ IVRESSE. Etre éméché, *to be lit up.*

émeri ◆ BÊTISE. Etre bouché à l'emeri (Fam.), *to be dense.*

émeute ◆ RÉVOLTE. Déchaîner (provoquer) une émeute, *to unleash (to start) a riot.*

éminence ◆ EMPRISE. Etre l'éminence grise d'un pouvoir, *to be the power behind the throne.*

émission ◆ RADIO. Brouiller une émission, *to jam a broadcast* (brouillage); *to interfere with a broadcast* (parasites). ‖ Capter (écouter, suivre) une émission, *to pick up (to listen to, to follow) a programme.* ‖ Enregistrer (réaliser) une émission, *to record (to produce) a programme.* ‖ Faire une émission de variétés, *to do a variety programme.* ‖ Retransmettre une émission, *to broadcast a recorded programme.*

emmanché ◆ DÉBUT. Etre mal emmanché (Fam.), *to have got off on the wrong foot.*

emmerdeur ◆ IMPORTUNITÉ. Etre un emmerdeur public (Pop.), *to be a public nuisance.*
→ **roi.**
− N.B. Ne pas utiliser ce terme. − *Not in decent use.*

émoi ◆ ÉMOTION. Etre en émoi, *to be agitated.* ‖ Mettre en émoi, *to agitate.*

émoluments ◆ RÉTRIBUTION. Recevoir des émoluments, *to receive remuneration.*

émotion ◆ APAISEMENT. Calmer l'émotion populaire, *to calm popular feeling.* ◆ ÉMOTION. Bégayer d'émotion, *to stammer with emotion.* ‖ Etre étranglé par l'émotion, *to be choked by emotion.* ‖ Manifester (montrer, trahir) son émotion, *to display (to show, to betray) o.'s emotion.* ‖ Se laisser gagner par l'émotion, *to give way to o.'s emotion.* ‖ Se sentir gagné par l'émotion, *to feel o.s. overcome by emotion.* ‖ Succomber à l'émotion, *to succumb to emotion.* ◆ MAÎTRISE DE SOI. Cacher (contenir, dissimuler, maîtriser) son émotion, *to conceal (to contain, to hide, to control) o.'s emotion.* ◆ PERTURBATION. Donner des émotions à qqn, *to give s.o. a scare.* ‖ Susciter une vive émotion, *to create strong feeling.*
→ **coup, proie.**

empaillé → **air.**

empaumer ◆ DUPE. Se faire (se laisser) empaumer (Fam.), *to be (to let o.s. be) had.*

empêchement ◆ ENTRAVE. Avoir un empêchement, *to be held up.* ◆ IMPROVISTE. Avoir un empêchement de dernière minute, *to be prevented at the last minute.* ◆ OPPOSITION. Mettre empêchement à qqch., *to place an obstacle in the path of sth.*

empêcheur ◆ ENTRAVE. Etre un empêcheur de danser en rond (Fam.), *to be like the Old Man of the Sea.*

empiler ◆ DUPE. Se faire empiler (Fam.), *to be taken for a ride.*

empire ◆ EMPRISE. Exercer son empire sur qqn (qqch.), *to exert o.'s power over s.o. (sth.).* ‖ Prendre de l'empire sur qqn, *to acquire power over s.o.* ◆ IVRESSE. Etre sous l'empire de la boisson, *to be suffering from the effects of alcohol.* ◆ MAÎTRISE DE SOI. Avoir de l'empire sur soi, *to be self-controlled.* ◆ POLITIQUE.

Édifier (fonder) un empire, *to build (to found) an empire.*
→ **place.**

emplâtre ◆ INUTILITÉ. Etre un emplâtre sur une jambe de bois (Fam.), *to be of no earthly use.*

emplette ◆ COMMERCE. Faire des emplettes, *to go shopping.* ‖ Faire l'emplette de qqch., *to buy sth.* ◆ ERREUR. Faire une mauvaise emplette (Fam.), *to strike a bad bargain.*

emploi ◆ CHÔMAGE. Etre sans emploi, *to be unemployed.* ◆ DÉSISTEMENT. Résigner un emploi, *to resign from a job.* ◆ DUALITÉ. Faire double emploi, *just to be a duplicate.* ◆ FONCTION. Accéder à un emploi, *to accede to a post.* ‖ Tenir un emploi, *to occupy a position.* ◆ MÉTIER. Avoir (occuper) un emploi, *to have (to hold) a job.* ◆ OCCUPATION. Avoir un emploi du temps chargé, *to have a crowded timetable.* ◆ TRAVAIL. Chercher (trouver) de l'emploi, *to look for (to find) work.* ◆ UTILISATION. Faire un bon (mauvais) emploi de qqch., *to put sth. to good (bad) use.* ◆ VOIES DE FAIT. Faire emploi de la force, *to resort to force.*
→ **demande, mode, physique, tête.**

employé ◆ MÉTIER. Engager un employé, *to sign on an employee.* ◆ PARTICIPATION. Intéresser les employés aux bénéfices, *to run a profit-sharing scheme.* ◆ RENVOI. Licencier (remercier) un employé, *to dismiss (to discharge) an employee.*

empoigne → **foire.**

empoisonnement ◆ DÉSAGRÉMENT. N'avoir que des empoisonnements (Fam.), *to have nothing but trouble.*

empoisonneur ◆ IMPORTUNITÉ. Etre un empoisonneur public (Fam.), *to be a blinking nuisance.*

emportement ◆ COLÈRE. Céder à l'emportement, *to let o.'s anger get the better of o.*

emporte-pièce → **mot, remarque.**

empreinte ◆ INFLUENCE. Garder (conserver, porter) une empreinte, *to keep (to retain, to bear) a stamp.* ‖ Laisser son empreinte, *to leave o.'s mark.* ‖ Marquer qqn (qqch.) de son empreinte, *to mark s.o. (sth.).* ◆ PREUVE. Laisser ses empreintes, *to leave finger-prints* (doigts); *to leave foot-prints* (pieds). ◆ PROCÉDURE. Prendre l'empreinte digitale de qqn, *to finger-print s.o.* ‖ Relever des empreintes digitales, *to find finger-prints.*

empressé ◆ PRÉVENANCE. Faire l'empressé auprès de qqn, *to dance attendance on s.o.*

empressement ◆ BONNE VOLONTÉ. Apporter (mettre) de l'empressement à faire qqch., *to show keenness in doing sth.* ◆ PRÉVENANCE. Témoigner (manifester, marquer) de l'empressement auprès de qqn, *to show great attentiveness to s.o.* ◆ RÉTICENCE. Montrer peu d'empressement à faire qqch., *not to show much enthusiasm about doing sth.*

emprise ◆ EMPRISE. Avoir (exercer) une emprise sur qqn, *to have (to exert) an ascendancy over s.o.* ◆ ESCLAVAGE. Etre sous l'emprise de qqn (qqch.), *to be in the grip of s.o. (sth.).*

emprunt ◆ DETTE. Contracter un emprunt, *to raise a loan.* ‖ Faire un emprunt à qqn, *to borrow from s.o.* ‖ Vivre d'emprunts, *to live by borrowing.* ◆ FINANCES. Couvrir (clore; émettre, ouvrir, lancer; négocier) un emprunt, *to cover (to close; to issue, to float; to negociate) a loan.* ‖ Rembourser un emprunt, *to repay a loan.* ‖ Souscrire à un emprunt, *to subscribe to a loan.*
→ **nom.**

émulation ◆ STIMULATION. Éveiller (exciter, susciter, provoquer) l'émulation, *to give a sense of competition.*

émule ◆ EXEMPLE. Susciter des émules, *to inspire imitators.*

encaisser ◆ ENDURANCE. Savoir encaisser (Fam.), *to grin and bear it.* ◆ SPORTS. Savoir encaisser (Fam.), *can take a lot of punishment* (Gramm.).

encan ◆ COMMERCE. Vendre à l'encan, *to auction off.*

encaustique ◆ MÉNAGE. Passer l'encaustique, *to apply polish.* ‖ Passer qqch. à l'encaustique, *to put polish on sth.*

encensoir ◆ FLATTERIE. Casser l'encensoir sur le nez de qqn (Fam.), *to soft-soap s.o. outrageously.* ‖ Manier l'encensoir, *to butter people up.*
→ **coup.**

enchantement ◆ DISPARITION. Disparaître comme par enchantement, *to disappear as if by magic.* ◆ RAVISSEMENT. Etre dans l'enchantement, *to be on a bed of roses.* ◆ RUPTURE. Rompre (briser) un enchantement, *to break a spell.*

enchère ♦ COMMERCE. Couvrir l'enchère de qqn, *to outbid s.o.* ‖ Mettre aux enchères, *to put up for auction.* ‖ Pousser les enchères, *to raise the bidding.* ‖ Vendre aux enchères, *to auction.*
→ feu.

enclume ♦ INTERMÉDIAIRE. Etre entre l'enclume et le marteau, *to be between the devil and the deep blue sea.*
→ marteau.

encombre ♦ FACILITÉ. Réussir sans encombre, *to succeed without let or hindrance.*

encontre ♦ CONTRADICTION. Agir à l'encontre de ses principes, *to go against o.'s principles.*

encore ♦ ÉVASION. Courir encore (Fam.), *to be on the run still.*

encouragement ♦ ENCOURAGEMENT. Apporter (prodiguer; recevoir) des encouragements, *to offer (to lavish; to receive) encouragement.*
→ prise.

encre ♦ ÉCRITURE. Repasser à l'encre, *to ink in.* ♦ IMPORTANCE. Faire couler beaucoup d'encre, *to cause a lot of ink to flow.* ♦ LITTÉRATURE. Écrire de sa meilleure encre, *to adopt o.'s most elegant style.*
→ bouteille, flot, sang.

encyclopédie ♦ SAVOIR. Etre une encyclopédie vivante, *to be a walking encyclopaedia.*

endormi ♦ AFFECTATION. Faire l'endormi, *to act a bit dopey.*

endroit ♦ CRITÈRE DE JUGEMENT. Ne voir que l'endroit du décor, *to have a one sided view of things.* ♦ ESPRIT. Rire au bon endroit, *to laugh in the right place.* ♦ HYGIÈNE. Aller au petit endroit (Fam.), *to go to the bathroom.* ♦ POINT FAIBLE. Toucher (atteindre) l'endroit sensible, *to touch a tender spot.*
→ cœur, maille, pied, spécialité.

énergie ♦ EFFORT. Apporter (consacrer) toute son énergie à qqch., *to devote all o.'s energies to sth.* ‖ Dépenser de l'énergie, *to use up energy.* ‖ Tendre toute son énergie pour qqch., *to bend all o.'s energies towards sth.* ♦ ENCOURAGEMENT. Redonner de l'énergie à qqn, *to give s.o. fresh energy.* ♦ ÉNERGIE. Avoir de l'énergie, *to be energetic.* ‖ Déployer de l'énergie, *to display energy.* ♦ FAIBLESSE. Manquer d'énergie, *to lack energy.*

♦ PHYSIQUE. Accumuler (absorber; fournir) de l'énergie, *to store up (to use up; to supply) energy.* ♦ PROTESTATION. Protester avec la dernière énergie, *to protest strenuously.* ♦ RESSORT. Récupérer de l'énergie, *to regain energy.*
→ source, sursaut.

énervement ♦ ÉNERVEMENT. Pleurer d'énervement, *to weep with vexation.* ♦ MAÎTRISE DE SOI. Maîtriser son énervement, *to control o.'s irritation.*

enfance ♦ ÂGE. Retomber en enfance, *to reach o.'s second childhood.* ‖ Sortir de l'enfance, *to emerge from childhood.* ♦ ENFANCE. Avoir une enfance heureuse (malheureuse), *to have a happy (an unhappy) childhood.* ♦ FACILITÉ. Etre l'enfance de l'art (Fam.), *to be child's play.*
→ ami.

enfant ♦ ABUS. Prendre les enfants du bon Dieu pour des canards sauvages (Fam.), *to take people for mugs.* ♦ ACCOMMODEMENT. Etre bon enfant, *to be good-natured.* ♦ DOMINATION. Traiter qqn comme un enfant, *to treat s.o. like a child.* ♦ ÉDUCATION. Couver (gâter, pourrir) un enfant, *to mollycoddle (to spoil, to ruin) a child.* ‖ Passer tout à un enfant, *to give in to a child in everything.* ♦ EXPÉRIENCE. Ne plus y avoir d'enfants (Fam.), *there [to be] no innocence left* (Gramm.). ♦ FAVORITISME. Etre un enfant gâté, *to be a spoilt child.* ♦ INTIMITÉ. Traiter qqn comme l'enfant de la maison, *to treat s.o. like a favourite child.* ♦ MARIAGE. Avoir des enfants d'un premier lit, *to have children by a former marriage.* ♦ MATERNITÉ. Attendre un enfant, *to be expecting.* ‖ Avoir (faire passer [Fam.]) un enfant, *to have (to get rid of) a baby.* ♦ MÉTIER. Etre un enfant de la balle, *to be born to the trade.* ♦ MORT. Laisser des enfants derrière soi, *to leave children behind o.* ♦ NAISSANCE. Etre un enfant de l'amour, *to be a love-child.* ♦ NON-CULPABILITÉ. Etre innocent comme l'enfant qui vient de naître (Fam.), *to be innocent as a new-born babe.* ♦ NON-DISCERNEMENT. Prendre qqn pour un enfant, *to take s.o. for a child.* ♦ NUDITÉ. Etre nu comme l'enfant qui vient de naître (Fam.), *to be as naked as when o. first came into the world.* ♦ PATERNITÉ. Endosser un enfant (Fam.), *to assume responsibility for a child.* ♦ PERFECTION.

Etre un enfant modèle, *to be a model child.* ◆ PROCÉDURE. Déclarer (reconnaître) un enfant, *to register (to accept) a child.* ‖ Etre un enfant de l'Assistance, *to be a child in care.* ◆ PUÉRICULTURE. Allaiter (donner à téter à, faire manger, nourrir, nourrir au biberon) un enfant, *to breast-feed (to suckle, to feed, to nurse, to bottle-feed) a child.* ‖ Changer un enfant, *to change a baby.* ‖ Faire sauter un enfant sur ses genoux, *to dandle a child on o.'s knees.* ◆ PUÉRILITÉ. Etre un grand enfant, *to be a big baby.* ‖ Faire l'enfant, *to act the baby.* ‖ Rester enfant, *to remain a child.* ◆ RELIGION. Tenir un enfant sur les fonts baptismaux, *to act as a child's godparent.* ◆ SÉRIEUX. Ne pas faire l'enfant, *to act o.'s age.* ◆ SEXUALITÉ. Faire un enfant à une femme, *to get a woman pregnant.* ◆ SOUMISSION. Se laisser manœuvrer comme un enfant, *to let o.s. be led like a child.*
→ **air, catéchisme, flopée, jardin, jeu, jour, martinet, mère, monde, parrain, paternité, ribambelle, sein.**

enfantillage ◆ PUÉRILITÉ. Dire (commettre, faire) des enfantillages, *to behave babyishly.* ‖ Etre de l'enfantillage, *to be childishness.*

enfer ◆ ARTISAN DE SON SORT. Porter son enfer en soi, *to carry o.'s own hell with in o.* ◆ RELIGION. Aller en enfer, *to go to hell.* ‖ Descendre aux Enfers, *to descend into hell.* ◆ TOURMENT. Devenir un enfer, *to become an inferno.* ‖ Etre un enfer, *to be hell.*
→ **bruit, jeu, train, vie.**

enfermer ◆ FOLIE. Etre bon à enfermer (Fam.), *to be stark raving mad.*

engagement ◆ DÉDIT. Manquer à ses engagements, *to fail to meet o.'s commitments.* ‖ Répudier (rompre, violer) ses engagements, *to go back on o.'s commitments.* ◆ LIBÉRATION. Délier qqn d'un engagement, *to release s.o. from a commitment.* ◆ LOYAUTÉ. Respecter (remplir, tenir) ses engagements, *to meet (to carry out, to keep) o.'s commitments.* ◆ PROMESSE. Contracter (prendre) un engagement, *to enter into (to accept) a commitment.* ◆ SPECTACLE. Se trouver sans engagement, *to be resting.*
→ **face, honneur.**

engeance ◆ INFAMIE. Etre une sale engeance (Fam.), *to be an unsavoury crew.*

engelure ◆ SANTÉ. Avoir des engelures, *to have chilblains.*

engin ◆ ASTRONAUTIQUE. Satelliser un engin, *to put a device into orbit.*

engrenage ◆ ENTRAÎNEMENT. Etre pris dans l'engrenage, *to get caught up.*
→ **doigt, grain, huile.**

engueulade ◆ RÉPRIMANDE. Passer une engueulade à qqn (Fam.), *to tell s.o. off good and proper.* ‖ Recevoir (ramasser) une engueulade (Fam.), *to get told off good and proper.*

enguirlander ◆ RÉPRIMANDE. Se faire enguirlander (Fam.), *to get blown up.*

énigme ◆ MYSTÈRE. Parler (s'exprimer) par énigmes, *to speak in riddles.* ◆ PROBLÈME. Poser une énigme, *to be puzzling* (chose, personne); *to ask a riddle* (Sphinx). ◆ SOLUTION. Résoudre (déchiffrer) une énigme, *to solve a riddle.*
→ **mot.**

enjambée ◆ MARCHE. Marcher à grandes enjambées, *to stride along.*

enjeu ◆ ACCEPTATION. Accepter l'enjeu, *to accept the stakes.*

enlever ◆ SÉDUCTION. Se faire enlever, *to get abducted.*

ennemi ◆ HOSTILITÉ. Avoir (s'attirer, se faire) des ennemis, *to have (to make) enemies.* ◆ INSOCIABILITÉ. Etre l'ennemi du genre humain, *to be a Timon.* ◆ MILITAIRE. Affronter (refouler, repousser) l'ennemi, *to confront (to drive back, to force back) the enemy.* ‖ Passer à l'ennemi, *to go over to the enemy.* ‖ Tenir l'ennemi en alerte, *to harass the enemy.* ◆ NON-OPPOSITION. Ne pas être ennemi de qqch, *not to be against sth.* ◆ RÉSULTAT. Etre toujours ça de pris sur l'ennemi (Fam.), *to be something anyway.*
→ **feu, intelligence, main, perte, retraite.**

1. **ennui** ◆ DÉRIVATIF. Chasser (dissiper) l'ennui, *to shake off o.'s boredom.* ‖ Tromper l'ennui, *to relieve the tedium.* ‖ Tuer (vaincre) l'ennui, *to conquer (to overcome) o.'s boredom.* ◆ ENNUI. Distiller (engendrer, répandre, respirer, sécréter) l'ennui, *to create (to breathe, to spread) ennui.* ‖ Crever (mourir, périr, sécher) d'ennui, *to be bored stiff.* ‖ Promener (traîner) son ennui, *to trail o.'s boredom.*

2. **ennuis** ◆ ARTISAN DE SON SORT. Aller au-devant des ennuis, *to ask for trouble.* ‖ S'attirer (se créer) des ennuis, *to bring a storm about o.'s ears.* ‖ Se préparer des ennuis, *to store up trouble for o.s.* ◆ AUTOMOBILE. Avoir des ennuis mécaniques,

to have engine trouble. ◆ DÉSAGRÉMENT. Etre accablé d'ennuis, *to have a heap of troubles.* ‖ N'en retirer que des ennuis, *to get nothing but trouble.* ◆ PERSÉCUTION. Attirer (créer, susciter) des ennuis à qqn, *to make trouble for s.o.*

énorme ◆ RÉSULTAT. Etre déjà énorme (Fam.), *to be something to be thankful for.*

enormité ◆ BÉVUE. Commettre (faire) une énormité, *to make a gross blunder.* ‖ SOTTISE. Dire des énormités, *to say outrageous things.*

enquête ◆ PROCÉDURE. Clore (effectuer, faire, mener; lancer, ouvrir; ordonner) une enquête, *to conclude (to hold, to conduct; to start, to open; to order) an inquiry.* ‖ Procéder (se livrer) à une enquête, *to go ahead with (to carry out) an inquiry.*

enrégimenter ◆ ESCLAVAGE. Se laisser enrégimenter, *to let o.s. be dragooned.*

enseigne ◆ SIMILITUDE. Etre logé à la même enseigne, *to be in the same boat.*

enseignement ◆ ÉCOLE. Dispenser (donner) un enseignement, *to provide teaching.* ◆ EXPÉRIENCE. Tirer des enseignements de qqch., *to draw a lesson from sth.* ◆ MÉTIER. Etre dans l'enseignement, *to be a teacher.*
→ **fruit.**

ensemble ◆ ARCHITECTURE. Implanter de grands ensembles, *to put up large blocks.* ◆ ART. Réaliser un ensemble, *to produce an ensemble.* ◆ CHANT. Diriger un ensemble vocal, *to conduct a choir.* ◆ CONCUBINAGE. Se mettre ensemble (Fam.), *to set up together.* ◆ UNIFICATION. S'intégrer dans un ensemble, *to become part of a whole.*
→ **étude, idée, mouvement, vue.**

entendement ◆ HERMÉTISME. Dépasser l'entendement, *to be beyond comprehension.*

entendre ◆ BAVARDAGE. Dire à qui veut l'entendre, *to tell the world and his wife.* ◆ INCOMPATIBILITÉ. Ne pas être faits pour s'entendre, *not to be suited to each other.* ◆ INCOMPÉTENCE. Ne rien y entendre (Fam.), *cannot make head nor tail of it* (Gramm.). ◆ REFUS. Ne pas vouloir en entendre parler, *to refuse to listen to a word about it.* ◆ SUGGESTION. Donner à entendre, *to give it to be understood.*

entendu ◆ AFFECTATION. Faire l'entendu, *to assume a knowing look.*

entente ◆ ACCORD. Arriver (parvenir) à une entente, *to reach an understanding.* ◆ CONCORDE. Faire régner l'entente, *to bring about understanding.* ‖ Vivre en bonne entente, *to live on good terms.* ◆ EXPRESSION. Etre à double entente, *to have a double meaning.* ◆ MÉSENTENTE. Briser (rompre) l'entente, *to destroy the understanding.*
→ **terrain.**

enterré → **mort.**

enterrement → **air, figure, tête.**

entêtement ◆ OBSTINATION. Manifester (monter, y mettre) de l'entêtement, *to show obstinacy.* ◆ PERSÉVÉRANCE. Mettre de l'entêtement à faire qqch., *to persist stubbornly in doing sth.*

enthousiasme ◆ ENTHOUSIASME. Apporter de l'enthousiasme à faire qqch., *to bring enthusiasm to doing sth.* ‖ Communiquer son enthousiasme, *to convey o.'s enthusiasm.* ‖ Exciter (déchaîner, déclencher) l'enthousiasme, *to arouse (to provoke) enthusiasm.* ‖ Déborder d'enthousiasme, *to bubble over with enthusiasm.* ‖ Etre rempli (transporté) d'enthousiasme, *to be filled (to be carried away) with enthusiasm.* ◆ MODÉRATION. Calmer (réfréner, refroidir) l'enthousiasme de qqn, *to calm (to damp, to cool) s.o.'s enthusiasm.*
→ **vague.**

entier ◆ ATTENTION. Etre tout entier à ce qu'on fait, *to be intent on what o. is doing.* ◆ NON-SOLUTION. Rester entier, *to remain unchanged.*
→ **chose.**

entorse ◆ ADMINISTRATION. Faire une entorse au règlement (à la loi), *to stretch the rules (the law).* ◆ NON-VÉRITÉ. Faire une entorse à la vérité, *to twist the truth.* ◆ SANTÉ. Se donner (se faire) une entorse (à la cheville), *to sprain o.'s ankle.*

entournure ◆ EMBARRAS. Etre gêné aux entournures (Fam.), *to feel hampered.* ◆ IMPÉCUNIOSITÉ. Etre gêné aux entournures (Fam.), *to have difficulty in making ends meet.*

entrailles ◆ DÉVOUEMENT. Avoir pour qqn des entrailles de père, *to have fatherly feelings towards s.o.* ◆ ÉMOTION. Etre remué jusqu'aux entrailles, *to be moved to the depths of o.'s soul.* ‖ Prendre qqn aux

entrailles, *to go right through s.o.* ◆
INSENSIBILITÉ. Etre sans entrailles (ne pas
avoir d'entrailles), *to be completely heartless.* ◆ TOURMENT. Arracher les entrailles,
to be heart-rending.

entrain ◆ APATHIE. Perdre son entrain,
to lose o.'s zest. ◆ ARDEUR. Avoir de l'entrain (être plein d'entrain), *to be full of vim.*
‖ Mettre de l'entrain à faire qqch., *to do
sth. zestfully.* ◆ BOUTE-EN-TRAIN. Mettre
de l'entrain, *to put some life into things.*

entraînement 1. SPORTS. Etre à
l'entraînement, *to be in training.* ‖ Effectuer (suivre) un entraînement, *to undergo
(to do) training.* ‖ Manquer d'entraînement, *to be out of training.* ‖ Se remettre
à (reprendre) l'entraînement, *to get back
into training.* ‖ Subir un entraînement,
to undergo training. |V. 2.| — 2. TENTA-
TION. Subir un entraînement, *to feel
temptation.* |V. 1.|

entraîneuse ◆ DÉBAUCHE. Faire
l'entraîneuse, *to be a hostess.*

entrave ◆ ENTRAVE. Mettre des entraves
à qqch., *to place obstacles in the way
of sth.* ◆ LIBÉRATION. Briser ses entraves,
to burst o.'s fetters. ‖ Ne plus connaître
d'entraves, *to know no bounds.* ‖ Se libérer
d'une entrave, *to get rid of a hindrance.*

entrechat ◆ DANSE. Faire (battre) un
entrechat, *to do an entrechat.*

entrée ◆ CONVERSATION. Trouver une
entrée en matière, *to find an approach.* ◆
FAITS ET GESTES. Faire son entrée,
to make o.'s appearance. ◆ INTIMITÉ.
Avoir ses entrées chez qqn, *to be always
welcome at s.o.'s.* ◆ INTRUSION. Forcer
l'entrée, *to force o.'s way in.* ◆ REJET.
Interdire l'entrée à qqn, *to refuse s.o.
entry.*
→ **droit, ordre.**

entregent ◆ CIVILITÉ. Avoir de l'entregent, *to be a good mixer.*

entremetteur ◆ INTERMÉDIAIRE. Servir d'entremetteur, *to act as go-between.*

entremetteuse ◆ PROSTITUTION.
Faire l'entremetteuse auprès de qqn,
to act as a bawd for s.o.

entremise ◆ DÉLÉGATION. Passer par
l'entremise de qqn, *to act through s.o.* ◆
FAVEUR. Solliciter une entremise, *to ask for
intervention.*

entrepôt ◆ COMMERCE. Mettre en entrepôt, *to store.*

entreprise ◆ CHEF, COMMERCE. Diriger

(coiffer, conduire, mener; monter) une
entreprise, *to direct (to head, to run, to
manage; to set up) a firm.* ◆ ÉCHEC.
Echouer dans une entreprise, *to fail in a
venture.* ◆ ENTREPRISE. Poursuivre (réaliser, exécuter) une entreprise, *to carry on
with (to carry out through) an undertaking.* ◆ NON-ESPOIR. Etre une entreprise
désespérée, *to be a hopeless undertaking.*
◆ SUCCÈS. Couronner une entreprise, *to
crown a venture.* ‖ Réussir dans une
entreprise, *to succeed in a venture.*
→ **esprit, gestion, tête.**

entrer ◆ CIVILITÉ. Frapper avant d'entrer,
to knock before entering. ◆ VISITE. Ne
faire qu'entrer et sortir, *just to pop in.*

entretenir ◆ DÉBAUCHE. Se faire entretenir, *to be kept.*

entretien ◆ CONVERSATION. Accorder
un entretien à qqn, *to give s.o. an interview.*
‖ Avoir (engager) un entretien avec qqn,
to have (to start) an interview with s.o. ‖
Provoquer un entretien, *to bring about an
interview.* ‖ Terminer (clore) un entretien,
to end an interview. ◆ DÉSACCORD. Briser
(rompre) un entretien, *to break off an
interview.* ◆ INTERMÉDIAIRE. Ménager un
entretien à qqn, *to arrange an interview
for s.o.* ◆ INTRUSION. Troubler un entretien, *to disturb a conversation.* ◆ POLI-
TIQUE. Amorcer un entretien, *to initiate
conversations.*
→ **objet, tour.**

entrevue ◆ CONVERSATION. Demander
(solliciter) une entrevue, *to ask for (to
request) a meeting.*

enveloppe ◆ COURRIER. Cacheter
(coller; décacheter, ouvrir) une enveloppe,
*to seal (to stick down; to unseal, to open)
an envelope.* ‖ Mettre sous enveloppe, *to
put in an envelope.*

enveloppement ◆ MÉDECINE. Faire
un enveloppement humide à qqn, *to apply
a wet pack to s.o.* ‖ Faire un enveloppement sinapisé à qqn, *to give s.o. a mustard-
plaster.*
→ **manœuvre.**

envergure ◆ CAPACITÉ. Avoir de l'envergure, *to have great potentialities*
(personne). ◆ IMPORTANCE. Avoir de
l'envergure, *to be on a large scale* (chose).

envers ◆ INCONVÉNIENT. Connaître
l'envers de la médaille, *to know the other
side of the picture.*
→ **maille, progrès, tête.**

envie ◆ ASSOUVISSEMENT. Contenter une envie, *to gratify a craving.* ‖ Passer (satisfaire) son envie, *to indulge o.'s fancy.* ‖ Se passer ses envies, *to indulge o.s.* ◆ COMIQUE. Donner envie de rire à qqn, *to make s.o. want to laugh.* ◆ DÉSIR. Avoir envie de faire qqch., *to feel like doing sth.* ‖ En griller (mourir) d'envie, *to be dying for it.* ◆ ENVIE. Crever (sécher) d'envie, *to be green with envy.* ‖ Porter envie à qqn, *to envy s.o.* ◆ EXCITATION. Faire envie à qqn, *to fill s.o. with envy.* ‖ Faire naître (exciter, susciter) l'envie, *to excite (to arouse) envy.* ◆ MAÎTRISE DE SOI. Réprimer une envie, *to repress a desire.* ◆ OPPOSITION. En ôter l'envie à qqn, *to teach s.o.* → regard.

envieux ◆ ENVIE. Faire des envieux, *to excite envy.*

envoi → coup.

envol → piste.

envoûtement ◆ PHÉNOMÈNES PARANORMAUX. Subir un envoûtement, *to be under a hoodoo.*

épais ◆ RARETÉ. Ne pas y en avoir épais (Fam.), *there not [to be] much of it* (Gramm.). ◆ RENDEMENT. Ne pas en avoir fait épais (Fam.), *not to have much to show for o.'s work.*

épaisseur ◆ APPROXIMATION. S'en falloir de l'épaisseur d'un cheveu (Fam.), *to be within a hair's-breadth.*

épanouissement ◆ PLÉNITUDE. Atteindre son plein épanouissement, *to reach o.'s full flowering.* ‖ Trouver son épanouissement dans qqch., *to find o.'s fulfilment in sth.*

épate ◆ ESBROUFE. Le faire à l'épate (Fam.), *to make a splash.* ◆ OSTENTATION. Faire de l'épate (Fam.), *to cut a dash.*

épaule 1. CORPS. Etre large d'épaules, *to be broad-shouldered.* [V. 3.] – 2. FAITS ET GESTES. Rentrer (effacer) les épaules, *to throw back o.'s shoulders.* ‖ Secouer (hausser, lever) les épaules, *to shrug o.'s shoulders.* ‖ Taper sur l'épaule de qqn, *to tap s.o. on the shoulder.* – 3. RESPONSABILITÉ. Etre large d'épaules (Fam.), *to have broad shoulders.* |V. 1.| – 4. SUPÉRIORITÉ. Faire toucher les épaules à son adversaire, *to floor o.'s opponent.* → coup, fusée, tête.

épaulette ◆ MILITAIRE. Gagner ses épaulettes, *to earn o.'s stripes.*

épée ◆ AFFAIRE D'HONNEUR. Mettre l'épée à la main, *to draw o.'s sword.* ◆ DANGER. Etre une épée de Damoclès, *to be like the sword of Damocles.* ◆ HARCÈLEMENT. Mettre à qqn l'épée dans les reins (Fam.), *to prod s.o. on.* → coup, fil.

éperon ◆ ÉQUITATION. Donner (piquer) des éperons, *to use the spurs.* ‖ Faire sentir les éperons, *to give a touch with the spurs.*

épi ◆ CHEVELURE. Avoir un épi, *to have a cow-lick.*

épidémie ◆ MÉDECINE. Enrayer une épidémie, *to check an epidemic.*

épiderme ◆ SUSCEPTIBILITÉ. Avoir l'épiderme chatouilleux (sensible) |Fam.|, *to be thin-skinned.*

Épinal → image.

épinards → beurre.

épine ◆ ASSISTANCE. Ôter (enlever, tirer) à qqn une épine du pied, *to take a thorn out of s.o.'s flesh.* ◆ INQUIÉTUDE. Etre sur des épines, *to be on pins and needles.* ◆ PRÉCAUTION. Marcher sur des épines, *to tread warily.* → fagot, rose.

épingle ◆ ÉLÉGANCE. Etre tiré à quatre épingles (Fam.), *to be spick and span.* ◆ EMPHASE. Monter qqch. en épingle, *to blow sth. up.* ◆ HABILETÉ. Tirer son épingle du jeu, *to extricate o.s. unscathed.* → coup, virage.

épithète ◆ GROSSIÈRETÉ. User d'épithètes malsonnantes, *to use ugly names.*

éponge ◆ CLÉMENCE. Passer l'éponge, *to let bygones be bygones.* ◆ IVROGNERIE. Avoir une éponge dans le gosier (Fam.), *to be always ready for a glass.* ‖ Sucer comme une éponge (Fam.), *to be a sponge.* ◆ SPORTS. Jeter l'éponge, *to throw in the sponge.* → mer.

époque ◆ IMPORTANCE. Faire époque, *to be epoch-making.* ‖ Marquer une époque, *to mark an epoch.* ◆ MODERNISME. Etre de (vivre avec) son époque, *to be of o.'s age.* → esprit, témoignage, tendance.

épouvantail ◆ NON-ÉLÉGANCE. Etre un épouvantail à moineaux (Fam.), *to be a scarecrow.*

épouvante ◆ PEUR. Etre saisi d'épouvante (rester cloué |glacé, pétrifié| d'épouvante), *to be horrorstruck.* ‖ Saisir (rem-

plir) qqn d'épouvante, *to strike terror into
s.o.* ‖ Semer l'épouvante, *to sow terror.*
→ **vision.**

époux ◆ MARIAGE. Prendre pour époux
(épouse), *to take as o.'s wedded husband
(wife).*

épreuve 1. DIFFICULTÉ. Etre soumis à
rude épreuve, *to be sorely tried.* ‖ Soumettre qqn à rude épreuve, *to try s.o.
sorely.* – 2. ÉCOLE. Subir (passer) une
épreuve, *to take a test.* [V. 6.] – 3.
ÉDITION. Corriger des épreuves, *to correct
proofs.* – 4. ENDURANCE. Soutenir (supporter) l'épreuve, *to stand the test.* – 5.
ENTRAVE. Constituer une épreuve de force,
to be a trial of strength. – 6. ÉPREUVE.
Passer par de rudes épreuves, *to go
through the mill.* ‖ Subir une épreuve, *to
be put to the test.* [V. 2.] – 7. EXPÉRIMEN-
TATION. Faire l'épreuve de qqch., *to test
sth.* ‖ Mettre qqch. à l'épreuve, *to put sth.
to the test.* ‖ Tenter une épreuve, *to carry
out a test.* – 8. OPPOSITION. Tenter une
épreuve de force, *to attempt a showdown.*
– 9. PHOTOGRAPHIE. Tirer une épreuve,
to make a print. – 10. SPORTS. Gagner une
épreuve éliminatoire (finale), *to win a
qualifying (final) heat.*
→ **moral, nerf, patience, résistance, santé,
vainqueur.**

équation ◆ MATHÉMATIQUES. Poser
(résoudre) une équation, *to set (to solve)
an equation.*
→ **problème.**

équerre ◆ TECHNIQUE. N'être pas
d'équerre, *not to be square.*

équilibre ◆ ÉQUILIBRE. Faire équilibre à
qqch., *to counterbalance sth.* ‖ Garder
(conserver) l'équilibre, *to keep (to preserve)
o.'s balance.* ‖ Marcher en équilibre sur
qqch., *to walk along balancing on sth.* ‖
Mettre (poser) qqch. en équilibre, *to
balance sth.* ‖ Rétablir l'équilibre, *to
restore the balance.* ‖ Se tenir en équilibre,
to keep o.'s balance. ◆ FINANCES. Assurer l'équilibre budgétaire, *to keep the
budget balanced.* ‖ Rétablir l'équilibre
budgétaire, *to balance the budget.* ◆ NON-
ÉQUILIBRE. Etre en équilibre instable, *to
be unsteady.* ‖ Compromettre l'équilibre,
to endanger the balance. ‖ Faire perdre
l'équilibre à qqn, *to throw s.o. off his
balance.* ‖ Perdre l'équilibre, *to lose o.'s
balance.* ‖ Rompre l'équilibre, *to disturb
the balance.* ‖ Rompre l'équilibre de qqn

(qqch.), *to throw s.o. (sth.) off his (its)
balance.* ◆ RAISON. Garder (maintenir) son
équilibre, *to keep (to preserve) o.'s balance.*
‖ Manquer d'équilibre, *to be unbalanced.* ‖
Recouvrer (regagner) son équilibre, *to
regain o.'s balance.* ‖ Trouver son équilibre, *to achieve balance.* ◆ SPORTS. Faire
de l'équilibre, *to do balancing tricks.*
→ **perte.**

équipage ◆ FASTE. Arriver (partir) en
grand équipage, *to arrive (to leave) in state.*

équipe ◆ COLLABORATION. Faire équipe,
to team up. ‖ Former une équipe, *to
form a team.* ‖ Travailler en équipe, *to
work as a team.* ◆ SPORTS. Composer
(entraîner; modifier) une équipe, *to form
(to train; to change) a team.*
→ **esprit.**

équipée ◆ AVENTURE. S'engager dans
une folle équipée, *to embark on a crazy
enterprise.*

équitation ◆ SPORTS. Faire de l'équitation, *to go riding.*

équité ◆ JUSTICE. Juger en toute équité,
to judge in all honesty.
→ **sens.**

équivalent ◆ SUPÉRIORITÉ. Ne pas
avoir son équivalent, *to be second to none.*

équivoque ◆ AMBIGUÏTÉ. Entretenir
l'équivoque, *to keep doubt alive.* ‖ Laisser
subsister l'équivoque, *to leave room for
doubt.* ‖ Prêter à équivoque, *to lead to
doubt.* ‖ User d'équivoques, *to quibble.* ◆
ÉCLAIRCISSEMENT. Lever (dissiper) une
équivoque, *to dispel a doubt.*

ère ◆ NIVEAU DE VIE. Ouvrir une ère de
prospérité, *to bring in an age of prosperity.*

ergot ◆ AGRESSIVITÉ. Monter (se
dresser) sur ses ergots (Fam.), *to bristle
up.*

ermite ◆ SOLITUDE. Vivre en ermite, *to
live in seclusion.*

erreur 1. AVEU. Confesser (reconnaître)
ses erreurs, *to admit the error of o.'s
ways.* – 2. CONVERSION. Abjurer (revenir
de) ses erreurs, *to retract (to repent of) o.'s
errors.* – 3. CRITIQUE. Dénoncer une
erreur, *to report a mistake.* – 4. ÉCLAIR-
CISSEMENT. Tirer qqn d'erreur, *to unde-
ceive s.o.* – 5. ERREUR. Commettre une
grossière erreur, *to make a stupid mistake.*
‖ Etre bourré (émaillé, farci, truffé)
d'erreurs (Fam.), *to be full of mistakes.* ‖
Faire une erreur, *to make a mistake.* ‖
Fourmiller d'erreurs, *to be crammed with*

mistakes. — 6. MATHÉMATIQUES. Faire une erreur de calcul, *to go wrong in o.'s sums.* [V. 7.] — 7. NON-APPRÉCIATION. Faire une erreur de calcul (Fam.), *to miscalculate.* [V. 6.] — 8. NON-EXACTITUDE. Demeurer (persévérer, persister) dans l'erreur, *to remain (to persist) in o.'s error.* ‖ Donner (tomber) dans l'erreur, *to fall into error.* ‖ Etre dans l'erreur, *to be in error.* ‖ Etre entaché d'erreur, *to be erroneous.* — 9. PROCÉDURE. Faire une erreur judiciaire, *to commit a judicial error.* — 10. RECTIFICATION. Admettre (corriger, rectifier, redresser) une erreur, *to admit (to correct, to rectify, to redress) a mistake.* — 11. RÉPARATION. Réparer une erreur, *to correct an error.* — 12. TROMPERIE. Induire en erreur, *to mislead.*
→ abri, marge.

esbroufe ◆ ESBROUFE. Le faire à l'esbroufe (Fam.), *to bluff.* ‖ Faire de l'esbroufe (Fam.), *to swagger about.*
→ vol.

escalade ◆ MILITAIRE. Conduire (mener) à l'escalade, *to lead to escalation.*
→ pas.

escale ◆ ARRÊT. Faire escale, *to stop.* ◆ MARINE. Faire escale, *to call.*

escalier ◆ CHEVELURE. Faire des escaliers (Fam.), *to leave jagged edges.* ◆ FAITS ET GESTES. Descendre l'escalier, *to descend the stairs.* ‖ Monter (gravir, grimper [Fam.]) l'escalier, *to climb the stairs.* ◆ VITESSE. Dégringoler l'escalier quatre à quatre (Fam.), *to rush downstairs four at a time.*
→ degré.

escampette → poudre.

escapade ◆ LIBÉRATION. Faire une escapade, *to go off on an escapade.*

escarcelle ◆ PROFIT. Garnir son escarcelle, *to feather o.'s nest.*

escargot ◆ LENTEUR. Avancer comme un escargot (Fam.), *to go at a snail's pace.*

esclandre ◆ QUERELLE. Faire un esclandre, *to make a scene in public.* ◆ SCANDALE. Faire esclandre, *to kick up a fuss.*

esclavage ◆ ESCLAVAGE. Vivre en esclavage, *to live in bondage.* ◆ LIBÉRATION. Abolir l'esclavage, *to abolish slavery.* ◆ OPPRESSION. Réduire en esclavage, *to reduce to bondage.* ‖ Tenir en esclavage, *to hold in bondage.*

esclave ◆ ENGAGEMENT. Etre esclave de sa parole, *to be bound by o.'s word.* ◆ LIBÉRATION. Affranchir un esclave, *to set a slave free.* ◆ OPPRESSION. Rendre qqn esclave, *to make a slave of s.o.* ‖ Traiter qqn en esclave, *to treat s.o. as o.'s slave.* ◆ RENDEMENT. Etre esclave de son travail, *to be a slave to o.'s work.* ◆ ROUTINE. Etre esclave de la routine, *to be in a rut.* ◆ SCRUPULE. Etre l'esclave du devoir, *to be a slave to duty.* ◆ SOUMISSION. Se rendre esclave de qqn (qqch.), *to become a slave to s.o. (sth.).*
→ âme.

escompte ◆ FINANCES. Accorder (faire) un escompte, *to allow (to give) a discount.*

escorte ◆ ACCOMPAGNEMENT. Etre placé sous bonne escorte, *to be under safe escort.* ‖ Faire escorte à qqn, *to escort s.o.* ‖ Servir d'escorte à qqn, *to act as s.o.'s escort.*

esgourde ◆ ATTENTION. Ouvrir les esgourdes (Pop.), *to pin back o.'s lugholes.*

espace ◆ AVIATION. Vaincre l'espace, *to conquer space.* ◆ ÉCRITURE. Laisser (ménager) un espace, *to leave (to provide) a space.* ◆ ORGANISATION. Donner de l'espace à qqch. (qqn), *to give sth. (s.o.) room.* ◆ VITESSE. Dévorer l'espace, *to eat up distances.*
→ conquête.

Espagne → château.

espèce ◆ FINANCES. Payer en espèces, *to pay cash.* ◆ INFAMIE. Etre de la pire espèce (Fam.), *to be of the worst kind.* ◆ NON-IMPORTANCE. N'avoir aucune espèce d'importance, *not to be of the slightest importance.* ◆ SCIENCE. Améliorer l'espèce, *to improve the species.* ‖ Conserver l'espèce, *to preserve the species.*
→ cas.

espérance 1. CONVENANCE. Répondre (correspondre) aux espérances de qqn, *to come up to s.o.'s expectations.* — 2. DÉSESPOIR. Abandonner toute espérance, *to abandon all hope.* ‖ Perdre l'espérance, *to lose hope.* — 3. DÉSILLUSION. Briser (décevoir, tromper; ruiner) les espérances, *to crush (to disappoint; to shatter) hopes.* ‖ Démentir les espérances de qqn, *to be contrary to s.o.'s expectations.* ‖ Ôter l'espérance à qqn, *to dash s.o.'s hopes.* — 4. ENCOURAGEMENT. Donner de l'espérance à qqn, *to give s.o.*

hope. ‖ Faire naître une espérance, *to kindle a hope.* ‖ Faire renaître les espérances, *to raise hopes again.* – 5. ESPOIR. Caresser (nourrir) des espérances, *to cherish (to entertain) hopes.* ‖ Conserver (garder) l'espérance, *to keep hoping.* ‖ Conserver (garder) une espérance, *to cling to one hope.* ‖ Espérer contre toute espérance, *to hope against all hope.* ‖ Fonder ses espérances sur qqch., *to base o.'s hopes on sth.* ‖ Mettre (placer) ses espérances en qqch., *to pin o.'s hopes on sth.* – 6. HÉRITAGE. Avoir des espérances, *to have expectations* [V. 7.] – 7. MATERNITÉ. Avoir des espérances, *to be expecting.* [V. 6.] – 8. PRÉVENANCE. Aller au-devant des espérances de qqn, *to anticipate s.o.'s expectations.* – 9. RÉALISATION. Réaliser (remplir) les espérances de qqn, *to meet (to fulfil) s.o.'s hopes.* – 10. RESSORT. Renaître à l'espérance, *to take heart again.* – 11. SUCCÈS. Combler (dépasser) toutes les espérances de qqn, *to meet (to go beyond) all s.o.'s expectations.*
→ **terme.**

espérer ◆ ESPOIR. Se reprendre à espérer, *to begin hoping again.*

espionnage → **réseau.**

espoir ◆ DÉCONVENUE, DÉSILLUSION. Anéantir (briser, ruiner; tromper) les espoirs de qqn, *to wreck (to shatter; to disappoint) s.o.'s hopes.* ‖ Enterrer un espoir, *to forget a hope.* ‖ Retirer tout espoir à qqn, *to kill all hope in s.o.* ‖ Voir s'envoler tous ses espoirs, *to see all o.'s hopes shattered.* ◆ DÉSESPOIR. Perdre espoir, *to lose hope.* ◆ ENCOURAGEMENT. Faire naître (éveiller) un espoir, *to raise (to kindle) a hope.* ‖ Rendre l'espoir à qqn, *to restore s.o.'s hopes.* ◆ ESPOIR. Avoir bon espoir, *to be full of hope.* ‖ Avoir le ferme espoir de faire qqch., *to have every hope of doing sth.* ‖ Conserver (garder) un vague espoir, *to keep a faint hope.* ‖ Déborder (être rempli) d'espoir, *to be overflowing with (to be full of) hope.* ‖ Encourager (flatter) un espoir, *to encourage a hope.* ‖ Entretenir l'espoir, *to keep hope alive.* ‖ Mettre (placer) tout son espoir en qqn (qqch.), *to pin (to place) all o.'s hopes on s.o. (sth.).* ‖ Nourrir un espoir, *to have a fond hope.* ‖ Se raccrocher à un espoir, *to cling to a hope.* ◆ ILLUSION. Former (caresser) un vain espoir, *to indulge a fond hope.* ◆ SALUT. N'avoir plus d'espoir

qu'en qqn (qqch.), *to pin o.'s last hopes on s.o. (sth.).* ◆ SUCCÈS. Surpasser tous les espoirs, *to exceed all hopes.*
→ **lueur.**

esprit 1. ACCOMMODEMENT. Agir dans un esprit de conciliation, *to act in a spirit of conciliation.* ‖ Apaiser (calmer) les esprits, *to quieten (to calm) general feeling.* ‖ Soulager l'esprit d'un grand poids, *to be a great weight off s.o.'s mind.* – 2. ASCÉTISME. Etre un pur esprit (Fam.), *to be all mind.* – 3. ATTENTION. Appliquer son esprit à qqch. (tourner son esprit vers qqch.), *to apply o.'s mind to sth.* ‖ Absorber l'esprit de qqn, *to engross s.o.* ‖ Occuper l'esprit, *to occupy the mind.* [V. 47.] ‖ Tendre son esprit, *to strain.* – 4. BESOIN. Ne pas être un pur esprit (Fam.), *to have bodily needs as well.* – 5. BÊTISE. Avoir l'esprit borné, *to be narrowminded.* ‖ Avoir l'esprit lent, *to be slow-witted.* ‖ Etre simple (faible, pauvre) d'esprit, *to be simple-minded.* ‖ Ne pas briller par l'esprit, *not to be very bright.* – 6. CAPACITÉ. Avoir l'esprit d'analyse (de géométrie), *to have an analytical (a methodical) turn of mind.* ‖ Avoir l'esprit de synthèse, *to see things as a coherent whole* – 7. CORRUPTION. Fausser l'esprit, *to warp the mind.* – 8. CRITIQUE. Avoir l'esprit critique, *to have a critical turn of mind.* – 9. DÉCOURAGEMENT. Accabler l'esprit, *to burden the mind.* – 10. DÉRAISON. Avoir l'esprit de travers, *to have a twisted mind.* – 11. DÉRIVATIF. Amuser l'esprit, *to tickle the fancy.* – 12. DÉTENTE. détendre (reposer) l'esprit, *to relax (to rest) the mind.* ‖ Se reposer l'esprit, *to give o.'s brain a rest.* – 13. DISCERNEMENT. Dissocier l'esprit de la lettre, *to distinguish the spirit from the letter.* – 14. DISPONIBILITÉ. Avoir l'esprit libre, *not to have anything on o.'s mind.* ‖ Garder l'esprit libre, *to keep o.'s mind open.* ‖ Libérer son esprit de qqch., *to free o.'s mind from sth.* – 15. DISTRACTION. Avoir l'esprit absent, *to be absent-minded.* ‖ Avoir l'esprit ailleurs, *to be elsewhere.* – 16. ÉDUCATION. Façonner (ouvrir) l'esprit, *to shape (to broaden) the mind.* – 17. ÉLUCIDATION. Clarifier l'esprit, *to clarify ideas.* – 18. EMPRISE. Gagner (dominer, subjuguer; manier) les esprits, *to come over (to dominate; to manipulate) people's minds.* ‖ S'emparer des esprits, *to grip people's minds.* [V. 42.] — 19. ESPRIT. Avoir de l'esprit (jusqu'au bout des ongles), *to be witty (to o.'s finger-tips).* ‖ Avoir de l'esprit en diable (Fam.), *to have a clever wit.* ‖ Avoir l'esprit de répartie, *always to be ready with an answer.* ‖ Etre plein (pétri) d'esprit, *to have a ready wit.* ‖ Faire de l'esprit, *to try to be funny.* ‖ Ne pas manquer d'esprit, *to have a certain wit.* ‖ Pétiller d'esprit, *to have a sparkling wit.* — 20. ÉTROITESSE DE VUE. Avoir l'esprit étroit (fermé), *to be narrow-minded (blinkered).* [V. 25.] — 21. EXCITATION. Monter les esprits, *to work on people's minds.* — 22. FOLIE. Avoir l'esprit dérangé, *to be deranged.* ‖ Perdre l'esprit, *to go out of o.'s mind.* [V. 53.] ‖ Troubler l'esprit, *to trouble the mind.* — 23. IDÉE. Effleurer (traverser) l'esprit de qqn, *to flit through (to flash across) s.o.'s mind.* ‖ Sauter à l'esprit de qqn, *to flash on s.o.'s mind.* ‖ Venir à l'esprit de qqn, *to occur to s.o.* — 24. IMAGINATION. Voir en esprit, *to see in o.'s mind's eye.* ‖ Voyager en esprit, *to travel in imagination.* — 25. INCAPACITÉ. Avoir l'esprit fermé à qqch., *to have no feeling for sth.* [V. 20.] — 26. INCRÉDULITÉ. Etre un esprit fort, *to be a free-thinker.* — 27. INITIATIVE. Avoir l'esprit d'entreprise, *to be enterprising.* — 28. INQUIÉTUDE. Ne pas avoir l'esprit libre, *not to feel free in o.'s mind.* — 29. INSPIRATION. Avoir le bon esprit de faire qqch., *to have the good sense to do sth.* — 30. INSTABILITÉ. Manquer d'esprit de suite, *to be inconsistent.* — 31. INTELLIGENCE. Aiguiser l'esprit, *to sharpen the wits.* ‖ Affiner (polir) l'esprit, *to refine the mind.* ‖ Assouplir l'esprit, *to make the mind agile.* ‖ Avoir l'esprit délié, *to have a nimble mind.* ‖ Avoir l'esprit éveillé (organisé, ouvert), *to be wide-awake (well-organized, open-minded).* ‖ Montrer de l'esprit, *to display wit.* — 32. INTERPRÉTATION. Avoir l'esprit mal tourné, *to have a one-track mind.* — 33. LIBÉRALISME. Avoir l'esprit large, *to be broad-minded.* ‖ Etre large d'esprit, *to be liberal-minded.* — 34. MAÎTRISE DE SOI. Rassembler ses esprits, *to collect o.'s thoughts.* ‖ Rappeler (reprendre) ses esprits, *to pull o.s. together.* — 35. MALVEILLANCE. Avoir mauvais esprit, *to be malevolent.* — 36. MÉMOIRE. Avoir (garder) présent à l'esprit, *to have (to keep) clearly in o.'s mind.* [V. 47.] ‖ Etre présent

à l'esprit, *to be present in the mind.* — 37. MÉSENTENTE. Diviser les esprits, *to set people at variance.* — 38. MESQUINERIE. Etre un petit esprit, *to be petty-minded.* — 39. MORT. Rendre l'esprit, *to give up the ghost.* — 40. NON-DISCERNEMENT. Avoir l'esprit faux, *to have faulty judgment.* ‖ Manquer d'esprit critique, *to lack critical sense.* — 41. NON-PARTICIPATION. Ne pas avoir l'esprit à qqch. (à faire qqch.), *not to be in the mood for sth. (to do sth.).* — 42. OBSESSION. Ressasser (remâcher, remuer, retourner) qqch. dans son esprit, *to turn sth. over (to trash sth. out) in o.'s mind.* [V. 49.] ‖ S'emparer de l'esprit de qqn, *to take possession of s.o.'s mind.* [V. 18.] ‖ S'enraciner dans l'esprit, *to take root in the mind.* — 43. OPPOSITION. Avoir l'esprit de contradiction, *to be contrary.* — 44. OUBLI. Sortir de l'esprit, *to slip s.o.'s mind.* — 45. PARTISAN. Avoir l'esprit de caste (de clan), *to be class-conscious (clannish).* ‖ Témoigner d'un esprit partisan, *to show a partisan spirit.* — 46. PHÉNOMÈNES PARANORMAUX. Évoquer les esprits, *to call up spirits.* — 47. PRÉOCCUPATION. Avoir présent à l'esprit, *to have on o.'s mind.* [V. 36.] ‖ Envahir (emplir, remplir; occuper, travailler) l'esprit, *to invade (to fill; to occupy, to prey on) the mind.* [V. 3.] — 48. RAISON. Etre sain d'esprit, *to be of sound mind.* ‖ Retrouver ses esprits, *to return to o.'s senses.* — 49. RÉFLEXION. Repasser (revoir) dans son esprit, *to go over in o.'s mind.* ‖ Se creuser l'esprit, *to rack o.'s brains.* ‖ Se mettre l'esprit à la torture, *to cudgel o.'s brains.* ‖ Tourner et retourner qqch. dans son esprit, *to go over and over sth. in o.'s mind.* [V. 42.] — 50. RETARDEMENT. Avoir l'esprit de l'escalier, *always to think of the right thing to say too late.* — 51. RUPTURE. Partir sans esprit de retour, *to go off without any intention of returning.* — 52. RUSE. Avoir l'esprit retors, *to be crafty.* — 53. SANTÉ. Perdre ses esprits, *to faint.* [V. 22.] — 54. SAVOIR. Cultiver (enrichir, exercer) son esprit, *to cultivate (to enrich, to exercise) o.'s mind.* ‖ Entretenir son esprit, *to keep o.'s mind alert.* — 55. SÉDUCTION. Charmer l'esprit, *to delight the mind.* — 56. SOLIDARITÉ. Avoir l'esprit de corps, *to have an esprit de corps.* ‖ Avoir l'esprit d'équipe, *to have a team spirit.* ‖ Avoir l'esprit de famille, *to put o.'s family first.* — 57. SPECTACLE.

Entrer dans l'esprit d'un personnage, *to enter into the mind of a character.* — 58. TRANQUILLITÉ. Avoir l'esprit en repos, *to have a quiet mind.* ‖ Avoir l'esprit tranquille, *to be easy in o.'s mind.* — 59. TROMPERIE. Égarer les esprits, *to confuse people's minds.* — 60. UNION. S'unir en esprit à qqn, *to join s.o. in spirit.*

→ **clair, confusion, corps, désordre, famille, fermentation, fertilité, idée, jeu, mot, ouverture, petitesse, présence, preuve, spéculation, tour, trait, travers, trouble, vue.**

esquisse ♦ ART, TECHNIQUE. Faire (tracer) une esquisse, *to make (to draw) a sketch.*

essai ♦ EXPÉRIMENTATION. Faire l'essai de qqch., *to try sth.* ‖ Mettre qqch. à l'essai, *to put sth. to the test.* ♦ SPORTS. Marquer (transformer) un essai, *to score (to convert) a try.* ♦ TECHNIQUE. Procéder aux essais, *to carry out trials.* ♦ TENTATIVE. Prendre qqn à l'essai, *to take s.o. on trial.*

→ **ballon, bout, coup, vol.**

essence ♦ AUTOMOBILE. Prendre (manger; bouffer [Fam.]) de l'essence, *to get (to drink) petrol.* ♦ PRÉTENTION. Se croire d'une essence supérieure, *to think o.s. a cut above everyone else.*

→ **panne.**

essentiel ♦ ESSENTIEL. Dégager l'essentiel, *to bring out the main point.* ‖ S'en tenir (se borner, se limiter) à l'essentiel, *to keep (to stick) to the essentials.*

essor 1. ANIMAL. Prendre son essor, *to take flight.* |V. 2, 3.| — 2. AVIATION. Prendre son essor, *to soar up.* |V. 1, 3.| — 3. DÉBUT. Prendre son essor, *to leave the nest.* |V. 1, 2.| — 4. DÉVELOPPEMENT. Etre en plein essor, *to be flourishing.* — 5. IMAGINATION. Donner libre essor à son imagination, *to give free play to o.'s imagination.*

estamper ♦ DUPE. Se faire estamper (Fam.), *to be swindled.*

estime ♦ DÉFAVEUR. Baisser dans l'estime de qqn, *to sink in s.o.'s estimation.* ♦ ESTIME. Avoir (tenir) en haute estime, *to hold in high esteem.* ‖ Garder (conserver) de l'estime pour qqn, *to continue to think highly of s.o.* ‖ Manifester de l'estime pour qqn, *to show esteem for s.o.* ♦ FAVEUR. Conquérir (gagner, s'acquérir, s'attirer)

l'estime, *to win (to obtain, to attract) esteem.* ‖ Croître (remonter) dans l'estime de qqn, *to grow (to go up again) in s.o.'s estimation.* ‖ Inspirer de l'estime à qqn, *to inspire esteem in s.o.* ♦ RÉPUTATION. Jouir de l'estime générale (de l'estime de qqn), *to enjoy general esteem (s.o.'s esteem).*

→ **marque, succès.**

estoc ♦ MILITAIRE. Frapper d'estoc et de taille, *to cut and thrust.*

estocade ♦ SPORTS. Donner l'estocade, *to give the death blow.*

estomac 1. ALIMENTATION. Charger l'estomac, *to overload the stomach.* ‖ Se remplir l'estomac de qqch., *to fill o.s. up with sth.* — 2. AMERTUME. L'avoir sur l'estomac (Fam.), *to feel resentful about it.* ‖ Rester sur l'estomac (Fam.), *to rankle.* — 3. APPÉTIT. Avoir l'estomac creux (Fam.), *to feel empty.* ‖ Avoir l'estomac dans les talons (Fam.), *to be mad with hunger.* ‖ Avoir l'estomac qui crie famine, *to be doubled up with hunger.* ‖ Creuser l'estomac, *to give an appetite.* — 4. AUDACE. Avoir de l'estomac (Fam.), *to have a nerve* |V. 7.| ‖ Le faire à l'estomac, *to bluff o.'s way.* — 5. ÉMOTION. Avoir l'estomac noué (Fam.), *to be all tensed up.* — 6. INQUIÉTUDE. Serrer l'estomac à qqn (Fam.), *to make s.o.'s heart jump.* — 7. POIDS. Avoir de l'estomac (Fam.), *to have a bit of a tummy.* [V. 4.] — 8. SANTÉ. Avoir un estomac d'autruche (Fam.), *to have the digestion of an ostrich.* ‖ Avoir l'estomac barbouillé (Fam.), *to feel queasy.* ‖ Peser sur l'estomac (Fam.), *to lie heavy on the stomach.* ‖ Se détraquer (se délabrer) l'estomac (Fam.), *to ruin o.'s digestion.*

→ **barre, creux, plomb, poids.**

étage ♦ MAISON. Grimper les étages (Fam.), *to gallop up the stairs.*

étagère ♦ TRAVAUX MANUELS. Poser une étagère, *to put up a shelf.*

étalage ♦ OSTENTATION. Faire étalage de qqch., *to show off sth.* ♦ VOL. Voler à l'étalage, *to shop-lift.*

étape ♦ ARRÊT. Faire étape, *to stop.* ÉVÉNEMENT. Marquer une étape, *to mark a turning point.* ♦ VITESSE. Griller (brûler) les étapes (Fig.), *to rush things.* ♦ VOYAGE. Brûler une étape, *to press on.* ‖ Parcourir une étape, *to cover a stretch.* ‖ Voyager par petites étapes, *to travel by easy stages.*

1. État ◆ ADMINISTRATION. Servir l'État, *to serve the State.* ◆ FINANCES. Etre subventionné par l'État, *to be State-subsidized.* ◆ POLITIQUE. Former un État dans l'État, *to form a State within a State.* ‖ Reconnaître un État, *to recognize a State.*

→ **affaire, char, commis, coup, raison, sûreté.**

2. état 1. ADMINISTRATION. Remplir (émarger, signer) un état, *to complete (to initial, to sign) a form.* — 2. AGRICULTURE. Retourner à l'état sauvage, *to run wild.* |V. 3.| — 3. ANIMAL. Retourner à l'état sauvage, *to turn wild.* [V. 2.] — 4. ARGUMENT. Faire état de qqch., *to mention sth.* — 5. ASSISTANCE. Mettre qqn en état de faire qqch., *to put s.o. in a position to do sth.* — 6. ASTRONAUTIQUE. Etre en état d'apesanteur, *to be in a state of weightlessness.* — 7. CAPACITÉ. Etre en état de faire qqch., *to be in a position to do sth.* — 8. CONDITION. Etre dans un bel état (Fam.), *to be in a fine state.* ‖ Etre en bon (mauvais) état, *to be in good (bad) condition.* [V. 29.] ‖ Etre en triste (piètre, piteux, pitoyable) état, *to be in a sad (sorry, pitiful) state.* [V. 29.] ‖ Laisser (mettre) qqch. en état, *to leave (to put) sth. in order.* [V. 23.] ‖ Remettre qqch. en état, *to recondition sth.* ‖ Tenir (maintenir) en bon état, *to keep sth. in repair.* |V. 23.| — 9. CONTENTEMENT. Etre satisfait de son état, *to be satisfied with o.'s condition.* — 10. DÉFENSE. Agir en état de légitime défense, *to act in self-defence.* ‖ Mettre qqn hors d'état de nuire, *to render s.o. harmless.* — 11. ÉNERVEMENT. Se mettre dans tous ses états, *to get into a state.* — 12. ESTIMATION. Faire grand état de qqch., *to think highly of sth.* — 13. EXCITATION. Mettre qqn dans tous ses états, *to put s.o. in a tizzy.* — 14. IMMOBILISME. Demeurer à l'état latent, *to remain latent.* — 15. INCAPACITÉ. Etre hors d'état de faire qqch., *not to be in a position to do sth.* — 16. INCULPÉ. Etre en état d'arrestation, *to be under arrest.* — 17. INQUIÉTUDE Etre dans tous ses états (Fam.), *to be in a stew.* — 18. IVRESSE. Etre en état d'ébriété, *to be inebriated.* — 19. MÉTIER. Choisir (embrasser) un état, *to adopt (to embrace) a trade.* — 20. MILITAIRE. Proclamer l'état de siège, *to declare martial law.* |V. 25.| — 21. NON-APPRÉCIATION.

Faire peu d'état de qqch., *to make light of sth.* — 22. NOTARIAT. Établir (dresser) un état des lieux, *to draw up an inventory.* — 23. PERSISTANCE. Laisser (tenir) qqch. en l'état, *to leave (to keep) sth. as o. found it.* |V. 8.| ‖ Rester en l'état, *to remain untouched.* — 24. PHÉNOMÈNES PARANORMAUX. Etre dans un état second, *to be in a dream.* — 25. POLITIQUE. Déclarer l'état de siège, *to declare martial law.* |V. 20.| — 26. PROJET. Rester à l'état d'ébauche, *to remain a rough outline.* — 27. RELIGION. Etre en état de grâce, *to be in a state of grace.* — 28. RÉVOLUTION. Etre en état d'insurrection, *to be in revolt.* — 29. SANTÉ. Etre en bon état, *to be in condition.* [V. 8.] ‖ Etre en mauvais (piteux) état, *to be in a bad (sorry) way.* |V. 8.| ‖ Ne pas être dans son état normal, *not to be in o.'s normal state.* — 30. TECHNIQUE. Mettre en état de marche, *to get into running order.*

→ **lieu.**

été ◆ ÂGE, BEAU TEMPS. Etre l'été de la Saint-Martin, *to be an Indian Summer.* ◆ TOILETTE. Se mettre en été, *to put on summer clothes.*

étendard ◆ PARTI. Se ranger sous l'étendard de qqn, *to rally to s.o.'s flag.* ◆ RÉVOLTE. Lever (arborer, brandir) l'étendard de la révolte, *to raise the flag of rebellion.*

éternel ◆ FEMME. Incarner l'éternel féminin, *to be Eve incarnate.*

éternité ◆ DURÉE. Durer une éternité, *to go on for ages.* ◆ MORT. Entrer dans l'éternité, *to pass into eternity.*

étincelle 1. ESPRIT. Faire des étincelles, *to be sparklingly witty.* [V. 3.] — 2. FOLIE. N'avoir plus une étincelle de raison, *to have no longer a spark of sanity.* — 3. SUCCÈS. Faire des étincelles (Fam.), *to come out with flying colours.* |V. 1.|

étiquette ◆ CIVILITÉ. Observer l'étiquette, *to observe the rules of etiquette.* ‖ Régler l'étiquette, *to settle questions of etiquette.* ‖ Tenir à l'étiquette, *to attach great importance to etiquette.* ◆ COMMERCE. Porter l'étiquette de garantie, *to carry a label of guarantee.* ◆ POLITIQUE. Se présenter sans étiquette, *to stand as an independent.*

étoffe ◆ MÉDIOCRITÉ. Manquer d'étoffe, *not to have what it takes.* ◆ VALEUR. Avoir de l'étoffe, *to have what it takes.*

étoile ◆ CONFIANCE EN SOI. Se fier à son étoile, *to trust in o.'s lucky star*. ◆ DÉFAVEUR. Voir pâlir son étoile, *to see o.'s star wane*. ◆ DESTIN. Etre né sous une bonne (mauvaise) étoile, *to be born under a lucky (an unlucky) star*. ◆ SOMMEIL. Coucher (dormir) à la belle étoile, *to sleep rough*. ◆ VOIES DE FAIT. Faire voir à qqn les étoiles en plein midi (Fam.), *to make s.o. see stars*.
→ **foi.**

étonné ◆ AFFECTATION. Faire l'étonné, *to act surprised*.

étonnement ◆ AFFECTATION. Jouer l'étonnement, *to feign surprise*. ◆ STUPÉFACTION. Etre saisi d'étonnement, *to be startled*. ‖ Faire l'étonnement général, *to cause general amazement*. ‖ Frapper (remplir) d'étonnement, *to amaze s.o.* ‖ Manifester (montrer) de l'étonnement, *to show surprise*. ‖ Revenir de son étonnement, *to recover from o.'s amazement*.

étouffe-chrétien ◆ ALIMENTATION. Etre de l'étouffe-chrétien (Fam.), *to be pure stodge*.

étouffée ◆ CUISINE. Cuire à l'étouffée, *to braise*.

étouffement ◆ SANTÉ. Avoir des étouffements, *to have fits of breathlessness*.

étourderie ◆ INATTENTION. Commettre une étourderie, *to make a silly mistake*.

étourdir ◆ DIVERSION. Chercher à s'étourdir, *to try to forget*.

étourdissement ◆ SANTÉ. Avoir (être pris d') un étourdissement, *to have a giddy spell*.

étourneau ◆ INATTENTION. Etre un étourneau (Fam.), *to be a scatter-brain*.

étranger 1. DÉSACCORD. Vivre en étrangers, *to be like strangers*. — 2. EMBARRAS. Se sentir étranger, *to feel a complete stranger*. [V. 3.] — 3. NON-PARTICIPATION. Etre étranger à l'affaire, *to have no part in the matter*. ‖ Se sentir étranger, *to feel uninvolved*. [V. 2.] — 4. VOYAGE. Passer à l'étranger, *to leave the country*. ‖ Voyager à l'étranger, *to travel abroad*.
→ **part.**

être 1. ÂGE. Ne pouvoir être et avoir été (Fam.), *not to be Peter Pan*. [V. 5.] — 2. DÉSARROI. Ne plus savoir où on en est, *not to know where one is*. — 3. ÉMOTION. Vibrer de tout son être, *to thrill in o.'s whole being*. — 4. EXPÉRIENCE. Savoir ce que c'est (Fam.), *to know all about it*. —

5. IRRÉVERSIBILITÉ. Ne pouvoir être et avoir été (Fam.), *cannot have o.'s cake and eat it*. [V. 1.] — 6. PERSONNALITÉ. Etre comme on est (Fam.), *to be made the way one is*. — 7. UNION. Ne faire qu'un seul être, *to be as one*.

étreinte ◆ EMPRISE. Resserrer son étreinte, *to tighten o.'s grip*. ◆ ÉPANCHEMENTS. S'arracher à une étreinte, *to break from s.o.'s embrace*. ‖ Se dégager d'une étreinte, *to free o.s. from an embrace*. ◆ LIBÉRATION. Desserrer son étreinte, *to loosen o.'s grip*.

étrenne ◆ DON. Donner (recevoir) des étrennes, *to give (to receive) a Christmas box*.

étrier ◆ AIDE. Tenir l'étrier à qqn (Fig.), *to give s.o. a leg-up*. ◆ ÉQUITATION. Tenir l'étrier à qqn, *to hold the stirrup for s.o.* ‖ Vider les étriers, *to be thrown*.
→ **coup, pied.**

étroit 1. ESPACE. Etre à l'étroit, *to be cramped*. ‖ Se sentir à l'étroit, *to feel boxed up*. [V. 2.] ‖ Vivre à l'étroit, *to live in cramped conditions*. — 2. LIMITATION. Se sentir à l'étroit (Fig.), *to feel hemmed in*. [V. 1.]

étude ◆ ART. Faire une étude, *to make a study*. ◆ ÉCOLE. Commencer (continuer, poursuivre; interrompre; reprendre; achever) ses études, *to begin (to go on with; to break off; to resume; to finish) o.'s studies*. ‖ Faire des études, *to be a student*. ‖ Se plonger dans l'étude, *to bury o.s. in o.'s books*. ◆ PROGRAMMATION. Faire (procéder à) une étude d'ensemble, *to make an overall survey*. ‖ Etre à l'étude, *to be under consideration*.
→ **niveau, pâture, projet.**

étuvée ◆ CUISINE. Cuire à l'étuvée, *to stew*.

eucharistie ◆ RELIGION. Recevoir l'eucharistie, *to take the Eucharist*.

évaluation ◆ ÉVALUATION. Faire une évaluation, *to make an assessment*.

évangile ◆ RELIGION. Prêcher l'évangile, *to preach the Gospel*.
→ **parole.**

évanouissement ◆ SANTÉ. Avoir un évanouissement, *to faint*. ‖ Revenir d'un évanouissement, *to come to*.

évasion ◆ ÉVASION. Tenter une évasion, *to attempt to escape*.
→ **besoin, tentative.**

Ève ◆ IGNORANCE. Ne connaître qqn ni d'Ève ni d'Adam (Fam.), *not to know s.o. from Adam.*

éveil ◆ SUSPECT. Donner l'éveil à qqn, *to arouse s.o.'s suspicion.* ◆ VIGILANCE. Etre en éveil, *to be on the alert.* ‖ Tenir qqn en éveil, *to keep s.o. on the alert.*

éveillé ◆ RÊVERIE. Rêver tout éveillé, *to daydream.*

événement ◆ ACTUALITÉ. Constituer l'événement du jour, *to be the big news of the day.* ◆ DATE. Situer un événement, *to date an event.* ◆ DÉSARROI. Etre débordé (dépassé) par les événements, *to be overwhelmed by circumstances.* ◆ IMPORTANCE. Etre tout un événement, *to be a whole how d'you do.* ‖ Ne pas être un petit événement, *to be no small event.* ◆ IMPRÉVOYANCE. Se laisser surprendre par les événements, *to be overtaken by events.* ◆ INCIDENT. Etre fertile en événements, *to be eventful.* ‖ Précipiter les événements, *to precipitate events.* ◆ MATERNITÉ. Attendre un heureux événement, *to be expecting a happy event.* ◆ NEUTRALITÉ. Observer les événements, *to observe events.*
→ **cours, genèse, importance, leçon, marche, registre.**

éventail ◆ AFFECTATION. Jouer de l'éventail, *to play with o.'s fan.* ◆ COMMERCE. Proposer un large éventail de prix, *to offer a wide price-range.*

éventualité ◆ PRÉVOYANCE. Parer à toute éventualité, *to provide for all eventualities.*

évidence ◆ AVEUGLEMENT. Nier l'évidence, *to deny the obvious.* ‖ Se refuser à l'évidence, *to fly in the face of the facts.* ◆ DÉRAISON. Aller contre l'évidence, *to go against all the evidence.* ◆ ÉCHAPPATOIRE. Ruser avec l'évidence, *to get round the facts.* ◆ ÉVIDENCE. Etre l'évidence même, *to be self-evident.* ‖ Se rendre à l'évidence, *to bow to the facts.* ◆ OSTENTATION. Se mettre en évidence, *to push o.s. forward.* ◆ PRÉCISION. Mettre qqch. en évidence, *to bring sth. out.* ◆ PREUVE. Démontrer l'évidence, *to point out the obvious.*

évolution ◆ ÉVOLUTION. Subir une évolution, *to evolve.* ◆ FAITS ET GESTES. Faire des évolutions, *to gesticulate.* ◆ RALENTISSEMENT. Freiner une évolution, *to check a development.*

exactitude ◆ PONCTUALITÉ. Etre l'exactitude même, *to be punctuality itself.* ◆ VÉRIFICATION. Vérifier l'exactitude de qqch., *to check the accuracy of sth.*
→ **souci.**

exagération ◆ EXAGÉRATION. Tomber dans l'exagération, *to overdo things.*

exaltation ◆ APAISEMENT. Calmer l'exaltation de qqn, *to quieten s.o.'s excitement.*

examen ◆ ÉCOLE. Etre ajourné (collé, recalé ‖Fam.‖) à un examen, *to be referred (failed, ploughed) in an exam.* ‖ Etre reçu à un examen, *to pass an examination.* ‖ Faire passer un examen, *to invigilate.* ‖ Passer (subir) un examen (blanc), *to sit (to take) a (mock) exam.* ‖ Préparer (boycotter) un examen, *to study for (to boycott) an examination.* ◆ EXAMEN. Soumettre qqch. à l'examen, *to scrutinize sth.* ◆ MÉDECINE. Faire (procéder à) un examen, *to make an examination.* ‖ Se soumettre à un examen médical, *to undergo a medical examination.* ◆ NON-VALEUR. Ne pas supporter (ne pas résister à, céder à) l'examen, *not to bear (not to stand up to) scrutiny.* ◆ RELIGION. Faire son examen de conscience, *to examine o.'s conscience.*
→ **résultat, sujet.**

exaspération → **comble.**

excédent ◆ SURPLUS. Venir en excédent, *to be extra.*

excellence → **prix.**

excentricité ◆ ORIGINALITÉ. Faire (se livrer à) des excentricités, *to indulge in eccentric behaviour.*

exception ◆ EXCEPTION. Admettre une exception, *to allow an exception.* ‖ Etre l'exception qui confirme la règle, *to be the exception that proves the rule.* ‖ Faire exception à la règle, *to be an exception to the rule.* ‖ Faire une exception à une règle, *to make an exception to a rule.* ◆ RÉGLEMENTATION. Ne pas admettre (souffrir) d'exception, *to admit of no exceptions.*

excès ◆ ALIMENTATION. Faire des excès de table, *to over-eat.* ◆ AUDACE. Avoir un excès d'assurance, *to be over-confident.* ◆ AUTOMOBILE. Faire des excès de vitesse, *to exceed the speed limit.* ◆ DÉMESURE. Faire de l'excès de zèle, *to make an excessive show of zeal.* ‖ Pêcher par excès de zèle, *to overdo things in o.'s enthusiasm.* ‖ Tomber d'un excès dans l'autre, *to go from one extreme to the other*. ◆ EXCÈS. Commettre (se livrer à, se porter à) des excès, *to commit (to indulge in) excesses*. ‖ Conduire à des excès, *to lead to excesses*. ◆ INCIVILITÉ. Se laisser aller à des excès de langage, *to start using abusive language*.

excessif ◆ MESURE. N'avoir rien d'excessif, *not to be unreasonable*.

excitant ◆ EXCÈS. Abuser des excitants, *to overindulge in stimulants*.

exclamation ◆ PAROLE. Pousser des exclamations, *to shout out*.

exclusion ◆ SPORTS. Prononcer l'exclusion de qqn, *to disqualify s.o.*

exclusive ◆ OSTRACISME. Prononcer l'exclusive contre qqn, *to debar s.o.*

exclusivité ◆ CINÉMA. Passer en exclusivité, *to be on new release*. ◆ COMMERCE. Avoir l'exclusivité de qqch., *to have sole rights to sth.*

excommunication ◆ RELIGION. Encourir (fulminer, lancer, prononcer; lever) l'excommunication, *to incur (to fulminate, to pronounce; to rescind) excommunication*.

excursion ◆ PROMENADE. Faire une excursion, *to go on an outing*.

excuse ◆ EXCUSE. Accepter (recevoir) les excuses de qqn, *to accept (to receive) s.o.'s apologies*. ‖ Exiger des excuses, *to demand an apology*. ‖ Faire (présenter) des excuses, *to apologize*. ‖ Faire de plates excuses, *to make profuse apologies*. ‖ Se confondre en excuses, *to apologize profusely*. ◆ PRÉTEXTE. Alléguer (apporter, donner) une excuse, *to provide (to offer, to give) an excuse*. ‖ Arguer d'une excuse, *to invoke an excuse*. ‖ Chercher (forger, inventer) une excuse, *to seek (to make up) an excuse*. ‖ Se chercher (se trouver, se donner) des excuses, *to cast around for (to find) excuses*. ‖ Servir d'excuse, *to serve as an excuse*. ◆ RESPONSABILITÉ. N'avoir aucune excuse, *to have no excuse*.

exécration ◆ AVERSION. Avoir qqn (qqch.) en exécration, *to hold s.o. (sth.) in execration*.

exécution ◆ RÉALISATION. Mettre qqch. à exécution, *to carry sth. into effect*. ‖ Passer à l'exécution, *to carry it into effect*. ◆ SENTENCE. Procéder à une exécution, *to carry out an execution*. ‖ Surseoir à une exécution, *to grant a stay of execution*.

→ **menace.**

exégèse ◆ LITTÉRATURE. Faire de l'exégèse, *to provide textual interpretations*.

exemplaire → **livre.**

exemple ◆ EXEMPLE. Appuyer qqch. d'un exemple (donner un exemple à l'appui de qqch.), *to illustrate sth. with an example*. ‖ Citer qqn en exemple, *to hold s.o. up as an example*. ‖ Donner l'exemple, *to set an example*. ‖ Montrer le bon exemple, *to set a good example*. ‖ Prêcher d'exemple, *to preach by example*. ‖ Proposer un exemple à qqn, *to offer s.o. an example*. ◆ IMITATION. Prendre exemple sur qqn, *to take example by s.o.* ‖ Suivre un exemple, *to follow an example*. ◆ SANCTION. Faire un exemple, *to make an example*.

→ **titre.**

exercice 1. FONCTION. Entrer en exercice, *to enter upon o.'s duties*. ‖ Etre en exercice, *to be in office*. [V. 2.] — 2. MÉTIERS. Etre en exercice, *to be practising*. [V. 1.] — 3. MILITAIRE. Faire l'exercice, *to drill*. — 4. SPORTS. Faire (prendre) de l'exercice, *to take exercise*.

→ **outrage.**

exergue ◆ LITTÉRATURE. Mettre qqch. en exergue, *to put sth. at the head of a text*.

exigence ◆ CONFORMITÉ. Répondre (satisfaire) aux exigences, *to meet requirements*. ◆ SOUMISSION. Céder (se plier, se soumettre) à toutes les exigences de qqn, *to give in (to bow) to all s.o.'s demands*. ‖ Souscrire aux exigences de qqn, *to back s.o.'s demands*.

exil ◆ OSTRACISME. Condamner qqn à l'exil, *to sentence s.o. to exile*. ‖ Envoyer (mettre) qqn en exil, *to send s.o. into exile*. ‖ Vivre (être) en exil, *to live (to be) in exile*. ◆ RETRAITE. S'imposer un exil volontaire, *to impose voluntary exile on o.s.*

→ **sentiment.**

existence ◆ ARTISAN DE SON SORT. Se compliquer l'existence, *to make life complicated for o.s.* ◆ CONVERSION. Changer d'existence, *to change o.'s way of life*. ◆ DÉCOURAGEMENT. Etre las (fatigué) de l'existence, *to be tired of life*. ◆ DÉSAGRÉMENT. Ne pas être une existence (Fam.), *to be no life*. ◆ ÉPREUVE. Traîner une existence misérable, *to drag out a wretched life*. ◆ GAGNE-PAIN. Assurer son existence, *to provide for o.'s material needs*. ◆ IMPORTUNITÉ. Empoisonner l'existence de qqn (Fam.), *to plague s.o.'s life.* ◆ INTIMITÉ. Entrer dans l'existence de qqn, *to come into s.o.'s life.* ◆ MÉDIOCRITÉ. Mener une triste existence (une existence terne [décolorée]), *to lead a drab existence.* ◆ OCCUPATION. Passer son existence à qqch., *to spend o.'s whole life doing sth.* ‖ Remplir une existence, *to fill a whole life.* ◆ PATIENCE. Supporter l'existence, *to endure life.* ◆ PRÉSENCE. Signaler son existence, *to make o.'s existence known.* ◆ SUICIDE. En finir avec l'existence, *to put an end to o.'s life.* ◆ VOCATION. Vouer son existence à qqch., *to devote o.'s life to sth.* → **adieu, fin, moyen, piment, sens, vide.**

expansion ◆ DÉVELOPPEMENT. Etre en pleine expansion, *to be expanding fast.*

expectative ◆ ATTENTE. Vivre dans l'expectative, *to live in hopes.* ◆ ENGAGEMENT. Sortir de l'expectative, *to have reached the end of the waiting period.*

expédient ◆ ACCULEMENT. En être réduit aux expédients, *to be reduced to various shifts.* ◆ EXPÉDIENT. Recourir à des expédients, *to resort to various shifts.* ‖ User d'expédients, *to employ various shifts.* ◆ MALHONNÊTETÉ. Vivre d'expédients, *to live by o.'s wits.* → **recours.**

expédition ◆ VOYAGE. Partir en expédition, *to go off on an expedition.*

expérience 1. EXPÉRIENCE. Avoir (acquérir) de l'expérience, *to have (to acquire) experience.* ‖ Avoir l'expérience de qqch., *to have experience of sth.* ‖ Apprendre (connaître, savoir) par expérience, *to learn (to know) from experience.* ‖ Profiter de l'expérience de qqn, *to benefit from s.o.'s experience.* – 2. EXPÉRIMENTATION. Constater (éprouver, vérifier) par l'expérience, *to judge (to prove, to find out) by experience.* ‖ Faire (tenter) une expérience, *to do (to try) an experiment.* [V. 5.] ‖ Faire l'expérience de qqch., *to try sth. out.* ‖ Se livrer à des expériences, *to carry out experiments.* – 3. INEXPÉRIENCE. Manquer d'expérience, *to lack experience.* – 4. PREUVE. Juger l'expérience concluante, *to consider the experiment conclusive.* – 5. TENTATIVE. Tenter l'expérience, *to try it.* [V. 2.] → **fruit, titre.**

expertise ◆ NOTAIRE. Faire (établir) une expertise, *to make (to carry out) a survey.*

expiration ◆ RÉGLEMENTATION. Arriver (venir) à expiration, *to expire.*

explication ◆ DÉSACCORD. Avoir une explication avec qqn, *to have it out with s.o.* ◆ ÉCLAIRCISSEMENT. Exiger une explication, *to require an explanation.* ◆ EXPLICATION. Fournir (donner) des explications, *to supply an explanation.* ‖ Entrer (se lancer) dans de longues explications, *to go (to launch out) into long explanations.*

exploit ◆ PROCÉDURE. Signifier un exploit à qqn, *to serve a writ on s.o.* ◆ SPORTS. Réaliser un exploit, *to perform a feat.*

exploiter ◆ DUPE. Se laisser exploiter, *to let o.s. be used.*

exploration ◆ VOYAGE. Partir en exploration, *to go off exploring.*

explosion ◆ COLÈRE. Faire explosion, *to explode.* ◆ TECHNIQUE. Faire explosion, *to blow up.* ‖ Provoquer une explosion, *to cause an explosion.*

exposé ◆ DISCOURS. Faire un exposé, *to give an account.*

exposition ◆ ART. Faire (inaugurer, visiter) une exposition, *to put on (to inaugurate, to visit) an exhibition.* ◆ COMMERCE. Faire une exposition, *to put on a display.*

exprès ◆ INTENTION. Etre fait exprès, *to be done on purpose.*

expression ◆ CIRCONSPECTION. Modérer ses expressions, *to moderate o.'s language.* ‖ Ménager ses expressions, *to be careful what o. says.* ◆ EXPRESSION. Employer une expression passe-partout, *to use a general sort of expression.* ‖ Employer (utiliser) des expressions toutes faites, *to use clichés.* ◆ INEXPRIMABLE. Etre au-delà de toute expression, *to defy expression.* ◆ LANGAGE. Créer (forger) une expression, *to coin an expression.* ◆ SIMPLIFICATION. Réduire qqch. à sa plus simple expression, *to express sth. in its simplest form.* → **moyen.**

expulser ◆ PROCÉDURE. Se faire expulser, *to be deported.* ◆ RENVOI. Se faire expulser (Fam.), *to get turned out.*

extase ◆ ADMIRATION. Entrer (être) en extase devant qqch., *to go into ecstasies* *over sth.* ‖ Plonger qqn dans l'extase, *to send s.o. into ecstasies.* ◆ RELIGION. Entrer (être) en extase, *to go into an ecstasy.*

extension ◆ COMMERCE. Donner de l'extension à une affaire, *to enlarge a business.* ◆ DÉVELOPPEMENT. Prendre de l'extension, *to gain in extent.* ◆ MÉDECINE. Pratiquer l'extension d'un membre, *to stretch a limb.*

extérieur ◆ APPARENCE. Avoir un extérieur agréable, *to have a pleasing appearance.* ◆ CINÉMA. Tourner en extérieur, *to shoot on location.* ◆ CRITÈRE DE JUGEMENT. Juger dé l'extérieur (sur l'extérieur), *to judge from the outside (by appearances).*
→ scène.

extinction ◆ MILITAIRE. Sonner l'extinction des feux, *to sound « lights out ».* ◆ VOIX. Avoir une extinction de voix, *to have lost o.'s voice.*

extra ◆ ALIMENTATION. Faire un extra, *to give s.o. a treat.* ◆ MÉTIER. Faire un extra, *to work as extra help.*

extraction ◆ DENTISTERIE. Faire une extraction, *to extract a tooth.* ◆ NIVEAU SOCIAL. Etre de basse extraction, *to be lowly born.*

extrait ◆ LITTÉRATURE. Donner (citer, faire) des extraits, *to give (to quote, to take) extracts.*

extralucide ◆ PHÉNOMÈNES PARA-NORMAUX. Etre extralucide, *to be clairvoyant.*

extravagance ◆ DÉRAISON. Tomber dans l'extravagance, *to start behaving foolishly.* ◆ ORIGINALITÉ. Faire (se livrer à) des extravagances, *to behave foolishly.*

extrême ◆ DÉMESURE. Aller (se porter) aux extrêmes, *to go to extremes.* ‖ Pousser qqch. à l'extrême, *to carry sth. to extremes.* ‖ Tomber d'un extrême dans l'autre, *to go from one extreme to the other.* ◆ POLITIQUE. Rapprocher les extrêmes, *to bring extremes together.*
→ scrupule.

extrême-onction ◆ RELIGION. Donner (recevoir) l'extrême-onction, *to administer (to receive) extreme unction.*

extrémité ◆ ACCULEMENT. Acculer qqn à une extrémité, *to drive s.o. into extremities.* ‖ En être réduit à une extrémité fâcheuse, *to be reduced to unfortunate extremities.* ◆ MORT. Etre à toute (à la dernière) extrémité, *to be at o.'s last extremity.* ◆ VIOLENCE. En venir à des extrémités, *to resort to violent measures.*

exutoire ◆ DÉRIVATIF. Trouver un exutoire dans qqch., *to find an outlet in sth.* ◆ LIBÉRATION. Servir d'exutoire, *to act as an outlet.*

ex-voto ◆ RELIGION. Suspendre un ex-voto, *to hang up a votive offering.*

f

fable ◆ DÉRISION. Etre la fable du quartier, *to be the laughing stock of the neighbourhood.*
fabrication → vice.
fabrique → marque.
façade ◆ AFFECTATION. Etre tout en façade, *to be all show.* ◆ ARCHITECTURE. Ravaler une façade, *to clean the front of a building.* ◆ HYGIÈNE. Ravaler (se refaire) la façade (Fam.), *to put on o.'s war paint.*
face 1. CONTACT. Se trouver face à face avec qqn, *to find o.s. face to face with s.o.*

— 2. COURAGE. Faire face, *to cope.* ‖ Faire face à qqn (qqch.), *to face up to s.o. (to sth.).* — 3. DÉSHONNEUR. Perdre la face, *to lose face.* — 4. DUPLICITÉ. Etre à double face, *to be two-faced.* — 5. ENGAGEMENT. Faire face à ses engagements, *to meet o.'s commitments.* — 6. EXAMEN. Examiner (considérer) qqch. sous toutes ses faces, *to examine (to consider) sth. from every angle.* — 7. FRANCHISE. Agir à la face du monde, *to act quite openly.* ‖ Regarder qqn en face, *to look s.o. straight in the eyes.*

− 8. PAIEMENT. Faire face à la dépense, *to meet the outlay.* ‖ Faire face à une échéance, *to meet a bill* |V. 11.| − 9. PUDEUR. Se voiler la face, *to hide o.'s face.* − 10. RÉPUTATION. Sauver la face, *to save o.'s face.* − 11. RESPONSABILITÉ. Faire face à une échéance (Fig.), *to meet a dead-line.* [V. 8.] − 12. RONDEUR. Dire qqch. en face, *to say sth. straight out.*
→ **chose, mort, pile, réalité, vérité, vie.**

facétie ◆ TOUR. Se livrer à des facéties, *to indulge in pranks.*

facile ◆ FACILITÉ. L'avoir facile (Fam.), *to have it easy.* ◆ DIFFICULTÉ. Ne pas être si facile, *to be not so easy.*

facilité ◆ CAPACITÉ. Avoir beaucoup de facilité, *to be very gifted.* ◆ MOYEN. Apporter (donner, fournir, procurer) des facilités, *to provide facilities.* ‖ Avoir des facilités, *to have facilities.* ◆ NON-EFFORT. S'abandonner à la facilité, *to take the easy way out.* ◆ PAIEMENT. Consentir des facilités de paiement, *to grant (to allow) easy terms.*
→ **politique.**

façon 1. AFFECTATION. Faire des façons, *to stand on ceremony.* − 2. AUTORITARISME. Imposer sa façon de voir, *to carry o.'s point.* − 3. DÉNIGREMENT. Habiller (arranger) qqn de la belle façon, *to tear s.o. to shreds.* |V. 9.| − 4. DÉSINVOLTURE. Etre sans façon, *to be free and easy.* − 5. LANGAGE. Etre une façon de parler, *to be a manner of speaking.* − 6. MANIÈRE. Ne pas y avoir trente-six façons (Fam.), *there [to be] no two ways about it* (Gramm.). − 7. MÉTIER. Travailler à façon, *to work to order.* − 8. PERSONNALITÉ. Avoir une façon à soi, *to have o.'s own way.* − 9. VOIES DE FAIT. Arranger qqn de belle façon, *to give s.o. something he won't forget in a hurry.* |V. 3.|
→ **plat, tour.**

faconde ◆ FACONDE. Avoir de la faconde, *to have the gift of the gab.*

facteur ◆ CRITÈRE DE JUGEMENT. Négliger un facteur important, *to neglect an important factor.* ◆ MÉDECINE. Déterminer le facteur Rhésus, *to determine the Rhesus factor.*

faction ◆ MILITAIRE. Etre de faction, *to be on guard.* ◆ SURVEILLANCE. Etre en faction, *to be on the lookout.*

facture ◆ ART. Etre de bonne (belle) facture, *to show good (fine) workmanship.*

◆ COMMERCE. Faire (dresser, établir) une facture, *to make out a bill.* ‖ Présenter (envoyer) sa facture, *to present (to send) o.'s bill.* ◆ INCERTITUDE. Ne pouvoir garantir qqch. sur facture (Fam.), *cannot guarantee sth. in writing* (Gramm.). ◆ PAIEMENT. Acquitter (payer, règler, solder) une facture, *to pay (to settle, to discharge, to receipt) a bill.*

faculté ◆ POSSIBILITÉ. Avoir la faculté de faire qqch., *to have the option of doing sth.* ◆ RAISON. Jouir de (avoir) toutes ses facultés, *to be in possession of all o.'s faculties.* ◆ SANTÉ. Consulter la Faculté, *to consult a doctor.*
→ **possession, usage.**

fadaise ◆ BONIMENT. Débiter des fadaises, *to talk twaddle.*

fadeur ◆ GALANTERIE. Dire des fadeurs, *to pay insipid compliments.*

fagot ◆ CARACTÈRE. Etre un fagot d'épines, *to be a crosspatch.* ◆ NON-ÉLÉGANCE. Ressembler à un fagot (Fam.), *to look a fright.* ◆ SUSPECT. Sentir le fagot, *to savour of heresy.*
→ **bouteille.**

faible ◆ DIPLOMATIE. Prendre qqn par son faible, *to touch s.o.'s soft spot.* ◆ OPPRESSION. Écraser (opprimer) les faibles, *to crush (to oppress) the weak.* ◆ PENCHANT. Avoir un faible pour qqn (qqch.), *to be partial to s.o. (sth.).*

faiblesse ◆ DÉFAILLANCE. Avoir ses petites faiblesses, *to be only human.* ◆ DÉFECTUOSITÉ. Présenter une faiblesse, *to show a weakness.* ◆ MAÎTRISE DE SOI. Surmonter ses faiblesses, *to overcome o.'s weaknesses.* ◆ PENCHANT. Avoir des faiblesses pour qqn, *to have a soft spot for s.o.* ◆ SANTÉ. Tomber de faiblesse, *to be weak enough to drop.*

faïence → **chien.**

faille ◆ LOGIQUE. Etre sans faille, *cannot be faulted* (Gramm.).

faillite 1. ÉCHEC. Faire faillite (Fig.), *to fail.* [V. 2.] − 2. FINANCES. Etre en faillite, *to be bankrupt.* ‖ Faire faillite, *to go bankrupt.* [V. 1.] ‖ Mettre en faillite, *to bankrupt.*

faim 1. AISANCE. Manger à sa faim (Fam.), *not to have to worry about where the next meal is coming from.* − 2. ALIMENTATION. Manger à sa faim, *to eat o.'s fill.* ‖ Rester sur sa faim, *to get up from the table hungry.* [V. 5.] − 3. APPÉTIT. Apaiser

(assouvir, calmer, rassasier, satisfaire) sa faim, *to assuage (to satisfy) o.'s hunger.* ‖ Avoir une faim dévorante, *to be so hungry o. could eat a horse.* ‖ Avoir une faim de loup (du diable), *to be ravenously hungry.* ‖ Avoir grand-faim, *to be starving.* ‖ Couper la faim, *to take the appetite away.* ‖ Crever (mourir) de faim (Fam.), *to be starving.* [V. 4.] ‖ Donner faim à qqn, *to make s.o. hungry.* ‖ Etre tenaillé (miné, dévoré, rongé, torturé) par la faim, *to be gnawed at (tormented) by hunger.* ‖ Manger sans faim, *to eat without appetite.* ‖ Satisfaire (tromper) sa faim, *to satisfy (to stave off) o.'s hunger.* ‖ Sentir la faim, *to feel peckish.* — 4. MORT. Mourir de faim, *to die of starvation.* [V. 3.] — 5. PRIVATION. Laisser qqn sur sa faim (Fig.), *to leave s.o. waiting for more.* ‖ Rester sur sa faim (Fig.), *to be left waiting for more.* [V. 2.] — 6. SENTIMENT. Avoir faim de tendresse, *to yearn for affection.*
→ **affres, grève.**

faire 1. ACCULEMENT. Ne pouvoir faire autrement, *to be unable to do otherwise.* — 2. AUDACE. Falloir le faire (Fam.), *to need a hell of a cheek.* [V. 5.] — 3. DÉDAIN. N'avoir que faire de qqn (qqch.), *to have no use for s.o. (sth.).* — 4. DÉSARROI. Ne plus savoir ce qu'on fait, *not to know what o. is doing.* — 5. DIFFICULTÉ. Falloir le faire (Fam.), *not to be as easy as it seems.* [V. 2.] — 6. DISCERNEMENT. Savoir ce qu'on fait, *to know what o. is about.* — 7. HABILETÉ. Apprendre à (savoir) y faire (Fam.), *to learn (to know) how to go about it.* — 8. HABITUDE. S'y faire, *to get used to it.* — 9. INACTION. Rester sans rien faire, *to remain idle.* — 10. INATTENTION. Ne pas être à ce que l'on fait, *not to have o.'s mind on what o. is doing.* — 11. INCIVILITÉ. Ne pas se faire (Impers.), *not to be done.* — 12. INDÉCISION. Ne savoir que faire, *not to know what to do.* — 13. INSOUCIANCE. Ne pas s'en faire (Fam.), *not to worry.* — 14. INUTILITÉ. Avoir beau faire et beau dire, *to try in vain.* — 15. NON-CONTACT. N'avoir rien à faire avec qqn, *to have nothing to do with s.o.* — 16. NON-INFLUENCE. Ne rien pouvoir y faire, *cannot do a thing about it* (Gramm.). — 17. NON-PROFIT. Nourrir qqn à ne rien faire, *to raise s.o. to be idle.* — 18. PARESSE. Se fatiguer à ne rien faire, *to wear o.s. out doing nothing.* — 19.

PATIENCE. Se laisser faire, *to let o.s. be put upon.* — 20. PREUVE. Montrer ce qu'on sait faire, *to show what o. is capable of.* — 21. REFUS. N'en rien faire, *to do nothing of the kind.* — 22. TRAVAIL. Avoir beaucoup (fort) à faire, *to have o.'s hands full.* ‖ Avoir de quoi faire (Fam.), *to have plenty to do.*

fairplay ♦ LOYAUTÉ. Etre fairplay, *to play fair.*

faiseur ♦ AFFECTATION. Etre un faiseur d'embarras, *to be a fuss-pot.*

fait ♦ ACCULEMENT. Etre mis (mettre) devant le fait accompli, *to be confronted (to confront) with an accomplished fact.* ♦ CERTITUDE. Etre un fait établi, *to be a proven fact.* ‖ Etre sûr de son fait, *to be positive about it.* ♦ CRITÈRE DE JUGEMENT. Juger sur (d'après) les faits, *to judge on the facts.* ♦ DISCERNEMENT. Savoir ce qu'on fait, *to know what o. is about.* ♦ ENQUÊTE. Se renseigner sur les faits et gestes de qqn, *to make inquiries about s.o.'s doings.* ♦ ESSENTIEL. En venir (arriver) au fait, *to get down to brass tacks.* ♦ ÉVIDENCE. Constater (enregistrer) un fait, *to note (to record) a fact.* ‖ Etre un fait, *to be a fact.* ‖ Poser en fait, *to lay down as a fact.* ♦ FLAGRANT DÉLIT. Prendre qqn sur le fait, *to catch s.o. in the act.* ♦ FRÉQUENCE. Etre coutumier du fait, *to be an old hand.* ♦ HABITUDE. Y être fait (Fam.), *to get into the way of it.* ♦ INCOMPÉTENCE, NON-CONVENANCE. N'être pas le fait de qqn, *not to be in s.o.'s line.* ♦ INFORMATION. Etre au fait de qqch., *to know all about sth.* ‖ Mettre qqn au fait, *to put o.s. in the picture.* ‖ Se mettre au fait de qqch., *to acquaint o.s. with sth.* ‖ Signaler (exposer, relater, rapporter, souligner) un fait, *to point out (to recount, to relate, to report, to emphasize) a fact.* ♦ MALCHANCE. Etre un fait exprès, *to look as if it had been done on purpose.* ♦ NON-VÉRITÉ. Arranger (déformer, dénaturer, falsifier) les faits, *to rearrange (to distort, to misrepresent, to falsify) the facts.* ♦ PARTISAN. Prendre fait et cause pour qqn, *to take up the cudgels for s.o.* ♦ PREUVE. Laisser parler les faits, *to let the facts speak for themselves.* ♦ PROTESTATION. Contester les faits, *to dispute the facts.* ♦ RAPIDITÉ. Etre aussitôt fait que dit, *to be no sooner said than done.* ♦ RECTIFICATION. Rétablir les faits, *to set the facts right.* ♦ RENOM-

MÉE. Etre un fait notoire, *to be a well-known fact.* ◆ RÉSIGNATION. Prendre les faits tels qu'ils sont, *to take the facts as they stand.* ‖ S'incliner devant les faits, *to bow to the inevitable.* ◆ RONDEUR. Aller droit au fait, *to go straight to the point.* ‖ Dire son fait à qqn, *to talk straight to s.o.* ◆ SABOTAGE. N'être ni fait ni à faire (Fam.), *to be a complete botch-up.* ◆ SANCTION. Etre bien fait pour qqn (Fam.), *to serve s.o. right.* ◆ VÉRIFICATION. Contrôler (vérifier) un fait, *to check (to verify) a fact.* ◆ VÊTEMENT. Acheter du tout fait, *to buy off the peg.*
→ situation, voie.

faîte ◆ APOGÉE. Parvenir au faîte de la gloire (des honneurs), *to reach the height of fame (of honour).*

faix ◆ FARDEAU. Ployer (succomber) sous le faix, *to give way beneath the burden.*

falloir ◆ NÉCESSITÉ. Falloir ce qu'il faut (Impers.) [Fam.], *to have to be done if it has to be done.*

fameux ◆ MÉDIOCRITÉ. N'être pas fameux (Fam.), *not to be too hot.*

familiarité ◆ ACCUEIL. Décourager les familiarités, *to discourage liberties.* ◆ PRIVAUTÉ. Se permettre (se laisser aller à) des familiarités, *to take liberties.*

familièrement ◆ PRIVAUTÉ. En user familièrement avec qqn, *to deal familiarly with s.o.*

famille 1. DISSIMULATION. Ne pas sortir de la famille (Fam.), *to stay in the family.* — 2. FAMILLE. Appartenir à une nombreuse famille, *to come from a large family.* ‖ Etre chargé de famille, *to have a family to support.* ‖ Etre de la famille, *to belong to the family.* [V. 6.] ‖ Subir sa famille, *to put up with o.'s family.* ‖ Vivre avec sa famille, *to live with o.'s family.* — 3. GAGNE-PAIN. Nourrir sa famille, *to be the breadwinner.* — 4. HÉRÉDITÉ. Tenir de famille (Impers.), *to run in the family.* — 5. INFORMATION. Prévenir la famille, *to inform the next-of-kin.* — 6. INTIMITÉ. Former une famille, *to form a family.* ‖ Etre comme de la famille, *to be like one of the family.* [V. 2.] ‖ Se sentir en famille, *to feel quite at home.* — 7. MARIAGE. Fonder une famille, *to start a family.* — 8. SIMILITUDE. Appartenir à la même famille d'esprits, *to have the same cast of mind.*

→ air, cendrillon, charge, chef, esprit, fils, honneur, honte, linge, partie, pension, père, placement, soutien.

famine ◆ ACCULEMENT. Prendre qqn par la famine, *to starve s.o. out.* ◆ EXAGÉRATION. Crier famine sur un tas de blé, *to plead poverty in the midst of plenty.* ◆ PAUVRETÉ. Crier famine, *to plead poverty.* ◆ PERSÉCUTION. Réduire qqn à la famine, *to starve s.o.*
→ estomac, salaire.

fanfare ◆ MUSIQUE. Sonner la fanfare, *to sound the fanfare.* ◆ RÉVEIL. Réveiller qqn en fanfare, *to give s.o. a rousing awakening.*
→ coup, réveil.

fanfaron ◆ ESBROUFE. Etre un fanfaron du vice, *not to be as bad as o. makes out.* ‖ Faire le fanfaron, *to brag.*

fantaisie ◆ FANTAISIE. Agir selon sa fantaisie, *to act on whim.* ‖ N'en faire qu'à sa fantaisie, *to do only as o.'s fancy dictates.* ‖ Prendre fantaisie à qqn de faire qqch., *to come into s.o.'s head to do sth.* ‖ Se passer (satisfaire) ses fantaisies, *to indulge o.'s fancies.* ‖ Vivre à sa fantaisie, *to live as o. pleases.* ◆ IMAGINATION. Etre plein de fantaisie, *to be full of imagination.* ◆ INDULGENCE. Passer une fantaisie à qqn, *to indulge s.o.'s whim.* ◆ ORIGINALITÉ. Se livrer à des fantaisies, *to get up to all sorts of crazy things.* ◆ RÉALISME. Manquer de fantaisie, *to have no sense of fun.*

fantôme ◆ EXAGÉRATION. Se faire des fantômes de rien, *to create imaginary fears.* ◆ ILLUSION. Se battre contre des fantômes, *to fight chimaeras.* ◆ SUPERSTITION. Croire aux fantômes, *to believe in ghosts.*

faraud ◆ ESBROUFE. Faire le faraud, *to act high and mighty.*

farce ◆ TOUR. Faire (jouer) une farce, *to play a joke.*
→ dindon.

farceur ◆ TOUR. Etre un sacré farceur (Fam.), *to be always one for a joke.*

fard ◆ ÉMOTIVITÉ. Piquer un fard, *to flush.* ◆ HYGIÈNE. Se mettre du fard, *to put on make-up.* ◆ RONDEUR. Parler sans fard, *to speak plainly.*

1. fardeau ◆ ÂGE. Succomber sous le fardeau des ans, *to sink beneath the weight of years.*

2. fardeau ◆ ASSISTANCE. Alléger le fardeau de qqn, *to lessen s.o.'s burden.*

farine ◆ SIMILITUDE. Etre de la même farine (Fam.), *to be of the same ilk.*
→ **son.**

farouche ◆ LIBERTINAGE. Etre peu farouche, *not to be averse to a tumble.*

fascination ◆ SÉDUCTION. Exercer une fascination, *to cast a spell.*

faste ◆ FASTE. Déployer un grand faste, *to put on a lavish display.*

fatalité ◆ DESTINÉE. Obéir à la fatalité, *to be fated.* ‖ Subir (s'incliner devant) la fatalité, *to suffer (to bow to) fate.*
→ **victime.**

fatigue ◆ ALTRUISME. Épargner (éviter) une fatigue à qqn, *to spare s.o. an effort.* ◆ ENDURANCE. Supporter (résister à) la fatigue, *to withstand tiredness.* ◆ FATIGUE. Crouler (tomber) de fatigue (Fam.), *to be so tired o. could drop.* ‖ Etre accablé (assommé, brisé, écrasé, épuisé, harassé, mort, recru, rompu) de fatigue (Fam.), *to be done in (fagged out, worn out, dropping, exhausted, all in).* ‖ Succomber à la fatigue, *to give way to fatigue.* ◆ SURMENAGE. Se crever (se tuer) de fatigue (Fam.), *to wear o.s. out.*
→ **bout.**

fatuité ◆ FATUITÉ. Etre plein (rempli) de fatuité, *to be terribly conceited.*

fauché ◆ MALCHANCE. Ne pas être fauché (Fam.), *not to have to look for trouble.*

fausset → **voix.**

faute 1. AVEU. Avouer (s'accuser d') une faute, *to admit (to confess) a fault.* — 2. CHOC EN RETOUR, EXPIATION. Payer une faute, *to pay for a mistake.* — 3. CULPABILITÉ. Etre en faute, *to be at fault.* ‖ Faire (commettre) une faute, *to commit a fault.* [V. 5.] — 4. ÉCOLE. Corriger (signaler) une faute, *to correct (to point out) a mistake.* — 5. ERREUR. Faire une faute, *to make a mistake.* [V. 3.] ‖ Faire une faute d'attention, *to make a careless slip.* ‖ Faire des fautes d'orthographe, *to make spelling mistakes.* — 6. FLAGRANT DÉLIT. Prendre (trouver) qqn en faute, *to catch s.o. in the act.* — 7. MANQUE. Faire faute, *to be lacking.* — 8. NON-PRIVATION. Ne se faire faute de rien, *not to deprive o.s. of anything.* — 9. PRESSE. Corriger les fautes d'impression, *to correct the typographical mistakes.* — 10. RÉPARATION. Expier (racheter, réparer) ses fautes, *to expiate*

(to atone for, to make amends for) o.'s faults. — 11. RÉSIGNATION. Accepter faute de mieux, *to accept for want of anything better.* — 12. RESPONSABILITÉ. Etre de la faute de qqn, *to be s.o.'s fault.* ‖ Imputer une faute à qqn, *to lay blame at s.o.'s door.* ‖ Rejeter (faire retomber) la faute sur qqn, *to cast the blame on s.o.*

fauteuil ◆ CHEF. Occuper le fauteuil présidentiel, *to be in the chair.* ◆ CONFORT. Se caler (se carrer) dans un fauteuil, *to settle into an armchair.* ◆ FACILITÉ. Arriver dans un fauteuil (Fam.), *to win hands down.*

fauve → **repas.**

faux 1. CHANT. Chanter faux, *to sing off-key.* — 2. ERREUR. Porter à faux (Fig.), *to be off-target.* [V. 5.] — 3. IMITATION. Etre du faux, *to be fake.* — 4. LUCIDITÉ. Démêler le faux du vrai, *to distinguish truth from falsehood.* — 5. NON-ÉQUILIBRE. Porter à faux sur qqch., *to overhang sth.* [V. 2.] — 6. NON-VÉRITÉ. Sonner faux, *to have a false ring.* — 7. OPPOSITION. S'inscrire en faux contre qqch., *to deny sth. flatly.* — 8. RUSE. Prêcher (plaider) le faux pour savoir le vrai, *to tell a lie to try and elicit the truth.* — 9. TROMPERIE. Faire un faux, *to do a forgery.*
→ **vrai.**

faux-fuyant. ÉCHAPPATOIRE. Chercher des faux-fuyants (user de faux-fuyants), *to hedge.*

faveur ◆ FAVEUR. Accorder (faire) une faveur à qqn, *to grant (to do) s.o. a favour.* ‖ Combler qqn de faveurs, *to heap favours on s.o.* ‖ Etre (rentrer) en faveur auprès de qqn, *to be much in (to come back into) favour with s.o.* ‖ Jouir de la faveur de qqn, *to enjoy s.o.'s favour.* ‖ Se concilier les faveurs de qqn, *to ingratiate o.'s with s.o.* ◆ PARTISAN. Se déclarer (se prononcer) en faveur de qqn (qqch.), *to come out in favour of s.o. (sth.).* ◆ PRÉJUGÉ. Etre prévenu en faveur de qqn, *to be prepossessed in s.o.'s favour.* ◆ PRIVILÈGE. Jouer en la faveur de qqn, *to help s.o.'s case.* ◆ RENOMMÉE. Gagner (obtenir) la faveur du public, *to gain favour with the public.* ◆ REQUÊTE. Faire intervenir qqn en sa faveur, *to get s.o. to intervene on o.'s behalf.* ‖ Solliciter (demander) une faveur, *to request (to ask for) a favour.*
→ **billet, marque, prix, régime.**

favorable ◆ FAVEUR. Se rendre qqn favorable, *to make s.o. well-disposed towards o.*

favori ◆ JEUX D'ARGENT. Jouer le favori, *to bet on the favourite.*

fécondation ◆ MATERNITÉ. Pratiquer (utiliser, recourir à) la fécondation artificielle, *to practise (to use, to resort to) artificial insemination.*

fée ◆ PHYSIONOMIE. Ressembler à la fée Carabosse, *to look like an old witch.*
→ conte, doigt.

feinte ◆ FAUX-SEMBLANT. Faire une feinte, *to make a feint.*

félicitation ◆ ÉLOGE. Adresser (envoyer) ses félicitations à qqn, *to send s.o. o.'s congratulations.*

félicité ◆ BONHEUR. Connaître la félicité, *to find bliss.*

femme ◆ ADULTÈRE. Tromper sa femme, *to be unfaithful to o.'s wife.* ◆ DÉBAUCHE. Etre une femme de mauvaise vie, *to be a loose woman.* ◆ DIVORCE. Quitter (répudier) sa femme, *to leave (to repudiate) o.'s wife.* ◆ LIBERTINAGE. Courir de femme en femme, *to have one woman after another.* ‖ Etre une femme légère, *to be a fast woman.* ◆ MARIAGE. Chercher femme, *to look for a wife.* ‖ Prendre femme, *to take a wife.* ‖ Trouver la femme rêvée, *to find the ideal woman.* ◆ PERSONNALITÉ. Etre une femme de tête, *to be a capable woman.* ◆ RESPONSABILITÉ. Chercher la femme (Fam.), *to look for a woman at the bottom of it.* ◆ SÉDUCTION. Jouer la femme fatale, *to play the femme fatale.* ‖ Plaire aux femmes, *to be attractive to women.* ‖ Tourner autour d'une femme (Fam.), *to hang around a woman.* ◆ SEXUALITÉ. Abuser d'une femme, *to take advantage of a woman.* ‖ Se taper une femme (Pop.), *to lay a woman.*
→ bout, coqueluche, enfant, homme, nom, proposition, relation, remède.

fémur → col.

fendant ◆ FORFANTERIE. Faire le fendant (Fam.), *to swagger about.*

fenêtre → argent, coin, là, nez, porte.

fer ◆ AFFAIRE D'HONNEUR. Croiser le fer, *to cross swords.* ◆ CHUTE. Tomber les quatre fers en l'air (Fam.), *to fall flat on o.'s back.* ◆ CONFIANCE. Y croire dur comme fer (Fam.), *to believe it staunchly.* ◆ ENDURANCE. Etre de fer, *to have an iron constitution.* ◆ INSISTANCE. Retourner le

fer dans la plaie, *to twist the knife in the wound.* ◆ MARINE. Mettre aux fers, *to clap in irons.* ◆ MILITAIRE. Porter le fer et le feu dans un pays, *to put a country to fire and sword.* ◆ NON-VALEUR. Ne pas valoir les quatre fers d'un chien (Fam.), *not to be worth a hang.* ◆ RÉPROBATION. Marquer qqn au fer rouge, *to brand s.o.* ◆ URGENCE. Battre le fer pendant qu'il est chaud, *to strike while the iron is hot.*
→ coup, discipline, feu, main, paille, poigne, rideau, santé, volonté.

1. **ferme** ◆ DISCUSSION. Discuter ferme, *to argue solidly.* ◆ FERMETÉ. Rester ferme, *to remain firm.*

2. **ferme** ◆ AGRICULTURE. Louer à ferme, *to lease.*

fermentation ◆ EXCITATION. Provoquer la fermentation des esprits, *to cause feelings to become heated.*

ferraille ◆ REBUT. Mettre à la ferraille, *to throw on to the scrap-heap.*
→ bruit, voiture.

ferré ◆ SAVOIR. Etre ferré sur qqch. (Fam.), *to be well up in sth.*

férule ◆ ESCLAVAGE. Etre sous la férule de qqn, *to be ruled with a rod of iron by s.o.* ◆ OPPRESSION. Tenir qqn sous sa férule, *to rule s.o. with a rod of iron.*

ferveur ◆ ARDEUR. Redoubler de ferveur, *to redouble o.'s ardour.*

fesse ◆ FAITS ET GESTES. Poser ses fesses sur qqch. (Pop.), *to plank o.s. down on sth.* ◆ FATIGUE. En avoir plein les fesses (Pop.), *to be sick, sore and tired.* ◆ IMPORTUN. Coller aux fesses de qqn (Pop.), *to stick to s.o. like a leech.* ◆ PEUR. Avoir chaud aux fesses (Pop.), *to be in a cold funk.* ‖ Serrer les fesses (Pop.), *to have cold feet.* ◆ VOIES DE FAIT. Botter les fesses de qqn (Pop.), *to kick s.o.'s backside for him.*
→ coup, feu, peau, pince, talon.

fessée ◆ SANCTION. Administrer (recevoir) une fessée, *to administer (to receive) a spanking.*

festin ◆ ALIMENTATION. Faire un festin, *to have a feast.*

fête ◆ ACCUEIL. Faire fête à qqn, *to receive s.o. with open arms.* ◆ CHANCE. N'avoir jamais été à pareille fête, *never to have had it so good.* ◆ DÉBAUCHE. Faire la fête, *to lead a life of pleasure.* ◆ DÉSAGRÉMENT. Ne pas être à la fête (Fam.), *not to enjoy o.s.* ‖ Ne pas être tous les jours fête (Fam.), *not to be Christmas every* *day.* ◆ ESPOIR. Se faire une fête de qqch., *to look forward to sth.* ◆ ESTHÉTIQUE. Etre une fête pour les yeux, *to be a feast for the eyes.* ◆ INTRUSION. Troubler la fête, *to spoil the fun.* ◆ RÉJOUISSANCE. Célébrer la fête de qqn, *to celebrate s.o.'s name-day.* ‖ Donner une fête, *to give an entertainment.* ‖ Etre de la fête, *to be in on the party.* ‖ Etre en fête, *to be merry-making.* ‖ Souhaiter la fête des Mères, *to wish a happy Mothers'Day.*

→ air, clou, héros, lendemain.

fétu ◆ NON-IMPORTANCE. N'être qu'un fétu de paille, *to be a mere trifle.*

feu 1. ACTIVITÉ. Etre dans le feu de l'action, *to be in the heat of the action.* − 2. ALTERNATIVE. Etre pris entre deux feux, *to be caught between two fires.* − 3. ARDEUR. Avoir du feu dans les veines, *to be full of drive.* ‖ Cracher le feu (Fam.), *to be bursting with energy.* ‖ Faire feu des quatre fers (pieds) [Fam.], *to be full of zip.* ‖ Péter le (du) feu (Fam.), *to be full of beans.* − 4. AUTOMOBILE. Allumer (mettre) les feux arrière (les feux de position), *to put on the rear lights (the parkings lights).* ‖ Brûler (griller) un feu, *to shoot the lights.* − 5. AVERTISSEMENT. Crier au feu, *to shout « fire ».* − 6. COLÈRE. Jeter (cracher, vomir) feu et flamme, *to fume and rage.* − 7. COMMERCE. Se disperser (s'éparpiller) au feu des enchères, *to be auctioned off.* − 8. CRITIQUE. Essuyer le feu de la critique, *to come under fire from the critics.* − 9. CUISINE. Aller au feu, *to be flame-proof.* [V. 21.] ‖ Cuire qqch. à feu doux, *to cook sth. on a low heat.* − 10. DÉPART. Ne pas faire long feu (Fam.), *not to hang around.* [V. 28.] − 11. DÉVOUEMENT. Se jeter au feu pour qqn (Fam.), *to go through fire and water for s.o.* − 12. DUPE. N'y voir que du feu (Fam.), *not to twig.* − 13. ÉCHEC. Faire long feu, *to hang fire.* − 14. ÉCLAT. Jeter des feux, *to sparkle.* − 15. ENTHOUSIASME. Avoir le feu sacré, *to burn with enthusiasm.* ‖ Etre tout feu tout flamme (Fam.), *to be all excited.* ‖ Prendre feu, *to get carried away.* [V. 17.] − 16. EXCITATION. Mettre le feu aux poudres, *to apply the match.* ‖ Souffler sur le feu (Fig.), *to fan the flames* − 17. FEU. Allumer (couvrir, éteindre, noyer; rallumer, ranimer) le feu, *to light (to bank up, to put on, to quench; to rekindle, to stir up) the fire.* ‖ Entretenir (nourrir) le feu, *to keep the fire going.* ‖

Etre en feu, *to be on fire.* ‖ Faire du feu, *to light a fire.* ‖ Faire le feu, *to make up the fire.* ‖ Faire un feu, *to make a bonfire.* ‖ Mettre le feu à qqch., *to set fire to sth.* ‖ Prendre feu, *to catch fire.* [V. 15.] − 18. FUITE. Avoir le feu au derrière (aux fesses) [Pop.], *to run like a scalded cat.* − 19. IMPRUDENCE. Jouer avec le feu, *to play with fire.* − 20. LATITUDE. Ne pas y avoir le feu à la maison (Fam.), *there [to be] no special hurry* (Gramm.). − 21. MILITAIRE. Aller au feu, *to go into action.* [V. 9.] ‖ Commander le feu, *to give the order to fire.* ‖ Essuyer le feu de l'ennemi, *to come under enemy fire.* ‖ Faire feu, *to fire.* ‖ Faire feu sur qqn, *to fire at s.o.* ‖ Ouvrir (cesser) le feu, *to open (to cease) fire.* − 22. MORT. Mourir à petit feu, *to die by inches.* − 23. MOYEN. Faire feu de tout bois, *to turn everything to account.* − 24. NONENTHOUSIASME. Ne pas avoir le feu sacré (Fam.), *not to have got o.'s heart in it.* − 25. PASSION. Attiser le feu des passions, *to fan the flame of passion.* − 26. PAUVRETÉ. N'avoir ni feu, ni lieu, *to have neither hearth nor home.* − 27. PERMISSION. Avoir (donner) le feu vert (Fam.), *to get (to give) the go-ahead.* − 28. PRÉCARITÉ. N'être qu'un feu de paille, *to be a flash in the pan.* ‖ Ne pas faire long feu, *to fizzle out.* [V. 10.] − 29. PRÉVOYANCE. Faire feu qui dure, *to husband o.'s resources.* − 30. RÉJOUISSANCE. Faire un feu de camp, *to build (to arrange) a camp-fire.* ‖ Faire un feu de joie, *to light a bonfire.* ‖ Tirer un feu d'artifice, *to let off fireworks.* − 31. TABAC. Demander (donner, offrir) du feu, *to ask for (to give, to offer) a light.* − 32. THÉÂTRE. Affronter les feux de la rampe, *to face the footlights.*

→ bouche, coin, coup, extinction, fer, fumée, fusée, huile, marron, mise, part, patte, pays, visage.

feuille ◆ AFFAIRES SOCIALES. Signer une feuille de maladie, *to sign social security form.* ◆ AVIATION. Descendre en feuille morte, *to do a falling-leaf roll.* ◆ FINANCES. Remplir sa feuille d'impôt, *to fill in o.'s income-tax return.* ◆ PEUR. Trembler comme une feuille (Fam.), *to tremble like a leaf.* ◆ SANTÉ. Etre dur de la feuille (Pop.), *to be hard of hearing.*

feuilleton ◆ PRESSE. Suivre un feuilleton, *to follow a serial.*

fève ◆ PROFIT. Trouver la fève au gâteau

(Fam.), *to draw the winning number.* ◆
RÉJOUISSANCE. Tirer la fève, *to find the favour in a Twelfth-cake.*
→ **pois, roi.**

fi ◆ NON-CONFORMISME. Faire fi des traditions, *to scorn tradition.*

fiançailles ◆ RUPTURE. Rompre (casser) des fiançailles, *to break off an engagement.*

fiasco ◆ ÉCHEC. Faire fiasco, *to be a fiasco.*

fibre ◆ PATERNITÉ. Avoir la fibre paternelle, *to have paternal instincts.* ◆ SENTIMENT. Faire jouer la fibre patriotique, *to play on patriotic feelings.*

ficelé ◆ NON-ÉLÉGANCE. Etre mal ficelé (Fam.), *to look a fright.*

ficelle ◆ ABUS. Trop tirer sur la ficelle (Fam.), *to try it on a bit.* ◆ INTRIGUE. Connaître les ficelles (Fam.), *to know the ropes.* ‖ Tirer les ficelles (Fam.), *to pull strings.* ◆ PERSPICACITÉ. Voir la ficelle (Fam.), *to get the hang of it.*

1. fiche ◆ COMPENSATION. Donner à qqn une fiche de consolation, *to give s.o. a consolation prize.* ‖ Etre une fiche de consolation, *to be a crumb of comfort.* ◆ SECRÉTARIAT. Mettre sur fiche, *to card-index.*

2. fiche ◆ REBUFFADE. Envoyer faire fiche (Fam.), *to send packing.*

fichier ◆ SECRÉTARIAT. Constituer un fichier, *to make up a card-index.*

fichu ◆ ÉCHEC. Etre fichu (Fam.), *to be done for.* ◆ INCAPACITÉ. Ne pas être fichu de faire qqch. (Fam.), *cannot even do sth.* (Gramm.). ◆ SANTÉ. Etre mal fichu (Fam.), *to feel out of sorts.*

fiction ◆ EXTRAORDINAIRE. Dépasser la fiction, *to be stranger than fiction.*

fidèle ◆ FIDÉLITÉ. Rester fidèle à qqn, *to remain loyal to s.o.*

fidélité ◆ FIDÉLITÉ. Devoir fidélité à qqn, *to owe o.'s loyalty to s.o.*

fief ◆ REVENDICATION. Défendre son fief, *to defend o.'s stronghold.*

fiel ◆ PERSÉCUTION. Abreuver qqn de fiel, *to cause s.o. much bitterness.* ◆ SAVEUR. Etre amer comme fiel, *to be as bitter as gall.*
→ **plume.**

1. fier ◆ MÉFIANCE. Ne savoir à qui se fier, *not to know whom to rely on.* ‖ Ne pas trop s'y fier, *not to bank on it.*

2. fier ◆ HONTE. Ne pas y avoir de quoi être fier, *there [to be] nothing to be proud of* (Gramm.). ◆ MODÉRATION. Ne pas en être plus fier pour cela, *not to be any the prouder.* ◆ VANITÉ. N'être pas peu fier de qqch., *to be rather proud of sth.*

fier-à-bras ◆ ESBROUFE. Faire le fier-à-bras, *to come the bully.*

fiérot ◆ PRÉTENTION. Faire le fiérot (Fam.), *to be stuck-up.*

fierté ◆ FIERTÉ. Concevoir (éprouver) de la fierté, *to feel pride.* ‖ Emplir (remplir) de fierté, *to fill with pride.*

fièvre ◆ ACTIVITÉ. Vivre dans la fièvre, *to live in a fever.* ◆ ÉNERVEMENT. En avoir la fièvre, *to be in a panic.* ◆ MÉDECINE. Couper (faire tomber) la fièvre, *to stop (to bring down) the fever.* ◆ SANTÉ. Avoir (faire) de la fièvre, *to have a temperature.* ‖ Avoir une fièvre de cheval (Fam.), *to be running a very hight temperature.* ‖ Brûler (grelotter) de fièvre, *to be burning (shivering) with fever.* ‖ Couper (faire tomber) la fièvre, *to stop (to bring down) the fever.*

figue ◆ AMBIGUÏTÉ. Etre mi-figue, mi-raisin, *to be paradoxical.* ◆ IMPOSSIBILITÉ. Cueillir des figues sur des chardons, *to gather figs from thistles.*

figure 1. ABUS. Se ficher de la figure de qqn (Fam.), *to take s.o. for a fool.* [V. 9.] – 2. ACCIDENT, ÉCHEC. Se casser la figure (Fam.), *to come a cropper.* – 3. ACCUEIL. Faire bonne figure à qqn, *to be cordial to s.o.* – 4. APPARENCE. Faire figure d'imbécile, *to look a fool.* ‖ Faire bonne figure, *to look well.* ‖ Faire pauvre (piètre, sotte, triste) figure, *to cut a sorry figure.* – 5. INCIVILITÉ. Jeter qqch. à la figure de qqn, *to cast sth. in s.o.'s teeth.* – 6. LITTÉRATURE, NON-IMPORTANCE. N'être qu'une figure de style, *to be only a figure of speech.* – 7. MATHÉMATIQUES. Décrire (tracer) une figure, *to describe (to draw) a figure.* – 8. MAUSSADERIE. Faire une figure longue d'une aune, *to pull a face as long as your arm.* – 9. MOQUERIE. Se ficher de la figure de qqn (Fam.), *to make fun of s.o.* [V. 1.] – 10. RÉALISATION. Prendre figure, *to take shape.* – 11. SPORTS. Faire des figures, → *figure-skate.* – 12. TRISTESSE. Faire une figure d'enterrement, *to have a funereal look.* – 13. VOIES DE FAIT. Casser la figure à qqn (Fam.), *to bash s.o.'s face in.* ‖ Cracher à la figure de qqn, *to spit in s.o.'s face.* ‖ Se

faire casser la figure, *to get beaten up.*
→ **chevalier, coin, main, nez, poing.**

figuré → **propre.**

fil ◆ ATTENTION. Suivre le fil de la conversation, *to get the gist of the conversation.* ◆ BÊTISE. Ne pas avoir inventé le fil à couper le beurre (Fam.), *not to have invented gunpowder.* ◆ DIFFICULTÉ. Avoir du fil à retordre (Fam.), *to have a terrible job.* ‖ Donner du fil à retordre (Fam.), *to give s.o. a terrible time.* ◆ DISCOURS. Rompre (suivre) le fil du discours, *to break (to follow) the thread of o.'s ideas.* ◆ DISTRACTION. Perdre le fil (de ses pensées), *to lose the thread (of o.'s thoughts).* ◆ DOMINATION. Tenir tous les fils d'une affaire, *to have all the cards in o.'s hand.* ◆ ÉCLAIRCISSEMENT. Démêler les fils d'une intrigue, *to untangle the threads of a plot.* ◆ ESCLAVAGE. Avoir un fil à la patte (Fam.), *to be already tied up.* ◆ ÉVIDENCE. Etre cousu de fil blanc (Fam.), *to be easily seen through.* ◆ GUIDE. Suivre le fil d'Ariane, *to follow the clues.* ◆ INTRIGUE. Brouiller les fils, *to entangle the threads.* ◆ MILITAIRE. Passer au fil de l'épée, *to put to the sword.* ◆ MORT. Trancher le fil des jours, *to sever the thread of life.* ◆ MOUVEMENT. S'en aller au fil de l'eau, *to drift with the stream.* ◆ POIDS. Etre mince comme un fil, *to be as slim as a reed.* ◆ PRÉCARITÉ. Ne tenir qu'à un fil, *to hang by a thread.* ◆ RECHERCHE. Remonter de fil en aiguille (Fam.), *to go back over it step by step.* ◆ SOLUTION. Tenir le fil, *to have the clue.*
→ **bout, coup.**

filature ◆ POLICE. Prendre en filature, *to shadow.*

file ◆ AUTOMOBILE. Stationner en double file, *to double-park.* ◆ RANG. Aller (marcher) en file indienne, *to go in (to march) single file.* ‖ Prendre (se mettre à) la file, *to queue up.*
→ **chef.**

filet ◆ EMPRISE. Jeter le filet (Fig.), *to let down the net.* ◆ RUSE. Prendre qqn dans ses filets, *to take s.o. in o.'s nets.* ◆ SPORTS. Travailler sans filet, *to work without a safety-net.* ◆ VOIX. N'avoir qu'un filet de voix, *to have a piping voice.*
→ **coup, vent.**

filière ◆ HIÉRARCHIE. Suivre (passer par) la filière, *to go through the regular channels.*

filigrane ◆ PERSPICACITÉ. Lire en filigrane, *to read between the lines.*

fille ◆ CÉLIBAT. Rester fille, *to remain single.* ‖ Rester vieille fille, *to remain an old maid.* ◆ CIVILITÉ. Faire la jeune fille de la maison, *to help pass things round.* ◆ FUITE. Jouer la fille de l'air (Fam.), *to skedaddle.* ◆ LIBERTINAGE. Courir les filles, *to run after girls.* ‖ Siffler (tomber, trousser) une fille (Pop.), *to whistle at (to make, to goose) a girl.* ◆ MARIAGE. Caser ses filles, *to marry off o.'s daughters.* ‖ Donner sa fille en mariage, *to give o.'s daughter's hand.* ‖ Etre une fille à marier, *to be marriageable.* ◆ TROMPERIE. Faire d'une fille deux gendres (Fam.), *to promise o.'s horse to two riders.*
→ **brin.**

film ◆ CINÉMA. Doubler (monter, produire; projeter; tourner; visionner) un film, *to dub (to make, to produce; to show; to shoot; to view) a film.*
→ **vedette.**

filon ◆ AUBAINE. Trouver le filon (Fam.), *to strike it rich.* ◆ PROFIT. Exploiter un filon, *to work a vein.*

fils ◆ ARTISAN DE SON SORT. Etre le fils de ses œuvres, *to be a self-made man.* ◆ HÉRÉDITÉ. Etre bien le fils de son père (Fam.), *to be a chip off the old block.* ◆ NIVEAU SOCIAL. Etre un fils à papa (Fam.), *to be a poor little rich boy.* ‖ Etre un fils de famille, *to be the son of a good family.*
→ **père.**

1. fin ◆ BÊTISE. Ne pas être très fin, *not to be very bright.* ◆ COMPÉTENCE. Connaître le fin du fin, *to have it all at o.'s fingertips.* ◆ PERFECTION. Etre le fin du fin (Fam.), *to be the pink of perfection.* ◆ RUSE. Jouer au plus fin, *to try to be clever.* ‖ Jouer au plus fin avec qqn, *to try to outwit s.o.*

2. fin 1. BUT. Tendre à une fin, *to have an end in view.* ‖ Tendre à ses fins, *to pursue o.'s ends.* — 2. COMBLE. Etre la fin des haricots (Fam.), *to be the bally limit.* ‖ Etre la fin de tout, *to be the last straw.* — 3. COMMERCE. Liquider des fins de série, *to get rid of oddments.* — 4. DURÉE. Ne pas en voir la fin, *not to be near the end of it.* — 5. EXCÈS. N'avoir ni fin ni cesse, *never to let up for a minute.* — 6. FIN. Courir à sa fin, *to be coming to an end.* ‖ Mettre fin à qqch., *to put an end to sth.* ‖ Prendre fin, *to come to an end.* ‖ Tirer (toucher) à

sa fin, *to be nearing the end.* — 7. IMPÉCUNIOSITÉ. Avoir des fins de mois difficiles, *to have a hard time making ends meet.* — 8. MARIAGE. Faire une fin, *to sober down.* [V. 13.] — 9. MILITAIRE. Sonner la fin d'alerte, *to sound the all-clear.* — 10. MORT. Approcher de sa fin, *to be nearing o.'s end.* ‖ Connaître une fin prématurée, *to come to an untimely end.* — 11. PRÉVOYANCE. Considérer la fin, *to think about the end result.* — 12. REFUS. Opposer à qqch. une fin de non-recevoir, *to turn down sth.* — 13. STABILITÉ Faire une fin, *to settle down.* [V. 8.] — 14. SUCCÈS. Arriver (parvenir) à ses fins, *to get o.'s way.* ‖ Mener qqch. à bonne fin, *to see sth. through.* — 15. SUICIDE. Mettre fin à ses jours, *to do away with o.s.*
→ **commencement, connaissance.**

finale ◆ SPORTS. Disputer (remporter) la finale, *to play (to win) the final.*
→ **quart.**

finance ◆ ARGENT. Assainir ses finances, *to overhaul o.'s finances.*

finesse ◆ CAPACITÉ. Connaître toutes les finesses d'un métier, *to know all the ins and outs of a job.* ◆ LANGAGE. Connaître les finesses de la langue, *to know the niceties of the language.* ◆ PERSPICACITÉ. Avoir de la finesse, *to have finesse.*

finir ◆ BAVARDAGE. Parler à n'en plus finir (Fam.), *to talk interminably.* ◆ FIN. En finir avec qqch., *to have done with sth.*

finish ◆ SUCCÈS. Gagner au finish (Fam.), *to win in a photo-finish.*

fiole ◆ MOQUERIE. Se payer la fiole de qqn (Fam.), *to pull s.o.'s leg.*

fion → **coup.**

fioriture ◆ ÉCRITURE, MUSIQUE. Faire des fioritures, *to add embellishments.*

fisc ◆ FINANCES. Frauder le fisc, *to defraud the Inland Revenue.*

fissure ◆ TRAVAUX MANUELS. Colmater une fissure, *to fill in a crack.*

fixe ◆ RÉTRIBUTION. Toucher un fixe, *to get a basic salary.*

fixé ◆ INCOMPÉTENCE. Ne pas être bien fixé, *to be very vague.* ◆ INDÉCISION. Ne pas être bien fixé, *to be undecided.*

fla-fla ◆ OSTENTATION. Faire du fla-fla (Fam.), *to make a splash.*

flair ◆ PERSPICACITÉ. Avoir du flair, *to be shrewd.* ‖ Avoir du flair pour qqch., *to have a flair for sth.* ‖ Avoir un flair d'artil-

leur (Fam.), *to have a sharp nose.*
→ **question.**

flambeau ◆ TRADITION. Transmettre (reprendre) le flambeau, *to hand over (to take) the torch.*

flambée ◆ PRÉCARITÉ. Ne faire qu'une flambée (Fig.), *to be a flash in the pan.*

flamberge ◆ MILITAIRE. Mettre flamberge au vent, *to draw o.'s sword.*

flamme 1. AMOUR. Avouer (déclarer) sa flamme, *to declare o.'s passion.* — 2. ARDEUR. Jeter (cracher, lancer) des flammes, *to shoot forth (to spew forth, to send out) flames.* — 3. AVIATION. Tomber en flammes, *to go down in flames.* — 4. MILITAIRE. Ranimer la flamme, *to rekindle the flame.* [V. 6.] — 5. NON-ENTHOUSIASME. Manquer de flamme, *to lack fire.* — 6. STIMULATION. Ranimer (raviver) la flamme chez qqn, *to rekindle s.o.'s ardour.* [V. 4.]
→ **feu, proie, retour.**

flan ◆ BONIMENT. Etre du flan (Fam.), *to be bla-bla.*
→ **rond.**

flanc ◆ EFFORT. Se battre les flancs (Fam.), *to make desperate efforts.* ◆ FATIGUE. Etre sur le flanc (Fam.), *to be done out.* ‖ Mettre sur le flanc (Fam.), *to wear out.* ◆ LOCALISATION. Etre à flanc de coteau, *to be on the side of a hill.* ◆ PARESSE. Tirer au flanc, *to swing the lead.* ◆ VULNÉRABILITÉ. Prêter le flanc à la critique, *to lay o.s. wide open to criticism.*

flapi ◆ FATIGUE. Se sentir flapi (Fam.), *to feel like a wet rag.*

flash ◆ PHOTOGRAPHIE. Prendre un flash, *to take a flash-photo.*

flatterie ◆ VANITÉ. Etre sensible (accessible) à la flatterie, *to be susceptible to flattery.*

flèche 1. CRITIQUE. Cribler de flèches (Fig.), *to put on the mat.* [V. 5.] ‖ Décocher la flèche du Parthe, *to fire a Parthian shot.* ‖ Décocher une flèche à qqn (Fig.), *to let fly at s.o.* — 2. MOYEN. Faire flèche de tout bois, *to turn everything to account.* — 3. PRIX. Monter en flèche, *to rocket.* — 4. SPORTS. Décocher (lancer, tirer) une flèche, *to shoot (to let fly, to let off) an arrow.* — 5. TORTURE. Cribler de flèches, *to riddle with arrows.* [V. 1.]
→ **bois.**

fléchir ◆ CLÉMENCE. Se laisser fléchir, *to let o.s. be swayed.*

fléchissement ◆ DÉTÉRIORATION. Accuser un fléchissement, *to show a falling-off.*
→ **signe.**

flegme ◆ COLÈRE. Perdre son flegme, *to lose o.'s self-possession.*

flemme ◆ PARESSE. Tirer (battre) sa flemme (Fam.), *to idle away o.'s time.*

fleur ◆ ÉLOGE. Couvrir qqn de fleurs, *to pay lavish compliments to s.o.* ◆ FAVEUR. Faire une fleur à qqn (Fam.), *to do s.o. a favour.* ◆ MORT. Mourir à la fleur de l'âge, *to die in the prime of life.* ◆ PHYSIONOMIE. Etre fraîche comme une fleur, *to be as fresh as a daisy.* ◆ PRÉTENTION. S'envoyer des fleurs (Fam.), *to blow o.'s own trumpet.* ◆ SENTIMENT. Cultiver la petite fleur bleue, *to look for the blue bird.* ◆ VISITE. Arriver comme une fleur (Fam.), *to breeze in.*
→ **nerf, pot.**

fleurette ◆ AMOUR. Conter fleurette, *to murmur sweet nothings.*

fleuron ◆ AVANTAGE. Ajouter un fleuron à sa couronne, *to add a feather to o.'s cap.* ‖ Constituer le plus beau fleuron de la couronne de qqn, *to be the finest feather in s.o.'s cap.*

fleuve → **cours, pont**

flirt ◆ AMOUR. Avoir un flirt, *to have an admirer.* ‖ Pousser un flirt, *to pursue a flirtation.*

flopée ◆ FAMILLE. Avoir une flopée d'enfants (Fam.), *to have a swarm of children.*

florès ◆ SUCCÈS. Faire florès, *to catch on.*

flot ◆ ASSISTANCE. Remettre qqn à flot, *to put s.o. back on his feet.* ◆ FINANCES. Remettre qqn à flot, *to refloat s.o.* ◆ LARMES. Verser des flots de larmes, *to shed buckets of tears.* ◆ MARINE. Fendre les flots, *to cut through the water.* ‖ S'engloutir dans les flots, *to be swallowed up by the waves.* ◆ MAUVAIS TEMPS. Tomber à flot(s), *to pour down.* ◆ MILITAIRE. Répandre des flots de sang, *to shed streams of blood.* ◆ ORGANISATION. Se mettre à flot (Fam.), *to get up to date.* ◆ RENOMMÉE. Faire couler des flots d'encre, *to cause plenty of ink to flow.* – 9. TECHNIQUE. Couler à flot, *to gush out.*
→ **jouet.**

flotte ◆ BOISSON. Boire de la flotte (Fam.), *to drink Adam's ale.*

fluide ◆ PHÉNOMÈNES PARANORMAUX. Avoir du fluide, *to have the healing touch.*

flûte ◆ ÉCHAPPATOIRE. Se tirer des flûtes (Fam.), *to get out of it.* ◆ FUITE. Jouer des flûtes (Fam.), *to gallop off.* ‖ Se tirer des flûtes (Fam.), *to slope off.*
→ **bois.**

foi ◆ CONFIANCE. Agir sur la foi des traités (Fam.), *to act on the strength of agreements.* ‖ Croire à la bonne foi de qqn, *to believe in s.o.'s good faith.* ‖ N'y avoir que la foi qui sauve, *there [to be] only faith that counts* (Gramm.). ◆ CONFIANCE EN SOI. Avoir foi en son étoile, *to have faith in o.'s lucky star.* ◆ CONVERSION. Ramener qqn à la foi, *to lead s.o. back to the faith.* ◆ CRÉDULITÉ. Ajouter foi à des racontars, *to believe hearsay.* ◆ HONNÊTETÉ. Etre de bonne foi, *to be genuine.* ‖ Etre digne de foi, *to be reliable.* ◆ INCRÉDULITÉ. Avoir la foi de saint Thomas, *to be a doubting Thomas.* ◆ INFAMIE. N'avoir ni foi ni loi, *to care for neither God nor man.* ◆ JUSTIFICATION. Exciper de sa bonne foi, *to plead o.'s good faith.* ◆ MALHONNÊTETÉ. Etre de mauvaise foi, *to show bad faith.* ◆ MARIAGE. Engager sa foi, *to plight o.'s troth.* ◆ PREUVE. Faire foi, *to provide proof.* ◆ RELIGION. Avoir la foi (la foi du charbonnier), *to have the faith (a simple faith).* ‖ Perdre la foi, *to lose o.'s faith.* ‖ Trouver la foi, *to become a believer.* ◆ TÉMOIGNAGE. Témoigner sous la foi du serment, *to testify under oath.* ◆ TROMPERIE. Surprendre la bonne foi de qqn, *to abuse s.o.'s good faith.*
→ **article, œil, profession.**

foie ◆ INQUIÉTUDE. Se manger (se ronger) les foies (Pop.), *to chew o.'s nails.* ◆ PEUR. Avoir les foies (Pop.), *to be lily-livered.*

foin ◆ AGRICULTURE. Faire les foins, *to make hay.* ◆ BÊTISE. Etre bête à manger du foin (Fam.), *to be completly daft.* ◆ BRUIT. Faire un foin de tous les diables, *to kick up the devil of a row.* ◆ RÉCRIMINATION. Faire du foin (Fam.), *to kick over the traces.* ◆ RICHESSE. Avoir du foin dans ses bottes (dans le râtelier) [Fam.], *to have a packet put away.*
→ **aiguille, bête, botte, rhume.**

foire ◆ DÉBAUCHE. Faire la foire (Fam.), *to go on a spree.* ◆ VOL. Acheter à la foire d'empoigne, *to knock off.*
→ **larron.**

fois 1. BONNE VOLONTÉ, RAPIDITÉ. Ne pas se le faire dire deux fois, *not to wait to be told twice.* – 2. CIRCONSPECTION. Tourner sept fois sa langue dans sa bouche avant de parler, *to be careful of what o. says.* – 3. HÉSITATION. S'y prendre à deux fois, *to take two bites at the cherry.* [V. 7.] ‖ Y regarder à deux fois (Fam.), *to think twice about it.* – 4. JUSTIFICATION. Avoir mille fois raison, *to be absolutely right.* – 5. NON-IMPORTANCE. Etre trois fois rien, *to be absolutely nothing.* – 6. RÉPÉTITION. Dire (recommencer, répéter) dix (trente-six) fois la même chose, *to say (to repeat) the same thing time and time again.* ‖ Répéter qqch. pour la énième fois, *to repeat sth. for the umpteenth time.* – 7. TENTATIVE. S'y prendre à plusieurs fois, *to have several goes.* [V. 3.]

→ **partout.**

foison ◆ ABONDANCE. Y avoir de tout à foison, *there [to be] everything in plenty* (Gramm.).

folichon ◆ ENNUI. N'être pas folichon (Fam.), *not to be much fun.*

folie ◆ AMOUR. Aimer à la folie, *to love to distraction.* ◆ EXTRAVAGANCE. Etre de la folie douce (furieuse, pure et simple) [Fam.], *to be sheer (stark, pure) madness.* ◆ FOLIE. Sombrer dans la folie, *to go out of o.'s mind.* ◆ ORGUEIL. Avoir la folie des grandeurs, *to suffer from folie de grandeur.* ◆ PRODIGALITÉ. Faire des folies, *to spend wildly.* ◆ SOTTISES. Dire des folies, *to talk wildly.*

→ **coup.**

folle ◆ IMAGINATION. Laisser courir la folle du logis, *to let o.'s imagination run riot.*

fonction 1. DÉPENDANCE. Etre fonction de qqch., *to depend on sth.* – 2. DÉSISTEMENT. Résilier (se démettre de) ses fonctions, *to resign from office.* – 3. DESTITUTION. Relever qqn de ses fonctions, *to dismiss s.o. from office.* – 4. EMPLOI. Faire fonction de qqch., *to act as sth.* ‖ Maintenir qqn dans ses fonctions, *to keep s.o. in office.* ‖ Reconduire qqn dans ses fonctions, *to renew s.o.'s term of office.* ‖ Remplir (exercer) une fonction, *to hold an office.* [V. 5.] – 5. FONCTIONS. Entrer en fonctions, *to enter upon o.'s duties.* ‖ Etre en fonctions, *to be in office.* ‖ Prendre ses fonctions, *to take up office.* ‖ Remplir ses fonctions, *to fulfil o.'s office.* [V. 4.]

→ **outrage.**

fonctionnaire ◆ CONCUSSION. Corrompre (suborner) un fonctionnaire, *to*

bribe a civil servant. ◆ DESTITUTION. Casser un fonctionnaire, *to cashier a civil servant.*

fond 1. BONTÉ. Avoir un bon fond, *to be good-natured.* – 2. CINÉMA. Mettre un fond sonore, *to add a soundtrack.* – 3. CONFIANCE. Faire fond sur qqn (qqch.), *to rely on s.o. (sth.).* – 4. DÉTRESSE. Toucher le fond de l'abîme, *to hit rock-bottom.* – 5. ÉCOLE. User ses fonds de culotte sur les bancs de l'école, *to wear out the seat of o.'s pants on a school bench.* – 6. ENGAGEMENT. S'engager à fond, *to commit o.s. up to the hilt.* ‖ Y aller à fond, *to go the whole hog.* – 7. EXPLICATION. Expliquer le fond de sa pensée, *to explain o.s.* – 8. FATIGUE. Etre à fond de cale (Fam.), *to be out on o.'s feet.* [V. 9.] – 9. IMPÉCUNIOSITÉ. Etre à fond de cale (Fam.), *to be down to rock-bottom.* [V. 8.] ‖ Râcler ses fonds de tiroirs (Fam.), *to try to scrape a few pence together.* – 10. INFORMATION. Connaître le fond de l'affaire, *to know the root of the matter.* – 11. MARINE. Envoyer par le fond, *to send to the bottom.* ‖ Toucher le fond, *to touch bottom.* – 12. NON-VALEUR. Manquer de fond, *to be shallow.* – 13. PÉNÉTRATION. Aller au fond des choses, *to get to the bottom of things.* ‖ Toucher au fond du problème, *to reach the heart of the matter.* – 14. RECHERCHE. Fouiller qqch. de fond en comble, *to turn sth. upside down.* – 15. SAVOIR. Connaître qqch. à fond, *to know sth. thoroughly.* – 16. VALEUR. Avoir du fond, *to have depth.* – 17. VITESSE. Aller (courir, rouler) à fond de train, *to go (to run, to drive) at top speed.* – 18. VOIES DE FAIT. Empoigner qqn par le fond de la culotte, *to grab s.o. by the seat of the pants.*

→ **affaire, bateau, bruit, crème, lame, part, raison, toile.**

fondation 1. ANCIENNETÉ. Y être de fondation (personne), *to have been there since the year dot.* [V. 3.] – 2. ARCHITECTURE, DÉBUT. Jeter (creuser) les fondations, *to lay (to dig) the foundations.* – 3. COUTUME. Etre de fondation (chose), *to be an old-established custom.* [V. 1.]

fondement ◆ DESTRUCTION. Saper (ébranler) les fondements, *to undermine (to strike at) the foundations.* ◆ NON-VÉRITÉ. Etre dénué de fondement, *to be groundless.*

fonds ◆ AISANCE. Etre en fonds (Fam.), *to be in funds.* ◆ COMMERCE. Exploiter un fonds de commerce, *to run a business.* ◆ FINANCES. Collecter (recueillir) des fonds, *to collect funds.* ‖ Consacrer des fonds à qqch., *to allocate funds to sth.* ‖ Déposer des fonds, *to deposit money.* ‖ Établir (avoir) un fonds de roulement, *to provide (to have) a working capital.* ◆ IMPÉCUNIOSITÉ. Ne pas être en fonds (Fam.), *not to be very flush.* ◆ PERTE. Ne pas rentrer dans ses fonds, *not to recover o.'s outlay.* ◆ PRÊT. Prêter à fonds perdu, *to make a doubtful investment.* ◆ VÊTEMENT. S'habiller avec des fonds d'armoire (Fam.), *to wear clothes out of the rag-bag.*
→ **appel, argent, avance, mise.**

fontaine ◆ ÂGE. Boire à la fontaine de Jouvence, *to drink at the fountain of Youth.*

fonts ◆ RELIGION. Tenir qqn sur les fonts baptismaux, *to act as s.o.'s godparent.*
→ **enfant.**

for ◆ SECRET. Penser qqch. dans son for intérieur, *to think sth. invardly.*

forçat ◆ SURMENAGE. Travailler comme un forçat (Fam.), *to work like a galley-slave.*
→ **vie.**

force ◆ ÂGE. Etre dans la force de l'âge, *to be in the prime of life.* ‖ Etre en pleine force, *to be at the peak of o.'s strength.* ◆ COMBATIVITÉ. Y aller de toutes ses forces, *to go at it with all o.'s might and main.* ◆ CONFIANCE EN SOI. Se fier en ses propres forces, *to rely on o.'s own strength.* ◆ CONTRAINTE. Prendre qqch. de force, *to take sth. by force.* ◆ DISPERSION. Éparpiller ses forces, *to disperse o.'s energies.* ◆ ÉNERGIE. Trouver la force de faire qqch., *to find the strength to do sth.* ‖ Etre une force de la nature, *to be a ball of fire.* ◆ FATALITÉ. Tenir à la force des choses, *to be due to the force of circumstances.* ◆ FLÉCHISSEMENT. Amoindrir (atténuer, consumer, dépenser, diminuer, épuiser, user) ses forces, *to lessen (to attenuate, to burn up, to spend, to diminish, to use up) o.'s strength.* ‖ Etre sans force, *to have no strength.* ‖ Ne plus en avoir la force, *to have no strength left.* ‖ Perdre des forces, *to grow weak.* ◆ FORCE. Avoir de la force, *to be strong.* ‖ Déployer (rassembler, ramasser) ses forces, *to put forth (to muster, to gather) o.'s strength.* ‖ Ne pas sentir sa force, *not to know o.'s own strength.* ‖ Raidir ses forces, *to brace o.s.* ◆ HABITUDE. Céder à la force de l'habitude, *to give in through force of habit.* ◆ INACTION. Opposer la force d'inertie, *to put up passive resistance.* ◆ INFÉRIORITÉ. Ne pas être de force à faire qqch., *not to be equal to doing sth.* ‖ Ne pas être de force avec qqn, *to be no match for s.o.* ◆ LÉGALITÉ. Avoir (faire) force de loi, *to have force of law.* ◆ MILITAIRE. Regrouper ses forces, *to regroup o.'s forces.* ◆ NOMBRE. Arriver en force, *to arrive in force.* ◆ NON-DISCERNEMENT. Présumer de ses forces, *to over-estimate o.'s strength.* ◆ POLITIQUE. Acquérir (posséder, renoncer à) la force de frappe, *to acquire (to have, to give up) a nuclear strike-force.* ‖ Requérir la force publique, *to call in the police.* ‖ Utiliser la force de dissuasion, *to use the ultimate deterrent.* ◆ PRUDENCE. Ménager (économiser) ses forces, *to husband (to save) o.'s strength.* ◆ RÉTABLISSEMENT. Remonter les forces de qqn, *to restore s.o.'s strength.* ‖ Redonner des forces à qqn, *to give s.o. new strength.* ‖ Refaire (réparer) ses forces, *to regain (to recover) o.'s strength.* ‖ Reprendre des forces, *to regain strength.* ◆ SOUMISSION. Obéir à la force, *to yield to force.* ◆ STIMULATION. Accroître (augmenter, décupler) les forces de qqn, *to increase (to augment, to boost) s.o.'s strength.* ◆ SUCCÈS. Réussir à la force du poignet, *to succeed by sheer perseverance.* ◆ SUPÉRIORITÉ. Etre de première force, *to be top-notch.* ◆ SURMENAGE. Abuser de ses forces, *to overexert o.s.* ◆ VALEUR. Dégager une force intérieure, *to show inner strength.* ◆ VIOLENCE. Employer (recourir à, user de) la force, *to use (to resort to) force.* ◆ VOLONTÉ. Vouloir à toute force, *to want at any price.*
→ **appel, bout, camisole, cas, coup, emploi, épreuve, gaspillage, gré, politique, tour.**

forceps ◆ MÉDECINE. Mettre (appliquer) les forceps, *to use (to apply) forceps.*

1. forfait ◆ CULPABILITÉ. Commettre (consumer, réaliser) un forfait, *to commit a misdeed.*

2. forfait ◆ DÉSISTEMENT. Déclarer forfait, *to throw in o.'s hand.*

3. forfait ◆ COMMERCE. Acheter (traiter; vendre) à forfait, *to buy (to deal; to sell) on contract (at an agreed price).* ◆ RÉMUNÉRATION. Payer (travailler) à forfait, *to pay (to work for) a fixed rate.*

forge → soufflet.

formalité ◆ ADMINISTRATION. Remplir (accomplir) des formalités, *to comply with formalities.* ◆ NON-IMPORTANCE. N'être qu'une pure (simple) formalité, *to be a pure formality.*

formation ◆ SAVOIR. Avoir (recevoir) une bonne formation, *to have had (to receive) good training.*
→ voie.

forme ◆ ADAPTATION. Épouser la forme de qqch., *to take up the shape of sth.* ◆ ADMINISTRATION. Rédiger en bonne et due forme, *to draw up in due form.* ◆ APPARENCE. N'avoir plus forme humaine (Fam.) *to look like nothing on earth.* ◆ CIVILITÉ. Prendre des formes, *to be very formal.* ‖ Observer les formes, *to observe polite conventions.* ‖ Y mettre des formes, *to put it politely.* ◆ CONFORMISME. Agir dans les formes, *to act with all the customary rules.* ◆ FORMALISME. Agir pour la forme, *to act for form's sake.* ‖ Etre de pure forme, *to be perfunctory.* ◆ NON-ÉLÉGANCE. N'avoir ni forme ni tournure, *to be shapeless.* ◆ ORGANISATION. Donner forme à qqch., *to give shape to sth.* ◆ RÉALISATION. Prendre forme, *to take shape.* ◆ SANTÉ. Ne (être pas être; se maintenir) en forme, *to be (not to be; to keep) in form.* ‖ Etre en pleine forme, *to be at the top of o.'s form.* ◆ SPORTS. Chercher (maintenir; trouver) sa forme, *to try to find (to keep; to find) o.'s form.* ◆ VÊTEMENT. Épouser les formes, *to be form-fitting.* ‖ Mouler (dessiner) les formes, *to mould the figure.*
→ sommet, vice.

formulaire ◆ ADMINISTRATION. Remplir un formulaire, *to fill up a form.*

formule ◆ FORMALITÉ. N'être qu'une formule de style, *to be only a manner of speaking.* ‖ S'en tenir aux formules, *to confine o.s. to formal phrases.* ◆ NOUVEAUTÉ. Chercher (trouver) une nouvelle formule, *to look for (to find) a fresh idea.* ‖ Lancer une formule nouvelle, *to launch a new idea.* ◆ ORGANISATION. Adopter une formule, *to adopt a formula.* ‖ Chercher (suivre; trouver) une formule, *to look for (to follow; to find) a formula.*

fort ◆ ABUS. Etre un peu fort (Fam.), *to be a bit much.* ‖ Y aller fort (Fam.), *to go too far.* ◆ CONFIANCE EN SOI. Se faire fort de qqch., *to undertake sth.* ◆ GARANTIE. Se porter fort pour qqn, *to stand guarantee for s.o.* ◆ MÉDIOCRITÉ. Ne pas être fort (Fam.), *not to be brilliant.* ◆ POINT FAIBLE. Ne pas être le fort de qqn, *not to be s.o.'s forte.*

fortune 1. AISANCE. Avoir de la fortune, *to be well-to-do.* − 2. AVENTURE. Chercher fortune, *to seek adventure.* [V. 6.] ‖ Tenter fortune, *to try o.'s luck.* − 3. GAIN. Amasser (édifier) une fortune, *to amass (to build up) a fortune.* ‖ Accroître (agrandir, arrondir, augmenter) sa fortune, *to increase (to swell, to augment) o.'s fortune.* ‖ Faire fortune, *to make o.'s fortune.* [V. 10.] ‖ Gagner une fortune, *to make a fortune.* − 4. GESTION. Conserver (garder; évaluer; partager) sa fortune, *to preserve (to keep; to evaluate; to share) o.'s fortune.* ‖ Consolider sa fortune, *to put o.'s resources on a sound basis.* ‖ Reconstruire (refaire) sa fortune, *to rebuild o.'s fortune.* ‖ Se dépouiller (faire abandon) de sa fortune, *to divest o.s. of (to give up) o.'s fortune.* − 5. HOSPITALITÉ. Manger à la fortune du pot, *to take pot-luck.* − 6. LIBERTINAGE. Chercher fortune, *to seek pleasure.* [V. 2.] − 7. PARTISAN. Suivre (s'attacher à) la fortune de qqn, *to follow s.o.'s fortunes.* − 8. PERTE. Anéantir (compromettre, dilapider, écorner, émietter, manger, perdre) sa fortune, *to wipe out (to jeopardize, to squander, to make a hole in, to fritter away, to cut up, to lose) o.'s fortune.* ‖ Croquer (engloutir, engouffrer) une fortune, *to eat up (to sink) a fortune.* − 9. RÉSIGNATION. Faire contre mauvaise fortune bon cœur, *to grin and bear it.* − 10. SUCCÈS. Faire fortune, *to catch on.* [V. 3.] − 11. VALEUR. Coûter (valoir) une fortune, *to cost (to be worth) a fortune.*
→ brèche, dehors, moyen, quête, réparation, revers, tête.

fosse ◆ ARTISAN DE SON SORT. Creuser sa fosse, *to dig o.'s own grave.*

fossé ◆ MÉSENTENTE. Creuser un fossé entre deux personnes, *to create a gulf between two people.* ◆ RÉCONCILIATION. Combler un fossé, *to bridge a gulf.*

fou ◆ AMOUR. Etre fou de qqn, *to be mad about s.o.* ◆ APPARENCE. N'être pas si fou

qu'on en a l'air (Fam.), *to have method in o.'s madness.* ◆ ÉNERVEMENT. Etre à devenir (à rendre) fou (Fam.), *to be enough to drive you mad.* ◆ EXUBÉRANCE. Etre tout fou (Fam.), *to be a mad-cap.* ‖ Faire le fou, *to jump about.* ◆ FOLIE. Etre fou à lier, *to be stark, staring mad.* ◆ GOÛT. Etre fou de qqch., *to be mad about sth.* ◆ RÉJOUISSANCE. S'amuser comme des fous, *to have the time of o.'s life.*
→ **monde, vie.**

foudre ◆ MENACE. Menacer qqn de ses foudres, *to threaten s.o. with o.'s ire.* ◆ RÉPRIMANDE. S'attirer les foudres de qqn, *to incur s.o.'s wrath.*
→ **coup.**

fouet ◆ ACCIDENT. Heurter de plein fouet, *to run straight into.* ◆ SANCTION. Donner (recevoir) le fouet, *to administer (to receive) a flogging.*

fouille ◆ RECHERCHE. Entreprendre (exécuter, faire, pratiquer) des fouilles, *to undertake (to perform, to make) excavations.*

fouiller ◆ PRIVATION. Pouvoir toujours se fouiller (Fam.), *can whistle for it* (Gramm.).

Fouilly-les-Oies ◆ RUSTICITÉ. Habiter à Fouilly-les-Oies (Fam.), *to live at Puddleby-in-the-Marsh.*

fouine → **œil, tête.**

foule ◆ FOULE. Faire foule autour de qqn, *to crowd round s.o.* ‖ Se mêler à la foule, *to mingle with the crowd.* ◆ IMAGINATION. Avoir une foule d'idées, *to have a host of ideas.* ◆ INFLUENCE. Ameuter (galvaniser, rallier) les foules, *to stir up (to galvanize, to rally) the mob.* ◆ MARCHE. Fendre la foule, *to force o.'s way through the crowd.* ◆ POLICE. Faire évacuer la foule, *to clear people out.* ‖ Maîtriser la foule, *to get the crowd under control.*
→ **chemin, mouvement, remous.**

fouler ◆ PARESSE. Ne pas se fouler (Fam.), *not to overtax o.'s energy.*

four ◆ CUISINE. Faire cuire au four, *to bake (gâteau), to roast (viande).* ‖ Passer (mettre) au four, *to put in the oven.* ◆ ÉCHEC. Faire un four (Fam.), *to flop.* ◆ IMPOSSIBILITÉ. Ne pouvoir être à la fois au four et au moulin (Fam.), *cannot be in two places at once* (Gramm.). ◆ NON-ÉCLAIRAGE. Faire noir comme dans un four (Fam.), *to be pitch-dark.* ◆ PHYSIO-

NOMIE. Ouvrir un grand four (Fam.), *to open o.'s mouth like a trap-door.*

Fourches ◆ HUMILIATION. Passer sous les Fourches Caudines, *to pass through the Caudine Forks.*

fourchette ◆ ALIMENTATION. Jouer de la fourchette (Fam.), *to tuck in.* ◆ ÉLECTIONS. Établir la fourchette électorale, *to give partial results on a percentage basis.* ◆ INCIVILITÉ. Prendre (utiliser) la fourchette du père Adam (Fam.), *to eat with o.'s fingers.*
→ **coup, tombe.**

fourmi ◆ AGITATION. Avoir des fourmis dans les jambes, *to have ants in o.'s pants.* ◆ ENGOURDISSEMENT. Avoir des fourmis dans les jambes, *to have pins and needles in o.'s legs.*

fourrage ◆ AGRICULTURE. Faire du fourrage, *to gather fodder.*

fourreau → **glaive.**

fourrer ◆ EMBARRAS. Ne savoir où se fourrer (Fam.), *to wish the ground would open and swallow o.*

fourrière ◆ ANIMAL. Mettre en fourrière, *to impound.*

foutaise ◆ NON-IMPORTANCE. Etre de la foutaise (Fam.), *to be tommy-rot.*

foyer ◆ FAMILLE. Fonder un foyer, *to set up a home.* ‖ Rester au foyer, *to stay at home.* ◆ INCENDIE. Éteindre un foyer d'incendie, *to extinguish the seat of a fire.* ◆ MILITAIRE. Rentrer dans ses foyers, *to return home.* ◆ RETOUR. Rentrer (revenir) au foyer, *to return (to come back) home.*
→ **mère.**

fracas → **perte.**

fraction ◆ MATHÉMATIQUES. Réduire (simplifier) une fraction, *to reduce (to simplify) a fraction.*

fracture ◆ MÉDECINE. Réduire une fracture, *to set a fracture.*

fraîcheur ◆ ÂGE. Perdre sa fraîcheur, *to lose the bloom of youth.* ◆ COMMERCE. Manquer de fraîcheur, *to be going off.* ◆ INNOCENCE. Avoir de la fraîcheur d'âme, *to have a child-like nature.*

1. frais ◆ CUISINE. Mettre (tenir) au frais, *to keep (to put) in a cool place.* ◆ HYGIÈNE. Etre rasé de frais, *to be freshly shaven.* ‖ Prendre le frais, *to take a breath of fresh air.* ◆ SANTÉ. Se sentir frais et dispos, *to feel fresh and fit.*

2. frais 1. CIVILITÉ. Se mettre en frais (faire des frais de politesse), *to put o.s. out.* [V. 7.] – 2. COMMÉRAGE. Faire les frais de la conversation, *to be the subject of conversation.* [V. 3.] – 3. CONVERSATION. Faire les frais de la conversation, *to do the brunt of the talking.* [V. 2.] – 4. DÉPLACEMENT. Avoir des frais de déplacement, *to have travelling expenses.* – 5. DÉSISTEMENT. Arrêter les frais (Fam.), *to give up.* – 6. ÉCOLE. Acquitter les frais d'inscription, *to pay the enrollment fees.* – 7. GESTION. Déduire ses frais, *to deduct o.'s expenses.* ‖ Entrer dans les frais généraux, *to come under overheads.* ‖ Faire (couvrir) ses frais, *to pay its way* (entreprise); *to cover o.'s expenses* (personne). ‖ Partager les frais, *to share expenses.* ‖ Payer (supporter) les frais, *to bear the cost.* ‖ Rentrer dans ses frais, *to recover o.'s outlay.* ‖ Se mettre en frais, *to go to expense.* [V. 1.] – 8. GRATUITÉ, PARASITE. Voyager (vivre) aux frais de la princesse, *to travel (to live) on the house.* – 9. INUTILITÉ. En être pour ses frais (Fam.), *to get nothing for o.'s pains.* – 10. NIVEAU DE VIE. Vivre à peu de frais, *to live cheaply.* – 11. SÉDUCTION. Se mettre en frais de coquetterie, *to lay o.s. out to charm.*

fraise ◆ INOPPORTUNITÉ, INTERVENTION. Ramener sa fraise (Pop.), *to stick in o.'s oar.* ◆ SÉNILITÉ. Sucrer les fraises (Fam.), *to be all shaky.*

1. franc ◆ PRIX. Aller chercher dans les x francs (Fam.), *to run out at about x francs.*
→ **coupure.**

2. franc ◆ RONDEUR. Parler franc, *to speak plainly.*

français ◆ ÉVIDENCE. Parler français (Fam.), *to talk plain English.* ◆ INDISCIPLINE. Ne pas comprendre le français (Fam.), *not to understand plain English.* ◆ LANGAGE. Parler français comme une vache espagnole (Fam.), *to speak ghastly French.* ◆ NATIONALITÉ. Etre un Français à part entière, *to have full French citizenship.* ◆ RONDEUR. Le dire en bon français (Fam.), *to say it in good plain language.*

France → **tour.**

franchise ◆ COURRIER. Bénéficier de (avoir) la franchise postale, *to have OHMS (on Her Majesty's service)* enveloppes. ◆ FRANCHISE. Respirer la franchise, *to be the soul of candour.*

franco ◆ COMMERCE. Expédier (envoyer) franco sur demande, *to send free on request.* ◆ RONDEUR. Y aller franco avec qqn (Fam.), *to let s.o. have it straight from the shoulder.*

François → **coup.**

franc-parler ◆ RONDEUR. Avoir le franc-parler, *to be outspoken.*

franquette ◆ HOSPITALITÉ. Recevoir à la bonne franquette, *to welcome without ceremony.*

frappe ◆ INFAMIE. Etre une petite frappe (Pop.), *to be a hoodlum.*
→ **force.**

frasque ◆ LIBERTINAGE. Faire des frasques (Fam.), *to sow o.'s wild oats.*

fraude ◆ DÉLIT. Passer qqch. en fraude, *to smuggle sth. in.* ◆ PROCÉDURE. Éliminer la fraude, *to suppress fraud.*

frayeur ◆ PEUR. Causer de la frayeur à qqn, *to give s.o. a scare.* ‖ Trembler de frayeur, *to tremble with fright.*

fredaine ◆ LIBERTINAGE. Faire des fredaines, *to sow o.'s wild oats.*

frein ◆ AUTOMOBILE. Bloquer les freins, *to jam on the brakes.* ‖ Desserrer (ôter; mettre, serrer) le frein, *to release (to take off; to put on, to apply) the brake.* ‖ Mettre le frein à main, *to put on the hand-brake.* ◆ IMPATIENCE. Ronger son frein, *to chafe at the bit.* ◆ RÉPRESSION. Mettre un frein à qqch., *to curb sth.*
→ **coup.**

frémir ◆ PEUR. Faire frémir, *to give the shivers.*

fréquence → **modulation.**

fréquentation ◆ RELATIONS. Avoir de mauvaises fréquentations, *to keep bad company.* ‖ Choisir ses fréquentations, *to be choosy about the company o. keeps.*

frère ◆ CONCORDE. Traiter qqn comme un frère, *to treat s.o. like a brother.* ◆ RESSEMBLANCE. Ressembler à qqn comme un frère, *to be as like s.o. as his twin.*
→ **partie.**

fresque ◆ ART. Brosser une fresque, *to paint a fresco.* ◆ DISCOURS. Brosser une fresque, *to paint a general picture.*

fret ◆ MARINE. Payer le fret, *to pay the freight charges.*

fretin ◆ SUPÉRIORITÉ. Négliger le menu fretin (Fam.), *to ignore the small fry.*

friandise ◆ GOURMANDISE. Aimer les friandises, *to have a sweet tooth.*

fric ◆ PAIEMENT. Abouler son fric (Pop.), *to stump up.* ◆ RICHESSE. Etre bourré de fric (Pop.), *to be filthy rich.*

fricassée ◆ ÉPANCHEMENTS. Faire une fricassée de museaux (Fam.), *to exchange showers of kisses.*

friche ◆ AGRICULTURE. Laisser (rester) en friche, *to leave (to lie) fallow.* ◆ DÉLAISSEMENT. Laisser (rester) en friche, *to let lie (to remain) undeveloped.*

fricot ◆ CUISINE. Faire le fricot (Fam.), *to get the grub.*

friction ◆ COIFFURE. Faire une friction à qqn, *to give s.o. a scalp massage.* ◆ HYGIÈNE. Faire une friction à qqn, *to give s.o. a rub-down.*
→ **point.**

frigo ◆ CUISINE. Mettre (conserver) au frigo (Fam.), *to put (to keep) in the fridge.*

frime ◆ FAUX-SEMBLANT. Etre de la frime (Fam.), *to be all sham.*

fringale ◆ APPÉTIT. Avoir la fringale (Fam.), *to have a fit of hunger.*

fringant ◆ AFFECTATION. Faire le fringant, *to cut a dash.*

frisquet ◆ TEMPÉRATURE. Faire frisquet (Fam.), *to be chilly.*

frisson ◆ CUISINE. Laisser bouillir à petits frissons, *to simmer gently.* ‖ PEUR. Donner (en avoir) le frisson, *to give (to have) the creeps.* ◆ SANTÉ. Avoir des frissons, *to have the shivers.*

frit ◆ POLICE. Etre frit (Pop.), *to be scuppered.*

frite ◆ CUISINE. Faire des frites, *to make chips.*

friture ◆ CUISINE. Jeter en pleine friture, *to toss into boiling fat.* ◆ TÉLÉPHONE. Y avoir de la friture, *there [to be] crackling on the line* (Gramm.).

froc ◆ RELIGION. Jeter le froc aux orties, *to throw o.'s cassock away.*

froid ◆ AUDACE. Ne pas avoir froid aux yeux (Fam.), *not to suffer from cold feet.* ◆ AUTOMOBILE. Démarrer à froid, *to start cold.* ◆ CHIRURGIE. Opérer à froid, *to operate between attacks.* ◆ DÉSACCORD. Jeter un froid, *to cast a chill.* ◆ HOSTILITÉ. Battre froid à qqn, *to cold-shoulder s.o.* ‖ Etre en froid avec qqn, *to be on cool terms with s.o.* ‖ Se montrer froid, *to be chilly.* ◆ INDIFFÉRENCE. Laisser froid, *to leave cold.* ◆ PEUR. Donner froid dans le dos à qqn, *to*

send cold shivers up s.o.'s spine. ◆ SANTÉ. Attraper (prendre) froid, *to catch cold.* ◆ SENSATION. Avoir froid, *to be cold.* ‖ Crever de froid (Fam.), *to be freezing to death.* ‖ Frissonner (trembler) de froid, *to shiver (to tremble) with cold.* ‖ Mourir de froid, *to be dying of cold.* ‖ Souffrir du froid, *to suffer from the cold.* ◆ TEMPÉRATURE. Combattre le froid, *to keep the cold out.* ‖ Faire un froid de canard (de loup, de tous les diables) [Fam.], *to be freezing cold.*
→ **chaud, colère, coup.**

froideur ◆ HOSTILITÉ. Manifester une grande froideur, *to display extreme coolness.*

fromage ◆ LAITERIE. Faire le fromage, *to make cheese.* ◆ SINÉCURE. Avoir (obtenir; trouver) un bon petit fromage (Fam.), *to have (to get; to find) a cushy job.*
→ **chat, poire.**

front ◆ ACCIDENT, OPPOSITION. Heurter de front, *to meet head-on.* ◆ ACTIVITÉ. Mener de front plusieurs choses, *to have several irons on the fire.* ◆ CHEVELURE. Avoir le front dégarni, *to have a receding hair-line.* ◆ EFFRONTERIE. Avoir le front de faire qqch., *to have the effrontery to do sth.* ◆ FAITS ET GESTES. S'éponger le front, *to mop o.'s brow.* ◆ FIERTÉ. Marcher le front haut, *to keep o.'s head held high.* ◆ MILITAIRE. Partir au front, *to leave for the front.* ‖ Rompre (entamer, percer) le front ennemi, *to break (to break through) the enemy front.* ◆ OPPOSITION. Faire front à qqn (qqch.), *to face s.o. (sth.).* ◆ PHYSIONOMIE. Avoir un front fuyant, *to have a receding forehead.* ◆ POLITIQUE. Constituer un front commun, *to present a united front.* ◆ RÉCONFORT. Dérider le front de qqn, *to cheer s.o. up.* ◆ RESSORT. Relever (redresser) le front, *to lift up (to raise up) o.'s head.* ◆ RONDEUR. Aborder qqn de front, *to face s.o. squarely.* ‖ Prendre qqch de front, *to tackle sth. head-on.* ◆ SÉRÉNITÉ. Garder le front serein, *to keep an unruffled countenance.* ◆ SOUMISSION. Courber le front, *to bow o.'s head.*
→ **pain.**

frontière ◆ DÉVELOPPEMENT. Abolir (reculer) les frontières, *to abolish (to push back) frontiers.* ◆ LIMITE. Tracer (délimiter) la frontière, *to mark out (to define) the frontier.* ◆ VOYAGE. Franchir (passer) la frontière, *to cross the frontier.*

frotter ◆ CIRCONSPECTION. Ne pas (aller) s'y frotter (Fam.), *to keep a safe distance.* ◆ DANGER. Ne pas faire bon s'y frotter (Fam.), *not to be healthy.*

frousse ◆ MENACE. Flanquer la frousse à qqn (Fam.), *to scare the pants off s.o.* ◆ PEUR. Avoir la frousse (Fam.), *to have the jitters.*

fruit ◆ CRITÈRE DE JUGEMENT. Reconnaître qqn à ses fruits, *to know s.o. by his fruits.* ◆ DÉFAILLANCE. Toucher au fruit défendu, *to eat the forbidden fruit.* ◆ ÉCHEC. Perdre le fruit de ses efforts, *to lose the fruit of o.'s labour.* ◆ ÉCOLE. Ne retirer aucun fruit de l'enseignement de qqn, *to gain nothing from s.o.'s teaching.* ◆ EXPÉRIENCE. Etre le fruit d'une expérience, *to be the outcome of an experience.* ◆ IMAGINATION. Etre le fruit de l'imagination, *to be pure imagination.* ◆ NON-PRODUCTIVITÉ. Etre un fruit sec (Fam.), *to be a dud.* ◆ PROFIT. Jouir du fruit de son travail, *to enjoy the fruits of o.'s labour.* ‖ Récolter (recueillir) les fruits de qqch., *to harvest (to gather) the fruits of sth.* ◆ RÉSULTAT. Porter de bons (mauvais) fruits, *to bear good (evil) fruit.* ‖ Porter ses fruits, *to bear fruit.* ◆ SAVEUR. Etre juteux comme un fruit mûr, *to be luscious.* → arbre.

fugue ◆ FUITE. Faire une fugue, *to run away.*

fuite ◆ ADMINISTRATION. Constater des fuites, *to discover leaks.* ◆ ÉVASION. Etre en fuite, *to be on the run.* ◆ FUITE. Prendre la fuite, *to take flight.* ◆ GAZ. Déceler une fuite, *to detect a leak.* → salut.

fumée ◆ CAUSE. Ne pas y avoir de fumée sans feu, *there [to be] no smoke without fire* (Gramm.). ◆ DESTRUCTION. Réduire qqch. en fumée, *to reduce sth. to ashes.* ◆ FIN. S'en aller (partir, s'évanouir) en fumée, *to go up in smoke.* ◆ ILLUSION. N'être que fumée, *to be only a pipe dream.* ◆ IVRESSE. Dissiper les fumées de l'alcool, *to clear away the fumes of alcohol.* ◆ RETARDEMENT. Arriver à la fumée des cierges (Fam.), *to arrive when all is over.* ◆ TABAC. Avaler la fumée, *to inhale.* ‖ Souffler (rejeter) la fumée par le nez, *to exhale the smoke through o.'s nostrils.* → argent, rond.

fumer ◆ EXCITATION. Faire fumer qqn (Fam.), *to make s.o. fume.*

fumeur → compartiment.

fumiste ◆ APPARENCE. Avoir l'air (faire) fumiste, *to look slack.*

fumisterie ◆ NON-VALEUR. Etre de la fumisterie (Fam.), *to be all froth.*

fur ◆ PROGRESSION. Se faire au fur et à mesure, *to come about progressively.*

fureur ◆ AMOUR. Aimer à la fureur, *to love to distraction.* ◆ COLÈRE. Entrer (se mettre) en fureur, *to fly into a rage.* ◆ EXCITATION. Exciter la fureur de qqn, *to arouse s.o.'s fury.* ‖ Mettre qqn en fureur, *to enrage s.o.* ◆ MODE. Faire fureur, *to be all the rage.*

furie ◆ COLÈRE. Entrer (se mettre) en furie, *to fly into a fury.* ◆ VIOLENCE. Se débattre comme une furie, *to fight like a wild-cat.*

fusée ◆ ASTRONAUTIQUE. Mettre une fusée à feu, *to ignite a rocket.* ◆ DIVERTISSEMENT. Tirer une fusée, *to fire a rocket.* ◆ MILITAIRE. Lancer une fusée, *to launch a rocket.*

fusible ◆ ÉLECTRICITÉ. Remettre un fusible, *to put in a new fuse.*

fusil ◆ MILITAIRE. Charger (désarmer) un fusil, *to load (to unload) a gun.* ‖ Décharger son fusil sur qqn, *to empty o.'s gun at s.o.* ◆ REVIREMENT. Changer son fusil d'épaule (Fam.), *to change o.'s tactics.* → chien, coup.

fusion ◆ SCIENCE. Entrer en fusion, *to turn molten.* ◆ UNIFICATION. Opérer une fusion, *to merge.*

futilité ◆ NON-EFFICIENCE. S'occuper à des futilités, *to fritter away o.'s time.*

g

gabarit ◆ SIMILITUDE. Etre du même gabarit (Fam.), *to be of the same ilk.*

gabegie ◆ INCURIE. Organiser la gabegie, *to create well-organised confusion.*

gâchis ◆ GÂCHIS. Faire un beau gâchis (Fam.), *to make a fine mess.*

gaffe ◆ ATTENTION. Faire gaffe (Pop.), *to watch out.* ◆ BÉVUE. Commettre (faire) une gaffe (Fam.), *to make a bloomer.* ‖ Manier la gaffe (Fam.), *to have a knack for putting o.'s foot in it.* ◆ RÉPARATION. Réparer une gaffe (Fam.), *to repair a bloomer.*

gaga ◆ SÉDUCTION. Rendre gaga (Fam.), *to drive dotty.*

gage ◆ EMPRUNT. Emprunter sur gages, *to borrow on security.* ‖ Mettre qqch. en gage, *to pawn sth.* ◆ ENGAGEMENT. Etre (se mettre) aux gages de qqn, *to be in (to enter) s.o.'s pay.* ‖ Donner des gages à qqn, *to give s.o. undertakings.* ◆ GARANTIE. Donner un gage, *to give a guarantee.* ‖ Donner (laisser) qqch. en gage, *to give (to leave) sth. as security.* ‖ Servir de gage, *to act as security.* ◆ MÉRITE. Ne pas voler ses gages, *(certainly) to earn o.'s wages.* ◆ PRÉCAUTION. Prendre des gages, *to require security.* ◆ PRÊT. Prendre qqch. en gage, *to take sth. in pawn.* ‖ Prêter sur gages, *to lend on security.* ◆ RENVOI. Casser qqn aux gages, *to dismiss s.o.* ◆ RÉTRIBUTION. Payer les gages de qqn, *to pay s.o. his wages.* ◆ SIGNE. Donner qqch. en gage d'affection, *to give sth. as a token of affection.*
→ **tueur.**

gageure ◆ DIFFICULTÉ. Etre une gageure, *to be a wager.* ‖ Tenir de la gageure, *to be a long shot.* ◆ RISQUE. Accepter (soutenir) la gageure, *to accept (to take up) the wager.*

gagnant 1. CERTITUDE. Jouer gagnant, *cannot lose* (Gramm.). ‖ Partir gagnant, *to be bound to succeed.* [V. 3.] — 2. PRÉVISION. Donner qqn gagnant, *to forecast s.o.'s victory.* — 3. SPORTS. Partir gagnant, *to be a dead cert to win* (cheval). [V. 1.]

gagné ◆ RÉSIGNATION. Etre autant de gagné (Fam.), *to be all to the good.* ‖ Etre toujours cela de gagné (Fam.), *to be always something.*

gagne-pain ◆ CHÔMAGE. Perdre son gagne-pain, *to lose o.'s livelihood.*

gagne-petit ◆ RÉMUNÉRATION. Rester un gagne-petit, *to remain a cheap-jack.*

gagner ◆ NON-PROFIT. N'avoir rien à y gagner, *not to be going to get anything out of it.* ◆ RISQUE. Jouer à qui perd gagne, *to play winners losers.*
→ **manque.**

gaieté ◆ CONTRAINTE. Ne pas faire qqch. de gaieté de cœur, *to do sth. with a heavy heart.* ◆ ENTRAIN. Apporter de la gaieté, *to provide merriment.* ‖ Mettre de la gaieté, *to put a bit of life into things.* ‖ Mettre qqn en gaieté, *to make s.o. merry.* ◆ GAIETÉ. Etre d'une gaieté folle, *to be madly gay.* ◆ INSOUCIANCE. Agir de gaieté de cœur, *to act out of sheer thoughtlessness.* ◆ TRISTESSE. Manquer de gaieté, *not to be very cheerful.*
→ **note.**

gaillard ◆ SANTÉ. Se sentir gaillard (Fam.), *to feel in fine fettle.*

gaillardise ◆ GAULOISERIE. Dire des gaillardises, *to tell broad jokes.*

gain ◆ ACTIVITÉ. Réaliser un gain de temps, *to bring about a saving in time.* ◆ ARBITRAGE. Donner gain de cause à qqn, *to decide in s.o.'s favour.* ◆ AVARICE. Etre âpre au gain, *to be grasping.* ◆ PROFIT. Tirer (retirer) un gain de qqch., *to derive (to reap) benefit from sth.* ◆ SUCCÈS. Obtenir (avoir) gain de cause, *to win o.'s case.*
→ **appât.**

gala ◆ RÉJOUISSANCE. Donner (organiser) un gala, *to give (to arrange) a gala.*

galant ◆ GALANTERIE. Faire le galant, *to show great chivalry.*

galanterie ◆ GALANTERIE. Dire des galanteries à qqn, *to make pretty speeches to s.o.* ◆ INCIVILITÉ. Manquer de galanterie, *to be lacking in chivalrousness.*

gale ◆ APPÉTIT. Ne pas avoir la gale aux dents (Fam.), *to have nothing wrong with o.'s appetite.* ◆ MÉCHANCETÉ. Etre méchant comme la gale (Fam.), *to be thoroughly objectionable.* ◆ NORME. Ne pas avoir la gale (Fam.), *will not bite*

(Gramm.). ◆ SANTÉ. Attraper (avoir; contracter) la gale, *to catch (to have; to get) scabies.*

galéjade ◆ EXAGÉRATION. Dire des galéjades, *to spin a yarn.*

galère ◆ DÉSAGRÉMENT. S'être fourré dans une drôle de galère (Fam.), *to have got o.s. into a right pickle.* ◆ IMPRUDENCE. Se laisser embarquer dans une galère (Fam.), *to let o.s. get loaded with a job.* ◆ TOURMENT. Etre une vraie galère (Fam.), *to be a hell upon earth.*

galerie ◆ COMIQUE. Amuser la galerie, *to keep everyone in fits.* ◆ OSTENTATION. Épater la galerie (Fam.), *to impress people (to bowl it over).* ‖ Poser pour la galerie, *to act a role for people.* ◆ THÉÂTRE. Jouer pour la galerie, *to play to the gallery.*

galérien → vie.

galette ◆ RICHESSE. Avoir de la galette (Fam.), *to have brass.*

galipette ◆ FAITS et GESTES. Faire des galipettes, *to turn somersaults.*

galoche → menton.

galon ◆ DÉSISTEMENT. Rendre ses galons (Fam.), *to resign o.'s rank.* ◆ DOMINATION. Mettre ses galons en avant (Fam.), *to pull rank.* ◆ ESTIME, HIÉRARCHIE. Prendre du galon, *to move up in the world.* ◆ HIÉRARCHIE. Gagner ses galons, *to win o.'s stripes.* ◆ RÉJOUISSANCE. Arroser ses galons, *to celebrate o.'s stripes.*

galop ◆ ÉQUITATION. Aller au grand galop, *to ride full gallop.* ‖ Aller au petit galop, *to canter.* ◆ RAPIDITÉ. Faire qqch. au galop, *to gallop through sth.* ◆ VITESSE. Courir au triple galop, *to go full gallop.* ‖ Partir au galop, *to gallop off.* ‖ Prendre le galop (piquer un galop), *to break into a gallop.*
→ temps.

gambade ◆ FAITS ET GESTES. Faire des gambades, *to cut capers.*

gambette ◆ FUITE. Tricoter des gambettes (Pop.), *to cut and run.*

gamelle ◆ CHUTE. Ramasser une gamelle (Pop.), *to take a header.*

gamine → chapeau.

gamme 1. APPRENTISSAGE. Faire ses gammes (Fam.), *to obtain a working knowledge.* [V. 4.] — 2. JOUISSANCE. Connaître toute la gamme des plaisirs, *to have supped deep of pleasures.* — 3. MOYEN. Utiliser toute la gamme des ressources, *to use the whole gamut of resources.* — 4. MUSIQUE. Faire ses gammes, *to practise o.'s scales.* [V. 1.] — 5. REVIREMENT. Changer de gamme (Fam.), *to change key.*

gant ◆ CONVENANCE. Aller comme un gant (Fam.), *to fit like a glove.* ◆ CONVERSION. Retourner qqn comme un gant (Fam.), *to twist s.o. round o.'s little finger.* ◆ DÉFI. Jeter le gant, *to throw down the gauntlet.* ◆ MÉNAGEMENT. Mettre (prendre) des gants avec qqn (Fam.), *to handle s.o. with kid gloves.* ◆ PRÉTENTION. Se donner des gants (Fam.), *to take the credit.* ◆ RIPOSTE. Relever le gant, *to pick up the gauntlet.* ◆ RONDEUR. Ne pas prendre de gants (Fam.), *not to take kid gloves.* ◆ SOUMISSION. Etre souple comme un gant (Fam.), *to be as soft as putty.* ◆ VÊTEMENT. Mettre ses gants, *to put on o.'s gloves.*
→ main.

garage ◆ AUTOMOBILE. Mettre qqch. au garage, *to put sth. in the garage.*
→ voie.

garant ◆ GARANTIE. Se porter garant de qqn, *to vouch for s.o.*

garantie ◆ FIABILITÉ. Présenter des garanties, *to be guaranteed* (chose); *to be reliable* (personne). ◆ GARANTIE. Donner une garantie, *to give a guarantee.* ‖ Offrir des garanties, *to offer guarantees.* ◆ PRÉCAUTION. Prendre des garanties, *to take precautions.* ‖ S'entourer de garanties, *to take every precaution.*
→ étiquette, label.

garçon ◆ CARACTÈRE. Etre un garçon manqué, *to be a tomboy.* ◆ CÉLIBAT. Rester vieux garçon, *to remain a bachelor.* ◆ CORPS. Etre beau garçon, *to be a good-looker.* ◆ DÉDAIN. Traiter qqn en petit garçon, *to treat s.o. like a child.* ◆ INFÉRIORITÉ. Se sentir petit garçon, *to feel meek.* ◆ RESTAURANT. Appeler le garçon, *to call the waiter.* ◆ SEXUALITÉ. Faire renifler les garçons (Pop.), *to have the boys running after.*
→ vie.

garçonnière ◆ MAISON. Habiter une garçonnière, *to live in a bachelor flat.*

garde ◆ ACCULEMENT. Faire donner la gárde, *to play o.'s highest card.* ◆ AVERTISSEMENT. Mettre qqn en garde contre qqn (qqch.), *to put s.o. on his guard against s.o. (sth.).* ◆ CIRCONSPECTION. N'avoir garde de faire qqch., *to take good*

care not to do sth. ‖ Prendre garde à qqn (qqch.), *to be careful of s.o. (sth.).* ‖ Prendre garde de faire qqch., *to be careful not to do sth.* ◆ CIRCONSPECTION, PRUDENCE. Prendre garde, *to take care.* Prendre garde au chien, *to beware of the dog.* ◆ DÉPÔT. Confier qqch. à la garde de qqn, *to entrust s.o. with sth.* ‖ Laisser qqch. en garde à qqn, *to leave sth. in s.o.'s charge.* ◆ ERREUR. S'enferrer jusqu'à la garde (Fam.), *to get deeper and deeper in.* ◆ GARDE. Avoir qqch. en garde, *to have charge of sth.* ‖ Etre préposé à la garde de qqch., *to be put in charge of sth.* ◆ MÉDECINE. Faire des gardes, *to do nursing.* ◆ MÉFIANCE. Etre (se tenir) en garde contre qqch., *to be (to stand) on o.'s guard against sth.* ‖ Etre (demeurer, rester, se tenir) sur ses gardes, *to be (to remain, to stand) on o.'s guard.* ◆ MILITAIRE. Monter la garde, *to mount guard.* ◆ POLICE. Mettre (placer, tenir) qqn sous bonne garde, *to put (to place, to keep) s.o. in safe custody.* ◆ PROTECTION. Placer qqn sous la garde de qqn, *to place s.o. in s.o.'s custody.* ‖ Prendre qqn sous sa garde, *to take s.o. under o.'s protection.* ◆ SPORTS. Se mettre en garde, *to get en garde.* ‖ Tomber en garde, *to take up o.'s guard.* ◆ SURVEILLANCE. Assurer la garde, *to keep watch.* ‖ Etre de garde, *to be on duty.* ‖ Faire bonne garde, *to keep a sharp look-out.*
→ **tour.**

garde-à-vous ◆ MILITAIRE. Se mettre au garde-à-vous, *to stand to attention.*

garde-chiourme ◆ AUTORITARISME. Faire le garde-chiourme (Fam.), *to act the sergeant-major.*

garde-fou ◆ ARCHITECTURE. Poser un garde-fou, *to instal a hand-rail.* ◆ SÉCURITÉ. Servir de garde-fou (Fig.), *to act as a brake.*

garder ◆ CIRCONSPECTION. S'en garder bien, *to take great care not to.*

garde-robe ◆ VÊTEMENT. Remonter sa garde-robe, *to replenish o.'s wardrobe.*

gardien → **poste.**

gardon ◆ SANTÉ. Etre frais comme un gardon (Fam.), *to be as fresh as paint.*

1. gare ◆ TRANSPORTS. Aller à la gare, *to go to the station.* ‖ Conduire qqn à la gare, *to see s.o. off on the train.* ‖ Entrer en gare, *to be now arriving.* ‖ Etre en gare, *to be standing in the station.*

2. gare ◆ AVERTISSEMENT. Crier gare à qqn, *to give s.o. a warning.* ◆ IMPROVISTE. Arriver sans crier gare, *to arrive without warning.*

gargarisme ◆ MÉDECINE. Faire un gargarisme, *to gargle.*

garni ◆ MAISON. Loger en garni, *to be in digs.*

garnison ◆ MILITAIRE. Tenir (être en) garnison, *to be garrisoned.*

garrot ◆ MÉDECINE. Poser un garrot, *to apply a tourniquet.*

Gascon → **promesse.**

gaspillage ◆ NON-EFFICIENCE. Etre un gaspillage de forces, *to be a waste of effort.*

gâteau ◆ COMPLICITÉ. Partager le gâteau (Fam.), *to share the booty.* ◆ CUISINE. Découper un gâteau, *to cut up a cake.* ◆ FACILITÉ. Etre du gâteau (Fam.), *to be a piece of cake.*
→ **fève, part.**

gâté ◆ MALCHANCE. Ne pas être gâté (Fam.), *not to be in luck.*

gâter ◆ AMÉLIORATION. Ne rien gâter (Impers.), *not to do any harm.* ◆ GÂCHIS. Finir par tout gâter, *to end up making a mess of everything.*

gâterie ◆ PHYSIONOMIE. Avoir une gâterie dans l'œil (Fam.), *to have a cast in o.'s eye.*

gâteux ◆ FAIBLESSE. En devenir gâteux (Fam.), *to get dotty over it.* ◆ SÉNILITÉ. Devenir gâteux, *to start to dote.*

gâtisme ◆ SÉNILITÉ. Tomber dans le gâtisme, *to get into o.'s dotage.*

gauche ◆ AUTOMOBILE. Rouler à gauche, *to drive on the left.* ◆ DIRECTION. Tourner (prendre) à gauche, *to turn left.* ◆ ÉCONOMIE. Mettre à gauche (Fam.), *to set aside.* ◆ POLITIQUE. Etre à (de) gauche, *to be left-wing.*
→ **union.**

gaudriole ◆ GAULOISERIE. Débiter (dire) des gaudrioles, *to crack (to tell) broad jokes.* ◆ LIBERTINAGE. Ne penser qu'à la gaudriole (Fam.), *to be sex-mad.*

gauloiserie ◆ GAULOISERIE. Dire des gauloiseries, *to crack rude jokes.*

gaz ◆ AUTOMOBILE. Foncer (rouler) à pleins gaz, *to go full throttle.* ◆ AVIATION. Couper les gaz, *to cut off the fuel.* ◆ GAZ. Allumer (éteindre) le gaz, *to light (to turn off) the gas.* ‖ S'éclairer (se chauffer) au gaz, *to have gas-lighting (gas-heating).*

◆ INCIVILITÉ. Lâcher un gaz, *to break wind.* ◆ SANTÉ. Avoir des gaz, *to suffer from flatulence.* ◆ VITESSE. Mettre les gaz (Fam.), *to open the throttle.*
→ eau.

gazon ◆ AGRICULTURE. Tondre le gazon, *to mow the lawn.* ◆ CHEVELURE. Avoir le gazon mité (Fam.), *to be thin on top.*

geai ◆ FAUX-SEMBLANT. Etre le geai paré des plumes du paon, *to be wearing borrowed feathers.*

géant → pas.

gémissement ◆ PLAINTE. Pousser des gémissements, *to utter groans.*

gémonies ◆ MALÉDICTION. Vouer aux gémonies, *to hold up to scorn.*

gencive → coup.

gendarme ◆ AUTORITARISME. Etre un vrai gendarme (Fam.), *to be a real sergeant-major.* ‖ Faire le gendarme (Fam.), *to try and keep order.* ◆ SURVEILLANCE. Dormir en gendarme (Fam.), *to sleep with one eye open.*

gendre → fille.

gêne ◆ EFFRONTERIE. Etre sans gêne, *to have a (colossal) cheek.* ◆ EMBARRAS. Causer de la gêne, *to cause embarrassment.* ‖ Éprouver de la gêne, *to feel embarrassed.* ◆ IMPÉCUNIOSITÉ. Etre (se trouver) dans la gêne, *to be in financial straits.*

gêné ◆ EMBARRAS. Se sentir gêné, *to feel embarrassed.* ◆ IMPÉCUNIOSITÉ. Etre (se sentir) gêné, *to be short.*

gêner ◆ DÉSINVOLTURE. Ne pas se gêner, *not to stand on ceremony.*

générale ◆ MILITAIRE. Battre la générale, *to call to arms.*

généralité ◆ EXPRESSION. S'en tenir à des généralités, *to confine o.s. to generalities.*

généreux ◆ AFFECTATION. Faire le généreux, *to feign generosity.* ◆ LIBÉRALITÉ. Se montrer généreux, *to show generosity.*

générosité ◆ GÉNÉROSITÉ. Montrer de la générosité, *to show magnanimity.* ◆ LIBÉRALITÉ. Faire des générosités, *to act generously.*

genèse ◆ ORIGINE. Faire la genèse d'un événement, *to give an historical account of an event.*

génie ◆ CAPACITÉ. Avoir le génie des affaires, *to be a born businessman.* ◆

COMPLICATION. Avoir le génie de la complication (Fam.), *to be a genius at making things complicated.* ◆ INFLUENCE. Etre le bon génie de qqn, *to be s.o.'s good angel.* ‖ Etre le mauvais génie de qqn, *to be s.o.'s evil genius.* ◆ INSPIRATION. Suivre son génie, *to follow o.'s bent.* ◆ MÉDIOCRITÉ. Ne pas être un génie, *to be no genius.* ◆ PRÉTENTION. Se prendre pour un génie, *to think o. is a genius.*
→ coup, éclair, homme, trait.

genou ◆ CHUTE. Se couronner les genoux, *to graze o.'s knees.* ◆ CORPS. Avoir les genoux en dedans, *to be knock-kneed.* ◆ FAITS ET GESTES. Etre à genoux, *to be on o.'s knees.* ‖ Mettre le genou en (à) terre, *to go down on one knee.* ‖ Prendre qqn sur ses genoux, *to take s.o. on o.'s knee (o.'s lap).* ‖ Se mettre à genoux, *to kneel.* ◆ FATIGUE. Etre (tomber) sur les genoux (Fam.), *to be dead-beat.* ◆ SÉDUCTION. Faire du genou à qqn, *to play footsie with s.o.* ◆ SERVILITÉ. Etre aux genoux de qqn, *to be s.o.'s adoring slave.* ‖ Etre né à genoux, *to have the soul of a servant.* ◆ SOUMISSION. Fléchir (ployer) le genou devant qqn, *to bend the knee to s.o.* ‖ Se mettre à genoux devant qqn, *to go down on o.'s knees to s.o.* ◆ SUPPLICATION. Embrasser les genoux de qqn (se jeter aux genoux de qqn), *to throw o.s at s.o.'s feet.* ‖ Se traîner aux genoux de qqn, *to crawl to s.o.*
→ enfant.

genre ◆ AFFECTATION. Se donner un genre, *to adopt a style.* ◆ APPARENCE. Avoir mauvais genre, *to look disreputable.* ◆ CARACTÉRISTIQUE. Etre tout à fait dans le genre de qqn, *to be absolutely typical of s.o.* ‖ Etre (ne pas être) le genre de la maison, *to be (not to be) in keeping with the ways of the place.* ‖ Ne pas être le genre de qqn, *not to be the sort of things s.o. does.* ◆ COMIQUE. Etre du genre comique, *to be comical.* ◆ COMPORTEMENT. Adopter (mener, pratiquer) un genre de vie, *to lead a mode of life.* ◆ DISTINCTION. Avoir du genre (Fam.), *to have style.* ‖ Faire grand genre, *to look very distinguished.* ◆ LANGAGE. S'accorder en genre et en nombre, *to agree in number and gender.* ◆ LITTÉRATURE. Rénover un genre littéraire, *to revive a literary genre.* ◆ ORIGINALITÉ. Etre unique en son

genre (Fam.), *to be unique.* ◆ PRÉTENTION. Faire du genre (Fam.), *to put on airs.*
→ **ennemi, modèle.**

gens ◆ AVENTURE. Arriver à des gens très bien (Fam.), *to happen in the best families.* ◆ COMMÉRAGE. Faire jaser (parler) les gens, *to set tongues wagging.* ◆ DÉSINVOLTURE. Se moquer des gens, *to be joking.* ◆ TOLÉRANCE. Prendre les gens comme ils sont, *to take people as they are.*
→ **noyau, partie, prise.**

gentil ◆ AFFECTATION. Faire le gentil, *to turn on the charm.*

gentillesse ◆ GENTILLESSE. Faire une gentillesse à qqn, *to do s.o. a kindness.* ‖ Faire mille gentillesses à qqn, *to heap kindness on s.o.* ◆ PRÉVENANCE. Etre plein de gentillesse pour qqn, *to be full of kindness for s.o.*

génuflexion ◆ RELIGION. Faire une génuflexion, *to genuflect.*

géométrie → **esprit.**

gérance ◆ COMMERCE. Mettre en gérance, *to put under management.* ‖ Prendre qqch. en gérance, *to take over management of sth.*

germain → **cousin.**

germe ◆ DESTRUCTION. Étouffer qqch. dans le germe, *to nip sth. in the bud.* ◆ ORIGINE. Contenir qqch. en germe, *to contain the seeds of sth.* ‖ Porter le germe de qqch., *to carry the seeds of sth.*
→ **porteur.**

gestation → **œuvre.**

geste ◆ CIVILITÉ. Avoir le geste élégant, *to do the handsome thing.* ◆ COUTUME. Accomplir un geste traditionnel, *to perform a traditional act.* ◆ FAITS ET GESTES. Ébaucher (esquisser) un geste, *to make a vague gesture.* ‖ Faire des gestes, *to gesture.* ‖ Faire un geste d'assentiment (de refus), *to make a gesture of agreement (refusal).* ‖ Faire un geste de la main, *to gesture.* ‖ Joindre le geste à la parole, *to suit the action to the word.* ‖ S'exprimer par gestes, *to use sign-language.* ◆ GÉNÉROSITÉ. Avoir un beau geste, *to make a splendid gesture.* ◆ IMPATIENCE. Avoir un geste d'impatience, *to make an impatient gesture.* ◆ IRRÉFLEXION. Avoir un geste inconsidéré, *to make an ill-considered gesture.* ◆ LIBÉRALITÉ. Avoir le geste large, *to be open-handed.* ◆ MAÎTRISE DE SOI. Réprimer un geste de

contrariété (colère), *to check a movement of annoyance (anger).* ◆ POUVOIR. N'avoir qu'un geste à faire, *to have only to lift o.'s finger.* ◆ REFUS. Écarter qqch. (qqn) d'un geste, *to wave sth. (s.o.) aside.*
→ **beauté, fait, voix.**

gestion ◆ COMMERCE. Participer à la gestion d'une entreprise, *to share in running a firm.*
→ **compte.**

gibet ◆ SENTENCE. Condamner au gibet, *to sentence to the gallows.*

gibier ◆ CHASSE. Faire lever un gibier, *to flush game.* ◆ DÉLINQUANCE. Etre un gibier de potence, *to be a gallows-bird.*

gifle ◆ INSULTE. Recevoir une gifle (Fig.), *to receive a slap in the face.* ◆ VOIES DE FAIT. Donner (appliquer, envoyer, flanquer [Fam.]) une gifle à qqn, *to slap (to smack, to wallop) s.o.'s face.* ‖ Recevoir une gifle, *to get o.'s face slapped.*
→ **tête.**

gigue ◆ AGITATION. Danser la gigue, *to jig up and down.* ◆ TAILLE. Etre une grande gigue (Fam.), *to be long and lanky.*

gilet ◆ PLAINTE. Pleurer dans le gilet de qqn (Fam.), *to weep on s.o.'s shoulder.*

girafe ◆ INACTION. Peigner la girafe (Fam.), *to contemplate o.'s big toe.*

giron ◆ RELIGION. Rentrer dans le giron de l'Église, *to return to the bosom of the Church.*

girouette ◆ REVIREMENT. Tourner comme une girouette (Fam.), *to be as changeable as a weathercock.*

gîte ◆ RETOUR. Revenir au gîte (Fam.), *to return to the nest.*
→ **lièvre, toit.**

glace ◆ ACCUEIL. Briser (rompre) la glace, *to break the ice.* ◆ AUTOMOBILE. Baisser (lever) la glace, *to lower (to raise) the window.* ◆ INSENSIBILITÉ. Rester de glace, *to keep icily calm.*

glaive ◆ PAIX. Remettre le glaive au fourreau, *to sheathe the sword.*

gland → **blé.**

glas ◆ MORT, FIN. Sonner le glas (de qqn, de qqch.), *to sound the knell (of s.o., of sth.).*

glissade ◆ AVIATION. Faire une glissade sur l'aile, *to have a side-slip.* ◆ FAITS ET GESTES. Faire une glissade, *to slide.*

glissement. ◆ LANGAGE. Opérer un glissement de sens, *to undergo a shift in meaning.*

glisser ◆ MORT. Se laisser glisser (Fam.), *to slip o.'s cable.*

globe ◆ ORIGINALITÉ. Etre à mettre sous globe (Fam.), *ought to be on show at a fair* (Gramm.).

→ **tour.**

gloire ◆ AMBITION. Courtiser (rechercher) la gloire, *to pay court to (to seek) fame.* ◆ AMOUR-PROPRE. Mettre sa gloire à faire qqch., *to make it a point of honour to do sth.* ◆ GRATUITÉ. Travailler pour la gloire (Fam.), *to work for nothing.* ◆ OBSCURITÉ. Survivre à sa gloire, *to outlive o.'s fame.* ◆ PLÉNITUDE. S'étaler dans toute sa gloire (Fam.), *to be exhibited for all to see.* ◆ RELIGION. Rendre gloire à Dieu, *to give glory to God.* ◆ RENOMMÉE. Célébrer la gloire de qqn, *to celebrate s.o.'s fame.* ‖ Entrer vivant dans la gloire, *to achieve fame in o.'s life-time.* ‖ Etre auréolé de gloire, *to wear a halo of glory.* ‖ Se couvrir de gloire, *to cover o.s. with glory.* ◆ SUCCÈS. Etre parti pour la gloire, *to be headed for fame and fortune.* ◆ VANITÉ. Tirer gloire (se faire gloire) de qqch., *to glory in sth.*

→ **apogée, faîte, rançon, summum.**

glu ◆ IMPORTUNITÉ. Etre collant comme la glu (Fam.), *to be like a leech.*

gnognote ◆ NON-VALEUR. Etre de la gnognote (Fam.), *to be trash.*

gnôle ◆ BOISSON. Prendre une gnôle (Fam.), *to have a tot.*

gnon ◆ SANTÉ. Se flanquer un gnon (Fam.), *to give o.s. a wallop.*

gober ◆ AVERSION. Ne pas pouvoir gober qqn (Fam.), *cannot stand s.o. at any price* (Gramm.).

godille ◆ MARINE. Naviguer (aller) à la godille, *to scull.*

gogo ◆ ABONDANCE. Avoir tout à gogo (Fam.), *to have lashings of everything.*

→ **roi.**

goguette ◆ LIBERTINAGE. Etre en goguette (Fam.), *to be out on the spree.*

gomme ◆ AUTOMOBILE. Mettre toute la gomme (Fam.), *to stamp on the accelerator.* ◆ EFFORT. Mettre toute la gomme (Fam.), *to put all o. has got into it.* ◆ NON-VALEUR. Etre à la gomme (Fam.), *to be daft.* ◆ SABOTAGE. Etre à la gomme (Fam.), *to be bungled.*

→ **boule.**

Goncourt → **prix.**

gond ◆ COLÈRE. Etre hors de ses gonds, *to be beside o.s.* ‖ Sortir de ses gonds, *to*

fly off the handle. ◆ EXCITATION. Faire sortir qqn de ses gonds (mettre qqn hors de ses gonds), *to make s.o. fly into a rage.* ◆ TECHNIQUE. Tourner sur ses gonds, *to turn on its hinges.*

gordien → **nœud.**

gorge 1. CORPS. Avoir une gorge opulente, *to be buxom.* — 2. CRI. Crier à pleine gorge, *to shout at the top of o.'s voice.* — 3. CRIME. Couper (trancher) la gorge à qqn, *to cut s.o.'s throat.* — 4. ÉMOTION. Avoir la gorge serrée (nouée), *to have o.'s heart in o.'s mouth.* — 5. MOQUERIE. En faire des gorges chaudes, *to poke fun (at it).* — 6. OPPRESSION. Tenir qqn à la gorge (Fig.), *to have a stranglehold on s.o.* [V. 13.] — 7. PAIEMENT. Rendre gorge, *to cough up.* — 8. PEUR. Avoir la gorge sèche, *to feel o.'s mouth dry.* [V. 12.] — 9. RESTITUTION. Faire rendre gorge à qqn, *to make s.o. disgorge.* — 10. RIRE. Rire à gorge déployée, *to roar with laughter.* — 11. SANTÉ. Souffrir de la gorge, *to have a sore throat.* — 12. SENSATION. Avoir la gorge sèche, *to feel o.'s throat dry.* [V. 8.] ‖ Chatouiller (râper, prendre à) la gorge, *to tickle (to catch) s.o.'s throat.* — 13. VOIES DE FAIT. Sauter à la gorge de qqn, *to go for s.o.'s throat.* ‖ Tenir (prendre, saisir) qqn à la gorge, *to have (to grab) s.o. by the throat.* [V. 6.] — 14. VOIX. Se râcler (s'éclaircir) la gorge, *to clear o.'s throat.*

→ **chat, couteau, mal, mot, parole.**

gorgée ◆ BOISSON. Boire à petites gorgées, *to sip.*

gosier ◆ BOISSON. Avoir le gosier pavé (Fam.), *to have a cast-iron throat.* ‖ S'humecter le gosier (Fam.), *to wet o.'s whistle.* ◆ CRI. Crier à plein gosier, *to shout at the top of o.'s voice.* ◆ IVROGNERIE. Avoir le gosier en pente (sec) [Fam.], *to like o.'s gargle.* ◆ RANCUNE. Rester en travers du gosier (Fam.), *to stick in s.o.'s throat.*

→ **éponge.**

gosse ◆ FAMILLE. Faire des gosses (Fam.), *to have kids.* ◆ NAÏVETÉ. Etre un grand gosse, *to be a boy at heart.* ◆ SEXUALITÉ. Se faire faire un gosse (Pop.), *to get o.s. pregnant.*

→ **kyrielle.**

gouache ◆ ARTS. Faire de la gouache, *to paint in gouache.*

gouffre → **lord.**

goujat ◆ GROSSIÈRETÉ. Se conduire comme un goujat, *to behave churlishly.*

goujaterie ◆ GROSSIÈRETÉ. Faire une goujaterie, *to behave boorishly.*

goujon ◆ PÊCHE. Taquiner le goujon, *to go fishing.*

goulot ◆ BOISSON. Boire au goulot, *to drink (straight) from the bottle.*

gourde ◆ BÊTISE. Etre une (vraie) gourde (Fam.), *to be a (real) fat-head.*

gourme ◆ LIBERTINAGE. Jeter sa gourme, *to sow o.'s wild oats.*

gourmet ◆ GOURMANDISE. Etre un fin gourmet, *to be an epicure.*

gousset ◆ ARGENT. Avoir le gousset bien garni, *to have a well-lined purse.*
→ **main.**

goût 1. APPÉTIT. Mettre qqn en goût, *to give s.o. an appetite.* − 2. APPRÉCIATION. Trouver qqn (qqch.) à son goût, *to find s.o. (sth.) to o.'s liking.* − 3. ATTRAIT. Avoir du goût pour qqch., *to have a taste for sth.* ‖ Prendre goût à qqch., *to acquire a taste for sth.* − 4. BOISSON. Avoir un goût de bouchon, *to be corked.* − 5. CONFIANCE. S'en rapporter (se fier) au goût de qqn, *to rely on s.o.'s discernment.* − 6. CONFORMISME. Sacrifier au goût du jour, *to bow to fashion.* − 7. CONVENANCE. Etre au goût de qqn, *to be to s.o.'s taste.* − 8. CRIME. Faire passer (faire perdre) le goût du pain à qqn (Fam.), *to wipe s.o. off the map.* − 9. DÉCOURAGEMENT. N'avoir goût à rien, *not to care about anything.* − 10. DÉGUSTATION. Avoir le goût fin, *to have a fine palate.* ‖ Perdre le goût, *to lose o.'s sense of taste.* − 11. ESPOIR. Reprendre goût à la vie, *to feel that life is worth living again.* − 12. FASTE. Avoir le goût du luxe, *to have luxurious tastes.* − 13. GOÛT. Avoir bon goût (du goût), *to have good taste (taste)* [personne]. [V. 19.] ‖ Avoir un goût sûr, *to have very reliable taste.* ‖ Former (déformer) le goût de qqn, *to form (to pervert) s.o.'s taste.* [V. 19.] ‖ Ne pas discuter des goûts et des couleurs, *cannot account for tastes* (Gramm.). − 14. INDÉLICATESSE. Etre d'un goût douteux, *to be in doubtful taste.* − 15. INDÉPENDANCE. Agir (faire) à son goût, *to do what o. feels like.* − 16. MODERNISME. Mettre au goût du jour, *to bring up-to-date.* ‖ Se mettre au goût du jour, *to keep up with fashion.* − 17. NON-RAFFINEMENT.

Avoir le goût dépravé, *to have depraved tastes.* ‖ Avoir du goût pour la peinture (Fam.), *must have been to a freak show* (Gramm.). ‖ Etre de mauvais goût, *to be in bad taste.* ‖ Offenser le bon goût, *to offend against good taste.* − 18. PRODIGALITÉ. Avoir des goûts dispendieux (ruineux), *to have expensive tastes.* − 19. SAVEUR. Avoir un goût, *to taste funny.* ‖ Avoir bon goût, *to taste good* (chose). [V. 13.] ‖ Avoir un goût de revenez-y (Fam.), *would make you ask for more* (Gramm.). ‖ Donner du goût, *to give flavour.* ‖ Flatter le goût, *to delight the palate.* ‖ Former (affiner) le goût, *to train (to refine) the palate.* [V. 13.] ‖ Relever le goût de qqch., *to bring out the flavour of sth.* − 20. SIMILITUDE. Etre dans ce goût-là (Fam.), *to be something in that line.*
→ **affaire, conformité, manque.**

goutte 1. BOISSON. Prendre une goutte (Fam.), *to have a nip.* − 2. DIPLOMATIE. Passer entre les gouttes (Fam.), *to dodge the difficulties.* [V. 7.] − 3. ÉMOTION. Ne plus avoir une goutte de sang dans les veines, *not to have an ounce of strength left.* − 4. INCOMPÉTENCE. N'y entendre goutte, *not to know the first thing about it.* − 5. INSIGNIFIANCE. N'être qu'une goutte d'eau dans la mer, *to be a (mere) drop in the ocean.* − 6. LIQUIDE. Verser goutte à goutte, *to pour drop by drop.* − 7. MAUVAIS TEMPS. Passer entre les gouttes, *to dodge the showers.* [V. 2.] − 8. MÉDECINE. Faire du goutte-à-goutte à qqn, *to drip-feed s.o.* − 9. SANTÉ. Suer à grosses gouttes, *to sweat profusely.* − 10. SIMILITUDE. Se ressembler comme deux gouttes d'eau (Fam.), *to be as like as two peas in a pod.*

gouvernail ◆ CHEF. Tenir le gouvernail, *to be at the helm.* ◆ DÉSISTEMENT. Abandonner le gouvernail, *to abandon the helm.*

gouvernement ◆ CHEF. Avoir le gouvernement, *to be in charge.* ◆ POLITIQUE. Changer de gouvernement, *to have a change of government.* ‖ Constituer (former, instaurer, reconnaître, soutenir) un gouvernement, *to set up (to form, to establish, to recognize, to back) a government.* ‖ Mettre le gouvernement en minorité, *to defeat the government in a vote.* ‖ Renverser (faire tomber) le gouvernement, *to bring the government down.*

grabuge ◆ QUERELLE. Faire du grabuge (Fam.), *to cause a row.*

grâce ◆ AFFECTATION. Faire des grâces, *to preen o.s.* ◆ AIDE. Etre une grâce d'état, *to be providential.* ◆ BONNE VOLONTÉ. S'exécuter de bonne grâce, *to comply with good grace.* ◆ CLÉMENCE. Faire grâce à qqn, *to pardon s.o.* ◆ DÉFAVEUR. Perdre les bonnes grâces de qqn, *to fall out of favour with s.o.* ◆ DIPLOMATIE. Acquérir (gagner, obtenir, rechercher) les bonnes grâces de qqn, *to win (to get into, to try to get into) s.o.'s good graces.* ‖ S'assurer (se concilier, se mettre dans) les bonnes grâces de qqn, *to curry favour with s.o.* ◆ FAVEUR. Faire (accorder) une grâce à qqn, *to do (to grant) s.o. a favour.* ◆ GAUCHERIE. Ne rien faire avec grâce, *to be awkward in everything.* ◆ OBLIGATION. Avoir mauvaise grâce à ne pas faire qqch., *to have no excuse for not doing sth.* ◆ PARDON. Rentrer en grâce, *to return to favour.* ‖ Rentrer dans les bonnes grâces de qqn, *to get back into s.o.'s good graces.* ◆ PRIVILÈGE. Etre dans les bonnes grâces de qqn, *to be in s.o.'s good graces.* ‖ Trouver grâce devant qqn (aux yeux de qqn), *to find favour with s.o. (in s.o.'s eyes).* ‖ Obtenir (recevoir) une grâce, *to obtain a favour.* ◆ REBUFFADE. Faire grâce à qqn de ses observations, *can do without s.o.'s remarks* (Gramm.). ‖ Faire grâce du reste à qqn, *to have heard enough.* ◆ RECONNAISSANCE. Rendre grâces à qqn, *to be thankful to s.o.* ◆ RELIGION. Dire les grâces, *to say grace.* ‖ Rendre grâces au ciel, *to give thanks unto God.* ◆ REQUÊTE. Demander (solliciter) une grâce, *to ask (to beg) a favour.* ◆ RÉTICENCE. Agir de mauvaise grâce, *to act with an ill grace.* ◆ SÉDUCTION. Déployer toutes ses grâces, *to turn on the charm.* ◆ SUPPLICATION. Crier (demander) grâce, *to cry (to beg) for mercy.*
→ **coup, droit, état, recours.**

gradation ◆ PROGRESSION. Passer par des gradations successives, *to go through successive stages.*

grade ◆ ÉCOLE. Prendre ses grades (universitaires), *to graduate.* ◆ HIÉRARCHIE. Accéder à un grade, *to attain a rank.* ‖ Conférer un grade, *to confer a rank.* ‖ Monter (avancer) en grade, *to be promoted.*
◆ RÉPRIMANDE. En prendre pour son grade (Fam.), *to get a dressing-down.*

graillon ◆ ODEUR. Sentir le graillon, *to smell of burnt fat.*

grain ◆ ATTENTION. Veiller au grain (Fam.), *to keep o.'s weather-eye open.* ◆ BÊTISE. Ne pas avoir un grain de bon sens, *not to have one iota of common sense.* ◆ CORPS. Avoir un grain de beauté, *to have a mole (beauty spot).* ◆ ENTRAVE. Etre un grain de sable dans l'engrenage, *to be a spanner in the works.* ◆ FOLIE. Avoir un grain (Fam.), *to be a bit dotty.* ◆ IMPOSSIBILITÉ. Mettre un grain de sel sur la queue de l'oiseau, *to put a pinch of salt on the sparrow's tail.* ◆ INTERVENTION. Mettre son grain de sel (Fam.), *to stick in o.'s oar.* ◆ PERSPECTIVE. Voir venir un grain (Fam.), *to see storms ahead.* ◆ SÉLECTION. Séparer le bon grain de l'ivraie, *to separate the wheat from the tares.*

graine ◆ ÂGE. Etre monté en graine (Fam.), *to be a bit long in the tooth.* ◆ ALIMENTATION. Casser la graine (Fam.), *to have a snack.* ◆ EXEMPLE. En prendre de la graine (Fam.), *to take a leaf from the same book.* ◆ INFAMIE. Etre de la mauvaise graine (Fam.), *to be a bad lot.*

graisse ◆ POIDS. Avoir de la mauvaise graisse, *to have unhealthy fat.* ‖ Faire (prendre) de la graisse, *to get fat.* ‖ Vivre sur sa graisse, *to live off o.'s fat.*
→ **boniment.**

grammaire ◆ LANGAGE. Etre brouillé avec la grammaire, *to have forgotten o.'s grammar.*

grand ◆ DÉMESURE. Voir grand, *to see big.* ◆ DÉVELOPPEMENT. Faire qqch. en grand, *to do sth. on a large scale.*

grand-chose ◆ ÉCHEC. Ne pas en sortir grand-chose, *not to get much out of it.* ◆ NON-VALEUR. Etre un pas-grand-chose (Fam.), *to be a nobody.* ‖ Ne pas valoir grand-chose, *not to be worth much.* ◆ PARESSE. Ne pas faire grand-chose, *not to do anything much.*

grandeur ◆ ÉLOGE. Exalter la grandeur de qqn (qqch.), *to exalt the greatness of s.o. (sth.).* ◆ MAGNANIMITÉ. Avoir de la grandeur d'âme, *to be magnanimous.* ‖ Montrer de la grandeur d'âme, *to show magnanimity.*
→ **folie, haut, portrait.**

grandiloquence ◆ EMPHASE. Tomber dans la grandiloquence, *to wax grandiloquent.*

graphique ◆ SCIENCE. Mettre qqch. en graphique, *to put sth. on a graph.*

grappin ◆ EMPRISE. Mettre le grappin sur qqn (Fam.), *to get o.'s hooks into s.o.* ‖ Mettre le grappin sur qqch. (Fam.), *to lay o.'s hands on sth.*

gras ◆ PÉNURIE. Ne pas y en avoir gras (Fam.), *there [to be] not much of it* (Gramm.). ◆ RELIGION. Faire gras, *to eat meat.* ◆ RIRE. Rire gras, *to laugh richly.*
→ **bout.**

gratification ◆ RÉMUNÉRATION. Recevoir (donner) une gratification, *to get (to give) a bonus.*

gratiné ◆ ABUS. Etre gratiné (Fam.), *to be a bit thick.* ◆ CUISINE. Etre gratiné, *to be au gratin.*

gratis ◆ GRATUITÉ. Entrer gratis, *to get in free.*

gratitude ◆ RECONNAISSANCE. Éprouver (ressentir) de la gratitude, *to feel gratitude.* ‖ Manifester (exprimer, témoigner) sa gratitude, *to show (to express, to convey) o.'s gratitude.*

gratte ◆ EXACTION. Faire de la gratte (Fam.), *to graft.*

gravité → **caractère.**

gravure ◆ ÉLÉGANCE. Ressembler à une gravure de mode, *to be a real fashion-plate.*
→ **air.**

gré ◆ APPRÉCIATION. Trouver qqch. à son gré, *to find sth. to o.'s liking.* ◆ CONTRAINTE. Agir bon gré mal gré, *to act willy-nilly.* ‖ Céder de gré ou de force, *to give in willy-nilly.* ◆ INDÉPENDANCE. Agir à son gré, *to do as o. pleases.* ‖ Agir de son plein gré (de son propre gré), *to act of o.'s own free will.* ◆ MARIAGE. Se marier contre le gré de ses parents, *to marry against the wishes of o.'s parents.* ◆ RECONNAISSANCE. Savoir gré à qqn de qqch., *to be obliged to s.o. for sth.*

greffe ◆ AGRICULTURE, MÉDECINE. Faire (pratiquer) une greffe, *to do a graft.* ‖ Rejeter une greffe, *to reject a graft.*

greffon ◆ AGRICULTURE, MÉDECINE. Prélever un greffon, *to take a graft.* ‖ Rejeter un greffon, *to reject a graft.*

grêle ◆ VOIES DE FAIT. Recevoir une grêle de coups, *to receive a hail of blows.*

grelot ◆ INITIATIVE. Attacher le grelot, *to bell the cat.*

grenade ◆ POLICE. Lancer des grenades lacrymogènes, *to throw tear-gas grenades.*

grenadier ◆ GROSSIÈRETÉ. Jurer comme un grenadier (Fam.), *to swear like a trooper.*

grenier ◆ AVARICE. Amasser dans ses greniers, *to gather unto barns.*
→ **cave.**

Grenoble → **conduite.**

grenouille ◆ BIGOTERIE. Etre une grenouille de bénitier (Fam.), *to be a church-addict.* ◆ VOL. Manger la grenouille (Fam.), *to abscond with the cash.*
→ **pierre.**

grève ◆ PROTESTATION. Faire la grève de la faim, *to go on hunger-strike.* ◆ SYNDICALISME. Briser une grève, *to break a strike.* ‖ Décider une grève, *to decide on strike-action.* ‖ Faire grève, *to go on strike.* ‖ Faire une grève d'avertissement (de protestation), *to stage a token (protest) strike.* ‖ Faire la grève des bras croisés (sur le tas), *to stage a stay-in (sit-down) strike.* ‖ Faire la grève générale, *to stage a general strike.* ‖ Faire une grève sauvage (surprise, symbolique, tournante), *to stage a wild-cat (lightning, token, ca'canny) strike.* ‖ Faire la grève perlée, *to stage a go-slow.* ‖ Faire une grève de solidarité, *to stage a sympathy strike.* ‖ Faire la grève du zèle, *to stage a work-to-rule.* ‖ Fomenter (ordonner) une grève, *to stir up (to call) a strike.* ‖ Laisser pourrir une grève, *to wait until a strike collapses.* ‖ Se mettre en grève, *to come out on strike.*
→ **comité, mot, ordre, piquet.**

gribouillage ◆ ÉCRITURE. Faire des gribouillages, *to doodle.*

grief ◆ RANCUNE. Nourrir des griefs contre qqn, *to harbour grievances against s.o.* ◆ RÉCRIMINATION. Exposer (formuler) des griefs, *to state (to set out) grievances.* ◆ REPROCHE. Faire grief de qqch. à qqn, *to reproach s.o. with sth.*

griffe 1. ADMINISTRATION. Apposer sa griffe, *to add o.'s signature.* [V. 4.] — 2. AGRESSIVITÉ. Aiguiser (montrer, sortir) ses griffes, *to sharpen (to show) o.'s claws.* [V. 3.] ‖ Se faire les griffes sur qqn, *to sharpen o.'s claws on s.o.* — 3. ANIMAL. Aiguiser (faire) ses griffes, *to sharpen its claws.* ‖ Rentrer (montrer, sortir) ses griffes, *to pull in (to show) its claws.* [V. 2.] — 4. COMMERCE. Apposer sa griffe, *to* stamp o.'s name. [V. 1.] – 5. ENTRAVE. Rogner les griffes de qqn, *to pull s.o.'s sting.* – 6. ESCLAVAGE. Tomber sous la griffe de qqn, *to fall into s.o.'s clutches.* – 7. LIBÉRATION. Arracher qqn aux griffes de qqn, *to get s.o. out of s.o.'s clutches.*

gril ◆ INQUIÉTUDE. Etre sur le gril (Fam.), *to be on tenterhooks.* ◆ PERSÉCUTION. Tenir qqn sur le gril (Fam.), *to keep s.o. on tenterhooks.* ‖ Retourner qqn sur le gril, *to torture s.o.*

grille ◆ RÉMUNÉRATION. Établir une grille des salaires, *to draw up a wages scale.*

grillé ◆ POLICE. Etre grillé (Fam.), *to be blown.*

grimace 1. DÉSACCORD. Faire la grimace à qqch., *to pull a long face at sth.* [V. 3.] – 2. FAITS ET GESTES. Faire des grimaces, *to make faces.* – 3. MAUSSADERIE. Faire la grimace à qqn, *to look sourly at s.o.* [V. 1.] – 4. MOQUERIE. Faire une grimace à qqn, *to make faces at s.o.* – 5. SOUFFRANCE. Faire une grimace de douleur, *to grimace with pain.*
→ singe, soupe.

grincement → pleur.

grippe ◆ AVERSION. Prendre qqn en grippe, *to take a dislike to s.o.* ◆ SANTÉ. Avoir (attraper) la grippe, *to have (to catch) a feverish chill.* ‖ Avoir une forte grippe, *to have 'flu.*

grisaille ◆ COULEUR. Se fondre dans la grisaille, *to merge into greyness.*

grognement ◆ CRI. Pousser (émettre) des grognements, *to growl.*

gros ◆ COMMERCE. Acheter en gros, *to buy wholesale.* ‖ Faire le gros et le détail, *to deal in wholesale and retail.* ◆ RISQUE. Risquer gros, *to risk a lot.* ◆ TRAVAIL. Faire le plus gros, *to break the back of the job.*

Gros-Jean ◆ DÉCONVENUE. Etre Gros-Jean comme devant (Fam.), *to come back to earth with a bump.*

grossesse ◆ MATERNITÉ. Mener sa grossesse à terme, *to carry o.'s child full term.* ◆ NERVOSITÉ. Faire une grossesse nerveuse, *to have a nervous pregnancy.*

grossièreté ◆ GROSSIÈRETÉ. Dire des grossièretés, *to make offensive remarks.*

groupe ◆ GROUPEMENT. Entrer dans un groupe, *to join a group.* ‖ Former un groupe, *to form a group.* ◆ MÉDECINE. Chercher (déterminer) le groupe sanguin de qqn, *to ascertain s.o.'s blood-*

group. ◆ PARTI. S'affilier à un groupe politique, *to join a political group.*

groupuscule ◆ POLITIQUE. Dissoudre des groupuscules, *to ban splinter groups.*

grue → pied.

grumeau ◆ CUISINE. Faire des grumeaux, *to go lumpy* (chose); *to let it go lumpy* (personne).

gruyère ◆ CUISINE. Raper du gruyère, *to grate Gruyère cheese.*

gué ◆ MARCHE. Traverser (passer) à gué, *to wade across.*
→ cheval.

guenon ◆ PHYSIONOMIE. Etre une vraie guenon (Fam.), *to be monkey-faced.*

guêpe → taille.

guêpier ◆ PIÈGE. Tomber (se fourrer [Fam.]) dans un guêpier, *to stir up a hornets'nest.*

guéri ◆ CONVERSION. En être guéri (Fam.), *to be cured.*

guéridon ◆ PHÉNOMÈNES PARANORMAUX. Faire tourner les guéridons, *to make the tables turn.*

guérison 1. CIVILITÉ. Souhaiter une prompte guérison à qqn, *to wish s.o. a speedy recovery.* – 2. RELIGION. Obtenir une guérison miraculeuse, *to obtain a miraculous cure* [V. 3.] – 3. SANTÉ. Obtenir une guérison miraculeuse, *to obtain a miracle cure.* [V. 2.]
→ voie.

guérisseur ◆ SANTÉ. Consulter un guérisseur, *to consult a healer.*

guerre 1. DÉSISTEMENT. Céder de guerre lasse, *to give in for the sake of peace and quiet.* – 2. DROIT. Etre de bonne guerre, *to be quite fair.* – 3. HOSTILITÉ. Attiser (envenimer) la guerre (entre deux personnes), *to embitter the conflict (between two people).* ‖ Etre en guerre contre qqn, *to be waging war on s.o.* [V. 4.] ‖ Mener une guerre déclarée (ouverte) contre qqn, *to wage open war on s.o.* ‖ Partir en guerre contre qqn (qqch.), *to get up in arms against s.o. (sth.).* ‖ Se faire une guerre à mort, *to fight to the death.* – 4. MILITAIRE. Aller à la guerre (partir pour la guerre), *to go off to war.* ‖ Déclarer la guerre, *to declare war.* ‖ Conduire (faire durer, gagner, perdre) la guerre, *to wage (to prolong, to win, to lose) the war.* ‖ Engendrer (justifier, susciter) la guerre, *to start (to justify, to instigate) a war.* ‖ Entrer en guerre, *to go to war.* ‖ Envisager la guerre,

to consider the possibility of war. ‖ Etre
en guerre, *to be at war.* [V. 2.] ‖ Faire la
guerre, *to make war.* [V. 7.] ‖ Faire une
guerre éclair, *to wage a lightning war.* ‖
Faire (mener) une guerre d'usure, *to wage
a war of attrition.* ‖ Mener une guerre
sainte, *to wage a holy war.* ‖ Préparer une
guerre atomique (nucléaire), *to prepare for
atomic (nuclear) war.* — 5. POLITIQUE.
Faire la guerre des nerfs, *to wage a war of
nerves.* ‖ Établir la guerre froide, *to start
a cold war.* — 6. RÉFORME. Faire la guerre
aux abus, *to wage war on abuses.* — 7.
RÉPRIMANDE. Faire la guerre à qqn (Fam.),
to keep on at s.o. [V. 4.] — 8. RÉVOLUTION.
Déclencher la guerre civile, *to trigger off
civil war.*
→ **conseil, hache, honneur, nerf, pied.**

guet ◆ SURVEILLANCE. Faire le guet, *to
keep watch.*

guet-apens ◆ PIÈGE. Tomber dans un
guet-apens, *to be ambushed.* ◆ SALUT.
Échapper à un guet-apens, *to escape from
an ambush.* ◆ TRAÎTRISE. Tendre (attirer
dans) un guet-apens, *to set (to entice into)
an ambush.*

guêtre ◆ FLÂNERIE. Traîner ses guêtres
(Fam.), *to loaf about.* ◆ FUITE. Tirer
ses guêtres (Fam.), *to make tracks.* ◆
MORT. Y laisser ses guêtres (Fam.), *to get
o.'s chips.*

gueulante ◆ COLÈRE. Pousser une
gueulante (Pop.), *to let out a yell.*

gueule 1. ABUS. Se ficher de la gueule de
qqn (Fam.), *to take s.o. for an idiot.* [V.
11.] — 2. BOISSON. Avoir la gueule blindée
(Pop.), *to have an asbestos-lined throat.* —
3. CHUTE. Se casser la gueule (Pop.), *to
fall flat on o.'s face.* [V. 19.] — 4. DISTINC-
TION. Avoir de la gueule (Fam.), *to have
something.* — 5. GLOUTONNERIE. S'en
mettre plein la gueule, *to wolf it down.* — 6.
GROSSIÈRETÉ. Etre fort en gueule (Pop.),
to be foul-mouthed. — 7. IMPRUDENCE.
Se jeter (se mettre, se fourrer [Fam.]) dans
la gueule du loup, *to jump (to put o.'s head)
into the lion's mouth.* — 8. IVRESSE. Avoir
la gueule de bois (Fam.), *to have a
hangover.* ‖ Se soûler la gueule (Pop.), *to
get sozzled.* — 9. MAUSSADERIE. Faire la
gueule (Fam.), *to sulk.* — 10. MÉCONTEN-
TEMENT. Faire une sale gueule (Fam.),
to scowl. — 11. MOQUERIE. Se ficher de la
gueule de qqn (Fam.), *to have a good old*

giggle at s.o.'s expense. [V. 1.] — 12.
PERSPECTIVE. Prendre une sale gueule
(Fam.), *to take an ugly turn.* — 13. PHYSIO-
NOMIE. Avoir la gueule en coin de rue
(Pop.), *to look surly.* ‖ Avoir une sale
gueule (Fam.), *to be an evil-looking
customer.* [V. 17.] — 14. PRIVATION. Pouvoir crever la gueule ouverte (Pop.), *can
whistle for it* (Gramm.). — 15. RÉCRIMI-
NATION. Ramener sa gueule (Pop.), *to
bring it all up again.* — 16. RIRE. Se fendre
la gueule (Pop.), *to split o.'s sides.* — 17.
SANTÉ. Avoir une sale gueule (Fam.), *to
look terrible.* [V. 13.] — 18. SILENCE.
Fermer (boucler) sa gueule (Pop.), *to shut
o.'s trap.* — 19. VOIES DE FAIT. Casser
(bourrer, foutre sur) la gueule à qqn
(Pop.), *to smash (to bash) s.o.'s face in.* ‖
Se casser la gueule (Pop.), *to wade into
one another.* [V. 3.]
→ **coup.**

gueuleton ◆ ALIMENTATION. Se payer
(se taper) un gueuleton (Pop.), *to treat o.s.
to a slap-up meal.*

gueuse ◆ LIBERTINAGE. Courir la gueuse
(Fam.), *to go wenching.*

Gui ou **Guy** → **danse.**

guibolle ◆ ÉMOTION. Trembler sur ses
guibolles (Fam.), *to go weak at the knees.*
◆ FATIGUE. Flageoler des guibolles (Fam.),
to wobble on o.'s pins. ◆ FUITE. Jouer
des guibolles (Pop.), *to scoot along.*

guichet ◆ FINANCES. Payer à guichets
ouverts, *to pay on demand.* ◆ SPECTACLE.
Jouer à guichets fermés, *to play to a full
house.*

guide 1. CHEF. Servir de guide, *to act as
a guide.* — 2. RÉMUNÉRATION. Ne pas
oublier le guide, *not to forget the guide.* —
3. SOUMISSION. Suivre le guide (Fam.),
to follow the leader. [V. 4.] — 4. VISITE.
Suivre le guide, *to follow the guide.* [V. 3.]
→ **vie.**

guigne ◆ INDIFFÉRENCE. S'en soucier
comme d'une guigne (Fam.), *not to give
a damn about it.* ◆ MALCHANCE. Avoir
la guigne (Fam.), *to have a jinx.* ‖ Etre
poursuivi par la guigne (Fam.), *to be under
a jinx.* ‖ Porter la guigne (Fam.), *to bring
bad luck.*

guignol ◆ AFFECTATION. Faire le guignol,
to act the clown.

guilledou ◆ LIBERTINAGE. Courir le
guilledou, *to go out gallivanting.*

guillemet ◆ ÉCRITURE. Ouvrir (fermer) les guillemets, *to open (to close) inverted commas.*

guillotine ◆ SENTENCE. Envoyer à la guillotine, *to send to the guillotine.*

guimauve → pâte.

guirlande ◆ ÉLOGE. Tresser des guirlandes à qqn, *to praise s.o. to the skies.*

guise ◆ INDÉPENDANCE. N'en faire qu'à sa guise, *to do just as o. pleases.*

guitare ◆ MUSIQUE. Gratter la guitare, *to strum the guitar.*

gymnastique ◆ INTELLECTUALISME. Se livrer à une gymnastique intellectuelle, *to do mental acrobatics.* ◆ SANTÉ. Faire de la gymnastique corrective, *to do physiotherapy exercises.* ◆ SPORTS. Faire de la gymnastique, *to do gymnastics.*

→ pas.

h

habiller ◆ ÉLÉGANCE. Savoir s'habiller, *to know how to dress.* ◆ VÊTEMENT. Faire habillé, *to look dressy.*

habit ◆ RELIGION. Prendre l'habit, *to become a monk* (homme), *to take the veil* (femme). ◆ VÊTEMENT. Mettre (ôter) ses habits, *to put on (to take off) o.'s clothes.* ‖ Porter l'habit, *to wear tails.*

→ prise.

habitant ◆ MAISON. Loger chez l'habitant, *to put up in a private house.*

habitat ◆ ARCHITECTURE. Améliorer l'habitat, *to improve living conditions.*

habitation ◆ MAISON. Changer d'habitation, *to change o.'s abode.*

→ usage.

habitude ◆ CHANGEMENT. Arracher qqn à ses habitudes, *to force s.o. out of his routine.* ‖ Changer les habitudes de qqn, *to change s.o.'s habits.* ◆ CONVERSION. Abandonner (perdre, renoncer à, rompre avec) ses habitudes, *to abandon (to get out of, to give up, to break out of) o.'s routine.* ‖ Se corriger (se débarrasser, se défaire) d'une habitude, *to cure o.s. of (to shake off, to get rid of) a habit.* ◆ DÉPENDANCE. Etre esclave d'une habitude, *to be a slave to a habit.* ◆ ÉDUCATION. Détacher (défaire, guérir) qqn d'une habitude (faire perdre une habitude à qqn), *to break (to cure) s.o. of a habit.* ‖ Donner une habitude à qqn, *to teach s.o. a habit.* ◆ EXPÉRIENCE. Avoir une longue habitude de qqch., *to have had long experience of sth.* ◆ FAMILIARITÉ. Avoir ses habitudes chez qqn, *to be a regular caller at s.o.'s house.* ◆ HABITUDE. Acquérir (contracter, prendre) une habitude, *to acquire (to pick up, to get into) a habit.* ‖ Avoir l'habitude de faire qqch., *to be in the habit of doing sth.* ‖ Conserver (garder) une habitude, *to keep up a habit.* ‖ Créer (engendrer) des habitudes, *to be habit-forming.* ‖ Prendre de bonnes (mauvaises) habitudes, *to form good (bad) habits.* ‖ Retrouver ses habitudes, *to return to o.'s routine.* ‖ S'en faire une habitude, *to make a practice of it.* ◆ IMPORTUNITÉ. Déranger les habitudes de qqn (gêner qqn dans ses habitudes), *to upset s.o.'s routine.* ◆ INEXPÉRIENCE. Manquer d'habitude, *to lack experience.* ◆ MAÎTRISE DE SOI. Combattre ses habitudes, *to try not to become a slave to habit.* ◆ NON-CONVENANCE. Etre contraire aux habitudes de qqn (sortir des habitudes de qqn, n'être pas dans les habitudes de qqn), *to be a departure from s.o.'s habits.*

→ affaire, force, question.

habitué ◆ FAMILIARITÉ. Etre un habitué de la maison, *to be a regular caller.*

hache ◆ ÉPURATION. Porter la hache dans qqch., *to axe sth.* ◆ PAIX. Enterrer la hache de guerre, *to bury the hatchet.*

→ bois.

hacher ◆ DÉVOUEMENT. Se faire hacher pour qqn (qqch.) [Fam.], *to lay down o.'s life for s.o. (sth.).* ◆ OBSTINATION. Se faire hacher plutôt que de céder (Fam.), *to lay down o.'s life rather than yield.*

haie ◆ HONNEURS. Faire la haie à qqn, *to line s.o.'s path.*

haillon ◆ PAUVRETÉ. Etre en haillons, *to be in rags.*

haine ◆ HAINE. Alimenter la haine, *to keep hatred alive.* ‖ Assouvir sa haine, *to satisfy o.'s hatred.* ‖ Attiser (allumer, engendrer) la haine, *to arouse (to kindle) hatred.* ‖ Avoir de la haine pour qqn, *to hate s.o.* ‖ Déchaîner (éveiller, exciter, inspirer) la haine, *to unleash (to awaken, to arouse, to inspire) hatred.* ‖ Concevoir (éprouver, ressentir) de la haine pour qqn, *to conceive (to feel) hatred for s.o.* ‖ Nourrir une haine contre qqn, *to harbour hatred against s.o.* ‖ Poursuivre qqn de sa haine, *to pursue s.o. with o.'s hatred.* ‖ Prendre qqn en haine, *to conceive hatred for s.o.* ‖ S'attirer la haine de qqn, *to incur s.o.'s hatred.* ‖ Vouer de la haine à qqn, *to vow hatred to s.o.* ◆ RÉCONCILIATION. Désarmer la haine de qqn, *to disarm s.o.'s hatred.*

haire ◆ RELIGION. Porter la haire, *to wear a hair-shirt.*

haleine 1. DÉTENTE. Reprendre haleine, *to take a breather.* [V. 2.] — 2. SANTÉ. Avoir l'haleine courte, *to be short-winded.* ‖ Avoir mauvaise haleine, *to have bad breath.* ‖ Etre hors d'haleine, *to be out of breath.* ‖ Perdre haleine, *to lose o.'s breath.* ‖ Reprendre haleine, *to regain o.'s breath.* [V. 1.] ‖ Retenir son haleine, *to hold o.'s breath.* — 3. SÉDUCTION. Tenir qqn en haleine, *to keep s.o. in suspense.* — 4. VITESSE. Courir à perdre haleine, *to run like mad.*
→ œuvre, travail.

hallali ◆ CHASSE. Sonner l'hallali, *to blow the mort.* ◆ FIN. Sonner l'hallali (Fig.), *to sound like the beginning of the end.*

hallebarde ◆ MAUVAIS TEMPS. Pleuvoir des hallebardes, *to rain cats and dogs.*

hallucination ◆ SANTÉ. Avoir des hallucinations, *to have hallucinations.*

halte ◆ ARRÊT. Faire halte, *to stop.* ◆ MILITAIRE. Faire halte, *to halt.*

haltère ◆ SPORTS. Faire des haltères, *to use dumb-bells.*

hameçon ◆ DUPE, PÊCHE. Mordre à l'hameçon, *to rise to the bait.* ◆ PIÈGE. Tendre l'hameçon, *to hold out a bait.*

hanche ◆ FAITS ET GESTES. Rouler les hanches, *to swing o.'s hips.*
→ poing.

handicap ◆ DÉSAVANTAGE. Avoir (supporter) un handicap, *to have (to endure) a handicap.* ◆ SUCCÈS. Combler (rattraper) son handicap, *to make up for o.'s handicap.*

hanneton ◆ DIFFICULTÉ. Ne pas être piqué des hannetons (Fam.), *to be quite something.*

hantise ◆ OBSESSION. Avoir la hantise de qqch., *to be haunted by sth.*

hara-kiri ◆ SUICIDE. Faire hara-kiri, *to commit hara-kiri.*

harangue ◆ DISCOURS. Débiter (prononcer) une harangue, *to deliver a tirade.*

hardiesse ◆ AUDACE. Avoir la hardiesse de faire qqch., *to be bold enough to do sth.* ‖ Montrer de la hardiesse, *to show boldness.*

harem ◆ LIBERTINAGE. Entretenir un harem (Fam.), *to keep a harem.* ◆ POLYGAMIE. Entretenir un harem, *to keep a harem.*

hareng ◆ ESPACE. Etre serrés comme des harengs, *to be squashed like sardines.*

hargne ◆ HUMEUR. Montrer (manifester) de la hargne, *to show peevishness.*

haricot ◆ IMPORTUNITÉ. Courir (taper) sur le haricot (Fam.), *to give the pip.*
→ fin.

harmonie ◆ DÉSACCORD. Manquer d'harmonie, *to be ill-suited.* ◆ HARMONIE. Etre en harmonie, *to be in tune.* ‖ Mettre en harmonie, *to bring into harmony.* ◆ PERTURBATION. Détruire (rompre, troubler) l'harmonie, *to destroy (to break, to disrupt) the harmony.* ◆ RÉCONCILIATION. Rétablir l'harmonie, *to restore harmony.*

harnais ou **harnois** ◆ EXPÉRIENCE. Blanchir (vieillir) sous le harnais, *to grow grey in service.* ◆ MÉTIER. Endosser le harnais, *to get into harness.*

haro ◆ DÉNIGREMENT. Crier haro sur le baudet, *to fall on the scapegoat.*

harpie ◆ CARACTÈRE. Etre une vieille harpie (Fam.), *to be a termagant.*

harponner ◆ IMPORTUNITÉ. Se faire harponner par qqn, *to be collared by s.o.*

hasard ◆ HASARD. Arriver (survenir) par hasard, *to happen (to occur) by chance.* ‖ Dépendre du hasard, *to depend on chance.* ‖ Etre un pur hasard, *to be pure chance.* ‖ Prendre (saisir) qqch. au hasard, *to take (to seize) sth. haphazardly.* ◆ PRÉCAUTION. Ne rien laisser au hasard, *to leave nothing to chance.* ◆ PROMENADE. Aller au hasard, *to go (to walk) at random.* ◆ TENTATIVE. Agir à tout hasard, *to act on the off-chance.*
→ effet, jeu, ouvrage, part.

hâte ◆ IMPATIENCE. Avoir hâte de faire qqch., *to be looking forward to doing sth.* ◆ VITESSE. Venir en toute hâte, *to come as quickly as possible.*

hausse ◆ FINANCES. Déclencher la hausse des prix, *to lead to a rise in prices.* ‖ Spéculer à la hausse, *to go a bull.*
→ tendance.

haut ◆ AMBITION. Viser trop haut, *to aim too high.* ◆ ARROGANCE. Le prendre de haut avec qqn (traiter qqn de haut), *to be high and mighty with s.o.* ◆ CRITÈRE DE JUGEMENT. Voir du haut de son balcon, *to see from a detached point of view.* ◆ DÉSILLUSION. Tomber de haut, *to get a shock.* ◆ ÉPREUVE. Avoir des hauts et des bas, *to have ups and downs.* ◆ HAUTEUR. Regarder qqn de haut en bas (Fig.), *to look s.o. up and down.* ‖ Regarder qqn du haut de sa grandeur, *to look down on s.o.* ◆ HIÉRARCHIE. Atteindre le haut de l'échelle, *to reach the top rung of the ladder.* ◆ NIVEAU SOCIAL. Tenir le haut du pavé, *to be in the upper crust.* ◆ ORIGINE. Reprendre de plus haut, *to go back a bit.* ◆ PAROLE. Penser (parler) tout haut, *to think (to talk) aloud.* ◆ PASSÉ. Remonter plus haut, *to go further back.* ◆ RONDEUR. Parler haut et clair, *to speak o.'s mind.* ◆ SENTENCE. Pendre qqn haut et court, *to hang s.o. by the neck.* ◆ STUPÉFACTION. Tomber de son haut, *to be thunderstruck.* ◆ SUPÉRIORITÉ. Dominer de très haut, *to be outstanding.*

haute ◆ NIVEAU SOCIAL. Etre de la haute (Pop.), *to be one of the nobs.*

hauteur 1. AVIATION. Prendre de la hauteur, *to climb.* ‖ Perdre de la hauteur, *to lose altitude.* – 2. CHUTE. Tomber de toute sa hauteur, *to fall full length.* – 3. COMPÉTENCE. Etre (se montrer) à la hauteur de la tâche, *to be equal to the task.* [V. 6.] – 4. COUTUME. Élever qqch. à la hauteur d'une institution, *to turn sth. into an institution.* – 5. INCOMPÉTENCE. Ne pas être à la hauteur, *not to be equal to it.* – 6. VALEUR. Se montrer (être) à la hauteur de la situation, *to show o.s. equal to the situation.* [V. 3.]

haut-le-cœur ◆ SANTÉ. Avoir un haut-le-cœur, *to feel o.'s stomach heave.*

haut-le-corps ◆ RECUL. Avoir un haut-le-corps, *to give a start.*

hébreu ◆ HERMÉTISME. Etre de l'hébreu pour qqn, *to be all Greek to s.o.* ‖ Parler hébreu (Fam.), *to talk double-Dutch.*

hécatombe ◆ ÉCOLE. Faire une hécatombe (Fam.), *to fail everyone in sight.* ◆ MILITAIRE. Faire une hécatombe, *to cause wholesale slaughter.*

hégémonie ◆ POLITIQUE. Exercer l'hégémonie, *to exert an hegemony.*

hémorragie ◆ SANTÉ. Avoir (faire) une hémorragie, *to have a haemorrhage.*

herbe ◆ ACTIVITÉ. Ne pas laisser l'herbe pousser sous son pied, *not to let the grass grow under o.'s feet.* ◆ AGRICULTURE. Arracher les mauvaises herbes, *to weed.* ‖ Faire de l'herbe, *to gather grass.* ◆ ALIMENTATION. Déjeuner sur l'herbe, *to picnic.* ◆ ÉLIMINATION. Couper l'herbe sous le pied de qqn, *to steal a march on s.o.* ◆ MOYEN. Employer toutes les herbes de la Saint-Jean (Fam.), *to try every trick in the book.*
→ artiste, blé.

hercule ◆ FORCE. Etre taillé en hercule, *to be powerfully built.*

hérédité ◆ HÉRÉDITÉ. Avoir une hérédité lourde (chargée), *to have a tainted heredity.*

hérésie ◆ NON-CONFORMISME. Etre une hérésie, *to be heresy.* ◆ RELIGION. Tomber dans l'hérésie, *to lapse into heresy.*

héritage 1. CHARGE. Faire un joli héritage (Fam.), *to land o.s. a beauty.* [V. 2.] – 2. HÉRITAGE. Accepter (refuser, renoncer à) un héritage, *to accept (to refuse, to turn down) a legacy.* ‖ Capter un héritage, *to obtain a legacy under undue influence.* ‖ Faire un héritage, *to come into (to succeed to) a legacy.* [V. 1.] – 3. LEGS. Laisser qqch. en héritage, *to bequeath sth.* – 4. PRODIGALITÉ. Dilapider son héritage, *to squander o.'s inheritance.*

héritier ◆ LEGS. Constituer qqn son héritier, *to make s.o. o.'s heir.* ◆ MARIAGE. Épouser une héritière, *to marry an heiress.* ◆ MATERNITÉ. Donner un héritier à son mari, *to give o.'s husband an heir.*

hermine ◆ ADMINISTRATION. Porter l'hermine, *to wear a gown.*

Hérode ◆ ARCHAÏSME, ÂGE. Etre vieux comme Hérode, *to be as old as Methuselah.*

héroïsme ◆ COMPORTEMENT. Etre de l'héroïsme, *to be heroic.* ◆ COURAGE. Montrer de l'héroïsme, *to display heroism.*
→ vertu.

héros ◆ AFFECTATION. Jouer les héros, *to give o.s. heroic airs.* ◆ CONSIDÉRATION. Etre le héros de la fête, *to be the star of the celebrations.* ◆ RENOMMÉE. Devenir le héros du jour, *to become the hero of the hour.*

herse ◆ AGRICULTURE. Passer la herse, *to harrow.*

hésitation ◆ INCERTITUDE. Marquer une hésitation, *to show a moment's hesitancy.*

hésiter ◆ DÉTERMINATION. Ne pas y avoir à hésiter, *there [to be] no two ways about it* (Gramm.).

heure 1. APPRÉHENSION. Voir sa dernière heure arriver, *to feel that o.'s last hour has come.* — 2. APPRENTISSAGE. S'y être mis de bonne heure, *to have started young.* — 3. ATTENTE. Attendre une bonne heure, *to wait for a good hour.* ‖ Compter les heures, *to count the hours.* — 4. CHANCE. Avoir son heure, *to have o.'s day.* [V. 20.] — 5. DÉTÉRIORATION. S'aggraver d'heure en heure, *to grow worse hourly.* — 6. ÉPREUVE. Vivre des heures critiques, *to live through crucial hours.* — 7. HORAIRE. Fixer (déterminer, choisir) une heure, *to set (to decide on, to choose) a time.* ‖ Laisser passer l'heure, *to forget the time.* ‖ Manger à heure fixe, *to have fixed meal-times.* ‖ Ne pas s'apercevoir de l'heure, *not to notice the time.* ‖ Oublier l'heure, *to lose count of time.* ‖ Prendre heure avec qqn, *to arrange a time with s.o.* ‖ Rentrer à des heures indues, *to come home at all hours of the night.* ‖ Se tromper d'heure, *to get the time wrong.* — 8. HORLOGERIE. Égrener les heures, *to tick out the hours.* ‖ Etre à l'heure, *to be right* (pendule). [V. 17.] ‖ Marquer l'heure, *to show the time.* — 9. IMMÉDIATETÉ. Agir sur l'heure, *to act at once.* — 10. INEXACTITUDE. Ne pas avoir d'heure, *never to be punctual.* — 11. LEVER. Se lever de bonne heure (à la première heure), *to get up early (at the crack of down).* — 12. LOISIR. Avoir une heure creuse, *to have a slack hour.* ‖ Avoir une heure de battement, *to have an hour free.* ‖ Avoir une heure à perdre, *to have an hour to kill.* — 13. MORT. Etre à sa dernière heure, *to be at o.'s last hour.* ‖ Mourir avant l'heure, *to die prematurely.* — 14. NON-EFFORT. Fermer de bonne heure (Fig.) [Fam.], *not to kill o.s.* — 15. OCCUPATION. Consacrer (mettre, passer) des heures à faire qqch., *to devote hours to (to take hours, to spend hours) doing sth.* ‖ Meubler les heures, *to fill in the time.* — 16. OPPORTUNITÉ. Attendre son heure, *to bide o.'s time.* — 17. PONCTUALITÉ. Arriver à l'heure dite, *to arrive at the appointed hour.* ‖ Arriver à l'heure tapante (Fam.), *to arrive dead on time.* ‖ Etre à l'heure, *to be on time.* [V. 8.] — 18. PRÉCARITÉ. Changer d'une heure à l'autre, *to change from one minute to the next.* — 19. RÉMUNÉRATION. Etre payé à l'heure, *to be paid by the hour.* — 20. RENOMMÉE. Avoir son heure de célébrité, *to have o.'s hour of fame.* [V. 4.] — 21. SOMMEIL. Dormir huit heures d'affilée, *to sleep for eight hours at a stretch.* — 22. SURMENAGE. N'avoir pas une heure à soi, *not to have a minute to call o.'s own.* — 23. TEMPS. Avancer (retarder) l'heure, *to put the clock on (back).* ‖ Demander (donner) l'heure à qqn, *to ask (to tell) s.o. the time.* ‖ Prendre l'heure à l'horloge, *to note the time by the clock.* ‖ Regarder l'heure, *to look at the time.* — 24. TERGIVERSATION. Reculer l'heure décisive, *to put off the crucial moment.* — 25. TRAVAIL. Récupérer des heures de travail, *to make up for lost work-hours.*

→ **bouillon, jour, midi, montre, poète, point, problème, quart, semaine, sou, train.**

heureux ◆ ACCOMMODEMENT. S'estimer heureux, *to think o.s. fortunate.* ◆ BONHEUR. Se sentir heureux, *to feel happy.* ◆ INDIGNATION. Etre encore heureux, *to be a good job too.* ◆ LIBÉRALITÉ. Faire des heureux, *to make everyone happy.*

heurt ◆ ENTENTE. Éviter les heurts, *to avoid clashes.*

hiatus ◆ ÉLOCUTION. Faire hiatus, *to create a hiatus.* ◆ INTERRUPTION. Créer un hiatus, *to create a gap.*

hibou ◆ INSOCIABILITÉ. Etre un vieux hibou (Fam.), *to be as antisocial as a skunk.*

hic ◆ POINT FAIBLE. Etre là le hic, *to be the rub.*

hier ◆ EXPÉRIENCE. Ne pas être né d'hier (Fam.), *not to have been born yesterday.* ◆ PASSÉ. Ne pas dater d'hier, *not to be recent.*

hilarité ◆ COMIQUE. Déchaîner (déclencher, exciter, provoquer) l'hilarité, *to release (to set off, to arouse, to start) gales of laughter.*

histoire 1. ACCOMMODEMENT. Ne pas faire d'histoires, *not to make a fuss.* ‖ Ne pas vouloir d'histoires, *not to want any trouble.* – 2. AFFECTATION. Faire des histoires, *to make a fuss.* – 3. BIOGRAPHIE. Écrire l'histoire de qqn, *to write s.o.'s life-story.* – 4. BONIMENT. N'être que des histoires (Fam.), *to be all my eye.* ‖ Raconter des histoires de brigand (à dormir debout [Fam.]), *to tell tall stories (whoppers).* – 5. COMBLE. Etre le plus beau (le meilleur) de l'histoire (Fam.), *to top it all.* – 6. COMMÉRAGE. Raconter (colporter) des histoires sur le compte de qqn, *to spread stories about s.o.* – 7. COMPROMISSION. Se mettre (se fourrer) dans une sale histoire (Fam.), *to get o.s. into a mess.* – 8. DÉSAGRÉMENT. S'attirer des histoires, *to invite trouble.* – 9. DIFFICULTÉ. Etre toute une histoire, *to be a terrible job.* [V. 22.] – 10. DIVERGENCE. Etre une autre histoire, *to be another story.* – 11. EXAGÉRATION. Enjoliver (broder) une histoire, *to embellish a story.* – 12. EXPLICATION. Déballer son histoire (Fam.), *to spill out o.'s story.* ‖ Dévider toute l'histoire, *to reel off the whole story.* – 13. GAULOISERIE. Corser une histoire, *to spice up a story.* – 14. INCULPÉ. Avoir des histoires avec la police, *to be in trouble with the police.* – 15. INTRIGUE. Subodorer une sale histoire, *to smell a rat.* – 16. LITTÉRATURE. Conter (dire, narrer, raconter) des histoires, *to tell (to relate) stories.* [V. 17.] – 17. MENSONGE. Bâtir (forger, inventer) une histoire, *to cook up (to concoct, to invent) a story.* ‖ Raconter des histoires, *to tell fibs.* [V. 16.] – 18. NON-VÉRITÉ. Déformer une histoire, *to distort a story.* – 19. NORME. Se passer sans histoires, *to go off uneventfully.* – 20. OUBLI. Etre une histoire enterrée, *to be over and done with.* – 21. PASSÉ. Etre de l'histoire ancienne, *to be a thing of the past.* – 22. PÉRIPÉTIE. Etre toute une histoire, *to be a long story.* [V. 9.] – 23. PLAISANTERIE. Faire qqch. histoire de rire, *to do sth. for a joke.* – 24. POLITIQUE. Faire l'histoire, *to make history.* – 25. RANCUNE. Ressortir une vieille histoire, *to drag up an old story.* – 26. RENOMMÉE. Entrer dans l'histoire, *to become part of history.* – 27. RÉPÉTITION. Ressasser toujours la même histoire, *to be always harping on the same old thing.* – 28. SIMILITUDE. Etre toujours la même histoire (Fam.), *to be the old, old story.*

→ **morale, rire, sel, sens, tournant, vie.**

hiver ♦ MAUVAIS TEMPS. Annoncer l'hiver, *to herald winter.*

→ **cœur, quartier, sport.**

holà ♦ OBSTACLE. Mettre le holà à qqch., *to put a stop to sth.*

hold-up ♦ DÉLIT. Faire un hold-up, *to do a hold-up.*

homicide ♦ CRIME. Commettre un homicide, *to commit murder.* ♦ DÉLIT. Commettre un homicide par imprudence, *to commit manslaughter.*

hommage ♦ CIVILITÉ. Présenter ses hommages à qqn, *to pay o.'s respects to s.o.* ‖ Recevoir les hommages de qqn, *to receive s.o.'s homage.* ♦ ÉLOGE. Rendre hommage à qqn, *to pay homage to s.o.* ♦ GALANTERIE. Déposer ses hommages aux pieds de qqn, *to lay o.'s homage at s.o.'s feet.* ♦ LITTÉRATURE. Faire hommage d'un livre à qqn, *to give s.o. a book with o.'s dedication.* ♦ VÉRITÉ. Rendre hommage à la vérité, *to pay homage to truth.*

homme ♦ AFFECTATION. Faire le jeune homme, *to put on manly airs* (enfant); *to put on boyish airs* (homme mûr). ♦ ÂGE. Devenir homme, *to become a man.* ♦ AVARICE. Etre un homme d'argent, *to be a money-grubber.* ♦ CARACTÉRISTIQUE. Ne pas être homme à faire cela, *not to be the kind of man to do that.* ♦ CHEF. Savoir manier (mener) les hommes, *to know how to handle men.* ♦ CONFIANCE. Etre l'homme de confiance de qqn, *to be s.o.'s confidential agent.* ♦ CONFIDENCE. Parler d'homme à homme, *to speak man to man.* ♦ CONVENANCE. Etre l'homme de la circonstance, *to be the right man in the right place.* ‖ Etre l'homme de la situation, *to be the right man for the job.* ‖ Trouver son homme, *to find the right man.* ♦ CONVERSION. Dépouiller le vieil homme, *to put off the old man.* ‖ Etre un autre homme, *to be a new man.* ‖ Etre un tout autre homme, *to be a different man.* ♦ COURAGE. Agir en homme, *to act like a man.* ‖ Se comporter en homme, *to behave like a man.* ‖ Se montrer un homme, *to show o.s. a man.* ♦ DÉCHÉANCE. Etre un homme fini, *to be finished.* ♦ DEVOIR. Etre un homme de

devoir, *to be a man of duty.* ◆ ENQUÊTE.
Interroger (questionner) l'homme de la
rue, *to interrogate (to question) the man
in the street.* ◆ ÉQUILIBRE. Etre un homme
posé, *to be a sedate person.* ◆ EXTRA-
ORDINAIRE. Etre un homme comme il y
en a peu, *to be one in a million.* ◆ GALAN-
TERIE. Agir en galant homme, *to behave
like a gentleman.* ◆ HONNÊTETÉ. Agir en
honnête homme, *to act like a man of
honour.* ◆ HONNEUR. Etre un homme de
parole, *to be a man of o.'s word.* ◆
HUMANISME. Croire en l'homme, *to have
faith in man.* ◆ INFAMIE. Etre un homme
sans aveu, *to care neither God nor man.*
◆ INFLUENCE. Etre un homme de poids,
to be a man of some weight. ◆ INTELLI-
GENCE. Etre un homme de génie, *to be a
man of genius.* ◆ LIBERTINAGE. Etre un
homme à femmes, *to be a ladies' man.*
◆ RELIGION. Se faire homme, *to be made
flesh.* ◆ REMPLACEMENT. Etre un homme
de paille, *to be a figure-head.* ◆ RÉTRIBU-
TION. Ne pas nourrir son homme (Fam.),
not to earn him a living. ◆ SUCCÈS. Etre
un homme arrivé, *to be a successful man.*
◆ UNANIMITÉ. Répondre comme un seul
homme, *to answer as one man.*
→ **affaire, âge, bout, chasse, crème, loi,
mémoire, mort.**

homogénéité ◆ DIVERSITÉ. Manquer
d'homogénéité, *lo lack homogeneousness.*

homologue ◆ ÉQUIVALENCE. Etre
l'homologue de qqn, *to be s.o.'s opposite
number.*

honnêteté ◆ GROSSIÈRETÉ. Choquer
(blesser, braver) l'honnêteté, *to shock
(to affront, to defy) the proprieties.* ◆
HONNÊTETÉ. Avoir l'honnêteté de faire
qqch., *to have the decency to do sth.* ‖ Etre
l'honnêteté même, *to be the soul of
honesty.* ‖ Respirer l'honnêteté, *to be as
honest as the day is long.* ◆ TENTATION.
Éprouver l'honnêteté de qqn, *to test s.o.'s
honesty.*

honneur ◆ AFFAIRE D'HONNEUR. Défendre (venger) son honneur, *to défend (to
avenge) o.'s honour.* ‖ Etre chatouilleux
sur l'honneur, *to be touchy about o.'s
honour.* ◆ ALIMENTATION. Faire honneur à
un repas, *to do justice to a meal.* ◆
AMBITION. Aspirer (viser) aux honneurs,
to be ambitious (to look) for honours. ‖
Briguer les honneurs, *to court honours.*
◆ AMOUR-PROPRE. Mettre son honneur

à faire qqch., *to make it a point of honour
to do sth.* ‖ Se piquer d'honneur, *to have
been put on o.'s mettle.* ◆ APOGÉE.
Atteindre aux plus hauts honneurs, *to
attain the highest honours.* ◆ CONSIDÉ-
RATION. Faire honneur à qqn, *to honour
s.o.* ‖ Faire beaucoup d'honneur à qqn
(Fam.), *greatly to over-estimate s.o.* ‖
Recevoir (traiter) qqn avec les honneurs
dus à son rang (Fam.), *to receive (to treat)
s.o. as he deserves.* ‖ Rendre honneur
à qqn (qqch.), *to honour s.o. (sth.).* ◆
DÉSHONNEUR. Compromettre (entacher;
perdre) son honneur, *to compromise
(to stain; to lose) o.'s honour.* ‖ Compromettre l'honneur du nom (de la famille),
to stain the family name (honour). ‖
Forfaire à l'honneur, *to forfeit o.'s honour.*
‖ Manquer à l'honneur, *to commit a
breach of honour.* ◆ ENGAGEMENT. Engager son honneur, *to stake o.'s honour.* ‖
Etre tenu d'honneur à faire qqch., *to feel
honour-bound to do sth.* ‖ Faire honneur à
ses engagements (à ses obligations), *to
honour o.'s commitments (o.'s obligations).*
‖ Jurer (s'engager) sur l'honneur, *to swear
(to pledge) on o.'s honour.* ◆ GRATUITÉ.
Travailler pour l'honneur, *to work for the
glory of it.* ◆ HONNEURS. Accumuler les
honneurs, *to gather honours.* ‖ Combler
qqn d'honneurs, *to heap honours on s.o.*
‖ Conférer (dispenser) des honneurs, *to
confer (to distribute) honours.* ‖ Recevoir
un honneur, *to receive an honour.* ◆
HONORABILITÉ. Garder (conserver) son
honneur, *to keep (to preserve) o.'s honour.*
◆ HOSPITALITÉ. Faire les honneurs de la
maison, *to do the honours of the house.*
◆ MÉRITE. Etre tout à l'honneur de qqn,
to be all to s.o.'s credit. ◆ MILITAIRE.
Rendre les honneurs militaires à qqn,
to salute s.o. ◆ MODE. Mettre qqch. en
honneur, *to accord a place of honour to
sth.* ◆ MODESTIE. Décliner un honneur,
to decline an honour. ‖ Dédaigner les
honneurs, *to despise honours.* ◆ MORT.
Rendre les derniers honneurs à qqn,
to pay the last honours to s.o. ◆ PRÉJU-
DICE. Attaquer (blesser; ruiner) l'honneur
de qqn, *to attack (to injure; to ruin) s.o.'s
honour.* ‖ Ternir l'honneur de qqn, *to cast
a slur on s.o.'s honour.* ◆ PUBLICITÉ. Avoir
les honneurs de la une, *to rate banner
headlines.* ◆ RENOMMÉE. Conduire
(mener) aux honneurs, *to lead to honours.*

◆ SUCCÈS. En sortir avec les honneurs de la guerre, *to emerge with honour.* ‖ Etre l'honneur des siens, *to be the pride of o.'s family.* ‖ Sauver l'honneur, *to keep o.'s honour intact.* ‖ S'en tirer à son honneur, *to come off with credit.*
→ **bien, champ, faîte, parole, place, sentiment, tableau, vin.**

honte ◆ DÉSHONNEUR. Etre la honte de la famille, *to be the disgrace of o.'s family.* ◆ DISSIMULATION. Cacher (ensevelir) sa honte, *to hide (to conceal) o.'s shame.* ◆ ÉCHEC. En être pour sa courte honte (Fam.), *to end up with a flea in o.'s ear.* ◆ HONTE. Avoir honte, *to be ashamed.* ‖ Couvrir qqn de honte, *to cover s.o. with shame.* ‖ Éprouver de la honte, *to feel ashamed.* ‖ Mourir de honte, *to die of shame.* ‖ Se couvrir de honte, *to disgrace o.s.* ◆ IMPUDEUR. Avoir toute honte bue, *to be brazen.* ◆ RABAISSEMENT. Faire honte à qqn, *to put s.o. to shame.* ‖ Faire honte à qqn de qqch., *to make s.o. ashamed of sth.* ◆ RÉPARATION. Effacer sa honte, *to wipe away o.'s disgrace.*

hôpital ◆ SANTÉ. Entrer (être admis) à l'hôpital, *to go into (to be admitted to) hospital.*
→ **soin.**

hoquet ◆ SANTÉ. Avoir le hoquet, *to have (the) hiccups.*

horaire ◆ PONCTUALITÉ. Respecter l'horaire, *to keep to the time-table.* ◆ TRAVAIL. Avoir un horaire chargé, *to have a crowded time-table.*
→ **retard.**

horion ◆ VOIES DE FAIT. Échanger des horions, *to exchange blows.*

horizon 1. ESPACE. Borner (fermer, limiter) l'horizon, *to block the horizon.* [V. 2.] ‖ Embrasser (inspecter, scruter) l'horizon, *to encompass (to examine, to scrutinize) the horizon.* − 2. ÉTROITESSE DE VUES. Borner son horizon, *to confine o.'s horizons.* [V. 1.] − 3. PERSPECTIVE. Élargir l'horizon de qqn, *to widen s.o.'s horizons.* ‖ Ouvrir des horizons à qqn, *to open up fresh horizons to s.o.* − 4. SÉDENTARISME. Ne jamais changer d'horizon, *never to change o.'s surroundings.*
→ **tour.**

horizontale ◆ PROSTITUTION. Travailler à l'horizontale (Pop.), *to earn o.'s living on the flat of o.'s back.*

horloge ◆ HORLOGERIE. Remonter une horloge, *to wind up a clock.* ◆ PONCTUALITÉ. Avoir avalé une horloge (Fam.), *to be as regular as clockwork.*
→ **heure, régularité.**

horoscope ◆ PRÉDICTION. Dresser (établir, tirer) un horoscope, *to cast a horoscope.*

horreur ◆ ABJECTION. S'étaler dans toute son horreur, *to display itself in all its horror.* ◆ AVERSION. Avoir horreur de qqch. (qqn) [avoir qqch. (qqn) en horreur], *to loathe sth. (s.o.).* ◆ DÉGOÛT. Se faire horreur, *to hate o.s.* ◆ DÉNIGREMENT. Dire (débiter) des horreurs sur qqn, *to say dreadful things about s.o.* ◆ DÉPLAISANCE. Inspirer de l'horreur, *to inspire horror.* ◆ ÉPOUVANTE. Frémir d'horreur, *to shudder.* ‖ Remplir d'horreur, *to fill with horror.* ‖ Se figer d'horreur, *to be horror-stricken.* ◆ INFAMIE. Commettre des horreurs, *to commit atrocities.* ◆ PHYSIONOMIE. Etre une horreur, *to be a fright.*
→ **spectacle.**

hors-d'œuvre ◆ DISCUSSION. N'être qu'un hors-d'œuvre, *to be all extraneous matter.* ◆ MENACE. N'être qu'un hors-d'œuvre (Fig.), *to be only a foretaste.*

hospice ◆ PAUVRETÉ. Finir à l'hospice, *to end o.'s days in the workhouse.*

hospitalité ◆ HOSPITALITÉ. Donner (accorder, offrir; recevoir) l'hospitalité, *to give (to offer, to show; to receive) hospitality.* ‖ Pratiquer une large hospitalité, *to entertain a great deal.* ◆ PARASITE. Abuser de l'hospitalité de qqn, *to impose on s.o.'s hospitality.*

hostilité ◆ DÉPLAISANCE. S'attirer l'hostilité de qqn, *to incur s.o.'s hostility.* ◆ HOSTILITÉ. Avoir (éprouver) de l'hostilité pour qqch. (qqn), *to feel hostility towards sth. (s.o.).* ◆ MILITAIRE. Déclencher (commencer, engager) les hostilités, *to start (to open, to engage) hostilities.* ‖ Suspendre (arrêter, cesser) les hostilités, *to suspend (to end) hostilities.*

hôte ◆ HOSPITALITÉ. Accueillir (recevoir) ; régaler un hôte, *to welcome (to receive; to wine and dine) a guest.*

hôtel ◆ HÔTELLERIE. Descendre à l'hôtel, *to put up at a hotel.* ◆ MAISON. Habiter (avoir, posséder) un hôtel particulier, *to live in (to own) a town-house.*
→ **pension, rat.**

houlette ◆ CHEF. Rassembler sous sa houlette, *to round up.*

hourra ◆ ENTHOUSIASME. Pousser des hourras, *to cheer.*

houspiller ◆ RÉPRIMANDE. Se faire houspiller (Fam.), *to get told off.*

housse ◆ MÉNAGE. Recouvrir qqch. d'une housse, *to put a dust-cover on sth.*

hue ◆ OPPOSITION. Tirer à hue et à dia, *to pull in opposite directions.*

huée ◆ RÉPROBATION. Accueillir par des huées, *to greet with boos.* ‖ S'enfuir sous les huées, *to be booed off.*

huile ◆ ACCOMMODEMENT. Mettre de l'huile dans les rouages (engrenages), *to pour oil on troubled waters.* ◆ EFFORT. Mettre de l'huile de coude (de bras) [Fam.], *to use some elbow-grease.* ◆ EXCITATION. Jeter (mettre) de l'huile sur le feu, *to add fuel to the flames.* ◆ FATIGUE. Ne plus y avoir d'huile dans la lampe, *there [to be] no more steam in the boiler* (Gramm.). ◆ IMPORTANCE. Etre une huile (Fam.), *to be a big wig.* ◆ IMPOSSIBILITÉ. Tirer de l'huile d'un mur, *to get blood out of a stone.* ◆ PRIVILÈGE. Donner dans les huiles (Fam.), *to be in with the big shots.*
→ **partie, tache.**

huis ◆ PROCÉDURE. Délibérer à huis clos, *to confer in camera.* ‖ Demander le huis clos, *to apply for a hearing in camera.* ‖ Prononcer (ordonner) un huis clos, *to clear the court.*
→ **cause.**

huit → **cinq.**

huître ◆ PROFIT. Manger l'huître et laisser les écailles, *to cream off the best.*

humain → **sens.**

humanité ◆ AGRESSIVITÉ. En vouloir à l'humanité, *to have a grudge against mankind.* ◆ BONTÉ. Avoir (montrer) de l'humanité, *to be humane.*
→ **déchet, preuve.**

humeur ◆ AGITATION. Avoir l'humeur vagabonde, *to be of a wandering disposition.* ◆ AGRESSIVITÉ. Avoir l'humeur belliqueuse, *to be of a quarrelsome disposition.* ◆ EXCITATION. Mettre qqn de mauvaise humeur, *to make s.o. bad-tempered.* ◆ FANTAISIE. S'abandonner (se livrer) à l'humeur du moment, *to yield (to give o.s. up) to a passing mood.* ‖ Se sentir d'humeur à faire qqch., *to feel like doing sth.* ◆ HUMEUR. Etre d'humeur égale, *to be even-tempered.* ‖ Etre d'excellente humeur, *to be in high feather.* ‖ Etre de mauvaise (méchante) humeur, *to be grumpy.* ‖ Etre d'une humeur de dogue (Fam.), *to be like a bear with a sore head.* ‖ Etre d'une humeur exécrable (massacrante), *to be as cross as two sticks.* ‖ Exhaler sa mauvaise humeur, *to give vent to o.'s bad temper.* ◆ PESSIMISME. Etre d'une humeur noire, *to be in a black mood.* ◆ RANCUNE. Manifester de l'humeur contre qqn, *to be cross with s.o.*
→ **incompatibilité, mouvement, saute.**

humide ◆ MAUVAIS TEMPS. Faire humide, *to be damp.*

humidité ◆ MAUVAIS TEMPS. Suinter l'humidité, *to be dripping with dampness.*

humiliation ◆ HUMILIATION. Essuyer (subir) une humiliation, *to suffer a humiliation.* ‖ Vivre dans l'humiliation, *to feel permanently humiliated.* ◆ RABAISSEMENT. Accabler qqn d'humiliations, *to heap humiliations on s.o.* ‖ Infliger une humiliation à qqn, *to inflict a humiliation on s.o.*

humilité ◆ AVEU. Avouer qqch. en toute humilité, *to confess sth. most humbly.* ◆ HUMILITÉ. Remplir qqn d'humilité, *to fill s.o. with humility.* ◆ RABAISSEMENT. Inviter qqn à l'humilité, *to make s.o. a little more humble.*

humour ◆ HUMOUR. Avoir de l'humour, *to be humorous.* ‖ Faire de l'humour noir, *to employ grim humour.* ◆ SÉRIEUX. Manquer d'humour, *to be humourless.*
→ **pointe, preuve, sens.**

hurlement ◆ CRI. Pousser des hurlements, *to yell o.'s head off.*

hurler ◆ INDIGNATION. Etre à hurler (Fam.), *to make your blood boil.*

hussarde → **amour.**

hygiène ◆ HYGIÈNE. Assurer l'hygiène publique, *to look after public health.* ‖ Manquer d'hygiène, *to be lacking in sanitation.*

hyperbole ◆ EXAGÉRATION. Manier l'hyperbole, *to be given to overstatement.* ◆ LITTÉRATURE. Manier l'hyperbole, *to use hyperbole.*

hypertension ◆ SANTÉ. Faire (avoir) de l'hypertension, *to have high blood-pressure.*

hypnose ◆ PHÉNOMÈNES PARANORMAUX. Pratiquer l'hypnose, *to practise hypnosis.*

hypocrisie ◆ HYPOCRISIE. Commettre une hypocrisie, *to commit a hypocritical act.* ‖ Suer l'hypocrisie par tous les pores, *to stink of hypocrisy.* ◆ RÉVÉLATION. Démasquer (dévoiler) l'hypocrisie, *to unmask (to show up) hypocrisy.*

hypothèque ◆ GARANTIE. Prendre une hypothèque sur l'avenir, *to mortgage o.'s future.* ◆ PROCÉDURE. Etre frappé d'hypothèque, *to be mortgaged.* ‖ Lever (purger) une hypothèque, *to pay off (to redeem) a mortgage.* ‖ Prendre hypothèque sur qqch., *to mortgage sth.*

hypothéqué ◆ SANTÉ. Etre bien hypo-théqué (Fam.), *to be greatly handicapped.*

hypothèse ◆ PREUVE. Vérifier une hypothèse, *to check an assumption.* ◆ SUPPOSITION. Émettre (faire, formuler) une hypothèse, *to advance (to formulate) an hypothesis.* ‖ Échafauder des hypothèses, *to build up assumptions.* ‖ En être réduit aux hypothèses, *to be reduced to assumption.* ‖ Ne reposer que sur des hypothèses, *to be based on mere assumption.*

hystérie ◆ EXCITATION. Faire naître une hystérie collective, *to cause collective hysteria.*

i

i ◆ CORPS. Etre droit comme un I, *to be as straight as a ramrod.*
→ **point.**

ici ◆ ÉTRANGER. Ne pas être d'ici, *not to be from these parts.*

I.D. ◆ TÉLÉPHONE. Appeler avec I.D., *to make an ADC call.*

idéal ◆ IDÉAL. Atteindre (réaliser) un idéal, *to attain (to achieve) an ideal.* ◆ IMPERFECTION. Ne pas être l'idéal, *not to be ideal.* ◆ PERFECTIONNEMENT. Tendre vers l'idéal, *to aim at the ideal.*

idée 1. ABERRATION. Ne pas avoir idée de faire qqch., *just not to do things like that.* — 2. APPROBATION. Approuver une idée, *to approve of an idea.* — 3. APPROXIMATION. Avoir une idée de la chose, *to have some idea.* ‖ En donner une légère idée, *to give some idea.* — 4. CONFORMISME. Se conformer aux idées reçues, *to conform to conventional views.* — 5. CONFORMITÉ. Adopter une idée, *to adopt an idea.* ‖ Répondre à une idée, *to correspond to an idea.* — 6. CONVERSATION. Échanger des idées, *to exchange views.* — 7. DÉSAPPROBATION. Ne pas avoir idée de cela, *can hardly credit it* (Gramm.). — 8. DÉTENTE. Se rafraîchir les idées, *to let some fresh air into o.'s thoughts.* [V. 31.] — 9. DISCUSSION. Défendre une idée, *to defend an idea.* — 10. DIVERSION. Changer les idées de qqn, *to take s.o. out of himself.*

‖ Se changer les idées, *to have a change.* — 11. ENTENTE. Entrer dans les idées de qqn, *to be of the same mind as s.o.* ‖ Épouser les idées de qqn, *to espouse s.o.'s views.* ‖ Partager les idées de qqn, *to share s.o.'s views.* — 12. ERREUR. Se faire une idée fausse sur qqn (de qqch.), *to get the wrong idea about s.o. (sth.).* [V. 19, 38.] — 13. ESTIME. Avoir une haute idée de qqn (qqch.), *to have a high opinion of s.o. (sth.).* — 14. ÉTROITESSE DE VUES. Avoir des idées étroites (étriquées), *to be narrow-minded.* — 15. EXCITATION. Mettre des idées dans la tête de qqn, *to put ideas into s.o.'s head.* — 16. EXPRESSION. Exposer (exprimer) ses idées, *to set out (to express) o.'s views.* ‖ Faire valoir une idée, *to put forward an idea.* — 17. HABITUDE. Se faire à une idée, *to get used to an idea.* — 18. IGNORANCE. N'avoir qu'une faible idée de qqch., *to have only a hazy idea of sth.* ‖ Ne pas en avoir la moindre idée, *not to have the foggiest notion.* ‖ Ne pas avoir idée de qqch., *to have no idea of sth.* — 19. IMAGINATION. Fourmiller d'idées, *to teem with ideas.* ‖ Jouer avec une idée, *to toy with an idea.* ‖ Se faire une idée de qqch., *to try to imagine sth.* [V. 12, 38.] ‖ Se faire (se forger) des idées, *to imagine things.* — 20. IMPRÉCISION. Avoir les idées vaseuses (Fam.), *to be woolly-minded.* ‖ Embrouiller

(brouiller) les idées, *to muddle up.* — 21. INDÉPENDANCE. Agir selon son idée, *to act as o. sees fit.* || Ne faire qu'à son idée, *to do just what o. likes.* — 22. INGÉNIOSITÉ. Avoir de l'idée, *to be full of ideas.* || Avoir une idée lumineuse, *to have a bright idea.* || Avoir une riche idée, *to have a great idea.* — 23. INSTABILITÉ. Changer d'idée comme de chemise (Fam.), *to change o.'s mind as often as o. changes o.'s socks.* [V. 50.] || Sauter d'une idée à l'autre, *to skip from one idea to another.* — 24. INTELLECTUA-LISME. Croire aux idées, *to have faith in theories.* || Manier des idées, *to handle ideas skilfully.* — 25. INTENTION. Avoir une idée de derrière la tête, *to have an idea in the back of o.'s mind.* — 26. INTUITION. Venir à l'idée de qqn (Impers.), *to occur to s.o.* — 27. LIBÉRALISME. Avoir les idées lar-ges, *to be broad-minded.* — 28. LIBÉRATION. Chasser une idée de son esprit, *to drive a thought out of o.'s mind.* || S'ôter une idée de la tête, *to rid o.s. of an idea.* — 29. LITTÉRATURE. Emprunter (prendre) une idée à qqn, *to borrow (to take) an idea from s.o.* || Jeter ses idées sur le papier, *to jot down o.'s ideas.* — 30. MANQUE. Etre à court d'idées, *to have run out of ideas.* || Manquer d'idées, *to be dim.* — 31. MÉMOIRE. Se rafraîchir les idées, *to refresh o.'s memory.* [V. 8.] || Revenir à l'idée (Impers.), *to come back to s.o.* — 32. OBSESSION. Avoir une idée fixe, *to have an idée fixe.* || Avoir une idée qui vous trotte dans l'esprit, *to have an idea running through o.'s head.* || Etre hanté (obnubilé) par une idée, *to be obsessed with (bemused by) an idea.* || N'avoir qu'une idée en tête, *to be thinking only one thing.* || Remâcher (ressasser, ruminer) une idée, *to brood over (to dwell on, to mull over) an idea.* — 33. OBSTINATION. Avoir des idées bien arrêtées, *to have decided views.* || Ne pas démarrer de son idée (Fam.), *to stick to o.'s guns.* || Se cramponner (tenir) à une idée, *to fasten on (to stick) to an idea.* || Suivre son idée, *to stick to o.'s views.* || Se loger (se ficher, se fourrer [Fam.]) une idée dans la tête, *to get an idea into o.'s head.* — 34. ORIEN-TATION. Constituer une idée-force, *to be a driving idea.* — 35. OUBLI, NON-CONFORMITÉ. Ne pas venir à l'idée de qqn, *not to occur to s.o.* — 36. PARTISAN. Etre acquis à une idée, *to be sold on an idea.*

— 37. PERSUASION. Enlever une idée de la tête de qqn, *to remove an idea from s.o.'s head.* — 38. PRÉCISION. Clarifier les idées, *to clarify o.'s ideas.* || Décanter ses idées, *to mull things over.* || Éclaircir les idées, *to clarify s.o.'s thoughts.* || Se faire une idée nette de qqch., *to form a clear opinion about sth.* [V. 12, 19.] — 39. PRÉJUGÉ. Avoir des idées préconçues (toutes faites), *to have preconceived (cut and dried) ideas.* — 40. PRÉTENTION. Avoir une haute idée de soi, *to have a great opinion of o.s.* — 41. PROJET. Caresser une idée, *to play about with an idea.* — 42. PROPAGANDE. Propager des idées, *to propagate views.* — 43. PUBLICITÉ. Lancer (répandre) une idée, *to launch (to spread) an idea.* — 44. RAISON. Avoir toutes ses idées, *to be fully conscious.* — 45. RAISONNEMENT. Coordonner ses idées, *to put some order into o.'s thoughts.* || Enchaîner des idées, *to link up ideas.* || Poursuivre (suivre) une idée, *to pursue (to follow up) an idea.* — 46. REBOURS. Revenir à sa première idée, *to return to o.'s original idea.* — 47. REBUFFADE. Remettre les idées en place à qqn (Fam.), *to bring s.o. to himself.* — 48. RÉFLEXION. Mûrir une idée, *to give long thought to an idea.* || Rassembler ses idées, *to collect o.'s thoughts.* || Rouler (tourner, retourner) une idée dans sa tête, *to turn an idea over in o.'s mind.* — 49. RENONCIATION. Renoncer à une idée, *to give up an idea.* — 50. REVIREMENT. Changer d'idée, *to change o.'s mind.* [V. 23.] — 51. SUGGESTION. Donner une idée à qqn, *to give s.o. an idea.* || Faire naître (éveiller, évoquer, suggérer, susciter) des idées, *to arouse (to lead, to evoke, to suggest, to instigate) ideas.* — 52. SYN-THÈSE. Dégager les idées essentielles, *to bring out the essential ideas.* || Se faire une idée d'ensemble, *to form an overall opinion.* — 53. TRISTESSE. Se faire des idées noires, *to get depressed.* — 54. UTILISATION. Exploiter une idée, *to take advantage of an idea.*

→ **communion, foule, ordre, prisonnier, suite.**

identification ◆ PROCÉDURE. Procéder à l'identification du corps, *to proceed to identify the body.*

identité ◆ ÉTAT CIVIL. Établir l'identité de qqn, *to identify s.o.* || Justifier de son identité, *to produce proof of o.'s identity.*

‖ Vérifier l'identité de qqn, *to check s.o.'s identity.*
→ **pièce.**

idéologie ◆ PROPAGANDE. Répandre une idéologie, *to spread an ideology.*

idiot ◆ AFFECTATION. Faire l'idiot, *to play the fool.*

idiotie ◆ BÊTISE. Faire (dire) une idiotie, *to do (to say) sth. stupid.*

idole ◆ RÉVOLUTION. Renverser les idoles, *to cast down false idols.*

idolâtrie → **objet.**

idylle ◆ AMOUR. Ébaucher une idylle, *to start a romance.*

ignominie ◆ DÉCHÉANCE. Tomber dans l'ignominie, *to fall into ignominy.* ◆ INFAMIE. Commettre une ignominie, *to commit an ignominious act.*

ignorance ◆ AFFECTATION. Affecter (feindre) l'ignorance, *to feign ignorance.* ◆ AVEU. Avouer (confesser) son ignorance, *to acknowledge (to confess) o.'s ignorance.* ◆ DÉFENSE. Alléguer l'ignorance, *to plead ignorance.* ◆ DISSIMULATION. Tenir (laisser) qqn dans l'ignorance de qqch., *to keep (to leave) s.o. in ignorance of sth.* ◆ ERREUR. Pécher par ignorance, *to err through ignorance.* ◆ IGNORANCE. Croupir (s'enfoncer) dans l'ignorance, *to wallow (to be sunk) in ignorance.* ‖ Etre d'une ignorance crasse, *to be an ignoramus.* ‖ Etre (se trouver) dans l'ignorance, *to be unaware.* ◆ INFORMATION. Tirer qqn de son ignorance, *to rescue s.o. from his ignorance.*

ignoré ◆ OBSCURITÉ. Vivre ignoré, *to live unnoticed.*

illisible ◆ ÉTAT CIVIL. Signer illisible, *to sign illegibly.*

illumination ◆ ÉCLAIRAGE. Faire des illuminations, *to use floodlighting.* ◆ INTUITION. Avoir une illumination, *to have an inspiration.*

illusion ◆ DÉSILLUSION. Perdre ses illusions, *to lose o.'s illusions.* ‖ Revenir de ses illusions, *to wake up from o.'s illusions.* ‖ Voir tomber ses illusions, *to have o.'s illusions dispelled.* ◆ FAUX-SEMBLANT. Créer (produire) une illusion d'optique, *to create (to produce) an optical illusion.* ‖ Créer l'illusion du vrai, *to create the illusion of reality.* ‖ Donner l'illusion de qqch., *to give the illusion of sth.* ‖ Faire illusion, *to create an illusion.* ‖ Produire une illusion, *to produce an illusion.* ◆

ILLUSION. Avoir (nourrir, se forger) des illusions, *to have (to entertain, to build up) illusions.* ‖ Caresser (entretenir) une illusion, *to cherish (to entertain) an illusion.* ‖ Etre dans l'illusion, *to labour under a delusion.* ‖ Garder ses illusions, *to preserve o.'s illusions.* ‖ Se bercer (se nourrir, se repaître, vivre) d'illusions, *to bask in (to cherish, to feed on, to live on) illusions.* ‖ Se faire des illusions, *to labour under a delusion.* ‖ Se faire de douces illusions, *to live in a fool's paradise.* ‖ Se faire illusion à soi-même, *to indulge in wishful thinking.* ◆ PRÉTENTION. Se faire des illusions sur soi-même, *to delude o.s.* ◆ RÉALISME. Abandonner (laisser) ses illusions à la porte (Fam.), *to leave o.'s illusions at the door.* ‖ Dépouiller qqn de ses illusions, *to strip s.o. of his illusions.* ‖ Dissiper (détruire) les illusions de qqn, *to scatter (to destroy) s.o.'s illusions.* ‖ Ne laisser aucune illusion à qqn, *to leave s.o. no illusions.* ◆ TROMPERIE. Flatter les illusions de qqn, *to flatter s.o.'s illusions.* ‖ Entretenir qqn dans une illusion, *to keep s.o. under an illusion.*
→ **jouet.**

îlot ◆ MILITAIRE. Constituer un îlot de résistance, *to form an island of resistance.*

image ◆ DÉSESPOIR. Offrir l'image du désespoir, *to be the picture of despondency.* ◆ ENFANT. Etre sage comme une image (Fam.), *to be as good as gold.* ◆ IMAGINATION. Évoquer une image, *to conjure up an image.* ◆ LANGAGE. Faire image, *to convey an image.* ◆ MÉMOIRE. Graver une image dans son souvenir, *to engrave an image in o.'s memory.* ◆ POPULARITÉ. Faire image d'Épinal, *to look like sth. out of Peg's Paper.* ◆ RELIGION. Etre fait à l'image de Dieu, *to be made in the image of God.*

imagination ◆ EXTRAORDINAIRE. Dépasser l'imagination, *to be beyond the bounds of imagination.* ◆ IMAGINATION. Avoir de l'imagination, *to be imaginative.* ‖ Déborder d'imagination, *to be brimming over with imagination.* ‖ Etre pure imagination, *to be pure imagination.* ‖ Frapper l'imagination, *to strike the imagination.* ‖ N'exister que dans l'imagination, *to exist only in the imagination.* ‖ Se laisser emporter par son imagination, *to be carried away by o.'s imagination.* ◆ MAÎTRISE DE SOI. Gouverner (brider) son imagination, *to control (to curb) o.'s imagination.*

◆ RÉALISME. Manquer d'imagination, *to be unimaginative.* ◆ OBSESSION. Hanter l'imagination, *to haunt the imagination.*
→ **carrière, champ, essor, fruit, question, ressource.**

imbécile ◆ AFFECTATION. Faire l'imbécile, *to play the fool.* ◆ APPARENCE. Passer pour un imbécile, *to be taken for a fool.* ◆ NON-DISCERNEMENT. Prendre qqn pour un imbécile, *to take s.o. for a fool.*
→ **figure, roi, type.**

imbécillité ◆ BÊTISES. Faire des imbécillités, *to do idiotic things.*

imbroglio ◆ SOLUTION. Démêler un imbroglio, *to straighten out an imbroglio.*

imitation ◆ IMITATION. N'être qu'une pâle imitation, *to be only a pale imitation.*
→ **don.**

immatriculation ◆ AUTOMOBILE. Rouler en immatriculation provisoire, *to drive with temporary plates.*

immédiat ◆ URGENCE. Viser à l'immédiat, *to deal with urgent matters.*

immersion ◆ RELIGION. Baptiser par immersion, *to baptize by immersion.*

immobilisation ◆ FINANCES. Faire de grosses immobilisations, *to tie up a lot of capital.*

immobilité ◆ IMMOBILITÉ. Garder l'immobilité, *to remain motionless.*

immoralité ◆ CORRUPTION. Encourager l'immoralité, *to encourage immorality.*

immortalité ◆ AMBITION. Aspirer à l'immortalité, *to aspire to immortality.* ◆ RENOMMÉE. Assurer l'immortalité à qqn, *to ensure s.o.'s immortality.* ‖ Entrer dans l'immortalité, *to obtain immortality.*

immunité ◆ MÉDECINE. Conférer l'immunité, *to give immunity.* ◆ POLITIQUE. Jouir de l'immunité diplomatique (parlementaire), *to enjoy diplomatic (parliamentary) immunity.*

impair ◆ BÉVUE. Commettre (faire) un impair, *to make a gaffe.*

impartialité ◆ IMPARTIALITÉ. Manifester de l'impartialité, *to show impartiality.* ◆ PARTIALITÉ. Sortir de son impartialité, *to cease to be impartial.*

impasse 1. ACCULEMENT. Etre (se trouver) dans une impasse (Fig.), *to have reached a deadlock.* — 2. DIRECTION. S'engager dans une impasse (Fig.), *to get into a blind alley.* [V. 7.] — 3. ÉCHEC. Aboutir à une impasse (Fig.), *to reach a deadlock.* — 4. ÉCOLE. Faire une impasse

sur qqch., *to leave sth. out.* [V. 5.] — 5. JEUX DE SOCIÉTÉ. Faire une impasse, *to finesse.* [V. 4.] — 6. SOLUTION. Sortir d'une impasse (Fig.), *to break out of a deadlock.* — 7. VOIRIE. S'engager dans une impasse, *to get into a cul-de-sac.* [V. 2.]

impassible ◆ IMPASSIBILITÉ. Rester impassible devant qqch., *to remain impassive before sth.*

impatience ◆ IMPATIENCE. Bouillir (brûler, griller) d'impatience, *to be mad (to burn) with impatience.* ‖ Manifester son impatience, *to show o.'s impatience.* ‖ Mourir d'impatience, *to be hardly able to wait.* ‖ Piaffer (piétiner, trépigner) d'impatience, *to stamp (to hop, to paw the ground) with impatience.* ◆ MAÎTRISE DE SOI. Apaiser (contenir, maîtriser, mater, modérer, réprimer) son impatience, *to hold back (to contain, to overcome, to curb, to restrain, to check) o.'s impatience.* ◆ NERVOSITÉ. Avoir des impatiences dans les jambes, *to have pins and needles in o.'s legs.*
→ **geste, signe.**

impayable ◆ COMIQUE. Etre impayable (Fam.), *to be priceless.*

impénétrable ◆ HERMÉTISME. Rester impénétrable, *to remain unfathomable* (chose); *to remain impenetrable* (personne).

impératif ◆ OPPORTUNISME. Se soumettre aux impératifs du moment, *to defer to immediate imperatives.*

imperfection ◆ CRITIQUE. Souligner une imperfection, *to underline a defect.* ◆ PERFECTIONNEMENT. Corriger une imperfection, *to remedy a defect.*

impériale ◆ TRANSPORTS. Monter à l'impériale, *to climb on top.*

impertinence ◆ INSOLENCE. Dire des impertinences, *to make impertinent remarks.* ‖ Friser l'impertinence, *to verge on impertinence.*

imperturbable ◆ IMPASSIBILITÉ. Rester (demeurer) imperturbable, *to remain imperturbable.*

impétuosité ◆ APAISEMENT. Contenir (maîtriser, réprimer) l'impétuosité de qqn, *to hold back (to restrain) s.o.'s impetuosity.*

impolitesse ◆ INCIVILITÉ. Commettre une impolitesse, *to be discourteous.*

impopulaire ◆ DÉPLAISANCE. Se rendre impopulaire, *to make o.s. unpopular.*

importance 1. COMMERCE. Prendre de l'importance, *to grow in importance.* [V. 2, 5.] – 2. DÉVELOPPEMENT. Prendre de l'importance, *to gather head.* [V. 1, 5.] – 3. ESTIMATION. Donner (accorder, attacher) de l'importance à qqch., *to attach importance to sth.* ‖ Évaluer (calculer, mesurer) l'importance de qqch., *to assess (to calculate, to measure) the importance of sth.* ‖ Sentir toute l'importance de qqch., *to realize the full importance of sth.* ‖ Souligner (faire ressortir) l'importance de qqch., *to emphasize (to bring out) the importance of sth.* – 4. EXAGÉRATION. Grossir l'importance d'un événement, *to exaggerate the importance of an event.* – 5. IMPORTANCE. Etre de la plus haute (de la dernière) importance, *to be of the utmost importance.* ‖ Etre de toute première importance, *to be vitally important.* ‖ Offrir (présenter) de l'importance, *to be of some importance.* ‖ Prendre de l'importance, *to come into prominence.* [V. 1, 2.] – 6. NON-DISCERNEMENT. Nier l'importance de qqch., *to deny the importance of sth.* – 7. NON-IMPORTANCE. Etre sans importance, *to be of no importance.* ‖ N'avoir pas d'importance, *to be unimportant.* – 8. PRÉTENTION. Etre gonflé d'importance, *to be puffed up with self-importance.* ‖ Etre pénétré de son importance, *to be full of o.'s own importance.* – 9. RÉPRIMANDE. Tancer qqn d'importance, *to give s.o. a good scolding.*
→ **espèce.**

important ◆ PRÉTENTION. Faire l'important, *to put on airs.*

importun ◆ IMPORTUNITÉ. Devenir importun, *to become a nuisance.*

imposer ◆ INFLUENCE. En imposer à qqn, *to make s.o. feel very insignificant.*

imposition ◆ PHÉNOMÈNES PARANORMAUX. Pratiquer l'imposition des mains, *to practise the laying-on of hands.*

impossibilité ◆ ENTRAVE. Mettre qqn dans l'impossibilité de faire qqch., *to make it impossible for s.o. to do sth.* ◆ IMPOSSIBILITÉ. Etre (se trouver) dans l'impossibilité matérielle de faire qqch., *to be unavoidably prevented from doing sth.* ‖ Se heurter à une impossibilité, *to come face to face with an impossibility.* ◆ SUCCÈS. Surmonter une impossibilité, *to overcome an impossibility.*

impossible ◆ EFFORT. Faire l'impossible, *to do o.'s utmost.* ◆ EXIGENCE. Demander (espérer) l'impossible, *to ask for (to expect) the impossible* ◆ TENTATIVE. Tenter l'impossible, *to attempt the impossible.*

imposteur ◆ RÉVÉLATION. Démasquer un imposteur, *to expose an impostor.*

impôt ◆ FINANCES. Acquitter (payer) l'impôt sur qqch., *to pay the tax on sth.* ‖ Alléger (réduire; aggraver, augmenter) l'impôt, *to relieve (to reduce; to raise, to increase) taxation.* ‖ Dégrever (décharger, exempter, exonérer) d'impôts, *to relieve (to exempt) from taxation.* ‖ Exiger (lever, percevoir) un impôt, *to exact (to raise, to collect) a tax.* ‖ Frapper qqch. d'un impôt, *to tax sth.* ‖ Grever (écraser) qqn d'impôts, *to burden (to crush) s.o. with taxes.* ‖ Payer ses impôts, *to pay o.'s taxes.* ‖ Recouvrer les impôts, *to collect the taxes.* ‖ Soumettre qqn à l'impôt, *to tax s.o.* ‖ Supporter un impôt, *to be liable to tax.* ◆ MILITAIRE. Payer l'impôt du sang, *to serve in time of war.* ◆ PRÉCARITÉ. Ne pas durer aussi longtemps que les impôts (Fam.), *not to last forever.*
→ **déclaration, feuille, produit.**

imprécision ◆ IMPRÉCISION. Laisser dans l'imprécision, *to leave indefinite.*

impression ◆ CONVERSATION. Échanger ses impressions, *to compare notes.* ◆ DÉPLAISANCE, SÉDUCTION. Faire une mauvaise (bonne) impression, *to make a bad (good) impression.* ◆ ÉCRITURE. Noter (fixer) ses impressions, *to note (to set down) o.'s impressions.* ◆ ÉDITION. Surveiller l'impression, *to supervise the printing.* ◆ IMPORTANCE. Faire impression, *to make an impression.* ◆ IMPRESSION. Avoir (éprouver, ressentir) une impression, *to have a feeling.* ‖ Créer (donner) une impression, *to create (to give) an impression.* ‖ Faire une drôle d'impression (Fam.), *to give a queer feeling.* ‖ Procurer une impression de bien-être, *to give a pleasant feeling.* ◆ INTUITION. Se fier à sa première impression, *to rely on o.'s first impression.*
→ **faute, ouvrage, part.**

impressionner ◆ IMPASSIBILITÉ. Ne pas se laisser impressionner, *not to let o.s. be over-awed.* ◆ VULNÉRABILITÉ. Se laisser impressionner, *to be over-awed.*

imprévu ◆ MONOTONIE. Manquer d'imprévu, *to lack the flavour of the unexpected.*

imprimatur ◆ ÉDITION. Demander (obtenir; donner, accorder) l'imprimatur, *to request (to obtain; to give, to grant) the imprimatur.*

imprimer ◆ ÉDITION. Se faire imprimer, *to see o.s. in print.*

improvisation ◆ DISCOURS. Se lancer dans une improvisation, *to start speaking extempore.*

improviste ◆ IMPROVISTE. Survenir (arriver) à l'improviste, *to arrive without warning.*

imprudence ◆ CHOC EN RETOUR. Expier ses imprudences, *to pay dearly for o.'s rashness.* ◆ IMPRUDENCE. Commettre des imprudences, *to act rashly.* ◆ PRUDENCE. Ne pas faire d'imprudences, *not to do anything rash.*
→ **homicide.**

impudence ◆ EFFRONTERIE. Avoir l'impudence de faire qqch., *to have the impudence to do sth.*

impuissance ◆ AVEU. Avouer (reconnaître) son impuissance, *to admit (to recognize) o.'s powerlessness.* ◆ OPPRESSION. Frapper qqn d'impuissance, *to render s.o. powerless.* ‖ Réduire qqn à l'impuissance, *to reduce s.o. to a powerless condition.*

impulsion ◆ IRRÉFLEXION. Suivre (agir sous) l'impulsion du moment, *to act on the spur of the moment.* ◆ MAÎTRISE DE SOI. Maîtriser ses impulsions, *to control o.'s impulses.* ◆ PROPULSION. Donner (communiquer, transmettre; recevoir) une impulsion, *to give (to provide, to transmit; to receive) an impetus.* ◆ SPONTANÉITÉ. Céder (obéir) à une impulsion, *to yield to (to obey) an impulse.*

impunité ◆ IMPUNITÉ. Jouir de l'impunité, *to enjoy impunity.*

inaction ◆ INACTION. Etre réduit à l'inaction, *to be condemned to idleness.* ◆ RESSORT. Sortir de son inaction, *to arouse o.s. from o.'s idleness.*

inadvertance ◆ IRRÉFLEXION. Commettre une inadvertance, *to err through inattention.*

inanition ◆ ALIMENTATION. Mourir d'inanition, *to die of starvation.* ‖ Tomber d'inanition, *to be dying of hunger.*

inaperçu ◆ OBSCURITÉ. Passer inaperçu, *to escape notice* (personne). ◆ SECRET. Passer inaperçu, *to escape detection* (chose). ‖ Rester (demeurer) inaperçu, *to remain unnoticed.*

inattention → **instant.**

incartade ◆ INCONSÉQUENCE. Faire des incartades, *to commit peccadillos.*

incendie ◆ FEU. Allumer (attiser; provoquer; circonscrire, combattre, étouffer) un incendie, *to light (to fan; to start; to confine, to fight, to smother) a fire.* ‖ Maîtriser un incendie, *to get a fire under control.*
→ **foyer, proie.**

incendier ◆ RÉPRIMANDE. Se faire incendier (Fam.), *to get told off.*

incertitude ◆ INCERTITUDE. Demeurer (rester) dans l'incertitude, *to remain in a state of uncertainty.*

incidence ◆ INFLUENCE. Avoir une incidence sur qqch., *to have an effect on sth.*

incident ◆ EXAGÉRATION. Grossir un incident, *to blow up an incident.* ◆ INCIDENT. Provoquer (créer) un incident, *to provoke an incident.* ◆ NORME. Se passer sans incident, *to go off uneventfully.*

incision ◆ MÉDECINE. Faire (pratiquer), une incision, *to make an incision.*

incivilité ◆ INCIVILITÉ. Commettre une incivilité, *to be guilty of discourtesy.*

inclination ◆ INCLINATION. Suivre son inclination, *to follow o.'s inclinations.* ◆ SYMPATHIE. Montrer (avoir) de l'inclination pour qqn, *to show (to feel) fondness for s.o.*

incognito ◆ ÉTAT CIVIL. Garder l'incognito, *to remain incognito.* ‖ Respecter l'incognito de qqn, *to respect s.o.'s wish for privacy.*

incohérence ◆ FOLIE. Manifester de l'incohérence, *to be incoherent.*

incompatibilité ◆ DIVORCE. Divorcer pour incompatibilité d'humeur, *to get divorced for incompatibility of temperament.*

incompatible ◆ NON-OPPOSITION. Ne pas être incompatible, *not to be incompatible.*

incompétence ◆ INCOMPÉTENCE. Avouer (reconnaître) son incompétence, *to admit that o. is not qualified.*

incompréhension ◆ INCOMPRÉHENSION. Manifester de l'incompréhension,

to show a lack of understanding. ‖ Rencontrer· une incompréhension totale, to meet with a total lack of understanding.
→ mur.

inconciliable ◆ IMPOSSIBILITÉ. Concilier les inconciliables, to reconcile irreconcilables.

incongruité ◆ GROSSIÈRETÉ. Dire des incongruités, to make unseemly remarks.

inconnu ◆ OBSCURITÉ. Etre un illustre inconnu, to be a nameless wonder.
→ saut.

inconnue ◆ MATHÉMATIQUES. Dégager l'inconnue, to isolate the unknown quantity.

inconscience ◆ INCONSCIENCE. Friser l'inconscience (Fam.), to verge on foolhardiness. ◆ SOMMEIL. Sombrer (glisser) dans l'inconscience, to sink (to slip) into unconsciousness.
→ preuve.

inconscient 1. IMPRUDENCE. Etre inconscient, to be reckless. [V. 2, 4.] — 2. IRRESPONSABILITÉ. Etre inconscient, to be irresponsible. [V. 1, 4.] — 3. PSYCHOLOGIE. Refouler qqch. dans l'inconscient, to repress sth. — 4. SANTÉ. Etre inconscient, to be unconscious. [V. 1, 2.]

inconséquence ◆ IRRÉFLEXION. Commettre une inconséquence, to commit a thoughtless act.

inconsolable ◆ FIDÉLITÉ. Demeurer (rester) inconsolable, to remain inconsolable.

inconstance → preuve.

inconvenance ◆ INCIVILITÉ. Commettre (dire) une inconvenance, to do (to say) something unseemly.

inconvénient ◆ AMÉLIORATION. Obvier à (pallier, parer à, éviter) un inconvénient, to overcome (to cope with, to avoid) a drawback. ◆ INCONVÉNIENT. Avoir (comporter, entraîner, présenter) des inconvénients, to have (to contain, to involve, to present) drawbacks. ◆ JUGEMENT. Discerner (voir) les inconvénients, to perceive (to see) the drawbacks. ◆ NON-OPPOSITION. Ne pas y avoir d'inconvénient, there [to be] no problem (Gramm.). ‖ Ne pas y voir d'inconvénient, to see no objection to it.

incorrection ◆ INCIVILITÉ. Commettre une incorrection, to commit a breach of good manners.

incrédule ◆ SCEPTICISME. Rester (demeurer) incrédule, to remain incredulous.

incrédulité ◆ SCEPTICISME. Afficher l'incrédulité, to display incredulity.

incroyable ◆ VÉRITÉ. Etre incroyable mais vrai, to be true, however incredible it may seem.

incubation → période.

inculpé ◆ PROCÉDURE. Entendre l'inculpé, to interrogate the accused.

inculte ◆ AGRICULTURE. Demeurer (rester) inculte, to remain uncultivated. ◆ IGNORANCE. Demeurer (rester) inculte, to remain uneducated.

incurie ◆ RÉFORME. Combattre l'incurie, to fight negligence.

incursion ◆ MILITAIRE. Faire une incursion dans un pays, to make a foray into a country.

indécence ◆ INDÉLICATESSE. Avoir l'indécence de faire qqch., to have the indecency to do sth.

indélicatesse ◆ MALHONNÊTETÉ. Commettre une indélicatesse, to commit an unscrupulous act.

indemne ◆ CHANCE. S'en sortir indemne (Fam.), to escape unscathed.

indemnité ◆ RÉMUNÉRATION. Allouer (percevoir) une indemnité de déplacement, to pay (to draw) a travelling allowance. ‖ Allouer (payer, verser) une indemnité, to pay compensation. ‖ Percevoir (recevoir) une indemnité, to receive compensation.

indépendance ◆ GAGNE-PAIN. Assurer son indépendance matérielle, to ensure o.'s material independence. ◆ INDÉPENDANCE. Aspirer à (revendiquer) l'indépendance, to desire (to demand) independence. ‖ Conserver son indépendance, to preserve o.'s independence. ‖ Manifester (montrer) de l'indépendance, to show an independent spirit. ◆ LIBÉRATION. Conquérir son indépendance, to win o.'s independence. ◆ POLITIQUE. Proclamer (reconnaître) l'indépendance d'un pays, to proclaim (to recognize) a country's independence.

indétermination ◆ INDÉCISION. Demeurer (rester) dans l'indétermination, to remain irresolute.

index ◆ RELIGION. Etre mis à l'Index, to be put on the Index. ◆ RÉPROBATION. Etre mis à l'index, to be sent to Coventry. ‖ Mettre à l'index, to black-list.

indicatif ◆ RADIO. Faire passer un indicatif, *to play a signature tune.*

indication ◆ DISCIPLINE. Suivre les indications de qqn, *to follow s.o.'s directions.* ◆ RENSEIGNEMENT. Donner une indication, *to give a direction.*

indice ◆ FINANCES. Faire monter l'indice des prix, *to send up the price index.* ◆ SIGNE. Chercher (rassembler, recueillir) des indices, *to look for (to collect) clues.* ‖ Saisir un indice, *to grasp a clue.*

indifférence ◆ ACCUEIL. Se heurter à l'indifférence, *to come up against indifference.* ◆ AFFECTATION. Affecter (feindre) l'indifférence, *to feign indifference.* ‖ Montrer (témoigner) de l'indifférence, *to show indifference.* ◆ OUBLI. Sombrer dans l'indifférence (chose), *to become of no interest.*

indifférent ◆ INDIFFÉRENCE. Laisser qqn indifférent, *to be of no interest to s.o.*

indigence ◆ PAUVRETÉ. Tomber dans l'indigence, *to fall upon hard times.*

indigestion ◆ SANTÉ. Avoir (attraper [Fam.]) une indigestion, *to have (to get) indigestion.* ◆ SATIÉTÉ. En avoir une indigestion, *to be fed up with it.*

indignation ◆ INDIGNATION. Exciter (soulever, provoquer) l'indignation, *to arouse (to provoke) indignation.* ‖ Frémir (suffoquer) d'indignation, *to bristle (to choke) with indignation.* ◆ PROTESTATION. Crier (exprimer, manifester, faire éclater) son indignation, *to give voice to (to express, to voice, to give vent to) o.'s indignation.*

indignité ◆ CONNAISSANCE DE SOI. Mesurer son indignité, *to be aware of o.'s unworthiness.*

indiqué ◆ CONVENANCE. Etre tout indiqué, *to be the obvious thing to do.* ◆ INOPPORTUNITÉ. Ne pas être très indiqué (n'être guère indiqué), *not to be very advisable.*

indiscrétion ◆ INDISCRÉTION. Commettre une indiscrétion, *to be guilty of an indiscretion.*

indispensable ◆ DIPLOMATIE. Se rendre indispensable, *to make o.s. indispensable.* ◆ URGENCE. Faire (exécuter) l'indispensable, *to do the necessary.*

indisposé ◆ SANTÉ. Etre indisposée (femme), *to be unwell.* ‖ Etre (se sentir) indisposé, *to be (to feel) indisposed.*

indivision ◆ NOTARIAT. Acheter (rester) en indivision, *to buy (to remain) in joint possession.*

indubitable ◆ CERTITUDE. Tenir pour indubitable, *to consider unquestionable.*

indulgence ◆ INCULPÉ. Demander l'indulgence du jury, *to crave the jury's indulgence.* ◆ INDULGENCE. Avoir (montrer) de l'indulgence pour qqn, *to be indulgent (to show indulgence) towards s.o.* ‖ Incliner à l'indulgence, *to predispose to indulgence.* ‖ Mériter l'indulgence, *to deserve leniency.* ‖ Réclamer (implorer) l'indulgence, *to crave (to beg for) indulgence.* ‖ User d'indulgence, *to be forebearing.* ◆ RELIGION. Gagner des indulgences, *to win indulgences.*
→ **trésor.**

industrie ◆ COMMERCE. Développer (se lancer dans) l'industrie, *to develop (to go into) industry.* ◆ EXPÉDIENT. Vivre d'industrie, *to live by o.'s wits.* ◆ MALHONNÊTETÉ. Exercer sa coupable industrie, *to pursue o.'s nefarious activities.*
→ **chevalier.**

inébranlable ◆ INFLEXIBILITÉ. Rester (demeurer) inébranlable, *to remain inflexible.*

inédit ◆ ÉDITION. Publier des inédits, *to bring out unpublished material.*

inefficacité ◆ INUTILITÉ. Etre d'une parfaite inefficacité, *to be no earthly use.*

inégalité ◆ POLITIQUE. Remédier aux inégalités sociales, *to remedy social inequalities.*

inéluctable ◆ RÉSIGNATION. Se soumettre à l'inéluctable, *to yield to the inevitable.*

ineptie ◆ SOTTISES. Débiter (dire) des inepties, *to talk nonsense.*

inertie ◆ RESSORT. Lutter contre l'inertie, *to combat apathy.* ‖ Sortir de son inertie, *to emerge from o.'s apathy.*
→ **force.**

inévitable ◆ RÉSIGNATION. Se soumettre (se résoudre, se résigner) à l'inévitable, *to bow to the inevitable.*

inexactitude ◆ CRITIQUE. Relever des inexactitudes, *to pick out inaccuracies.*

inexpérience ◆ INEXPÉRIENCE. Montrer (manifester) de l'inexpérience, *to show inexperience.*

inexprimable ◆ IMPOSSIBILITÉ. Vouloir exprimer l'inexprimable, *to want to express the inexpressible.*

infaillible ◆ PRÉTENTION. Se croire infaillible, *to think o. is infaillible.*

infamie ◆ DÉNIGREMENT. Dire des infamies, *to say vile things.*

infanticide ◆ CRIME. Commettre un infanticide, *to commit infanticide.*

infection ◆ MÉDECINE. Combattre une infection, *to fight against an infection.* ◆ ODEUR. Etre une infection (Impers.), *to stink.*

inférieur ◆ INFÉRIORITÉ. Etre (se sentir) inférieur à qqn, *to be (to feel) inferior to s.o.*

infériorité ◆ HUMILITÉ. Reconnaître (avouer) son infériorité, *to acknowledge (to admit) o.'s inferiority.*
→ complexe.

infidélité ◆ INFIDÉLITÉ. Faire des infidélités, *to be unfaithful to s.o.*

infini ◆ DIVERSITÉ. Varier à l'infini, *to vary « ad infinitum ».*

infirmerie ◆ MÉDECINE. Conduire qqn à l'infirmerie, *to take s.o. to the sick-bay.*

infirmité ◆ SANTÉ. Souffrir d'une infirmité, *to suffer from an infirmity.*

inflation ◆ FINANCES. Conduire à l'inflation, *to lead to inflation.*

inflexible ◆ INFLEXIBILITÉ. Demeurer inflexible, *to remain inflexible.*

influence ◆ DÉPENDANCE. Subir une influence, *to be under an influence.* ◆ INFLUENCE. Accroître (étendre) son influence, *to increase (to extend) o.'s influence.* ‖ Avoir une bonne (mauvaise) influence, *to have a good (bad) influence.* ‖ Établir (asseoir) son influence, *to establish o.'s influence.* ‖ Exercer une influence, *to exert an influence.* ‖ Jouer (user) de son influence, *to use o.'s influence.* ‖ Perdre de son influence, *to lose some of o.'s influence.* ‖ Prendre (gagner) de l'influence, *to gain influence.* ◆ LIBÉRATION. Soustraire à une influence, *to remove from an influence.* ‖ Résister (échapper) à l'influence de qqn, *to resist (to escape from) s.o.'s influence.*
→ limite, lutte.

informateur ◆ POLICE. Disposer d'informateurs, *to have informants.*

information ◆ ENQUÊTE. Aller aux informations, *to go and find out.* ‖ Glaner (recueillir) des informations, *to glean (to gather) information.* ◆ INFORMATION. Apporter (fournir) une information, *to supply an item of information.* ◆ PROCÉDURE. Ouvrir une information, *to begin proceedings.* ◆ RADIO. Écouter les informations, *to listen to the news.*
→ source, supplément, voyage.

informatique ◆ ÉLECTRONIQUE. Traiter (résoudre) par l'informatique, *to data-process.*

informé ◆ INFORMATION. Attendre jusqu'à plus ample informé, *to await further information.*

informer ◆ ENQUÊTE. Chercher à s'informer, *to try to find out.*

infraction ◆ AUTOMOBILE. Etre en infraction, *to be breaking the law.* ◆ DÉLIT. Commettre une infraction, *to commit an infringement.*

infuser ◆ CUISINE. Laisser infuser, *to let it stand.*

ingéniosité ◆ INGÉNIOSITÉ. Déployer beaucoup d'ingéniosité, *to employ much ingenuity.*

ingénue ◆ AFFECTATION. Jouer les ingénues, *to play the innocent.* ◆ THÉÂTRE. Jouer les ingénues, *to play ingénue roles.*

ingrat → affaire.

ingratitude ◆ INGRATITUDE. Manifester de l'ingratitude, *to display ingratitude.* ‖ Payer qqn d'ingratitude, *to repay s.o. with ingratitude.*

Ingres → violon.

inhabitable ◆ MAISON. Etre (rendre) inhabitable, *to be (to make) unlivable.*

inhalation ◆ SANTÉ. Faire des inhalations, *to inhale.*

inhibition ◆ PSYCHOLOGIE. Souffrir d'inhibition, *to suffer from inhibition.*

inimitié ◆ HOSTILITÉ. Avoir (concevoir) de l'inimitié pour qqn, *to feel enmity towards s.o.* ‖ Encourir l'inimitié, *to incur enmity.*

initiale ◆ ÉCRITURE. Signer de ses initiales, *to initial.*

initiation ◆ PHÉNOMÈNES PARANORMAUX. Recevoir l'initiation, *to be initiated.*

initiative ◆ AUTORITARISME. Ne laisser à qqn aucune initiative, *to leave s.o. no initiative at all.* ◆ INITIATIVE. Agir de sa propre initiative, *to act on o.'s own initiative.* ‖ Prendre des initiatives, *to take the initiative.* ◆ OBSTACLE. Freiner une initiative, *to hinder an initiative.* ◆ PASSIVITÉ. Manquer d'initiative, *to lack initiative.*
→ syndicat.

injection ◆ SANTÉ. Prendre une injection, *to give o.s. a douche.*

injure ◆ HUMILIATION. Endurer (avaler, souffrir, subir) des injures, *to endure (to swallow, to suffer, to be subjected to) abuse.* ◆ INSULTE. Agonir (abreuver) d'injures, *to revile.* ‖ Couvrir qqn d'injures, *to heap abuse on s.o.* ‖ Cracher (proférer, vomir) des injures, *to hurl (to utter, to spew out) abuse.* ‖ Faire injure à qqn, *to hurt s.o.* ‖ Se répandre en injures, *to shower abuse.* ◆ QUERELLE. Se lancer (échanger) des injures, *to hurl abuse at each other.* ◆ VENGEANCE. Laver une injure, *to avenge an insult.*
→ **bordée, chapelet.**

injuste → **juste.**

injustice ◆ INJUSTICE. Souffrir (essuyer, subir) une injustice, *to suffer an injustice.* ◆ JUSTICE. Réparer une injustice, *to redress a wrong.* ◆ RÉVOLTE. S'élever contre l'injustice, *to take a stand against injustice.*

innocence ◆ NON-CULPABILITÉ. Clamer (proclamer) son innocence, *to proclaim o.'s innocence.* ‖ Établir (démontrer; reconnaître) l'innocence de qqn, *to establish (to prove; to recognize) s.o.'s innocence.* ‖ Etre fort de son innocence, *to be secure in o.'s innocence.* ‖ Protester de son innocence, *to protest o.'s innocence.* ◆ TROMPERIE. Abuser de l'innocence de qqn, *to take advantage of s.o.'s innocence.*

innocent ◆ AFFECTATION. Faire l'innocent, *to act innocent.* ‖ Jouer à l'innocent, *to play the innocent party.* ◆ SENTENCE. Condamner un innocent, *to sentence an innocent man.*

inquiétude ◆ INQUIÉTUDE. Causer (inspirer, donner) de l'inquiétude, *to cause (to inspire, to give) anxiety.* ‖ Concevoir (éprouver, ressentir) de l'inquiétude, *to feel anxious.* ‖ Entretenir des inquiétudes, *to feel worried.* ‖ Exprimer (cacher) son inquiétude, *to express (to conceal) o.'s anxiety.* ‖ Inspirer des inquiétudes, *to give rise to anxiety.* ‖ Manifester de l'inquiétude, *to show anxiety.* ‖ Se ronger (être dévoré) d'inquiétude, *to be worried sick.*
→ **bout, malade.**

insatisfaction ◆ MÉCONTENTEMENT. Manifester son insatisfaction, *to show o.'s dissatisfaction.*

inscription ◆ ADMINISTRATION. Prendre son inscription, *to enter o.'s name.*
→ **frais.**

insémination ◆ MÉDECINE. Pratiquer l'insémination artificielle, *to practise artificial insemination.*

insensibilité ◆ INSENSIBILITÉ. Manifester de l'insensibilité, *to show insensitivity.*

insensible ◆ INSENSIBILITÉ. Demeurer insensible, *to remain unmoved.*

insigne ◆ HONNEURS. Arborer un insigne, *to sport a distinguished mark.*

insinuation ◆ ALLUSION. Faire (se livrer à) des insinuations, *to make insinuations.* ‖ Procéder par insinuations, *to resort to innuendo.*

insistance ◆ REGARD. Regarder qqn avec insistance, *to stare at s.o.*

insister ◆ INUTILITÉ. Etre inutile d'insister, *to be no use going on.*

insolence ◆ INSOLENCE. Friser l'insolence (Fam.), *to verge on insolence.*

insomnie ◆ SANTÉ. Souffrir d'insomnie, *to suffer from insomnia (sleeplessness).*

insouciance ◆ INSOUCIANCE. Vivre dans l'insouciance, *to live a carefree existence.*

insouciant ◆ INSOUCIANCE. Se montrer (être) insouciant, *to be heedless.*

inspecteur ◆ PARESSE. Faire l'inspecteur des travaux finis (Fam.), *to stroll up when the work is done.*

inspection ◆ MILITAIRE, VÉRIFICATION. Passer l'inspection, *to inspect.*

inspiration ◆ IDÉE. Avoir eu une bonne (mauvaise) inspiration, *to have had a good (bad) idea.* ◆ INSPIRATION. Appeler (attendre; chercher; tarir) l'inspiration, *to call for (to await; to seek; to exhaust) inspiration.* ◆ SANTÉ. Prendre une inspiration, *to take a deep breath.* ◆ SPONTANÉITÉ. Céder à (suivre) l'inspiration du moment, *to act on the spur of the moment.*

inspiré ◆ ERREUR. Ne pas avoir été bien inspiré (Fam.), *to have been ill-advised.* ◆ IDÉE. Avoir été bien inspiré, *to have had the right idea.*

instance ◆ ACCOMMODEMENT. Céder aux instances de qqn, *to give in to s.o.'s entreaties.* ◆ ADMINISTRATION. S'adresser aux instances supérieures, *to appeal to the higher authorities.*

instant ◆ ATTENTE. Attendre qqn d'un instant à l'autre, *to expect s.o. any minute.* ◆ ERREUR. Avoir un instant d'aberration, *to have a momentary aberration.* ◆ IMMÉDIATETÉ. Agir à l'instant, *to act then and*

there. ◆ INATTENTION. Avoir un instant d'inattention, *to let o.'s attention stray for a moment.* ◆ OPPORTUNITÉ. Attendre l'instant favorable, *to wait for the right moment.* ◆ PROMPTITUDE. Agir en moins d'un instant, *to act in a flash.* ◆ RENDEMENT. Ne pas perdre un instant, *not to waste a moment.*
→ **affaire.**

instantané ◆ PHOTOGRAPHIE. Prendre un instantané, *to take a snapshot.*

instinct ◆ IMPULSION. Céder (obéir) à ses instincts, *to obey o.'s instincts.* ◆ INTUITION. Savoir d'instinct, *to know instinctively.* ‖ Se laisser guider par (suivre) son instinct, *to follow o.'s instincts.* ◆ MAÎTRISE DE SOI. Diriger ses instincts, *to control o.'s instincts.*

institution → **hauteur.**

instruction ◆ DISCIPLINE. Attendre (suivre) les instructions, *to await (to follow) instructions.* ‖ Se conformer aux instructions, *to follow instructions.* ◆ ORDRE. Donner des instructions, *to give instructions.* ◆ PROCÉDURE. Procéder à (faire) une instruction, *to carry out a preliminary investigation.* ◆ SAVOIR. Avoir de l'instruction, *to be educated.*

instruire ◆ SAVOIR. Chercher à s'instruire, *to try to educate o.s.*

instrument ◆ COMPLICITÉ. Etre (devenir, se faire) l'instrument de qqn, *to be (to become) s.o.'s tool.*
→ **son.**

insu ◆ SECRET. Agir à l'insu de qqn, *to act without s.o.'s knowledge.*

insuffisance ◆ COMPENSATION. Pallier une insuffisance, *to make up for a deficiency.*

insulte ◆ HUMILIATION. Encaisser des insultes (Fam.), *to swallow insults.* ‖ Endurer (essuyer, supporter) des insultes, *to endure (to receive, to be exposed to) insults.* ◆ INSULTE. Adresser des insultes à qqn, *to insult s.o.*

insupportable ◆ DÉPLAISANCE. Se rendre insupportable, *to make o.s. unbearable.*

insurrection ◆ RÉPRESSION. Étouffer (réprimer) une insurrection, *to crash (to put down) a rebellion.* ◆ RÉVOLUTION. Entrer en insurrection, *to rise (up) in rebellion.*
→ **état.**

intégrité ◆ VIGILANCE. Veiller à l'intégrité de qqch., *to see that sth. is not tampered with.*

intelligence ◆ ACCORD. Vivre en bonne intelligence, *to live on friendly terms.* ◆ COMPLICITÉ. Etre d'intelligence avec qqn, *to be in league with s.o.* ◆ INTELLIGENCE. Avoir l'intelligence de faire qqch., *to have the intelligence to do sth.* ‖ Etre une intelligence, *to be outstandingly intelligent.* ◆ MILITAIRE. Avoir (entretenir) des intelligences avec l'ennemi, *to be in league with the enemy.* ◆ SAVOIR. Développer (cultiver) son intelligence, *to develop (to cultivate) o.'s intelligence.*
→ **preuve, regard, signe.**

intempérie ◆ MAUVAIS TEMPS. Braver (lutter contre) les intempéries, *to brave (to battle with) the elements.*

intensité ◆ ACCROISSEMENT. Accroître l'intensité de qqch., *to step up sth. in intensity.* ‖ Donner de l'intensité à qqch., *to make sth. more intense.* ◆ ATTÉNUATION. Perdre de son intensité, *to lose some of its intensity.*

intention 1. AVERTISSEMENT. Avertir qqn de ses intentions, *to inform s.o. of o.'s intentions.* — 2. FRANCHISE. Découvrir (dévoiler) ses intentions, *to reveal o.'s intentions.* [V. 8.] — 3. INTENTION. Avoir une intention, *to have an idea in mind.* ‖ Avoir de bonnes (mauvaises) intentions, *to have good (bad) intentions.* — 4. JUGEMENT. Considérer l'intention, *to appreciate the thought.* — 5. PÉNÉTRATION. Pénétrer les intentions de qqn, *to fathom s.o.'s intentions.* — 6. PRÉCISION. Préciser ses intentions, *to state o.'s intentions.* — 7. PROJET. Avoir l'intention de faire qqch., *to mean to do sth.* ‖ Entrer dans les intentions de qqn, *to be part of s.o.'s intention.* — 8. RÉVÉLATION. Laisser percer (dévoiler) son intention, *to let o.'s true intention show.* [V. 2.] ‖ Montrer (manifester) ses intentions, *to make o.'s intentions clear.* — 9. SUSPICION. Attribuer (prêter) des intentions à qqn, *to credit s.o. with intentions.*

inter ◆ TÉLÉPHONE. Demander l'inter, *to ask for trunk calls.*

intercesseur ◆ INTERMÉDIAIRE. Servir d'intercesseur auprès de qqn, *to intercede with s.o.*

interdiction ◆ PERMISSION. Lever une interdiction, *to raise a ban.* ◆ SENTENCE.

Frapper d'interdiction de séjour, *to lay under local banishment.* ‖ Signifier une interdiction à qqn, *to inform s.o. of a ban.*

interdit ◆ INTERDICTION. Jeter (lever) l'interdit, *to pronounce (to remove) the interdict.*

intéressant ◆ AFFECTATION. Faire l'intéressant, *to try to attract attention.*

intéressé ◆ INTÉRÊT. Etre le principal (premier) intéressé, *to be the person most directly concerned.*

intéressement ◆ RÉMUNÉRATION. Pratiquer l'intéressement des travailleurs, *to have a profit-sharing scheme.*

intérêt 1. ALTRUISME. Agir au mieux des intérêts de qqn, *to act in s.o.'s best interests.* ‖ Épouser les intérêts de qqn, *to espouse s.o.'s interests.* ‖ Porter intérêt à (témoigner de l'intérêt à) qqn, *to take (to show) an interest in s.o.* [V. 4.] ‖ Servir (défendre) les intérêts de qqn, *to serve (to defend) s.o.'s interests.* – 2. AVANTAGE. Avoir intérêt à (entrer dans les intérêts de qqn de) faire qqch., *to be in s.o.'s interest to do sth.* ‖ Trouver son intérêt à faire qqch., *to find it in o.'s interest to do sth.* – 3. FINANCES. Avoir des intérêts dans une affaire, *to have interests in a firm.* ‖ Laisser courir un intérêt, *to let the interest mount up.* ‖ Payer (toucher, percevoir) les intérêts, *to pay (to receive) the interest.* ‖ Prêter à intérêt, *to lend money on interest.* ‖ Porter intérêt (produire des intérêts), *to bear interest.* – 4. INTÉRÊT. Éprouver de l'intérêt pour qqch. (qqn), *to be interested in sth. (s.o.).* ‖ Éveiller (susciter, exciter, forcer) l'intérêt, *to awaken (to arouse, to excite, to compel) interest.* ‖ Faire tout l'intérêt de qqch., *to be the most interesting thing about sth.* ‖ Ne pas manquer d'intérêt, *not to be without interest.* ‖ Présenter de l'intérêt, *to be of some interest.* ‖ Soutenir (stimuler) l'intérêt, *to hold (to stimulate) the interest.* ‖ Témoigner de l'intérêt pour (porter intérêt à, prendre intérêt à) qqch., *to take (to show) an interest in sth.* [V. 1.] ‖ Trouver de l'intérêt à qqch., *to find sth. most interesting.* – 5. INTÉRÊT PERSONNEL. Agir par intérêt (dans son intérêt), *to act from interested motives (in o.'s personal interests).* ‖ Avoir un intérêt personnel en vue, *to have an axe to grind.* ‖ Connaître ses intérêts, *to know where o.'s interests lie.* ‖ Envisager (rechercher, suivre) son intérêt,

to consider (to go after, to look after) o.'s interests. ‖ Ne voir que son intérêt, *to have an eye only to o.'s own interests.* ‖ Parler dans son intérêt personnel, *to speak in o.'s own interests.* ‖ Savoir où est son intérêt, *to know which side o.'s bread is buttered on.* – 6. INUTILITÉ. Ne pas voir l'intérêt de qqch., *not to see the point in sth.* – 7. NON-INTÉRÊT. Ne pas présenter le moindre intérêt, *to be of no interest whatsoever.* ‖ N'offrir aucun intérêt, *to be utterly devoid of interest.* ‖ Perdre tout son intérêt, *to cease to have any interest.* – 8. PRÉJUDICE. Agir contre son intérêt, *to act contrary to o.'s personal interests.* ‖ Aller contre (léser) les intérêts de qqn, *to go against (to injure) s.o.'s interests.* – 9. UTILITÉ. Etre d'intérêt public, *to be in the public interest.*
→ centre, lutte, mariage.

intérieur ◆ IMPULSION. Se sentir poussé de l'intérieur, *to feel impelled.* ◆ MÉNAGE. Tenir un intérieur, *to look after a home.* ◆ PÉNÉTRATION. Comprendre de l'intérieur, *to understand from within.*

intérim ◆ REMPLACEMENT. Assurer l'intérim de qqn, *to deputize for s.o.* ‖ Faire l'intérim, *to fill in.*

interlude ◆ TÉLÉVISION. Donner un interlude, *to broadcast an interlude.*

intermède ◆ RÉJOUISSANCE. Servir d'intermède, *to provide an interlude.*

intermédiaire ◆ COMMERCE. Supprimer les intermédiaires, *to do away with middlemen.* ◆ INTERMÉDIAIRE. Servir d' (faire l') intermédiaire, *to act as go-between.*

internat ◆ ÉCOLE. Vivre en internat, *to board.*

interpellation ◆ POLITIQUE. Déposer une interpellation, *to put down a question.*

interprétation ◆ ERREUR. Donner une fausse (mauvaise) interprétation de qqch., *to misinterpret sth.* ◆ OPINION. Émettre (donner) une interprétation, *to offer (to give) an interpretation.* ◆ SIGNIFICATION. Admettre (être susceptible de) diverses interprétations, *to be open to various interpretations.*

interprète ◆ INTERMÉDIAIRE. Se faire l'interprète de qqn, *to act as spokesman for s.o.* ◆ LANGAGE. Servir d'interprète, *to act as interpreter.*

interrogation ◆ ÉCOLE. Passer (subir) une interrogation écrite (orale), *to sit a written (an oral) examination.*

interrogatoire ◆ INCULPÉ. Subir un interrogatoire, *to undergo questioning.* ◆ QUESTION. Subir un interrogatoire, *to undergo interrogation.*

intervention ◆ DISCOURS. Faire une intervention, *to speak.* ◆ CHIRURGIE. Faire une intervention, *to perform an operation.*

interview ◆ CONVERSATION. Accorder (donner) une interview, *to grant (to give) an interview.* ‖ Demander (solliciter) une interview, *to ask for (to request) an interview.*

intestin ◆ SANTÉ. Avoir l'intestin dérangé, *to have a bowel upset.* ‖ Relâcher l'intestin, *to loosen the bowels.*

intimidation ◆ MENACE. User d'intimidation, *to resort to intimidation.*
→ **manœuvre.**

intimider ◆ ASSURANCE. Ne pas se laisser intimider, *not to allow o.s. to be intimidated.*

intimité ◆ INDÉPENDANCE. Préserver son intimité, *to preserve o.'s privacy.* ◆ INTIMITÉ. Entrer (pénétrer) dans l'intimité de qqn, *to become intimate with s.o.* ◆ INTRUSION. S'introduire dans l'intimité de qqn, *to push o.'s way into s.o.'s private life.* ◆ MAISON. Manquer d'intimité, *not to be very cosy.*
→ **lieu.**

intolérance ◆ INTOLÉRANCE. Montrer (manifester) de l'intolérance, *to show (to display) intolerance.*

intransigeance ◆ INTRANSIGEANCE. Montrer de l'intransigeance, *to show intransigency.*

intrigue ◆ AMOUR. Ébaucher (nouer) une intrigue, *to begin (to enter into) an affair.* ◆ ÉCLAIRCISSEMENT. Débrouiller (démêler, dénouer) une intrigue, *to disentangle (to clear up) an intrigue.* ◆ INTRIGUE. Ourdir (tramer) une intrigue, *to hatch (to weave) a plot.* ‖ User d'intrigues, *to resort to scheming.* ◆ INTUITION. Subodorer une intrigue (Fam.), *to smell a rat.* ◆ POLITIQUE. Fomenter des intrigues de couloir, *to be active in the lobby.*

introduction → **lettre.**

introspection ◆ PSYCHOLOGIE. Faire de l'introspection, *to indulge in introspection.*

introuvable ◆ RECHERCHE. Demeurer introuvable, *cannot be found* (Gramm.).

intrus ◆ RENVOI. Écarter les intrus, *to ward off intruders.*

intrusion ◆ INTERVENTION. Faire intrusion, *to intrude.*

intuition ◆ INTUITION. Avoir de l'intuition, *to be intuitive (sensitive).* ‖ Avoir une intuition, *to have an intuition.* ‖ Manquer d'intuition, *to lack intuitiveness.*

inutile ◆ INUTILITÉ. Etre inutile, *to be useless.* ◆ PARASITE. Vivre en inutile, *to be a drone.*

invasion ◆ MILITAIRE. Résister à l'invasion, *to resist invasion.*

invective ◆ INSULTE. Accabler (couvrir) qqn d'invectives, *to shower abuse on s.o.* ‖ Se répandre (éclater) en invectives, *to pour forth (to burst out into) abuse.*
→ **injure, insulte.**

inventaire ◆ COMMERCE. Faire (dresser, procéder à) l'inventaire, *to do (to carry out) the stocktaking.* ◆ NOTARIAT. Faire (dresser, procéder à) un inventaire, *to draw up an inventory.* ◆ RECHERCHE. Faire l'inventaire, *to check the contents.*
→ **cause.**

invention ◆ CRÉATION. Etre plein d'invention, *to be very inventive.*
→ **brevet.**

inverse ◆ CONTRAIRE. Faire l'inverse, *to do the opposite.*
→ **tout.**

investigation ◆ RECHERCHE. Poursuivre ses investigations, *to continue with o.'s investigations.* ‖ Pousser plus loin ses investigations, *to carry o.'s investigations further.*

investissement ◆ FINANCES. Récupérer ses investissements, *to recover o.'s investment.* ‖ Faire des investissements, *to invest money.*

investiture ◆ ÉLECTIONS. Donner l'investiture à qqn (dans un parti), *to select s.o. as a candidate.* ‖ Donner (accorder) l'investiture au Premier ministre, *to agree with the choice of s.o. as Prime Minister.* ‖ Recevoir l'investiture, *to be appointed Prime Minister.* ◆ RELIGION. Recevoir l'investiture, *to be inducted.*

invitation ◆ HOSPITALITÉ. Lancer (recevoir; répondre à; refuser, décliner) une invitation, *to issue (to receive; to reply to; to decline, to turn down) an invitation.*

iota ◆ IMMOBILISME. Ne pas changer un iota à qqch., *not to change sth. a jot.* ◆ PÉRENNITÉ. Ne pas changer d'un iota, *not to change one iota.*

ironie ◆ IRONIE. Faire de l'ironie, *to be ironic (sarcastic).* ‖ Savoir manier l'ironie, *to be a master in the use of irony.*

irréductible ◆ INTRANSIGEANCE. Demeurer irréductible, *to be unyielding.*

irrégularité ◆ DÉLIT. Commettre des irrégularités, *to be guilty of irregularities.*

irrémédiable ◆ RÉSIGNATION. Accepter l'irrémédiable, *to accept what can't be helped.*

irréparable ◆ DESTIN. Voir s'accomplir l'irréparable, *to see the irreparable happening.*

irrésolution ◆ INDÉCISION. Demeurer dans l'irrésolution, *to remain irresolute.*

irresponsable ◆ PROCÉDURE. Tenir qqn pour irresponsable, *to consider s.o. not accountable for his actions.*

irritation ◆ APAISEMENT. Calmer l'irritation de qqn, *to soothe s.o.'s irritation.* ◆ EXCITATION. Provoquer (accroître) l'irritation de qqn, *to provoke (to aggravate) s.o.'s irritation.*

irruption ◆ INTERVENTION. Faire irruption, *to burst in.*

isolement ◆ SOCIABILITÉ. Rompre son isolement, *to emerge from o.'s isolation.*

issue ◆ MAISON. Condamner une issue, *to close up an opening.* ◆ PRÉVISION. Prévoir l'issue d'une affaire, *to foresee the outcome of an affair.* ◆ PRUDENCE. Se ménager une issue, *to leave o.s. a loophole.* ◆ SOLUTION. Chercher (découvrir, trouver; ménager) une issue, *to look for (to discover, to find; to arrange) a way out.* ‖ Avoir une issue heureuse, *to end happily.* ‖ Ne pas voir d'autre issue, *to see no other way out.*

itinéraire ◆ DIRECTION. Suivre un itinéraire, *to follow a route.* ‖ Tracer (organiser) un itinéraire, *to make out (to arrange) a route.*

ivoire → tour.

ivraie → grain.

ivre ◆ IVRESSE. Etre ivre mort, *to be dead drunk.*

ivresse ◆ IVRESSE. Dissiper l'ivresse de qqn, *to sober s.o. up.* ‖ Provoquer l'ivresse, *to cause drunkenness.* ◆ SUCCÈS. Connaître l'ivresse du succès, *to know the intoxication of success.* → fumée.

ivrogne → dieu, peau, serment.

j

jabot ◆ ALIMENTATION. Se remplir le jabot (Pop.), *to have a good tuck-in.* ‖ PRÉTENTION. Enfler le jabot (Pop.), *to puff out o.'s chest.*

jachère ◆ AGRICULTURE. Laisser en jachère, *to let lie fallow.*

Jacques ◆ AFFECTATION. Faire le Jacques, *to play the fool.*

jais ◆ COULEUR. Etre noir comme du jais, *to be jet-black.*

jalon ◆ PROSPECTIVE. Poser des jalons, *to prepare the ground.*

jalousie 1. ENVIE. Inspirer (exciter) la jalousie, *to excite envy.* [V. 2.] — 2. JALOUSIE. Crever de jalousie (Fam.), *to be mad with jealousy.* ‖ Concevoir (éprouver) de la jalousie, *to feel jealous.* ‖ Exciter la jalousie, *to excite jealousy.* [V. 1.]
→ malade, supplice.

jambe 1. ÂGE. Ne plus avoir des jambes de vingt ans, *to be beginning to feel o.'s age.* — 2. CORPS. Avoir des jambes comme des allumettes, *to have legs like match-sticks.* ‖ Avoir des jambes de sauterelle, *to have legs like a daddy-long-legs.* ‖ Etre tout en jambes, *to be all legs.* — 3. DÉNIGREMENT. Tirer dans les jambes de qqn, *to stab s.o. in the back.* — 4. DÉSINVOLTURE. Traiter par-dessous (par-dessus) la jambe, *to treat in an offhand manner.* [V. 12.] — 5. ÉMOTION.

Couper les jambes, *to strike s.o. all of a heap.* ‖ Vaciller (trembler) sur ses jambes, *to go weak at the knees.* [V. 7.] — 6. FAITS ET GESTES. Croiser (décroiser, allonger) les jambes, *to cross (to uncross, to stretch out) o.'s legs.* — 7. FATIGUE. Avoir les jambes rompues, *to be ready to drop.* ‖ En avoir plein les jambes (Pop.), *to be dead-beat.* ‖ N'avoir plus de jambes, *to be dog-tired.* ‖ Ne plus pouvoir se tenir sur ses jambes, *cannot stay on o.'s feet another minute* (Gramm.). ‖ Traîner (tirer) la jambe, *to hobble along.* ‖ Vaciller sur ses jambes, *to feel weak at the knees.* [V. 5.] — 8. FUITE. Prendre ses jambes à son cou, *to take to o.'s heels.* ‖ Se sauver à toutes jambes, *to bolt.* — 9. IMPORTUNITÉ. Etre (se mettre) dans les jambes de qqn, *to get under s.o.'s feet.* ‖ Tenir la jambe à qqn, *to buttonhole s.o.* — 10. INUTILITÉ. Faire une belle jambe à qqn (Fam.), *to do s.o. a fat lot of good.* — 11. MARCHE. Avoir de bonnes jambes, *to be a good walker.* ‖ Se dégourdir (dérouiller) les jambes, *to stretch o.'s legs.* — 12. SABOTAGE. Faire qqch. par-dessous (par-dessus) la jambe, *to do sth. any old way.* [V. 4.] — 13. SANTÉ. Avoir les jambes molles (en coton, en pâté de foie [Fam.]), *to feel all wobbly on o.'s feet.* — 14. VITESSE. Courir à toutes jambes, *to run as hard as o.'s legs can carry one.*
→ **cautère, coup, effet, emplâtre, fourmi, impatience, kilomètre, rond, vitesse.**

janvier ◆ RENDEMENT. Travailler du 1ᵉʳ janvier à la Saint-Sylvestre, *to work from one year's end to the next.*

jardin ◆ ÉCOLE. Etre au jardin d'enfants, *to be in the kindergarten.*
→ **pierre, tour.**

jardinage ◆ AGRICULTURE. Faire du jardinage, *to garden.*

jardinier → **chien.**

jargon ◆ LANGAGE. Parler (utiliser) le jargon du métier, *to talk jargon.*

jarret ◆ ÉMOTION. Couper les jarrets à qqn (Fam.), *to dash s.o.'s spirits.* ◆ MARCHE. Avoir du jarret (Fam.), *to have a good pair of legs.*

jaune ◆ RIRE. Rire jaune, *to give a sickly smile.*

jaunisse ◆ DÉPIT. En faire une jaunisse (Fam.), *to be green with envy.*

Jean ◆ INSTABILITÉ. Etre Jean qui pleure et Jean qui rit, *to be up and down like a yoyo.*
→ **Gros-Jean.**

Jeanne ◆ CHEVELURE. Etre coiffée à la Jeanne d'Arc (femme), *to have a page-boy cut.*

jérémiade ◆ PLAINTE. Se répandre en jérémiades, *to be full of tales of woe.*

jésuite ◆ DUPLICITÉ. Etre jésuite, *to be Jesuitical.*

jet ◆ BAVARDAGE. Parler à jet continu, *to gabble on.* ◆ CUISINE. Passer qqch. sous le jet, *to pass sth. under the tap.* ◆ LITTÉRATURE. Écrire d'un seul jet, *to write at one go.* ‖ Rédiger du premier jet, *to write straight off.*

jeton ◆ DUPLICITÉ. Etre un faux jeton, *to be a bad ha' penny.* ‖ Etre faux comme un jeton (Fam.), *to be false to the core.* ◆ PEUR. Avoir les jetons (Pop.), *to be scared stiff.* ◆ TÉLÉPHONE. Téléphoner avec un jeton, *to 'phone with a token.*

jeu 1. ARCHAÏSME. Etre vieux jeu, *to be old hat.* ‖ Faire vieux jeu, *to look like an old fogy* (personne). — 2. CHANCE. Etre un jeu de hasard, *to be a toss-up.* — 3. CHOC EN RETOUR. Etre pris à son propre jeu, *to be caught in o.'s own net.* — 4. COMPLICITÉ. Entrer dans le jeu, *to enter into the game.* ‖ Faire entrer qqn dans son jeu, *to get s.o. to play along with o.* ‖ Jouer le jeu de qqn, *to play along with s.o.* [V. 23.] — 5. DANGER. Se livrer (s'adonner) à un jeu dangereux, *to play (to indulge in) a dangerous game.* — 6. DÉLOYAUTÉ. N'être pas de jeu (Fam.), *not to be cricket.* — 7. DESTRUCTION. Etre un jeu de massacre (Fam.), *to be downright slaughter.* — 8. DISSIMULATION. Cacher son jeu, *to play an underhand game.* [V. 21.] — 9. DUPE. Faire le jeu de l'adversaire, *to play into the enemy's hands.* — 10. DUPLICITÉ. Jouer double jeu, *to play a double game.* — 11. ENTRAÎNEMENT. Se prendre au jeu, *to get caught up.* — 12. ESPRIT. Faire un jeu de mots, *to make a pun.* — 13. FACILITÉ. Avoir beau jeu de faire qqch., *to be well placed to do sth.* ‖ Etre un jeu d'enfant, *to be child's play.* ‖ Se faire un jeu de qqch., *to snap o.'s fingers at sth.* — 14. FINANCES. N'être qu'un jeu d'écritures, *to be a question of balancing the accounts.* — 15. FRANCHISE. Abattre son jeu, *to lay o.'s*

cards on the table. ‖ Montrer son jeu, to play above board. [V. 21.] — 16. HABILETÉ. Bien jouer (mener) son jeu, to play o.'s cards right. — 17. IMPLICATION. Mettre qqn en jeu, to implicate s.o. — 18. IMPORTANCE. Entrer en jeu, to come into play. — 19. INTELLECTUALISME. N'être qu'un jeu de l'esprit, to be a mental exercise. — 20. JEUX D'ARGENT. Gagner (perdre; tricher) au jeu, to win (to lose; to cheat) at gambling. ‖ Jouer gros jeu, to play for high stakes. ‖ Jouer un jeu d'enfer, to gamble recklessly. ‖ S'adonner au jeu, to be addicted to gambling. ‖ Se faire nettoyer au jeu (Fam.), to lose o.'s shirt. — 21. JEUX DE SOCIÉTÉ. Avoir du jeu, to have a passable hand. ‖ Avoir un beau jeu, to have a good hand. ‖ Cacher son jeu, to play close to o.'s chest. [V. 8.] ‖ Montrer son jeu, to show o.'s hand. [V. 15.] — 22. LIBÉRATION. Laisser libre jeu à qqn, to give s.o. free rein. — 23. LOYAUTÉ. Jouer franc jeu, to play a straight game. ‖ Jouer le jeu, to play the game. [V. 4.] — 24. MOYEN. Mettre tout en jeu, to strain every nerve. — 25. PERSPICACITÉ. Lire dans le jeu de qqn, to see through s.o. — 26. REBOURS. Remettre tout en jeu, to bring everything into question (again). — 27. RÉVÉLATION. Dévoiler (découvrir) son jeu, to show o.'s hand. — 28. RISQUE. Etre en jeu, to be at stake. — 29. RONDEUR. Y aller franc jeu, to go right ahead. — 30. SÉDUCTION. Faire le grand jeu, to put on a big act. — 31. SPORTS. Participer aux jeux Olympiques, to take part in the Olympic Games. — 32. TECHNIQUE. Avoir du jeu, to be slack. ‖ Donner du jeu à qqch., to slacken sth. — 33. THÉÂTRE. Indiquer les jeux de scène, to indicate the stage directions. ‖ Régler les jeux de scène, to direct the stage movements. — 34. TROMPERIE. Déguiser son jeu, to conceal o.'s hand. ‖ Etre un jeu de dupes, to be a fool's game.
→ chien, épingle, règle.

jeudi → semaine.

jeun ◆ BOISSON. Etre à jeun, to be sober. ◆ FRUGALITÉ. Etre à jeun, to have an empty stomach.

jeune ◆ APPARENCE. Faire jeune, to look young. ◆ VÊTEMENT. S'habiller jeune, to dress youthfully.

jeûne ◆ RELIGION. Observer le jeûne, to keep fast. ‖ Rompre le jeûne, to break o.'s fast.

jeunesse ◆ ÂGE. Connaître une seconde jeunesse, to have a new lease of life. ‖ Ne pas être de la première jeunesse, to be past the first flush of youth. ◆ ÉCOLE. Former la jeunesse, to mould the young. ◆ LIBERTINAGE. Gaspiller sa jeunesse, to fritter away o.'s youth. ◆ SAGESSE. Attendre que jeunesse se passe, to let youth have its fling.
→ ardeur, mouvement, péché.

Job ◆ PAUVRETÉ. Etre pauvre comme Job, to be as poor as a church mouse.

jockey → régime.

joie ◆ DÉCONVENUE. Avoir (éprouver) une fausse joie, to experience a short-lived joy. ◆ EXUBÉRANCE. Sauter (gambader) de joie, to caper with delight. ‖ Bondir de joie, to leap for joy. ◆ GAIETÉ. Etre en joie, to be in high glee. ‖ Mettre en joie, to delight. ◆ JOIE. Déborder de joie, to be overjoyed. ‖ Emplir de joie, to fill with joy. ‖ Entrer dans la joie, to rejoice. ‖ Etre tout à la joie de qqch., to be wrapped up in o.'s pleasure at sth. ‖ Etre ivre de joie, to be wild with joy. ‖ Etre transporté (fou) de joie, to be thrilled to bits. ‖ Faire la joie de qqn, to be the light of s.o.'s life. ‖ Manifester (montrer) sa joie, to give vent (to show) o.'s joy. ‖ Nager dans la joie, to be in raptures. ‖ Ne plus se posséder (se sentir) de joie, to be beside o.s. for joy. ‖ Rayonner de joie, to beam. ‖ Ressentir de la joie, to feel joyful. ‖ Retrouver la joie de vivre, to regain o.'s zest for living. ‖ S'abandonner à la joie, to give way to o.'s joy. ‖ Se faire une joie de (faire) qqch., to be delighted at the thought of (doing) sth. ‖ S'illuminer de joie, to light up. ‖ Trahir sa joie, to betray o.'s joy. ◆ OPTIMISME. Incarner la joie de vivre, to be the joy of life itself. ◆ RABAT-JOIE. Empoisonner (gâcher) la joie de qqn, to spoil s.o.'s joy. ◆ SYMPATHIE. Partager la joie de qqn, to share in s.o.'s joy. ◆ TRAVAIL. Travailler dans la joie, to work joyfully.
→ feu, larme, transport.

joint ◆ EXPÉDIENT. Trouver le joint, to hit upon the trick. ◆ MOYEN. Trouver (chercher) le joint, to find (to look for) a way.

joli ◆ ESTHÉTIQUE. Faire joli, *to look nice.*
◆ GÂCHIS. Avoir fait du joli (Fam.), *to have made a nice mess of things.*

jonction ◆ MILITAIRE. Opérer une jonction, *to join hands.* ◆ UNION. Opérer une jonction, *to come together.*

joue ◆ ALIMENTATION. Se caler les joues (Fam.), *to stoke up.* ◆ MAGNANIMITÉ. Tendre l'autre joue, *to turn the other cheek.*
◆ MILITAIRE. Coucher (mettre) qqn en joue, *to aim at s.o.*
→ **baiser.**

jouet ◆ DESTIN. Etre le jouet des circonstances, *to be the plaything of fate.*
◆ ILLUSION. Etre le jouet d'une illusion, *to be the victim of a delusion.* ◆ MARINE. Etre le jouet des flots, *to be tossed about on the waves.*

joueur ◆ ACCEPTATION. Etre (se montrer) beau joueur, *to prove to be a good loser.*
◆ DIVERTISSEMENT. Etre mauvais joueur, *to be a bad loser.* ◆ JEUX D'ARGENT. Etre un joueur enragé, *to be an inveterate gambler.*

joug ◆ ESCLAVAGE. Subir (tomber sous) le joug de qqn, *to be (to fall) under s.o.'s yoke.* ◆ LIBÉRATION. Secouer (rejeter) le joug, *to shake (to throw off) the yoke.*
◆ SOUMISSION. Fléchir (plier, ployer) sous le joug, *to bend (to bow) under the yoke.*

jouissance ◆ PLAISIR. Éprouver une jouissance, *to experience a feeling of delight.*

joujou ◆ JEUX D'ENFANT. Faire joujou, *to play.*

jour 1. ÂGE. Etre rassasié de jours, *to be full of years.* — 2. AMÉLIORATION. Voir poindre des jours meilleurs, *to see better times ahead.* — 3. APPARENCE. Se montrer sous un jour favorable, *to show o.s. in a favourable light.* — 4. ATTENTE. Attendre le grand jour, *to look forward to the great day.* ‖ Compter les jours, *to count the days.* — 5. BEAU TEMPS. Aller vers les beaux jours, *to be getting towards the fine weather.* — 6. BONHEUR. Couler des jours heureux, *to lead a blissful existence.* — 7. CHANGEMENT. Changer du jour au lendemain, *to change overnight.* — 8. CONGÉ. Prendre un jour de repos, *to take a day off.* — 9. CONTRAIRE. Etre le jour et la nuit, *to be as different as chalk and cheese.* — 10. CORPS. Etre beau comme le jour, *to be a sight for sore eyes.* — 11. COUTURE.

Faire des jours, *to do open work trimming.* — 12. CRIME. Attenter aux jours de qqn, *to make an attempt on s.o.'s life.* — 13. CRITÈRE DE JUGEMENT. Présenter sous un beau jour, *to present in a favourable light.* ‖ Voir sous un autre jour, *to see in a different light.* — 14. DÉSAGRÉMENT. Ne pas être tous les jours dimanche, *cannot be a holiday every day* (Gramm.). — 15. DURÉE. Etre long comme un jour sans pain, *to be as long as a wet weekend.* [V. 40.] — 16. ÉCLAIRAGE. Avoir le jour dans les yeux, *to have the light in o.'s eyes.* ‖ Faire jour, *to be light.* ‖ Faire faux jour, *to give a confusing light.* ‖ Faire grand jour, *to be broad daylight.* ‖ Laisser entrer le jour, *to let the daylight in.* — 17. ÉCLAIRCISSEMENT. Jeter un jour nouveau, *to throw new light.* — 18. ÉCONOMIE. Économiser pour ses vieux jours, *to save up for o.'s old age.* — 19. ESPÉRANCE. Espérer (en) des jours meilleurs, *to hope for better days.* — 20. ÉVENTUALITÉ. Arriver (survenir) un jour ou l'autre, *to happen (to occur) some time or other.* — 21. ÉVIDENCE. Etre clair comme le jour, *to be as clear as daylight.* — 22. FRÉQUENCE. Arriver (se voir) tous les jours, *to happen all the time.* — 23. HUMEUR. Etre dans ses bons (mauvais) jours, *to be having one of o.'s good (off) days.* — 24. IMPRÉVOYANCE. Vivre au jour le jour, *to lead a hand-to-mouth existence.* — 25. LITTÉRATURE. Voir le jour, *to see the light of day.* [V. 30.] — 26. MATERNITÉ. Donner le jour à un enfant, *to bring a child into the world.* — 27. MILITAIRE. Faire ses vingt-huit (treize) jours, *to do o.'s reserve training.* — 28. MODERNISATION. Tenir (mettre) à jour, *to keep (to bring) up to date.* — 29. MORT. Avoir ses jours comptés, *not to have long to live.* ‖ Finir ses jours dans la solitude, *to end o.'s days in solitude.* ‖ Ne savoir ni le jour ni l'heure, *to know neither the day nor the hour.* — 30. NAISSANCE. Devoir le jour à qqn, *to owe the light of day to s.o.* ‖ Voir le jour, *first to see the light of day.* [V. 25.] — 31. OPTIMISME. Voir sous un beau jour, *to see in a favourable light.* — 32. PERSPICACITÉ. Percer qqn à jour, *to see through s.o.'s game.* ‖ Percer qqch. à jour, *to see through sth.* — 33. PRÉCARITÉ. Etre un jour sans lendemain, *to be once in a lifetime.* — 34. RENDEZ-VOUS. Fixer (prendre) un jour, *to fix a day.* – 35. RENVOI. Donner ses huit jours à qqn, *to give (a week's) notice to s.o.* – 36. RÉVÉLATION. Exposer (étaler) au grand jour, *to bring into the light of day.* ‖ Mettre qqch. au jour, *to bring sth. to light.* ‖ Se faire jour, *to come out into the open.* ‖ Se montrer sous son vrai jour, *to appear in o.'s true colours.* – 37. SANTÉ. Baisser de jour en jour, *to fail rapidly.* – 38. SOMMEIL. Faire du jour la nuit, *to turn night into day.* – 39. SUICIDE. Attenter à ses jours, *to try to take o.'s life.* – 40. TAILLE. Etre long comme un jour sans pain, *to be as tall as a steeple.* [V. 15.] – 41. TRAVAIL. Travailler de jour, *to work days.* – 42. VÉRITÉ. Etre aussi vrai qu'il fait jour, *to be as sure as egg is egg.* – 43. VISITE. Avoir son jour, *to have o.'s at-home day.* – 44. VOYAGE. Voyager de jour, *to travel by day.*

→ **événement, fil, fin, goût, héros, nouvelle, œuf, ordre, ourlet, question, sacrifice, trame, vêtement.**

journal ◆ LITTÉRATURE. Rédiger (tenir) un journal, *to keep a diary.* ◆ PRESSE. Lire (parcourir) le journal, *to read (to glance through) the paper.* ‖ Se reporter à son journal habituel, *to consult o.'s usual newspaper.*

→ **rectification, service.**

journalisme ◆ PRESSE. Faire du journalisme, *to practise journalism.*

journée ◆ HUMEUR. Grogner toute la (sainte) journée (Fam.), *to grouse the whole (blessed) day.* ◆ IMPORTUNITÉ. Couper la journée de qqn, *to disrupt s.o.'s day.* ◆ MÉTIER. Faire des (aller en) journées, *to go out charring.* ◆ PROFIT. Ne pas avoir perdu sa journée, *not to have wasted o.'s day.* ◆ RENDEMENT. Avoir bien gagné sa journée (Fam.), *to have earned o.'s pay today.* ‖ Faire deux journées dans une, *to do two days' work in one.* ◆ TRAVAIL. Achever (finir) sa journée, *to finish o.'s day.* ‖ Avoir une journée chargée (lourde), *to have a busy (hard) day.* ‖ Faire la journée continue, *to be on an eight-hour day shift.* ‖ Récupérer une journée de travail, *to make good a day's work.* ‖ Travailler (être payé) à la journée, *to work (to be paid) by the day.*

ouvence → **fontaine.**

judo ◆ SPORTS. Faire du judo, *to do judo.*
→ **prise.**

juge ◆ ARBITRAGE. Prendre qqn pour juge, *to appeal to s.o.* ◆ COMPÉTENCE. Etre bon (le meilleur, le seul) juge de qqch., *to be a good (the best, the sole) judge of sth.* ◆ INCULPÉ. Passer devant le juge, *to appear in court.* ◆ JUGEMENT. S'ériger en (s'établir) juge de qqn, *to set o.s. up as s.o.'s judge.* ◆ PARTIALITÉ. Etre juge et partie, *to be judge in o.'s own case.*

jugé ◆ MILITAIRE. Tirer au jugé, *to fire blind.*

jugement ◆ ARBITRAGE. S'en remettre au jugement de qqn, *to abide by s.o.'s opinion.* ◆ AVEUGLEMENT. Altérer (fausser) le jugement de qqn, *to affect (to warp) s.o.'s judgment.* ◆ DISCERNEMENT. Avoir du jugement, *to be discerning.* ‖ Posséder un jugement sûr, *to be very discerning.* ◆ INCULPÉ, PROCÉDURE. Passer (mettre) en jugement, *to stand (to bring to) trial.* ◆ JUGEMENT. Émettre (exprimer, formuler) un jugement, *to voice (to express, to formulate) an opinion.* ‖ Faire des jugements téméraires, *to form rash judgments.* ‖ Porter un jugement sur qqch., *to pass judgment on sth.* ‖ Suspendre son jugement, *to suspend judgment.* ◆ JUSTIFICATION. Asseoir son jugement sur qqch., *to base o.'s opinion on sth.* ◆ NON-DISCERNEMENT. Manquer de jugement, *to be undiscerning.* ◆ RECTIFICATION. Réformer (réserver; revenir sur, réviser) son jugement, *to amend (to reserve; to revise, to reconsider) o.'s opinion.* ◆ SENTENCE. Casser (infirmer) un jugement, *to quash (to set aside) a verdict.* ‖ Exécuter un jugement, *to carry out a sentence.* ‖ Prononcer (rendre) un jugement, *to pass sentence.* ‖ Signifier un jugement à qqn, *to notify s.o. of a sentence.*
→ **sou.**

jungle → **loi.**

jupe ◆ SOUMISSION. Etre pendu aux jupes de sa mère, *to be tied to o.'s mother's apron-strings.*

Jupiter → **cuisse.**

jupon ◆ LIBERTINAGE. Courir le jupon, *to run after women.* ◆ SOUMISSION. Etre dans les jupons de sa mère, *to be tied to o.'s mother's apron-strings.*

jurer ◆ PENCHANT. Ne jurer que par qqn (qqch.), *to swear by s.o. (sth.).*

juridiction ◆ PROCÉDURE. Dépendre de la juridiction de qqn, *to come under s.o.'s jurisdiction.*

jurisprudence ◆ PROCÉDURE. Faire jurisprudence, *to set a precedent.*

juron ◆ GROSSIÈRETÉ. Pousser (lâcher) un juron, *to utter (to let out) an oath.*

jury ◆ ÉCOLE. Constituer un jury, *to form an examining board.* ◆ PROCÉDURE. Constituer un jury, *to form a jury.*
→ **indulgence.**

jus 1. ATTENTE. Mariner (mijoter) dans son jus (Fam.), *to cool o.'s heels.* [V. 6.] – 2. BOISSON. Boire le jus de la treille, *to drink the juice of the grape.* – 3. ÉLECTRICITÉ. Ne plus y avoir de jus (Fam.), *there [to be] no current* (Gramm.). – 4. MILITAIRE. Aller au jus (Fam.), *to go for the coffee.* – 5. OSTENTATION. En jeter un jus (Pop.), *to look flashy.* – 6. SANCTION. Mariner dans son jus (Fam.), *to stew in o.'s own juice.* [V. 1.]

jusque-là ◆ GOURMANDISE. S'en fourrer jusque-là (Fam.), *to stuff o.s.*

juste 1. EXACTITUDE. Se révéler juste, *to prove to be right.* – 2. HASARD. Tomber juste sur qqn (qqch.), *to happen to come on s.o. (sth.).* – 3. MATHÉMATIQUES. Tomber juste, *to come out (just) right.* [V. 5.] – 4. MUSIQUE. Ne pas être juste, *to be out of tune.* – 5. OPPORTUNITÉ. Tomber juste, *to turn up just at the right moment.* [V. 3.] – 6. VÊTEMENT. Habiller (chausser) trop juste, *to be too tight.*
→ **sommeil.**

justesse ◆ APPROXIMATION. Éviter qqch. de justesse, *just to avoid sth.*

justice 1. INCULPÉ. Comparaître en justice, *to appear in court.* – 2. INFLEXIBILITÉ. Etre raide comme la justice, *to be as hard as adamant.* – 3. JUGEMENT. Faire (rendre) justice à qqn (qqch.), *to do s.o. (sth.) justice.* [V. 4.] – 4. JUSTICE. Agir en toute justice, *to act in all fairness.* ‖ Demander justice, *to seek redress.* ‖ Faire justice à qqn, *to deal with s.o. as he deserves.* [V. 3.] ‖ Faire régner la justice, *to make justice prevail.* ‖ N'être que justice, *to be common justice.* – 5. NOTARIAT. Ester en justice, *to go to law.* – 6. PLAIGNANT. Recourir à la justice, *to take legal action.* ‖ Saisir la justice, *to lay o.'s case before the courts.* ‖ Se faire justice à soi-même, *to take the law into o.'s own hands.* [V. 8.] – 7. PROCÉDURE. Exercer (administrer) la justice, *to administer justice.* ‖ Déférer qqn en justice, *to hand s.o. over to justice.* ‖ Relever de la justice, *to be a matter for the courts.* ‖ Remettre qqn à la justice, *to hand s.o. over to the law.* ‖ Traduire qqn en justice, *to sue s.o.* – 8. SUICIDE. Se faire justice, *to commit suicide.* [V. 6.]
→ **démêlé, repris.**

justificatif ◆ ADMINISTRATION. Apporter (fournir) un justificatif, *to provide (to furnish) a document in proof.*

justification ◆ JUSTIFICATION. Donner (fournir, chercher) des justifications, *to give (to provide, to ask for) justifications.* ◆ PROCÉDURE. Donner (fournir) des justifications, *to give proof.*

k

kif ou **kif-kif** ◆ SIMILITUDE. Etre du kif (être kif-kif bourricot) [Fam.], *to be six of the one and half a dozen of the other.*

kiki ◆ VOIES DE FAIT. Serrer le kiki à qqn (Fam.), *to throttle s.o.*

kilomètre ◆ AUTOMOBILE. Dévorer (bouffer [Fam.]) des kilomètres, *to eat up the miles.* ◆ MARCHE. Avoir *x* kilomètres dans les jambes (Fam.), *to have covered x miles.* ‖ Couvrir des kilomètres, *to walk miles.*

Klaxon → **coup.**

k.-o. 1. FATIGUE. Etre k.-o. (Fam.), *to be all in.* [V. 2.] – 2. SPORTS. Etre k.-o. (Fam.), *to be knocked out.* [V. 1.] ‖ Mettre qqn k.-o., *to knock s.o. out.* ‖ Etre battu par k.-o. technique, *to be beaten by technical knock out.*

krach ◆ FINANCES. Faire un krach, *to crash.*

kyrielle ◆ FAMILLE. Avoir une kyrielle de gosses (Fam.), *to have a swarm of brats.*

la ◆ MUSIQUE. Donner le *la, to give the pitch.*
là 1. ABANDON. Planter là qqn, *to leave s.o. high and dry.* — 2. ACCULEMENT. En passer par là ou par la fenêtre (Fam.), *to do it willy-nilly.* [V. 9.] — 3. COMPÉTENCE. Etre un peu là (Fam.), *to be quite s.o.* [V. 5, 6.] — 4. CONCLUSION. En arriver là, *to come to that.* ‖ En rester là, *not to go any further.* ‖ S'en tenir là, *to stop there.* — 5. COURAGE. Etre un peu là (Fam.), *to be quite s.o.* [V. 3, 6.] — 6. IMPORTANCE. Se poser (être) un peu là (Fam.), *to stand out.* [V. 3, 5.] — 7. NON-PROGRÈS. En être encore là, *not to have got any further than that.* — 8. OBSTINATION. Ne pas sortir de là, *to stick at that.* — 9. SOUMISSION. En passer par là, *to go through it.* [V. 2.]

label ◆ COMMERCE. Porter un label de garantie, *to carry a label of guarantee.*

lac ◆ ÉCHEC. Tomber dans le lac (Fam.), *to end up in the soup.*

lacet ◆ VOIRIE. Faire un lacet, *to form a hairpin bend.*

lâcher ◆ ARGENT. Les lâcher (Fam.), *to cough up.*

lacs ◆ ÉCHEC. Tomber dans le lacs (Fam.), *to end up in the soup.*

lacune ◆ MANQUE. Combler (remplir) une lacune, *to fill in a gap.* ‖ Présenter des lacunes, *to have gaps.*

laid ◆ CORPS. Etre laid à faire peur, *to be as ugly as sin.*

laideur ◆ PHYSIONOMIE. Etre d'une laideur repoussante, *to be repulsively ugly.*

laine ◆ EXPLOITATION. Tondre (bouffer, manger) la laine sur le dos de qqn (Fam.), *to use s.o. as a door-mat.* ◆ FAIBLESSE. Se laisser manger (tondre) la laine sur le dos (Fam.), *to allow o.s. to be sat on.*
→ **bas, peloton.**

laisse ◆ ANIMAL. Mener en laisse, *to lead on a leash.* ◆ DOMINATION. Mener (tenir) qqn en laisse (Fam.), *to keep a tight rein on s.o.*

laissé-pour-compte ◆ CÉLIBAT. Etre un laissé-pour-compte, *to be an old bachelor.* ◆ REJET. Etre un laissé-pour-compte, *to be a back number.*

laisser 1. ALTERNATIVE. Etre à prendre ou à laisser, *to be a case of take it or leave it.* — 2. INCRÉDULITÉ. En prendre et en laisser (Fam.), *to take it with a pinch of salt.* [V. 3.] — 3. SABOTAGE. En prendre et en laisser, *to do as much as o. feels inclined to.* [V. 2.]

lait ◆ COULEUR. Etre blanc comme lait, *to be as white as milk.* ◆ CUISINE. Faire cailler du lait, *to curdle milk.* ◆ INEXPÉRIENCE. Avoir encore du lait dans le nez (Fam.), *to be still wet behind the ears.* ◆ RAVISSEMENT. Boire du lait (Fam.), *to lap it up.* ◆ SAVOIR. Sucer qqch. avec le lait, *to learn sth. at o.'s mother's knee.*
→ **montée, petit-lait, soupe, vache.**

laitue ◆ JEUX D'ARGENT. Brouter les laitues (Fam.), *to be left at the post.*

laïus ◆ BONIMENT. N'être que du laïus (Fam.), *to be all bull.* ◆ DISCOURS. Faire un laïus (Fam.), *to hold forth.*

lambeau ◆ DESTRUCTION. Mettre en lambeaux, *to tear to shreds.*

lame 1. IMPULSION. Etre entraîné par une lame de fond, *to be swept along by an inner urge.* [V. 2.] — 2. INFLUENCE. Etre emporté par une lame de fond, *to be swept along (by a wave of opinion).* [V. 1.] — 3. RUSE. Etre une fine (bonne) lame (Fam.), *to be a sly dog (fox).*
→ **visage.**

lamentation ◆ PLAINTE. Se répandre en lamentations, *to indulge in endless lamentations.*

laminoir ◆ ÉPREUVE. Passer au laminoir, *to go through the mill.*

lampe ◆ ÉCLAIRAGE. Garnir une lampe, *to fill a lamp.* ◆ GOURMANDISE. S'en mettre plein la lampe (Fam.), *to have a nosh-up.*
→ **huile.**

lampion ◆ RETARDEMENT. Arriver pour éteindre les lampions (Fam.), *to arrive a bit late in the day.*
→ **air.**

lance ◆ DISCUSSION. Rompre des lances avec qqn, *to cross swords with s.o.*

lancée ◆ PROPULSION. Continuer sur sa lancée, *to go along on its (o.'s) own impetus.*

lancement → **rampe.**

lancer ◆ PÊCHE. Pêcher au lancer, *to spin (to cast) for fish.*

Landerneau → **bruit.**

langage ◆ EXPRESSION. Châtier (surveiller) son langage, *to refine (to watch) o.'s language.* ‖ Employer un langage imagé, *to use vivid language.* ‖ Tenir un curieux langage, *to have a strange way of talking.*
→ **excès, liberté, subtilité.**

lange ◆ ENFANT. Mouiller ses langes, *to wet o.'s nappy.*

langue 1. APPÉTIT. Tirer la langue (Fam.), *to be dying of hunger.* [V. 8, 11, 13.] – 2. BAVARDAGE. Avoir la langue bien pendue (déliée, affilée) [Fam.], *to be a chatterbox.* [V. 7.] ‖ Avoir la langue qui démange (Fam.), *to be dying to say something.* ‖ Délier (dénouer) la langue de qqn, *to loosen s.o.'s tongue.* ‖ Faire aller les langues (Fam.), *to set tongues wagging.* – 3. CONVERSATION. Prendre langue avec qqn, *to get in touch with s.o.* – 4. DÉNIGREMENT. Avoir une langue de serpent (de vipère), *to have a venomous tongue.* ‖ Etre mauvaise langue, *to be a scandalmonger.* – 5. DÉSISTEMENT. Donner sa langue au chat (aux chiens) [Fam.], *to give up.* – 6. ÉLOCUTION. Avoir la langue embarrassée, *to be tongue-tied.* ‖ Avoir la langue qui fourche, *to have a slip of the tongue.* – 7. FACONDE. Avoir la langue bien pendue (Fam.), *to have the gift of the gab.* [V. 2.] ‖ Avoir la langue dorée, *to be glib.* ‖ Ne pas avoir sa langue dans sa poche, *never to be lost for an answer.* – 8. FAITS ET GESTES. Tirer la langue, *to put out o.'s tongue.* [V. 1, 11, 13.] – 9. INCOMPRÉHENSION. Ne pas parler la même langue, *not to speak the same language.* – 10. INDISCRÉTION. Avoir la langue trop longue (Fam.), *to have a loose tongue.* – 11. INSOLENCE. Tirer la langue, *to stick out o.'s tongue.* [V. 1, 8, 13.] – 12. LANGAGE. Appauvrir (déformer, enrichir,

épurer) une langue, *to impoverish (to distort, to enrich, to purify) a language.* ‖ Apprendre (comprendre, connaître, parler, massacrer) une langue, *to learn (to understand, to know, to speak, to murder) a language.* ‖ Posséder une langue, *to have a good command of a language.* ‖ Servir de langue véhiculaire, *to serve as « lingua franca ».* – 13. PRIVATION. Tirer la langue (Fam.), *to be in a bad way.* [V. 1, 8, 11.] – 14. PERSÉCUTION. Faire tirer la langue à qqn (Fam.), *to keep s.o. with his tongue hanging out.* – 15. REGRET. S'en mordre la langue (Fam.), *could bite off o.'s tongue* (Gramm.). – 16. SANTÉ. Avoir la langue chargée, *to have a furred tongue.* – 17. SILENCE. Avaler sa langue (Fam.), *to keep silent.* ‖ Avoir perdu sa langue (Fam.), *to have lost o.'s tongue.* ‖ (Savoir) tenir sa langue, *(to know how) to hold o.'s tongue.* ‖ Se mordre la langue, *to bite back the words.*
→ **bœuf, bout, chat, finesse, fois, nom.**

lanterne ◆ ÉCLAIRCISSEMENT. Éclairer la lanterne de qqn (Fam.), *to enlighten s.o.* ◆ RANG. Etre la lanterne rouge (Fam.), *to be the last on the line.*
→ **vessie.**

lapalissade ◆ ÉVIDENCE. Dire des lapalissades, *to state the obvious.*

lapin ◆ ABANDON. Poser un lapin à qqn (Fam.), *to stand s.o. up.* ◆ LIBERTINAGE. Etre un fameux (chaud) lapin (Fam.), *to be a sexy devil.* ◆ MARCHE. Trotter (courir) comme un lapin (Fam.), *to run like a rabbit.*
→ **carpe.**

lapsus ◆ ÉLOCUTION. Faire un lapsus, *to make a slip.*

larcin ◆ VOL. Commettre un larcin, *to commit a petty theft.*

lard ◆ INCERTITUDE. Ne pas savoir si c'est du lard ou du cochon (Fam.), *not to know what to make of it.* ◆ PARESSE. Se faire du lard (Pop.), *to keep o.'s backside warm.* ◆ POIDS. Etre gras à lard (Pop.), *to be as fat as a fool.*
→ **tête.**

large 1. AMPLEUR DE VUES. Voir large, *to have breadth of vision.* – 2. ESPACE. Etre au large, *to have plenty of elbow-room.* – 3. FUITE. Gagner le large, *to pull up o.'s anchor.* [V. 6.] – 4. GESTION. Calculer large, *to be liberal on o.'s calculations.* – 5. LIBERTÉ. Donner du large à qqn (Fam.),

to give s.o. elbow-room. — 6. MARINE. Gagner (prendre) le large, *to put out to sea*. [V. 3.] ‖ Pousser au large, *to push off*. — 7. PEUR. Ne pas en mener large (Fam.), *not to feel too happy*.
→ **cap.**

largement ♦ AISANCE. Vivre largement, *to live handsomely*.

largesse ♦ LIBÉRALITÉ. Faire des largesses, *to give generously*.

largeur ♦ ERREUR. Se tromper dans les grandes largeurs (Fam.), *to be wildly out*.

larme 1. CONSOLATION. Sécher (tarir) les larmes de qqn, *to dry (to dry up) s.o.'s tears*. — 2. ÉMOTION. Arracher (tirer) des larmes à qqn, *to draw tears from s.o.* ‖ Avoir les larmes aux yeux, *to have tears in o.'s eyes*. ‖ Avoir des larmes dans la voix, *to have a tearful voice*. ‖ Déclencher les larmes chez qqn, *to set off s.o.'s tears*. ‖ Faire monter les larmes aux yeux, *to bring tears to s.o.'s eyes*. ‖ Émouvoir (toucher) qqn jusqu'aux larmes, *to move s.o. to tears*. ‖ Mettre la larme à l'œil à qqn (Fam.), *to bring a tear to s.o.'s eye*. ‖ Verser des larmes de joie, *to weep tears of joy*. — 3. ÉMOTIVITÉ. Avoir toujours la larme à l'œil (Fam.), *to be weepy*. ‖ Avoir la larme facile, *to be easily moved to tears*. ‖ Y aller de sa larme (Fam.), *to shed a tear*. — 4. HYPOCRISIE. Verser des larmes de crocodile, *to shed crocodile tears*. — 5. LARMES. Écraser une larme, *to brush away a tear*. ‖ Essuyer ses larmes, *to wipe o.'s eyes*. ‖ Etre en larmes, *to be in tears*. ‖ Fondre en larmes, *to burst into tears*. ‖ Laisser couler ses larmes, *to let o.'s tears flow*. ‖ Laisser perler une larme, *to let a tear roll down o.'s cheek*. ‖ Pleurer toutes les larmes de son corps (à chaudes larmes), *to cry o.'s eyes out*. ‖ Répandre des larmes, *to shed tears*. [V. 8.] ‖ Sécher ses larmes, *to dry o.'s eyes*. — 6. MAÎTRISE DE SOI. Avaler (refouler, rentrer, retenir) ses larmes (Fam.), *to swallow (to hold back) o.'s tears*. — 7. PEINE. Coûter bien des larmes, *to cost many tears*. ‖ Pleurer des larmes de sang, *to weep bitterly*. ‖ S'abreuver de larmes, *to weep o.'s heart out*. ‖ Vivre dans les larmes, *to have one sorrow after another*. — 8. REGRET. Répandre (verser) des larmes sur qqn (qqch.), *to weep over s.o. (sth.)*. [V. 5.] — 9. RIRE. Rire aux larmes, *to laugh till o. cries*.
→ **bord, crise, don, flot, œil, torrent.**

larron ♦ COMPLICITÉ. S'entendre comme larrons en foire (Fam.), *to be as thick as thieves*.
→ **bourse.**

las ♦ AVERSION. Etre las de qqn, *to have grown tired of s.o.* ♦ DÉCOURAGEMENT. Etre las de vivre, *to be tired of life*.

lasser ♦ DÉPLAISANCE. Finir par lasser qqn, *to exhaust s.o.'s patience*.

latin ♦ EXPRESSION. Parler un latin de cuisine, *to talk dog-Latin*. ♦ PERPLEXITÉ. Y perdre son latin (Fam.), *cannot make head nor tail of it* (Gramm.).
→ **bout.**

latitude ♦ LIBÉRATION. Laisser (donner) toute latitude à qqn, *to leave (to give) s.o. a free hand*. ♦ LIBERTÉ. Avoir toute latitude d'accepter (de refuser), *to be quite at liberty to accept (to refuse)*.

lauréat ♦ RÉCOMPENSE. Couronner un lauréat, *to award the prize to a winner*.

laurier ♦ DÉNIGREMENT. Flétrir les lauriers de qqn, *to tarnish s.o.'s glory*. ♦ INACTION. S'endormir (se reposer) sur ses lauriers, *to rest on o.'s laurels*. ♦ RENOMMÉE. Couvrir qqn de lauriers, *to cover s.o. with laurels*. ‖ Cueillir des lauriers, *to reap glory*. ‖ Se couvrir de lauriers, *to win laurels*.

lavabo ♦ HYGIÈNE. Aller au lavabo, *to go to the bathroom*.

lavage ♦ INFLUENCE. Subir un lavage de cerveau, *to be brain-washed* ♦ MÉNAGE. Déteindre (rétrécir) au lavage, *to run (to shrink) in the wash*. ‖ Faire du lavage, *to wash*.

lavement ♦ HYGIÈNE. Prendre un lavement, *to have an enema*.

layette ♦ MATERNITÉ. Préparer une layette, *to prepare a layette*.

lèche ♦ FLATTERIE. Faire de la lèche auprès de qqn (Fam.), *to suck up to s.o.*

lèche-bottes ♦ FLATTERIE. Etre un lèche-bottes (Fam.), *to be a toady*.

lèche-vitrine ♦ FLÂNERIE. Faire du lèche-vitrine, *to go window-shopping*.

leçon 1. ÉCOLE. Apprendre (étudier) ses leçons, *to learn o.'s lessons*. ‖ Faire donner des leçons à qqn, *to have s.o. coached*. ‖ Faire réciter ses leçons à qqn, *to hear s.o.'s lessons*. ‖ Prendre des leçons particulières, *to take private lessons*. ‖ Rabâcher ses leçons, *to go over o.'s lessons endlessly*. — 2. EXEMPLE. Suivre les leçons de qqn, *to follow s.o.'s precepts*. — 3. EXPÉRIENCE.

Tirer une leçon de qqch., *to learn a lesson from sth.* ‖ Servir de leçon, *to be a warning.* — 4. INDÉPENDANCE. Ne recevoir de leçons de personne, *not to take orders from anybody.* — 5. INFLUENCE. Faire répéter sa leçon à qqn, *to hear s.o. repeat what he has been told.* — 6. INSTIGATION. Faire la leçon à qqn, *to prime s.o.* [V. 8.] — 7. JUGEMENT. Dégager (tirer) la leçon d'un événement, *to draw the moral from an event.* — 8. RÉPRIMANDE. Faire la leçon à qqn, *to take s.o. to task.* [V. 6.] — 9. SANCTION. Donner une leçon à qqn, *to teach s.o. a lesson.* ‖ Recevoir une leçon, *to be taught a lesson.*

lecteur ◆ LITTÉRATURE. Accrocher le lecteur, *to catch the reader's attention.* ‖ Empoigner le lecteur, *to grip the reader.* ‖ S'adresser aux lecteurs, *to address the readers.*

lecture ◆ LECTURE. Donner lecture de qqch., *to read sth. out.* ‖ Faire la lecture à qqn, *to read (aloud) to s.o.* ◆ LITTÉRATURE. Faire des lectures, *to do some reading.* ◆ POLITIQUE. Adopter en première lecture, *to adopt at the first reading.*

légalité ◆ LÉGALITÉ. Respecter la légalité, *to be law-abiding.* ‖ Rester dans la légalité, *to remain within the law.* ‖ Sortir de la légalité, *to break the law.*

légende ◆ RENOMMÉE. Entrer dans la légende, *to become a legend.* ◆ TROMPERIE. Accréditer une légende, *to give credit to a story.*

→ **personnage.**

légère ◆ LÉGÈRETÉ. Prendre qqch. à la légère, *to take sth. lightly.* ‖ Se lancer (s'engager) à la légère dans qqch., *to plunge thoughtlessly into sth.*

légion ◆ NOMBRE. Etre légion, *to be legion.*

légume ◆ IMPORTANCE. Etre une grosse légume (Fam.), *to be a big bug.*

→ **partie.**

leitmotiv ◆ RÉPÉTITION. Revenir comme un leitmotiv, *to recur like a leitmotiv.*

lendemain 1. CONFIANCE. Ne pas se soucier du lendemain, *to take no thought for the morrow.* [V. 4.] — 2. DÉLAI. Remettre au lendemain, *to put off till tomorrow.* — 3. FIN. Etre sans lendemain, *to have no future.* — 4. INSOUCIANCE. Ne pas se soucier du lendemain, *to let the future take care of itself.* [V. 1.] — 5. TRISTESSE. Etre triste comme un lendemain de fête

(Fam.), *to be as dull as ditch-water.*

→ **jour.**

lentille ◆ CUISINE. Trier les lentilles, *to pick over the lentils.*

lessive ◆ MÉNAGE. Faire la lessive, *to do the washing.*

lessivé ◆ FATIGUE. Etre lessivé (Fam.), *to be like a limp rag.* ◆ IMPÉCUNIOSITÉ. Etre lessivé (Fam.), *to be cleaned out.*

lessiver ◆ PERTE. Se faire lessiver (Fam.), *to get cleaned out.* ◆ RENVOI. Se faire lessiver (Fam.), *to get the sack.*

lest ◆ AVIATION. Jeter du lest, *to throw out ballast.* ◆ MÉNAGEMENT. Jeter du lest (Fam.), *to ease up.*

léthargie ◆ RESSORT. Sortir de sa léthargie, *to come out of o.'s lethargy.* ◆ SANTÉ. Tomber en léthargie, *to sink into a state of lethargy.* ◆ STIMULATION. Arracher qqn à sa léthargie, *to arouse s.o. from his lethargy.*

lettre ◆ COURRIER. Affranchir (cacheter; décacheter; ouvrir; intercepter; poster) une lettre, *to stamp (to close; to open; to intercept; to post) a letter.* ‖ Échanger des lettres avec qqn, *to engage in correspondence with s.o.* ‖ Mettre une lettre à la boîte, *to post a letter.* ◆ DUPERIE. Passer comme une lettre à la poste (Fam.), *to go down easily.* ◆ ÉCRITURE. Écrire qqch. en toutes lettres, *to write sth. out in full.* ‖ Former ses lettres, *to form o.'s letters clearly.* ◆ EXACTITUDE. Suivre qqch. à la lettre, *to obey sth. religiously.* ◆ FINANCES. Tirer une lettre de change, *to draw a bill of exchange.* ◆ FORMALISME. Prendre qqch. à la lettre, *to take sth. literally.* ‖ S'attacher à la lettre (plutôt qu'à l'esprit), *to observe the letter (rather than the spirit).* ◆ GROSSIÈRETÉ. Dire les cinq lettres (Fam.), *to use a four letter word.* ◆ INUTILITÉ. Etre (devenir, rester) lettre morte, *to be (to become, to remain) a dead letter.* ◆ POLITIQUE. Présenter ses lettres de créance, *to present o.'s letters of credentials.* ◆ RECOMMANDATION. Donner une lettre d'introduction, *to give a letter of introduction.* ◆ SAVOIR. Avoir des lettres, *to be well-read.* ◆ SECRÉTARIAT. Dicter (taper) une lettre, *to dictate (to type) a letter.*

→ **esprit, pied.**

levain ◆ STIMULATION. Etre le levain dans la pâte, *to be the leaven in the lump.*

levée ◆ COURRIER. Faire la levée du courrier, *to collect the post.* ◆ MILITAIRE.

Faire une levée en masse, *to carry out mass mobilization.* ◆ MORT. Faire la levée du corps, *to carry the coffin from the house.* ◆ OPPOSITION. Provoquer une levée de boucliers, *to cause a general outcry.* ◆ PROCÉDURE. Obtenir la levée d'écrou, *to obtain an order of release.*

lever ◆ THÉÂTRE. Annoncer le lever du rideau, *to announce curtain-up.*

levier ◆ CHEF. Etre aux leviers de commande, *to be at the controls.* ‖ Prendre les leviers de commande, *to take over control.* ◆ TECHNIQUE. Faire levier sur qqch., *to lever against sth.*

lèvre ◆ ATTENTION. Etre suspendu aux lèvres de qqn, *to hang on s.o.'s every word.* ◆ DÉSAPPROBATION. Serrer (pincer) les lèvres, *to purse (to screw up) o.'s lips.* ◆ ÉPANCHEMENTS. Embrasser qqn sur les lèvres, *to kiss s.o.* ‖ Tendre les lèvres, *to offer o.'s lips.* ◆ EXPRESSION. Venir aux lèvres, *to come to s.o.'s lips.* ◆ FAITS ET GESTES. S'humecter (se mouiller) les lèvres, *to moisten (to wet) o.'s lips.* ‖ Tremper ses lèvres dans qqch., *to moisten o.'s lips with sth.* ◆ RENOMMÉE. Etre sur toutes les lèvres, *to be the talk of the town.* ◆ RÉTICENCE. Se mordre les lèvres, *to bite o.'s lip.* ◆ SILENCE. Ne pas desserrer les lèvres (Fam.), *to keep o.'s lips sealed.*
→ **rouge, sourire.**

lézard ◆ PARESSE. Etre paresseux comme un lézard, *to be as idle as a drone.* ◆ REPOS. Faire le lézard (Fam.), *to lounge.*

liaison ◆ AMOUR. Avoir (former, nouer) une liaison, *to have (to form, to enter into) a liaison.* ‖ Renouer une liaison, *to pick up the threads of a liaison.* ‖ Rompre une liaison, *to break off a liaison.* ◆ COLLABORATION. Travailler en liaison avec qqn, *to work in collaboration with s.o.* ◆ RADIO. Etre en liaison avec qqn, *to be in communication with s.o.* ◆ RAISONNEMENT. Établir une liaison entre deux choses, *to establish a link between two things.*
→ **agent.**

liane ◆ CORPS. Etre souple comme une liane, *to be as supple as a willow.*

liant ◆ SOCIABILITÉ. Manquer de liant, *to be unforthcoming.* ‖ Avoir du liant, *to have an easy manner.*

liard ◆ IMPÉCUNIOSITÉ. Ne pas avoir un liard (Fam.), *not to have a farthing.*

libation ◆ BOISSON. Faire des libations, *to carouse.*

libéralisme → **preuve.**

libéralité ◆ LIBÉRALITÉ. Faire des libéralités à qqn, *to distribute largesse to s.o.*

libération → **front.**

liberté 1. AUDACE. Prendre (se donner) la liberté de faire qqch., *to make so bold as to do sth.* — 2. DÉSINVOLTURE. Prendre des libertés avec qqn, *to take liberties with s.o.* — 3. INDÉPENDANCE. Garder (conserver) sa liberté, *to keep o.'s freedom.* — 4. LIBÉRATION. Donner la liberté à qqn, *to set s.o. free.* ‖ Conquérir (gagner, recouvrer, reprendre, sauvegarder) sa liberté, *to win (to go in, to recover, to regain, to defend) o.'s freedom.* ‖ Laisser toute liberté à qqn, *to give s.o. a free hand.* ‖ Rendre sa liberté à qqn, *to free s.o. from all ties.* [V. 10.] — 5. LIBERTÉ. Avoir toute liberté d'action, *to have complete freedom of action.* ‖ Avoir une complète liberté de manœuvre, *to have a completely free hand.* ‖ Respecter la liberté de qqn, *to respect s.o.'s freedom.* ‖ Respecter la liberté d'opinion, *to respect freedom of opinion.* — 6. NON-CONFORMISME. Avoir une grande liberté de langage, *to be forthright in o.'s language.* — 7. OPPRESSION. Attenter à la liberté de qqn, *to encroach on s.o.'s freedom.* — 8. PRESSE. Respecter (garantir) la liberté de la presse, *to respect (to guarantee) the freedom of the press.* — 9. RENVOI. Avoir sa liberté (Fam.), *to have o.'s freedom.* — 10. SENTENCE. Laisser qqn en liberté, *to leave s.o. at liberty.* ‖ Laisser qqn en liberté provisoire, *to release s.o. while awaiting trial.* ‖ Mettre qqn en liberté, *to release s.o.* ‖ Mettre qqn en liberté sous caution, *to release s.o. on bail.* ‖ Mettre qqn en liberté surveillée, *to put s.o. on probation.* ‖ Priver qqn de liberté, *to deprive s.o. of his freedom.* ‖ Rendre la liberté à qqn, *to set s.o. free.* [V. 4.] — 11. SOUMISSION. Aliéner (sacrifier) sa liberté, *to give up (to sacrifice) o.'s freedom.* — 12. SYNDICALISME. Garantir la liberté du travail, *to guarantee the right to work.*
→ **mise, soif.**

libertinage ◆ LIBERTINAGE. Tomber dans le libertinage, *to fall into dissolute ways.*

libre ◆ RENDEZ-VOUS. Se rendre libre, *to manage to free o.s.*

libre-échange ◆ COMMERCE. Pratiquer le libre-échange, *to practise free trade.*

lice ◆ LUTTE. Entrer en lice, *to enter the lists.*

licence ◆ DÉBAUCHE. Tomber dans la licence, *to lapse into depravity.* ◆ ÉCOLE. Faire une licence, *to study for a degree.* ◆ PERMISSION. Avoir (donner) toute licence de faire qqch., *to have (to give) full permission to do sth.*

lie → calice.

lien ◆ AMITIÉ. Avoir (contracter, nouer, tisser, renouer, resserrer) des liens d'amitié avec qqn, *to have (to form, to create, to renew, to strengthen) ties of friendship with s.o.* ◆ DIVERGENCE. N'avoir aucun lien, *to have nothing in common.* ◆ FAMILLE. Avoir un lien de parenté avec qqn, *to be related to s.o.* ◆ INTERMÉDIAIRE. Servir de lien entre deux personnes, *to act as a link between two people.* ◆ MARIAGE. Etre unis par les liens du mariage, *to be joined in wedlock.* ◆ RUPTURE. Relâcher (couper, trancher, briser, rompre) les liens avec qqn, *to loosen (to sever, to break off) o.'s ties with s.o.*

lier ◆ EXTRAVAGANCE. Etre fou à lier, *to be raving mad.*

liesse ◆ JOIE. Etre en liesse, *to be rejoicing.*

lieu ◆ ALIMENTATION. Déjeuner sur son lieu de travail, *to have lunch at work.* ◆ BANALITÉ. Devenir un lieu commun, *to become commonplace.* ‖ Formuler des lieux communs, *to talk in commonplaces.* ◆ CÉRÉMONIE. Avoir lieu dans la plus stricte intimité, *to be held in private.* ◆ CERTITUDE. Avoir tout lieu de croire qqch., *to have every reason to assume sth.* ◆ CULPABILITÉ. Revenir sur les lieux de son crime, *to return to the scene of the crime.* ◆ DÉBAUCHE. Fréquenter des lieux de perdition, *to frequent places of ill-repute.* ◆ DÉPART. Évacuer (dégager, quitter, vider) les lieux, *to clear (to vacate, to leave, to quit) the premises.* ◆ MAISON. Entrer (emménager) dans les lieux, *to take possession.* ◆ OCCASION. Donner lieu à qqch., *to give rise to sth.* ‖ Y avoir lieu de faire qqch., *there [to be] a case for doing sth.* (Gramm.). ◆ ORGANISATION. Aménager les lieux, *to arrange the place.* ◆ PRÉSENCE. Etre (rester) sur les lieux, *to be on (to remain on) the scene.* ‖ Visiter (se rendre sur) les lieux, *to visit the scene.* ◆ PRÉVOYANCE. Repérer les lieux, *to have a prior look round.* ◆ PROTESTATION. Avoir lieu de se plaindre, *to have grounds for complaint.* ◆ REMPLACEMENT. Tenir lieu de qqch., *to take the place of sth.* ◆ RÉNOVATION. Remettre les lieux en état, *to leave the place as o. found it.* ◆ SÉCURITÉ. Mettre en lieu sûr, *to put in a safe place.*

→ ami, cap, feu, vacances.

lieue ◆ DISTRACTION. Etre à mille lieues de là (Fam.), *to be miles away.*

→ renard.

lièvre 1. DUALITÉ. Courir deux lièvres à la fois, *to try to do two things at once.* – 2. IDÉE. Lever le lièvre (Fam.), *to start it.* [V. 5, 7.] – 3. IMPRÉVISTE. Trouver le lièvre au gîte (Fam.), *to take s.o. unawares.* – 4. PEUR. Etre peureux comme un lièvre (Fam.), *to be as frightened as a rabbit.* – 5. POINT FAIBLE. Lever (soulever) le lièvre (Fam.), *to broach the awkward question.* [V. 2, 7.] – 6. RIVALITÉ. Courir le même lièvre, *to be after the same thing.* – 7. SPORTS. Lever un lièvre, *to start a hare.* [V. 2, 5.]

→ bec, fois, mémoire.

ligne ◆ COMPORTEMENT. Adopter (se tracer, se fixer, poursuivre, suivre) une ligne de conduite, *to adopt (to set oneself, to lay out, to pursue) a line of conduct.* ◆ DÉFAILLANCE. S'écarter de la ligne droite, *to stray from the straight and narrow.* ◆ ÉCHEC. Etre battu sur toute la ligne (Fam.), *to be beaten all along the line.* ◆ ÉCOLE. Faire des lignes, *to do lines.* ◆ ÉCRITURE. Aller à la ligne, *to begin a new paragraph.* ‖ Tracer (tirer) une ligne, *to draw a line.* ◆ ESTIMATION. Faire entrer en ligne de compte, *to take into consideration.* ‖ Mettre qqn (qqch.) en première ligne, *to put s.o. (sth.) at the top of o.'s list.* ◆ FAMILLE. Descendre de qqn en ligne directe, *to be a direct descendant of s.o.* ◆ IMPORTANCE. Entrer en ligne de compte, *to enter into consideration.* ◆ LITTÉRATURE. Tirer à la ligne, *to spin out o.'s text.* ◆ MÉTHODE. Suivre une ligne directrice, *to follow a guide-line.* ◆ MILITAIRE. Enfoncer une ligne de défense, *to break through a line of defence.* ‖ Monter en ligne, *to move up to the front.* ◆ NORME. Etre dans la ligne (Impers.), *to follow.* ◆ PÊCHE. Jeter sa ligne, *to cast o.'s line.* ◆ PERSPICACITÉ. Lire entre les lignes, *to read*

between the lines. ◆ POIDS. Avoir (garder) la ligne, *to have (to keep) a slim figure.* ‖ Perdre la ligne, *to lose o.'s figure.* ‖ Retrouver la ligne, *to get o.'s figure back.* ◆ POLITIQUE. S'écarter de la ligne du parti, *to stray from the party line.* ◆ PRÉDICTION. Lire les lignes de la main, *to read palms.* ◆ PROGRAMMATION. Tracer les grandes lignes de qqch., *to outline sth.* ◆ SUPÉRIORITÉ. Etre hors ligne, *to be outstanding.* ◆ TÉLÉPHONE. Etre occupé sur une autre ligne, *to be (busy) on another line.* ‖ Garder la ligne, *to hold the line.*
→ baptême.

limace ◆ LENTEUR. Se traîner comme une limace, *to crawl.*

limande ◆ SERVILITÉ. Etre plat comme une limande (Fam.), *to be cap in hand.*

lime → coup.

limite ◆ ABUS. Franchir (dépasser) les limites, *to exceed (to pass all) the bounds.* ◆ ADMINISTRATION. Fixer (atteindre, dépasser) la limite d'âge, *to set (to reach, to exceed) the age limit.* ◆ APPROXIMATION. Etre à (friser) la limite (Fam.), *to be on (to be approaching) the limit.* ◆ DÉMESURE. Ne pas connaître de limites, *to know no bounds.* ◆ EFFORT. Franchir ses propres limites, *to outdo o.s.* ◆ INFLUENCE. Étendre les limites de son influence, *to extend o.'s field of influence.* ◆ LIMITE. Fixer (établir, marquer, tracer) les limites, *to set (to establish, to mark, to trace) the limits.* ‖ Poser des limites, *to set bounds.* ◆ LUCIDITÉ. Connaître ses limites, *to know o.'s limitations.* ◆ MESURE. Y avoir des limites (Fam.), *there [to be] limits* (Gramm.).

limiter ◆ MESURE. Savoir se limiter, *to know where to stop.*

linge ◆ DISSIMULATION. Laver son linge sale en famille, *not to wash o.'s dirty linen in public.* ◆ ÉMOTIVITÉ. Etre pâle (blanc) comme un linge (Fam.), *to be as white as a sheet.* ◆ MÉNAGE. Avoir du linge sale, *to have dirty washing.* ‖ Donner du linge au blanchissage, *to send washing to the laundry.* ‖ Empeser du linge, *to starch linen.* ‖ Étendre (laver, rincer, tordre) le linge, *to hang out (to do, to rinse, to wring out) the washing.* ‖ Faire sécher le linge, *to hang the washing out to dry* (séchage au dehors), *to hang the washing up to dry* (séchage sur fil), *to dry the washing* (séchage électrique). ‖ Faire tremper le

linge, *to put the washing down to soak.* ‖ Repasser le linge, *to do the ironing.* ◆ VÊTEMENT. Changer de linge, *to change o.'s underwear.*

linotte → tête.

lion ◆ COMBATIVITÉ. Avoir mangé (bouffé) du lion (Fam.), *to be like a roaring lion.* ◆ COURAGE. Se battre comme un lion, *to fight like a lion.*
→ autre, part.

lippe ◆ PHYSIONOMIE. Faire la lippe, *to pout.*

liquidation ◆ COMMERCE. Procéder à une liquidation, *to have a clearance sale.* ◆ FINANCES. Entrer en liquidation, *to go into liquidation.*

liquide ◆ PAIEMENT. Payer en liquide, *to pay ready money.*

lire ◆ IGNORANCE. Ne savoir ni lire ni écrire, *can neither read nor write* (Gramm.).

lisière ◆ OPPRESSION. Tenir (mener) en lisières, *to keep in leading strings.*

liste ◆ POLITIQUE. Voter pour une liste, *to vote for a list of candidates.* ◆ SECRÉTARIAT. Établir (clore, dresser) des listes, *to make out (to close, to draw up) lists.*
→ tête.

lit 1. ALIMENTATION. Déjeuner au lit, *to have breakfast in bed.* – 2. COUCHER. Aller au lit, *to go to bed.* ‖ Etre (se mettre) au lit, *to be in (to get into) bed.* – 3. FAITS ET GESTES. Border qqn dans son lit, *to tuck s.o. up in bed.* [V. 8.] ‖ S'allonger (s'étendre) sur son lit, *to lie down (to stretch out) on o.'s bed.* ‖ Sortir du lit, *to get out of bed.* [V. 6.] – 4. GÉOGRAPHIE. Sortir de son lit (rivière), *to overflow its banks.* – 5. HOSPITALITÉ. Avoir le lit et le couvert chez qqn, *to have room and board with s.o.* – 6. LEVER. Sortir (tout juste) du lit, *to be just up.* [V. 3.] ‖ Tirer qqn du lit, *to pull s.o. out of bed.* – 7. MARIAGE. Faire lit à part, *to sleep apart.* – 8. MÉNAGE. Border un lit, *to tuck in the bedclothes.* [V. 3.] ‖ Faire son lit, *to make o.'s bed.* ‖ Faire le lit en grand, *to remake the bed completely.* – 9. MORT. Etre sur son lit de mort, *to be on o.'s death-bed.* ‖ Mourir dans son lit, *to die in o.'s bed.* – 10. PRÉCURSEUR. Faire le lit de qqn, *to do all the groundwork for s.o.* – 11. RAVISSEMENT. Dormir (être couché) sur un lit de roses, *to be on a bed of roses.* – 12. SANTÉ. Etre cloué au lit (Fam.), *to be confined to o.'s bed.* ‖ Etre sur un lit de douleur, *to be on a bed of pain.* ‖ Garder (prendre) le lit, *to keep (to take) to o.'s bed.* ‖ Rester au lit, *to stay in bed.* − 13. TOUR. Faire un lit en portefeuille, *to make an apple-pie bed.*

→ **bas, enfant, saut.**

litière ◆ MÉPRIS. Faire litière de qqch., *to trample on sth.*

litige ◆ ARBITRAGE. Arbitrer (régler, trancher) un litige, *to settle a dispute.*

littérature ◆ BONIMENT. Etre de la littérature (Fam.), *to be all fine words.*

livraison ◆ COMMERCE. Prendre livraison, *to take delivery.*

livre ◆ ÉCOLE. Pâlir sur ses livres, *to grow pale over o.'s books.* ◆ ÉDITION. Sortir un livre, *to bring out a book.* ‖ Tirer un livre à *x* exemplaires, *to print* x *copies of a book.* ◆ IMPORTANCE. Pouvoir en faire un livre (Fam.), *can write a book about it* (Gramm.). ◆ LECTURE. Consulter (dévorer) un livre, *to consult (to devour) a book.* ‖ Se plonger dans un livre, *to bury o.s. in a book.* ◆ LITTÉRATURE. Écrire (faire) un livre, *to write a book.* ◆ PÉDANTISME. Parler comme un livre (Fam.), *to talk like a book.* ◆ PRÉFÉRENCE. En faire son livre de chevet, *to have it as o.'s bedside book.* ◆ SOIN. Couvrir un livre, *to cover a book.*

→ **corne, hommage, marque, préface.**

livrée ◆ VÊTEMENT. Porter (revêtir, endosser) la livrée, *to wear (to put on) uniform.*

local → réquisition.

location ◆ MAISON. Donner (prendre) en location, *to let (to rent).* ‖ Mettre qqch. en location, *to put sth. up to let.*

lock-out ◆ POLITIQUE. Lever le lock-out, *to end the lock-out.*

locomotive ◆ TABAC. Fumer comme une locomotive (Fam.), *to smoke like a chimney.*

loge ◆ IMPLICATION. Etre aux premières loges, *to have a front seat.*

logement ◆ MAISON. Chercher (trouver, prendre) un logement, *to look for (to find, to take) accommodation.*

→ **billet, problème.**

logique ◆ ILLOGISME. Manquer de logique, *to be illogical.* ◆ NORME. Etre dans la logique des choses, *to be the logical outcome.*

logis → folle.

loi ◆ CONFORMITÉ. Se conformer aux lois de la nature, *to conform to the laws of nature.* ◆ DEVOIR. S'en faire une loi, *to make a point of doing it.* ◆ DOMINATION. Appliquer la loi de la jungle, *to apply the law of the jungle.* ‖ Courber qqn sous sa loi, *to bend s.o. to o.'s will.* ‖ Faire la loi, *to lay down the law.* ‖ Ranger qqn sous sa loi, *to bring s.o. under o.'s domination.* ‖ Soumettre qqn à sa loi, *to subject s.o. to o.'s domination.* ◆ LÉGALITÉ. Abroger (édicter), élaborer, établir, promulguer) une loi, *to repeal (to decree, to draw up, to establish, to promulgate) a law.* ‖ Appliquer (connaître, contourner, faire respecter, invoquer, observer, respecter, transgresser, violer) la loi, *to carry out (to know, to get round, to enforce, to refer to, to obey, to respect, to transgress, to break) the law.* ‖ Avoir la loi pour soi, *to have the law on o.'s side.* ‖ Etre censé ne pas ignorer la loi, *cannot plead ignorance of the law* (Gramm.). ‖ Etre égaux devant la loi, *to be equal before the law.* ‖ Etre hors la loi, *to be outlawed.* ‖ Faire loi, *to be law.* ‖ Faire des lois, *to make laws.* ◆ MILITAIRE. Décréter la loi martiale, *to declare martial law.* ◆ NOMBRE. Subir la loi du nombre, *to be overcome by weight of numbers.* ◆ SCIENCE. Découvrir (asseoir, établir) une loi, *to discover (to prove, to establish) a law.* ◆ SILENCE. Observer la loi du silence, *to keep the law of silence.*

→ **coup, entorse, foi, force, projet.**

loin 1. CONSÉQUENCE. Aller loin (Impers.), *to go far.* [V. 5, 13.] ‖ Entraîner qqn trop loin, *to get s.o. too involved.* [V. 2, 3.] ‖ Mener très loin, *to lead to very serious consequences.* − 2. DÉPENSE. Entraîner qqn trop loin, *to go beyond s.o.'s means.* [V. 1, 3.] − 3. DISCUSSION. Entraîner qqn trop loin, *to lead s.o. too far.* [V. 1, 2.] − 4. ÉCHEC. Ne pas aller loin (Fam.), *not to come to much.* [V. 12.] − 5. EXAGÉRATION. Aller trop loin, *to go too far.* [V. 1, 13.] − 6. NON-IMPORTANCE. Ne pas mener (bien) loin, *not to be much good.* − 7. PASSÉ. Dater de loin, *to go back a long way.* − 8. PERSPICACITÉ. Sentir qqn (qqch.) venir de loin (Fam.), *to see s.o. (sth.) coming a mile off.* − 9. PRÉVOYANCE. Voir loin, *to be far-sighted.* − 10. RELATIONS. Ne voir qqn que de loin en loin, *to see s.o. only now and then.* − 11. SALUT. Revenir de très loin

(Fam.), *to have had a close shave.* [V. 12.]
− 12. SANTÉ. Ne pas aller loin (Fam.),
not to last long. [V. 4.] ‖ Revenir
de loin, *to have been at death's door.*
[V. 11.] − 13. SUCCÈS. Aller loin,
to go far. [V. 1, 5.]
→ **près.**

loir ◆ PARESSE. Etre paresseux comme un
loir (Fam.), *to be a dormouse.* ◆ SOMMEIL.
Dormir comme un loir (Fam.), *to sleep like
a dormouse.*

loisir ◆ LATITUDE. Laisser à qqn le loisir
de faire qqch., *to leave s.o. free to do sth.* ◆
LOISIR. Avoir des (disposer de) loisirs, *to
have spare time.* ‖ Consacrer (occuper) ses
loisirs à qqch., *to devote o.'s spare time
to sth.* ‖ Organiser (diriger) les loisirs, *to
arrange spare-time activities.* ◆ TEMPS.
Avoir le loisir de faire qqch., *to have time
to do sth.*

long 1. CHUTE. S'étaler (tomber) de tout
son long (Fam.), *to sprawl (to fall) full
length.* [V. 3.] − 2. DANGER. En savoir
trop long, *to know too much about it.*
[V. 4.] − 3. FAITS ET GESTES. Marcher de
long en large, *to walk to and fro (up and
down, back and forth).* ‖ S'étendre de tout
son long (Fam.), *to stretch out full length.*
[V. 1.] − 4. INFORMATION. En savoir long,
to know a lot about it. [V. 2.]
→ **côte.**

longueur ◆ DIMENSION. Etre tout en
longueur, *to be long and narrow.* ◆ HAR-
MONIE. Etre sur la même longueur d'onde,
to be on the same wave-length. ◆ LENTEUR.
Faire tirer en longueur, *to drag out.* ‖ Tirer
(traîner) en longueur, *to drag on.* ◆
SPORTS. Gagner d'une longueur, *to win by
a length.*

looping ◆ AVIATION. Faire un looping,
to loop the loop.

loque ◆ DÉCHÉANCE. N'être qu'une loque
(être une loque humaine), *to be worn to a
shadow.* ◆ VÊTEMENT. Tomber en
loques, *to fall to pieces.*

lorgnette → **bout.**

lot ◆ CHANCE. Gagner le gros lot, *to hit
the jack-pot.* ‖ Gagner un lot, *to win a
prize.*

loterie ◆ CHANCE. Gagner à la loterie,
to win in the draw. ◆ DIVERTISSEMENT.
Organiser une loterie, *to organize a raffle.*
‖ Tirer une loterie, *to draw the prizes.* ◆

HASARD. Etre une loterie (Fam.), *to be a
lottery.*
→ **billet.**

loti ◆ MALCHANCE. Etre bien (mal) loti
(Fam.), *to be badly off.*

loto → **partie.**

louange ◆ ÉLOGE. Entonner (chanter)
les louanges de qqn, *to praise s.o. to the
skies.* ◆ FLATTERIE. Couvrir (accabler)
qqn de louanges, *to cover s.o. with praise.*
◆ MÉRITE. Etre tout à la louange de qqn,
to be all to s.o.'s credit. ◆ SÉVÉRITÉ. Etre
avare de louanges, *to be chary of praise.*
◆ VANITÉ. Etre avide de (sensible aux)
louanges, *to be eager for (very susceptible
to) praise.* ‖ Rechercher les louanges, *to
court praise.*
→ **soif.**

louche ◆ AMBIGUÏTÉ. Y avoir du louche
(Fam.), *there [to be] sth. shady* (Gramm.).
◆ SUSPICION. Flairer qqch. de louche,
to smell a rat.

louer ◆ ESTIME. N'avoir qu'à se louer de
qqn, *to have nothing but praise for s.o.*

louis ◆ IMPOSSIBILITÉ. Ne pas être louis
d'or pour plaire à tout le monde (Fam.),
can never be everybody's cup of tea
(Gramm.).

loup ◆ CONFORMISME. Etre loup avec les
loups, *to follow the pack.* ‖ Hurler avec les
loups, *to hunt with the pack.* ◆ EMBARRAS.
Tenir le loup par les oreilles, *to hold a
wolf by the ears.* ◆ FAUX-SEMBLANT. Crier
au loup, *to cry wolf.* ‖ Etre un loup en
habit de brebis, *to be a wolf in sheep's
clothing.* ◆ GLOUTONNERIE. Manger
comme un loup (Fam.), *to wolf it down.* ◆
HASARD. Parler du loup et en voir la queue
(Fam.), *to talk of the devil.* ◆ IMPRU-
DENCE. Enfermer (mettre, faire entrer)
le loup dans la bergerie, *to set the fox to
keep the geese.* ◆ LIBERTINAGE. Avoir vu le
loup (Fam.), *to have lost o.'s virtue.* ◆
RENOMMÉE. Etre comme le loup blanc
(Fam.), *to be a stranger to no-one.*
→ **appétit, brebis, faim, froid, gueule, pas.**

loupe ◆ EXAMEN. Examiner (regarder)
qqch. à la loupe, *to examine sth. with a
magnifying glass.* ◆ MINUTIE. Examiner
(regarder) qqch. à la loupe (Fig.), *to take
a magnifying glass to sth.*

lourd 1. IGNORANCE. Ne pas en savoir
lourd (Fam.), *not to know much about it.*
− 2. NON-IMPORTANCE. Ne pas peser
lourd dans la balance (Fam.), *not to carry*

much weight. — 3. PARESSE. Ne pas en faire lourd (Fam.), *not to kill o.s.* [V. 4.] — 4. RENDEMENT. Ne pas en avoir fait lourd (Fam.), *not to have much to show for o.'s work.* [V. 3.] — 5. TEMPÉRATURE. Faire lourd, *to be close.*

lubie ◆ FANTAISIE. Avoir des lubies, *to have sudden crazes.*

lucidité → lueur.

lueur ◆ ÉCLAIRAGE. Jeter une lueur sur qqch., *to shed light on sth.* ◆ FOLIE. Avoir des lueurs de lucidité, *to have moments of sanity.* ◆ NON-ESPOIR. Ne pas y avoir une lueur d'espoir, *there [not to be] a glimmer of hope* (Gramm.).

lui-même ◆ ABANDON. Abandonner qqn à lui-même, *to leave s.o. to his own devices.*

lumbago ◆ SANTÉ. Avoir un lumbago, *to have lumbago.*

lumière ◆ BÊTISE. Ne pas être une lumière (Fam.), *to be no genius.* ◆ ÉCLAIRAGE. Couper (éteindre) la lumière, *to put (to turn) the light out.* ‖ Donner de la lumière, *to give some light.* ‖ Etre baigné de lumière, *to be bathed in light.* ‖ Tamiser (filtrer) la lumière, *to soften (to subdue) the light(ing).* ◆ ÉCLAIRCISSEMENT. Chercher la lumière, *to seek enlightenment.* ◆ ÉLUCIDATION. Faire jaillir la lumière, *to make everything clear.* ‖ Faire la lumière sur une affaire, *to clear up a matter.* ‖ Jeter de nouvelles lumières sur une question, *to throw fresh light on a question.* ‖ Mettre qqch. en lumière, *to high-light sth.* ◆ RUDIMENT. Avoir des lumières sur qqch., *to have some knowledge of sth.*

→ besoin.

lumignon ◆ DESTRUCTION. Éteindre le lumignon qui fume encore, *to quench a smouldering wick.*

lune ◆ AMOUR. Connaître une deuxième lune de miel, *to live a second honeymoon.* ◆ ASTRONAUTIQUE. Tourner autour de la Lune, *to orbit round the Moon.* ◆ BÊTISE. Etre comme la lune (et comme dans les chansons) [Fam.], *to be a mooncalf.* ◆ DISTRACTION. Etre dans la lune (Fam.), *to be far away.* ◆ EXIGENCE.

demander la lune, *to ask for the moon.* ◆ FANTAISIE. Avoir des lunes (Fam.), *to have o.'s moods.* ◆ HUMEUR. Etre dans une bonne lune (Fam.), *to be in a good period.* ‖ Etre dans une mauvaise lune, *to be going through a bad patch.* ◆ ILLUSION. Se raccrocher aux vieilles lunes (Fam.), *to cling to the old times.* ◆ IMPOSSIBILITÉ. Décrocher la lune avec les dents, *to get sunbeams from cucumbers.* ◆ INUTILITÉ. Aboyer à la lune (Fam.), *to bay the moon.* ◆ PROMESSE. Promettre la lune, *to promise the earth.* ◆ STUPÉFACTION. Tomber de la lune, *to be thunder-struck.* ◆ TROMPERIE. Faire voir à qqn la lune en plein midi (Fam.), *to make s.o. believe the moon is made of green cheese.*

→ clair, coup, trou, visage.

luné ◆ HUMEUR. Etre bien (mal) luné, *to be in a good (bad) mood.*

lunettes ◆ FAITS ET GESTES. Chausser (mettre) ses lunettes, *to put on o.'s glasses.* ◆ VUE. Porter des lunettes, *to wear glasses.*

lustre ◆ VALORISATION. Donner du lustre à qqch., *to lend lustre to sth.* ‖ Redonner tout son lustre à qqch., *to restore all its lustre to sth.*

lutte ◆ DÉSISTEMENT. Abandonner la lutte, *to give up the struggle.* ◆ EMPRISE. Exercer une lutte d'influence, *to compete for influence.* ◆ LUTTE. Entrer en lutte, *to join battle.* ‖ Mener la lutte, *to carry on the struggle.* ‖ Reprendre la lutte, *to take up the struggle again.* ◆ PERSÉVÉRANCE. Poursuivre (continuer) la lutte, *to keep up the struggle.* ◆ RIVALITÉ. Etre une lutte d'intérêts, *to be a clash of interests.* ◆ SUCCÈS. Emporter de haute lutte, *to win after a hard tussle.*

luxe ◆ NÉCESSITÉ. Ne pas être du luxe, *to be the bare minimum.*

→ goût, poule.

lycée ◆ ÉCOLE. Créer un lycée pilote, *to set up a model school.*

lynx → œil.

lyrique ◆ ÉPANCHEMENTS. Devenir lyrique, *to become lyrical.*

m

machination ◆ HABILETÉ. Déjouer (démêler) une machination, *to defeat a plot.* ◆ INTRIGUE. Ourdir une machination, *to hatch a plot.*

machine ◆ COUTURE. Coudre (piquer) à la machine, *to sew (to stitch) on the machine.* ◆ ÉCRITURE. Taper (écrire) à la machine, *to type.* ◆ RECUL. Faire machine arrière, *to go back on o.'s tracks.* ◆ TECHNIQUE. Actionner (monter) une machine, *to operate (to assemble) a machine.* ‖ Mettre une machine en marche, *to start up a machine.*
→ **rouage.**

machinisme ◆ TECHNIQUE. Développer le machinisme, *to develop mechanization.*

mâchoire ◆ COLÈRE. Serrer les mâchoires, *to clench o.'s teeth.* ◆ FAITS ET GESTES. Bâiller à se décrocher la mâchoire (Fam.), *to yawn o.'s head off.*

Madeleine ◆ LARMES. Pleurer comme une Madeleine, *to cry o.'s heart out.*

madrigal ◆ GALANTERIE. Tourner un madrigal, *to make a pretty speech.*

magasin ◆ COMMERCE. Avoir qqch. en magasin, *to have sth. in stock.* ‖ Créer un magasin pilote, *to set up a pilot shop.* ‖ Tenir un magasin, *to keep a shop.* ◆ MÉNAGE. Courir les magasins, *to do the shops.*
→ **éléphant, tournée.**

magie ◆ EXTRAORDINAIRE. Etre de la magie (Fam.), *to be magic.* ◆ PHÉNOMÈNES PARANORMAUX. Faire de la magie, *to practise magic.*

magnétophone ◆ TECHNIQUE. Enregistrer sur magnétophone, *to record on tape.*

magot ◆ ÉCONOMIE. Planquer le magot (Fam.), *to dump the loot.* ‖ Se constituer un magot (Fam.), *to make a hoard.*

maigre ◆ NON-IMPORTANCE. Faire un peu maigre (Fam.), *to look a bit skimpy.* ◆ RELIGION. Faire maigre, *to eat no meat.*

1. maille ◆ COUTURE. Faire une maille à l'endroit (à l'envers), *to knit (to purl) one.* ‖ Laisser tomber une maille, *to drop a stitch.* ‖ Monter des mailles, *to cast on.* ‖ Rejeter les mailles, *to cast off.* ◆ HABILETÉ.

Passer à travers les mailles (Fam.), *to slip through the net.*
→ **chaîne.**

2. maille ◆ QUERELLE. Avoir maille à partir avec qqn, *to have a bone to pick with s.o.*

maillon ◆ NON-IMPORTANCE. N'être qu'un maillon de la chaîne, *to be only one cog in the machine.*

maillot ◆ SPORTS. Avoir (gagner, remporter) le maillot jaune, *to be the leading cyclist in the Tour de France.* ◆ VÊTEMENT. Se mettre en maillot de bain, *to put on a bathing suit.*
→ **défense.**

main 1. ABONDANCE. Prendre à pleines mains, *to take by the handful.* [V. 34.] ‖ Puiser à pleines mains dans qqch., *to help o.s. generously from sth.* − 2. ACHÈVEMENT. Mettre la dernière main à qqch., *to put the finishing touches to sth.* − 3. ADRESSE. Etre adroit de ses mains, *to be good with o.'s hands.* − 4. AIDE. Donner la main à qqn, *to give s.o. a hand.* [V. 34.] − 5. AMITIÉ. Tendre la main à qqn, *to hold out o.'s hand to s.o.* [V. 34, 51.] − 6. ANIMAL. Flatter de la main, *to stroke.* ‖ Manger dans la main de qqn, *to eat out of s.o.'s hand.* − 7. APPROBATION. Applaudir (approuver) des deux mains, *to applaud (to approve) wholeheartedly.* ‖ Battre des mains, *to clap o.'s hands.* − 8. ART. Dessiner (tracer) à main levée, *to draw (to sketch) freehand.* − 9. ASSISTANCE. Tendre une main secourable, *to proffer assistance.* − 10. AUTORITÉ. Avoir une main de fer dans un gant de velours, *to have an iron hand in a velvet glove.* ‖ Prendre qqch. en main, *to take sth. in hand.* ‖ Reprendre qqn (qqch.) en main, *to regain control over s.o. (of sth.).* − 11. CERTITUDE. En mettre la main au feu (Fam.), *to stake o.'s life on it.* − 12. CHANCE. Avoir la main heureuse, *to strike lucky.* − 13. CHEF. Avoir la haute main sur qqch., *to have the upper hand in* *sth.* — 14. CIVILITÉ. Baiser la main d'une femme, *to kiss a woman's hand.* ‖ Porter la main à son chapeau, *to touch o.'s hat.* — 15. COLLABORATION. Mettre la main à la pâte (Fam.), *to take a hand in it.* — 16. COMMERCE. Acquérir qqch. de première (seconde) main, *to acquire sth. new (second-) hand.* — 17. COMPLICITÉ. Prêter la main à qqch., *to have a hand in sth.* — 18. CONCUBINAGE. Se marier de la main gauche (Fam.), *to jump the besom.* — 19. CONTRAINTE. Forcer la main à qqn, *to force s.o.'s hand.* — 20. COUTURE. Coudre à la main, *to hand-sew.* ‖ Etre cousu main, *to be hand-stitched.* [V. 65.] ‖ Faire qqch. à la main, *to do sth. by hand.* — 21. DÉBAUCHE. Etre en main (Pop.), *to be in hand.* [V. 45.] — 22. DÉLIT. Attaquer à main armée, *to make an armed assault.* — 23. DÉMESURE. Avoir la main lourde (Fam.), *to be over-generous.* [V. 78.] ‖ Ne pas y aller de main morte (Fam.), *to lay it on.* — 24. DÉSESPOIR. Se tordre les mains, *to wring o.'s hands.* — 25. DÉSISTEMENT. Passer la main, *to throw in o.'s hand.* [V. 44, 77.] ‖ Rendre la main, *to give up.* [V. 74.] — 26. DÉTERMINATION. Se prendre par la main (Fam.), *to pluck up courage.* — 27. DIMENSION. Etre grand (large) comme la main (Fam.), *to be no bigger (wider) than your hand.* — 28. DISSIMULATION. Agir en sous-main, *to act in an underhand way.* — 29. ÉCHEC. Claquer dans la main (Fam.), *to fizzle out* (affaire); *to slip through o.'s fingers* (personne). ‖ Péter dans la main (Pop.), *to go phut.* ‖ Revenir les mains vides, *to return empty-handed.* — 30. ÉCRITURE. Écrire à la main, *to write by hand.* ‖ Mettre la main à la plume, *to put pen to paper.* — 31. EMPRISE. Avoir qqn en main, *to have s.o. well in hand.* ‖ Mettre la main sur qqn, *to lay hands on s.o.* — 32. ESCLAVAGE. Etre entre les mains de qqn, *to be in s.o.'s hands.* — 33. FACILITÉ. Etre à sa main, *to be on the right position.* — 34. FAITS ET GESTES. Avoir (tenir) qqch. à la main, *to hold sth.* ‖ Avoir qqch. bien en main, *to have a firm hold on sth.* [V. 61.] ‖ Changer de main, *to change hands.* [V. 77.] ‖ Donner la main à qqn, *to take s.o.'s hand.* [V. 4.] ‖ Marcher la main dans la main, *to walk hand-in-hand.* [V. 37.] ‖ Mettre ses mains en porte-voix, *to cup o.'s hands round o.'s mouth.* ‖ Parler avec les mains, *to use o.'s hands in talking.* ‖ Prendre qqch. à pleines mains, *to get a good hold of sth.* [V. 1.] ‖ Saisir (garder; prendre; presser) la main de qqn, *to grab (to keep; to take; to press) s.o.'s hand.* ‖ Se donner la main, *to take each other's hand.* ‖ Serrer la main à qqn, *to shake s.o.'s hands.* ‖ Se serrer la main, *to shake hands.* ‖ Se tenir d'une main, *to hang on by one hand.* ‖ Tendre la main à qqn, *to hold out o.'s hand to s.o.* [V. 5, 51.] — 35. FLAGRANT DÉLIT. Prendre la main dans le sac, *to catch red-handed.* — 36. FLATTERIE. Passer la main dans le dos à qqn (Fam.), *to butter s.o. up.* — 37. HARMONIE. Marcher la main dans la main, *to be hand and glove together.* [V. 34.] — 38. HASARD. Tomber sous la main, *to turn up.* — 39. HONNÊTETÉ. Avoir les mains nettes, *to have clean hands.* — 40. HYGIÈNE. Faire les mains, *to manicure.* ‖ Se faire faire les mains, *to have a manicure.* ‖ Se laver les mains, *to wash o.'s hands.* ‖ Se passer les mains à l'eau, *to wash o.'s hands.* — 41. IMPATIENCE. Avoir la main qui démange (Fam.), *to be itching to let fly.* ‖ Avoir la main leste (Fam.), *to be free with o.'s hands.* — 42. IMPUISSANCE. Avoir les mains liées, *to have o.'s hands tied.* ‖ Ne pas avoir trente-six (quatre) mains (Fam.), *to have only one pair of hands.* — 43. INFORMATION. Le tenir de bonnes mains, *to have it straight from the horse's mouth.* — 44. JEUX DE SOCIÉTÉ. Avoir la main, *to have the deal.* ‖ Passer la main, *to pass the deal.* [V. 25, 77.] — 45. LECTURE. Etre en main (livre), *to be out.* — 46. LIBÉRALITÉ. Avoir la main large, *to be open-handed.* ‖ Avoir les mains libres, *to have a free hand.* — 47. LIBERTINAGE. Avoir la main baladeuse (Fam.), *cannot keep o.'s hands to o.s.* (Gramm.). ‖ Mettre la main au gousset, *to put o.'s hand in o.'s pocket.* — 48. MALADRESSE. Avoir des mains de beurre (Fam.), *to be butter-fingered.* ‖ Avoir la main malheureuse, *to be clumsy.* ‖ Échapper (tomber) des mains de qqn, *to slip (to fall) out of s.o.'s hands.* — 49. MALHONNÊTETÉ. Se salir les mains, *to dirty o.'s hands.* — 50. MARIAGE. Accorder sa main à qqn, *to bestow o.'s hand on s.o.* ‖ Aspirer à la main de qqn, *to be a suitor to s.o.'s hand.* ‖ Demander la main de qqn, *to ask for s.o.'s hand.* ‖ Offrir sa main à un homme, *to propose to a man.* — 51. MENDICITÉ. Tendre la main à qqn, *to hold out o.'s hand to s.o.* [V. 5, 34.] — 52. MESQUINERIE. Donner d'une main et retenir de l'autre, *to give with one hand and take away with the other.* — 53. MÉTIER. Travailler de ses mains, *to work with o.'s hands.* — 54. MILITAIRE. Tomber aux mains de l'ennemi, *to fall into enemy hands.* — 55. MUSIQUE. Jouer à quatre mains, *to play duets.* ‖ Mettre les mains en pluie, *to let o.'s wrists go limp.* — 56. NUDITÉ. Etre nu comme la main (Fam.), *to be starkers.* — 57. PAIEMENT. Mettre la main à la poche, *to put o.'s hand in o.'s pocket.* ‖ Payer de la main à la main, *to hand over the money direct.* — 58. PARESSE. Garder ses mains dans les poches (Fam.), *to twiddle o.'s thumbs.* — 59. POLICE. Mettre la main au collet, *to collar s.o.* — 60. POLITIQUE. Voter à main levée, *to vote by show of hands.* — 61. POSSESSION. Avoir qqch. en main, *to have sth. in o.'s hands.* [V. 34.] — 62. PRATIQUE. Former la main, *to get o.'s hand in.* ‖ Perdre la main, *to lose the touch.* ‖ Se faire la main, *to get some practice.* ‖ S'entretenir la main, *to keep o.'s hand in.* — 63. PRÉVOYANCE. Préparer qqch. de longue main, *to prepare sth. well in advance.* — 64. PRODIGALITÉ. Fondre entre les mains, *to melt in s.o.'s hands* (argent). — 65. QUALITÉ. Etre cousu main (Fig.) [Fam.], *to be the real thing.* [V. 20.] — 66. RECHERCHE. Ne pas pouvoir mettre la main sur qqch., *cannot lay o.'s hands on sth.* (Gramm.). — 67. RELIGION. Imposer les mains, *to lay on hands.* ‖ Joindre les mains, *to fold o.'s hands.* — 68. RESPONSABILITÉ. S'en laver les mains, *to wash o.'s hands of it.* — 69. RESSORT. Se reprendre en main, *to pull up o.'s socks.* — 70. SATISFACTION. Se frotter les mains, *to rub o.'s hands.* — 71. SÉCURITÉ. Etre en bonnes mains, *to be in good hands.* ‖ Etre dans la main de Dieu, *to be in God's keeping.* — 72. SIMILITUDE. Pouvoir se donner la main (Fam.), *to be birds of a feather.* — 73. SOUMISSION. Se livrer aux mains de qqn, *to deliver o.s. into s.o.'s hands.* — 74. SPORTS. Rendre la main (équitation), *to ease the reins.* [V. 25.] — 75. SUCCÈS. Exécuter (faire) qqch. de main de maître, *to do sth. with masterly skill.* ‖ Gagner haut la main, *to win hands down.* — 76. SURFACE. Etre plat comme la main, *to be as flat as the*

back of your hand. — 77. TRANSMISSION. Changer de mains, *to change hands.* [V. 34.] ‖ Donner qqch. de la main à la main, *to hand sth. over personally.* ‖ Recevoir qqch. de la main à la main, *to be handed sth. personally.* ‖ Passer aux mains de qqn, *to pass into s.o.'s hands.* ‖ Passer de main en main, *to pass from hand to hand.* ‖ Passer la main, *to hand over to s.o.* [V. 25, 44.] ‖ Recevoir (tenir) qqch. de la main de qqn, *to receive (to have) sth. from s.o.* ‖ Remettre qqch. entre les mains de qqn, *to hand sth. over to s.o.* ‖ Remettre en main propre, *to deliver personally.* — 78. VOIES DE FAIT. Avoir la main lourde (Fam.), *to hit hard.* [V. 23.] ‖ En venir aux mains, *to come to blows.* ‖ Lever (porter) la main sur qqn, *to raise o.'s hands to s.o.* ‖ Mettre (flanquer) la main sur la figure de qqn (Fam.), *to slap s.o.'s face.* — 79. VOL. Avoir les mains crochues, *to be light-fingered.* ‖ Faire main basse sur qqch., *to lay hands on sth.*

→ adieu, ampoule, arme, clef, cœur, coup, courage, destinée, doigt, épée, frein, geste, imposition, marché, peur, pied, plume, poignée, poil, preuve, rien, situation, sort, tête, tour, vol.

main-d'œuvre ◆ TECHNIQUE. Manquer de main-d'œuvre, *to be short of labour.*

main-forte ◆ AIDE. Prêter main-forte à qqn, *to come to s.o.'s help.*

maintien ◆ POLITIQUE. Assurer le maintien de l'ordre, *to maintain law and order.*

maire ◆ MARIAGE. Passer devant M. le Maire (Fam.), *to tie the knot.*

mairie ◆ CONCUBINAGE. Se marier à la mairie du vingt et unième arrondissement (Fam.), *to make a left-handed marriage.*

mais ◆ IMPUISSANCE. N'en pouvoir mais, *to be unable to do anything about it.*

maison ◆ ARCHITECTURE. Bâtir (construire, édifier) une maison, *to build (to construct, to erect) a house.* ◆ CHEF. Faire marcher la maison (Fam.), *to run the business.* ◆ COMMERCE. Ouvrir une maison, *to start a business.* ◆ HONNÊTETÉ. Vivre dans une maison de verre, *to live in a gold-fish bowl.* ◆ HOSPITALITÉ. Etre la maison du bon Dieu (Fam.), *to have an ever open door.* ‖ Tenir maison ouverte, *to keep open house.* ◆ MÉTIER. Entrer en maison, *to go into service.* ◆ NIVEAU SOCIAL. Etre de bonne maison, *to be* *from a good family.* ◆ RECHERCHE. Retourner la maison (Fam.), *to turn the house inside out.* ◆ SANTÉ. Entrer en maison de santé (de repos), *to go into a nursing home (a rest-home).* ◆ SÉDENTARISME. Rester à la maison, *to stay at home.*

→ enfant, feu, fille, genre, habitué, honneur, train, vente.

maître ◆ ARTISAN DE SON SORT. Etre maître de son destin, *to be master of o.'s fate.* ◆ AUTOMOBILE. Ne plus être maître de son véhicule, *to have lost control of o.'s véhicule.* ◆ AUTONOMIE. Etre son propre maître, *to be o.'s own master.* ‖ Etre maître de ses actes, *to be master of o.'s actions.* ◆ AUTORITÉ. Etre maître chez soi, *to be master in o.'s own house.* ◆ CHEF. Etre seul maître à bord (Fam.), *to be the captain.* ◆ COMPÉTENCE. Passer maître dans l'art de faire qqch., *to be a past master in the art of doing sth.* ◆ DÉLIT. Etre un maître chanteur, *to be a blackmailer.* ‖ Faire le maître chanteur, *to threaten blackmail.* ◆ DÉPENDANCE. Ne pas être maître de son sort, *not to be master of o.'s fate.* ◆ DOMINATION. Etre maître de la situation, *to be in control of the situation.* ‖ Parler en maître, *to speak with authority.* ‖ Régner en maître, *to reign supreme.* ‖ Se rendre maître de qqn (qqch.), *to master s.o. (sth.).* ‖ S'installer (s'établir) en maître, *to take command.* ◆ ÉNERVEMENT. Ne plus être maître de soi, *to be no longer responsible.* ◆ INFÉRIORITÉ. Trouver son maître, *to meet o.'s master.* ◆ MAÎTRISE DE SOI. Etre (rester) maître de soi, *to have (to keep o.'s) self-control.*

→ coup, seigneur.

maîtresse ◆ LIBERTINAGE. Avoir (entretenir; prendre) une maîtresse, *to have (to keep; to take) a mistress.*

maîtrise ◆ ÉNERVEMENT. Perdre la maîtrise de soi, *to lose o.'s self-control.* ◆ MAÎTRISE DE SOI. Avoir (conserver, garder; reprendre) la maîtrise de soi, *to have (to keep, to maintain; to regain) o.'s self-control.*

majorité ◆ ÂGE. Atteindre sa majorité, *to come of age.* ◆ ÉLECTIONS. Avoir la majorité, *to obtain a majority.* ‖ Élire qqn à la majorité absolue (à la majorité relative), *to elect s.o. by majority vote (by a proportional majority).* ‖ Rallier (se rallier à) la majorité, *to win over (to side with) the majority.* ◆ NOMBRE. Constituer la grande majorité, *to form the great majority.*

mal 1. AGGRAVATION. Aggraver le mal, *to aggravate the trouble.* ‖ Aller de mal en pis, *to go from bad to worse.* − 2. APPARENCE. La ficher mal (Fam.), *to look bad.* ‖ Marquer mal (Fam.), *to make a poor impression.* − 3. CARACTÈRE. Ne pas faire de mal à une mouche (Fam.), *not to hurt a fly.* − 4. COMMERCE. Marcher mal, *to go badly.* − 5. COMPORTEMENT. Se tenir mal, *to behave badly.* [V. 6.] − 6. CORPS. Se tenir mal, *to hold o.s. badly.* [V. 5.] − 7. CORRUPTION. Inciter qqn au mal, *to incite s.o. to evil.* − 8. CULPABILITÉ. Agir (faire) mal, *to act badly.* − 9. DANGER. Aller mal (Fam.), *to go badly.* [V. 37.] − 10. DÉNIGREMENT. Dire du mal de son prochain, *to speak ill of o.'s neighbour.* ‖ Tourner tout en mal (Fam.), *to see everything in a bad light.* − 11. DÉPIT. En avoir mal au ventre (Fam.), *to feel like spitting.* − 12. DÉSACCORD. Se mettre mal avec qqn, *to get on the wrong side of s.o.* − 13. DÉTÉRIORATION. Changer en mal, *to take a change for the worse.* ‖ Tourner mal (Fam.), *to turn out badly.* − 14. DÉVOIEMENT. Tourner mal (personne) [Fam.], *to go to the dogs.* − 15. DIFFICULTÉ. Avoir du mal à faire qqch., *to be hard put to do sth.* ‖ Donner du mal à qqn, *to give s.o. trouble.* ‖ Avoir (éprouver) un mal de chien (Fam.), *to have the devil of a job.* − 16. EFFORT. Se donner du mal, *to take a lot of trouble.* ‖ Se donner un mal du diable (Fam.), *to make a terrific effort.* − 17. EMBARRAS. Se sentir mal à l'aise, *to feel ill-at-ease.* − 18. ENDURANCE. Etre dur au mal, *to be tough.* − 19. ESTHÉTIQUE. Ne pas être mal, *not to be at all bad.* − 20. HABILETÉ. Se tirer sans mal de qqch., *to come through sth. unscathed.* − 21. INDIFFÉRENCE. S'en moquer (ficher) pas mal (Fam.), *not to give a damn.* − 22. INHABILETÉ. S'y prendre mal, *to go the wrong way about it.* − 23. INOPPORTUNITÉ. Tomber mal, *to come at the wrong moment.* − 24. INTENTION. Agir sans penser à mal, *to act without malice.* ‖ Ne pas songer à mal, *not to mean any harm.* − 25. IVRESSE. Avoir mal aux cheveux (Fam.), *to have a hangover.* − 26. LIBERTINAGE. Mettre qqn à mal (Fam.), *to lead s.o. astray.* [V. 40.] − 27. MARINE.

Avoir le mal de mer, *to be sea-sick.* — 28. MATERNITÉ. Etre en mal d'enfant, *to be in travail.* — 29. MÉCHANCETÉ. Vouloir du mal à qqn, *to wish s.o. harm.* — 30. MORT. Etre guéri de tous les maux (du mal de dents) [Fam.], *to be out of o.'s troubles.* — 31. NOSTALGIE. Avoir le mal du pays, *to feel homesick.* ‖ Avoir le mal du siècle, *to be world-weary.* — 32. PATIENCE. Prendre son mal en patience, *to bear it patiently.* — 33. PRÉJUDICE. En user mal avec qqn, *to behave badly towards s.o.* ‖ Faire du mal à qqn, *to hurt s.o.* [V. 38.] — 34. REMÈDE. Couper le mal à sa racine, *to strike at the root of the evil.* — 35. RÉPARATION. Remédier à un mal, *to remedy a wrong.* ‖ Réparer le mal, *to repare the damage.* — 36. SAGESSE. Choisir le moindre mal, *to choose the lesser of two evils.* — 37. SANTÉ. Aller mal, *not to be well.* [V. 9.] ‖ Avoir mal au cœur (Fam.), *to feel sick.* ‖ Avoir mal à la gorge (à la tête), *to have a sore throat (a headache).* ‖ Avoir mal aux pieds, *to have aching feet.* ‖ Avoir mal au ventre, *to have a pain in o.'s stomach.* ‖ Circonscrire le mal, *to locate the trouble.* ‖ Etre mal en point, *to be in poor shape.* ‖ Etre au plus mal, *to be at death's door.* ‖ Prendre du mal (Fam.), *to take ill.* ‖ Se sentir mal, *to feel ill.* ‖ Se trouver mal, *to faint.* — 38. SOUFFRANCE. Faire mal (Impers.), *to hurt.* ‖ Faire mal à qqn (Impers.), *to hurt s.o.* [V. 33.] ‖ Se faire mal, *to hurt o.s.* — 39. SUSCEPTIBILITÉ. Le prendre mal (Fam.), *to take it amiss.* — 40. VOIES DE FAIT. Mettre qqn à mal, *to beat s.o. up.* [V. 26.]
→ **bien, bruit, peur, racine, recrudescence, remède, rien, siège, source, tout.**

malade ◆ AFFECTATION. Faire le malade, *to malinger.* ◆ CONTRARIÉTÉ. En être malade (Fam.), *to be upset about it.* ◆ EXCÈS. Se rendre malade, *to make o.s. ill.* ◆ FOLIE. Etre malade du cerveau (Fam.), *to be mental.* ◆ INQUIÉTUDE. Etre malade d'inquiétude, *to be sick with anxiety.* ◆ MÉDECINE. Condamner un malade, *to hold no hope for a patient.* ‖ Entreprendre (suivre; traiter; transporter; visiter) un malade, *to take on (to take care of; to treat; to move; to visit) a patient.* ‖ Répondre d'un malade, *to answer for the life of a patient.* ◆ MILITAIRE. Se faire porter malade, *to report sick.* ◆ SANTÉ.

Etre malade, *to be ill.* ‖ Etre malade à mourir, *to be in a bad way.* ‖ Tomber malade, *to fall sick.*
→ **consultation.**

maladie ◆ AFFAIRES SOCIALES. Etre à la longue maladie, *to be on the chronic sickness list.* ◆ CONTRARIÉTÉ. En faire une maladie (Fam.), *to be upset over it.* ◆ MANIE. Avoir la maladie de faire qqch. (Fam.), *to have a mania for doing sth.* ◆ MORT. Etre emporté par une maladie, *to be carried off by a disease.* ‖ Succomber à la maladie, *to succumb to a disease.* ◆ NON-IMPORTANCE. Ne pas y avoir de quoi en faire une maladie (Fam.), *there [to be] nothing much to worry about* (Gramm.). ◆ SANTÉ. Contracter (être atteint d') une maladie, *to catch (to suffer from) an illness.* ‖ Couver une maladie, *to be sickening for an illness.* ‖ Donner (communiquer, transmettre; provoquer) une maladie, *to give (to pass; to pass on; to cause) a disease.* ‖ Enrayer une maladie, *to arrest a disease.* ‖ Etre terrassé par la maladie, *to be laid low by illness.* ‖ Faire une maladie grave, *to have a severe illness.* ‖ Lutter contre la maladie, *to fight disease.* ‖ Relever de maladie, *to be just over an illness.* ‖ Se remettre d'une maladie, *to recover from an illness.*
→ **congé, feuille.**

maladresse ◆ INHABILETÉ. Faire une maladresse, *to blunder.*

malaise ◆ EMBARRAS. Causer un malaise général, *to cause general uneasiness.* ‖ Dissiper un malaise, *to clear the air.* ‖ Ressentir un malaise, *to feel ill.*
→ **sensation.**

malchance ◆ MALCHANCE. Etre poursuivi par la malchance, *to be dogged by ill luck.* ‖ Jouer de malchance, *to have a run of bad luck.*
→ **période.**

maldonne ◆ JEUX DE SOCIÉTÉ. Faire maldonne, *to misdeal.* ◆ ERREUR. Y avoir maldonne (Fam.), *there [to be] an error of delivery* (Gramm.).

malédiction ◆ SALUT. Détourner une malédiction, *to ward off a curse.* ◆ RÉPROBATION. Encourir (s'attirer) une malédiction, *to bring (to draw down) a curse upon o.s.*

malentendu ◆ ÉCLAIRCISSEMENT. Dissiper (éclaircir) un malentendu, *to dispel (to clear up) a misunderstanding.*

♦ INCOMPRÉHENSION. Prolonger (provoquer) un malentendu, *to prolong (to cause) a misunderstanding.* ‖ Reposer sur un malentendu, *to be based on a misunderstanding.*

malformation ♦ MÉDECINE. Souffrir d'une malformation congénitale, *to suffer from a congenital deformity.*

malheur 1. ARTISAN DE SON SORT. Chercher son malheur, *to court disaster.* — 2. COMPASSION. Se montrer sensible aux malheurs de qqn, *to sympathize with s.o.* — 3. ÉPREUVE. Avoir bien des malheurs, *to be loaded with misfortunes.* ‖ Connaître le malheur, *to be no stranger to misfortune.* ‖ Etre frappé par le malheur, *to be stricken with misfortune.* — 4. MALCHANCE. Avoir le malheur de faire qqch., *to have the misfortune to do sth.* ‖ Attirer le malheur, *to draw down misfortune.* ‖ Jouer de malheur, *to have a run of misfortune.* ‖ Porter malheur, *to bring bad luck.* — 5. NON-IMPORTANCE. N'être qu'un petit malheur, *not to be serious.* — 6. PERSÉCUTION. Faire le malheur de qqn, *to be the curse of s.o.'s life.* — 7. PRÉDICTION. Ne pas parler de malheur (Fam.), *not to tempt fate.* — 8. REGRET. Déplorer le malheur des temps, *to bewail the calamities of the times.* — 9. RÉPARATION. Réparer un malheur (Fam.), *to repair an ill.* — 10. SPECTACLE. Faire un malheur (Fam.), *to be a smash hit.* [V. 11.] — 11. VOIES DE FAIT. Faire un malheur (Fam.), *to do sth. desperate.* [V. 10.]
→ **prophète, tête.**

malheureux ♦ ARTISAN DE SON SORT. Se rendre malheureux, *to make o.s. unhappy.* ♦ COMPASSION. Etre bien malheureux pour qqn (Impers.), *to be hard lines on s.o.*

malice ♦ NAÏVETÉ. Etre sans malice (Fam.), *to be guileless.* ‖ Ne pas voir malice à qqch. (Fam.), *to see no harm in sth.*

malignité → **pâture.**

malin ♦ AFFECTATION. Faire le (son petit) malin, *to try to be smart.* ♦ FACILITÉ. Ne pas être bien malin à faire (Fam.), *to require no great skill.* ♦ PRÉTENTION. Se croire plus malin que les autres, *to think o.s. smarter than the rest.* ♦ RUSE. Etre un malin, *to know how many beans make five.*

malle ♦ VOYAGE. Faire sa malle, *to pack o.'s trunk.*

malversation ♦ VOL. Commettre des malversations, *to embezzle money.*

maman → **papa.**

mamelle ♦ INSENSIBILITÉ. N'avoir rien sous la mamelle gauche (Fam.), *to be heartless.*

mamours ♦ FLATTERIE. Faire des mamours à qqn (Fam.), *to turn the charm on s.o.*

1. **manche** ♦ AVIATION. Tenir le manche à balai (Fam.), *to hold the joystick.* ♦ DÉCOURAGEMENT. Jeter le manche après la cognée, *to throw the helve after the hatchet.* ♦ PRÉCARITÉ. Branler dans le manche (Fam.), *to be headed for the rocks.*
→ **côté.**

2. **manche** 1. ARDEUR. Retrousser ses manches (Fig.), *to roll up o.'s sleeves.* [V. 7.] — 2. FAVEUR. Avoir qqn dans sa manche (Fam.), *to have s.o. in o.'s pocket.* ‖ Etre dans la manche de qqn (Fam.), *to be up s.o.'s sleeve.* — 3. IMPORTUNITÉ. Tirer qqn par la manche (Fam.), *to drag at s.o.'s coat-tails.* — 4. JEUX DE SOCIÉTÉ. Faire la manche, *to play one game.* ‖ Gagner (remporter) la première manche, *to win the first set.* [V. 6.] — 5. RÉTICENCE. Se faire tirer par la manche (Fam.), *to need persuading.* — 6. SUCCÈS. Gagner (remporter) la première manche (Fig.), *to win the first round.* [V. 4.] — 7. VÊTEMENT. Retrousser ses manches, *to roll up o.'s sleeves.* [V. 1.] ‖ Se mettre en manches de chemise, *to take off o.'s jacket.*
→ **effet, paire.**

3. **manche** ♦ MENDICITÉ. Faire la manche (Pop.), *to pass the hat round.*

4. **Manche** → **traversée.**

manchette ♦ PRESSE. Titrer en manchettes énormes, *to blazon across the front page.* ♦ SPORTS. Faire une manchette à qqn, *to give s.o. a karate chop.*

manchot ♦ ADRESSE. Ne pas être manchot (Fam.), *to be handy.*

mandat ♦ FINANCES. Émettre (remplir, libeller) un mandat, *to issue (to draw up, to make out) a money order.* ♦ NOTARIAT. Donner un mandat à qqn, *to give s.o. power of attorney.* ♦ POLITIQUE. Conserver (remplir) son mandat, *to keep (to carry out) o.'s mandate.* ♦ PROCÉDURE. Délivrer un mandat d'amener, *to deliver a writ*

of attachment. ‖ Décerner (lancer) un mandat d'arrêt contre qqn, *to issue a warrant for s.o.'s arrest.*
→ **talon.**

mandibule ◆ ALIMENTATION. Jouer des mandibules (Pop.), *to stuff o.'s face.*

manège ◆ ATTENTION. Observer le manège de qqn, *to watch s.o.'s little game.* ◆ DUPERIE. Se laisser prendre au manège de qqn, *to be caught in s.o.'s wiles.*
→ **tour.**

manger ◆ ALIMENTATION. Se laisser manger (Fam.), *to be quite palatable.*
→ **boire.**

mangeur ◆ APPÉTIT. Etre un gros mangeur, *to be a big eater.*

manie ◆ FLATTERIE. Flatter une manie, *to humour a fad.* ◆ MANIE. Avoir des manies, *to have o.'s fads and fancies.* ◆ MÉDECINE. Avoir la manie de la persécution, *to suffer from persecution mania.*

manière 1. AFFECTATION. Avoir des manières guindées, *to be stiff and starchy.* ‖ Faire des manières, *to be la-di-da.* [V. 9.] — 2. CIVILITÉ. Apprendre les bonnes manières, *to learn proper manners.* — 3. DÉNIGREMENT. Arranger qqn de belle manière, *to wrap s.o. up.* [V. 8, 10.] — 4. DIPLOMATIE. Avoir la manière, *to have the (right) touch.* ‖ Y avoir la manière (Fam.), *there [to be] a way of doing it* (Gramm.). — 5. EXPRESSION. Etre une manière de parler, *to be a manner of speaking.* — 6. HABILETÉ. Trouver la manière de faire qqch., *to find the way to do sth.* — 7. INCIVILITÉ. Prendre de mauvaises manières, *to lose o.'s manners.* — 8. RÉPRIMANDE. Arranger qqn de belle manière, *to give s.o. a good dressing-down.* [V. 3, 10.] — 9. RÉTICENCE. Faire des manières, *to affect reluctance.* [V. 1.] — 10. VOIES DE FAIT. Arranger (saler) qqn de la belle manière, *to give s.o. a good trouncing.* [V. 3, 8.] ‖ Employer (recourir) à la manière forte, *to resort to force.*
→ **art, partisan.**

manifestant ◆ POLICE. Interpeller un manifestant, *to pick up a demonstrator.*

manifestation ◆ POLITIQUE. Interdire une manifestation, *to ban a demonstration.* ‖ Organiser une manif(estation), *to organize a demo(nstration).*

manifeste ◆ POLITIQUE. Lancer (publier; rédiger) un manifeste, *to issue (to publish; to draw up) a manifesto.*

manivelle ◆ AUTOMOBILE. Tourner la manivelle, *to crank the engine.*
→ **tour.**

mannequin → **taille.**

manœuvre 1. DOMINATION. Faire une manœuvre d'intimidation, *to make a threatening move.* — 2. ERREUR. Faire une fausse manœuvre (Fig.), *to take a false step.* — 3. INTERVENTION. Déjouer une manœuvre, *to spoil the game.* — 4. INTRIGUE. Connaître la manœuvre (Fam.), *to know that trick.* ‖ Faire une manœuvre d'enveloppement auprès de qqn, *to get round s.o.* [V. 5.] — 5. MILITAIRE. Amorcer une manœuvre, *to begin manœuvres.* ‖ Commander la manœuvre, *to be in command of manœuvres.* ‖ Faire une manœuvre d'enveloppement, *to effect an encircling movement.* [V. 4.]
→ **liberté.**

manque ◆ FINANCES. Calculer le manque à gagner, *to calculate the loss of earnings.* ◆ GOÛT. Constituer un manque de goût, *to show a lack of taste.* ◆ INCIVILITÉ. Constituer un manque d'égards, *to show a lack of respect.* ‖ Témoigner d'un manque (total) d'éducation, *to show a (total) lack of manners.* ◆ MANQUE. Présenter des manques, *to show deficiencies.*

manquer ◆ COMBLE. Ne plus manquer que ça (Fam.), *to be the last straw.*

manteau ◆ CLANDESTINITÉ. Circuler sous le manteau, *to circulate under cover.* ◆ VÊTEMENT. Conserver (garder) son manteau, *to keep o.'s coat on.*

manuscrit ◆ LECTURE. Déchiffrer un manuscrit, *to decipher a manuscript.*

maquette ◆ TRAVAUX PUBLICS. Construire une maquette, *to build a scale model.*

maquillage ◆ HYGIÈNE. Enlever (refaire; reprendre) son maquillage, *to remove (to re-do; to touch up) o.'s make-up.*

maquis ◆ PROCÉDURE. Se perdre dans le maquis de la procédure, *to get lost in the maze of legal procedure.* ◆ RÉSISTANCE. Prendre (tenir) le maquis, *to take (to keep) to the maquis.*

marasme 1. COMMERCE. Tomber dans le marasme, *to get into the doldrums.* [V. 2.] — 2. DÉCOURAGEMENT. Tomber dans le marasme, *to get depressed.* [V. 1.] — 3. RÉTABLISSEMENT. Sortir du marasme, *to shake off o.'s depression.*

maraude ◆ TAXI. Etre en maraude, *to be fare-hunting.*

marbre ◆ IMPASSIBILITÉ. Rester de marbre, *to keep a stony countenance.*

marc → avenir.

marchandage ◆ COMMERCE. Faire du marchandage, *to bargain.*

marchandise 1. COMMERCE. Écouler (enlever; entreposer; vendre) des marchandises, *to clear (to snap up; to store; to sell) goods.* ‖ Farder sa marchandise, *to put the best on top.* ‖ Lancer une marchandise, *to put an article on the market.* ‖ Offrir (proposer) sa marchandise, *to offer (to put forward) o.'s wares.* ‖ Regorger de marchandises, *to be bursting with goods.* ‖ Tromper qqn sur la marchandise, *to cheat s.o. on the goods.* [V. 4.] – 2. DÉNIGREMENT. Décrier sa propre marchandise (Fam.), *to cry stinking fish.* – 3. PRÉTENTION. Vanter sa marchandise (Fam.), *to make the most of o.s.* – 4. TROMPERIE. Tromper qqn sur la marchandise (Fam.), *to short-change s.o.* [V. 1.]

marche ◆ ACTUALITÉ. Suivre la marche des événements, *to follow the course of events.* ◆ ADMINISTRATION. Entraver la marche des services, *to clog the wheels of Administration.* ◆ AUTOMOBILE. Faire une marche arrière, *to back.* ‖ Mettre en marche arrière, *to put into reverse.* ◆ CÉRÉMONIAL. Régler la marche d'un défilé, *to set the pace for a procession.* ◆ CHEF. Assurer la bonne marche de qqch., *to be responsible for the smooth running of sth.* ◆ CONFORMITÉ. Régler sa marche sur celle de qqn, *to keep in step with s.o.* ◆ ENTRAVE, OBSTACLE. Entraver la marche, *to hinder progress.* ◆ ESCALIER. Descendre (gravir, monter) les marches, *to go down (to go up, to climb) the steps.* ‖ Manquer une marche, *to miss a step.* ◆ MARCHE. Accélérer (précipiter; ralentir) sa marche, *to increase (to quicken; to slacken) o.'s pace.* ‖ Poursuivre sa marche, *to continue on o.'s way.* ‖ Se mettre en marche, *to start moving.* ‖ Suspendre sa marche, *to stay o.'s steps.* ◆ MILITAIRE. Faire une marche forcée, *to make a forced march.* ◆ PROMENADE. Faire de longues marches, *to go for long walks.* ◆ RANG. Fermer (clore) la marche, *to bring up the rear.* ‖ Ouvrir la marche, *to lead the procession.* ◆ RECUL. Faire marche arrière (Fig.), *to retreat.* ◆ RENSEIGNEMENT. Indi-

quer la marche à suivre, *to indicate the procedure to be followed.* ◆ TECHNIQUE. Commander la marche d'un mécanisme, *to control the operation of a machine.* ‖ Mettre en marche un moteur, *to start (up) an engine.* ◆ TRANSPORTS. Descendre (monter) en marche, *to alight (to get in) while the train is in motion.*

→ état, sens, train.

marché 1. ACCORD. Conclure un marché, *to sign a contract.* ‖ Faire (passer) un marché, *to strike a bargain.* [V. 4.] – 2. ALTERNATIVE. Mettre à qqn le marché en main, *to force s.o. to take it or leave it.* – 3. CHANCE. S'en tirer à bon marché, *to get off lightly.* – 4. COMMERCE. Acheter (vendre) à bon marché, *to buy (to sell) cheaply.* ‖ Arrêter (conclure, passer; annuler, résilier; rompre) un marché, *to close (to conclude, to clinch; to cancel; to break off) a deal.* [V. 1.] ‖ Approvisionner conquérir; étudier; inonder; perdre; saturer) le marché, *to stock (to win; to investigate; to flood; to lose; to swamp) the market.* ‖ Donner qqch. par-dessus le marché, *to throw in sth. into the bargain.* ‖ Entrer dans le Marché commun, *to join the Common Market.* ‖ Faire marché avec qqn, *to bargain with s.o.* ‖ Faire du marché noir, *to deal in the black market.* ‖ Mettre (apporter) qqch. sur le marché, *to bring (to release) sth. on to the market.* – 5. DÉSINTÉRÊT. Faire bon marché de qqch., *to care little for sth.* ‖ Faire bon marché de sa vie, *to hold o.'s life cheap.* – 6. DUPE. Faire un marché de dupes, *to make a fool's bargain.* – 7. MÉNAGE. Faire (son) marché, *to do the (o.'s) shopping.* – 8. MÉTIER. Faire les marchés, *to do the markets.* – 9. PRIX. Etre bon marché, *to be cheap.*

→ quitte.

marcher 1. CORPS. Avoir appris à marcher sur un tonneau (Fam.), *to be bandy-legged.* – 2. DOMINATION. Faire marcher qqn (Fam.), *to order s.o. about.* [V. 4.] – 3. REFUS. Ne pas vouloir marcher (Fam.), *to refuse to budge.* – 4. TROMPERIE. Faire marcher qqn (Fam.), *to pull s.o.'s leg.* [V. 2.]

mare → pavé, pierre.

maréchal → bâton.

marée → raz, vent.

marelle ◆ JEUX D'ENFANT. Jouer à la marelle, *to play hopscotch.*

marge ◆ ASSOCIABILITÉ. Se mettre en marge, *to retire to the sidelines.* ‖ Vivre en marge de la société, *to live on the fringes of society.* ◆ ÉCRITURE. Laisser (réserver) une marge, *to leave a margin.* ◆ FINANCES. Avoir une marge bénéficiaire, *to have a profit margin.* ‖ Réduire la marge bénéficiaire, *to cut the profit margin.* ◆ IMPRUDENCE. Franchir (dépasser) la marge de sécurité, *to go over the safety limit.* ◆ INFORMATION. Etre en marge de l'actualité, *to be of secondary interest.* ◆ LATITUDE. Avoir de la marge (Fam.), *to have the time and to spare.* ‖ Laisser de la marge à qqn pour faire qqch., *to leave s.o. scope for doing sth.* ‖ Se donner de la marge, *to leave o.s. a margin.* ◆ PRUDENCE. Prévoir une marge d'erreur, *to allow for a margin of error.*

marguerite ◆ AMOUR. Effeuiller la marguerite, *to play « he loves me, he loves me not » with a daisy.*

mari ◆ ADULTÈRE. Tromper (coiffer) son mari, *to be unfaithful to o.'s husband.* ◆ MARIAGE. Chercher un mari, *to be on the look-out for a husband.* ‖ Se décrocher (accrocher) un mari (Fam.), *to get o.s. a husband.* ‖ Trouver (prendre) un mari, *to find (to take) a husband.*
→ chasse, héritier, puissance, scène.

mariage ◆ MARIAGE. Assister à un mariage, *to attend a wedding.* ‖ Consentir au mariage, *to give o.'s consent.* ‖ Consommer un mariage, *to consumate a marriage.* ‖ Contracter un second mariage, *to enter into a second marriage.* ‖ Demander qqn en mariage, *to ask for s.o.'s hand.* ‖ Faire un mariage d'amour, *to make a love-match.* ‖ Faire un mariage d'argent (d'intérêt), *to marry for money.* ‖ Faire un mariage blanc, *to have an unconsumated marriage.* ‖ Faire un mariage de convenance (de raison), *to marry for convenience.* ‖ Penser au mariage, *to think about getting married.* ‖ Promettre le mariage à qqn, *to promise to marry s.o.* ‖ S'opposer à un mariage, *to oppose a marriage.* ◆ RELIGION. Annuler (casser) un mariage, *to annul a marriage.*
→ demande, fille, lien, part.

mariée ◆ APPRÉCIATION. Se plaindre que la mariée est trop belle, *to think it is too much of a good thing.*

marin ◆ MARINE. N'être qu'un marin d'eau douce, *to be a landlubber.*

mariole ou **mariolle** ◆ AFFECTATION. Faire le mariole, *to show off.*

marionnette ◆ REVIREMENT. Etre une (vraie) marionnette, *to be a mere puppet.*

marmelade ◆ VOIES DE FAIT. Etre en marmelade (Fam.), *to be dead beat.*

marmite ◆ GAGNE-PAIN. Faire bouillir la marmite (Fam.), *to keep the pot boiling.* ◆ PAUVRETÉ. N'avoir pas de quoi faire bouillir la marmite (Fam.), *cannot keep the wolf from the door* (Gramm.).
→ couvercle, nez.

marmot ◆ ATTENTE. Croquer le marmot, *to kick o.'s heels.*

marmotte ◆ SOMMEIL. Dormir comme une marmotte (Fam.), *to sleep like a top.*

marotte ◆ FLATTERIE. Flatter la marotte de qqn, *to humour s.o.* ◆ MANIE. Avoir une marotte (Fam.), *to have a bee in o.'s bonnet.* ‖ Avoir la marotte de qqch., *to have a fad for sth.*

marque 1. CARACTÉRISTIQUE. Porter la marque de fabrique (Fam.), *to bear the trade-mark.* [V. 2, 7.] — 2. COMMERCE. Déposer une marque de fabrique, *to register a trade-mark.* ‖ Porter la marque de fabrique, *to bear the trade-mark.* [V. 1, 7.] — 3. CONSÉQUENCE. Laisser des marques, *to leave marks.* — 4. ÉPANCHEMENTS. Donner des marques d'affection, *to show marks of affection.* — 5. ESTIME. Recevoir une marque d'estime, *to receive a mark of esteem.* — 6. FAVEUR. Donner (recevoir) des marques de faveur, *to show (to receive) marks of favour.* — 7. INFLUENCE. Imprimer une marque sur qqn, *to leave a mark on s.o.* ‖ Porter la marque de fabrique de qqn (Fam.), *to bear s.o.'s mark.* [V. 1, 2.] — 8. LANGAGE. Porter la marque du pluriel, *to have a plural ending.* — 9. SIGNE. Faire une marque sur qqch., *to make a mark on sth.* ‖ Mettre une marque dans un livre, *to place a bookmark in a book.* — 10. SPORTS. Aggraver la marque, *to widen the gap.* ‖ Modifier la marque, *to change the score.*
→ personnage.

marre ◆ DÉCOURAGEMENT. En avoir marre (Fam.), *to be fed up.* ◆ SATIÉTÉ. En avoir plus que marre (Fam.), *to be fed up to the teeth.*

1. marron ◆ DUPE. Tirer les marrons du feu pour qqn, *to be s.o.'s cat's paw.* ◆ VOIES DE FAIT. Flanquer (coller) un marron à qqn (Fam.), *to punch s.o.* ‖

Prendre (recevoir) un marron (Fam.), *to get punched.*

2. marron ♦ DUPE. Se trouver (être) marron (Fam.), *to be left holding the baby.*

mars ♦ FATALITÉ. Arriver comme mars en carême, *to be bound to happen.*

Marseillaise (la) ♦ CHANT. Entonner la Marseillaise, *to start up the* Marseillaise.

marteau ♦ CONCUSSION. Graisser le marteau, *to tip the doorman.* ♦ FOLIE. Etre marteau, *to be a bit cracked.* ♦ INTERMÉDIAIRE. Etre entre le marteau et l'enclume, *to be between the devil and the deep blue sea.* ♦ SUPÉRIORITÉ. Préférer être marteau qu'enclume, *to prefer not to be on the receiving end.*

→ **enclume.**

martel ♦ INQUIÉTUDE. Se mettre (avoir) martel en tête (Fam.), *to get panicky.*

Martin → été.

martinet ♦ SANCTION. Donner du martinet à un enfant, *to cane a child.*

martingale ♦ JEUX D'ARGENT. Avoir (suivre; trouver; inventer) une martingale, *to have (to use; to find; to invent) a system.*

martyr ♦ AFFECTATION. Jouer les martyrs, *to act the martyr.*

martyre ♦ PERSÉCUTION. Mettre qqn au martyre, *to torment s.o.* ♦ SANTÉ. Souffrir le martyre, *to suffer agonies.* ♦ TOURMENT. Souffrir le martyre, *to be in excruciating pain.*

mascarade ♦ FAUX-SEMBLANT. N'être qu'une mascarade, *to be a mere masquerade.*

masque ♦ DIVERTISSEMENT. Porter un masque, *to wear a mask.* ♦ FAUX-SEMBLANT. Se composer un masque, *to assume a mask.* ♦ HYGIÈNE. Appliquer un masque de beauté à qqn, *to give s.o. a beauty mask.* ♦ HYPOCRISIE. Prendre le masque de la vertu, *to assume the mask of virtue.* ♦ PERSPICACITÉ. Faire tomber (arracher) le masque de qqn, *to unmask s.o.* ♦ RÉVÉLATION. Jeter (lever, ôter, poser) le masque, *to throw off all disguise.*

massacre ♦ CHANCE. Échapper au massacre (Fam.), *to escape the massacre.* ♦ SABOTAGE. Etre un massacre (Fam.), *to be a wreck.*

→ **jeu.**

massage ♦ SANTÉ. Faire un massage, *to give massage.*

masse 1. ABONDANCE. En avoir en masse (Fam.), *to have loads.* − 2. CHUTE. Tomber comme une masse (d'une masse), *to fall like lead (like a log).* [V. 11.] − 3. ÉLECTRICITÉ. Mettre qqch. à la masse, *to earth sth.* − 4. INFORMATION. Réunir une masse de documents, *to assemble a mass of documents.* − 5. NOMBRE. Faire masse, *to make up a crowd.* − 6. OPPOSITION. Faire masse contre qqn (qqch.), *to put a solid front against s.o. (sth.).* − 7. PUBLICITÉ. Toucher (atteindre) la masse, *to reach the general public.* − 8. RARETÉ. Ne pas y en avoir en masse (Fam.), *there [not to be] all that much of it* (Gramm.). − 9. RÉVOLUTION. Déchaîner (enflammer, entraîner) les masses, *to unleash (to inflame, to arouse) the masses.* − 10. SAVOIR. Avoir une masse de connaissances, *to have a fund of knowledge.* − 11. SOMMEIL. Tomber comme une masse (Fam.), *to go out like a light.* [V. 2.]

→ **coup, levée, partie.**

massue ♦ DÉMESURE. Prendre une massue pour écraser une mouche, *to take a sledgehammer to crack a walnut.*

→ **argument, coup.**

m'as-tu-vu ♦ PRÉTENTION. Etre m'as-tu-vu (Fam.), *to be a swank.*

mat → échec.

matamore ♦ ESBROUFE. Faire le matamore, *to be a braggart.*

match ♦ SPORTS. Arbitrer (disputer) un match, *to referee (to play) a match.* ‖ Disputer un match amical, *to play a friendly game.* ‖ Faire match nul, *to draw.* ‖ Suivre le match sur le banc de touche, *to follow the match from the trainer's bench.*

matelas ♦ MENAGE. Retourner le matelas, *to turn the mattress.*

matériaux ♦ INFORMATION. Rassembler (réunir) des matériaux, *to collect (to assemble) material.*

maternelle ♦ ÉCOLE. Entrer à la maternelle, *to begin kindergarten.*

matière ♦ COMPÉTENCE. Etre expert en la matière, *to be an expert on the subject.* ‖ Etre calé en la matière (Fam.), *to be well up in the subject.* ♦ COMPLEXITÉ. Donner (fournir) matière à réflexion, *to give food for thought.* ♦ ÉCOLE. Etre nul en une matière, *to be no good at a subject.* ♦ MATÉRIALISME. Etre enfoncé dans la matière, *to be engrossed in things material.* ♦ RÉFLEXION. Faire travailler (user) sa matière grise (Fam.), *to exert (to use) o.'s grey matter.* ♦ SCIENCE.

Désintégrer la matière, *to desintegrate matter.*

→ **artiste, clerc, entrée, expert, orfèvre.**

matin ◆ HEURE. Rentrer au petit matin, *to come home in the early hours.* ◆ IMPROVISTE. Arriver un de ces quatre matins (Fam.), *to happen one of these fine days.* ◆ LEVER. Se lever de bon matin, *to get up early.*

matinée ◆ LEVER. Faire la grasse matinée, *to have a lie-in.* ◆ THÉÂTRE. Jouer en matinée, *to play a matinee performance.*

matines ◆ RELIGION. Chanter matines, *to sing matins.* ‖ Sonner les matines, *to ring to matins.*

matricule ◆ RÉPRIMANDE. Barder pour le matricule de qqn (Fam.), *to go badly for s.o.*

maturité ◆ AGRICULTURE. Parvenir (venir) à maturité, *to ripen.* ◆ LÉGÈRETÉ. Manquer de maturité, *to lack maturity.*

mauvais 1. DANGER. Sentir mauvais (Fam.), *to smell of danger.* [V. 4.] — 2. JUGEMENT. Trouver mauvais que qqn fasse qqch., *to disapprove of s.o. doing sth.* — 3. MAUVAIS TEMPS. Faire mauvais, *to be bad weather.* — 4. ODEUR. Sentir mauvais, *to stink.* [V. 1.]

mauvaise ◆ MÉCONTENTEMENT. L'avoir (la trouver) mauvaise (Fam.), *not to be amused.*

maximum ◆ APOGÉE. Atteindre le maximum, *to reach a maximum.* ◆ RENDEMENT. Donner son maximum de rendement, *to do o.'s utmost.*

mayonnaise ◆ CUISINE. Monter une mayonnaise, *to beat mayonnaise.*

mazout ◆ MÉNAGE. Se chauffer au mazout, *to heat with fuel-oil.*

mea-culpa ◆ RESPONSABILITÉ. Faire son mea-culpa, *to confess o.'s sins.*

mécanique ◆ AGITATION. Etre remonté comme une mécanique (Fam.), *to be wound up like a spring.* ◆ OSTENTATION. Rouler les mécaniques (Fam.), *to flex o.'s muscles.*

mécanisme → **marche.**

mécène ◆ FAVEUR. Servir de mécène à qqn, *to be s.o.'s patron.*

méchanceté ◆ BONTÉ. Etre dépourvu de méchanceté, *to be utterly without ill-nature.* ◆ MÉCHANCETÉ. Dire des méchancetés, *to make unkind remarks.* ‖ Faire une

méchanceté à qqn, *to do something nasty to s.o.*

méchant ◆ DÉNIGREMENT. Etre méchant, *to be vicious.* ◆ MÉCHANCETÉ. Devenir (rendre) méchant, *to become (to make) nasty.*

mèche ◆ COMPLICITÉ. Etre de mèche avec qqn (Fam.), *to be in league with s.o.* ◆ IMPOSSIBILITÉ. Ne pas y avoir mèche (Fam.), *there [to be] nothing doing* (Gramm.). ◆ RÉVÉLATION. Vendre (éventer) la mèche (Fam.), *to let the cat out of the bag.*

mécompte ◆ DÉCONVENUE. Essuyer de graves mécomptes, *to suffer serious disappointments.* ‖ Trouver du mécompte à qqch., *to be let down by sth.*

mécontent → **nombre.**

mécontentement ◆ DÉPLAISANCE. Causer du mécontentement à qqn, *to make s.o. discontented.* ‖ Cristalliser les mécontentements, *to crystallize discontents.* ‖ Provoquer le mécontentement, *to cause discontent.* ◆ MÉCONTENTEMENT. Éprouver du mécontentement, *to feel discontent.* ◆ RÉCRIMINATION. Manifester (exprimer, témoigner) son mécontentement, *to show (to voice) o.'s discontent.*

→ **signe, sujet.**

médaille ◆ HONNEURS. Décorer qqn d'une médaille, *to pin a medal on s.o.* ‖ Porter (arborer) une médaille, *to wear (to sport) a medal.* ◆ SUCCÈS. Remporter une médaille, *to win a medal.*

→ **revers, profil, revers.**

médecin ◆ CONFIANCE. Croire aux médecins, *to have faith in doctors.* ◆ SANTÉ. Consulter (appeler, faire venir) le médecin, *to see (to call in, to send for) the doctor.* ‖ Etre condamné par les médecins, *to be given up for lost by the doctors.*

→ **prescription.**

médecine ◆ ÉCOLE. Faire sa médecine, *to study medicine.* ◆ MÉDECINE. Exercer la médecine, *to practise medicine.*

médiation ◆ ARBITRAGE. Offrir (proposer) sa médiation, *to offer to act as go-between.*

médicament ◆ MÉDECINE. Administrer (délivrer, ordonner, prescrire) un médicament, *to give (to issue, to prescribe) medicine.* ‖ Tolérer un médicament, *not to be allergic to a medicine.*

médiocrité ◆ MÉDIOCRITÉ. S'enliser dans la médiocrité, *to sink into mediocrity.*

médisance ◆ CRITIQUE. Prêter à la médisance, *to invite tittle-tattle.* ◆ DÉNIGREMENT. Etre porté à la médisance, *to be given to scandal-mongering.*

méditation ◆ RELIGION. Entrer en méditation, *to begin meditating.* ‖ Se livrer à (se plonger dans) la méditation, *to give o.s. over to meditation.*

médusé ◆ STUPÉFACTION. Rester médusé (Fam.), *to be stupefied.*

meeting ◆ POLITIQUE. Interdire (organiser, tenir) un meeting, *to ban (to arrange, to hold) a meeting.*

méfait ◆ CRITIQUE. Dénoncer un méfait, *to denounce a misdeed.*

méfiance ◆ MÉFIANCE. Avoir (éprouver, ressentir) de la méfiance, *to feel distrustful.* ‖ Éveiller la méfiance, *to arouse distrust.*

mégalomanie ◆ VANITÉ. Faire de la mégalomanie (Fam.), *to be a megalomaniac.*

meilleur ◆ MARIAGE. S'unir pour le meilleur et pour le pire, *to be together for better or for worse.* ◆ PREUVE. En passer, et des meilleures, *could mention plenty of others* (Gramm.).

mélancolie ◆ COMIQUE. Ne pas engendrer la mélancolie, *to keep everyone in stitches.* ◆ GAIETÉ. Dissiper la mélancolie, *to dispel melancholy.* ◆ TRISTESSE. Etre plongé dans la mélancolie, *to be plunged in melancholy.* ‖ Tomber (sombrer) dans la mélancolie, *to lapse into melancholy.*

mélange ◆ MÉLANGE. Faire (effectuer, opérer) un mélange, *to make a mixture.*

mélasse ◆ IMPÉCUNIOSITÉ. Etre dans la mélasse (Fam.), *to be cleaned out.*

mêlée ◆ ENGAGEMENT. Se jeter dans la mêlée, *to join the fray.* ◆ SUPÉRIORITÉ. Se tenir au-dessus de la mêlée, *to remain aloof from the fray.*
→ **demi, écart.**

méli-mélo ◆ CONFUSION. Etre un méli-mélo (Fam.), *to be a hotch-potch.*

mélo ◆ AFFECTATION. Faire du mélo (Fam.), *to overdramatize things.*

membre ◆ ACCIDENT. Perdre un membre, *to lose a limb.* ◆ GROUPE. Devenir membre d'une association, *to become a member of an association.* ◆ PEUR. Trembler de tous ses membres, *to tremble in every limb.* ◆ SENSATION. Engourdir les membres, *to make s.o.'s limbs stiff.* ‖ Ne plus sentir ses membres (Fam.), *to have lost all feeling in o.'s limbs.*
→ **extension.**

même ◆ CAPACITÉ. Etre à même de faire qqch., *to be in a position to do sth.* ◆ DIVERGENCE. Ne pas revenir au même, *to make a difference.* ◆ IMITATION. Faire de même, *to do likewise.* ◆ SIMILITUDE. Etre tous les mêmes (Fam.), *to be all the same.* ‖ Revenir au même, *to amount to the same thing.*
→ **pareil.**

mémère ◆ ABUS. Ne pas pousser mémère dans les orties (Fam.), *not to take people for fools.* ◆ POIDS. Etre une grosse mémère (Fam.), *to be a big fat momma.*

mémoire ◆ COMMÉMORATION. Chérir (honorer, souiller, ternir, réhabiliter, venger) la mémoire de qqn, *to cherish (to honour, to sully, to tarnish, to store, to avenge) s.o.'s memory.* ◆ DESSIN. Dessiner de mémoire, *to draw from memory.* ◆ DÉTACHEMENT. Effacer qqch. de sa mémoire, *to erase sth. from o.'s memory.* ‖ Rayer qqn de sa mémoire, *to blot s.o. out of o.'s memory.* ◆ EXTRAORDINAIRE. N'avoir jamais été vu de mémoire d'homme, *never to have been seen within living memory.* ◆ MÉMOIRE. Avoir de la mémoire, *to memorize things easily.* ‖ Avoir bonne mémoire, *to have a good memory.* ‖ Avoir la mémoire auditive (visuelle), *to have an auditory (visual) memory.* ‖ Avoir la mémoire des noms, *to have a good head for names.* ‖ Charger (encombrer, surcharger) sa mémoire, *to burden (to overburden) o.'s memory.* ‖ Cultiver sa mémoire, *to train o.'s memory.* ‖ Etre digne de mémoire, *to deserve to be remembered.* ‖ Exercer (scruter) sa mémoire, *to exercise (to search) o.'s memory.* ‖ Meubler sa mémoire, *to fill o.'s mind with knowledge.* ‖ Se défier de sa mémoire, *not to trust o.'s memory.* ‖ Se remettre qqch. en mémoire, *to refresh o.'s memory of sth.* ‖ Se rafraîchir la mémoire, *to refresh o.'s memory.* ◆ MENACE. Rafraîchir la mémoire de qqn, *to refresh s.o.'s memory.* ◆ OUBLI. Avoir la mémoire courte, *to have a short memory.* ‖ Avoir mauvaise mémoire, *to have a bad memory.* ‖ Avoir une mémoire de lièvre, *to have a mind like a sieve.* ‖ Échapper à la mémoire de qqn, *to slip s.o.'s mind.* ‖ Perdre la mémoire, *to lose o.'s memory.* ‖

S'effacer de la mémoire de qqn, *to vanish from s.o.'s memory.* ‖ Sortir de la mémoire, *to slip from s.o.'s memory.* ‖ Se rouiller la mémoire, *to let o.'s memory get rusty.* ◆ RELIGION. Faire mémoire de qqn, *to commemorate s.o.* ◆ SOUVENIR. Avoir qqch. en mémoire, *to recollect sth.* ‖ Avoir qqch. toujours présent à la mémoire, *never to have forgotten sth.* ‖ Conserver (garder) la mémoire de qqch., *to keep the memory of sth.* ‖ En avoir la mémoire récente, *to have it fresh in o.'s mind.* ‖ Fixer (graver) dans sa mémoire, *to fix (to engrave) in o.'s mind.* ‖ Rester gravé (se graver, s'inscrire, s'imprimer) dans la mémoire, *to remain graven (to become engraved) in o.'s memory.* ‖ Revenir (remonter) à la mémoire, *to come back to s.o.*
→ **défaillance, effort, souvenir, trou.**

menace ◆ CONTRAINTE. Agir sous la menace, *to act under a threat.* ◆ MENACE. Faire (proférer) des menaces, *to make (to utter) threats.* ‖ Faire peser une menace, *to hold out a threat.* ‖ Renfermer une menace, *to contain a threat.* ‖ User de menaces, *to resort to threats.* ◆ RÉALISATION. Mettre ses menaces à exécution, *to carry out o.'s threats.* ◆ SALUT. Conjurer (écarter) une menace, *to ward off (to avert) a threat.*

ménage ◆ CONCORDE. Faire bon ménage avec qqn, *to get on with s.o.* ◆ CONCUBINAGE. Se mettre en ménage, *to move in together.* ◆ DIVORCE. Détruire un ménage, *to break up a home.* ◆ MARIAGE. Entrer en ménage, *to set up house together.* ‖ Former un ménage uni, *to be a happily married couple.* ‖ Réussir en ménage, *to live happily together.* ◆ MÉNAGE. Faire le ménage, *to do the housework.* ‖ Monter son ménage, *to set up home.* ‖ S'occuper de son ménage, *to look after o.'s home.* ‖ Tenir le ménage de qqn, *to keep house for s.o.* ◆ MÉTIER. Faire des ménages, *to go out charring.*
→ **besoin, brouille, scène, soin.**

ménagement ◆ DIPLOMATIE. Prendre des ménagements, *to act cautiously.* ‖ Traiter qqn avec ménagement, *to handle s.o. carefully.* ◆ PRÉVENANCE. Devoir des ménagements à qqn, *to owe s.o. some consideration.* ◆ RONDEUR. N'avoir aucun ménagement à garder, *can be blunt* (Gramm.).

menée ◆ RÉVÉLATION. Déjouer les menées de qqn, *to foil s.o.'s schemings.*

méninges ◆ INDIFFÉRENCE. Ne pas se casser (se torturer) les méninges (Fam.), *not to beat o.'s brains out.* ◆ RÉFLEXION. Se triturer les méninges (Fam.), *to worry o.'s nut.*

menottes ◆ POLICE. Passer les menottes à qqn, *to hand-cuff s.o.*

mensonge ◆ MENSONGE. Débiter (dire) des mensonges, *to tell lies.* ‖ Dire (faire) un pieux mensonge, *to tell a white lie.* ‖ Forger un mensonge, *to make up a lie.* ‖ S'enferrer dans ses mensonges, *to get entangled in o.'s own lies.* ◆ RÉVÉLATION. Découvrir un mensonge, *to discover a falsehood.*
→ **détecteur, tissu.**

mensualité ◆ PAIEMENT. Payer par mensualités, *to pay in monthly instalments.*

mentalité ◆ PERSONNALITÉ. Avoir une sale mentalité (Fam.), *to have a nasty turn of mind.*

mention ◆ ÉCOLE. Etre reçu avec mention (assez bien, bien, très bien), *to pass with honours (« cum laude », « summa cum laude », « maxima cum laude »).* ◆ ÉCRITURE. Biffer (rayer) la mention inutile, *to delete (to strike out) where inapplicable.* ‖ IMPORTANCE. Mériter mention, *to be worth mentioning.* ◆ OBSERVATION. Faire mention de qqch., *to mention sth.*

mentir ◆ DÉMENTI. Faire mentir qqn, *to prove s.o. wrong.* ◆ MENSONGE. Savoir mentir, *to be a skilful liar.*

menton ◆ PHYSIONOMIE. Avoir un double (triple) menton, *to have a double chin (double chins).* ‖ Avoir le menton en casse-noisettes (Fam.), *to have a hooked chin.* ‖ Avoir le menton en galoche (Fam.), *to have a jutting chin.* ‖ Avoir le menton volontaire, *to have a determined chin.* ‖ N'avoir pas de menton, *to be chinless.* ‖ PRÉTENTION. Lever le menton, *to stick o.'s nose in the air.*
→ **barbe, poil.**

mentor ◆ AIDE. Servir de mentor à qqn, *to act as s.o.'s mentor.* ◆ PÉDANTISME. Jouer les mentors, *to try to come the grave counsellor.*

1. menu ◆ CUISINE. Composer un menu, *to work out a menu.* ◆ HÔTELLERIE. Consulter le menu, *to read the menu.*

2. menu ◆ CUISINE. Couper (hacher) menu, *to cut up (to chop) fine.* ◆ MINUTIE.

Raconter par le menu, *to relate every detail.*

méprendre ◆ CERTITUDE. Ne pas y avoir à s'y méprendre, *there [to be] no possibility of mistake about it* (Gramm.).

mépris ◆ COURAGE. Agir au mépris du danger, *to act in defiance of danger.* ◆ DÉPLAISANCE. Encourir (souffrir) le mépris, *to incur (to suffer) contempt.* ‖ Exciter le mépris de qqn, *to arouse s.o.'s scorn.* ◆ INCIVILITÉ. Agir au mépris de la bienséance, *to act without regard to propriety.* ◆ MÉPRIS. Accabler qqn de son mépris, *to heap scorn on s.o.* ‖ Afficher (montrer, témoigner) du mépris pour qqn, *to display (to show, to express) scorn for s.o.* ‖ Avoir un souverain mépris pour qqch. (qqn), *to hold sth. (s.o.) in sovereign contempt.* ‖ Écraser qqn de son mépris, *to treat s.o. with crushing disdain.* ‖ Éprouver du mépris à l'égard de qqn, *to feel scorn for s.o.* ‖ Traiter qqn avec mépris, *to treat s.o. contemptuously.*

méprise ◆ ERREUR. Faire une méprise, *to make a mistake.*

mer ◆ BOISSON. Pouvoir boire la mer et les poissons (Fam.), *can drink a river dry* (Gramm.). ◆ FACILITÉ. Ne pas être la mer à boire (Fam.), *not to be as hard as all that.* ◆ IMPOSSIBILITÉ. Vouloir sécher la mer avec une éponge (Fam.), *to want to count the grains of sand on the seashore.* ◆ LOISIR. Aller à la mer, *to go to the seaside.* ◆ MARINE. Écumer (sillonner) les mers, *to rove (to plough) the seas.* ‖ Prendre la mer, *to set sail.* ‖ Se jeter à la mer, *to throw o.s. overboard.* ‖ Tenir mer, *to be seaworthy.* ‖ Traverser la mer, *to cross the sea.*
→ goutte, mal, niveau, soif.

mercenaire ◆ SURMENAGE. Trimer comme un mercenaire, *to do double duty.*

merci ◆ CIVILITÉ. Dire merci, *to say thank you.* ◆ CLÉMENCE. Accorder merci à qqn, *to give s.o. quarter.* ◆ DOMINATION. Tenir qqn à sa merci, *to have s.o. at o.'s mercy.* ◆ ESCLAVAGE. Etre à la merci de qqn (qqch.), *to be at s.o.'s mercy (at the mercy of sth.).* ◆ EXPLOITATION. Ne pas être taillable et corvéable à merci, *not to be a galley-slave.* ◆ SUPPLICATION. Crier (demander, implorer) merci, *to cry for (to beg for, to crave) mercy.*

merde 1. AVEUGLEMENT. Avoir de la merde dans les yeux (Pop.), *cannot see straight* (Gramm.). — 2. DÉSAGRÉMENT. Etre dans la merde jusqu'au cou (Pop.), *to be up to o.'s neck in it.* — 3. GROSSIÈRETÉ. Dire merde (Pop.), *to say shit.* — 4. INSULTE. Dire merde à qqn (Pop.), *to tell s.o. what he can do.* [V. 7.] — 5. NON-VALEUR. Etre une merde (Pop.), *to be a load of muck.* — 6. PRÉTENTION. Ne pas se prendre pour une merde (Pop.), *to think no small beer of o.s.* — 7. SUPERSTITION. Dire merde à qqn (Pop.), *to wish s.o. luck.* [V. 4.]
→ nez.
— N.B. A éviter, terme inconvenant. — *Not in decent use.*

merdier ◆ DÉSAGRÉMENT. Etre dans le merdier (Pop.), *to be in a terrible mess.*
— N.B. A éviter, terme inconvenant. — *Not in decent use.*

mère ◆ AFFAIRES SOCIALES. Assister (aider) la mère au foyer, *to be a mother's help.* ◆ DÉVOUEMENT. Servir de mère à qqn, *to be a mother to s.o.* ◆ MATERNITÉ. Etre une mère dénaturée, *to be a hard-hearted mother.* ‖ Etre mère poule (Fam.), *to be over-maternal.* ◆ NAÏVETÉ. Téter encore sa mère (Fam.), *to be still wet behind the ears.* ◆ PRÉSOMPTION. Apprendre à sa mère à faire les enfants (Fam.), *to teach your grandmother to suck eggs.* ◆ THÉÂTRE. Jouer les mères nobles, *to play matronly parts.*
→ fête, jupe, jupon.

mérinos ◆ INDIFFÉRENCE. Laisser pisser le mérinos (Pop.), *to let things go hang.*

mérite 1. APPRÉCIATION. Reconnaître (vanter) les mérites de qqn, *to recognize (to praise) s.o.'s merits.* — 2. ÉLOGE. Faire sonner bien haut les mérites de qqn, *to extol s.o.'s merits.* [V. 5.] — 3. ESTIME. Apprécier le mérite de qqn, *to appreciate s.o.'s worth.* ‖ Estimer qqn à son juste mérite, *to appreciate s.o. at his true worth.* — 4. MÉRITE. Avoir du mérite, *to be meritorious.* ‖ Avoir du mérite à faire qqch., *to deserve praise for doing sth.* ‖ Rehausser le mérite de qqn, *to enhance s.o.'s merits.* — 5. PRÉTENTION. Faire valoir (sonner bien haut) ses mérites, *to laud o.'s own merits.* [V. 2.] — 6. RÉCOMPENSE. Récompenser (couronner) le mérite, *to reward merit.* — 7. SUPÉRIORITÉ. Surpasser qqn en mérite, *to outdo s.o. in merit.* — 8. USURPATION.

S'attribuer le mérite de qqch., *to take the credit for sth.*

mériter ♦ SANCTION. N'avoir que ce qu'on mérite, *to have only o.'s deserts.*

merlan → œil.

merle ♦ CHANT. Siffler comme un merle, *to whistle like a thrush.* ♦ EXTRAORDINAIRE. Etre un merle blanc (Fam.), *to be a white elephant.* ♦ IMPOSSIBILITÉ. Chercher le merle blanc, *to look for someone who does not exist.*

merveille 1. ADMIRATION. Crier merveille, *to marvel.* — 2. CONVENANCE. Aller à merveille, *to suit down to the ground.* [V. 4.] — 3. ÉLOGE. Dire merveille de qqch., *to speak in glowing terms of sth.* — 4. SANTÉ. Aller (se porter) à merveille, *to feel (to be) as fit as a fiddle.* [V. 2.] — 5. SUCCÈS. Faire merveille, *to work wonders.* ‖ Marcher à merveille, *to work famously.*
→ monts.

mésintelligence ♦ DÉSACCORD. Vivre en mésintelligence, *to be continually at loggerheads.* ♦ EXCITATION. Entretenir (fomenter) la mésintelligence, *to keep up (to foster) misunderstanding.*

mesquinerie ♦ MESQUINERIE. Faire des mesquineries, *to behave shabbily.*

message ♦ COURRIER. Adresser (porter; recevoir; transmettre) un message, *to send (to convey; to receive; to transmit) a message.* ♦ INTERMÉDIAIRE. Remplir (s'acquitter d') un message, *to deliver a message.* ♦ MILITAIRE. Déchiffrer un message codé, *to decipher a code message.* ♦ RADIO. Capter (recevoir) un message, *to pick up (to receive) a message.* ‖ Passer (adresser, transmettre) un message, *to broadcast a message.*

messe ♦ CONVERSATION. Faire des messes basses (Fam.), *to mutter under o.'s breath.* ♦ RELIGION. Aller à (entendre; manquer) la messe, *to go to (to hear; to miss) mass.* ‖ Célébrer (dire; chanter; servir) la messe, *to celebrate (to say; to sing; to serve) mass.* ‖ Répondre à la messe, *to give the responses at mass.* ‖ Faire dire des messes, *to have masses said.* ♦ RÉPÉTITION. Ne pas dire deux fois la messe pour les sourds (Fam.), *not to intend to repeat o.s.*

Messie ♦ ATTENTE. Attendre qqn comme le Messie (Fam.), *to be waiting for s.o. like the answer to a prayer.*

mesure ♦ ACCOMMODEMENT. Etre fait sur mesure (Fam.), *to be most accommodating.* ♦ ADMINISTRATION. Appliquer une mesure, *to carry a measure in effect.* ‖ Édicter (envisager) des mesures, *to decree (to contemplate) measures.* ‖ Prendre des mesures de répression, *to adopt repressive measures.* ‖ Prendre des mesures de rigueur, *to adopt stiff measures.* ‖ Prendre des mesures draconiennes (rigoureuses), *to take drastic steps.* ‖ Procéder à des mesures, *to take steps.* ♦ CAPACITÉ. Donner la mesure de son talent, *to give the measure of o.'s talent.* ♦ COUTURE. Faire sur mesure, *to make to measure.* ‖ Prendre les mesures de qqn, *to take o.'s measurements.* ♦ DÉMESURE. Passer (dépasser) la mesure, *to overstep the bounds.* ‖ Oublier toute mesure, *to lose all sense of proportion.* ♦ DÉVOUEMENT. Se donner sans mesure, *to give unstintedly of o.s.* ♦ DIVERGENCE. Ne pas y avoir de commune mesure entre deux choses, *there [to be] no possible comparison between two things.* ♦ FINANCES. Prendre des mesures d'austérité, *to launch an austerity drive.* ♦ LIBÉRALITÉ. Donner dans la mesure de ses moyens, *to give in keeping with o.'s means.* ‖ Faire bonne mesure, *to give good measure.* ♦ MESURE. Agir avec mesure, *to act with moderation.* ‖ Garder la mesure, *to keep a sense of proportion.* ♦ MUSIQUE. Battre (marquer) la mesure, *to beat time.* ‖ Jouer en mesure, *to play in time.* ‖ Presser (ralentir) la mesure, *to quicken (to slow down) the beat.* ♦ ORGANISATION. Prendre les mesures nécessaires pour faire qqch., *to make arrangements to do sth.* ‖ POSSIBILITÉ. Etre en mesure de faire qqch., *to be in a position to do sth.* ‖ Mettre qqn en mesure de faire qqch., *to enable s.o. to do sth.* ♦ TENTATIVE. Essayer dans la mesure du possible, *to try as far as possible.*
→ poids.

métamorphose ♦ CHANGEMENT. Opérer (subir) des métamorphoses, *to bring about (to undergo) transformations.*

météore ♦ VITESSE. Passer comme un météore, *to hurtle past.*

méthode ♦ AMÉLIORATION. Perfectionner les méthodes, *to perfect method.* ♦ INVENTION. Découvrir (inventer, trouver) une méthode, *to discover (to invent, to find) a method.* ♦ MATERNITÉ. Utiliser les méthodes de contraception, *to use contraceptive methods.* ◆ MÉTHODE. Avoir de la méthode, *to be methodical.* ‖ Appliquer (suivre) une méthode, *to apply (to follow) a method.* ‖ Trouver la bonne méthode, *to find the right method.* ◆ MODERNISATION. Rajeunir les méthodes, *to modernize methods.* ◆ ORGANISATION. Changer de méthode, *to change methods.* ◆ RENSEIGNEMENT. Indiquer la méthode à suivre, *to give instructions.*

métier 1. APPRENTISSAGE. Apprendre un métier, *to learn a trade.* – 2. COMPÉTENCE. Connaître (savoir) son métier, *to know o.'s job.* – 3. CONSCIENCE. Aimer son métier, *to enjoy o.'s work.* – 4. CONVERSATION. Parler métier, *to talk shop.* – 5. ENTREPRISE. Mettre qqch. sur le métier, *to get sth. under way.* – 6. EXPÉRIENCE. Avoir du métier, *to be experienced.* ‖ Etre vieux dans le métier, *to be an old hand.* ‖ Prendre du métier, *to gain experience.* – 7. GROUPEMENT. Etre du métier, *to be in the business o.s.* – 8. INEXPÉRIENCE. Avoir peu de métier, *to lack the experience.* ‖ Etre nouveau (jeune) dans le métier (Fam.), *to be new to the job.* [V. 9.] ‖ Manquer de métier, *to lack the know-how.* – 9. MÉTIER. Avoir (exercer) un métier, *to have (to ply) a trade.* ‖ Avoir fait tous les métiers, *to have tried all sorts of jobs.* ‖ Changer de métier, *to change o.'s line.* ‖ Etre nouveau (jeune) dans le métier, *to be new to the job.* [V. 8.] ‖ Faire un métier de chien (Fam.), *to have a ghastly job.* ‖ Vivre de son métier, *to live by o.'s trade.* – 10. PROSTITUTION. Faire métier de son corps, *to sell o.'s body.* – 11. RÉPRIMANDE. Apprendre son métier à qqn (Fam.), *to tell s.o. how to go about it.* – 12. SABOTAGE. Gâcher (gâter) le métier, *to spoil it for others.* – 13. TENTATIVE. Tâter du métier, *to try o.'s hand.*
→ **finesse, jargon, ouvrage, truc.**

métrage ◆ CINÉMA. Tourner un court métrage, *to make a short.*

mètre ◆ FUITE. Piquer un cent mètres (Fam.), *to make a dash for it.*

métro ◆ HEURE. Rentrer par le premier métro, *to come home with the milk.* ◆ RETARD. Manquer (rater) le dernier métro, *to miss the last train.* ◆ RETARDEMENT. Avoir un métro de retard (Fam.), *to be slow on the uptake.* ◆ TRANSPORTS. Prendre le métro, *to take the Metro.*

mets ◆ CUISINE. Apprêter (préparer, confectionner) un mets, *to prepare (to concoct) a dish.* ‖ Assaisonner (relever) un mets, *to season a dish.*

mettre ◆ EMBARRAS. Ne savoir où se mettre (Fam.), *not to know where to look.* ◆ VÊTEMENT. N'avoir rien à se mettre, *not to have a thing to wear.*

meuble ◆ MÉNAGE. Se mettre dans ses meubles, *to move into a place of o.'s own.* ◆ SALUT. Sauver les meubles (Fam.), *to save something from the wreckage.*
→ **secret.**

meurtre ◆ CRIME. Commettre un meurtre, *to commit murder.* ◆ EXAGÉRATION. Crier au meurtre, *to yell blue murder.* ◆ SABOTAGE. Etre un meurtre (Fam.), *to be a sin.*

micro ◆ DISCOURS. Parler au micro, *to come to the microphone.* ◆ RADIO. Parler au micro, *to speak on the air.*

midi ◆ COMPLICATION. Chercher midi à quatorze heures (Fam.), *to find complications where none exist.* ◆ INDIVIDUALISME. Voir midi à sa porte (Fam.), *to see things in o.'s own light.* ◆ RONDEUR. Ne pas chercher midi à quatorze heures (Fam.), *to be straightforward.*
→ **clair, étoile.**

miel ◆ PROFIT. Faire son miel (Fam.), *to reap o.'s profit.* ◆ SAVEUR. Etre doux comme du miel, *to be as sweet as honey.*
→ **lune, sucre.**

miette ◆ ATTENTION. Ne pas en perdre une miette (Fam.), *not to miss a thing.* ◆ DESTRUCTION. Réduire qqch. en miettes, *to smash sth. to smithereens.*

mieux ◆ ACQUIESCEMENT. Ne pas demander mieux, *to be all in favour.* ◆ AMÉLIORATION. Aller vers le mieux, *to be improving.* ◆ AMITIÉ. Etre au mieux avec qqn, *to be on the best terms with s.o.* ◆ BONNE VOLONTÉ. Faire au mieux, *to do the best o. can.* ‖ Faire de son mieux, *to do o.'s best.* ◆ CONVERSION. Changer en mieux, *to change for the better.* ◆ DÉSILLUSION. S'attendre à mieux, *to expect something better.* ◆ ESPOIR. S'attendre à mieux, *to hope for something better.* ◆ PERFECTION. Etre tout ce qu'il y a de mieux, *to be the very best there is.* ‖ Travailler on ne peut mieux, *to work as well as can be.*

migraine ◆ IMPORTUNITÉ. Donner la migraine à qqn (Fam.), *to give s.o. a* *headache.* ◆ SANTÉ. Avoir la migraine, *to have a sick headache.*

mijaurée ◆ AFFECTATION. Faire la mijaurée, *to be la-di-da.*

milieu ◆ MESURE. Garder (se tenir dans) un juste milieu, *to keep the happy medium.* ◆ NIVEAU SOCIAL. Faire partie (être) du milieu, *to be in the underworld.* ‖ Faire partie du milieu de qqn, *to belong to s.o.'s social sphere.*
→ **raie.**

mille ◆ GAIN. Ne pas gagner des mille et des cents, *not to earn a fortune.* ◆ IMPÉCUNIOSITÉ. Ne pas avoir des mille et des cents (Fam.), *not to be made of money.* ◆ QUESTION. Le donner en mille à qqn, *to give s.o. ten guesses.* ◆ SUCCÈS. Mettre (taper, tomber) dans le mille (Fam.), *to hit the bull's eye.*

million ◆ RICHESSE. Etre riche à millions, *to be worth millions.*

mime ◆ SPECTACLE. Faire du mime, *to do miming.*

mimique ◆ FAITS ET GESTES. Faire des mimiques, *to make faces.*

mince ◆ RARETÉ. Etre un peu mince (Fam.), *to be a bit skimpy.*

1. mine 1. ACCUEIL. Faire grise mine à qqn, *to look anything but pleased with s.o.* — 2. AFFECTATION. Faire des mines, *to simper.* — 3. AMBIGUÏTÉ. Faire mine de rien (Fam.), *to look innocent.* — 4. APPARENCE. Ne pas payer de mine, *not to be much to look at.* — 5. CRITÈRE DE JUGEMENT. Juger sur la mine, *to go by appearances.* — 6. DÉCONVENUE. Faire triste mine (une drôle de mine) [Fam.], *to pull a long face.* — 7. DUPE. Avoir bonne mine (Fam.), *to look a fool.* [V. 11.] — 8. FAUX-SEMBLANT. Faire mine de faire qqch., *to make a show of doing sth.* — 9. MAUSSADERIE. Faire la mine (Fam.), *to glower.* — 10. PHYSIONOMIE. Avoir une mine de prospérité, *to look on top of the world.* ‖ Avoir la mine réjouie, *to beam.* ‖ Avoir une sale mine (une mine patibulaire), *to have a hang-dog look.* [V. 11.] ‖ Avoir triste mine, *to be shady-looking.* [V. 11.] — 11. SANTÉ. Avoir bonne mine, *to look well.* [V. 7.] ‖ Avoir mauvaise mine, *not to look well.* ‖ Avoir une sale mine (Fam.), *to look awful.* [V. 10.] ‖ Avoir triste mine, *to look a sorry sight.* [V. 10.] ‖ Avoir la mine défaite, *to look ashen.* ‖ Avoir une mine de déterré (Fam.), *to look like death*

warmed up. ‖ Avoir une mine de papier mâché, *to look washed out.* ‖ Trouver mauvaise mine à qqn, *not to think s.o. is looking at all well.*

2. mine ◆ MILITAIRE. Faire sauter une mine, *to detonate a mine.* ‖ Sauter sur une mine, *to be blown up by a mine.* ◆ TRAVAUX PUBLICS. Exploiter une mine, *to work a mine.*

mineur ◆ PROCÉDURE. Émanciper un mineur, *to emancipate a minor.*

minimum ◆ MESURE. Se borner au strict minimum, *to confine o.s. to the bare minimum.*

ministère ◆ AIDE. Proposer son ministère, *to offer o.'s services.* ◆ POLITIQUE. Constituer le ministère, *to form the cabinet.* ‖ Entrer dans le ministère, *to take office.* ◆ RELIGION. Exercer un ministère, *to carry out office.*

minorité ◆ POLITIQUE. Constituer une minorité agissante, *to form an active minority.* ‖ Entrer dans la minorité, *to be in the minority.* ‖ Mettre qqn en minorité, *to defeat s.o.*
→ **gouvernement, partie.**

minute ◆ CÉRÉMONIAL. Observer une minute de silence, *to observe a minute's silence.* ◆ ÉVÉNEMENT. Vivre une minute historique, *to live an historic moment.* ◆ LATITUDE. Ne pas être à la minute (Fam.), *not to be pressed for time.* ◆ PONCTUALITÉ. Etre toujours à la minute, *to be always dead on time.* ◆ RETARD. Arriver (partir) à la dernière minute, *to arrive (to leave) at the last minute.* ◆ RÉVÉLATION. En être à la minute de vérité, *to have reached the moment of truth.* ◆ SURMENAGE. Ne pas avoir une minute, *not to have a minute to spare.*
→ **empêchement, nouvelle.**

minuterie ◆ ÉCLAIRAGE. Appuyer sur la minuterie, *to press the time switch.*

miracle 1. ADMIRATION. Crier (au) miracle, *to rave about it.* — 2. CHANCE. Échapper par miracle, *to escape by a miracle.* — 3. EXPLOIT. Faire des miracles, *to work wonders.* ‖ Réaliser (faire) un miracle, *to achieve a miracle.* [V. 6.] — 4. EXTRAORDINAIRE. Tenir du miracle, *to border on the miraculous.* — 5. MÉDIOCRITÉ. Ne pas faire de miracles (Fam.), *not to achieve any miracles.* — 6. RELIGION. Faire (accomplir, opérer) un miracle, *to*

work (to perform) a miracle. [V. 3.]
→ **cour.**

mire → **point.**

miroir ◆ COQUETTERIE. Consulter (interroger) son miroir, *to consult o.'s glass.* ◆ SURFACE. Etre lisse comme un miroir, *to be as smooth as glass.*

mis ◆ ÉLÉGANCE. Etre bien mis, *to be well dressed.*

mise 1. ACCULEMENT. Faire une mise en demeure, *to issue a summon.* [V. 10.] – 2. ASSISTANCE. Sauver la mise à qqn, *to come to s.o.'s aid.* [V. 7.] – 3. ASTRONAUTIQUE. Faire la mise à feu, *to blast off.* – 4. CINÉMA, THÉÂTRE. Assurer la mise en scène, *to do the directing.* ‖ Faire de la mise en scène, *to be a director.* – 5. CONVENANCE. Etre de mise, *to be suitable.* – 6. ÉLÉGANCE. Soigner sa mise, *to be neat in o.'s dress.* – 7. FINANCES. Demander une mise de fonds, *to require an initial outlay.* ‖ Faire une mise de fonds, *to put up capital.* ‖ Sauver la mise, *to get o.'s money back.* [V. 2.] – 8. INCULPÉ. Demander une mise en liberté provisoire, *to request provisional discharge.* – 9. NONCONVENANCE. Ne plus être de mise, *to be no longer suitable.* – 10. PROCÉDURE. Faire une mise en demeure, *to give formal notice.* [V. 1.]

misère ◆ ASSISTANCE. Soulager la misère, *to relieve poverty.* ‖ Sortir qqn de la misère, *to rescue s.o. from poverty.* ◆ EXPLOITATION. Insulter à la misère du peuple, *to be an affront to the people's wretchedness.* ‖ S'engraisser de la misère du peuple, *to batten on people's poverty.* ◆ PAUVRETÉ. Connaître la misère, *to know what it is to be poor.* ‖ Crever de misère (être dans la misère jusqu'au cou) [Fam.], *to be poverty-stricken.* ‖ Croupir dans la misère, *to be in abject poverty.* ‖ Etre dans une misère noire (Fam.), *to be in dire poverty.* ‖ Etre réduit à la misère, *to be reduced to poverty.* ‖ Tomber dans la misère, *to become destitute.* ◆ PERSÉCUTION. Faire des misères à qqn, *to tease s.o. mercilessly.* ‖ Plonger qqn dans la misère, *to make s.o. destitute.* ◆ PLAINTE. Crier (pleurer) misère, *to cry poverty.*
→ **salaire.**

miséricorde ◆ CLÉMENCE. Faire miséricorde, *to show mercy.* ◆ PARDON. Obtenir miséricorde, *to find mercy.* ◆ REQUÊTE.

Demander (crier) miséricorde, *to ask (to cry) for mercy.*

missile ◆ MILITAIRE. Créer (envoyer, lancer; fabriquer) un missile, *to develop (to send, to fire; to produce) a missile.*

mission 1. FONCTIONS. Assigner une mission à qqn, *to give s.o. an assignment.* ‖ Envoyer qqn en mission, *to send s.o. on an assignment.* ‖ Remplir sa mission, *to carry out o.'s assignment.* [V. 4.] – 2. MILITAIRE. Partir en mission de reconnaissance, *to go off on a reconnaissance mission.* – 3. RELIGION. Partir aux missions, *to go out to the field.* – 4. RESPONSABILITÉ. Avoir mission de faire qqch., *to be commissioned to do sth.* ‖ Charger (investir) qqn d'une mission, *to entrust s.o. with a mission.* ‖ Donner une mission à qqn, *to give s.o. a mission.* ‖ Faillir à sa mission, *to fall in o.'s mission.* ‖ Remplir sa mission auprès de qqn, *to fulfil o.'s mission to s.o.* [V. 1.] ‖ S'acquitter d'une mission, *to perform a mission.*

mite ◆ FOLIE. Etre bouffé aux mites (Pop.), *to have bats in the belfry.* ◆ VÊTEMENT. Etre mangé aux mites, *to be moth-eaten.* ◆ VUE. Avoir la mite à l'œil (Pop.), *to be bleary-eyed.*

mitre ◆ RELIGION. Recevoir la mitre, *to receive the episcopal insignia.*

mobile ◆ PROCÉDURE. Découvrir les mobiles d'un crime, *to discover the motives for a crime.* ◆ PSYCHOLOGIE. Avoir des mobiles, *to have motives.*

mobilisation ◆ MILITAIRE. Décréter la mobilisation, *to order mobilization.*

moche ◆ APPARENCE. Faire moche (Fam.), *to look terrible.*

1. mode ◆ MODE. Créer (introduire, lancer, répandre) une mode, *to set (to start, to launch, to spread) a fashion.* ‖ Etre à la mode (passé de mode), *to be fashionable (out-moded).* ‖ Mettre qqch. à la mode, *to make sth. fashionable.* ‖ Revenir à la mode, *to come back into fashion.* ‖ Sacrifier à (suivre) la mode, *to conform to (to follow) fashion.* ‖ Se mettre à la mode, *to adopt the latest fashion.*
→ **air, caprice, cousin, gravure, rubrique.**

2. mode ◆ COMPORTEMENT. Adopter un mode de vie, *to adopt a way of life.* ◆ USAGE. Consulter le mode d'emploi, *to read the instructions.*

modèle 1. ART. Faire poser un modèle, *to get a model to sit.* ‖ Servir de modèle à

un artiste, *to sit for an artist*. [V. 2.] – 2.
EXEMPLE. Citer qqn en modèle, *to hold
s.o. up as a model*. ‖ Donner (fournir,
tracer) un modèle, *to offer (to provide, to
draw) a model*. ‖ Prendre qqn pour modèle,
to take s.o. as a model. [V. 3.] ‖ Servir de
modèle, *to serve as a model*. [V. 1.] – 3.
IMITATION. Prendre qqch. pour modèle, *to
take sth. as a model*. [V. 2.] ‖ Copier
(suivre) un modèle, *to copy a model*. – 4.
MODE. Créer (lancer, présenter) un modèle,
to design (to launch, to present) a model.
– 5. ORIGINALITÉ. Etre un modèle du
genre (Fam.), *to be a typical case*.

modération ◆ MESURE. En user avec
modération, *to use it in moderation*.

modestie ◆ ÉLOGE. Épargner la modestie de qqn, *to spare s.o.'s blushes*. ◆ FAUX-
SEMBLANT. Afficher une fausse modestie,
to display false modesty.

modification ◆ CHANGEMENT. Apporter une modification, *to make an altera-
tion*. ‖ Entraîner (subir) des modifications,
to entail (to undergo) modifications.

modulation ◆ RADIO. Émettre sur
modulation de fréquence, *to broadcast on
VHF (very high frequency)*.

moelle ◆ PARASITE. Sucer qqn jusqu'à
la moelle (Fam.), *to suck s.o. dry*. ◆ PRO-
FIT. Tirer (extraire, sucer) la moelle de
l'os (la substantifique moelle), *to get (to
extract) the pith and marrow*. ◆ TEMPÉ-
RATURE. Etre gelé jusqu'à la moelle (Fam.),
to be frozen to the marrow.
→ os.

mœurs ◆ CORRUPTION. Corrompre les
mœurs, *to corrupt morals*. ◆ COUTUME.
Entrer (passer, s'introduire) dans les
mœurs, *to become habitual*. ◆ DÉBAUCHE.
Attenter aux mœurs, *to offend public
morals*. ◆ INCIVILITÉ. Avoir de drôles de
mœurs (Fam.), *to have a funny way of
behaving*. ◆ MORALITÉ. Épurer (purifier)
les mœurs, *to purify morals*. ‖ Etre de
bonnes mœurs, *to be of good moral character*. ◆ SEXUALITÉ. Avoir des mœurs spéciales, *to be queer*.

moi ◆ PSYCHOLOGIE. Libérer son moi, *to
liberate o.'s ego*. ‖ Réaliser son moi, *to
fulfil o.s.*

moine ◆ ASCÉTISME. Vivre comme un
moine, *to live like a monk*. ◆ POIDS. Etre
gras comme un moine (Fam.), *to be a
regular Falstaff*.
→ vie.

moineau ◆ APPÉTIT. Manger comme un
moineau, *to eat like a sparrow*. ◆ CARAC-
TÈRE. Etre un drôle de moineau (Fam.),
to be a queer bird.
→ cervelle, épouvantail.

moins ◆ SILENCE. Ne pas en penser moins
(Fam.), *to know what o. thinks*.

mois ◆ ADMINISTRATION. Donner un mois
de préavis, *to give a month's notice*. ◆
RÉTRIBUTION. Toucher son mois, *to draw
o.'s pay for the month*.
→ fin, trente-six.

moisi ◆ ODEUR. Sentir le moisi, *to smell
of mildew*.

moisson ◆ AGRICULTURE. Faire la
moisson, *to harvest*.

moitié 1. COMPROMIS. Faire la moitié du
chemin, *to go halfway*. [V. 5.] – 2. ÉLO-
CUTION. Avaler la moitié des mots, *to
swallow half o.'s words*. – 3. PARTAGE.
Se mettre de moitié avec qqn, *to go halves
with s.o.* – 4. POIDS. Diminuer de moitié,
to half-weight. [V. 7.] – 5. PROGRÈS. Avoir
fait la moitié du chemin, *to be halfway
there*. [V. 1.] – 6. SABOTAGE. Faire tout à
moitié (Fam.), *only to half-do everything*.
– 7. VOLUME. Diminuer (réduire) de moitié,
to reduce by half. [V. 4.]
→ chose, mot.

mollet ◆ CORPS. Avoir des mollets de
coq (Fam.), *to have legs like match-sticks*.

mollo ◆ MESURE. Y aller mollo (Pop.),
to go easy on it.

môme ◆ LARMES. Pleurer comme un
môme (Fam.), *to cry like a kid*.

moment 1. CHANGEMENT. Changer à
tout moment, *to change at every turn*. – 2.
DÉFAILLANCE. Avoir un moment de défaillance (Fig.), *to have a momentary lapse*.
[V. 12.] – 3. DURÉE. N'en avoir que pour
un moment, *will only be a moment* (Impers.) [Gramm.]. – 4. ÉPICURISME. Profiter
du moment, *to enjoy life as it comes*. – 5.
ÉVÉNEMENT. Vivre un moment-charnière,
to live at a turning point. – 6. IMMÉDIA-
TETÉ. Arriver d'un moment à l'autre, *to
arrive (to happen) any moment*. – 7.
INOPPORTUNITÉ. Ne pas être le moment de
faire qqch., *not to be the moment to do sth.*
– 8. LOISIR. Avoir un moment de répit,
to have a moment's respite. ‖ Faire qqch. à
ses moments perdus, *to do sth. in o.'s spare
time*. – 9. MORT. Assister qqn à ses derniers moments, *to be with s.o. in his last
moments*. – 10. OPPORTUNITÉ. Attendre

le bon moment, *to bide o.'s time.* ‖ Choisir le moment propice, *to choose the right moment.* – 11. RETARD. Attendre le dernier moment pour faire qqch., *to wait until the last moment to do sth.* – 12. SANTÉ. Avoir un moment de défaillance, *to feel momentarily faint.* [V. 2.] – 13. SURMENAGE. N'avoir pas un moment à soi, *not to have a minute to o.s.* ‖ Ne pas trouver un moment pour faire qqch, *not to find a minute to do sth.* – 14. VIE. Vivre dans le moment présent, *to live in the present.*
→ **humeur, impératif, impulsion, inspiration.**

momie ◆ IMMOBILITÉ. Etre figé comme une momie (Fam.), *to be frozen to the spot.*

monde 1. ABUS. Etre un monde (Fam.), *to be a crying shame.* [V. 9.] ‖ Se moquer du monde (Fam.), *to take people for fools.* – 2. ÂGE. Etre vieux comme le monde, *to be as old as the hills.* – 3. AGITATION. Vivre dans un monde de fous, *to live in a mad world.* – 4. AGRESSIVITÉ. S'en prendre à tout le monde, *to start accusing everyone.* – 5. ANOMALIE. Etre le monde à l'envers (renversé), *to be a topsy-turvy world.* – 6. ARBITRAGE. Mettre tout le monde d'accord, *to square matters.* – 7. ARRIVISME. Se pousser dans le monde, *to push o.s on in the world.* – 8. CIVILITÉ. Aller dans le monde, *to move in society.* ‖ Débuter dans le monde, *to make o.'s debuts in society.* ‖ Etre fort répandu dans le monde, *to go about a great deal.* ‖ Lancer qqn dans le monde, *to introduce s.o. into society.* ‖ Se lancer dans le monde, *to launch out into society.* ‖ Se produire dans le monde, *to make o.'s mark in the world.* – 9. COMPLEXITÉ. Etre un monde, *to be a world of its own.* [V. 1.] – 10. CORPS. Y avoir du monde au balcon (Pop.), *there [to be] a nice pair on her* (Gramm.). – 11. CRIME. Envoyer (expédier, dépêcher) qqn dans l'autre monde (Fam.), *to send s.o. to Kingdom Come.* – 12. DIMENSION. Etre vaste comme le monde, *to be as unbounded as the heavens.* – 13. DIVERSITÉ. Falloir de tout pour faire un monde (Fam.), *to take all kinds to make a world.* – 14. EFFORT. Faire tout au monde, *to do o.'s utmost.* – 15. EXAGÉRATION. En faire tout un monde, *to make a bit to-do about it.* [V. 23.] – 16. FOULE. Grouiller de monde, *to swarm with people.* ‖ Refuser du monde,

to turn people away. ‖ Regorger de monde, *to be jam-packed.* ‖ Y avoir un monde fou (Fam.), *there [to be] a huge crowd* (Gramm.). – 17. FRANCHISE. Agir au vu et au su de tout le monde, *to act openly.* – 18. HOSPITALITÉ. Avoir du monde, *to have people in.* – 19. IDÉALISME. Vivre dans un autre monde, *to live in another world.* – 20. IMPORTUNITÉ. Lasser son monde, *to wear around the patience of those around o.* – 21. IMPOSSIBILITÉ. Ne pouvoir contenter tout le monde et son père (Fam.), *cannot please the world and his wife* (Gramm.). – 22. INDIFFÉRENCIATION. Admettre tout le monde en bloc, *to admit everyone en masse.* – 23. INQUIÉTUDE. S'en faire tout un monde (Fam.), *to make a mountain out of a molehill.* [V. 15.] – 24. ISOLEMENT. Etre seul au monde, *to be alone in the world.* – 25. LITTÉRATURE. Mettre au monde une œuvre, *to create a work.* – 26. MATERNITÉ. Mettre au monde un enfant, *to bring a child into the world.* – 27. MORT. N'être plus de ce monde, *to be no longer with us.* ‖ Quitter ce monde, *to depart this life.* – 28. NAISSANCE. Venir au monde, *to be born.* – 29. NIVEAU SOCIAL. Etre du même monde, *to come from the same sphere.* – 30. NOMBRE. Ne pas y avoir grand monde, *there not [to be] many people* (Gramm.). – 31. NORME. Etre (faire) comme tout le monde, *to be (to do) like everybody else.* – 32. PÉNÉTRATION. Bien connaître son monde, *to know whom o. is dealing with.* – 33. PÉRENNITÉ. Exister depuis que le monde est monde (Fam.), *to exist since the world began.* – 34. POLITIQUE. Appartenir au tiers monde, *to belong to the developing countries.* – 35. PROFIT. N'être pas perdu pour tout le monde (Fam.), *not to be wasted on somebody.* – 36. REFUS. Ne vouloir qqch. pour rien au monde, *not to want sth. on any account.* – 37. RELATIONS. Voir beaucoup de monde, *to see a lot of people.* – 38. RÉUNION. Rassembler tout son monde, *to assemble o.'s whole circle.* – 39. SOLITUDE. Renoncer au monde, *to renounce the world.* ‖ Se retirer du monde, *to withdraw from the world.* ‖ Vivre hors du monde, *to live in seclusion.* – 40. SUPÉRIORITÉ. N'être pas donné à tout le monde (Fam.), *not to be given to everyone.* – 41. TROMPERIE. Savoir rouler son

monde (Fam.), *to know where to find a sucker.* ‖ Tromper son monde, *to take everybody in.* – 42. VIE. Etre encore de ce monde, *to be still in the land of the living.* – 43. VOYAGE. Aller de par le monde (bourlinguer à travers le monde), *to wander (to knock) about the world.* ‖ Courir le monde, *to roam the world over.*
→ admiration, bout, coin, conduire, début, face, noise, nombril, or, peine, rythme, tour, usage, vu.

monnaie 1. ARGENT. Avoir de la monnaie, *to have change.* ‖ Aller faire de la monnaie, *to go and get change.* ‖ Rendre la monnaie à qqn, *to give s.o. back his change.* [V. 7.] ‖ Rendre la monnaie sur X francs, *to give back the change out of X francs.* – 2. CHOC EN RETOUR. Rendre à qqn la monnaie de sa pièce, *to pay s.o. back in his own coin.* – 3. COMMERCE. Servir de monnaie d'échange, *to serve as currency.* – 4. DÉLIT. Fabriquer de la fausse monnaie, *to make counterfeit money.* – 5. FINANCES. Battre monnaie, *to coin money.* ‖ Émettre une nouvelle monnaie, *to issue new money.* ‖ Frapper la monnaie, *to strike coinage.* ‖ Mettre une monnaie en circulation, *to put money into circulation.* ‖ Stabiliser la monnaie, *to stabilize the currency.* – 6. FRÉQUENCE. Etre monnaie courante, *to be commonplace.* – 7. MORT. Rendre la monnaie (Pop.), *to cash in o.'s chips.* [V. 1.] – 8. NON-VALEUR. Payer en monnaie de singe, *to bilk.*

monologue ◆ PAROLE. Faire un monologue, *to deliver a monologue.*

monôme ◆ ÉCOLE. Former le monôme, *to form a student parade.*

monopole ◆ PARTICIPATION. Ne pas avoir le monopole de qqch., *to have no monopoly of sth.*

monotonie ◆ DIVERSION. Rompre la monotonie, *to break monotony.*

monsieur ◆ AFFECTATION. Faire le monsieur, *to play the gentleman.* ‖ Faire le gros monsieur, *to play the heavy swell.* ◆ EMPHASE. Donner du monsieur à qqn gros comme le bras, *to Sir s.o. at every turn.* ◆ PERSONNALITÉ. Etre un grand monsieur, *to be a great gentleman.*

monstre ◆ ENFANT. Etre un petit monstre, *to be a little horror.* ◆ DÉFAVEUR. Passer pour un monstre, *to be considered monstrous.*

monstruosité ◆ EXPRESSION. Dire des monstruosités, *to make monstrous statements.*

mont ◆ DÉPLACEMENT. Aller par monts et par vaux, *to wander over hill and dale.* ‖ Etre toujours par monts et par vaux, *to be always on the move.* ◆ PROMESSE. Promettre monts et merveilles, *to promise the moon and the stars.*

montagne ◆ EXAGÉRATION. S'en faire une montagne (Fam.), *to make a mountain out of a molehill.* ◆ INCRÉDULITÉ. Etre gros comme une montagne (Fam.), *to be a cock-and-bull story.* ◆ MÉSENTENTE. Faire battre des montagnes, *to set everyone by the ears.* ◆ SPORTS. Faire de la montagne, *to mountaineer.*

montant ◆ CHARME. Avoir du montant (Fam.), *to be very striking.*

mont-de-piété ◆ EMPRUNT. Engager qqch. au mont-de-piété, *to pawn sth.*

monté ◆ COLÈRE. Etre très monté contre qqn (Fam.), *to be furious with s.o.* ◆ DÉSAGRÉMENT. Etre bien monté (Fam.), *to be up the pole.*

montée ◆ MATERNITÉ. Couper la montée de lait, *to stop the milk.*

monter ◆ EXCITATION. Faire monter qqn (Fam.), *to arouse s.o.'s fury.*

1. montre ◆ OSTENTATION. Faire qqch. pour la montre, *to do sth. for show.* ◆ PREUVE. Faire montre de qqch., *to display sth.*

2. montre ◆ TEMPS. Mettre une montre à l'heure, *to set a watch.*
→ course.

monument ◆ ARCHITECTURE. Dresser (ériger) un monument, *to erect a monument.*

moquette ◆ MAISON. Faire poser (mettre) de la moquette, *to have a moquette laid.*

moral ◆ DÉCOURAGEMENT. Avoir le moral à zéro (Fam.), *to be feeling very low.* ‖ Déprimer (saper) le moral de qqn, *to sap s.o.'s morale.* ◆ ENCOURAGEMENT. Remonter (regonfler [Fam.]) le moral de qqn, *to cheer s.o. up.* ‖ Soutenir le moral de qqn, *to bolster s.o.'s morale.* ◆ ENDURANCE. Avoir le moral, *to bear up.* ‖ Avoir un moral à toute épreuve, *to be indomitable.*

morale ◆ EXEMPLE. Tirer la morale de l'histoire, *to draw the moral of the story.* ◆ IMMORALITÉ. Avoir une morale élastique (Fam.), *not to be over-scrupulous.* ‖ Outrager la morale, *to outrage public morality.* ◆ RÉPRIMANDE. Faire la morale à qqn, *to lecture s.o.*

moraliste ◆ PÉDANTISME. S'ériger en moraliste, *to set up as a moral authority.*

moralité ◆ ENQUÊTE. Enquêter sur la moralité de qqn, *to investigate s.o.'s moral character.* ◆ IMMORALITÉ. N'avoir aucune moralité, *to have no sense of morals.*

morceau 1. ABNÉGATION. S'ôter les morceaux de la bouche, *to give the shirt off o.'s back.* – 2. ALIMENTATION. Manger un morceau (Fam.), *to have a bite.* – 3. AVEU. Casser (cracher, lâcher, manger) le morceau (Fam.), *to own up.* [V. 9.] – 4. CRÉDULITÉ. Gober le morceau, *to swallow the bait.* – 5. DESTRUCTION. Réduire (mettre) en morceaux, *to break in pieces.* – 6. DIFFICULTÉ. Etre un gros morceau (Fam.), *to be tough job.* – 7. IRONIE. Emporter le morceau, *to make such cutting remarks.* [V. 11.] – 8. MUSIQUE. Attaquer (enlever) un morceau de musique, *to tackle (to rattle off) a piece of music.* – 9. RONDEUR. Casser le morceau à qqn (Fam.), *to let s.o. have it straight between the eyes.* [V. 3.] – 10. SAVEUR. Etre un morceau de roi, *to be a dish fit for a king.* – 11. SUCCÈS. Emporter le morceau (Fam.), *to walk off with it.* [V. 7.]
→ **pièce.**

mordicus ◆ OBSTINATION. Affirmer (soutenir) mordicus, *to assert (to maintain) doggedly.*

mordu ◆ PARTISAN. Etre un mordu de qqch. (Fam.), *to be mad keen on sth.*

morfondre ◆ ATTENTE. Rester à se morfondre, *to cool o.'s heels.*

morgue ◆ RABAISSEMENT. Abattre la morgue de qqn, *to knock s.o. off his high horse.*

mornifle ◆ VOIES DE FAIT. Flanquer une mornifle à qqn (Fam.), *to let s.o. have the back of o.'s hand.*

Morphée → **bras.**

mors ◆ ANIMAL. Prendre le mors aux dents, *to bolt.* ◆ PRÉCIPITATION. Prendre le mors aux dents (Fam.), *to get the bit between o.'s teeth.*

mort 1. ANIMAL. Faire le mort, *to die for the Queen.* [V. 16.] ‖ Hurler à la mort, *to howl at the moon.* – 2. APPROXIMATION. Frôler la mort, *to have a brush with death.*

‖ Sentir passer la mort, *to feel death breathing down o.'s neck.* ‖ Toucher la mort du doigt, *to be within an ace of death.* ‖ Voir la mort de près (en face), *to see death staring o. in the face.* – 3. COURAGE. Affronter (braver) la mort, *to face (to brave) death.* ‖ Jouer avec la mort, *to dice with death.* ‖ Regarder la mort en face, *to look death in the face.* ‖ Risquer la mort, *to risk death.* – 4. CRIME. Causer la mort de qqn, *to cause s.o.'s death.* ‖ Étendre qqn raide mort, *to kill s.o. on the spot.* ‖ Mettre à mort, *to put to death.* – 5. ÉCHEC. Mourir de sa belle mort, *to fizzle out.* – 6. HAINE. En vouloir à mort à qqn, *to be ready to kill s.o.* – 7. MÉDECINE. Arracher qqn à la mort, *to snatch s.o. out of the jaws of death.* – 8. MENACE. Menacer de mort, *to threaten with death.* – 9. MÉSENTENTE. Etre brouillés (fâchés) à mort, *to be enemies for life.* – 10. MORT. Connaître une mort prématurée, *to come to an untimely end (an early grave).* ‖ Etre fauché par la mort, *to be carried off.* ‖ Etre mort et bien mort (Fam.), *to be as dead as a door-nail.* ‖ Etre mort et enterré (Fam.), *to be dead and buried.* ‖ Pleurer la mort de qqn, *to mourn s.o.'s death.* ‖ Tomber raide mort, *to fall stone dead.* ‖ Trouver la mort, *to meet o.'s death.* ‖ Veiller un mort, *to watch over a body.* – 11. NON-IMPORTANCE. Ne pas être la mort d'un homme (de Turenne) [Fam.], *not to be the end of the world.* – 12. PEUR. Etre à moitié (à demi) mort de peur, *to be half-dead with fear.* ‖ Etre plus mort que vif, *to be more dead than alive.* – 13. PHYSIONOMIE. Etre blanc (pâle) comme un mort, *to be deathly white.* – 14. RELIGION. Ressusciter les morts, *to resurrect the dead.* – 15. SENTENCE. Condamner à mort, *to sentence to death.* ‖ Etre condamné à mort, *to be under sentence of death.* – 16. SILENCE. Faire le mort, *to lie doggo.* [V. 1.] – 17. SUICIDE. Chercher la mort, *to seek death.* ‖ Se donner la mort, *to take o.'s life.* – 18. TOURMENT. Avoir la mort dans l'âme, *to be sick at heart.* ‖ Etre un mort vivant, *to be a living corpse.* ‖ Souffrir mille morts, *to die a thousand deaths.* ‖ Souffrir mort et passion, *to suffer agonies.* – 19. VOIES DE FAIT. Laisser qqn pour mort, *to leave s.o. for dead.*
→ **article, bruit, danger, droit, guerre, peine, porte, question, toilette, vie.**

mortalité → taux.

mortification ◆ HUMILIATION. Subir des mortifications, *to undergo humiliations*. ◆ RABAISSEMENT. Infliger des mortifications à qqn, *to inflict humiliations on s.o.*

mort-né ◆ ÉCHEC. Etre mort-né, *to be abortive*.

morue → ondulation.

mot 1. ALLUSION. Toucher un mot (deux mots) à qqn, *just to mention it to s.o.* ‖ Parler à mots couverts, *to speak cryptically*. — 2. AUTORITÉ. Avoir son mot à dire, *to be entitled to have o.'s say*. — 3. BÉVUE. Avoir un mot malheureux, *to say something out of turn*. — 4. BONIMENT. Payer qqn de mots, *to take s.o. in with fine words*. — 5. CAPACITÉ. Ne pas avoir dit son dernier mot, *not to have said o.'s last word*. — 6. COMPLICITÉ. Donner (dire) le mot de passe, *to give the password*. ‖ Se donner le mot, *to tip each other off*. — 7. COMPRÉHENSION. Comprendre (saisir) à demi-mot, *to catch on at once*. — 8. CONFIDENCE. Glisser (souffler) un mot à l'oreille de qqn, *to slip a word in s.o.'s ear*. — 9. CONVERSATION. Dire deux mots à qqn, *to have a word with s.o.* [V. 35.] — 10. COURRIER. Écrire un mot à qqn, *to drop s.o. a line*. — 11. ÉCRITURE. Mettre un mot en abrégé, *to abbreviate a word*. ‖ Sauter un mot, *to leave out a word*. — 12. ÉLOCUTION. Articuler (écorcher, estropier; escamoter) un mot, *to articulate (to mispronounce; to gabble) a word*. ‖ Chercher ses mots, *to fumble for words*. ‖ Manger (avaler) ses mots, *to swallow o.'s words*. ‖ Traîner sur les mots, *to drawl*. — 13. ÉMOTION. Ne pas trouver les mots, *cannot find the words* (Gramm.). [V. 17.] — 14. ÉQUIVOQUE. Jouer sur les mots, *to play on words*. — 15. ESPRIT. Avoir toujours le mot pour rire, *always to be full of fun*. ‖ Faire un bon mot, *to say something witty*. ‖ Faire des mots d'esprit, *to make witticisms*. — 16. EXACTITUDE. Répéter (rapporter) mot à mot, *to repeat (to report) word for word*. — 17. EXPRESSION. Choisir ses mots, *to choose o.'s words with care*. ‖ Employer un mot dans son sens large, *to use a word in its broadest sense*. ‖ Ne pas trouver ses mots, *to be at a loss for words*. [V. 13.] — 18. FAVORITISME. Dire un mot pour qqn, *to say a word in s.o.'s favour*. — 19. GROSSIÈRETÉ.

Laisser échapper un gros mot, *to let slip a bad word*. — 20. HYPOCRISIE. Ne pas penser un mot de ce qu'on dit, *not to mean a word of what o. says*. — 21. IGNORANCE. Ne pas en savoir un traître mot (Fam.), *not to know a blinking thing about it*. — 22. INFORMATION. Avoir le mot, *to be in on it*. ‖ Connaître (savoir) le fin mot de l'affaire, *to know the real facts of the case*. — 23. INTERVENTION. Ne pas pouvoir placer un mot, *cannot get a word in edgewise* (Gramm.). ‖ Placer son mot, *to put o.'s oar in*. ‖ Trouver à placer son mot, *to get a word in*. — 24. IRONIE. Avoir des mots à l'emporte-pièce, *to say biting things*. — 25. LECTURE. Buter sur les mots, *to stumble over the words*. — 26. LITTÉRATURE. Faire du (traduire) mot à mot, *to produce translationese*. — 27. MUTISME. Arracher les mots à qqn, *to force the words out of s.o.* ‖ Ne dire mot, *to keep mum*. ‖ Ne pas dire un traître mot, *not to say a single solitary word*. ‖ Ne pas piper mot, *to hold o.'s peace*. ‖ Ne pas tirer un mot de qqn, *not to get a word out of s.o.* — 28. OBSTINATION. Avoir le dernier mot, *to have the last word*. — 29. OPINION. Dire son mot, *to say o.'s piece*. — 30. OPPORTUNITÉ. Avoir le mot de circonstance, *to say the right thing*. — 31. PONDÉRATION. Peser ses mots, *to weigh o.'s words*. — 32. POUVOIR. N'avoir qu'un mot à dire, *to need only (to) say the word*. — 33. QUERELLE. Avoir des mots avec qqn (Fam.), *to have words with s.o.* — 34. RÉALISME. Ne pas se payer de mots, *not to be one for fine words*. — 35. RÉPRIMANDE. Avoir deux mots à dire à qqn (Fam.), *to have something to say to s.o.* [V. 9.] — 36. RÉVÉLATION. Lâcher le grand mot, *to blurt out « the » word*. — 37. RIPOSTE. Prendre qqn au mot, *to take s.o. at his word*. — 38. RONDEUR. Ne pas mâcher ses mots, *not to mince matters*. — 39. SECRET. Ne pas souffler mot de qqch., *not to breathe a word about sth*. — 40. SOLUTION. Tenir (trouver) le mot de l'énigme, *to find the clue to the riddle*. — 41. SYNDICALISME. Lancer un mot d'ordre de grève, *to issue a strike-call*. ‖ Suivre un mot d'ordre syndical, *to follow union orders*. — 42. TRANSMISSION. Glisser un mot à qqn, *to slip s.o. a word*. — 43. VERBIAGE. Employer de grands mots, *to use fine phrases*. ‖ Enchaîner des mots, *to talk and talk.* ‖ Jongler avec les mots, *to juggle with words.* ‖ Se gargariser de mots, *to talk nineteen to the dozen.* ‖ Se griser de mots, *to be drunk with words.* – 44. VOIES DE FAIT. Faire rentrer à qqn les mots dans la gorge (Fam.), *to make s.o. wish he had never spoken.*

→ jeu, moitié, orthographe, peur, sens, valeur.

moteur ◆ AUTOMOBILE. Caler (emballer) le moteur, *to stall (to race) the engine.* ‖ Chauffer (faire partir, faire tourner) un moteur, *to warm up (to start, to run) an engine.* ‖ Mettre le moteur au ralenti, *to let the engine tick over.* ‖ Pousser le moteur, *to drive the engine hard.*

motif ◆ ART. Travailler sur le motif, *to work from nature.* ◆ INTENTION. Chercher (découvrir, trouver) les motifs d'une action, *to look for (to discover, to find) the motives for an action.* ◆ JUSTIFICATION. Donner un motif valable, *to give a valid reason.* ◆ MARIAGE. Courtiser (fréquenter) qqn pour le bon motif, *to court s.o. with honourable intentions.*

motion ◆ AMBIGUÏTÉ. Faire une motion nègre blanc, *to pass a non-committal resolution.* ◆ POLITIQUE. Voter une motion de censure, *to pass a censure motion.* ◆ SYNDICALISME. Adopter (faire, rédiger; rejeter) une motion, *to pass (to draw up; to reject) a resolution.*

mou ◆ APPROPRIATION. Réserver le mou au chat (Fam.), *to give the right thing to the right person.* ◆ FATIGUE. Avoir du mou dans les rotules (Pop.), *to feel all weak at the knees.* ◆ LATITUDE. Donner du mou à la corde (Fig.), *to slacken the reins.* ◆ TROMPERIE. Bourrer le mou à qqn (Pop.), *to have s.o. on.* ◆ VOIES DE FAIT. Rentrer dans le mou à qqn (Pop.), *to light into s.o.*

mouchard ◆ DÉLATION. Faire le mouchard (Pop.), *to be an informer.*

mouche ◆ COLÈRE. Prendre la mouche (Fam.), *to get into a huff.* ◆ DIPLOMATIE. Ne pas prendre des mouches avec du vinaigre (Fam.), *can catch more flies with honey than with verjuice* (Gramm.). ◆ EXAGÉRATION. Faire d'une mouche un éléphant, *to make a mountain out of a molehill.* ◆ INACTION. Gober les mouches (Fam.), *to stand gaping.* ◆ INEFFICACITÉ. Faire la mouche du coche, *to act the busybody.* ◆ MORT. Tomber comme des mouches (Fam.), *to drop like flies.* ◆ NON-AGRESSIVITÉ. Ne pas faire de mal à une mouche (Fam.), *not to hurt a fly.* ◆ PÊCHE. Pêcher à la mouche, *to do fly-fishing.* ◆ PERSPICACITÉ. Etre une fine mouche, *to be a sly customer.* ◆ SANTÉ. Avoir des mouches devant les yeux (Fam.), *to see spots before o.'s eyes.* ◆ SILENCE. Entendre une mouche voler, *to hear a pin drop.* ◆ SPORTS. Faire mouche, *to score a bull's eye.*

→ cage, massue, œuf, patte.

moucher ◆ REBUFFADE. Se faire moucher (Fam.), *to get told off.*

moucheron ◆ NON-DISCERNEMENT. Filtrer (couler) le moucheron et avaler le chameau, *to strain at a gnat and swallow a camel.*

mouchoir ◆ DIMENSION. Etre grand comme un mouchoir de poche (Fam.), *to be the size of a pocket handkerchief.*

→ nœud, poche.

moue ◆ MAUSSADERIE. Faire la moue, *to pout.* ◆ MÉCONTENTEMENT. Faire une vilaine moue, *to pull a wry face.*

mouillage ◆ MARINE. Etre au mouillage, *to be anchored.*

mouillette ◆ ALIMENTATION. Tremper une mouillette, *to drink o.'s bread.*

mouise ◆ PAUVRETÉ. Etre dans la mouise (Fam.), *to be down on o.'s luck.*

moule ◆ ACCOMMODEMENT. Etre fait au moule (Fam.), *to be one of the best.* ◆ CORPS. Etre fait au moule, *to be well-proportioned.* ◆ SIMILITUDE. Etre faits sur (coulés dans) le même moule (Fam.), *to be cast in the same mould.*

moulin ◆ BAVARDAGE. Etre un moulin à paroles (Fam.), *to be a chatterbox.* ◆ FACILITÉ. Entrer comme dans un moulin (Fam.), *to get in without any trouble.* ◆ IDÉALISME. Se battre contre des moulins à vent, *to tilt at windmills.* ◆ REBUFFADE. Envoyer qqn au moulin (Fam.), *to send s.o. packing.*

→ aile, bonnet, eau, four.

moulinet ◆ FAITS ET GESTES. Faire des moulinets avec qqch., *to flourish sth.*

mourant ◆ RELIGION. Administrer un mourant, *to minister to a dying person.*

mourir ◆ AMOUR. Aimer qqn à en mourir, *to be desperately in love with s.o.* ◆ ENNUI. S'ennuyer à mourir, *to be bored to death.* ◆ MORT. Bien mourir, *to die quietly.* ‖ Se laisser mourir, *to have lost* the will to live. ‖ Se voir mourir, *to think o. is dying.*

→ **malade.**

mouron ◆ INQUIÉTUDE. Se faire du mouron (Pop.), *to fret.*

mousse ◆ CHEVELURE. N'avoir plus de mousse sur le caillou (Fam.), *to have lost o.'s thatch.*

mousser ◆ ÉLOGE. Faire mousser qqn (Fam.), *to crack s.o. up.* ◆ EXCITATION. Faire mousser qqn (Fam.), *to make s.o. foam at the mouth.*

moustache 1. BOISSON. Se faire des moustaches (Fam.), *to give o.s. a moustache.* − 2. FAITS ET GESTES. Friser (tortiller) sa moustache, *to curl (to twist) o.'s moustache.* [V. 3.] − 3. FANFARONNADE. Se friser les moustaches (Fam.), *to twirl o.'s moustaches.* [V. 2.] − 4. PHYSIONOMIE. Porter la moustache, *to have a moustache.*

moutarde ◆ COLÈRE. Avoir la moutarde qui monte au nez (Fam.), *to flare up.*

moutardier ◆ PRÉTENTION. Se croire le premier moutardier du pape (Fam.), *to be too big for o.'s boots.*

mouton 1. CHEVELURE. Etre frisé comme un mouton, *to be a mass of curls.* − 2. COLÈRE. Devenir un mouton enragé (Fam.), *to be the worm that turned.* − 3. CONFORMISME. Etre un mouton de Panurge, *to be sheeplike.* ‖ Faire le mouton, *to follow the herd.* [V. 4, 10.] − 4. DÉLATION. Faire le mouton (Pop.), *to squeal.* [V: 3, 10.] − 5. DOUCEUR. Etre doux comme un mouton, *to be as gentle as a lamb.* − 6. EXPRESSION. Revenir à ses moutons (Fam.), *to get back to the point.* − 7. EXTRAORDINAIRE. Etre un mouton à cinq pattes (Fam.), *to be a freak.* − 8. INSOMNIE. Compter les moutons (Fam.), *to count sheep.* − 9. MÉTIER. Garder les moutons, *to tend sheep.* − 10. PASSIVITÉ. Faire le mouton (Fam.), *to be sheeplike.* [V. 3, 4.]

mouture → **sac.**

mouvement 1. AGITATION. Aimer le mouvement, *to be fond of change.* ‖ Etre le mouvement perpétuel (Fam.), *to be whirligig.* ‖ Etre toujours en mouvement, *to be always on the go.* − 2. ARCHAÏSME. Se sentir en dehors du mouvement, *to feel out of things.* − 3. CHEF. Diriger (orienter) un mouvement, *to direct (to*

guide) a movement. ‖ Mener le mouvement, *to lead the movement.* − 4. DÉGOÛT. Avoir un mouvement de recul, *to shrink back.* [V. 17.] − 5. ÉCOLE. Encadrer un mouvement de jeunesse, *to direct a youth movement.* − 6. ÉVIDENCE. Prouver le mouvement en marchant, *to give a practical demonstration.* − 7. FAITS ET GESTES. Faire un faux mouvement, *to make an awkward movement.* − 8. HUMEUR. Avoir un mouvement d'humeur, *to have a fit of temper.* − 9. IMPULSION. Avoir (faire) un bon mouvement, *to have (to act on) a kindly impulse.* ‖ Suivre (céder à) son premier mouvement, *to obey o.'s first instinct.* − 10. INITIATIVE. Agir de son propre mouvement, *to act on o.'s own initiative.* − 11. INTERRUPTION. Arrêter (gêner; interrompre) un mouvement, *to stop (to hinder; to interrupt) a movement.* − 12. LIBERTÉ. Etre libre de ses mouvements, *to be free to do as o. pleases.* − 13. MILITAIRE. Faire un mouvement de repli, *to fall back.* − 14. MODERNISME. Etre dans le mouvement (Fam.), *to be in the swim.* ‖ Suivre le mouvement (Fam.), *to keep up with things.* − 15. MOUVEMENT. Déclencher un mouvement, *to trigger off a movement.* [V. 18.] ‖ Donner (imprimer) un mouvement à qqch., *to set sth. in motion.* ‖ Faire un mouvement, *to make a movement.* ‖ Mettre qqch. en mouvement, *to set sth. in motion.* ‖ Opérer un mouvement d'ensemble, *to move as an ensemble.* ‖ Se donner (prendre) du mouvement, *to stretch o.'s legs.* ‖ Y avoir beaucoup de mouvement, *there [to be] plenty going on* (Gramm.). − 16. PARTISAN. Rallier un mouvement, *to join a movement.* − 17. PEUR. Avoir un mouvement de recul, *to start back.* [V. 4.] ‖ Esquisser un mouvement de recul, *to start back slightly.* − 18. POLITIQUE. Créer un mouvement d'opinion, *to create a movement of public opinion.* ‖ Déclencher un mouvement, *to trigger off a movement.* [V. 15.] ‖ Faire naître un mouvement insurrectionnel, *to spark off an insurrection.* ‖ Susciter un mouvement de foule, *to set off a mob reaction.* − 19. PRÉCIPITATION. Accélérer (brusquer, hâter, précipiter, presser) le mouvement, *to speed up (to precipitate) the movement.* − 20. PROPULSION. Donner le mouvement, *to set things going.* − 21. STUPÉFACTION. Rester sans mouvement (Fam.), *to be frozen in o.'s tracks.*

→ **orientation, temps.**

moyen 1. ARGENT. Avoir les moyens, *can afford it* (Gramm.). ‖ Avoir des moyens d'existence, *to have the wherewithal.* ‖ Disposer de moyens, *to have the means.* [V. 13.] ‖ Ne pas avoir les moyens de faire qqch., *cannot afford to do sth.* (Gramm.). ‖ Vivre au-dessus de ses moyens, *to live beyond o.'s means.* − 2. CAPACITÉ. Arriver par ses propres moyens, *to get there under o.'s own steam.* ‖ Avoir des moyens, *to have brains.* ‖ Avoir de grands moyens, *to be well-endowed with brains.* − 3. DÉSARROI. Perdre ses moyens, *to lose o.'s bearings.* − 4. DÉTOUR. Prendre des moyens détournés pour faire qqch., *to go about sth. in a roundabout way.* − 5. DOMINATION. Avoir des moyens de pression sur qqn, *to have means of bringing pressure to bear on s.o.* − 6. EXPRESSION. Trouver des moyens d'expression, *to find means of expression.* − 7. IMPOSSIBILITÉ. Ne pas y avoir moyen de moyenner (Fam.), *there [not to be] a blessed thing to be done* (Gramm.). − 8. INCAPACITÉ. Avoir peu de moyens (Fam.), *not to be very bright.* ‖ Manquer de moyens, *to lack ability.* − 9. INFAMIE. Ne reculer devant aucun moyen, *to shrink at nothing.* − 10. INGÉNIOSITÉ. Trouver moyen de faire qqch., *to make shift to do sth.* [V. 13.] ‖ Trouver un moyen inédit, *to find a brand new way.* ‖ Utiliser les moyens du bord (Fam.), *to use the means to hand.* ‖ Utiliser des moyens de fortune, *to use makeshift means.* − 11. INTIMIDATION. Ôter ses moyens à qqn, *to cramp s.o.'s style.* − 12. MÉMOIRE. Employer un moyen mnémonique, *to use a mnemonic method.* − 13. MOYEN. Détenir les moyens de faire qqch., *to possess the means of doing sth.* ‖ Disposer de moyens, *to have means.* [V. 1.] ‖ Prendre (employer, utiliser) un moyen, *to employ a method.* ‖ Prendre des moyens pour faire qqch., *to take steps to do sth.* ‖ Trouver (donner, indiquer) le moyen de faire qqch., *to find (to give, to indicate) the means of doing sth.* [V. 10.] − 14. SOLUTION. Ne pas y avoir d'autre moyen, *there [to be] no other means* (Gramm.). − 15. TENTATIVE. Essayer tous les moyens, *to try by fair means or foul.* ‖ Épuiser tous les

moyens, *to exhaust every possibility.* ‖ Mettre tous les moyens en œuvre, *to employ every means.* ‖ Recourir aux (employer les) grands moyens, *to resort to extremes.*

→ **choix, mesure, possession, recours.**

moyenne ◆ COMPENSATION. Faire une moyenne, *to average out.* ◆ ÉCOLE. Avoir la moyenne, *to have the pass-mark.* ‖ Etre dans la moyenne, *to be average.* ◆ MATHÉMATIQUES. Faire (calculer) la moyenne, *to take (to work out) the average.*

mule ◆ OBSTINATION. Etre têtu comme une mule (Fam.), *to be as stubborn as a mule.*
→ **pas.**

mulet ◆ ENCOMBREMENT. Etre chargé comme un mulet (Fam.), *to be loaded like a pack-horse.*

multiplication ◆ MATHÉMATIQUES. Faire une multiplication, *to do a multiplication sum.*

multitude ◆ INSOCIABILITÉ. Fuir la multitude, *to shun crowds.*

mur ◆ ARCHITECTURE. Élever (bâtir, édifier) un mur, *to erect (to build, to construct) a wall.* ‖ Entourer (enclore) de murs, *to surround (to enclose) with walls.* ◆ AVIATION. Franchir (passer) le mur du son, *to break the sound barrier.* ◆ ENTRAVE. Se heurter à un mur (Fam.), *to run o.'s head against a wall.* ◆ ÉVASION. Faire le mur, *to go over the wall.* ◆ EXCITATION. Dresser un mur d'incompréhension, *to erect a wall of incomprehension.* ◆ FAITS ET GESTES. Escalader un mur, *to scale a wall.* ‖ Raser les murs, *to hug the walls.* ◆ INDISCRÉTION. Franchir le mur de la vie privée, *to intrude into private life.* ◆ NON-CONTACT. Parler à un mur, *to be talking to a brick wall.* ◆ POIDS. N'être pas gras de lécher les murs (Fam.), *not to have got fat from eating o.'s nails.* ◆ SÉDENTARISME. Rester entre ses quatre murs, *to stay indoors.* ◆ SÉQUESTRATION. Enfermer qqn entre quatre murs, *to shut s.o. up within four walls.*
→ **dos, huile, pied, tête.**

muscle ◆ CORPS. Avoir du muscle, *to be brawny.* ◆ FORCE. Avoir des muscles d'acier, *to have muscles of steel.* ◆ SANTÉ. Se froisser un muscle, *to strain a muscle.* ◆ SPORTS. Assouplir (développer; bander, tendre) ses muscles, *to loosen up (to develop; to tighten, to stretch) o.'s muscles.*

‖ Se chauffer les muscles, *to limber up.*
→ **nerf.**

muse ◆ LITTÉRATURE. Taquiner la muse, *to be a dilettante.*

museau → **fricassée.**

music-hall ◆ SPECTACLE. Faire du music-hall, *to play the halls.*

musique 1. CONVERSATION. Changer de musique (Fam.), *to change the subject.* – 2. INFORMATION. Connaître la musique (Fam.), *to know the tune.* [V. 3.] – 3. MUSIQUE. Connaître la musique, *to know about music.* [V. 2.] ‖ Composer (écrire; écouter, entendre; exécuter, interpréter) de la musique, *to compose (to write; to listen to, to hear; to perform, to interpret) music.* ‖ Déchiffrer une musique, *to sight-read a piece of music.* ‖ Faire de la musique, *to make music.* ‖ Mettre qqch. en musique, *to set sth. to music.*
→ **papier, parole, morceau.**

mutilation ◆ SANTÉ. Subir une mutilation, *to be maimed.*

mutisme ◆ MUTISME. Etre frappé de mutisme, *to be struck dumb.* ‖ S'enfermer dans le mutisme, *to maintain a stony silence.*

mystère ◆ ÉLUCIDATION. Dévoiler (approfondir, éclaircir, percer) un mystère, *to uncover (to investigate, to unravel, to penetrate) a mystery.* ◆ ÉVIDENCE. N'être un mystère pour personne (Fam.), *to be no mystery to anyone.* ◆ MYSTÈRE. Cacher (couvrir) un mystère, *to contain a mystery.* ‖ Faire mystère de qqch., *to make a mystery out of sth.* ‖ Laisser planer un mystère, *to leave a mystery behind.* ‖ S'entourer de mystère, *to shroud o.s. in mystery.* ◆ RONDEUR. Ne pas en faire un mystère (Fam.), *to make no mystery of it.* ◆ SEXUALITÉ. Enseigner les mystères de la vie, *to teach the facts of life.*
→ **clef.**

mythe ◆ CRÉATION. Créer un mythe, *to create a legend.* ◆ RENOMMÉE. Incarner un mythe, *to be a walking legend.*

n

nage ◆ SANTÉ. Etre en nage (Fam.), *to be bathed in perspiration.* ‖ Mettre qqn en nage (Fam.), *to make s.o. break out in a sweat.* ‖ Se mettre en nage (Fam.), *to make o.s. perspire.* ◆ SPORTS. Faire de la nage, *to go swimming.* ‖ Traverser à la nage, *to swim across.*

nager ◆ DIPLOMATIE. Savoir nager (Fam.), *to know how to look after o.s.* ◆ SPORTS. Savoir nager, *to know how to swim.*

naissance ◆ DÉBUT. Prendre naissance, *to originate.* ◆ HÉRÉDITÉ. Tenir qqch. de naissance, *to be born with sth.* ◆ MÉDECINE. Etre sourd de naissance, *to be deaf from birth.* ◆ ORIGINE. Donner naissance à qqch., *to give rise to sth.*
→ **acte, bulletin.**

naître ◆ PROJET. Etre encore à naître, *to be as yet unborn.*

nanan ◆ SAVEUR, VALEUR. Etre du nanan (Fam.), *to be a spot of all right.*

narine ◆ ODEUR. Chatouiller les narines (Fam.), *to smell appetizing.*

nasse ◆ PÊCHE. Pêcher à la nasse, *to use fish-traps.*

nation → **appel.**

nationalité ◆ NATIONALITÉ. Acquérir la nationalité française, *to acquire French nationality.* ‖ Changer de nationalité, *to change' o.'s nationality.* ‖ Perdre (répudier) sa nationalité, *to lose (to renounce) o.'s nationality.*

naturaliser ◆ NATIONALITÉ. Se faire naturaliser, *to become naturalized.*

nature ◆ AGRICULTURE. Domestiquer la nature, *to tame nature.* ◆ ARTS. Imiter la nature, *to copy nature.* ‖ Dessiner d'après nature, *to draw from life.* ◆ BOISSON. Boire nature, *to drink neat.* ◆ CARACTÈRE. Changer de nature, *to change o.'s character.* ◆ CARACTÉRISTIQUE. Ne pas être dans la nature de qqn de faire qqch., *not to be s.o.'s nature to do sth.* ◆ CHANGEMENT. Changer (altérer) la nature de qqch., *to change (to alter) the nature of sth.* ◆ CORPS. Etre disgracié (déshérité) par la nature, *to be ill-favoured.* ◆ FUITE. S'évanouir (disparaître) dans la nature (Fam.), *to vanish (to disappear) into thin air.* ◆ GÉNÉROSITÉ. Avoir une riche

nature, *to have a generous nature.* ◆
HABITUDE. Devenir (être) une seconde
nature, *to become (to be) second
nature.* ◆ INCLINATION. Suivre sa nature,
to follow o.'s natural bent. ◆ MAÎTRISE DE
SOI. Combattre (lutter contre) sa nature, *to
fight (to struggle) against o.'s natural
tendencies.* ‖ Dompter sa nature, *to
overcome o.'s natural tendencies.* ◆
NORME. Etre dans la nature des choses,
to be in the nature of things. ◆ PAIEMENT.
Payer en nature, *to pay in kind.* ◆ RON-
DEUR. Etre nature (Fam.), *to be straightforward.* ◆ SANTÉ. Aider la nature, *to
assist nature.* ‖ Avoir une petite nature
(Fam.), *to be a weakling.* ‖ Laisser faire
la nature, *to let nature take its course.*
→ **dette, force, tribut.**

naturel ◆ AFFECTATION. Manquer de
naturel, *to have a self-conscious manner.* ◆
INTENTION. Partir d'un bon naturel, *to
spring from good nature.* ◆ JUGEMENT.
Trouver naturel de faire qqch., *to find it
normal to do sth.*

naufrage ◆ ÉCHEC. Faire naufrage au
port (Fig.), *to fall at the last fence.* ◆
MARINE. Disparaître dans un naufrage, *to
be lost in a shipwreck.* ‖ Faire naufrage,
to be shipwrecked. ◆ SALUT. Sauver qqn
(qqch.) du naufrage, *to save s.o. (sth.) from
disaster.*

nausée ◆ DÉGOÛT. Donner la nausée à
qqn (Fig.), *to nauseate s.o.* ‖ En avoir
la nausée (Fig.), *to be nauseated.* ◆ SANTÉ.
Avoir (donner) la nausée, *to feel (to cause)
nausea.*

navet → **sang.**

navette ◆ DÉPLACEMENT. Faire la
navette, *to run back and forth.*

naviguer ◆ DIPLOMATIE. Savoir naviguer
(Fam.), *to know how to steer o.'s course.*

navire ◆ MARINE. Abandonner le navire,
to abandon ship. ‖ Armer (équiper; baptiser; décharger; renflouer) un navire, *to fit
out (to equip; to name; to unload; to
refloat) a ship.*

né ◆ EXPÉRIENCE. Ne pas être né d'hier
(Fam.), *not to have been born yesterday.*
◆ VOCATION. Etre né pour qqch., *to be
made for sth.*

néant ◆ CRÉATION. Tirer qqch. du néant,
to bring sth. into being. ◆ DÉBUT. Sortir
du néant, *to emerge from obscurity.* ◆
DESTRUCTION. Réduire qqch. à néant, *to
destroy sth. utterly.* ◆ OBSCURITÉ. Rentrer

dans le néant, *to lapse into obscurity.*

nécessaire ◆ ARGENT. Avoir le strict
nécessaire, *to have the bare minimum.* ◆
NÉCESSAIRE. Faire le nécessaire, *to do
what is necessary.* ‖ Fournir le nécessaire, *to supply what is needed.* ‖ PAU-
VRETÉ. Manquer du nécessaire, *to lack
the basic necessities.* ◆ UTILITÉ. Se rendre
nécessaire, *to make o.s. indispensable.*

nécessité ◆ CONTRAINTE. Faire de
nécessité vertu, *to make a virtue of necessity.* ‖ Mettre qqn dans la nécessité de
faire qqch., *to make it necessary for
s.o. to do sth.* ‖ Se trouver dans la
nécessité de faire qqch., *to find o.s. obliged
to do sth.* ◆ INUTILITÉ. Ne pas voir la
nécessité de faire qqch., *to fail to see the
necessity for doing sth.* ◆ NÉCESSITÉ.
Etre de première nécessité, *to be imper-
ative.* ◆ PAUVRETÉ. Etre dans la nécessité, *to be in need.*

négative ◆ REFUS. Demeurer (se tenir)
sur la négative, *to maintain a negative
stand.*

négligence ◆ NÉGLIGENCE. Montrer de
la négligence à faire qqch., *to show negligence in doing sth.* ◆ RÉPARATION. Réparer une négligence, *to make up for an oversight.*

négociation ◆ CONTACT. Engager
(entamer, ouvrir; mener) des négociations,
*to start (to begin, to open; to conduct)
negotiations.* ‖ Entrer en négociations,
to enter into negotiations.

nègre 1. EXPRESSION. Parler petit nègre,
to speak pidgin. — 2. LITTÉRATURE. Faire
le nègre pour qqn (Fam.), *to ghost s.o.'s
book.* [V. 4.] — 3. RENDEMENT. Travailler
comme un nègre (Fam.), *to work like a
black.* — 4. TRAVAIL. Faire le nègre (Fam.),
to do the donkey-work. [V. 2.]

neige ◆ COULEUR. Etre blanc comme (la)
neige, *to be as white as snow.* ◆ DISPARI-
TION. Fondre comme neige au soleil, *to
vanish like snow in May.*
→ **blanc, boule, classe, vacance.**

nénette ◆ INSOUCIANCE. Ne pas se
casser la nénette (Fam.), *not to worry o.'s
head.*

néophyte → **zèle.**

nerf ◆ APATHIE. Manquer de nerf, *to have
no backbone.* ◆ ARGENT. Etre le nerf de
la guerre (Fam.), *to be the sinews of war.*
◆ CORPS. Etre tout nerfs et tout muscles,
to be all thew and sinew. ◆ DÉTENTE.

Calmer (détendre) les nerfs, *to soothe (to steady) the nerves.* ◆ ÉNERGIE. Avoir du nerf, *to have plenty of vim.* ‖ Y mettre du nerf, *to put some vim into it.* ◆ ÉNERVE-MENT. Avoir les nerfs à vif (à cran, en boule, en pelote) [Fam.], *to be all on edge.* ‖ Passer ses nerfs sur qqn (qqch.) [Fam.], *to vent o.'s irritation on s.o. (sth.).* ‖ Vivre sur les nerfs, *to live on o.'s nerves.* ◆ ÉQUI-LIBRE. Avoir des nerfs à toute épreuve, *to have nerves of steel.* ◆ EXCITATION. Ébran-ler les nerfs de qqn, *to shatter s.o.'s nerves.* ‖ Mettre les nerfs de qqn en pelote (Fam.), *to jangle s.o.'s nerves.* ‖ Porter (taper, donner) sur les nerfs de qqn (Fam.), *to get on s.o.'s nerves.* ◆ MAÎTRISE DE SOI. Dominer (dompter, maîtriser) ses nerfs, *to control (to overcome, to master) o.'s nerves.* ◆ NERVOSITÉ. Avoir les nerfs à fleur de peau (Fam.), *to be jumpy.* ‖ Avoir les nerfs malades, *to be a nervous wreck.* ‖ Se détraquer les nerfs, *to wreck o.'s nerves.* ◆ RÉTABLISSEMENT. Redonner du nerf à une affaire (Fam.), *to give a firm a shot in the arm.*

→ **bout, contrôle, crise, guerre, paquet.**

nervosité ◆ Éprouver de la nervosité, *to be in a state of nerves.*

net ◆ ÉCLAIRCISSEMENT. Mettre au net une situation, *to straighten out a situation.* ◆ ÉCRITURE. Mettre au net un texte, *to make a fair copy of a text.* ◆ MORT. Etre tué net, *to be killed outright.* ◆ REFUS. Refuser tout net, *to refuse flatly.* ◆ RONDEUR. Etre très net, *to speak plainly.*

→ **clair.**

nettoyage ◆ MÉNAGE. Faire du net-toyage, *to do some cleaning.* ‖ Faire le grand nettoyage, *to spring-clean.* ◆ RENVOI. Faire le nettoyage par le vide (Fig.), *to make a clean sweep.*

→ **opération.**

neuf ◆ NOUVEAUTÉ. Etre dans son neuf, *to be new still.* ‖ Etre flambant neuf, *to be brand new.* ‖ Y avoir du neuf, *there [to be] a fresh development* (Gramm.). ◆ RÉNOVATION. Faire du neuf dans (avec) du vieux, *to make new clothes out of old.* ‖ Remettre (refaire) à neuf, *to renovate.* ◆ VÊTEMENT. S'habiller de neuf, *to dress in new clothes.*

neurasthénie ◆ SANTÉ. Faire de la neurasthénie, *to be neurotic.* ‖ Sombrer dans la neurasthénie, *to get into a depres-sion.*

neutralité ◆ NEUTRALITÉ. Demeurer dans une neutralité bienveillante, *to main-tain sympathetic neutrality.* ‖ Observer (garder) la neutralité, *not to take sides.* ◆ PARTISAN. Sortir de la neutralité, *to take sides.* ◆ POLITIQUE. Garantir (violer) la neutralité d'une nation, *to guarantee (to violate) a nation's neutrality.*

neutre ◆ NEUTRALITÉ. Rester neutre, *to remain neutral.*

neuvaine ◆ RELIGION. Faire une neu-vaine, *to say a novena.*

nez 1. ABSENCE. Se casser le nez (Fam.), *to find the door closed.* — 2. ANTIPATHIE. Avoir qqn dans le nez (Fam.), *to have a thing against s.o.* — 3. ARTISAN DE SON SORT. Avoir le nez dans son caca (Pop.), *to be having o.'s nose rubbed in it.* — 4. ATTENTION. Avoir le nez dans qqch. (Fam.), *to have o.'s nose buried in sth.* ‖ Ne pas lever le nez de dessus son ouvrage, *to be buried in o.'s work.* — 5. AVIATION. Piquer du nez, *to nose-dive.* — 6. DÉCON-VENUE. Faire un drôle de nez (Fam.), *to pull a long face.* ‖ Faire un long nez (Fam.), *to be crestfallen.* — 7. DÉFI. Regar-der qqn sous le nez (Fam.), *to look defiantly at s.o.* — 8. DÉGOÛT. Tordre le nez, *to turn o.'s nose up.* — 9. DÉSAPPRO-BATION. Froncer le nez, *to wrinkle o.'s nose.* — 10. ÉLOCUTION. Parler du nez, *to talk through o.'s nose.* — 11. ÉVIDENCE. Mettre à qqn le nez dans son caca (Pop.), *to rub s.o.'s nose in it.* ‖ Se voir comme le nez au milieu de la figure, *to be as plain as the nose in your face.* — 12. FAITS ET GESTES. Avoir le nez au vent, *to be star-gazing.* ‖ Avoir le nez dessus, *to peer at it.* ‖ Lever le nez (de dessus qqch.), *to raise o.'s head (from sth.).* ‖ Marcher le nez à terre (le nez au vent) (Fam.), *to walk with o.'s nose to the ground (with o.'s head up).* ‖ Mettre le nez à la fenêtre (Fam.), *to show o.'s face at the window.* ‖ Mettre le nez à la porte (Fam.), *to peep through the door.* ‖ Montrer son nez (Fam.), *to show o.'s face.* — 13. GÊNE. Baisser le nez, *to hang o.'s head.* — 14. IMPROVISTE. Se trouver nez à nez avec qqn, *to bump into s.o.* — 15. INDISCRÉTION. Mettre (fourrer [Fam.]) son nez dans les affaires de qqn, *to poke (to stick) o.'s nose into s.o.'s business.* — 16. IVROGNERIE. Avoir le nez qui bourgeonne (Fam.), *to have a pimply nose.* ‖ Se piquer le nez

(Fam.), *to be fond of the bottle.* — 17.
MAUSSADERIE. Faire le nez (Fam.), *to pull
a face.* — 18. MENACE. Pendre au nez (Fam
to hang over o.'s head. — 19. MOQUERIE.
Rire au nez de qqn, *to laugh in s.o.'s face.*
— 20. NON-VÉRITÉ. Avoir le nez qui remue,
to tell fibs. — 21. ODEUR. Se boucher le nez
(Fam.), *to hold o.'s nose.* ‖ Sentir (puer)
à plein nez, *to stink to high heaven.* — 22.
ODORAT. Avoir du nez (le nez fin), *to have
a good nose.* [V. 23.] — 23. PERSPICACITÉ.
Avoir du nez (le nez creux) [Fam.], *to have
a flair* [V. 22.] ‖ Avoir eu bon nez (Fam.),
to have been well inspired. — 24. PHYSIO-
NOMIE. Avoir un nez en pied de marmite, *to
have a nose that spreads out at the bottom.*
‖ Avoir le nez de travers, *to have a crooked
nose.* — 25. PRIVATION. Faire passer qqch.
sous le nez de qqn, *to fiddle s.o. out of sth.*
‖ Passer (filer) sous le nez de qqn (Fam.),
to slip right past s.o. [V. 30.] — 26. PROME-
NADE. Mettre le nez dehors, *to put o.'s
nose out of doors.* — 27. QUERELLE.
Se manger (se bouffer) le nez (Fam.),
to squabble. — 28. RABAISSEMENT.
Faire baisser le nez à qqn, *to make
s.o. pipe down.* — 29. REBUFFADE.
Jeter qqch. au nez de qqn (Fam.), *to
fling sth. into s.o.'s face.* ‖ Moucher le nez
à qqn (Fam.), *to put s.o. smartly in his
place.* — 30. RESQUILLAGE. Passer devant
le nez de qqn (Fam.), *to steal s.o.'s turn.*
[V. 25.] — 31. SANTÉ. Avoir le nez bouché,
to have a blocked nose. ‖ Avoir le nez qui
coule, *to have a runny nose.* ‖ Saigner du
nez, *to have a nosebleed.*

→ **air, bout, coup, doigt, encensoir, lait,
moutarde, pied, porte, temps, trou, ver,
verre, vue.**

niaiserie ◆ SOTTISES. Dire des niaiseries,
to talk nonsense.

niche ◆ TOUR. Faire des niches (Fam.),
to play pranks.
→ **pâtée.**

nickel ◆ PROPRETÉ. Etre nickel (Fam.),
to be as clean as a whistle.

nid 1. ABSENCE. Trouver le nid vide (Fam.),
to find the bird flown. — 2. ADULTÈRE.
Pondre au nid de qqn (Fam.), *to cuckold
s.o.* — 3. ANIMAL. Faire son nid, *to build
its nest.* [V. 4.] — 4. INSTALLATION. Faire
son nid (Fam.), *to make o.'s home* [V. 3.] —
5. MILITAIRE. Réduire un nid de résistance,
to wipe out a pocket of resistance. — 6.

PROCÉDURE. Etre un nid à procès, *to be a
hotbed of litigation.*
→ **pie.**

nique ◆ MOQUERIE. Faire la nique à qqn
(Fam.), *to crow over s.o.*

niveau 1. ÉCOLE. Etre du même niveau, *to
be on a level.* ‖ Relever (élever) le niveau
des études, *to raise the standard of
learning.* ‖ Se mettre au niveau, *to reach
the standard.* [V. 2.] — 2. ÉGALITÉ. Se
mettre au niveau de qqn, *to put o.s. on
s.o.'s level.* [V. 1.] — 3. GÉOGRAPHIE. Se
trouver au-dessus du niveau de la mer, *to
lie above sea-level.* — 4. NIVEAU DE VIE.
Améliorer (relever) le niveau de vie, *to
improve (to raise) the standard of living.* —
5. NIVEAU MENTAL. Se situer (se maintenir)
à un certain niveau, *to be at (to maintain)
a certain level.*

Nivelle → **chien.**

nivellement ◆ NIVEAU SOCIAL. Réaliser
le nivellement par la base, *to bring everything to one basic level.*

noblesse ◆ NIVEAU SOCIAL. Appartenir à la noblesse, *to belong to the
nobility.*
→ **titre.**

noce ◆ CONTENTEMENT. N'avoir jamais
été à pareilles noces (Fam.), *to have the
time of o.'s life.* ◆ DÉBAUCHE. Faire la
noce (Fam.), *to go on a binge.* ◆ DÉSA-
GRÉMENT. Ne pas être à la noce (Fam.),
not to have much fun. ◆ MARIAGE.
Célébrer ses noces, *to celebrate o.'s
marriage.* ‖ Célébrer (fêter) ses noces
d'argent (d'or), *to celebrate o.'s silver
(golden) wedding.* ‖ Convoler en justes
(en secondes, en troisièmes) noces, *to
take a lawful (a second, a third) spouse.* ‖
Épouser qqn en secondes noces, *to take
s.o. as o.'s second wife (husband).* ‖ Etre
de noce, *to be a wedding guest.*
→ **repas, voyage.**

Noël ◆ DON. Recevoir son Noël, *to
receive o.'s Christmas box.*
→ **arbre, père.**

nœud ◆ FAITS ET GESTES. Faire (défaire,
dénouer) un nœud, *to tie (to untie, to undo)
a knot.* ◆ MÉMOIRE. Faire un nœud à son
mouchoir, *to tie a knot in o.'s handkerchief.* ◆ RÉVÉLATION. Découvrir
(trouver) le nœud de l'affaire, *to get to the
crux of the matter.* ◆ SOLUTION. Trancher

(couper) le nœud gordien, *to cut the Gordian Knot.*

→ **sac.**

noir 1. COMMERCE. Acheter au noir (Fam.), *to buy under the counter.* — 2. ÉCRITURE. Coucher (écrire, mettre) qqch. noir sur blanc, *to put (to write) sth. down in black and white.* — 3. IVRESSE. Etre noir (Fam.), *to be dead drunk.* — 4. MÉTIER. Travailler au noir, *to do a bit on the side.* — 5. NON-COMPRÉHENSION. Etre dans le noir le plus complet, *cannot make head nor tail of it* (Gramm.). [V. 6.] — 6. NON-ÉCLAIRAGE. Etre dans le noir, *to be out of the light.* [V. 5.] — 7. PESSIMISME. Pousser au noir, *to darken the picture.* ‖ Voir tout en noir, *to look on the dark side of things.* — 8. TRISTESSE. Avoir le noir, *to be gloomy.* ‖ Broyer du noir, *to mope.* — 9. VÊTEMENT. Porter du noir, *to wear black.*

→ **blanc, situation.**

noise ◆ AGRESSIVITÉ. Chercher noise à tout le monde, *to have a chip on o.'s shoulder.* ◆ QUERELLE. Chercher noise (des noises) à qqn, *to pick a quarrel with s.o.*

noix ◆ DIMENSION. Etre gros comme une noix (Fam.), *to be no bigger than a walnut.*

→ **boniment.**

nom ◆ DÉSHONNEUR. Déshonorer son nom, *to tarnish o.'s name.* ◆ ÉLOCUTION. Estropier un nom, *to mispronounce a name.* ◆ FAMILLE. Etre le dernier du nom, *to be the last of the line.* ◆ INFAMIE. N'avoir de nom dans aucune langue, *there [to be] no word bad enough for it* (Gramm.). ◆ INSULTE. Donner des noms d'oiseaux à qqn (Fam.), *to call s.o. names.* ‖ Traiter qqn de tous les noms, *to call s.o. all sorts of names.* ◆ INTERMÉDIAIRE. Agir au nom de qqn, *to act on s.o.'s behalf.* ◆ MARIAGE. Offrir son nom à une femme, *to propose to a woman.* ◆ MÉMOIRE. Ne pas pouvoir mettre un nom sur un visage, *cannot put a name to a face* (Gramm.). ◆ NOM. Avoir un nom à coucher dehors (Fam.), *to have a tongue-twister of a name.* ‖ Avoir un nom à particule (à rallonge [Fam.]), *to have a handle to o.'s name.* ‖ Changer de nom, *to change o.'s name.* ‖ Décliner ses nom, prénoms et qualité, *to state o.'s full name and occupation.* ‖ Faire figurer son nom dans qqch., *to have o.'s name entered in sth.* ‖ Prendre un nom d'emprunt, *to take an assumed name.* ‖ Prêter son nom à qqn, *to let s.o. use o.'s name.* ‖ Répondre au nom de X, *to answer to the name of X.* ‖ Tirer son nom de qqch., *to get o.'s name from sth.* ◆ OBSTINATION. Réussir ou y perdre son nom (Fam.), *to succeed or eat o.'s hat.* ◆ RELATIONS. Ne connaître qqn que de nom, *to know s.o. only by name.* ◆ RENOMMÉE. Attacher son nom à qqch., *to put o.'s name to sth.* ‖ Immortaliser un nom, *to immortalize a name.* ‖ Donner son nom à une rue, *to have a street named after one.* ‖ Porter un nom, *to have a famous name.* ‖ Se faire (laisser) un nom, *to make (to leave) a name for o.s. (behind o.).*

→ **bêtise, chèque, chose, honneur, mémoire.**

nombre ◆ 1. CRIME. Rayer qqn du nombre des vivants, *to remove s.o. from the land of the living.* — 2. FOULE. Faire nombre, *to make a crowd.* [V. 7.] — 3. INFÉRIORITÉ. Etre submergé par le nombre *to be overcome by force of numbers.* — 4. INTIMITÉ. Compter qqn au nombre de ses amis, *to number s.o. among o.'s friends.* — 5. MÉCONTENTEMENT. Grossir le nombre des mécontents, *to swell the ranks of the discontented.* — 6. MILITAIRE. Succomber sous le nombre, *to be overwhelmed by force of numbers.* — 7. NOMBRE. Etre du nombre, *to be one of the number.* ‖ Etre en (grand) nombre, *to be numerous.* ‖ Faire nombre, *to make up the number.* [V. 2.]

→ **genre, loi, racine.**

nombril ◆ ÉGOCENTRISME. Contempler son nombril (Fam.), *to be wrapped up in o.s.* ‖ Se prendre pour le nombril du monde (Fam.), *to regard o.s. as the centre of the universe.* ‖ Tourner autour de son nombril, *to be self-centred.*

nomenclature ◆ ADMINISTRATION. Dresser une nomenclature, *to draw up a register.*

non → **oui, signe.**

non-agression → **pacte.**

nonchalance ◆ RESSORT. Sortir de sa nonchalance, *to shake off o.'s apathy.*

non-lieu ◆ SENTENCE. Bénéficier d'un non-lieu, *to be discharged.*

non-recevoir → **fin.**

non-sens ◆ LANGAGE. Faire un non-sens, *to translate nonsense.*

non-violence → **partisan.**

nord ◆ FOLIE. Perdre le nord (Fam.), *to lose o.'s bearings.*

normale ◆ ANOMALIE. S'écarter de la normale, *to be abnormal.* ◆ NORME. Revenir à la normale, *to return to normal.*

Normand → réponse.

nostalgie ◆ NOSTALGIE. Avoir la nostalgie de qqch., *to have a yearning for sth.*

notaire ◆ NOTAIRE. Passer devant notaire, *to go before a notary.* ‖ S'obliger par-devant notaire, *to undertake a legal obligation.*

→ acte.

note 1. ADMINISTRATION. Faire passer une note de service, *to put out a staff memo.* — 2. ATTENTION. En prendre bonne note, *to take due note.* ‖ Prendre note de qqch., *to take note of sth.* — 3. COMMERCE. Demander (acquitter, payer, régler) la note, *to ask for (to foot, to pay, to settle) the bill.* ‖ Enfler (gonfler, corser, saler) la note (Fam.), *to fiddle (to fix, to pad) the bill.* ‖ Faire la note, *to make out the bill.* ‖ Présenter (envoyer) sa note, *to present (to send in) o.'s bill.* — 4. CONVENANCE. Etre dans la note, *to be in keeping.* — 5. ÉCOLE. Avoir de bonnes (mauvaises) notes, *to have good (bad) marks.* ‖ Infliger (donner) une mauvaise note, *to give a bad mark.* ‖ Prendre des notes, *to take notes.* ‖ Prendre qqch. en note, *to make a note of sth.* ‖ Prêter ses notes, *to lend o.'s notes.* ‖ 6. EXAGÉRATION. Forcer la note, *to exaggerate.* — 7. EXEMPLE. Donner la note (Fig.), *to set the tone.* [V. 9.] — 8. GAIETÉ. Mettre une note de gaieté dans qqch., *to bring a cheerful note to sth.* — 9. MUSIQUE. Donner la note, *to give the note.* [V. 7.] ‖ Faire de fausses notes, *to play (to sing) wrong notes.* ‖ Savoir lire ses notes, *can read music* (Gramm.).

noté ◆ ESTIME. Etre bien noté, *to have a good record.*

notification ◆ PROCÉDURE. Donner (recevoir) notification, *to give (to receive) notice.*

notion ◆ DURÉE. Perdre la notion du temps, *to lose all sense of time.* ◆ IGNORANCE. Ne pas avoir la moindre notion de qqch., *not to have the faintest notion about sth.* ◆ RUDIMENT. Avoir des notions de qqch., *to have a slight knowledge of sth.*

notoriété ◆ RENOMMÉE. Atteindre à la notoriété, *to become a celebrity.* ‖ Etre de notoriété publique, *to be common knowledge.*

nouba ◆ DÉBAUCHE. Faire la nouba (Fam.), *to paint the town red.*

nougat ◆ FACILITÉ. Etre du nougat (Fam.), *to be a piece of cake.*

nouille ◆ FAIBLESSE. Avoir mangé des nouilles (Fam.), *to be wishy-washy.*

nourrice ◆ ENFANT. Mettre en nourrice, *to put out to nurse.*

nourriture ◆ AVARICE. Mesurer la nourriture à qqn, *to ration s.o.'s food.* ‖ Reprocher la nourriture à qqn, *to begrudge s.o. his keep.* ◆ GOURMANDISE. Etre porté sur la nourriture, *to be fond of o.'s food.* ‖ Se gorger (se bourrer [Fam.]) de nourriture, *to gorge (to stuff) o.s. with food.*

nous ◆ CARACTÉRISTIQUE. Etre bien de chez nous, *to be a good old local custom* (chose), *to be home-grown* (personne).

nouveau ◆ ARCHAÏSME. Ne pas être nouveau, *to be nothing new.* ◆ NOUVEAUTÉ Etre tout nouveau tout beau (Fam.), *to have the attraction of novelty.*

nouveauté ◆ NOUVEAUTÉ. Garder toute sa nouveauté, *still to have all its novelty.*

nouvelle ◆ ACTUALITÉ. Donner les nouvelles du jour, *to give today's news.* ‖ Recevoir une nouvelle de dernière minute, *to receive a last-minute news item.* ◆ COMPÉTENCE. Pouvoir en dire des nouvelles, *can tell a thing or two about it.* (Gramm.). ◆ CONTACT. Donner de ses nouvelles à qqn, *to give s.o. o.'s news.* ‖ Etre sans nouvelles de qqn, *to be without news of s.o.* ‖ Prendre des nouvelles de qqn, *to ask after s.o.* ‖ Recevoir des nouvelles de qqn, *to hear from s.o.* ◆ DÉMENTI. Démentir une nouvelle, *to contradict a piece of news.* ◆ INFORMATION. Aller aux nouvelles, *to go and find out.* ‖ Annoncer (confirmer) une nouvelle, *to announce (to confirm) some news.* ‖ Apporter (recueillir) des nouvelles, *to bring (to gather) news.* ‖ Envoyer qqn aux nouvelles, *to send s.o. to find out.* ‖ Recevoir une nouvelle, *to receive some news.* ‖ Recevoir une nouvelle toute chaude, *to receive some red-hot news.* ‖ Tenir une nouvelle de qqn, *to have it from s.o.* ◆ PUBLICITÉ. Ébruiter une nouvelle, *to noise a piece of news abroad.* ‖ Laisser filtrer (claironner, tambouriner; colporter, propager, répandre; faire circuler, transmettre) une nouvelle, *to leak (to trumpet;*

to spread, to spread about; to circulate, to pass on) some news. ◆ SECRET. Tenir une nouvelle secrète, *to keep some news secret.*
→ **primeur.**

novice ◆ SEXUALITÉ. Ne pas être novice (Fam.), *to be an old hand.*
→ **zèle.**

noyau ◆ GROUPEMENT. Faire partie d'un (constituer un) petit noyau de gens, *to belong to (to form) a (small) nucleus of people.* ◆ INCONFORT. Etre rembourré avec des noyaux de pêche (Fam.), *to be as hard as nails.* ◆ MILITAIRE. Réduire les derniers noyaux de résistance, *to wipe out the last pockets of resistance.*

noyé ◆ SALUT. Repêcher un noyé, *to pull a body out of the water.*

nu ◆ NUDITÉ. Aller tout nu, *to go about without a stitch on.* ◆ RÉVÉLATION. Mettre à nu, *to expose.*

nuage ◆ DISTRACTION. Etre dans les nuages, *to be woolgathering.* ◆ ILLUSION. Vivre dans les nuages, *to have o.'s head in the clouds.* ◆ IMAGINATION. Se perdre dans les nuages (Fam.), *to be lost in the clouds.*

nuance ◆ LANGAGE. Percevoir une nuance, *to detect a shade of meaning.* ‖ Trouver la nuance voulue, *to find the right shade of meaning.*

nudisme ◆ NUDITÉ. Pratiquer le (faire du) nudisme, *to be a nudist.*

nudité ◆ NUDITÉ. Exhiber sa nudité, *to display o.'s body.*

nue ◆ ÉLOGE. Monter (élever, mettre, porter) aux nues, *to praise to the skies.* ◆ STUPÉFACTION. Tomber des nues, *to come down to earth with a bump.*

nuire ◆ PRÉJUDICE. Chercher à nuire à qqn, *to try to do s.o. harm.*

nuit ◆ HOSPITALITÉ. Passer la nuit chez des amis, *to stay the night with friends.*

◆ INSOMNIE. Passer une nuit blanche, *to have a sleepless night.* ◆ LIBERTINAGE. Passer la nuit avec qqn, *to spend the night with s.o.* ‖ Passer la nuit dehors, *to make a night of it.* ◆ MORT. Ne pas passer la nuit, *not to last the night.* ◆ NON-ÉCLAIRAGE. Faire nuit noire, *to be pitch dark.* ◆ NUIT. Faire nuit, *to be night.* ◆ PASSÉ. Se perdre dans la nuit des temps, *to be lost in the mists of time.* ◆ PRÉOCCUPATION. En rêver la nuit (Fam.), *to dream about it.* ◆ RETARD. Se laisser surprendre par la nuit, *to be overtaken by nightfall.* ◆ SANTÉ. Passer la nuit, *to spend the night.* ◆ SOMMEIL. Dormir sa nuit, *to get o.'s beauty sleep.* ◆ TRAVAIL. Etre de nuit, *to be on nights.* ‖ Travailler de nuit, *to work nights.* ◆ VOYAGE. Voyager de nuit, *to travel overnight.*
→ **bonnet, jour, œil.**

nul ◆ PROCÉDURE. Rendre nul, *to annul.* ‖ Déclarer nul et non avenu, *to declare null and void.*

nullité ◆ PROCÉDURE. Etre entaché de nullité, *to be invalid.* ‖ Frapper de nullité, *to render void.*

numéro 1. AFFECTATION. Faire son numéro (Fam.), *to do o.'s act.* — 2. AUTOMOBILE. Relever le numéro d'une voiture, *to take the number of a car.* — 3. CHANCE. Tirer le bon numéro (Fam.), *to pick a winner.* [V. 4.] — 4. HASARD. Tirer le bon numéro (Fam.), *to draw the winning number.* [V. 3.] — 5. PRESSE. Sortir un numéro spécial, *to print a special edition.* — 6. TÉLÉPHONE. Chercher un numéro dans l'annuaire, *to look up a number in the directory.* ‖ Composer (faire, former) le numéro, *to dial the number.* ‖ Demander un numéro, *to ask for a number.*

obéir ◆ AUTORITÉ. Entendre être obéi, *to mean to be obeyed.* ‖ Savoir se faire obéir, *to command obedience.*

obéissance ◆ DÉPENDANCE. Devoir obéissance à qqn, *to owe obedience to s.o.* ◆ DOMINATION. Maintenir qqn dans

l'obéissance, *to keep s.o. obedient.* ‖ Réduire qqn à l'obéissance, *to force s.o. into obedience.*

objectif ◆ MILITAIRE. Bombarder un objectif militaire, *to bomb (to bombard) a military target.* ◆ OBJECTIF. Atteindre (manquer) son objectif, *to attain (not to attain) o.'s object.* ‖ Viser un objectif (avoir un objectif en vue), *to have an objective in view.* ◆ SPORTS. Atteindre (manquer; viser) un objectif, *to reach (to miss; to aim at) a target.*

objection ◆ ARGUMENTATION. Balayer (réfuter) toutes les objections, *to brush aside (to refute) all objections.* ‖ Prévenir (prévoir, passer au-devant d') une objection, *to anticipate (to foresee, to forestall) an objection.* ‖ Faire (élever, soulever, faire valoir, formuler, présenter, proposer) une objection, *to make (to raise, to put forward, to state, to advance, to submit) an objection.* ‖ Multiplier les objections, *to keep adding objections.* ‖ Rencontrer une objection, *to meet with an objection.* ‖ Répondre (se heurter) à une objection, *to answer (to come up against) an objection.* ◆ NON-OPPOSITION. Ne voir aucune objection à qqch., *to see no objection to sth.*

objet 1. ADMINISTRATION. Aller (se rendre) aux objets trouvés, *to go to the lost-property office.* − 2. AMOUR. Etre un objet d'idolâtrie, *to be idolized.* − 3. COMPASSION. Etre un objet de pitié, *to be an object of pity.* − 4. CONVENANCE. Atteindre (remplir) son objet, *to serve its purpose.* [V. 8.] − 5. CONVERSATION. Faire l'objet d'un entretien, *to be the subject of a conversation.* − 6. CRITIQUE. Faire l'objet de critiques, *to be a target for criticism.* − 7. MÉPRIS. Traiter qqn comme un objet, *to treat s.o. like an inanimate object.* − 8. OBJECTIF. Atteindre (remplir) son objet, *to attain o.'s goal.* [V. 4.] − 9. SPORTS. Faire l'objet d'un avertissement, *to receive a warning from the referee.* − 10. SUSPECT. Etre l'objet de soupçons, *to be the object of suspicions.*

obligation ◆ CONSCIENCE. Remplir (s'acquitter de, satisfaire à) ses obligations, *to fulfil (to discharge, to meet) o.'s obligations.* ◆ DÉPENDANCE. Avoir (contracter) des obligations envers qqn, *to be under (to lay o.s. under) an obligation to s.o.* ‖ Se soumettre à une obligation, *to accept an obligation.* ◆ FINANCES. Émettre des obligations, *to issue bonds.* ◆ OBLIGATION. Mettre qqn dans l'obligation de faire qqch., *to oblige s.o. to do sth.* ‖ Se faire une obligation de qqch., *to consider sth. an obligation.* ‖ Se sentir (se voir) dans l'obligation de faire qqch., *to feel compelled (constrained) to do sth.* ‖ Se trouver (être) dans l'obligation de faire qqch., *to find o.s. (to be) obliged to do sth.* → **honneur.**

obole ◆ CHARITÉ. Donner son obole, *to give o.'s mite.*

obscurité ◆ NON-ÉCLAIRAGE. Etre (se trouver) dans l'obscurité, *to be in darkness.* ◆ OBSCURITÉ. Vivre dans l'obscurité (Fig.), *to live in obscurity.*

obsèques ◆ MORT. Assister aux obsèques de qqn, *to attend s.o.'s funeral.* ‖ Célébrer les obsèques de qqn, *to hold a funeral service for s.o.*

observateur ◆ INFORMATION. Assister en observateur, *to attend as an observer.*

observation ◆ MÉDECINE, SANTÉ. Mettre (être) en observation, *to put (to be) under observation.* ◆ REMARQUE. permettre une observation, *to venture a remark.* ◆ RÉPRIMANDE. Faire une observation, *to make a pointed remark.* → **grâce.**

observé ◆ EMBARRAS. Se sentir (se savoir) observé, *to feel (to know) that o. is being watched.*

obsession ◆ OBSESSION. Secouer (se délivrer d') une obsession, *to shake off (to free o.s. from) an obsession.*

obstacle 1. AUDACE. Foncer sur l'obstacle, *to forge ahead.* − 2. DÉTOUR. Tourner l'obstacle, *to get around the obstacle.* − 3. ENTRAVE. Accumuler les obstacles, *to pile up difficulties.* ‖ Buter sur un obstacle, *to stumble up against an obstacle.* [V. 4.] ‖ Dresser (élever, susciter) des obstacles (Fig.), *to raise obstacles.* ‖ Faire obstacle (Fig.), *to stand in the way.* [V. 4.] ‖ Former obstacle (Fig.), *to be a bar.* [V. 4.] ‖ Mettre obstacle à qqch. (Fig.), *to hinder sth.* ‖ Rencontrer des obstacles (Fig.), *to encounter obstacles.* − 4. OBSTACLE. Buter sur un obstacle, *to stumble at an obstacle.* ‖ Faire obstacle, *to stand in the way.* ‖ Former obstacle, *to be a bar.* [V. 3.] − 5. SPORTS. Franchir un obstacle, *to clear an obstacle.* [V. 6.] ‖ Sauter l'obstacle, *to leap the hurdle* (personne); *to take the jump* (cheval). − 6. SUCCÈS. Aplanir les obstacles, *to smooth away the difficulties.* ‖ Balayer les obstacles, *to sweep aside the obstacles.* ‖ Franchir (surmonter) un obstacle, *to overcome an obstacle.* [V. 5.] ‖ Lever

(renverser, supprimer) les obstacles, *to remove (to overthrow, to eliminate) the obstacles.* ‖ Triompher de tous les obstacles, *to triumph over all obstacles.* — 7. VITESSE. Boire l'obstacle (Fam.), *to eat up the miles.*
→ **bout.**

obstination ◆ OBSTINATION. Montrer de l'obstination, *to show pertinacity.*

obtempérer ◆ INDISCIPLINE. Refuser d'obtempérer, *to refuse to comply.*

obstruction ◆ POLITIQUE. Faire de l'obstruction, *to be obstructive.*

obus ◆ MILITAIRE. Lancer des obus sur qqch., *to shell sth.*

occasion ◆ BAVARDAGE. Avoir perdu une bonne occasion de se taire (Fam.), *could have held o.'s tongue* (Gramm.). ◆ COMMERCE. Acheter (vendre) d'occasion, *to buy (to sell) second hand at a bargain.* ‖ Faire (flairer) une occasion, *to get (to smell) a bargain.* ◆ INADVERTANCE. Laisser échapper (laisser passer, manquer, louper [Fam.]) une occasion, *to let slip (to let go, to miss, to miss out on) an opportunity.* ◆ OPPORTUNITÉ. Attendre (chercher) une occasion, *to wait for (to look for) an opportunity.* ‖ Donner (fournir, offrir) une occasion, *to give (to provide with, to offer) an opportunity.* ‖ Guetter (épier) l'occasion, *to watch for o.'s chance.* ‖ Ne perdre aucune occasion, *to lose no chance.* ‖ Profiter de l'occasion, *to take advantage of the opportunity.* ‖ Saisir l'occasion au vol (aux cheveux), *to seize upon the opportunity.* ‖ Sauter sur l'occasion, *to jump at the chance.* ‖ Trouver l'occasion, *to find the right moment.* ◆ PRÉTEXTE. Servir d'occasion (Impers.), *to be a good opportunity.* ◆ TENTATION. Etre une occasion de chute, *to be a source of temptation.*
→ **côté.**

occupation ◆ MÉTIER. Procurer une occupation à qqn, *to procure employment for s.o.* ◆ MILITAIRE. Faire l'occupation d'un pays, *to occupy a country.* ◆ OCCUPATION. Avoir de lourdes occupations, *to have demanding occupations.* ‖ Etre retenu par ses occupations, *to be detained by o.'s work.* ‖ Vaquer à ses occupations, *to go about o.'s business.*

odeur ◆ DÉFAVEUR. Ne pas être en odeur de sainteté auprès de qqn (Fam.), *to be in s.o.'s bad book.* ◆ FAVEUR. Etre en odeur de sainteté auprès de qqn (Fam.), *to be*

in s.o.'s good graces. ◆ ODEUR. Avoir (dégager, émettre, exhaler, respirer) une odeur, *to have (to give off, to give out, to emit, to inhale) a smell.* ◆ RELIGION. Mourir en odeur de sainteté, *to die in the odour of sanctity.*

odieux ◆ RÉPROBATION. Sentir l'odieux d'une attitude, *to feel the odium of a position.*

odorat ◆ ODORAT. Avoir l'odorat fin, *to have a keen sense of smell.*

œil 1. ACCIDENT. Crever un œil à qqn, *to blind s.o. in one eye* [V. 21.] — 2. ADMIRATION, AMOUR. Couver qqn des yeux, *to watch over s.o. fondly.* [V. 12.] ‖ Dévorer (boire) qqn des yeux (Fam.), *to devour s.o. with o.'s eyes.* [V. 12.] ‖ Manger qqn des yeux, *to gaze avidly at s.o.* ‖ N'avoir d'yeux que pour qqn, *to have eyes only for s.o.* ‖ Ne pas quitter qqn des yeux, *not to take o.'s eyes off s.o.* [V. 61.] ‖ Ne plus voir que par les yeux de qqn, *to see everything through s.o.'s eyes.* — 3. AFFECTATION. Faire (tourner) des yeux de carpe pâmée (de merlan frit) [Fam.], *to look like a dying duck (in a thunderstorm).* — 4. AMOUR. Jeter les yeux sur qqn, *to cast eyes at s.o.* [V. 22, 50.] ‖ Tourner des yeux énamourés, *to gaze amorously.* — 5. ATTENTION. Etre tout yeux, tout oreilles, *to be all eyes and ears.* ‖ Ne pas détacher ses yeux de qqch., *to keep o.'s eyes glued on sth.* ‖ Regarder qqch. (qqn) de tous ses yeux, *to stare at sth. (s.o.) for all one is worth.* — 6. AVERTISSEMENT. Faire ouvrir l'œil à qqn, *to put s.o. on his guard.* — 7. AVEUGLEMENT. Avoir les yeux bouchés (Fam.), *to be blind.* ‖ N'avoir pas les yeux en face des trous (Fam.), *cannot see straight* (Gramm.). ‖ Se boucher les yeux (Fam.), *to turn a blind eye.* — 8. AVIDITÉ. Avoir les yeux plus grands (gros) que le ventre (Fam.), *to bite off more than o. can chew.* — 9. CLAIRVOYANCE. Ne pas avoir les yeux dans la poche (Fam.), *to keep o.'s eyes skinned.* — 10. CONFIANCE. Avoir les yeux de la foi, *to see everything on trust.* ‖ Voir avec les yeux de la foi, *to see with the eyes of a believer.* ‖ Y aller les yeux fermés (Fam.), *can go there blindfold* (Gramm.). ‖ Croire les yeux fermés, *to believe blindfold.* — 11. CONFIDENCE. Parler entre quatre yeux, *to speak in confidence.* [V. 48.] — 12. CONVOITISE. Couver qqch. des yeux (Fam.), *to hang o.'s nose over sth.* [V. 2.] ‖

Dévorer (manger) qqch. des yeux (Fam.), *to devour sth. with o.'s eyes*. [V. 2.] ‖ Jeter un œil d'envie sur qqn (qqch.), *to cast envious glances at s.o. (sth.)*. — 13. CRITIQUE. Considérer d'un œil critique, *to consider with a critical eye*. — 14. DÉCOURAGEMENT. Avoir l'œil morne, *to be dull-eyed*. — 15. DÉFAVEUR. Voir d'un mauvais œil, *to view unfavourably*. — 16. DÉFI, FRANCHISE. Regarder qqn dans les yeux, *to look s.o. straight in the eye*. ‖ Se mesurer des yeux, *to size each other up*. — 17. DISSIMULATION. Cacher (dissimuler) qqch. aux yeux de qqn, *to hide (to conceal) sth. from s.o.'s gaze*. — 18. DUALITÉ. Avoir un œil à la poêle et l'autre au chat (Fam.), *to have o.'s mind on two things at once*. — 19. ENTENTE. Voir du même œil que qqn, *to see eye to eye with s.o.* — 20. ESTHÉTIQUE. Etre agréable à l'œil, *to be pleasant to look at*. ‖ Parler aux yeux, *to appeal to the eye*. ‖ Se réjouir les yeux à la vue de qqch., *to feast o.'s eyes on sth.* — 21. ÉVIDENCE. Crever les yeux de qqn, *to be staring s.o. in the face*. [V. 1.] ‖ Etre visible à l'œil nu (Fam.), *to be as clear as daylight*. [V. 66.] ‖ Sauter aux yeux, *to hit you in the eye*. — 22. EXAMEN. Jeter les yeux sur qqch., *to have a look at sth.* [V. 4, 50.] — 23. EXASPÉRATION. Lever les yeux au ciel (Fam.), *to cast up o.'s eyes in despair*. [V. 50.] — 24. FAITS ET GESTES. Cligner des yeux, *to blink o.'s eyes*. [V. 57.] ‖ Clore (fermer) les yeux, *to close o.'s eyes*. [V. 40.] ‖ Écarquiller les yeux, *to open o.'s eyes wide*. ‖ Ouvrir les yeux, *to open o.'s eyes*. [V. 39.] ‖ Plisser les yeux (faire les petits yeux), *to screw up o.'s eyes*. ‖ Rouler les yeux, *to roll o.'s eyes*. ‖ Se frotter les yeux, *to rub o.'s eyes*. [V. 59.] — 25. FAVEUR. Voir d'un bon œil, *to view favourably*. — 26. GRATUITÉ. Obtenir qqch. à l'œil, *to get sth. (free) gratis (and for nothing)*. ‖ Travailler pour les beaux yeux de qqn (Fam.), *to work out of love for s.o.* — 27. HABITUDE. Se faire l'œil à qqch. (Fam.), *to get o.'s eyes accustomed to sth.* — 28. HASARD. Tomber sous les yeux de qqn, *to chance before o.'s eyes*. — 29. HOSTILITÉ. Regarder qqch. (qqn) d'un œil noir (Fam.), *to scowl at sth. (s.o.)*. — 30. HYPOCRISIE. Ne pleurer que d'un œil (Fam.), *to weep crocodile-tears*. — 31. INCITATION. Faire briller (miroiter) qqch. aux yeux de qqn, *to dazzle s.o. with sth.* —

32. INDIFFÉRENCE. S'en battre l'œil (Fam.), *not to care a hoot*. ‖ Voir (examiner, regarder) qqch. d'un œil égal (détaché), *to see (to consider, to look at) sth. with complete indifference*. — 33. INDULGENCE. Fermer les yeux sur qqch., *to wink at sth.* ‖ Regarder qqn (qqch.) d'un œil complaisant, *to look on s.o. (sth.) with a sympathetic eye*. — 34. INSENSIBILITÉ. Regarder qqch. d'un œil sec, *to look at sth. coolly*. — 35. INSOMNIE. Ne pas fermer l'œil de la nuit, *not to sleep a wink all night*. — 36. INTIMIDATION. Faire baisser les yeux à qqn, *to stare s.o. out of countenance*. — 37. LARMES. Avoir les yeux embués (gonflés, noyés) de larmes, *to have eyes dimmed (swollen, brimming) with tears*. ‖ Se tamponner les yeux, *to dab o.'s eyes*. — 38. LIBERTINAGE. Se rincer l'œil (Fam.), *to get an eyefull*. — 39. LUCIDITÉ. Avoir les yeux grands ouverts, *to be wide awake*. ‖ Ouvrir les yeux, *to open o.'s eyes*. [V. 24.] — 40. MORT. Fermer les yeux à qqn, *to close s.o.'s eyes*. [V. 24.] — 41. PAUVRETÉ. N'avoir que ses yeux pour pleurer (Fam.), *to have nothing left to do but creep into a corner and die*. [V. 51.] — 42. PÉNÉTRATION. Lire dans les yeux de qqn, *to see in s.o.'s eyes*. — 43. PHYSIONOMIE. Avoir un œil qui dit zut à l'autre (Fam.), *to be cross-eyed*. ‖ Avoir les yeux bridés, *to be slit-eyed*. ‖ Avoir les yeux enfoncés (à fleur de tête), *to have sunken (bulging) eyes*. ‖ Avoir des yeux de fouine, *to have ferrety eyes*. — 44. PRÉTENTION. Se grandir à ses propres yeux, *to grow in o.'s own self-esteem*. — 45. PREUVE. Se fier à ses yeux, *to believe what o. sees*. — 46. PRIX. Coûter les yeux de la tête (Fam.), *to cost the earth*. — 47. PROXIMITÉ. Avoir qqch. sous les yeux, *to have sth. right in front of o.'s eyes*. — 48. QUERELLE. Arracher les yeux à qqn (Fam.), *to scratch s.o.'s eyes out*. ‖ S'arracher les yeux (Fam.), *to tear o. another's eyes out*. ‖ S'expliquer (parler) entre quatre yeux (Fam.), *to have it out together*. [V. 11.] — 49. RABAISSEMENT. Se diminuer aux yeux de qqn, *to lower o.s. in s.o.'s eyes*. — 50. REGARD. Avoir les yeux au plafond, *to gaze at the ceiling*. ‖ Baisser les yeux, *to cast down o.'s eyes*. ‖ Braquer ses yeux sur qqch., *to fasten o.'s gaze on sth.* ‖ Chercher qqn des yeux, *to look around for s.o.* ‖ Chercher les yeux de qqn, *to try and catch s.o.'s eyes*. ‖ Détour-

ner les yeux, *to avert o.'s eyes.* ‖ Fixer les yeux sur qqch., *to stare at sth.* ‖ Garder les yeux baissés, *to keep o.'s eyes lowered.* ‖ Jeter les yeux sur qqch., *to glance at sth.* [V. 4, 22.] ‖ Lever les yeux au ciel, *to cast o.'s eyes up to heaven.* [V. 23.] ‖ Parler avec les yeux, *to speak with o.'s eyes.* ‖ Risquer un œil (Fam.), *to take a peep.* ‖ Suivre qqn (qqch.), des yeux, *to follow s.o. (sth.) with o.'s eyes.* ‖ Tourner les yeux vers qqn (qqch.), *to turn o.'s gaze towards s.o. (sth.).* — 51. REGRET. N'avoir que ses (deux) yeux pour pleurer (Fam.), *to be left high and dry.* [V. 41.] — 52. RÉPRIMANDE. Faire les gros yeux à qqn, *to look reprovingly at s.o.* — 53. RÉVÉLATION. Dévoiler (découvrir, exhiber) qqch. aux yeux de qqn, *to disclose (to reveal, to hold up) sth. to s.o.'s gaze.* ‖ Dessiller les yeux de qqn, *to open s.o.'s eyes.* ‖ Exposer qqch. aux yeux de tous, *to expose sth. to the public gaze.* ‖ Mettre qqch. sous les yeux de qqn, *to bring sth. to s.o.'s notice.* — 54. RIRE. Rire des yeux, *to have laughter in o.'s eyes.* — 55. SANTÉ. Avoir les yeux cernés (battus), *to have rings under o.'s eyes.* ‖ Etre frais comme l'œil (Fam.), *to be fresh as a daisy.* ‖ Tourner de l'œil (Fam.), *to pass out.* — 56. SÉDUCTION. Avoir un œil fatal, *to have a bewitching glance.* ‖ Faire de l'œil à qqn (Fam.), *to make eyes at s.o.* ‖ Faire les yeux en coulisse à qqn, *to ogle s.o.* ‖ Faire les yeux doux à qqn (Fam.), *to make sheep eyes at s.o.* ‖ Frapper (attirer, tirer) l'œil, *to strike (to catch) the eye.* ‖ Taper dans l'œil de qqn (Fam.), *to take s.o.'s fancy.* — 57. SIGNE. Cligner de l'œil à qqn, *to wink at s.o.* [V. 24.] ‖ Se consulter de l'œil (Fam.), *to exchange glances.* — 58. SOMMEIL. Ne pas pouvoir tenir les yeux ouverts, *cannot keep o.'s eyes open* (Gramm.). — 59. STUPÉFACTION. Avoir les yeux écarquillés, *to be wide-eyed.* ‖ Faire sortir à qqn les yeux de la tête (Fam.), *to make s.o.'s eyes pop out of his head.* ‖ Ne pas en croire ses yeux, *cannot believe o.'s eyes* (Gramm.). ‖ Ouvrir de grands yeux, *to open o.'s eyes wide.* ‖ Ouvrir des yeux ronds (Fam.), *to open o.'s eyes as big as saucers.* ‖ Se frotter les yeux, *to rub o.'s eyes.* [V. 24.] — 60. SUPERSTITION. Conjurer le mauvais œil, *to ward off the evil eye.* — 61. SURVEILLANCE. Avoir l'œil à tout, *to keep an eye on everything.* ‖

Avoir l'œil sur qqn (qqch.), *to keep an eye on s.o. (sth.).* ‖ Ne pas quitter qqn des yeux, *not to let s.o. out of o.'s sight.* [V. 2.] ‖ Tenir qqn à l'œil (Fam.), *to keep an eye on s.o.* — 62. TIMIDITÉ. Ne pas oser lever les yeux, *not to dare to look up.* — 63. VENGEANCE. Rendre œil pour œil, *to take an eye for an eye.* — 64. VIGILANCE. Avoir l'œil (Fam.), *to have sharp eyes.* ‖ Avoir l'œil ouvert (Fam.), *to have (to keep) o.'s eyes open.* ‖ Dormir les yeux ouverts (ne dormir que d'un œil [Fam.]), *to sleep with one eye open.* ‖ Ouvrir l'œil et le bon (Fam.), *to keep o.'s weather eye open.* — 65. VOIES DE FAIT. Avoir un œil au beurre noir, *to have a black eye.* ‖ Pocher l'œil à qqn, *to give s.o. a black eye.* — 66. VUE. Avoir des yeux de lynx, *to be lynx-eyed.* ‖ Avoir de mauvais yeux, *to have poor eyesight.* ‖ Blesser les yeux, *to offend the eye.* ‖ Etre visible (voir) à l'œil nu, *to be visible (to see) with the naked eye.* [V. 21.] ‖ Ne pas avoir des yeux derrière la tête (Fam.), *not to have eyes in the back of o.'s head.* ‖ Perdre un œil, *to lose an eye.* ‖ Se crever les yeux (Fam.), *to ruin o.'s eyesight.* ‖ S'user les yeux, *to strain o.'s eyes.*

→ **bandeau, blanc, chose, clin, coin, compas, coup, doigt, fête, froid, gâterie, grâce, jour, larme, merde, mite, mouche, paille, pied, plaisir, poudre, poussière, prunelle, régal, soleil, vérité, voile, vue.**

œillade ◆ SÉDUCTION. Lancer (décocher) une œillade à qqn, *to ogle s.o.*

œillère ◆ ÉTROITESSE DE VUES. Avoir des œillères (Fam.), *to wear blinkers.*

œuf ◆ 1. AFFECTATION. Faire l'œuf (Fam.) *to play the fool.* — 2. ALIMENTATION. Gober un œuf, *to suck an egg.* — 3. AVARICE. Tondre un œuf (Fam.), *to skin a flint.* — 4. CHEVELURE. Etre chauve comme un œuf (Fam.), *to be as bald as an egg.* — 5. CUISINE. Acheter des œufs du jour, *to buy new-laid eggs.* ‖ Brouiller (casser) des œufs, *to scramble (to break) eggs.* — 6. DESTRUCTION. Étouffer (tuer) dans l'œuf, *to nip in the bud.* — 7. ÉCHEC. Mourir dans l'œuf (Fam.), *to be abortive.* — 8. ESPACE. Etre plein comme un œuf, *to be chock-full.* [V. 14.] — 9. HABILETÉ. Donner un œuf pour avoir un bœuf (Fam.), *to throw a sprat to catch a mackerel.* — 10. IMPÉCUNIOSITÉ. Etre tondu comme un œuf (Fam.), *to be skint.* — 11. IMPOSSIBILITÉ. Peser des œufs de mouche dans des

balances de toile d'araignée (Fam.), *to get with child a mandrake root.* − 12. IMPRUDENCE. Mettre tous ses œufs dans le même panier (Fam.), *to put all o.'s eggs in the same basket.* − 13. INEXPÉRIENCE. Sortir de l'œuf (Fam.), *to be a greenhorn.* − 14. IVRESSE. Etre plein comme un œuf (Fam.), *to be as tight as a tick.* [V. 8.] − 15. PRÉCAUTION. Marcher sur des œufs, *to tread carefully.* − 16. REBUFFADE. Pouvoir aller se faire cuire un œuf (Fam.), *can go and jump in the lake* (Gramm.).
→ **poule.**

œuvre 1. ARCHITECTURE. Entreprendre le gros œuvre, *to undertake the foundations and walls.* − 2. CHARITÉ. Faire de bonnes œuvres, *to do good works.* ‖ Faire œuvre pie, *to do a good deed.* − 3. *to have a work in preparation.* ‖ Édifier une œuvre, *to build up a body of work.* ‖ Enfanter une œuvre, *to produce a work.* ‖ Faire œuvre personnelle, *to make a personal contribution.* − 4. EFFICIENCE. Faire œuvre utile, *to do a good job.* [V. 10.] − 5. ENTREPRISE. Entreprendre une œuvre de longue haleine, *to undertake a long and exacting task.* ‖ Mettre qqch. en œuvre, *to make use of sth.* [V. 8.] ‖ Se mettre à l'œuvre, *to set to work.* − 6. LITTÉRATURE. Composer (écrire, exécuter) une œuvre littéraire, *to compose (to write, to produce) a literary work.* ‖ Léguer une œuvre à la postérité, *to bequeath a work to posterity.* − 7. MATERNITÉ. Etre enceinte des œuvres de qqn, *to be pregnant by s.o.* − 8. MOYEN. Mettre tout en œuvre, *to leave no stone unturned.* [V. 5.] − 9. TRAVAIL. Etre à l'œuvre, *to be on the job.* − 10. UTILITÉ. Faire œuvre utile, *to do a useful job.* [V. 4.]
→ **artisan, fils, monde, moyen, non, paternité, pied, Satan.**

offense ◆ INSULTE. Faire une offense à qqn, *to offend s.o.* ‖ Ressentir une offense, *to feel offended.*

offensive ◆ MILITAIRE. Déclencher (mener, passer à, prendre) l'offensive, *to launch (to carry out, to take, to assume) the offensive.* ◆ PAIX. Lancer une offensive de paix, *to launch a peace offensive.*

office ◆ ASSISTANCE. Offrir (proposer) ses bons offices, *to offer o.'s good offices.* ‖ Recourir aux bons offices de qqn, *to have recourse to s.o.'s good offices.* ◆ CONVENANCE. Faire son office, *to serve*

its purpose. ◆ INITIATIVE. Agir d'office, *to act on o.'s own initiative.* ◆ RELIGION. Aller à (manquer) l'office, *to go to (to miss) church.* ‖ Célébrer un office, *to hold a service.* ‖ Suivre un office, *to attend a service.* ◆ REMPLACEMENT. Faire office de qqch., *to do duty as sth.*

offrande ◆ CHARITÉ. Faire une offrande, *to make an offering.*

offrant ◆ NOTARIAT. Adjuger (accorder; céder, vendre) au plus offrant, *to adjudge (to grant; to sell) to the highest bidder.*

offre ◆ ASSENTIMENT. Accepter (agréer) une offre, *to accept an offer.* ◆ ASSISTANCE. Faire ses offres de service à qqn, *to offer o.'s services to s.o.* ‖ Renouveler ses offres de service, *to renew o.'s offer of services.* ◆ PAIX. Faire des offres de paix, *to make peace proposal.* ◆ PROPOSITION. Faire (renouveler) une offre, *to make (to renew) an offer.* ◆ REFUS. Décliner (rejeter, repousser) une offre, *to decline (to reject, to turn down) an offer.*

ogre ◆ GLOUTONNERIE. Manger comme un ogre (Fam.), *to eat like a horse.*

oie ◆ AVERTISSEMENT. Jouer les oies du Capitole (Fam.), *to act as watch dog.* ◆ NAÏVETÉ. Etre une petite oie blanche, *to be wide-eyed and innocent.*
→ **caca.**

oignon 1. CUISINE. Faire roussir des oignons, *to brown onions.* − 2. DÉNIGREMENT. Arranger (soigner) qqn aux petits oignons (Fam.), *to drag s.o. through the mud.* [V. 4.] − 3. DISCRÉTION. S'occuper de ses oignons (Fam.), *to mind o.'s own business.* − 4. SOLLICITUDE. Soigner qqn aux petits oignons (Fam.), *to mollycoddle s.o.* [V. 2.]
→ **pelure, rang.**

oiseau ◆ ABSENCE. Ne pas trouver l'oiseau au nid (Fam.), *to find the bird flown.* ◆ EXTRAORDINAIRE. Trouver l'oiseau rare (Fam.), *to find a real gem.* ◆ INSÉCURITÉ. Etre comme l'oiseau sur la branche (Fam.), *to be unsettled.* ◆ PRÉSAGE. Etre un oiseau de mauvais augure, *to be a bird of ill omen.*
→ **nom, tête.**

olibrius ◆ AFFECTATION. Faire l'olibrius (Fam.), *to be a show-off.*

ombrage ◆ NON-ÉCLAIRAGE. Faire de l'ombrage, *to cast some shade.* ◆ RIVALITÉ. Porter ombrage à qqn, *to put s.o.'s nose out of joint.* ◆ SUSCEPTIBILITÉ. Prendre ombrage de qqch., *to take umbrage at sth.*

ombre ◆ ACCOMPAGNEMENT. Suivre qqn comme une ombre (Fam.), *to follow s.o. like a shadow.* ◆ CERTITUDE. Ne pas avoir l'ombre d'un doute, *not to have a shadow of doubt.* ◆ DÉPENDANCE. Vivre dans l'ombre de qqn, *to live in s.o.'s shadow.* ◆ DISPARITION. Se dissiper (passer) comme une ombre, *to vanish (to pass) like a shadow.* ◆ DOUTE. Laisser planer une ombre, *to leave a lingering doubt.* ◆ ILLUSION. Courir après une ombre, *to catch at shadows.* ‖ N'être qu'une ombre, *to be only an illusion.* ◆ INCONVÉNIENT. Y avoir une ombre au tableau, *there [to be] a drawback* (Gramm.). ◆ MODESTIE. Se tenir dans l'ombre, *to keep in the background.* ◆ NON-ÉCLAIRAGE. Projeter une ombre, *to cast a shadow.* ◆ NON-ESPOIR. Ne pas avoir l'ombre d'une chance, *not to have the ghost of a chance.* ◆ NON-VÉRITÉ. Ne pas y avoir une ombre de vérité, *there [not to be] an atom of truth in it* (Gramm.). ◆ OBSCURITÉ. Laisser qqch. dans l'ombre, *to leave sth. vague.* ‖ Vivre dans l'ombre, *to live in retirement.* ◆ POIDS. N'être plus que l'ombre de soi-même (Fam.), *to be a mere shadow of o.'s former self.* ◆ POLICE. Mettre qqn à l'ombre (Fam.), *to put s.o. in clink.* ◆ RENOMMÉE. Sortir de l'ombre, *to come into the public eye.* ‖ Tirer qqn de l'ombre, *to bring s.o. into the public eye.* ◆ SPECTACLE. Faire des ombres chinoises, *to make shadow pictures.* ◆ TRISTESSE. Jeter une ombre, *to cast a gloom.*
→ **peur, proie.**

omelette ◆ CUISINE. Faire une omelette, *to make an omelet.* ◆ MALADRESSE. Faire l'omelette (Fam.), *to break eggs.*

once ◆ BÊTISE. N'avoir pas une once de sens commun (Fam.), *not to have an ounce of common sense.* ◆ NON-IMPORTANCE. Ne pas peser une once (Fam.), *to carry no weight.*

onde ◆ RADIO. Passer sur les ondes, *to broadcast.* ‖ Prendre les grandes (petites) ondes, *to tune in to the long (medium) wave.*
→ **appel, longueur.**

ondée ◆ MAUVAIS TEMPS. Laisser passer l'ondée, *to wait for the storm to pass.*

on-dit ◆ INFORMATION. N'être que des on-dit, *to be all hearsay.*

ondulation ◆ RÊVERIE. Rêver aux ondulations de queues de morue (Fam.), *to be woolgathering.*

ongle ◆ HYGIÈNE. Avoir les ongles en deuil, *to have dirty nails.* ‖ Se curer (se faire) les ongles, *to clean (to do) o.'s nails.* ‖ Se vernir les ongles, *to put on nail varnish.* ◆ FAITS ET GESTES, IMPATIENCE. Se ronger les ongles, *to bite o.'s nails.* ◆ RABAISSEMENT. Rogner les ongles à qqn, *to cut s.o. down to size.*
→ **esprit, rubis.**

opération ◆ CHIRURGIE. Pratiquer (subir) une opération, *to perform (to undergo) an operation.* ◆ CONTRAIRE. Faire l'opération inverse, *to perform the reverse operation.* ◆ DIFFICULTÉ. Ne pas se faire par l'opération du Saint-Esprit (Fam.), *not to happen by magic.* ◆ FINANCES. Combiner (effectuer) une opération, *to arrange (to effect) a transaction.* ◆ MATHÉMATIQUES. Faire (effectuer) une opération, *to make (to perform) an operation.* ◆ MILITAIRE. Déclencher (mener) une opération, *to launch (to lead) an operation.* ‖ Procéder à une opération de nettoyage, *to carry out cleaning-up operations.* ◆ SURVEILLANCE. Surveiller les opérations, *to supervise operations.*
→ **direction, table, théâtre.**

opinion ◆ ARGUMENTATION. Défendre (soutenir; renverser) une opinion, *to defend (to maintain; to reverse) an opinion.* ◆ ASSENTIMENT. Se ranger (se rallier) à l'opinion de qqn, *to come round to s.o.'s way of thinking.* ◆ CONFIRMATION. Corroborer une opinion, *to corroborate an opinion.* ◆ CONVERSION. Se convertir à une opinion, *to go over to a way of thinking.* ◆ ENTENTE. Adopter (épouser, partager) l'opinion de qqn, *to adopt (to take up, to share) s.o.'s opinion.* ◆ ESTIME. Avoir une bonne opinion de qqn, *to have a high opinion of s.o.* ◆ FAIBLESSE. Etre de l'opinion du dernier qui parle (Fam.), *to agree with the last speaker.* ◆ INDIFFÉRENCE. Ne pas avoir d'opinion, *to have no opinion.* ◆ INSTIGATION. Ancrer qqn dans une opinion, *to confirm s.o. in his opinion.* ◆ ISOLEMENT. Etre seul de son opinion, *to stand alone in o.'s opinion.* ◆ NON-CONFORMISME. Choquer (braver) l'opinion, *to shock (to defy) public opinion.* ◆ OBSTINATION. Avoir des opinions bien arrêtées, *to have*

very definite opinions. ‖ Conserver (garder, s'ancrer dans) son opinion, *to retain (to keep to, to stick to) o.'s opinion.* ◆ OPINION. Afficher (avancer, émettre, exprimer, formuler, hasarder, manifester, professer, représenter) une opinion, *to air (to put forward, to express, to voice, to formulate, to venture, to evince, to profess, to represent) an opinion.* ‖ Avoir (donner; former, se faire) une opinion sur qqch., *to hold (to voice; to form, to come to) an opinion about sth.* ◆ PERSUASION. Convertir qqn à une opinion, *to convert s.o. to an opinion.* ◆ PRÉTENTION. Avoir bonne opinion de soi, *to have a good opinion of o.s.* ◆ PREUVE. Asseoir (fonder) son opinion sur des preuves, *to base o.'s opinion on (sound) evidence.* ◆ PROPAGANDE. Accréditer une opinion, *to give countenance to an opinion.* ‖ Alerter l'opinion, *to put the public on its guard.* ‖ Ameuter (diriger, influencer, manœuvrer, travailler; sonder) l'opinion, *to stir up (to direct, to influence, to sway, to work up; to sound) [public] opinion.* ‖ Sensibiliser l'opinion publique à qqch., *to make the public aware of sth.* ◆ RENOMMÉE. Etre porté par l'opinion, *to be in the ascendant.* ◆ REVIREMENT. Changer d'opinion, *to change o.'s opinion.*
→ **affaire, courage, écho, liberté, mouvement, sondage.**

opium ◆ POLITIQUE. Etre l'opium du peuple, *to be the opiate of the people.* ◆ STUPÉFIANT. Fumer l'opium, *to smoke opium.*

opportunisme ◆ OPPORTUNISME. Faire de l'opportunisme, *to jump on the bandwagon.*

opportunité ◆ OPPORTUNITÉ. Discuter de l'opportunité de qqch., *to discuss the expediency of sth.*

opposé ◆ CONTRAIRE. Etre diamétralement opposé à qqch., *to be diametrically opposed to sth.* ◆ REBOURS. Etre à l'opposé, *to be the opposite.*

opposition 1. DIVERGENCE. Etre en opposition avec qqn (qqch.), *to be in opposition to s.o. (sth.). [V. 4.]* − 2. FINANCES. Faire opposition sur un chèque, *to stop a check.* − 3. INDÉPENDANCE. Briser (vaincre) toute opposition, *to crush (to overcome) all opposition.* − 4. OPPOSITION. Etre en opposition avec qqn (qqch.), *to oppose*

s.o. (sth.). [V. 1.] ‖ Faire de l'opposition, *to dig o.'s heels in.* ‖ Rencontrer de l'opposition, *to meet with opposition.* ‖ Se heurter à une opposition, *to run into opposition.* − 5. POLITIQUE. Etre dans l'opposition, *to be a member of the Opposition.*

oppression ◆ RÉVOLUTION. Réagir contre l'oppression, *to react against oppression.* ◆ SANTÉ. Souffrir d'oppression, *to suffer from breathlessness.*

opprobre ◆ HONTE. Etre couvert d'opprobre, *to be loaded with shame.* ◆ INFAMIE. Vivre (mourir) dans l'opprobre, *to live (to die) in shame.*

optimisme ◆ ENTENTE. Partager l'optimisme de qqn, *to share s.o.'s optimism.* ◆ OPTIMISME. Choisir l'optimisme, *to prefer to look on the bright side.* ‖ Manifester de l'optimisme, *to evince optimism.*

option ◆ CHOIX. Choisir (offrir, proposer) une option, *to settle for (to offer, to propose) an option.* ◆ PROCÉDURE. Prendre une option sur qqch., *to take an option on sth.*

optique ◆ CHANGEMENT. Modifier l'optique de qqn sur qqch., *to alter s.o.'s view on sth.* ◆ ENTENTE. Voir qqch. dans la même optique, *to see sth. in the same light.*
→ **illusion.**

opulence ◆ RICHESSE. Nager dans l'opulence, *to be as rich as Croesus.*

or 1. FRANCHISE. Etre franc comme l'or, *to be true and outspoken.* − 2. IMPÉCUNIOSITÉ. Ne pas rouler sur l'or (Fam.), *not to have money to burn.* − 3. LIBÉRALITÉ. Couvrir qqn d'or, *to shower riches on s.o.* − 4. ORIGINALITÉ. Valoir de l'or (Fam.), *to be priceless. [V. 8.]* − 5. REFUS. Ne pas accepter pour tout l'or du monde, *not to accept for all the tea in China.* − 6. RICHESSE. Etre cousu d'or (Fam.), *to be made of money.* ‖ Remuer l'or à la pelle (Fam.), *to be worth a mint of money.* ‖ Rouler sur l'or (Fam.), *to be rolling in it.* − 7. SAGESSE. Parler d'or, *to speak words of wisdom.* − 8. VALEUR. Etre de l'or en barre (valoir de l'or) [Fam.], *to be worth its weight in gold. [V. 4.]*
→ **affaire, caractère, noce, pesant, pont, poule, prix, sujet.**

oracle ◆ PRÉDICTION. Consulter (rendre) un oracle, *to consult (to pronounce) an oracle.*

orage 1. ÉNERVEMENT. Y avoir de l'orage dans l'air (Fam.), *there [to be] trouble brewing* (Gramm.). − 2. ÉPREUVE. Supporter l'orage (Fig.), *to bear the brunt of the storm.* − 3. MAUVAIS TEMPS. Laisser passer l'orage, *to let the storm blow over.* [V. 4.] − 4. PATIENCE. Laisser passer l'orage (Fig.), *to let the storm blow over.* [V. 3.] − 5. SALUT. Détourner (dissiper) l'orage, *to avert the storm.*
→ **tête.**

oraison ◆ ÉLOGE. Prononcer une oraison funèbre, *to deliver a funeral oration.* ◆ RELIGION. Faire oraison, *to pray.*

oral ◆ ÉCOLE. Etre admissible à l'oral, *to have qualified for the oral.* ‖ Passer un oral, *to take an oral examination.*
→ **candidat.**

orbite ◆ ASTRONAUTIQUE. Placer (mettre) sur orbite, *to place in (to put into) orbit.* ‖ Se placer sur son orbite, *to go into orbit.* ◆ INFLUENCE. Entraîner qqn dans son orbite, *to draw s.o. into o.'s circle.*

orchestre ◆ MUSIQUE. Conduire (diriger) un orchestre, *to lead (to conduct) an orchestra.*

ordinaire ◆ ALIMENTATION. Améliorer l'ordinaire, *to improve the usual menu.* ‖ En faire son ordinaire, *to make it o.'s staple diet.* ◆ ORIGINALITÉ. Sortir de l'ordinaire, *to be out of the ordinary.*

ordinateur ◆ ÉLECTRONIQUE. Programmer un ordinateur, *to programme a computer.*

ordination ◆ RELIGION. Recevoir l'ordination, *to be ordained.*

ordonnance ◆ ADMINISTRATION. Prendre une ordonnance, *to issue an order.* ◆ PHARMACIE. Exécuter une ordonnance, *to make up a prescription.* ◆ MÉDECINE. Faire (écrire, établir) une ordonnance, *to write out a prescription.*

ordre 1. ACTUALITÉ. Etre à l'ordre du jour, *to be topical.* [V. 2.] − 2. ADMINISTRATION. Etre (mettre, porter) à l'ordre du jour, *to be (to put down, to include) on the agenda.* [V. 1.] ‖ Passer à l'ordre du jour, *to proceed with the business of the day.* − 3. APAISEMENT. Rentrer dans l'ordre, *to get back to normal.* − 4. APPROXIMATION. Donner un ordre d'idée, *to give some idea.* − 5. AUTORITÉ. Assurer

l'ordre, *to keep order.* ‖ Donner des ordres, *to give orders.* ‖ Faire rentrer qqn dans l'ordre, *to call s.o. to order.* ‖ Maintenir (ramener, rétablir) l'ordre, *to keep (to restore) order.* ‖ Mettre bon ordre à qqch., *to set sth. straight.* − 6. CONFORMITÉ. Etre dans l'ordre des choses, *to be in the nature of things.* − 7. DISCIPLINE. Accomplir (exécuter) un ordre, *to carry out (to execute) an order.* ‖ Agir sur ordre, *to act under orders.* ‖ Déférer (se conformer) aux ordres de qqn, *to defer to (to comply with) s.o.'s orders.* ‖ Etre (se mettre) aux ordres de qqn, *to be (to put o.s.) at s.o.'s disposal.* ‖ Etre (marcher) sous les ordres de qqn, *to be under s.o.'s orders.* ‖ Prendre les ordres, *to take orders.* ‖ Se plier (se soumettre) aux ordres de qqn, *to bow (to submit) to s.o.'s orders.* − 8. FINANCES. Payer à l'ordre de qqn, *to pay to s.o.'s order.* − 9. HIÉRARCHIE. Établir un ordre de préséance, *to establish an order of precedence.* − 10. INDÉPENDANCE. Ne pas être aux ordres de qqn, *not to be under orders to s.o.* − 11. INDISCIPLINE. Contrevenir aux ordres, *to contravene orders.* ‖ Transgresser (enfreindre) un ordre, *to transgress (to infringe) an order.* − 12. MILITAIRE. Avancer en bon ordre, *to march in orderly fashion.* ‖ Etre cité à l'ordre de l'armée, *to be mentioned in dispatches.* − 13. ORDRE. Avoir ordre de faire qqch., *to have orders to do sth.* ‖ Donner ordre à qqn de faire qqch., *to order s.o. to do sth.* ‖ Intimer (recevoir; transmettre) un ordre, *to issue (to receive; to pass on) an order.* − 14. ORGANISATION. Aimer l'ordre, *to like orderliness.* ‖ Avoir de l'ordre, *to be methodical.* ‖ Mettre de l'ordre dans une pièce, *to tidy a room.* ‖ Mettre qqch. en ordre, *to put sth. in order.* ‖ Procéder par ordre, *to work through in order.* − 15. PROGRESSION. Aller par ordre croissant, *to be in increasing order of importance.* − 16. RANG. Classer par (suivre l') ordre alphabétique, *to put into (to go by) alphabetical order.* − 17. RÉFORME. Changer l'ordre des choses, *to change the order of things.* − 18. RELIGION. Entrer dans les ordres, *to take holy orders.* − 19. RÉPRIMANDE. Rappeler à l'ordre, *to call to order.* − 20. RÉVOLUTION. Ébranler (renverser) l'ordre établi, *to upset (to disrupt) the established order.* ‖ Troubler l'ordre public, *to disturb the peace.* — 21. SPECTACLE. Présenter par ordre d'entrée en scène, *to present in order of appearance.* — 22. SYNDICALISME. Lancer (suivre) un ordre de grève, *to put out (to obey) a strike order.*

→ **chose, mot, question, service.**

ordure ◆ MÉNAGE. Mettre aux ordures, *to throw out.* ◆ NON-VALEUR. Etre bon à mettre aux ordures, *to be fit for the scrap-heap.*

oreille 1. ATTENTION. Écouter de toutes ses oreilles, *to listen hard.* ‖ Etre tout oreilles, *to be all ears.* ‖ Ne pas tomber dans l'oreille d'un sourd (Fam.), *not to fall on deaf ears.* ‖ Ouvrir les oreilles (Fam.), *to pay attention.* ‖ Prêter l'oreille à qqn, *to lend an ear to s.o.* ‖ Tendre l'oreille, *to strain o.'s ears.* — 2. BONNE VOLONTÉ. Ne pas se faire tirer l'oreille (Fam.), *not to have to be asked twice.* — 3. BRUIT. Casser les oreilles (Fam.), *to be ear-splitting.* ‖ Écorcher les oreilles, *to grate on the ear.* ‖ Frapper l'oreille, *to strike the ear.* ‖ Percer les oreilles de qqn (Fig.), *to split s.o.'s ear-drums.* — 4. DÉCONVENUE. Partir l'oreille basse (Fam.), *to go off with o.'s tail between o.'s legs.* — 5. DÉSACCORD. Ne pas l'entendre de cette oreille-là, *not to see eye to eye about it.* — 6. EXCITATION. Chatouiller les oreilles à qqn (Fam.), *to get under s.o.'s skin.* ‖ Échauffer les oreilles de qqn, *to make s.o. see red.* — 7. FAVEUR. Avoir l'oreille de qqn, *to have s.o.'s ear.* — 8. FAVORITISME. Prêter une oreille complaisante à qqn, *to lend a ready ear to s.o.* — 9. GROSSIÈRETÉ. Choquer (offenser) les oreilles, *to shock (to offend) delicate ears.* [V. 18.] — 10. HYGIÈNE. Se curer les oreilles, *to clean o.'s ears.* — 11. INATTENTION. Écouter d'une oreille distraite, *to listen with half an ear.* ‖ N'écouter que d'une oreille, *only to half-listen.* — 12. INDISCRÉTION. Coller son oreille à la porte (tendre une oreille indiscrète), *to eavesdrop.* — 13. INFORMATION. Parvenir (venir) aux oreilles de qqn, *to reach (to come to) s.o.'s ears.* — 14. INSOUCIANCE. Dormir sur ses deux oreilles (Fam.), *to rest easy.* — 15. LANGAGE. Sonner bien à l'oreille, *to sound right.* — 16. MAUVAIS TEMPS. Etre crotté jusqu'aux oreilles, *to be muck to the eyebrows.* — 17. MILITAIRE. Fendre l'oreille à qqn, *to pension s.o. off.* — 18. MUSIQUE. Avoir de l'oreille, *to have a good ear.* ‖

Choquer (charmer) l'oreille, *to offend (to delight) the ear.* [V. 9.] — 19. OUBLI. Entrer par une oreille et sortir par l'autre, *to go in at one ear and out at the other.* — 20. OUÏE. Avoir l'oreille fine, *to have sharp ears.* ‖ Etre dur d'oreille, *to be hard of hearing.* — 21. PREUVE. L'avoir entendu de ses oreilles, *to have heard it with o.'s own ears.* — 22. REFUS. Faire la sourde oreille, *to turn a deaf ear.* ‖ Fermer l'oreille à qqch, *to be deaf to sth.* ‖ Se boucher les oreilles, *to shut o.'s ears.* — 23. RÉPÉTITION. Corner qqch. aux oreilles de qqn (rebattre les oreilles de qqn avec qqch.), *to din sth. into s.o.'s ears.* ‖ En avoir les oreilles rebattues (Fam.), *to be sick of hearing about it.* — 24. RÉPRIMANDE. Se faire tirer les oreilles (Fam.), *to get a ticking-off.* [V. 25.] — 25. RÉSISTANCE. Se faire tirer l'oreille, *to need coaxing.* [V. 24.] — 26. SANCTION. Tirer les oreilles à qqn, *to pull s.o.'s ears.* — 27. STUPÉFACTION. Ne pas en croire ses oreilles (Fam.), *cannot believe o.'s ears* (Gramm.). — 28. TIMIDITÉ. Rougir jusqu'aux oreilles, *to blush to the ears.* — 29. VIGILANCE. Avoir les oreilles dans le sens du vent (Fam.), *to keep o.'s ears to the ground.* ‖ Dresser l'oreille, *to prick up o.'s ears.*

→ **bouche, boule, bout, creux, mot, puce, œil, tuyau.**

oreiller ◆ RÉCONCILIATION. Se raccommoder sur l'oreiller, *to make it up in bed.* ◆ RÉFLEXION. Consulter son oreiller, *to sleep on it.*

→ **tête.**

orfèvre ◆ COMPÉTENCE. Etre orfèvre en la matière, *to be an expert.* ◆ INTÉRÊT PERSONNEL. Etre orfèvre (Fam.), *to have an axe to grind.*

organe ◆ MÉDECINE. Prélever un organe sur qqn, *to take an organ from s.o.* ‖ Transplanter un organe, *to transplant an organ.*

orgie ◆ DÉBAUCHE. Faire des orgies, *to throw orgies.*

orgue ◆ MUSIQUE. Tenir l'orgue, *to be the organist.*

→ **point.**

orgueil ◆ AMOUR-PROPRE. Y mettre son orgueil, *to take a pride in it.* ◆ FLATTERIE. Chatouiller l'orgueil de qqn (Fam.), *to flatter s.o.'s pride.* ◆ GLORIOLE. Se faire un orgueil de qqch., *to pride o.s. on doing sth.* ◆ HUMILIATION. Plier son orgueil, *to swallow o.'s pride.* ◆ ORGUEIL. Avoir de l'orgueil, *to be proud.* ‖ Concevoir (éprouver, ressentir) un vif orgueil de qqch., *to take a (to feel) keen pride in sth.* ‖ Crever d'orgueil, *to be bursting with pride.* ‖ Etre bouffi (boursouflé, enflé, gonflé, dévoré) d'orgueil, *to be puffed up (swollen, bloated, eaten up) with pride.* ‖ Tirer orgueil de qqch., *to take pride in sth.* ◆ RABAISSEMENT. Blesser qqn dans son orgueil, *to hurt s.o.'s pride.* ‖ Rabaisser l'orgueil de qqn, *to humble s.o.'s pride.*

orientation ◆ ÉCOLE. Faire de l'orientation professionnelle, *to be a careers adviser.* ◆ OPINION. Prendre (suivre) une orientation, *to take (to follow) a direction.* ◆ POLITIQUE. Modifier (donner, indiquer) l'orientation d'un mouvement, *to modify (to give, to indicate) the trend of a movement.*
→ sens.

original ◆ ADMINISTRATION. Certifier conforme à l'original, *to certify as a true copy.*

originalité ◆ ORIGINALITÉ. Rechercher l'originalité, *to strive to be original.*

origine ◆ ORIGINE. Etre à l'origine de qqch., *to be the origin of sth.* ‖ Prendre son origine dans qqch. (tirer son origine de qqch.), *to originate from sth.* ‖ Remonter à l'origine de qqch., *to go back to the origins of sth.*

orme ◆ ATTENTE. Attendre sous l'orme (Fam.), *to wait till the cows come home.*

ornière ◆ ORIGINALITÉ. Sortir de l'ornière, *to get out of the rut.* ◆ ROUTINE. Suivre l'ornière, *to be in a rut.*

orphelin → protecteur, veuve.

orthographe ◆ LANGAGE. Mettre l'orthographe à un mot, *to spell a word correctly.* ‖ N'avoir pas d'orthographe, *cannot spell properly* (Gramm.). ‖ Respecter (observer) l'orthographe, *to respect the spelling.*
→ faute.

ortie → froc, mémère.

os ◆ ACCIDENT. Faillir se briser (rompre) les os (Fam.), *nearly to lay o.s. out.* ◆ ACCOMMODEMENT. Jeter (donner) un os à ronger à qqn (Fam.), *to throw s.o. a bone.* ◆ DUPERIE. L'avoir dans l'os (Fam.), *to be caught out.* ◆ EFFORT. Se rompre les os pour faire qqch. (Fam.), *to break o.'s back doing sth.* ◆ ENTRAVE. Tomber sur un os (Fam.), *to hit a snag.* ‖ Y avoir un os (Fam.), *there [to be] a snag* (Gramm.). ◆ MAUVAIS TEMPS. Etre glacé jusqu'aux os, *to be frozen to the marrow.* ‖ Etre trempé jusqu'aux os (Fam.), *to be soaked to the skin.* ◆ PROFIT. Rompre l'os pour en sucer la moelle, *to open the oyster to find the pearl.* ◆ SANTÉ. Ne pas faire de vieux os (Fam.), *not to make old bones.* ◆ VOIES DE FAIT. Rompre (briser) les os à qqn, *to beat the living daylights out of s.o.*
→ chair, moelle, paquet, peau.

oscar ◆ SPECTACLE. Décerner un oscar, *to award an oscar.*

oseille ◆ GAIN. Faire son oseille (Fam.), *to make o.'s pile.*

osselet ◆ DIVERTISSEMENT. Jouer aux osselets, *to play at knuckle-bones.*

ostracisme ◆ OSTRACISME. Frapper d'ostracisme, *to ostracize.*

otage ◆ OTAGE. Prendre (garder, retenir; s'offrir) en otage, *to take (to keep, to hold; to offer o.s.) as hostage.* ‖ Servir d'otage, *to be held as hostage.*

oubli ◆ OUBLI. Commettre un oubli, *to be guilty of an oversight.* ‖ Etre condamné (voué) à l'oubli, *to be doomed to oblivion.* ‖ Réparer un oubli, *to rectify an oversight.* ‖ Tomber dans l'oubli, *to fall into oblivion.* ◆ SOUVENIR. Arracher à l'oubli (sauver [tirer] de l'oubli, *to snatch from oblivion (to rescue from oblivion).* ‖ Sortir de l'oubli, *to come from oblivion.*

oublier ◆ INTÉRÊT PERSONNEL. Ne pas s'oublier, *to have an eye to o.'s own interests.* ◆ OBSCURITÉ. Se faire oublier, *to avoid attention.*

oubliette ◆ OUBLI. Mettre (jeter) aux oubliettes (Fam.), *to relegate to oblivion.* ‖ Tomber dans les oubliettes (Fam.), *to fall into complete oblivion.*

ouf → temps.

oui ◆ MARIAGE. Dire le grand oui, *to take the plunge.* ◆ NEUTRALITÉ. Ne dire ni oui ni non, *to be non-committal.*
→ signe.

ouïe ◆ ATTENTION. Etre tout ouïe, *to be all ears.* ◆ OUÏE. Avoir l'ouïe fine, *to have keen hearing.*

ouragan ◆ PROTESTATION. Déchaîner un ouragan (Fam.), *to raise a storm.*

ourlet ◆ COUTURE. Faire un ourlet, *to make a hem.* ‖ Faire un ourlet à jour, *to make a hemstitched hem.*

ours ◆ INCIVILITÉ. Etre un ours mal léché (Fam.), *to be boorish.*
→ **pavé, peau.**

outrage ◆ AFFAIRE D'HONNEUR. Laver un outrage, *to avenge an outrage.* ◆ HUMILIATION. Recevoir (subir) un outrage, *to suffer an outrage.* ◆ HYGIÈNE. Réparer les outrages du temps, *to repair the ravages of time.* ◆ INSULTE. Faire outrage à qqn, *to commit an outrage against s.o.* ◆ SEXUALITÉ. Faire subir les derniers outrages, *to subject to a fate worse than death.*

outre → **vin.**

ouverture ◆ ARCHITECTURE. Pratiquer une ouverture, *to make an opening.* ◆ CHASSE. Faire l'ouverture, *to go shooting on the first day of the season.* ◆ CONTACT. Faire des ouvertures auprès de qqn, *to make overtures to s.o.* ◆ LIBÉRALISME. Avoir une grande ouverture d'esprit, *to be very liberal in o.'s outlook.* ◆ PHOTOGRAPHIE. Régler l'ouverture, *to set the opening.*
→ **demi, système.**

ouvrage ◆ ÉDITION. Donner (livrer) un ouvrage à l'impression, *to put (to send) a work to print.* ‖ Sortir un ouvrage, *to bring out a work.* ◆ ENTREPRISE. Se mettre à l'ouvrage, *to set to work.* ◆ HASARD. Etre l'ouvrage du hasard, *to be a chance happening.* ◆ LITTÉRATURE. Condenser, (étoffer; piller) un ouvrage, *to condense (to fill out; to crib from) a work.* ‖ Couronner un ouvrage, *to award a prize to a work.* ◆ PERFECTIONNEMENT. Remettre l'ouvrage sur le métier, *to put o.'s work back on the stocks.* ◆ PROGRÈS. Avancer son ouvrage, *to make progress with o.'s work.* ◆ SURMENAGE. Etre débordé d'ouvrage, *to be snowed under with work.*
→ **cœur, primeur.**

ouvrier ◆ ARTISAN DE SON SORT. Etre l'ouvrier de sa destinée, *to work out o.'s own destiny.* ◆ MÉTIER. Embaucher (licencier) des ouvriers, *to take on (to lay off) workers.*

ovation ◆ SUCCÈS. Faire une ovation à qqn, *to give s.o. an ovation.*

oxygène ◆ MÉDECINE. Mettre qqn sous oxygène, *to give s.o. oxygen.*

p

pacha ◆ PARESSE. Faire le pacha (Fam.), *to expect to be waited on hand and foot.*
→ **vie.**

pacte ◆ MILITAIRE. Signer (faire) un pacte de non-agression, *to sign (to make) a non-aggression pact.* ◆ PACTE. Faire (passer, conclure, sceller, signer) un pacte, *to make (to enter into, to conclude, to seal, to sign) a pact.* ◆ RUPTURE. Rompre (violer) un pacte, *to break (to violate) a pact.*

pactole ◆ RICHESSE. Découvrir le pactole, *to find the pot of gold.*

pagaille ◆ INCURIE. Mettre la pagaille, *to upset everything.*

page 1. ARCHAÏSME. Ne pas être à la page, *to be behind the times.* — 2. ÉCRITURE. Laisser une page en blanc, *to leave a blank page.* — 3. ÉDITION. Mettre en pages, *to lay out.* — 4. LECTURE. Corner une page, *to dog-ear a page.* ‖ Marquer (perdre; retrouver) sa page, *to mark (to lose; to*

find) o.'s place. ‖ Tourner la page, *to turn over the page.* [V. 6.] — 5. MODERNISME. Etre (rester) à la page, *to be abreast of (to move with) the times.* — 6. OUBLI. Tourner la page (Fam.), *to turn over a new leaf.* [V. 4.]
→ **corne.**

paiement ou **payement** ◆ PAIEMENT. Échelonner (étaler) les paiements, *to pay on the instalment plan.* ‖ Faire (effectuer; cesser, suspendre) les paiements, *to make (to cease, to stop) payments.* ‖ Faire (effectuer) un paiement par C.C.P. (compte chèque postal), *to make a payment by Giro.* ‖ Recevoir qqch. en paiement, *to receive sth. as payment.* ‖ Recevoir un paiement, *to receive a payment.*
→ **facilité.**

païen ◆ GROSSIÈRETÉ. Jurer comme un païen (Fam.), *to use unparliamentary language.*

paillasse ◆ VOIES DE FAIT. Crever la paillasse à qqn (Pop.), *to open s.o. on.*

paillasson ◆ ESCLAVAGE. Servir de paillasson à qqn (Fam.), *to be a doormat for s.o.*

paille ◆ AVEUGLEMENT. Voir la paille dans l'œil du prochain et ne pas voir la poutre dans le sien, *to see the mote in o.'s brother's eye but not the beam in o.'s own.* ◆ HASARD. Tirer à la courte paille, *to draw straws.* ◆ IMPORTANCE. Ne pas être une paille (Fam.), *to be no trifling matter.* ◆ INSIGNIFIANCE. Etre une paille, *to be a trifle.* ◆ MÉNAGE. Passer la paille de fer, *to rub over with wire wool.* ◆ PAUVRETÉ. Etre sur la paille (Fam.), *to be down and out.* ‖ Finir (mourir) sur la paille (Fam.), *to end (to die) in the gutter.* ◆ PERSÉCUTION. Mettre qqn sur la paille (Fam.), *to drive s.o. into the gutter.*
→ **fétu, feu.**

pain ◆ AGGRAVATION. Manger son pain blanc le premier (Fam.), *to begin with the cake.* ◆ ALIMENTATION. Beurrer du pain, *to butter bread.* ◆ BONTÉ. Etre bon comme le bon pain (Fam.), *to be the salt of the earth.* ◆ COMMERCE. S'enlever comme des petits pains (Fam.), *to sell like hot cakes.* ◆ FACILITÉ. Avoir son pain cuit (Fam.), *to have it on a plate.* ◆ FRÉQUENCE. Etre le pain quotidien de qqn (Fam.), *to be meat and drink to s.o.* ◆ GAGNE-PAIN. Avoir son pain assuré, *to be sure of o.'s livelihood.* ‖ Gagner son pain, *to make a living.* ‖ Gagner son pain à la sueur de son front, *to earn o.'s bread by the sweat of o.'s brow.* ◆ HOSPITALITÉ. Offrir (partager) le pain et le sel, *to offer hospitality.* ◆ NON-VALEUR. Ne pas valoir le pain qu'on mange (Fam.), *not to be worth the air o. breathes.* ◆ PERSÉCUTION. Ôter (enlever, retirer) le pain de la bouche à qqn (Fam.), *to snatch the bread out of s.o.'s mouth.* ◆ REFUS. Ne pas manger de ce pain-là (Fam.), *not to touch that sort of stuff.* ◆ SACRIFICE. S'ôter le pain de la bouche (Fam.), *to give the shirt off o.'s back.* ◆ SANCTION. Etre pain bénit (Fam.), *to serve s.o. right.* ‖ Mettre qqn au pain sec, *to put s.o. on bread and water.* ◆ TRAVAIL. Avoir du pain sur la planche (Fam.), *to have o.'s work cut out.*
→ **beurre, bouchée, goût, jour, planche, tête.**

1. pair ◆ ÉGALITÉ. Etre pair et compagnon avec qqn, *to be on an equal footing with s.o.* ‖ Marcher (aller) de pair avec qqch., *to be on a par with sth.* ◆ SUPÉRIORITÉ. Etre hors de pair, *to be unrivalled.*

2. pair ◆ MÉTIER. Etre au pair chez qqn, *to be s.o.'s au pair.* ‖ Prendre qqn au pair, *to take s.o. as au pair.*

paire ◆ DIVERGENCE. Etre une autre paire de manches (Fam.), *to be a different kettle of fish.* ◆ FUITE. Se faire la paire (Pop.), *to hook it.* ◆ SIMILITUDE. Faire la paire (Fam.), *to make a fine pair.* ◆ VOIES DE FAIT. Donner une paire de claques à qqn (Fam.), *to box s.o.'s ears.*

paître ◆ REBUFFADE. Envoyer paître qqn (Fam.), *to send s.o. about his business*

paix 1. IMPATIENCE. N'avoir ni paix ni trêve (Fam.), *to have no peace.* – 2. MILITAIRE. Demander la paix, *to ask for peace.* ‖ Faire la paix, *to make peace.* [V. 5.] ‖ Négocier la paix, *to negotiate for peace.* ‖ Signer la paix, *to sign a peace treaty.* ‖ Traiter de la paix, *to treat for peace.* – 3. MORT. Reposer en paix, *to rest in peace.* – 4. PAIX. Apporter (cimenter, consolider; conserver, maintenir, sauvegarder; menacer) la paix, *to bring (to consolidate, to strengthen; to preserve, to maintain, to safeguard; to threaten) peace.* ‖ Aspirer à la paix, *to hope for peace.* ‖ Etre pour la paix, *to be in favour of peace.* ‖ Faire régner la paix, *to make peace prevail.* ‖ Trouver la paix, *to find peace.* ‖ Vivre en paix, *to live in peace.* – 5. RÉCONCILIATION. Faire la paix, *to make peace.* [V. 2.] ‖ Mettre la paix entre deux personnes, *to make peace between two people.* ‖ Ramener la paix, *to restore peace.* – 6. RELIGION. Aller en paix, *to go in peace.* ‖ Etre en paix avec sa conscience, *to be at peace with o.'s conscience.* ‖ Mourir en paix avec l'Église, *to die in the bosom of the Church.* – 7. TRANQUILLITÉ. Ficher la paix à qqn (Fam.), *to leave s.o. alone.* ‖ Laisser qqn en paix, *not to bother s.o.*
→ **calumet, offensive, offre, traité.**

palabre ◆ DISCUSSION. Faire des palabres (Fam.), *to engage in endless discussions.*

palais ◆ SAVEUR. Flatter le palais, *to tickle the palate.*

paletot ◆ RÉPRIMANDE. Secouer le paletot à qqn (Fam.), *to wade into s.o.* ◆ VOIES DE FAIT. Tomber sur le paletot à qqn (Fam.), *to fall on s.o.*

palier → **voisin.**

pâlir ◆ SUPÉRIORITÉ. Faire pâlir qqn (qqch.), *to throw s.o. (sth.) into the shade.*

palliatif ◆ EXPÉDIENT. Trouver un palliatif, *to find a palliative.*

palme ◆ SUCCÈS. Remporter la palme, *to win the palm.*

palpitation ◆ SANTÉ. Avoir des palpitations, *to have palpitations.*

pâmoison ◆ ADMIRATION. Tomber en pâmoison devant qqch. (Fam.), *to swoon over sth.* ◆ SANTÉ. Tomber en pâmoison, *to swoon.*

panache ◆ OSTENTATION. Avoir du panache, *to cut a dash.*

panade ◆ PAUVRETÉ. Etre dans la panade (Fam.), *to be on hot water.*

panégyrique ◆ ÉLOGE. Faire le panégyrique de qqn, *to deliver a panegyric on s.o.*

panier ◆ FAITS ET GESTES. Faire le panier à deux anses (Fam.), *to have one on each arm.* ◆ POLICE. Embarquer qqn dans le panier à salade, *to cart s.o. off in the Black Maria.* ◆ PRODIGALITÉ. Etre un panier percé (Fam.), *to be a spendthrift.* ◆ REBUT. Etre bon à jeter au panier, *to be fit for the scrap-heap.* ‖ Jeter (mettre) qqch. au panier, *to throw sth. out.* ◆ RIVALITÉ. Etre un panier de crabes (Fam.), *to be a case of dog eat dog.* ◆ SIMILITUDE. Etre à mettre dans le même panier (Fam.), *to be birds of a feather.*
→ **anse, dessus, œuf, partie.**

panique ◆ PERTURBATION. Jeter (semer) la panique, *to sow panic.* ◆ PEUR. Etre pris de panique, *to panic.*

panne ◆ AUTOMOBILE. Tomber en panne, *to break down.* ‖ Tomber en panne sèche (avoir une panne d'essence), *to run out of petrol.* ◆ ÉCHEC. Rester en panne (Fam.), *to be stuck.*

panneau ◆ AUTOMOBILE. Respecter les panneaux, *to obey the road signs.* ◆ DUPE. Tomber (donner) dans le panneau (Fam.), *to walk right into the net.*

panse ◆ ALIMENTATION. S'emplir (se remplir) la panse (Fam.), *to stoke up.* ◆ VOIES DE FAIT. Se faire crever la panse (Fam.), *to get run through.*

pantin ◆ AGITATION. Gesticuler comme un pantin, *to wave o.'s arms like a puppet.*

pantouflard ◆ SÉDENTARISME. Etre pantouflard (Fam.), *to be a sit-by-the-fire.*

pantoufle ◆ CONFORT. Se mettre en pantoufles, *to get into o.'s slippers.* ◆

SÉDENTARISME. Ne pas quitter ses pantoufles (Fam.), *to be a stay-at-home.*

Panurge → **mouton.**

paon ◆ PRÉTENTION. Se rengorger comme un paon, *to swagger like a coxcomb.* ◆ VANITÉ. Etre fier (vaniteux) comme un paon, *to be as proud (vain) as a pea-cock.*
→ **cri, geai, plume.**

papa ◆ JEUX D'ENFANT. Jouer au papa et à la maman, *to play at mothers and fathers.* ◆ NONCHALANCE. Faire qqch. à la papa (Fam.), *to do sth. in a leisurely fashion.*
→ **fils.**

pape ◆ SÉRIEUX. Etre sérieux comme un pape, *to be as grave as a judge.*
→ **eau, moutardier.**

papier ◆ DÉFAVEUR. Rayer qqn de ses papiers (Fam.), *to strike s.o. off o.'s list.* ◆ ÉCRITURE. Coucher (jeter) qqch. sur le papier, *to get sth. down on paper.* ‖ Noircir du papier, *to cover sheets of paper.* ◆ ENGAGEMENT. Signer un papier à qqn, *to give s.o. a signed statement.* ◆ ÉTAT CIVIL. Avoir ses papiers en règle, *to have o.'s papers in order.* ‖ Montrer (exhiber) ses papiers, *to show o.'s papers.* ◆ FATALITÉ. Etre réglé comme du papier à musique (Fam.), *to be as sure as fate.* ◆ FAVEUR. Etre dans les (petits) papiers de qqn, *to be in s.o.'s good books.* ◆ MÉTIER. Gratter du papier, *to push a pen.* ◆ PRESSE. Faire un papier (Fam.), *to do an article.* ◆ TRAVAUX MANUELS. Passer qqch. au papier de verre, *to sand-paper sth.* ‖ Poser du papier peint, *to wall-paper.* ◆ VOLUME. Etre mince comme du papier à cigarettes (Fam.), *to be wafer-thin.*
→ **boulette, chiffon, cocotte, idée, mine.**

papillon ◆ AGILITÉ. Etre léger comme un papillon (Fam.), *to be like a butterfly.* ◆ INCONSÉQUENCE. Courir après les papillons (Fam.), *to chase rainbows.* ◆ POLICE. Mettre un papillon (Fam.), *to give a ticket.*
→ **brasse.**

papillote ◆ REBUT. N'être bon qu'à faire des papillotes (Fam.), *to be fit only for the waste-paper basket.*

papouille ◆ LIBERTINAGE. Faire des papouilles à qqn (Fam.), *to give s.o. a cuddle.*

pâques ◆ MATERNITÉ. Faire Pâques avant Rameaux (Fam.), *to jump the gun.* ◆ RELIGION. Faire ses pâques, *to do o.'s Easter duty.*

paquet 1. COMMERCE. Faire un paquet cadeau de qqch., *to gift-wrap sth.* – 2. COURRIER. Envoyer (faire) un paquet, *to send (to make up) a parcel.* – 3. DÉPART. Faire son paquet (Fam.), *to pack up.* [V. 6.] – 4. EFFORT. Mettre le paquet (Fam.), *to give o.'s all.* – 5. GAIN. Toucher le gros paquet (Fam.), *to collect.* – 6. MORT. Faire son paquet (Fam.), *to pack o.'s traps.* [V. 3.] – 7. NERVOSITÉ. Etre un paquet de nerfs (Fam.), *to be a bundle of nerves.* – 8. POIDS. Etre un paquet d'os (Fam.), *to be a bag of bones.* – 9. RENVOI. Donner son paquet à qqn, *to send s.o. packing.* – 10. RÉPRIMANDE. Envoyer à qqn son paquet, *to give s.o. a piece of o.'s mind.* – 11. RISQUE. Risquer le paquet (Fam.), *to go the whole hog.*

parachute ◆ AVIATION. Sauter en parachute, *to jump by parachute.*

parade ◆ DÉFENSE. Trouver une parade, *to give a quick rejoinder.* ◆ OSTENTATION. Faire parade de qqch., *to flaunt sth.* ‖ Faire qqch. pour la parade, *to do sth. (purely) for show.*

paradis ◆ BONHEUR. Etre le paradis sur terre, *to be heaven on earth.* ◆ RAVISSEMENT. Se croire en paradis, *to think o. has died and gone to Heaven.* ◆ SANCTION. Ne pas l'emporter en paradis (Fam.), *to pay for it some day.*

paradoxe ◆ DISCUSSION. Soutenir un paradoxe, *to uphold a paradox.*

parages ◆ VOISINAGE. Se trouver dans les parages, *to be in this part of the world.*

paraître ◆ ÉDITION. Venir de paraître, *to be just out.* ◆ RÉTABLISSEMENT. N'y paraître plus, *to be gone without trace.*

parallèle ◆ COMPARAISON. Entrer en parallèle, *to admit comparison.* ‖ Faire (tracer) un parallèle entre deux choses, *to draw a parallel between two things.* ‖ Mettre en parallèle, *to place side by side.*

parangon ◆ SUPÉRIORITÉ. Etre le parangon de toutes les vertus, *to be a paragon of virtue.*

parapluie ◆ AFFECTATION. Avoir avalé son parapluie (Fam.), *to be as stiff as a poker.*

parasite ◆ PARASITE. Vivre en parasite, *to live by sponging.*

parcours ◆ DIRECTION. Fournir (effectuer) un parcours, *to cover a distance.* ◆ TRANSPORTS. Modifier le parcours d'un autobus, *to alter a bus-route.*

pardon ◆ CLÉMENCE. Accorder son pardon à qqn, *to pardon s.o.* ◆ REPENTIR. Demander pardon à qqn de qqch. (solliciter le pardon de qqn pour qqch.), *to ask (to beg) s.o.'s pardon for sth.* ‖ Implorer (obtenir) son pardon, *to beg for (to obtain) forgiveness.*

pardonner ◆ REPENTIR. Se faire pardonner qqch., *to win forgiveness for sth.*

pareil ◆ SIMILITUDE. Etre du pareil au même (Fam.), *to be as broad as it is long.* ◆ SUPÉRIORITÉ. Ne pas avoir son pareil, *to be unique.*

pareille ◆ RÉCIPROCITÉ. Rendre la pareille, *to give as good as o. gets.* ‖ Souhaiter la pareille à qqn, *to wish the same to s.o.*

parent ◆ DÉDAIN. Traiter qqn en parent pauvre, *to treat s.o. as a poor relation.* ◆ FAMILLE. Etre proches parents, *to be closely related.* ◆ MORT. Perdre ses parents, *to lose o.'s parents.*
→ gré.

parenté → lien.

parenthèse ◆ ÉCRITURE. Mettre entre parenthèses, *to put in brackets.* ◆ EXPRESSION. Faire des parenthèses, *to stray from the point.* ‖ Fermer la parenthèse, *to return to the point.* ‖ Ouvrir une parenthèse, *to embark on a digression.*

paresse ◆ PARESSE. S'abandonner à la paresse, *to give way to idleness.*

parfum ◆ HYGIÈNE. Se mettre du parfum, *to put on (to use) scent.* ◆ INFORMATION. Etre au parfum (Fam.), *to be in the know.* ◆ ODEUR. Répandre (dégager) un parfum, *to give off (to exhale) a fragrance.* ◆ RUSTICITÉ. Avoir un parfum du terroir, *to smack of the soil.*

pari ◆ PARI. Faire (engager) un pari, *to (make a) wager.* ‖ Ouvrir (gagner; perdre; tenir) un pari, *to lay (to win; to lose; to take) a bet.*
→ enjeu.

paria ◆ OSTRACISME. Traiter qqn en paria, *to treat s.o. as an outcast.* ‖ Vivre en paria, *to live as an outcast.*

parier ◆ CERTITUDE. Y avoir gros à parier, *there [to be] little doubt* (Gramm.).

parité ◆ ÉGALITÉ. Etre à parité avec qqn, *to be on an equal footing with s.o.*

parler ◆ COMPRÉHENSION. Savoir ce que parler veut dire, *can take a hint* (Gramm.). ◆ CRITÈRE DE JUGEMENT. Etre facile de parler (Fam.), *to be easy to talk.* ◆ INCITA-

TION. Faire parler qqn, *to loosen s.o.'s tongue.* ◆ INFLUENCE. N'avoir qu'à parler, *to have only to speak.* ◆ MÉSENTENTE. Ne plus se parler, *no longer to be on speaking terms.* ◆ OUBLI. Ne plus en parler, *to say no more about it.* ◆ PAROLE. Avoir le parler bref, *not to waste words.* ◆ PÉDANTISME. S'écouter parler, *to be in love with the sound of o.'s own voice.* ◆ RÉFLEXION. Réfléchir avant de parler, *to think it over before saying anything.* ◆ RENOMMÉE. Faire parler de soi, *to get o.s. talked about.* ◆ RONDEUR. Avoir son franc parler, *to speak o.'s mind.* ◆ SUPÉRIORITÉ. Trouver à qui parler (Fam.), *to meet o.'s match.*
→ **manière.**

parleur ◆ FACONDE. Etre un beau parleur, *to be smooth-tongued.*

parlote ◆ BONIMENT. N'être que de la parlote (Fam.), *to be all talk.*

paroisse ◆ INTÉRÊT PERSONNEL. Prêcher pour sa paroisse (Fam.), *to have an axe to grind.* ◆ SIMILITUDE. Etre de la même paroisse (Fam.), *to be of the same mind.*

paroissien ◆ CARACTÈRE. Etre un drôle de paroissien (Fam.), *to be an odd fish.*

parole ◆ ADMIRATION. Boire (dévorer) les paroles de qqn, *to drink in s.o.'s words.* ◆ ANIMAL. Ne lui manquer que la parole, *to be almost human.* ◆ BAVARDAGE. Multiplier les paroles, *to talk and talk.* ‖ S'étourdir (se griser) de paroles, *to get drunk with words.* ◆ BONIMENT. Amuser qqn de bonnes paroles, *to beguile s.o. with words.* ‖ Bercer qqn de paroles mensongères, *to lull s.o. with lies.* ‖ Payer qqn en paroles (donner à qqn de bonnes paroles), *to offer s.o. fine words.* ◆ CONFIANCE. Croire qqn sur parole, *to take s.o.'s word for it.* ‖ S'en rapporter à la parole de qqn, *to take s.o.'s word for it.* ◆ CONVERSATION. Adresser la parole à qqn, *to address s.o.* ◆ DÉDIT. Retirer (revenir sur, reprendre) sa parole, *to go back on o.'s word.* ◆ DÉLOYAUTÉ. Manquer de parole, *not to keep o.'s promise.* ◆ DÉSHONNEUR. Manquer à sa parole, *to fail to keep o.'s word.* ◆ DISCOURS. Avoir (prendre) la parole, *to have (to take) the floor.* ‖ Demander la parole, *to request leave to speak.* ‖ Donner la parole à qqn, *to call upon s.o. to speak.* ‖ Passer la parole à qqn, *to give the floor to s.o.* ‖ Retirer la parole à qqn, *to stop s.o. from continuing.* ◆ ÉLOCUTION. Avoir la

parole pâteuse, *to talk in a muddled way.* ◆ ENGAGEMENT. Donner sa parole d'honneur, *to give o.'s word of honour.* ‖ Engager sa parole, *to give o.'s word.* ‖ Etre esclave de sa parole, *to be bound by o.'s word.* ‖ N'avoir qu'une parole, *to be a man of his word.* ‖ Tenir parole, *to keep o.'s word.* ◆ EXCUSE. Retirer une parole malheureuse, *to withdraw an unfortunate remark.* ◆ FACONDE. Avoir la parole facile, *to have an easy flow of words.* ◆ FIABILITÉ Prendre qqch. pour parole d'Évangile, *to accept sth. as Gospel truth.* ◆ IMPLICATION. Mettre des paroles dans la bouche de qqn, *to put words in s.o.'s mouth.* ◆ INCIVILITÉ. Couper la parole à qqn, *to cut s.o. short.* ◆ INCULPÉ. Etre libre sur parole, *to be released on parole.* ◆ LIBÉRATION. Dégager sa parole, *to take back o.'s promise.* ◆ MÉSENTENTE. Ne pas adresser la parole à qqn, *to refuse to speak to s.o.* ◆ MORALITÉ. Prêcher la bonne parole, *to preachify.* ◆ MUSIQUE. Mettre des paroles en musique, *to set words to music.* ◆ MUTISME. Etre avare (économe) de paroles, *to be sparing of o.'s words.* ‖ Ne pouvoir arracher une parole à qqn, *cannot get a word out of s.o.* (Gramm.). ◆ NON-FIABILITÉ. Ne pas être de parole, *not to be reliable.* ‖ Ne pas être parole d'Évangile, (Fam.), *not to be Gospel truth.* ◆ PAROLE. Retrouver la parole, *to find o.'s tongue again.* ◆ PONDÉRATION. Mesurer (peser) ses paroles, *to weigh o.'s words.* ‖ N'avoir jamais une parole plus haute que l'autre, *never to raise o.'s voice.* ◆ QUERELLE. Échanger des paroles vives avec qqn, *to have words with s.o.* ◆ RÉTRACTATION. Rendre sa parole à qqn, *to release s.o. from his promise.* ◆ VOIES DE FAIT. Faire rentrer les paroles dans la gorge de qqn (Fam.), *to make s.o. wish he had never spoken.*
→ **don, esclave, geste, homme, moulin, usage.**

paroxysme ◆ APOGÉE. Atteindre à son paroxysme, *to reach its peak.* ‖ Pousser qqch. (porter qqch.) à son paroxysme, *to bring sth. to its peak.*

parrain ◆ PARRAINAGE. Servir de parrain à qqn, *to sponsor s.o.* ◆ RELIGION. Etre le parrain d'un enfant, *to be godfather to a child.*

part ◆ AVANTAGE. Avoir la meilleure part, *to have the best of the bargain.* ◆ COMPAS-

SION. Prendre part au chagrin de qqn, *to share s.o.'s grief.* ◆ CONVERSATION. Faire part de ses impressions à qqn, *to impart o.'s impressions to s.o.* ‖ Prendre qqn à part, *to take s.o. aside.* ◆ ÉLECTIONS. Prendre part au vote, *to take part in a vote.* ◆ ÉVALUATION. Faire la part des choses, *to allow for contingencies.* ‖ Faire la part du feu, *to allow for accidents.* ‖ Faire la part du hasard, *to allow for chance.* ◆ EXPLOITATION. Se tailler la part du lion, *to grab the lion's share.* ◆ FAVORITISME. Faire la part belle à qqn, *to set s.o. up very nicely.* ◆ HYGIÈNE. Aller quelque part (Fam.), *to go somewhere.* ◆ MARIAGE. Faire part d'un mariage, *to announce a marriage.* ◆ ORIGINALITÉ. Etre à part (Fam.), *to be out of the common.* ◆ PARTICIPATION. Prendre une part active (une large part) dans qqch., *to take an active part (an important share) in sth.* ◆ PEINE. Avoir sa part de souffrances, *to have o.'s share of troubles.* ◆ PROFIT. Avoir part aux bénéfices, *to have a share in the profits.* ‖ Avoir part au gâteau (Fam.), *to have a slice of the cake.* ◆ SÉPARATION. Mettre qqch. à part, *to set sth. aside.* ◆ SOCIABILITÉ. N'être étranger nulle part, *to be at home everywhere.* ◆ SPORTS. Prendre part à une course de fond, *to take part in a long-distance race.* ◆ SUSCEPTIBILITÉ. Prendre qqch. en mauvaise part, *to take sth. in bad part.* ◆ TECHNIQUE. Traverser de part en part, *to go right through.*
→ **chambre, chien, classe, commission, français, type.**

partage ◆ PARTAGE. Avoir (recevoir) qqch. en partage, *to have (to receive) sth. as o.'s share.* ‖ Échoir (revenir, tomber) en partage à qqn, *to fall to s.o.'s share.* ‖ Faire un partage équitable (léonin), *to share out fairly (unevenly).*

partance ◆ AVIATION. Etre en partance, *to be about to take off.* ◆ MARINE. Etre en partance, *to be about to sail.* ◆ TRANSPORTS. Etre en partance, *to be about to leave.*

parterre → **billet.**
Parthe → **flèche.**

1. parti ◆ DÉCISION. Adopter un parti, *to adopt a line of action.* ‖ Prendre un parti, *to come to a decision.* ◆ INDÉCISION. Hésiter sur le parti à prendre, *to be undecided as to the course of action.* ◆

MARIAGE. Etre un beau parti, *to be a good match.* ◆ NEUTRALITÉ. Ne pas prendre parti, *not to take sides.* ◆ PARTISAN. Prendre le parti de qqn (prendre parti pour qqn), *to take s.o.'s side.* ‖ Se mettre du (se ranger au) parti de qqn, *to join (to go over) to s.o.'s side.* ‖ Se rallier à un parti, *to take sides.* ◆ POLITIQUE. Appartenir (adhérer, s'inscrire, s'affilier) à un parti, *to belong to (to join, to register with, to become affiliated to) a party.* ‖ Choisir (embrasser; déserter; quitter; épurer; unifier; soutenir) un parti, *to choose (to side with; to desert, to leave; to purge; to unite; to support) a party.* ‖ Entrer dans un parti, *to enter a party.* ‖ S'inféoder à un parti, *to give o.'s allegiance to a party.* ◆ PRÉJUGÉ. Agir de parti pris, *to act in a biassed manner.* ‖ Avoir un parti pris (être de parti pris), *to be biassed.* ◆ RÉSIGNATION. En prendre son parti, *to make the best of it.* ◆ UTILISATION. Tirer le meilleur parti de qqch., *to make the most of sth.* ‖ Tirer parti de qqch., *to turn sth. to account.* ◆ VOIES DE FAIT. Faire un mauvais parti à qqn (Fam.), *to rough s.o. up.*
→ **ligne, union.**

2. parti 1. DÉBUT. Etre bien (mal) parti (Fam.), *to have started off well (badly).* [V. 3.] — 2. IVRESSE. Etre un peu parti (Fam.), *to be a bit tiddly.* — 3. SANTÉ. Etre mal parti, *to be in a bad way.* [V. 1.]

partialité ◆ PARTIALITÉ. Montrer de la partialité, *to show partiality.*

participation ◆ COMMERCE. Prendre une participation dans une affaire, *to take a holding in a business.* ◆ PARTICIPATION. Compter sur la participation de qqn, *to count on s.o.'s participation.* ◆ RÉMUNÉRATION. Demander la participation aux bénéfices, *to demand a share in profits.*

particularité ◆ PARTICULARITÉ. Avoir (découvrir; déterminer; offrir, posséder, présenter) une particularité, *to have (to discover; to determine; to offer, to possess, to present) a particularity.*

particule ◆ NOM. Avoir la particule, *to have a handle to o.'s name.*
→ **nom.**

particulier → **général.**

partie 1. ADMINISTRATION. Faire partie des cadres, *to be on the managerial staff.* — 2. ÂGE. Faire partie des croulants (Fam.) *to be an old fossil.* — 3. ATTAQUE. Prendre qqn à partie, *to go for s.o.* — 4. CHANT.

Chanter (exécuter) sa partie, *to sing (to perform) o.'s part.* — 5. COMPÉTENCE. Connaître sa partie, *to know o.'s job.* — 6. COMPLICITÉ. Avoir partie liée, *to be in it together.* — 7. DÉLAI. N'être que partie remise, *only to be put off till another time.* — 8. DÉSAGRÉMENT. Ne pas être une partie de plaisir (Fam.), *to be no picnic.* — 9. DÉSISTEMENT. Abandonner (quitter) la partie, *to give up (to pull out).* [V. 21.] — 10. ÉCHEC. Perdre la partie, *to lose.* — 11. ENGAGEMENT. Se mettre de la partie, *to join in.* — 12. ENTREPRISE. Engager la partie, *to join battle.* — 13. FACILITÉ. Avoir la partie belle, *to have the ball at o.'s feet.* — 14. GROUPEMENT. Faire partie d'une délégation (d'un club, d'un comité, d'une coterie), *to be on a delegation (a club, a committee, a clique).* ‖ Faire partie des frères trois-points (Fam.), *to be in the freemasons.* — 15. HASARD. Etre une partie de poker (Fam.), *to be a game of chance.* — 16. INCOMPÉTENCE. Ne pas être de la partie, *not to be in that line.* — 17. INTIMITÉ. Faire partie de la famille, *to be one of the family.* — 18. JEUX DE SOCIÉTÉ. Faire une partie, *to have a game.* ‖ Faire une partie de bridge (de dames, d'échecs, de cartes, de loto, de poker), *to play a game of bridge (draughts, chess, cards, bingo, poker).* — 19. MÉTIER. Etre de la partie, *to be in that line.* — 20. MODERNISME. Faire partie de la nouvelle vague (Fam.), *to be part of the New Wave.* — 21. MORT. Quitter la partie (Fam.), *to kick the bucket.* [V. 9.] — 22. NIVEAU SOCIAL. Faire partie du dessus du panier (Fam.), *to be the crème de la crème.* ‖ Faire partie des huiles (Fam.), *to be one of the big wigs.* ‖ Faire partie des grosses légumes (Fam.), *to be one of the nobs.* ‖ Faire partie de la masse laborieuse, *to belong to the working classes.* — 23. PARTAGE. Diviser (décomposer) qqch. en parties, *to divide (to separate) sth. into parts.* — 24. PARTISAN. Faire partie d'un camp, *to belong to a camp.* — 25. PLAIDEUR. Se porter partie civile, *to bring a civil action.* — 26. POLITIQUE. Faire partie des gens en place, *to be part of the Establishment.* ‖ Faire partie de la minorité, *to belong to the minority.* ‖ Faire partie des pays satellites, *to be among the satellite countries.* — 27. PROCÉDURE. Entendre les deux parties, *to hear both*

sides. — 28. RÉVOLUTION. Faire partie des protestataires (contestataires), *to be an opponent of the system.* — 29. RIVALITÉ. Jouer une rude partie contre qqn, *to play hard against s.o.* — 30. RÔLE. Jouer sa partie, *to play o.'s part.* — 31. SPECTACLE. Faire partie d'une troupe, *to be in a troupe.* — 32. SPORTS. Dominer la partie, *to outplay o.'s opponent.* — 33. SUCCÈS. Avoir partie gagnée, *to be a sure winner.* ‖ Gagner la partie, *to win.* — 34. UNIFICATION. Faire partie intégrante de qqch., *to form an integral part of sth.* — 35. VÉRITÉ. Etre vrai en partie, *to be partly true.*

→ **affaire, juge, tout.**

partisan ♦ OPINION. Etre partisan de qqch., *to be in favour of sth.* ♦ PAIX. Etre partisan de la non-violence, *to be an advocate of non-violence.* ♦ PARESSE. Etre partisan du moindre effort, *not to believe in killing o.s.* ♦ PARTIALITÉ. Etre partisan, *to be biassed.* ♦ PERSUASION. Gagner des partisans, *to gain followers.* ♦ SÉVÉRITÉ. Etre partisan de la manière forte, *to be an advocate of strong-arm tactics.*

partouse ♦ DÉBAUCHE. Faire une partouse (Pop.), *to have an orgy.*

partout ♦ ACTIVITÉ. Etre partout à la fois, *to be everywhere at once.*

parvenu ♦ OSTENTATION. Sentir le parvenu, *to have nouveau riche written all over one.*

pas 1. ACCOMPAGNEMENT. Emboîter le pas à qqn, *to follow on s.o.'s heels.* [V. 16.] ‖ Marcher sur les pas de qqn, *to follow (in) s.o.'s footsteps.* ‖ Ne pas quitter qqn d'un pas, *not to let s.o. out of o.'s sight.* ‖ S'attacher aux pas de qqn, *to follow s.o. everywhere.* ‖ Suivre les pas de qqn (qqn pas à pas), *to dog s.o.'s footsteps.* — 2. AIDE. Guider les premiers pas de qqn, *to guide s.o.'s first steps.* — 3. ASSISTANCE. Tirer qqn d'un mauvais pas, *to get s.o. out of a tight corner.* — 4. ATTENTE. Marquer le pas, *to mark time.* — 5. AUTOMOBILE. Avancer au pas, *to go dead slow.* — 6. AUTORITÉ. Mettre qqn au pas, *to bring s.o. to heel.* — 7. BÉVUE. Faire un pas de clerc, *to put o.'s foot in it.* — 8. CIVILITÉ. Céder le pas, *to stand back.* — 9. DANSE. Esquisser un pas de danse, *to make a vague dance step.* — 10. DÉBUT. Etre le premier pas, *to be the first step.* ‖

Faire ses premiers pas dans la vie, *to step out into the world.* [V. 21.] ‖ N'y avoir que le premier pas qui coûte, *there [to be] no problem once you're started* (Gramm.). — 11. DIRECTION. Diriger (porter, tourner) ses pas vers qqch., *to direct (to bend) o.'s steps towards sth.* ‖ Égarer ses pas, *to stray.* ‖ Revenir (retourner) sur ses pas, *to retrace o.'s steps.* — 12. ÉQUITATION. Aller au pas, *to ride at a foot-pace.* [V. 30.] — 13. ERREUR. Faire un faux pas, *to commit a faux pas.* [V. 21.] — 14. FATIGUE. Ne plus pouvoir faire un pas (Fam.), *cannot go another step* (Gramm.). — 15. HIÉRARCHIE. Avoir le pas sur qqn, *to leave s.o. behind.* ‖ Prendre le pas sur qqn, *to take precedence over s.o.* — 16. IMITATION. Emboîter le pas à qqn (Fam.), *to follow s.o.'s lead.* [V. 1.] — 17. IMMÉDIATETÉ. Y aller de ce pas (Fam.), *to go straight there.* — 18. INDÉCISION. Faire un pas en avant, trois pas en arrière (Fam.), *to hum and ha.* [V. 21.] ‖ Ne pouvoir faire un pas sans l'avis de qqn (Fam.), *cannot take a step without consulting s.o.* (Gramm.). — 19. INITIATIVE. Faire le premier pas, *to make the first move.* — 20. MAISON. Etre (rester) sur le pas de la porte, *to be (to stand) on the doorstep.* — 21. MARCHE. Aller (marcher) à pas de loup, *to steal along.* ‖ Aller (marcher) à grands pas, *to stride along.* ‖ Avoir le pas lourd, *to be heavy-footed.* ‖ Faire un pas en avant (en arrière), *to take a step forward (backwards).* [V. 18.] ‖ Faire les cent pas, *to pace up and down.* ‖ Faire un faux pas, *to stumble.* [V. 13.] ‖ Faire ses premiers pas (enfant), *to take o.'s first steps.* [V. 10.] ‖ Marcher à pas comptés, *to walk with measured thread.* — 22. MILITAIRE. Faire un nouveau pas dans l'escalade, *to take a fresh step in escalation.* ‖ Marcher au pas cadencé (au pas de charge), *to march in step (at the double).* ‖ Prendre le pas cadencé, *to fall into step.* — 23. MORT. Sauter le pas (Fam.), *to kick the bucket.* [V. 29.] — 24. NON-ÉCLAIRAGE. Ne pas y voir à trois (dix) pas (Fam.), *cannot see at ten paces* (Gramm.). — 25. PRÉCARITÉ. Se dérober sous les pas de qqn, *to give way beneath s.o.'s feet.* — 26. PROGRÈS. Avancer à pas de géant, *to make giant strides.* [V. 30.] ‖ Constituer un grand pas en avant (être un grand pas de fait), *to be a great (big) step forward.* — 27. RARETÉ.

Ne pas se trouver dans (sous) le pas d'un âne (d'une mule, d'un cheval) [Fam.], *to be not to be found on every street-corner.* — 28. RÉPRIMANDE. Remettre qqn au pas (Fam.), *to bring s.o. up with a jolt.* — 29. RÉSOLUTION. Sauter (franchir) le pas, *to take the plunge.* [V. 23.] — 30. RYTHME. Aller au pas (de promenade), *to go at walking pace.* [V. 12.] ‖ Aller (marcher) à pas de tortue, *to go (to walk) at a snail's pace.* ‖ Allonger le pas, *to step out.* ‖ Avancer (marcher) à pas de géant, *to take giant strides.* [V. 26.] ‖ Forcer le pas, *to step up the pace.* ‖ Marcher (aller) bon pas, *to go at a smart pace.* ‖ Marcher d'un bon pas, *to go along at a good clip.* ‖ Marcher du même pas que qqn, *to keep in step with s.o.* ‖ Marcher à petits pas, *to stroll.* ‖ Presser (hâter) le pas, *to quicken o.'s pace.* ‖ Précipiter ses pas, *to hasten o.'s steps.* ‖ Prendre le pas de course (le pas de gymnastique), *to break into a run (into double time).* ‖ Scander le pas, *to swing along.* ‖ Se mettre au pas, *to fall into step.* [V. 32.] — 31. SALUT. Se tirer (sortir) d'un mauvais pas, *to get out of a tight spot.* — 32. SOUMISSION. Se mettre au pas (Fam.), *to fall into line.* [V. 30.] — 33. VOISINAGE. Etre à deux pas, *to be just a step away.* ‖ Demeurer à quatre pas d'ici, *to live a stone's throw from here.*

→ bruit.

pas-de-porte ◆ MAISON. Demander (donner) un pas-de-porte, *to ask for (to give) key-money.*

passable ◆ MÉDIOCRITÉ. Etre passable, *to be passable.*

passade ◆ FANTAISIE. Céder à une passade (Fam.), *to yield to a passing fancy.*

passage ◆ COMPRÉHENSION. Saisir qqch. au passage, *to catch sth.* ◆ CONTACT. Se trouver (être) sur le passage de qqn, *to cross s.o.'s path.* ◆ DÉPLACEMENT. Etre de passage, *to be passing through.* ◆ LITTÉRATURE. Citer un passage, *to quote a passage.* ◆ MENACE. Attendre qqn au passage (Fam.), *to get o.'s own back on s.o.* ◆ VOIE. Barrer (bloquer, obstruer) le passage, *to bar (to block, to obstruct) the way.* ‖ Frayer (dégager, ouvrir) le passage à qqch. (qqn), *to clear (to free, to open) the way for sth. (s.o.).* ‖ Livrer passage, *to grant passage.* ‖ Se frayer (s'ouvrir) un passage, *to force o.'s way through.*

→ **relation, terreur.**

passant ◆ ACCOMPAGNEMENT. Prendre qqn en passant, *to call for s.o. on the way.*

passation ◆ POLITIQUE. Opérer (faire) la passation des pouvoirs, *to hand over power.*

passe 1. APPROXIMATION. Etre en passe de réussir, *to be well on the way to success.* — 2. ARGUMENTATION. Se livrer à des passes d'armes, *to have a passage of arms.* [V. 6.] — 3. CHANCE. Etre dans une bonne passe (Fam.), *to be having a run of luck.* — 4. DÉSAGRÉMENT. Franchir une passe difficile, *to get over a difficult spell.* ‖ Traverser une mauvaise passe, *to go through a rough time.* — 5. PHÉNOMÈNES PARANORMAUX. Faire des passes magnétiques, *to make mesmeric passes.* — 6. SPORTS. Faire une passe, *to pass.* ‖ Se livrer à des passes d'armes, *to make thrusts* [V. 2.].
→ **mot.**

passé ◆ CONVERSION. Faire oublier son passé, *to live down o.'s past.* ◆ ÉVOCATION. Évoquer (rappeler, ressusciter) le passé, *to conjure up (to recall, to bring back) the past.* ‖ Faire renaître le passé, *to make the past live again.* ‖ Regarder (être tourné) vers le passé, *to look back (to dwell) on the past.* ‖ Revenir sur le passé, *to rake up the past.* ‖ Revivre son passé, *to relive o.'s past.* ‖ Se pencher sur son passé, *to brood over o.'s past.* ‖ Vivre dans le passé (sur le passé), *to live in the past (on o.'s memories).* ◆ PARDON, OUBLI. Etre du passé, *to be over and done with.* ‖ Oublier le passé, *to forget the past.* ◆ PASSÉ. Appartenir au passé, *to belong to the past.* ◆ PÉRENNITÉ. Agir comme par le passé, *to act as in the past.* ◆ RECHERCHE. Éplucher le passé de qqn (Fam.), *to rake up s.o.'s past.* ‖ Fouiller le passé, *to search the past.* ◆ RÉVÉLATION. Dévoiler le passé, *to disclose the past.* ◆ SOUVENIR. Localiser qqch. dans le passé, *to situate sth. in the past.*

passe-droit ◆ FAVORITISME. Faire un passe-droit en faveur de qqn, *to show undue favour to s.o.*

passe-lacet ◆ IMPÉCUNIOSITÉ. Etre raide comme un passe-lacet (Fam.), *to be on o.'s uppers.*

passe-partout → **expression.**

passe-passe → **tour.**

passeport ◆ ADMINISTRATION. Faire viser son passeport, *to have o.'s passport stamped.*

passer 1. APPROXIMATION. Faillir y passer (Fam.), *nearly to have it.* — 2. DÉPENSE. Le sentir passer (Fam.), *to smart for it.* [V. 5.] — 3. DÉPLACEMENT. Ne faire que passer, *to be just passing.* — 4. FAIBLESSE. Laisser tout passer, *to accept everything.* — 5. SOUFFRANCE. Le sentir passer (Fam.), *to smart from it.* [V. 2.] — 6. TROMPERIE. Se faire passer pour qqn, *to give o.s. out to be s.o.*

passerelle ◆ ADMINISTRATION. Prévoir des passerelles, *to provide bridges.* ◆ MARINE. Lever la passerelle, *to raise the gangway.*

passe-temps ◆ DIVERTISSEMENT. Servir de passe-temps, *to be a diversion.*

passif 1. CRITIQUE. Mettre (porter) qqch. au passif de qqn, *to hold sth. against s.o.* [V. 3.] — 2. CULPABILITÉ. Avoir qqch. à son passif, *to have sth. against o.* [V. 3.] — 3. FINANCES. Avoir qqch. à son passif, *to have sth. on the debit side.* [V. 2.] ‖ Mettre (porter) qqch. au passif de qqn, *to include (to enter) sth. among s.o.'s liabilities.* [V. 1.] — 4. LANGAGE. Mettre au passif, *to put into the passive.*

passion ◆ AMOUR. Aimer qqn avec passion, *to love s.o. passionately,* ‖ Avoir une passion exclusive pour qqn, *to love s.o. with a possessive passion.* ‖ Avouer (déclarer) sa passion, *to avow (to declare) o.'s passion.* ‖ Entretenir une passion pour qqn, *to nurse a passion for s.o.* ‖ Inspirer une passion à qqn, *to inspire a passion in s.o.* ‖ Se prendre de passion pour qqn, *to fall violently in love with s.o.* ◆ EXCITATION. Allumer (attiser, déchaîner, envenimer, exciter, flatter) les passions, *to inflame (to fire, to unleash, to embitter, to arouse, to indulge) passions.* ◆ MAÎTRISE DE SOI. Brider (contrôler, dominer, dompter, gouverner, juguler, maîtriser, refréner, réprimer, vaincre) ses passions, *to bridle (to control, to dominate, to subdue, to govern, to curb, to master, to restrain, to check, to overcome) o.'s passions.* ◆ PASSION. Assouvir (satisfaire) ses passions, *to assuage (to satisfy) o.'s passions.* ‖ Céder (s'abandonner) à ses passions, *to yield (to give in) to o.'s*

passions. ◆ PENCHANT. Etre la passion de qqn, *to be s.o.'s passion.*
→ **ardeur, feu, mort.**

passoire ◆ CORPS. Avoir bronzé derrière une passoire (Fam.), *to be covered with freckles.* ◆ FORME. Etre troué comme une passoire, *to be riddled like a sieve.*

pastiche ◆ LITTÉRATURE. Faire un pastiche, *to write a pastiche.*

pastille ◆ HOSPITALITÉ. Etre invité en pastille de Vichy (Fam.), *to be invited as an after-thought.*

pastis ◆ DÉSAGRÉMENT. Etre en plein pastis (Fam.), *to be in a nice mess.*

patachon → **vie.**

pataquès ◆ ÉLOCUTION. Faire un pataquès, *to mispronounce a word.*

patate ◆ AMERTUME. En avoir gros sur la patate (Fam.), *to find it hard to stomach.*

pâte ◆ ACCOMMODEMENT. Etre une bonne pâte (Fam.), *to be a good sort.* ◆ ART. Peindre en pleine pâte, *to paint with a full palette.* ◆ CUISINE. Abaisser (pétrir, travailler) la pâte, *to roll out (to knead) the dough.* ‖ Faire lever la pâte, *to make the dough rise.* ‖ Faire de la pâte feuilletée (sablée), *to make puff (short) pastry.* ◆ FAIBLESSE. Etre de la pâte de guimauve, *to be milk and water.* ‖ Etre une pâte molle (Fam.), *to be spineless.*
→ **coq, levain, main.**

pâté ◆ ÉCRITURE. Faire des pâtés, *to make blots.* ◆ JEUX D'ENFANT. Faire des pâtés, *to make sand-pies.*
→ **jambe.**

pâtée ◆ HOSPITALITÉ. Donner à qqn la pâtée et la niche (Fam.), *to provide s.o. with board and lodging.*

patenôtre ◆ MAUSSADERIE. Dire des patenôtres (Fam.), *to mutter in o.'s beard.* ◆ RELIGION. Dire des patenôtres (Fam.), *to say o.'s prayers.*

patente ◆ COMMERCE. Avoir (payer) une patente, *to have (to pay for) a trade licence.*

paternalisme ◆ CONDESCENDANCE. Faire du paternalisme, *to have a paternalistic attitude.*

paternité ◆ LITTÉRATURE. Désavouer (endosser; revendiquer) la paternité d'une œuvre, *to repudiate (to admit; to claim) authorship of a work.* ◆ PATERNITÉ. Endosser la paternité d'un enfant, *to acknowledge a child as o.'s own.*

patience ◆ EXCITATION. Abuser de la patience de qqn, *to trade on s.o.'s patience.* ‖ Épuiser (exercer, lasser, user) la patience de qqn, *to exhaust (to try, to wear out) s.o.'s patience.* ‖ Lasser la patience d'un saint, *to try the patience of a saint.* ‖ Mettre la patience de qqn à l'épreuve, *to tax s.o.'s patience.* ◆ IMPATIENCE. Manquer de patience, *to lack patience.* ‖ Perdre patience, *to lose patience.* ◆ PATIENCE. Avoir une patience d'ange, *to have the patience of a saint.* ‖ Montrer de la patience, *to show patience.* ‖ Prendre patience, *to be patient.* ‖ S'armer de patience, *to possess o.'s soul in patience.*
→ **bout.**

patient ◆ MÉDECINE. Ausculter un patient, *to sound a patient.*

patin ◆ JEUX D'ENFANT, SPORTS. Faire du patin à roulettes (à glace), *to go roller-skating (ice-skating).*

patinoire ◆ VOIE. Etre une (vraie) patinoire (Fam.), *to be like an ice-rink.*

pâtisserie ◆ CUISINE. Faire de la pâtisserie, *to make pastry.*

patois ◆ LANGAGE. Parler patois, *to speak in dialect.*

patraque ◆ SANTÉ. Se sentir patraque (Fam.), *to feel under the weather.*

patrie ◆ MÉRITE. Bien mériter de la patrie, *to do a great job.* ◆ MILITAIRE. Bien mériter de la patrie, *to deserve well of o.'s country.* ‖ Mourir pour la patrie, *to die for o.'s country.*
→ **sang.**

patrimoine ◆ NOTARIAT. Échoir en patrimoine à qqn, *to come to s.o. as an inheritance.*

patriotisme ◆ POLITIQUE. Éveiller le patriotisme de qqn, *to awaken s.o.'s patriotism.*

patron ◆ COUTURE. Tailler (utiliser) un patron, *to cut out (to use) a pattern.*

patronage ◆ CÉRÉMONIAL. Etre placé sous le patronage d'une haute personnalité, *to be under the patronage of an important figure.*

patte 1. ADRESSE, ANIMAL. Retomber sur ses pattes, *to fall on o.'s (its) feet.* – 2. ANIMAL. Donner (tendre) la patte, *to shake a paw.* ‖ Faire patte de velours, *to draw in its claws.* [V. 6.] ‖ Lever la patte, *to lift its leg.* – 3. ART. Avoir de la patte (Fam.), *to have a personal touch.* – 4. CONCUSSION. Graisser la patte à qqn (Fam.), *to grease*

s.o.'s palm. – 5. DÉNIGREMENT. Tirer dans les pattes de qqn (Fam.), *to stab s.o. in the back.* [V. 8.] – 6. DOUCEUR. Faire patte de velours (Fam.), *to draw in o.'s claws.* [V. 2.] – 7. ÉCRITURE. Faire des pattes de mouche, *to write a cramped hand.* – 8. ENTRAVE. Tirer dans les pattes de qqn (Fam.), *to put a spoke in s.o.'s wheel.* [V. 5.] – 9. FATIGUE. En avoir plein les pattes (Fam.), *to be all in.* – 10. FUITE. Se tirer des pattes (Fam.), *to clear off.* – 11. GARANTIE. Montrer patte blanche, *to show o.'s credentials.* – 12. IMPORTUNITÉ. Se fourrer dans les pattes de qqn (Fam.), *to get under s.o.'s feet.* [V. 13.] – 13. IMPRUDENCE. Se fourrer dans les pattes de qqn (Fam.), *to get into s.o.'s clutches.* [V. 12.] – 14. LIBÉRATION. Se tirer des pattes de qqn, *to escape from s.o.'s clutches.* – 15. MARCHE. Aller à pattes (Fam.), *to hoof it.* ‖ Marcher à quatre pattes, *to go on all fours.* – 16. MÉDIOCRITÉ. Ne pas casser trois pattes à un canard (Fam.), *not to set the Thames on fire.* – 17. OPPRESSION. Etre entre les pattes de qqn, *to be in s.o.'s clutches.* – 18. SANTÉ. Avoir une patte folle (Fam.), *to have a gammy leg.* ‖ Ne pas être solide sur ses pattes (Fam.), *to be unsteady on o.'s pins.* ‖ Traîner la patte (Fam.), *to be on o.'s hind legs.* – 19. TAILLE. Etre bas sur patte (Fam.), *to be short in the legs.*
→ **coup, fil, pied.**

pâture 1. ANIMAL. Trouver sa pâture dans qqch., *to find its sustenance in sth.* [V. 2.] – 2. SAVOIR. Trouver sa pâture dans qqch., *to find o.'s mental pabulum in sth.* [V. 1.] – 3. VICTIME. Etre offert en pâture à la malignité publique, *to be offered up on the altar of public spite.*

paumer ◆ INCULPÉ. Se faire paumer (Pop.), *to get pinched.*

paupière 1. FAITS ET GESTES. Baisser (fermer) les paupières, *to lower (to close) o.'s eyelids.* [V. 3.] ‖ Battre des paupières, *to bat o.'s eyelids.* – 2. RÉVEIL. Ouvrir la paupière (Fam.), *to open o.'s eyes.* – 3. SOMMEIL. Se sentir (avoir) les paupières lourdes, *to feel o.'s eyelids getting heavy.* ‖ Fermer les paupières (Fam.), *to shut o.'s eyes.* [V. 1.]

pause ◆ ARRÊT. Faire une pause, *to pause.* ◆ REPOS. Faire la pause, *to have a break.* ‖ Faire la pause café, *to have a coffee-break.*

pauvre ◆ PAUVRETÉ. Etre un pauvre honteux, *to be too proud to show o.'s poverty.*

pavé 1. ABONDANCE. En être pavé (Fam.), *to be thick with it.* – 2. AUTOMOBILE. Brûler le pavé, *to scorch along.* – 3. BÉVUE. Lancer le pavé de l'ours, *to make matters ten times worse.* – 4. CHÔMAGE. Battre le pavé (Fam.), *to tramp the streets.* [V. 5.] ‖ Etre sur le pavé (Fam.), *to be out of work.* [V. 6.] ‖ Mettre (jeter) qqn sur le pavé, *to turn s.o. out of his job.* [V. 8.] – 5. MARCHE. Battre le pavé, *to tramp the streets.* [V. 4.] – 6. PAUVRETÉ. Etre sur le pavé, *to be homeless and penniless.* [V. 4.] – 7. PERTURBATION. Jeter un pavé dans la mare, *to drop a bombshell.* – 8. RENVOI. Mettre (jeter) qqn sur le pavé, *to turn s.o. out into the street.* [V. 4.]
→ **haut.**

pavillon ◆ MARINE. Battre pavillon français, *to fly the French flag.* ◆ MILITAIRE. Amener (hisser) pavillon, *to strike (to hoist) o.'s colours.* ‖ Mettre le pavillon en berne, *to fly the flag at half-mast.* ◆ PARTISAN. Se ranger sous le pavillon de qqn, *to rally to s.o.'s standard.* ◆ SOUMISSION. Baisser pavillon (Fam.), *to knuckle under.*

pavois ◆ ÉLOGE. Élever (hisser) qqn sur le pavois, *to put s.o. on a pedestal.*

payant ◆ INUTILITÉ. N'être pas payant, *not to pay.* ◆ PRIX. Etre payant, *to be charged for.*
→ **cochon.**

paye ou **paie** ◆ RÉTRIBUTION. Toucher sa paye, *to collect o.'s pay.*

payer ◆ PLAISIR. Bien s'en payer (Fam.), *to have a whale of a time.*

payeur ◆ PAIEMENT. Etre un mauvais payeur, *to be a bad payer.*

pays 1. AVANCE. Gagner du pays, *to gain ground.* – 2. DÉPLACEMENT. Courir (parcourir) le pays, *to cover the country.* ‖ Voir du pays, *to see the world.* – 3. DOMINATION. Arriver en pays conquis, *to come the high and mighty.* – 4. IDÉAL. Etre un pays de cocagne, *to be a land of plenty.* – 5. IMAGINATION. Naviguer (voyager) au pays des rêves, *to be in dreamland.* – 6. MILITAIRE. Évacuer le pays, *to move out of the country.* ‖ Mettre un pays à feu et à sang, *to put a country to fire and sword.* – 7. PERSÉCUTION. Faire voir du pays à qqn (Fam.), *to lead s.o. a merry dance.* – 8. RELATIONS. Etre en pays de connaissance,

to be among friends. [V. 10.] — 9. RUSTI-
CITÉ. Etre bien de son pays (Fam.), *still to
have straws in o.'s hair.* — 10. SAVOIR.
Etre en pays de connaissance, *to be on
familiar ground.* [V. 8.]
→ **arme, fer, guerre, incursion, indépendance, mal, occupation, partie, prophète,
vie.**

paysage ♦ ESTHÉTIQUE. Enlaidir le
paysage, *to spoil the countryside.* ♦
IMPRESSION. Faire bien dans le paysage
(Fam.), *to look well there.*

paysan ♦ RUSTICITÉ. Etre un paysan du
Danube, *to be an oaf.*

péage → **autoroute.**

peau 1. AMOUR. Avoir qqn dans la peau
(Fam.), *to have s.o. under o.'s skin.* — 2.
ANTICIPATION. Vendre la peau de l'ours
(avant de l'avoir tué), *to count o.'s chickens
(before they are hatched).* — 3. CONFORT.
Etre bien dans sa peau (Fam.), *to feel in the
best of form.* — 4. CRIME. Avoir la peau de
qqn (Fam.), *to do for s.o.* ‖ Crever (faire)
la peau à qqn (Pop.), *to bump s.o. off.* — 5.
CUISINE. Enlever (détacher, ôter) la peau,
to remove the skin. — 6. DÉCOURAGEMENT.
Traîner sa peau (Fam.), *to drag o.s.
around.* — 7. DÉFENSE. Vendre chèrement
sa peau (Fam.), *to sell o.'s life dearly.* — 8.
ENDURANCE. Avoir la peau dure (Fam.),
to be tough. — 9. INCONFORT. Etre mal
dans sa peau (Fam.), *to feel ill at ease.* —
10. INTÉRÊT PERSONNEL. Tenir à sa peau
(Fam.), *to value o.'s skin.* — 11. INUTILITÉ.
En tirer peau de balle (Fam.), *to get damn
all out of it.* — 12. MÉCHANCETÉ. Etre une
peau de/vache (Pop.), *to be a skunk.* ‖
Faire la peau de vache (Pop.), *to behave
like a skunk.* — 13. MORT. Se faire crever
la peau (Fam.), *to get bumped off.* ‖ Y
laisser la peau (Fam.), *to die in the attempt.*
— 14. NON-PROGRÈS. Mourir (crever)
dans sa peau (Fam.), *never to change.* [V.
19.] ‖ Mourir dans la peau d'un ivrogne
(Fam.), *to remain a drunkard to the end of
o.'s days.* — 15. PAIEMENT. Payer qqch. la
peau et la bourre (Fam.), *to pay for sth.
through the nose.* — 16. PARESSE. Avoir la
peau trop courte (Fam.), *to be a lazy-
bones.* — 17. PÉNÉTRATION. Entrer dans la
peau du rôle, *to enter into the spirit of o.'s
part.* [V. 23.] ‖ Se mettre dans la peau de
qqn (Fam.), *to put o.s. in s.o.'s shoes.* — 18.
PEUR. Craindre pour sa peau (Fam.), *to
fear for o.'s skin.* — 19. POIDS. Crever dans

sa peau (Fam.), *to be bursting o.'s buttons.*
[V. 14.] ‖ Etre gras à pleine peau (Fam.),
to be as fat as butter. ‖ N'avoir que la peau
et les os (Fam.), *to be nothing but skin and
bones.* — 20. RENOUVELLEMENT. Changer
de peau (faire peau neuve) [Fam.], *to shed
(to shrug off) o.'s old self.* — 21. RISQUE.
Risquer sa peau (Fam.), *to risk o.'s skin.* —
22. SALUT. Sauver sa peau (Fam.), *to
save o.'s skin.* — 23. SPECTACLE. Entrer
(être) dans la peau d'un personnage (du
rôle), *to get (to be) right inside a part.*
[V. 17.] — 24. TOUR. Faire glisser qqn
sur une peau de banane, *to lay a booby-
trap for s.o.* — 25. VOIES DE FAIT. Attraper
(prendre) qqn par la peau du cou (du dos,
des fesses) [Fam.], *to take (to grab) s.o.
by the scruff of the neck.*

pêche ♦ PÊCHE. Faire une bonne pêche,
to have a good catch. ‖ Faire une pêche
miraculeuse, *to get a marvellous haul.* ‖
Faire de la pêche sous-marine, *to do under-
water fishing.*

péché ♦ LIBERTINAGE. Etre un péché de
jeunesse, *to be youthful wild oats.* ♦
PENCHANT. Etre le péché mignon de qqn,
to be s.o.'s foible. ♦ PHYSIONOMIE. Etre
laid comme un péché (comme les sept péchés capitaux), *to be as ugly as sin.* ♦ RELI-
GION. Absoudre (pardonner, remettre,
effacer, ôter) les péchés, *to absolve (to
forgive, to remit, to wipe out, to take away)
sins.* ‖ Commettre un péché, *to commit a
sin.* ‖ Expier ses péchés, *to atone for o.'s
sins.*

pécher ♦ CHOC EN RETOUR. Etre puni par
où l'on a péché, *to reap what o. has sown.*

pécule ♦ ÉCONOMIE. Amasser (se constituer) un pécule, *to build up a nest-egg.*

pédagogue ♦ CRITIQUE. S'ériger en
pédagogue, *to start laying down the law.*

pédale ♦ DÉSARROI. Perdre les pédales
(Fam.), *to lose control.*

Pédalo ♦ SPORTS. Faire du Pédalo, *to
ride a pedal-boat.*

peigne ♦ MINUTIE. Passer qqch. au peigne
fin, *to go over sth. with a fine tooth comb.*
♦ SALETÉ. Etre sale comme un peigne
(Fam.), *to be like a pigsty.*

peignée ♦ VOIES DE FAIT. Se flanquer
une peignée (Fam.), *to scratch out each
other's eyes.*

peinard ♦ INACTION. Se tenir peinard
(Fam.), *to stay quietly in o.'s corner.* ♦

TRANQUILLITÉ. Rester peinard (Fam.), *to take things easy.*

peindre ◆ COMIQUE. Etre à peindre (Fam.), *to be too funny for words.*

peine ◆ ALTRUISME. Épargner une peine à qqn, *to spare s.o. pain.* ‖ Éviter une peine à qqn, *to stop s.o. from being hurt.* ◆ AMOUR. Avoir une peine de cœur, *to have sentimental troubles.* ◆ APPARENCE. Faire peine à voir, *to be a pitiful sight.* ◆ ASSISTANCE. Tirer qqn de peine, *to get s.o. out of his difficulty.* ◆ COMPASSION. Partager la peine de qqn, *to share s.o.'s distress.* ◆ DIFFICULTÉ. Avoir toutes les peines du monde à faire qqch., *to have the utmost difficulty in doing sth.* ‖ Etre (se trouver) bien (fort) en peine de faire qqch., *to be hard put to do sth.* ‖ Ne pas aller sans peine, *to require some effort.* ◆ EFFORT. Ne pas épargner (craindre, marchander, plaindre) sa peine, *to spare no pains.* ‖ Prendre de la peine, *to take pains.* ‖ Prendre (se donner) la peine de faire qqch., *to take the trouble to do sth.* ‖ Se donner beaucoup de peine, *to go to a great deal of trouble.* ‖ Se mettre en peine, *to go to some trouble.* ‖ Se tuer (mourir) à la peine, *to work o.s. to death.* ◆ ENDURANCE. Etre dur à la peine, *to be tough.* ◆ FACILITÉ. Ne pas être en peine pour faire qqch., *not to be at a loss to do sth.* ◆ FATIGUE. Avoir peine à avancer, *can hardly put one foot in front of the other* (Gramm.). ◆ FAUX-SEMBLANT. Déguiser ses peines, *to disguise o.'s distress.* ◆ IMPÉCUNIOSITÉ. Avoir de la peine à joindre les deux bouts, *to have difficulty making ends meet.* ◆ IMPORTANCE. En valoir la peine, *to be well worth the trouble.* ‖ Valoir la peine, *to be worthwhile.* ◆ INCRÉDULITÉ. Avoir de la peine à croire qqch., *to find it hard to believe sth.* ◆ INCULPÉ. Encourir (purger, subir) une peine, *to incur (to serve) a sentence.* ‖ Etre frappé (passible) d'une peine, *to be given (liable to) a sentence.* ◆ INUTILITÉ. En être pour sa peine, *to have had o.'s trouble for nothing.* ‖ Etre peine perdue, *to be wasted effort.* ‖ Ne pas être la peine, *not to matter.* ‖ Ne pas être la peine de faire qqch., *not to be worth doing sth.* ‖ Perdre sa peine, *to waste o.'s time.* ◆ NON-IMPORTANCE. Ne pas en valoir la peine, *not to be worth the effort.* ‖ Ne pas valoir la peine d'en parler, *not to be worth talking about.* ◆ PARESSE.

Plaindre sa peine, *to grudge o.'s effort.* ◆ PEINE. Etre dans la peine, *to be in distress.* ‖ Faire de la peine à qqn, *to cause s.o. pain.* ◆ RÉTRIBUTION. Etre payé de ses peines, *to be rewarded for o.'s trouble.* ◆ SENTENCE. Abolir (requérir; rétablir) la peine de mort, *to abolish (to call for; to restore) the death penalty.* ‖ Édicter (infliger) une peine, *to decree (to impose) a sentence.* ◆ TALION. Appliquer la peine du talion, *to retaliate on s.o.*

peinture ◆ ANTIPATHIE. Ne pouvoir voir qqn en peinture (Fam.), *cannot bear the sight of s.o.* (Gramm.). ◆ ART. Faire de la peinture à l'huile, *to paint in oil-painting.* ◆ ART, TRAVAUX MANUELS. Faire de la peinture, *to paint.* ◆ TRAVAUX MANUELS. Faire de la peinture au pistolet (au rouleau), *to paint with a spray-gun (a roller).* → goût.

pelé ◆ NOMBRE. N'y avoir que quatre pelés et un tondu (Fam.), *there [to be] only a few nobodies there* (Gramm.).

pèlerinage ◆ RELIGION. Faire un pèlerinage, *to go on a pilgrimage.*

pelle ◆ ABONDANCE. En avoir à la pelle (Fam.), *to have buckets full of it.* ‖ En ramasser à la pelle (Fam.), *to find any amount.* ◆ CHUTE. Ramasser une pelle (Fam.), *to come a cropper.*

pellicule ◆ CHEVELURE. Avoir des pellicules, *to have dandruff.* ◆ PHOTOGRAPHIE. Développer une pellicule, *to develop a film.*

pelote ◆ EXACTION. Faire sa pelote (Fam.), *to feather o.'s nest.* ◆ SPORTS. Jouer à la pelote, *to play pelota.*

peloton 1. COUTURE. Dévider un peloton de laine, *to unwind a ball of wool.* — 2. SPORTS. Etre dans le peloton de tête, *to be in the front of the field.* [V. 3.] ‖ Lâcher le peloton, *to drop behind the field.* ‖ Remonter le peloton, *to move up on the field.* ‖ Se détacher (s'échapper) du peloton, *to pull ahead of the field.* — 3. SUPÉRIORITÉ. Etre dans le peloton de tête, *to be in the front of the field.* [V. 2.]

pelouse ◆ DISCIPLINE. Respecter les pelouses, *to keep off the grass.*

pelure ◆ VOLUME. Etre mince comme une pelure d'oignon (Fam.), *to be as thin as a shaving.*

penalty ◆ SPORTS. Siffler un penalty, *to blow the whistle for a penalty.*

pénates ◆ MAISON. Transporter ses pénates ailleurs, *to move o.'s household gods.* ◆ RETOUR. Regagner ses pénates, *to return to o.'s own fireside.*

penchant ◆ INCLINATION. Céder à ses penchants, *to yield to o.'s inclinations.* ‖ Suivre son penchant, *to follow o.'s inclination.* ◆ PENCHANT. Avoir (manifester) un penchant pour qqn (qqch.), *to have (to show) a penchant for s.o. (sth.).*

pendant ◆ SYMÉTRIE. Se faire pendant, *to balance each other.*

pendre ◆ DÉNIGREMENT. Dire pis que pendre de qqn (Fam.), *to call s.o. all the names under the sun.* ◆ NON-IMPORTANCE. Ne pas y avoir de quoi se pendre (Fam.), *there [to be] nothing to get worked up about* (Gramm.).

pendu ◆ CERTITUDE. Vouloir bien être pendu (Fam.), *will eat o.'s hat* (Gramm.). ◆ IMPORTUNITÉ. Etre toujours pendu après qqn, *to be always hanging around s.o.* ◆ SALUT. Décrocher un pendu, *to cut a hanged man.*
→ **corde, veine.**

pendule ◆ INCITATION. Remonter la pendule à qqn (Fam.), *to egg s.o. on.* ◆ TEMPS. Consulter (régler, remonter) une pendule, *to look at (to set, to wind up) a clock.* ‖ Relancer une pendule, *to start a clock going again.*

pénétration ◆ PÉNÉTRATION. Avoir (montrer) beaucoup de pénétration, *to have (to show) great insight.*

pénitence ◆ CHÂTIMENT. Etre en pénitence, *to be in disgrace.* ‖ Mettre qqn en pénitence, *to put s.o. in the corner.* ◆ RELIGION. Donner (infliger) une pénitence à qqn, *to give s.o. a penance.* ‖ Faire pénitence, *to do penance.*

pénombre ◆ NON-ÉCLAIRAGE. Etre dans la pénombre, *to be in shadow.* ◆ OBSCURITÉ. Rester dans la pénombre (Fig.), *to remain in the shadows.*

pensant ◆ CONFORMISME. Etre bien pensant, *to be right-thinking.*

pensée ◆ DISSIMULATION. Cacher (dissimuler) sa pensée, *to hide o.'s thoughts.* ◆ EXPRESSION. Délayer (développer) sa pensée, *to water down (to develop) o.'s ideas.* ‖ Dépasser (trahir) sa pensée, *to betray o.'s thoughts.* ‖ Envelopper sa pensée, *to wrap up o.'s true thoughts.* ‖ Exprimer (dévoiler, formuler, préciser, traduire) sa pensée, *to express (to reveal, to formulate, to define, to reflect) o.'s ideas.* ‖ Nuancer sa pensée, *to see things less in black and white.* ◆ IDÉE. Se présenter (venir) à la pensée de qqn, *to come into s.o.'s thoughts.* ◆ NON-VÉRITÉ. Déformer (travestir) la pensée de qqn, *to distort (to twist) s.o.'s ideas.* ‖ Déguiser sa pensée, *to cloak o.'s thoughts.* ‖ Parler contre sa pensée, *to speak in contradiction to o.'s thoughts.* ◆ PÉNÉTRATION. Coller à la pensée de qqn, *to adhere closely to s.o.'s ideas.* ‖ Comprendre (partager) la pensée de qqn, *to understand (to share) s.o.'s way of thinking.* ‖ Entrer dans la pensée de qqn, *to grasp s.o.'s thoughts exactly.* ‖ Lire dans la pensée de qqn, *to read s.o.'s mind.* ‖ Pénétrer la pensée de qqn, *to see into s.o.'s thoughts.* ◆ PRÉOCCUPATION. Occuper la pensée de qqn, *to occupy s.o.'s thoughts.* ‖ N'avoir plus qu'une pensée, *to have but one thought.* ‖ Ne pouvoir détacher sa pensée de qqch., *cannot take o.'s mind off sth.* (Gramm.). ‖ Obnubiler la pensée de qqn, *to cloud s.o.'s thoughts.* ◆ RAISONNEMENT. Ordonner (diriger, conduire) ses pensées, *to order (to direct) o.'s thoughts.* ◆ RÉFLEXION. Etre perdu (s'absorber) dans ses pensées, *to be lost in o.'s thoughts.* Etre plongé dans ses pensées, *to be buried in thought.* ‖ Nourrir une pensée, *to entertain a thought.* ◆ REFUS. Balayer (chasser, rejeter) une pensée, *to get rid of (to chase away, to reject) a thought.* ◆ RÊVERIE. Laisser errer (vaguer) sa pensée, *to let o.'s thoughts ramble (roam, wander).* ◆ RONDEUR. Dire toute sa pensée, *not to hide anything.* ◆ SOUVENIR. Etre présent en pensée, *to be present in thought.* ‖ Se tourner en pensée vers qqn, *to turn to s.o. in thought.* ‖ Vivre dans la pensée de qqn, *to live on in s.o.'s thoughts.* ◆ TRISTESSE. Rouler (remuer) de tristes pensées, *to brood.* ‖ S'abandonner (se livrer) à de tristes pensées, *to give o.s. over to gloomy thoughts.*
→ **bout, fil, fond.**

penser ◆ INCERTITUDE. Ne savoir que penser, *not to know what to think.* ◆ RONDEUR. Dire ce qu'on pense, *to speak o.'s mind.* ◆ SUGGESTION. Donner (laisser) à penser, *to make one think.*

pension ◆ ÉCOLE. Etre en pension, *to be a boarder.* ‖ Mettre qqn en pension, *to send s.o. to boarding-school.* ‖ Ouvrir (diriger, tenir) une pension, *to open (to manage, to run) a boarding-school.* ◆ FINANCES. Allouer (faire, servir, verser) une pension à qqn, *to allocate, (to grant, to pay) a pension to s.o.* ◆ HOSPITALITÉ. Prendre qqn en pension, *to take s.o. as a lodger.* ‖ Prendre pension chez qqn, *to be in lodgings at s.o.'s.* ◆ HÔTELLERIE. Loger dans une pension de famille, *to stay in a boarding-house.* ‖ Payer sa pension, *to pay for o.'s board.* ‖ Prendre (être en) pension à l'hôtel, *to take (to be on) full board at an hotel.*

pensionnaire → air.

pensum ◆ ÉCOLE. Faire un pensum, *to do an imposition.*

pente 1. DÉFAILLANCE. Dévaler (dégringoler [Fam.]) la pente, *to go downhill.* [V. 3.] ‖ Etre sur une pente glissante (savonneuse), *to be on a slippery slope.* ‖ Etre sur la mauvaise pente, *to be on the down-grade.* — 2. INCLINATION. Avoir une pente naturelle pour qqch., *to have a natural bent for sth.* ‖ Céder à sa pente, *to yield to o.'s inclinations.* ‖ Suivre sa pente, *to follow o.'s bent.* — 3. MARCHE. Dévaler la pente, *to race downhill.* [V. 1.] ‖ Monter (gravir, grimper) la pente, *to go up (to climb) the hill.* ‖ Remonter la pente, *to climb back up.* [V. 4, 5.] — 4. RÉTABLISSEMENT. Remonter la pente (Fam.), *to make a comeback.* [V. 3, 5.] — 5. SANTÉ. Remonter la pente (Fam.), *to be on the road to recovery.* [V. 3, 4.] — 6. VOIE. Descendre (monter) en pente douce, *to slope gently down (up).* ‖ Etre en pente, *to be sloping.*

→ côté, gosier.

pépée ◆ SÉDUCTION. Etre une jolie pépée (Pop.), *to be a nice bit of crackling.*

pépère ◆ INACTION. Se tenir pépère (Fam.), *to keep out of trouble.*

pépettes ou **pépètes** ◆ RICHESSE. Avoir des pépettes (Pop.), *to have dough.*

pépie ◆ ANIMAL. Avoir la pépie, *to have the pip.* ◆ SOIF. Avoir la pépie (Fam.), *to be always thirsty.*

percée ◆ MILITAIRE. Faire une percée, *to make a breakthrough.* ◆ RENOMMÉE. Faire une percée, *to make a breakthrough.* ◆ SPORTS. Tenter une percée, *to try to break away.*

perche ◆ ASSISTANCE. Tendre la perche à qqn, *to throw out a line to s.o.* ◆ SALUT. Saisir la perche (tendue), *to grasp*

the helping hand. ◆ TAILLE. Etre une grande perche (Fam.), *to be long and lanky.*

perdition ◆ DANGER. Etre en perdition, *to be in distress.*

→ lieu.

perdre ◆ ÉCONOMIE. Ne rien laisser perdre, *to waste nothing.* ◆ INDIFFÉRENCE. N'avoir rien à perdre, *to have nothing to lose.*

perdu ◆ DÉSARROI. Se sentir perdu, *to feel lost.* ◆ NON-ESPOIR. Jouer au perdu (Fam.), *to play a losing game.* ◆ RAPIDITÉ. Courir comme un perdu (Fam.), *to run as if the devil were after one.* ◆ SANTÉ. Etre perdu, *to have been given up for lost.*

père 1. AFFECTATION. Jouer les pères nobles (Fam.), *to come the heavy father.* [V. 10.] — 2. GESTION. Agir en bon père de famille, *to act as a prudent administrator.* — 3. HÉRITAGE. Transmettre de père en fils, *to hand down from father to son.* — 4. ILLUSION. Croire au père Noël, *to believe in Santa Claus.* — 5. NON-ÉCLAIRAGE. Ne pas avoir un père vitrier (Fam.), *to be getting in the light.* — 6. POIDS. Etre un gros père (Fam.), *to be roly-poly* (enfant); *to be beefy* (adulte). — 7. PROTECTION. Servir de père à qqn, *to be a father to s.o.* — 8. RELIGION. Etre le père spirituel de qqn, *to be s.o.'s spiritual father.* — 9. SÉDENTARISME. Etre un petit père tranquille (Fam.), *to be an old fuddy-duddy.* — 10. SPECTACLE. Jouer les pères nobles, *to act the heavies.* [V. 1.]

→ fils, monde, placement.

perfection ◆ CONVENANCE. Aller à qqn à la perfection, *to suit s.o. to perfection.* ◆ PERFECTION. Aspirer (conduire, mener; s'élever) à la perfection, *to aspire (to bring; to rise) to perfection.* ‖ Atteindre (parvenir) à la perfection, *to attain (to reach) perfection.* ‖ Tendre à la perfection, *to strive for perfection.*

perfectionnement ◆ AMÉLIORATION. Apporter des perfectionnements à qqch., *to make improvements in sth.*

perfidie ◆ DÉNIGREMENT. Dire des perfidies sur qqn, *to say treacherous things about s.o.*

performance ◆ EXPLOIT. Etre une belle performance, *to be a splendid achievement.* ◆ SPORTS. Accomplir (réaliser) une performance, *to put up a good per-*

formance. ‖ Homologuer une performance, *to recognize a record.*

perfusion ◆ MÉDECINE. Faire une perfusion à qqn, *to feed s.o. intravenously.*

péril ◆ COURAGE. Affronter (braver) les périls, *to confront (to brave) perils.* ◆ DANGER. Courir un péril, *to run a grave risk.* ‖ Etre en grand péril, *to be in great peril.* ◆ IMPRUDENCE. Mettre qqn (qqch.) en péril, *to imperil s.o. (sth.).* ◆ LATITUDE. Ne pas y avoir péril en la demeure, *there [to be] no immediate danger* (Gramm.). PROTECTION. Préserver (protéger; sauver) qqn d'un péril, *to preserve (to protect; to rescue) s.o. from a peril.* ◆ SALUT. Conjurer un péril, *to ward off a peril.*
→ **risque.**

période ◆ CHANCE. Etre en période de chance, *to be having a run of good luck.* ◆ DÉLAI. Prolonger (proroger) une période, *to extend a period.* ◆ DÉSAGRÉMENT. Traverser une période difficile, *to go through a difficult time.* ◆ MÉDECINE. Etre en période d'incubation, *to be in the incubation period.* ◆ MILITAIRE. Faire une période, *to do a spell.* ◆ POLITIQUE. Etre en période électorale, *to be in an election period.*

périphrase ◆ EXPRESSION. Faire (employer) des périphrases, *to use (to employ) roundabout expressions.*

périple ◆ VOYAGE. Faire un périple, *to make a peregrination.*

perle ◆ ACTIVITÉ. Ne pas enfiler des perles (Fam.), *not to pick buttercups.* ◆ BÉVUE. Collectionner les perles, *to make one blunder after another.* ◆ COMPÉTENCE. Etre une perle, *to be a treasure.* ◆ JEUX D'ENFANT. Enfiler des perles, *to string beads.* ◆ LANGAGE. Recueillir des perles, *to collect howlers.* ◆ NON-APPROPRIATION. Jeter (donner) des perles aux pourceaux, *to cast pearls before swine.*

permanence ◆ ADMINISTRATION. Assurer une permanence, *to provide a skeleton service.* ‖ Etre de permanence, *to be on duty.*

permanent ◆ CINÉMA. Etre permanent, *to be continuous.*

permanente ◆ CHEVELURE. Se faire faire une permanente, *to have a perm.*

permis ◆ ABUS. Se croire tout permis, *to think o. can do as o. likes.* ◆ ADMINISTRATION. Demander un permis de construire, *to apply for a building permit.* ◆

AUTOMOBILE. Avoir eu son permis de conduire dans une pochette surprise (Fam.), *to have passed o.'s driving test by a fluke.* ‖ Passer son permis de conduire, *to take o.'s driving test.* ‖ Obtenir son permis de conduire, *to get o.'s driving licence.* ‖ Retirer le permis de conduire à qqn, *to withdraw s.o.'s driving licence.* ◆ CHASSE. Prendre un permis de chasse, *to take out a shooting licence.* ◆ PROCÉDURE. Refuser le permis d'inhumer, *to withhold the death certificate.*

permission ◆ ABUS. Prendre (se donner) la permission de faire qqch., *to take the liberty of doing sth.* ◆ DÉPENDANCE. Demander (solliciter; obtenir; recevoir) la permission de faire qqch., *to request (to ask; to obtain; to receive) leave to do sth.* ◆ MILITAIRE. Venir en permission, *to come on leave.*

permutation ◆ ÉCHANGE. Faire une permutation, *to make an exchange.*

Pérou ◆ RÉMUNÉRATION. Ne pas gagner le Pérou (Fam.), *not to earn a millionaire's salary.* ◆ MÉDIOCRITÉ. Ne pas être le Pérou (Fam.), *to be no great shakes.*

perpendiculaire ◆ MATHÉMATIQUES. Élever (abaisser) une perpendiculaire, *to drop (to draw) a perpendicular.*

perplexe ◆ PERPLEXITÉ. Laisser perplexe, *to leave baffled.*

perplexité ◆ PERPLEXITÉ. Etre (demeurer) dans la perplexité, *to be (to remain) perplexed.* ‖ Jeter qqn dans la perplexité, *to perplex s.o.*

perquisition ◆ PROCÉDURE. Effectuer une perquisition, *to carry out a search.* ‖ Ordonner une perquisition, *to order a search to be made.*

perroquet ◆ RÉPÉTITION. Répéter comme un perroquet (avoir tout du perroquet) [Fam.], *to repeat everything parrot-fashion.*

persécution ◆ SANTÉ. Faire de la persécution, *to have a persecution mania.* ◆ VICTIME. Attirer (subir) la persécution, *to invite (to suffer) persecution.*
→ **manie.**

persévérance ◆ PERSÉVÉRANCE. Avoir (manifester; montrer) de la persévérance, *to have (to show) perseverance.*

persil → **tour.**

persistance ◆ PERSÉVÉRANCE. Mettre de la persistance à qqch., *to persist in sth.*

persona grata ◆ FAVEUR. Etre « persona grata » auprès de qqn, *to be « persona grata » with s.o.*

personnage I. AFFECTATION. Jouer (se composer) un personnage (composer son personnage), *to act (to assume) a part.* [V. 7.] — 2. LITTÉRATURE. Camper (situer) un personnage, *to present (to place) a character.* — 3. NIVEAU SOCIAL. Etre un personnage de premier plan (de marque), *to be a person to the fore (of mark).* — 4. PRÉTENTION. Se prendre pour un personnage, *to consider o.s. quite somebody.* — 5. RENOMMÉE. Etre un personnage de légende, *to be a legendary character.* — 6. RÔLE. Remplir son personnage, *to live up to the position o. holds.* — 7. SPECTACLE. Jouer (incarner) un personnage, *to play (to embody) a character.* [V. 1.]

→ **esprit, peau, prisonnier.**

personnalité ◆ FAIBLESSE. Manquer de personnalité, *to lack personality.* ◆ NIVEAU SOCIAL. Etre une haute personnalité, *to be a leading figure.* ◆ OBJECTIVITÉ. Ne pas vouloir faire de personnalité, *not to want to mention any names.* ◆ PERSONNALITÉ. Affirmer (développer) sa personnalité, *to assert (to develop) o.'s personality.* ‖ Avoir de la personnalité, *to have plenty of personality.* ‖ Avoir une forte personnalité, *to have a strong personality.* ◆ RESPECT. Respecter la personnalité de qqn, *to respect s.o.'s individuality.*

→ **dédoublement, patronage.**

personne ◆ ACTIVITÉ. Payer de sa personne, *to take an active part.* ◆ AUTONOMIE. Ne relever de personne, *not to be answerable to anyone.* ◆ CIVILITÉ. Parler à qqn à la troisième personne, *to address s.o. in the third person.* ◆ CONFIANCE. Etre une personne de confiance, *to be a trustworthy person.* ◆ CONVERSATION. Laisser deux personnes en tête à tête, *to leave two people alone together.* ◆ CORPS. Etre bien de sa personne, *to be very personable.* ◆ DÉLÉGATION. Négocier par personnes interposées, *to negotiate through third parties.* ◆ ÉGOÏSME. Ne se gêner pour personne, *to consider nobody but o.s.* ◆ ÉVIDENCE. Ne tromper personne (Impers.), *to deceive no one.* ◆ FATUITÉ. Etre infatué de sa personne, *to be self-infatuated.* ◆ GAUCHERIE. Etre embarrassé de sa personne (ne savoir que

faire de sa personne), *to feel awkward.* ◆ HABILETÉ. Etre une personne de ressources, *to be a resourceful person.* ◆ HONORABILITÉ. Etre une personne comme il faut, *to be very correct.* ◆ INCULPÉ. Comparaître en personne, *to appear in person.* ◆ NONCONTACT. N'y être pour personne, *not to be in to anyone.* ◆ OPPRESSION. Asservir la personne humaine, *to enslave a human being.* ◆ PRÉTENTION. Etre content de sa petite personne (Fam.), *to think highly of o.s.* ◆ RAYONNEMENT. Émaner de toute la personne de qqn, *to emanate from every inch of s.o.* ◆ SATISFACTION. N'avoir rien à envier à personne, *to have nothing to envy anyone for.*

→ **acception, cas, compte, leçon, lien, mystère, paix, rapport, réconciliation, rien, soin.**

personnel ◆ AVIATION. Appartenir au personnel rampant, *to be on the ground staff.*

→ **compression.**

perspective ◆ NON-VÉRITÉ. Fausser les perspectives de qqch., *to distort sth.* ◆ PERSPECTIVE. Entrer dans une perspective, *to form part of a perspective.* ‖ Etre une drôle de perspective, *to be a queer outlook.* ‖ Ouvrir des perspectives, *to open up prospects.* ‖ Replacer qqch. dans sa perspective, *to put sth. back in perspective.* ◆ PERTURBATION. Bousculer les perspectives d'avenir, *to upset future prospects.* ◆ PROJET. Avoir qqch. en perspective, *to have sth. in view.* ‖ Entrer dans les perspectives de qqn, *to enter within s.o.'s purpose.* ‖ Envisager la perspective de qqch., *to look forward to sth.*

persuasion ◆ PERSUASION. User de persuasion, *to employ o.'s persuasive powers.*

perte 1. ARTISAN DE SON SORT. Causer sa perte, *to bring about o.'s own downfall.* ‖ Courir à sa perte, *to be heading for ruin.* — 2. BAVARDAGE. S'étendre à perte de vue (Fam.), *to be long-winded.* [V. 7.] — 3. COMMERCE. Travailler (vendre) à perte, *to work (to sell) at a loss.* — 4. DÉSÉQUILIBRE. Etre en perte d'équilibre, *to be off o.'s balance.* — 5. DÉTÉRIORATION. Etre en perte de vitesse (Fam.), *to be slowing down.* [V. 9, 10.] — 6. DISCUSSION. Discourir (discuter) à perte de vue, *to hold forth (to argue) endlessly.* — 7. DISTANCE. S'étendre à perte de vue, *to* stretch out of sight. [V. 2.] — 8. DOM-MAGE, MORT. Etre une perte nationale, to be a loss to the nation. — 9. ÉCOLE. Etre en perte de vitesse (Fam.), to be getting behind. [V. 5, 10.] — 10. FATIGUE. Etre (se trouver) en perte de vitesse (Fam.), not to have much energy left. [V. 5, 9.] — 11. HOSTILITÉ. Jurer la perte de qqn, to swear to bring about s.o.'s downfall. ‖ Travailler à la perte de qqn, to work towards s.o.'s undoing. — 12. INUTILITÉ. Agir (être) en pure perte, to act (to be) to no purpose. ‖ Etre une perte de temps, to be a waste of time. — 13. MILITAIRE. Déplorer (éprouver, essuyer) des pertes, to record (to meet with, to suffer) losses. ‖ Homologuer des pertes, to reckon up the losses. ‖ Infliger des pertes sévères (de lourdes pertes) à l'ennemi, to inflict heavy (severe) losses on the enemy. — 14. PERTE. Faire (subir) une perte (sèche), to suffer a (dead) loss. — 15. RENVOI. Renvoyer qqn avec pertes et fracas, to kick s.o. out and slam the door. — 16. SANTÉ. Avoir des pertes, to have a discharge. → profit.

perturbation ◆ PERTURBATION. Causer (apporter, créer, provoquer) des perturbations, to cause (to produce, to create, to provoke) disturbances. ‖ Jeter (semer) la perturbation, to cause (to provoke) a disturbance.

pesant ◆ VALEUR. Valoir son pesant d'or, to be worth o.'s weight in gold.

pesanteur ◆ POIDS. Défier la pesanteur, to defy gravity. ‖ Échapper à la pesanteur, to escape from gravity.

pesée ◆ TECHNIQUE. Effectuer (faire) une pesée, to do a weighing operation.

peste ◆ HAINE. Haïr qqn comme la peste (Fam.), to hate s.o. like poison. ◆ NON-CONTACT. Fuir qqn comme la peste (Fam.), to avoid s.o. like the plague.

pet ◆ IMPOSSIBILITÉ. Tirer plutôt un pet d'un âne mort, to take the breeks off a Highlander. ◆ INCIVILITÉ. Lâcher un pet, to fart. ◆ NON-VALEUR. Ne pas valoir un pet de lapin (Fam.), not to be worth a cuss. ◆ SANTÉ. Avoir toujours un pet de travers (Fam.), always to have something wrong with o.

pétard ◆ COLÈRE. Etre en pétard (Fam.), to be raging. ◆ INFORMATION. Lancer un pétard (Fam.), to drop a bomb-shell. ◆ PROTESTATION. Faire du pétard (Fam.),

to kick up a stink. ◆ RÉJOUISSANCE. Allumer (faire claquer) un pétard, to light (to set off) a squib.

Pétaud → cour.

pétaudière ◆ INCURIE. Ressembler à une pétaudière, to be like a bear-garden.

petit ◆ ANIMAL. Faire des petits, to have young. ◆ PROGRESSION. Faire des petits (Fam.), to be sprouting. ◆ TIMIDITÉ. Se faire (tout) petit, to cower.

petitesse ◆ MESQUINERIE. Manifester de la petitesse, to show petty-mindedness.

pétition ◆ RAISONNEMENT. Faire une pétition de principe, to beg the question.

petit-lait ◆ BOISSON. Se boire comme du petit-lait (Fam.), to slip down. ◆ RAVISSEMENT. Boire du petit-lait (Fam.), to lap it up.

pétoche ◆ PEUR. Avoir la pétoche (Pop.), to have the jitters.

pétrin ◆ ASSISTANCE. Tirer (sortir) qqn du pétrin (Fam.), to pull s.o. out of a jam. ◆ DÉSAGRÉMENT. Etre dans le pétrin (Fam.), to be in the cart (in a hole). ◆ PRÉJUDICE. Mettre qqn dans le pétrin (Fam.), to get s.o. into a jam. ◆ RÉTABLISSEMENT. Se tirer du pétrin (Fam.), to extricate o.s.

peu ◆ APPROXIMATION. S'en falloir de peu, to need only a bit more. ◆ MESURE. Se contenter de peu, to be content with little. ◆ NON-IMPORTANCE. Etre (compter pour, se réduire à) peu de chose, to be trifling. ‖ Importer peu, to be of trifling importance. ◆ SAGESSE. Parler peu mais bien, to talk little but to talk sense. ◆ VALEUR. Etre qqn comme il y en a peu, to be one in a thousand.

peuple ◆ ABUS. Se moquer (se ficher, se foutre) du peuple (Fam.), to take people for fools. ◆ NIVEAU SOCIAL. Faire (être) peuple, to be common. ‖ Sortir (être issu) du peuple, to rise from the common ranks. ◆ POLITIQUE. Conduire (flatter; exploiter) le peuple, to lead (to play to; to exploit) the masses. ‖ En appeler au peuple, to appeal to the people. ◆ RÉVOLUTION. Soulever le peuple, to stir the people to revolt. → caviar, misère, opium, sueur.

peur ◆ APPRÉHENSION. Avoir eu plus de peur que de mal, to be more scared than hurt. ‖ En être quitte pour la peur, to get off with a fright. ◆ ÉCONOMIE. Avoir peur de manquer (Fam.), to be afraid of being short. ◆ MAÎTRISE DE SOI. Domi-

ner (surmonter, maîtriser, vaincre) sa peur, *to overcome (to conquer) o.'s fear.* ◆ NON-AGRESSION. Faire plus de peur que de mal, *to have a bark worse than o.'s bite.* ◆ OPTIMISME. Rire, de peur d'en pleurer, *to laugh to keep o.s. from crying.* ◆ PARESSE. Avoir peur de se salir les mains, *to be afraid of dirtying o.'s hands.* ◆ PEUR. Avoir peur, *to be afraid.* ‖ Avoir peur de qqch. (qqn), *to be afraid of sth. (s.o.)* ‖ Avoir une peur bleue (Fam.), *to be in a blue funk.* ‖ Avoir la peur au ventre (Fam.), *to be scared stiff.* ‖ Conjurer la peur, *to keep fear at bay.* ‖ Etre blanc (blême, vert, mort) de peur, *to be white-faced (livid, grey, ashen, nearly dead) with fear.* ‖ Faire peur à qqn, *to frighten s.o.* ‖ Mourir de peur, *nearly to die of fear.* ‖ Prendre peur, *to take fright.* ‖ Ressentir une peur panique, *to be overcome by panic.* ‖ Suer la peur, *to be in a cold sweat.* ‖ Trembler de peur, *to be in fear and trembling.* ◆ PHYSIONOMIE. Etre laid à faire peur, *to be a fright.* ◆ PUSILLA-NIMITÉ. Avoir peur de son ombre, *to be frightened of o.'s own shadow.* ◆ RON-DEUR. Ne pas avoir peur des mots, *not to be afraid to say what o. thinks.*
→ quitte.

pèze ◆ PROFIT. Faire du pèze (Fam.), *to earn some lolly.*

phare ◆ AUTOMOBILE. Allumer (éteindre) ses phares, *to switch on (off) o.'s head-lights.* ‖ Etre aveuglé par les phares, *to be blinded by the headlights.* ‖ Se mettre plein phares, *to put on full headlights.*

pharmacie ◆ ÉCOLE. Faire sa pharmacie, *to study pharmacy.*

phase ◆ DÉSAGRÉMENT. Passer par une phase critique, *to go through a critical phase.* ◆ REDRESSEMENT. Dépasser la phase critique, *to turn the corner.*

phénix ◆ MÉDIOCRITÉ. Ne pas être un phénix (Fam.), *to be no paragon.*

phénomène ◆ CARACTÈRE. Etre un drôle de phénomène (Fam.), *to be an odd fish.*

philosophe ◆ SAGESSE. Devenir philosophe, *to get philosophical.*

philosophie ◆ SAGESSE. Acquérir une certaine philosophie, *to acquire a fairly philosophical outlook.*

phobie ◆ SANTÉ. Avoir des phobies, *to have phobias.*

phoque ◆ SANTÉ. Souffler comme un phoque (Fam.), *to puff like a grampus.*
→ bigoudi.

photographie ◆ PHOTOGRAPHIE. Développer (retoucher, truquer; agrandir) une photographie, *to develop (to touch up, to fake; to enlarge) a photograph.* ‖ Faire de la photo (Fam.), *to do photography.*

phrase ◆ BAVARDAGE. Enchaîner des phrases, *to ramble on.* ◆ BONIMENT. N'être que des phrases, *to be all fine talk.* ◆ ÉLO-CUTION. Hacher (scander) ses phrases, *to jerk out (to punctuate) o.'s sentences.* ◆ EMPHASE. Faire des phrases, *to speechify.* ‖ Faire de grandes phrases, *to use high-sounding phrases.* ◆ EXPRESSION. Chercher ses phrases, *to use studied language.* ‖ Entortiller ses phrases, *to use involved sentences.* ◆ LANGAGE. Construire une phrase, *to construct a sentence.* ◆ LITTÉ-RATURE. Ciseler ses phrases, *to polish o.'s sentences.*

physionomie ◆ PHYSIONOMIE. Avoir une physionomie énergique (expressive, mobile, ouverte), *to have lively (expressive, mobile, candid) features.*

physionomiste ◆ MÉMOIRE. Etre physionomiste, *to have a memory for faces.*

physique ◆ BEAUTÉ, CORPS. Avoir un physique de jeune premier, *to have a film-star physique.* ◆ CONVENANCE. Avoir le physique de l'emploi, *to look the part.*

pianiste ◆ INDULGENCE. Ne pas tirer sur le pianiste (Fam.), *not to shoot the pianist.*

piano ◆ MUSIQUE. Faire (jouer) du piano, *to play the piano.* ‖ Se mettre au piano, *to sit down at the piano.* ‖ Taper sur un piano, *to bang a piano.* ‖ Tenir le piano, *to be at the piano.*

pic ◆ MARINE. Couler à pic, *to go down* (navire, personne). ◆ OPPORTUNITÉ. Arriver (tomber) à pic (Fam.), *to arrive in the nick of time.*

picaillon ◆ RICHESSE. Avoir des picaillons (Fam.), *to have plenty of brass.*

picotement ◆ SENSATION. Éprouver (ressentir) des picotements, *to feel a prickling sensation.*

pie ◆ AGITATION. Ressembler à une pie sur un tambour (Fam.), *to be like a pea on a drum.* ◆ BAVARDAGE. Etre bavard comme une pie (Fam.), *to be a chatterbox.* ◆ DÉCOUVERTE. Trouver la pie au nid (Fam.), *to make a lucky find.*

pièce 1. ADMINISTRATION. Produire (présenter) une pièce d'identité, *to produce (to show) proof of identity*. ‖ Joindre (verser) une pièce au dossier, *to file a document*. − 2. CHUTE. Tomber tout d'une pièce, *to fall headlong*. − 3. COMMERCE. Vendre à la pièce, *to sell singly*. − 4. COUTURE. Mettre une pièce à un vêtement, *to patch a garment*. − 5. CRÉATION. Créer (fabriquer, monter) qqch. de toutes pièces, *to make every bit of sth. up*. ‖ V. 15.‖ − 6. DÉNIGREMENT. Mettre qqn en pièces, *to tear s.o. to pieces*. ‖V. 22.‖ − 7. ENFANT. Etre une bonne pièce (Fam.), *to be a good lad* (garçon); *to be a good lass* (fille). − 8. ENTRAVE. Faire pièce à qqn, *to thwart s.o.* − 9. FAMILLE. Etre une pièce rapportée (Fam.), *to be an in-law*. − 10. LIBERTINAGE. Ajouter une pièce au tableau (Fam.), *to put another notch in o.'s gun*. − 11. MAISON. Habiter un deux pièces-cuisine, *to live in a two-room flat with kitchen*. − 12. MÉLANGE. Etre fait de pièces et de morceaux, *to be a patchwork*. − 13. MÉTIER. Etre (travailler) aux pièces (à la pièce), *to be on (to do) piece-work*. − 14. MILITAIRE. Mettre une pièce en batterie, *to set up a gun in firing position*. − 15. NON-VÉRITÉ. Inventer qqch. de toutes pièces, *to make the whole thing up*. ‖V. 5.‖ − 16. PÊCHE. Prendre une belle pièce, *to catch a big one*. − 17. PREUVE. Fournir des pièces à l'appui, *to produce supporting documents*. ‖ Juger sur pièces, *to judge on tangible evidence*. − 18. RÉTRIBUTION. Donner (glisser) la pièce à qqn, *to give (to slip) s.o. something*. − 19. RONDEUR. Etre tout d'une pièce, *to see everything in terms of black and white*. − 20. SPECTACLE. Jouer (monter; répéter) une pièce, *to act (to put on; to rehearse) a play*. ‖ Mettre une pièce en répétition, *to start rehearsals of a play*. ‖ Retirer une pièce de l'affiche, *to take a play off (the bill)*. − 21. UNITÉ. Etre d'une seule pièce, *to be made in one piece*. − 22. VOIES DE FAIT. Tailler qqn en pièces, *to cut s.o. to pieces*. ‖V. 6.‖

→ **monnaie, première.**

pied 1. ACCULEMENT. Etre au pied du mur, *to have o.'s back to the wall*. ‖ Mettre qqn au pied du mur, *to drive s.o. into a corner*. − 2. ACTIVITÉ. N'avoir pas les deux pieds dans le même sabot (Fam.), *not to let the grass grow under o.'s feet*.

− 3. AGITATION. Avoir toujours le pied en l'air (Fam.), *to be always on the go*. − 4. AMENDEMENT. Faire les pieds à qqn (Impers.) ‖Fam.‖, *to serve s.o. right*. − 5. ASSISTANCE. Mettre à qqn le pied à l'étrier, *to give s.o. a leg-up*. − 6. ATTENTE. Faire le pied de grue, *to hang about*. ‖ Sécher sur pied (Fam.), *to cool o.'s heels*. − 7. BÊTISE. Etre bête comme ses pieds (Fam.), *to be a dope*. − 8. BÉVUE. Mettre les pieds dans le plat (Fam.), *to put o.'s foot in it*. − 9. COLÈRE. Taper du pied, *to stamp o.'s foot*. − 10. COMPLICITÉ. Faire du pied à qqn, *to kick s.o. under the table*. ‖V. 44.‖ − 11. CORPS. Avoir les pieds à la Charlot (Fam.), *to have turned-out feet*. ‖ Avoir les pieds en dedans, *to be hen-toed*. ‖ Avoir les pieds en dehors, *to turn o.'s toes out*. − 12. DÉBUT. Avoir le pied à l'étrier, *to have the ball at o.'s feet*. ‖ Avoir un pied dans la place, *to have a foot-hold*. ‖ Etre à pied d'œuvre, *to be all set to begin*. − 13. DÉSARROI. Perdre pied, *to get out of o.'s depth*. ‖V. 66.‖ − 14. DÉSISTEMENT. Lâcher pied, *to give ground*. − 15. DÉTERMINATION. Attendre de pied ferme, *to wait resolutely*. − 16. DOMINATION. Monter (marcher) sur les pieds de qqn, *to ride roughshod over s.o.* ‖V. 38.‖ − 17. DUPLICITÉ. Avoir un pied dans chaque camp, *to have a foot in both camps*. − 18. ÉCHAPPATOIRE. Sauter à pieds joints par-dessus les difficultés, *to skip over difficulties*. ‖V. 42, 53.‖ − 19. ÉCOLE. Mettre qqn à pied, *to suspend s.o.* ‖V. 61.‖ − 20. EFFORT. Faire des pieds et des mains, *to move heaven and earth*. − 21. ÉGALITÉ. Etre sur un pied d'égalité, *to be on equal terms*. ‖ Mettre sur le même pied, *to put on the same footing*. − 22. EMPRISE. Prendre pied, *to get a foothold*. − 23. ÉQUILIBRE. Avoir le pied sûr, *to be sure-footed*. − 24. ÉQUITATION. Mettre pied à terre, *to dismount*. − 25. ESCLAVAGE. Avoir pieds et poings liés, *to be bound hand and foot*. − 26. FAITS ET GESTES. Sauter (bondir, se dresser, se mettre) sur ses pieds, *to leap (to jump, to get) to o.'s feet*. ‖ Se chauffer (s'essuyer) les pieds, *to warm (to wipe) o.'s feet*. − 27. FASTE. Vivre sur un grand pied, *to live in grand style*. − 28. FATIGUE. Ne pas pouvoir mettre un pied devant l'autre (Fam.), *to be incapable of taking another step*. − 29.

FORMALISME. Prendre au pied de la lettre, *to take literally.* — 30. FUITE. Se tirer des pieds (lever le pied) [Fam.], *to make off.* [V. 51.] — 31. HAUTEUR. Considérer qqn des pieds à la tête, *to look s.o. over from head to foot.* — 32. HONTE. Rentrer à cent pieds sous terre, *to crawl into a corner.* ‖ Vouloir être à cent pieds sous terre, *to wish the ground would open and swallow o.* — 33. HUMEUR. Se lever du pied gauche (Fam.), *to get out of bed on the wrong side.* — 34. HYGIÈNE. Sentir (transpirer) des pieds, *to have smelly (sweaty) feet.* — 35. IMPORTUNITÉ. Casser les pieds à qqn (Fam.), *to plague s.o.* — 36. IMPROVISTE. Partir au pied levé, *to leave at once.* ‖ Prendre qqn au pied levé, *to catch s.o. without warning.* ‖ Répondre au pied levé, *to answer off-hand.* — 37. INACTION. Ne remuer ni pied ni patte (Fam.), *not to move hand or foot.* — 38. INCIVILITÉ. Monter (marcher) sur les pieds de qqn, *to tread on s.o.'s feet.* [V. 16.] — 39. INCOMPÉTENCE. Faire qqch. comme un pied (Fam.), *to do sth. as if o. had two left hands.* — 40. INDÉCISION. Ne savoir sur quel pied danser (Fam.), *not to know which way to turn.* — 41. INDÉPENDANCE. Ne pas se laisser monter (marcher) sur les pieds, *not to allow o.s. to be sat on.* — 42. JEUX D'ENFANT. Sauter à pieds joints, *to jump both feet together.* [V. 18, 53.] — 43. LEVER. Etre sur pied dès l'aube, *to be up by dawn.* — 44. LIBERTINAGE. Faire du pied à qqn, *to play footsie with s.o.* [V. 10.] — 45. MARCHE. Aller à pied, *to go on foot.* ‖ Marcher pieds nus (nu-pieds), *to walk barefoot.* ‖ Partir du pied droit (gauche), *to start off on the right (left) foot.* ‖ Traîner les pieds, *to shuffle.* ‖ Tenir pied à qqn, *to keep in step with s.o.* [V. 63.] — 46. MARINE. Avoir le pied marin, *to have found o.'s sea-legs.* — 47. MÉPRIS. Fouler qqch. (qqn) aux pieds, *to walk over sth. (s.o.).* — 48. MILITAIRE. Etre armé de pied en cap, *to be armed to the teeth.* ‖ Etre (se mettre, se tenir) sur le pied de guerre, *to be (to put o.s., to remain) on a war footing.* ‖ Lutter (combattre) de pied ferme, *to put up a stout resistance.* ‖ Lutter (résister) pied à pied, *to fight (to resist) every inch of the way.* — 49. MOQUERIE. Faire un pied de nez, *to thumb o.'s nose.* — 50. MORT. Avoir un pied dans la tombe, *to have one foot in the grave.* ‖ Etre six pieds sous terre, *to be six foot under.* ‖ S'en aller (sortir, partir) les pieds devant, *to go out feet first.* — 51. MOUVEMENT. Se tirer des pieds (Fam.), *to shift o.'s carcase.* [V. 30.] — 52. NON-CONTACT. Ne pas mettre les pieds chez qqn, *not to darken s.o.'s door.* ‖ Ne plus mettre les pieds en un endroit, *not to set foot in a place any more.* — 53. OPPORTUNITÉ. Sauter à pieds joints sur une offre, *to jump at an offer.* [V. 18, 42.] — 54. OPTIMISME. Y aller d'un pied léger, *to plunge into it.* — 55. ORGANISATION. Mettre qqch. sur pied, *to set sth. up.* — 56. PRÉTENTION. Ne pas se moucher du pied (Fam.), *to have no small opinion of o.s.* — 57. PROGRAMMATION. Mettre sur pied une réforme, *to draw up a reform.* — 58. RAVISSEMENT. Marcher à trois pieds au-dessus du sol (Fam.), *to walk on air.* — 59. RÉALISME. Avoir les pieds sur terre, *to have o.'s feet firmly on the ground.* — 60. REFUS. Avoir les pieds nickelés (Fam.), *to sit tight.* — 61. RENVOI. Etre à pied, *to have been laid off.* ‖ Mettre qqn à pied, *to lay s.o. off.* [V. 19.] — 62. RESPONSABILITÉ. Se mettre sur le pied de faire qqch., *to take on the responsibility of doing sth.* — 63. RYTHME. Tenir pied à qqn (Fig.), *to keep up with s.o.* [V. 45.] — 64. SANTÉ. Avoir bon pied bon œil (Fam.), *to be hale and hearty.* ‖ Avoir les pieds en compote (Fam.), *to have sore feet.* ‖ Avoir un pied endormi (Fam.), *to have pins and needles in a foot.* ‖ Avoir les pieds gelés, *to have trench-feet.* [V. 69.] ‖ Avoir les pieds sensibles, *to have tender feet.* ‖ Etre (de nouveau) sur pied (Fam.), *to be up and about (again).* ‖ Remettre qqn sur pied, *to put s.o. back on his feet.* ‖ Se tordre le pied, *to twist o.'s ankle.* ‖ Souffrir des pieds, *to have bad feet.* — 65. SOUMISSION. Se livrer pieds et poings liés, *to let o.s. be bound hand and foot.* — 66. SPORTS. Avoir (ne pas avoir) pied, *to be within (out of) o.'s depth.* ‖ Perdre pied, *to lose ground.* [V. 13.] — 67. SUCCÈS. Retomber sur ses pieds, *to fall on o.'s feet.* — 68. SUPPLICATION. Se jeter (tomber) aux pieds de qqn, *to fling o.s. (to fall) at s.o.'s feet.* — 69. TEMPÉRATURE. Avoir les pieds gelés (Fam.), *to have frozen feet.* [V. 64.] ‖ Geler sur pied (Fam.), *to be frozen stiff.* — 70. VOIES DE FAIT. Mettre le pied au derrière de qqn (quelque part à qqn) [Fam.], *to kick s.o. up the backside (in the seat of the pants).*

→ **chaussure, chemin, cheval, dieu, épine, feu, herbe, hommage, mal, nez, pointe, randonnée, terrain, tête.**

pied-à-terre ◆ MAISON. Avoir un pied-à-terre, *to have a pied-à-terre.*

piédestal ◆ ADMIRATION. Mettre qqn sur un piédestal, *to put s.o. on a pedestal.* ◆ DÉCHÉANCE. Descendre (tomber) de son piédestal, *to come down (to fall) off o.'s pedestal.*

piège 1. CHASSE. Prendre au piège, *to trap.* |V. 5.| — 2. CHOC EN RETOUR. Etre pris (se prendre) à son propre piège, *to be hoist with o.'s own petard.* — 3. DUPE. Tomber (donner) dans le piège, *to fall into the trap.* — 4. PERSPICACITÉ. Éventer un piège, *to disclose a trap.* — 5. TROMPERIE. Prendre au piège, *to entrap.* |V. 1.| ‖ Tendre (dresser) un piège, *to lay a trap.*
→ **tête.**

pierre ◆ ALLUSION. Lancer une pierre (jeter des pierres) dans le jardin de qqn, *to have a dig at s.o.* ◆ ARCHITECTURE. Poser la première pierre, *to lay the foundation stone.* ‖ Tailler la pierre, *to hew stone.* ◆ CHANCE. Etre à marquer d'une pierre blanche (Impers.), *to be a red-letter day.* ◆ COLLABORATION. Apporter sa pierre à l'édifice, *to do o.'s bit.* ◆ CONSISTANCE. Etre dur comme la pierre, *to be as hard as stone.* ◆ DÉSAGRÉMENT. Trouver des pierres sur son chemin, *to find o.'s path strewn with rocks.* ◆ DESTRUCTION. Ne pas laisser pierre sur pierre, *not to leave a stone standing.* ◆ DÉTRESSE. Etre malheureux comme les pierres, *to be as miserable as sin.* ◆ DUALITÉ. Faire d'une pierre deux coups, *to kill two birds with one stone.* ◆ ENTRAVE. Etre une pierre d'achoppement, *to be a stumbling block.* ◆ EXPÉRIMENTATION. Servir de pierre de touche, *to act as a touchstone.* ◆ HOSTILITÉ. Attacher une pierre au cou de qqn, *to put a millstone round s.o.'s neck.* ◆ INDULGENCE. Ne pas jeter la première pierre, *not to cast the first stone.* ◆ PAUVRETÉ. N'avoir pas une pierre où reposer sa tête, *to have nowhere to lay o.'s head.* ◆ PERTURBATION. Jeter une pierre dans la mare aux grenouilles (Fam.), *to flutter the dovecotes.* ◆ RÉPROBATION. Jeter la pierre à qqn, *to be hard on s.o.* ◆ SOUMISSION. Se mettre la pierre au cou

(Fam.), *to tie a millstone round o.'s neck.* ◆ STUPÉFACTION. Etre changé en pierre (Fam.), *to be turned to stone.* ◆ TEMPÉRATURE. Geler à pierre fendre, *to freeze hard.* ◆ TRISTESSE. Etre triste à faire pleurer les pierres, *to be as dreary as a wet Sunday in Manchester.*
→ **cœur.**

pierrot ◆ CARACTÈRE. Etre un drôle de pierrot (Fam.), *to be an odd 'un.*

piéton ◆ ACCIDENT. Faucher un piéton, *to knock down a pedestrian.*

pieu ◆ COUCHER. Se mettre au pieu (Fam.), *to turn in.*

piffer ◆ ANTIPATHIE. Ne pas pouvoir piffer qqn (Fam.), *cannot stand s.o.* (Gramm.).

pifomètre ◆ CRITÈRE DE JUGEMENT. Estimer (mesurer, calculer) au pifomètre (Fam.), *to take a pot-shot.*

pige ◆ PRESSE. Travailler (être payé) à la pige, *to be paid by the line.* ◆ SUPÉRIORITÉ. Faire la pige à qqn (Fam.), *to take the shine off s.o.'s nose.*

pigeon ◆ DUPE. Etre un pigeon (Fam.), *to be fair game.* ◆ TROMPERIE. Chercher le pigeon (Fam.), *to look for s.o. to fleece.*

piger ◆ NON-COMPRÉHENSION. N'y rien piger (Fam.), *not to get it at all.*

pignon ◆ MAISON. Avoir pignon sur rue, *to own a home of o.'s own.* ◆ NIVEAU SOCIAL. Avoir pignon sur rue, *to be a man of substance.*

1. pile ◆ FAITS ET GESTES. S'arrêter pile, *to stop dead.* ◆ JEUX DE HASARD. Jouer pile ou face, *to play heads or tails.* ‖ Jouer qqch. à pile ou face, *to toss up for sth.* ◆ OPPORTUNITÉ. Tomber pile, *to arrive just at the right time.* ◆ PRÉCISION. Tomber pile, *to be dead right.*

2. pile ◆ ÉCHEC. Ramasser une pile (Fam.), *to come a cropper.* ◆ VOIES DE FAIT. Flanquer (prendre, recevoir) une pile (Fam.), *to administer (to get, to receive) a thrashing.*

pilier ◆ IVROGNERIE. Etre un pilier de cabaret (de bistrot), *to be a bar-lounger (a bar-fly).*

pillage ◆ MILITAIRE. Livrer au pillage, *to give over to plunder.* ‖ Mettre au pillage, *to sack.*

pilon ◆ ÉDITION. Mettre au pilon, *to pulp.*

pilori ◆ MÉPRIS. Clouer (mettre) au pilori, *to pillory.*

pilotis ◆ ARCHITECTURE. Construire sur pilotis, *to build on piles.*

pilule ◆ AMERTUME. Trouver la pilule amère, *to find it a bitter pill to swallow.* ◆ DIPLOMATIE. Dorer la pilule à qqn, *to sugar the pill for s.o.* ‖ Faire passer la pilule (Fam.), *to help the medicine down.* ◆ MATERNITÉ. Utiliser (prendre) la pilule, *to use the Pill.* ◆ RÉSIGNATION. Avaler la pilule, *to swallow the pill.*

pimbêche ◆ DÉDAIN. Etre une pimbêche, *to be a prig.*

piment ◆ INTÉRÊT. Donner du piment à qqch., *to enliven sth.* ‖ Etre le piment de l'existence, *to be the spice of life.*

pinacle ◆ ÉLOGE. Porter (élever, mettre) qqn au pinacle, *to praise s.o. to the skies.*

pince ◆ CIVILITÉ. Serrer la pince à qqn (Fam.), *to shake s.o.'s paw.* ◆ COUTURE. Faire des pinces à un vêtement, *to take tucks in a garment.* ◆ MARCHE. Aller à pinces (Fam.), *to go on Shanks' mare.*

pinceau ◆ ART. Manier le pinceau, *to wield a paint-brush.*

pince-fesse ◆ LIBERTINAGE. Faire du pince-fesse (Pop.), *to pinch a few bottoms.*

pincement ◆ PEINE. Avoir (ressentir) un pincement au cœur, *to feel o.'s heart contract.*

pincer ◆ AMOUR. En pincer pour qqn, *to be struck on s.o.* ◆ INCULPÉ. Se faire pincer, *to get nabbed.*

pince-sans-rire ◆ HUMOUR. Etre un pince-sans-rire, *to have a dry sense of humour.*

pincette ◆ HUMEUR. Ne pas être à prendre avec des pincettes (Fam.), *to be like a bear with a sore head.*

pinson ◆ CHANT. Chanter comme un pinson, *to sing like a linnet.* ◆ GAIETÉ. Etre gai comme un pinson, *to be as merry as a cricket.*

pintade ◆ IMPOSSIBILITÉ. Attendre que les pintades aient chanté vêpres (Fam.), *to wait till the seas run dry.*

pinte ◆ RIRE. Se faire (se payer, s'offrir) une pinte de bon sang (Fam.), *to have a jolly good time.*

pion 1. ÉCOLE. Faire le pion, *to keep order.* [V. 3.] — 2. JEUX DE SOCIÉTÉ. Avancer (pousser) un pion, *to move forward a pawn* (aux échecs); *to move forward a man* (aux dames). — 3. PÉDANTISME. Faire le pion, *to behave as if o. were in the classroom.* [V. 1.] — 4. POLITIQUE. N'être qu'un pion sur l'échiquier politique, *to be a mere pawn in the political game.* — 5. SUPÉRIORITÉ. Damer le pion à qqn, *to checkmate s.o.*

pipe ◆ MORT. Casser sa pipe (Fam.), *to kick the bucket.* ◆ RIRE. Se fendre la pipe (Fam.), *to do o.s. an injury.* ◆ TABAC. Bourrer sa pipe, *to fill o.'s pipe.* ‖ Fumer la pipe, *to smoke a pipe.* ‖ Tirer sur pipe, *to puff at o.'s pipe.*

pipelet ou **pipelette** ◆ COMMÉRAGE. Etre une vraie pipelette (Fam.), *to be a terrible tattler.*

pipi ◆ HYGIÈNE. Faire pipi (Fam.), *to pee.*

piquant ◆ INTÉRÊT. Ajouter (donner) du piquant à qqch., *to put some spice into sth.*

pique ◆ MÉCHANCETÉ. Envoyer (lancer) des piques, *to be catty.*

pique-assiette ◆ PARASITE. Etre un pique-assiette, *to cadge meals.*

pique-nique ◆ DIVERTISSEMENT. Faire un pique-nique, *to have a picnic.*

piquer ◆ INCULPÉ. Se faire piquer (Fam.), *to get pinched.* ◆ VOL. Se faire piquer qqch. (Fam.), *to have sth. pinched.*

piquet ◆ ÉCOLE. Mettre qqn au piquet, *to put s.o. in the corner.* ◆ MILITAIRE. Faire le piquet d'alerte, *to act as look-out.* ◆ SYNDICALISME. Constituer (installer) des piquets de grève, *to form (to instal) pickets.*

piqûre ◆ MÉDECINE. Faire des piqûres à qqn, *to give s.o. injections.*
→ **série.**

pire ◆ PESSIMISME. Envisager le pire, *to prepare for the worst.* ‖ Prévoir le pire (s'attendre au pire), *to expect the worst.*
→ **politique.**

pirouette ◆ ÉCHAPPATOIRE. S'en tirer par une pirouette, *to laugh it off.* ◆ FAITS ET GESTES. Faire une pirouette, *to pirouette.* ◆ REVIREMENT. Faire une pirouette, *to make a sudden about-turn.*

pis ◆ PESSIMISME. Prendre (mettre) les choses au pis, *to see things in the worst possible light.*

pis-aller ◆ IMPERFECTION. Etre un pis-aller, *to be a last resource.*

pissenlit ◆ MORT. Manger les pissenlits par la racine (Fam.), *to be pushing up the daisies.*

pistache ◆ AUTOMOBILE. Attraper (prendre) une pistache (Fam.), *to get a ticket.*

piste ◆ AVIATION. Rouler sur la piste d'envol, *to taxi along the runway.* ◆

CHASSE. Suivre à la piste, *to track*. ‖ Trouver la piste, *to pick up the scent*. ◆ CONFUSION. Brouiller les pistes, *to cover o.'s tracks*. ◆ DÉPART. Dégager la piste (Pop.), *to clear out*. ◆ ÉCLAIRCISSEMENT. Mettre qqn sur la piste, *to put s.o. on the track*. ◆ RECHERCHE. Etre sur (suivre) la bonne (mauvaise) piste, *to be on the right (wrong) track*. ‖ Suivre (se lancer sur) une piste, *to follow up (to go off on) a lead*. ◆ VOIRIE. Tracer une piste, *to lay out a track*.

pistolet ◆ CARACTÈRE. Etre un drôle de pistolet (Fam.), *to be a queer stick*. ◆ TRAVAUX MANUELS. Peindre au pistolet, *to paint with a spray-gun*.
→ **peinture.**

piston ◆ FAVORITISME. Obtenir par piston, *to obtain by pulling strings*.

pistonner ◆ FAVORITISME. Se faire pistonner, *to have some strings pulled*.

pitance ◆ ANIMAL. Chercher sa pitance, *to seek its foods*. ◆ FRUGALITÉ. Se contenter d'une maigre pitance, *to make do with a meagre pittance*.

pitié 1. COMPASSION. Avoir pitié de qqn, *to pity s.o.* ‖ Avoir (éprouver, ressentir) de la pitié pour qqn, *to feel sorry for s.o.* ‖ Prendre qqn en pitié, *to take pity on s.o.* [V. 2.] – 2. DÉDAIN. Prendre qqn en pitié, *to be pitying towards s.o.* [V. 1.] – 3. GÂCHIS. Faire pitié (être une vraie pitié), *to be pitiful*. [V. 4.] – 4. INFORTUNE. Faire pitié à qqn, *to make s.o. feel sorry for o.* [V. 3.] ‖ Inspirer (exciter) la pitié, *to arouse compassion*. ‖ Toucher qqn de pitié, *to move s.o. to compassion*. – 5. INSENSIBILITÉ. Etre inaccessible à la pitié, *to be incapable of pity*. ‖ N'avoir (n'éprouver) aucune pitié, *to have (to feel) no pity*. – 6. REQUÊTE. Implorer la pitié de qqn, *to beg s.o. for pity*.
→ **objet.**

pitre ◆ AFFECTATION. Faire le pitre, *to ass around*.

pitrerie ◆ PLAISANTERIE. Faire des pitreries, *to act the fool*.

pivoine ◆ ÉMOTIVITÉ. Devenir rouge comme une pivoine, *to turn (to go) as red as a beetroot*.

place 1. AGITATION. Ne pas tenir en place (ne pas pouvoir demeurer en place), *cannot stay put* (Gramm.). [V. 22.] – 2. AMBITION. Briguer une place, *to angle for a job*. – 3. AMOUR. Tenir une place dans la vie de qqn, *to have a place in s.o.'s life*. – 4. CHEF. Prendre la première place, *to take the lead*. – 5. CIVILITÉ. Faire place à qqn, *to make way for s.o.* [V. 13.] ‖ Offrir (laisser, céder) sa place à qqn, *to offer (to give up) o.'s seat to s.o.* – 6. COMMERCE. Faire la place, *to canvass the area*. – 7. COMPÉTENCE. Etre à sa place (personne), *to be the right man*. [V. 23.] – 8. CONTENTEMENT. Ne pas changer sa place pour celle de qqn, *not to change places with s.o.* [V. 31.] – 9. DÉPART. Quitter (céder) la place, *to retire*. [V. 20, 32.] – 10. DISCRÉTION. Se tenir à sa place, *to know o.'s place*. – 11. ÉCOLE. Avoir une bonne place au concours, *to rank high among the candidates*. – 12. ÉPURATION. Faire place nette, *to make a clean sweep*. [V. 19.] – 13. ESPACE. Faire de la place à qqn, *to make room for s.o.* [V. 5.] ‖ Gagner de la place, *to save space*. ‖ N'avoir pas la place de se retourner, *to have no room to turn round in*. ‖ Ne pas trouver de place, *cannot find room* (Gramm.). [V. 16, 32, 35.] ‖ Tenir de la place, *to take up room*. [V. 28] ‖ Trouver place dans qqch., *to find room in sth.* – 14. FAITS ET GESTES. Prendre place, *to settle o.s.* – 15. FONCTIONS. Etre en place, *to be in office*. – 16. HÔTELLERIE. Ne pas trouver de place, *cannot find a room* (Gramm.). [V. 13, 32, 35.] – 17. IMMOBILISME. Piétiner sur place (Fig.), *to mark time*. – 18. INCIVILITÉ. Prendre (se mettre à, s'installer à) la place de qqn, *to take s.o.'s place*. [V. 24.] – 19. MÉNAGE. Faire place nette, *to clear up*. [V. 12.] – 20. MÉTIER. Chercher (postuler; obtenir) une place, *to look for (to apply for; to get) a job*. ‖ Faire plusieurs places, *to change jobs several times*. ‖ Quitter sa place, *to leave o.'s job*. [V. 9, 32.] – 21. MILITAIRE. Armer (fortifier) une place, *to arm (to fortify) a town*. ‖ Évacuer la place, *to evacuate the area*. ‖ Investir une place forte, *to invest a stronghold*. – 22. NERVOSITÉ. Ne pas tenir en place, *to be like a cat on hot bricks*. [V. 1.] – 23. ORGANISATION. Changer la place de qqch. (qqch. de place), *to move sth.* ‖ Etre à sa place (chose), *to be in its place*. [V. 7.] ‖ Mettre qqch. à sa place, *to put sth. in its place*. [V. 30.] – 24. PÉNÉTRATION. Se mettre à la place de qqn, *to put o.s. in s.o.'s place*. [V. 18.] – 25. PEUR. Rester cloué

sur place (figé sur place), *to stand rooted to the spot*. [V. 33.] – 26. POLITIQUE. Mettre en place un gouvernement, *to set up a government*. – 27. PRÉSENCE. Etre sur place, *to be on the spot*. – 28. PRÉTENTION. Tenir de la place, *to make o.'s presence felt*. [V. 13.] – 29. RANG. Etre à la place d'honneur, *to be in the place of honour*. ‖ Figurer en bonne place, *to figure prominently*. – 30. REBUFFADE. Mettre (remettre) qqn à sa place, *to put s.o. in his place*. [V. 23.] – 31. SATISFACTION. Ne pas céder sa place pour un empire (Fam.), *not to give up o.'s position for the world*. [V. 8.] – 32. SPECTACLE. Gagner (regagner, reprendre) sa place, *to take (to regain, to return to) o.'s seat*. ‖ Louer (réserver, retenir) une place, *to book a seat*. [V. 35.] ‖ Ne pas trouver de place, *cannot find a seat* (Gramm.). [V. 13, 16, 35.] ‖ Quitter sa place, *to leave o.'s seat*. [V. 9, 20.] – 33. STUPÉFACTION. Rester cloué sur place, *to stand stock still*. [V. 25.] – 34. SUCCÈS. Se faire une place au soleil, *to make a place in the sun for o.s.* – 35. TRANSPORTS. Louer (réserver, retenir) une place, *to reserve a seat*. [V. 32.] ‖ Ne pas trouver de place, *cannot find a seat* (Gramm.). [V. 13, 16, 32.] ‖ Payer place entière, *to pay full fare*.
→ **cœur, idée, pied.**

placé ◆ JEUX D'ARGENT. Jouer placé, *to put on a place-bet*.

placement ◆ FINANCES. Faire un placement, *to make an investment*. ‖ Faire un placement de père de famille, *to invest in gilt-edged securities*.

plafond 1. BÊTISE. Etre bas de plafond, *to be a numb-skull*. [V. 4.] – 2. COLÈRE. Sauter au plafond, *to hit the ceiling*. [V. 5.] – 3. FINANCES. Crever le plafond, *to go over the ceiling*. [V. 6.] ‖ Fixer (imposer) un plafond, *to fix (to set) a ceiling*. – 4. MAISON. Etre bas de plafond, *to be low-ceilinged*. [V. 1.] – 5. STUPÉFACTION. Sauter au plafond (Fam.), *to be staggered*. [V. 2.] – 6. SUPÉRIORITÉ. Crever le plafond, *to break all records*. [V. 3.]
→ **œil.**

plagiat ◆ LITTÉRATURE. Commettre un plagiat, *to be guilty of plagiarism*.

plaidoyer ◆ DÉFENSE. Prononcer un plaidoyer en faveur de qqch. (qqn), *to plead in favour of sth. (s.o.)*. ◆ PROCÉDURE.

Prononcer un plaidoyer, *to make a speech for the defence*.

plaie 1. AGRESSIVITÉ. Ne rêver que plaies et bosses, *to be always spoiling for a fight*. – 2. DÉPLAISANCE. Etre une vraie plaie (Fam.), *to be a real plague*. – 3. MÉDECINE. Cicatriser (explorer, sonder; nettoyer) une plaie, *to heal (to probe; to cleanse) a wound*. ‖ Débrider une plaie, *to incise a wound*. [V. 5.] – 4. PEINE. Raviver (rouvrir) une plaie, *to open an old sore*. – 5. RÉSOLUTION. Débrider la plaie, *to bring the situation to a head*. [V. 3.] – 6. RÉVÉLATION. Mettre la plaie à nu (Fig.), *to lay everything bare*.
→ **couteau, doigt, fer.**

plaindre ◆ COMPASSION. Etre à plaindre, *to be to pitied*. ◆ MÉCONTENTEMENT. Avoir à se plaindre de qqch. (qqn), *to have a grievance about sth. (against s.o.)*. ◆ RESPONSABILITÉ. Etre plus à plaindre qu'à blâmer, *to be more sinned against than sinning*.

plain-pied ◆ ÉGALITÉ. Etre de plain-pied avec qqn (qqch.), *to be on an equal footing with s.o. (sth.)*. ◆ MAISON. Etre de plain-pied, *to be on a level*.

plainte ◆ PLAIDEUR. Déposer une plainte (porter plainte) contre qqn, *to prefer a charge against s.o.* ◆ PLAINTE. Exhaler une plainte, *to utter a complaint*. ◆ PROTESTATION. Adresser une plainte à qqn, *to complain to s.o.* ‖ Élever une plainte, *to raise a complaint*.

plaire ◆ SÉDUCTION. S'étudier à plaire, *to make every effort to please*.

plaisant ◆ TOUR. Etre un mauvais plaisant, *to be a practical joker*.

plaisanterie ◆ DIFFICULTÉ. Ne pas être une plaisanterie, *to be no joke*. ◆ ESPRIT. Manier la plaisanterie avec art, *to be very witty*. ◆ GROSSIÈRETÉ. Faire des plaisanteries de corps de garde, *to tell barrack-room jokes*. ◆ HUMOUR. Comprendre (entendre) la plaisanterie, *to know how to take a joke*. ◆ MOQUERIE. Tourner qqch. en plaisanterie, *to make a joke of sth.* ◆ PLAISANTERIE. Dire (faire) des plaisanteries, *to make (to play) jokes*. ‖ Lancer une plaisanterie, *to make a joke*. ‖ Pousser la plaisanterie trop loin, *to carry a joke too far*. ◆ SUSCEPTIBILITÉ. Ne pas entendre la plaisanterie, *cannot take a joke* (Gramm.). ◆ TOUR. Faire une mauvaise plaisanterie, *to make a silly joke*.

plaisir 1. CIVILITÉ. Avoir le plaisir de faire qqch., *to have the pleasure of doing sth.* [V. 5.] – 2. DIVERSITÉ. Varier les plaisirs, *to have a variety.* – 3. ÉPICURISME. Abuser des plaisirs, *to over-indulge.* ‖ Épuiser les plaisirs de la vie, *to exhaust life's pleasures.* – 4. ESTHÉTIQUE. Etre un plaisir pour les yeux, *to be a pleasure to look at.* – 5. GENTILLESSE. Se faire un plaisir de faire qqch., *to be delighted to do sth.* [V. 1.] – 6. GOÛT. Prendre son plaisir où on le trouve, *to get o.'s fun where o. can.* – 7. INCLINATION. Suivre son bon plaisir, *to go o.'s own sweet way.* – 8. JOUISSANCE. Aimer tous les plaisirs, *to enjoy all forms of indulgence.* ‖ Faire durer le plaisir, *to prolong the pleasure.* ‖ Mourir de plaisir, *to swoon with pleasure.* ‖ Savourer un plaisir, *to savour a pleasure.* – 9. MÉCHANCETÉ. Prendre un malin plaisir à faire qqch., *to take a mischievous delight in doing sth.* [V. 14.] – 10. PLAISIR. Avoir (éprouver, goûter, ressentir) du plaisir, *to have (to feel) pleasure.* ‖ Etre un plaisir de roi, *to be fit for a king.* ‖ Prendre plaisir (du plaisir) à (faire) qqch., *to take pleasure in (doing) sth.* – 11. PRÉDICTION. Souhaiter bien du plaisir à qqn, *to wish s.o. the best of British luck.* – 12. PRÉVENANCE. Causer du plaisir à qqn, *to cause s.o. pleasure.* ‖ Faire plaisir à qqn, *to give s.o. pleasure.* – 13. RABAT-JOIE. Gâcher (gâter) le plaisir de qqn, *to mar s.o.'s pleasure.* – 14. SADISME. Prendre un sombre plaisir à qqch., *to take a morbid pleasure in sth.* [V. 9.] – 15. SEXUALITÉ. Prendre son plaisir, *to take o.'s pleasure.* – 16. SURMENAGE. Se tuer à plaisir, *to kill o.s. needlessly.*
→ **chose, gamme, partie, source.**

plan 1. ABANDON. Laisser en plan (Fam.), *to leave standing.* – 2. ACTUALITÉ. Etre au premier plan de l'actualité, *to be in the forefront of the news.* [V. 7.] – 3. ARRÊT. Rester en plan (Fam.), *to be left high and dry.* – 4. CINÉMA. Paraître en gros plan, *to appear in close-up.* – 5. ÉGALITÉ. Mettre sur le même plan, *to put on the same footing.* – 6. ESTIME. Mettre au premier plan, *to bring to the fore.* – 7. IMPORTANCE. Etre au premier plan, *to be in the forefront.* [V. 2.] ‖ Reléguer (mettre) au second plan, *to push into the background.* [V. 13.] ‖ Venir au second plan, *to come in second place.* – 8. INTRUSION.

Bouleverser (déranger) les plans de qqn, *to upset s.o.'s plans.* – 9. MILITAIRE. Dresser un plan de bataille, *to draw up a plan of battle.* [V. 11.] – 10. PROGRAMMATION. Arrêter (combiner, concerter, concevoir, dresser, échafauder, élaborer, esquisser) un plan, *to decide on (to contrive, to devise, to conceive, to work out, to build up, to draw up, to outline) a plan.* [V. 16.] – 11. PROJET. Avoir son plan, *to have a plan.* ‖ Dresser un plan de bataille, *to draw up a plan of campaign.* [V. 9.] ‖ Tirer des plans, *to lay plans.* – 12. PROSPECTIVE. Faire des plans d'avenir, *to lay plans for the future.* ‖ Tirer des plans sur la comète, *to get o.'s thinking cap on.* – 13. RANG. Passer (être relégué) au second plan, *to take a back seat.* [V. 7.] – 14. RÉALISATION. Exécuter un plan, *to carry out a plan.* – 15. RÉVÉLATION. Déjouer les plans de qqn, *to spoil s.o.'s game.* – 16. TECHNIQUE. Lever (dresser, tracer) un plan, *to do a drawing.* [V. 10.]
→ **personnage.**

planche ◆ ACCULEMENT. Etre la dernière planche de salut de qqn, *to be s.o.'s last hope.* ◆ ASSISTANCE. Offrir une planche de salut à qqn, *to throw s.o. a lifeline.* ◆ FINANCES. Faire fonctionner la planche à billets, *to print off paper money.* ◆ MORT. Etre (cloué) entre quatre planches (Fam.), *to be in o.'s box.* ◆ NON-DISCERNEMENT. Se fier à une planche pourrie, *to lean on a broken reed.* ◆ NON-FIABILITÉ. Etre une planche pourrie, *to be a broken reed.* ◆ POIDS. Etre maigre comme une planche à pain (Fam.), *to be as thin as a lath.* ◆ SPORTS. Chausser les planches (Fam.), *to strap on o.'s skis.* ‖ Faire la planche, *to float on o.'s back.* ◆ THÉÂTRE. Brûler les planches, *to act o.'s head off.* ‖ Monter sur les planches, *to tread the boards.*
→ **pain.**

plancher ◆ AUTOMOBILE. Rouler au plancher (Fam.), *to drive flat out.* ◆ DÉPART. Débarrasser le plancher (Fam.), *to clear out.* ◆ RETOUR. Retrouver le plancher des vaches (Fam.), *to find terra firma again.*

planète ◆ RÊVERIE. Habiter une autre planète, *to live in a different world.*

planning ◆ PROGRAMMATION. Faire un planning, *to make (out) a schedule.*

planque ◆ SINÉCURE. Trouver une bonne planque (Fam.), *to find a cushy job.*

plant ◆ AGRICULTURE. Faire un plant, *to plant out seedlings*.

plante ◆ ESTHÉTIQUE. Etre une belle plante (Fam.), *to be a sturdy specimen*.

planté ◆ CORPS. Etre bien planté (Fam.), *to be well set*. ◆ INCONVÉNIENT. Etre bien planté (Fam.), *to be in a pretty pickle*.

planton ◆ ATTENTE. Faire le planton (être de planton) [Fam.], *to hang around*. ◆ MILITAIRE. Etre de planton, *to be on sentry-duty*.

plaque ◆ CENTRE. Etre la plaque tournante des activités, *to be the focal point of activities*. ◆ CÉRÉMONIAL. Apposer (inaugurer) une plaque commémorative, *to put up (to unveil) a commemorative plaque*.

1. plat 1. ALIMENTATION. Etre le plat de résistance, *to be the main dish*. ‖ Manger tout le plat, *to eat the lot*. ‖ Manger de tous les plats, *to partake of every dish*. ‖ Nettoyer (torcher) le plat (Fam.), *to scrape the platter clean*. – 2. CUISINE. Accommoder (confectionner, dresser) un plat, *to dress (to concoct, to arrange) a dish*. ‖ Faire de bons petits plats, *to cook tasty little dishes*. – 3. ÉLOGE. En faire tout un plat (Fam.), *to go to town about it*. [V. 4.] – 4. EXAGÉRATION. En faire tout un plat (Fam.), *to make a whole song and dance about it*. [V. 3.] – 5. FACILITÉ. Apporter qqch. sur un plat d'argent (Fam.), *to hand sth. on a plate*. – 6. HOSPITALITÉ. Apporter (remporter) les plats, *to bring in (to remove) the dishes*. ‖ Faire passer les plats, *to hand the dishes around*. ‖ Mettre les petits plats dans les grands, *to make a great spread*. ‖ Repasser un plat, *to pass a dish round again*. – 7. TOUR. Servir à qqn un plat de sa façon (Fam.), *to play one of o.'s typical tricks on s.o.*
→ pied, secret.

2. plat 1. ÉCHEC. Tomber à plat, *to fall flat*. [V. 5.] – 2. FATIGUE. Etre complètement à plat (Fam.), *to be dead beat*. ‖ Mettre qqn à plat (Fam.), *to take it out of s.o.* – 3. LIBERTINAGE. Faire du plat à qqn (Fam.), *to make up to s.o.* – 4. SERVILITÉ. Etre plat devant qqn, *to toady to s.o.* – 5. SPECTACLE. Tomber à plat, *to flat*. [V. 1.] – 6. SPORTS. Faire un plat, *to do a belly-flop*.

plateau ◆ CINÉMA. Etre sur le plateau, *to be on the scene*. ◆ INFLUENCE. Faire pencher le plateau de la balance, *to tip the scales*.

plate-bande ◆ EMPIÉTEMENT. Piétiner (marcher dans) les plates-bandes de qqn (Fam.), *to incroach on s.o.'s preserves*.

plate-forme ◆ POLITIQUE. Offrir une bonne plate-forme électorale, *to offer a good election platform*.

platitude ◆ BONIMENT. Débiter des platitudes, *to spout platitudes*. ◆ SERVILITÉ. Faire des platitudes, *to tug o.'s forelock*.

plâtre 1. ARCHITECTURE. Gâcher du plâtre, *to mix plaster*. – 2. MAISON. Essuyer les plâtres, *to be the first occupants*. [V. 5.] – 3. MÉDECINE. Mettre dans le plâtre, *to put in plaster*. – 4. TRAVAUX MANUELS. Faire du plâtre, *to mix plaster*. – 5. VICTIME. Essuyer les plâtres (Fam.), *to bear the brunt*. [V. 2.] – 6. VOIES DE FAIT. Battre qqn comme plâtre (Fam.), *to beat s.o. to a jelly*.

plébiscite ◆ POLITIQUE. Faire un (recourir au) plébiscite, *to hold (to resort to) a plebiscite*.

plein 1. APOGÉE. Battre son plein, *to be at its height*. – 2. AUTOMOBILE. Faire le plein, *to fill up*. [V. 3.] – 3. AVIATION. Faire plein de carburant, *to fuel*. [V. 2.] – 4. EFFORT. Donner son plein, *to give the full measure of o.'s worth*. – 5. RENDEMENT. Se donner à plein, *to work tooth and nail*.

pleure-misère ◆ PLAINTE. Etre un pleure-misère (Fam.), *to be a wailing willie*.

pleurer ◆ MAÎTRISE DE SOI. Se retenir de pleurer, *to hold back o.'s tears*. ◆ TRISTESSE. Etre triste à pleurer, *to be as dull as ditchwater* (chose); *to be as miserable as sin* (personne).

pleurs ◆ LARMES. Etre en pleurs, *to be in tears*. ◆ REGRETS. Y avoir des pleurs et des grincements de dents, *there [to be] weeping and gnashing of teeth* (Gramm.).
→ larme.

pleuvoir ◆ MAUVAIS TEMPS. Se mettre à pleuvoir, *to come on to rain*.

pli 1. CERTITUDE. Ne pas faire un pli (Fam.), *to be as sure as eggs is eggs*. – 2. COUTURE. Faire un faux pli, *to hang badly*. – 3. HABITUDE. Prendre le pli de faire qqch., *to get into the way of doing sth.* ‖ Prendre un mauvais pli, *to acquire a bad habit*. [V. 4.] – 4. VÊTEMENT. Prendre un mauvais pli, *to crease*. [V. 3.]

plier ◆ AUTORITARISME. Faire tout plier devant soi, *to lord it over everything and everybody.*

plomb 1. ATTEINTE. Avoir du plomb dans l'aile (Fam.), *to be hard hit.* [V. 3.] — 2. ÉLECTRICITÉ. Faire sauter (remettre, remplacer) les plombs, *to blow (to replace) the fuses.* — 3. IVRESSE. Avoir du plomb dans l'aile (Fam.), *to be blotto.* [V. 1.] — 4. LÉGÈRETÉ. N'avoir pas de plomb dans la tête (la cervelle), *to be harum-scarum.* — 5. POIDS. Etre lourd (peser) comme du plomb, *to be as heavy as (to weigh like) lead.* — 6. SAGESSE. Mettre du plomb dans la tête (cervelle) de qqn, *to knock some sense into s.o.* — 7. SANTÉ. Avoir du plomb dans l'estomac, *to have a leaden feeling in o.'s stomach.*
→ **chaleur, chien, sommeil.**

plongeon ◆ RÉSOLUTION. Faire le plongeon (Fig.), *to take the plunge.* ◆ SPORTS. Faire un plongeon, *to dive.*

pluie ◆ CHUTE. Retomber en pluie, *to fall in a shower.* ◆ CONVERSATION. Causer (parler) de la pluie et du beau temps, *to make small talk.* ◆ DOMINATION. Faire la pluie et le beau temps, *to rule the roost.* ◆ ENNUI. Etre ennuyeux comme la pluie (Fam.), *to be as dull as ditch water.* ◆ MAUVAIS TEMPS. Etre (se mettre) à la pluie, *to look like (to settle down to) rain.* ‖ Recevoir la pluie, *to get rained on.* ‖ Ramasser (récolter) la pluie (Fam.), *to catch the rain.* ◆ RÉJOUISSANCE. Répandre une pluie de confetti, *to shower confetti.*
→ **eau, main.**

plume ◆ ANIMAL. Lisser ses plumes, *to preen.* ‖ Perdre ses plumes, *to moult.* ◆ CHEVELURE. Perdre ses plumes (Fam.), *to lose o.'s thatch.* ◆ COUCHER. Se mettre au plume (Fam.), *to hit the hay.* ◆ COURRIER. Prendre la plume (mettre la plume à la main), *to take o.'s pen up.* ‖ Tenir la plume pour qqn, *to act as s.o.'s amanuensis.* ◆ CRITIQUE. Tremper sa plume dans le vitriol (Fam.), *to dip o.'s pen in vitriol.* ◆ LECTURE. Lire la plume à la main, *to read with pen in hand.* ◆ LITTÉRATURE. Avoir la plume facile, *to have a ready pen.* ‖ Laisser courir sa plume, *to let o.'s pen run on.* ‖ Vendre sa plume, *to be a hack-writer.* ‖ Vivre de sa plume, *to live by o.'s pen.* ◆ PERTE. Y laisser des plumes (Fam.), *to drop some money.* ◆ POIDS. Etre léger comme une plume, *to be as light as a feather.* ◆ QUERELLE. Se voler dans les plumes (Fam.), *to go for each other.* ◆ USURPATION. Se parer des plumes du paon, *to dress o.s. in borrowed feathers.*
→ **courant, geai, main, trait.**

plumeau ◆ MÉNAGE. Passer le plumeau, *to use a feather-dust.*

plumer ◆ DUPE. Se faire plumer (Fam.), *to get fleeced.*

pluriel → **marque.**

plus ◆ ABUS. Exiger toujours plus, *never to be satisfied.* ◆ FATIGUE. N'en pouvoir plus, *cannot take any more* (Gramm.). ◆ MORT. N'être plus, *to be no more.*

plus-value ◆ FINANCES. Donner de la plus-value à qqch., *to raise the value of sth.*

pneu ◆ AUTOMOBILE. Changer (démonter) un pneu, *to change (to remove) a tyre.* ‖ Mettre le pneu de secours, *to put on the spare tyre.*
→ **train.**

poche 1. ACCEPTATION. Le mettre dans sa poche et son mouchoir par-dessus (Fam.), *to put that in o.'s pipe and smoke it.* — 2. CERTITUDE. Etre dans la poche (Fam.), *to be in the bag.* ‖ L'avoir en poche (Fam.), *to be sure of it.* — 3. CONCUSSION. S'emplir (s'en mettre plein) les poches (Fam.), *to fill o.'s own pockets.* — 4. EXACTION. Vider les poches de qqn (Fam.), *to clean s.o. out.* [V. 5.] — 5. FAITS ET GESTES. Fouiller dans sa poche, *to feel in o.'s pocket.* [V. 7.] ‖ Mettre qqch. dans sa poche, *to put sth. in o.'s pocket.* [V. 15.] ‖ Tirer qqch. de sa poche, *to pull (to take) sth. out of o.'s pocket.* ‖ Vider ses poches, *to empty (out) o.'s pockets.* [V. 4.] — 6. IMPÉCUNIOSITÉ. Retourner ses poches (Fam.), *to turn out o.'s pockets.* — 7. INDISCRÉTION. Faire (fouiller) les poches de qqn, *to go through s.o.'s pockets.* [V. 5.] — 8. LOCALISATION. Connaître qqch. comme sa poche, *to know sth. like the back of o.'s hand.* [V. 12.] — 9. OUBLI. Garder qqch. poche restante, *to put sth. in o.'s pocket and forget clean about it.* — 10. PAIEMENT. Payer qqch. de sa poche, *to pay for sth. out of o.'s own pocket.* — 11. PAUVRETÉ. Avoir les poches vides, *to have empty pockets.* — 12. PÉNÉTRATION. Connaître qqn comme sa poche (Fam.), *to know s.o. through and through.* [V. 8.] — 13. PERTE. En être de sa poche, *to be out of pocket by it.* — 14. RICHESSE. Avoir les poches pleines (Fam.), *to have a well-garnished wallet.* ‖ En avoir plein les

poches (Fam.), *to have pots.* – 15. SUPÉ-
RIORITÉ. Mettre qqn dans sa poche (Fam.),
to beat s.o. into a cocked hat. [V. 5.]

→ **argent, chat, drapeau, langue, main,
mouchoir, œil, rien.**

pochette → permis.

podium ◆ SPORTS. Monter sur le podium,
to mount the winners' rostrum.

poêle ◆ AGGRAVATION. Tomber de la
poêle dans la braise, *to fall out of the
frying-pan into the fire.*

→ **œil, queue.**

poème ◆ EXTRAORDINAIRE. Etre tout un
poème (Fam.), *to be a fantastic story*
(événement); *to defy description* (personne).

poésie ◆ LITTÉRATURE. Faire de la
poésie, *to write poetry.*

poète ◆ LITTÉRATURE. Etre poète à ses
heures, *to be a poet when the fancy takes o.*

poids 1. ACCABLEMENT. Succomber sous
le poids, *to give way under the strain.* [V.
7.] – 2. ÂGE. Sentir le poids de l'âge
(des ans), *to feel the burden of o.'s years.*
– 3. APAISEMENT. Enlever (ôter, retirer) un
poids de dessus l'estomac (la poitrine) de
qqn (Fam.), *to take a load off s.o.'s chest
(shoulders).* ‖ Etre soulagé d'un grand
poids, *to have a great weight (taken) off
o.'s chest.* ‖ Soulager qqn d'un poids, *to
relieve s.o. of a load.* – 4. CHARGE. Etre un
poids mort, *to be a dead weight.* – 5.
COMMERCE. Faire bon poids, *to give good
weight.* [V. 6.] ‖ Ne pas faire le poids,
to give short weight. [V. 10.] – 6. EXCÈS.
Faire bon poids, *to give good measure.*
[V. 5.] – 7. FARDEAU. Fléchir (plier,
ployer, succomber) sous le poids, *to sag
(to buckle, to bend, to collapse) under the
weight.* [V. 1.] – 8. FORCE. Peser de tout
son poids sur qqch., *to lean o.'s whole
weight on sth.* [V. 11.] ‖ Soulever un
poids, *to lift a weight.* – 9. IMPORTANCE.
Peser d'un grand poids, *to weigh heavily.*
– 10. INFÉRIORITÉ. Ne pas faire le poids,
not to have what it takes. [V. 5.] – 11.
INFLUENCE. Avoir du poids, *to carry
weight.* ‖ Donner du poids à qqch., *to
give weight to sth.* ‖ Faire poids, *to
decide the issue.* ‖ Peser de tout son poids
sur qqch., *to bring all o.'s weight to bear
on sth.* [V. 8.] – 12. INQUIÉTUDE. Avoir un
poids sur l'estomac, *to have sth. on o.'s
mind.* [V. 15.] – 13. PARTIALITÉ. Avoir
deux poids et deux mesures, *to have two
sets of standards.* – 14. POIDS. Perdre
(prendre) du poids, *to lose (to put on)
weight.* – 15. SANTÉ. Avoir un poids sur
l'estomac, *to have a heavy feeling on o.'s
stomach.* [V. 12.] – 16. SPORTS. Lancer le
poids, *to put the weight.* – 17. VALEUR.
Faire le poids, *to measure up.*

→ **argument, esprit, homme.**

poignard ◆ CRIME. Plonger un poignard
dans le cœur de qqn, *to plunge a dagger
into s.o.'s heart.* ◆ PERSÉCUTION. Plonger
un poignard dans le cœur de qqn, *to cut
s.o. to the quick.*

→ **coup.**

poigne ◆ AUTORITÉ. Avoir de la poigne,
to have authority. ‖ Avoir une poigne de
fer, *to be iron-fisted.* ◆ FAIBLESSE. Manquer de poigne, *to lack grip.*

poignée ◆ CIVILITÉ. Distribuer des
poignées de main, *to shake hands all
round.* ‖ Donner une poignée de main,
to shake hands. ◆ POLITIQUE. N'être
qu'une poignée d'agitateurs, *to be just a
handful of agitators.*

poignet → force.

poil ◆ APPROXIMATION. S'en falloir d'un
poil (Fam.), *to be within a hair's breadth.* ◆
CONVENANCE. Etre au poil, *to be dead on.*
◆ CONVERSION. Changer de poil (Fam.),
to turn over a new leaf. ◆ EXPÉRIENCE.
Avoir du poil au menton (Fam.), *not to
be a baby any longer.* ◆ HUMEUR. Ne pas
être de bon poil (être de mauvais poil)
[Fam.], *to be in bad twist.* ◆ IMPORTUNITÉ.
Tomber sur le poil de qqn (Fam.), *to
walk in on s.o.* ◆ NUDITÉ. Etre à poil
(Fam.), *to be stark naked.* ‖ Se mettre à
poil (Fam.), *to strip to the skin.* ◆ PARESSE.
Avoir un poil dans la main (Fam.), *to have
a bone in o.'s leg.* ◆ RESSORT. Reprendre
du poil de la bête (Fam.), *to pick up again.*
◆ SANTÉ. N'avoir pas un poil de sec
(Fam.), *to be sweating from every pore.*
◆ VOIES DE FAIT. Carder le poil à qqn
(Fam.), *to go for s.o.*

poing 1. AUTORITÉ, MÉCONTENTEMENT.
Taper du poing sur la table, *to bang
(o.'s fist) on the table.* – 2. DÉPIT. Se
ronger (se mordre) les poings, *to fume with
vexation.* [V. 4.] – 3. FAITS ET GESTES.
Mettre les poings sur les hanches, *to stand
akimbo.* ‖ Serrer les poings, *to clench o.'s
fists.* – 4. IMPATIENCE. Se mordre (se
ronger) les poings, *to gnaw o.'s fingers.*
[V. 2.] – 5. MENACE. Lever (montrer) le

poing, *to raise (to brandish) o.'s fist.* − 6. POLITIQUE. Saluer le poing levé, *to give the raised-fist salute.* − 7. SOMMEIL. Dormir à poings fermés, *to sleep like a top.* − 8. VOIES DE FAIT. Coller son poing sur la figure de qqn (Fam.), *to sock s.o.* ‖ Jouer des poings, *to use o.'s fists.*
→ **coup, pied.**

1. point 1. ACHÈVEMENT. Mettre qqch. au point (Fig.), *to perfect sth.* [V. 13, 26, 28, 42.] ‖ Mettre un point final, *to put the final touch.* [V. 16.] − 2. APOGÉE. Etre au point culminant, *to be at its height.* − 3. AUTOMOBILE. Éviter un point noir, *to avoid a black spot.* ‖ Etre (mettre) au point mort, *to be in (to put into) neutral.* [V. 5, 40.] − 4. AVANTAGE. Marquer un point (Fig.), *to score a point.* [V. 38.] − 5. COMMERCE. Etre au point mort, *to be at a standstill.* [V. 3, 40.] − 6. CONCESSION. Concéder (céder sur) un point, *to concede (to give way on) a point.* − 7. COUTURE. Broder au point de croix, *to cross-stitch.* ‖ Coudre point arrière (point devant), *to back-stitch (to run-stitch).* ‖ Faire qqch. au point de chaînette, *to chain-stitch sth.* ‖ Faire un point à l'endroit (à l'envers), *to knit (to purl) one.* ‖ Faire un point à un vêtement, *to put a stitch in a garment.* − 8. CUISINE. Etre (cuit) à point, *to be done to a turn.* − 9. DÉSACCORD. Constituer un point de friction, *to be a cause of friction.* − 10. DISCUSSION. Défendre son point de vue, *to defend o.'s viewpoint.* − 11. DIVERGENCE. N'avoir aucun point de contact avec qqn, *to have no point of contact with s.o.* − 12. ÉCOLE. Échouer à un point, *to fail by one mark.* − 13. ÉLUCIDATION. Mettre qqch. au point, *to make sth. clear.* [V. 1, 26, 28, 42.] − 14. ÉQUILIBRE. Prendre un point d'appui, *to find a resting-point.* − 15. ESSENTIEL. En venir au point crucial, *to reach the crucial point.* − 16. FIN. Mettre un point final à qqch., *to bring sth. to a full stop.* [V. 1.] − 17. HÔTELLERIE. Trouver un point de chute, *to find a port of call.* − 18. IMMOBILISME. Se retrouver au même point, *to find o.s. no further forward.* − 19. INDÉLICATESSE. Toucher le point sensible de qqn, *to tread on s.o.'s pet corn.* [V. 29.] − 20. MARINE. Faire le point, *to plot o.'s position.* [V. 32.] − 21. MÉDECINE. Faire (mettre) des points de suture, *to put in*

stitches. − 22. MUSIQUE. Tenir un point d'orgue, *to pause.* − 23. OBJECTIF. Etre le point de mire, *to be the cynosure of all eyes.* − 24. OPINION. Adopter un point de vue, *to adopt a viewpoint.* − 25. OPPORTUNITÉ. Tomber (arriver) à point (nommé), *to arrive in the nick of time.* − 26. ORGANISATION. Mettre qqch. au point, *to settle sth.* [V. 1, 13, 28, 42.] ‖ Prendre un point de repère, *to find a guide-mark.* − 27. PANORAMA. Avoir un beau point de vue, *to have a fine view.* − 28. PHOTOGRAPHIE. Mettre au point, *to focus.* [V. 1, 13, 26, 42.] − 29. POINT FAIBLE. Etre le point délicat, *to be the ticklish point.* ‖ Prendre qqn par son point faible, *to exploit s.o.'s weak point.* ‖ Toucher le point sensible (névralgique), *to touch on a tender (sore) spot.* [V. 19.] ‖ Trouver (définir) le point faible de qqn, *to find out (to define) s.o.'s weak point.* − 30. PRÉCISION. Mettre les points sur les *i*, *to dot the i's and cross the t's.* − 31. REBOURS. Revenir au point de départ, *to return to the point of departure.* [V. 34.] − 32. RÉFLEXION. Faire le point, *to take stock.* [V. 20.] − 33. RESSEMBLANCE. Avoir des points communs avec qqn, *to have points in common with s.o.* − 34. RÉVERSION. Revenir à son point de départ (en revenir au même point) [Fig.], *to come back to where o. started.* [V. 31.] − 35. SANTÉ. Avoir un point de côté (dans le dos), *to have a stitch in o.'s side (in o.'s back).* ‖ Etre mal en point (Fam.), *to be in a sorry state.* − 36. SATIÉTÉ. Atteindre le point de saturation, *to reach saturation point.* − 37. SÉCURITÉ. Avoir un point d'attache, *to have a base.* − 38. SPORTS. Gagner des points, *to win on points.* ‖ Marquer des points, *to score.* [V. 4.] − 39. STABILITÉ. Avoir un point d'appui, *to have sth. to lean on.* − 40. STAGNATION. Etre au point mort, *to be at a standstill.* [V. 3, 5.] − 41. SUPÉRIORITÉ. Rendre des points à qqn, *to be more than a match for s.o.* − 42. TECHNIQUE. Mettre au point un procédé, *to develop a process.* [V. 1, 13, 26, 28.]
→ **discours, partie.**

2. point ♦ LIBERTINAGE. Rentrer à point d'heure, *to come home in the small hours.*

pointage ♦ VÉRIFICATION. Faire un pointage, *to make a check.*

pointe 1. ARGUTIE. Discuter sur des pointes d'aiguille, *to split hairs.* − 2. ART.

Faire des pointes sèches, *to do dry-point etchings.* − 3. AUTOMOBILE. Faire (pousser) une pointe à *x* kilomètres à l'heure, *to push the car up to 5/8 x mph.* [V. 13.] − 4. CUISINE. Ajouter (mettre) une pointe de qqch., *to add a dash of sth.* − 5. DANSE. Faire des pointes, *to dance on points.* − 6. ÉLOCUTION. Avoir une pointe d'accent, *to have a trace of an accent.* − 7. HUMOUR. Introduire une pointe d'humour, *to introduce a humourous note.* − 8. MARCHE. Marcher sur la pointe des pieds, *to walk on tiptoe.* − 9. MÉCHANCETÉ. Lancer (décocher) des pointes à qqn, *to make digs at s.o.* − 10. MILITAIRE. Conquérir à la pointe des baïonnettes, *to take at bayonet-point.* − 11. MODERNISME. Etre à la pointe du progrès, *to be in the forefront of progress.* − 12. PERSÉVÉRANCE. Pousser sa pointe, *to push ahead.* − 13. VISITE. Pousser une pointe jusque chez qqn, *to push on to s.o.'s.* [V. 3.]

pointillé ◆ UTILISATION. Détacher suivant le pointillé, *to tear along the dotted line.*

pointu ◆ ÉLOCUTION. Parler pointu (Fam.), *to speak with a Parisian accent.*

poire ◆ ACCOMMODEMENT. Etre une bonne poire (Fam.), *to be easy-going.* ◆ COMPROMIS. Couper la poire en deux, *to split the difference.* ◆ CONFIDENCE. Dire qqch. entre la poire et le fromage, *to say sth. over the port and walnuts.* ◆ ÉPANCHEMENTS. Se sucer la poire (Fam.), *to exchange kisses.* ◆ PRUDENCE. Garder une poire pour la soif, *to put something by for a rainy day.*

poireau ◆ ATTENTE. Faire le poireau (Fam.), *to cool o.'s heels.*

pois ◆ CUISINE. Écosser les pois, *to shell peas.* ◆ PROFIT. Donner un pois pour une fève, *to throw a sprat to catch a mackerel.* → **purée.**

poison ◆ DÉPLAISANCE. Etre un (vrai) poison (Fam.), *to be a real pest.* ◆ POISON. Distiller (éliminer) un poison, *to distil (to eliminate) a poison.*

poisse ◆ MALCHANCE. Avoir la poisse (Fam.), *to be under a jinx.*

poisser ◆ INCULPÉ. Se faire poisser (Fam.), *to get nicked.*

poisson ◆ BONIMENT. Noyer le poisson (Fam.), *to wrap it up.* ◆ CONVENANCE.

Etre (heureux) comme un poisson dans l'eau, *to feel quite at home.* ◆ CUISINE. Écailler du poisson, *to scale fish.* ‖ Vider un poisson, *to gut a fish.* ◆ PÊCHE. Ferrer un poisson, *to hook a fish.* ‖ Prendre du poisson, *to catch fish.* ◆ RÉPRIMANDE. Engueuler qqn comme du poisson pourri (Fam.), *to round on s.o. in no uncertain terms.* ◆ TOUR. Faire un poisson d'avril à qqn, *to make an April fool of s.o.* → **chair, mer, soif.**

poitrine ◆ AVEU. Se frapper la poitrine, *to beat o.'s breast.* ◆ CORPS. Avoir une poitrine opulente, *to be very buxom.* ◆ ÉPANCHEMENTS. Serrer qqn sur sa poitrine, *to clasp s.o. to o.'s bosom.* ◆ FAITS ET GESTES. Gonfler la poitrine, *to puff out o.'s chest.* ◆ SANTÉ. Partir (s'en aller) de la poitrine, *to have consumption.* → **poids.**

poivre ◆ CHEVELURE. Etre poivre et sel, *to be pepper-and-salt.* ◆ IMPATIENCE. Piler du poivre (Fam.), *to paw the ground.* → **cheveu.**

poker → **coup, partie.**

pôle ◆ ATTRACTION. Tendre vers un pôle, *to be attracted towards a pole.* ◆ HÉSITATION. Osciller d'un pôle à l'autre, *to keep changing from one extreme to the other.* ◆ SÉDUCTION. Etre (constituer) un pôle d'attraction, *to be a pole of attraction.*

polémique ◆ DISCUSSION. Engager une polémique avec qqn, *to engage s.o. in controversy.* ‖ Entretenir une polémique, *to keep up a controversy.*

poli ◆ HYPOCRISIE. Etre trop poli pour être honnête, *to be too sweet to be wholesome.*

1. police ◆ PRUDENCE. Souscrire une police d'assurance, *to take out an insurance policy.*

2. police ◆ DISCIPLINE. Faire la police, *to behave like a policeman.* ◆ INCULPÉ. Etre inquiété par la police, *to receive the attentions of the police.* ‖ Etre livré à la police, *to be handed over to the police.* ‖ Etre recherché par la police, *to be sought by the police.* ‖ Se faire cuisiner par la police, *to be grilled by the police.* ◆ POLICE. Appeler police secours, *to dial 999.* ‖ Avertir la police, *to inform the police.* ‖ Etre de la police, *to be in the police (force).* → **barrage, cordon.**

polichinelle ◆ AFFECTATION. Faire le polichinelle, *to act the clown.* ◆ MATER-

NITÉ. Avoir un polichinelle dans le tiroir (Fam.), *to have a bun in the oven.*
→ **secret.**

politesse ◆ ACCUEIL. Avoir la politesse du cœur, *to have manners that stem from the heart.* ‖ Avoir une politesse tout extérieure, *to have a veneer of good manners.* ‖ Agir par politesse, *to act out of politeness.* ‖ Devoir une politesse à qqn, *to owe s.o. a good turn.* ‖ Échanger (se faire) des politesses, *to exchange civilities.* ‖ Etre de la simple politesse, *to be common politeness.* ‖ Etre d'une politesse glaciale, *to be icily polite.* ‖ Faire une politesse à qqn, *to do s.o. a courtesy.* ‖ Observer la politesse, *to display good manners.* ‖ Rendre la (une) politesse, *to return the (a) courtesy.* ◆ DÉPART. Brûler (fausser) la politesse à qqn, *to leave s.o. standing.* ◆ INCIVILITÉ. Manquer de politesse, *to be ill-mannered.* ‖ Manquer de la plus élémentaire politesse, *to be completely lacking in good manners.*
→ **frais.**

politique ◆ AVEUGLEMENT. Pratiquer (suivre) la politique de l'autruche, *to bury o.'s head in the sand.* ◆ DIPLOMATIE. Etre de bonne politique, *to be good policy.* ◆ INHABILETÉ. Ne pas être (très) politique, *not to be very politic.* ◆ MESQUINERIE. Faire une politique de clocher, *to indulge in parish-pump politics.* ◆ PESSIMISME. Pratiquer la politique du pire, *to prepare for the worst.* ◆ POLITIQUE. Adopter (faire, pratiquer) une politique de bascule (de facilité), *to adopt (to practise) a balance-of-power (a laissez-faire) policy.* ‖ Faire de la politique, *to engage in politics.* ‖ Inaugurer (instaurer) une nouvelle politique, *to initiate (to establish) a new policy.* ‖ Se lancer dans la politique, *to go into politics.* ‖ Se mêler de politique, *to dabble in politics.* ‖ Soutenir (suivre) une politique, *to back (to pursue) a policy.*

polochon → **bataille.**

Polonais ◆ IVRESSE. Etre soûl comme un Polonais, *to be as drunk as a lord.* ◆ IVROGNERIE. Boire comme un Polonais (Fam.), *to be a regular toper.*

poltron ◆ PEUR. Faire le poltron, *to get cold feet.*

Polytechnique → **besoin.**

pommade ◆ FLATTERIE. Passer de la pommade à qqn (Fam.), *to soft-sawder s.o.*

pomme ◆ DÉFAILLANCE. Croquer la pomme, *to eat of the forbidden fruit.* ◆ DÉSACCORD. Etre une pomme de discorde, *to be the apple of discord.* ◆ ÉPANCHEMENTS. Se sucer la pomme (Fam.), *to exchange kisses.* ◆ PERFECTION. Etre aux pommes (Fam.), *to be topping.* ◆ PHYSIONOMIE. Etre ridé comme une pomme cuite (Fam.), *to be as wrinkled as the bark of a tree.* ◆ SANTÉ. Tomber dans les pommes (Fam.), *to pass out.* ◆ SPECTACLE. Recevoir des pommes cuites (pourries), *to have rotten tomatoes thrown at o.* ◆ TAILLE. Etre haut comme trois pommes (Fam.), *to be knee-high to a grasshopper.*
→ **roi.**

pommette ◆ PHYSIONOMIE. Avoir des pommettes saillantes, *to have prominent cheekbones.*

1. pompe ◆ FASTE. Recevoir qqn en grande pompe, *to roll out the red carpet for s.o.*
→ **Satan.**

2. pompe 1. FUITE. Filer à toute pompe (Fam.), *to whiz off.* [V. 3.] − 2. TECHNIQUE. Amorcer une pompe, *to prime a pump.* ‖ Désamorcer une pompe, *to draw off the water of a pump.* − 3. VITESSE. Aller à toute pompe (Fam.), *to go lickety-split.* [V. 1.]
→ **côté, coup.**

pompier ◆ FEU. Appeler les pompiers, *to call the fire brigade.* ◆ TABAC. Fumer comme un pompier (Fam.), *to smoke like a chimney.*

pompon ◆ IVRESSE. Avoir son pompon (Fam.), *to be tipsy.* ◆ SUPÉRIORITÉ. Avoir le pompon (Fam.), *to take the bun.*

poncif ◆ EXPRESSION. Accumuler les poncifs, *to string clichés together.*

ponction ◆ DÉPENSE. Faire une ponction dans son budget (Fam.), *to make a hole in o.'s budget.* ◆ MÉDECINE. Faire une ponction, *to draw off liquid.*

ponctuation ◆ ÉCRITURE. Mettre la ponctuation, *to put in the punctuation.*

pondération ◆ LÉGÈRETÉ. Manquer de pondération, *to lack lever-headedness.*
→ **preuve.**

pont ◆ ACCULEMENT. Brûler les ponts derrière soi, *to burn o.'s boats.* ◆ ACTIVITÉ. Etre sur le pont (Fig.), *to be at o.'s post.* ◆ CONCUSSION. Faire (offrir) un pont d'or à qqn, *to offer s.o. tempting terms.* ◆

CONGÉ. Faire le pont, *to take off the period bridging two holidays.* ◆ FACILITÉ. Etre le pont aux ânes, *to be the « pons asinorum ».* ◆ RUPTURE. Couper les ponts, *to break off all ties.* ◆ SANTÉ. Se porter comme le Pont-Neuf (Fam.), *to be as sound as a bell.* ◆ TRAVAUX PUBLICS. Jeter un pont sur un fleuve, *to throw a bridge over a river.* → eau.

ponte ◆ NIVEAU SOCIAL. Etre un gros ponte (Fam.), *to be a big shot.*

pool ◆ COMMERCE. Constituer (former) un pool, *to form a pool.*

popote ◆ CUISINE. Faire sa popote, *to do o.'s cooking.* ‖ Faire popote ensemble, *to mess together.* ◆ SÉDENTARISME. Etre popote (Fam.), *to be a home bird.*

popularité ◆ DÉFAVEUR. Perdre sa popularité, *to lose o.'s popularity.* ◆ PROPAGANDE. Soigner sa popularité, *to nurse o.'s popularity.* ◆ RENOMMÉE. Acquérir une grande popularité, *to acquire great popularity.* ‖ Jouir d'une popularité, *to enjoy popularity.*

population ◆ DÉMOGRAPHIE. Recenser la population, *to take a census.* ◆ OSTENTATION. Épater la population (Fam.), *to impress people.* ◆ POLITIQUE. Évacuer la population, *to evacuate the population.*

porcelaine → éléphant.

pore → hypocrisie.

1. port ◆ FIN. Arriver au port (Fig.), *to reach the goal.* ◆ MARINE. Toucher le port, *to reach port.* ◆ SÉCURITÉ. Trouver un port d'attache, *to find a haven.* ◆ SUCCÈS, VOYAGE. Arriver à bon port, *to arrive safe and sound.* → naufrage.

2. port ◆ DISTINCTION. Avoir un port de déesse, *to carry o. s. like a goddess.* ‖ Avoir un port de reine, *to have a queenly bearing.* ◆ MILITAIRE. Se mettre au port d'armes, *to shoulder arms.*

portant ◆ SANTÉ. Etre bien portant, *to be in good health.*

porte 1. ABSENCE. Trouver la porte fermée (porte close), *to find the door shut.* — 2. ABUS. Ouvrir la porte aux abus, *to leave the door open to abuses.* — 3. ACCUEIL. Recevoir qqn entre deux portes, *to receive s.o. briefly.* — 4. ARCHITECTURE. Condamner une porte, *to block up a door.* [V. 21.] — 5. ATTENTE. Etre à la porte, *to be waiting on the doorstep.* — 6. CIVILITÉ. Reconduire qqn à la porte, *to show s.o. to*

the door. — 7. DÉPART. Gagner la porte, *to move to the door.* ‖ Prendre la porte, *to leave.* ‖ Sortir par la grande porte, *to make a good exit.* — 8. DÉPLAISANCE. Se fermer toutes les portes, *to spoil all o.'s chances.* — 9. DIFFICULTÉ. Entrer par la porte étroite, *to enter by the strait gate.* [V. 17.] — 10. EFFORT. Frapper à toutes les portes, *to explore every avenue.* [V. 25.] — 11. ÉVIDENCE. Enfoncer une porte ouverte (Fam.), *to state the obvious.* — 12. FAITS ET GESTES. Claquer la porte, *to slam the door.* ‖ Fermer une porte à clef, *to lock a door.* ‖ Pousser la porte, *to push open the door.* ‖ Tirer (fermer) la porte sur soi, *to pull (or shut) the door behind o.* — 13. HABILETÉ. Se ménager (ménager) une porte de sortie, *to leave o.s. (to leave) a loop-hole.* — 14. IMPORTUNITÉ. Forcer (violer) la porte de qqn, *to force o.'s way into s.o.'s house.* — 15. INCIVILITÉ. Fermer la porte au nez de qqn, *to shut the door in s.o.'s face.* — 16. INDISCRÉTION. Écouter aux portes, *to listen at keyholes.* — 17. INFÉRIORITÉ. Entrer par la petite porte, *to start at the bottom.* [V. 9.] — 18. MAISON. Ouvrir une porte à deux battants, *to fling wide a door.* ‖ Se tromper de porte, *to mistake the door.* [V. 25.] — 19. MAUSSADERIE. Etre aimable comme une porte de prison (Fam.), *to be gruff as a bear.* — 20. MORT. Etre aux portes de la mort (du tombeau), *to be at death's door.* — 21. NON-CONTACT. Barricader sa porte, *to shut o.s. away.* ‖ Condamner sa porte, *to be « not at home ».* [V. 4.] ‖ Consigner sa porte, *to give orders not to admit anyone.* ‖ Défendre sa porte à qqn, *to forbid s.o. entry.* ‖ Fermer sa porte à qqn, *to shut o.'s door to s.o.* ‖ Refuser sa porte à qqn, *to refuse s.o. admittance to o.'s home.* — 22. OBSTINATION. Etre chassé par la porte et rentrer par la fenêtre, *to be thrown out by one door and to come in by another.* — 23. POSSIBILITÉ. Laisser une porte ouverte (Fig.), *to leave the door open.* — 24. RENVOI. Etre mis (fichu [Fam.]) à la porte, *to be thrown out.* ‖ Flanquer (ficher, fourrer) qqn à la porte (Fam.), *to throw s.o. out.* ‖ Montrer la porte à qqn, *to show s.o. the door.* ‖ Se faire mettre à la porte, *to get kicked out.* — 25. REQUÊTE. Frapper à la bonne (mauvaise) porte, *to come to the right (wrong) door.* [V. 10.] ‖ Se tromper de porte (Fig.), *to have come to the wrong address.* [V. 18.] — 26.

RUPTURE. Partir en claquant la porte, *to walk out.* ‖ Passer la porte, *to walk out.* − 27. SUCCÈS. Entrer (passer) par la grande porte, *to enter on o.'s own merits.* − 28. TECHNIQUE. Crocheter (forcer) une porte, *to force a door.* ‖ Enfoncer une porte, *to break down a door.* − 29. VOISINAGE. Habiter porte à porte, *to be next-door neighbours.*

→ **battant, clef, devant, illusion, midi, nez, oreille, pas.**

porté ◆ INCIVILITÉ. N'être pas bien porté, *to be out of place.*

porte à faux (en) ◆ NON-ÉQUILIBRE. Se trouver (être) en porte à faux, *to be overhanging.* ◆ PRÉCARITÉ. Se sentir en porte à faux (Fig.), *to feel precarious.*

porte-à-porte ◆ COMMERCE. Faire du porte-à-porte, *to be a door-to-door salesman.*

portée ◆ EXAGÉRATION. S'exagérer la portée de qqch., *to overrate the importance of sth.* ◆ INACESSIBILITÉ. Etre hors de portée, *to be out of reach.* ◆ INFLUENCE. Avoir une immense (grande) portée, *to have a far-reaching effect.* ◆ NIVEAU. Mettre à la portée de qqn, *to bring within s.o.'s reach.* ‖ Se mettre à la portée de qqn, *to put o.s. on s.o.'s level.* ◆ PRIX. Etre à la portée de toutes les bourses, *to be within everyone's budget.* ◆ VOISINAGE. Avoir qqch. à sa portée, *to have sth. within reach.* ◆ VOIX. Etre à portée de voix, *to be within call.*

portefeuille ◆ FINANCES. Gérer son portefeuille, *to look after o.'s investments.* ◆ VOL. Se faire délester de son portefeuille, *to be relieved of o.'s wallet.* ‖ Soulager qqn de son portefeuille, *to relieve s.o. of his wallet.*

porte-monnaie ◆ RICHESSE. Avoir le porte-monnaie bien garni (Fam.), *to have a well-lined purse.*

porte-parole ◆ INTERMÉDIAIRE. Se faire le porte-parole de qqn, *to act as s.o.'s spokesman.*

porteur ◆ SANTÉ. Etre porteur de germes, *to be a germ-carrier.* ◆ TRANSPORTS. Héler un porteur, *to hail a porter.*

→ **chaise.**

porte-voix → **main.**

portière ◆ TRANSPORTS. Ne pas se pencher à la portière, *not to lean out of the door.*

portion ◆ ALIMENTATION. Etre réduit à la portion congrue, *to be on short commons.* ‖ Réduire (mettre) à la portion congrue, *to put on short commons.* ◆ IMPÉCUNIOSITÉ. Etre réduit à la portion congrue, *to have to count the pennies.* ‖ Réduire qqn à la portion congrue, *to keep s.o. tight.*

portrait ◆ ACCIDENT. S'abîmer le portrait (Fam.), *to smash o.'s face up.* ◆ ART. Faire un portrait grandeur nature, *to do a life-size portrait.* ◆ FLATTERIE. Faire un portrait flatté, *to paint a flattering portrait.* ◆ POLICE. Faire (brosser) un portrait robot, *to build up an Identikit picture.* ◆ RESSEMBLANCE. Etre le portrait craché (tout le portrait) de qqn, *to be the spitting image of s.o.* ◆ VOIES DE FAIT. Se faire abîmer le portrait (Fam.), *to get o.'s face bashed in.*

pose ◆ AFFECTATION. Le faire à la pose (Fam.), *to posture.* ‖ Prendre des poses, *to attitudinize.*

→ **temps.**

position 1. AMÉLIORATION. Améliorer sa position, *to improve o.'s position.* − 2. DÉSAGRÉMENT. Etre dans une fâcheuse position, *to be in a trying situation.* [V. 4.] − 3. DISCUSSION. Maintenir sa position, *to maintain o.'s attitude.* − 4. EMBARRAS. Se trouver (être) dans une fâcheuse position, *to find o.s. in an awkward position.* [V. 2.] − 5. FAITS ET GESTES. Prendre une fausse position, *to get into an awkward position.* − 6. FONCTIONS. Occuper (tenir) une position importante, *to have an important job.* − 7. HÉSITATION. Osciller entre deux positions, *to vacillate between two attitudes.* − 8. INTRANSIGEANCE. Durcir sa position, *to take a harsher line.* − 9. MATERNITÉ. Etre dans une position intéressante, *to be in an interesting condition.* − 10. MILITAIRE. Conserver ses positions, *to stand o.'s ground.* ‖ Emporter une position d'assaut, *to carry a position by storm.* ‖ Prendre position, *to take up position.* [V. 12.] ‖ Protéger ses positions, *to protect o.'s positions.* ‖ Rectifier la position, *to jump to attention.* ‖ S'assurer une position de repli, *to keep a line of retreat open.* ‖ Se replier sur une position, *to fall back on a position.* − 11. OBSTINATION. Rester sur ses positions, *to stick to o.'s guns.* ‖ S'ancrer dans ses positions, *to become fixed in o.'s views.* −

12. OPINION. Adopter une position, *to take up a position.* ‖ Préciser sa position, *to state o.'s position.* ‖ Prendre position, *to take a stand.* [V. 10.] – 13. RENONCIATION. Abandonner ses positions, *to abandon o.'s positions.* – 14. REVIREMENT. Réviser ses positions, *to revise o.'s views.* – 15. RONDEUR. Prendre une position nette, *to take up a clear position.* – 16. SITUATION. Affermir sa position, *to strengthen o.'s position.*
→ **feu, prise.**

possédé ◆ AGITATION. Se démener comme un possédé (Fam.), *to carry on like a lunatic.*

posséder ◆ COLÈRE. Ne plus se posséder, *to be beside o.s.* ◆ DUPERIE. Se faire (se laisser) posséder (Fam.), *to get taken for a ride.*

possession 1. MAÎTRISE DE SOI. Etre en possession de tous ses moyens, *to be in full possession of o.s.* [V. 3.] ‖ Reprendre possession de soi, *to regain o.'s self-possession.* – 2. PROPRIÉTÉ. Entrer (rentrer) en possession de qqch., *to come into (to regain) possession of sth.* ‖ Garder qqch. en sa possession, *to keep possession of sth.* ‖ Perdre la possession de qqch., *to lose possession of sth.* ‖ Prendre possession, *to take possession.* – 3. RAISON. Etre en possession de toutes ses facultés, *to be in full possession of o.'s faculties.* [V. 1.]

possibilité ◆ CAPACITÉ. Avoir des possibilités réduites, *to have limited capabilities.* ‖ Correspondre aux possibilités de qqch., *to match s.o.'s capabilities.* ◆ CONNAISSANCE DE SOI. Connaître ses possibilités, *to know o.'s capabilities.* ◆ MOYEN. Offrir des possibilités, *to offer possibilities.* ◆ OPPORTUNITÉ. Avoir (donner) une possibilité, *to have (to give) an opportunity.* ◆ POSSIBILITÉ. Avoir la possibilité de faire qqch., *could do sth.* (Gramm.). ‖ Conserver (se réserver) la possibilité de faire qqch., *to retain (to reserve) the possibility of doing sth.* ‖ Trouver la possibilité de faire qqch., *to find a way of doing sth.* ◆ PROSPECTIVE. Envisager toutes les possibilités, *to consider every possibility.*

possible ◆ ALTRUISME. Faire tout son possible pour qqn, *to do o.'s utmost for s.o.*
→ **domaine, mesure.**

1. poste ◆ COURRIER. Envoyer (expédier) par la poste, *to send by post.* ‖ Mettre à la poste, *to post.*
→ **lettre.**

2. poste ◆ CHEF. Etre au poste de commande, *to be at the commands.* ‖ Tenir un poste clef, *to hold a key position.* ◆ ENDURANCE. Etre solide au poste, *to stick to it.* ◆ FONCTIONS. Accéder à un poste, *to accede to a post.* ‖ Briguer un poste, *to angle for a post.* ‖ Etre à son poste, *to be at o.'s post.* ‖ Occuper un poste, *to have a job.* ‖ Quitter son poste, *to leave o.'s job.* ‖ Rejoindre son poste, *to take up o.'s duties.* ◆ HIÉRARCHIE. Bombarder qqn dans un poste (Fam.), *to pitch fork s.o. into a job.* ◆ INCULPÉ. Coucher au poste, *to spend the night at the police-station.* ‖ Etre conduit au poste, *to be taken to the police-station.* ◆ MILITAIRE. Abandonner (déserter) son poste, *to abandon (to desert) o.'s post.* ◆ PONCTUALITÉ. Etre fidèle au poste, *to stick to o.'s post.* ◆ RADIO. Ouvrir le poste, *to turn on the wireless.* ◆ SPORTS. Avoir le poste d'ailier droit (ailier gauche, arrière droit, arrière gauche, arrière central, avant centre, inter droit, inter gauche), *to play in the outside-right (outside-left, right full-back, left full-back, centre half, centre forward, inside right, inside left) position.* ‖ Avoir le poste de demi droit (demi gauche), *to play in the right half-back (left half-back) position.* ‖ Avoir le poste de gardien de but, *to play in goals.*
→ **candidature.**

postérité ◆ RENOMMÉE. Passer à la postérité, *to go down to posterity.* ‖ Travailler pour la postérité, *to work for posterity.* ◆ REVENDICATION. En appeler à la postérité, *to appeal to posterity.*
→ **œuvre.**

postillon ◆ FAITS ET GESTES. Envoyer des postillons, *to splutter.*

postulat ◆ RAISONNEMENT. Admettre (formuler) un postulat, *to admit (to formulate) an assumption.*

posture ◆ DÉSAGRÉMENT. Se trouver (être) en fâcheuse (mauvaise) posture, *to be in an awkward position.* ◆ FAITS ET GESTES. Prendre une posture, *to assume a posture.*

pot ◆ BOISSON. Prendre (boire, vider) un pot (Fam.), *to have a drink.* ◆ CHANCE. Avoir du pot (Fam.), *to be lucky.* ◆

CUISINE. Mettre en pots, *to bottle.* ◆ DIPLOMATIE. Ne pas bousculer le pot de fleurs (Fam.), *not to upset anybody.* ◆ FAITS ET GESTES. Faire le pot à deux anses, *to stand with o.'s arms akimbo.* ◆ GAGNE-PAIN. Faire bouillir le pot, *to keep the pot boiling.* ◆ MALCHANCE. Manquer de pot (Fam.), *to have hard luck.* ◆ MÉNAGE. Vider le pot de chambre, *to empty the chamber-pot.* ◆ RÉCONCILIATION. Raccommoder les pots cassés (Fam.), *to patch things up.* ◆ RÉVÉLATION. Découvrir le pot aux roses, *to get to the bottom of it.* ◆ SANTÉ. Etre sourd comme un pot, *to be as deaf as a post.* ◆ TAILLE. Etre un pot à tabac (Fam.), *to be a tubby (dumpy) little man.* ◆ TERGIVERSATION. Tourner autour du pot (Fam.), *to beat about the bush.* ◆ VICTIME. Payer les pots cassés, *to be left holding the baby.*
→ crème, fortune.

potage ◆ PÉNURIE. N'avoir que cela pour tout potage, *to have only that, all told.*

pot-au-feu ◆ CUISINE. Dégraisser le pot-au-feu, *to skim the fat off the stew.* ◆ SÉDENTARISME. Etre pot-au-feu (Fam.), *to be a stay-at-home.*

pot-de-vin ◆ CONCUSSION. Accepter (donner) un pot-de-vin, *to accept (to give) a bribe.*

pote ◆ CAMARADERIE. Etre un pote (Pop.), *to be a mate.*

poteau ◆ MILITAIRE. Mettre au poteau, *to send before the firing squad.* ◆ SPORTS. Rester au poteau, *to be left at the starting-post* (cheval).

potence ◆ INCULPÉ. Mériter la potence, *to deserve hanging.* ◆ SENTENCE. Dresser la potence, *to set up the gallows.*

potentat ◆ DOMINATION. Agir en potentat, *to act the high and mighty.*

potin ◆ BRUIT. Faire du potin (Fam.), *to create a rumpus.* ◆ COMMÉRAGE. Faire des potins, *to gossip.*

potion ◆ SANTÉ. Prendre une potion, *to take a draught.*

potron-minet ◆ LEVER. Se lever dès potron-minet, *to be up with the lark.*

pou ◆ ARGUTIE. Chercher des poux dans la tête de qqn (Fam.), *to pick on s.o. for trifles.* ◆ ORGUEIL. Etre orgueilleux comme un pou (Fam.), *to be bumptious.* ◆ PHYSIONOMIE. Etre laid comme un pou (Fam.), *to be a blot on the landscape.*

poubelle ◆ MÉNAGE. Jeter qqch. à la poubelle, *to put sth. in the dust-bin.* ‖ Sortir (vider) les poubelles, *to put out (to empty) the dust-bins.* ◆ PAUVRETÉ. Faire les poubelles, *to rummage through the dust-bins.*

pouce ◆ ALIMENTATION. Manger sur le pouce, *to grab a bite.* ◆ DÉSISTEMENT. Mettre les pouces (Fam.), *to give in.* ◆ FAITS ET GESTES. Sucer son pouce, *to suck o.'s thumb.* ◆ IMMOBILISME, IMMOBILITÉ. Ne pas bouger d'un pouce, *not to budge.* ◆ INACTION. Se tourner (se rouler) les pouces, *to twiddle o.'s thumbs.* ◆ OBSTINATION. Ne pas céder un pouce de terrain, *not to give an inch.* ◆ REGRET. S'en mordre les pouces (Fam.), *to repent it bitterly.* ◆ TAILLE. Ne pas perdre un pouce de sa taille, *to make every inch of o.s. count.* ◆ TRÊVE. Crier (demander, dire) pouce, *to call for (to ask for, to say) pax.*
→ coup, doigt.

poudre ◆ BÊTISE. Ne pas avoir inventé la poudre, *to be no genius.* ◆ FUITE. Prendre la poudre d'escampette (Fam.), *to do a bunk.* ◆ HYGIÈNE. Se mettre de la poudre, *to powder o.'s face.* ◆ MILITAIRE. Faire parler la poudre, *to let the guns speak.* ◆ OSTENTATION. Jeter de la poudre aux yeux, *to shoot a line.* ◆ QUERELLE. Sentir la poudre, *to smell like a fight.* ◆ TECHNIQUE. Réduire en poudre, *to pulverize.*
→ feu, traînée.

poule ◆ COUCHER. Se coucher comme les poules (Fam.), *to go to bed with the birds.* ◆ DÉSARROI. Ressembler à une poule qui a couvé un canard, *to be like a hen that has hatched out a duckling.* ◆ IMPOSSIBILITÉ. Attendre que les poules aient des dents, *to wait till pigs have wings.* ◆ INCONSÉQUENCE. Tuer la poule aux œufs d'or, *to kill the goose that lays the golden eggs.* ◆ LÂCHETÉ. Etre une poule mouillée, *to be a milk-sop.* ◆ PROSTITUTION. Etre une poule de luxe (Fam.), *to be a high-class tart.*
→ chair.

poulet ◆ COURRIER. Envoyer (recevoir) un poulet (Fam.), *to send (to receive) a billet-doux.* ◆ CUISINE. Trousser un poulet, *to truss a chicken.* ◆ POLICE. Flairer le poulet (Pop.), *to smell a copper.*
→ cou.

pouls 1. HÉSITATION. Se tâter le pouls (Fam.), *to ponder.* — 2. PÉNÉTRATION.

Tâter le pouls de qqn (Fam.), *to sound out s.o.* [V. 3.] — 3. SANTÉ. Accélérer le pouls, *to increase the pulse rate.* ‖ Prendre (tâter) le pouls de qqn, *to take (to feel) s.o.'s pulse.* [V. 2.]

poumon ◆ CRI. Crier (hurler) à pleins poumons, *to shout (to yell) at the top of o.'s voice.* ◆ MÉDECINE. Mettre qqn dans un poumon d'acier, *to put s.o. in an iron lung.* ◆ SANTÉ. Cracher ses poumons (Fam.), *to cough up o.'s lungs.*
→ **voile.**

poupe → **vent.**

pour ◆ ALTERNATIVE. Envisager (peser) le pour et le contre, *to consider (to weigh up) the pros and cons.* ◆ MÉLANGE. Y avoir du pour et du contre, *there [to be] much to be said on both sides* (Gramm.).

pourboire ◆ RÉMUNÉRATION. Donner (accepter, recevoir) un pourboire, *to give (to accept, to receive) a tip.* ‖ Laisser le pourboire à l'appréciation du client, *to leave the tip to the customer's discretion.*

pourceau → **perle.**

pourcentage ◆ FINANCES. Avoir un pourcentage sur qqch., *to get a percentage of sth.* ◆ RÉMUNÉRATION. Etre (travailler) au pourcentage, *to be paid (to work) on a commission basis.*

pourparlers ◆ DISCUSSION. Amorcer (engager, entamer) des pourparlers, *to prepare the way for (to begin, to start) negotiations.* ‖ Entrer en pourparlers, *to enter into negotiations.*

pourquoi ◆ MOTIF. Connaître le pourquoi et le comment, *to know the why and the wherefore.* ‖ Demander le pourquoi de qqch., *to ask the reason for sth.* ‖ Ne pas trop savoir pourquoi, *not really to know the reason why.*

poursuite ◆ POURSUITE. Dépister les poursuites, *to cover o.'s tracks.* ‖ Se lancer (se mettre) à la poursuite de qqn, *to dash off (to set out) in pursuit of s.o.* ◆ PROCÉDURE. Échapper aux poursuites, *to escape prosecution.* ‖ Engager (exercer) des poursuites, *to institute (to take) proceedings.* ‖ S'exposer à des poursuites, *to lay o.s. open to prosecution.*

pourvoi ◆ PROCÉDURE. Faire (rejeter) un pourvoi, *to file (to reject) an appeal.*

poussée ◆ ASTRONAUTIQUE. Accroître (augmenter) sa poussée, *to build up thrust.* ◆ TECHNIQUE. Exercer une poussée, *to exert a thrust.*

poussière ◆ DESTRUCTION. Réduire en poussière, *to reduce to dust.* ◆ DÉTÉRIORATION. Tomber en poussière, *to be falling to the ground.* ◆ ÉCHEC. Mordre la poussière, *to bite the dust.* ◆ MÉNAGE. Aspirer la poussière, *to pick up the dust.* ‖ Déplacer la poussière, *to flick a duster round.* ‖ Enlever (ôter) la poussière, *to dust.* ‖ Faire de la poussière, *to make dust.* ◆ SANTÉ. Avoir une poussière dans l'œil, *to have dust in o.'s eye.* ◆ SUPÉRIORITÉ. Faire mordre la poussière à qqn, *to make s.o. bite the dust.*

poutre → **paille.**

pouvoir ◆ AUTORITÉ. Donner du pouvoir, *to grant authority.* ‖ User de son pouvoir, *to exercise o.'s authority.* ◆ CHEF. Exercer le pouvoir, *to exercise authority.* ◆ DÉLÉGATION. Déléguer ses pouvoirs, *to delegate o.'s powers.* ‖ Donner un pouvoir à qqn, *to give s.o. power of attorney.* ‖ Passer les pouvoirs, *to transfer power to s.o.* ◆ DOMINATION. Avoir tout pouvoir sur qqn, *to hold complete sway over s.o.* ◆ EMPIÉTEMENT. Outrepasser (excéder) ses pouvoirs, *to exceed (to overstep) o.'s powers.* ◆ ESCLAVAGE. Etre (tomber) au pouvoir de qqn, *to be in (to get into) under s.o.'s power.* ◆ FATIGUE. Ne plus en (n'en plus) pouvoir (Fam.), *cannot take any more* (Gramm.). ◆ FINANCES. Augmenter le pouvoir d'achat, *to increase purchasing power.* ‖ Disposer du pouvoir d'achat, *to have purchasing power.* ◆ IMPUISSANCE. Ne rien y pouvoir, *cannot do anything about it* (Gramm.). ◆ INFLUENCE. Reprendre son pouvoir sur qqn, *to regain o.'s ascendancy over s.o.* ◆ OPPOSITION. S'opposer aux pouvoirs publics, *to oppose the authorities.* ◆ POLITIQUE. Accaparer (détenir; prendre; usurper) le pouvoir, *to secure (to wield; to take over; to usurp) power.* ‖ Arriver (parvenir) au pouvoir, *to come to (to attain) power.* ‖ Asseoir son pouvoir, *to consolidate o.'s power.* ‖ Avoir (demander; donner) les pleins pouvoirs, *to have (to call for; to grant) full powers.* ‖ Etre (se maintenir) au pouvoir, *to be (to stay) in power.* ‖ Renverser le pouvoir, *to overthrow the government.* ‖ S'emparer du pouvoir, *to seize power.*
→ **abus, délégation, passation.**

pratique ◆ APPLICATION. Mettre qqch. en pratique, *to put sth. into practice.* ◆

EXPÉRIENCE. Avoir la pratique de qqch., *to be practised in sth.*

pré ◆ AFFAIRE D'HONNEUR. Aller sur le pré, *to settle it at dawn.*

préalable ◆ DISCUSSION. Poser un préalable, *to set a prior condition.*

préambule ◆ DISCUSSION. Servir de préambule, *to serve as a preamble (un introduction).*

préavis ◆ TÉLÉPHONE. Téléphoner avec préavis, *to put through a personal call.* → mois.

précaution ◆ CIRCONSPECTION. Agir avec précaution, *to act carefully.* ‖ Prendre des précautions oratoires, *to chose o.'s words with care.* ‖ Observer une précaution, *to observe a precaution.* ‖ User de précautions, *to act with great caution.* ◆ GARANTIE. Constituer une bonne précaution, *to constitute a sound precaution.* ◆ IMPRUDENCE. Négliger les plus élémentaires précautions, *to overlook the most elementary precautions.* ◆ PRUDENCE. Prendre des précautions, *to take precautions.* ‖ S'assurer de toutes les précautions, *to take every possible precaution.*

précédent ◆ EXEMPLE. Créer (invoquer) un précédent, *to create (to invoke) a precedent.* ‖ S'autoriser d'un précédent, *to cite a precedent as authority.* ◆ EXTRAORDINAIRE. Etre sans précédent, *to be unprecedented.*

précepte ◆ RÈGLEMENT. Donner (suivre) des préceptes, *to furnish (to follow) precepts.*

prêchi-prêcha ◆ OBJURGATION. Faire du prêchi-prêcha (Fam.), *to sermonize.*

précipice ◆ CHUTE. Tomber dans un précipice, *to fall over a precipice.*

précision ◆ IMPRÉCISION. Manquer de précision, *to lack precision.* ◆ INFORMATION. Apporter (fournir; demander, exiger, réclamer) des précisions, *to offer (to provide; to ask for, to demand, to call for) precise details.*

prédiction ◆ PRÉDICTION. Vérifier (démentir) une prédiction, *to prove a prediction to be correct (unfounded).* ‖ Voir s'accomplir (se réaliser) une prédiction, *to see a prediction come true.*

prédilection ◆ PENCHANT. Avoir (éprouver; témoigner) une prédilection pour qqch., *to have (to feel; to show) a predilection for sth.*

prééminence ◆ HIÉRARCHIE. Avoir (donner) la prééminence, *to have (to give) precedence.*

préface ◆ DISCUSSION. Servir de préface, *to serve as a preface.* ◆ LITTÉRATURE. Faire une préface, *to write a preface.*

préférence ◆ FAVEUR. Accorder (donner) la préférence, *to accord (to give) preference.* ‖ Obtenir la préférence sur qqn, *to obtain preference over s.o.* ◆ PENCHANT. Avoir une préférence marquée pour qqn (qqch.), *to have a marked preference for s.o. (sth.).* ‖ Marquer sa préférence pour qqn (qqch.), *to indicate o.'s preference for s.o. (sth.).* ‖ Témoigner une préférence à qqn, *to show a preference for s.o.* ◆ PRÉFÉRENCE. Choisir de préférence, *to choose in preference.*

préjudice ◆ PRÉJUDICE. Porter préjudice à qqn, *to do harm to s.o.* ‖ Tourner au préjudice de qqn, *to turn to s.o.'s disfavour.* ◆ RÉPARATION. Réparer un préjudice, *to make good an injury.* ◆ VICTIME. Subir un préjudice, *to suffer injury.*

préjugé ◆ ESTIME. Bénéficier (jouir) d'un préjugé favorable, *to have the benefit of a predisposition in o.'s favour.* ◆ ÉTROITESSE DE VUES. Etre bourré de préjugés, *to be steeped in prejudice.* ◆ LIBÉRALISME. Etre sans préjugés, *to be unprejudiced.* ‖ Se libérer de ses préjugés, *to free o.s. from o.'s prejudices.* ‖ Vaincre un préjugé, *to conquer a prejudice.* ◆ NON-CONFORMISME. Braver (heurter) les préjugés, *to defy (to go against) convention.* ‖ Déraciner (secouer) un préjugé, *to root out (to shake) a prejudice.* ‖ Passer par-dessus les préjugés, *to disregard convention.*

préliminaire ◆ DISCUSSION. Abréger (simplifier; fixer) les préliminaires, *to cut down (to simplify; to determine) the preliminaries.* ‖ Poser un préliminaire, *to set a preliminary condition.*

préméditation ◆ PROCÉDURE. Écarter (retenir) la préméditation, *to rule out (to pronounce) malice aforethought.*

premier ◆ ÉCOLE. Etre reçu premier, *to head the list of successful candidates.* ◆ INTÉRÊT PERSONNEL. Etre le premier intéressé, *to be the most closely concerned.* ◆ RANG. Arriver bon premier, *to come in an easy first.* ‖ Etre le premier en date, *to come first.* ◆ SPORTS. Etre premier de cordée, *to be first man (on the rope).* ◆

SUPÉRIORITÉ. Ne pas être le premier venu, *not to be any Tom, Dick or Harry.*

→ **pain, physique.**

première ◆ SPECTACLE. Etre invité à la première d'une pièce, *to be invited to the première of a play.*

prendre ◆ ALTERNATIVE. Etre à prendre ou à laisser, *to be a case of take it or leave it.* ◆ ATTAQUE. S'en prendre à qqn, *to go for s.o.* ◆ CLAIRVOYANCE. Ne pas s'y laisser prendre, *not to be caught.* ◆ DÉPLACEMENT. Passer prendre qqn, *to call for s.o.* ◆ DIPLOMATIE. Ne pas savoir par où prendre qqn, *not to know how to deal with s.o.* ‖ Savoir prendre qqn, *to know how to get round s.o.* ◆ DUPE. Se laisser prendre, *to get caught.* ◆ EXPÉRIENCE. Sortir d'en prendre, *to have just had some.* ◆ HABILETÉ. Savoir s'y prendre, *to know how to manage.* ◆ INCRÉDULITÉ. Ne pas prendre avec qqn (Impers.), *not to wash with s.o.* ◆ INCULPÉ. Se faire prendre, *to get caught.* ◆ RESPONSABILITÉ. Savoir à qui s'en prendre, *to know where to lay the blame.*

preneur ◆ COMMERCE. Trouver preneur, *to find a taker.*

prénom → **nom.**

préoccupation ◆ DÉRIVATIF. Distraire qqn de ses préoccupations, *to take s.o.'s mind off his cares.* ◆ SOUCI. Accroître les préoccupations de qqn, *to add to s.o.'s anxieties.* ‖ Avoir des préoccupations, *to have anxieties.* ‖ Nourrir des préoccupations, *to foster cares.*

préparatifs ◆ ORGANISATION. Faire des préparatifs, *to make preparations.* ‖ Terminer (achever) ses préparatifs, *to finish (to complete) o.'s preparations.*

prérogative ◆ AVANTAGE. S'attribuer des prérogatives, *to assume prerogatives.*

près 1. ARGENT, NON-IMPORTANCE. Ne pas en être à cela près, *not to bother about a little thing like that.* − 2. COMPÉTITION. Serrer qqn de près, *to press s.o. hard.* [V. 4, 7.] − 3. DOMINATION. Tenir qqn de près, *to keep a tight hold on s.o.* [V. 10.] − 4. ÉPANCHEMENTS. Serrer qqn de près, *to make a set at s.o.* [V. 2, 7.] − 5. FAMILLE. Toucher de près à qqn, *to touch s.o. closely.* − 6. INDIFFÉRENCE. Ne pas y regarder de si près, *not to be so particular as all that.* [V. 8.] − 7. LIBERTINAGE. Serrer qqn de près, *to press o.'s attentions on s.o.* [V. 2, 4.] − 8. NON-SCRUPULE. Ne pas y regarder de si près, *not to be over-*

scrupulous. [V. 6.] − 9. RELATIONS. Ne connaître qqn ni de près ni de loin, *not to know s.o. from Adam.* − 10. SURVEILLANCE. Tenir (garder, surveiller) qqn de près, *to keep a close eye on s.o.* [V. 3.]

présage ◆ PERSPECTIVE. Etre un heureux présage, *to be a good omen.* ◆ PRÉDICTION. Interpréter les présages, *to interpret omens.* ◆ SUPERSTITION. Déceler des présages fâcheux, *to discern evil omens.*

prescience ◆ PRÉVISION. En avoir la prescience, *to have foreknowledge (of it).*

prescription ◆ PROCÉDURE. Invoquer (opposer) la prescription, *to claim that it is statute barred.* ◆ SANTÉ. Suivre (observer) les prescriptions du médecin, *to follow (to obey) doctor's orders.*

préséance ◆ HIÉRARCHIE. Avoir (prendre) la préséance sur qqn, *to have (to take) precedence over s.o.*

→ **ordre.**

présence ◆ ACCUEIL. Jouir de la présence de qqn, *to enjoy s.o.'s company.* ◆ CÉRÉMONIAL. Honorer de sa présence, *to honour with o.'s presence.* ◆ ÉCOLE. Contrôler les présences, *to check attendances.* ◆ IMPORTUNITÉ. Imposer sa présence, *to impose o.'s presence.* ◆ INTERMÉDIAIRE. Mettre en présence deux personnes, *to bring two people face to face.* ◆ MAÎTRISE DE SOI. Avoir de la présence d'esprit, *to have presence of mind.* ◆ NON-CONTACT. Fuir (éviter) la présence de qqn, *to shun (to avoid) s.o.'s company.* ◆ RAYONNEMENT. Avoir de la présence, *to have personality.* ◆ RENVOI. Bannir qqn de sa présence, *to dismiss s.o. from o.'s presence.* ◆ TIMIDITÉ. Se sentir intimidé en présence de qqn, *to feel over-awed in s.o.'s presence.*

→ **acte, cérémonie.**

1. présent ◆ RÉALISME. Vivre dans le présent, *to live in the present.*

2. présent ◆ DON. Faire un présent, *to make a gift.* ‖ Faire présent de qqch., *to make a gift of sth.*

présentation ◆ APPARENCE. Avoir une bonne présentation, *to be of good appearance.* ◆ CIVILITÉ. Faire les présentations, *to make the introductions.*

présenter ◆ GAUCHERIE. Ne pas savoir se présenter, *to be awkward when meeting people.*

présidence ◆ RANG. Occuper la présidence, *to hold the office of president.*
→ **réunion.**

présomption ◆ SENTENCE. Condamner sur de simples présomptions, *to condemn s.o. on hearsay.*

presse ◆ DÉFAVEUR. Avoir mauvaise presse, *to have a bad press.* ◆ ÉDITION. Mettre sous presse, *to go to press.* ◆ ESTIME. Avoir bonne presse, *to have a good press.* ◆ PRESSE. Faire gémir la presse, *to set the press rolling.* ‖ Museler la presse, *to muzzle the press.*
→ **conférence, liberté, service.**

pressé ◆ URGENCE. Aller (aviser, courir, parer) au plus pressé, *to deal with (to attend, to meet) the most pressing matter first.*

pressentiment ◆ PRÉVISION. Avoir un pressentiment, *to have a presentiment.* ‖ En avoir le pressentiment, *to feel it in o.'s bones.*

pression 1. CONTRAINTE. Exercer une pression (faire pression) sur qqn, *to bring pressure to bear on s.o.* [V. 3.] − 2. ÉNERVEMENT. Etre sous pression (Fam.), *to be under heavy pressure.* − 3. FAITS ET GESTES. Exercer une pression sur qqch., *to exert pressure on sth.* [V. 1.] − 4. SOUMISSION. Céder à la pression, *to yield to pressure.* − 5. TECHNIQUE. Régler la pression, *to adjust the pressure.*
→ **moyen.**

pressoir ◆ ÉPREUVE. Etre sous le pressoir (Fig.), *to be going through the mill.*

prestance ◆ APPARENCE. Avoir de la prestance, *to be an impressive person.*

prestation ◆ AFFAIRES SOCIALES. Verser des prestations, *to pay allowances.*

prestige ◆ DÉCHÉANCE. Perdre de son prestige, *to lose o.'s (its) prestige* (personne, chose). ◆ HONORABILITÉ. Garder (sauvegarder) son prestige, *to keep (to protect) o.'s prestige.* ◆ MÉDIOCRITÉ. Manquer de prestige, *to lack prestige.* ◆ MISE EN VALEUR. Ajouter au prestige de qqn, *to add to s.o.'s prestige.* ‖ Donner du prestige à qqch., *to give sth. prestige.* ‖ Rehausser le prestige de qqn, *to enhance s.o.'s prestige.* ‖ Tirer du prestige de qqch., *to gain prestige from sth.* ◆ RENOMMÉE. Avoir du prestige, *to have a reputation.* ‖ Jouir d'un grand prestige, *to enjoy a very high reputation.* ◆ SÉDUCTION. Avoir le prestige de l'uniforme, *to have the glamour of a uniform.*

1. prêt ◆ PRÊT. Consentir (obtenir) un prêt, *to grant (to obtain) a loan.*

2. prêt ◆ ORGANISATION. Etre fin prêt, *to be absolutely ready.*

pretantaine ou **pretentaine** ◆ LIBERTINAGE. Courir la pretentaine (Fam.), *to sow o.'s wild oats.*

prêté ◆ RÉCIPROCITÉ. Etre un prêté pour un rendu, *to be measure for measure.*

prétention 1. AMBITION. Avoir des prétentions, *to have ambitions.* [V. 4.] − 2. EXIGENCE. Enfler (exagérer) ses prétentions, *to blow up (to exaggerate) o.'s claims.* − 3. MODÉRATION. Rabattre ses prétentions, *to climb down.* − 4. REVENDICATION. Avoir des prétentions, *to have claims.* [V. 1.] ‖ Émettre une prétention, *to put forward a claim.* − 5. SIMPLICITÉ. Etre sans prétention, *to be unassuming.*

prétexte ◆ ÉCHAPPATOIRE. Alléguer (invoquer) de mauvais prétextes, *to invent (to advance) sorry pretexts.* ‖ Fournir (saisir; trouver) un prétexte, *to furnish (to seize; to find) a pretext.* ‖ Prendre (tirer) prétexte de qqch., *to use sth. as a pretext.* ‖ Se retrancher derrière un prétexte, *to take refuge behind a pretext.* ‖ Servir de prétexte, *to serve as a pretext.*

preuve 1. AFFECTION. Faire preuve d'attachement, *to display o.'s devotion.* − 2. APPRÉCIATION. Peser les preuves, *to weigh the evidence.* − 3. AUTORITÉ. Faire preuve d'autorité, *to display o.'s authority.* − 4. BÊTISE. Faire preuve de bêtise, *to display stupidity.* − 5. BONNE VOLONTÉ. Faire preuve de bonne volonté, *to display good will.* − 6. BONTÉ. Faire preuve d'humanité, *to display humanity.* − 7. CONFIANCE. Croire jusqu'à preuve du contraire, *to believe until o. has proof otherwise.* − 8. COURAGE. Faire preuve de courage, *to display courage.* − 9. DÉSINTÉRESSEMENT. Faire preuve de désintéressement, *to display disinterestedness.* − 10. DISCERNEMENT. Faire preuve d'esprit critique, *to display a critical sense.* − 11. ÉQUILIBRE. Faire preuve de pondération, *to display a sense of measure.* − 12. HUMOUR. Faire preuve d'humour, *to display humour.* − 13. INCERTITUDE. Manquer de preuves, *to lack evidence.* − 14. INCONSCIENCE. Faire preuve d'inconscience, *to display thoughtlessness.* − 15. INCONSTANCE. Faire

preuve d'inconstance, *to display fickleness.*
– 16. LIBÉRALISME. Faire preuve de libéralisme, *to display liberal tendencies.* – 17.
MATHÉMATIQUES. Faire la preuve par neuf,
to cast out the nines. [V. 20.] – 18.
PERSONNALITÉ. Faire preuve de caractère,
to display strength of character. – 19.
POLITIQUE. Faire preuve de civisme, *to
display civic-mindedness.* – 20. PREUVE.
Accumuler les preuves, *to gather evidence.*
‖ Acquérir la preuve de qqch., *to obtain
proof of sth.* ‖ Apporter (administrer, produire, fournir) une preuve, *to bring (to produce, to furnish) a piece of evidence.* ‖
Avoir (faire) la preuve du contraire, *to have
proof to (to prove) the contrary.* ‖ Avoir
preuve en main, *to be in possession of evidence.* ‖ Faire la preuve par neuf (Fam.),
to spell it out. [V. 17.] – 21. RAISON-
NEMENT. Faire la preuve par l'absurde, *to
prove by « reductio ad absurdum ».* – 22.
RÉALISME. Faire preuve d'intelligence pratique, *to display a sense of realism.* – 23.
VALEUR. Faire ses preuves, *to stand the
test* (chose); *to show o.'s mettle* (personne).
→ **opinion.**

prévenance ◆ PRÉVENANCE. Entourer
qqn de prévenances, *to treat s.o. most
considerately.* ‖ Etre plein de prévenance,
to be most considerate.

prévention ◆ IMPARTIALITÉ. N'avoir
aucune prévention, *to entertain no prejudices.* ◆ PRÉJUGÉ. Avoir des préventions
contre qqn (qqch.), *to be prejudiced
against s.o. (sth.).* ◆ REVIREMENT. Revenir
de ses préventions, *to get over o.'s prejudices.*

prévision ◆ APOGÉE. Dépasser toutes les
prévisions, *to exceed all expectation.* ◆
CATASTROPHE. Dépasser les prévisions les
plus pessimistes, *to exceed the most pessi-
mistic estimates.* ◆ ERREUR. Se tromper
dans ses prévisions, *to be mistaken in o.'s
estimates.* ◆ PROBABILITÉ. Arriver selon
toute prévision, *to happen in all likelihood.*
◆ RÉALISATION. Confirmer les prévisions,
to confirm estimates. ◆ TEMPS. Faire des
prévisions météorologiques, *to forecast the
weather.*

prévoir ◆ PROSPECTIVE. Etre difficile à
prévoir, *to be difficult to foresee.*

prévoyance ◆ IMPRÉVOYANCE. Manquer de prévoyance, *to lack foresight.* ◆
PRÉVOYANCE. Montrer de la prévoyance,
to show foresight.

prier ◆ BONNE VOLONTÉ. Ne pas se faire
prier, *not to need persuading.* ◆ RÉTI-
CENCE. Se faire prier, *to hang back.*

prière ◆ BIENVEILLANCE. Céder à la
prière de qqn, *to give way before s.o.'s
pleas.* ◆ BIENVEILLANCE, RELIGION. Exaucer une prière, *to answer a prayer.* ◆
INFLEXIBILITÉ. Etre sourd aux prières de
qqn, *to be deaf to s.o.'s entreaties.* ◆
RELIGION. Etre en prière, *to be in prayer.*
‖ Faire sa prière, *to say o.'s prayers.* ‖
Marmonner (réciter) des prières, *to mumble
(to recite) prayers.*

prime ◆ COMMERCE. Donner qqch. en
prime, *to give sth. as a free gift.* ◆ ESTIME.
Faire prime, *to be at a premium.* ◆ RÉTRI-
BUTION. Toucher une prime, *to get a bonus.*

primeur ◆ PRESSE. Avoir (donner) la primeur d'un récit (d'un ouvrage, d'une
nouvelle), *to get (to give) a scoop on a story
(a book, a news item).*

prince ◆ MAGNANIMITÉ. Etre bon prince,
to be a decent sort.

princesse ◆ AFFECTATION. Faire la
princesse, *to give o.s. airs and graces.* ◆
ÉLÉGANCE. Etre habillée comme une
princesse, *to be dressed to the nines.*
→ **frais.**

principe ◆ CONSÉQUENCE. Découler d'un
principe, *to follow from a principle.* ◆
DÉFAILLANCE. Manquer à ses principes,
to fall short of o.'s principles. ◆
MORALITÉ. Avoir des principes, *to have
principles.* ‖ Inculquer des principes à
qqn, *to instill principles into s.o.* ◆ MORA-
LITÉ, PRINCIPE. Obéir à (suivre) des principes, *to follow principles.* ◆ PRINCIPE.
Admettre en principe, *to acknowledge in
theory.* ‖ Agir par principe, *to act on principle.* ‖ Avoir pour principe de faire qqch.,
to make it a matter of principles to do sth.
‖ Partir d'un principe donné, *to start
from a given principle.* ‖ Poser (ériger)
qqch. en principe, *to lay down sth. as a
principle.* ‖ Poser un principe, *to lay down
a principle.* ◆ REVIREMENT. Déroger à
un principe, *to waive a principle.* ‖ Marcher sur ses principes, *to go against o.'s
own principles.*
→ **cheval, déclaration, encontre, pétition,
prisonnier.**

priorité ◆ AUTOMOBILE. Avoir la priorité, *to have right of way.* ‖ Refuser la
priorité, *to refuse to give way.* ◆ RANG.
Avoir priorité, *to have priority.*

pris ◆ RÉSIGNATION. Etre toujours cela de pris (Fam.), *to be that much to the good.*

prise 1. AFFAIRES SOCIALES. Accorder une prise en charge, *to agree to take on the case.* − 2. DÉCISION. Aboutir à une prise de position ferme, *to lead to a firm stand.* − 3. DÉSISTEMENT. Lâcher prise, *to give in.* [V. 8.] − 4. DOMINATION. Faire lâcher prise à qqn, *to make s.o. give in.* [V. 8.] − 5. ÉCLAIRAGE. Installer une prise de courant, *to fit a plug.* − 6. EMPRISE. Avoir prise sur qqn, *to have a hold over s.o.* [V. 8.] − 7. ENTRAVE. Etre (se trouver) aux prises avec des difficultés, *to be contending with difficulties.* [V. 16.] − 8. FAITS ET GESTES. Avoir (trouver) prise sur qqch., *to have (to take) hold on sth.* [V. 6.] ‖ Faire lâcher prise à qqn, *to make s.o. relax his hold.* [V. 4.] ‖ Lâcher prise, *to lose o.'s hold.* [V. 3.] − 9. LUCIDITÉ. Aboutir à une prise de conscience, *to lead to awareness.* − 10. MÉDECINE. Faire une prise de sang, *to take a blood test.* − 11. MÉSENTENTE. Mettre aux prises, *to bring into conflict.* − 12. QUERELLE. Avoir une prise de bec (Fam.), *to have a tiff.* − 13. RELIGION. Assister à une prise d'habit, *to witness a taking of the habit.* − 14. SPORTS. Faire une prise de judo, *to get a judo-hold.* − 15. TABAC. Prendre une prise, *to take a pinch of snuff.* − 16. VOIES DE FAIT. Etre aux prises avec qqn, *to be struggling with s.o.* [V. 7.] − 17. VULNÉRABILITÉ. Donner prise à qqch., *to lay o.s. open to sth.*

prisme ◆ ILLUSION. Regarder les choses à travers un prisme, *to see things in a distorted light.*

prison ◆ LIBÉRATION. Extraire qqn de sa prison, *to remove s.o. from his prison.* ‖ Sortir de prison, *to come out of gaol.* ◆ SENTENCE. Condamner à *x* mois de prison, *to sentence to* x *months' gaol.* ‖ Etre en prison, *to be in gaol.* ‖ Faire de la prison, *to do time.* ‖ Mettre en prison, *to send to gaol.*
→ an, peine.

prisonnier ◆ AFFECTATION. Etre prisonnier de son personnage, *to be imprisoned in o.'s character.* ◆ INCULPÉ. Se constituer prisonnier, *to give o.s. up.* ◆ LIBÉRATION. Élargir (relâcher) un prisonnier, *to release (to discharge) a prisoner.* ◆ PRÉJUGÉ. Demeurer (être) prisonnier de ses idées (principes), *to be bound by o.'s ideas (prin-*

ciples). ◆ SENTENCE. Retenir prisonnier, *to keep in custody.*

privation ◆ MANQUE. Endurer des privations, *to endure hardships.* ◆ SACRIFICE. S'imposer des privations, *to deprive o.s.*

privauté ◆ PRIVAUTÉ. Prendre (se permettre) des privautés, *to take (to permit o.s.) liberties.*

privilège ◆ AVANTAGE. Avoir (posséder) le privilège de faire qqch., *to have (to hold) the privilege of doing sth.* ‖ Avoir le privilège exclusif de faire qqch., *to have the sole right to do sth.* ‖ Bénéficier (user) d'un privilège, *to enjoy (to make use of) a privilege.* ‖ Concéder (accorder, octroyer, donner) un privilège, *to confer (to grant) a privilege.* ◆ ÉGALITÉ. Abolir les privilèges, *to abolish privilege.*

prix 1. ÉCOLE. Avoir (remporter, obtenir) le prix d'excellence, *to win the form prize.* − 2. ESTIMATION. Attacher grand (beaucoup de) prix à qqch., *to place a high value on sth.* − 3. ESTIMATION, VALEUR. Connaître le prix de qqch., *to know what sth. is worth.* ‖ Estimer (apprécier) qqch. à son juste prix, *to estimate (to appreciate) sth. at its true worth.* ‖ Sentir tout le prix de qqch., *to feel the full worth of sth.* − 4. HÔTELLERIE. Manger à prix fixe, *to eat table d'hôte.* − 5. JEUX D'ARGENT. Courir le Grand Prix, *to compete in the Grand Prix (race).* − 6. LIBERTINAGE. Ne pas être un prix de vertu (Fam.), *to be no better than o. should be.* − 7. NON-APPRÉCIATION. Attacher peu de prix à qqch., *to place very little value on sth.* − 8. PRIX. Abaisser (baisser, diminuer, gâcher) les prix, *to lower (to bring down, to reduce, to undercut) prices.* ‖ Acheter (vendre) à prix d'or, *to buy (to sell) at a huge price.* ‖ Atteindre (coûter) un prix astronomique (fabuleux, fou) [Fam.], *to reach (to cost) an astronomical (fantastic, terrific) price.* ‖ Augmenter (élever, exagérer, faire monter, monter) les prix, *to increase (to raise, to inflate, to send up, to put up) prices.* ‖ Bloquer (stabiliser) les prix, *to freeze (to stabilize) prices.* ‖ Convenir d'un prix avec qqn, *to agree with s.o. on a price.* ‖ Débattre (arrêter) un prix, *to haggle about (to agree upon) a price.* ‖ Demander (exiger, vouloir) un prix, *to ask (to demand, to want) a price.* ‖ Empêcher les prix de monter, *to stop prices from rising.* ‖

Établir un prix de revient, *to work out production costs.* ‖ Etre son derniêr prix, *to be o.'s final price.* ‖ Etre dans les prix de qqn, *to be within o.'s means.* ‖ Etre hors de prix, *to be exorbitant.* ‖ Etre d'un prix abordable, *to be a reasonable price.* ‖ Faire connaître son prix, *to state o.'s price.* ‖ Faire (fixer) un prix, *to quote (to fix) a price.* ‖ Faire un prix d'ami, *to give a special price.* ‖ Faire des prix défiant toute concurrence (des prix choc), *to offer unbeatable prices (knock-down prices).* ‖ Mettre (offrir, proposer) qqch. à un prix donné, *to put (to offer, to propose) sth. at a given price.* ‖ Obtenir un prix de faveur, *to obtain special terms.* ‖ Payer le prix, *to pay the price.* ‖ Pratiquer des prix compétitifs, *to charge competitive prices.* ‖ Rabattre qqch. sur le prix, *to knock sth. off the price.* ‖ S'entendre sur le prix, *to agree on the price.* ‖ Tricher sur le prix, *to cheat the customer.* ‖ Vendre à bas (vil) prix, *to sell off (dirt) cheap.* ‖ Vendre au-dessous (au-dessus) du prix, *to undercharge (to overcharge).* ‖ Vendre au plus juste prix, *to sell at the lowest possible price.* ‖ Vendre au prix coûtant, *to sell at cost.* ‖ Vendre à prix fixe, *to sell at a fixed price.* ‖ Y mettre le prix, *to pay the price.* [V. 12.] – 9. PROCÉDURE. Mettre à prix la tête de qqn, *to set a price on s.o.'s head.* – 10. RÉCOMPENSE. Décerner (recevoir, remporter) un prix, *to award (to receive, to carry off) a prize.* ‖ Remporter un prix de beauté, *to win a beauty prize.* ‖ Remporter un prix d'encouragement, *to win an award for merit.* – 11. REFUS. Ne vouloir de qqch. à aucun prix, *not to want sth. at any price.* – 12. SACRIFICE. Y mettre le prix, *to pay dearly for it.* [V. 8.] – 13. SENTENCE. Payer le prix du sang, *to pay the price in blood.* – 14. VALEUR. Avoir son prix, *to be of value.* ‖ Donner du prix à qqch., *to enhance the value of sth.* ‖ Etre sans prix (n'avoir pas de prix), *to be priceless (invaluable).* ‖ Prendre du prix, *to acquire value.* ‖ Valoir toujours son prix, *to be always worth its price.*

→ **augmentation, éventail, indice.**

probabilité ◆ SUPPOSITION. Fonder qqch. sur des probabilités, *to ground sth. on probabilities.*

problème 1. ACTUALITÉ. Etre attentif aux problèmes de l'heure, *to be alive to current issues.* – 2. AVEUGLEMENT. Masquer les problèmes, *to conceal the problems.* – 3. DIFFICULTÉ. Etre un vrai problème pour qqn, *to be a real problem for s.o.* ‖ Poser (soulever) un problème, *to set (to raise) a problem.* [V. 9.] – 4. ÉCHAPPATOIRE. Éluder (escamoter) un problème, *to evade (to sidestep) a problem.* – 5. ÉLECTRONIQUE. Quadriller les problèmes, *to plot a graph of the problems.* – 6. FACILITÉ. Etre sans problème, *to have no problems to it* (chose). [V. 12.] – 7. INCERTITUDE. Etre tout le problème, *to be the 64,000-dollar question.* – 8. MAISON. Résoudre le problème du logement, *to solve the housing problem.* – 9. MATHÉMATIQUES. Mettre un problème en équation, *to set a problem out as an equation.* ‖ Poser un problème, *to set a problem.* [V. 3.] – 10. PERPLEXITÉ. Se poser un problème, *to create a problem for s.o.* – 11. PRÉCISION. Cerner (préciser) un problème, *to narrow down (to pinpoint) a problem.* – 12. PSYCHOLOGIE. Avoir des problèmes, *to have problems.* ‖ Etre sans problème, *to have no problems* (personne). [V. 6.] – 13. RÉFLEXION. Aborder un problème, *to tackle a problem.* ‖ Se pencher sur un problème, *to give o.'s mind to a problem.* – 14. SOLUTION. Régler (résoudre) un problème, *to settle a problem.*

→ **bout, clef, cœur, fond.**

procédé ◆ AFFECTATION. Sentir le procédé, *to seem contrived.* ◆ CIVILITÉ. Échanger de bons procédés, *to exchange civilities.* ◆ DÉLOYAUTÉ. Recourir à un procédé déloyal, *to resort to unfair play.* ◆ MOYEN. Utiliser (adopter) un procédé, *to use (to adopt) a method.*

→ **point.**

procédure ◆ PROCÉDURE. Engager (entamer, intenter, introduire, suivre) une procédure, *to start (to initiate, to institute, to bring, to adopt) proceedings.* ‖ Recourir à la procédure d'urgence, *to resort to emergency proceedings.*

→ **maquis.**

procès ◆ CRITIQUE. Faire le procès de qqn (qqch.), *to pass judgment on s.o. (sth.).* ‖ Faire un procès de tendance à qqn, *to call s.o. to account for his views.* ◆ PLAIDEUR. Engager (entamer, entreprendre, ouvrir) un procès contre qqn, *to take s.o. to law.* ‖ Etre en procès, *to be at law.* ‖ Faire (intenter) un procès à qqu. *'c bring (to enter) an action against s.o.* ‖ Gagner (perdre)

un procès, *to win (to lose) a case.* ‖ Intenter un procès en diffamation, *to bring an action for libel.* ‖ Soutenir un procès, *to be at law.* ◆ POLITIQUE. Faire le procès du régime, *to pass judgment on the regime.* ◆ PROCÉDURE. Faire traîner un procès, *to drag out a case.* ‖ Instruire un procès, *to conduct a judicial enquiry.* ‖ Réviser un procès, *to reconsider a case.*
→ nid.

procession ◆ IMPORTUNITÉ. Etre une vraie procession, *to be one long round.* ◆ RELIGION. Suivre une procession, *to follow a procession.*

processus ◆ PROGRÈS. Accélérer le processus, *to speed up the process.*

procès-verbal ◆ ADMINISTRATION. Approuver le procès-verbal de la séance, *to approve the minutes of the meeting.* ◆ AUTOMOBILE. Avoir (récolter [Fam.]) un procès-verbal, *to receive (to get) a summons.* ◆ POLICE. Dresser procès-verbal, *to draw up a report.*

prochain ◆ RELIGION. Aimer son prochain, *to love o.'s neighbour.*
→ mal, paille.

proche 1. INTIMITÉ. Etre très proche de qqn, *to be very close to s.o.* [V. 3.] – 2. PROGRESSION. Gagner (se transmettre) de proche en proche, *to spread (to be passed on) by degrees.* – 3. RESSEMBLANCE. Etre très proche de qqn, *to be very like s.o.* [V. 1.]

proclamation ◆ DISCOURS. Rédiger (lire; publier) une proclamation, *to draw up (to read; to publish) a proclamation.*

procuration ◆ DÉLÉGATION. Agir par procuration, *to act by proxy.* ‖ Donner procuration à qqn, *to appoint s.o. as proxy.* ‖ Signer une procuration à qqn, *to sign over powers of attorney to s.o.*

prodigalité ◆ PRODIGALITÉ. Se livrer à des prodigalités, *to indulge in extravagances.*

prodige ◆ EXTRAORDINAIRE. Accomplir (faire) des prodiges, *to do (to work) wonders.* ‖ Tenir du prodige, *to be stupendous.*

production ◆ AGRICULTURE, TECHNIQUE. Augmenter (développer, intensifier; diminuer, ralentir) la production, *to increase (to develop, to intensify; to reduce, to slow down) production.*

produit ◆ ALIMENTATION. Consommer des produits alimentaires, *to consume foodstuffs.* ◆ COMMERCE. Lancer un nouveau produit, *to launch a new product.* ◆ FINANCES. Calculer le produit de l'impôt, *to calculate the tax yield.* ◆ GAGNE-PAIN. Vivre du produit de son travail, *to make a living for o.s.* ◆ RÉALISATION. Etre le produit des efforts de qqn, *to be the fruit of s.o.'s labours.*

professeur ◆ ÉCOLE. Chahuter un professeur, *to play up a teacher.*

profession ◆ MÉTIER. Embrasser (exercer, pratiquer) une profession, *to take up (to practise, to carry on) an occupation.* ‖ Embrasser une profession libérale, *to take up a profession.* ◆ OPINION. Faire profession de qqch., *to profess sth.* ◆ POLITIQUE. Faire une profession de foi, *to declare o.'s political beliefs.* ◆ RELIGION. Faire une profession de foi, *to make a profession of faith.*

professionnelle ◆ PROSTITUTION. Etre une professionnelle, *to be a pro.*

professorat ◆ MÉTIER. Préparer le professorat, *to prepare for a teaching career.*

profil ◆ PHYSIONOMIE. Avoir un profil de médaille, *to have a classical profile.* ‖ Se présenter de profil, *to show o.'s profile.*

profit 1. AVANTAGE. Faire son profit de qqch., *to profit by sth.* ‖ Mettre qqch. à profit, *to turn sth. to account.* ‖ Tirer profit de qqch., *to reap benefit from sth.* [V. 5.] – 2. AVARICE. N'y avoir pas de petits profits, *there [to be] no profit too small* (Gramm.). – 3. INTÉRÊT PERSONNEL. Rechercher son profit, *to seek o.'s own advantage.* – 4. PRÊT. Passer qqch. aux profits et pertes (à pertes et profits), *to go (to put sth. down) on the profit and loss account.* – 5. PROFIT. Retirer un profit de qqch., *to make a profit out of sth.* [V. 1.]

profondeur ◆ INFLUENCE. Agir en profondeur, *to have a profound effect.* ◆ PERFECTIONNEMENT. Gagner en profondeur, *to gain in depth.* ◆ PSYCHOLOGIE. Surgir des profondeurs, *to emerge from the recesses of the mind.*

profusion ◆ ABONDANCE. Avoir tout à profusion, *to have plenty of everything.* ◆ LIBÉRALITÉ. Donner à profusion (avec profusion), *to give in profusion (lavishly).*

programme ◆ COMPLEXITÉ. Etre tout un programme, *there [to be] more in it than meets the eye* (Gramm.). ◆ DISCIPLINE. S'imposer un programme, *to set o.s. a programme.* ◆ ÉCOLE. Mettre (faire figurer, inscrire) qqch. au programme, *to put (to include) sth. on the syllabus.* ‖ Unifier les programmes, *to combine the syllabi.* ◆ IMPROVISTE. N'être pas prévu au programme (Fam.), *not to have been planned.* ◆ POLITIQUE. Exposer (présenter; approuver) un programme politique, *to state (to present; to approve) a political policy.* ◆ PROGRAMMATION. Adopter (combiner, élaborer, exécuter, organiser, tracer) un programme, *to adopt (to devise, to work out, to carry out, to organize, to outline) a programme.* ‖ Connaître le programme des réjouissances, *to know the programme of events.* ◆ SPECTACLE. Vendre le programme, *to sell programmes.*

progrès ◆ AMÉLIORATION. Amorcer (marquer) un progrès, *to begin to show (to show) progress.* ‖ Etre en progrès, *to be progressing.* ‖ Faire des progrès, *to make progress.* ◆ ARCHAÏSME. Endiguer le progrès, *to hamper progress.* ‖ Nier le progrès, *to reject the concept of progress.* ◆ MODERNISME. Avancer avec le progrès, *to move with the times.* ‖ Suivre le progrès, *to be progressive.* ◆ REBOURS. Faire des progrès à l'envers (à reculons), *to get worse instead of better.*
→ pointe, sens.

progression ◆ PROGRESSION. Établir (suivre) une progression, *to establish (to follow) a sequence.*

proie ◆ ANIMAL, OPPRESSION. Fondre sur sa proie, *to fall on its (o.'s) prey.* ◆ DUPE. Lâcher la proie pour l'ombre, *to take the shadow for the substance.* ◆ ÉMOTION. Etre en proie à une émotion, *to be prey to an emotion.* ◆ FEU. Etre la proie des flammes, *to be destroyed by fire* (chose); *to be the victim of a fire* (personne).

projecteur ◆ SPECTACLE. Régler les projecteurs, *to fix the lights.*

projectile ◆ MILITAIRE. Lancer (envoyer) un projectile, *to launch (to send) a missile.*

projet ◆ ENTRAVE. Contrecarrer (déjouer, entraver, faire échouer, renverser) les projets de qqn, *to thwart (to defeat, to hinder, to wreck, to upset) s.o.'s plans.* ◆ POLITIQUE. Accepter (adopter; amender; déposer; rejeter, repousser; voter) un projet de loi, *to accept (to pass; to amend; to table; to reject; to vote) a bill.* ◆ PROGRAMMATION. Faire mettre un projet à l'étude, *to refer a project for study.* ‖

Mettre un projet à l'étude, *to start examination of a project.* ‖ Mettre un projet debout (Fam.), *to pull a scheme into shape.* ◆ PROJET. Adopter (arrêter; nourrir) un projet, *to adopt (to decide upon; to nurture) a projet.* ‖ Bâtir (faire, former; soumettre) des projets, *to build (to make, to form; to submit) plans.* ‖ Caresser (concevoir, ébaucher) un projet, *to toy with (to devise, to outline) a scheme.* ‖ Échafauder des projets, *to dream up schemes.* ‖ Mûrir un projet, *to give a scheme mature consideration.* ‖ N'être qu'un projet embryonnaire, *only to be an embryo scheme.* ◆ RENONCIATION. Enterrer un projet, *to shelve a plan.* ◆ RÉVÉLATION. Dévoiler ses projets, *to disclose o.'s plans.*
→ corps, réalisation, suite, travers.

prolongation ◆ DÉLAI. Obtenir une prolongation, *to obtain an extension.*

prolongement ◆ RÉFLEXION. Envisager les prolongements d'une affaire, *to envisage the full scope of an affair.*

promenade ◆ PROMENADE. Faire une promenade, *to go for a walk.* ‖ Partir en promenade, *to go off for a walk.*

promener ◆ ABANDON. Envoyer tout promener (Fam.), *to throw everything up.* ◆ IMPATIENCE. Envoyer promener qqch. (Fam.), *to throw sth. away.* ◆ REBUFFADE. Envoyer promener qqn (Fam.), *to send s.o. about his business.*

promesse ◆ CONTRAINTE. Arracher (extorquer) une promesse à qqn, *to drag (to wring) a promise out of s.o.* ◆ DÉDIT. Démentir (enfreindre, trahir, violer) sa promesse, *to break (to be false to, to violate) o.'s promise.* ‖ Faillir (manquer) à sa promesse, *to fail to keep o.'s promise.* ‖ Se dédire (se dégager) d'une promesse, *to go back on (to go back out of) a promise.* ◆ ENGAGEMENT. Faire des promesses, *to make promises.* ◆ LIBÉRATION. Délier (dégager) qqn d'une promesse, *to release (to free) s.o. from a promise.* ◆ RÉALISATION. Tenir (accomplir, exécuter, remplir) sa promesse, *to keep (to carry out, to fulfil) o.'s promise.* ◆ TROMPERIE. Abuser (amuser, tromper) qqn par de vaines promesses, *to delude s.o. (to put s.o. off, to deceive s.o.) with empty promises.* ‖ Endormir qqn avec des promesses, *to beguile s.o. with promises.* ‖ Faire une promesse de Gascon, *to make a wild* *promise.* ‖ Payer en belles promesses, *to pay with fair words.*

promotion ◆ ÉCOLE. Etre de la même promotion, *to be in the same year.* ◆ HIÉRARCHIE. Obtenir une promotion, *to obtain promotion.*

prône ◆ RELIGION. Faire un prône, *to speak from the pulpit.*

pronostic ◆ ERREUR. Se tromper dans ses pronostics, *to be mistaken in o.'s forecast.* ◆ PRÉVISION. Faire (émettre) des pronostics, *to make (to issue) forecasts.*

propagande ◆ PROPAGANDE. Faire de la propagande, *to make propaganda.*

propension ◆ INCLINATION. Avoir une propension naturelle à qqch., *to have a natural propensity for sth.*

prophète ◆ DÉFAVEUR. Ne pas être prophète en son pays, *not to be a prophet in o.'s own country.* ◆ PESSIMISME. Etre un prophète de malheur, *to be a prophet of doom.*

prophétie ◆ PRÉDICTION. Faire des prophéties, *to make prophecies.*

proportion ◆ DÉMESURE. Etre hors de proportion avec qqch., *to be out of proportion with sth.* ◆ ESTHÉTIQUE. Avoir de belles proportions, *to be well-proportioned.* ◆ ÉVALUATION. Ramener qqch. à ses véritables proportions, *to restore sth. to its true proportions.* ◆ MATHÉMATIQUES. Établir une proportion, *to work out a ratio.*

propos ◆ CONVERSATION. Changer de propos, *to change the subject.* ‖ Échanger des propos, *to exchange remarks.* ◆ DÉNIGREMENT. Répandre (tenir) des propos désobligeants (empoisonnés, injurieux, malveillants) sur qqn, *to spread (to make) unkind (malicious, insulting, spiteful) remarks about s.o.* ◆ GAULOISERIE. Tenir des propos décolletés (légers), *to make saucy (slightly improper) remarks.* ◆ IMPORTUNITÉ. Agir mal à propos, *to act inopportunely.* ‖ Agir hors de propos, *to act inappropriately.* ‖ Etre hors de propos, *to be out of place.* ◆ INCOHÉRENCE. Tenir des propos décousus, *to ramble.* ◆ INTENTION. Agir de propos délibéré, *to act deliberately.* ‖ Avoir le ferme propos de faire qqch., *to have the firm resolution of doing sth.* ◆ JUGEMENT. Juger à propos de faire qqch., *to think fit to do sth.* ◆ OPINION. Émettre (tenir) des propos sur qqch., *to make remarks about* sth. ◆ OPPORTUNITÉ. Arriver (venir) fort à propos, *to come (to arrive) just at the right moment.* ◆ PESSIMISME. Tenir des propos défaitistes, *to indulge in defeatist talk.* ◆ POLITIQUE. Tenir des propos séditieux, *to use seditious language.* ◆ QUERELLE. Se fâcher à propos de bottes, *to get angry over nothing.* ◆ TÉMOIGNAGE. Prêter des propos à qqn, *to put words into s.o.'s mouth.*

proposition 1. ASSENTIMENT. Accueillir (accepter, adopter; appuyer; retenir) une proposition, *to greet (to accept, to agree on; to second; to fix upon) a proposal.* − 2. LIBERTINAGE. Faire des propositions à une femme, *to make suggestions to a woman.* [V. 3.] − 3. PROPOSITION. Énoncer une proposition, *to state a proposal.* ‖ Faire des propositions, *to make propositions.* [V. 2.] − 4. REFUS. Écarter (rejeter, repousser) une proposition, *to reject a proposal.* − 5. SYNDICALISME. Adopter une proposition, *to pass a motion.*

propre ◆ ÉCRITURE. Recopier (mettre) au propre, *to copy out (to make a fair copy).* ◆ ENFANT. Etre propre, *to be toilet-trained.* ◆ GÂCHIS. Etre du propre (Fam.), *to be nice.* ◆ INCOMPÉTENCE. Etre propre à tout et bon à rien, *to be a Jack of all trades and master of none.* ◆ LANGAGE. Se dire au propre et au figuré, *to be used in both the literal and figurative senses.* ◆ PROPRIÉTÉ. Appartenir en propre à qqn, *to belong to s.o. in his own right.*

propre-à-rien ◆ INCOMPÉTENCE. Etre un propre-à-rien, *to be a good-for-nothing.*

propreté ◆ MÉNAGE. Entretenir la propreté de qqch., *to keep sth. clean.* ‖ Reluire de propreté, *to gleam with cleanliness.*

propriétaire → bon.

propriété ◆ AGRICULTURE. Faire valoir une propriété, *to develop an estate.* ◆ PROPRIÉTÉ. Accéder à la propriété, *to become an owner.* ‖ Avoir (détenir) la propriété de qqch., *to have (to hold) the ownership of sth.* ‖ Faire sa propriété de qqch., *to secure ownership of sth.* ◆ SCIENCE. Etre doué de propriétés, *to be endowed with properties.*

prosélytisme ◆ PROPAGANDE. Faire du prosélytisme, *to proselytize.*

prospection ◆ RECHERCHE. Faire de la prospection, *to explore.*

prospectus ◆ COMMERCE. Distribuer des prospectus, *to distribute handbills.*

prospérité ◆ ABONDANCE. Engendrer la prospérité, *to develop prosperity.* ‖ Faire régner la prospérité, *to establish a reign of prosperity.*
→ **ère, mine.**

prostitution ◆ PROSTITUTION. Se livrer à la prostitution, *to become a prostitute.*

protecteur ◆ ALTRUISME. Etre le protecteur de la veuve et de l'orphelin, *to be a very parfit gentil knight.*

protection ◆ FAVEUR. Avoir de hautes protections, *to have friends in high places.* ‖ Se placer (se mettre) sous la protection de qqn, *to put (to place) o.s. under s.o.'s patronage.* ◆ PROTECTION. Assurer la protection de qqn (qqch.), *to ensure the protection of s.o. (sth.).* ‖ Prendre qqn sous sa protection, *to take s.o. under o.'s protection.*

protestation ◆ ÉPANCHEMENTS. Faire mille protestations à qqn, *to proffer endless assurances to s.o.* ◆ PROTESTATION. Adresser (rédiger) une protestation, *to address (to draw up) a protest.* ‖ Élever une protestation, *to raise a protest.* ‖ Soulever des protestations, *to raise protests.*
→ **grève, tempête.**

protocole ◆ DÉSINVOLTURE. Bousculer le protocole, *to upset protocol.* ◆ POLITIQUE. Établir un protocole d'accord, *to establish a protocol agreement.*

prototype ◆ AVIATION. Essayer (réaliser) un prototype, *to test (to build) a prototype.*

prouesse ◆ EXPLOIT. Faire des prouesses, *to perform wonders.* ◆ PRÉTENTION. Se vanter de ses prouesses, *to boast o.'s exploits.*

proverbe ◆ LANGAGE. Passer en proverbe, *to become proverbial.*

providence ◆ ESPÉRANCE. Compter sur la Providence, *to trust to Providence.* ◆ RÉVOLTE. Aller contre la Providence, *to fly in the face of Providence.* ◆ SALUT. Etre la providence de qqn, *to be the saving of s.o.*
→ **décret.**

province ◆ PROVINCE. Aller en province, *to go down to the country.* ◆ RUSTICITÉ. Arriver de sa province, *to be fresh up from the country.* ‖ Etre très province, *to be very provincial.* ‖ Faire province, *to be countrified.*
→ **tournée.**

provision ◆ COURAGE. Faire une provision de courage, *to store up courage.* ◆ FINANCES. Avoir une provision à la banque, *to have money in the bank.* ◆ MÉNAGE. Aller aux provisions, *to go shopping.* ‖ Faire (accumuler, amasser) des provisions, *to lay in (to pile up, to gather in) stores.* ‖ Se munir de provisions, *to supply o.s. with stores.*

provisoire ◆ PROVISOIRE. Faire du provisoire, *to make a temporary arrangement.*

prudence ◆ AVERTISSEMENT. Recommander la prudence, *to advise caution.* ◆ CIRCONSPECTION. Avoir la prudence du serpent, *to be caution itself.* ‖ User de prudence, *to show caution.* ◆ IMPRUDENCE. Manquer de prudence, *to be imprudent.* ‖ Négliger toute prudence, *to throw caution to the winds.* ◆ PRUDENCE. Avoir de la prudence, *to be prudent.*

prune ◆ DUPE. Travailler pour des prunes (Fam.), *to work for nothing.*

pruneau ◆ MILITAIRE, VOIES DE FAIT. Envoyer des pruneaux à qqn (Fam.), *to pull a gun on s.o.*

prunelle ◆ AFFECTION. Tenir à qqn comme à la prunelle de ses yeux (Fam.), *to regard s.o. as the apple of o.'s eye.* ◆ SÉDUCTION. Jouer de la prunelle (Fam.), *to give s.o. the glad eye.*

prunier ◆ VOIES DE FAIT. Secouer qqn comme un prunier (Fam.), *to shake s.o. till his teeth rattle.*

Prusse → **roi.**

psychologue ◆ PÉNÉTRATION. Se montrer psychologue, *to show some psychology.*

public ◆ DISCOURS. Parler en public, *to speak in public.* ◆ LITTÉRATURE. S'assurer un public, *to guarantee o.s. a public.* ◆ SPECTACLE. Affronter le public, *to face the public.* ‖ Se produire en public, *to appear before the public.*
→ **faveur, température.**

publicité ◆ NEUTRALITÉ. Ne comporter aucune publicité, *to be free from all advertising.* ◆ PUBLICITÉ. Entourer qqch. de publicité, *to publicize sth.* ‖ Faire de la publicité, *to advertise.*

puce ◆ AVERTISSEMENT. Mettre la puce à l'oreille de qqn, *to rouse s.o.'s suspicions.* ◆ MÉNAGE. Aller aux puces (Fam.), *to go to the Flea Market.* ‖ Se meubler aux puces, *to furnish o.'s home off junkstalls.* ◆ MINUTIE. Scalper les puces (Fam.), *to be* *pernickety.* ◆ RÉPRIMANDE. Secouer les puces à qqn (Fam.), *to blow s.o. up.* ◆ SUSPICION. Avoir la puce à l'oreille, *to smell a rat.*

pudeur ◆ DÉBAUCHE. Attenter à la pudeur, *to commit an indecent assault.* ◆ DÉLICATESSE. Avoir la pudeur de ses sentiments, *not to divulge o.'s feelings.* ◆ GROSSIÈRETÉ. Offenser (froisser, blesser, outrager) la pudeur, *to offend (to wound, to be an insult to) decency.* ◆ IMPUDEUR. N'avoir aucune pudeur, *to be quite shameless.* ‖ Oublier toute pudeur, *to forget all sense of shame.*

puérilité ◆ SOTTISES. Dire des puérilités, *to make childish statements.*

puissance ◆ DOMINATION. Accroître (affermir) sa puissance, *to increase (to consolidate) o.'s power.* ‖ Asseoir (fonder) sa puissance sur qqch., *to base (to found) o.'s power on sth.* ‖ Tenir qqn sous sa puissance, *to hold s.o. in o.'s power.* ◆ ESCLAVAGE. Etre en la puissance de qqn, *to be in s.o.'s power.* ◆ MARIAGE. Etre en puissance de mari, *to be under a husband's authority.* ◆ PATERNITÉ. Etre déchu de la puissance paternelle, *to lose parental control.* ◆ POLITIQUE. Traiter de puissance à puissance, *to treat at top level.* ◆ RÉALISATION. Passer de la puissance à l'acte, *to put words into deeds.*

puits ◆ SAVOIR. Etre un puits de science, *to be a fount of knowledge.*

pulsation ◆ SANTÉ. Compter ses pulsations, *to count o.'s heart-beats.*

punaise ◆ BIGOTERIE. Etre une punaise de sacristie (Fam.), *never to be out of church.* ◆ SERVILITÉ. Etre plat comme une punaise (Fam.), *to crawl like a worm.*

punch ◆ SPORTS. Avoir du punch, *to pack a kick.*

punition ◆ CHÂTIMENT. Infliger (avoir, recevoir; mériter) une punition, *to inflict (to get, to receive; to deserve) punishment.* ◆ SPORTS. Recevoir une sévère punition, *to take some severe punishment.*

pur ◆ RIGORISME. Etre un pur (Fam.), *to be a true blue.*

purée ◆ MAUVAIS TEMPS. Etre dans la purée de pois (Fam.), *to be in a pea-souper.* ◆ PAUVRETÉ. Etre dans la purée (Fam.), *to be in the soup.*

purgatoire ◆ ÉPREUVE. Faire son purgatoire sur la terre, *to go through purgatory on earth.* ◆ RELIGION. Aller (être) au purgatoire, *to go to (to be in) purgatory.*

purge ◆ SANTÉ. Prendre une purge, *to take a purgative.* ‖ Prendre une purge de cheval (Fam.), *to take a stiff dose of salts.*

pus ◆ SANTÉ. Jeter du pus, *to discharge pus.*

putain ◆ PROSTITUTION. Faire la putain (Pop.), *to be a whore.*

putois ◆ CRI. Crier comme un putois, *to scream blue murder.*
→ **cri.**

quadrature ◆ IMPOSSIBILITÉ. Chercher la quadrature du cercle, *to try to square the circle.*

quadrillage ◆ POLICE. Opérer (effectuer) le quadrillage d'un quartier, *to cover a district.*

quai ◆ MARINE. Etre à quai, *to be alongside the quay (to be berthed).* ‖ Mettre à quai, *to wharf.*

qualité ◆ COMMERCE. Etre de bonne (mauvaise) qualité, *to be of good (poor) quality.* ◆ VALEUR. Déployer des qualités, *to display qualities.* ‖ Réunir toutes les qualités, *to combine all the necessary qualities.*
→ **nom.**

quant-à-soi ◆ CIRCONSPECTION. Rester sur (garder, tenir) son quant-à-soi, *to stand on (to keep, to retain), o.'s dignity.*

quantité ◆ ABONDANCE. En avoir en quantité industrielle (Fam.), *to have sth. in bulk.* ◆ DÉDAIN. Tenir (traiter) qqn comme quantité négligeable, *to consider (to treat) s.o. as a nonentity.* ◆ ESTIMATION. Évaluer une quantité, *to assess an amount.*

quarantaine ◆ ÂGE. Atteindre la quarantaine, *to be in o.'s forties.* ◆ MARINE. Mettre en quarantaine, *to quarantine.* ◆ OSTRACISME. Mettre qqn en quarantaine, *to send s.o. to Coventry.*

quarante → an.

quart ◆ DÉSAGRÉMENT. En être au quart d'heure de Rabelais, *to be at the hour of reckoning.* ‖ Passer un mauvais quart d'heure, *to have a bad time of it.* ◆ FRÉQUENCE. Arriver les trois quarts du temps, *to happen most of the time.* ◆ MARINE. Etre de quart, *to be on watch.* ‖ Prendre le quart, *to take the watch.* ◆ SPORTS. Disputer les quarts de finale, *to play the quarter finals.* ◆ TECHNIQUE. Marcher (démarrer, partir) au quart de tour (Fam.), *to work (to start, to run) like clockwork.*
→ tiers.

quartier ◆ COMMÉRAGE. Révolutionner le quartier (Fam.), *to be the talk of the town.* ◆ INFLEXIBILITÉ. Ne pas faire de quartier, *to give no quarter.* ◆ LIBÉRATION. Laisser à qqn quartier libre, *to leave s.o. to his own devices.* ◆ MILITAIRE. Prendre ses quartiers d'hiver, *to take up o.'s winter quarters.* ◆ POLICE. Ratisser un quartier, *to comb a district.* ◆ VOISINAGE. Etre du quartier, *to be local.*
→ quadrillage.

quatre ◆ DÉVOUEMENT. Se mettre (couper) en quatre pour qqn (Fam.), *to go through hell and high water for s.o.* ◆ GLOUTONNERIE. Manger comme quatre (Fam.), *to eat fit to bust.* ◆ MAÎTRISE DE SOI. Se tenir à quatre (Fam.), *to do o.'s level best.*
→ cheveu, deux, escalier, matin.

quelque chose ◆ CHARME. Avoir un petit quelque chose (Fam.), *to have a certain something.* ◆ RESPONSABILITÉ. Y être pour quelque chose, *to have something to do with it.*

quelqu'un ◆ IDENTITÉ. Prendre pour quelqu'un d'autre, *to take for s.o. else.* ◆ LIBERTINAGE. Avoir quelqu'un (Fam.), *to have got s.o.* ◆ PERSONNALITÉ. Etre quelqu'un, *to be somebody.* ◆ PRÉTENTION. Se prendre pour quelqu'un (se croire quelqu'un), *to think o.s. somebody.*

qu'en-dira-t-on ◆ NON-CONFORMISME. Se moquer du qu'en-dira-t-on, *not to give a hang about what people may say.*

quenouille ◆ DÉTÉRIORATION. Tomber en quenouille, *to fall to the distaff side.*

querelle ◆ PAIX. Apaiser (étouffer, éviter; régler) une querelle, *to smooth over (to stifle, to avoid; to settle) a quarrel.* ◆ PARTISAN. Épouser une querelle, *to take up a quarrel.* ◆ QUERELLE. Alimenter une querelle, *to keep a quarrel alive.* ‖ Allumer (attiser, envenimer) une querelle, *to start up (to stir up, to inflame) a quarrel.* ‖ Chercher querelle à qqn, *to pick a quarrel with s.o.* ‖ Faire une mauvaise querelle (une querelle d'Allemand), *to pick a quarrel on a trumped pretext.* ‖ Liquider (vider) une querelle, *to have it out.* ‖ Se prendre de querelle avec qqn, *to fall foul of s.o.*

question 1. ACTUALITÉ. En être question, *there [to be] talk of it* (Gramm.). ‖ Etre une question à l'ordre du jour, *to be a question of the day.* ‖ N'être question que de cela, *to be the sole topic.* − 2. AMOUR-PROPRE. En faire une question d'amour-propre, *to make it a matter of self-respect.* − 3. CERTITUDE. Etre hors de question (ne pas faire question), *to be beyond question.* − 4. DANGER. Etre une question de vie ou de mort, *to be a matter of life and death.* − 5. DIGRESSION. Etre en dehors de la question, *to be beside the question.* ‖ Sortir (s'ecarter) de la question, *to wander from the question.* − 6. DISCRIMINATION. Serier les questions, *to arrange questions in series.* − 7. DISCUSSION. Débattre (agiter, discuter; exposer) une question, *to debate (to argue, to discuss; to expound) a question.* ‖ Déplacer la question, *to shift the discussion.* ‖ Inscrire une question à l'ordre du jour, *to include a question in the agenda.* ‖ Mettre qqch. en question, *to call sth. in question.* ‖ Mettre une question sur le tapis, *to bring up a question for discussion.* ‖ Remettre qqch. en question, *to take sth. up again.* ‖ Remettre tout en question, *to put everything back in the melting pot.* − 8. ÉCHAPPATOIRE. Detourner (éluder, escamoter, éviter; passer à côté de) la question, *to twist (to evade, to burke, to avoid, to side-step) the question.* − 9. ÉLUCIDATION. Élucider (éclaircir) une question, *to elucidate a question.* − 10. HABITUDE. Etre une question d'habitude, *to be a question of habit.* − 11. IMAGINATION. Etre une question d'imagination, *to be all in the mind.* − 12. IMPORTUNITÉ. Accabler (assommer, bombarder, harceler, presser) qqn de questions, *to plague (to pester, to bombard, to torment, to ply) s.o. with questions.* ‖ Assaillir (cribler) qqn de questions, *to fire (to hurl) questions at*

s.o. ‖ Torturer qqn de questions, *to plague the life out of s.o. with questions.* – 13. INCERTITUDE. Se poser des questions, *to ask o.s. questions.* – 14. INTÉRÊT PERSONNEL. Etre une question de gros sous (Fam.), *to be a question of cash.* – 15. INTRANSIGEANCE, REFUS. Ne pas en être question, *to be out of the question.* – 16. INTUITION. Etre une question de flair, *to be a question of flair.* – 17. MINUTIE. Régler des questions de détail, *to settle points of detail.* – 18. POLITIQUE. Poser la question de confiance, *to ask for a vote of confidence.* [V. 21.] ‖ Poser la question préalable, *to move the previous question.* – 19. QUESTION. Adresser (énoncer, formuler) une question, *to put (to state, to phrase) a question.* ‖ Poser une question, *to ask a question.* – 20. RÉFLEXION. Retourner une question dans tous les sens, *to thrash out a question.* – 21. RONDEUR. Poser la question de confiance (Fam.), *to make it a question of trust.* [V. 18.] – 22. SILENCE. Ne plus en être question, *there [to be] no more talk of it* (Gramm.). – 23. SOLUTION. Resoudre (vider) la question, *to settle the question.* ‖ Trancher la question, *to settle the question once and for all.* – 24. SUJET. Aborder (effleurer, évoquer, soulever) une question, *to broach (to touch on, to bring up, to raise) a matter.* ‖ Approfondir (creuser) une question, *to study a matter thoroughly.* ‖ Degrossir une question, *to do the spade-work.* ‖ Étudier (traiter) une question, *to look into (to deal with) a matter.* ‖ Examiner une question, *to investigate a matter.* ‖ Préciser une question, *to define a question accurately.* ‖ Revoir la question, *to re-examine the matter.* ‖ S'occuper d'une question, *to take care of a matter.* – 25. TORTURE. Appliquer (donner) la question à qqn, *to put s.o. to the question.* ‖ Soumettre qqn à la question, *to submit s.o. to the question.* – 26. VICTIME. Endurer (subir) la question, *to be subjected to the question.*
→ **cadre, discussion, lumière, tour.**

questionnaire ◆ ADMINISTRATION. Remplir un questionnaire, *to fill in a questionnaire.*

quête ◆ LIBERTINAGE. Etre en quête de bonnes fortunes, *to be on the prowl.* ◆ RECHERCHE. Se mettre (partir) en quête de qqch., *to set out (to go) in search of* *sth.* ◆ RELIGION. Faire la quête, *to take the collection.* ◆ VOIES DE FAIT. Etre en quête d'un mauvais coup, *to be out for mischief.*

queue ◆ AGITATION. Remuer comme la queue du chien (Fam.), *to wag like a dog's tail.* ◆ CHEF. Tenir la queue de la poêle (Fam.), *to be in charge.* ◆ DÉCONVENUE. Partir la queue basse (Fam.), *to go off with o.'s tail between o.'s legs.* ◆ ÉCHEC. Finir en queue de poisson (Fam.), *to peter out.* ◆ ÉCOLE. Etre à la queue, *to be at the bottom.* ◆ INCOHÉRENCE. N'avoir ni queue ni tête (Fam.), *to be complete nonsense.* ◆ MANQUE. Ne pas en rester la queue d'un (Fam.), *there [not to be] even the trace of one left* (Gramm.). ◆ RANG. Faire la queue, *to queue up.* ‖ Prendre la queue, *to take o.'s place in the queue.* ‖ Se mettre à la queue, *to go to the end of the queue.* ◆ TRANSPORTS. Monter (être) en queue, *to get in (to be) at the rear of the train.*
→ **âne, diable, grain, loup, ondulation, wagon.**

queue-de-cheval ◆ COIFFURE. Porter la queue-de-cheval, *to wear a pony-tail.*

queue-de-poisson ◆ AUTOMOBILE. Faire une queue-de-poisson a qqn, *to cut in front of s.o.*

quia ◆ ACCULEMENT. Etre a quia, *to be flummoxed.*

quille ◆ FATIGUE. Ne plus tenir sur ses quilles (Fam.), *to be ready to drop.* ◆ FUITE. Jouer des quilles, *to skedaddle.*
→ **chien, sac.**

quincaillerie ◆ OSTENTATION. Sortir sa quincaillerie (Fam.), *to bring out o.'s hardware.*

quinquet ◆ REGARD. Ouvrir ses quinquets (Fam.), *to open o.'s eyes wide.*

quinte ◆ SANTÉ. Avoir une quinte de toux, *to have a fit of coughing.*

quiproquo ◆ ERREUR. Faire un quiproquo, *to get (them) mixed up.*

quittance ◆ FINANCES. Donner quittance, *to give a receipt.* ‖ Présenter une quittance, *to submit a bill.*

quitte ◆ CHANCE. En être quitte à bon marché (compte), *to get off cheaply.* ‖ En être quitte pour la peur, *to escape with a fright.* ◆ LIBÉRATION. Etre quitte envers qqn, *to be quits with s.o.* ‖ Tenir quitte, *to let off.* ◆ RISQUE. Jouer quitte ou double, *to play double or quits.*

quitus ◆ FINANCES. Donner (obtenir) quitus, *to give (to obtain) quittance.*

qui-vive ◆ MÉFIANCE. Etre (se tenir, rester) sur le qui-vive, *to be (to keep) on the alert.*

quoi ◆ AISANCE. Avoir de quoi (Fam.), *to be well off.* ◆ INFORMATION. Voir de quoi il retourne, *to see what it's all about.* ◆ NON-IMPORTANCE. Ne pas y avoir de quoi (Fam.), *there [to be] nothing* (Gramm.).

quolibet ◆ RAILLERIE. Lancer des quolibets à qqn, *to gibe at s.o.* ◆ VICTIME. Essuyer des quolibets, *to be gibed at.*

quorum ◆ GROUPEMENT. Atteindre le quorum, *to have a quorum.*

quote-part ◆ PARTICIPATION. Fournir (apporter, payer) sa quote-part, *to provide (to contribute, to pay) o.'s share.*

quotient ◆ INTELLIGENCE. Avoir un quotient intellectuel élevé, *to have a high intelligence quotient.*

quotité ◆ NOTARIAT. Déterminer la quotité disponible, *to determine the disposable portion.*

r

r ◆ ÉLOCUTION. Rouler les *r*, *to roll o.'s r's.*

rabais ◆ COMMERCE. Accorder un rabais, *to give discount.* ‖ Vendre (acheter) au rabais, *to sell (to buy) at a reduced price.*

rabat-joie ◆ MAUSSADERIE. Etre un rabat-joie, *to be a kill-joy.*

Rabelais → quart.

rabiot ◆ RENDEMENT. Faire du rabiot (Fam.), *to do overtime.*

râble ◆ VOIES DE FAIT. Tomber sur le râble de qqn (Fam.), *to wade into s.o.*

rabot ◆ TRAVAUX MANUELS. Passer le rabot, *to use the plane.*

raccord ◆ ART, TECHNIQUE. Faire un raccord, *to make a join.* ◆ HYGIÈNE. Faire un raccord (Fam.), *to patch up.*

raccourci ◆ PROMENADE. Prendre un raccourci, *to take a short-cut.*

raccroc ◆ HASARD. Apprendre qqch. par raccroc, *to learn sth. by chance.*

race ◆ BÊTISE. Etre de la race des crétins (Fam.), *to be a moron.* ◆ DISTINCTION. Avoir de la race, *to have breeding.* ◆ HÉRÉDITÉ. Chasser de race, *to be a chip off the old block.* ◆ INFAMIE. Etre de la dernière race après le crapaud (Fam.), *to be the lowest of the low.* ◆ SIMILITUDE. Etre de la même race (Fam.), *to be of the same kind.*

racine ◆ ÉMOTION. Rougir jusqu'à la racine des cheveux, *to blush to the roots of o.'s hair.* ◆ IMPORTUNITÉ. Prendre racine (Fam.), *to take root.* ◆ MATHÉMATIQUES. Extraire la racine d'un nombre, *to extract*

the root of a number. ◆ ORIGINE. Atteindre la racine du mal, *to get at the root of the evil.*

→ **pissenlit.**

raclée ◆ VOIES DE FAIT. Administrer (recevoir) une raclée (Fam.), *to give (to get) a thrashing.*

racontar ◆ CRÉDULITÉ. Gober tous les racontars, *to swallow any gossip.*

radar ◆ MILITAIRE. Détecter qqch. au radar, *to detect sth. by radar.*

rade ◆ ABANDON. Laisser en rade, *to leave high and dry.* ◆ DÉLAISSEMENT. Rester en rade, *to be at a standstill.*

radiateur ◆ AUTOMOBILE. Vidanger le radiateur, *to drain the radiator.* ◆ MÉNAGE. Purger un radiateur, *to prime a radiator.*

radiation ◆ SCIENCE. Emettre des radiations, *to give off radiations.*

radio ◆ RADIO. Ecouter (baisser; mettre) la radio, *to listen to (to turn down; to switch on) the wireless.* ‖ Parler à la radio, *to speak on the wireless.* ‖ Passer à la radio, *to be broadcast* (chose); *to broadcast* (personne). ◆ SANTÉ. Passer à la radio, *to have an X-ray.*

radioreportage ◆ RADIO. Faire un radioreportage, *to do a radio coverage.*

radis ◆ IMPÉCUNIOSITÉ. N'avoir plus un radis (Fam.), *not to have a bean left.*

rafale ◆ MAUVAIS TEMPS. Souffler en rafale, *to blow in gusts.*

raffut ◆ BRUIT. Faire du raffut (Fam.), *to kick up a row.*

rafle ◆ INCULPÉ. Etre pris (se faire pincer [Fam.]) dans une rafle, *to be caught (to get nabbed) in a police raid.* ◆ POLICE. Opérer (effectuer) une rafle, *to make (to carry out) a raid.*

rafraîchissement ◆ BOISSON. Prendre un rafraîchissement, *to take some refreshment.* ‖ Servir des rafraîchissements, *to serve refreshments.*

rage 1. APAISEMENT. Apaiser la rage, *to calm s.o.'s fury.* — 2. COLÈRE. Assouvir (satisfaire) sa rage, *to satisfy (to gratify) o.'s fury.* ‖ Avoir la rage au cœur, *to be seething inwardly.* ‖ Blêmir (crever, écumer, étouffer, frémir, crier, pleurer) de rage, *to go livid (to be bursting, to foam, to choke, to tremble, to cry, to weep) with rage.* ‖ Etre en rage, *to be raging.* ‖ Etre dans une rage noire, *to be raging mad.* ‖ Etre ivre de rage, *to be in a raging fury.* — 3. EXCITATION. Déchaîner (provoquer) la rage, *to rouse (to excite) s.o.'s fury.* — 4. FEU. Faire rage, *to create havoc.* [V. 5, 6.] — 5. MAUVAIS TEMPS, MILITAIRE. Faire rage, *to be raging.* [V. 4, 6.] — 6. NOUVEAUTÉ. Faire rage, *to be all the rage.* [V. 4, 5.] — 7. SANTÉ. Avoir une rage de dents, *to have violent toothache.*

ragot ◆ COMMÉRAGE. Colporter des ragots, *to spread gossip.* ‖ Faire des ragots, *to gossip.*

raid ◆ AVIATION. Faire un raid, *to carry out an air-raid.* ◆ MILITAIRE. Faire (opérer) un raid, *to carry out a raid.*

raide ◆ ABUS. Etre un peu raide (Fam.), *to be a bit skep.* ‖ La trouver raide (Fam.), *to find it (a bit) steep.* ◆ CRIME. Tuer qqn raide, *to kill s.o. outright.* ◆ DÉSAGRÉMENT. En voir de raides (Fam.), *to have a rough time.* ◆ GAULOISERIE. En raconter de raides (Fam.), *to tell broad jokes.* ◆ IMPÉCUNIOSITÉ. Etre raide (Pop.), *to be hard up.*

raie ◆ CHEVELURE. Porter la raie au milieu (sur le côté), *to wear a centre (side) parting.* ‖ Se faire une raie, *to part o.'s hair.*

rail ◆ DESTIN. Etre sur des rails, *to be launched on o.'s course.* ◆ ERREUR. Sortir des rails (Fam.), *to go astray.* ◆ FOLIE. Sortir des rails (Fam.), *to go off the rails.* ◆ TRANSPORTS. Sortir des rails, *to leave the rails.*

raillerie ◆ RAILLERIE. Exercer la raillerie contre qqn, *to scoff at s.o.* ◆ SUSCEPTIBILITÉ. Ne pas entendre raillerie sur qqch., *to be very touchy about sth.*

raisin ◆ HÉRÉDITÉ. Avoir mange des raisins verts (Fig.), *to have eaten sour grapes.*
→ **figue.**

raison 1. ACCOMMODEMENT. Entendre raison, *to listen to reason.* ‖ Se rendre aux raisons de qqn, *to defer to s.o.'s arguments.* — 2. AFFAIRE D'HONNEUR. Demander raison d'un affront, *to demand satisfaction for an insult.* ‖ Rendre raison à qqn, *to give s.o. satisfaction.* [V. 10.] — 3. AMOUR. Etre la raison de vivre de qqn, *to be s.o.'s reason for living.* — 4. APPROBATION. Donner raison à qqn, *to think s.o. is right.* — 5. DÉRAISON. Agir contre toute raison, *to act against all reason.* — 6. DÉSESPOIR. Ne plus avoir de raison de vivre, *to have nothing more to live for.* — 7. DOMINATION. Avoir raison de qqn (qqch.), *to get the better of s.o. (sth.).* ‖ Mettre qqn à la raison, *to show s.o. reason.* — 8. FOLIE. Altérer la raison, *to derange s.o.'s reason.* ‖ Ne pas avoir toute sa raison, *to not be quite sane.* ‖ Perdre la raison, *to lose o.'s reason.* ‖ Troubler la raison de qqn, *to disturb s.o.'s reason.* — 9. IVROGNERIE. Boire un peu plus que de raison, *to drink a bit more than is good for one.* ‖ Laisser sa raison au fond d'un verre (d'une bouteille), *to addle o.'s wits with drink.* — 10. JUSTIFICATION. Avoir raison (bien raison), *to be right (quite right).* ‖ Avoir sa raison d'être, *to have its raison d'être.* ‖ Rendre raison de qqch., *to account for sth.* [V. 2.] — 11. MOTIF. Alléguer des raisons, *to put forward reasons.* ‖ Avoir de bonnes raisons, *to have good reasons.* ‖ Avoir de fortes (bonnes) raisons de croire qqch., *to have good reason to believe sth.* ‖ Enumérer (faire connaître, exposer) ses raisons, *to list (to make known, to expound) o.'s reasons.* ‖ Etre une raison de plus pour faire qqch., *to be one more reason for doing sth.* ‖ Y avoir trente-six raisons pour faire qqch. (Fam.), *there [to be] umpteen reasons for doing sth.* (Gramm.). — 12. OBSTINATION. Ne pas entendre raison, *not to listen to reason.* ‖ Ne pas y avoir de raison qui tienne (Fam.), *there [to be] no sound reason* (Gramm.). — 13. PERSUA-

SION. En appeler à la raison de qqn, *to appeal to s.o.'s reason.* ‖ Faire entendre raison à qqn, *to make s.o. see reason.* ‖ Ramener qqn à la raison, *to bring s.o. to his senses.* — 14. POLITIQUE. Invoquer la raison d'État, *to invoke reason of State.* — 15. RAISON. Recouvrer la raison, *to regain o.'s sanity.* ‖ Revenir à la raison, *to come to o.'s senses.* — 16. RÉSIGNATION. Se faire une raison, *to make the best of it.*
→ **âge, étincelle, fois, mariage, rime, tort, voix.**

raisonnement ◆ ARGUMENTATION. Étayer un raisonnement par des arguments, *to support a line of reasoning by arguments.* ‖ S'enferrer (se perdre, s'enfoncer) dans ses raisonnements, *to get bogged down (to get lost, to get bedded down) in o.'s own arguments.* ◆ COMPRÉHENSION. Saisir le raisonnement de qqn, *to grasp s.o.'s reasoning.* ◆ OBSTINATION. Etre inaccessible au raisonnement, *to be impervious to reason.* ◆ RAISONNEMENT. Faire un raisonnement, *to put forward a line of argument.* ‖ Suivre un raisonnement, *to follow a reasoning.* ‖ Tenir un raisonnement, *to argue.*

rajouter ◆ EXAGÉRATION. En rajouter (Fam.), *to lay it on thick.*

ralenti ◆ APATHIE. Vivre au ralenti, *to let life drift by.* ◆ AUTOMOBILE. Régler le ralenti, *to adjust the idling.* ◆ CINÉMA. Tourner au ralenti, *to shoot in slow-motion.* ◆ RALENTISSEMENT. Marcher (tourner) au ralenti (Fig.), *to be slack.*
→ **moteur, scène.**

râler ◆ EXCITATION. Faire râler qqn, *to make s.o. fume.*

rallonge → **nom.**

ramadãn ◆ RELIGION. Faire (observer) le ramadãn, *to keep Ramadan.*

ramassage ◆ ÉCOLE. Faire le ramassage scolaire, *to run a school-bus.*

ramasser ◆ INCULPÉ. Se faire ramasser (Fam.), *to be picked up.* ◆ RÉPRIMANDE. Se faire ramasser (Fam.), *to get a ticking-off.*

ramdam ◆ BRUIT. Faire du ramdam (Fam.), *to make a din.*

rame ◆ MARINE. Aller à la rame, *to row.*

Rameaux → **Pâques.**

ramée ◆ IGNORANCE. Ne pas en savoir une ramée (Fam.), *to know damn all about it.* ◆ PARESSE. Ne pas en ficher une ramée (Fam.), *to do damn all.*

ramener ◆ EXIGENCE. La ramener (Fam.), *to start in again.* ◆ INTERVENTION. La ramener (Fam.), *to stick o.'s oar in.* ◆ RÉCRIMINATION. La ramener (Fam.), *to bring it up yet again.*

ramification ◆ COMMERCE. Étendre ses ramifications, *to branch out.*

rampe ◆ ASTRONAUTIQUE. Installer une rampe de lancement, *to set up a launching-pad.* ◆ MORT. Lâcher la rampe (Fam.), *to kick the bucket.* ◆ SANTÉ. Tenir bon la rampe (Fam.), *to keep o.'s grip on things.* ◆ THÉÂTRE. Ne pas passer la rampe (Fam.), *not to make the grade.*
→ **feu.**

rancart ◆ REBUT. Mettre au rancart (Fam.), *to shelve.*

rancœur ◆ MAGNANIMITÉ. Oublier sa rancœur, *to get over o.'s resentment.* ◆ RANCUNE. Avoir de la rancœur contre qqn, *to feel resentment towards s.o.*

rançon ◆ CHANTAGE. Exiger (fixer; payer) une rançon, *to demand (to set; to pay) a ransom.* ◆ RENOMMÉE. Etre la rançon de la gloire, *to be the price of fame.*

rancune ◆ EXCITATION. Engendrer la rancune, *to breed ill-feeling.* ‖ Fortifier (augmenter) la rancune, *to strengthen (to increase) ill-feeling.* ◆ MAGNANIMITÉ. Etre sans rancune, *to bear no ill-will.* ◆ RANCUNE. Avoir la rancune tenace, *not to forget things easily.* ‖ Exhumer (rappeler, ressusciter) de vieilles rancunes, *to drag up (to bring up, to revive) old grudges.* ‖ Garder rancune à qqn, *to bear s.o. malice.* ‖ Garder (entretenir, nourrir) des rancunes au sujet de qqch. (contre qqn), *to keep (to entertain, to harbour) a grudge about sth. (against s.o.).*

randonnée ◆ PROMENADE. Faire une randonnée à pied (en voiture), *to go for a ramble (a run in a car).*

rang 1. COMPÉTITION. Etre sur les rangs, *to be in the running.* ‖ Se mettre sur les rangs, *to enter the lists.* — 2. DÉCHÉANCE. Déroger à (déchoir de) son rang, *to lose caste.* ‖ Oublier son rang, *to forget o.'s position.* — 3. ÉCOLE. Se mettre en rangs (former les rangs), *to form up.* [V. 8.] — 4. ÉGALITÉ. Mettre sur le même rang, *to put on the same footing.* — 5. HIÉRARCHIE, MILITAIRE. Sortir du rang, *to rise from the ranks.* [V. 8, 9.]

— 6. MILITAIRE. Rompre les rangs, *to dismiss.* [V. 8.] ‖ Serrer les rangs, *to close the ranks.* — 7. NIVEAU SOCIAL. Conserver (garder, soutenir, tenir) son rang, *to preserve (to keep, to maintain, to keep up) o.'s position.* ‖ Etre du même rang, *to be of the same station in life.* — 8. RANG. Avancer en rangs serrés, *to advance in close order.* ‖ Prendre rang, *to take o.'s place.* ‖ Rentrer dans le rang, *to fall in again.* [V. 10.] ‖ Rompre les rangs, *to break away.* [V. 6.] ‖ Se mettre en rangs, *to get into lines.* [V. 3.] ‖ Se mettre (avancer, marcher) en rang d'oignons (Fam.), *to get into (to advance in, to walk in) Indian file.* ‖ Sortir des rangs, *to fall out of line.* [V. 5, 9.] — 9. RENOMMÉE. Sortir du rang, *to get out of the ruck.* [V. 5, 8.] — 10. SOUMISSION. Rentrer dans le rang (Fig.), *to get back into line.* [V. 8.]
→ **égard, honneur.**

rangement ◆ MÉNAGE. Faire du rangement, *to put things away.*

ranger ◆ CONVERSION. Finir par se ranger, *to settle down in the end.*

rapiat ◆ AVARICE. Etre rapiat (Fam.), *to be rapacious.*

rapine ◆ VOL. Vivre de rapines, *to live off illicit gains.*

rappel ◆ ACCUEIL. Battre le rappel de ses amis, *to drum up o.'s friends.* ◆ MILITAIRE. Battre le rappel, *to drum up the troops.*

rapport ◆ ADMINISTRATION. Dresser (faire, rédiger) un rapport, *to draw up (to make, to draft) a report.* ◆ CONNEXION. Établir (percevoir, saisir) les rapports entre plusieurs choses, *to establish (to perceive, (to grasp) the relationships among several things.* ◆ CONTACT. Entrer en rapport, *to enter into contact.* ‖ Etre (se mettre) en rapport avec qqn, *to be (to get) in touch with s.o.* ◆ DÉNIGREMENT. Faire des rapports sur qqn, *to tell tales about s.o.* ◆ DIVERGENCE. Etre sans rapport avec qqch., *to be irrelevant to sth.* ◆ HOSTILITÉ. Avoir des rapports tendus avec qqn, *to have strained relations with s.o.* ◆ INTERMÉDIAIRE. Mettre en rapport deux personnes, *to put two people in touch.* ◆ NON-COMPRÉHENSION. Ne pas voir le rapport, *to fail to see the connection.* ◆ NON-CONNEXION. N'avoir aucun rapport, *to have no connection.* ◆ RELATIONS. Entretenir de bons rapports avec qqn, *to keep on good terms with s.o.* ◆ RUPTURE. Cesser tout rapport avec qqn, *to break off all relations with s.o.* ◆ SEXUALITÉ. Avoir des rapports sexuels, *to have (sexual) intercourse.* ◆ VALEUR. Etre bien sous tous les rapports, *to be good in all respects.*

rapporteur ◆ ADMINISTRATION. Désigner un rapporteur, *to appoint a recorder.*

rapprochement ◆ CONNEXION. Etablir (faire) un rapprochement entre deux choses, *to connect two things.*

rapt ◆ DÉLIT. Commettre un rapt, *to commit an abduction.*

rare ◆ NON-CONTACT. Se faire rare, *to be quite a stranger* (personne). ◆ RARETÉ. Se faire rare, *to become scarce* (chose).

rareté ◆ RARETÉ. Signaler la rareté du fait, *to point out the rarity of the occurrence.*

ras ◆ MATÉRIALISME. Rester a ras de terre, *to be down-to-earth.*

rasade ◆ BOISSON. Boire (se verser) une rasade, *to drink (to pour o.'s.) a bumper.*

rase-mottes ◆ AVIATION. Faire du (voler en) rase-mottes, *to hedgehop.*

rasoir ◆ ENNUI. Etre plutôt rasoir (Fam.), *to be more than a bit boring.*

rassemblement ◆ FOULE. Provoquer un rassemblement, *to cause a gathering.*

rat ◆ ACCULEMENT. Etre fait comme un rat (Fam.), *to be in a tight spot.* ◆ AVARICE. Etre rat (Fam.), *to be mingy.* ◆ ENNUI. S'ennuyer comme un rat mort (Fam.), *to be bored to death.* ◆ PAUVRETÉ. Etre gueux comme un rat (Fam.), *to be as poor as a church mouse.* ◆ SAVOIR. Etre un rat de bibliothèque, *to be a bookworm.* ◆ VOL. Etre un rat d'hôtel, *to be a hotel thief.*

rate ◆ COLÈRE. Décharger sa rate (Fam.), *to vent o.'s spleen.* ◆ PARESSE. Ne pas se fouler la rate (Fam.), *not to strain o.'s.* ◆ RIRE. Se dilater la rate (Fam.), *to split o.'s sides.*

raté ◆ AUTOMOBILE. Avoir des ratés, *to misfire.* ◆ ÉCHEC. Etre un raté (Fam.), *to be a wash-out.*

râtelier ◆ DENTISTERIE. Porter un râtelier, *to wear (a set of) false teeth.* ◆ DUPLICITÉ. Brouter (manger) à deux (plusieurs, tous les) râteliers (Fam.), *to have a foot in both (several, every) camps.*
→ **foin.**

ration ◆ ALIMENTATION. Fournir (recevoir) une ration alimentaire, *to supply (to receive) a food ration.*

rature ◆ ÉCRITURE. Faire des ratures, *to cross out.*

ravage ◆ DESTRUCTION. Faire des ravages, *to wreak havoc.* ◆ SÉDUCTION. Faire (exercer) des ravages, *to leave a trail of broken hearts.*

ravalement ◆ ARCHITECTURE. Faire le ravalement, *to clean and reface.* ◆ HYGIÈNE. Faire le ravalement (Fam.), *to put o.'s face on.*

ravir ◆ VÊTEMENT. Aller à ravir, *to suit so well.*

ravissement ◆ RAVISSEMENT. Plonger dans le ravissement, *to send into raptures.*

ravitaillement ◆ ALIMENTATION. Assurer le ravitaillement, *to assure food supplies.*

1. rayon ◆ ACTION. Étendre son rayon d'action, *to extend o.'s field of activities.* ◆ BEAU TEMPS. Darder ses rayons, *to dart its beams.* ‖ Émettre des rayons, *to emit rays.* ◆ MÉDECINE. Faire des rayons à qqn (passer qqn aux rayons), *to give s.o. X-ray treatment.*

2. rayon ◆ EXPÉRIENCE. En connaître un rayon (Fam.), *to know a thing or two about it.* ◆ INCOMPÉTENCE. Ne pas être du rayon de qqn, *not to be s.o.'s line.*

rayonnement ◆ INFLUENCE. Avoir un grand rayonnement (Fig.), *to exert a great influence.* ◆ SCIENCE. Émettre un rayonnement, *to emit radiation.*

raz ◆ GÉOGRAPHIE. Provoquer un raz de marée, *to cause a tidal wave.* ◆ PERTURBATION. Provoquer un raz de marée (Fig.), *to cause a landslide.*

razzia ◆ VOL. Opérer (faire) une razzia, *to raid.*

réaction ◆ ANTICIPATION. Préjuger des réactions de qqn, *to anticipate s.o.'s reactions.* ◆ CONSÉQUENCE. Provoquer des réactions, *to cause reactions.* ◆ PASSIVITÉ. Etre sans réaction, *to be passive.* ‖ Manquer de réaction, *to be unresponsive.* ◆ PROGRESSION. Déterminer (provoquer; subir) une réaction en chaîne, *to set off (to cause; to undergo) a chain reaction.* ◆ SURVEILLANCE. Épier (guetter) les réactions de qqn, *to watch s.o.'s reactions closely.*

réalisation ◆ RÉALISATION. Poursuivre la réalisation d'un projet, *to carry a scheme into effect.*

réalisme ◆ IDÉALISME. Manquer de réalisme, *to be unrealistic.*

réalité ◆ ÉVASION. Fuir les réalités, *to run away from reality.* ◆ IDÉALISME. Embellir la réalité, *to embellish the facts.* ◆ NON-VÉRITÉ. Fausser la réalité, *to distort the facts.* ◆ RÉALISME. Regarder la réalité en face, *to face reality.* ‖ Rappeler qqn à la réalité, *to bring s.o. back to reality.* ◆ RÉALITÉ. Correspondre à la réalité, *to match the facts.* ‖ Etre plus réel que la réalité, *to be larger than life.* → **désir, sens.**

rébellion ◆ RÉPRESSION. Réprimer une rébellion, *to crush a rebellion.*

rebours → **compte.**

rebrousse-poil ◆ ANIMAL. Caresser à rebrousse-poil, *to stroke the wrong way.* ◆ INHABILETÉ. Prendre qqn à rebrousse-poil (Fam.), *to rub s.o. up the wrong way.*

rebuffade ◆ REBUFFADE. Essuyer une rebuffade (Fam.), *to be sent to the right about.*

rébus ◆ SOLUTION. Déchiffrer un rébus, *to guess a riddle.*

rebut ◆ REBUT. Jeter (mettre) au rebut, *to discard.*

recensement ◆ DÉMOGRAPHIE. Faire un recensement, *to take a census.*

récépissé ◆ ADMINISTRATION. Garder le récépissé, *to keep the receipt.*

récepteur ◆ TÉLÉPHONE. Décrocher (raccrocher) le récepteur, *to lift (to replace) the receiver.*

réception ◆ COURRIER. Accuser réception, *to acknowledge receipt.* ◆ HOSPITALITÉ. Donner une réception, *to give a party.* → **accusé.**

recette ◆ CUISINE. Appliquer une recette, *to make use of a recipe.* ◆ FINANCES. Ventiler les recettes, *to apportion the takings.* ◆ MOYEN. Donner la recette (Fam.), *to give the recipe.* ◆ SPECTACLE. Faire recette, *to be a box-office draw.*

réchauffé ◆ RÉPÉTITION. Etre du réchauffé (Fam.), *to be old hat.*

recherche ◆ FUITE. Dérouter les PROGRESSION. Déterminer (provoquer; subir) une réaction en chaîne, *to set qqch., to take pains over doing sth.* ◆ RECHERCHE. Canaliser les recherches, *to channel investigations.* ‖ Entreprendre (faire) des recherches, *to undertake (to make) investigations.* ‖ Etre (partir, se mettre) à la recherche de qqn (qqch.), *to be (to start out, to set off) in search of s.o. (sth.).* ‖ Faire de vaines recherches, *to make a fruitless search.* ‖ Poursuivre une recherche, *to continue a search.* ‖ Pousser plus loin les recherches, *to carry o.'s investigations further.*

rechute ◆ SANTÉ. Faire une rechute, *to have a relapse.*

réciproque ◆ RÉCIPROCITÉ. Rendre la réciproque à qqn, *to get even with s.o.*

récit ◆ EXPRESSION. Faire le récit de qqch., *to give an account of sth.* ◆ LITTÉRATURE. Camper (enjoliver, étoffer) un récit, *to present (to embellish, to fill out) an account.*
→ **primeur.**

réclamation ◆ PROTESTATION. Faire une réclamation, *to make a complaint.*

réclame ◆ AVERTISSEMENT. Etre une mauvaise réclame, *to be bad publicity.* ◆ COMMERCE. Etre (mettre) en réclame, *to be (to put out as) a special offer.* ◆ PRÉTENTION. Faire sa propre réclame, *to blow o.'s own trumpet.* ◆ PUBLICITÉ. Faire de la réclame pour qqch., *to plug sth.*

réclusion ◆ SENTENCE. Etre condamné à la réclusion perpétuelle, *to be sentenced to life imprisonment.*

récolte ◆ AGRICULTURE. Faire (rentrer) la récolte, *to harvest (to get in) the crop.*

recommandation ◆ CONSEIL. Suivre les recommandations de qqn, *to follow s.o.'s recommendations.* ◆ FAVEUR. Donner une recommandation à qqn, *to give s.o. a recommendation.*

recommencement ◆ SIMILITUDE. Etre un éternel recommencement, *to be an unceasing round.*

recommencer ◆ EXPÉRIENCE. N'être pas près de recommencer, *to be in no hurry to do it again.* ◆ NON-EFFICIENCE. Etre toujours à recommencer, *always to need to be done again.*

récompense ◆ RÉCOMPENSE. Distribuer des récompenses, *to give out prizes.* ‖ Donner (mériter; recevoir) une récompense, *to give (to deserve; to get) a reward.* ‖ Recevoir sa récompense, *to have o.'s reward.*

réconciliation ◆ RÉCONCILIATION. Aider (travailler à) la réconciliation de

deux personnes, *to help to (to try to) bring about reconciliation between two people.*

réconfort ◆ ASSISTANCE. Apporter un réconfort, *to be of some comfort.*

reconnaissance ◆ MILITAIRE. Aller (partir) en reconnaissance (faire des reconnaissances), *to reconnoitre.* ◆ RECONNAISSANCE. Avoir la reconnaissance du ventre (Fam.), *to show cupboard love.* ‖ Déborder de reconnaissance, *to overflow with gratitude.* ‖ Éprouver (témoigner) de la reconnaissance, *to feel (to show) gratitude.*
→ **dette, mission, vol.**

reconnaître ◆ DÉSARROI. Ne plus s'y reconnaître, *to be all at sea.*

reconversion ◆ CHANGEMENT. Faire (opérer) une reconversion, *to accomplish a reconversion.*

record ◆ SPORTS. Améliorer (égaler; établir) un record, *to better (to equal; to set up) a record.* ‖ Battre (faire tomber, pulvériser) un record, *to break (to beat, to smash) a record.* ‖ Homologuer un record, *to give official recognition to a record.* ◆ SUPÉRIORITÉ. Battre tous les records, *to break all records.* ‖ Détenir (tenir) le record, *to hold the record.*

recoupement ◆ RECHERCHE. Faire des recoupements, *to cross-check.*

recours ◆ DÉLÉGATION. Avoir recours au truchement de qqn, *to call in s.o. as go-between.* ◆ IMPUISSANCE. N'avoir aucun recours contre qqn, *to have no claim on s.o.* ◆ MOYEN. Avoir recours à un moyen (à un expédient), *to resort to a means (to an expedient).* ◆ PLAIDEUR. Présenter (porter) un recours contre qqn, *to file (to bring) a claim against s.o.* ◆ REQUÊTE. Avoir recours à qqn (qqch.), *to have recourse to s.o. (sth.).* ‖ Formuler un recours en grâce, *to put in a plea for mercy.* ◆ SENTENCE. Rejeter un recours en grâce, *to reject a plea for mercy.*

recouvrement ◆ FINANCES. Faire (opérer) des recouvrements, *to recover debts.*

récréation ◆ ÉCOLE. Aller (être) en récréation, *to go out to (to have) break.* ‖ Surveiller la récréation, *to be on break-duty.*

récrimination ◆ PROTESTATION. Soulever (provoquer) les récriminations de qqn, *to give rise to (to provoke) recriminations from s.o.*

recrudescence ◆ MÉDECINE. Observer une recrudescence du mal, *to note a renewed outbreak of the disease.*

recta ◆ PAIEMENT. Payer recta (Fam.), *to pay on the nail.*

rectificatif ◆ RÉGLEMENTATION. Publier un rectificatif, *to publish a corrigendum.*

rectification ◆ AMÉLIORATION. Faire une rectification, *to make a correction.* ◆ PRESSE. Adresser une rectification à un journal, *to write a letter correcting the editor.*

reçu ◆ COMMERCE. Donner (faire, remettre) un reçu, *to give (to make out, to deliver) a receipt.*

recueillement ◆ RELIGION. Pratiquer le recueillement, *to devote o.s. to meditation.*

recul 1. CRITÈRE DE JUGEMENT. Juger avec du recul, *to judge in proper perspective.* – 2. ÉVALUATION. Manquer de recul (Fig.), *to lack proper perspective.* [V. 3.] ‖ Prendre du recul, *to stand back.* – 3. VUE. Manquer de recul, *to lack perspective.* [V. 2.]
→ mouvement.

reculer ◆ ACCULEMENT. Ne plus pouvoir reculer, *cannot back out now* (Gramm.). ‖ S'être trop avancé pour reculer, *to be too deeply committed to back out.*

reculons ◆ REBOURS. Marcher (avancer) à reculons, *to walk backwards.*

redevance ◆ FINANCES. Payer (percevoir) une redevance, *to pay (to receive) a fee.*

redire ◆ DÉNIGREMENT. Trouver à redire à qqch., *to find fault with sth.* ◆ SATISFACTION. N'y avoir rien à redire, *there [to be] nothing to find fault with* (Gramm.).

redite ◆ RÉPÉTITION. Éviter les redites, *to avoid repetition.* ‖ Faire des redites, *to repeat o.s.*

redresse → type.

redresseur ◆ JUSTICE. Etre un redresseur de torts, *to be a knight-errant.*

réduction ◆ COMMERCE. Faire une réduction, *to make a reduction.*

réduire ◆ CUISINE. Faire (laisser) réduire, *to reduce by boiling.*

réduit ◆ ACCULEMENT. En être réduit à qqch., *to be reduced to sth.*

rééducation ◆ SANTÉ. Faire de la rééducation, *to do rehabilitation.*

réel ◆ ÉVASION. S'évader du réel, *to escape from reality.*

refaire ◆ CARACTÈRE. Ne pas pouvoir se refaire, *cannot alter o.'s nature* (Gramm.).

refait ◆ DUPE. Etre refait (Fam.), *to be done brown.*

réfection ◆ ARCHITECTURE. Etre en réfection, *to be under restoration.*

référé ◆ PROCÉDURE. Assigner qqn en référé, *to apply for an injunction against s.o.*

référence ◆ APPRÉCIATION. Fournir (avoir) de solides références, *to supply (to have) sound references.* ◆ LITTÉRATURE. Citer ses références, *to quote o.'s references.*

réfléchi ◆ DÉCISION. Décider tout bien réfléchi, *to decide after due consideration.* ◆ DÉTERMINATION. Etre tout réfléchi, *to be cut and dried.*

réfléchir ◆ INTÉRÊT. Donner à réfléchir à qqn, *to give s.o. food for thought.* ◆ PROBLÈME. Donner à réfléchir à qqn, *to make s.o. think.*

réflexe ◆ APATHIE. Manquer de réflexe, *to have no punch in o.* ◆ AUTOMOBILE. Avoir des réflexes, *to have reflexes.* ◆ PROMPTITUDE. Avoir des réflexes, *to be quick off the mark.* ◆ RESSORT. Avoir du réflexe, *to be resilient.*

réflexion ◆ OBSERVATION. Faire une réflexion à qqn, *to make a pointed remark to s.o.* ‖ Faire des réflexions sur qqn (qqch.), *to make pointed remarks about s.o. (sth.).* ◆ PROBLÈME. Demander réflexion, *to require thinking about.* ‖ Mériter réflexion, *to be worth thinking over.* ◆ REBUFFADE. Dispenser qqn de ses réflexions, *to ask s.o. to keep his remarks to himself.* ◆ RÉFLEXION. S'absorber dans ses réflexions, *to be lost in o.'s thoughts.* ◆ SILENCE. Garder ses réflexions pour soi, *to keep o.'s remarks to o.s.*
→ matière, temps.

réforme ◆ REBUT. Mettre a la réforme, *to scrap.* ◆ RÉFORME. Appliquer une réforme, *to put a reform into operation.* ‖ Faire des réformes, *to make reforms.* ‖ Préparer (proposer; réaliser) des réformes, *to plan (to propose; to bring about) reforms.* ‖ S'inscrire dans une réforme générale, *to come under the heading of a general reform.*
→ pied.

réformer ◆ MILITAIRE. Etre réformé, *to be dispensed from national service.* ◆ REBUT. Etre bon à réformer, *to be ready for scrap.*

refrain ◆ RÉPÉTITION. Entonner toujours le même refrain (Fam.), *to be always harping on the same string.* ◆ REVIREMENT. Changer de refrain (Fam.), *to change o.'s tune.*

refroidissement ◆ SANTÉ. Prendre (attraper [Fam.]) un refroidissement, *to catch a chill.*

refuge ◆ REQUÊTE. Demander refuge à qqn, *to ask s.o. for refuge.* ◆ SÉCURITÉ. Chercher (trouver) refuge auprès de qqn, *to seek (to find) refuge with s.o.* ‖ Gagner un refuge, *to reach shelter.*

refus ◆ ACQUIESCEMENT. N'être pas de refus (Fam.), *to be very welcome.* ◆ ÉCHEC. Essuyer (se heurter à) un refus, *to meet with (to come up against) a refusal.* ◆ REFUS. Équivaloir à un refus, *to be tantamount to a refusal.* ‖ Opposer un refus à qqn, *to turn s.o. down.* ‖ Opposer un refus catégorique, *to refuse flatly.* ‖ Persister dans son refus, *to persist in o.'s refusal.*
→ geste.

refuser ◆ FAVORITISME. Ne rien pouvoir refuser à qqn, *cannot refuse s.o. anything* (Gramm.). ◆ NIVEAU DE VIE. Ne rien se refuser, *to deny o.s. nothing.*

regain ◆ SANTÉ. Avoir un regain de vie, *to get a new lease of life.*

régal ◆ ESTHÉTIQUE. Etre un régal pour les yeux, *to be a feast for the eyes.*

regard 1. ACCUEIL. Jeter un regard glacé à qqn, *to give s.o. an icy look.* – 2. AMOUR. Caresser qqn du regard, *to look fondly at s.o.* ‖ Dévorer qqn du regard, *to devour s.o. with o.'s eyes.* – 3. COLÈRE. Foudroyer qqn du regard, *to give s.o. a withering look.* ‖ Jeter un regard noir à qqn, *to give s.o. a black look.* ‖ Lancer un regard fulgurant (foudroyant) à qqn, *to look daggers at s.o.* – 4. COMPARAISON. Mettre en regard, *to put side by side.* – 5. DÉFI. Mesurer qqn du regard, *to eye s.o. up and down.* – 6. DÉSARROI. Jeter des regards éperdus, *to look about distractedly.* – 7. DISSIMULATION. Dérober (soustraire) qqch. au regard, *to hide sth. from sight (to put sth. out of sight).* – 8. EMBARRAS. Fuir (éviter) le regard de qqn, *to avoid meeting s.o.'s gaze.* – 9. ENVIE. Jeter des regards d'envie sur qqch., *to cast longing glances at sth.* – 10. ESTHÉTIQUE. Offenser le regard (Fam.), *to be an eyesore.* – 11. ILLUSION. Tromper le regard, *to deceive the eye.* [V. 15.] – 12. LECTURE. Parcourir du regard, *to glance through.* [V. 17.] – 13. LIBERTINAGE. Déshabiller qqn du regard, *to undress s.o. with o.'s eyes.* – 14. MENACE. Menacer qqn du regard, *to look threateningly at s.o.* – 15. NON-PERCEPTION. Échapper au regard, *to escape attention.* ‖ Tromper les regards, *to escape notice.* [V. 11.] – 16. PÉNÉTRATION. Percer (transpercer) du regard, *to look s.o. through and through.* – 17. REGARD. Appuyer (fixer) son regard sur qqn (qqch.), *to stare at s.o. (sth.).* ‖ Arrêter ses regards, *to let o.'s gaze come to rest.* ‖ Attacher (poser, river) son regard, *to fix (to rest, to rivet) o.'s gaze.* ‖ Avoir le regard en dessous (Fam.), *to have a furtive look.* ‖ Avoir le regard terne (vide), *to have a dull (an empty) gaze.* ‖ Chercher qqn du regard, *to look around for s.o.* ‖ Chercher le regard de qqn, *to try to catch s.o.'s eye.* ‖ Couler un regard vers qqn, *to steal a glance at s.o.* ‖ Couler des regards sournois vers qqch., *to look stealthily at sth.* ‖ Diriger ses regards vers qqn, *to direct o.'s gaze towards s.o.* ‖ Éclairer (illuminer) le regard de qqn, *to light up s.o.'s face.* ‖ Embrasser qqch. du regard, *to take in the whole of sth. with the eye.* ‖ Envelopper qqn du regard, *to gaze on s.o.* ‖ Fouiller qqch. du regard, *to scan sth.* ‖ Jeter un regard en coulisse, *to give a sidelong glance.* ‖ Laisser errer ses regards, *to let o.'s gaze wander.* ‖ Lancer des regards éloquents, *to throw eloquent glances.* ‖ Parcourir qqch. du regard, *to run o.'s eye over sth.* [V. 12.] ‖ Plonger son regard dans qqch., *to gaze deeply into sth.* ‖ Saisir qqch. du regard, *to take sth. in at a glance.* ‖ Soutenir le regard de qqn, *to withstand s.o.'s gaze.* ‖ Suivre qqn du regard, *to follow s.o. with o.'s gaze.* – 18. SÉDUCTION. Frapper (attirer, appeler) le regard, *to attract (to draw) attention.* – 19. SIGNE. Désigner (montrer) qqn du regard, *to glance at s.o.* ‖ Interroger qqn du regard, *to look inquiringly at s.o.* ‖ Lancer un regard d'intelligence, *to cast a knowing look.*
→ abri, droit.

regarder ◆ AVEUGLEMENT. Ne pas s'être regardé (Fam.), *not to have seen the beam in o.'s own eye.* ◆ DÉVOUEMENT. Ne pas regarder à faire qqch., *to make no bones about doing sth.* ◆ DISCRÉTION. Se mêler (s'occuper) de ce qui vous regarde (Fam.), *to mind o.'s own business.* ◆ OSTENTATION. Se faire regarder (Fam.), *to make o.s. conspicuous.*

régenter ◆ AUTORITARISME. Vouloir tout régenter, *to want to run the show.*

régime ◆ ALIMENTATION. Etre (se mettre) au régime, *to be (to go) on a diet.* ‖ Etre au régime jockey, *to be on a slimming diet.* ‖ Mettre qqn au régime lacté, *to put s.o. on a milk diet.* ‖ Suivre un regime, *to follow a diet.* ‖ Surveiller son regime, *to watch o.'s diet.* ◆ MARIAGE. Etre mariés (se marier) sous le régime de la communauté, *to be married (to marry) under the joint estate system.* ◆ POLITIQUE. Bouder le régime, *to stand aloof from politics.* ‖ Établir (instaurer, instituer; maintenir) un régime, *to establish (to bring in, to set up; to uphold) a regime.* ◆ PRIVILÈGE. Jouir d'un régime de faveur, *to enjoy privileged status.* ◆ TECHNIQUE. Tourner (marcher) à plein régime, *to go full out.*

→ **écart, glas, procès.**

régiment ◆ ABONDANCE. Y en avoir pour un régiment (Fam.), *there [to be] enough to feed an army* (Gramm.). ◆ MILITAIRE. Aller au régiment, *to join the regiment.*

région → **carte, dépeuplement.**

registre ◆ CHANT. Changer de registre, *to change register.* ◆ INFORMATION. Tenir registre des événements, *to keep a record of events.*

règle ◆ COMPORTEMENT. Prendre qqch. pour règle, *to take sth. as a rule.* ◆ CONFORMISME. Agir dans les règles, *to go by the rules.* ◆ CONFORMITÉ. Confirmer la règle, *to prove the rule.* ‖ Se mettre en règle avec qqn, *to put o.s. right with s.o.* ◆ DISCIPLINE. Appliquer (se plier à) une règle, *to apply (to comply with) a rule.* ‖ Etre en règle, *to be in order.* ‖ Observer la règle, *to observe the rules.* ‖ Respecter la règle du jeu, *to respect the rules of the game.* ◆ HABITUDE. Etre la règle, *to be the rule.* ◆ INDISCIPLINE. Enfreindre (manquer à) la règle, *to break the rules.* ◆ MATHÉMATIQUES. Faire une

règle de trois, *to use the rule of three.* ◆ MINUTIE. Faire tout par règle et par compas, *to do everything by rule.* ◆ OBLIGATION. S'en faire une règle, *to make it one of o.'s rules.* ◆ RÉGLEMENTATION. Établir (fixer, imposer) une règle, *to establish (to make, to impose) a rule.* ‖ Mettre qqch. en règle, *to put sth. to rights.* ◆ SANTÉ. Avoir ses règles (femme), *to have o.'s periods.*

→ **exception.**

règlement ◆ DISCIPLINE. Appliquer le règlement, *to carry out the regulations.* ‖ Se conformer au règlement, *to abide by the regulations.* ◆ INDISCIPLINE. Contrevenir au règlement, *to contravene the regulations.* ‖ Enfreindre (tourner) le règlement, *to break (to get around) the regulations.* ◆ PAIÉMENT. Effectuer un règlement, *to make a settlement.* ◆ RÉGLEMENTATION. Soumettre qqn à un règlement, *to subject s.o. to regulations.* ◆ VOIES DE FAIT. Procéder à un règlement de comptes, *to settle a score.*

→ **entorse.**

régner ◆ POLITIQUE. Diviser pour regner, *to divide to rule.*

regret ◆ MORT. Laisser des regrets, *to be greatly missed.* ◆ REGRET. Avoir regret de qqch., *to regret sth.* ‖ Avoir des regrets, *to feel regret.* ‖ En être aux regrets, *to be extremely sorry.* ‖ Manifester (montrer) des regrets, *to show regret.* ◆ RÉTICENCE. Faire (dire) qqch. à regret, *to do (to say) sth. regretfully.*

régularité ◆ PONCTUALITÉ. Avoir la régularité d'une horloge, *to be as regular as clockwork.*

rein 1. ÉPREUVE. Sonder les reins et les cœurs, *to try the hearts and reins.* – 2. PERSÉCUTION. Casser les reins à qqn (Fam.), *to ruin s.o.'s career.* [V. 5.] – 3. RICHESSE. Avoir les reins solides (Fam.), *to be well-breeched.* – 4. SANTÉ. Avoir les reins bloqués, *to have a kidney blockage.* – 5. VOIES DE FAIT. Casser les reins à qqn (Fam.), *to smash s.o. up.* [V. 2.]

→ **épée, tour.**

reine ◆ ÉLÉGANCE. Etre parée comme une reine, *to be dressed like a queen.*

→ **port.**

réjouissance → **programme.**

relâche ◆ REPOS. Se donner relâche, *to take a breather.* ◆ SPECTACLE. Faire relâche, *not to play.* ‖ Y avoir (jouer) relâche, *there* [*to be*] *no performance* (Gramm.).

relais ◆ SUCCESSION. Prendre le relais de qqn, *to take over from s.o.*

relatif ◆ RELATIVITÉ. Etre tout relatif, *to be entirely relative.*

relation 1. COMMERCE. Entretenir des relations commerciales, *to trade.* — 2. CONNEXION. Établir (faire) une relation entre deux choses, *to establish (to make) a relationship between two things.* ‖ Etre en étroite relation avec qqch., *to be in close relation to sth.* [V. 8.] — 3. CONTACT. Entrer en relation, *to enter into relations.* ‖ Établir des relations avec qqn, *to establish relations with s.o.* ‖ Se mettre en relation avec qqn, *to get into touch with s.o.* — 4. EXPRESSION. Faire la relation de qqch., *to recount sth.* — 5. HOSTILITÉ. Avoir des relations tendues avec qqn, *to have strained relations with s.o.* — 6. POLITIQUE. Rompre les relations diplomatiques, *to break off diplomatic relations.* — 7. PRIVILÈGE. Avoir des relations, *to have connections.* [V. 8, 10.] ‖ Avoir de belles relations, *to have influential friends.* ‖ Cultiver (faire jouer, utiliser) ses relations, *to cultivate (to make use of, to use) o.'s connections.* — 8. RELATIONS. Avoir des relations suivies avec qqn, *to have a steady relationship with s.o.* [V. 7, 10.] ‖ Avoir des relations de bonne camaraderie, *to be hail fellow well met.* ‖ Entretenir des relations amicales (de bonnes relations) avec qqn, *to have friendly relations with s.o.* ‖ Etre (rester) en relation, *to be (to keep) in touch.* [V. 2.] ‖ Etre en relation d'affaires avec qqn, *to have business contacts with s.o.* ‖ N'être qu'une relation de passage, *to be just a passing acquaintance.* ‖ Nouer des relations, *to establish relations.* — 9. RUPTURE. Cesser toute relation, *to end all connection.* ‖ Briser (rompre) les relations avec qqn, *to break off relations with s.o.* — 10. SEXUALITÉ. Avoir des relations avec qqn, *to have intimacy with s.o.* [V. 7, 8.]

relégation ◆ SPORTS. Éviter la relégation, *to avoid relegation.*

relève ◆ MILITAIRE. Faire la relève, *to relieve.* ◆ SUCCESSION. Prendre la relève, *to take over.*

relevé ◆ LOCALISATION. Faire un relevé topographique, *to do a topographic survey.*

relever ◆ DÉCOURAGEMENT. Ne pas s'en relever (Fam.), *not to get over it.*

relief ◆ MISE EN VALEUR. Donner du relief à qqch., *to set sth. off.* ‖ Mettre en relief, *to high-light.* ‖ Prendre du relief, *to gain contrast.* ◆ TECHNIQUE. Paraître en relief, *to stand out in relief.*

religion ◆ INFORMATION. Éclairer la religion de qqn (Fam.), *to put s.o. in the picture.* ◆ RELIGION. Abjurer sa religion, *to abjure o.'s religion.* ‖ Adopter (embrasser) pratiquer) une religion, *to adopt (to embrace; to practise) a religion.* ‖ Changer de religion, *to change o.'s religion.* ‖ Entrer en religion, *to enter the Church.* ◆ TROMPERIE. Surprendre la religion de qqn (Fam.), *to impose on s.o.'s good faith.*

reluisant ◆ INFÉRIORITÉ. N'être guère reluisant (Fam.), *to be no great shakes.*

remarque ◆ INTÉRÊT. Etre digne de remarque, *to be worthy of note.* ◆ IRONIE. Faire des remarques à l'emporte-pièce, *to make cutting remarks.* ◆ RÉPRIMANDE. Faire une remarque à qqn, *to reprimand s.o.*

remarquer ◆ EXTRAORDINAIRE. Se faire remarquer par qqch., *to make o.s. conspicuous by sth.* ◆ OSTENTATION. Se faire remarquer, *to make o.s. conspicuous.*

rembarrer ◆ REBUFFADE. Se faire rembarrer (Fam.), *to be brought up sharp.*

remboursement ◆ COURRIER. Envoyer contre remboursement, *to send COD (cash on delivery).*

remède ◆ AGGRAVATION. Etre un remède pire que le mal, *to be a cure that is worse than the ill.* ◆ AMÉLIORATION. Apporter un remède (porter remède) à qqch., *to remedy sth.* ‖ Chercher (trouver) un remède, *to look for (to find) a remedy.* ◆ IRRÉMÉDIABLE. Etre sans remède, *to be past remedy.* ◆ MÉDECINE. Administrer (prescrire) un remède, *to give (to prescribe) medicine.* ‖ Prendre (absorber) un remède, *to take medicine.* ‖ Prendre un remède de bonne femme (Fam.), *to take an old wives' remedy.* ‖ Prendre un remède de cheval (Fam.), *to take a kill or cure remedy.* ◆ PHYSIONOMIE. Etre un remède contre l'amour (Fam.), *would put anyone off* (Gramm.). ◆ SALUT. Y avoir remède à tout, *there* [*to be*] *a remedy for everything* (Gramm.).

remerciement ◆ RECONNAISSANCE. Se confondre en remerciements, *to be* *profuse in o.'s thanks.* ‖ Voter des remerciements à qqn, *to give a vote of thanks to s.o.*

remettre ◆ CONFIANCE. S'en remettre à qqn, *to leave it to s.o.* ◆ DÉCOURAGEMENT. Ne pas s'en remettre, *not to recover from it.* ◆ EXAGÉRATION. En remettre (Fam.), *to pile it on.*

réminiscence ◆ SOUVENIR. Avoir des réminiscences, *to reminisce.*

remise ◆ CÉRÉMONIAL. Procéder à une remise de décoration, *to hold an investiture.* ◆ COMMERCE. Faire (accorder) une remise, *to give (to allow) a discount.* ◆ LIBÉRATION. Faire remise d'une dette, *to cancel a debt.*

rémission ◆ INFLEXIBILITÉ, IRRÉMÉDIABLE. Etre sans rémission, *to be unremitting.*

remontée ◆ SPORTS. Faire une remontée spectaculaire, *to make a spectacular comeback.*

remonte-pente ◆ SPORTS. Utiliser le remonte-pente, *to take the ski-lift.*

remontrance ◆ RÉPRIMANDE. Faire des remontrances à qqn, *to remonstrate with s.o.*

remords ◆ REMORDS. Avoir (éprouver, ressentir) des remords, *to feel remorseful.* ‖ Étouffer ses remords, *to stifle o.'s remorse.* ‖ Etre bourrelé (pris) de remords, *to be stricken with remorse.* ‖ Etre tenaillé par le remords, *to be racked by remorse.*

remorque ◆ AUTOMOBILE. Prendre qqn en remorque, *to give s.o. a tow.* ◆ DÉPENDANCE. Etre à la remorque de qqn, *to be hanging on to s.o.'s coat-tails.* ‖ Se mettre à la remorque de qqn, *to follow in s.o.'s wake.*

remous ◆ FOULE. Etre pris dans les remous de la foule, *to be caught up in the movement of the crowd.* ◆ INEFFICACITÉ. Faire plus de remous que de sillage, *to be a case of much cry and little wool.* ◆ MARINE. Faire des remous, *to cause a backwash.* ◆ PERTURBATION. Faire (susciter) des remous, *to make (to cause) a stir.*

remplacement ◆ TRAVAIL. Faire des remplacements, *to do casual work.*

remplissage ◆ LITTÉRATURE. Faire du remplissage, *to put in padding.*

remue-ménage ◆ PERTURBATION. Faire un beau remue-ménage, *to make a fine to-do.*

rémunération ◆ RÉTRIBUTION. Verser une rémunération à qqn, *to remit a payment to s.o.*

renard ◆ ÉCHAPPATOIRE. Tirer au renard (Fam.), *to slink away.* ◆ RUSE. Etre un fin (vieux) renard (Fam.), *to be a sly dog.* ‖ Etre rusé comme un renard, *to be as cunning as a fox.* ‖ Sentir son renard d'une lieue, *to be too clever by half.*

renchéri ou **renchérie** ◆ AFFECTATION. Faire le (la) renchéri(e), *to turn o.'s nose up.*

rencontre ◆ CIVILITÉ. Aller à la rencontre de qqn, *to go to meet s.o.* ◆ CONTACT. Faire une mauvaise rencontre, *to have an unpleasant encounter.* ◆ INTERMÉDIAIRE. Arranger (ménager) une rencontre entre deux personnes, *to arrange (to fix) a meeting between two people.* ◆ SPORTS. Organiser une rencontre, *to arrange a match.*

rendement ◆ RENDEMENT. Avoir du rendement, *to be productive.* ‖ Obtenir du rendement, *to obtain results.* ‖ Travailler à plein rendement, *to work to full capacity.* ◆ TECHNIQUE. Accroître (intensifier; diminuer) le rendement, *to increase (to speed up; to reduce) output.* ‖ Fournir un rendement maximum, *to give maximum output.*
→ **maximum.**

rendez-vous ◆ ASTRONAUTIQUE. Réaliser un rendez-vous spatial, *to have a meeting in space.* ◆ NON-CONTACT. Manquer un rendez-vous, *to miss an appointment.* ◆ PONCTUALITÉ. Etre exact au rendez-vous, *to be punctual for an appointment.* ◆ RENDEZ-VOUS. Arranger un rendez-vous, *to arrange an appointment.* ‖ Avoir rendez-vous, *to have an appointment.* ‖ Avoir (prendre) rendez-vous avec qqn, *to have (to make) an appointment with s.o.* ‖ Donner (fixer) rendez-vous à qqn, *to give (to fix) s.o. an appointment.* ‖ Recevoir sur rendez-vous, *to receive by appointment.* ‖ Se donner rendez-vous, *to arrange to meet.*

rendu ◆ ÉCHEC. Ne pas avoir rendu (Impers.) [Fam.], *not to have come to anything.*
→ **prêté.**

rêne ◆ CHEF, ÉQUITATION. Prendre (tenir) les rênes, *to take (to hold) the reins.* ◆ ÉQUITATION, LIBÉRATION. Lâcher (rendre) les rênes, *to slacken (to hand back) the reins.*

renfermé ◆ CARACTÈRE. Etre très renfermé, *to be very close.* ◆ ODEUR. Sentir le renfermé, *to smell musty.*

renfort ◆ ASSISTANCE. Arriver en renfort, *to come in support.* ◆ MILITAIRE. Demander des renforts, *to ask for reinforcements.* ◆ REQUÊTE. Demander du renfort, *to call for support.*

rengaine ◆ RÉPÉTITION. Etre toujours la même rengaine (Fam.), *to be always the same old story.*

renom ◆ RENOMMÉE. Avoir (acquérir) du renom, *to be (to become) famous.* ◆ RÉPUTATION. Se faire un mauvais renom, *to get o.s. a bad name.*

renommée ◆ RENOMMÉE. Avoir une renommée mondiale, *to be world-famous.*

renoncement ◆ ABNÉGATION. Pratiquer le renoncement, *to practise self-denial.*

renoncer ◆ DÉSISTEMENT. Y renoncer, *to give (it) up.*

renouveau ◆ RENOUVELLEMENT. Provoquer (susciter) un renouveau, *to cause (to bring about) a renewal.*

renseignement ◆ ENQUÊTE. Prendre des renseignements sur qqn, *to make inquiries about s.o.* ◆ INFORMATION. Aller aux renseignements, *to seek information.* ‖ Avoir des renseignements sur qqn (qqch.), *to have information about s.o. (sth.).* ‖ Donner (communiquer, fournir) des renseignements sur qqn (qqch.), *to give (to communicate, to supply) information about s.o. (sth.).* ‖ Recueillir (puiser, trouver) des renseignements, *to collect (to gain, to find) information.* ◆ SILENCE. Etre avare de renseignements, *to offer very little information.*
→ bureau.

rente ◆ AISANCE. Vivre de ses rentes, *to live on private means.* ◆ FINANCES. Acheter (vendre) de la rente, *to purchase (to sell) government stocks.* ‖ Constituer une rente viagère à qqn, *to provide s.o. with a life annuity.* ‖ Faire une rente à qqn, *to make s.o. an annuity.* ‖ Servir une rente à qqn, *to pay an annuity to s.o.* ◆ PRIX. Etre une rente (Fam.), *to be a king's ransom.*

rentier ◆ AISANCE. Etre rentier, *to have private means.*
→ vie.

rentrée ◆ ÉCOLE. Faire la rentrée, *to start the school-year.* ◆ GESTION. Attendre des rentrées, *to be waiting for money to come in.* ‖ Avoir (faire) des rentrées d'argent, *to have money coming in.* ◆ SPECTACLE. Faire sa rentrée au cinéma (au théâtre), *to return to the screen (to the stage).* ◆ SPORTS. Faire (effectuer) sa rentrée, *to make a comeback.*

renverse ◆ CHUTE. Tomber à la renverse, *to fall (over) backwards.* ◆ STUPÉFACTION. En tomber à la renverse (Fam.), *to be bowled over.*

renversement ◆ RÉVERSION. Provoquer un renversement de situation, *to cause a reversal of the situation.*

renvoi ◆ LITTÉRATURE. Faire un renvoi, *to indicate a reference note.* ◆ PROCÉDURE. Prononcer le renvoi d'une cause, *to declare the transfer of a case.* ◆ RENVOI. Décider du renvoi de qqn, *to decide on s.o.'s dismissal.* ◆ SANTÉ. Avoir des renvois, *to belch.*

répandu ◆ FRÉQUENCE. Etre très répandu (Impers.), *to be very widespread.* ◆ MONDANITÉ. Etre très répandu, *to go about a great deal.* ◆ RENOMMÉE. Etre très répandu, *to be well-known.*

réparation ◆ COMPENSATION. Demander (exiger; obtenir) réparation, *to ask for (to demand; to obtain) redress.* ◆ TECHNIQUE. Etre en réparation, *to be under repair.* ‖ Faire des réparations, *to do repairs.* ‖ Faire une réparation de fortune, *to do a makeshift repair.*

répartie → esprit.

répartition ◆ PARTAGE. Faire (opérer) une répartition, *to make (to effect) a distribution.*

repas ◆ ALIMENTATION. Expédier son repas, *to bolt o.'s meal.* ‖ Faire un repas, *to have a meal.* ‖ Faire un repas de brebis, *to eat without drinking.* ‖ Faire un repas solide (sommaire, succinct), *to have a good (scratch, light) meal.* ‖ Faire un triste repas, *to have a poor meal.* ‖ Prendre son repas, *to have o.'s meal.* ‖ Prendre ses repas au dehors, *to eat out.* ◆ CUISINE. Apprêter (préparer) le repas, *to prepare the meal.* ‖ S'occuper du repas, *to look after the meal.* ◆ HOSPITALITÉ. Assister au repas des fauves (Fam.), *to see the lions being fed.* ‖ Donner (offrir) un grand repas, *to give a banquet.* ‖ Partager le repas de qqn, *to share s.o.'s meal.* ‖

Servir le repas, *to serve the meal.* ◆ MARIAGE. Faire un repas de noce, *to give a wedding breakfast.* ◆ RESTAURANT. Commander son repas, *to order o.'s meal.* → **honneur, vie.**

repassage ◆ MÉNAGE. Faire du repassage, *to do ironing.*

repentir ◆ REGRET. Témoigner de son repentir, *to show o.'s repentance.*

répercussion ◆ CHOC EN RETOUR. Entraîner des répercussions, *to lead to repercussions.*

repère ◆ ORGANISATION. Choisir (établir) un repère, *to choose (to establish) a guidemark.* ‖ Prendre qqch. pour repère, *to take sth. as a guidemark.* → **point.**

repérer ◆ POLICE. Se faire repérer (Fam.), *to get spotted.*

répertoire ◆ GROSSIÈRETÉ. Sortir tout son répertoire, *to bring out o.'s whole bag of tricks.* ◆ SPECTACLE. Inscrire au répertoire, *to include in the repertoire.*

répéter ◆ RÉPÉTITION. Se tuer à répéter qqch. (Fam.), *to wear o.s. out repeating sth.* ◆ SOUMISSION. Ne pas se le faire répéter (Fam.), *not to need to be told twice.*

répétition ◆ ÉCOLE. Donner des répétitions à un élève, *to give a pupil private coaching.* ◆ EXPRESSION. Éviter les répétitions, *to avoid repetition.* ◆ THÉÂTRE. Etre en répétition, *to be rehearsing* (acteur); *to be in rehearsal* (pièce). → **pièce.**

répit ◆ REPOS. Accorder (donner) un répit, *to grant (to give) a respite.* ◆ SURMENAGE. Travailler sans répit, *to work without a break.* → **moment.**

repli ◆ MILITAIRE. Opérer un repli, *to fall back.* ◆ PÉNÉTRATION. Fouiller les replis de l'âme, *to seek out the inmost secrets of the soul.* → **mouvement, position.**

réplique ◆ INTRANSIGEANCE. N'admettre (ne souffrir) aucune réplique, *to allow (to suffer) no argument.* ◆ RÉPONSE. Avoir la réplique facile, *always to have a ready answer.* ‖ Etre prompt à la réplique, *to be quick with an answer.* ◆ RESSEMBLANCE. Etre une vivante réplique de qqn, *to be the living image of s.o.* ◆ SOUMISSION. Obéir sans réplique, *to obey without a word.* ◆ THÉÂTRE. Donner la réplique à qqn, *to feed s.o.*

répondant ◆ GARANTIE. Avoir un répondant, *to have a guarantor.* ◆ RICHESSE. Avoir du répondant, *to have money behind o.*

répondre ◆ EMBARRAS. Etre bien embarrassé pour répondre, *to be at a total loss for an answer.*

réponse ◆ AMBIGUÏTÉ. Faire une réponse de Normand, *to give an equivocal reply.* ‖ Faire une réponse qui n'engage à rien, *to give a non-committal reply.* ‖ Faire une réponse qui n'en est pas une, *not to give any real answer.* ◆ ARGUMENTATION. Avoir réponse à tout, *to have an answer for everything.* ◆ COURRIER. Rester sans réponse, *to remain unanswered.* ◆ RÉPONSE. Attendre (demander; obtenir; recevoir) une réponse, *to wait for (to ask for; to obtain; to receive) a reply.* ‖ Donner réponse sur le champ, *to give an answer on the spot.* ‖ Faire la réponse du berger à la bergère, *to come back quick as lightning.*

report ◆ MATHÉMATIQUES. Faire un report, *to carry forward.*

reportage 1. PRESSE. Faire un reportage, *to report.* [V. 3.] − 2. PRESSE, RADIO. Faire le reportage d'un accident de chemin de fer, *to cover a rail accident.* ‖ Suivre un reportage, *to follow a report.* − 3. RADIO. Faire un reportage, *to do a running commentary.* [V. 1.]

repos 1. CONGÉ. Etre de repos, *to be off-duty.* − 2. DÉTENTE. Trouver le repos, *to find rest.* − 3. DIFFICULTÉ. Ne pas être de tout repos, *to be no child's play.* − 4. INSOMNIE. Ne pas pouvoir trouver le repos, *cannot get any rest* (Gramm.). [V. 12.] − 5. MILITAIRE. Etre au repos, *to be standing at ease.* [V. 9.] − 6. MORT. Entrer dans le repos éternel, *to go to o.'s eternal rest.* − 7. PERTURBATION. Troubler le repos de qqn, *to disturb s.o.'s rest.* − 8. REPOS. Goûter le repos, *to enjoy resting.* ‖ Jouir d'un repos bien gagné, *to enjoy a well-earned rest.* ‖ Prendre du repos, *to take a rest.* − 9. SANTÉ. Etre au repos, *to be resting on doctor's orders.* [V. 5.] − 10. SINÉCURE. Etre de tout repos (Fam.), *to be child's play.* − 11. SURMENAGE. N'avoir ni repos ni trêve (cesse), *not to have a moment's peace and quiet.* − 12. TOURMENT. Ne pas pouvoir trouver le repos, *not to be able to find peace of mind.* [V. 4.] − 13. TRANQUILLITÉ. Assurer le repos de qqn, *to ensure s.o.'s rest.* ‖ Demeurer en repos, *to remain quiet.* ‖ Etre en repos au sujet de qqn (qqch.), *to be easy in o.'s mind about s.o. (sth.).* ‖ Laisser qqn en repos, *to leave s.o. in peace.* ‖ Se tenir en repos, *to keep quiet.* → **esprit, jour.**

repoussoir. ◆ CONTRASTE. Servir de repoussoir, *to act as a foil.*

reprendre ◆ EXPÉRIENCE. Ne plus s'y laisser reprendre, *not to let o.s. get caught again.* ◆ MAÎTRISE DE SOI. Tenter de se reprendre, *to try to pull o.s. together.*

représaille ou **représailles** ◆ VENGEANCE. Effectuer (engager) des représailles contre qqn, *to take reprisals upon s.o.* ‖ Exercer des (user de) représailles contre qqn, *to retaliate against s.o.*

représentatif ◆ APPARENCE. Etre peu représentatif, *to be unrepresentative.*

représentation ◆ AFFECTATION. Etre toujours en représentation (Fam.), *to be always showing off.* ◆ COMMERCE. Faire de la représentation, *to be a sales representative.* ◆ POLITIQUE. Faire des représentations diplomatiques, *to make diplomatic representations.* ◆ SPECTACLE. Assister à (donner) une représentation, *to attend (to put on) a performance.*

répression ◆ RÉPRESSION. Exercer une répression contre qqn, *to put a check on s.o.* → **mesure.**

réprimande ◆ RÉPRIMANDE. Faire une réprimande à qqn, *to rebuke s.o.* ‖ Recevoir des réprimandes, *to be rebuked.*

repris ◆ DÉLINQUANCE. Etre un repris de justice, *to be an old offender.*

reprise ◆ AUTOMOBILE. Avoir de bonnes reprises, *to pick up well.* ◆ COUTURE. Faire une reprise, *to do a darn.* ◆ MAISON. Demander une reprise, *to ask for compensation for improvements.*

réprobation ◆ DÉPLAISANCE. Soulever (attirer, encourir) la réprobation, *to arouse (to incur) censure.* ◆ RÉPROBATION. Englober dans une même réprobation, *to censure equally.* ‖ Manifester sa réprobation, *to show o.'s disapproval.*

reproche ◆ PERFECTION. Etre sans reproche, *to be beyond reproach.* ◆ REMORDS. Etre un vivant reproche pour qqn, *to be a living reproach to s.o.* ‖ Se faire de grands reproches, *to reproach o.s. bitterly.* ◆ RÉPRIMANDE. Accabler

(assaillir) qqn de reproches, *to heap (to rain down) reproval on s.o.* ‖ Faire des reproches à qqn, *to reprove s.o.* ‖ Formuler un reproche, *to express reproof.* ‖ Recevoir (essuyer) les reproches de qqn, *to be reproved by s.o.* ‖ S'attirer des reproches, *to incur reproval.* ‖ Subir les reproches de qqn, *to get a lecture from s.o.*

république ◆ NON-ESCLAVAGE. Etre en république (Fam.), *to be under republican rule.*

répugnance ◆ DÉGOÛT. Avoir de la répugnance, *to be very loath.* ‖ Manifester de la répugnance, *to show strong distaste.* ◆ DÉPLAISANCE. Causer (inspirer, provoquer) de la répugnance, *to cause (to arouse, to inspire) loathing.* ◆ RÉTICENCE. Éprouver une certaine répugnance à faire qqch., *to feel loath to do sth.*

répulsion ◆ DÉPLAISANCE. Inspirer de la répulsion, *to be repulsive.*

réputation 1. APPUI. Soutenir la réputation de qqn, *to uphold s.o.'s reputation.* [V. 6.] – 2. DÉSHONNEUR. Compromettre (perdre) sa réputation, *to compromise (to lose) o.'s reputation.* – 3. DIGNITÉ. Tenir à sa réputation, *to care about o.'s reputation.* – 4. FAUX-SEMBLANT. Usurper une réputation, *to live on a borrowed reputation.* – 5. PRÉJUDICE. Attaquer (entacher, entamer, noircir, nuire à, ruiner, salir, ternir) la réputation de qqn, *to attack (to cast a slur on, to injure, to blacken, to mar, to ruin, to besmirch, to tarnish) s.o.'s reputation.* ‖ Perdre qqn de réputation, *to bring s.o. into disrepute.* – 6. RENOMMÉE. Acquérir une réputation, *to acquire a name.* ‖ Faire la réputation de qqn, *to make s.o.'s name.* ‖ Se faire une réputation, *to make a name for o.s.* ‖ Soigner sa réputation, *to take care of o.'s reputation.* ‖ Soutenir sa réputation, *to keep up o.'s reputation.* [V. 1.] ‖ Vivre sur sa réputation, *to trade upon o.'s good name.* – 7. RÉPUTATION. Avoir une réputation bien établie, *to have a solid reputation.* ‖ Conserver sa réputation intacte (entière), *to keep o.'s reputation intact.* ‖ Jouir d'une bonne réputation, *to have a good reputation.* ‖ N'avoir pas bonne réputation, *not to enjoy a good reputation.* – 8. RISQUE. Hasarder (exposer) sa réputation, *to risk (to endanger) o.'s reputation.* – 9. VALEUR.

Valoir mieux que sa réputation, *to be better than people claim.*
→ **atteinte.**

requête ◆ APPUI. Appuyer une requête, *to support a request.* ◆ ASSENTIMENT. Accéder (faire droit, satisfaire) à une requête, *to accede (to comply with, to grant) a request.* ◆ REQUÊTE. Adresser une requête à qqn, *to make a request to s.o.* ‖ Formuler une requête, *to make a request.* ‖ Présenter une requête, *to put forward a request.*
→ **droit.**

requin ◆ AVIDITÉ. Etre un requin (Fam.), *to be a shark.*

réquisition ◆ ADMINISTRATION. Faire la réquisition des locaux, *to requisition the premises.*

réquisitoire ◆ PROCÉDURE, RÉPROBATION. Dresser (prononcer) un réquisitoire, *to make (to bring) an indictment.*

rescousse ◆ ASSISTANCE. Aller (venir) à la rescousse de qqn, *to go (to come) to s.o.'s rescue.* ◆ REQUÊTE. Appeler à la rescousse, *to call for rescue.*

réseau ◆ POLITIQUE. Organiser un réseau d'espionnage, *to organize a spy network.*

réservation ◆ TRANSPORTS. Faire une réservation, *to book a seat.*

réserve 1. ACCUEIL. Sortir (se départir) de sa réserve, *to break through (to throw off) o.'s reserve.* − 2. CIRCONSPECTION. Demeurer (être, se tenir) sur la réserve, *to stay (to be, to stand) on o.'s guard.* ‖ Montrer une certaine réserve envers qqn, *to treat s.o. rather guardedly.* − 3. MÉNAGE. Faire (constituer) des réserves, *to lay in (to put by) stores.* [V. 5.] ‖ Taper dans les réserves (Fam.), *to break into o.'s stores.* − 4. PRÉVOYANCE. Avoir (mettre; garder, tenir) en réserve, *to have (to put; to keep) in store.* − 5. RESTRICTION. Apporter une réserve, *to enter a reservation clause.* ‖ Faire des réserves, *to make reservations.* [V. 3.] ‖ Faire des réserves sur qqch. (qqn), *to have reservations about sth. (s.o.).*

résidence ◆ MAISON. Changer de résidence, *to change o.'s residence.* ‖ Fixer sa résidence, *to take up residence.* ◆ SENTENCE. Assigner qqn à résidence, *to restrict s.o.'s movements.* ‖ Mettre (être) en résidence surveillée, *to place (to be) under house-arrest.*

résipiscence ◆ CONVERSION. Amener qqn à résipiscence, *to bring s.o. to repentance.* ◆ REGRET. Venir à résipiscence, *to repent of o.'s ways.*

résistance ◆ ENDURANCE. Avoir une résistance à toute épreuve, *to have inexhaustible stamina.* ◆ MILITAIRE. Avoir fait de la Résistance, *to have been a Resistance fighter.* ◆ OPPOSITION. Offrir (opposer; rencontrer, trouver) de la résistance, *to offer (to put up; to meet with, to find) resistance.* ‖ Organiser la résistance, *to organize (the) resistance.* ◆ PERSUASION. Vaincre une résistance, *to overcome opposition.* ◆ RÉPRESSION. Mater les résistances, *to quash resistance.* ◆ SANTÉ. Manquer de résistance, *to lack stamina.*
→ **bastion, îlot, nid, noyau, plat.**

résolution ◆ DÉCISION. Former (prendre) une résolution, *to make a resolution.* ◆ DÉTERMINATION. Agir avec résolution, *to act with determination.* ◆ ENGAGEMENT. Fortifier (maintenir, tenir) sa résolution, *to strengthen (to keep to) o.'s resolution.* ◆ INDÉCISION. Manquer de résolution, *to lack determination.* ◆ INTENTION. Prendre de bonnes résolutions, *to make good resolutions.* ◆ POLITIQUE. Présenter (adopter, prendre) une résolution, *to move (to adopt, to pass) a resolution.*

résonance ◆ INTÉRÊT. Avoir une résonance en qqn, *to touch a responsive chord in s.o.* ‖ Éveiller une résonance en qqn, *to awaken a response in s.o.* ◆ SIMILITUDE. Garder la même résonance, *still to have the same charm.*

respect ◆ CIVILITÉ. Présenter ses respects à qqn, *to present o.'s respects to s.o.* ◆ DOMINATION. Tenir qqn en respect, *to keep s.o. cowered.* ◆ INSOLENCE. Manquer de respect à (envers) qqn, *to be disrespectful to (towards) s.o.* ◆ PUSILLANIMITÉ. Avoir du respect humain, *to be afraid of public opinion.* ◆ RESPECT. Avoir (ressentir) du respect pour qqn, *to have (to feel) respect for s.o.* ‖ Entourer qqn de respect, *to treat s.o. with respect.* ‖ Montrer (témoigner) du respect à qqn, *to show respect for s.o.* ◆ VALEUR. Commander (forcer, inspirer) le respect, *to command (to compel, to inspire) respect.*

respiration ◆ MÉDECINE. Pratiquer la respiration artificielle, *to give artificial respiration.* ◆ SANTÉ. Contenir (retenir) sa respiration, *to bate (to hold) o.'s breath.* ‖ Perdre la respiration, *to gasp.* ◆ STUPÉFACTION. Couper la respiration à qqn, *to take s.o.'s breath away.*

respirer ◆ REPOS. Pouvoir respirer (Fam.), *to have time to breathe.*

responsabilité ◆ ACCUSATION. Faire peser (rejeter) la responsabilité sur qqn, *to put (to throw) the responsibility on s.o.* ‖ Faire retomber la responsabilité sur qqn, *to shift the responsibility onto s.o.* ◆ ENGAGEMENT. Accepter (assumer) la responsabilité de qqch., *to accept (to assume) responsibility for sth.* ‖ Endosser une responsabilité, *to shoulder a responsibility.* ‖ Engager sa responsabilité, *to assume responsibility.* ‖ Engager la responsabilité de qqn, *to involve s.o.'s liability.* ◆ INSTIGATION. Mettre (placer) qqn devant ses responsabilités, *to make s.o. understand his responsibilities.* ◆ LUCIDITÉ. Etre conscient de ses responsabilités, *to be aware of o.'s responsibilities.* ◆ NON-RESPONSABILITÉ. Atténuer la responsabilité de qqn, *to lessen s.o.'s responsibility.* ‖ Décliner toute responsabilité, *to decline all responsibility.* ‖ Dégager sa responsabilité, *to disclaim all responsibility.* ‖ Dégager qqn d'une responsabilité, *to relieve s.o. from a responsibility.* ‖ Fuir devant les responsabilités, *to run away from o.'s responsibilities.* ◆ RESPONSABILITÉ. Agir sous sa propre responsabilité, *to act on o.'s own responsibility.* ‖ Avoir la responsabilité de qqch., *to be responsible for sth.* ‖ Porter (partager) une responsabilité, *to bear (to share) a responsibility.* ‖ Revendiquer la responsabilité de ses actes, *to claim responsibility for o.'s actions.*
→ **sens.**

responsable ◆ ACCUSATION. Rendre qqn responsable de qqch., *to make s.o. responsible for sth.* ◆ ENGAGEMENT. Se considérer comme responsable, *to consider o.s. responsible.* ◆ FOLIE. Ne pas être responsable de ses actes, *not to be responsible for o.'s actions.* ◆ INCULPÉ. Etre civilement responsable, *to be liable for damages.* ◆ RESPONSABILITÉ. Tenir qqn pour responsable (considérer qqn comme responsable), *to hold (to consider) s.o. responsible.*

ressemblance ◆ ART. Attraper la ressemblance, *to catch a likeness.* ◆ RESSEMBLANCE. Offrir (avoir) une ressemblance avec qqn (qqch.), *to bear a resemblance to s.o. (sth.).*

ressentiment ◆ RANCUNE. Avoir (éprouver) du ressentiment, *to feel resentment.* ‖ Garder (nourrir) un ressentiment, *to harbour resentment.*

1. ressort ◆ APATHIE. Manquer de ressort, *to have no go about o.* ◆ MOUVEMENT. Bondir comme un ressort (Fam.), *to spring up.* ◆ MOYEN. Faire jouer tous les ressorts, *to use every means within o.'s power.* ◆ RESSORT. Avoir du ressort, *to be buoyant.* ◆ TECHNIQUE. Faire ressort, *to act as a spring.* ‖ Tendre un ressort, *to set a spring.*

2. ressort ◆ COMPÉTENCE. Etre du ressort de qqn, *to fall within s.o.'s province.* ◆ SENTENCE. Juger qqn (qqch.) en dernier ressort, *to pass final sentence on s.o. (sth.).*

ressource ◆ ARGENT. Avoir des ressources, *to have means.* ◆ GESTION. Augmenter (diminuer, tarir) les ressources de qqn, *to increase (to diminish, to drain) s.o.'s resources.* ‖ Etre le plus clair des ressources de qqn, *to be the best part of s.o.'s resources.* ◆ IMPÉCUNIOSITÉ. Rester sans ressources, *to be left without means of support.* ◆ MOYEN. Déployer (épuiser) toutes les ressources de son imagination, *to make use of (to exhaust) all the resources of o.'s imagination.* ‖ N'avoir d'autre ressource que de faire qqch., *to have no other course open to o. but to do sth.* ◆ RESSORT. Avoir de la ressource, *to be resourceful.* ◆ TECHNIQUE. Exploiter les ressources naturelles, *to exploit the natural resources.*
→ **bout, gamme, personne.**

reste ◆ ÂGE. Jouir de son reste, *to enjoy what o. has left.* ◆ CORPS. Avoir de beaux restes (Fam.), *to be a splendid ruin.* ◆ CUISINE. Accommoder (utiliser) les restes, *to do up (to use) the leftovers.* ◆ FUITE. Ne pas demander son reste (Fam.), *not to wait for any more.* ◆ GÉNÉROSITÉ. Ne pas demeurer en reste, *not to be behindhand.* ◆ RECONNAISSANCE. Etre en reste avec qqn, *to be indebted to s.o.*
→ **bonté, grâce, temps.**

rester ◆ MORT. Y rester (Fam.), *not to come back.*

restriction ◆ RESTRICTION. Apporter des restrictions à qqch., *to place restrictions on sth.* ‖ Entraîner (amener) des restrictions, *to involve (to bring) restric-*

tions. ‖ Subir des restrictions, *to be subjected to restrictions.*

resucée ◆ BOISSON. Prendre une resucée (Fam.), *to have another nip.*

résultat ◆ ANTICIPATION. Préjuger des résultats, *to anticipate results.* ◆ ÉCOLE. Proclamer les résultats d'un examen, *to announce the examination results.* ◆ ÉLECTIONS. Proclamer les résultats du scrutin, *to announce the election results.* ◆ OBJECTIF. Viser un résultat, *to aim at a result.* ◆ RÉSULTAT. Aboutir (conduire, mener) à un résultat, *to achieve (to lead to) a result.* ‖ Atteindre (obtenir) un résultat, *to attain (to obtain) a result.* ‖ Avoir qqch. pour résultat, *to result in sth.* ‖ Donner des résultats, *to give results.*

rétablissement ◆ CONVERSION. Faire un rétablissement, *to retrieve o.s.* ◆ RÉTABLISSEMENT, SPORTS. Faire un rétablissement, *to pull o.s. up.*

rétamer ◆ VOIES DE FAIT. Se faire rétamer (Pop.), *to get bashed up.*

retape ◆ PROSTITUTION. Faire de la retape (Pop.), *to be on the streets.*

retard 1. ARCHAÏSME. Etre en retard sur son siècle, *to be behind the times.* — 2. ÉCOLE. Avoir du retard, *to be behind.* [V. 5.] — 3. RAPIDITÉ. Agir sans retard, *to act without delay.* — 4. RETARD. Amener (entraîner) un retard, *to cause a delay.* ‖ Etre en retard, *to be late.* ‖ Etre en retard pour faire qqch., *to be late doing sth.* ‖ Etre en retard sur un horaire, *to be behind on a timetable.* ‖ Etre en retard sur qqn, *to lag behind s.o.* ‖ Mettre qqn en retard, *to make s.o. late.* ‖ Prendre du retard, *to lose time.* ‖ Rattraper un (son) retard, *to make up for lost time.* ‖ Se mettre en retard, *to make o.s. late.* — 5. TRANSPORTS. Avoir du retard, *to be running late.* [V. 2.] — 6. URGENCE. Ne souffrir aucun retard, *to brook no delay.*
→ **métro.**

retentissement 1. CONSÉQUENCE. Avoir du retentissement, *to have repercussions.* [V. 4.] — 2. OBSCURITÉ. Avoir peu de retentissement, *to arouse very little interest.* — 3. PUBLICITÉ. Donner du retentissement à qqch., *to stir up interest about sth.* — 4. RENOMMÉE. Avoir un grand retentissement, *to excite general interest.* [V. 1.]

retenue ◆ ÉCOLE. Faire sa retenue, *to do detention.* ‖ Mettre qqn en retenue, *to*

give s.o. detention. ◆ GROSSIÈRETÉ. N'avoir aucune retenue, *to have no self-restraint.* ◆ MATHÉMATIQUES. Faire une retenue, *to carry.* ◆ RÉMUNÉRATION. Faire une retenue sur un salaire, *to deduct something from a wage-packet.*

réticence ◆ MAÎTRISE DE SOI. Surmonter ses réticences, *to overcome o.'s reticence.*

retombée ◆ SANTÉ. Recevoir (subir) des retombées radio-actives, *to receive (to be subjected to) radioactive fall-out.*

retouche ◆ COUTURE. Faire des retouches, *to do alterations.* ◆ PHOTOGRAPHIE. Faire des retouches, *to do some touching up.*

retour 1. ÂGE. Etre au retour d'âge, *to be going through the change of life.* ‖ Etre sur le retour (Fam.), *to be getting on.* [V. 9.] — 2. CHOC EN RETOUR. Etre un juste retour des choses, *to be a fair return.* ‖ Subir un retour de flamme, *to be caught in the rebound.* [V. 8, 10, 11.] — 3. COURRIER. Répondre par retour du courrier, *to reply by return of post.* — 4. INTROSPECTION. Faire un retour sur soi, *to take stock of o.s.* — 5. IRRÉVERSIBILITÉ. Etre sans retour, *to be an irreversible step.* — 6. REBOURS. Faire un retour en arrière (sur le passé), *to look back (back on the past).* — 7. RÉCIPROCITÉ. Payer qqn de retour, *to pay s.o. back.* — 8. RESSORT. Avoir un retour de flamme, *to get o.'s second wind.* [V. 2, 10, 11.] — 9. RETOUR. Etre de retour, *to be back.* ‖ Etre sur le retour, *to be coming back.* [V. 1.] — 10. SEXUALITÉ. Avoir un retour de flamme, *to be stirred by old desires.* [V. 2, 8, 11.] — 11. TECHNIQUE. Avoir des retours de flamme, *to light back.* [V. 2, 8, 10.]
→ **choc, esprit.**

retourne ◆ PARESSE. Les avoir à la retourne (Pop.), *to be bone idle.*

retourner ◆ HABILETÉ. Savoir se retourner (Fam.), *to know how to get along.* ◆ INFORMATION. Savoir de quoi il retourne, *to know what is what.*

retrait ◆ FINANCES. Faire un retrait, *to make a withdrawal.* ◆ MODESTIE. Etre (rester) en retrait, *to be (to stay) in the background.*

retraite 1. ADMINISTRATION. Etre à la retraite, *to be retired.* ‖ Etre mis à la retraite d'office, *to be compulsorily retired.* ‖ Etre tout près de la retraite, *to be near retiring age.* ‖ Mettre qqn à la retraite, *to* *retire s.o.* ‖ Prendre sa retraite, *to retire.* − 2. AMOUR. Prendre sa retraite amoureuse, *to say farewell to romance.* − 3. FINANCES. Toucher sa retraite, *to draw o.'s pension.* − 4. MILITAIRE. Battre en retraite, *to beat a retreat.* [V. 6.] ‖ Couper la retraite à l'ennemi, *to cut off the enemy's retreat.* ‖ Couvrir sa retraite, *to cover o.'s retreat.* ‖ Sonner la retraite, *to sound the tattoo.* − 5. RELIGION. Faire une retraite, *to go into retreat.* − 6. RETRAIT. Battre en retraite, *to beat a hasty retreat.* [V. 4.]

retranchement ◆ ACCULEMENT. Forcer (pousser) qqn dans ses derniers retranchements, *to drive s.o. into a corner.*

rétribution ◆ RÉMUNÉRATION. Accepter (demander; recevoir; refuser) une rétribution, *to accept (to ask for; to receive; to refuse) payment.*

retrouver ◆ DÉSARROI. Ne pas s'y retrouver (Fam.), *cannot make it out* (Gramm.). ◆ IMPÉCUNIOSITÉ, PERTE. Ne pas s'y retrouver (Fam.), *to be out of pocket over it.*

réunion ◆ CIVILITÉ. Faire une réunion mondaine, *to hold a society function.* ◆ GROUPEMENT. Faire (tenir) une réunion publique, *to hold a public meeting.* ‖ Placer une réunion sous la présidence de qqn, *to place a meeting under the chairmanship of s.o.* ◆ POLITIQUE. Faire une réunion au sommet, *to hold a summit meeting.*
→ **animation.**

réussite ◆ JEUX DE SOCIÉTÉ. Faire une réussite, *to play (a game of) patience.* ◆ SUCCÈS. Etre une réussite, *to be a success.*

revanche ◆ AVANTAGE. Prendre sa revanche, *to take o.'s revenge.*
→ **service.**

rêve ◆ DURÉE. Passer comme un rêve, *to vanish like a dream.* ◆ ESPOIR. Caresser un rêve, *to cherish a dream.* ◆ ILLUSION. Avoir fait un beau rêve, *to wish it could have lasted.* ‖ Faire des rêves creux, *to indulge in wishful thinking.* ◆ IMAGINATION. Se perdre dans des rêves, *to be lost in a dreamworld.* ◆ MÉDIOCRITÉ. Ne pas être le rêve (Fam.), *to be no dream come true.* ◆ RÉALISATION. Réaliser son rêve, *to make o.'s dream come true.* ◆ RÉALISME. Sortir d'un rêve, *to come out of o.'s dream.* ◆ SOMMEIL. Faire un rêve, *to have a dream.*
→ **pays.**

réveil 1. MILITAIRE. Sonner le réveil, *to sound reveille.* [V. 2.] − 2. RÉVEIL. Avoir le réveil pénible, *to find it hard to wake up.* ‖ Mettre un réveil à sonner à *x* heures, *to set the alarm for* x *o'clock.* ‖ Sonner le réveil en fanfare (Fam.), *to rouse s.o. with a flourish.* [V. 1.]

réveillon ◆ RÉJOUISSANCE. Faire le réveillon de Noël, *to have Christmas Eve supper.* ‖ Faire le réveillon du premier de l'an, *to see the New Year in.*

révélation ◆ ÉCLAIRCISSEMENT. Etre une révélation (Fam.), *to explain many things.* ◆ INFORMATION. Faire des révélations, *to make disclosures.* ◆ PHÉNOMÈNES PARANORMAUX. Avoir une révélation, *to have a revelation.*

revenant ◆ RETOUR. Etre un revenant (Fam.), *to be a stranger.*

revendication ◆ REFUS. Repousser une revendication, *to reject a demand.* ◆ REVENDICATION. Formuler (présenter) des revendications, *to submit demands.*

revendre ◆ ABONDANCE. En avoir à revendre (Fam.), *to have enough and to spare.*

revenir 1. ALIMENTATION. Y revenir (Fam.), *to come back for more.* [V. 3.] − 2. CUISINE. Faire revenir qqch., *to brown sth.* − 3. RÉPÉTITION. Y revenir, *to come back to it.* [V. 1.] − 4. STUPÉFACTION. Ne pas en revenir (Fam.), *cannot get over it* (Gramm.).

revenu ◆ FINANCES. Déclarer ses revenus, *to make out o.'s income-tax return.* ◆ GESTION. Arrondir ses revenus, *to eke out o.'s income.* ‖ S'assurer des revenus, *to provide o.s. with a source of income.* ◆ RICHESSE. Avoir de solides revenus, *to have a substantial income.*
→ **source.**

rêver ◆ CERTITUDE. Ne pas avoir rêvé (Fam.), *not to have dreamed it.* ◆ STUPÉFACTION. Croire rêver, *to think o. is dreaming.*

révérence ◆ CIVILITÉ. Faire la révérence à qqn, *to bow to s.o.* ◆ DÉPART. Tirer sa révérence à qqn, *to bid s.o. adieu.*

rêverie ◆ IMAGINATION. S'abîmer (s'enfoncer, tomber) dans une rêverie, *to lapse (to sink, to fall) into a reverie.* ‖ Se laisser aller (se livrer) à la rêverie, *to drift into a reverie.*

revers ◆ ÉCHEC. Essuyer (subir) un revers (de fortune), *to suffer a set-back.* ◆

INCONVÉNIENT. Etre le revers de la médaille, *to be the other side of the coin.* ◆ MILITAIRE. Prendre à revers, *to take in the rear.*

rêveur ◆ PERPLEXITÉ. Laisser rêveur (Fam.), *to make you think.*

revient → prix.

révision ◆ ÉCOLE. Faire des révisions, *to do revision.*
→ conseil.

revivre ◆ SANTÉ. Se sentir revivre, *to feel o.s. come to life again.*

révolte ◆ APAISEMENT. Apaiser (calmer) la révolte, *to put down (to calm) the rebellion.* ◆ EXCITATION. Enfanter (fomenter, susciter) la révolte, *to breed (to foment, to stir up) rebellion.* ‖ Inciter à la révolte, *to incite to rebellion.* ◆ RÉPRESSION. Etouffer (écraser) une révolte, *to quell (to crush) a rebellion.* ◆ RÉVOLTE. Etre en révolte, *to be in revolt.*
→ étendard, sursaut.

révolution ◆ ASTRONAUTIQUE. Faire *x* révolutions autour de la Terre, *to circle the Earth* x *times.* ◆ PERTURBATION. Etre une vraie révolution (Fam.), *to be a riot.* ◆ POLITIQUE. Faire la révolution culturelle, *to have a cultural revolution.* ◆ RÉVOLUTION. Faire la révolution, *to revolt.*

revolver ◆ MILITAIRE. Sortir (tirer) un revolver, *to draw a revolver.*

revu ◆ LITTÉRATURE. Etre revu et corrigé, *to be read and corrected.*

revue 1. EXAMEN. Passer en revue, *to review.* ‖ Passer la revue de détail, *to inspect.* [V. 3.] − 2. MALCHANCE. Etre (encore) de la revue (Fam.), *to be out of luck (as usual).* − 3. MILITAIRE. Passer en revue, *to review.* ‖ Passer la revue de détail, *to hold a detail inspection.* [V. 1.] − 4. RELATIONS. Etre de revue (Fam.), *to be bound to meet again.*
→ armée, troupe.

révulsé ◆ DÉGOÛT, INDIGNATION. En être révulsé (Fam.), *to be revolted.*

rhabiller ◆ RENVOI. Pouvoir aller se rhabiller (Fam.), *can go and stuff it* (Gramm.).

rhumatisme ◆ SANTÉ. Avoir des rhumatismes, *to have rheumatism.* ‖ Etre perclus de rhumatismes, *to be crippled with rheumatism.*

rhume ◆ RÉPRIMANDE. Prendre qqch. pour son rhume (Fam.), *to catch it hot.* ◆ SANTÉ. Attraper (choper [Fam.]) un rhume, *to catch a cold.* ‖ Avoir un rhume de cerveau, *to have a cold in the head.* ‖ Avoir le rhume des foins, *to have hay-fever.*

riant ◆ BONNE HUMEUR. Prendre qqch. en riant, *to laugh sth. off.*

ribambelle ◆ FAMILLE. Avoir une ribambelle d'enfants (Fam.), *to have a swarm of kids.*

ribote ◆ DÉBAUCHE. Faire ribote (se payer une ribote) [Fam.], *to have a booze-up.*

ribouldingue ◆ DÉBAUCHE. Faire la ribouldingue (Fam.), *to go on a spree.*

riche ◆ APPARENCE. Faire riche, *to look rich.* ◆ MÉDIOCRITÉ. Ne pas être riche (Fam.), *to be nothing to write home about.* ◆ OSTENTATION. Sentir le nouveau riche, *to smack of nouveau riche.*

richesse ◆ ABONDANCE. Regorger de richesses, *to overflow with treasures.* ◆ GESTION. Amasser (accumuler, amonceler) des richesses, *to amass (to collect, to pile up) wealth.* ‖ Distribuer (répartir) les richesses, *to distribute (to share out) the wealth.*
→ signe.

ricochet ◆ CHOC EN RETOUR. Atteindre qqn par ricochet, *to hit s.o. on the rebound.* ◆ DÉTOUR. Atteindre qqn par ricochet, *to reach s.o. by a roundabout way.* ◆ MOUVEMENT. Faire des ricochets, *to play ducks and drakes.*

ric-rac ◆ IMPÉCUNIOSITÉ. Etre ric-rac (Fam.), *to have just enough to get by.* ◆ PAIEMENT. Payer ric-rac (Fam.), *to pay on the nail.*

ride ◆ ACTUALITÉ. Ne pas avoir une ride (Fig.), *not to have dated.* ◆ PHYSIONOMIE. Etre couvert de rides, *to be covered with wrinkles.*

rideau ◆ DISSIMULATION. Tirer le rideau sur qqch., *to draw a veil over sth.* ◆ MAISON. Écarter (fermer; ouvrir; soulever; tirer) un rideau, *to draw back (to close; to open; to raise; to draw) a curtain.* ◆ MÉNAGE. Poser des rideaux, *to put up curtains.* ◆ MILITAIRE. Tendre un rideau, *to extend a screen.* ◆ POLITIQUE. Franchir (passer) le rideau de fer, *to cross the Iron Curtain.* ◆ THÉÂTRE. Baisser (lever) le rideau, *to lower (to raise) the curtain.*
→ lever.

ridicule ◆ CONFORMISME. Craindre le ridicule, *to be afraid of being laughed at.*

◆ DÉRISION. Rendre qqn ridicule, *to make s.o. ridiculous.* ‖ Souligner les ridicules de qqn, *to show up s.o.'s ridiculousness.* ‖ Tourner qqn (qqch.) en ridicule, *to hold s.o. (sth.) up to ridicule.* ◆ NON-CONFORMISME. Braver le ridicule, *to face being laughed at.* ◆ OPINION. Trouver ridicule de faire qqch., *to think it ridiculous to do sth.* ◆ RIDICULE. Etre d'un ridicule achevé (du dernier ridicule), *to be utterly ridiculous.* ‖ Friser (côtoyer) le ridicule, *to verge (to border) on the ridiculous.* ‖ Pousser le ridicule jusqu'à l'extrême, *to be ridiculous in the extreme.* ‖ Prêter au ridicule, *to invite ridicule.* ‖ Se couvrir de ridicule, *to cover o.s. with ridicule.* ‖ Se donner le ridicule de faire qqch., *to be ridiculous enough to do sth.* ‖ S'exposer au ridicule, *to lay o.s. open to ridicule.* ‖ Se rendre ridicule, *to make o.s. ridiculous.* ‖ Tomber dans le ridicule, *to become ridiculous.*

→ **comble, sens.**

rien 1. AFFECTATION. Faire comme si de rien n'était, *to act as if nothing were the matter.* − 2. AMÉLIORATION. Ne rien gâter (Impers.) [Fam.], *not to do any harm.* − 3. APPARENCE. Ne ressembler à rien, *to look like nothing on earth.* [V. 22.] − 4. BAVARDAGE. Parler pour rien, *to waste o.'s breath.* − 5. COURRIER. N'avoir rien de qqn (Fam.), *to have nothing from s.o.* [V. 44.] − 6. DÉBUT. Partir de rien, *to start from nothing.* − 7. DÉNÉGATION. N'en être rien, *to be nothing of the sort.* − 8. DIMINUTION. Se réduire à rien, *to amount to nothing.* [V. 39.] − 9. DIVERGENCE. N'avoir rien de commun avec qqn, *to have nothing in common with s.o.* − 10. ÉCHEC. N'arriver à rien, *to come to nothing.* ‖ Venir à rien (Impers.), *to come to nothing.* − 11. EFFORT. N'avoir rien sans mal, *to get nothing without working for it.* − 12. ÉGALITÉ. Ne le céder en rien à personne, *to be second to none.* − 13. ÉPICURISME. Ne se priver de rien, *not to deny o.s. anything.* − 14. HERMÉTISME. Ne comprendre rien à rien (Fam.), *not to have an inkling.* − 15. IGNORANCE. Ne savoir rien de rien, *not to know anything.* − 16. ILLOGISME. Ne rimer à rien (Fam.), *to make no sense.* − 17. IMPASSIBILITÉ. Ne s'émouvoir de rien, *to be upset by nothing.* − 18. IMPORTANCE. N'être pas rien (Fam.), *to be quite something.* − 19. IMPUISSANCE. Ne pou-

voir rien y faire, *cannot do anything about it* (Gramm.). − 20. INCAPACITÉ. N'être bon à rien (Fam.), *to be a good for nothing.* − 21. INCERTITUDE. Ne jurer de rien, *not to swear to it.* ‖ N'en savoir trop rien, *not to be too sure.* − 22. INCOHÉRENCE. Ne ressembler à rien (Fam.), *to have neither head nor tail.* [V. 3.] − 23. INCOMPÉTENCE. N'y entendre rien (Fam.), *not to know a thing about it.* − 24. INCONSÉQUENCE. N'avoir rien dans la tête (Fam.), *to have very little upstairs.* − 25. INDÉPENDANCE. N'en faire rien, *to do nothing of the sort.* − 26. INDIFFÉRENCE. N'être rien pour qqn, *to be nothing to s.o.* − 27. INEFFICACITÉ. N'y faire rien (Impers.), *to be of no use.* − 28. INFAMIE. Ne reculer devant rien, *to shrink from nothing.* − 29. INUTILITÉ. N'avancer à rien (Impers.), *to lead nowhere.* ‖ Ne mener à rien, *to lead to nothing.* − 30. LATITUDE. N'y avoir rien de perdu (Fam.), *to have lost nothing by it.* − 31. LIBÉRALITÉ. N'y avoir rien de trop beau pour qqn, *there [to be] nothing too good for s.o.* (Gramm.). − 32. LOYAUTÉ. N'avoir rien dans les mains, rien dans les poches (Fam.), *to be nothing up o.'s sleeve.* − 33. MÉDIOCRITÉ. N'être rien de rare, *to be nothing unusual.* − 34. NON-CULPABILITÉ. N'avoir rien à se reprocher, *to have nothing to reproach o.s. with.* − 35. NON-OBLIGATION. N'engager à rien, *not to commit you to anything.* − 36. NON-PROFIT. N'y rien gagner, *to gain nothing by it.* ‖ N'y gagner rien de bon, *to get nothing good out of it.* − 37. NON-RESPONSABILITÉ. N'être pour rien dans une affaire, *to have had no hand in a matter.* ‖ N'y être pour rien, *to have nothing to do with it.* ‖ Ne répondre de rien, *not to answer for anything.* − 38. NON-VALEUR. Etre moins que rien (Fam.), *to be less than nothing.* ‖ Etre un rien du tout (Fam.), *to be a nobody.* ‖ Ne compter pour rien, *to count for nothing.* − 39. POIDS. Devenir à rien (Fam.), *to fade away.* [V. 8.] − 40. PRÉTENTION. Ne douter de rien (Fam.), *to be cock-sure.* ‖ Ne pas se prendre pour rien (Fam.), *to think no small beer of o.s.* − 41. PRIX. Etre pour rien (Fam.), *to be going for a song.* − 42. RAPIDITÉ. Faire qqch. en un rien de temps (en moins de rien), *to do sth. in less than no time.* − 43. RÉSIGNATION. Etre mieux que rien (Fam.), *to be better than nothing.* — 44. RESSEMBLANCE. N'avoir rien de qqn, *to be nothing like s.o.* [V. 5.] — 45. RIRE. Rire pour rien, *to laugh for no reason.* — 46. SUPÉRIORITÉ. N'y avoir rien de mieux (de tel), *there [to be] nothing better (like it)* [Gramm.]. — 47. SUSCEPTIBILITÉ. Se vexer d'un rien, *to be so touchy.* — 48. VÊTEMENT. S'habiller d'un rien, *to dress o.s. out of nothing.*

→ **affaire, air, fantôme, goût, mine, réponse, salive, semblant, tout.**

rieur ◆ PLAISANTERIE. Avoir les rieurs de son côté, *to have the laugh on o.'s side.*

rigolade ◆ IMPORTANCE. Ne pas être de la rigolade (Fam.), *to be no joke.* ◆ LÉGÈRETÉ. Le prendre à la rigolade, *to take it as a joke.* ◆ SÉRIEUX. Ne pas être à la rigolade (Fam.), *not to feel like laughing.*

rigoler ◆ NON-FIABILITÉ. Faire rigoler qqn (Fam.), *to make s.o. laugh.*

rigolo ◆ LÉGÈRETÉ. Etre un rigolo (Fam.), *to be a joker.* ◆ SÉRIEUX. Ne pas être rigolo (Fam.), *to be no laughing matter.*

rigueur ◆ IMPRÉCISION. Manquer de rigueur, *to be careless.* ◆ OBLIGATION. Etre de rigueur, *to be indispensable.* ◆ PERSUASION. Fléchir la rigueur de qqn, *to mollify s.o.'s harshness.* ◆ RANCUNE. Tenir rigueur à qqn, *to hold it against s.o.* ◆ SÉVÉRITÉ. User de rigueur envers qqn, *to treat s.o. harshly.*

→ **mesure.**

rime ◆ INCOHÉRENCE. N'avoir ni rime ni raison, *to be without rhyme or reason.* ◆ LITTÉRATURE. Trouver la rime, *to find the rhyme.*

rincer ◆ MAUVAIS TEMPS. Se faire rincer (Fam.), *to get a soaking.*

ring ◆ SPORTS. Monter sur le ring, *to enter the ring.*

Rip ◆ FUITE. Jouer Rip (Pop.), *to make off.*

ripaille ◆ GOURMANDISE. Faire ripaille, *to feast.*

riposte ◆ RÉPONSE. Avoir la riposte, *to answer pat.*

riquiqui ◆ MÉDIOCRITÉ. Faire riquiqui (Fam.), *to look niggardly.*

rire ◆ COMIQUE. Etre à mourir de rire, *to be killingly funny.* ‖ Exciter le rire, *to raise a laugh.* ‖ Faire rire, *to make laugh.* ‖ Provoquer le rire, *to cause laughter.* ◆ DÉSAGRÉMENT. Ne pas avoir fini de rire (Fam.), *not to be the end of it.* ◆ PLAISANTERIE. Etre pour (de) rire (Fam.), *to be in fun.* ‖ Faire qqch. pour rire, *to do sth. for*

fun. ‖ Vouloir rire, *to be joking.* ◆ RIDICULE. Prêter à rire, *to be ludicrous.* ◆ RIRE. Attraper (avoir) le fou rire, *to catch (to have) a fit of the giggles.* ‖ Crever de rire (Fam.), *to be bursting with laughter.* ‖ Éclater de rire, *to burst out laughing.* ‖ Etouffer (s'étrangler) de rire, *to choke with laughter.* ‖ Glousser de rire, *to chuckle.* ‖ Mourir de rire, *to die of laughing.* ‖ Ne pouvoir s'empêcher de rire, *cannot help laughing* (Gramm.). ‖ Pouffer de rire, *to stifle o.'s laugh.* ‖ Rire d'un bon rire, *to laugh heartily.* ‖ Se mettre à rire, *to start laughing.* ‖ Se retenir de rire, *to keep from laughing.* ‖ Se tordre de rire, *to be convulsed with laughter.* ◆ SAGESSE. Mieux valoir en rire qu'en pleurer, *to be better to laugh than to cry over it.* ◆ SÉRIEUX. Avoir fini de rire, *to have to get down to serious things.* ‖ Ne pas y avoir de quoi rire, *there [to be] nothing to laugh about* (Gramm.). ‖ Se chatouiller pour se faire rire, *to force a laugh.*

→ **côte, éclat.**

risée ◆ DÉRISION. Etre la risée de tous, *to be a public laughing stock.*

risette ◆ RIRE. Faire risette à qqn, *to give s.o. a smile.*

risque ◆ AUDACE. En courir le risque, *to take a chance.* ‖ Encourir (prendre) un risque, *to run (to take) a risk.* ◆ DANGER. Comporter des risques, *to entail risks.* ◆ ÉVALUATION. Mesurer les risques, *to calculate the risks.* ◆ GARANTIE. Couvrir les risques, *to cover the risks.* ◆ POSSIBILITÉ. Etre un risque à courir, *to be a chance to be taken.* ◆ PRUDENCE. Refuser le risque, *to refuse to run risks.* ◆ RISQUE. Courir (supporter) des risques, *to run (to bear) risks.* ‖ Faire qqch. à ses risques et périls, *to do sth. at o.'s own risk.* ◆ SAGESSE. Diminuer (limiter; répartir) les risques, *to reduce (to limit; to spread) the risks.* ◆ SALUT. Écarter le risque, *to avert risk.*

rite ◆ COUTUME. Observer les rites, *to observe the ritual.* ◆ HABITUDE. Etre un rite, *to be a ritual.* ◆ RELIGION. Accomplir un rite, *to perform a rite.*

ritournelle ◆ RÉPÉTITION. Etre toujours la même ritournelle (Fam.), *to be always the same old story.*

rival ◆ SUPÉRIORITÉ. Éclipser (éliminer, évincer, supplanter) un rival, *to overshadow (to remove, to oust, to supplant) a rival.*

rivalité ◆ RIVALITÉ. Entrer en rivalité avec qqn, *to enter into rivalry with s.o.*

rivière ◆ GÉOGRAPHIE. Descendre une rivière, *to go down a river.* ◆ PISCICULTURE. Repeupler une rivière, *to restock a river.*

→ cours, eau.

riz ◆ CUISINE. Faire crever du riz, *to scald rice.*

robe ◆ SAGESSE. Tailler la robe selon le drap, *to cut o.'s coat according to o.'s cloth.*

robinet ◆ FAITS ET GESTES. Fermer (ouvrir; tourner) le robinet, *to turn off (to turn on; to turn) the tap.* ◆ LARMES. Ouvrir le robinet (Fam.), *to turn on the waterworks.*

robot ◆ AUTOMATISME. Agir comme un robot, *to act like a robot.*

→ portrait.

roc ◆ FONDEMENT. Bâtir (fonder) sur le roc, *to build on rock.* ◆ SANTÉ. Etre solide comme un roc (Fam.), *to be as sound as a bell.*

→ solidité.

roche → anguille, eau.

rococo ◆ ARCHAÏSME. Faire rococo (Fam.), *to be quaint.*

rodage ◆ AUTOMOBILE. Etre en rodage, *to be running in.*

rodé ◆ AUTOMOBILE. Etre rodé, *to be run in.* ◆ EXPÉRIENCE. Etre rodé (Fam.), *to be broken in.*

rogne ◆ EXCITATION. Mettre qqn en rogne (Fam.), *to make s.o. cross.* ◆ HUMEUR. Etre en rogne (Fam.), *to be cross.*

rogomme → voix.

roi ◆ BÊTISE. Etre le roi des imbéciles (des crétins) [Fam.], *to be a prize booby.* ◆ DUPE. Etre le roi des gogos (Fam.), *to be the biggest mug on earth.* ‖ Etre le roi des pommes (Fam.), *to be the world's bigger sucker.* ◆ EXTRÉMISME. Etre plus royaliste que le roi, *to be more Roman than the Romans.* ◆ HYGIÈNE. Aller là où le roi va seul (Fam.), *to go and see a man about a dog.* ◆ IMPORTUNITÉ. Etre le roi des emmerdeurs (Pop.), *to be the worst nuisance on earth.* ◆ NON-PROFIT. Travailler pour le roi de Prusse, *to get nothing out of o.'s work.* ◆ RÉJOUISSANCE. Etre le roi de la fève, *to be the king at the Feast of* the Epiphany. ‖ Tirer les Rois, *to eat Twelfth-cake.*

→ cour, morceau, plaisir.

rôle 1. AVANTAGE. Avoir le beau rôle, *to have the star part.* — 2. CIRCONSPECTION. Se confiner dans son rôle, *to keep within o.'s limits.* — 3. COMPLICITÉ. Jouer (tenir) le rôle de comparse, *to play the stooge.* — 4. ÉCHANGE. Intervertir (renverser) les rôles, *to turn the tables.* — 5. IMPORTANCE. Jouer (tenir) un rôle important, *to play a major role.* [V. 9, 10.] — 6. INFÉRIORITÉ. Jouer un rôle mineur, *to play a minor role.* ‖ Jouer un rôle secondaire, *to play second fiddle.* [V. 10.] — 7. MÉDIOCRITÉ. Jouer (tenir) un rôle effacé, *to play an unobtrusive role.* — 8. NEUTRALITÉ. Jouer le rôle de spectateur, *to take the role of spectator.* — 9. RÔLE. Assigner un rôle à qqn, *to assign a role to s.o.* ‖ Confier un rôle à qqn, *to entrust s.o. with a role.* [V. 10.] ‖ Etre (bien) dans son rôle, *to be inside o.'s part.* ‖ Jouer (tenir) un rôle, *to play (to act) a part.* [V. 5, 10.] ‖ Remplir (concevoir; soutenir) son rôle, *to perform (to see; to keep up) o.'s role.* ‖ Sortir de son rôle, *to overreach o.'s.* — 10. SPECTACLE. Apprendre (débiter, interpréter; étudier, répéter, travailler) un rôle, *to learn (to recite, to take; to study, to rehearse, to work on) a part.* ‖ Confier un rôle à qqn, *to assign a part to s.o.* [V. 9.] ‖ Créer un rôle, *to create a part.* ‖ Distribuer les rôles, *to cast a play.* ‖ Jouer (tenir) un rôle, *to play a part.* [V. 5, 9.] ‖ Jouer (tenir) le grand premier rôle, *to have the star role.* ‖ Jouer (tenir) le premier rôle, *to play the lead.* ‖ Jouer (tenir) un rôle secondaire, *to play a minor part.* [V. 6.] ‖ Prendre le rôle à la cascade, *to ham a part.* ‖ Souffler son rôle à un acteur, *to prompt an actor.* — 11. SURVEILLANCE. Jouer (tenir) le rôle de chaperon, *to act as chaperon.*

→ bout, peau, tête.

roman ◆ CINÉMA. Mettre un roman à l'écran, *to film a novel.* ◆ EXTRAORDINAIRE. Etre un vrai roman, *to be just as good as a book.* ◆ IMAGINATION. Bâtir un roman (Fig.), *to weave fantasies.* ‖ Etre du roman (Fig.), *to be pure fiction.* ‖ Faire du roman (Fig.), *to spin a yarn.* ‖ Tenir du roman (Fig.), *to be like a novel.* ◆ LECTURE. Dévorer un roman, *to read a novel straight off.* ◆ LITTÉRATURE. Faire (bâtir, composer) un roman, *to write (to construct, to compose) a novel.* ◆ THÉÂTRE. Adapter un roman à la scène, *to dramatize a novel.*

romance ◆ CHANT. Pousser la romance, *to give them a song.*

rompre ◆ ÉLOGE. Applaudir à tout rompre, *to bring the house down.*

rond 1. CRÉDULITÉ. Avaler qqch. tout rond (Fam.), *to swallow sth. hook, line and sinker.* [V. 6.] – 2. DÉSAGRÉMENT. En baver des ronds de chapeau (Fam.), *to sweat blood.* – 3. FACILITÉ. Tourner rond (Fam.), *to run smoothly.* [V. 12.] – 4. FAITS ET GESTES. Faire des ronds dans l'eau, *to make circles in the water.* ‖ Tourner en rond, *to turn in a circle.* [V. 8.] – 5. FOLIE. Ne pas tourner rond (Fam.), *to have a screw loose.* – 6. GLOUTONNERIE. Avaler qqch. tout rond (Fam.), *to swallow sth. whole.* [V. 1.] – 7. IMPÉCUNIOSITÉ. Etre sans le rond (Fam.), *not to have a brass farthing.* – 8. INUTILITÉ. Tourner en rond (Fam.), *to run round in circles.* [V. 4.] – 9. OSTENTATION. Faire des ronds de jambe, *to strut about.* – 10. STUPÉFACTION. En être (en rester) comme deux ronds de flan (Fam.), *to be struck all of a heap.* – 11. TABAC. Faire des ronds de fumée, *to blow smoke rings.* – 12. TECHNIQUE. Tourner rond, *to run smoothly.* [V. 3.]
→ **empêcheur.**

ronde ◆ CIVILITÉ. Saluer à la ronde, *to greet each in turn.* ◆ JEUX D'ENFANT. Jouer à la ronde, *to play in a circle.*

rondeur ◆ RONDEUR. Avoir de la rondeur, *to be a plain dealer.* ‖ Parler avec rondeur, *to speak plainly.*

ronron ◆ ANIMAL. Faire ronron, *to purr.*

rosaire ◆ RELIGION. Égrener son rosaire, *to tell o.'s beads.*

1. rose ◆ DÉSAGRÉMENT. Ne pas être tout rose, *not to be all plain sailing.*

2. rose ◆ INCONVÉNIENT. Ne pas y avoir de rose sans épines, *there [to be] no rose without a thorn* (Gramm.). ◆ ODEUR. Ne pas sentir la rose (Fam.), *scarcely to smell fragrant.* ◆ PRÉCARITÉ. Durer ce que durent les roses, *to be short-lived.* ◆ REBUFFADE. Envoyer sur les roses (Fam.), *to send packing.*
→ **pot.**

rosée ◆ ALIMENTATION. Etre tendre comme la rosée, *to melt like butter in the mouth.*

rosserie ◆ MÉCHANCETÉ. Dire des rosseries (Fam.), *to make catty remarks.*

rossignol ◆ COMMERCE. Écouler des rossignols (Fam.), *to get rid of the junk.*

rot ◆ ENFANT. Faire son rot, *to burp.* ◆ INCIVILITÉ. Avoir (faire) un rot, *to belch.*

rôti ◆ CUISINE. Arroser le rôti, *to baste the joint.* ◆ LENTEUR. S'endormir sur le rôti (Fam.), *to dawdle.*

rotin ◆ IMPÉCUNIOSITÉ. N'avoir pas un rotin (Fam.), *not to have a penny-piece.*

rotule ◆ FATIGUE. Etre sur les rotules (Fam.), *to be giving at the knees.*
→ **mou.**

rouage ◆ INFÉRIORITÉ. N'être qu'un rouage de la machine, *to be only a cog in the machinery.*
→ **huile.**

roue 1. AIDE. Pousser à la roue (Fam.), *to put o.'s shoulder to the wheel.* – 2. ANIMAL. Faire la roue, *to spread its tail.* [V. 5, 6.] – 3. AUTOMOBILE. Braquer les roues, *to turn the wheels.* – 4. INUTILITÉ. Etre la cinquième roue (de la charrette, du char, du carrosse) [Fam.], *to be a spare wheel.* – 5. OSTENTATION. Faire la roue, *to strut about.* [V. 2, 6.] – 6. SPORTS. Faire roue libre, *to free-wheel.* ‖ Faire la roue, *to turn cartwheels.* [V. 2, 5.] ‖ Gagner d'une roue, *to win by a wheel-length.* ‖ Rouler roue à roue, *to go neck and neck.* – 7. TECHNIQUE. Fausser une roue, *to buckle a wheel.*
→ **bâton, virage.**

rouge 1. COLÈRE. Se fâcher tout rouge, *to blow o.'s top.* ‖ Voir rouge, *to see red.* – 2. HYGIÈNE. Mettre du rouge à lèvres, *to put lipstick on.* – 3. PHYSIONOMIE. Etre rouge, *to be red in the face.* [V. 4.] – 4. POLITIQUE. Etre rouge (Fam.), *to be a red.* [V. 3.] ‖ Voter rouge, *to vote Communist.*
→ **coup.**

rougir ◆ NON-CULPABILITÉ. Ne pas avoir à rougir de qqch., *not to have to feel ashamed about sth.*

rouleau → **bout, peinture.**

roulée ◆ VOIES DE FAIT. Flanquer (recevoir) une roulée (Fam.), *to give (to get) a licking.*

roulement → **fonds.**

rouler ◆ DUPE. Se faire (se laisser) rouler (Fam.), *to be done.* ◆ INACTION. Se les rouler (Pop.), *to be at a loose end.*

roulette ◆ FACILITÉ. Aller (marcher) comme sur des roulettes (Fam.), *to go (to work) like clockwork.* ◆ JEUX D'ARGENT. Jouer à la roulette, *to play roulette.* ◆ JEUX DE SOCIÉTÉ. Jouer à la roulette russe, *to play Russian roulette.*
→ **patin.**

roupie ◆ IMPORTANCE. Ne pas être de la roupie (de sansonnet, de singe) [Pop.], *to be not to be sneezed at.*

roupillon ◆ SOMMEIL. Piquer un roupillon (Fam.), *to snatch forty winks.*

rouspétance ◆ REVENDICATION. Faire de la rouspétance (Fam.), *to grumble.*

roussi ◆ DANGER. Sentir le roussi (Fam.), *to be getting too hot for comfort.* ◆ RELIGION. Sentir le roussi, *to smack of heresy.*

route 1. ACCOMPAGNEMENT. Faire route avec qqn, *to go along with s.o.* − 2. ARRÊT. Rester en route (Fig.), *to get stuck.* − 3. AUTOMOBILE. Adhérer à la route, *to grip the road.* ‖ Crever en route, *to have a puncture on the way.* ‖ Faire de la route, *to motor about.* ‖ Tenir bien la route, *to hold the road well.* − 4. AUTOMOBILE, TECHNIQUE. Mettre en route, *to set into motion.* − 5. CIVILITÉ. Souhaiter bonne route, *to wish a good journey.* − 6. CONVERSION. Remettre dans la bonne route, *to set back on the right road.* − 7. DÉPART. Prendre la route, *to be off.* ‖ Reprendre la route, *to set off again.* ‖ Reprendre sa route, *to resume o.'s journey.* ‖ Se mettre en route, *to set out.* − 8. DÉPLACEMENT. Etre en route, *to be on the way.* ‖ Faire route vers un lieu, *to steer a course towards a place.* − 9. DÉVOIEMENT. Dévier de sa route (Fig.), *to go off o.'s course.* − 10. DIRECTION. Emprunter une route, *to take a road.* − 11. ENTRAVE. Couper la route à qqn (Fig.), *to cut in front of s.o.* [V. 12, 16, 18.] − 12. ENTRAVE, OBSTACLE. Couper (barrer) la route, *to bar the way.* [V. 11, 16, 18.] − 13. ERREUR. Faire fausse route, *to be on the wrong track.* − 14. ÉVÉNEMENT. Jalonner la route de qqn, *to mark s.o.'s life.* [V. 18.] − 15. GUIDE. Tracer la route à qqn, *to mark out a course for s.o.* − 16. MAUVAIS TEMPS. Couper la route, *to make the road impassable.* [V. 11, 12, 18.] −

17. RETARD. S'attarder en route, *to dawdle on the way.* − 18. VOIRIE. Couper la route, *to close the road.* [V. 11, 12, 16.] ‖ Construire (faire, ouvrir) une route, *to build (to open) a road.* ‖ Jalonner une route, *to mark out a road.* [V. 14.]
→ **code, tenue, trace, travail, usager.**

routine ◆ LIBÉRATION. Se dégager (s'évader) de la routine, *to free o.s. (to break away) from o.'s routine.* ◆ ROUTINE. Acquérir une routine, *to get into a routine.* ‖ Agir par routine, *to act out of sheer habit.* ‖ Devenir une routine, *to become routine.* ‖ S'encroûter dans la routine, *to get bogged down in routine.* ‖ S'enliser dans la routine, *to get stuck in a rut.*
→ **esclave, travail.**

roux ◆ CUISINE. Faire un roux, *to make a roux.*

royaume ◆ RELIGION. Entrer dans le royaume des cieux, *to enter into the Kingdom of Heaven.*

ruade ◆ ANIMAL. Décocher (allonger, lancer) une ruade, *to lash out.*

Rubicon ◆ SUCCÈS. Franchir le Rubicon, *to cross the Rubicon.*

rubis ◆ BOISSON. Faire rubis sur l'ongle, *to drink to the last drop.* ◆ PAIEMENT. Payer rubis sur l'ongle, *to pay on the nail.*

rubrique ◆ PRESSE. Tenir la rubrique de la mode, *to write a fashion column.*

rude ◆ DÉSAGRÉMENT. En voir de rudes (Fam.), *to have a rough time of it.*

rue 1. ABONDANCE. Courir les rues (Fam.), *to be two a penny.* − 2. BANALITÉ. Traîner les rues, *to be as common as dirt.* [V. 5.] − 3. CONTACT. Croiser qqn dans la rue, *to pass s.o. in the street.* − 4. DIRECTION. Enfiler (longer) une rue, *to turn down (to go along) a street.* ‖ Prendre (emprunter) une rue, *to take a street.* − 5. PROMENADE. Traîner par les rues, *to hang about the streets.* [V. 2.] − 6. RARETÉ. Ne pas courir les rues (Fam.), *not to grow on trees.* − 7. RENVOI. Jeter qqn à la rue, *to turn s.o. out.* − 8. RÉVOLUTION. Descendre dans la rue, *to go out into the streets.* − 9. VOIRIE. Baptiser (prolonger) une rue, *to name (to extend) a street.* ‖ Décongestionner une rue, *to relieve congestion in a street.*
→ **angle, coin, gueule, homme, nom, pignon.**

ruine ◆ ARCHITECTURE. Menacer ruine, *to be about to collapse.* ‖ Tomber en ruine, *to fall into ruin.* ◆ DESTRUCTION. Causer (consommer, entraîner, précipiter) la ruine de qqn, *to cause (to complete, to bring about, to hasten) s.o.'s ruin.* ‖ Semer la ruine et la désolation, *to spread ruin and desolation.* ◆ FIN. Courir (aller) à la ruine, *to be on the road to ruin.* ◆ RESSORT. Se relever de ses ruines, *to rise from its ruins.* ◆ SANTÉ. N'être plus qu'une ruine (Fam.), *to have gone to pieces.*

ruisseau ◆ ASSISTANCE, CONVERSION. Tirer qqn du ruisseau, *to take s.o. out of the gutter.* ◆ DÉCHÉANCE. Tomber (rouler) dans le ruisseau, *to go to the dogs.*

rumeur ◆ COMMÉRAGE. Accréditer une rumeur, *to give credit to a rumour.* ◆ SCANDALE. Soulever la rumeur publique, *to raise a public outcry.*

rupture ◆ INCULPÉ. Etre en rupture de ban, *to have broken bounds.* ◆ LIBÉRATION.

Etre en rupture de ban, *to be on the loose.* ◆ RUPTURE. Consommer la rupture, *to complete the break.*

ruse ◆ RUSE. Avoir (employer, utiliser) des ruses, *to be full of (to use) cunning.* ‖ Connaître toutes les ruses, *to know all the tricks of the trade.* ‖ Etre une ruse de Sioux, *to be a devilish trick.* ‖ Recourir à la ruse, *to resort to cunning.*

rut ◆ ANIMAL. Etre en rut, *to be in rut* (mâle); *to be in heat* (femelle).

rythme ◆ ACCORD. Se mettre au rythme du monde, *to get in step with the world.* ◆ LENTEUR. Ralentir le rythme, *to slow up the pace.* ◆ MUSIQUE. Marquer le rythme, *to keep time.* ‖ Suivre le rythme, *to follow the beat.* ◆ RYTHME. Changer de rythme, *to change rhythm.* ‖ Imposer un rythme, *to set a rhythm.* ‖ Perturber le rythme, *to upset the rhythm.*

S

sabbat ◆ EXCÈS. Mener le sabbat, *to live it up.*

sable 1. CHÔMAGE. Etre sur le sable (Fam.), *to be out of work.* [V. 2.] – 2. IMPÉCUNIOSITÉ. Etre sur le sable (Fam.), *to be in queer street.* [V. 1.] – 3. INSÉCURITÉ. Marcher sur des sables mouvants (Fig.), *to tread on thin ice.* – 4. PRÉCARITÉ. Bâtir (fonder) sur le sable, *to build on sand.*
→ **chaux, grain.**

sabot ◆ BÉVUE. Marcher (arriver) avec ses gros sabots (Fam.), *to barge in.* ◆ PÉNÉTRATION. Voir venir qqn avec ses gros sabots (Fam.), *can see what s.o. is getting at a mile off* (Gramm.). ◆ SABOTAGE. Travailler comme un sabot, *to bungle o.'s work.* ◆ SOMMEIL. Dormir comme un sabot (Fam.), *to be dead to the world.*
→ **pied.**

sabre ◆ MILITAIRE. Mettre sabre au clair, *to draw swords.*

sabrer ◆ RÉPRIMANDE. Se faire sabrer (Fam.), *to get flayed.*

1. sac 1. AUSTÉRITÉ. Prendre le sac et la cendre, *to put on sackcloth and ashes.*

– 2. AVEU. Vider son sac (Fam.), *to come clean.* [V. 3.] – 3. COLÈRE. Vider son sac (Fam.), *to get it all out.* [V. 2.] – 4. DÉPART. Prendre son sac et ses quilles (Fam.), *to pack o.'s bags.* – 5. DÉSAGRÉMENT. Etre un sac d'embrouilles (de nœuds) [Fam.], *to be a tangled web.* – 6. DUALITÉ. Tirer d'un sac deux moutures, *to make a double profit.* – 7. GLOUTONNERIE. S'en mettre plein le sac (Fam.), *to stuff o.s. to the gills.* – 8. IVROGNERIE. Etre un sac à vin (Fam.), *to be a wine-bag.* – 9. MARIAGE. Épouser le sac (Fam.), *to marry for money.* – 10. NON-ÉLÉGANCE. Ressembler à un sac (Fam.), *to be like a sack of potatoes.* – 11. RICHESSE. Avoir le sac, *to be well-heeled.* – 12. SIMILITUDE. Mettre dans le même sac (Fam.), *to lump together.* – 13. SOLUTION. Etre dans le sac (Fam.), *to be all tied up.*
→ **main, tête, tour.**

2. sac ◆ DESTRUCTION. Mettre à sac, *to ransack.*

sacrement ◆ RELIGION. Administrer (recevoir) les (derniers) sacrements, *to administer (to receive) the (last)*

Sacraments. ‖ Etre muni des sacrements de l'Église, *to be fortified with the rites of the Church.* ‖ S'approcher des sacrements (fréquenter les sacrements), *to partake of (to take) the Sacraments.*

sacrifice ◆ ABNÉGATION. Consommer son sacrifice, *to consumate o.'s sacrifice.* ‖ Faire des sacrifices (pour qqn), *to make sacrifices (for s.o.).* ◆ MORT. Faire le sacrifice de sa vie, *to sacrifice o.'s life.* ◆ SACRIFICE. Faire le sacrifice de qqch., *to sacrifice sth.* ‖ Se résoudre à des sacrifices, *to accept the need for sacrifice.*

sacrilège ◆ ABUS, RELIGION. Commettre un sacrilège, *to commit sacrilege.*

sacristie → punaise.

sadisme → preuve.

sagesse ◆ CONVERSION. Retourner à la sagesse, *to return to the paths of wisdom.* ◆ SAGESSE. Avoir la sagesse d'un vieillard, *to be wise beyond o.'s years.* ‖ Exprimer la sagesse, *to express wisdom.* ‖ Grandir en sagesse, *to grow in wisdom.* → force.

saignée ◆ MÉDECINE. Pratiquer une saignée sur qqn, *to bleed s.o.*

saillie ◆ PLAISANTERIE. Faire une saillie, *to make a sally.* ◆ PROTUBÉRANCE. Faire saillie, *to jut out.*

sain ◆ SALUT. Etre sain et sauf, *to be safe and sound.*

saint ◆ CÉLIBAT. Coiffer sainte Catherine, *to be twenty-five and not married.* ◆ CONFIDENCE. Entrer dans le saint des saints (Fam.), *to enter the Holy of Holies.* ◆ DÉLAI. Attendre jusqu'à la saint-glinglin (Fam.), *to wait till Kingdom Come.* ‖ Remettre à la saint-glinglin (Fam.), *to put off till Kingdom Come.* ◆ DÉSARROI. Ne savoir à quel saint se vouer, *to be at o.'s wits' end.* ◆ ÉCHANGE. Découvrir saint Pierre pour couvrir saint Paul (Fam.), *to rob Peter to pay Paul.* ◆ EXCITATION. Faire damner un saint, *to try the patience of a saint.* ◆ HYPOCRISIE. Faire la sainte nitouche (Fam.), *to look as if butter would not melt in o.'s mouth.* ◆ INTÉRÊT PERSONNEL. Prêcher pour son saint, *to have an axe to grind.* ◆ RELIGION. S'approcher de la sainte table, *to approach the communion rail.* → air, herbe, patience.

Sainte-Anne ◆ FOLIE. Etre échappé de Sainte-Anne (Fam.), *should be in the loony bin* (Gramm.).

Saint-Esprit → opération.

sainteté → odeur.

saison ◆ AGRICULTURE. Etre de (hors de) saison, *to be in (out of) season.* ◆ INOPPORTUNITÉ. Etre hors de saison (ne pas être de saison), *to be untimely.* ◆ SANTÉ. Faire une saison, *to take the waters.*

salade ◆ BONIMENT. Raconter des salades (Fam.), *to tell tall stories.* ‖ Vendre sa salade (Fam.), *to put one over.* ◆ CUISINE. Assaisonner (fatiguer) la salade, *to dress (to toss) the salad.* → panier.

salaire ◆ RÉCOMPENSE. Mériter salaire, *to deserve reward.* ◆ RÉMUNÉRATION. Recevoir un salaire de misère (de famine), *to get starvation wages.* ‖ Réajuster (relever) les salaires, *to adjust (to raise) wages.* ‖ Toucher son salaire, *to draw o.'s pay.* ‖ Toucher le salaire unique, *to draw the only income.* → augmentation, barème, grille, retenue.

salamalec ◆ CIVILITÉ. Faire des salamalecs, *to bow and scrape.*

salé ◆ GAULOISERIE. En raconter de salées (Fam.), *to tell smutty stories.*

saleté ◆ TOUR. Faire une saleté à qqn, *to play a foul trick on s.o.*

salive ◆ EMBARRAS. Avaler sa salive, *to gulp.* ◆ INUTILITÉ. Dépenser (user) sa salive pour rien (perdre sa salive), *to waste o.'s breath.*

salle ◆ SPECTACLE. Faire salle comble, *to draw a full house.* ◆ SUCCÈS. Faire crouler la salle sous les applaudissements, *to bring down the house.*

salon ◆ CIVILITÉ. Tenir salon, *to receive.*

salut ◆ CIVILITÉ. Adresser un salut à qqn, *to address a greeting to s.o.* ‖ Ébaucher un salut, *to give a slight greeting.* ‖ Faire un salut, *to give a greeting.* ‖ Rendre un salut, *to return a greeting.* ◆ RELIGION. Faire son salut, *to work out o.'s salvation.* ◆ SALUT. Devoir son salut à la fuite (chercher son salut dans la fuite), *to run for dear life.* → ancre, planche.

salve ◆ CÉRÉMONIAL. Tirer une salve, *to fire a salvo.*

samedi ◆ PARESSE. Etre né un samedi (Fam.), *to be born lazy.*

sanction ◆ SANCTION. Frapper qqn d'une sanction, *to penalize s.o.* ‖ Infliger une sanction, *to impose a penalty.* ‖ Prendre des sanctions, *to take disciplinary measures.*

sanctuaire ◆ CONFIDENCE. Pénétrer dans le sanctuaire de qqn, *to enter s.o.'s sanctum.*

sandwich ◆ INTERMÉDIAIRE. Etre pris en sandwich (Fam.), *to be sandwiched.*

sang 1. COLÈRE. Avoir le sang chaud, *to be hot-tempered.* — 2. COURAGE. Avoir du sang dans les veines, *to be a man of spirit.* — 3. CRIME. Avoir du sang sur les mains, *to have blood on o.'s hands.* ‖ Faire couler le sang, *to cause bloodshed.* ‖ Répandre le sang, *to spill blood.* ‖ Répandre le sang innocent, *to shed innocent blood.* ‖ Se couvrir de sang, *to wallow in blood.* — 4. EXCITATION. Faire bouillir le sang de qqn, *to make s.o.'s blood boil.* — 5. HÉRÉDITÉ. Avoir du sang bleu, *to be blue-blooded.* ‖ Etre dans le sang, *to be in the blood.* — 6. INCLINATION. Avoir ça dans le sang (Fam.), *to have it in o.'s blood.* — 7. INQUIÉTUDE. Se faire du mauvais sang (Fam.), *to get o.s. bothered.* ‖ Se faire un sang d'encre (Fam.), *to worry o. sick.* ‖ Se tourner (se cailler, se manger, se ronger) les sangs (Fam.), *to fret.* — 8. LÂCHETÉ. Avoir du sang de navet (Fam.), *to be yellow.* ‖ N'avoir pas de sang dans les veines, *to be spiritless.* — 9. MILITAIRE. Verser son sang (pour la patrie), *to give o.'s life (for o.'s country).* — 10. PARASITE. Sucer le sang de qqn (Fam.), *to suck s.o. dry.* — 11. PERSÉCUTION. Tourner les sangs à qqn (Fam.), *to give s.o. a turn.* [V. 12.] — 12. PEUR. Figer le sang à qqn, *to make s.o.'s blood freeze in his veins.* ‖ Glacer le sang dans les veines de qqn, *to make s.o.'s blood run cold.* ‖ Retourner les sangs à qqn (Fam.), *to curdle s.o.'s blood.* [V. 11.] — 13. RENOUVELLEMENT. Infuser un sang nouveau à qqch., *to put new blood into sth.* — 14. SANTÉ. Avoir le sang généreux, *to be thick-blooded.* ‖ Avoir le sang à la tête, *to feel o.'s head throbbing.* ‖ Baigner dans son sang, *to welter in o.'s blood.* ‖ Cracher le sang, *to spit blood.* ‖ Etre tout en sang, *to be covered in blood.* ‖ Nager dans le sang, *to wallow in a pool of blood.* ‖ Perdre (prendre, tirer) du sang, *to lose (to take) blood.* ‖ Pisser le sang (Pop.), *to bleed like a stuck pig.* ‖ Se gratter jusqu'au sang, *to scratch till o. draws blood.* ‖ Se refaire du sang, *to restore the tissues.* — 15. STIMULATION. Echauffer (enflammer) le sang de qqn, *to inflame s.o.* ‖ Fouetter le sang de qqn, *to make s.o.'s blood tingle* — 16. TRAVAIL. Suer sang et eau à faire qqch., *to sweat blood over doing sth.*

→ coup, flot, goutte, impôt, larme, pays, pinte, prise, vice, voix.

sang-froid 1. COLÈRE. Perdre son sang-froid, *to lose o.'s self-control.* [V. 2.] — 2. DÉSARROI. Manquer de sang-froid, *to lack cool-headedness.* ‖ Perdre son sang-froid, *to get flustered.* [V. 1.] — 3. MAÎTRISE DE SOI. Agir de sang-froid, *to act coolly.* ‖ Garder (conserver) son sang-froid, *to keep cool.*

sanglot ◆ LARMES. Éclater en sanglots, *to burst out sobbing.* ‖ Pleurer à gros sanglots, *to heave with sobs.* ‖ Pousser des sanglots, *to sob loudly.* ◆ MAÎTRISE DE SOI. Contenir (étouffer, retenir) ses sanglots, *to choke back o.'s sobs.*

→ voix.

sangsue ◆ IMPORTUNITÉ. Etre une vraie sangsue, *to batten like a leech.* ◆ SANTÉ. Poser des sangsues, *to apply leeches.*

sans-gêne ◆ EFFRONTERIE. Etre du dernier sans-gêne, *to have the devil's own cheek.*

santé ◆ EXCÈS. Compromettre (nuire à) la santé de qqn, *to endanger (to harm) s.o.'s health.* ‖ Ébranler (éprouver) la santé de qqn, *to affect (to impair) s.o.'s health.* ‖ Etre contraire à la santé de qqn, *to disagree with s.o.* ‖ Jouer avec sa santé, *to play about with o.'s health.* ‖ S'abimer (se délabrer, se ruiner) la santé, *to ruin o.'s health.* ‖ Y perdre la santé, *to ruin o.'s health that way.* ◆ PARESSE. Ménager sa petite santé (Fam.), *to be afraid of straining o.s.* ◆ PRUDENCE. Surveiller sa santé, *to look after o.'s health.* ◆ RÉJOUISSANCE. Boire à la santé de qqn, *to drink s.o.'s health.* ◆ SANTÉ. Avoir une santé de fer (Fam.), *to have an iron constitution.* ‖ Avoir une santé chancelante, *to be in failing health.* ‖ Avoir une santé florissante, *to be thriving.* ‖ Avoir une petite santé, *to be delicate.* ‖ Conserver la santé, *to keep healthy.* ‖ Etre en bonne (parfaite) santé, *to*

be in good (perfect) health. ‖ Etre
débordant (éclatant) de santé, *to be
bursting (blooming) with health.* ‖
Etre en pleine santé, *to be as fit as a fiddle.*
‖ Jouir d'une bonne santé, *to enjoy good
health.* ‖ Regorger de santé, *to be bursting
with health.* ‖ Rendre la santé à qqn,
to restore s.o. to health. ‖ Respirer
la santé, *to be the picture of health.* ‖
Rétablir sa santé, *to build o.s. up again.*
‖ Retrouver la santé, *to regain o.'s health.*
→ **bilan, bulletin, verre.**

saoul → **soûl.**

saphir ◆ MUSIQUE. Changer le saphir, *to
change the stylus.*

sapin ◆ MORT. Sentir le sapin (Fam.),
to smell of death.

sarabande ◆ BRUIT. Faire (danser) la
sarabande (Fam.), *to kick up a shindy.*
◆ DÉBAUCHE. Faire la sarabande, *to
paint the town red.* ◆ PHÉNOMÈNES
PARANORMAUX. Danser la sarabande,
to fly about.

sarcasme ◆ RAILLERIE. Décocher (lancer) des sarcasmes à qqn, *to gibe at s.o.* ‖
Larder qqn de sarcasmes, *to heap
sarcasms on s.o.*

sardine ◆ ESPACE. Etre serrés comme des
sardines (Fam.), *to be packed like sardines.*
◆ MILITAIRE. Avoir une sardine de plus
(Fam.), *to have an extra stripe.*

Satan ◆ CONVERSION. Renoncer à Satan,
à ses pompes et à ses œuvres, *to renounce
the Devil and all his works.*
→ **suppôt.**

satellite ◆ ASTRONAUTIQUE. Lancer un
satellite, *to launch a satellite.* ‖ Récupérer
un satellite, *to bring a satellite back to
Earth.*

satire ◆ CRITIQUE. Faire la satire de qqn
(qqch.), *to satirize s.o. (sth.).*

satisfaction ◆ CONTENTEMENT. Donner (procurer) une satisfaction à qqn, *to
give s.o. satisfaction.* ‖ Éprouver de la
satisfaction, *to feel satisfied.* ‖ Trouver
une satisfaction dans qqch., *to get satisfaction out of sth.* ◆ CONVENANCE. Donner
satisfaction, *to prove satisfactory.* ‖
Donner satisfaction à qqn, *to give s.o.
satisfaction.* ◆ SUCCÈS. Recevoir (obtenir)
satisfaction, *to get (to obtain) satisfaction.*

saturation → **point.**

sauce 1. CUISINE. Allonger (rallonger)
la sauce, *to thin out a sauce.* [V. 3.] ‖
Éclaircir (lier; relever) une sauce, *to thin

(to thicken; to season) a sauce.* ‖ Laisser
attacher la sauce, *to let the sauce stick.*
− 2. DIVERSION. Varier la sauce (Fam.),
to change the wrapping. − 3. VERBIAGE.
Allonger (rallonger) la sauce (Fam.),
to make a little go a long way. [V. 1.]

saucée ◆ MAUVAIS TEMPS. Ramasser
(recevoir) une saucée (Fam.), *to get
drenched.*

saucer ◆ MAUVAIS TEMPS. Se faire saucer
(Fam.), *to get drenched.*

saucisse → **chien.**

saumâtre ◆ MÉCONTENTEMENT. La
trouver saumâtre (Fam.), *not to be a bit
pleased.*

saut 1. DÉPLACEMENT. Faire un saut à
Paris (Fam.), *to pop over to Paris.* [V. 7.]
‖ Y aller d'un saut, *to be there and back
in a flash.* − 2. FAITS ET GESTES. Faire
un saut, *to take a jump.* [V. 6.] ‖ Faire
des sauts de carpe, *to turn somersaults.*
− 3. IMPROVISTE. Prendre qqn au saut du
lit, *to catch s.o. before he leaves the
house.* − 4. RÉSOLUTION. Faire le saut
(Fig.), *to take the plunge.* − 5. RISQUE.
Faire un saut dans l'inconnu, *to take a
leap in the dark.* − 6. SPORTS. Faire le
saut périlleux, *to make an aerial somersault.* [V. 2.] − 7. VISITE. Faire un saut
jusque chez qqn, *to pop over to s.o.'s.*
[V. 1.] ‖ Ne faire qu'un saut (Fam.),
just to be on a flying visit.

saute ◆ INSTABILITÉ. Avoir des sautes
d'humeur, *to be temperamental.*

sauter ◆ APPÉTIT. La sauter (Fam.), *to
starve.* ◆ RENVOI. Faire sauter qqn, *to
sack s.o.* ◆ RONDEUR. Y aller et que ça
saute (Fam.), *to stir o.'s stumps.* ◆ TER-
GIVERSATION. Reculer pour mieux sauter,
to put off the evil day.

sauterelle → **jambe.**

sauvage ◆ SOLITUDE. Vivre en sauvage,
to live like a hermit. ◆ VOIES DE FAIT.
Frapper comme un sauvage, *to hit
savagely.*

sauvegarde ◆ PROTECTION. Se placer
sous la sauvegarde de qqn, *to place o.s.
under s.o.'s protection.*

sauver ◆ AVERTISSEMENT. Crier sauve
qui peut, *to shout « Beware! ».*

sauvette ◆ COMMERCE. Vendre à la
sauvette, *to peddle on the sly.*

savamment ◆ EXPÉRIENCE. En parler
savamment, *to know whereof o. speaks.*

savate ◆ FORME. Etre avachi comme une (vieille) savate (Fam.), *to be battered out of all shape.*

saveur ◆ INTÉRÊT. Ne pas manquer de saveur (Fig.), *to be rich.* ◆ NON-INTÉRÊT. Manquer de saveur (Fig.), *to lack zest.* ‖ Perdre sa saveur (Fig.), *to lose its flavour.* ◆ SAVEUR. Etre plein de saveur, *to be full-flavoured.* ‖ Etre sans saveur, *to be tasteless.*

savoir ◆ ÉLUCIDATION. Finir par le savoir, *to find out in the end.* ◆ EXPÉRIENCE. Etre payé (bien placé) pour le savoir, *to know it to o.'s cost.* ◆ INFORMATION. Faire savoir qqch. à qqn, *to inform s.o. of sth.* ‖ N'être pas sans le savoir, *to be well aware of it.* ‖ Ne pas être censé le savoir, *not to be supposed to know.* ◆ INTÉRÊT. Etre bon à savoir, *to be worth knowing.* ◆ PRÉTENTION. Croire tout savoir, *to think o. knows everything.* ◆ REFUS. Ne pas vouloir le savoir, *not to want to know about it.* ‖ Ne vouloir rien savoir, *to be completely intractable.*

savoir-faire ◆ COMPÉTENCE. Avoir du savoir-faire, *to have ability.* ◆ DIPLOMATIE. Avoir du savoir-faire, *to be tactful.*

savoir-vivre ◆ CIVILITÉ. Avoir du savoir-vivre, *to have good manners.* ◆ INCIVILITÉ. Manquer de savoir-vivre, *not to know how to behave.*

savon ◆ RÉPRIMANDE. Passer (flanquer) un savon à qqn (Fam.), *to bawl s.o. out.* ‖ Recevoir un savon (Fam.), *to get bawled out.* ‖ S'attirer un savon (Fam.), *to invite a bawling-out.*

scandale ◆ COMPLICITÉ. Tremper dans un scandale, *to be involved in a scandal.* ◆ CONFORMISME. Redouter le scandale, *to fear public scandal.* ◆ CONVERSION. Faire oublier un scandale, *to live down a scandal.* ◆ DISSIMULATION. Étouffer un scandale, *to hush up a scandal.* ◆ INDIGNATION. Crier au scandale, *to cry shame.* ◆ SAGESSE. Éviter le scandale, *to avoid scandal.* ◆ SCANDALE. Causer (entraîner) un scandale, *to cause a scandal.* ‖ Faire scandale, *to create a scandal.*

sceau ◆ CONFIDENCE. Confier (dire) qqch. sous le sceau du secret, *to confide (to say) sth. under the seal of secrecy.* ◆ COURRIER. Briser un sceau, *to break a seal.* ◆ MARQUE. Apposer son sceau sur qqch., *to put o.'s seal on sth.* ‖ Marquer qqch. d'un sceau, *to put a seal on sth.*

scellés ◆ PROCÉDURE. Lever (apposer, mettre, poser) les scellés, *to lift (to affix) the seals.*

scène 1. CINÉMA. Projeter une scène au ralenti, *to show a scene in slow motion.* ‖ Tourner une scène en extérieur, *to shoot a scene on location.* — 2. PROCÉDURE. Reconstituer la scène, *to reconstruct the scene.* — 3. QUERELLE. Faire une scène, *to make a scene.* ‖ Faire une scène à qqn, *to have a row with s.o.* ‖ Faire une scène épique (à tout casser) à qqn, *to have a frightful row with s.o.* ‖ Jouer la grande scène du deux (Fam.), *to pull out all the stops.* ‖ Faire une scène de ménage, *to have a family squabble.* ‖ Faire une scène à son mari, *to deliver a curtain lecture to o.'s husband.* — 4. RETRAITE. Se retirer de la scène (politique), *to withdraw from the (political) scene.* [V. 5.] — 5. THÉÂTRE. Entrer en scène, *to appear.* ‖ Mettre qqch. en scène, *to stage sth.* ‖ Porter qqch. à la scène, *to put sth. on the stage.* ‖ Quitter la scène, *to leave the stage.* ‖ Se produire sur scène, *to appear on the stage.* ‖ Se retirer de la scène, *to retire from the stage.* [V. 4.]

→ jeu, mise, ordre, roman.

sceptre ◆ MONARCHIE. Porter le sceptre, *to bear the sceptre.*

sciatique ◆ SANTÉ. Avoir une sciatique, *to have sciatica.*

science ◆ PÉDANTISME. Étaler sa science, *to air o.'s knowledge.* ◆ PRÉTENTION. Croire avoir la science infuse, *to think o. knows everything without having to learn it.* ◆ RECHERCHE. Faire progresser la science, *to further science.*

→ abîme, puits.

scission ◆ RUPTURE. Faire scission, *to secede.*

score ◆ SPORTS. Ouvrir le score, *to start the scoring.*

script ◆ ÉCRITURE. Écrire en script, *to write in lettering.*

scrupule ◆ APAISEMENT. Apaiser (faire taire, lever) les scrupules de qqn, *to still (to quieten, to dispel) s.o.'s scruples.* ◆ MALHONNÊTETÉ. Étouffer ses scrupules. *to overcome o.'s scruples.* ‖ Etre dénué de scrupules, *to be unscrupulous.* ‖ N'avoir aucun scrupule, *to be completely unscrupulous.* ‖ Ne pas être étouffé par les scrupules (Fam.), *not to be bothered by any scruples.* ‖ Ne s'embarrasser d'aucun

scrupule, *not to burden o.s. with scruples.*
◆ SCRUPULE. Avoir des scrupules, *to have scruples.* ‖ Pousser le scrupule à l'extrême, *to be over-scrupulous.* ‖ Se faire scrupule de qqch., *to have qualms about sth.*

scrutin ◆ ÉLECTIONS. Dépouiller le scrutin, *to count the votes.* ‖ Procéder au scrutin, *to take the vote.*
→ **résultat, tête, tour.**

Scylla → **Charybde.**

séance ◆ IMMÉDIATETÉ. Exécuter qqch. séance tenante, *to carry out sth. forthwith.* ◆ RÉUNION. Déclarer la séance ouverte, *to declare the meeting open.* ‖ Lever (clore) la séance, *to dissolve (to close) the meeting.* ‖ Entrer en séance, *to go into session.* ‖ Etre en séance, *to be in session.* ‖ Ouvrir la séance, *to open the meeting.* ‖ Présider la séance, *to chair the meeting.* ‖ Suspendre la séance, *to suspend the meeting.* ‖ Tenir une séance publique, *to hold a public meeting.*
→ **procès-verbal.**

séant ◆ FAITS ET GESTES. Se dresser (se mettre) sur son séant, *to sit up.*

seau ◆ MAUVAIS TEMPS. Pleuvoir à seaux, *to bucket down.*

sébile ◆ MENDICITÉ. Tendre la sébile, *to beg for alms.*

sec ◆ AUTORITARISME. Parler sec, *to speak curtly.* ◆ EXTORSION. Mettre qqn à sec (Fam.), *to bleed s.o. dry.* ◆ IGNORANCE. Rester sec (Fam.), *not to have an idea in o.'s head.* ◆ IMPÉCUNIOSITÉ. Etre à sec (Fam.), *to be broke.* ◆ IVRESSE. Boire sec (Fam.), *to drink hard.* ◆ MÉCONTENTEMENT. L'avoir sec (Fam.), *not to be a bit pleased about it.* ◆ RAPIDITÉ. Faire qqch. en cinq sec (Fam.), *to do sth. in a jiffy.*
→ **whisky.**

sécession ◆ RUPTURE. Faire sécession, *to secede.*

seconde ◆ ACTIVITÉ. Ne pas perdre une seconde, *not to waste a second.* ◆ NONEFFICIENCE. Gaspiller de précieuses secondes, *to waste precious seconds.*

secours ◆ ABANDON. Laisser qqn sans secours, *to leave s.o. helpless.* ◆ ASSISTANCE. Aller (se porter, venir) au secours de qqn, *to go (to come) to s.o.'s help.* ‖ Donner les premiers secours, *to give first aid.* ‖ Etre d'un grand secours, *to be a big help.* ‖ Prêter (porter) secours à qqn, *to lend (to give) s.o. assistance.* ‖ Recevoir

des secours, *to receive help.* ‖ Voler au secours de qqn, *to fly to s.o.'s rescue.* ◆ INUTILITÉ. N'être d'aucun secours, *to be of no avail.* ◆ REQUÊTE. Chercher secours près de qqn, *to seek help from s.o.* ‖ Crier au secours, *to shout for help.* ‖ Implorer secours, *to plead for help.* ◆ RETARDEMENT. Venir (voler) au secours de la victoire, *to turn up when the battle is over.*
→ **pneu, police.**

secousse ◆ PARESSE. Ne pas en faire une secousse (Fam.), *not to do a stroke.* ◆ SCIENCE. Enregistrer (ressentir) une secousse tellurique, *to record (to feel) an earth tremor.*

secret ◆ CLAIRVOYANCE. Voir dans le secret, *to see things hidden to other men's eyes.* ◆ CONFIANCE, CONFIDENCE. N'avoir pas de secret pour qqn, *to have no secrets from s.o.* ‖ Confier un secret, *to confide a secret.* ‖ Exiger le secret, *to require secrecy.* ‖ Faire entrer (mettre) qqn dans le secret, *to let s.o. into the secret.* ‖ Faire jurer le secret à qqn, *to swear s.o. to secrecy.* ◆ CUISINE. Avoir le secret d'un plat, *to have the knack of making a dish.* ◆ DÉLIT. Trahir le secret professionnel, *to commit a breach of confidence.* ◆ DISCRÉTION. Emporter un secret dans la tombe, *to carry a secret with o. to the grave.* ‖ Ensevelir (enfouir) un secret, *to bury a secret.* ‖ Garder un secret, *to keep a secret.* ‖ Garder le secret au sujet de qqch., *to keep sth. secret.* ◆ ÉLUCIDATION. Éventer (percer) un secret, *to find out (to discover) a secret.* ‖ Pénétrer les secrets d'alcôve, *to discover the secrets of the bed-chamber.* ‖ Trouver le secret de qqch., *to find the secret of sth.* ◆ INDISCRÉTION. Dérober (surprendre) un secret, *to steal (to come upon) a secret.* ◆ INFORMATION. Détenir un secret, *to be in possession of a secret.* ‖ Etre dans le secret, *to be in on the secret.* ‖ Etre dans le secret des dieux (Fam.), *to be in the know.* ‖ Etre le secret de Polichinelle, *to be an open secret.* ◆ RÉVÉLATION. Dévoiler (divulguer; lâcher, livrer; répéter; trahir, violer) un secret, *to give away (to divulge; to let out; to tell; to betray) a secret.* ‖ Ébruiter un secret, *to noise a secret abroad.* ◆ SENTENCE. Mettre qqn au secret, *to put s.o. in solitary confinement.* ◆ TECHNIQUE. Faire jouer le secret

d'un meuble, *to touch the secret spring in a piece of furniture.*
→ **sceau.**

secteur 1. DIVERGENCE. Ne pas être branchés sur le même secteur (Fam.), *not to be on the same wavelength.* — 2. ÉLECTRICITÉ. Brancher sur le secteur, *to connect to the mains.* — 3. MAISON. Changer de secteur, *to change neighbourhoods.* [V. 4.] — 4. MÉTIER. Changer de secteur, *to change o.'s line.* [V. 3.] — 5. SYNDICALISME. Paralyser les secteurs de l'activité, *to paralyze the sectors of activity.*

sécurité ♦ AFFAIRES SOCIALES. Bénéficier de la Sécurité sociale, *to be entitled to Social Security.* ♦ DANGER. Compromettre la sécurité de qqn, *to imperil s.o.'s safety.* ♦ PROTECTION. Donner toute sécurité à qqn, *to afford s.o. complete safety.* ‖ Veiller sur la sécurité de qqn, *to look after s.o.'s safety.* ♦ SÉCURITÉ. Éprouver une entière sécurité, *to feel entirely safe.* ‖ Etre en sécurité contre le danger, *to be safe from danger.*
→ **charge, marge, soupape.**

sédition ♦ RÉPRESSION. Éteindre (réprimer) une sédition, *to quell (to suppress) a rising.*

séduction ♦ ATTRACTION. Exercer une séduction, *to exert an attraction.* ♦ SÉDUCTION. User de séduction pour faire faire qqch. à qqn, *to beguile s.o. into doing sth.*

séduire ♦ ENTRAÎNEMENT. Se laisser séduire par qqch., *to allow o.s. to be enticed by sth.*

ségrégation ♦ POLITIQUE. Pratiquer la ségrégation, *to practise segregation.*

seigneur ♦ AFFECTATION. Faire le grand seigneur (trancher du grand seigneur), *to give o.s. lordly airs.* ♦ DOMINATION. Parler en seigneur et maître, *to speak with authority.* ♦ MARIAGE. Etre le seigneur et maître de qqn, *to be s.o.'s lord and master.* ♦ MORT. S'endormir dans le Seigneur, *to die with o.'s soul at peace.*
→ **vie, vigne.**

sein ♦ CONFIDENCE. S'épancher dans le sein de qqn, *to unbosom o.s. to s.o.* ♦ ÉPANCHEMENTS. Presser (serrer) qqn sur son sein, *to press s.o. to o.'s bosom.* ♦ MATERNITÉ. Donner le sein à un enfant, *to give the breast to a child.* ♦ MORT.

Rentrer dans le sein d'Abraham, *to return to Abraham's bosom.* ♦ RELIGION. Rentrer dans le sein de l'Église, *to return to the bosom of the Church.*
→ **serpent.**

séjour ♦ SENTENCE. Etre interdit de séjour, *to be prohibited from entering the area.*
→ **interdiction.**

sel ♦ BÊTISE. Etre fin comme du gros sel (Fam.), *to be as wise as the men of Gotham.* ♦ CUISINE. Ne pas ménager le sel, *not to be sparing with the salt.* ♦ ESPRIT. Ne pas manquer de sel, *to be quite witty.* ♦ INTÉRÊT. Goûter le sel d'une histoire, *to appreciate the point of a story.* ♦ SANTÉ. Respirer des sels, *to sniff smelling-salts.* ♦ VALEUR. Etre le sel de la terre, *to be the salt of the earth.*
→ **grain, pain, poivre.**

sélection ♦ CHOIX. Opérer une sélection, *to make a selection.*

self-service ♦ HÔTELLERIE. Manger dans un self-service, *to eat in a cafeteria.*

selle 1. ALTERNATIVE. Etre assis entre deux selles (Fam.), *to be sitting on the fence.* — 2. ASSISTANCE. Mettre qqn en selle, *to give s.o. a leg-up.* — 3. ÉQUITATION. Etre bien en selle, *to have a good seat.* [V. 6.] ‖ Sauter en selle, *to leap into the saddle.* ‖ Se maintenir en selle, *to keep in the saddle.* ‖ Se remettre en selle, *to remount.* [V. 4.] — 4. RESSORT. Se remettre en selle (Fig.), *to get back into the saddle.* [V. 3.] — 5. SANTÉ. Aller à la selle, *to have a motion.* — 6. STABILITÉ. Etre bien en selle (Fig.), *to be well established.* [V. 3.]

sellette ♦ CRITIQUE. Etre (mettre) sur la sellette, *to be (to put) on the carpet.*

semaine ♦ IMPÉCUNIOSITÉ. Vivre à la petite semaine, *to live from hand to mouth.* ♦ IMPOSSIBILITÉ. Arriver la semaine des quatre jeudis, *not to happen in a month of Sundays.* ♦ TRAVAIL. Faire la semaine anglaise, *to have the week-end off.* ‖ Faire la semaine de quarante heures, *to work a forty-hour week.*

semblable ♦ DÉNÉGATION. N'avoir rien dit de semblable, *to have said nothing of the sort.* ♦ SUPÉRIORITÉ. Ne pas trouver son semblable, *to have no equal.*

semblant ♦ AMBIGUÏTÉ. Ne faire semblant de rien, *to look as if nothing were* *the matter.* ◆ FAUX-SEMBLANT. Faire semblant, *to pretend.*

sembler ◆ INDÉPENDANCE. Faire comme bon vous semble, *to do as o. thinks fit.*

semelle 1. CUISINE. Etre de la semelle (Fam.), *to be as tough as an old boot.* – 2. FAITS ET GESTES. Battre la semelle, *to stamp o.'s feet.* [V. 6.] – 3. IMMOBILITÉ. Ne pas avancer d'une semelle (Fam.), *not to move forward an inch.* – 4. IMPORTUNITÉ. Ne pas lâcher (quitter) qqn d'une semelle (Fam.), *to stick close to s.o.* – 5. OBSTINATION. Ne pas rompre (reculer) d'une semelle (Fam.), *not to budge an inch.* – 6. RECHERCHE. Battre la semelle, *to tramp the streets.* [V. 2.]

semer ◆ ARTISAN DE SON SORT. Récolter ce qu'on a semé, *to reap what o. has sowed.*

séminaire ◆ ÉCOLE. Diriger un séminaire, *to take a seminar.* ◆ RELIGION. Faire son séminaire, *to attend a seminary.*

semis ◆ AGRICULTURE. Éclaircir un semis, *to thin out seedlings.*

semonce ◆ RÉPRIMANDE. Donner (faire, infliger) une semonce à qqn, *to give s.o. a good talking-to.*

sénateur → train.

sens 1. ACCORD. Abonder (donner) dans le sens de qqn, *entirely to agree with s.o.* ‖ Agir dans le même sens que qqn (dans le sens de qqn), *to act along the same lines as s.o.* – 2. AUTOMOBILE. Prendre le sens giratoire, *to go round the roundabout.* ‖ Emprunter (prendre) un sens interdit, *to go the wrong way in a one-way street.* – 3. CIVILITÉ. Avoir le sens des convenances, *to have a sense of propriety.* – 4. COMMERCE. Avoir le sens des affaires, *to have a good head for business.* – 5. DÉRAISON. Choquer (heurter) le bon sens, *to offend common sense.* ‖ Ne pas avoir tout son bon sens, *not to be in o.'s right senses.* ‖ Perdre le sens commun, *to take leave of o.'s senses.* – 6. DÉSORDRE. Etre sens dessus dessous, *to be topsy turvy.* ‖ Mettre sens dessus dessous, *to turn upside down.* – 7. DIRECTION. Avoir le sens de l'orientation, *to have a sense of direction.* – 8. DISCERNEMENT. Avoir un gros (robuste) bon sens, *to have plenty of common sense.* – 9. ESTHÉTIQUE. Avoir le sens du beau, *to have a sense of beauty.* – 10. ÉVIDENCE. Tomber sous le sens, *to stand to reason.* – 11. EXAMEN. Retourner qqch.

dans tous les sens (Fig.), *to examine sth. from every angle.* [V. 12.] – 12. FAITS ET GESTES. Retourner qqch. dans tous les sens, *to turn sth. over and over.* [V. 11.] – 13. FOLIE. N'être pas dans son bon sens, *not to be all there.* ‖ Perdre le sens, *to go out of o.'s mind.* – 14. HUMOUR. Avoir le sens de l'humour, *to have a sense of humour.* – 15. ILLOGISME. Etre dépourvu (vide) de sens, *to be meaningless.* ‖ N'avoir pas de sens commun, *to be nonsensical.* – 16. INSENSIBILITÉ. Perdre le sens de l'humain, *to lose o.'s sense of humanity.* – 17. JUSTICE. Avoir le sens de l'équité, *to have a sense of justice.* – 18. MODERNISME. Aller dans le sens de l'histoire (du progrès), *to move with the tide of history (progress).* – 19. OBJECTIF. Donner (trouver) un sens à l'existence, *to give (to find) a meaning to life.* ‖ Donner un sens à sa vie, *to give a purpose to o.'s life.* – 20. POLITIQUE. Avoir le sens de la démocratie, *to be democratically inclined.* – 21. RAISON. Rentrer dans son bon sens, *to recover o.'s senses.* – 22. RÉALISME. Avoir un sens aigu des réalités, *to have a firm grip on reality.* – 23. REBOURS. Aller en sens inverse, *to go in the opposite direction.* – 24. RESPONSABILITÉ. Avoir le sens des responsabilités, *to have a sense of responsibility.* – 25. RIDICULE. Avoir le sens du ridicule, *to have a sense of the ridiculous.* – 26. SENSATION. Aiguiser les sens, *to heighten the senses.* – 27. SIGNIFICATION. Attribuer un sens à qqch., *to attribute a meaning to sth.* ‖ Chercher (dégager, donner, éclairer; détourner; forcer; saisir) le sens d'un mot, *to look up (to bring out, to give, to clarify; to distort; to stretch; to grasp) the meaning of a word.* ‖ Etre à double sens, *to have a double meaning.* ‖ Faire un faux sens, *to get a word wrong.* ‖ Perdre son sens, *to lose its meaning.* – 28. TRANSPORTS. S'asseoir (se placer, voyager) dans le sens de la marche, *to get a seat (to sit, to travel) facing the engine.*

→ **glissement, grain, mot, once, oreille, question, usage.**

sensation ◆ JOUISSANCE. Etre avide de sensations, *to be out for kicks.* ◆ MALAISE. Éprouver une sensation de malaise, *to have an uneasy feeling.* ◆ SENSATION. Avoir la sensation de qqch., *to have a feeling of sth.* ‖ Éprouver une sensation, *to experience a* *feeling.* ◆ STUPÉFACTION. Faire sensation, *to make a sensation.*

sensationnel ◆ EXTRAORDINAIRE. Rechercher le sensationnel, *to be out for thrills.*

sensibilité ◆ ENDURCISSEMENT. Émousser la sensibilité de qqn, *to dull s.o.'s sensitivity.* ◆ SENSIBILITÉ. Avoir une sensibilité d'écorché vif, *to be hypersensitive.* ‖ Etre d'une grande sensibilité, *to be highly sensitive.*

sensiblerie ◆ AFFECTATION. Faire de la sensiblerie, *to indulge in sentimentality.*

sentence ◆ EXPRESSION. S'exprimer par sentences, *to express o.s. sententiously.* ◆ SENTENCE. Commuer une sentence, *to commute a sentence.* ‖ Prononcer (rendre) une sentence, *to pass sentence.*

sentier ◆ CONFORMISME. Suivre les sentiers battus, *to keep to the beaten track.* ◆ ORIGINALITÉ. S'écarter des sentiers battus, *to break new ground.*

sentiment 1. ACCORD. Partager le sentiment de qqn, *to share s.o.'s feelings.* [V. 2.] − 2. AMITIÉ. Partager les sentiments de qqn, *to reciprocate s.o.'s feelings.* [V. 1.] − 3. CHANTAGE. Le faire au sentiment, *to use moral blackmail.* − 4. CIVILITÉ. Avoir le sentiment des convenances, *to have a sense of propriety.* − 5. DÉTÉRIORATION. Altérer les sentiments de qqn, *to alter s.o.'s feelings.* − 6. DEVOIR. Avoir un sentiment élevé du devoir, *to have an exalted sense of duty.* − 7. DISSIMULATION. Dissimuler un sentiment, *to conceal a feeling.* − 8. ÉMOTION. Trahir ses sentiments, *to betray o.'s emotions.* − 9. ÉPANCHEMENTS. Étaler ses sentiments, *to parade o.'s emotions.* ‖ Exprimer (faire connaître, manifester) ses sentiments, *to express (to show) o.'s emotions.* ‖ Extérioriser ses sentiments, *to let o.'s emotion show through.* − 10. FAUX-SEMBLANT. Feindre un sentiment, *to feign an emotion.* − 11. HONNEUR. Avoir le sentiment de l'honneur, *to know the meaning of honour.* ‖ Avoir un très haut sentiment de l'honneur, *to be the soul of honour.* − 12. INSENSIBILITÉ. Etre fermé (insensible) à certains sentiments, *to be incapable of certain feelings.* ‖ N'avoir aucun sentiment humain, *to be devoid of human feeling.* ‖ Ne pas faire de sentiment, *not to indulge in sentimentality.* − 13. INTUITION. Avoir le sentiment de qqch.,

to be conscious of sth. − 14. ISOLEMENT. Avoir un sentiment d'exil, *to feel like an exile.* − 15. MAÎTRISE DE SOI. Contrôler ses sentiments, *to keep o.'s feelings under control.* − 16. OPINION. Exposer son sentiment, *to express o.'s feelings.* − 17. PENCHANT. Avoir un sentiment pour qqn, *to be drawn to s.o.* − 18. PERSUASION. Prendre qqn par les sentiments, *to appeal to s.o.'s feelings.* − 19. PSYCHOLOGIE. Avoir (souffrir) d'un sentiment d'infériorité, *to have (to suffer from) a feeling of inferiority.* − 20. REVIREMENT. Changer de sentiment, *to change o.'s mind.* − 21. RONDEUR. Ne pas empêcher les sentiments (Impers.), *not to affect s.o.'s feelings.* − 22. SANTÉ. Etre privé de sentiment, *to be devoid of feeling.* − 23. SENTIMENT. Éprouver (goûter) un sentiment, *to experience (to enjoy) a feeling.* ‖ Faire naître (susciter) des sentiments, *to arouse feelings.* ‖ Nourrir des sentiments à l'égard de qqn, *to entertain feelings towards s.o.* ‖ Passer par divers sentiments, *to experience various feelings in turn.* − 24. SENTIMENTALITÉ. Faire du sentiment, *to sentimentalize.* − 25. UNANIMITÉ. Refléter le sentiment général, *to reflect general feeling.*
→ **appel, pudeur.**

sentinelle ◆ MILITAIRE. Etre (rester) en sentinelle, *to be on guard-duty.* ‖ Relever une sentinelle, *to relieve a watch.* ◆ SURVEILLANCE. Faire la sentinelle, *to be on watch.*

sentir ◆ ANTIPATHIE. Ne pas pouvoir sentir qqn (Fam.), *cannot bear s.o.* (Gramm.). ◆ HOSTILITÉ. Ne pas pouvoir se sentir (Fam.), *cannot stand each other* (Gramm.).

séparation ◆ DIVORCE. Demander la séparation de corps et de biens, *to apply for separation by contract (from bed and board).*

séparé ◆ SÉPARATION. Vivre séparés, *to live apart.*

sépulture ◆ DÉLIT. Violer une sépulture, *to desecrate a tomb.* ◆ MORT. Donner la sépulture à qqn, *to raise a tomb to s.o.* ◆ RELIGION. Refuser la sépulture à qqn, *to refuse s.o. proper burial.*

séquestre ◆ PROCÉDURE. Lever le séquestre sur qqch., *to devest sth.* ‖ Placer (mettre) qqch. sous séquestre, *to sequestrate sth.*

sérail ♦ HABITUDE. Avoir été nourri dans le sérail, *to born and bred to it.*

sérénade ♦ CHANT. Donner la sérénade à qqn, *to serenade s.o.*

sérénité ♦ PERTURBATION. Troubler la sérénité de qqn, *to upset s.o.'s tranquillity.* ♦ SÉRÉNITÉ. Retrouver sa sérénité, *to recover o.'s tranquillity.*

série ♦ COMMERCE. Etre fabriqué en série, *to be mass-produced.* ♦ MÉDECINE. Faire une série de piqûres, *to give a course of injections.*
→ **fin.**

sérieux 1. ESTIMATION. Prendre au sérieux, *to take seriously.* — 2. LÉGÈRETÉ. Manquer de sérieux, *to be irresponsible.* ‖ Ne pas faire sérieux, *to seem rather fly-away* (personne). [V. 3.] — 3. NON-IMPORTANCE. Ne pas faire sérieux, *to seem trivial* (chose). [V. 2.] — 4. PRÉTENTION. Se prendre au sérieux, *to take o.s. seriously.* — 5. SÉRIEUX. Garder (tenir) son sérieux, *to keep a straight face.*

serin ♦ BÊTISE. Avoir l'air serin, *to look a booby.*

serment ♦ DÉDIT. Rompre (violer) un serment, *to break an oath.* ♦ DÉLOYAUTÉ. Faire un faux serment, *to commit perjury.* ♦ ENGAGEMENT. Tenir (respecter) un serment, *to keep an oath.* ♦ LIBÉRATION. Délier qqn d'un serment, *to release s.o. from an oath.* ♦ PROCÉDURE. Faire prêter serment (déférer le serment) à qqn, *to put s.o. on oath.* ♦ PROMESSE. Faire des serments d'ivrogne (Fam.), *to make a dicer's oath.* ♦ SERMENT. Faire serment de faire qqch., *to swear to do sth.* ‖ Prêter serment, *to take the oath.*
→ **foi.**

sermon ♦ RELIGION. Faire (prononcer) un sermon, *to give a sermon.* ♦ RÉPRIMANDE. Faire un sermon à qqn (Fam.), *to give s.o. a talking-to.*

serpe → **coup.**

serpent ♦ DUPE. Réchauffer (nourrir) un serpent dans son sein, *to nourish a viper in o.'s bosom.*
→ **langue, prudence.**

serré ♦ CIRCONSPECTION. Jouer serré, *to play a close game.*

serrement ♦ COMPASSION, PEINE. Éprouver un serrement de cœur, *to feel a pang.* ♦ INQUIÉTUDE. Éprouver un serrement de cœur, *to feel a pang of anxiety.*

serrure ♦ FOLIE. Avoir la serrure brouillée (Fam.), *to be cracked.* ♦ VOL. Forcer (crocheter) une serrure, *to force (to pick) a lock.*
→ **trou.**

sérum ♦ PROCÉDURE. Soumettre qqn au sérum de vérité, *to give s.o. the truth drug.*

service 1. ADMINISTRATION. Organiser (former) un service, *to organize (to set up) a department.* ‖ Valider les services, *to count years of service as pensionable.* — 2. AIDE. Offrir ses services, *to offer o.'s services.* ‖ Rendre service, *to render service.* ‖ Rendre un service à qqn, *to render s.o. service.* ‖ Rendre un service d'ami à qqn, *to do s.o. a friendly turn.* ‖ Rendre un service à charge de revanche, *to do a service expecting it to be returned.* ‖ Rendre un mauvais service, *to do s.o. a bad turn.* ‖ Rendre un fier service à qqn, *to render s.o. valuable service.* — 3. COMMERCE. Assurer le service après vente, *to provide the after-sales service.* — 4. EMPLOYÉ. Etre au service de qqn (être en service chez qqn), *to be in s.o.'s employ.* ‖ Quitter le service de qqn, *to leave s.o.'s employ.* ‖ S'engager (entrer) au service de qqn, *to go into s.o.'s employ.* — 5. EMPLOYEUR. Avoir qqn à son service, *to have s.o. in o.'s employ.* ‖ Prendre (engager) qqn à son service, *to take s.o. into (to engage s.o. in) o.'s employ.* — 6. FONCTIONS. Assurer son service, *to attend to o.'s duties.* ‖ Etre de service, *to be on duty.* — 7. HOSPITALITÉ. Faire le service à table, *to serve at table.* — 8. INTRANSIGEANCE. Etre service service (Fam.), *to be a stickler for discipline.* — 9. INUTILITÉ. Etre hors de service, *to be out of use.* — 10. MILITAIRE. Accomplir (faire) son service militaire, *to do o.'s national service.* ‖ Etre bon pour le service, *to be fit to serve.* ‖ Etre exempt du service militaire, *to be exempt from national service.* ‖ Partir pour le service, *to go off to do o.'s national service.* ‖ Prendre (reprendre) du service, *to enlist (to reenlist) into the forces.* — 11. POLICE. Assurer le service d'ordre, *to provide the peace-keeping force.* [V. 18.] ‖ Établir un service d'ordre, *to set up a peace-keeping force.* — 12. PRESSE. Faire le service d'un journal, *to send out regular complimentary copies of a newspaper.* ‖ Faire le service de presse, *to send complimentary copies.*

— 13. RECONNAISSANCE. Remercier qqn pour ses bons et loyaux services, *to thank s.o. for his long and faithful service.* — 14. RENVOI. Se priver des services de qqn, *to dispense with s.o.'s services.* — 15. REQUÊTE. Demander un service, *to ask a favour.* ‖ Recourir aux services de qqn, *to resort to s.o.'s services.* — 16. SABOTAGE. Négliger son service, *to neglect o.'s duties.* — 17. SPORTS. Faire le service, *to serve.* ‖ Manquer un service, *to miss a service.* — 18. SYNDICALISME. Assurer le service d'ordre, *to act as stewards.* [V. 11.] — 19. TECHNIQUE. Mettre en service, *to put into service.* — 20. UTILITÉ. Rendre les plus grands services, *to be of the greatest use.*
→ **cheval, marche, note, offre.**

serviette → **torchon.**

servitude ◆ CHARGE. Etre une servitude, *to be a drudgery.* ◆ ESCLAVAGE. Tomber dans la servitude, *to come under bondage.* ◆ OPPRESSION. Réduire (mettre) en servitude, *to bring into bondage.* ◆ PROCÉDURE. Etre exempt de servitude, *to be free from incumbrance.* ‖ Supporter une servitude, *to be subject to an incumbrance.*

session ◆ ÉCOLE. Ouvrir (clore) la session, *to open (to close) the examination session.*

seuil ◆ DÉPART. Franchir (passer) le seuil, *to cross the threshold.*

seul ◆ CONFIDENCE. Parler à qqn seul à seul, *to speak to s.o. alone.* ◆ DIFFICULTÉ. Ne pas aller (marcher) tout seul, *not to be all plain sailing.* ◆ FACILITÉ. Marcher (aller) tout seul (Fam.), *to be all plain sailing.* ◆ ISOLEMENT. Se sentir seul, *to feel lonely.* ◆ MÉRITE. S'être fait tout seul, *to be self-made.* ◆ PAROLE. Parler tout seul, *to talk to o.s.* ◆ RIRE. Rire tout seul, *to laugh to o.s.*

sévérité ◆ SÉVÉRITÉ. Traiter qqn avec sévérité, *to treat s.o. sternly.*

sévices ◆ VOIES DE FAIT. Exercer des sévices sur qqn, *to maltreat s.o.*

sex-appeal ◆ SEXUALITÉ. Avoir du sex-appeal, *to be sexy.*

sexe ◆ FEMME. Appartenir au sexe faible, *to belong to the weaker sex.*

shampooing ◆ HYGIÈNE. Se faire un shampooing, *to shampoo o.'s hair.*

shopping ◆ MÉNAGE. Faire du shopping, *to go shopping.*

short ◆ VÊTEMENT. Se mettre en short, *to put on shorts.*

si ◆ RESTRICTION. Mettre des si et des mais, *to put in ifs and buts.*

siècle ◆ ARCHAÏSME. Retarder sur son siècle, *to be behind the times.* ◆ MODERNISME. Etre de son siècle, *to live in o.'s own times.* ◆ RELIGION. Vivre dans le siècle, *to live in the world.*
→ **mal, retard.**

siège 1. CIVILITÉ. Offrir (prendre) un siège, *to offer (to take) a seat.* — 2. DÉFENSE. Soutenir un siège (Fig.), *to be besieged.* [V. 6.] — 3. DÉPART. Lever le siège (Fam.), *to take o.'s leave.* [V. 6.] — 4. FATIGUE. S'écrouler sur un siège, *to flop on to a seat.* — 5. MÉDECINE. Découvrir le siège du mal, *to locate the seat of the disease.* — 6. MILITAIRE. Lever le siège, *to raise the siege* [V. 3] ‖ Mettre le siège devant une ville, *to lay siege to a city.* ‖ Soutenir un siège, *to be under siege.* [V. 2.] — 7. OPINION. Avoir son siège fait, *to be set in o.'s opinion.*
→ **état.**

sien ◆ ACCOMMODEMENT. Y mettre du sien (Fam.), *to prove accommodating.* ◆ APPROPRIATION. Faire sien, *to make o.'s own.* ◆ TOUR. Faire des siennes (Fam.), *to be up to o.'s old tricks.*
→ **honneur.**

sieste ◆ SOMMEIL. Faire la sieste, *to take an afternoon nap.*

siffler ◆ SPECTACLE. Se faire siffler, *to be booed.*

sifflet ◆ INTERRUPTION. Couper le sifflet à qqn, *to cut s.o. short.* ◆ STUPÉFACTION. Couper le sifflet à qqn, *to shut s.o. up.*
→ **coup.**

signal ◆ AUTOMOBILE. Respecter les signaux routiers, *to obey the road signs.* ◆ AVERTISSEMENT. Attendre le signal, *to wait for the signal.* ‖ Convenir d'un signal, *to agree on a signal.* ‖ Donner le signal, *to give the signal.* ◆ CHEMIN DE FER. Brûler un signal, *to run past a signal.* ‖ Fermer (ouvrir) un signal, *to put the signal down (up).* ◆ DISCIPLINE. Obéir au signal, *to obey the signal.* ◆ TÉLÉPHONE. Entendre le signal occupé, *to get the engaged tone.*

signalement ◆ IDENTITÉ. Répondre au signalement, *to answer to the description.*

signature ◆ ADMINISTRATION. Légaliser (authentifier, certifier) une signature, *to* *legalize (to authenticate, to certify) a signature.* ◆ ART. Porter une signature célèbre, *to bear a famous signature.* ◆ DÉLIT. Imiter (contrefaire) une signature, *to copy (to forge) a signature.* ◆ SECRÉTARIAT. Apposer sa signature sur qqch., *to put o.'s name to sth.* ‖ Donner sa signature, *to give o.'s signature.* ‖ Revêtir qqch. d'une signature, *to put a signature on sth.*

signe 1. ACQUIESCEMENT. Donner des signes d'approbation, *to make signs of approval.* ‖ Faire un signe d'assentiment, *to give a sign of assent.* ‖ Faire signe que oui, *to nod (o.'s head in agreement).* — 2. APPEL. Faire signe du doigt, *to beckon.* — 3. CHANCE. Etre né sous le signe de la chance, *to be born under a lucky star.* — 4. CIVILITÉ. Faire signe à qqn, *to wave to s.o.* [V. 5, 23.] — 5. COMPLICITÉ. Faire des signes d'intelligence, *to give a sign.* [V. 4, 23.] — 6. DÉNÉGATION. Faire signe que non, *to shake o.'s head (in disagreement).* — 7. DÉTÉRIORATION. Donner des signes de fléchissement, *to show signs of weakening.* — 8. EXPRESSION. S'exprimer par signes, *to use sign-language.* — 9. FATIGUE. Donner des signes de fatigue, *to show signs of tiredness.* — 10. IMPATIENCE. Donner des signes d'impatience, *to show signs of impatience.* — 11. INDICE, PRÉSAGE. Etre un signe, *to be a sign.* — 12. LUCIDITÉ. Discerner les signes des temps, *to discern the signs of the times.* — 13. MARQUE. Marquer qqch. d'un signe, *to put a mark on sth.* — 14. MÉCONTENTEMENT. Donner des signes de mécontentement, *to show signs of displeasure.* — 15. MODERNISME. Etre le signe des temps, *to be a sign of the times.* — 16. MORT. Ne donner aucun signe de vie, *to show no sign of life.* [V. 17.] — 17. NON-CONTACT. Ne pas donner signe de vie, *to send no news.* [V. 16.] — 18. PERSPECTIVE. Etre un signe avant-coureur de qqch., *to be a preliminary sign of sth.* — 19. PRÉSAGE. Etre bon (mauvais) signe, *to be a good (bad) sign.* — 20. RELIGION. Faire un signe de croix, *to make the sign of the cross.* — 21. RICHESSE. Présenter des signes extérieurs de richesse, *to show outwards signs of wealth.* — 22. SANTÉ. Présenter des signes non équivoques, *to show unmistakeable symptoms.* — 23. SIGNE. Faire signe à qqn (faire un signe d'intelligence), *to let s.o. know.* [V. 4, 5.]

signé ◆ CARACTÉRISTIQUE. Etre signé (Fam.), *not to leave any doubt as to who is responsible.*

signification ◆ ESTIMATION. Attacher (assigner; attribuer, prêter, donner; revêtir) une signification, *to attach (to assign; to attribute, to ascribe, to give; to take on) significance.* ◆ PROCÉDURE. Recevoir une signification, *to receive notification.*

silence ◆ AMOUR. Aimer en silence, *to love from afar.* ◆ BRUIT. Déchirer (troubler) le silence, *to rend (to disturb) the silence.* ◆ CONCUSSION. Acheter le silence de qqn, *to buy s.o.'s silence.* ◆ CONTRAINTE. Condamner (réduire) qqn au silence, *to condemn (to reduce) s.o. to silence.* ‖ Imposer silence à qqn, *to silence s.o.* ‖ Exiger (réclamer) le silence, *to demand (to request) silence.* ◆ DISSIMULATION. Faire le silence sur une affaire, *to keep an affair quiet.* ‖ Passer qqch. sous silence, *to gloss over sth.* ◆ MAÎTRISE DE SOI. Souffrir en silence, *to suffer in silence.* ◆ MUTISME. Se murer dans le silence, *to bury o.s. in silence.* ‖ Se renfermer dans le silence, *to withdraw into silence.* ‖ Se retrancher derrière le silence, *to take refuge in silence.* ◆ PAROLE. Rompre le silence, *to break o.'s silence.* ◆ SERMENT. Faire jurer le silence à qqn, *to swear s.o. to silence.* ◆ SILENCE. Faire silence, *to be silent.* ‖ Garder le silence, *to keep silent.* ‖ Observer un silence religieux, *to keep a solemn silence.* ◆ SOLITUDE. Chercher le silence, *to seek peace and quiet.* ◆ SOUMISSION. Obéir en silence, *to obey in silence.*
→ **loi, minute.**

silencieux ◆ SILENCE. Demeurer (rester) silencieux, *to remain silent.*

sillage ◆ DÉPENDANCE. Marcher (aller, avancer) dans le sillage de qqn, *to follow in s.o.'s wake.*
→ **remous.**

sillon ◆ AGRICULTURE. Creuser (ouvrir, tracer) un sillon, *to plough (to open, to make) a furrow.* ◆ PERSÉVÉRANCE. Tracer (faire) son sillon, *to plough o.'s own furrow.*

simagrée ◆ AFFECTATION. Faire des simagrées, *to mince and simper.*

simple ◆ DIFFICULTÉ. Ne pas être si simple, *not to be as simple as that.* ◆ PROGRESSION. Augmenter (passer) du simple au double, *to double.* ◆ SIMPLICITÉ.

Rester simple, *to remain unaffected.* ◆ SPORTS. Jouer en simple, *to play singles.*

simplicité ◆ AFFECTATION. Manquer de simplicité, *to lack naturalness.* ‖ Jouer la simplicité, *to affect simplicity.* ◆ FACILITÉ. Etre d'une simplicité enfantine, *to be childishly simple.* ◆ SIMPLICITÉ. Agir en toute simplicité, *to act informally.* ‖ Rechercher la simplicité, *to look for simplicity.* ‖ Etre la simplicité même, *to be simplicity itself.*

simulacre ◆ FAUX-SEMBLANT. Faire un simulacre, *to make a pretence.*

sinécure ◆ DIFFICULTÉ. Ne pas être une sinécure, *to be no holiday.*

singe ◆ AFFECTATION. Faire le singe, *to be a zany.* ◆ AGILITÉ. Etre agile comme un singe, *to be as agile as a monkey.* ◆ CORPS. Etre poilu (velu) comme un singe, *to be as hairy as an ape.* ◆ DIPLOMATIE. Etre adroit comme un singe, *to be a slyboots.* ◆ EXPÉRIENCE. Ne pas apprendre aux vieux singes à faire des grimaces, *not to teach o.'s grandmother to suck eggs.* ◆ PHYSIONOMIE. Etre laid comme un singe, *to look like a monkey.* ◆ RUSE. Etre malin comme un singe, *to be as artful as a wagonload of monkeys.*
→ monnaie.

sinistre ◆ DOMMAGE. Évaluer le sinistre, *to assess the damage.*

sinistré ◆ AFFAIRES SOCIALES. Secourir les sinistrés, *to aid disaster victims.*

Sioux → ruse.

site ◆ ART. Protéger les sites, *to conserve beauty spots.*

situation 1. ABUS. Abuser (profiter) de la situation, *to take undue advantage of the situation.* [V. 13.] — 2. ACCULEMENT. Etre (se voir) dans une situation désespérée, *to be (to find o.s.) in a hopeless position.* ‖ Mettre qqn dans une situation impossible, *to put qqn into an impossible position.* — 3. AMBIGUÏTÉ. Etre placé (se trouver) dans une situation équivoque, *to be in an ambiguous position.* ‖ Etre dans une situation fausse, *to be in a false position.* — 4. AMÉLIORATION. Améliorer sa situation, *to better o.'s circumstances.* ‖ Colmater la situation, *to patch up the situation.* — 5. AUTORITÉ. Tenir la situation en main, *to have the situation in hand.* — 6. AUTORITÉ, COMPÉTENCE. Dominer la situation, *to master the*

situation. — 7. CHÔMAGE. Perdre sa situation, *to lose o.'s position.* — 8. DANGER. Etre dans une situation périlleuse, *to be in a dangerous position.* — 9. DÉSAGRÉMENT. Etre placé dans une situation délicate (difficile), *to be in a predicament.* ‖ Etre (se trouver) dans une situation épineuse, *to be on a bed of thorns.* ‖ Etre (se trouver) dans une triste situation, *to be (to find o.s.) in a sorry predicament.* — 10. DÉTÉRIORATION. Laisser pourrir la situation, *to let the situation deteriorate.* — 11. ÉLUCIDATION. Définir (clarifier) une situation, *to define (to elucidate) a situation.* — 12. EMBARRAS. Etre (se trouver) dans une situation embarrassante, *to be (to find o.s.) in an embarrassing situation.* — 13. EXPLOITATION. Profiter de la situation, *to take advantage of the situation.* [V. 1.] — 14. EXPRESSION. Exposer la situation, *to explain the situation.* [V. 24.] — 15. FINANCES. Fournir une situation, *to give a financial statement.* — 16. FONCTIONS. Avoir une bonne situation, *to have a good position.* ‖ Avoir une situation bien assise, *to have a safe job.* ‖ Obtenir une situation stable, *to obtain a steady job.* ‖ Se faire une belle situation, *to work o.s. up to a good position.* — 17. MARIAGE. Régulariser sa situation, *to make it legal.* — 18. MATERNITÉ. Etre dans une situation intéressante, *to be in an interesting condition.* — 19. NON-RESPONSABILITÉ. Etre placé (se trouver) devant une situation de fait, *to be (to find o.s.) placed with an accomplished fact.* — 20. PESSIMISME. Peindre la situation en noir, *to paint a very black picture.* — 21. PRÉCARITÉ. Etre dans une situation précaire, *to be in a precarious situation.* — 22. REDRESSEMENT. Redresser (renverser, retourner) la situation, *to straighten out (to alter, to reverse) the situation.* ‖ Rétablir la situation, *to set the situation to rights.* ‖ Sauver la situation, *to save the day.* — 23. RÉFLEXION. Étudier (juger, observer) la situation, *to study (to grasp, to take note of) the situation.* ‖ Surveiller la situation de près, *to watch the situation closely.* — 24. REQUÊTE. Exposer sa situation à qqn, *to explain o.'s position to s.o.* [V. 14.] — 25. RÉVERSION. Retomber dans la même situation, *to be back where o. started.* — 26. RISQUE. Jouer sa situation, *to put o.'s job in jeopardy.* —

27. SYNTHÈSE. Résumer la situation, *to sum up the situation.*

→ **bilan, effet, hauteur, homme, net, renversement.**

six-quatre-deux ◆ SABOTAGE. Faire qqch. à la six-quatre-deux (Fam.), *to do sth. in a rough and ready fashion.*

ski ◆ SPORTS. Faire du ski, *to go skiing.* ‖ Faire du ski-nautique, *to go water-skiing.* ‖ Farter ses skis, *to grease o.'s skis.*

slalom ◆ DÉPLACEMENT. Faire du slalom à travers les voitures (Fam.), *to weave in and out among the cars.* ◆ SPORTS. Participer au slalom géant (spécial), *to take part in the giant (special) slalom.*

slogan ◆ PUBLICITÉ. Lancer un slogan publicitaire, *to launch an advertising slogan.*

smala ◆ FAMILLE. Traîner sa smala (Fam.), *to have the whole clan in tow.*

S.M.I.C. ◆ FINANCES. Relever le S.M.I.C., *to raise the minimum basic wage.*

snack ◆ RESTAURANT. Manger dans un snack, *to eat in a snack-bar.*

snob ◆ AFFECTATION. Faire snob, *to be chic.*

sobriquet ◆ NOM. Donner un sobriquet à qqn (affubler qqn d'un sobriquet), *to give s.o. a nickname.*

sociétaire ◆ THÉÂTRE. Etre sociétaire de la Comédie-Française, *to be a (full) member of the Comedy Française company.*

société ◆ CIVILITÉ. Etre introduit (reçu) dans la société, *to be accepted (received) in society.* ◆ INSOCIABILITÉ. Fuir la société, *to shun o.'s fellow-beings.* ◆ MONDANITÉ. Fréquenter la bonne (haute) société, *to move in good (high) society.* ◆ NOTARIAT. Créer (fonder, former) une société (anonyme), to form (to float, to set up) a (limited) company.* ◆ POLITIQUE. Vivre dans une société de consommation, *to live in a consumer society.* ◆ RÉFORME. Réformer la société, *to reform society.* ◆ SOCIABILITÉ. S'intégrer dans la société, *to become integrated into society.*

→ **dette, marge, statut.**

soi 1. APPROPRIATION. Garder qqch. pardevers soi, *to keep sth. back.* — 2. ARTISAN DE SON SORT. N'avoir à s'en prendre qu'à soi, *to have only o.s. to blame.* ‖ Ne dépendre que de soi (Impers.), *to lie within o.'s own discretion.* [V. 4.] — 3. AUDACE.

S'attaquer à plus fort que soi, *to meet o.'s master.* — 4. AUTONOMIE. Ne compter que sur soi (ne s'attendre qu'à soi seul), *to rely only on o.s.* ‖ Ne dépendre que de soi, *to be o.'s own master.* [V. 2.] — 5. CONFIANCE EN SOI. Croire en soi, *to believe in o.s.* ‖ Etre sûr de soi, *to be sure of o.s.* [V. 24.] ‖ Répondre de soi, *to be answerable for o.s.* — 6. CONSTATATION. Aller de soi, *to be taken for granted.* [V. 10.] — 7. DISCRÉTION. Garder qqch. pour soi, *to keep sth. to o.s.* — 8. ÉGOCENTRISME. Ramener (rapporter) tout à soi, *to see everything in relation to o.s.* — 9. ÉGOÏSME. N'aimer que soi, *to be self-seeking.* ‖ Ne songer (penser) qu'à soi, *to think only of o.s.* — 10. ÉVIDENCE. Aller de soi, *to be self-evident.* [V. 6.] — 11. EXCITATION. Mettre qqn hors de soi, *to make s.o. wild.* — 12. EXOCENTRISME. Sortir de soi, *to come out of o.s.* — 13. FATUITÉ. Etre plein (infatué) de soi, *to be full of o.s.* — 14. FIERTÉ. Etre fier de soi, *to be proud of o.s.* — 15. HUMOUR. Rire de soi, *to laugh at o.s.* — 16. IMPULSION. Etre plus fort que soi (Impers.), *to be beyond o.'s control.* — 17. INFÉRIORITÉ. Trouver plus fort que soi, *to meet o.'s master.* — 18. MAÎTRISE DE SOI. Revenir à soi, *to regain o.'s self-possession.* [V. 30.] ‖ Prendre sur soi, *to take upon o.s.* — 19. MARCHE. Aller droit devant soi, *to walk straight ahead.* — 20. OBSTINATION. N'écouter que soi, *to go o.'s own way.* — 21. ORGUEIL. N'estimer que soi, *to have a poor opinion of everyone but o.s.* — 22. PERSONNALITÉ. Rester soi, *to remain o.s.* — 23. POSSESSION, VÊTEMENT. Avoir (porter) qqch. sur soi, *to have sth. on o.* — 24. PRÉTENTION. Etre sûr de soi, *to be self-assured.* [V. 5.] — 25. PRIVAUTÉ. Faire comme chez soi, *to make o.s. at home.* — 26. RABAISSEMENT. Pouvoir être fier de soi (Fam.), *can feel pleased with o.s.* (Gramm.). — 27. REGRET. Ne pas être fier de soi, *to feel very small.* — 28. RENOMMÉE. Faire parler de soi, *to get o.s. talked about.* — 29. RETOUR. Rentrer chez soi, *to go home.* — 30. SANTÉ. Revenir à soi, *to come to.* [V. 18.] — 31. SÉDENTARISME. Rester chez soi, *to stay at home.*

→ **contrôle, élément, empire, enfant, enfer, façon, heure, idée, maître, maîtrise, moment, opinion, parler, plier, pont, porte, possession, réflexion, retour, temps, vide.**

soif ◆ BOISSON. Apaiser (étancher) sa soif, *to slake (to quench) o.'s thirst.* ‖ Boire à sa soif, *to drink o.'s fill.* ‖ Se boire sans soif, *to slip down.* ◆ ESCLAVAGE. Avoir soif de liberté, *to crave for liberty.* ◆ INSATISFACTION. Rester (demeurer) sur sa soif, *to be left thirsting for more.* ◆ IVROGNERIE. Boire jusqu'à plus soif, *to drink to the fill.* ‖ Boire sans soif, *to drink for the sake of drinking.* ◆ PRIVATION. Laisser qqn sur sa soif (Fam.), *to leave s.o. thirsting for more.* ◆ SOIF. Avoir soif, *to be thirsty.* ‖ Avoir une soif à avaler la mer et les poissons (Fam.), *to be thirsty enough to drink the Thames dry.* ‖ Donner soif à qqn, *to make s.o. thirsty.* ‖ Mourir de soif, *to die of thirst.* ‖ Souffrir de la soif, *to suffer from thirst.* ◆ VANITÉ. Avoir soif de louanges, *to be avid for praise.*
→ âne, poire.

soi-même ◆ ABNÉGATION. Renoncer à soi-même, *to practise self-denial.* ◆ ARTISAN DE SON SORT. Etre ennemi de soi-même, *to be o.'s own (worst) enemy.* ◆ AUTONOMIE. Disposer de soi-même, *to be free to act as o. pleases.* ◆ COLÈRE. N'être plus soi-même, *to be beside o.s.* ◆ CONNAISSANCE DE SOI. S'ignorer soi-même, *not to know o.s.* ◆ CONVERSION. Se réconcilier avec soi-même, *to come to terms with o.s.* ◆ DÉLAISSEMENT. Etre livré à soi-même, *to be left to o.'s own devices.* ◆ ÉCHAPPATOIRE. Se fuir soi-même, *to run away from o.s.* ◆ ÉVIDENCE. Parler de soi-même, *to speak for itself* (chose). ◆ EXPÉRIENCE. Voir par soi-même, *to see for o.s.* ◆ FAUX-SEMBLANT. Ruser avec soi-même, *to fool o.s.* ‖ Se mentir à soi-même, *to delude o.s.* ◆ HONNÊTETÉ. Etre sincère avec soi-même, *to be honest with o.s.* ◆ INDIVIDUALISME. Ne représenter que soi-même, *to speak in a private capacity.* ‖ Se suffire à soi-même, *to be self-sufficient.* ◆ INITIATIVE. Faire qqch. de soi-même, *to do sth. off o.'s own bat.* ◆ INTROSPECTION. Descendre (pénétrer) en soi-même, *to probe o.'s inner self.* ‖ Rentrer en soi-même, *to withdraw into o.s.* ‖ Se chercher soi-même, *to try to find o.s.* ‖ Se retirer en soi-même, *to turn o.'s thoughts inwards.* ◆ LOGIQUE. Etre conséquent avec soi-même, *to be consistent.* ◆ MÉRITE. S'être fait soi-même, *to be self-made.* ◆ OBLIGATION. Se devoir à soi-même de faire qqch., *to owe it to o.s. to do sth.* ◆ PÉRENNITÉ. Etre égal à soi-même, *to be always the same old self.* ‖ Rester fidèle à soi-même, *to stay true to o.s.* ◆ RÉALISATION. Devenir soi-même, *to become o.s.* ◆ REPLIEMENT. Se renfermer en soi-même (se replier sur soi-même), *to withdraw into o.'s shell.* ◆ SIMPLICITÉ. Etre soi-même, *to be o.s.* ◆ SUPÉRIORITÉ. Se dépasser soi-même, *to surpass o.s.*
→ effet, effort, illusion, ombre.

soin ◆ ÉGOÏSME. Prendre soin de sa petite personne, *to take care of Number One.* ◆ FONCTIONS. Laisser (confier) à qqn le soin de faire qqch., *to leave s.o. to do (to entrust s.o. with doing) sth.* ◆ MÉDECINE. Donner des soins à qqn, *to treat s.o.* ‖ Donner les premiers soins à qqn, *to give s.o. first-aid.* ‖ Prodiguer ses soins à qqn, *to lavish care on s.o.* ‖ Recevoir des soins à l'hôpital, *to receive hospital treatment.* ◆ MÉNAGE. Vaquer aux soins du ménage, *to attend to household chores.* ◆ PRÉCAUTION. Avoir soin de faire qqch., *to take care to do sth.* ‖ Prendre soin de qqch., *to take care of sth.* ◆ SOIN. Avoir beaucoup de soin, *to be very orderly.* ‖ Apporter (mettre) du soin à faire qqch., *to take great care in doing sth.* ◆ SOLLICITUDE. Entourer qqn de soins, *to lavish care and attention on s.o.* ‖ Etre aux petits soins pour qqn, *to wait on s.o. hand and foot.* ‖ Prendre soin de qqn, *to look after s.o.* ◆ SURVEILLANCE. Surveiller qqn (qqch.) avec un soin jaloux, *to watch over s.o. (sth.) with jealous care.*

soir ◆ RÉVOLUTION. Etre le Grand Soir, *to be the Great Upheaval.*
→ cours.

soirée ◆ RÉJOUISSANCE. Donner une soirée dansante, *to give a dance.* ◆ THÉÂTRE. Jouer en soirée, *to give an evening performance.*

soixantaine ◆ ÂGE. Friser la soixantaine, *to be close on sixty.*

sol ◆ ASTRONAUTIQUE. Etre commandé au sol, *to be ground-controlled.* ◆ AUTOMOBILE. Adhérer au sol, *to be steady.* ◆ AVIATION. Percuter au sol, *to crash into the ground.* ‖ Quitter le sol, *to leave the ground.* ‖ Raser le sol, *to skim the ground.* ◆ MILITAIRE. Se plaquer au sol, *to lie flat on the ground.* ◆ PEUR. Rester cloué au sol, *to stand rooted to the spot.* ◆ SPORTS. Envoyer qqn au sol, *to send s.o. sprawling.*
→ pied.

soldat ◆ FANFARONNADE. Jouer au petit soldat (Fam.), *to swank.* ◆ MILITAIRE. Se faire soldat, *to become a soldier.*

1. solde ◆ COMMERCE. Vendre (mettre) en solde, *to sell (to put) in a sale.*

2. solde ◆ COMPLICITÉ. Avoir qqn à sa solde, *to have s.o. in o.'s pay.* ‖ Etre à la solde de qqn, *to be in s.o.'s pay.*

soleil ◆ BEAU TEMPS. Faire soleil, *to be sunny.* ◆ CONFORT. Chercher le soleil, *to seek the sun.* ‖ Prendre le soleil, *to sun o.s.* ‖ Se dorer au soleil, *to get a tan.* ‖ S'exposer au soleil, *to stay in the sun.* ‖ Se garantir (se protéger) du soleil, *to shield o.s. from the sun.* ◆ DÉTÉRIORA-TION. Passer au soleil, *to fade in the sun.* ◆ ÉCLAIRAGE. Avoir le soleil dans l'œil, *to have the sun in o.'s eyes.* ‖ Laisser entrer le soleil, *to let the sun in.* ◆ ÉCLAT. Etre brillant comme un soleil, *to shine like gold.* ◆ ÉMOTIVITÉ. Piquer un soleil, *to flush.* ◆ PÉRENNITÉ. N'y avoir rien de nouveau sous le soleil, *there [to be] nothing new under the sun* (Gramm.). ◆ PRIVILÈGE. Etre près du soleil (Fig.), *to be near the top.* ◆ SPORTS. Faire le soleil, *to do the grand circle.*
→ **coup, déjeuner, neige, place.**

solidarité → **grève.**

solide ◆ ÂGE. Etre encore solide (Fam.), *to be still hale and hearty.* ◆ FONDEMENT. Bâtir sur du solide, *to build on a sound basis.* ◆ SÉCURITÉ. Etre du solide (Fam.), *to be sturdy.*

solidité ◆ EXPÉRIMENTATION. Éprouver la solidité de qqch., *to test sth. for strength.* ◆ STABILITÉ. Avoir la solidité du roc, *to be as firm as a rock.*

solitaire ◆ SOLITUDE. Vivre en solitaire, *to lead a solitary existence.*

solitude ◆ COMPENSATION. Peupler (meubler) sa solitude, *to fill o.'s solitude.* ◆ IMPORTUNITÉ. Troubler la solitude de qqn, *to disturb s.o.'s privacy.* ◆ MARIAGE. Connaître la solitude à deux, *to feel o. is living with a stranger.* ◆ SOLITUDE. Vivre dans la solitude, *to lead in solitude.*
→ **jour.**

sollicitation ◆ ASSENTIMENT. Répon-dre aux sollicitations de qqn, *to respond to s.o.'s entreaties.* ◆ ÉCHAPPATOIRE. Échapper aux sollicitations de qqn, *to escape from s.o.'s entreaties.* ◆ REFUS. Résister aux sollicitations, *to resist entreaties.*

solliciteur ◆ RENVOI. Éconduire un sol-liciteur, *to send (to get rid of) a suppliant.*

sollicitude ◆ SOLLICITUDE. Entourer qqn de sollicitude, *to surround s.o. with loving care.*

solo ◆ MUSIQUE. Jouer en solo, *to play solo.*

solution ◆ ATTENTE. Attendre une solu-tion, *to wait for a solution.* ◆ COMPROMIS. S'arrêter à une solution intermédiaire, *to settle for a compromise.* ◆ CONSEIL. Préconiser (proposer) une solution, *to advocate (to suggest) a solution.* ◆ NON-CONVENANCE. Ne pas être une solution, *to be no solution.* ‖ Recourir à une solution boiteuse, *to resort to a makeshift solution.* ◆ RÉFLEXION. Chercher la solu-tion, *to look for the answer.* ◆ SOLUTION. Adopter une solution élégante, *to adopt a neat solution.* ‖ Trouver la solution, *to find the answer.* ◆ SUGGESTION. Envisager une solution, *to see a way out.*

sommation ◆ MARIAGE. Faire une som-mation respectueuse, *to make a formal request for parental consent.* ◆ POLICE. Faire trois sommations légales (les sommations réglementaires), *to read the Riot Act.* ◆ PROCÉDURE. Faire somma-tion, *to issue a summons.*

1. somme ◆ SOMMEIL. Faire (piquer [Fam.]) un somme, *to take a nap.* ‖ Faire un petit somme, *to have a quick snooze.* ‖ Ne faire qu'un somme, *to sleep the night through.*

2. somme 1. FINANCES. Virer une somme à qqn, *to transfer a sum to s.o.* — 2. GESTION. Affecter une somme à qqch., *to appropriate a sum for sth.* ‖ Distraire une somme pour qqch., *to set aside a sum for sth.* [V. 6.] ‖ Réunir une somme, *to collect a sum.* — 3. MATHÉMATIQUES. Arrondir une somme, *to round off a sum.* ‖ Faire la somme, *to add up.* — 4. PAIEMENT. Payer la forte somme, *to pay top price.* — 5. PRODIGALITÉ. Dépenser des sommes folles, *to spend wildly.* — 6. VOL. Distraire (détourner) une somme, *to embezzle a sum.* [V. 2.]

sommeil ◆ ATTENTE. Laisser qqch. en sommeil, *to let sth. lie.* ◆ ÉCHAPPATOIRE. Se réfugier dans le sommeil, *to sleep to forget.* ◆ EXCÈS. Prendre sur son sommeil, *to give up o.'s sleep.* ◆ IMPORTUNITÉ. Troubler le sommeil de qqn, *to disturb s.o.'s sleep.* ◆ INSOMNIE. Chercher le

sommeil, *to long for sleep.* ‖ En perdre le sommeil, *to lose sleep over it.* ‖ Ne pouvoir trouver le sommeil, *cannot sleep* (Gramm.). ◆ MORT. Dormir son dernier sommeil, *to sleep o.'s last sleep.* ‖ S'endormir du sommeil de la terre, *to enter o.'s last sleep.* ◆ RÉVEIL. Arracher qqn au sommeil (tirer qqn de son sommeil), *to rouse s.o. from sleep.* ◆ SOLLICITUDE. Respecter le sommeil de qqn, *not to disturb s.o.'s sleep.* ‖ Veiller sur le sommeil de qqn, *to watch over s.o.'s sleep.* ◆ SOMMEIL. Avoir sommeil, *to feel (to be) sleepy.* ‖ Avoir un sommeil agité, *to sleep restlessly.* ‖ Avoir le sommeil léger (lourd), *to be a light (heavy) sleeper.* ‖ Goûter (bénéficier d') un sommeil réparateur, *to enjoy a refreshing sleep.* ‖ Dormir d'un sommeil de plomb, *to be dead asleep.* ‖ Dormir d'un profond sommeil, *to sleep deeply.* ‖ Dormir du sommeil du juste, *to sleep the sleep of the just.* ‖ Etre gagné (vaincu) par le sommeil, *to be overcome with sleep.* ‖ Etre dans son premier sommeil, *to be in o.'s first deep sleep.* ‖ Mourir de sommeil, *to be half-dead with sleep.* ‖ Plonger (sombrer) dans le sommeil, *to sink into sleep.* ‖ Plonger qqn dans le sommeil, *to put s.o. to sleep.* ‖ Provoquer (produire) le sommeil, *to induce sleep.* ‖ S'abandonner au sommeil, *to give in to sleep.* ‖ Succomber au sommeil, *to succumb to sleep.* ‖ Tomber de sommeil, *to be dropping with sleep.* ‖ Trouver le sommeil, *to fall asleep.*
→ **veille.**

sommet ◆ APOGÉE. Atteindre le sommet (parvenir au sommet), *to reach the height.* ◆ HIÉRARCHIE. Etre au sommet de l'échelle, *to be at the top of the ladder.* ◆ SPORTS. Etre au sommet de sa forme, *to be in peak form.*
→ **réunion.**

sommité ◆ IMPORTANCE. Etre une sommité, *to be a leading light.*

somnambule ◆ AUTOMATISME. Agir comme un somnambule, *to behave like a sleep-walker.*

somnifère ◆ SANTÉ. Prendre un somnifère, *to take a sleeping pill.*

son 1. ÂGE. Etre son et lumière, *to be an ancient monument.* — 2. AUTHENTICITÉ. Rendre un son authentique, *to have an authentic ring.* — 3. CRITÈRE DE JUGEMENT. Entendre un autre son de cloche (Fam.), *to hear another version.* ‖

N'écouter qu'un seul son de cloche (Fam.), *to hear only one side.* — 4. DIVERGENCE. Etre un tout autre son de cloche (Fam.), *to be quite a different version.* — 5. ÉMOTIVITÉ. Ne plus pouvoir émettre un son (Fam.), *to be struck dumb.* — 6. MUSIQUE. Filer un son, *to draw out a note.* ‖ Noter les sons, *to write down the notes.* ‖ Tirer des sons d'un instrument, *to draw notes from an instrument.* [V. 8.] — 7. PUBLICITÉ. Annoncer (proclamer, publier) qqch. à son de trompe (Fam.), *to blare sth. out.* — 8. SON. Intensifier (diminuer) le son, *to increase (to reduce) the volume.* ‖ Produire (percevoir) un son, *to produce (to catch) a sound.* ‖ Renvoyer (répercuter) un son, *to echo a sound.* ‖ Tirer des sons de qqch., *to draw sounds from sth.* [V. 6.]
→ **âme, mur, spectacle, vitesse.**

sondage ◆ EXAMEN. Effectuer (faire procéder à) un sondage, *to make a spot check.* ◆ OPINION. Effectuer (faire) un sondage d'opinion, *to carry out an opinion poll.*

sonde ◆ MARINE. Jeter la sonde, *to heave the lead.* ◆ MÉDECINE. Mettre une sonde à qqn, *to insert a probe into s.o.*

songe ◆ DURÉE. Passer comme un songe, *to pass like a dream.* ◆ RÊVE. Voir en songe, *to see in a dream.*

sonné ◆ ÉMOTION. Etre sonné (Fam.), *to be knocked all of a heap.* ◆ VOIES DE FAIT. Etre sonné (Fam.), *to see stars.*

sonnerie ◆ TECHNIQUE. Remonter la sonnerie, *to wind up the bell.*

sonnette 1. AVERTISSEMENT. Tirer la sonnette d'alarme (Fig.), *to sound the alarm.* [V. 6.] — 2. IMPORTUNITÉ. Etre toujours pendu à la sonnette de qqn (Fam.), *to be always hanging on to s.o.'s coat-tails.* — 3. MAISON. Appuyer sur la sonnette, *to press the bell.* — 4. RELIGION. Agiter la sonnette, *to ring the bell.* — 5. REQUÊTE. Tirer la sonnette de qqn (Fam.), *to ring at s.o.'s door.* — 6. TRANSPORTS. Tirer la sonnette d'alarme, *to pull the communication cord.* [V. 1.]

sonneur ◆ SOMMEIL. Ronfler comme un sonneur (Fam.), *to snore the roof off.*

sophie ◆ AFFECTATION. Faire sa sophie (Fam.), *to act goody-goody.*

sorcellerie ◆ EXTRAORDINAIRE. Etre de la sorcellerie, *to be witchcraft.*

sorcier ◆ FACILITÉ. Ne pas être (bien) sorcier (Fam.), *not to be all that tricky.*

sornette ◆ BONIMENT. Débiter (conter) des sornettes (Fam.), *to talk rubbish.*

sort 1. ABANDON. Abandonner qqn à son sort (son triste sort) [Fam.], *to leave s.o. to his fate (to his sad lot).* — 2. ALIMENTATION. Faire un sort à qqch. (Fam.), *to polish sth. off.* [V. 7, 13, 20.] — 3. ASSISTANCE. Adoucir (améliorer) le sort de qqn, *to ease (to improve) s.o.'s lot.* ‖ Assurer le sort de qqn, *to provide for s.o.* — 4. AUDACE. Défier le sort, *to defy fate.* — 5. CHANCE. Etre favorisé par le sort, *to be lucky.* — 6. CONTENTEMENT. Etre content de son sort, *to be content with o.'s lot.* — 7. CRIME. Faire un sort à qqn (Fam.), *to do s.o. in.* [V. 2, 13, 20.] ‖ Régler le sort de qqn (Fam.), *to settle s.o.'s hash.* — 8. DOMINATION. Décider du sort de qqn, *to decide s.o.'s fate.* ‖ Tenir le sort de qqn entre ses mains, *to hold s.o.'s fate in o.'s hands.* — 9. ENVIE. Envier le sort de qqn, *to envy s.o.'s lot.* — 10. HASARD. Tirer au sort, *to draw lots.* — 11. PHÉNOMÈNES PARANORMAUX. Jeter un sort à qqn, *to cast a spell on s.o.* — 12. PLAINTE. Gémir (se lamenter) sur son sort, *to bemoan (to bewail) o.'s fate.* — 13. REBUT. Faire un sort à qqch., *to get rid of sth.* [V. 2, 7, 20.] — 14. RÉCRIMINATION. Accuser le sort, *to upbraid fate.* — 15. RÉSIGNATION. S'abandonner à son sort, *to give o.s. up to o.'s fate.* ‖ Subir son sort, *to bear o.'s lot.* — 16. SALUT. Conjurer le mauvais sort, *to ward off disaster.* — 17. SENTENCE. Statuer sur le sort de qqn, *to settle s.o.'s fate.* — 18. TENTATIVE. Tenter le sort, *to take a chance.* – 19. UNION. Attacher ·(lier) son sort à celui de qqn, *to throw o.'s lot in with s.o.* ‖ Partager le sort de qqn, *to share s.o.'s lot.* — 20. VOIES DE FAIT. Faire un sort à qqn (Fam.), *to beat s.o. up.* [V. 2, 7, 13.]
→ **artisan, coup.**

sortable ◆ NON-RAFFINEMENT. Ne pas être sortable (Fam.), *cannot be taken anywhere* (Gramm.).

sorte ◆ INFAMIE. Etre de la pire sorte, *to be of the very worst kind.*

sortie 1. AVIATION, MILITAIRE. Faire (effectuer) une sortie, *to carry out a sortie.* [V. 3, 8, 9.] — 2. CONGÉ. Etre de sortie, *to be out.* [V. 5.] — 3. DÉNIGREMENT. Faire une sortie contre qqn, *to lash out at s.o.* [V. 1, 8, 9.] — 4. DÉPART. Faire une fausse sortie, *to make a false start.* ‖ Gagner la sortie, *to reach the exit.* ‖

Soigner sa sortie, *to make a carefully thought-out exit.* — 5. MANQUE. Etre de sortie (Fam.), *to be gone.* [V. 2.] — 6. MENACE. Attendre qqn à la sortie (Fig.), *to get o.'s own back on s.o.* — 7. MÉTIER. Pointer à la sortie, *to clock out.* — 8. PROMENADE. Faire une sortie, *to go on an outing.* [V. 1, 3, 9.] — 9. QUERELLE. Faire une sortie, *to have a rumpus.* ‖ Faire une sortie à qqn, *to have a go at s.o.* [V. 1, 3, 8.]
→ **bretelle, porte.**

sortir 1. ACCULEMENT. Ne pas s'en sortir (ne pas en sortir) [Fam.], *to be bogged down.* [V. 6.] — 2. ÉCOLE. Demander à sortir, *to ask to be excused.* — 3. EMBARRAS. Ne pas savoir comment en sortir (Fam.), *not to know how to get out of it.* — 4. OBSTINATION. Ne pas sortir de là (Fam.), *to refuse to budge.* — 5. RENVOI. Faire sortir qqn, *to make s.o. leave.* — 6. SURMENAGE. Ne pas en sortir (Fam.), *to be up to o.'s ears.* [V. 1.]

S.O.S. ◆ AVERTISSEMENT. Envoyer (lancer) un S.O.S., *to send out an SOS.*

sosie ◆ SIMILITUDE. Etre le sosie de qqn, *to be s.o.'s double.*

sottise ◆ BÊTISE. Avoir la sottise de penser qqch., *to be daft enough to think sth.* ◆ BÉVUE. Accumuler les sottises, *to make one silly mistake after another.* ‖ Faire (commettre) une sottise, *to do sth. daft.* ‖ Faire toutes les sottises possibles et imaginables, *to make an unholy mess of everything.* ◆ ILLOGISME. Etre truffé de sottises (Fam.), *to be stuff and nonsense.* ◆ INSULTE. Agonir qqn de sottises, *to slang s.o.* ‖ Débiter des sottises à qqn, *to slate s.o.*

sou 1. APATHIE. Ne pas avoir deux sous de courage (Fam.), *not to feel up to anything.* [V. 14.] — 2. AVARICE. Etre près de ses sous (Fam.), *to be stingy.* ‖ Ne pas vouloir lâcher un sou (Fam.), *will not give a penny* (Gramm.). — 3. BÊTISE. Ne pas être malin pour un sou (Fam.), *not to have a ha' p' orth of sense.* — 4. COMIQUE. Valoir des sous (Fam.), *to be priceless.* — 5. COMMERCE. Ne pas en rabattre un sou, *not to back down a penny.* — 6. CONVERSATION. Parler gros sous (Fam.), *to talk high finance.* — 7. DÉPENSE. Dépenser (manger) jusqu'à son dernier sou, *to spend (to squander) every penny o. has.* ‖ Manger ses quatre sous (Fam.), *to squander what*

little o. has. — 8. ÉCLAT. Briller comme un sou neuf (Fam.), *to be as bright as a new penny.* — 9. ÉCONOMIE. Calculer à un sou près, *to work it out to the nearest farthing.* ‖ Compter (entasser) sou à sou, *to count (to hoard) every penny.* ‖ Économiser (épargner) sou à sou, *to save every penny o. can.* ‖ Garder ses sous (Fam.), *to cling to o.'s money.* — 10. ENNUI. S'embêter à cent sous de l'heure (Fam.), *to be bored stiff.* — 11. GAUCHERIE. Ne pas être dégourdi pour deux sous (Fam.), *to be an old stick-in-the-mud.* — 12. ILLOGISME. Ne pas avoir deux sous de bon sens (de jugeote) [Fam.], *not to have a ha' p' orth of sense (of nous).* — 13. IMPÉCUNIOSITÉ. N'avoir pas le premier sou pour faire qqch. (Fam.), *not to have a single penny towards doing sth.* — 14. LÂCHETÉ. Ne pas avoir deux sous de courage (Fam.), *not to have an ounce of courage.* [V. 1.] — 15. NON-ÉLÉGANCE. Etre fichu comme quatre sous (Fam.), *to be dressed like a scarecrow.* — 16. NON-VALEUR. Ne pas valoir quatre sous (Fam.), *not to be worth tuppence.* — 17. PARASITE. Manger le dernier sou de qqn (Fam.), *to batten on s.o.* ‖ Sucer qqn jusqu'au dernier sou (Fam.), *to squeeze every penny out of s.o.* — 18. PAUVRETÉ. Etre sans le sou (Fam.), *to be (stoney) broke.* ‖ N'avoir pas le sou (Fam.), *to be hard up.* ‖ N'avoir ni (être sans) sou ni maille, *to be as poor as a church-mouse.* ‖ N'avoir pas un sou vaillant, *not to have two half-pennies to rub together.* — 19. PROPRETÉ. Etre propre comme un sou neuf (Fam.), *to be as clean as a new pin.*
→ **question.**

souche ◆ FAMILLE. Faire souche, *to form a family.* ◆ HÉRÉDITÉ. Etre de vieille souche, *to be of old stock.* ◆ SOMMEIL. Dormir comme une souche (Fam.), *to sleep like a log.*

souci ◆ APAISEMENT. Enlever un gros souci à qqn, *to take a load of s.o.'s mind.* ‖ Épargner du souci à qqn, *to spare s.o. anxiety.* ‖ Etre délivré (soulagé) d'un souci, *to be rid of a worry.* ◆ AUTHENTICITÉ. Avoir le souci de l'exactitude (de la vérité), *to have a concern for accuracy (for truth).* ◆ INQUIÉTUDE. Donner du souci à qqn, *to worry s.o.* ‖ Se faire du souci au sujet de qqn (qqch.), *to worry about s.o. (sth.).* ◆ INSOUCIANCE. Etre exempt de soucis, *to be carefree.* ‖ Oublier ses soucis, *to forget o.'s cares.* ◆ PRÉOCCUPATION. Avoir d'autres soucis en tête, *to have more important things to think about.* ‖ Avoir souci de qqn (qqch.), *to be anxious about s.o. (sth.).* ◆ SAGESSE. S'épargner bien des soucis, *to save o.s. a lot of anxiety.* ◆ SOUCI. Etre accablé (rongé) de soucis, *to be burdened (eaten up) with cares.*
→ **cadet.**

soudure ◆ FINANCES. Faire la soudure, *to bridge the gap.*

souffle 1. EFFRONTERIE. Avoir du souffle (Fam.), *to have a nerve.* [V. 3, 7.] — 2. EXTRAORDINAIRE. Etre à couper le souffle, *to be breath-taking.* ‖ Couper le souffle à qqn, *to take s.o.'s breath away.* — 3. LITTÉRATURE. Avoir du souffle, *to have inspiration.* [V. 1, 7.] ‖ Manquer de souffle, *to lack inspiration.* [V. 7.] — 4. MORT. Exhaler son dernier souffle, *to breathe o.'s last.* ‖ N'avoir plus qu'un souffle de vie, *to be at o.'s last gasp.* ‖ Recueillir le dernier souffle de qqn, *to be there when s.o. breathes his last.* — 5. PAROLE. Dire qqch. dans un souffle, *to gasp sth. out.* — 6. PERSÉVÉRANCE. Défendre qqch. jusqu'à son dernier souffle (Fam.), *to defend sth. to o.'s last gasp.* — 7. RESPIRATION. Avoir du souffle, *to be strong-winded.* [V. 1, 3.] ‖ Avoir le souffle court, *to be short-winded.* ‖ Manquer de souffle, *to be short of breath.* [V. 3.] ‖ Perdre le souffle, *to lose o.'s breath.* ‖ Reprendre son souffle, *to catch o.'s breath.* [V. 8.] ‖ Retenir son souffle, *to hold o.'s breath.* — 8. RESSORT. Reprendre son souffle (Fig.), *to get o.'s breath back.* [V. 7.] ‖ Trouver son second souffle (Fig.), *to get o.'s second wind.* — 9. STUPÉFACTION. En avoir le souffle coupé (Fig.), *to be struck dumb with amazement.*
→ **bout.**

soufflet 1. INSULTE. Appliquer (donner) un soufflet à qqn, *to snub s.o.* ‖ Recevoir un soufflet, *to get a slap in the face.* [V. 4.] — 2. RESPIRATION. Etre poussif comme un soufflet de forge (Fam.), *to be as wheezy as a pair of bellows.* — 3. SOMMEIL. Ronfler comme un soufflet de forge (Fam.), *to snore like a steam engine.* — 4. VOIES DE FAIT. Appliquer un soufflet à qqn, *to smack s.o. in the face.* ‖ Recevoir un soufflet, *to have o.'s face smacked.* [V. 1.]

souffrance 1. ATTENTE. Etre (laisser) en souffrance, *to be (to leave) in abeyance.*

[V. 2.] — 2. COURRIER. Rester en souffrance, *to wait to be called for*. [V. 1.] — 3. ENDURANCE. Subir (endurer, supporter) la souffrance, *to go through (to endure, to bear) suffering*. — 4. INSENSIBILITÉ. Rester imperméable aux souffrances d'autrui, *to be unmoved by other people's sufferings*. — 5. PEINE. Coûter bien des souffrances, *to cost a deal of suffering*.
→ **part.**

souffrant ◆ SANTÉ. Se sentir souffrant, *to feel ill*.

souffrir ◆ ANTIPATHIE. Ne pouvoir souffrir qqn (Fam.), *cannot bear s.o.* (Gramm.). ◆ MORT. Avoir cessé de souffrir, *to have left this vale of tears*.

souhait ◆ DÉSILLUSION. Décevoir (tromper) les souhaits de qqn, *to disappoint s.o.'s hopes*. ◆ DÉSIR. Former (formuler, exprimer) un souhait, *to express a hope*. ◆ RÉALISATION. Réaliser (accomplir, remplir) un souhait, *to achieve (to fulfil) a desire*. ◆ SUCCÈS. Marcher à souhait, *to go like a dream*.

soûl ◆ RIRE. Rire tout son soûl, *to laugh till o. thinks o. will die*. ◆ SATIÉTÉ. Boire, (dormir; manger) tout son soûl, *to drink (to eat; to sleep) o.'s fill*. ‖ En avoir tout son soûl, *to have all o. wants*.

soulagement ◆ APAISEMENT. Apporter (éprouver) un soulagement, *to bring (to feel) relief*.

soulèvement ◆ RÉPRESSION. Juguler un soulèvement, *to crush an uprising*.

soulier 1. CONFORT. Faire ses souliers, *to break in o.'s shoes*. [V. 3.] — 2. EMBARRAS. Etre dans ses petits souliers (Fam.), *to be sitting on thorns*. — 3. MÉNAGE. Faire ses souliers, *to polish o.'s shoes*. [V. 1.] — 4. RÉJOUISSANCE. Mettre ses souliers dans la cheminée, *to hang up o.'s stocking*.

soupape ◆ LIBÉRATION. Faire (former) soupape de sécurité (Fig.), *to act as a safety valve*. ◆ SÉCURITÉ, TECHNIQUE. Ouvrir (faire jouer) les soupapes de sécurité, *to open the safety valves*.

soupçon ◆ HONORABILITÉ. Etre au-dessus de tout soupçon, *to be above suspicion*. ◆ JUSTIFICATION. Dissiper (détourner, égarer; écarter, éloigner; endormir) les soupçons, *to allay (to avert; to dispel; to lull) suspicions*. ‖ Laver qqn d'un soupçon, *to clear s.o. of suspicion*. ‖ Se laver d'un soupçon, *to clear o.s. of*

suspicion. ◆ SUSPICION. Avoir des soupçons, *to have suspicions*. ‖ Confirmer les soupçons, *to confirm suspicions*. ‖ Entretenir (éveiller; fortifier) les soupçons, *to harbour (to arouse; to strengthen) suspicions*. ‖ Fonder ses soupçons sur qqch., *to base o.'s suspicions on sth*.
→ **objet.**

soupe ◆ ALIMENTATION. Manger de la soupe, *to drink soup*. ‖ Manger la soupe (Fam.), *to have o.'s dinner* (repas). ‖ Manger sa soupe, *to drink up o.'s soup*. ‖ Manger à la soupe populaire, *to go to a soup-kitchen*. ◆ COLÈRE. Etre soupe au lait (Fam.), *to be quick-tempered*. ‖ Monter comme une soupe au lait (Fam.), *to flare up*. ◆ CUISINE. Tailler la soupe, *to cut bread to put in the soup*. ‖ Tremper la soupe, *to pour the soup on to bread*. ◆ MAUSSADERIE. Avoir droit à la soupe à la grimace (Fam.), *to come home to a cold hearth*. ‖ Manger la soupe à la grimace (Fam.), *to eat in a grim silence*. ◆ MAUVAIS TEMPS. Etre trempé comme une soupe (Fam.), *to be like a drowned rat*. ◆ NON-RAFFINEMENT. Etre un gros plein de soupe (Fam.), *to be a great fat lump*.

soupé ◆ SATIÉTÉ. En avoir soupé (Fam.), *to be fed up to the back teeth*.

souper ◆ HOSPITALITÉ. Donner un souper, *to give a supper*.

soupir ◆ MORT. Rendre le dernier soupir, *to breathe o.'s last*. ◆ SOULAGEMENT. Pousser un soupir, *to sigh with relief*. ◆ TRISTESSE. Pousser (exhaler) un soupir, *to heave (to utter) a sigh*.

source ◆ ÉCLAIRAGE. Etre une source de lumière, *to be a source of light*. ◆ ÉNERGIE. Constituer une source d'énergie, *to provide a source of energy*. ◆ ÉVIDENCE. Couler de source, *to be as clear as daylight*. ◆ GAIN. Posséder une source de revenu, *to have a source of income*. ◆ GÉOGRAPHIE. Prendre sa source, *to take its rise*. ◆ INFORMATION. Tenir qqch. de bonne source, *to have sth. on good authority*. ‖ Tenir (savoir) qqch. de source sûre, *to have (to know) sth. from a reliable source*. ‖ Trouver (tarir) une source d'information, *to find (to cut off) a source of information*. ◆ ORIGINE. Aller (remonter) à la source, *to get at the root of things*. ‖ Avoir sa source dans qqch., *to originate in sth*. ‖ Puiser à la source, *to go to the fountain-head*. ‖ Remonter aux sources de qqch., *to trace* *sth. back to its sources.* ‖ Retourner aux sources, *to come back to the fountainhead.* ◆ PERTURBATION. Etre une source de désordre, *to be a source of trouble.* ◆ PHÉNOMÈNES PARANORMAUX. Chercher une source, *to go water-divining.* ◆ PLAISIR. Etre une source de plaisir, *to be a source of pleasure.* ◆ TRAVAUX PUBLICS. Capter une source, *to tap a spring.*

sourcil ◆ FAITS ET GESTES. Lever les sourcils, *to raise o.'s eyebrows.* ◆ FAITS ET GESTES, MÉCONTENTEMENT. Froncer le sourcil, *to frown.*

sourd ◆ AFFECTATION. Faire le sourd, *to act deaf.* ◆ CRI. Crier comme un sourd (Fam.), *to holler.* ◆ INFLEXIBILITÉ. Rester sourd à qqch., *to turn a deaf ear to sth.* ◆ INUTILITÉ. Parler à un sourd (Fam.), *to talk to deaf ears.* ◆ VOIES DE FAIT. Frapper qqn comme un sourd (Fam.), *to beat s.o. unmercifully.*
→ messe, oreille.

sourdine 1. ATTÉNUATION. Mettre une sourdine (Fam.), *to soft-pedal.* [V. 3.] – 2. MUSIQUE. Jouer en sourdine, *to play muted.* ‖ Mettre une sourdine à un violon, *to mute a violin.* – 3. SON. Mettre en sourdine, *to tone down.* [V. 1.]

souricière ◆ PIÈGE. Se jeter dans la souricière, *to fall into the trap.* ‖ Tendre une souricière, *to set a trap.*

sourire 1. AFFECTATION. Avoir un sourire de commande, *to smile suitably.* ‖ Avoir un sourire figé, *to have a fixed smile.* ‖ Distribuer des sourires, *to smile right and left.* ‖ Grimacer un sourire, *to force a smile.* ‖ Prendre son sourire des dimanches, *to put on o.'s company face.* – 2. COMIQUE. Prêter à sourire, *to cause smiles.* – 3. CONTENTEMENT. Avoir le sourire (Fam.), *to wear a smile.* [V. 6.] – 4. DÉDAIN. Faire sourire, *to be ludicrous.* – 5. MAÎTRISE DE SOI. Garder le sourire, *to keep smiling.* – 6. RIRE. Arracher un sourire à qqn, *to force a smile from s.o.* ‖ Avoir le sourire, *to be smiling.* [V. 3.] ‖ Avoir le sourire aux lèvres, *to have a smile on o.'s lips.* ‖ Avoir le sourire chevalin (Fam.), *to have a toothy grin.* ‖ Échanger un sourire, *to exchange a smile.* ‖ Ébaucher (esquisser) un sourire, *to smile fleetingly.* ‖ Faire naître un sourire, *to call forth a smile.* ‖ Faire un sourire à qqn, *to smile at s.o.* – 7. TRISTESSE.

Faire un pauvre sourire, *to give a faint smile.*

souris → chat, trou.

souscription ◆ ÉDITION. Lancer une souscription, *to start a fund.*

sous-entendu ◆ ALLUSION. Etre lourd de sous-entendus, *to be heavy with implications.* ◆ RÉTICENCE. Faire des sous-entendus, *to give out hints.* ◆ SUGGESTION. Etre sous-entendu, *to be understood.*

soustraction ◆ MATHÉMATIQUES. Faire une soustraction, *to do a subtraction.*

sous-ventrière ◆ GOURMANDISE. Manger à s'en faire péter la sous-ventrière (Pop.), *to eat fit to bust.*

soutane ◆ RELIGION. Prendre la soutane, *to take holy orders.*

soutien ◆ ASSISTANCE. Etre un soutien moral, *to be a moral support.* ◆ FAMILLE. Etre soutien de famille, *to be a family breadwinner.* ◆ FINANCES. Bénéficier d'un soutien pécuniaire, *to be given financial backing.*

souvenance ◆ MÉMOIRE. Garder souvenance de qqch., *to recollect sth.*

souvenir ◆ CIVILITÉ. Se rappeler au souvenir de qqn, *to give o.'s regards to s.o.* ◆ DON. Offrir un souvenir à qqn, *to give s.o. a keepsake.* ◆ MÉMOIRE. Aviver le souvenir, *to revive a memory.* ‖ Avoir souvenir de qqch., *to recall sth.* ‖ Chercher dans ses souvenirs, *to search o.'s memory.* ‖ Conserver le souvenir de qqch. (qqn), *to keep the memory of sth. (s.o.).* ‖ Conserver (garder) un souvenir très net de qqch., *to have a distinct memory of sth.* ‖ Dérouler ses souvenirs, *to unfold o.'s memories.* ‖ Éveiller (réveiller) des souvenirs, *to awaken memories.* ‖ Évoquer un souvenir, *to call forth a memory.* ‖ Évoquer le souvenir de qqn (qqch.), *to evoke the memory of s.o. (sth.).* ‖ Exhumer des souvenirs, *to unearth memories.* ‖ Faire renaître le souvenir de qqch. (qqn), *to revive the memory of sth. (s.o.).* ‖ Graver un souvenir dans sa mémoire, *to fix a memory in o.'s mind.* ‖ Rappeler un souvenir à la mémoire de qqn, *to recall a memory to s.o.* ‖ Rassembler (chercher) ses souvenirs, *to collect (to go over) o.'s memories.* ‖ Remuer des souvenirs, *to stir (up) memories.*

NOSTALGIE. Etre assailli de souvenirs, *to be beset by memories.* ◆ OUBLI. Effacer (balayer) un souvenir, *to blot out (to expunge) a memory.* ‖ Estomper le souvenir, *to dim the memory.* ‖ Ne pas en avoir le souvenir, *to have no recollection of it.* ◆ PASSÉ. N'être plus qu'un souvenir, *to be only a memory.* ‖ N'être qu'un mauvais souvenir, *to be only a bad memory.* ◆ SOUVENIR. Emporter un bon (mauvais) souvenir, *to take away happy (unhappy) memories.* ‖ Garder un bon (excellent) souvenir de qqch. (qqn), *to have pleasant memories of sth. (s.o.).* ‖ Laisser un bon (mauvais) souvenir, *to leave happy (unhappy) memories.* ‖ Laisser un souvenir impérissable, *to leave an unforgettable memory.*
→ **image.**

souverain ◆ DOMINATION. Régner en souverain, *to rule like a monarch.*

spécialité ◆ CUISINE. Etre la spécialité de l'endroit, *to be the local speciality.* ◆ MÉTIER. Choisir une spécialité, *to choose a skill.* ‖ N'avoir aucune spécialité, *to be unskilled.*

spectacle ◆ OSTENTATION. Se donner en spectacle, *to make an exhibition of o.s.* ◆ PEUR. Etre un spectacle d'horreur, *to be a horrifying spectacle.* ◆ SPECTACLE. Aller au spectacle, *to go to shows.* ‖ Assister à un spectacle, *to attend a show.* ‖ Créer (donner) un spectacle, *to create (to produce) a show.* ‖ Monter un spectacle son et lumière, *to put on a Son et Lumière performance.*

spectateur → **rôle.**

spectre ◆ SANTÉ. Etre un spectre (Fam.), *to look like a ghost.*

spéculation ◆ FINANCES. Éviter la spéculation, *to prevent speculation.* ◆ IMAGINATION. Etre une spéculation de l'esprit, *to be a coinage of the brain.*

sphinx ◆ HERMÉTISME. Etre énigmatique comme un sphinx, *to be as enigmatic as the Sphinx.*

spiritisme ◆ PHÉNOMÈNES PARANORMAUX. Faire du spiritisme, *to practise spiritualism.*

spleen ◆ NOSTALGIE. Avoir le spleen, *to feel low.*

sport ◆ DIFFICULTÉ. Etre du sport (Fam.), *to be a hell of a job.* ‖ Y avoir du sport (Fam.), *there [to be] sparks flying*

(Gramm.). ◆ LOYAUTÉ. Etre sport (Fam.), *to be sporting.* ◆ SPORTS. Aller aux (faire des) sports d'hiver, *to go on (to do) winter sports.* ‖ Faire du sport, *to play sports.* ‖ Pratiquer un sport, *to play a sport.* ◆ VÊTEMENT. Faire sport, *to look sporty.*

sprint ◆ SPORTS. Gagner au sprint, *to win in a sprint.* ◆ VITESSE. Piquer un sprint (Fam.), *to break into a sprint.*

squelette ◆ POIDS. Etre un squelette ambulant (Fam.), *to be a walking skeleton.*

stade ◆ PROGRESSION. Atteindre un certain stade de qqch., *to attain a certain degree of sth.* ‖ Dépasser un stade, *to go beyond a stage.*

stage ◆ APPRENTISSAGE. Faire un stage, *to do a training course.*

standard ◆ NORME. Etre standard, *to be standard.*

standing ◆ ARCHITECTURE. Etre d'un bon (grand) standing, *to be good (high) class.* ◆ NIVEAU DE VIE. Acquérir un standing, *to acquire a standing in life.*

station ◆ TRANSPORTS. Griller une station (Fam.), *to skip a station.*

stationnaire ◆ SANTÉ. Rester stationnaire, *to remain stationary.*

stationnement ◆ AUTOMOBILE. Etre (se trouver) en stationnement interdit, *to be in a no-parking zone.* ‖ Interdire le stationnement, *to ban parking.*

statistique ◆ MATHÉMATIQUES. Dresser (faire) une statistique, *to draw up a statistical table.*

statue ◆ DÉTRESSE. Etre la statue de la douleur, *to be the picture of grief.* ◆ HONNEUR. Ériger une statue à qqn, *to put up a statue to s.o.* ◆ IMMOBILITÉ. Etre immobile comme une statue (Fam.), *to be as motionless as a statue.*

statu quo ◆ IMMOBILISME. Maintenir le « statu quo », *to maintain the « status quo ».*

statut ◆ GROUPEMENT. Élaborer un statut, *to draw up a statute.* ‖ Établir (définir, rédiger) les statuts d'une société, *to draw up (to prepare, to set out) the articles of a company.*

stencil ◆ SECRÉTARIAT. Faire (tirer) un stencil, *to make (to run off) a stencil.*

stentor → **voix.**

stérile ◆ MATERNITÉ. Etre stérile, *to be barren.*

stigmate ♦ MARQUE. Porter les stigmates de qqch. (Fig.), *to carry the scars of sth.* ♦ RELIGION. Porter les stigmates, *to bear stigmata.*

stock ♦ COMMERCE. Constituer (écouler, épuiser; renouveler) un stock, *to build up (to clear, to deplete; to renew) a stock.* ‖ Mettre en stock, *to put in stock.*

stop ♦ DÉPLACEMENT. Aller en stop, *to hitch-hike.* ‖ Faire du stop, *to thumb a lift.*

stratagème ♦ RUSE. Employer un stratagème, *to use a stratagem.* ‖ User de stratagème, *to use stratagem.*

stratégie ♦ DIPLOMATIE. Etre de bonne stratégie, *to be a strategic move.* ♦ PRÉSOMPTION. Faire de la stratégie en chambre, *to be an armchair strategist.*

stratosphère ♦ ASTRONAUTIQUE. Explorer la stratosphère, *to explore the stratosphere.*

stress ♦ ÉNERVEMENT. Vivre dans le stress, *to live under stress.*

strip-tease ♦ SPECTACLE. Faire du strip-tease, *to do a strip-tease act.*

structure ♦ RÉFORME. Moderniser (réformer) les structures, *to modernize (to reshape) structures.*

stupéfaction ♦ STUPÉFACTION. Etre plongé dans la stupéfaction, *to be lost in astonishment.*

stupeur ♦ STUPÉFACTION. Etre frappé de stupeur, *to be stunned.* ‖ Plonger qqn dans la stupeur, *to stun s.o.* ‖ Rester muet de stupeur, *to be dumbfounded.*

stupide ♦ STUPÉFACTION. Rester stupide, *to be bemused.*

style ♦ DISTINCTION. Avoir du style, *to have style.* ♦ LITTÉRATURE. Avoir du style, *to have a good prose-style.* ‖ Enfler (épurer, travailler; varier) son style, *to inflate (to refine, to work on; to vary) o.'s style.* ‖ Soigner son style, *to pay attention to o.'s style.* ♦ NIVEAU DE VIE. Adopter un style de vie, *to adopt a style of living.* ♦ RUSTICITÉ. Manquer de style, *to lack style.*
→ **clause, figure, formule.**

stylé ♦ MÉTIER. Etre bien stylé, *to be well-trained.*

subside ♦ ASSISTANCE. Fournir (octroyer) des subsides, *to provide (to grant) financial aid.* ♦ PARASITE. Vivre de subsides, *to live on financial aid.* ♦ PRIVATION. Couper les subsides, *to discontinue financial aid.* ♦ REQUÊTE. Solliciter des subsides, *to request financial aid.*

subsistance ♦ GAGNE-PAIN. Assurer (pourvoir à) sa subsistance, *to make a living.*

substance ♦ LITTÉRATURE. Donner la substance d'un texte, *to give the gist of a text.*

substitution ♦ CHANGEMENT. Opérer une substitution, *to effect a substitution.* ♦ MATHÉMATIQUES. Procéder par substitution, *to work by substitution.*

subterfuge ♦ RUSE. Recourir à un subterfuge, *to resort to a subterfuge.*

subtilité ♦ EXPRESSION. Etre une subtilité de langage, *to be a subtlety of speech.*

subvention ♦ AFFAIRES SOCIALES. Accorder (recevoir; voter) une subvention, *to grant (to receive; to vote) a subsidy.*

suc ♦ CUISINE. Exprimer (extraire) le suc de qqch., *to squeeze (to extract) the juice from sth.*

succédané ♦ REMPLACEMENT. N'être qu'un succédané, *to be only a substitute.*

succès 1. COMMERCE. Avoir du succès, *to catch on.* [V. 6.] – 2. CONFIANCE. Répondre du succès de qqch., *to vouch for the success of sth.* – 3. CONFIANCE EN SOI. Croire au succès, *to believe o. will succeed.* – 4. MUSIQUE, SPECTACLE. Avoir un succès fou, *to be a hit.* [V. 7.] – 5. RÉJOUISSANCE. Arroser un succès, *to drink to a success.* ‖ Boire au succès de qqn, *to drink to s.o.'s success.* – 6. SÉDUCTION. Avoir du succès, *to be popular.* [V. 1.] – 7. SUCCÈS. Assurer (escompter) un succès, *to ensure (to bank on) a success.* ‖ Atteindre au succès, *to achieve success.* ‖ Avoir le succès assuré, *to be assured of success.* ‖ Avoir un succès fou, *to be a huge success.* [V. 4.] ‖ Connaître (garantir; poursuivre; rencontrer) le succès, *to enjoy (to guarantee; to go after; to meet with) success.* ‖ Etre couronné de succès, *to be crowned with success.* ‖ Exploiter son succès, *to make the most of o.'s success.* ‖ Remporter (obtenir) un succès, *to achieve a success* (personne). ‖ Remporter un succès complet, *to be a complete success* (chose). ‖ Remporter (obtenir) un succès d'estime, *to achieve a succès d'estime.* ‖ Se tailler un succès, *to carve out a success for o.s.* ‖ Tenir le succès, *to have success within o.'s*

grasp. – 8. VANITÉ. Se laisser griser par le succès, *to let success go to o.'s head.*
→ **chemin, écrivain, ivresse, voie.**

successeur ◆ REMPLACEMENT. Désigner son successeur, *to name o.'s successor.*

succession ◆ NOTARIAT. Accepter (renoncer à) la succession, *to accept (to renounce) the inheritance.* ‖ Recueillir une succession, *to come into an inheritance.* ◆ REMPLACEMENT. Prendre la succession de qqn, *to succeed s.o.* ‖ Prétendre à la succession de qqn, *to hope to succeed s.o.*
→ **inventaire.**

sucre ◆ CUISINE. Saupoudrer de sucre, *to sprinkle with sugar.* ◆ DÉNIGREMENT. Casser du sucre sur le dos de qqn (Fam.), *to run s.o. down.* ◆ ENDURANCE. Ne pas être en sucre (Fam.), *not to be made of glass.* ◆ HYPOCRISIE. Etre tout sucre et tout miel (Fam.), *to be smarmy.*
→ **tête.**

sucrée ◆ AFFECTATION. Faire la sucrée (Fam.), *to be all sugary.*

suée ◆ APPRÉHENSION. En avoir des suées (Fam.), *to break out in a cold sweat.* ◆ TRAVAIL. Attraper (prendre) une suée (Fam.), *to sweat over it.*

suer ◆ ENNUI. Se faire suer (Pop.), *to be bored stiff.* ◆ IMPORTUNITÉ. Faire suer qqn (Pop.), *to bore the pants off s.o.*

sueur ◆ APPRÉHENSION. Avoir des sueurs froides (Fam.), *to be in a cold sweat.* ◆ EXPLOITATION. S'engraisser de la sueur du peuple (Fam.), *to get fat on other people's work.* ◆ SANTÉ. Etre en sueur, *to be sweating.* ‖ Ruisseler de sueur, *to drip with sweat.* ‖ Se mettre en sueur, *to get into a sweat.*
→ **pain.**

suffisance ◆ PRÉTENTION. Etre plein de suffisance, *to be conceited.*

suffrage ◆ APPUI. Accorder ses suffrages à qqn, *to give o.'s. support to s.o.* ◆ CONCUSSION. Acheter des suffrages, *to buy votes.* ◆ ÉLECTIONS. Briguer les suffrages, *to canvass votes.* ‖ Recueillir des suffrages, *to get votes.* ◆ UNANIMITÉ. Rallier (réunir) tous les suffrages, *to win (to gain) general approval.*

suggestion ◆ SUGGESTION. Émettre une suggestion, *to voice a suggestion.*

suicide ◆ INCONSÉQUENCE. Etre un vrai suicide (Fam.), *to be past caring.* ◆

SUICIDE. Etre hanté par le suicide, *to be suicidal.* ‖ Manquer son suicide, *to fail in o.'s suicide attempt.*
→ **candidat.**

suisse ◆ BOISSON. Boire en (faire) suisse, *to have a solitary drink.*

suite 1. ACCOMPAGNEMENT. Traîner qqn à sa suite (Fam.), *to drag s.o. along.* – 2. ATTENTE. Attendre la suite, *to await further developments.* – 3. COMMERCE. Donner suite à une commande, *to deal with an order.* [V. 8, 9.] – 4. CONSÉQUENCE. Avoir des suites, *to have consequences.* – 5. INCONSÉQUENCE. N'avoir aucune suite dans les idées, *to be completely inconsistent.* – 6. LOGIQUE. Avoir de la suite dans les idées, *to have a logical mind.* [V. 8.] – 7. MORT. Mourir des suites de qqch., *to die from the after-effects of sth.* – 8. PERSÉVÉRANCE. Avoir de la suite dans les idées, *to be like a dog with a bone.* [V. 6.] ‖ Donner suite à un projet, *to follow up a project.* [V. 3, 9.] – 9. PROCÉDURE. Donner une suite à une affaire, *to follow up a matter.* [V. 3, 8.] – 10. REFUS. Ne pas donner suite, *not to follow up.* – 11. REMPLACEMENT. Prendre la suite de qqn, *to take over from s.o.* – 12. SUCCESSION. Faire suite à qqch., *to come after sth.*
→ **esprit.**

suivre ◆ COURRIER. Faire suivre, *to forward.*
→ **marche.**

sujet ◆ BAVARDAGE. Ne pas tarir (être intarissable) sur un sujet, *never to dry up about a subject.* ◆ CONVERSATION. Éviter un sujet de conversation, *to avoid a topic of conversation.* ◆ DISCUSSION. Entreprendre qqn sur un sujet, *to take issue with s.o. on a subject.* ‖ Lancer qqn sur un sujet, *to start s.o. on a subject.* ‖ Mettre un sujet en discussion, *to debate a subject.* ◆ DISCUSSION, ÉTUDE. Attaquer le sujet, *to get to the main point.* ‖ Aborder un sujet, *to broach a subject.* ‖ Effleurer un sujet, *to touch lightly upon a subject.* ‖ Passer d'un sujet à un autre, *to go from one subject to another.* ◆ DOUTE. Etre sujet à caution, *to be unconfirmed* (chose); *to be unreliable* (personne). ◆ ÉCOLE. Proposer un sujet d'examen, *to set an examination question.* ◆ ENTHOUSIASME. Etre plein de son sujet, *to be full of o.'s subject.* ◆ ÉTUDE. Circonscrire

le sujet, *to define the limits of the subject.* ‖ Creuser (approfondir) un sujet, *to go thoroughly into a subject.* ‖ Déflorer un sujet, *to take the edge off a subject.* ‖ Dominer le sujet, *to master the subject.* ‖ Épuiser le sujet, *to exhaust the subject.* ‖ Etre hors du sujet, *to be beside the subject.* ‖ Etre un sujet en or, *to be a lovely subject.* ‖ Exploiter un sujet, *to get all o. can out of a subject.* ‖ Gonfler le sujet, *to pad out the subject.* ‖ Porter sur un sujet, *to deal with a subject.* ‖ Quitter le sujet, *to stray from the subject.* ‖ Rester dans le sujet, *to stick to the subject.* ‖ Revenir à son sujet, *to come back to the subject.* ‖ S'éloigner (s'écarter, sortir) du sujet, *to get away (to wander, to stray) from the subject.* ‖ S'étendre sur un sujet, *to expatiate on a subject.* ‖ Traiter un sujet, *to deal with a subject.* ‖ Toucher à un sujet, *to touch on a subject.* ♦ INTELLIGENCE. Etre un brillant sujet, *to be very bright.* ♦ MÉCONTENTEMENT. Avoir des sujets de mécontentement, *to have grounds for complaint.* ♦ MOTIF. Avoir tout sujet de faire qqch., *to have every reason to do sth.* ♦ PLAINTE. Avoir sujet de se plaindre, *to have something to complain about.* ♦ PRÉJUGÉ. Etre un sujet tabou, *to be taboo.* ♦ QUERELLE. Etre un sujet de dispute, *to be a bone of contention.* ♦ SOUCI. Avoir sujet de s'alarmer, *to have grounds for alarm.*
→ vif.

sujétion ♦ ESCLAVAGE. Vivre dans la sujétion, *to live in bondage.* ♦ OPPRESSION. Maintenir qqn dans la sujétion, *to keep s.o. in subjection.*

sultan ♦ DÉBAUCHE. Jouer les sultans (faire le sultan), *to keep a harem.*

summum ♦ APOGÉE. Etre au summum de la gloire, *to be at the height of o.'s glory.*

super ♦ AUTOMOBILE. Rouler au super, *to drive on top grade.*

supercherie ♦ RÉVÉLATION. Découvrir (dévoiler) une supercherie, *to discover (to reveal) a hoax.* ♦ TROMPERIE. Etre de la supercherie, *to be a fraud.*

superficiel ♦ CRITÈRE DE JUGEMENT. S'en tenir (s'arrêter) au superficiel, *to keep on a superficial level.*

superflu ♦ SURPLUS. Etre du superflu, *to be superfluous.*

supériorité ♦ PRÉTENTION. Etre imbu de sa supériorité, *to have an acute sense of o.'s own superiority.*

superlatif ♦ EXAGÉRATION. Abuser des superlatifs, *to over-indulge in superlatives.*

superstition ♦ SUPERSTITION. Donner dans la superstition, *to be given to superstition.*

suppléance ♦ REMPLACEMENT. Faire (assurer) une suppléance, *to do a replacement.*

supplément ♦ INFORMATION. Exiger un supplément d'information, *to call for further information.* ♦ PAIEMENT. Payer un supplément, *to pay an extra charge.* ♦ RESTAURANT. Demander (prendre) un supplément, *to ask for (to order) an extra.*

supplice 1. CONVOITISE. Subir (endurer) le supplice de Tantale, *to be so near and yet so far.* – 2. JALOUSIE. Éprouver le supplice de la jalousie, *to feel the pangs of jealousy.* – 3. MORT. Marcher au supplice, *to march to o.'s death.* – 4. PERSÉCUTION. Mettre qqn au supplice, *to torture s.o.* [V. 5.] – 5. TENTATION. Mettre qqn au supplice, *to tantalize s.o.* [V. 4.] – 6. TORTURE. Infliger un supplice à qqn, *to inflict torture on s.o.* – 7. TOURMENT. Etre au supplice, *to be on tenterhooks.* ‖ Etre un vrai supplice, *to be torture.*

supplique ♦ REQUÊTE. Présenter une supplique, *to present a petition.*

supposition ♦ SUPPOSITION. Faire (émettre) des suppositions, *to make conjectures.* ‖ Faire une supposition gratuite, *to make an unfounded supposition.* ‖ N'être qu'une simple supposition, *to be mere supposition.*
→ champ.

suppôt ♦ INFAMIE. Etre un suppôt de Satan, *to be the Devil's henchman.*

suprématie ♦ DOMINATION. Exercer sa suprématie, *to exert o.'s supremacy.*

sûr ♦ CERTITUDE. Etre sûr et certain, *to be dead sure.* ‖ Tenir pour sûr, *to take for certain.*

suralimentation ♦ SANTÉ. Faire de la suralimentation, *to eat a specially heavy diet.*

surcharge ♦ ÉCRITURE. Faire une surcharge, *to write sth. in.* ♦ POIDS. Etre en surcharge, *to be overloaded.*

surcroît ◆ LIBÉRALITÉ. Etre donné par surcroît, *to be given in addition.* ◆ SURMENAGE. Avoir un surcroît de travail, *to have extra work.*

surdité ◆ OUÏE. Etre atteint de surdité, *to suffer from deafness.*

surenchère ◆ FINANCES. Faire une surenchère sur qqn, *to outbid s.o.*

sûreté ◆ MENACE. Menacer la sûreté de qqn, *to threaten s.o.'s safety.* ◆ POLITIQUE. Attenter à la sûreté de l'État, *to endanger State security.* ◆ SÉCURITÉ. Etre en sûreté, *to be safe.* ‖ Mettre qqn en sûreté, *to keep s.o. out of harm's way.* ‖ Mettre qqch. en sûreté, *to put sth. in a safe place.* ‖ Tenir qqch. en sûreté, *to keep sth. safe.*

surface 1. COUTURE. Amuser les surfaces, *to trim the surfaces.* – 2. CRITÈRE DE JUGEMENT. Rester à la surface, *to stay on the surface.* – 3. ESPACE. Offrir une surface, *to present a surface.* – 4. REPRISE. Revenir à la surface (Fig.), *to come up again* (chose). [V. 7.] – 5. RESSORT. Faire surface, *to surface.* ‖ Remonter à la surface (Fig.), *to recover o.'s old form.* – 6. RETOUR. Refaire surface, *to show up again* (personne). – 7. SPORTS. Revenir à la surface, *to re-surface.* [V. 4.] – 8. STUPÉFACTION. En boucher une surface à qqn (Fam.), *to knock s.o. sideways.*

surimpression ◆ DUALITÉ. Paraître en surimpression, *to be superimposed.*

surjet ◆ COUTURE. Faire un surjet, *to overcast a seam.*

surnom ◆ NOM. Affubler qqn d'un surnom, *to give s.o. a nickname.*

surnombre ◆ NOMBRE. Etre en surnombre, *to be in excess.*

surplace ◆ MOUVEMENT. Faire du surplace, *not to move at all.*

surplomb ◆ GÉOGRAPHIE. Etre en surplomb, *to overhang.*

surplus ◆ PAIEMENT. Payer le surplus, *to pay the difference.*

surprise ◆ AFFECTATION. Jouer la surprise, *to feign surprise.* ◆ COMMERCE. Etre garanti sans surprise, *to be guaranteed trouble-free.* ◆ IMPROVISTE. Prendre qqn par surprise, *to take s.o. by surprise.* ◆ MAÎTRISE DE SOI. Cacher (dissimuler) sa surprise, *to hide o.'s surprise.* ◆ MILITAIRE. Attaquer par surprise, *to attack without warning.* ◆

NON-FIABILITÉ. Réserver des surprises, *to hold surprises in store.* ◆ PRÉVENANCE. Faire une surprise à qqn, *to give s.o. a surprise.* ‖ Ménager une surprise à qqn, *to have a surprise in store for s.o.* ‖ Préparer une surprise à qqn, *to prepare a surprise for s.o.* ◆ STUPÉFACTION. Éprouver de la surprise, *to feel surprised.* ‖ Revenir de sa surprise, *to recover from o.'s surprise.* ‖ Rester muet (pétrifié) de surprise, *to be struck dumb with amazement.* ◆ SUSPICION. Craindre d'avoir une surprise, *to fear disappointment.*

surprise-party ◆ RÉJOUISSANCE. Organiser une surprise-party, *to arrange a party.*

sursaut ◆ FAITS ET GESTES. Se dresser en sursaut, *to start up.* ◆ PEUR. Avoir un sursaut, *to give a start.* ◆ RESSORT. Avoir un sursaut d'énergie, *to have a burst of energy.* ◆ RÉVEIL. Réveiller qqn en sursaut, *to wake s.o. with a start.* ‖ Se réveiller en sursaut, *to wake with a start.* ◆ RÉVOLTE. Avoir un sursaut de révolte, *to feel a rebellious urge.*

sursis 1. DÉLAI. Etre en sursis, *to be postponed.* [V. 2, 3.] ‖ Obtenir un sursis pour qqch., *to obtain a postponement for sth.* – 2. MILITAIRE. Etre en sursis, *to be provisionally exempted.* [V. 1, 3.] – 3. SENTENCE. Etre en sursis, *to have a stay for execution.* [V. 1, 2.] ‖ Etre condamné avec sursis, *to be given a suspended sentence.*

surveillance ◆ LIBÉRATION. Échapper à la surveillance de qqn, *to escape from s.o.'s supervision.* ‖ Tromper la surveillance de qqn, *to evade s.o.'s supervision.* ◆ SANTÉ. Etre sous surveillance médicale, *to be under medical observation.* ◆ SURVEILLANCE. Établir une surveillance, *to set a watch.* ‖ Etre sous la surveillance de qqn, *to be under s.o.'s supervision.* ‖ Exercer la surveillance, *to keep watch.* ‖ Exercer une surveillance discrète, *to keep a discreet watch.*

survie ◆ PÉRENNITÉ. Assurer la survie, *to ensure survival.* ◆ RELIGION. Croire à la survie, *to believe in the after-life.*

susceptibilité ◆ SUSCEPTIBILITÉ. Blesser la susceptibilité de qqn, *to wound s.o.'s feelings.*

suspect ◆ SUSPECT. Devenir suspect, *to become suspect.* ‖ Devenir suspect à qqn, *to arouse s.o.'s suspicions.* ‖ Paraître suspect, *to look suspicious.* ‖ Se rendre suspect, *to draw suspicion on o.s.* ‖ Tenir qqn pour suspect, *to hold s.o. in suspicion.*

suspendu ◆ AUTOMOBILE. Etre mal suspendu (véhicule), *to have poor suspension.*

suspens ◆ ATTENTE. Rester en suspens, *to remain in abeyance* (chose). ‖ Tenir qqch. en suspens, *to hold sth. in abeyance.* ◆ INCERTITUDE. Tenir qqn en suspens, *to keep s.o. in suspense.* ◆ NON-SOLUTION. Laisser qqch. en suspens, *to leave sth. unsolved.*

suspicion ◆ SUSPICION. Tenir qqn en suspicion, *to suspect s.o.*

suture → **point.**

syllabe ◆ ATTENTION. Ne pas en perdre une syllabe, *not to miss a word.* ◆ ÉLOCUTION. Détacher les syllabes, *to split up the syllables.* ‖ Manger une syllabe, *to swallow a syllable.* ◆ SILENCE. Ne pas prononcer une syllabe, *not to say a word.*

Sylvestre → **janvier.**

symétrie ◆ NON-ÉQUILIBRE. Rompre la symétrie, *to upset the symmetry.*

sympathie 1. ANTIPATHIE. Manquer de sympathie pour qqn, *to be out of sympathy with s.o.* — 2. COMPASSION. Attirer (inspirer de) la sympathie de (à) qqn, *to attract (to rouse) s.o.'s sympathy.* [V. 6.] ‖ Avoir la sympathie de qqn, *to have s.o.'s sympathy.* ‖ Avoir (éprouver, ressentir) de la sympathie pour qqn, *to have (to feel) sympathy for s.o.* [V. 7.] ‖ Manifester de la sympathie, *to show sympathy.* [V. 7.] ‖ Montrer (témoigner) de la sympathie à qqn, *to be sympathetic towards s.o.* [V. 7.] ‖ Rencontrer de la sympathie, *to meet with sympathy.* — 3. DÉPLAISANCE. S'aliéner les sympathies, *to alienate affections.* — 4. DÉSACCORD. Ne trouver (ne rencontrer) aucune sympathie chez qqn, *to find (to meet with)*

no response in s.o. — 5. ENTENTE. Souffrir par sympathie, *to suffer in sympathy.* — 6. SÉDUCTION. Attirer (inspirer) la sympathie de qqn, *to be (to seem) attractive to s.o.* [V. 2.] — 7. SYMPATHIE. Avoir (éprouver, ressentir) de la sympathie pour qqn, *to have (to feel) a fellow-feeling for s.o.* [V. 2.] ‖ Manifester de la sympathie, *to show fellow-feeling.* [V. 2.] ‖ Montrer (témoigner) de la sympathie à qqn, *to show fellow-feeling for s.o.* [V. 2.] ‖ Se prendre de sympathie pour qqn, *to take a liking to s.o.*
→ **témoignage.**

symptôme ◆ MÉDECINE. Déceler les symptômes, *to trace the symptoms.*

syncope ◆ SANTÉ. Avoir (provoquer) une syncope, *to have (to cause) a blackout.* ‖ Tomber en syncope, *to black out.*

syndicalisme ◆ SYNDICALISME. Faire du syndicalisme, *to be a trade-unionist.*

syndicat ◆ SYNDICALISME. Adhérer à un syndicat, *to join a trade-union.* ◆ VOYAGE. S'adresser au syndicat d'initiative, *to apply to the tourist bureau.*

synthèse ◆ SYNTHÈSE. Faire (réaliser) une synthèse, *to make a synthesis.*
→ **esprit.**

système ◆ EXCITATION. Courir (porter, taper) sur le système (Fam.), *to get on s.o.'s nerves.* ◆ HABILETÉ. Employer le système D (Fam.), *to use the means to hand.* ◆ POLITIQUE. Instaurer un système capitaliste (communiste), *to set up a capitalist (communist) system.* ◆ PRÉJUGÉ. Agir par système, *to be hidebound.* ◆ PROGRAMMATION. Édifier (élaborer) un système, *to build up (to work out) a system.* ◆ PROTESTATION. Accuser le système, *to accuse the system.* ◆ TECHNIQUE. Déclencher un système d'ouverture, *to work an opening mechanism.*

t

t ♦ ÉCRITURE. Barrer les *t*, *to cross the* t*'s.*

tabac ♦ SIMILITUDE. Etre toujours le même tabac (Fam.), *to be the same old thing.* ♦ VOIES DE FAIT. Passer qqn à tabac (Fam.), *to beat s.o. up.*
→ **pot.**

tabernacle ♦ RELIGION. Dresser un tabernacle, *to raise a tabernacle.*

tablature ♦ PERSÉCUTION. Donner de la tablature à qqn (Fam.), *to give s.o. sth. to think about.*

table 1. APPÉTIT. Ne pas bouder à table (Fam.), *to be a stout trencherman.* — 2. AVEU. Se mettre à table (Fam.), *to blow the gaff.* [V. 6.] — 3. DISCUSSION. Participer à une table ronde, *to take part in a round-table discussion.* — 4. ÉPURATION. Faire table rase, *to make a clean sweep.* — 5. GOURMANDISE. Aimer la table, *to enjoy good living.* — 6. HOSPITALITÉ. Débarrasser la table, *to clear the table.* ‖ Dresser (mettre) la table, *to spread (to set) the table.* ‖ Etre à table, *to be at table.* ‖ Manger à la même table, *to eat at the same table.* ‖ Passer à table, *to sit down.* ‖ Recevoir (inviter) qqn à sa table, *to have (to invite) s.o. for a meal.* ‖ Rester à table, *to sit on at the table.* ‖ Se lever (sortir) de table, *to leave the table.* ‖ Se mettre à table, *to sit down to table.* [V. 2.] ‖ Servir à table, *to wait at table.* ‖ Tenir table ouverte, *to keep open house.* — 7. HÔTELLERIE. Manger à la table d'hôte, *to eat the set meal.* ‖ Retenir une table, *to book a table.* — 8. IVRESSE. Rouler sous la table, *to drink o.s. under the table.* — 9. MATHÉMATIQUES. Apprendre la table de multiplication, *to learn the multiplication tables.* ‖ Faire réciter sa table à qqn, *to hear s.o. say his tables.* — 10. PHÉNOMÈNES PARANORMAUX. Faire tourner les tables, *to practise table-turning.* — 11. SANTÉ. Monter sur la table d'opération, *to go onto the operating table.*
→ **côté, coude, coup, excès, poing, saint, service, treizième.**

tableau 1. ART. Brosser un tableau, *to rough out a picture.* [V. 6.] ‖ Faire un tableau, *to make a picture.* [V. 6, 8.] ‖ Restaurer un tableau, *to restore a picture.* — 2. COMBLE. Compléter le tableau (Fam.), *to be the finishing touch.* — 3. DUALITÉ. Gagner sur les deux tableaux (Fam.), *to have it both ways.* [V. 9.] ‖ Miser (jouer) sur les deux tableaux, *to try to have it both ways.* [V. 4.] — 4. DUPLICITÉ. Jouer sur les deux tableaux (Fig.), *to hedge o.'s bet.* [V. 3.] — 5. ÉCOLE. Effacer le tableau noir, *to clean the blackboard.* ‖ Etre inscrit au tableau d'honneur, *to have o.'s name on the roll of honour.* ‖ Inscrire qqn au tableau d'honneur, *to put s.o.'s name on the roll of honour.* ‖ Passer au tableau, *to go to the blackboard.* — 6. EXPOSÉ. Brosser un tableau, *to paint a picture.* [V. 1.] ‖ Faire un tableau de qqch., *to draw the picture of sth.* [V. 1, 8.] — 7. IMPRESSION. Détonner (faire mal) dans le tableau (Fam.), *to strike a false note.* ‖ Faire bien dans le tableau (Fam.), *to be a nice thing to happen.* ‖ Voir d'ici le tableau (Fam.), *can just imagine it* (Gramm.). — 8. SECRÉTARIAT. Faire (dresser) un tableau, *to draw up a table.* [V. 1, 6.] — 9. SUCCÈS. Gagner sur tous les tableaux (Fam.), *to win all along the line.* [V. 3.]
→ **ombre, pièce.**

tablette ♦ ÉLIMINATION. Rayer qqch. (qqn) de ses tablettes (Fam.), *to strike sth. (s.o.) from record.* ♦ MÉMOIRE. Inscrire (noter) qqch. sur ses tablettes (Fam.), *to put sth. on record.*

tablier ♦ DÉSISTEMENT. Rendre son tablier (Fam.), *to ask for o.'s cards.* ♦ NON-ÉLÉGANCE. Aller comme un tablier à une vache (Fam.), *to suit like a potato-sack.*

tabou ♦ LIBÉRALISME. Briser un tabou, *to break a taboo.* ♦ PRÉJUGÉ. Déclarer tabou, *to taboo.*
→ **sujet.**

tac ♦ RÉPONSE. Répondre (riposter) du tac au tac, *to give a quick rejoinder.*

tache ♦ DÉFECTUOSITÉ. Faire tache, *to stick out like a sore thumb.* ♦ PROGRES-

SION. Faire tache d'huile, *to spread like wild-fire.*

tâche 1. ADMINISTRATION. Diviser la tâche, *to split up the work.* ‖ Répartir les tâches, *to distribute the various duties.* — 2. AIDE. Faciliter la tâche, *to make the job easier.* — 3. CONSCIENCE. Prendre qqch. à tâche, *to make sth. o.'s business.* — 4. INCOMPÉTENCE. Etre au-dessous de sa tâche, *not to be up to the job.* — 5. INDÉPENDANCE. Ne pas être à la tâche, *not to be a galley slave.* — 6. MÉTIER. Travailler (être) à la tâche, *to do (to be on) piece-work.* [V. 10.] — 7. MORT. Mourir à la tâche, *to die in harness.* — 8. RENDE-MENT. Suffire à la tâche, *can handle it* (Gramm.). — 9. SURMENAGE. Se tuer à la tâche, *to work o.s. to death.* — 10. TRA-VAIL. Etre à la tâche, *to be at work.* [V. 6.] ‖ S'atteler à une tâche, *to settle down to a job.* ‖ Se mettre à la tâche, *to get down to the job.*
→ **hauteur.**

tact ◆ DÉLICATESSE. Agir avec tact, *to act tactfully.* ‖ Avoir du tact, *to be tactful.* ◆ INDÉLICATESSE. Manquer de tact, *to be tactless.*

tactique ◆ HABILETÉ. Appliquer (utiliser) une tactique, *to use (to apply) tactics.* ◆ NON-CONVENANCE. Ne pas être la bonne tactique, *to be the wrong approach.*

taille ◆ CAPACITÉ. Etre de taille à faire qqch., *to be quite capable of doing sth.* ◆ CONFIANCE EN SOI. Se sentir de taille à faire qqch., *to feel capable of doing sth.* ◆ CORPS. Avoir une taille de guêpe, *to be wasp-waisted.* ‖ Avoir la taille mannequin, *to have a model figure.* ◆ ÉPANCHEMENTS. Enlacer la taille de qqn, *to take s.o. by the waist.* ◆ FAITS ET GESTES. Cambrer la taille, *to throw out o.'s chest.* ◆ PRÉTENTION. Se redresser de toute sa taille, *to draw o.s. up to o.'s full height.* ◆ VÊTEMENT. Prendre bien la taille, *to be tightly waisted.* ‖ Sortir en taille, *to go out without a coat.*
→ **estoc, pouce.**

taillé ◆ COMPÉTENCE. Etre taillé pour qqch., *to be cut out for sth.* ◆ CORPS. Etre bien taillé (Fam.), *to be well set-up.* ◆ VÊTEMENT. Etre bien taillé, *to be well cut.*

tailleur ◆ FAITS ET GESTES. S'asseoir en tailleur, *to sit (down) cross-legged.*

taire ◆ SILENCE. Savoir se taire, *to know when to keep quiet.*

talc ◆ HYGIÈNE. Saupoudrer de talc, *to dust with talcum powder.*

talent ◆ AFFECTATION. Forcer son talent, *to overdo it.* ◆ AIDE. Encourager les jeunes talents, *to foster promising talents.* ◆ CAPACITÉ. Affirmer son talent, *to confirm o.'s talent.* ‖ Avoir du talent, *to be talented.* ‖ Etre pourri de talent (Fam.), *to be oozing with talent.* ◆ DÉPLAISANCE. N'avoir pas le talent de plaire, *always to rub people up the wrong way.* ◆ HABILETÉ. Avoir le talent de faire qqch., *to have a talent for doing sth.* ‖ Exercer son talent, *to use o.'s talent.* ◆ INACTION. Enfouir son talent, *to bury o.'s talent.* ◆ INCAPACITÉ. N'avoir aucun talent, *to be utterly ungifted.* ◆ MESURE. Ne pas forcer son talent, *not to overdo it.* ◆ MOYEN. Faire appel à tous les talents, *to enlist everyone's talents.* ◆ SABOTAGE. Gâcher (galvauder) son talent, *to waste (to beggar) o.'s talent.* ◆ SÉDUCTION. Avoir le talent de plaire, *to have the gift of pleasing.*
→ **mesure.**

talion → **peine.**

talisman ◆ SUPERSTITION. Servir de talisman, *to act as a talisman.*

taloche ◆ VOIES DE FAIT. Flanquer une taloche à qqn (Fam.), *to give s.o. a clout on the ear.*

talon ◆ DÉPART. Tourner les talons, *to turn on o.'s heel.* ◆ DISTINCTION. Etre très talon rouge (Fam.), *to be very aristo-cratic.* ◆ FAITS ET GESTES. Pivoter sur ses talons, *to swing round on o.'s heels.* ‖ S'asseoir (s'accroupir) sur ses talons, *to squat down.* ◆ FINANCES. Conserver le talon d'un mandat, *to keep the counter-foil.* ◆ FUITE. Montrer les talons (Fam.), *to take to o.'s heels.* ◆ IMPORTUNITÉ. Etre toujours sur les talons de qqn (Fam.), *to be on s.o.'s heels.* ◆ MARCHE. Marcher sur les talons de qqn, *to follow close on s.o.'s heels.* ◆ MILITAIRE. Claquer (joindre) les talons, *to click o.'s heels.* ◆ POINT FAIBLE. Etre le talon d'Achille de qqn, *to be s.o.'s Achilles' heel.* ◆ RIRE. Se donner du talon dans les fesses (Pop.), *nearly to wet o.s. laughing.* ◆ VÊTEMENT. Porter des talons hauts, *to wear high heels.*
→ **aile, estomac.**

tambouille ◆ CUISINE. Faire la tambouille (Fam.), *to get the nosh.*

tambour 1. AUTORITARISME. Mener qqn tambour battant, *to hustle s.o. on.* — 2. BÊTISE. Raisonner comme un tambour (Fam.), *to reason like an idiot.* — 3. IMPROVISTE. Arriver sans tambour ni trompette (Fam.), *to arrive without fuss.* — 4. MUSIQUE. Battre le (jouer du) tambour, *to play the drum.* [V. 5.] — 5. PROPAGANDE. Battre le tambour, *to beat the drum.* [V. 4.] — 6. SON. Résonner comme un tambour, *to reverberate like a drum.* — 7. SOUMISSION. Marcher tambour battant (Fam.), *to go at the double.*
→ pie.

tamis ◆ MINUTIE. Passer qqch. au tamis, *to go through sth. with a fine tooth comb.*

tampon ◆ ADMINISTRATION. Apposer un tampon sur qqch., *to stamp sth.* ◆ COURRIER. Apposer un tampon, *to put the postmark.* ◆ INTERMÉDIAIRE. Faire (servir de) tampon, *to act as a buffer.*
→ coup.

tam-tam ◆ MUSIQUE. Battre le tam-tam, *to beat the tomtom.* ◆ PUBLICITÉ. Faire du tam-tam (Fam.), *to make a great to-do.*

tandem ◆ CAMARADERIE. Former un tandem (Fig.), *to make a pair.*

tangente ◆ ÉCHAPPATOIRE. Prendre la tangente (Fam.), *to go off at a tangent.* ◆ FUITE. Prendre la tangente (Fam.), *to slip away.*

tanière ◆ RETOUR. Regagner (rentrer dans) sa tanière, *to go back to o.'s hole.*

tannant ◆ IMPORTUNITÉ. Etre tannant (Fam.), *to be deadly boring.*

tant ◆ ABONDANCE. En avoir tant et plus (Fam.), *to have any amount of it.* ◆ GAIN. Avoir (gagner) son tant pour cent, *to get o.'s percentage.* ◆ MODÉRATION. N'en espérer pas tant, *not to expect that.* ◆ NORME. Etre comme il y en a tant, *to be like so many others.* ◆ PAIEMENT. Payer tant par tête, *to pay so much per head.*

Tantale → supplice.

tante ◆ EMPRUNT. Aller chez ma tante (Pop.), *to go to uncle's.* ‖ Engager qqch. chez ma tante (Pop.), *to pawn sth.*

tantième ◆ FINANCES. Toucher (allouer) un tantième, *to draw (to allow) a percentage.*

Tant Mieux → docteur.

Tant Pis → docteur.

tapage ◆ BRUIT. Faire (mener) du tapage, *to make a din.* ◆ DÉLIT. Faire du tapage nocturne, *to be noisy at night.* ◆ RENOMMÉE. Faire du tapage (Fam.), *to make a lot of noise.*

tape ◆ ÉCHEC. Ramasser une tape (Fam.), *to get a drubbing.* ◆ SPECTACLE. Ramasser une tape (Fam.), *to get the bird.*

tapé ◆ EXTRAVAGANCE. Etre un peu tapé (Fam.), *to be a bit dotty.*

tape-à-l'œil ◆ OSTENTATION. Etre du tape-à-l'œil (Fam.), *to be flashy.*

taper ◆ MANQUE. Pouvoir toujours se taper (Fam.), *can go and whistle for it* (Gramm.).

tapette ◆ BAVARDAGE. Avoir une fière tapette (Fam.), *to be a chatterbox.*

tapin ◆ PROSTITUTION. Faire le tapin (Pop.), *to be a street-walker.*

tapinois ◆ FUITE. Partir en tapinois, *to steal away.*

tapis ◆ COMIQUE. Amuser le tapis (Fam.), *to keep the company amused.* ◆ DISCUSSION. Discuter autour du tapis vert, *to discuss round the conference table.* ‖ Etre sur le tapis (Fam.), *to be on the carpet.* ‖ Mettre qqch. sur le tapis, *to bring sth. up.* ‖ Revenir sur le tapis, *to crop up again.* ◆ MÉNAGE. Battre (secouer) les tapis, *to beat (to shake) the carpets.* ◆ SPORTS. Aller au tapis, *to hit the canvas.* ‖ Envoyer qqn au tapis, *to floor s.o.*
→ question.

tapisserie ◆ ATTENTE. Faire tapisserie, *to be a wall-flower.*

tard ◆ CONVENANCE. N'être jamais trop tard pour bien faire, *to be never too late to mend.* ◆ DÉLAI. Remettre à plus tard, *to put off till later.* ◆ HEURE. Se faire tard (Impers.), *to be getting late.*

tare ◆ POIDS. Faire la tare, *to allow for the tare.* ◆ SANTÉ. Porter une tare, *to have a defect.*

tarentule ◆ MANIE. Avoir la tarentule (Fam.), *to have got the bug.*

tarif ◆ COMMERCE. Etre le tarif, *to be the normal price.* ◆ TRANSPORTS. Payer plein tarif (demi-tarif), *to pay full (half-) fare.*

tarte ◆ BANALITÉ. Etre la tarte à la crème (Fam.), *to be the old, old story.* ◆ DIFFICULTÉ. Ne pas être de la tarte (Fam.), *to be no joy-ride.* ◆ VOIES DE FAIT. Recevoir une tarte (Fam.), *to get a swipe.*

tartine 1. BONIMENT. En faire toute une tartine (Fam.), *to make a meal of it.* [V. 4.] – 2. COURRIER. Écrire une tartine (Fam.), *to write a long screed.* – 3. HYGIÈNE. Se beurrer la tartine (Pop.), *to put on o.'s slap.* – 4. RÉCRIMINATION. En faire toute une tartine (Fam.), *to make a whole song and dance about it.* [V. 1.]

tartufe ◆ HYPOCRISIE. Agir en tartufe, *to have a « holier than thou » attitude.*

tas ◆ ABONDANCE. Y en avoir des tas et des tas (Fam.), *there [to be] heaps and heaps* (Gramm.). ◆ CHOIX. Piquer (taper, piocher) dans le tas (Fam.), *to take o.'s pick.* ◆ MILITAIRE. Tirer dans le tas (Fam.), *to fire at random (into the crowd).* ◆ ORGANISATION. Mettre en tas, *to heap up.* ◆ TRAVAIL. Etre sur le tas (Pop.), *to be on the job.* ◆ VOIES DE FAIT. Foncer dans le tas (Fam.), *to rush headlong into it.*
→ famine, grève.

tasse ◆ ALIMENTATION. Prendre une tasse de thé, *to have a cup of tea.* ◆ MARINE. Boire à la grande tasse (Fam.), *to go to Davy Jones' locker.* ◆ SPORTS. Boire une tasse (Fam.), *to swallow a mouthful.*

tasser ◆ APAISEMENT. Finir par se tasser (Fam.), *to straighten itself out eventually.*

tâter ◆ COMPÉTENCE. Y tâter (Fam.), *to have a vague idea.*

tâtons (à) ◆ MARCHE. Aller à tâtons, *to grope o.'s way.*

tatouille ◆ VOIES DE FAIT. Recevoir une tatouille (Pop.), *to get a walloping.*

taule ou **tôle** ◆ SENTENCE. Etre en taule (Pop.), *to be inside.* ‖ Faire de la taule (Pop.), *to do a stretch.*

taupe ◆ VUE. Etre myope comme une taupe (Fam.), *to be as blind as a bat.*

taureau ◆ DÉTERMINATION. Prendre le taureau par les cornes (Fam.), *to take the bull by the horns.* ◆ FORCE. Etre fort comme un taureau (Fam.), *to be as strong as an ox.*
→ cou.

taux ◆ DÉMOGRAPHIE. Déterminer le taux de mortalité, *to work out the death rate.* ◆ PRÊT. Prêter à un taux usuraire, *to lend at an exorbitant rate of interest.*

taxe ◆ FINANCES. Appliquer une taxe sur qqch., *to put a tax on sth.* ‖ Percevoir une taxe, *to collect a tax.*

taxi ◆ CIVILITÉ. Faire le taxi, *to ferry people about.* ◆ MÉTIER. Faire le taxi, *to be a taxi-driver.* ◆ TRANSPORTS. Appeler (arrêter, héler, prendre) un taxi, *to call (to stop, to hail, to take) a taxi.*

technique ◆ AMÉLIORATION. Perfectionner une technique, *to perfect a technique.* ◆ NON-CONVENANCE. N'avoir pas la bonne technique (Fam.), *not to have the right technique.*

teigne ◆ MÉCHANCETÉ. Etre mauvais comme une teigne (Fam.), *to be crabbed.*

teint ◆ PARTISAN. Etre bon teint (Fam.), *to be a diehard.* ◆ PHYSIONOMIE. Animer le teint de qqn, *to bring some colour into s.o.'s cheeks.* ‖ Aviver (brouiller; éclaircir) le teint, *to brighten (to dull; to lighten) the complexion.* ‖ Avoir un teint fleuri, *to have a rosy complexion.* ‖ Avoir un teint de pêche, *to have a peaches-and-cream complexion.* ‖ Avoir un teint plombé, *to look washed out.* ‖ Rehausser le teint, *to heighten the colour.*

teinture ◆ RUDIMENT. Avoir une teinture de qqch., *to have a smattering of sth.* ◆ TECHNIQUE. Prendre bien (mal) la teinture, *to take (not to take) dye well.*

tel ◆ NON-CHANGEMENT. Laisser qqch. tel quel, *to leave sth. as it is.*

télépathie ◆ PHÉNOMÈNES PARANORMAUX. Communiquer par télépathie, *to communicate by telepathy.*

téléphone ◆ TÉLÉPHONE. Décrocher le téléphone, *to lift the receiver.* ‖ Etre toujours pendu au téléphone (Fam.), *never to be off the phone.* ‖ Joindre qqn au téléphone, *to reach s.o. by phone.* ‖ Raccrocher le téléphone, *to hang up.* ‖ Répondre au téléphone, *to answer the phone.*

télescope ◆ ASTRONOMIE. Pointer un télescope, *to train a telescope.*

télévision ◆ TÉLÉVISION. Mettre (prendre) la télé (Fam.), *to put on (to watch) TV.* ‖ Passer à la télévision, *to appear on television.*
→ antenne.

témoignage ◆ APPUI. Rendre témoignage à qqn, *to testify in s.o.'s favour.* ‖ Rendre témoignage à qqch., *to bear witness to sth.* ◆ ÉPANCHEMENTS. Donner des témoignages de sympathie, *to offer expressions of sympathy.* ◆ ÉVIDENCE. Se fier (s'en rapporter) au témoignage de ses yeux, *to believe (to rely) the evidence of o.'s own eyes.* ◆ OPINION. Laisser un témoignage, *to leave a record.* ‖ Porter un témoignage sur son époque, *to provide a record of o.'s times.* ◆ PREUVE. Donner des témoignages de sa valeur, *to give proof of o.'s worth.* ◆ PROCÉDURE. Alléguer (invoquer) un témoignage, *to bring forward evidence.* ‖ Appeler qqn en témoignage, *to call s.o. to give evidence.* ‖ En appeler au témoignage de qqn, *to call on s.o. to testify.* ‖ Recevoir (recueillir; récuser) un témoignage, *to hear (to collect; to impugn) evidence.* ◆ TÉMOIN. Apporter son témoignage, *to testify.* ‖ Apporter un témoignage muet, *to provide written evidence.* ‖ Fournir un témoignage irrécusable, *to provide unchallengeable evidence.* ‖ Porter témoignage, *to bear witness.* ‖ Porter un faux témoignage, *to commit perjury.*

témoin ◆ AFFAIRE D'HONNEUR. Constituer des témoins, *to appoint o.'s seconds.* ‖ Envoyer ses témoins à qqn, *to send o.'s seconds to call on s.o.* ◆ CONCUSSION. Suborner un témoin, *to tamper with a witness.* ◆ PAROLE. Parler devant témoins, *to speak in front of witnesses.* ◆ PREUVE. Prendre qqn à témoin, *to call on s.o. to bear o. out.* ◆ PROCÉDURE. Prendre qqn pour témoin, *to call s.o. to witness.* ‖ Produire des témoins, *to produce witnesses.* ‖ Récuser un témoin, *to challenge a witness.* ◆ TÉMOIN. Etre témoin de qqch., *to be a witness to sth.* ‖ Se porter témoin, *to come forward as a witness.* ‖ Servir de témoin à qqn, *to act as a witness for s.o.*
→ **Dieu.**

tempe ◆ CHEVELURE. Avoir les tempes dégarnies, *to have a receding hairline.* ◆ SANTÉ. Avoir les tempes serrées (Fam.), *to have a splitting headache.*

tempérament ◆ COMMERCE. Acheter (vendre) à tempérament, *to buy (to sell) on hire-purchase.* ◆ HUMEUR. Laisser parler son tempérament (Fam.), *to give free rein to o.'s natural inclinations.* ‖ Avoir un tempérament à faire qqch., *to have the temperament to do sth.* ◆ PARESSE. Ne pas se fatiguer le tempérament (Fam.), *not to over-do it.* ◆ PERSONNALITÉ. Etre un tempérament, *to be temperamental.* ◆ SANTÉ. Avoir un tempérament de fer (Fam.), *to have an iron constitution.* ◆ SEXUALITÉ. Avoir du tempérament (Fam.), *to be highly sexed.* ◆ SURMENAGE. Se fatiguer (s'esquinter,

se tuer) le tempérament (Fam.), *to wear out o.'s constitution.*
→ **affaire.**

température ◆ IMPRESSION. Prendre la température du public (Fam.), *to test public reaction.* ◆ SANTÉ. Avoir (faire) de la température, *to have (to run) a temperature.* ‖ Prendre sa température, *to take o.'s temperature.*
→ **courbe, variation.**

tempête 1. DÉMESURE. Déchaîner une tempête dans un verre d'eau (Fam.), *to cause a storm in a tea-cup.* [V. 2.] – 2. EXCITATION. Déchaîner la tempête, *to unleash a storm.* [V. 1.] – 3. MAUVAIS TEMPS. Souffler en tempête, *to blow a gale.* – 4. PROTESTATION. Soulever des tempêtes de protestations, *to raise a storm of protest.* – 5. SAGESSE. Laisser passer la tempête (Fam.), *to let the storm blow over.* – 6. VICTIME. Essuyer une tempête (Fam.), *to go through it.*

templier ◆ IVROGNERIE. Boire comme un templier (Fam.), *to drink like a lord.*

temps 1. ABUS. Abuser du temps de qqn, *to encroach on s.o.'s time.* – 2. ACTIVITÉ. Bien employer son temps, *to make good use of o.'s time.* ‖ Etre économe de son temps, *to be sparing with o.'s time.* ‖ Gagner du temps, *to save time.* [V. 6.] – 3. ARCHAÏSME. Ne pas être de (retarder sur) son temps, *to be behind the times.* ‖ Remonter aux temps héroïques, *to go back to the Dark Ages.* – 4. ARRÊT. Marquer un temps, *to pause.* ‖ Marquer un temps d'arrêt, *to have a pause.* – 5. BEAU TEMPS. Avoir beau temps, *to have fine weather.* ‖ Radoucir le temps, *to bring milder weather.* – 6. DÉLAI. Gagner du temps, *to play for time.* [V. 2.] – 7. DÉPLACEMENT. Perdre son temps en allées et venues, *to waste o.'s time running to and fro.* – 8. DIVERTISSEMENT. Faire passer le temps, *to pass the time.* – 9. DURÉE. Demander (prendre) du temps, *to require (to take) time.* ‖ Mettre du temps à faire qqch., *to take time to do sth.* – 10. ENNUI. Tromper le temps, *to beguile the hours.* ‖ Trouver le temps long, *to find the time dragging.* ‖ Tuer le temps, *to kill time.* – 11. ÉQUITATION. Faire un temps de galop, *to have a gallop.* – 12. FIN. Avoir fait son temps, *to have had its day.* [V. 20, 36.] – 13. IMPROVISTE. Ne pas avoir le temps de se retourner (Fam.), *not to have time to turn round in.* – 14. INACTION. Avoir un temps mort, *to have a slack period.* – 15. INOPPORTUNITÉ. Ne plus être temps, *to be too late.* – 16. INUTILITÉ, PARESSE. Avoir du temps à perdre, *to have time to waste.* – 17. LATITUDE. Avoir largement le temps, *to have plenty of time.* ‖ Avoir du temps devant soi, *to have some time in hand.* ‖ Avoir le temps de faire qqch., *to have time to do sth.* ‖ Avoir tout le temps de faire qqch., *to have all the time in the world to do sth.* ‖ Donner le temps de respirer à qqn, *to give s.o. time to breathe.* ‖ Donner le temps de souffler à qqn (Fam.), *to give s.o. a breather.* ‖ Laisser le temps, *to give time.* ‖ Prendre son temps, *to take o.'s time.* ‖ Prendre le temps de la réflexion, *to take time to think.* ‖ Prendre le temps de souffler, *to take a breather.* ‖ Trouver le temps de faire qqch., *to find time to do sth.* – 18. LOISIR. Avoir du temps libre, *to have some free time.* ‖ Avoir du temps de reste, *to have time to spare.* ‖ Avoir du temps à soi, *to have some time to o.s.* ‖ Avoir du temps à tuer (Fam.), *to have time to kill.* – 19. MAUVAIS TEMPS. Faire un temps de chien (Fam.), *to be foul weather.* ‖ Faire un temps à ne pas mettre le nez dehors (Fam.), *to be no weather to be out in.* – 20. MILITAIRE. Avoir fait son temps, *to have served o.'s time.* [V. 12, 36.] ‖ Faire son temps, *to serve o.'s time.* – 21. MODERNISME. Etre de son temps, *to be abreast of the times.* ‖ Marcher (vivre) avec son temps, *to move with the times.* – 22. NON-EFFICIENCE. Ne pas savoir employer son temps, *not to know how to make use of o.'s time.* ‖ Perdre (gâcher, gaspiller) son temps, *to waste o.'s time.* – 23. OCCUPATION. Consacrer (donner) du temps à qqch., *to devote (to give) time to sth.* ‖ Passer (occuper) son temps à qqch., *to spend o.'s time doing sth.* – 24. OPPORTUNITÉ. Arriver à temps, *to arrive in time.* ‖ Etre grand temps, *to be high time.* ‖ Faire savoir qqch. à qqn en temps voulu, *to let s.o. know sth. in good time.* ‖ Venir en son temps, *to come all in good time.* – 25. ORGANISATION. Utiliser les temps morts, *to make use of slack periods.* – 26. PÉRENNITÉ. Abolir le temps, *to ignore the passing of*

time. ‖ Arrêter le temps, *to stop time.* – 27. PHOTOGRAPHIE. Déterminer le temps de pose, *to work out the exposure time.* – 28. PONCTUALITÉ. S'y prendre à temps, *to get started in good time.* – 29. PRÉCARITÉ. N'avoir qu'un temps, *to be just a passing thing.* ‖ Ne durer qu'un temps, *only to last for a while.* – 30. RAPIDITÉ. Etre fait en deux temps trois mouvements (Fam.), *to be done in a jiffy.* ‖ Ne pas avoir le temps de dire ouf (Fam.), *not to have time to draw breath.* – 31. REBUFFADE. Ne pas avoir de temps à perdre, *to have no time to waste.* [V. 40.] – 32. REGRET. Regretter le bon temps, *to look back to the good old times.* – 33. RÉJOUISSANCE. Passer (se donner, s'offrir, se payer) du bon temps (Fam.), *to have a good time.* – 34. RETARD. Rattraper (regagner) le temps perdu, *to make up for (to catch up on) lost time.* – 35. SAGESSE. Laisser faire le temps, *to let time do its work.* ‖ Prendre le temps comme il vient, *to take things as they come.* – 36. SENTENCE. Accomplir son temps, *to serve o.'s sentence.* ‖ Avoir fait son temps, *to have done o.'s time.* [V. 12, 20.] ‖ Tirer son temps (Pop.), *to do o.'s stretch.* – 37. SPORTS. Améliorer son temps, *to improve on o.'s time.* ‖ Faire un bon (excellent) temps, *to make good (excellent) time.* ‖ Faire (réaliser) le meilleur temps, *to make (to achieve) the best time.* – 38. SURMENAGE. Dévorer le temps, *to be time-consuming.* ‖ Manquer de temps, *not to have enough time.* ‖ Ne pas avoir le temps de faire qqch., *not to have time to do sth.* – 39. TRAVAIL. Travailler à plein temps (à mi-temps), *to work full-time (part-time).* – 40. URGENCE. Ne pas y avoir de temps à perdre, *there [to be] no time to lose* (Gramm.). [V. 31.]

→ **affaire, air, chose, clair, consécration, économie, emploi, gain, malheur, notion, nuit, outrage, perte, pluie, quart, rien, signe, trou.**

tenable ◆ NON-ACCOMMODEMENT. N'être plus tenable (Fam.), *to be no longer bearable.*

tenant ◆ INFORMATION. Connaître les tenants et les aboutissants, *to know the ins and outs.* ◆ SPORTS. Se battre contre le tenant du titre, *to fight the title holder.*

◆ SURFACE. Etre d'un seul tenant, *to be all in one piece* .

tendance ◆ COMMERCE. Avoir tendance à la hausse, *to show a tendency to rise.* ◆ FINANCES. Raffermir la tendance, *to harden the trend.* ◆ INCLINATION. Avoir tendance à faire qqch., *to have a tendency to do sth.* ‖ Manifester une tendance, *to show a tendency.* ◆ MAÎTRISE DE SOI. Refouler des tendances, *to repress tendencies.* ◆ ORIENTATION. Refléter (représenter) les tendances d'une époque, *to reflect (to represent) contemporary trends.*
→ **procès.**

tendon ◆ SANTÉ. Se claquer un tendon (Fam.), *to pull a tendon.*

tendre ◆ CRITIQUE. N'être pas tendre pour qqn (Fam.), *not to be over-kindly with s.o.* ◆ SENTIMENT. Etre un tendre, *to be soft-hearted.*

tendresse ◆ AFFECTION. Avoir de la tendresse pour qqn, *to feel tenderly towards s.o.* ◆ ÉPANCHEMENTS. Exprimer (témoigner) sa tendresse, *to pour out (to show) o.'s tenderness.*
→ **faim.**

tenir ◆ CIRCONSPECTION. N'avoir qu'à bien se tenir (Fam.), *will have to look out* (Gramm.). ◆ DÉTERMINATION. S'en tenir à qqch., *to stick to sth.* ◆ HÉRÉDITÉ. Avoir de qui tenir, *to follow the family traits.* ◆ IMPATIENCE. Ne plus y tenir (Fam.), *cannot stand it any longer* (Gramm.). ◆ INFORMATION. Le tenir de qqn, *to have it from s.o.* ◆ NON-ACCOMMODEMENT. Ne pas tenir à faire qqch., *not to be keen on doing sth.* ◆ PENCHANT. En tenir pour qqn (Fam.), *to be gone on s.o.* ◆ PERPLEXITÉ. Ne pas savoir à quoi s'en tenir, *not to know where o. stands.* ◆ SOUMISSION. Se le tenir pour dit, *to take it as final.*

tennis ◆ SPORTS. Jouer au tennis, *to play tennis.*

tension ◆ MÉDECINE. Prendre la tension de qqn, *to take s.o.'s blood-pressure.* ◆ SANTÉ. Faire de la tension, *to have high blood-pressure.* ‖ Subir une forte tension nerveuse, *to be under severe nervous strain.*

tentacule ◆ EMPRISE. Étendre ses tentacules, *to reach out o.'s tentacles.*

tentation ◆ DÉFAILLANCE. Succomber (céder) à la tentation, *to give in (to yield) to temptation.* ◆ IMPRUDENCE. S'exposer à une tentation, *to lay o.s. open to temptation.* ◆ MAÎTRISE DE SOI. Éviter (fuir) la tentation, *to avoid temptation.* ‖ Résister à (repousser; surmonter, vaincre) la tentation, *to resist (to thrust aside; to overcome) temptation.* ◆ TENTATION. Entrer en tentation, *to enter into temptation.* ‖ Induire en tentation, *to lead into temptation.*

tentative ◆ ÉCHEC. Échouer dans une tentative, *to fail in an attempt.* ◆ INCULPÉ. Faire une tentative d'évasion, *to make an attempt to escape.* ◆ SUCCÈS. Faire une tentative heureuse, *to make a successful attempt.*

tente ◆ HUMEUR. Se retirer sous sa tente (Fam.), *to sulk in o.'s tent.* ◆ SPORTS. Coucher sous la tente, *to sleep under canvas.* ‖ Démonter (plier) la tente, *to strike a tent.* ‖ Dresser (monter, planter) sa tente, *to erect (to pitch, to put up) o.'s tent.*

tenter ◆ DÉFAILLANCE. Se laisser tenter, *to let o.s. be tempted.*

tenue 1. AUTOMOBILE. Avoir une bonne (mauvaise) tenue de route, *to hold the road well (badly).* — 2. CIVILITÉ. Avoir de la tenue, *to be well-mannered.* ‖ Avoir une bonne tenue, *to be well-behaved.* — 3. ÉLÉGANCE. Se mettre en tenue, *to put on suitable clothes.* [V. 5.] — 4. INCIVILITÉ. Avoir une mauvaise tenue, *to be badly-behaved.* ‖ Manquer de tenue, *to misbehave.* — 5. MILITAIRE. Etre en petite tenue, *to be in undress.* [V. 6.] ‖ Porter la tenue réglementaire, *to wear regulation dress.* ‖ Se mettre en tenue, *to put on o.'s uniform.* [V. 3.] — 6. VÊTEMENT. Avoir une tenue débraillée, *to be carelessly dressed.* ‖ Changer de tenue, *to change o.'s dress.* ‖ Etre en petite tenue (tenue légère), *to be scantily clad.* [V. 5.]

terme 1. DÉLAI. Avancer (reculer) le terme, *to bring forward (to postpone) the date.* — 2. EXPRESSION. Ménager ses termes, *to speak in measured terms.* ‖ Mesurer ses termes, *to weigh o.'s words.* — 3. FIN. Arriver à son terme, *to draw to its close.* ‖ Mettre un terme à qqch., *to put an end to sth.* ‖ Toucher à son terme, *to be nearing its end.* — 4. FINANCES. Acheter à terme, *to buy for the account.* ‖ Payer à terme échu, *to pay on the due date.* ‖ Venir à terme, *to fall* *due* (échéance). [V. 7.] — 5. MAISON. Payer son terme, *to pay o.'s quarter.* — 6. MATERNITÉ. Accoucher avant terme, *to give birth prematurely.* — 7. NAISSANCE. Naître (venir) à terme, *to be born at the expected time.* [V. 4.] — 8. RELATIONS. Etre en bons (mauvais) termes avec qqn, *to be on good (bad) terms with s.o.* — 9. SUCCÈS. Arriver au terme de ses espérances, *to attain o.'s hopes.* ‖ Mener qqch. à bon terme, *to carry sth. through to a successful conclusion.*

→ **grossesse.**

terminer ♦ FIN. Falloir en terminer (Impers.), *to have to have an end put to it.*

terrain 1. ACCORD. Découvrir (trouver) un terrain d'entente, *to find common ground.* ‖ Suivre qqn sur son terrain, *to go along with s.o.* — 2. AFFAIRE D'HONNEUR. Aller sur le terrain, *to fight a duel.* — 3. AGRICULTURE. Ensemencer un terrain, *to sow ground.* — 4. AVANTAGE, MILITAIRE. Gagner du terrain, *to gain ground.* — 5. COMPÉTENCE. Etre sur son terrain, *to be on familiar ground.* — 6. CONCESSION, MILITAIRE. Céder du terrain, *to give ground.* — 7. DANGER. Avancer (être) sur un terrain glissant (mouvant), *to walk (to be) on slippery (shaky) ground.* — 8. DÉPART. Déblayer le terrain (Fam.), *to clear out.* [V. 19.] — 9. DIPLOMATIE. Préparer le terrain, *to prepare the ground.* — 10. DISCUSSION. Défendre le terrain pied à pied, *to defend the ground inch by inch.* ‖ Disputer le terrain à qqn, *to stand o.'s ground against s.o.* — 11. EMPIÉTEMENT. Empiéter sur le terrain d'autrui, *to encroach on other people's preserves.* — 12. GÉOGRAPHIE. Étudier (examiner) le terrain, *to study (to make a close study of) the terrain.* — 13. INCOMPÉTENCE. Ne plus être sur son terrain, *to be out of o.'s depth.* — 14. INFÉRIORITÉ. Etre battu sur son propre terrain, *to be beaten on o.'s own ground.* — 15. MARCHE. Arpenter le terrain, *to stride along.* ‖ Tâter le terrain, *to try the ground.* [V. 18.] — 16. MILITAIRE. Ratisser le terrain, *to comb the area.* ‖ Reconnaître le terrain, *to reconnoitre the terrain.* — 17. MILITAIRE, RECUL. Perdre du terrain, *to lose ground.* — 18. PRUDENCE. Tâter (reconnaître, sonder) le terrain, *to find out how the land lies.* [V. 15.] — 19. SIMPLIFICATION. Déblayer le terrain,

to clear the ground. [V. 8.] — 20. SPORTS. Jouer sur son terrain, *to play at home.* — 21. SUPÉRIORITÉ. Battre qqn sur son propre terrain, *to beat s.o. on his home ground.*

→ **pouce.**

terre 1. AGRICULTURE. Avoir (posséder) des terres, *to have (to own) land.* ‖ Cultiver (travailler) la terre, *to cultivate (to work) the land.* ‖ Défricher les terres vierges, *to reclaim virgin land.* ‖ Fatiguer la terre, *to exhaust the land.* ‖ Labourer la terre, *to plough the land.* ‖ Laisser reposer la terre, *to let the land lie fallow.* ‖ Semer en pleine terre, *to sow in the open.* — 2. ASTRONAUTIQUE. Tourner autour de la Terre, *to orbit the Earth.* [V. 3.] — 3. ASTRONOMIE. Tourner autour de la Terre, *to circle the Earth.* [V. 2.] — 4. BONHEUR. Ne pas toucher terre (Fam.), *to be walking on air.* — 5. CHASSE. Braconner sur les terres de qqn, *to poach on s.o.'s land.* [V. 8.] — 6. CHUTE. Rouler à terre, *to roll to the ground.* ‖ Se flanquer (se ficher) par terre (Fam.), *to go full length.* ‖ Tomber à terre, *to fall to the ground.* ‖ Tomber par terre, *to fall down.* — 7. CIVILITÉ. S'incliner jusqu'à terre, *to make a low bow.* — 8. EMPIÉTEMENT. Braconner sur les terres d'autrui (Fig.), *to poach on other people's preserves.* [V. 5.] — 9. FAITS ET GESTES. Jeter qqch. à terre, *to throw sth. down.* ‖ Sauter à terre, *to leap down.* ‖ Se coucher (s'étendre) par terre, *to lie down (to stretch out) on the ground.* ‖ Soulever qqch. de terre, *to lift sth. off the ground.* — 10. HONTE. Vouloir rentrer sous terre, *to wish that the ground would open and swallow o.* — 11. IDÉALISME. Ne plus être sur terre, *to be living in a fool's paradise.* [V. 15.] — 12. INGRATITUDE. Semer en terre ingrate, *to sow in barren soil.* — 13. ISOLEMENT. Etre seul sur la terre, *to be alone in the world.* — 14. MARINE. Aller à terre, *to go ashore.* ‖ Toucher terre, *to reach land.* — 15. MORT. Etre enterré en terre sainte, *to be buried in consecrated ground.* ‖ Etre en terre, *to be in o.'s grave.* ‖ Mettre (porter) en terre, *to lay to rest.* ‖ Ne plus être sur la terre, *to have departed this life.* [V. 11.] ‖ Quitter cette terre, *to depart from this world.* — 16. RABAISSEMENT. Faire rentrer qqn sous terre, *to humble s.o. to the dust.* ‖

Mettre qqn plus bas que terre, *to treat s.o.
as the lowest of the low.* — 17. RÉALISME.
Etre terre à terre, *to be down to earth.*
‖ Rester sur terre, *to keep o.'s feet on
the ground.* ‖ Revenir sur terre, *to come
back to earth.* — 18. SERVILITÉ. Raser
la terre (Fig.), *to bow and scrape.* — 19.
VIE. Etre sur terre, *to be on earth.* ‖
Passer sur la terre, *to live on earth.* —
20. VOYAGE. Parcourir la terre entière,
to travel the globe.

→ **bas, carré, corps, cul, derrière, diable,
genou, nez, pied, purgatoire, ras,
révolution, sel, sommeil, ventre.**

terreur ◆ PEUR. Éprouver de la terreur,
to be terrified. ‖ Faire la terreur
de qqn, *to be a nightmare to s.o.* ‖ Inspirer
de la terreur à qqn, *to strike terror into s.o.*
‖ Faire régner (répandre) la terreur, *to
spread terror.* ‖ Semer la terreur sur son
passage, *to spread terror in o.'s path.*

territoire ◆ GÉOGRAPHIE. Etre en
territoire français, *to be on French soil.*
◆ MILITAIRE. Occuper un territoire,
to occupy territory.

terroir ◆ RUSTICITÉ. Sentir le terroir,
to be rustic.

→ **parfum.**

test ◆ PSYCHOLOGIE. Passer un test,
to do a test.

testament ◆ NOTARIAT. Coucher qqn
sur son testament, *to mention s.o. in o.'s
will.* ‖ Donner (laisser, léguer) par
testament, *to will.* ‖ Rédiger (faire) son
testament, *to draw up (to make) o.'s
will.* ‖ Révoquer un testament, *to revoke
a will.* ◆ SANTÉ. Pouvoir faire son testament (Fam.), *to be at o.'s last gasp.*

tête 1. AMOUR. Avoir la tête tournée
(par qqn) [Fam.], *to be infatuated (with
s.o.).* ‖ Se jeter à la tête de qqn, *to make
a set at s.o.* — 2. APPARENCE. Avoir la
tête de l'emploi (Fam.), *to look the part.*
— 3. AVEUGLEMENT. Avoir la tête dans un
sac (Fam.), *to be wearing blinkers.*
[V. 31.] — 4. BÊTISE. Avoir la tête
dure (Fam.), *to be thick-headed.* [V. 50.]
‖ Avoir la tête vide, *to be empty-headed.*
[V. 52.] — 5. BRUIT. Casser (fendre,
rompre) la tête à qqn (Fam.), *to give s.o.
a headache.* [V. 61.] — 6. CERTITUDE.
En donner (mettre) sa tête à couper (Fam.),
to stake o.'s life on it. — 7. CHEF. Etre à
la tête d'une entreprise, *to be at the head
of a business.* ‖ Prendre la tête, *to take*

the lead. [V. 72.] ‖ Etre (se trouver)
à la tête de qqch., *to be at the head of sth.*
— 8. CHUTE. Piquer une tête, *to take a
header.* — 9. COLÈRE. Avoir la tête
près du bonnet, *to be hot-tempered.*
‖ Avoir la tête chaude, *to be hot-headed.*
— 10. DÉCONVENUE. Faire une drôle de tête
(Fam.), *to look sour.* [V. 75.] — 11.
DÉDAIN. Toiser qqn de la tête aux pieds,
to look s.o. up and down. — 12. DÉNÉ-
GATION, FAITS ET GESTES. Secouer la
tête, *to shake o.'s head.* — 13. DÉSARROI.
Avoir la tête à l'envers (Fam.), *to be in a
whirl.* ‖ Ne savoir où donner de la tête,
not to know which way to turn. [V. 76.]
‖ Perdre la tête, *to lose o.'s head.* [V. 26.]
‖ Se taper (se cogner) la tête contre les
murs, *to beat o.'s head against a brick
wall.* — 14. DÉSINVOLTURE. Passer
par-dessus la tête de qqn, *to overlook s.o.*
[V. 36.] — 15. DÉTERMINATION. Se
mettre en tête de faire qqch., *to take it
into o.'s head to do sth.* ‖ Se mettre qqch.
en tête, *to get sth. into o.'s head.* —
16. DISTRACTION. Avoir la tête ailleurs
(Fam.), *to be far away.* — 17. DUPE.
Donner tête baissée dans le piège, *to
run headlong into the trap.* [V. 33, 41.]
— 18. ÉCOLE. Enfoncer qqch. dans
la tête de qqn, *to drum sth. into s.o.'s
head.* [V. 55.] ‖ Faire entrer qqch.
dans la tête de qqn, *to drive sth. into
s.o.'s head.* ‖ Farcir la tête de qqn,
to stuff s.o.'s head. — 19. ÉLECTIONS.
Venir en tête du scrutin (de liste), *to head
the poll.* — 20. ENTENTE. Etre deux
têtes sous le même bonnet (Fam.), *to
see eye to eye on everything.* — 21. ÉQUI-
LIBRE. Avoir de la tête (Fam.), *to be level-
headed.* ‖ Avoir la tête sur les épaules
(Fam.), *to have o.'s head screwed on.* ‖
Avoir la tête solide (Fam.), *to have a good
head on o.'s shoulders.* ‖ Garder la tête
froide, *to keep a cool head.* — 22. EXCI-
TATION. Monter la tête à qqn, *to work on
s.o.'s feelings.* ‖ Monter la tête à qqn
contre qqn, *to set s.o. against s.o.* ‖
Se monter la tête, *to get worked up.*
[V. 32.] — 23. EXTRAVAGANCE, FOLIE.
Avoir la tête fêlée (être une tête fêlée)
[Fam.], *to be a crackpot.* — 24. FAITS ET
GESTES. Branler (hocher) la tête, *to wag
(to nod) o.'s head.* ‖ Détourner la tête,
to turn o.'s head away. ‖ Dodeliner de la
tête, *to let o.'s head loll.* ‖ Incliner

(lever) la tête, *to bend (to lift up) o.'s head.* ‖ Jeter qqch. à la tête de qqn, *to throw sth. at s.o.* [V. 40.] ‖ Relever (dresser, redresser) la tête, *to raise o.'s head.* [V. 63.] ‖ Rejeter la tête en arrière, *to throw o.'s head back.* ‖ Tourner la tête, *to turn o.'s head.* — 25. FIERTÉ. Marcher la tête haute (porter haut la tête), *to hold o.'s head up.* [V. 49.] — 26. FOLIE. Etre tombé sur la tête (Fam.), *to be bonkers.* ‖ N'avoir plus toute sa tête (Fam.), *not to be all there.* ‖ Perdre la tête, *to go out of o.'s mind.* [V. 13.] — 27. GARANTIE. Répondre de qqn (qqch.) sur sa tête, *to answer for s.o. (sth.) with o.'s life.* — 28. HONTE. Avoir la tête basse, *to hang o.'s head.* ‖ Baisser (courber) la tête, *to hang (to bow) o.'s head.* ‖ Rentrer la tête dans les épaules (Fig.), *to hide o.'s face.* — 29. HOSTILITÉ. Avoir la tête montée contre qqn, *to be dead set against s.o.* — 30. IDÉE. Avoir qqch. en tête, *to have sth. in mind.* — 31. IGNORANCE. Avoir la tête dans un sac (Fam.), *to be a booby.* [V. 3.] — 32. IMAGINATION. Se monter la tête, *to get ideas into o.'s head.* [V. 22.] — 33. IMPÉTUOSITÉ. Foncer (se ruer, se lancer, se jeter, y aller) tête baissée, *to rush (to fling o.s., to go at it) headlong.* [V. 17, 41.] — 34. IMPRUDENCE. Se mettre la tête sous le couperet, *to stick o.'s neck out.* — 35. INATTENTION. N'avoir pas la tête à ce qu'on fait, *not to have o.'s mind on the job.* — 36. INCAPACITÉ. Passer par-dessus la tête de qqn (Fam.), *to be beyond s.o.* [V. 14.] — 37. INCONSÉQUENCE. Dire tout ce qui vous passe par la tête, *to say anything that comes into o.'s mind.* — 38. INCULPÉ. Coûter la tête à qqn, *to cost s.o. his head.* ‖ Jouer (risquer) sa tête, *to risk o.'s life.* ‖ Payer de sa tête, *to pay with o.'s life.* ‖ Sauver sa tête, *to save o.'s life.* ‖ Y laisser sa tête, *to pay for it with o.'s life.* — 39. INDÉPENDANCE. Avoir sa petite tête (Fam.), *to have a will of o.'s own.* ‖ En faire à sa tête, *to go o.'s own way.* ‖ N'en faire qu'à sa tête, *to do just as o. pleases.* — 40. INSULTE. Jeter qqch. à la tête de qqn, *to fling sth. in s.o.'s face.* [V. 24.] — 41. IRRÉFLEXION. Avoir la tête (être une tête) en l'air (Fam.), *to be a scatterbrain.* ‖ Avoir (être) une tête de linotte (d'oiseau) [Fam.], *to be feather-*

brained. ‖ Avoir (être) une tête sans cervelle (Fam.), *to be harum-scarum.* ‖ Courir tête baissée, *to run headlong.* [V. 17, 33.] ‖ Ne pas avoir de tête, *to be half-witted.* — 42. IVRESSE. Monter (porter) à la tête de qqn, *to go to s.o.'s head.* — 43. MAÎTRISE DE SOI. Conserver toute sa tête (Fam.), *to keep o.'s wits about o.* [V. 58.] — 44. MATHÉMATIQUES. Calculer (compter) de tête, *to reckon in o.'s head.* — 45. MAUSSADERIE. Faire la tête (Fam.), *to sulk.* ‖ Faire la tête à qqn, *to be sulky with s.o.* — 46. MÉCONTENTEMENT. Faire une sale tête, *to wear a nasty look.* — 47. MÉMOIRE. Chercher qqch. dans sa tête, *to try to recall sth.* ‖ Se remettre qqch. en tête, *to refresh o.'s memory about sth.* — 48. MOQUERIE. Se payer la tête de qqn (Fam.), *to take the mickey out of s.o.* — 49. NON-CULPABILITÉ. Aller (marcher) la tête haute, *to hold (to carry) o.'s head high.* [V. 25.] — 50. OBSTINATION. Avoir (être) une tête de bois (de fer, de lard) [Fam.], *to be a block-head.* ‖ Avoir la tête dure, *to be stubborn.* [V. 4.] ‖ Avoir une tête de cochon (Fam.), *to be pig-headed.* ‖ Avoir une tête de mule (Fam.), *to be mulish.* ‖ Etre une forte tête, *to be dogged.* ‖ Etre une mauvaise tête, *to be unruly.* ‖ Faire la mauvaise tête (sa tête de lard) [Fam.], *to try to be awkward.* — 51. OPPOSITION. Tenir tête à qqn, *to stand up to s.o.* ‖ Tenir tête à l'orage (Fig.), *to face the music.* [V. 74.] — 52. OUBLI. Avoir la tête vide, *not to have a clue.* [V. 4.] ‖ Sortir de la tête, *to go out of s.o.'s mind.* — 53. PARTIALITÉ. Avoir ses têtes (Fam.), *to have favourites.* — 54. PERSÉCUTION. Prendre qqn pour tête de Turc (Fam.), *to use s.o. as a whipping-boy.* — 55. PERSUASION. Enfoncer qqch. dans la tête de qqn, *to drum sth. into s.o.'s head.* [V. 18.] ‖ S'enfoncer qqch. dans la tête (Fam.), *to get sth. well into o.'s head.* — 56. PHYSIONOMIE. Avoir une bonne tête, *to look a decent sort.* ‖ Avoir une grosse tête, *to have a big head.* [V. 67.] ‖ Avoir une tête sympathique, *to have a pleasant face.* ‖ Avoir une tête de fouine, *to have a ferrety face.* ‖ Avoir la tête en pain de sucre (Fam.), *to have a bullet head.* ‖ Avoir la tête rentrée dans les épaules, *to have a short neck.* — 57. PRÉTENTION. Avoir (être) une tête à gifles (claques)

[Fam.], *to need o.'s head punched.*
– 58. RAISON. Avoir toute sa tête, *to be « compos mentis ».* ‖ Conserver toute sa tête (Fam.), *to retain all o.'s faculties.* [V. 43.] – 59. RANG. Etre en tête, *to be at the top.* [V. 72.] ‖ Marcher en tête, *to head the way.* ‖ Se porter en tête, *to move up to the front.* ‖ Venir en tête, *to come first.* [V. 73.] – 60. RÉFLEXION. Se creuser (se casser) la tête (Fam.), *to rack o.'s brains.* ‖ Se gratter la tête (Fam.), *to scratch o.'s head.* ‖ Se prendre la tête dans les mains, *to hold o.'s head in o.'s hands.* ‖ Tourner (rouler) qqch. dans sa tête, *to turn sth. over in o.'s mind.* ‖ Y réfléchir à tête reposée, *to think it over at o.'s leisure.* – 61. RÉPÉTITION. Casser la tête à qqn avec qqch. (Fam.), *to pester s.o. to death about sth.* [V. 5.] – 62. RÉPRIMANDE. Laver (lessiver, savonner) la tête de qqn (Fam.), *to give s.o. the rough edge of o.'s tongue.* ‖ Se faire laver la tête (Fam.), *to catch it rough.* – 63. RESSORT. Relever (redresser) la tête, *to lift up o.'s head again.* [V. 24.] – 64. RICHESSE. Etre à la tête d'une fortune, *to have a fortune to manage.* – 65. SANTÉ. Avoir la tête lourde, *to feel heavy.* ‖ Avoir la tête qui tourne, *to feel dizzy.* – 66. SATIÉTÉ. En avoir par-dessus la tête (Fam.), *to be fed up with it.* – 67. SAVOIR. Avoir une grosse tête (Fam.), *to be an egg-head.* [V. 56.] ‖ Avoir la tête pleine (bourrée), *to have o.'s head full of things.* ‖ En avoir dans la tête (Fam.), *to have sth. up top.* – 68. SÉDUCTION. Tourner la tête à qqn (faire tourner la tête de qqn), *to turn s.o.'s head.* – 69. SENTENCE. Couper (trancher) la tête à qqn, *to cut off s.o.'s head.* ‖ Demander (réclamer) la tête de qqn, *to demand (to call for) s.o.'s life.* ‖ Obtenir la tête de qqn, *to get s.o. sentenced to death.* – 70. SERMENT. Jurer sur la tête de qqn, *to swear by s.o.'s name.* – 71. SOMMEIL. Mettre la tête sur l'oreiller, *to lay o.'s head on the pillow.* – 72. SPORTS. Etre en tête du classement, *to be in the lead.* [V. 59.] ‖ Faire une tête (football), *to give a header.* ‖ Gagner d'une (courte) tête, *to win by a (short) head.* ‖ Prendre la tête, *to take the lead.* [V. 7.] – 73. SPORTS, SUPÉRIORITÉ. Arriver en tête, *to come first.* [V. 59.] – 74. STOÏCISME. Tenir tête au malheur, *to bear up against misfortune.*

[V. 51.] – 75. STUPÉFACTION. Faire une drôle de tête (Fam.), *to look stunned.* [V. 10.] – 76. SURMENAGE. Ne savoir où donner de la tête, *not to know which way to turn (next).* [V. 13.] – 77. TAILLE. Avoir une tête de plus que qqn, *to be a head taller than s.o.* – 78. THÉÂTRE. Se faire une tête, *to make up.* ‖ Se faire la tête du rôle, *to make up for the part.* – 79. TRANSPORTS. Monter en tête, *to get in at the front of the train.* – 80. TRISTESSE. Faire une tête d'enterrement, *to look mournful.* – 81. VICTIME. Servir de tête de Turc à qqn (être la tête de Turc de qqn), *to be s.o.'s whipping-boy.*

→ **balle, bille, bruit, coup, femme, idée, mal, martel, œil, peloton, pied, pierre, plomb, pou, prix, queue, rien, sang, tant, travail, wagon.**

tête-à-queue ◆ AUTOMOBILE. Faire un tête-à-queue, *to slew right round.*

tête-à-tête ◆ INTERMÉDIAIRE. Ménager un tête-à-tête, *to arrange a tête-à-tête.* ◆ INTIMITÉ. Dîner (manger) en tête à tête, *to dine (to eat) tête-à-tête.* ‖ Etre en tête-à-tête, *to have a tête-à-tête.*

tête-bêche ◆ FAITS ET GESTES. Se mettre tête-bêche, *to lie head to foot.*

texte ◆ LECTURE. Lire dans le texte, *to read the original.* ◆ LÉGALITÉ. S'appuyer sur un texte, *to rely upon a point of law.* ‖ Se reporter au texte, *to refer to a point of law.* ◆ LITTÉRATURE. Citer un texte, *to quote a text.* ‖ Collationner des textes, *to collate texts.* ‖ Corriger (revoir) un texte, *to correct (to check) a text.* ‖ Etoffer un texte, *to pad out a text.* ‖ Restituer le texte intégral, *to restore the full text.* ‖ Serrer un texte de près, *to keep to a text.* ◆ NON-VÉRITÉ. Solliciter les textes, *to stretch a point.* ◆ THÉÂTRE. Savoir son texte, *to know o.'s lines.*

→ **commentaire, net, substance.**

thé ◆ CUISINE. Faire (laisser) infuser le thé, *to let the tea draw.* ◆ HOSPITALITÉ. Prendre le thé avec qqn, *to take tea with s.o.*

→ **tasse.**

théâtre 1. FAUX-SEMBLANT. Etre du théâtre (Fam.), *to be all put on.* ‖ Faire du théâtre (Fam.), *to put on an act.* [V. 3.] – 2. MILITAIRE. Etre sur le théâtre des opérations, *to be in the theatre of operations.* – 3. THÉÂTRE. Aller au théâtre, *to go to the theatre.* ‖ Faire du théâtre, *to be an actor.* [V. 1.] → **coup.**

thème ◆ ÉCOLE. Faire un thème, *to do a prose.* ◆ LITTÉRATURE. Varier un thème, *to vary a theme.*

théorie ◆ APPUI. Accréditer une théorie, *to give support to a theory.* ◆ OPINION. Avancer (énoncer) une théorie, *to put forward (to voice) a theory.* ‖ Échafauder des théories, *to weave theories.* ◆ RAISON-NEMENT. Bâtir (construire) une théorie, *to build up a theory.*

thèse 1. APPUI. Appuyer (étayer) une thèse, *to support (to back up) an argument.* − 2. DÉSACCORD. Réfuter (renverser) une thèse, *to disprove (to overthrow) an argument.* − 3. DISCUSSION. Soutenir (défendre) une thèse, *to uphold (to defend) a proposition.* [V. 4.] − 4. ÉCOLE. Préparer (soutenir) une thèse, *to prepare (to defend) a thesis.* [V. 3.] − 5. REVI-REMENT. Changer de thèse, *to change the subject.*

Thomas → **foi.**

thorax ◆ PRÉTENTION. Bomber le thorax, *to throw out o.'s chest.*

thrombose ◆ SANTÉ. Avoir une thrombose, *to have thrombosis.*

tiare ◆ RELIGION. Porter la tiare, *to wear the triple crown.*

tic ◆ SANTÉ. Avoir un tic, *to have a nervous twitch.*

ticket ◆ TRANSPORTS. Poinçonner un ticket, *to punch a ticket.*

tiercé ◆ JEUX D'ARGENT. Faire le tiercé, *to do the tiercé.* ‖ Jouer au tiercé, *to bet on the tiercé.* ‖ Toucher le tiercé, *to win the tiercé.*

tiers 1. CONVERSATION. Etre en tiers, *to be de trop.* [V. 2.] − 2. IMPORTUNITÉ. Etre en tiers, *to play gooseberry.* [V. 1.] − 3. INDIFFÉRENCE. Se moquer du tiers comme du quart (Fam.), *not to care for anybody or anything.* − 4. PAIEMENT. Payer le tiers provisionnel, *to pay the first instalment of o.'s income tax.*

tif ◆ CHEVELURE. Se faire couper les tifs (Fam.), *to have a haircut.*

tigre ◆ AVIDITÉ. Etre avide comme un tigre, *to be grasping.* ◆ JALOUSIE. Etre jaloux comme un tigre, *to be like a tigress.*

timbale ◆ SUCCÈS. Décrocher la timbale, *to hit the jackpot.*

timbre ◆ COURRIER. Joindre un timbre, *to enclose a stamp.* ‖ Oblitérer un timbre, *to cancel a stamp.* ◆ FOLIE. Avoir le timbre fêlé (Fam.), *to have a screw loose.*

timide ◆ TIMIDITÉ. Etre un grand timide, *to be painfully shy.*

timidité ◆ MAÎTRISE DE SOI. Vaincre sa timidité, *to overcome o.'s shyness.*

tintamarre ◆ PUBLICITÉ. Faire du tinta-marre autour de qqch. (Fam.), *to give sth. a big build-up.*

tintin ◆ PRIVATION. Pouvoir faire tintin (Fam.), *can go and whistle for it* (Gramm.).

tintouin ◆ PERSÉCUTION. Donner du tintouin à qqn (Fam.), *to cause s.o. a spot of bother.* ◆ SOUCI. Se donner du tintouin (Fam.), *to put o.s. out.*

tir 1. ADRESSE. Rectifier le tir (Fam.), *to adjust o.'s sights.* [V. 2.] − 2. MILITAIRE. Allonger (raccourcir) le tir, *to lengthen (to shorten) the range.* ‖ Rectifier le tir, *to correct the range.* [V. 1.] ‖ Régler le tir, *to adjust o.'s sights.* ‖ Soumettre à un tir de barrage, *to subject to curtain fire.* − 3. SPORTS. Placer un tir, *to place a shot.*

tirade ◆ DÉNIGREMENT. Débiter des tirades contre qqn (Fam.), *to rail against s.o.*

tirage ◆ DIFFICULTÉ. Y avoir du tirage (Fam.), *there [to be] friction* (Gramm.). ◆ HASARD. Sortir au tirage, *to come up in the draw.* ◆ PRESSE. Avoir un gros tirage, *to have a wide circulation.*

tire ◆ VOL. Voler à la tire, *to pick a pocket.* → **vol.**

tire-d'aile ◆ ANIMAL. S'envoler à tire-d'aile, *to fly off.*

tire-larigot ◆ BOISSON. Boire à tire-larigot (Fam.), *to tope.* ◆ IVROGNERIE. Boire à tire-larigot (Fam.), *to swill.*

tirelire ◆ DÉPENSE. Casser (briser) sa tirelire, *to break open o.'s money-box.* → **bouche, cafard.**

tirer ◆ ÉCHEC. Ne rien pouvoir tirer de qqn (Fam.), *cannot get anything out of s.o.* (Gramm.). ◆ HABILETÉ. S'en tirer, *to extricate o.s.* ◆ SUCCÈS. S'en tirer, *to come out of it well.*

tiroir ◆ FAITS ET GESTES. Tirer (ouvrir) un tiroir, *to open a drawer.* ◆ FOLIE. Etre dévissé du tiroir (Pop.), *to be daft.* → **fond, polichinelle.**

tison ◆ DÉTERMINATION. Prendre le tison par où il brûle, *to grasp the nettle.*

tissu ◆ NON-VÉRITÉ. N'être qu'un tissu de mensonges, *to be a tissue of lies.*

titan → travail.

titre ◆ DÉLIT. Usurper un titre, *to usurp a title.* ◆ ESSAI. Faire qqch. à titre d'expérience, *to try sth. by way of an experiment.* ◆ EXEMPLE. Citer qqch. à titre d'exemple, *to quote sth. as an example.* ◆ FINANCES. Mettre des titres en dépôt, *to place securities in safe custody.* ‖ Vendre ses titres, *to sell o.'s securities.* ◆ GRATUITÉ. Etre donné (envoyé) à titre gracieux, *to be given (sent) free of charge.* ◆ HONNEURS. Conférer un titre, *to confer a title.* ◆ NIVEAU SOCIAL. Avoir un titre de noblesse, *to have a title.* ◆ PROVISOIRE. Faire qqch. à titre provisoire, *to do sth. on a provisional basis.* ◆ RESPONSABILITÉ. Agir à titre individuel, *to act in a private capacity.* ◆ SPORTS. Défendre son titre, *to defend o.'s title.* ‖ Détenir un titre, *to hold a title.* ‖ Enlever (décrocher) le titre, *to win the title.*
→ tenant.

toast ◆ CUISINE. Faire des toasts, *to toast some bread.* ◆ RÉJOUISSANCE. Porter un toast, *to propose a toast.*

toc ◆ FAUX-SEMBLANT. Etre du toc (Fig.), *to be trash.* ◆ IMITATION. Etre du toc, *to be faxe.*

tocsin ◆ AVERTISSEMENT. Sonner le tocsin, *to ring the tocsin.*

toi → tu.

toile ◆ AMBIANCE. Constituer une toile de fond, *to form a background.* ◆ ART. Barbouiller une toile (Fam.), *to daub paint on a canvas.* ◆ COUCHER. Se mettre (se glisser) dans les toiles (Fam.), *to get in between the sheets.*
→ œuf.

toilette ◆ ÉLÉGANCE. Aimer la toilette, *to be dressy.* ‖ Etre en toilette, *to be dressed up.* ‖ Etre en grande toilette, *to be all togged up.* ‖ Porter bien la toilette, *to know how to wear clothes.* ◆ HYGIÈNE. Faire sa toilette, *to wash and dress.* ‖ Faire une toilette de chat, *to have a lick and a promise.* ◆ MORT. Faire la toilette d'un mort, *to lay out a corpse.* ◆ SÉDUC-TION. Faire toilette pour qqn, *to dress up for s.o.*
→ brin.

toise ◆ TAILLE. Passer à la toise, *to be measured.*
→ autrui.

toit ◆ MAISON. Loger (habiter) sous les toits, *to live in a garret.* ‖ Habiter sous le même toit que qqn, *to live under the same roof as s.o.* ‖ N'avoir ni toit ni gîte, *to have neither house nor home.* ‖ Posséder un toit, *to have a roof over o.'s head.* ◆ PUBLICITÉ. Crier (proclamer) qqch. sur les toits, *to proclaim sth. from the housetops.*

toiture ◆ FOLIE. Onduler de la toiture (Pop.), *to be off o.'s rocker.*

tôle → taule.

tollé ◆ RÉPROBATION. Déclencher (soulever) un tollé général, *to raise a general outcry.*

tomate ◆ ÉCHEC. Recevoir des tomates (Fam.), *to get the bird.*

tombe ◆ DISCRÉTION. Etre une tombe (Fig.), *can keep a secret* (Gramm.). ◆ EXCÈS. Creuser sa tombe, *to dig o.'s own grave.* ◆ GOURMANDISE. Creuser sa tombe avec sa fourchette (Fam.), *to eat o.s. into o.'s grave.* ◆ INDIGNATION. Se retourner dans sa tombe, *to turn in o.'s grave.* ◆ MORT. Fleurir la tombe de qqn, *to lay flowers on s.o.'s grave.* ‖ Suivre qqn dans la tombe, *to follow s.o. to the grave.* ‖ Violer une tombe, *to rifle a tomb.* ◆ PERSÉCUTION. Conduire qqn à la tombe (Fam.), *to be the death of s.o.*
→ bord, pied, secret.

tombeau ◆ AUTOMOBILE. Aller (rouler) à tombeau ouvert, *to go at breakneck speed.* ◆ MORT. Descendre au tombeau, *to pass away.* ◆ PERSÉCUTION. Conduire (mener) qqn au tombeau (Fig.), *to be the death of s.o.*
→ porte.

tomber ◆ ABANDON. Laisser tomber qqch. (qqn) [Fam.], *to drop sth. (s.o.).* ◆ CHUTE. Laisser tomber qqch., *to let sth. fall.* ◆ DISCUSSION. Laisser tomber (Fam.), *to let it drop.*

tombola ◆ JEUX D'ARGENT. Organiser (tirer) une tombola, *to organize (to draw) a raffle.*

ton ◆ AFFECTATION. Adopter un ton larmoyant, *to adopt a maudlin tone.* ‖ Prendre un ton dégagé, *to assume an off-hand tone.* ◆ CIVILITÉ. Etre de bon ton, *to be considered good form.* ‖ Etre du meilleur ton, *to be very much the thing.* ◆ COLÈRE. Hausser (élever) le ton, *to raise o.'s voice.* ◆ CONDESCENDANCE. Prendre un ton protecteur, *to adopt a patronizing tone.* ◆ CONFORMISME. Se mettre dans le ton, *to get into line.* ◆ DÉDAIN. Prendre un ton dédaigneux, *to adopt a disdainful tone.* ◆ ÉMOTION. Parler d'un ton pathétique, *to speak in a pathetic voice.* ◆ EXEMPLE. Donner le ton, *to set the tone.* ◆ HYPOCRISIE. Prendre un ton doucereux, *to adopt a sugary tone.* ◆ INCIVILITÉ. Le prendre sur un drôle de ton (Fam.), *to get het up about it.* ◆ IRONIE. Prendre un ton goguenard, *to adopt a jeering tone.* ◆ MENACE. Prendre un ton menaçant, *to adopt a threatening tone.* ◆ NON-CONVENANCE. Ne pas être dans le ton, *not to be quite in keeping.* ◆ PRIVAUTÉ. Avoir un ton familier, *to adopt an over-familiar tone.* ◆ RÉPÉTITION. Dire (répéter) qqch. sur tous les tons, *to say (to repeat) sth. umpteen times.* ◆ RÉPONSE. Répliquer sur le même ton, *to answer back in the same tone.* ◆ RÉPROBATION. Avoir un ton réprobateur, *to speak reprovingly.* ◆ REVIREMENT. Changer de ton, *to change o.'s tone.* ◆ SOUMISSION. Baisser le ton, *to sing small.*

tonalité ◆ TÉLÉPHONE. Attendre (avoir) la tonalité, *to wait for (to have) the dialling tone.*

tondre ◆ COIFFURE. Se faire tondre (Fam.), *to get o.'s hair cut.* ◆ DUPE. Se faire tondre (Fam.), *to be fleeced.* ‖ Se laisser tondre, *to let o.s. be fleeced.*

tondu → **pelé.**

tonneau ◆ ACCIDENT. Faire un tonneau, *to roll over.* ◆ BOISSON. Mettre un tonneau en perce, *to broach a cask.* ◆ CORPS. Avoir séché sur un tonneau (Fam.), *to be bandy-legged.* ◆ IMPOSSIBILITÉ. Remplir le tonneau des Danaïdes, *to fill a sieve.* ◆ IVROGNERIE. Boire comme un tonneau (Fam.), *to be a hard drinker.* ◆ SIMILITUDE. Etre du même tonneau (Fam.), *to be much of a muchness.*

→ **marché.**

tonnerre ◆ APPROBATION. Soulever un tonnerre d'applaudissements, *to arouse thunderous applause.* ◆ PERFECTION. Etre du tonnerre (Fam.), *to be terrific.*

tonsure ◆ RELIGION. Recevoir (porter) la tonsure, *to have o.'s head tonsured.*

tonus ◆ APATHIE. Manquer de tonus (Fam.), *to need toning up.* ◆ RESSORT. Avoir du tonus (Fam.), *to be well toned-up.*

topo ◆ LITTÉRATURE. Faire un topo, *to write a paper.* ◆ RÉPÉTITION. Etre (toujours) le même topo (Fam.), *to be (always) the same old thing.*

toquade ◆ FANTAISIE, PENCHANT. Avoir une toquade pour qqch. (qqn), *to have a passing fancy for sth. (s.o.).*

toqué ◆ AMOUR. Etre toqué de qqn (Fam.), *to be crazy about s.o.* ◆ EXTRAVAGANCE. Etre une vieille toquée (Fam.), *to be dotty.*

torche ◆ AVIATION. Se mettre en torche, *to snake.* ◆ FEU. Etre transformé en torche vivante, *to be turned into a human torch.* ‖ Flamber comme une torche, *to go up like tinder.*

torché ◆ LITTÉRATURE. Etre bien torché (Fam.), *to be well-penned.*

torchon ◆ DÉDAIN. Ne pas mélanger les torchons et les serviettes, *to separate the wheat from the chaff.*

tord-boyau ou **tord-boyaux** ◆ BOISSON. Etre du tord-boyau (Pop.), *to be rot-gut.*

tordre ◆ RIRE. Rire à se tordre (Fam.), *to be convulsed with laughter.*

torgnole ◆ VOIES DE FAIT. Envoyer (flanquer) une torgnole à qqn (Fam.), *to give (to land) s.o. a whack.* ‖ Recevoir une torgnole (Fam.), *to get a whack.*

tornade ◆ EXCITATION. Déchaîner une tornade (Fam.), *to put a match to the woodpile.* ◆ SAGESSE. Laisser passer la tornade (Fam.), *to let the storm die down.* ◆ VITESSE. Entrer comme une tornade (Fam.), *to come in like a hurricane.*

torpeur ◆ EXCITATION. Secouer la torpeur publique, *to rouse the public from its lethargy.* ‖ Tirer qqn de sa torpeur, *to rouse s.o. from his lethargy.* ◆ RESSORT. Sortir de sa torpeur, *to stir o.s.*

torrent ◆ LARMES. Verser des torrents de larmes, *to shed buckets of tears.* ◆ MAUVAIS TEMPS. Pleuvoir à torrents, *to rain cats and dogs.*

torse ◆ NUDITÉ. Etre torse nu, *to be stripped to the waist.* ◆ PRÉTENTION. Bomber le torse, *to stick out o.'s chest.*

tort ◆ ARTISAN DE SON SORT. Se faire du tort, *to wrong o.s.* ◆ AVEU. Avouer (reconnaître) ses torts, *to confess (to admit) o.'s faults.* ◆ CRITIQUE. Donner tort à qqn, *to lay the blame on s.o.* ◆ EXAGÉRATION. Grossir les torts de qqn, *to exaggerate s.o.'s faults.* ◆ INCONSÉQUENCE.

Parler à tort et à travers (Fam.), *to waffle.*
◆ INJUSTICE. Accuser qqn à tort, *to accuse s.o. wrongly.* ◆ MORALITÉ. Redresser les torts, *to right wrongs.* ◆ PRÉJUDICE. Faire (causer) du tort à qqn, *to wrong s.o.* ‖ Faire tort de qqch. à qqn, *to wrong s.o. of sth.* ◆ RÉCRIMINATION. Se plaindre à tort ou à raison, *to complain rightly or wrongly.* ◆ RÉPARATION. Réparer ses torts, *to make redress for o.'s wrongs.* ◆ RÉPRIMANDE. Reprocher ses torts à qqn, *to reproach s.o. for his wrongdoing.* ◆ TORT. Avoir tort, *to be wrong.* ‖ Avoir le tort de faire qqch., *to make the mistake of doing sth.* ‖ Avoir tort de faire qqch., *to be wrong in doing sth.* ‖ Avoir des torts envers qqn, *to have treated s.o. badly.* ‖ Avoir tous les torts, *to be entirely to blame.* ‖ Etre dans son tort, *to be in the wrong.* ‖ Se mettre dans son tort, *to put o.s. in the wrong.*
→ **redresseur.**

tortiller ◆ RONDEUR. Ne pas y avoir à tortiller (Fam.), *there [to be] no getting away from it* (Gramm.).

tortue ◆ LENTEUR. Marcher comme une tortue (Fam.), *to walk at a snail's pace.*
→ **pas.**

torture 1. PERSÉCUTION. Mettre qqn à la torture, *to torture s.o.* [V. 2.] − 2. SENTENCE. Infliger la torture, *to inflict torture.* ‖ Mettre qqn à la torture, *to put s.o. to the torture.* [V. 1.] − 3. TOURMENT. Etre à la torture, *to be on the rack.*
→ **esprit.**

total ◆ MATHÉMATIQUES. Faire le total, *to add up.* ‖ Obtenir un total, *to get a total.*

totale ◆ MÉDECINE. Faire une totale (Fam.), *to do a hysterectomy.*

toton ◆ REVIREMENT. Tourner comme un toton (Fam.), *to be a weathercock.*

touche 1. APPARENCE. Avoir une drôle de touche (Fam.), *to be weird-looking.* − 2. LIBERTINAGE. Avoir (faire) une touche (Fam.), *to click.* − 3. REBUFFADE. Mettre qqn sur la touche (Fam.), *to give s.o. the brush-off.* [V. 4.] − 4. RENVOI. Mettre qqn sur la touche (Fam.), *to keep s.o. waiting.* [V. 3.] − 5. SPORTS. Etre sur la touche, *to be on the touch-line.*
→ **match, pierre.**

touche-à-tout ◆ INSTABILITÉ. Etre touche-à-tout (Fam.), *to be a dabbler.*

toucher ◆ SOUFFRANCE. Etre douloureux au toucher, *to be painful to touch.*

touffe ◆ FOLIE. Yoyoter de la touffe (Pop.), *to be a complete nutcase.*

toupet ◆ EFFRONTERIE. Avoir du toupet (Fam.), *to have a cheek.*

toupie ◆ MOUVEMENT. Tourner comme une toupie, *to spin like a top.*

1. tour ◆ CORPS. Etre fait au tour, *to be shapely.* ◆ TECHNIQUE. Faire qqch. au tour, *to turn sth.*

2. tour 1. ACTUALITÉ. Faire le tour de l'actualité, *to give a round-up of the news.* − 2. ADRESSE. Avoir le tour de main pour qqch., *to be a dab hand at sth.* ‖ Avoir (acquérir) un tour de main, *to have (to acquire) a knack.* ‖ Faire un tour d'adresse, *to perform a feat of skill.* [V. 16.] − 3. APPARENCE. Prendre un tour favorable, *to take a turn for the better.* − 4. AUTORITÉ. Donner un tour de vis (Fam.), *to put the screws on.* − 5. CINÉMA. Donner le premier tour de manivelle, *to start the cameras rolling.* − 6. DANSE. Faire un tour de valse, *to have a waltz.* − 7. DIMENSION. Prendre le tour de taille de qqn, *to take s.o.'s waist measurement.* − 8. DIRECTION. Faire le grand tour, *to go the long way round.* − 9. ÉCHAPPATOIRE. S'en tirer par un tour de passe-passe (Fam.), *to wriggle o.'s way out.* − 10. ÉLECTIONS. Élire qqn au premier tour, *to elect s.o. on the first ballot.* ‖ Faire un second tour, *to hold a second ballot.* − 11. EXAMEN. Faire le tour de la question, *to go into the question thoroughly.* − 12. EXPLOIT. Réussir (accomplir, faire) un tour de force, *to perform (to bring off) a feat.* − 13. FAITS ET GESTES. Donner un tour de clef, *to turn the key.* ‖ Fermer à double tour, *to double-lock.* − 14. FONCTIONS. Prendre son tour de garde, *to be on call.* − 15. JEUX D'ENFANT. Faire un tour de manège, *to have a ride on a roundabout.* − 16. JEUX DE SOCIÉTÉ. Faire un tour d'adresse, *to perform a sleight of hand.* [V. 2.] ‖ Faire des tours de cartes, *to do card tricks.* − 17. MAISON. Faire le tour du propriétaire, *to inspect o.'s property.* − 18. MENTALITÉ. Avoir un certain tour d'esprit, *to have a certain turn of mind.* − 19. MUTISME. Etre bouclé à double tour (Fam.), *to be tight-lipped.* − 20.

NON-IMPORTANCE. En avoir vite fait le tour, *soon to have seen all there is to see.* — 21. ORIENTATION. Donner un autre tour à la conversation, *to switch the conversation.* ‖ Donner un tour favorable à qqch., *to put sth. in a favourable light.* — 22. OSTENTATION. Faire son petit tour de persil (Fam.), *to parade.* — 23. PERSPECTIVE. Faire un tour d'horizon, *to make a rapid survey.* — 24. PROMENADE. Aller faire un tour, *to go for a walk.* ‖ Faire un tour, *to take a walk.* ‖ Faire un tour de jardin, *to stroll round the garden.* — 25. RANG. Attendre son tour, *to await o.'s turn.* ‖ Etre au tour de qqn, *to be s.o.'s turn.* ‖ Laisser passer son tour, *to pass.* ‖ Manquer (louper [Fam.]) son tour, *to miss o.'s turn.* ‖ Passer son tour à qqn, *to pass o.'s turn to s.o.* — 26. RAPIDITÉ. Faire qqch. en un tour de main, *to do sth. in a twinkling.* — 27. SANTÉ. Se donner (avoir) un tour de reins (Fam.), *to crick (to have a crick in) o.'s back.* — 28. SATIÉTÉ. Avoir fait le tour de tout, *to be blasé.* — 29. SOMMEIL. Faire le tour du cadran (Fam.), *to sleep the clock round.* — 30. SPORTS. Faire le Tour de France, *to take part in the Tour de France cycle race.* — 31. TOUR. Avoir plus d'un tour dans son sac, *to have more than one trick up o.'s sleeve.* ‖ Faire (jouer) un mauvais (sale, vilain) tour à qqn (Fam.), *to play a nasty trick on s.o.* ‖ Faire (jouer) un tour de cochon à qqn (Pop.), *to play a dirty trick on s.o.* ‖ Faire (jouer) un tour à sa façon à qqn, *to pay s.o. out in o.'s own way.* ‖ Jouer un tour pendable à qqn, *to play a foul trick on s.o.* — 32. VOIES DE FAIT. Frapper qqn à tour de bras (Fam.), *to strike s.o. with all o.'s might.* — 33. VOYAGE. Faire le tour du globe, *to circle the Earth.* ‖ Faire le tour du monde, *to go round the world.*
→ **quart.**

3. tour ◆ CONFUSION. Etre la tour de Babel, *to be a Tower of Babel.* ◆ POIDS. Etre comme une tour (Fam.), *to be a Goliath.* ◆ REPLIEMENT. S'enfermer (rentrer, se retirer) dans sa tour d'ivoire, *to shut o.s. up in (to retire into, to retreat into) o.'s. ivory tower.*

tourisme ◆ VOYAGE. Faire du tourisme, *to go touring.*

tourmente ◆ MAUVAIS TEMPS. Etre pris dans la tourmente, *to be caught in the storm.*

tournant ◆ AUTOMOBILE. Prendre un tournant à la corde, *to hug the kerb.* ◆ ORIENTATION. Etre à un tournant de sa vie, *to be at a crossroads in o.'s life.* ‖ Marquer un tournant décisif, *to be a decisive turning-point.* ◆ PIÈGE. Attendre qqn au tournant (Fam.), *to be waiting for s.o.* ‖ Rattraper qqn au tournant (Fam.), *to get o.'s own back on s.o.* ◆ POLITIQUE. Marquer un tournant dans l'histoire, *to mark a turning-point in history.*

tourné ◆ LITTÉRATURE. Etre bien (mal) tourné, *to be well (clumsily) turned.*

tournée 1. BOISSON. Payer une tournée, *to stand a round.* — 2. COMMERCE. Partir (être) en tournée, *to go (to be) on o.'s round.* [V. 6.] — 3. LIBERTINAGE. Faire la tournée des grands-ducs, *to do the night-clubs.* — 4. MÉNAGE. Faire la tournée des magasins, *to do the shops.* — 5. POLITIQUE. Faire une tournée électorale, *to canvass.* — 6. SPECTACLE. Faire une tournée en province, *to tour the provinces.* ‖ Partir en tournée, *to go on tour.* [V. 2.]

tournemain ◆ RAPIDITÉ. Faire qqch. en un tournemain, *to do sth. in the twinkling of an eye.*

tourner ◆ SANTÉ. Voir tout tourner, *can feel o.'s head whirling* (Gramm.).

tournis ◆ SANTÉ. Donner le tournis à qqn, *to make s.o. giddy.*

tournure ◆ APPARENCE. Avoir bonne tournure, *to turn out well.* ‖ Prendre bonne (mauvaise) tournure, *to shape up well (badly).* ◆ CHANGEMENT. Changer de tournure, *to take an another complexion.* ‖ Donner une autre tournure à qqch., *to put a different complexion on sth.* ◆ LANGAGE. Employer une tournure impersonnelle, *to use an impersonal construction.* ◆ PROGRÈS. Prendre tournure, *to take shape.*
→ **forme.**

tout 1. ABNÉGATION. Etre détaché de tout, *to be detached from all things.* — 2. ACCOMMODEMENT. S'accommoder de tout, *to take everything in o.'s stride.* — 3. ADMIRATION. Placer (mettre) qqn au-dessus de tout, *to set s.o. on a pedestal.* — 4. CHANCE. Avoir tout pour être heureux, *to have every reason to be happy.* — 5. CHANGEMENT. Changer tout

(Impers.), *to alter the whole thing.* — 6. CHANGEMENT, REVIREMENT. Changer du tout au tout, *to alter in all respects.* — 7. COMPÉTENCE. Etre entendu à tout, *to be well-versed in everything.* — 8. CRITÈRE DE JUGEMENT. Juger du tout par la partie, *to go from the particular to the general.* — 9. CRITIQUE. Gloser sur tout, *to carp at everything.* — 10. DÉCOURAGEMENT. Etre indifférent à tout, *to take no interest in anything.* — 11. DÉNIGREMENT. Tourner tout en mal, *to put a bad construction on everything.* — 12. DÉRAISON. Ne plus y être du tout, *to be off o.'s rocker.* [V. 13.] — 13. DÉSARROI, NON-COMPRÉHENSION. Ne plus y être du tout, *to be completely lost.* [V. 12.] — 14. DÉTERMINATION. Etre résolu à tout, *to be determined to stop at nothing.* — 15. DIVERGENCE. Différer du tout au tout, *to differ in all respects.* — 16. EMPRISE. Faire tout ce qu'on veut de qqn, *to twist s.o. round o.'s little finger.* — 17. ENDURANCE, HÁBITUDE. Se faire à tout, *to get used to anything.* — 18. EXTRÉMISME. Etre tout ou rien, *to be all or nothing.* — 19. INCOMPÉTENCE. Etre propre à tout et bon à rien, *to be a Jack of all trades and master of none.* — 20. INDIFFÉRENCE. Se ficher de tout (Fam.), *not to give a damn about anything.* — 21. INFAMIE. Etre au-dessous de tout (Fam.), *to be infamous* (Impers.); *to be the lowest of the low* (personne). [V. 24.] ‖ Etre capable de tout, *to be capable of anything.* — 22. INTELLIGENCE. Etre ouvert à tout, *to have a receptive mind.* — 23. ISOLEMENT. Etre seul contre tous, *to stand alone against everyone.* — 24. NON-VALEUR. Etre au-dessous de tout, *to be utterly worthless.* [V. 21.] — 25. PAUVRETÉ. Manquer de tout, *to have nothing.* — 26. PERSÉCUTION. En faire voir de toutes à qqn (Fam.), *to make life wretched for s.o.* — 27. PESSIMISME. Prendre tout au tragique, *always to look on the dark side.* — 28. PRÉSOMPTION. Trancher sur tout, *to lay down the law.* — 29. REBOURS. Faire tout à l'inverse, *to do everything backwards.* — 30. RÉSIGNATION. Admettre tout en bloc, *to accept everything in toto.* — 31. RÉTRIBUTION. Etre défrayé de tout, *to have all o.'s expenses paid.* — 32. RISQUE. Jouer (risquer) le tout pour le tout, *to stake o.'s all.* — 33. SÉRIEUX.

N'être pas le tout de rire (Fam.), *to be time to stop fooling about.* — 34. UNIFICATION. Former un tout, *to form a whole.*
→ **fin, œil, propre, remède, rien.**

toutou ◆ ACCOMPAGNEMENT. Suivre qqn comme un toutou (Fam.), *to dog s.o.'s footsteps.* ◆ SOUMISSION. Suivre qqn comme un toutou, *to follow s.o. like a lamb.*

Tout-Paris ◆ MONDANITÉ. Fréquenter le Tout-Paris, *to mix with Parisian high society.*

toux ◆ SANTÉ. Avoir une toux grasse (sèche), *to have a chesty (hacking) cough.*
→ **accès, quinte.**

toxine ◆ MÉDECINE. Éliminer les toxines, *to eliminate the toxins.*

trac ◆ PEUR. Avoir le trac (Fam.), *to be scared.* ‖ Donner le trac à qqn, *to scare s.o.*

tracas ◆ SOUCI. Avoir du tracas, *to have worries.* ‖ Se donner (s'éviter) du tracas, *to give (to spare) o.s. worry.*

trace ◆ CONSÉQUENCE. Laisser des traces (Fig.), *to leave marks.* ◆ FIN. Ne plus rester trace de qqch., *there [to be] no trace left of sth.* (Gramm.). ◆ IMITATION. Suivre (marcher sur) les traces de qqn, *to follow in s.o.'s footsteps.* ◆ RECHERCHE. Perdre la trace de qqn, *to lose track of s.o.* ‖ Retrouver la trace de qqn, *to get on s.o.'s track again.* ◆ SUGGESTION. Mettre qqn sur la trace, *to put s.o. on the track.* ◆ VOIES DE FAIT. Porter (garder) des traces, *to have (still to have) marks to prove it.*

tracé ◆ VOIRIE. Faire le tracé d'une route, *to establish the alignment of a road.*

tract ◆ PROPAGANDE. Lancer des tracts, *to distribute leaflets.*

tradition ◆ CONFORMISME. Continuer (maintenir, suivre) une tradition, *to carry on (to uphold, to follow) a tradition.* ‖ Ne pas faillir à la tradition, *not to break with tradition.* ‖ Respecter les traditions, *to respect tradition.* ‖ Se référer à la tradition, *to refer to tradition.* ◆ COUTUME. Etre de tradition, *to be traditional.* ‖ Faire revivre une tradition, *to revive a tradition.* ◆ NON-CONFORMISME. Secouer les traditions, *to upset tradition.*
→ **fi.**

traduction ◆ LANGAGE. Faire une traduction simultanée, *to do a simul-*

taneous translation. ‖ Sentir la traduction, *to sound (to read) like a translation.*

trafic ◆ AVIDITÉ. Faire trafic de tout, *to sell o.'s own grandmother.* ◆ COMMERCE. Faire du trafic, *to traffic.* ◆ DÉLIT. Faire le trafic des armes (de la drogue), *to traffic in arms (drugs).*

tragédie ◆ EXAGÉRATION. En faire une tragédie (Fam.), *to make a tragedy out of it.* ◆ NON-IMPORTANCE. Ne pas être une tragédie (Fam.), *not to be a tragedy.*

tragique ◆ DÉTÉRIORATION. Tourner au tragique, *to become tragic.* → tout.

trahison ◆ DÉLIT. Etre convaincu de trahison, *to be convicted for treason.*

train 1. APATHIE. Ne pas être en train (Fam.), *to be below par.* [V. 17.] — 2. ARDEUR. Y aller bon train, *to go about it briskly.* — 3. AUTOMOBILE. Changer un train de pneus, *to change a set of tyres.* — 4. AVIATION. Baisser (relever, rentrer) le train d'atterrissage, *to lower (to raise) the undercarriage.* — 5. BONNE HUMEUR. Etre en train, *to be in good spirits.* [V. 8.] — 6. BRUIT. Mener un train d'enfer, *to make a din.* [V. 20.] — 7. CONVERSATION. Aller bon train, *to go great guns.* [V. 11.] — 8. ENTREPRISE. Etre en train, *to be in progress.* [V. 5.] ‖ Mettre en train, *to set going.* [V. 18.] — 9. IMPORTUNITÉ. Filer le train à qqn (Fam.), *to tail s.o.* — 10. LENTEUR. Aller son train de sénateur, *to proceed with slow and measured tread.* [V. 11.] — 11. MARCHE. Aller bon train, *to go at a good pace.* [V. 7.] ‖ Aller son train, *to jog along.* [V. 10.] ‖ Prendre le train onze (d'onze heures) [Fam.], *to go by Shank's mare.* — 12. MODERNISME. Etre dans le train (Fam.), *to be in the swim.* — 13. NIVEAU DE VIE. Avoir un grand train de maison, *to live on a grand scale.* ‖ Mener grand train de vie, *to live in a grand style.* ‖ Réduire son train de vie, *to retrench.* — 14. OPPORTUNISME. Prendre le train en marche (Fig.), *to jump on the bandwaggon.* [V. 19.] — 15. RAPIDITÉ. Se manier le train (Pop.), *to get a move on.* — 16. RYTHME. Mener (suivre) le train, *to set (to keep up) the pace.* — 17. SANTÉ. Ne pas être en train (être mal en train) [Fam.], *to be out of sorts.* [V. 1.] — 18. STIMULATION. Mettre en train, *to set going.* [V. 8.] — 19. TRANSPORTS. Attraper le train, *to catch the train.* ‖ Avoir (manquer, rater [Fam.]) son train, *to get (to miss) o.'s train.* ‖ Dédoubler un train, *to put on a relief train.* ‖ Descendre d'un train, *to get off a train.* ‖ Former un train, *to make up a train.* ‖ Mettre (embarquer [Fam.]) qqn dans le train, *to see s.o. to the train.* ‖ Monter dans le train, *to get on the train.* ‖ Prendre le train, *to take the train.* ‖ Prendre le train en marche, *to get into the train while it is moving.* [V. 14.] ‖ Prendre son train au vol, *to get o.'s train by the skin of o.'s teeth.* — 20. VITESSE. Aller (mener) un train d'enfer, *to go to hell for leather.* [V. 6.] → diable, fond.

traîne ◆ DÉSORDRE. Laisser qqch. à la traîne, *to leave sth. lying about.* ◆ RETARD. Avoir qqch. à la traîne (Fam.), *to have sth. dragging on.* ‖ Etre (rester) à la traîne (Fam.), *to be (to be left) lagging behind.* ‖ Laisser qqn à la traîne (Fam.), *to leave s.o. behind.* ‖ Laisser qqch. à la traîne (Fam.), *to let sth. away.*

traînée ◆ RENOMMÉE. Se répandre comme une traînée de poudre, *to spread like wildfire.*

traîner ◆ DÉSORDRE. Tout laisser traîner, *to leave everything lying about.* ◆ FATIGUE. Ne plus pouvoir se traîner (Fam.), *cannot drag o.s. another step* (Gramm.).

train-train ou **traintrain** ◆ DIVERSION. Rompre le train-train quotidien (Fam.), *to break the daily round.* ◆ ROUTINE. Aller son train-train (Fam.), *to jog along.* ‖ Reprendre le train-train quotidien (Fam.), *to get back to the daily round.*

trait 1. BOISSON. Avaler d'un trait, *to drink straight off.* ‖ Humer (boire) à longs traits, *to drink in long draughts.* — 2. ÉCRITURE. Faire (tirer, tracer) un trait, *to draw a line.* ‖ Tirer un trait sur qqch. (barrer [biffer, rayer, supprimer] qqch. d'un trait de plume), *to put a line through sth. (to strike sth. out).* [V. 11.] — 3. ESPRIT. Faire un trait d'esprit, *to have a flash of wit.* — 4. IMITATION. Copier trait pour trait, *to make an exact copy.* — 5. INFIDÉLITÉ. Faire des traits, *to be unfaithful.* — 6. INSPIRATION. Etre (avoir) un trait de génie, *to be (to have) a stroke of genius.* — 7. INTERMÉDIAIRE. Faire le trait d'union entre deux personnes, *to act as a link between two people.* — 8. NON-

CONNEXION. Ne pas avoir trait à qqch., *to have no connection with sth.* — 9. PHYSIONOMIE. Altérer les traits, *to make s.o.'s features look different.* ‖ Avoir les traits tirés (creusés), *to look drawn.* — 10. RAILLERIE. Décocher (lancer) des traits à qqn, *to make digs at s.o.* — 11. RUPTURE. Tirer un trait sur qqch., *to write sth. off.* [V. 2.] — 12. SIMILITUDE. Ressembler à qqn trait pour trait, *to be the spitting image of s.o.*

traite ◆ DÉLIT. Faire la traite des blanches, *to deal in the white-slave trade.* ◆ FINANCES. Tirer une traite sur qqn, *to draw a bill on s.o.* ◆ LECTURE. Lire d'une traite, *to read sth. in one go.* ◆ VOYAGE. Voyager d'une traite, *to travel non-stop.*

traité ◆ PACTE. Conclure un traité de paix, *to conclude a peace treaty.* ‖ Passer (violer) un traité, *to sign (to violate) a treaty.*
→ **foi.**

traitement ◆ MÉDECINE. Suivre (ordonner, prescrire) un traitement, *to undergo (to prescribe) treatment.* ◆ PRIVILÈGE. Jouir (bénéficier) d'un traitement privilégié, *to enjoy preferential treatment.* ◆ RÉTRIBUTION. Toucher un traitement, *to draw a salary.* ◆ VICTIME. Subir de mauvais traitements, *to be ill-treated.* ◆ VOIES DE FAIT. Infliger de mauvais traitements à qqn, *to ill-treat s.o.*
→ **avance.**

traître ◆ RÉVÉLATION. Démasquer un traître, *to expose a traitor.* ◆ TRAÎTRISE. Prendre qqn en traître, *to catch s.o. off his guard.*

trajectoire ◆ DIRECTION. Suivre une trajectoire, *to follow a trajectory.*

trajet ◆ DÉPLACEMENT. Effectuer un trajet, *to make a trip.* ‖ Parcourir un trajet, *to cover a distance.* ◆ DIRECTION. Suivre un trajet, *to follow a route.*

tralala ou **tra-la-la** ◆ ÉLÉGANCE. Se mettre sur son tralala (Fam.), *to dress up to the nines.* ◆ OSTENTATION. Faire du tralala (Fam.), *to make a splash.*

trame 1. FONDEMENT. Former la trame de qqch., *to form the basis of sth.* [V. 4.] — 2. HABITUDE. Former la trame des jours, *to form the pattern of life.* — 3. INTRIGUE. Ourdir (tisser) une trame, *to weave a plot.* — 4. TECHNIQUE. Former la trame, *to form the weft.* [V. 1.]

tramontane ◆ DÉSARROI. Perdre la tramontane (Fam.), *to go haywire.*

tranchant → **argument.**

tranche ◆ RICHESSE. Etre doré sur tranche (Fam.), *to be rolling in it.* ◆ RIRE. S'en payer une tranche (Fam.), *to have a giggle.*

tranchée ◆ MILITAIRE. Creuser (combler) une tranchée, *to dig (to fill in) a trench.*

tranquille ◆ IMMOBILITÉ. Se tenir tranquille, *to keep still.* ◆ NEUTRALITÉ. Se tenir tranquille, *to keep out of it.* ◆ TRANQUILLITÉ. Laisser qqn tranquille, *to let s.o. alone.*

tranquillisant ◆ SANTÉ. Abuser des tranquillisants, *to use tranquillizers to excess.* ‖ Bourrer qqn de tranquillisants (Fam.), *to stuff s.o. with tranquillizers.*

tranquillité ◆ PERTURBATION. Troubler la tranquillité, *to disturb the peace.*

transaction ◆ FINANCES. Opérer une transaction, *to effect a transaction.*

transe ◆ APPRÉHENSION. Etre dans les transes, *to be on tenterhooks.* ◆ PHÉNOMÈNES PARANORMAUX. Entrer en transe, *to go into a trance.*

transfert ◆ FINANCES. Opérer un transfert, *to effect a transfer.* ◆ PSYCHOLOGIE. Opérer un transfert, *to effect a transference.*

transformation ◆ CHANGEMENT. Faire (opérer, se livrer à) des transformations, *to make (to carry out, to bring about) alterations.*

transfusion ◆ MÉDECINE. Faire une transfusion sanguine à qqn, *to give s.o. a blood transfusion.*

transit ◆ COMMERCE, VOYAGE. Etre en transit, *to be in transit.*

transition ◆ DIVERSION. Faire transition, *to make a diversion.* ◆ LITTÉRATURE. Faire une transition, *to form a transition.*

transpiration ◆ SANTÉ. Entrer en transpiration, *to begin perspiring.*

transport ◆ RAVISSEMENT. Éprouver des transports de joie, *to feel a surge of joy.* ◆ SANTÉ. Avoir un transport au cerveau, *to have a brain-storm.* ◆ TRANSPORTS. Emprunter les transports en commun, *to use public transport.*

traquenard ◆ PIÈGE. Tendre (tomber dans) un traquenard, *to set (to fall into) a trap.*

traumatisme ♦ SANTÉ. Avoir un traumatisme crânien, *to have a head injury.*

travail 1. ARDEUR. Ne songer qu'à son travail, *to think of nothing but o.'s work.* — 2. ATTENTION. Etre tout à son travail, *to be wrapped up in o.'s work.* — 3. CHÔMAGE. Etre sans travail, *to be out of work.* ‖ Chercher du travail, *to look for work.* — 4. CONTRÔLE. Suivre (surveiller) le travail de qqn, *to watch the progress of s.o.'s work.* — 5. DIPLOMATIE. Faire des travaux d'approche, *to prepare the way.* [V. 13.] — 6. ÉCOLE. Faire des travaux pratiques (dirigés), *to have tutorials.* — 7. ENTREPRISE. Entreprendre un travail, *to undertake a job.* ‖ Mettre un travail en chantier (en route), *to get a job under way.* ‖ Se mettre (s'atteler [Fam.]) au travail, *to get down (to buckle down) to work.* — 8. GÂCHIS. Avoir fait du beau travail (Fam.), *to have made a fine mess of it.* — 9. GAGNE-PAIN. Vivre de son travail, *to live on o.'s earnings.* — 10. MATERNITÉ. Etre en travail, *to be in labour.* — 11. MÉNAGE. Faire le gros travail, *to do the heavy work.* ‖ Vaquer aux travaux domestiques, *to get on with the housework.* — 12. MÉTIER. Avoir un travail pépère (Fam.), *to have a cushy job.* ‖ Cesser (interrompre, suspendre, lâcher [Fam.]) un travail, *to stop (to interrupt, to suspend, to throw up) a job.* [V. 20.] ‖ Diriger des travaux, *to superintend work.* ‖ Faire du travail de bureau, *to do office work.* ‖ Faire des travaux de bricolage (de menus travaux), *to do odd jobs.* — 13. MILITAIRE. Faire des travaux d'approche, *to carry out approach-works.* [V. 5.] — 14. ORGANISATION. Diviser le travail, *to divide up the work.* — 15. RENDEMENT. Abattre du travail, *to get through a lot of work.* ‖ Avancer son travail, *to get ahead with o.'s work.* ‖ Avoir le travail facile, *to work easily.* ‖ Mordre au travail, *to get o.'s teeth into the work.* ‖ S'appuyer (s'envoyer, se taper) tout le travail (Fam.), *to get loaded with all the work.* — 16. SABOTAGE. Bâcler (cochonner, gâcher, saloper) le travail (Fam.), *to scamp (to muck up, to bungle, to botch) the work.* ‖ Expédier un travail (Fam.), *to dash off a job.* — 17. SENTENCE. Condamner qqn aux travaux forcés, *to sentence s.o. to hard labour.* —

18. SOIN. Fignoler (soigner) un travail, *to be meticulous (careful) over a job.* — 19. SURMENAGE. Avoir du travail par-dessus la tête (Fam.), *to be up to the eyes in work.* ‖ Etre accablé (débordé, écrasé, excédé, submergé, surchargé) de travail, *to be bowed down (snowed under, overwhelmed, worn out, overloaded, overburdened) with work.* ‖ S'abrutir de travail (Fam.), *to wear o.s. out with work.* ‖ Se crever (s'échiner, se tuer) au travail (Fam.), *to knock o.s. up (to overtax o.s., to kill o.s.) with work.* ‖ Surcharger qqn de travail, *to overburden s.o. with work.* — 20. SYNDICALISME. Cesser le travail, *to stop work.* [V. 12.] — 21. TRAVAIL. Faire (poursuivre, exécuter) un travail, *to do (to carry on with, to carry out) a job.* ‖ Faire un travail de bénédictin, *to do a task of painstaking scholarship.* ‖ Faire un travail de longue haleine, *to do a long and exacting task.* ‖ Faire le travail de routine, *to do the donkey-work.* ‖ Faire un travail de titan, *to do a gigantic task.*

→ **accident, bœuf, bourreau, bout, capacité, cheval, esclave, fruit, heure, inspecteur, journée, liberté, lieu, produit, surcroît.**

travailleur ♦ MÉTIER. Etre un travailleur manuel, *to be a manual worker.* ‖ Réquisitionner des travailleurs, *to requisition labour.*

→ **intéressement.**

travers ♦ DÉFAUT. Avoir des travers d'esprit, *to have eccentricities.* ‖ Avoir de petits travers, *to have quirks.* ‖ Donner dans un travers, *to fall into an error.* ♦ ENTRAVE. Se mettre en travers d'un projet, *to thwart a projet.* ♦ ERREUR. Faire qqch. de travers (Fam.), *to do sth. wrong.* ♦ FAITS ET GESTES. Avaler de travers, *to swallow the wrong way.* ♦ HOSTILITÉ. Regarder qqn de travers, *to look askance at s.o.* ♦ NON-COMPRÉHENSION. Comprendre de travers, *to misunderstand.* ‖ Prendre qqch. de travers, *to take sth. the wrong way.* ♦ PLACE. Poser (mettre) qqch. de travers, *to put sth. askew.*

traverse → **chemin.**

traversée ♦ MARINE. Faire la traversée de la Manche, *to cross the Channel.* ♦ SPORTS. Faire la traversée de la Manche, *to swim the Channel.*

treille → dieu, jus.

treizième ◆ SUPERSTITION. Faire le treizième à table (Fig.), *to be a Jonah.*

tremblote ◆ PEUR. Avoir la tremblote (Fam.), *to shake.*

trémolo ◆ VOIX. Avoir des trémolos dans la voix, *to have a quaver in o.'s voice.*

trempe ◆ VOIES DE FAIT. Donner (filer) une trempe à qqn (Pop.), *to give s.o. a hiding.*

trempette ◆ ALIMENTATION. Faire la trempette (Fam.), *to dunk.* ◆ HYGIÈNE. Faire trempette (Fam.), *to have a sponge-down.*

tremplin ◆ MOYEN. Servir de tremplin, *to act as a stepping-stone.*

trente ◆ ÉLÉGANCE. Se mettre sur son trente et un (Fam.), *to put on o.'s best bib and tucker.* ◆ RARETÉ. Arriver tous les trente-six du mois (Fam.), *to happen once in a blue moon.*

trépas → vie.

trésor ◆ AVARICE. Accumuler (amasser, entasser) des trésors, *to accumulate (to pile up, to hoard up) riches.* ◆ ÉPANCHEMENTS. Etre un trésor (Fam.), *to be a treasure.* ◆ INDULGENCE. Dépenser des trésors d'indulgence pour qqn, *to lean over backwards for s.o.* ◆ PRODIGALITÉ. Dépenser des trésors, *to spend a fortune.*

tréteaux ◆ SPECTACLE. Monter sur les tréteaux, *to go on the stage.*

trêve ◆ PACTE. Accepter (demander; observer; signer) une trêve, *to accept (to ask for; to keep; to sign) a truce.* → paix, repos.

tri ◆ COURRIER. Faire le tri, *to do the sorting.*

tribulation ◆ ÉPREUVE. Passer par des tribulations, *to go through trials and tribulations.*

tribunal ◆ PLAIGNANT. Saisir le tribunal, *to refer to court.* ◆ PROCÉDURE. Siéger au tribunal, *to be on the bench.* → clémence.

tribune ◆ POLITIQUE. Monter (parler) à la tribune, *to address the House.* ◆ RADIO. Organiser une tribune radiophonique, *to organize a radio-forum.*

tribut ◆ FINANCES. Lever un tribut, *to levy a tax.* ‖ Payer tribut, *to pay tribute-money.* ◆ MORT. Payer son tribut à la nature, *to pay o.'s debt to nature.*

tricot ◆ COUTURE. Faire du tricot, *to do knitting.*

trimard ◆ DÉPLACEMENT. Etre sur le trimard (Fam.), *to be on the tramp.* ◆ TRAVAIL. Etre sur le trimard (Fam.), *to be toiling at it.*

tringle ◆ PRIVATION. Se mettre la tringle (Fam.), *to scrimp.*

triomphe ◆ SUCCÈS. Assurer le triomphe de qqn, *to ensure s.o.'s success.* ‖ Faire un triomphe à qqn, *to give s.o. an ovation.* ‖ Faire (remporter) un triomphe, *to be a great success* (chose); *to win a triumph* (personne). ‖ Jouir de son triomphe, *to relish o.'s triumph.* ‖ Porter qqn en triomphe, *to chair s.o.*

tripe 1. CRIME. Mettre les tripes de qqn à l'air (Pop.), *to carve s.o. up like the Sunday joint.* [V. 2.] — 2. MENACE. Mettre les tripes de qqn à l'air (Pop.), *to have s.o.'s guts for garters.* [V. 1.] — 3. PARTISAN. Avoir la tripe républicaine (Fam.), *to be an ardent republican.* — 4. SANTÉ. Vomir (rendre) tripes et boyaux (Fam.), *to spew o.'s guts out.*

tripette ◆ NON-VALEUR. Ne pas valoir tripette (Fam.), *not to be worth tuppence.*

tripotée ◆ ABONDANCE. En avoir une tripotée (Fam.), *to have hoards of it.* ◆ VOIES DE FAIT. Recevoir une tripotée (Fam.), *to get a pummelling.*

trique ◆ OPPRESSION. Mener qqn à la trique (Fam.), *to bully s.o.* → coup.

tristesse ◆ CONSOLATION. Dissiper la tristesse, *to dispel sadness.*

troc ◆ COMMERCE. Faire du troc, *to barter.*

trogne ◆ IVROGNERIE. Avoir la trogne enluminée (Fam.), *to have a boozy nose.*

trognon ◆ TROMPERIE. Avoir qqn jusqu'au trognon (Fam.), *to do s.o. brown.*

trois → règle.

trois-quarts ◆ SPORTS. Jouer trois-quarts, *to play three-quarter.*

trombe ◆ VITESSE. Arriver (partir; passer) en trombe, *to shoot in (to shoot off; to shoot past).* ‖ Entrer (sortir) en trombe, *to burst in (out).*

trompe → son.

tromper ◆ SIMILITUDE. Etre à s'y tromper, *would be easy to make a mistake* (Gramm.).

trompette ◆ EMPHASE. Emboucher la trompette (Fam.), *to become bombastic.* ◆ MUSIQUE. Sonner de la trompette,

to blow the trumpet. ◆ PROPAGANDE.
Sonner de la trompette (Fam.), to beat the
drum.
→ **tambour.**

trône ◆ POLITIQUE. Asseoir (mettre,
placer) qqn sur le trône, to seat (to set,
to place) s.o. on the throne. ‖ Monter sur
le trône, to ascend the throne. ‖ Perdre
son trône, to lose o.'s throne.

trop ◆ COMBLE. En être trop (Impers.),
to be too much. ◆ DANGER. En savoir trop,
to know too much. ◆ IMPORTUNITÉ. Etre
de trop, to be in the way.

trophée ◆ MILITAIRE. Élever (ériger)
un trophée, to raise a trophy.

tropique ◆ VOYAGE. Passer (franchir)
le tropique, to cross the line.
→ **baptême.**

trop-perçu ◆ FINANCES. Rembourser
(restituer) le trop-perçu, to refund (to
return) the excess payment.

trop-plein ◆ ÉPANCHEMENTS. Déverser
son trop-plein (Fam.), to unburden o.s.
◆ TECHNIQUE. Vider le trop-plein, to
empty the overflow.

trot 1. DÉPART. Partir au trot (Fam.),
to set off at a trot. — 2. ÉQUITATION.
Prendre le trot, to break into a trot.
[V. 3.] — 3. HÂTE. Prendre le trot (Fam.),
to buck up. [V. 2.] — 4. RAPIDITÉ. Mener
qqch. au trot, to whip through sth.

trotte ◆ DISTANCE. Faire une trotte
(Impers.) [Fam.], to be quite a distance.
◆ PROMENADE. Faire une trotte (Fam.),
to go quite a way.

trottoir ◆ PROSTITUTION. Faire le
trottoir (Pop.), to be a street-walker.

trou 1. AVIATION. Tomber dans un trou
d'air, to fall into an air-pocket. — 2.
BOISSON. Faire le trou normand, to have
a nip (of Calvados) half-way through
the meal. — 3. EMBARRAS. Faire rentrer
qqn dans un trou de souris (Fam.), to
make s.o. hide his head in shame. ‖
Vouloir rentrer (se cacher, se fourrer) dans
un trou de souris (Fam.), to wish the
ground would open and swallow o.
— 4. FINANCES. Boucher un trou (Fam.),
to repair the damage. [V. 13.] — 5.
GOURMANDISE. S'en mettre plein les trous
de nez (Fam.), to eat o.'s belly full. —
6. IMPOSSIBILITÉ. Passer par le trou d'une
aiguille, to go through the needle's eye.
— 7. INDISCRÉTION. Regarder par le trou
de la serrure, to peep through the keyhole.

— 8. INSTALLATION. Faire son trou
(Fam.), to find o.'s niche. [V. 16.] — 9.
IVROGNERIE. Boire comme un trou (Fam.),
to drink like a fish. — 10. LOISIR. Avoir
un trou dans son emploi du temps, to
have a gap in o.'s time-table. — 11.
MALHONNÊTETÉ. Faire un trou à la lune
(Fam.), to do a moonlight flit. — 12.
OUBLI. Avoir des trous de mémoire,
to have lapses of memory. — 13. REMPLA-
CEMENT. Boucher un trou (Fam.), to fill in.
[V. 4.] — 14. RETOUR. Sortir de son
trou (Fam.), to show up. — 15. RUSTICITÉ.
Habiter un vrai trou (Fam.), to live in a
dead-and-alive hole. ‖ Ne jamais être
sorti de son trou (Fam.), never to have
seen the world. — 16. SUCCÈS. Faire son
trou (Fam.), to find o.'s opening. [V. 8.]
→ **œil.**

trouble ◆ APAISEMENT. Dissiper (apaiser)
le trouble de qqn, to calm s.o.'s agitation.
◆ ÉMOTION. Ressentir (éprouver) un
trouble, to feel disturbed. ◆ MAÎTRISE DE
SOI. Dominer son trouble, to control o.'s
agitation. ◆ PERTURBATION. Jeter (semer)
le trouble dans les esprits, to cause
consternation. ◆ RÉVOLUTION. Provoquer
(fomenter, susciter) des troubles, to
provoke (to stir up) strife. ◆ VUE. Voir
trouble, to see things in a blur.

trouée ◆ MILITAIRE. Ouvrir une trouée,
to make a breach. ◆ SUCCÈS. Faire sa
trouée, to come to the fore.

trouille ◆ PEUR. Avoir la trouille (Fam.),
to have the jitters. ‖ Flanquer la trouille
à qqn (Fam.), to give s.o. the jitters.

trouillomètre ◆ PEUR. Avoir le
trouillomètre à zéro (Pop.), to be scared
out of o.'s wits.

troupe ◆ MILITAIRE. Lever (masser)
des troupes, to raise (to mass) troops.
‖ Passer la troupe en revue, to review
the troops. ‖ Rassembler ses troupes,
to muster o.'s troops. ◆ NOMBRE. Aller
en troupe, to go about in groups. ‖
Grossir la troupe (Fam.), to swell the
ranks. ‖ Vivre en troupe, to live in herds.
→ **partie.**

troupeau ◆ ÉLEVAGE. Garder un
troupeau de moutons, to tend a flock of
sheep. ◆ IMITATION. Suivre le troupeau
(Fam.), to go with the crowd.

trousseau ◆ COUTURE. Confectionner
un trousseau, to make a trousseau. ◆

MARIAGE. Se constituer un trousseau, *to fill o.'s bottom drawer.*

trousses ◆ IMPORTUNITÉ. Avoir qqn à ses trousses (Fam.), *to have s.o. on o.'s tail.* ‖ Etre aux trousses de qqn (Fam.), *to be on s.o.'s heels.*
→ **diable.**

trouvaille ◆ COMMERCE. Faire une trouvaille, *to make a find.* ◆ EXPRESSION. Avoir des trouvailles, *to find striking expressions.*

truc ◆ COMPÉTENCE. Avoir le truc (Fam.), *to have the know-how.* ‖ Connaître le truc (Fam.), *to know the dodge.* ‖ Connaître les trucs du métier (Fam.), *to know the tricks of the trade.* ◆ COMPRÉHENSION. Piger le truc (Fam.), *to get the hang of it.* ◆ MOYEN. Trouver un truc (Fam.), *to find the knack.* ‖ Trouver le truc pour faire qqch. (Fam.), *to find the knack of doing sth.* ◆ RÉPÉTITION. Repiquer au truc (Fam.), *to have another go.*

truchement ◆ INTERMÉDIAIRE. Servir de truchement à qqn, *to act as go-between for s.o.*
→ **recours.**

truelle ◆ TRAVAUX MANUELS. Manier la truelle, *to use a trowel.*

tu ◆ INTIMITÉ. Etre à tu et à toi avec qqn (Fam.), *to be buddies with s.o.*

1. tube ◆ SUCCÈS. Gazer à plein tube (Fam.), *to go with a bang.* ◆ VITESSE. Aller à plein tube (Fam.), *to go full steam ahead.*

2. tube ◆ MUSIQUE. Faire un tube (Fam.), *to make a hit.*

tuberculeux ◆ SANTÉ. Devenir tuberculeux (tubard [Fam.]), *to get tuberculosis (TB).*

tue-tête ◆ CRI. Crier à tue-tête, *to yell at the top of o.'s voice.*

tueur ◆ CRIME. Etre un tueur à gages, *to be a hired gunman.*

tuile ◆ MALCHANCE. Accumuler les tuiles (Fam.), *to have a run of hard luck.* ‖ Avoir une tuile (Fam.), *to have a stroke of hard luck.*

tumeur ◆ MÉDECINE. Enlever une tumeur, *to remove a tumour.*

tumulte ◆ PROTESTATION. Soulever un tumulte, *to stir up a commotion.*

Turc ◆ FORCE. Etre fort comme un Turc, *to be as strong as a horse.*
→ **tête.**

Turenne → **mort.**

turpitude ◆ DÉBAUCHE. Se vautrer dans la turpitude, *to wallow in vice.*

tutelle ◆ DÉPENDANCE. Subir la tutelle de qqn, *to be under s.o.'s thumb.* ◆ DOMINATION. Tenir (mettre) qqn en tutelle, *to have s.o. under o.'s thumb.* ◆ LIBÉRATION. Échapper à une tutelle, *to escape from s.o.'s domination.* ‖ Se libérer d'une tutelle, *to cut o.s. free.* ◆ PROTECTION. Prendre qqn sous sa tutelle, *to take s.o. under o.'s wing.*

tutoyer ◆ RÉPRIMANDE. Se faire tutoyer (Fam.), *to get told off.*

tuyau ◆ CONFIDENCE. Dire qqch. à qqn dans le tuyau de l'oreille (Fam.), *to whisper sth. in s.o.'s ear.* ◆ INFORMATION. Avoir des tuyaux (Fam.), *to have some gen.* ◆ JEUX D'ARGENT. Vendre (donner, passer) un tuyau à qqn, *to sell (to give) s.o. a tip.*

tuyauté ◆ INFORMATION. Etre bien tuyauté (Fam.), *to be well tipped-off.*

tympan ◆ BRUIT. Casser le tympan à qqn (Fam.), *to split s.o.'s ear-drums.* ◆ SANTÉ. Crever le tympan, *to burst the ear-drum.*
→ **bruit.**

type ◆ AUTORITARISME. Etre un type à la redresse (Fam.), *to be a Tartar.* ◆ BÊTISE. Etre le type du parfait imbécile, *to be Tom Fool himself.* ◆ MÉDIOCRITÉ. Etre un pauvre type (Fam.), *to be a weed.* ◆ NON-CONVENANCE. Ne pas être le type de qqn, *not to be s.o.'s type.* ◆ ORIGINALITÉ. Etre un type à part (Fam.), *to be out of the ordinary.* ◆ PERSONNALITÉ. Etre un chic type (Fam.), *to be a trump.* ‖ Etre un type énorme (Fam.), *to be a real character.* ◆ PHYSIONOMIE. Avoir un type, *to have an unusual face.* ‖ Avoir un type accentué, *to have strong features.*

tyran ◆ OPPRESSION. Etre un vrai tyran, *to be a real tyrant.* ‖ Jouer au tyran, *to play the tyrant.*

tyrannie ◆ ESCLAVAGE. Subir la tyrannie, *to suffer tyranny.* ◆ LIBÉRATION. S'affranchir (se libérer) d'une tyrannie, *to free o.s. from (to shake off) a tyranny.* ◆ OPPRESSION. Exercer une tyrannie, *to tyrannize everyone.*

tyrolienne ◆ CHANT. Chanter la tyrolienne, *to yodel.*

u

ultimatum ◆ POLITIQUE. Lancer (adresser, envoyer, poser, signifier) un ultimatum, *to issue (to address, to send, to present, to serve) an ultimatum.*

1. un ◆ APPROXIMATION. Etre moins une (Impers.) [Fam.], *to be as near as dammit.* ◆ BÉVUE. Ne jamais en manquer (rater) une (Fam.), *to put o.'s foot in it every time.* ◆ CHANT. En pousser une (Fam.), *to give them a song.* ◆ CRITIQUE. En glisser une de raide à qqn (Fam.), *to tear a strip off s.o.* ◆ ENTENTE. Ne faire qu'un avec qqn, *to be at one with s.o.* ◆ IMPÉCUNIOSITÉ. Etre sans un (Fam.), *to be stoney-broke.* ◆ INTRIGUE. En mijoter une (Fam.), *to cook something up.* ◆ PRESSE. Paraître à la une, *to make the headlines.* ◆ SIMILITUDE. Etre tout un, *to be all one.* ◆ SUCCÈS. Réussir comme pas un (Fam.), *to succeed like nobody's business.* ◆ TABAC. En griller une (Fam.), *to have a fag.*
→ **honneur, journée.**

2. un ◆ ESPACE. Vivre les uns sur les autres, *to live on top of o. another.* ◆ MARIAGE. Etre faits l'un pour l'autre, *to be cut out for each other.* ◆ NON-COMPROMIS. Etre tout l'un ou tout l'autre, *to be one thing or the other.*

unanimité ◆ ÉLECTIONS. Élire qqn à l'unanimité, *to elect s.o. unanimously.* ‖ Remporter l'unanimité des voix, *to gain a unanimous vote.* ◆ UNANIMITÉ. Faire l'unanimité, *to win unanimous assent.*
→ **proposition.**

une → **un l.**

uniforme ◆ MILITAIRE. Endosser l'uniforme, *to go into uniform.* ‖ Porter l'uniforme, *to be in uniform.* ‖ Quitter l'uniforme, *to be discharged.*
→ **prestige.**

union ◆ ENTENTE. Connaître une union indissoluble, *to live in lasting union.* ◆ POLITIQUE. Faire l'union de la gauche, *to form a left-wing coalition.* ‖ Faire l'Union sacrée, *to unite against a common enemy.* ‖ Opérer une union entre deux partis, *to bring about a coalition of two parties.* ◆ RUPTURE. Briser une union, *to break up a couple.* ◆ UNION. Composer (former) une union, *to form a union.*
→ **trait.**

unique ◆ EXTRAORDINAIRE. Etre unique (Impers.) [Fam.], *to be a new one.* ◆ ORIGINALITÉ. Etre unique (Fam.), *to be in a class by o.s.*

unisson ◆ ACCORD. Se mettre à l'unisson, *to get into tune.* ◆ HARMONIE. Vibrer à l'unisson (Fig.), *to be attuned to each other.* ◆ MUSIQUE. Etre à l'unisson, *to be in unison.*

unité ◆ MILITAIRE. Rejoindre son unité, *to join o.'s unit.* ◆ UNION. Réaliser l'unité, *to achieve unity.*

univers ◆ CENTRE. Constituer l'univers de qqn, *to be all in all for s.o.* ◆ ÉGOCENTRISME. Se constituer un univers, *to build a private world.*
→ **centre, citoyen.**

universel ◆ PRÉTENTION. Se croire universel, *to be a know-all.*

uppercut ◆ SPORTS. Porter un uppercut, *to deliver an uppercut.*

urbi ◆ PUBLICITÉ. Proclamer qqch. « urbi et orbi » (Fam.), *to proclaim sth. to all and sundry.*

urgence ◆ MÉDECINE. Etre appelé pour une urgence, *to be called out on an emergency.* ‖ Etre transporté d'urgence, *to be taken urgently.*
→ **procédure.**

urine ◆ MÉDECINE. Analyser les urines, *to analyse the urine.*

urne ◆ ÉLECTIONS. Se rendre (aller) aux urnes, *to go to the polls.*
→ **bulletin.**

us ◆ CONFORMISME. Observer les us et coutumes, *to observe the ways and customs.*

usage ◆ CIVILITÉ. Avoir l'usage du monde, *to be used to mixing in society.* ‖ Enseigner les usages du monde, *to teach social etiquette.* ◆ COUTUME. Passer en (entrer dans l') usage, *to become common practice.* ‖ Implanter un usage, *to establish a practice.* ‖ Répandre un usage, *to spread a practice.* ‖ Suivre

l'usage, *to follow (the) general practice.* ◆ DÉTÉRIORATION. Etre hors d'usage, *to be out of use.* ◆ FOLIE. Perdre l'usage de ses facultés, *to lose the use of o.'s faculties.* ◆ INCIVILITÉ. Manquer d'usage, *to be unused to society.* ‖ Oublier les usages, *to forget o.'s manners.* ◆ MAISON. Etre destiné à usage d'habitation, *to be for residential purposes.* ◆ MÉDECINE. Etre destiné à l'usage interne (externe), *to be for internal (external) use only.* ◆ NON-CONFORMISME. Condamner un usage, *to condemn a practice.* ‖ Déroger à un usage, *to depart from a practice.* ◆ SANTÉ. Retrouver (reprendre) l'usage de ses sens, *to get back (to regain) the use of o.'s senses.* ◆ SOLIDITÉ. Faire de l'usage, *to wear well.* ◆ UTILISATION. Avoir (perdre; retrouver) l'usage de qqch., *to have (to lose; to regain) the use of sth.* ‖ Détourner qqch. de son usage, *to divert sth. from its use.* ‖ Faire bon (mauvais) usage de qqch., *to put sth. to good (bad) use.* ‖ Mettre qqch. en usage, *to put sth. into use.* ‖ Réserver qqch. à son usage personnel, *to keep sth. for o.'s personal use.* ‖ Servir à plusieurs usages, *to serve various purposes.* ◆ VOIX. Recouvrer l'usage de la parole, *to regain the power of speech.*
→ **compliment, constatation.**

usager ◆ AUTOMOBILE. Etre un usager de la route, *to be a road-user.*

usine ◆ CHEF. Diriger (faire marcher) une usine, *to manage (to run) a factory.*

usufruit ◆ NOTARIAT. Avoir l'usufruit de qqch., *to have the usufruct of sth.* ‖ Se réserver l'usufruit, *to reserve a life-interest for o.s.*

1. usure ◆ IMPORTUNITÉ. Avoir qqn à l'usure (Fam.), *to wear s.o. down.*
→ **guerre.**

2. usure ◆ PRÊT. Prêter à usure, *to lend upon usury.* ‖ Pratiquer l'usure, *to practise usury.*

ut ◆ MUSIQUE. Donner l'ut, *to give the A.*

utile ◆ INUTILITÉ. Ne pas juger utile de faire qqch., *to see no useful purpose in doing sth.* ◆ UTILITÉ. Joindre l'utile à l'agréable, *to combine business with pleasure.* ‖ Se rendre utile, *to make o.s. useful.*

utilité 1. INFÉRIORITÉ. Jouer les utilités, *to play second fiddle.* [V. 3.] — 2. INUTILITÉ. N'être d'aucune utilité, *to be no use whatever.* — 3. THÉÂTRE. Jouer les utilités, *to play minor roles.* [V. 1.] — 4. UTILITÉ. Avoir son utilité, *to have its usefulness.* ‖ Etre d'utilité publique, *to be in the public interest.* ‖ Garder son utilité, *still to have its usefulness.* ‖ Ressentir l'utilité de qqch., *to see the point of sth.*

utopie ◆ IDÉALISME. Tenir de l'utopie, *to seem utopian.*

V ◆ AVIATION. Se mettre en V, *to make a V formation.*

vacance ◆ CONGÉ. Avoir (prendre) ses vacances, *to take o.'s holidays.* ‖ Étaler les vacances, *to stagger holidays.* ‖ Partir en vacances, *to go (off) on holidays.* ‖ Partir en vacances de neige, *to go (off) on a winter-sports holiday.* ‖ Rentrer de vacances, *to come back from holiday.* ‖ Se donner des vacances, *to take a holiday.* ◆ REMPLACEMENT. Combler (remplir) une vacance, *to fill a vacancy.*
→ **colonie, jour.**

vacarme ◆ BRUIT. Faire du vacarme, *to make an uproar.*

vacciné ◆ EXPÉRIENCE. Etre vacciné contre qqch. (Fam.), *to have had o.'s fill of sth.* ◆ MÉDECINE. Se faire vacciner, *to get vaccinated.*

vache ♦ DÉSAGRÉMENT. Manger de la vache enragée (Fam.), *to have a hard time of it.* ♦ DUPE. Etre une vache à lait, *to be a milch-cow.* ♦ ÉLEVAGE. Traire les vaches, *to milk the cows.* ♦ MAUVAIS TEMPS. Pleuvoir comme vache qui pisse (Pop.), *to bucket down.* ♦ MÉCHANCETÉ. Etre vache avec qqn (Pop.), *to be swinish to s.o.* ♦ PRIVATION. Faire vache maigre (Fam.), *to go through a lean period.*
→ **français, peau, plancher, tablier.**

vacherie ♦ MÉCHANCETÉ. Faire des vacheries (Pop.), *to be beastly.*

va-comme-je-te-pousse ♦ ÉCRITURE. Écrire à la va-comme-je-te-pousse (Fam.), *to write in a slapdash manner.* ♦ NÉGLIGENCE. Faire qqch. à la va-comme-je-te-pousse (Fam.), *to do sth. in a rough-and-ready way.*

vadrouille ♦ PROMENADE. Partir en vadrouille (Fam.), *to go gallivanting.*

va-et-vient ♦ TRANSPORTS. Faire le va-et-vient entre deux endroits, *to ply between two places.*

1. vague ♦ IMPRÉCISION. Laisser qqch. dans le vague, *to leave sth. vague.* ‖ Rester dans le vague, *to remain vague* (chose); *to stick to generalities* (personne). ‖ Se perdre dans le vague, *to get confused.* ♦ NOSTALGIE. Avoir du vague à l'âme, *to have vague yearnings.* ♦ RÊVERIE. Etre dans le vague, *to be wool-gathering.*

2. vague ♦ ENTHOUSIASME. Etre soulevé (emporté) par une vague d'enthousiasme, *to be swept away by (borne up on) a wave of enthusiasm.* ♦ MARINE. Faire des vagues, *to make waves.* ♦ TEMPÉRATURE. Subir une vague de chaleur (de froid), *to have a heat-wave (cold spell).*
→ **partie.**

vaincu ♦ ÉCHEC. S'avouer vaincu, *to admit defeat.*

vainqueur ♦ SPORTS. Etre le vainqueur de l'épreuve, *to win the event* (athlétisme); *to win the lap* (cyclisme). ‖ Sortir vainqueur, *to emerge the winner.* ♦ SUCCÈS. Sortir vainqueur, *to come out on top.*

vaisseau ♦ ACCULEMENT. Brûler ses vaisseaux, *to burn o.'s boats.* ♦ ASTRONAUTIQUE. Récupérer un vaisseau spatial, *to retrieve a space-ship.* ♦ MARINE. Fréter un vaisseau, *to charter a vessel.*

vaisselle ♦ MÉNAGE. Essuyer la vaisselle, *to dry the dishes.* ‖ Faire (laver) la vaisselle, *to do (to wash) the dishes.* ‖ Laisser s'entasser la vaisselle, *to let the dishes pile up.* ♦ QUERELLE. Casser (faire valser) la vaisselle (Fam.), *to make the feathers fly.*

val → **mont.**

valet ♦ RENVOI. Etre chassé comme un valet (Fam.), *to be given the order of the boot.*
→ **âme.**

valeur ♦ APPRÉCIATION. Déterminer la valeur de qqch., *to work out the value of sth.* ♦ CIRCONSPECTION. Connaître la valeur des mots, *to know the value of words.* ♦ COMMERCE. Apprécier (calculer) la valeur marchande (vénale) de qqch., *to assess (to work out) the market value of sth.* ♦ CONNAISSANCE DE SOI. S'estimer à sa juste valeur, *to have a full sense of o.'s own worth.* ♦ ÉCONOMIE. Connaître la valeur de l'argent, *to know the value of money.* ♦ ESTIMATION. Apprécier (estimer, jauger, juger) qqch. (qqn) à sa juste valeur, *to take sth. (s.o.) at its (his) true value.* ‖ Attacher de la valeur à qqch., *to value sth.* ‖ Etre estimé à sa juste valeur, *to be valued at its (his) true work.* ‖ Mesurer (déterminer, jauger) la valeur de qqn, *to measure (to assess, to gauge) s.o.'s worth.* ♦ EXAGÉRATION. Surestimer la valeur de qqch., *to overestimate the value of sth.* ♦ MISE EN VALEUR. Mettre qqch. (qqn) en valeur, *to give importance to sth. (s.o.).* ♦ NON-DISCERNEMENT. Sous-estimer la valeur de qqch., *to underestimate the value of sth.* ♦ OSTENTATION. Savoir se mettre en valeur, *to know how to make the most of o.s.* ♦ VALEUR. Augmenter (diminuer) de valeur, *to increase (to decline) in value.*
→ **conscience, témoignage.**

valise ♦ DÉPART. Faire ses valises (Fam.), *to pack o.'s bags.* ♦ VOYAGE. Faire (boucler) sa valise, *to pack (to fasten) o.'s suitcase.*

valoir ♦ PRÉTENTION. Se faire valoir (Fam.), *to push o.s. forward.* ♦ SUSPICION. Ne rien dire qui vaille, *to look fishy.*

valse → **tour.**

valser ♦ RENVOI. Envoyer valser qqn (Fam.), *to send s.o. about his business.* ♦ VIOLENCE. Envoyer valser qqch. (Fam.), *to hurl sth.*

vamp ♦ APPARENCE. Faire vamp (Fam.), *to look like a vamp.*

vandalisme → acte.

vanité ◆ VANITÉ. Etre rempli de vanité, *to be as vain as they come.* ‖ Tirer vanité de qqch., *to plume o.s. on sth.*

vanne ◆ FACONDE. Ouvrir les vannes (Fam.), *to start spouting.* ◆ LARMES. Ouvrir les vannes (Fam.), *to turn on the waterworks.*

vanter ◆ BÉVUE. Ne pas y avoir de quoi se vanter (Fam.), *there [to be] nothing to boast about* (Gramm.). ◆ SECRET. Ne pas se vanter de qqch. (Fam.), *not to boast about sth.*

va-nu-pieds → air.

vap ◆ SANTÉ. Etre dans les vaps (Fam.), *to be light in the head.*

vapeur 1. REVIREMENT. Renverser la vapeur (Fam.), *to change tracks.* [V. 3.] – 2. SANTÉ. Avoir des vapeurs, *to have the vapours.* – 3. TECHNIQUE. Lâcher la vapeur, *to let off steam.* ‖ Renverser la vapeur, *to reverse steam.* [V. 1.] – 4. VITESSE. Aller (filer) à toute vapeur (Fam.), *to go (to proceed) full steam ahead.*

variation ◆ TEMPÉRATURE. Enregistrer (subir) des variations de température, *to record (to undergo) variations in temperature.*

variétés → émission.

vase ◆ ABUS. Faire déborder le vase (Fam.), *to break the camel's back.* ◆ REPLIEMENT. Vivre en vase clos, *to live in a closed world.*

vaseux ◆ SANTÉ. Se sentir vaseux (Fam.), *to feel seedy.*

va-tout ◆ ACCULEMENT. Jouer son va-tout, *to stake o.'s all.*

vau-l'eau ◆ DÉTÉRIORATION. Aller à vau-l'eau, *to go to rack and ruin.*

vaurien ◆ RÉPUTATION. Passer pour un vaurien, *to be considered a good-for-nothing.*

va-vite ◆ SABOTAGE. Faire qqch. à la va-vite, *to do sth. any old how.*

veau ◆ AVARICE. Adorer le veau d'or, *to worship the golden calf.* ◆ HOSPITALITÉ. Tuer le veau gras, *to kill the fatted calf.* ◆ LARMES. Pleurer (bramer) comme un veau (Fam.), *to blubber.*

vécu ◆ LIBERTINAGE. Avoir beaucoup vécu, *to have been around.*

vedette 1. CINÉMA. Etre la vedette d'un film, *to star in a film.* – 2. EMPHASE.

Etre en vedette, *to be emphasized.* [V. 3.] – 3. IMPORTANCE. Etre en vedette (avoir la vedette), *to be in the limelight.* [V. 2.] – 4. INFÉRIORITÉ. Perdre la vedette, *to fade from the limelight.* – 5. MISE EN VALEUR. Mettre en vedette, *to bring into prominence.* – 6. OSTENTATION. Jouer les vedettes, *to hog the limelight.*

véhicule ◆ ACCIDENT. Etre éjecté d'un véhicule, *to be thrown out of a vehicle.* ‖ Se faire faucher par un véhicule, *to be knocked down by a vehicle.*
→ maître.

veille ◆ APPROXIMATION. Etre à la veille de faire qqch., *to be on the verge of doing sth.* ◆ INSOMNIE. Prolonger la veille, *to prolong the vigil.* ◆ SOMMEIL. Etre entre la veille et le sommeil, *to be dozing off.*

veilleuse 1. ACCOMMODEMENT. La mettre en veilleuse (Pop.), *to turn it down a bit.* – 2. AUTOMOBILE. Se mettre en veilleuses, *to dip o.'s lights.* – 3. MODÉRATION. Se mettre en veilleuse (Fam.), *to slow down.* – 4. RALENTISSEMENT. Mettre qqch. en veilleuse (Fig.), *to let sth. tick over.* [V. 5.] – 5. TECHNIQUE. Mettre qqch. en veilleuse, *to turn sth. down low.* [V. 4.]

veine ◆ CHANCE. Avoir une veine de pendu (de cocu, du diable) [Pop.], *to have the luck of the Devil.* ◆ CONFIDENCE. Etre en veine de confidences, *to be in a confidential mood.* ◆ ÉLOGE. Etre en veine de compliments, *to be in a congratulatory mood.* ◆ INSPIRATION. Etre en veine, *to be going through a good patch.* ‖ Tarir la veine de qqn, *to dry up s.o.'s inspiration.* ◆ MALCHANCE. Ne pas avoir de veine (Fam.), *to be unlucky.* ◆ PRIVATION. Se saigner aux quatre veines (Fam.), *to pinch and scrape.* ◆ SUICIDE. S'ouvrir (se tailler) les veines, *to slash o.'s wrists.*
→ feu, goutte, sang, vif-argent.

vélléité ◆ ENTRAVE. Etouffer ses vélléités pour qqch., *to stifle o.'s inclination for sth.* ◆ INTENTION. Avoir des vélléités de qqch., *to have a passing fancy for sth.*

vélo ◆ SPORTS. Faire du vélo (Fam.), *to ride a bike.*

velours ◆ BOISSON. Etre un vrai velours (Fam.), *to be like velvet.* ◆ FACILITÉ. Jouer (marcher) sur le velours (Fam.), *to have it all o.'s own way.* ◆ SPECTACLE.

Faire rire le velours (Fam.), *to play to an empty house.*

→ **canne, main, patte.**

venant ◆ NÉGLIGENCE. Etre ouvert à tout venant, *to be open to all and sundry.*

vendange ◆ AGRICULTURE. Faire les vendanges, *to harvest the grapes.*

vendetta ◆ VENGEANCE. Poursuivre une vendetta, *to pursue a vendetta.*

vendre ◆ COMMERCE. Etre à vendre, *to be for sale.* ◆ CONCUSSION. Etre à vendre (Fig.), *can be bought* (Gramm.).

vénération ◆ RESPECT. Avoir qqn en vénération, *to hold s.o. in veneration.* ‖ Inspirer de la vénération, *to inspire veneration.*

vengeance ◆ PROTESTATION. Crier vengeance, *to cry for vengeance.* ◆ VENGEANCE. Assouvir sa vengeance, *to satisfy o.'s thirst for vengeance.* ‖ Demander vengeance de qqch., *to demand vengeance for sth.* ‖ Exercer une vengeance, *to wreak vengeance.* ‖ Ruminer (couver, méditer, mijoter) sa vengeance (Fam.), *to broad over (to plot) o.'s revenge.* ‖ Savourer sa vengeance, *to savour o.'s revenge.* ‖ Tirer vengeance de qqch., *to wreak vengeance on sth.*

venin ◆ DÉNIGREMENT. Répandre du venin contre qqn, *to spread vicious remarks about s.o.* ◆ MÉCHANCETÉ. Cracher son venin, *to spit out o.'s venom.*

venir 1. ATTENTE. Voir venir (Fam.), *to wait and see.* [V. 4.] — 2. ÉCHEC. S'en retourner comme on est venu, *to go off the way o. came.* — 3. FATALITÉ. Falloir en venir là, *to have to come to that.* — 4. PÉNÉTRATION. Voir où qqn veut en venir, *to see what s.o. is after.* ‖ Voir venir qqn (Fam.), *to be on to s.o.* [V. 1.]

→ **venu.**

vent 1. AIR. Faire du vent avec qqch., *to create a wind with sth.* [V. 10, 14.] — 2. AUTOMOBILE. Etre déporté par le vent, *to be blown sideways by the wind.* — 3. AVANTAGE. Avoir le vent en poupe (Fam.), *to be sailing before the wind.* [V. 13.] ‖ Avoir le vent dans les voiles (Fam.), *to be headed for success.* [V. 11.] — 4. BONIMENT. N'être que du vent, *to be all hot air.* — 5. CIRCONSPECTION. Regarder (savoir) d'où vient le vent, *to see which way the wind is blowing.* — 6. IMPOSSIBILITÉ. Prendre le vent au filet, *to catch a rainbow.* — 7. INCIVILITÉ.

Lâcher un vent, *to break wind.* — 8. INFORMATION. Avoir vent de qqch., *to have wind of sth.* ‖ Prendre le vent (Fam.), *to see how the land lies.* [V. 13.] — 9. INSTABILITÉ. Tourner (virer) au moindre vent (Fam.), *to be as changeable as a weathercock.* ‖ Tourner (virer) à tout vent (Fam.), *to chop and change.* — 10. INUTILITÉ. Faire du vent (Fam.), *to rush around uselessly.* [V. 1, 14.] — 11. IVRESSE. Avoir du vent dans les voiles (Fam.), *to be a bit unsteady on o.'s pins.* [V. 3.] — 12. MAISON. Etre ouvert à tout vent, *to be open to the skies.* — 13. MARINE. Avoir vent debout, *to be sailing into the wind.* ‖ Avoir le vent arrière (en poupe), *to be sailing before the wind.* [V. 3.] ‖ Prendre le vent, *to catch the wind.* [V. 8.] ‖ Tâter le vent, *to keep close to the wind.* [V. 19.] — 14. MAUVAIS TEMPS. Faire du vent (Impers.), *to be windy.* [V. 1, 10.] ‖ Faire un vent à décorner les bœufs (de tous les diables) [Impers., Fam.], *to blow for all it is worth (like a hurricane).* — 15. MODERNISME. Etre dans le vent (Fam.), *to be with it.* — 16. MOUVEMENT. Flotter au vent, *to flutter in the wind.* — 17. OBSTINATION. Naviguer contre vents et marées, *to go against wind and tide.* — 18. ODORAT. Humer le vent, *to sniff the wind.* — 19. OPPORTUNISME. Tâter (voir venir, observer d'où vient) le vent, *to have an eye to the main chance.* [V. 13.] — 20. PUBLICITÉ. Semer à tout vent, *to broadcast.* — 21. VITESSE. Fendre le vent, *to stride along.*

→ **argent, côté, coup, derrière, flamberge, moulin, nez, oreille.**

vente ◆ ALTRUISME. Organiser une vente de charité, *to organize a charity bazaar.* ◆ COMMERCE. Etre en vente, *to be on sale.* ‖ Etre en vente libre, *to be off the ration.* ‖ Mettre en vente une maison, *to put a house up for sale.* ‖ Mettre en vente des marchandises, *to put goods on sale.* ‖ Ne pas avoir la vente de qqch., *to have no demand for sth.* ‖ Pousser à la vente, *to push.*

→ **service.**

ventouse ◆ MÉDECINE. Mettre (appliquer, poser) des ventouses à qqn, *to cup s.o.*

ventre 1. ALIMENTATION. Avoir le ventre plein (Fam.), *to be full.* ‖ Faire ventre (Pop.), *to help to fill you.* ‖ Se remplir le

ventre (Pop.), *to fill o.'s belly.* − 2. APPÉTIT. Avoir le ventre creux, *to be famished.* ‖ Avoir le ventre derrière le dos (Fam.), *can feel o.'s belly sticking to o.'s backbone* (Gramm.). ‖ Ne rien avoir dans le ventre (Fam.), *to have an empty stomach.* [V. 8, 10.] − 3. ARRIVISME. Passer sur le ventre de qqn (Fam.), *to ride roughshod over s.o.* − 4. ARTISAN DE SON SORT. Bouder contre son ventre (Fam.), *to cut off o.'s nose to spite o.'s face.* − 5. COURAGE. Avoir qqch. dans le ventre (Fam.), *to have guts.* − 6. FAITS ET GESTES. Rentrer le ventre, *to pull in o.'s stomach.* ‖ Se coucher (se mettre) à plat ventre, *to lie down flat on o.'s face.* [V. 16.] − 7. FAUX-SEMBLANT. Gémir le ventre plein (Fam.), *to cry poverty with o.'s pockets bulging.* − 8. LÂCHETÉ. Ne rien avoir dans le ventre (Fam.), *to have no guts.* [V. 2, 10.] − 9. MÉDE-CINE. Ouvrir le ventre de qqn (Fam.), *to carve s.o. up.* − 10. NON-VALEUR. Ne rien avoir dans le ventre (Fam.), *to have nothing in o.* [V. 2, 8.] − 11. PÉNÉTRA-TION. Chercher à savoir ce que qqn a dans le ventre (Fam.), *to try to find out what makes s.o. tick.* − 12. POIDS. Prendre (avoir) du ventre, *to become (to be) pot-bellied.* − 13. PRIVATION. Pouvoir se brosser le ventre (Pop.), *can go to hell* (Gramm.). ‖ Se serrer le ventre (Fam.), *to be on short commons.* − 14. PRIVAUTÉ. Taper sur le ventre de qqn (Fam.), *to poke s.o. in the ribs.* − 15. RIRE. Rire à ventre déboutonné (Fam.), *to be in stitches.* − 16. SERVILITÉ. Se mettre à plat ventre devant qqn, *to grovel before s.o.* [V. 6.] − 17. VALEUR. Montrer ce qu'on a dans le ventre (Fam.), *to show what stuff o. is made of.* − 18. VITESSE. Courir ventre à terre (Fam.), *to run flat out.*
→ **cœur, diable, mal, œil, peur, recon-naissance.**

ventrée ♦ GLOUTONNERIE. Se flanquer une ventrée de qqch. (Fam.), *to tuck into sth.*

venu 1. ACCUEIL. Etre bien venu, *to be welcome.* [V. 3.] − 2. INOPPORTUNITÉ. Etre mal venu de faire qqch., *to be unfitting to do sth.* − 3. LITTÉRATURE. Etre bien venu, *to be felicitous.* [V. 1.] − 4. VALEUR. Ne pas être le premier venu, *not to be any old Tom, Dick or Harry.*

venue → **temps.**

Vénus ♦ LIBERTINAGE. Sacrifier à Vénus, *to be a devotee of Venus.*

vêpres → **pintade.**

ver 1. APPÉTIT. Avoir le ver solitaire (Fam.), *to have a hole in o.'s stomach.* [V. 9.] − 2. BOISSON. Tuer le ver (Fam.), *to have a nip first thing in the morning.* − 3. DIFFICULTÉ. Ne pas être piqué des vers (Fam.), *to be no picnic.* − 4. HOSTI-LITÉ. Écraser qqn comme un ver, *to grind s.o. beneath o.'s heel.* − 5. INDISCRÉTION. Tirer les vers du nez à qqn (Fam.), *to pump s.o.* − 6. MOUVEMENT. Se tordre comme un ver (Fam.), *to wriggle like an eel.* − 7. NUDITÉ. Etre nu comme un ver, *to be stark naked.* − 8. PÊCHE. Pêcher au ver, *to fish with a worm.* − 9. SANTÉ. Avoir le ver solitaire, *to have a tapeworm.* [V. 1.]

verbe 1. AUTORITARISME. Avoir le verbe haut, *to be bossy.* [V. 3.] − 2. LANGAGE. Conjuguer un verbe, *to conjugate a verb.* − 3. VOIX. Avoir le verbe haut, *to be loud of speech.* [V. 1.]

verbiage ♦ BAVARDAGE. Tomber dans le verbiage, *to lapse into wordiness.*

verdict ♦ SENTENCE. Rendre un verdict, *to bring in a verdict.* ‖ Rendre un verdict d'acquittement, *to return a verdict of not guilty.*

verges ♦ ARTISAN DE SON SORT. Fournir des verges pour se faire fouetter (battre) [Fam.], *to provide a rod for o.'s own back.*

vergogne ♦ EFFRONTERIE. Etre sans vergogne, *to be brazen.*

vérification ♦ CONTRÔLE. Procéder à une vérification, *to carry out a check.*

vérité ♦ DISSIMULATION. Taire (voiler) la vérité, *to suppress (to conceal) the truth.* ♦ NON-VÉRITÉ. Blesser (heurter) la vérité, *to twist the facts.* ‖ Cacher (contourner; forcer) la vérité, *to hide (to get round; to distort) the truth.* ‖ Déguiser (maquiller, farder) la vérité, *to disguise (to varnish) the truth.* ‖ Etre à côté de la vérité, *to get things wrong.* ‖ Etre en deçà (en dehors) de la vérité, *to be far short of the truth.* ‖ S'écarter de la vérité, *to stray from the truth.* ‖ Trahir la vérité, *to give an untrue account of the facts.* ♦ PRÉTENTION. Prétendre détenir la vérité, *to claim to be in posses-sion of the truth.* ♦ RÉVÉLATION. Dévoiler

(découvrir, mettre au jour, révéler) la vérité, *to bring the truth to light.* ◆ RONDEUR. Dire ses quatre vérités à qqn (Fam.), *to tell s.o. a few home truths.* ‖ Formuler des vérités, *to utter truths.* ‖ Jeter la vérité à la face de qqn, *to cast the truth in s.o.'s teeth.* ‖ Ne pas mâcher la vérité (Fam.), *to make no bones about it.* ◆ VÉRITÉ. Admettre (reconnaître) la vérité, *to admit the truth.* ‖ Annoncer (enseigner) la vérité, *to state (to teach) the truth.* ‖ Chercher (connaître; trouver) la vérité, *to seek (to know; to find) the truth.* ‖ Correspondre à la vérité, *to be in line with the facts.* ‖ Dire la vérité, *to tell the truth.* ‖ Dire la vérité toute nue, *to tell the unvarnished truth.* ‖ Dire la pure vérité, *to tell the plain truth.* ‖ Énoncer une vérité, *to state a truth.* ‖ Entrevoir la vérité, *to have an inkling of the truth.* ‖ Etre dans la vérité, *to be right.* ‖ Etre la stricte vérité (la vérité même), *to be the plain truth.* ‖ Faire briller la vérité aux yeux de qqn, *to bring the truth home to s.o.* ‖ Faire jaillir la vérité, *to force the truth out.* ‖ Inculquer une vérité à qqn, *to instil a truth in s.o.* ‖ Proclamer la vérité, *to make the truth known.* ‖ Rétablir la vérité, *to get at the truth.* ‖ S'approcher de la vérité, *to get close to the truth.* ‖ Sentir (percevoir) la vérité de qqch., *to perceive the truth of sth.*
→ **entorse, hommage, minute, ombre, sérum, souci.**

verni ◆ MALCHANCE. Ne pas être verni (Fam.), *to be an unlucky devil.*

verre ◆ BOISSON. Prendre un verre avec qqn, *to have a drink with s.o.* ‖ Vider son verre, *to drink up.* ◆ DÉSARROI. Se noyer dans un verre d'eau (Fam.), *to lose o.'s head over trifles.* ◆ FRAGILITÉ. Se casser comme du verre, *to break like glass.* ◆ IVRESSE. Avoir bu un verre de trop (Fam.), *to have had one over the eight.* ‖ Avoir un verre dans le nez (Fam.), *to be lit up.* ‖ Etre entre deux verres (Fam.), *to be tiddly.* ◆ RÉJOUISSANCE. Choquer les verres, *to chink glasses.* ‖ Lever son verre à la santé de qqn, *to raise o.'s glass to s.o.* ◆ VUE. Porter des verres, *to wear glasses.* ‖ Porter des verres de contact, *to wear contact lenses.*
→ **maison, papier, raison, tempête.**

verrou ◆ FAITS ET GESTES. Mettre (tirer) le verrou, *to shoot (to pull) the bolt.* ◆ INCULPÉ. Etre sous les verrous, *to be under lock and key.* ◆ SENTENCE. Mettre qqn sous les verrous, *to lock s.o. up.*

vers ◆ ÉLOCUTION. Déclamer des vers, *to recite poetry.* ‖ Faire ronfler les vers, *to declaim poetry.* ◆ LITTÉRATURE. Estropier un vers, *to murder a line of verse.* ‖ Faire (composer, écrire) des vers, *to make up (to compose, to write) verse.*

verse ◆ MAUVAIS TEMPS. Pleuvoir à verse, *to pour.*

versement ◆ PAIEMENT. Payer en versements échelonnés, *to pay by instalments.*

version ◆ CINÉMA. Passer en version originale (doublée), *to be shown in the original (a dubbed) version.* ‖ Passer en version sous-titrée, *to be shown with subtitles.* ◆ ÉCOLE. Faire une version, *to do a translation into o.'s own language.*

vert ◆ GAULOISERIE. En dire des vertes et des pas mûres (Fam.), *to tell things that would make your hair stand on end.* ◆ IMPROVISTE. Ne pas prendre qqn sans vert (Fam.), *not to catch s.o. napping.* ◆ REPOS. Se mettre au vert (Fam.), *to go off to the country for a rest.*

vertèbre ◆ SANTÉ. Se déplacer une vertèbre, *to slip a disc.*

vertige 1. DÉSARROI. Donner le vertige à qqn (Fig.), *to make s.o.'s head spin.* [V. 2.] − 2. SANTÉ. Avoir le vertige, *to feel dizzy.* ‖ Avoir des vertiges, *to have an attack of vertigo.* ‖ Donner le vertige à qqn, *to make s.o. dizzy.* [V. 1.] ‖ Etre pris de vertige, *to have an attack of dizziness.*

vertu ◆ ADMIRATION. Parer qqn de toutes les vertus, *to adorn s.o. with every virtue.* ◆ INTRANSIGEANCE. Etre d'une vertu farouche, *to be aggressively virtuous.* ◆ LIBERTINAGE. Ne pas briller par la vertu (Fam.), *not to be conspicuous for o.'s virtue.* ‖ Ne pas être une vertu (Fam.), *to be no better than o. should be.* ◆ VERTU. Pousser la vertu jusqu'à l'héroïsme, *to carry virtue to the point of heroism.*
→ **nécessité, parangon, prix.**

verve ◆ ENTRAIN. Etre en verve, *to be in fine form.* ◆ EXCITATION. Exciter la verve de qqn, *to set s.o. off.* ◆ IRONIE. Exercer sa verve aux dépens de qqn, *to be witty at s.o.'s expense.*

vessie ◆ AVEUGLEMENT. Prendre des vessies pour des lanternes (Fam.), *not to know chalk from cheese.*

veste ◆ ÉCHEC. Ramasser (prendre) une veste (Fam.), *to take a licking.* ◆ IMPORTUNITÉ. Retenir qqn par la veste, *to buttonhole s.o.* ◆ REVIREMENT. Retourner sa veste (Fam.), *to turn o.'s coat.* ◆ VÊTEMENT. Tomber la veste (Fam.), *to remove o.'s coat.*

vestiaire ◆ SPECTACLE. Réclamer son vestiaire, *to get o.'s things from the cloakroom.*

vêtement ◆ COUTURE. Doubler un vêtement, *to line a garment.* ◆ VÊTEMENT. Changer de vêtements, *to change o.'s clothes.* ‖ Porter un vêtement, *to wear a garment.* ‖ Porter des vêtements de confection, *to wear ready-made clothes.* ‖ Porter ses vêtements de tous les jours, *to wear o.'s everyday clothes.* ‖ Se dépouiller de ses vêtements, *to strip off o.'s clothes.*
→ **pièce, prince, point.**

vétille ◆ LÉGÈRETÉ. S'amuser à des vétilles, *to amuse o.s. with trifles.*

veto ◆ OPPOSITION. Mettre (opposer) son veto à qqch., *to veto sth.*

veuve ◆ DÉFENSE. Défendre la veuve et l'orphelin, *to defend widows and orphans.*
→ **protecteur.**

vexation ◆ HUMILIATION. Essuyer des vexations, *to undergo vexations.*

viager ◆ NOTARIAT. Mettre (vendre) qqch. en viager, *to invest sth. in a life-annuity.* ‖ Prendre (acheter) qqch. en viager, *to buy against a life-annuity.*
→ **argent.**

viatique ◆ RELIGION. Recevoir le viatique, *to receive the last Sacraments.*

vice ◆ DÉFAUT. Etre un vice rédhibitoire, *to be a latent defect.* ◆ DÉMESURE. Etre du vice (Fam.), *to be too much of a good thing.* ◆ INFAMIE. Avoir le vice dans le sang (la peau) [Fam.], *to be evil through and through.* ◆ RÉGLEMENTATION. Présenter un vice de forme, *to contain a vice of form.* ◆ SANTÉ. Présenter un vice de conformation, *to be deformed.* ◆ TECHNIQUE. Présenter un vice de construction (fabrication), *to be of faulty construction (manufacture).*
→ **fanfaron.**

Vichy → **pastille.**

victime ◆ DESTINÉE. Etre victime de la fatalité, *to be a victim of fate.* ◆ PROCÉDURE. Identifier la victime, *to identify the victim.*

victoire 1. MILITAIRE. Remporter la victoire, *to carry off the victory.* [V. 3.] — 2. PRÉTENTION. Chanter victoire, *to crow.* — 3. SUCCÈS. Remporter (gagner) la victoire, *to carry the day.* [V. 1.] ‖ Voler de victoire en victoire, *to go from success to success.* — 4. SUPÉRIORITÉ. Remporter une victoire sur qqn, *to gain the upper hand over s.o.*
→ **secours.**

vide 1. ABSENCE. Causer (laisser) un grand vide, *to leave a void.* — 2. COMPENSATION. Combler un vide, *to fill a void.* [V. 7.] — 3. DÉPLAISANCE. Faire le vide autour de soi, *to cut o.s. off from the rest of the world.* [V. 6, 8.] — 4. INANITÉ. Sentir le vide de son existence, *to feel the emptiness of o.'s life.* ‖ Tourner (fonctionner) à vide, *to be getting nowhere.* [V. 9.] — 5. INUTILITÉ. Parler dans le vide, *to talk to no purpose.* — 6. PRÉJUDICE. Faire le vide autour de qqn, *to cut s.o. off from everyone.* [V. 3, 8.] — 7. REMPLACEMENT. Combler un vide, *to fill a gap* (chose); *to fill a vacancy* (personne). [V. 2.] — 8. SCIENCE. Faire le vide, *to create a vacuum.* [V. 3, 6.] — 9. TECHNIQUE. Tourner à vide, *to run with no load.* [V. 4.]
→ **nettoyage.**

vider ◆ RENVOI. Se faire vider (Fam.), *to get thrown out.*

vie 1. ABNÉGATION. Mener une vie d'abnégation, *to lead a life of self-denial.* ‖ Sacrifier (donner) sa vie pour qqn, *to sacrifice (to give) o.'s life for s.o.* — 2. AMOUR. Etre toute la vie de qqn, *to be the breath of life to s.o.* ‖ Tenir à la vie de qqn, *to set great store on s.o.'s life.* [V. 34, 59.] — 3. APATHIE. Etre sans vie, *to be lifeless.* [V. 41.] — 4. ARTISAN DE SON SORT. Faire (bâtir, construire, édifier) sa vie, *to make (to build) a life for o.s.* — 5. AUSTÉRITÉ. Mener une vie d'ascète, *to lead an ascetic life.* ‖ Mener une vie de moine, *to live like a monk.* — 6. AVENTURE. Avoir une vie mouvementée, *to have a hectic life.* — 7. CÉLIBAT. Enterrer sa vie de garçon, *to have a stag-party.* ‖ Mener la vie de garçon, *to live a bachelor life.* — 8. CLANDESTINITÉ. Cacher sa vie, to go into hiding. — 9. CLÉMENCE. Laisser la vie sauve à qqn, *to spare s.o.'s life.* — 10. COMPLICATION. Se compliquer la vie, *to make life complicated for o.s.* — 11. CONCUBINAGE. Faire vie commune, *to live together.* — 12. CONVENANCE. Trouver sa vie (Fam.), *to find just what o. is after.* — 13. CONVERSION. Abjurer (rompre avec) sa vie passée, *to abjure (to break with) o.'s past life.* ‖ Changer de vie, *to mend o.'s ways.* — 14. COURAGE. Regarder la vie en face, *to face life squarely.* — 15. CRIME. Attenter à la vie de qqn, *to make an attempt on s.o.'s life.* ‖ Oter la vie a qqn, *to take s.o.'s life.* — 16. DÉBAUCHE. Faire la vie (Fam.), *to lead a gay life.* ‖ Mener une vie de bâton de chaise (de patachon, de Polichinelle) [Fam.], *to lead a fast (wild) life.* ‖ Mener une vie dissipée, *to live riotously.* — 17. DÉBUT. Débuter (démarrer) dans la vie, *to start off in life.* ‖ Entrer dans la vie, *to begin life.* — 18. DÉCOURAGEMENT. Etre las de la vie, *to be tired of life.* ‖ Etre dégoûté de la vie, *to be sick of it all.* — 19. DUPLICITÉ. Mener une double vie, *to lead a double life.* — 20. ÉCHEC. Gâcher (gaspiller, rater) sa vie, *to wreck (to fritter away, to waste) o.'s life.* ‖ Manquer sa vie, *to make a wreck of o.'s life.* — 21. ENDURANCE. Avoir la vie dure, *to be tough.* [V. 23, 50.] — 22. ENTRAIN. Déborder de vie, *to bubble over with vitality.* ‖ Donner de la vie, *to liven things up.* ‖ Etre plein de vie, *to be alive and kicking.* — 23. ÉPREUVE. Avoir la vie dure, *to have a hard life.* [V. 21, 50.] ‖ Mener une vie de chien (Fam.), *to lead a dog's life.* ‖ Mener une vie d'enfer (Fam.), *to go through hell.* ‖ Ne pas être une vie, *to be no life.* — 24. EXPÉRIENCE. Comprendre la vie, *to understand life.* ‖ Connaître la vie, *to have seen life.* — 25. FACILITÉ. Avoir la vie douce, *to have an easy time of it.* ‖ Avoir la vie facile, *to have an easy life.* — 26. FASTE. Mener la vie à grandes guides (Fam.), *to live in lavish style.* ‖ Mener une vie de pacha, *to live in the lap of luxury.* ‖ Mener une vie de grand seigneur, *to live like a lord.* — 27. FIDÉLITÉ. Etre à la vie, à la mort, *to be for keeps.* — 28. GAGNE-PAIN. Gagner sa vie, *to earn o.'s living.* — 29. IMPÉCUNIOSITÉ. Avoir (mener) une vie étroite, *to live on a modest scale.*

— 30. INDÉPENDANCE. Vivre sa vie, *to live o.'s life.* [V. 35.] — 31. INDISCRÉTION. S'immiscer dans la vie privée de qqn, *to pry into s.o.'s private life.* — 32. INEXPÉRIENCE. Ne pas connaître la vie, *not to have seen much of life.* — 33. INSOUCIANCE. Mener une vie insouciante, *to lead a carefree existence.* — 34. INTÉRÊT PERSONNEL. Tenir à la vie, *to value o.'s life.* [V. 2, 59.] — 35. JOUISSANCE. Profiter (jouir) de la vie, *to get a lot out of (to enjoy) life.* ‖ Mener joyeuse vie, *to lead a merry life.* ‖ Mener (être) la belle vie (Fam.), *to lead (to be) a great life.* ‖ Vivre sa vie, *to live life to the full.* [V. 30.] — 36. LOISIR. Mener une vie de rentier, *to live a life of leisure.* — 37. MARIAGE. Refaire sa vie, *to remarry.* [V. 57.] — 38. MATERNITÉ. Donner la vie, *to give birth.* ‖ Transmettre la vie, *to transmit life.* — 39. MÉDIOCRITÉ. S'encroûter dans une vie médiocre, *to sink into a rut.* — 40. MILITAIRE. Donner sa vie pour son pays, *to lay down o.'s life for o.'s country.* ‖ Vendre chèrement sa vie, *to sell o.'s life dearly.* — 41. MORT. Perdre la vie, *to lose o.'s life.* ‖ Passer de vie à trépas, *to cross the Jordan.* ‖ Quitter la vie, *to depart this life.* ‖ Rester sans vie, *to remain lifeless.* [V. 3.] — 42. NAISSANCE. Recevoir la vie, *to be born.* — 43. NON-CONFORMISME. Mener la vie de bohème, *to live a Bohemian existence.* ‖ Mener une vie errante, *to roam around.* — 44. NON-CONTACT. N'avoir jamais vu qqn de sa vie, *never to have seen s.o. in o.'s life.* — 45. OBJECTIF. Consacrer sa vie à qqch., *to devote o.'s life to sth.* — 46. OBSCURITÉ. Mener une vie obscure, *to lead a humble existence.* — 47. OCCUPATION. Passer sa vie à faire qqch., *to spend o.'s life doing sth.* — 48. OPTIMISME. Aimer la vie, *to enjoy life.* ‖ Prendre la vie du bon côté, *to look on the bright side.* ‖ Voir la vie en rose, *to see the world through rose-tinted spectacles.* — 49. ORGANISATION. Arranger (organiser) sa vie, *to organize o.'s life.* — 50. PÉRENNITÉ. Avoir la vie dure (Fam.), *to be hard to kill.* [V. 21, 23.] ‖ Etre pour la vie, *to be for life.* — 51. PERSÉCUTION. Empoisonner la vie de qqn (Fam.), *to poison s.o.'s life.* ‖ Faire (mener) la vie dure à qqn, *to make life hard for s.o.* ‖ Perturber la vie de qqn, *to upset s.o.'s life.* − 52. PERTURBATION. Perturber la vie (Impers.), *to disrupt life.* − 53. PROTECTION. Défendre la vie de qqn, *to defend s.o.'s life.* − 54. QUERELLE. Faire la vie à qqn (Fam.), *to pick on s.o.* − 55. RÉCONFORT. Ensoleiller la vie, *to make life sunnier.* ‖ Infuser une nouvelle vie à qqn, *to put new life into s.o.* ‖ Ramener qqn à la vie (Fig.), *to give s.o. a new leuse of life.* [V. 61.] ‖ Réconcilier qqn avec la vie, *to bring s.o. to terms with life.* [V. 57.] ‖ Rendre (redonner) la vie à qqn (Fig.), *to bring s.o. back to life.* − 56. RELIGION. Embrasser la vie religieuse, *to enter the Church.* − 57. RENOUVELLEMENT. Refaire sa vie, *to make a fresh start.* [V. 37.] ‖ Se réconcilier avec la vie, *to become reconciled to life.* [V. 55.] − 58. RISQUE. Exposer (jouer, risquer) sa vie, *to endanger (to stake, to risk) o.'s life.* ‖ Jouer sa vie sur un coup de dés, *to stake o.'s life on a toss of the coin.* ‖ Y aller de la vie de qqn, *there [to be] s.o.'s life at stake* (Gramm.). − 59. SALUT. Avoir la vie sauve, *to have o.'s life saved.* ‖ Devoir la vie à qqn, *to owe o.'s life to s.o.* ‖ Sauver sa vie, *to save o.'s life.* ‖ S'en tirer avec la vie sauve, *to get out alive.* ‖ Tenir à la vie, *not to want to die yet.* [V. 2, 34.] − 60. SANCTION. Coûter la vie à qqn, *to cost s.o. his life.* ‖ Payer qqch. de sa vie, *to pay for sth. with o.'s life.* − 61. SANTÉ. Etre entre la vie et la mort, *to hang between life and death.* ‖ Ramener qqn à la vie, *to restore s.o. to health* (guérison); *to ressuscitate s.o.* (réanimation). [V. 55.] ‖ Renaître à la vie, *to recover o.'s health.* ‖ Revenir à la vie, *to be restored to health* (guérison); *to be restored to life* (réanimation). ‖ Se cramponner à la vie, *to cling to life.* − 62. SUCCÈS. Réussir dans la vie, *to get on in life.* − 63. SUICIDE. Renoncer à la vie, *to abandon life.* − 64. SURMENAGE. Mener une vie de forçat (de galérien) [Fam.], *to slave away.* ‖ Mener une vie de fou (Fam.), *to lead a crazy life.* − 65. TRANQUILLITÉ. Mener une vie régulière (sans histoires), *to lead an orderly (uneventful) life.* − 66. VIE. Etre doué de vie, *to be endowed with life.* ‖ Etre en vie, *to be alive.*

→ **affaire, ami, amour, bourse, chemin, coût, droit, femme, genre, goût, illusion, mode, mur, mystère, pas, place, plaisir,** question, sacrifice, sens, signe, souffle, style, tournant, train.

vieillard → sagesse.

vieille → vieux.

vieillesse ◆ ÂGE. Atteindre la vieillesse, *to reach old age.* ◆ RESPECT. Respecter la vieillesse, *to respect age.*
→ **bâton.**

vieillir ◆ AMÉLIORATION, AMENDEMENT. S'améliorer en vieillissant, *to improve with age.* ◆ SAGESSE. Savoir vieillir, *to grow old gracefully.*

vieillissement ◆ ÂGE. Accuser un vieillissement, *to show signs of age.*

vierge ◆ CHASTETÉ. Etre (rester) vierge, *to be (to remain) a virgin.*

vieux 1. ÂGE. Se faire vieux, *to be getting on.* [V. 3.] − 2. APPARENCE. Faire vieux, *to look old.* − 3. ATTENTE. Se faire vieux (Fam.), *to grow old waiting.* [V. 1.] − 4. EXPÉRIENCE. Etre un vieux de la vieille (Fam.), *to be one of the old guard.* − 5. VÊTEMENT. S'habiller plus vieux que son âge, *to dress too old for o.'s age.*
→ **coup, neuf.**

vif 1. ART. Croquer (prendre) sur le vif, *to sketch (to draw) from life.* [V. 4.] − 2. DÉCISION. Couper (tailler, trancher) dans le vif, *to take drastic action.* − 3. DISCUSSION. Entrer dans le vif du sujet, *to come to the heart of the matter.* − 4. LITTÉRATURE. Croquer (prendre) sur le vif, *to take from life.* [V. 1.] − 5. POINT FAIBLE. Toucher (piquer) qqn au vif, *to sting (to cut) s.o. to the quick.* − 6. SANTÉ. Etre à vif (plaie), *to be raw.*
→ **mort, nerf.**

vif-argent ◆ ENTRAIN. Avoir du vif-argent dans les veines, *to be like quicksilver.* ◆ IMPOSSIBILITÉ. Souder le vif-argent, *to square the circle.*

vigilance ◆ HABILETÉ. Tromper (endormir) la vigilance de qqn, *to put s.o. off his guard.* ◆ NÉGLIGENCE. Relâcher sa vigilance, *to relax o.'s vigilance.* ◆ VIGILANCE. Redoubler de vigilance, *to redouble o.'s vigilance.*

vigne ◆ IVRESSE. Etre dans les vignes du Seigneur (Fam.), *to have had a skinful.* ◆ RELIGION. Travailler à la vigne du Seigneur, *to work in the Lord's vineyard.*

vignette ◆ AFFAIRES SOCIALES. Coller une vignette, *to affix a tax stamp.* ◆

AUTOMOBILE. Payer la vignette, *to pay for the tax label.*

vigueur ◆ APATHIE. Manquer de vigueur, *to lack vigour.* ◆ DÉTÉRIORATION. Perdre de sa vigueur, *to lose strength.* ◆ LÉGALITÉ. Entrer (être) en vigueur, *to come into (to be in) force.* ‖ Mettre en vigueur, *to bring into force.* ◆ RENOUVELLEMENT. Remettre qqch. en vigueur, *to revive sth.*

vilain ◆ VIOLENCE. Faire du (tourner au) vilain (Fam.), *to turn nasty.*

ville ◆ ABSENCE. Etre en ville, *to be in town.* ◆ MONDANITÉ. Dîner en ville, *to eat in town.* ◆ RENOMMÉE. Faire courir toute la ville, *to bring everyone running.* ◆ POLITIQUE. Jumeler des villes, *to twin towns.* ◆ PUBLICITÉ. Le tambouriner par toute la ville (Fam.), *to noise it abroad.*

→ **blocus, siège, visite.**

vin 1. BOISSON. Baptiser son vin, *to water down o.'s wine.* ‖ Boire du vin pur, *to drink unwatered wine.* ‖ Chambrer le vin, *to bring wine to room temperature.* ‖ Corser du vin, *to give body to wine.* ‖ Couper le vin, *to add water to o.'s wine.* [V. 5.] ‖ Frapper le vin blanc, *to chill white wine.* ‖ Laisser reposer le vin, *to leave wine to settle.* ‖ Supporter (tenir) le vin, *to carry o.'s liquor.* ‖ Tirer du vin, *to draw wine.* – 2. IVRESSE. Avoir le vin gai, *to be merry in o.'s cups.* ‖ Avoir le vin triste, *to be maudlin in o.'s cups.* ‖ Cuver son vin, *to sleep it off.* ‖ Etre entre deux vins, *to be well away.* – 3. PRUDENCE. Ne pas mettre le vin nouveau dans les vieilles outres, *not to put new wine in old bottles.* – 4. RÉJOUISSANCE. Offrir un vin d'honneur à qqn, *to give a reception in s.o.'s honour.* – 5. VITICULTURE. Couper le vin, *to mix wines.* [V. 1.]

→ **doigt, eau, sac.**

vinaigre ◆ DÉTÉRIORATION. Tourner au vinaigre, *to turn sour.* ◆ SAVEUR. Etre aigre comme (du) vinaigre, *to be as sour as vinegar.*

→ **mouche.**

vindicte ◆ OSTRACISME. Encourir la vindicte publique, *to incur public obloquy.* ‖ Livrer (désigner) qqn à la vindicte publique, *to hold s.o. up to public obloquy.*

violence 1. CONCESSION. Se faire une douce violence (Fam.), *not to mind if* *o. does.* [V. 3.] – 2. CONTRAINTE. Faire violence à qqn, *to do violence to s.o.* – 3. EFFORT. Se faire violence, *to do violence to o.'s feelings.* [V. 1.] – 4. OPPRESSION. User de (employer la) violence, *to be violent.* – 5. TALION. Répondre à la violence par la violence, *to meet violence with violence.* – 6. VOIES DE FAIT. Exercer des violences sur qqn, *to use violence against s.o.* ‖ Recourir à la violence, *to resort to violence.* ‖ Subir des violences, *to receive violent treatment.*

violent ◆ ABUS. Etre un peu violent (Fam.), *to be a bit much.*

violon ◆ DUPE. Payer les violons, *to pay the piper.* ◆ HARMONIE. Accorder ses violons (Fam.), *to square the stories.* ◆ INUTILITÉ. Pisser dans un violon (Pop.), *to waste o.'s wind.* ◆ LOISIR. Avoir un violon d'Ingres, *to have a hobby-horse.* ◆ MUSIQUE. Gratter (racler) du violon (Fam.), *to scrape on the fiddle.* ◆ RYTHME. Ne pas pouvoir aller plus vite que les violons (Fam.), *cannot go quicker than the music* (Gramm.). ◆ SENTENCE. Mettre (être) au violon (Fam.), *to put (to be) inside.*

→ **sourdine.**

vipère ◆ MÉCHANCETÉ. Etre une vipère (Fam.), *to be a viper.*

→ **langue.**

virage ◆ AUTOMOBILE. Aborder un virage en épingle à cheveux, *to take a hair-pin bend.* ‖ Manquer un virage, *to miss a bend.* ‖ Prendre (négocier) un virage, *to take (to negotiate) a bend.* ‖ Prendre un virage à la corde, *to cut a bend close.* ‖ Prendre un virage en pleine vitesse, *to take a bend at full speed.* ‖ Prendre un virage sur les chapeaux de roue, *to take a bend on two wheels.*

virement ◆ PAIEMENT. Effectuer un virement par C.C.P., *to make a Giro transfer.*

virer ◆ RENVOI. Se faire virer (Fam.), *to be fired.*

virginité ◆ CONVERSION. Se refaire une virginité (Fam.), *to lead a chastened life.* ◆ SEXUALITÉ. Perdre sa virginité, *to lose o.'s virginity.*

virus ◆ MANIE. Inoculer le virus à qqn (Fig.), *to give s.o. the bug.* ◆ MÉDECINE. Inoculer un virus à qqn, *to inoculate s.o. with a virus.*

vis ◆ AUTORITÉ. Serrer la vis à qqn (Fam.), *to put the screws on s.o.* ◆ TECHNIQUE. Serrer (desserrer) une vis, *to tighten (to loosen) a screw.* → **tour.**

visa ◆ ADMINISTRATION. Apposer un visa sur qqch., *to stamp sth.*

visage ◆ ABSENCE. Trouver visage de bois, *to find nobody at home.* ◆ AFFECTATION. Composer son visage, *to compose o.'s features.* ◆ APPARENCE. Faire bon visage à qqn, *to behave in a friendly way towards s.o.* ◆ ÉMOTION. Changer de visage, *to change countenance.* ◆ FRANCHISE. Se présenter à visage découvert, *to show o.s. without dissimulation.* ◆ MARIAGE. Épouser un beau visage, *to marry for looks.* ◆ MÉPRIS. Cracher au visage de qqn, *to spit in s.o.'s eye.* ◆ PÉNÉTRATION. Scruter le visage de qqn, *to scrutinize s.o.'s face.* ◆ PHYSIONOMIE. Avoir le visage décomposé (défait), *to look distraught.* ‖ Avoir un visage épanoui, *to look radiant.* ‖ Avoir un visage exsangue, *to be deathly pale.* ‖ Avoir un visage fermé, *to have an inexpressive face.* ‖ Avoir le visage en feu, *to look flushed.* ‖ Avoir un visage enluminé, *to be flushed with drink.* ‖ Avoir un visage en lame de couteau, *to be hatchet-faced.* ‖ Avoir le visage marqué, *to have a furrowed countenance.* ‖ Avoir un visage rond comme une lune (en pleine lune) [Fam.], *to be moon-faced.* → **nom.**

visé ◆ SUSCEPTIBILITÉ. Se sentir visé, *to feel o. is being got at.*

visible ◆ NON-CONTACT. Ne pas être visible, *not to be ready to receive.*

vision ◆ CATASTROPHE. Etre une vision d'épouvante, *to be a horrifying sight.* ◆ ILLUSION. Avoir des visions, *to see things.* ◆ PHÉNOMÈNES PARANORMAUX. Avoir des visions, *to have visions.*

visite ◆ SANTÉ. Passer la visite, *to have a medical.* ◆ VISITE. Avoir de la visite, *to have company.* ‖ Espacer ses visites, *to space out o.'s visits.* ‖ Etre en visite chez qqn, *to be on a visit to s.o.* ‖ Faire une visite de cérémonie (de courtoisie, de digestion), *to pay a formal (courtesy, thank-you) call.* ‖ Faire une visite éclair, *to make a flying visit.* ‖ Faire des visites en ville, *to go out visiting.* ‖ Recevoir la visite de qqn, *to receive a visit from s.o.* ‖ Rendre sa visite à qqn, *to return s.o.'s visit.* ‖ Rendre (une) visite à qqn, *to call on s.o.*

vissé ◆ HUMEUR. Etre mal vissé (Fam.), *to have the hump.*

vite ◆ ANTICIPATION. Y aller un peu vite (Fam.), *to jump to conclusions.* ◆ ILLUSION. Y aller un peu vite, *to take too much for granted.* ◆ RAPIDITÉ. Faire vite, *to step on it.*

vitesse 1. AUTOMOBILE. Faire de la vitesse, *to speed.* ‖ Changer de vitesse, *to change gear.* – 2. AVIATION. Passer la vitesse du son, *to exceed the speed of sound.* – 3. CHEMIN DE FER. Expédier en grande vitesse, *to send express.* ‖ Expédier en petite vitesse, *to send by goods train.* – 4. COMPÉTITION. Lutter de vitesse avec qqn, *to race s.o.* – 5. INFÉRIORITÉ. Etre pris de vitesse, *to be overtaken.* ‖ Se laisser gagner de vitesse, *to let o.s. be overtaken.* – 6. LENTEUR. Prendre la vitesse de croisière (Fam.), *to cruise along.* [V. 7.] – 7. MARINE. Prendre la (sa) vitesse de croisière, *to reach cruising speed.* [V. 6.] – 8. RALENTISSEMENT. Réduire sa vitesse, *to reduce o.'s speed.* – 9. RAPIDITÉ. Faire qqch. en quatrième vitesse (Fam.), *to do sth. at top speed.* – 10. SUPÉRIORITÉ. Gagner qqn de vitesse, *to steal a march on s.o.* ‖ Prendre qqn de vitesse, *to overtake s.o.* – 11. VITESSE. Accroître sa vitesse, *to increase o.'s speed.* ‖ Atteindre une certaine vitesse, *to reach a certain speed.* ‖ Courir de toute la vitesse de ses jambes, *to run as fast as o.'s legs will carry o.* ‖ Filer à toute vitesse, *to go off at top speed.* ‖ Garder (maintenir) sa vitesse, *to keep up (to maintain) o.'s speed.* ‖ Prendre de la vitesse, *to pick up speed.* ‖ Se griser de vitesse, *to get a thrill from going fast.* → **boîte, excès, virage.**

vitre ◆ COLÈRE. Casser les vitres (Fam.), *to hit the roof.* ◆ MÉNAGE. Faire les vitres, *to do the windows.* ◆ TRAVAUX MANUELS. Mastiquer une vitre, *to putty a window-pane.*

vitrier → **père.**

vitrine ◆ FLÂNERIE. Lécher les vitrines, *to go window-shopping.*

vitriol → **plume.**

vivace ◆ AGRICULTURE. Rester vivace, *to stay alive.* ◆ PERSISTANCE. Rester vivace (Fig.), *to endure.*

vivacité ◆ DÉTÉRIORATION. Perdre de sa vivacité, *to become less acute.*

vivant ◆ CARACTÈRE. Etre un bon vivant, *to be an easy-going person.*

→ **nombre.**

vivre 1. ACCOMMODEMENT. Etre facile à vivre, *to be easy to get along with.* — 2. AISANCE. Avoir de quoi vivre, *to have enough to live on.* ‖ Avoir largement de quoi vivre, *to be comfortably off.* — 3. CARACTÈRE. Etre difficile à vivre, *to be hard to get along with.* — 4. CONCORDE. Faire bon vivre avec qqn (Impers.), *to get on well with s.o.* [V. 5.] — 5. CONTENTEMENT. Faire bon vivre (Impers.), *to be good to be alive.* [V. 4.] ‖ Se sentir vivre, *to feel on top of the world.* — 6. DÉCOURAGEMENT. Etre las de vivre, *to be tired of living.* — 7. ÉPICURISME. Bien vivre, *to eat, drink and be merry.* — 8. EXPÉRIENCE. Apprendre à vivre, *to learn how to live.* [V. 16.] — 9. GAGNE-PAIN. Gagner de quoi vivre, *to make a living.* — 10. HOSPITALITÉ. Avoir (donner) le vivre et le couvert, *to have (to give) board and lodging.* — 11. INCIVILITÉ. Ne pas savoir vivre, *not to know how to behave.* — 12. INQUIÉTUDE. Ne plus vivre (Fam.), *to worry o.s. to death.* — 13. INSOUCIANCE. Se laisser vivre, *to take life easy.* — 14. LIBERTÉ. Laisser vivre qqn, *to let s.o. be.* ‖ Vivre et laisser vivre, *to live and let live.* — 15. NON-ASSISTANCE. Couper les vivres à qqn, *to stop s.o.'s allowance.* — 16. RÉPRIMANDE. Apprendre à vivre à qqn (Fam.), *to teach s.o. some manners.* [V. 8.] — 17. SPECTACLE. Se mettre à vivre, *to come alive.*

→ **joie, vécu.**

vocabulaire ◆ LANGAGE. Avoir du vocabulaire, *to have a wide vocabulary.* ‖ Enrichir son vocabulaire, *to enlarge o.'s vocabulary.*

vocation ◆ ENTRAVE. Contrarier une vocation, *to go against a vocation.* ◆ ERREUR. Manquer sa vocation, *to miss o.'s vocation.* ◆ INCLINATION. Se sentir la vocation de qqch., *to feel a calling for sth.* ‖ Suivre sa vocation, *to follow o.'s calling.* ◆ RELIGION. Avoir la vocation, *to have a vocation.*

vocifération ◆ CRI. Pousser des vociférations, *to clamour.*

vœu ◆ ASSOUVISSEMENT. Couronner (combler, exaucer) les vœux de qqn, *to crown (to gratify, to grant) s.o.'s wishes.* ◆ CIVILITÉ. Envoyer ses vœux à qqn, *to send o.'s best wishes to s.o.* ‖ Présenter ses vœux à qqn, *to offer s.o. o.'s best wishes.* ◆ DÉSIR. Appeler qqch. de tous ses vœux, *to pray for sth.* ‖ Former des vœux pour qqn, *to say a prayer for s.o.* ‖ Formuler (émettre, exprimer, faire) un vœu, *to express (to voice, to make) a wish.* ◆ PROMESSE. Faire vœu de faire qqch., *to vow to do sth.* ◆ RÉALISATION. Accomplir un vœu, *to fulfil a vow.* ◆ RELIGION. Prononcer des vœux, *to take vows.* ‖ Relever qqn de ses vœux, *to release s.o. from his (her) vows.* ‖ Renouveler (rompre) ses vœux, *to renew (to break) o.'s vows.* ◆ SOUMISSION. Satisfaire (déférer) aux vœux de qqn, *to satisfy (to defer to) s.o.'s wishes.*

vogue ◆ MODE. Connaître une vogue, *to be popular.* ‖ Etre en vogue, *to be in vogue.* ‖ Mettre en vogue, *to bring into vogue.*

voie 1. ADMINISTRATION. Passer par la voie hiérarchique, *to follow the normal channels.* — 2. AGITATION. Etre toujours par voies et par chemins, *to be always on the move.* — 3. AMÉLIORATION. Etre en voie de développement, *to be developing.* — 4. AVANCE. Se frayer une voie, *to make a way for o.s.* [V. 12, 15.] — 5. CHEMIN DE FER. Dégager (déblayer) la voie, *to clear the line.* [V. 9.] ‖ Fermer la voie, *to close the line.* [V. 8, 11.] ‖ Ouvrir la voie, *to open the line.* [V. 15.] ‖ Quitter la voie, *to go off the line.* [V. 12.] ‖ Traverser la voie, *to cross the line.* — 6. DÉBUT. Etre en voie de formation, *to be in the process of formation.* — 7. ÉCHEC. Etre sur une voie de garage (Fig.), *to be stuck in a back-water.* — 8. ENTRAVE. Fermer (couper) la voie à qqn (Fig.), *to stop the way for s.o.* [V. 5, 11.] — 9. LIBÉRATION. Dégager la voie (Fig.), *to clear the way.* [V. 5.] — 10. MARINE. Aveugler (calfater) une voie d'eau, *to stop (to caulk) a leak.* — 11. OBSTACLE. Fermer (boucher, couper, obstruer) la voie, *to block (to obstruct) the way.* [V. 5, 8.] — 12. ORIENTATION. Chercher sa voie, *to seek o.'s way in life.* ‖ Etre (mettre; remettre) sur la (bonne) voie, *to be (to put; to put back) on the (right) track.* ‖ Marcher dans (suivre) une voie, *to follow a course.* ‖ Quitter une voie, *to go off course.* [V. 5.] ‖ S'aiguiller dans

une voie nouvelle, *to branch off on to a new line.* ‖ Se frayer une voie (Fig.), *to hew o.s. a way.* [V. 4, 15.] ‖ Suivre des voies imprévisibles, *to follow an unpredictable course.* ‖ Trouver sa voie, *to find o.'s groove.* – 13. PARESSE. Choisir la voie du moindre effort, *to choose the line of least resistance.* – 14. POLICE. Interdire les défilés sur la voie publique, *to prohibit public marches.* – 15. PRÉCURSEUR. Frayer une voie, *to pave a way.* [V. 4, 12.] ‖ Ouvrir une voie, *to open a way.* [V. 5.] ‖ Tracer une voie, *to set a course.* [V. 20.] – 16. PROGRÈS. Etre en bonne voie, *to be going well* (chose); *to be in a fair way* (personne). – 17. SANTÉ. Etre en voie de guérison, *to be on the mend.* – 18. SUCCÈS. Entrer dans la voie du succès, *to take the road to success.* – 19. VOIES DE FAIT. En venir aux voies de fait, *to come to blows.* ‖ Se livrer à des voies de fait, *to adopt force.* ‖ Se porter à des voies de fait, *to commit an assault.* – 20. VOIRIE. Tracer une voie, *to map out a road.* [V. 15.]
→**défilé.**

1. voile 1. AVEUGLEMENT. Avoir un voile devant les yeux, *to be blindfolded.* [V. 5.] – 2. DISSIMULATION. Étendre un voile pudique sur qqch., *to draw a veil over sth.* ‖ Jeter un voile sur qqch., *to cast a veil over sth.* ‖ Tirer un voile sur qqch., *to draw a veil over sth.* – 3. RELIGION. Prendre le voile, *to take the veil.* – 4. RÉVÉLATION. Déchirer (arracher) le voile, *to tear aside the veils.* ‖ Lever le voile, *to lift the curtain.* – 5. SANTÉ. Avoir un voile au poumon, *to have a shadow on the lung.* ‖ Avoir un voile devant les yeux, *to have a mist before o.'s eyes.* [V. 1.]
→ **coin.**

2. voile 1. DÉPART. Mettre les voiles (Fam.), *to clear out.* – 2. ÉLÉGANCE. Mettre toutes voiles dehors (Fam.), *to dress to kill.* – 3. FUITE. Partir (filer) toutes voiles dehors (Fam.), *to up anchors and away.* [V. 4.] – 4. MARINE. Naviguer à la (faire) voile, *to sail.* ‖ Partir (filer) toutes voiles dehors, *to set off under full sail.* [V. 3.]
→ **vent, vol.**

voir ◆ AVERSION. Ne pouvoir voir qqn (qqch.), *cannot bear s.o. (sth.)* [Gramm.]. ◆ DÉFAVEUR. Se faire mal voir de qqn, *to get into s.o.'s bad books.* ◆ DIVER-

GENCE. N'avoir rien à voir avec qqch. (Impers.), *to have nothing to do with sth.* ◆ DOUTE. Etre à voir, *to remain to be seen.* ◆ FAVEUR. Chercher à se faire bien voir, *to try to gain favour.* ◆ PERSÉCUTION. En faire voir à qqn (Fam.), *to lead s.o. a pretty dance.* ◆ REGARD. Regarder sans voir, *to look without seeing.* ◆ RENVOI. Pouvoir aller se faire voir (Fam.), *can go and take a running jump at o.s.* (Gramm.).

voisin ◆ ÉCOLE. Communiquer avec son voisin, *to communicate with o.'s neighbour.* ◆ VOISINAGE. Etre voisin de palier, *to live on the same floor.*

voisinage ◆ VOISINAGE. Vivre en bon voisinage avec qqn, *to live on neighbourly terms with s.o.*

voiture 1. ACCIDENT. Accrocher une voiture, *to hit another car.* ‖ Bigorner (bousiller) sa voiture (Fam.), *to bump (to smash up) o.'s car.* ‖ Etre happé par une voiture, *to be hit by a car.* – 2. AUTOMOBILE. Conduire (dépasser, doubler; garer, parquer; laver; roder) une voiture, *to drive (to pass, to overtake; to park; to wash; to run in) a car.* ‖ Maquiller une voiture volée, *to disguise a stolen car.* ‖ Mettre une voiture à la ferraille, *to send a car to the scrap-heap.* ‖ Monter en voiture, *to get into a car.* [V. 3.] ‖ Piloter une voiture de course, *to drive a racing car.* ‖ Rouler en voiture, *to motor.* [V. 5.] ‖ Se faufiler entre les voitures, *to dodge in and out among cars.* – 3. CHEMIN DE FER. Monter en voiture, *to get aboard.* [V. 2.] – 4. ÉCHAPPATOIRE. Se garer des voitures (Fam.), *to get out of it.* [V. 6.] – 5. FASTE. Rouler voiture, *to run a car.* [V. 2.] – 6. RETRAITE. Etre rangé (garé) des voitures (Fam.), *to be out of it.* [V. 4.] – 7. SANTÉ. Pousser (être dans) une petite voiture, *to push (to be in) a wheelchair.*
→ **balade, contrôle, numéro, randonnée.**

voix 1. ANIMAL. Donner de la voix, *to give tongue.* – 2. CHANT. Avoir une belle voix, *to have a beautiful voice.* ‖ Avoir la voix fausse, *not to have a true voice.* ‖ Avoir la voix juste, *to have a true voice.* ‖ Chanter à pleine voix, *to sing at the top of o.'s voice.* ‖ Etre (ne pas être) en voix, *to be (not to be) in voice.* ‖ Placer sa voix, *to pitch o.'s voice.* ‖ Se casser la voix, *to wear out o.'s voice.* ‖ Travailler sa voix, *to work at o.'s voice.* – 3. COLÈRE.

Élever la voix, *to raise o.'s voice.* [V. 17.]
— 4. CONSCIENCE. Écouter la voix de sa conscience, *to obey the voice of conscience.*
— 5. ÉLECTIONS. Avoir voix consultative, *to have a consultative vote.* ‖ Avoir voix délibérative, *to have voting power.* ‖ Donner sa voix à qqn, *to vote for s.o.* ‖ Mettre qqch. aux voix, *to put sth. to the vote.* ‖ N'avoir qu'une voix, *to have only one vote.* ‖ Recueillir (gagner) des voix, *to collect (to win) votes.* — 6. ENCOURAGEMENT. Encourager qqn de la voix et du geste, *to give s.o. moral and practical encouragement.* — 7. FAMILLE. Entendre la voix du sang, *to hear the call of the blood.* — 8. FAUX-SEMBLANT. Contrefaire sa voix, *to disguise o.'s voice.* — 9. ILLUSION. Entendre des voix, *to hear voices.* — 10. INSPIRATION. Suivre la voix du cœur, *to obey the calls of o.'s heart.* — 11. NON-RESPONSABILITÉ. Ne pas avoir voix au chapitre, *to have no say in the matter.* — 12. PAROLE. Dire qqch. de vive voix, *to say sth. in person.* — 13. RÉPRIMANDE. Faire la grosse voix (Fam.), *to speak gruffly.* — 14. RESPONSABILITÉ. Avoir voix au chapitre, *to have a say in the matter.* — 15. SAGESSE. Écouter (entendre) la voix de la raison, *to listen to (to heed) the voice of reason.* — 16. STUPÉFACTION. Etre (rester) sans voix, *to be (to be left) speechless.* [V. 17.] — 17. VOIX. Affermir sa voix, *to steady o.'s voice.* ‖ Avoir une voix éraillée, *to have a hoarse voice.* ‖ Avoir une voix de fausset (de rogomme, de stentor), *to have a falsetto (husky, stentorian) voice.* ‖ Avoir une voix radiophonique, *to have a good broadcasting voice.* ‖ Baisser la voix, *to lower o.'s voice.* ‖ Couvrir la voix de qqn, *to drown s.o.'s voice.* ‖ Élever la voix, *to raise o.'s voice.* [V. 3.] ‖ Enfler (forcer) sa voix, *to inflate (to force) o.'s voice.* ‖ Étouffer sa voix, *to stifle o.'s voice.* ‖ Etre sans voix, *to have lost o.'s voice.* [V. 16.] ‖ Grossir sa voix, *to make o.'s voice gruff.* ‖ Laisser tomber sa voix, *to drop o.'s voice.* ‖ Parler d'une voix blanche (éteinte), *to speak in a toneless (lifeless) voice.* ‖ Parler d'une voix entrecoupée, *to speak in a broken voice.* ‖ Parler d'une voix entrecoupée de sanglots, *to speak in a voice choked with sobs.* ‖ Parler d'une voix flûtée, *to pipe.* ‖ Parler à haute et intelligible voix, *to speak out*

loud and clear. ‖ Parler en traînant la voix, *to drawl.* ‖ Perdre la voix, *to lose o.'s voice.* ‖ S'éclaircir la voix (éclaircir sa voix), *to clear o.'s throat.* ‖ Se forcer la voix, *to strain o.'s voice.*
→ **extinction, filet, larme, portée, trémolo, unanimité.**

1. **vol** ◆ ADRESSE. Attraper (saisir) au vol, *to catch in mid air.* ◆ ANIMAL. Prendre son vol, *to take flight.* ◆ ASTRONAUTIQUE. Faire un vol spatial, *to make a space flight.* ◆ AVIATION. Descendre en vol plané, *to glide down.* ‖ Faire (effectuer) un vol d'essai (de reconnaissance), *to make a test (reconnaissance) flight.* ‖ Sauter en vol, *to bail out.* ◆ CHASSE. Tirer au vol, *to shoot on the wing.* ◆ SPORTS. Faire du vol à voile, *to go gliding.*
→ **occasion, train.**

2. **vol** ◆ VOL. Effectuer un vol à main armée, *to commit armed robbery.* ‖ Faire (commettre, effectuer) un vol à l'esbroufe, *to make a snatch.* ‖ Pratiquer le (faire du) vol à la tire, *to be a pickpocket.*

volaille ◆ CUISINE. Découper (flamber; brider, trousser) une volaille, *to carve (to singe; to truss) a bird.*

volant 1. AUTOMOBILE. Etre au volant (tenir le volant), *to be driving.* ‖ Prendre le volant (se mettre au volant), *to take the wheel.* ‖ Reprendre le volant, *to get back behind the wheel.* [V. 2.] ‖ Se relayer au volant, *to take turns at the wheel.* — 2. CHEF. Reprendre le volant (Fam.), *to take over the reins again.* [V. 1.]
→ **coup.**

volcan ◆ DANGER. Etre (danser, dormir) sur un volcan (Fig.), *to be sitting on a powder-keg.*

volé ◆ SANCTION. Ne l'avoir pas volé (Fam.), *richly to deserve it.*

volée 1. ADRESSE. Attraper (saisir) à la volée, *to catch in mid-flight.* — 2. ANIMAL. Prendre sa volée, *to take wing.* [V. 4.] — 3. FAITS ET GESTES. Lancer qqch. à la volée, *to pitch sth.* ‖ Lancer qqch. à toute volée, *to fling sth.* — 4. LIBÉRATION. Prendre sa volée, *to leave the nest.* [V. 2.] — 5. RELIGION. Sonner à toute volée, *to peal.* — 6. VOIES DE FAIT. Administrer une volée de bois vert à qqn, *to wallop s.o.* ‖ Donner (flanquer) une volée à qqn (Fam.), *to give s.o. a wallopping.* ‖ Recevoir (ramasser) une volée (Fam.), *to get a wallopping.*

volet ◆ CHOIX. Trier sur le volet, *to hand-pick.*

voleur ◆ NON-ÉLÉGANCE. Etre fait comme un voleur, *to be a ragamuffin.* ◆ VOL. Crier au voleur, *to cry « Thief! ».*

volontaire ◆ BONNE VOLONTÉ. Se porter volontaire, *to volunteer.*

volonté 1. AUTORITARISME. Imposer sa volonté, *to impose o.'s wishes.* — 2. BONNE VOLONTÉ. Y mettre de la bonne volonté, *to go to it with a will.* — 3. DÉPLAISANCE. Décourager les bonnes volontés, *to dampen enthusiasm.* — 4. DÉSIR. Exprimer sa volonté, *to express o.'s wishes.* [V. 8.] ‖ Manifester sa volonté, *to make known o.'s wishes.* — 5. ESCLAVAGE. Abdiquer sa volonté, *to surrender o.'s will.* ‖ Faire les trente-six (quatre) volontés de qqn (Fam.), *to dance attendance on s.o.* — 6. FAIBLESSE. Manquer de volonté, *to lack will-power.* — 7. INDÉPENDANCE. Faire ses quatre volontés (Fam.), *to indulge o.'s every whim.* ‖ N'en faire qu'à sa volonté, *to do just as o. pleases.* — 8. NOTARIAT. Écrire ses dernières volontés, *to write o.'s last will and testament.* ‖ Exprimer ses dernières volontés, *to express o.'s dying wishes.* [V. 4.] — 9. OPPOSITION. Aller contre la volonté de qqn, *to go counter to s.o.'s wishes.* — 10. RÉTICENCE. Y mettre de la mauvaise volonté, *to do it unwillingly.* — 11. SOUMISSION. Respecter (suivre) les volontés de qqn, *to respect s.o.'s wishes.* — 12. VOLONTÉ. Se soumettre aux volontés de qqn, *to give in to s.o.'s wishes.* ‖ Avoir une volonté de fer, *to have an iron will.* ‖ Avoir une volonté inébranlable, *to have unshakeable determination.* ‖ Raidir sa volonté, *to stiffen o.'s will.* ‖ Tendre sa volonté vers un but, *to set o.'s mind on a goal.*
→ **acte, contrôle, effort, preuve.**

volte-face ◆ FAITS ET GESTES, REVIREMENT. Faire volte-face, *to do an about-turn.*

volume ◆ DIMENSION. Faire du volume, *to take up room.*

vomir ◆ DÉGOÛT. Etre à vomir, *to make you sick.* ◆ SANTÉ. Donner envie de vomir à qqn, *to make s.o. sick.*

vomissement ◆ SANTÉ. Avoir des vomissements, *to vomit.*

vote → **droit, part.**

vouloir ◆ ARTISAN DE SON SORT. L'avoir voulu, *to have asked for it.* ◆ CERTITUDE. Parier tout ce qu'on voudra (Fam.), *to bet any money.* ◆ DÉTERMINATION. Savoir ce qu'on veut, *to have a will of o.'s own.* ◆ DOMINATION. Faire ce qu'on veut de qqn, *to do what o. wants with s.o.* ◆ INDÉCISION. Ne pas savoir ce qu'on veut, *not to know o.'s own mind.* ◆ NON-RESPONSABILITÉ. Ne pas vouloir le savoir, *not to want to know.* ◆ RANCUNE. En vouloir à qqn, *to bear s.o. ill-will.* ◆ REGRET. S'en vouloir de qqch., *to be angry with o.s. for sth.*

voûte → **clef.**

voyage ◆ AFFAIRES. Etre en voyage d'affaires, *to be on a business trip.* ◆ CIVILITÉ. Souhaiter bon voyage à qqn, *to wish s.o. a pleasant trip.* ◆ MARIAGE. Etre (partir) en voyage de noces, *to be (to go) on (o.'s) honeymoon.* ◆ RECHERCHE. Faire un voyage d'information, *to go on a fact-finding trip.* ◆ VOYAGE. Aimer les voyages, *to like travelling.* ‖ Faire bon voyage, *to have a good trip.* ‖ Faire (effectuer; organiser, préparer) un voyage, *to take (to make; to organize, to prepare) a trip.*

voyageur ◆ CHEMIN DE FER. Déclasser un voyageur, *to change a passenger's ticket to another class.* ‖ Transborder des voyageurs, *to transfer passengers.*

voyante ◆ PRÉDICTION. Consulter une voyante extralucide, *to consult a clairvoyant.*

vrai ◆ APPARENCE. Etre trop beau pour être vrai (Fam.), *to be too good to be true.* ◆ AUTHENTICITÉ. Etre vrai de vrai (Fam.), *to be as true as true.* ‖ Faire vrai, *to seem true.* ◆ CERTITUDE. Reconnaître qqch. pour vrai, *to accept the truth of sth.* ‖ Tenir qqch. pour vrai, *to take sth. as true.* ◆ CONVICTION. Etre un vrai de vrai (personne), *to be true blue.* ◆ DISCERNEMENT. Démêler (discerner, distinguer) le vrai du faux, *to tell (to distinguish, to sort out) truth from falsehood.* ◆ FRANCHISE. Parler vrai, *to speak truly.* ◆ MÉLANGE. Y avoir du vrai (Fam.), *there [to be] some truth in it (Gramm.).* ◆ VÉRITÉ. Etre dans le vrai, *to be in the right.*
→ **faux, illusion.**

vrille ◆ AVIATION. Descendre en ville, *to go into a spin dive.*

vu ◆ ARCHAÏSME. Etre du déjà vu, *to be old hat.* ◆ DÉFAVEUR. Etre mal vu de qqn, *to be poorly thought of by s.o.* ◆ DÉTERMINATION. Etre tout vu (Fam.), *to be all worked out.* ◆ DISSIMULATION. N'être ni vu ni connu (Fam.), *to be on the Q.T.* [*quiet*]. ◆ FAVEUR. Etre bien vu (Fam.), *to be well thought of.* ◆ FRANCHISE. Agir au vu et au su de tous (de tout le monde), *to act in the sight and knowledge of all.* ◆ INEXPÉRIENCE. N'avoir encore rien vu (Fam.), *to have seen nothing yet.* ‖ N'avoir jamais rien vu (Fam.), *to know nothing of the world.*

vue 1. APPROXIMATION. Faire (évaluer, jauger) à vue de nez (Fam.), *to use (to judge by) guesswork.* – 2. CHANGEMENT. Changer (se transformer) à vue d'œil, *to change before your very eyes.* – 3. DIMINUTION. Fondre à vue d'œil, *to melt away.* [V. 17.] – 4. DISTANCE. Etre (se trouver) hors de vue, *to be out of sight.* – 5. EMPHASE. Mettre qqch. (qqn) en vue, *to put sth. (s.o.) in a prominent position.* – 6. ENTENTE. Entrer dans les vues de qqn, *to agree with s.o.'s views.* – 7. ÉTROITESSE DE VUES. Avoir la vue basse, *to be rather limited.* [V. 27.] ‖ Etre à courtes vues, *to have a limited outlook.* – 8. FASTE. En ficher (mettre) plein la vue (Fam.), *to dazzle.* [V. 15.] – 9. ILLUSION. N'être qu'une vue de l'esprit, *to be mere speculation.* – 10. MESURE. Borner ses vues, *to lower o.'s sights.* – 11. NON-CONTACT. Perdre qqn de vue, *to lose sight of s.o.* ‖ Se perdre de vue, *to lose touch with each other.* – 12. NON-PRÉVOYANCE. Avoir la vue courte, *to be short-sighted.* – 13. OBJECTIF. Avoir des vues sur qqch. (qqn), *to have designs on sth. (s.o.).* [V. 14.] ‖ Avoir qqch. (qqn) en vue, *to have sth. (s.o.) in view.* – 14. OPINION. Avoir des vues sur une question, *to have views on a question.* [V. 13.] – 15. OSTENTATION. En mettre (ficher, jeter) plein la vue (Fam.), *to put on a big show.* [V. 8.] – 16. PANORAMA. Avoir une belle vue, *to have a fine view.* ‖ Avoir vue sur qqch., *to command a view of sth.* ‖ Gêner (boucher, empêcher) la vue, *to obstruct (to block) the view.* ‖ Permettre (faciliter) la vue, *to make it possible (easier) to see.* – 17. POIDS. Fondre à vue d'œil (Fam.), *to waste away.* [V. 3.] – 18. POLICE. Tirer à vue, *to shoot on sight.* – 19. PROCÉDURE. Garder qqn à vue, *to keep s.o. in custody.* [V. 25.] – 20. PROSPECTIVE. Agir en vue de l'avenir, *to act with an eye to the future.* – 21. REGARD. Rassasier sa vue, *to feast o.'s eyes.* – 22. RELATIONS. Connaître qqn de vue, *to know s.o. by sight.* – 23. RENOMMÉE. Etre très en vue, *to be in the public eye.* – 24. SÉDUCTION. Réjouir (frapper) la vue, *to delight (to strike) the eye.* – 25. SURVEILLANCE. Garder qqn à vue, *to keep a close watch on s.o.* [V. 19.] – 26. SYNTHÈSE. Avoir (donner) une vue d'ensemble, *to have (to give) an overall picture.* – 27. VUE. Avoir la vue basse, *to be short sighted.* [V. 7.] ‖ Avoir une bonne vue, *to have good eyesight.* Avoir la vue faible, *to have poor eyesight.* ‖ Avoir la vue trouble, *to be dim-sighted.* ‖ Obscurcir (brouiller, troubler) la vue de qqn, *to dim (to blur) s.o.'s eyesight.* ‖ Perdre la vue, *to lose o.'s eyesight.* ‖ Recouvrer la vue, *to recover o.'s eyesight.* ‖ Rendre la vue à qqn, *to restore s.o.'s eyesight.* ‖ S'user (s'abîmer) la vue, *to wear out (to damage) o.'s eyesight.*
→ **don, intérêt, perte, point.**

W X Y Z

wagon ◆ CHEMIN DE FER. Monter dans le wagon de tête (de queue), *to get into the front (rear) coach.*

wagon-lit ◆ CHEMIN DE FER. Prendre les wagons-lits, *to go by night-sleeper.*

wagon-restaurant ◆ CHEMIN DE FER. Manger au wagon-restaurant, *to eat in the dining-car.*

waters ◆ HYGIÈNE. Aller aux waters (w.-c.) [Fam.], *to go to the W.-C.*

week-end ◆ CONGÉ. Partir en week-end, *to go away for the week-end.*

whisky ◆ BOISSON. Boire un whisky sec (Fam.), *to drink a whisky neat.*

x → rayon.

yeux → œil.

yoga ◆ SPORTS. Faire du yoga, *to do yoga.*

zèbre ◆ CARACTÈRE. Etre un drôle de zèbre (Fam.), *to be an odd bloke.* ◆ FUITE. Courir (filer) comme un zèbre (Fam.), *to go like the devil.*

zèle ◆ ARDEUR. Avoir un zèle de néophyte, *to be in the first flush of enthusiasm.* ‖ Redoubler de zèle, *to redouble o.'s zeal.* ‖ Travailler avec zèle, *to work zealously.* ◆ DÉMESURE. Faire du zèle, *to be overzealous.* ◆ ENCOURAGEMENT. Réchauffer le zèle de qqn, *to rekindle s.o.'s zeal.* ◆ MISE À L'ÉPREUVE. Éprouver le zèle de qqn, *to test s.o.'s zeal.* ◆ MODÉRATION. Refroidir le zèle de qqn, *to quench s.o.'s ardour.* ◆ PARESSE. Manquer de zèle, *to lack zeal.*

→ **excès, grève.**

zénith ◆ APOGÉE. Etre au zénith, *to have reached o.'s zenith.*

zéro ◆ DÉBUT. Partir de zéro, *to start from scratch.* ‖ Recommencer (repartir) à zéro, *to start again from scratch.* ◆ DÉCOURAGEMENT. Etre à zéro (Fam.), *to be washed out.* ◆ DESTRUCTION. Réduire qqch. (qqn) à zéro, *to reduce sth. (s.o.) to nothing.* ◆ ÉCOLE. Attraper un zéro (Fam.), *to get a nought.* ‖ Collectionner les zéros, *to get noughts all along the line.* ◆ NON-VALEUR. Compter pour zéro (Fam.), *to be of no account.* ‖ Etre un zéro (en chiffre) [Fam.], *to be a dead letter.* ◆ PEUR. Les avoir à zéro (Pop.), *to be in a blue funk.*

→ **moral, trouillomètre.**

zeste ◆ NON-VALEUR. Ne pas valoir un zeste (Fam.), *not to be worth a straw.*

zigzag ◆ MARCHE. Marcher en zigzag, *to walk zigzag.* ◆ MAUVAIS TEMPS. Faire des zigzags, *to zigzag (éclair).* ◆ VOIRIE. Faire des zigzags, *to zigzag (route).*

zinc ◆ BOISSON. Boire qqch. sur le zinc (Pop.), *to have sth. at the bar.*

zist ◆ HÉSITATION. Etre entre le zist et le zest (Fam.), *to be betwixt and between.*

zizanie ◆ EXCITATION. Semer la zizanie, *to sow discord.*

zone ◆ AUTOMOBILE. Stationner en zone bleue, *to park in a controlled-parking zone.* ◆ POLITIQUE. Internationaliser une zone, *to internationalize a zone.*

zouave ◆ AFFECTATION. Faire le zouave (Fam.), *to clown about.*

zut ◆ REBUFFADE. Dire zut à qqn (Fam.), *to tell s.o. where to get off.*

→ **œil.**

IMPRIMERIE BERGER-LEVRAULT, 54-NANCY. — Septembre 1973. — Dépôt légal : 1973-3e
No 778175. — No série éditeur 10480. — IMPRIMÉ EN FRANCE *(Printed in France)*. — 21101-B-3-81.

DICTIONNAIRES LAROUSSE
FRANÇAIS-ANGLAIS, ANGLAIS-FRANÇAIS

● *COLLECTION « JUPITER »*
DICTIONNAIRE MODERNE
FRANÇAIS-ANGLAIS, ANGLAIS-FRANÇAIS
par M.-M. DUBOIS, professeur à la Sorbonne, avec la collaboration de spécialistes français, anglais et américains.
Des illustrations modernes, un vocabulaire riche et vivant (anglais et américain), de nombreuses innovations qui facilitent au maximum le travail du lecteur.
1 volume relié (14 × 20 cm) sous jaquette en couleurs, 1 552 pages.

● *COLLECTION « MARS »*
NOUVEAU LAROUSSE
FRANÇAIS-ANGLAIS, ENGLISH-FRENCH
par J. MERGAULT, agrégé de l'Université, chargé d'enseignement à la Sorbonne.
Tout le vocabulaire actuel réellement utilisé de nos jours, avec un précis de grammaire dans chaque langue et 16 pages d'illustrations en couleurs à légendes bilingues.
1 volume relié (14 × 20 cm), 912 pages.

● *COLLECTION « MERCURE »*
DICTIONNAIRE PRATIQUE
FRANÇAIS-ANGLAIS, ANGLAIS-FRANÇAIS
par K. URWIN.
L'auxiliaire tout désigné pour les élèves de l'enseignement du second degré.
1 volume relié (12 × 18,5 cm) sous jaquette, 1 216 pages.

● *COLLECTION « APOLLO »*
DICTIONNAIRE
FRANÇAIS-ANGLAIS, ENGLISH-FRENCH
par J. MERGAULT, agrégé de l'Université, chargé d'enseignement à la Sorbonne.
Le même dictionnaire qu'en collection *Mars* mais en petit format, pour emporter en classe.
1 volume relié (10,5 × 14,5 cm), 912 pages.

DISQUES LAROUSSE
POUR L'ÉTUDE DE LA LANGUE ANGLAISE
4 disques 45 tr/mn avec livret, sous coffret. Existent également en allemand, en espagnol, en italien.

POUR L'ÉTUDE
DE LA LANGUE FRANÇAISE

LA NOUVELLE GRAMMAIRE DU FRANÇAIS
par J. Dubois et R. Lagane

collection « Dictionnaires du langage »

DICTIONNAIRE ANALOGIQUE
par Ch. Maquet

DICTIONNAIRE DE L'ANCIEN FRANÇAIS
par A.-J. Greimas

DICTIONNAIRE DES DIFFICULTÉS
DE LA LANGUE FRANÇAISE
par A.-V. Thomas
(couronné par l'Académie française)

NOUVEAU DICTIONNAIRE ÉTYMOLOGIQUE
par A. Dauzat, J. Dubois et H. Mitterand

DICTIONNAIRE DU FRANÇAIS CLASSIQUE
par J. Dubois, R. Lagane et A. Lerond

DICTIONNAIRE DE LINGUISTIQUE
par J. Dubois, M. Giacomo, L. Guespin, Ch. et J.-B. Marcellesi
et J.-P. Mével

DICTIONNAIRE DES LOCUTIONS FRANÇAISES
par M. Rat

DICTIONNAIRE COMPLET DES MOTS CROISÉS
préface de R. Touren

DICTIONNAIRE DES NOMS DE FAMILLE
ET PRÉNOMS DE FRANCE
par A. Dauzat

DICTIONNAIRE DES MOTS SAUVAGES
par M. Rheims

DICTIONNAIRE DES PROVERBES,
SENTENCES ET MAXIMES
par M. Maloux

DICTIONNAIRE DES RIMES ORALES ET ÉCRITES
par L. Warnant

DICTIONNAIRE DES SYNONYMES
par R. Bailly
(couronné par l'Académie française)

DICTIONNAIRE DES VERBES FRANÇAIS
par J.-P. et J. Caput
Chaque volume relié pleine toile (13,5 × 20 cm)